U0906849

专业技术人员管理实用政策法规

（2012年）

【上　册】

人力资源和社会保障部专业技术人员管理司　编

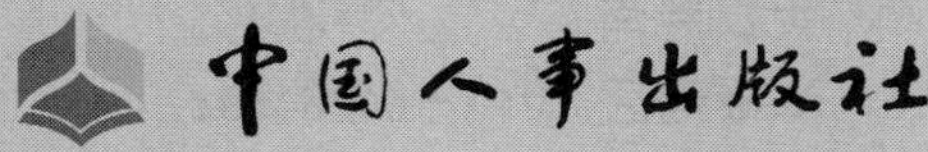

图书在版编目(CIP)数据

专业技术人员管理实用政策法规：2012年/人力资源和社会保障部专业技术人员管理司编．—北京：中国人事出版社，2012

ISBN 978-7-5129-0390-6

Ⅰ．①专… Ⅱ．①人… Ⅲ．①专业技术人员-人事管理-方针政策-中国②专业技术人员-人事管理-法规-中国 Ⅳ．①G316②D922.11

中国版本图书馆CIP数据核字(2012)第208708号

中国人事出版社出版发行

（北京市惠新东街1号 邮政编码：100029）

出 版 人：张梦欣

*

保定市中画美凯印刷有限公司印刷装订 新华书店经销

787毫米×1092毫米 16开本 78.5印张 1744千字

2012年9月第1版 2012年9月第1次印刷

定价：280.00元（含上、下册）

读者服务部电话：010-64929211/64921644/84643933

发行部电话：010-64961894

出版社网址：http://www.class.com.cn

编委会名单

出版说明

专业技术人员管理工作是政府人才工作的重要内容，是各级人力资源社会保障部门的一项重要职责，这项工作涉及面广、政策性强，党和政府对此十分重视。在新中国建设的各个历史阶段，国家制订了一系列专业技术人员管理的政策法规，为全国专业技术人员管理工作提供了政策依据，促进了专业技术人才队伍的全面发展。

为便于各级人力资源社会保障部门及企事业单位做好专业技术人员管理工作，原人事部专技司曾于2000年编辑出版了《专业技术人员管理实用政策法规》一书，收录各类专业技术人员管理法规文件300多件。该书是第一部专业技术人员管理方面的法规书籍，集中收录了专业技术人员管理的政策法规，发行后受到广泛好评。2000年来，特别是新部组建以来，专业技术人才工作在党管人才新格局中，围绕部党组“民生为本、人才优先”的工作主线，各项业务深入发展，新出台了大量专业技术人员管理方面的政策法规文件。同时，2000年版中也有部分文件已经废除或不再适用，各级从事专业技术人员管理工作的同志对重新修订该书呼声很高。

为此，从今年年初开始，我们专门组织力量对2000年以来的政策文件进行了梳理，重新编辑修订了《专业技术人员管理实用政策法规（2012年）》。修订后，本书沿用原书体例，分为7篇，即综合篇、专家篇、职称篇、留学回国篇、博士后篇、继续教育篇和领导讲话篇，收录各类专业技术人员管理政策法规文件400余件。

期间，中国人力资源和社会保障出版集团安炳淑、刘明波等为该书的编辑校对做了大量工作，在此一并表示感谢。

由于工作繁忙，内容难免有所疏漏，不妥之处，请广大读者批评指正。

人力资源和社会保障部专业技术人员管理司

2012年8月

总目录 Contents

上册目录

第一篇　综　合　篇

第二篇 专 家 篇

一、政府特殊津贴

二、有突出贡献青年专家有关文件

三、百千万人才工程有关文件

四、表彰工作有关文件

五、综合性文件

第三篇　职　称　篇

一、专业技术职务聘任制度

（一）综合类

（二）聘任管理

二、专业技术资格考试制度和专业技术人员职业资格制度

（一）综合类

（三）专业技术人员职业资格制度

下册目录

第四篇　留学回国篇

第五篇 博士后篇

第六篇 继续教育篇

第七篇 领导讲话篇

第一篇　综合篇

Diyipian Zonghepian

民政部、财政部关于执行《国家机关、事业单位工作人员死亡后遗属生活困难补助暂行规定》的通知

（财事〔1980〕34号 1980年2月3日）

各省、市、自治区人事局、财政局，国务院各部委、各直属机构：

现将《国家机关、事业单位工作人员死亡后遗属生活困难补助暂行规定》发给你们，请你们根据本"规定"的原则，结合你们地区的实际情况，制定具体办法下发执行，并报我们备案。

国家机关、事业单位工作人员死亡后遗属生活困难补助暂行规定

关于国家机关、事业单位工作人员死亡以后遗属生活困难问题，1957年、1964年内务部、财政部、国务院人事局在联合通知中原则规定，可给予临时或者定期的补助。多年来，各地区、各部门执行很不一致，互有影响。为了妥善解决遗属生活困难，有利于安定团结，解除广大工作人员后顾之忧，充分调动他们的积极性，为实现社会主义四个现代化多作贡献，根据现在的情况和各地的要求，特作如下暂行规定：

一、国家机关、事业单位工作人员死亡以后，遗属生活有困难的，死者生前所在单位可以根据"困难大的多补助，困难小的少补助，不困难的不补助"的原则，给予定期或临时补助。

二、遗属生活困难补助费标准，一般以能维持当地群众生活水平为原则，具体标准由各省、市、自治区规定（中央国家机关、事业单位执行所在地区的标准）。对于在保护、抢救国家资财或在对敌斗争中牺牲的人员，其遗属生活困难补助费标准，可以适当提高一些。

遗属补助费按应享受遗属补助的人数和标准计算，其总额不得超过死者生前的工资。

三、补助对象，是指依靠死者生前供养的下列直系亲属和其他亲属：

（一）父（包括抚养死者长大的抚养人）、夫年满60岁，或者基本丧失劳动能力的；

（二）母（包括抚养死者长大的抚养人）、妻年满50岁，或者基本丧失劳动能力的；

（三）子女（包括遗腹子女、养子女、前妻或者前夫所生子女）年未满16岁，或者满16岁尚在普通中学学习，或者基本丧失劳动能力的；

（四）弟妹（包括同父异母或者同母异父弟妹）年未满16岁，或者满16岁尚在普通中学学习，或者基本丧失劳动能力的。

四、上述补助对象参加劳动或农业生产所得的报酬，应作为本人的生活费用，在计算生活困难补助费标准时，要把这部分收入考虑在内。

五、死者配偶有固定收入的，其收入数额在扣除本人必要的生活费以后，所余部分应作为遗属生活费，不足时，再给予补助。扣除标准，由各地区根据本地区一般工作人员的生活水平确定。

六、遗属在享受定期补助以后，如遇有特殊困难，死者生前所在单位，还可酌情给予临时补助。

七、享受补助的遗属，因经济收入增加、就业和人员减少，可根据新的情况减发或者停发其生活困难补助费。

八、遗属生活困难补助费，由死者生前所在单位的经费内支付。

人事部关于印发《全民所有制机关、事业单位职工人数和工资总额计划管理暂行办法》的通知

（人计发〔1990〕17 号　1990 年 8 月 14 日）

各省、自治区、直辖市及计划单列市人事（劳动人事）厅（局）、中国人民银行分行，国务院各部委、各直属机构人事（劳资）司：

现将《全民所有制机关、事业单位职工人数和工资总额计划管理暂行办法》印发给你们试行。请结合你们的实际情况，切实加强机关、事业单位职工人数和工资总额计划的宏观调控和管理，并将试行情况及时报我部综合计划司。

全民所有制机关、事业单位职工人数和工资总额计划管理暂行办法

第一章　总　则

第一条　为了加强全民所有制机关、事业单位职工人数和工资总额的计划管理，强化政府人事部门宏观调控职能，使计划管理科学化、规范化、制度化，特制定本暂行办法。

第二条　全民所有制机关、事业单位职工人数和工资总额计划（以下简称计划），是国民经济和社会发展计划的重要组成部分，在国家劳动工资计划中单列，由各级政府人事部门负责编制和管理，实行统一计划，分级管理。

第三条　计划管理范围是：

（一）各级国家机关、政党机关、社会团体；

（二）上述机关、团体所属的事业单位；

（三）国家规定的其他应纳入机关、事业单位计划管理的部门和单位。

第四条　计划工作的基本任务：

（一）贯彻执行计划期党和国家提出的政治、经济、社会发展任务和重大方针政策。

（二）根据国民经济和社会发展计划要求，编制机关、事业单位职工人数、工资总

额的长期规划和年度计划，合理确定机关、事业单位的职工人数和工资总额增长幅度。

（三）贯彻按劳分配原则，合理确定调整部门、地区以及各类人员之间的工资关系。

（四）按照节约、高效的原则，合理配置人力资源，调整职工队伍的布局和结构，促进人才合理流动。

（五）根据经济体制和政治体制改革的要求，不断改革和完善计划管理体制。

第二章 计划指标

第五条 计划由下列主要指标构成：

（一）基期末预计到达数；

（二）计划期计划增加（减少）数；

（三）计划期末计划到达数。

第六条 计划期职工人数增减包括：

（一）新增职工：

1．国家统一分配的人员；2．社会招收人员；3．调入人员；4．成建制划入的人员；5．其他人员。

（二）减少职工：

1．自然减员减少的人员；2．调出人员；3．成建制划出的人员；4．其他人员。

第七条 计划期工资总额增减包括：

（一）新增工资总额：

1．增加职工增资；2．转正定级增资；3．工龄、教龄、护龄津贴增长；4．国家统一安排的新增工资项目；5．上年增资项目翘尾；6．晋职晋级增资；7．增加奖金；8．成建制划入的工资额；9．国家规定的其他项目。

（二）减少工资总额：

1．减人减少工资；2．掉尾工资；3．减补员工资差额；4．超编制单位的工资核减；5．成建制划出的工资额；6．其他。

第三章 计划编制

第八条 编制计划须具备下列资料：

（一）基期计划执行情况；

（二）基期和计划期国民生产总值、国民收入、社会总产值、社会劳动生产率、工业企业全员劳动生产率预计到达数和计划数；

（三）基期和计划期社会商品零售物价指数、职工生活费用价格指数预计到达数和计划数；

（四）基期城乡居民生活水平变动情况及计划期国家提高城乡居民生活水平的有关政策、措施；

（五）计划期各项事业发展计划、重点发展领域及有关政策规定；

（六）就业结构及职业需求结构与数量；

（七）财政收支情况；

（八）行政事业经费开支情况；

（九）机构、编制定员情况；

（十）新增劳动力资源，特别是干部资源状况及可供机关事业单位利用程度。

第四章　计 划 报 批

第九条　报批计划按下列程序和要求进行：

（一）各省、自治区、直辖市及计划单列市和国务院各部委、各直属机构的人事部门，根据人事部提出的编制计划的指导原则和政策，按照国家下达的控制数字和表式要求，结合本地区、本部门的实际情况，在计划部门的指导下，经过科学的预测分析，自下而上地编制计划草案，并附文字报告和详细说明，于每年 9 月底以前报送人事部。同时，抄送同级计划、劳动部门。

（二）人事部在汇总、审核各地区、各部门计划草案的基础上，经过综合平衡，提出分地区、分部门计划建议方案。

（三）人事部通过一定形式听取地区、部门意见后，对计划建议方案进行必要的调整，按要求时间报国家计委，同时抄送劳动部，由国家计委综合平衡后，纳入国民经济和社会发展计划（草案）。

第五章　计划的下达和调整

第十条　各地区、各部门在接到人事部下达的计划后，应尽快将计划逐级下达到基层。

第十一条　各级人事部门在下达计划的同时，应将计划抄送同级计划、劳动部门和有关开户银行。

第十二条　各地区、各部门在执行计划过程中，如发现计划与实际不符确需调整计划时，应于当年 8 月底前向人事部提出调整计划的报告，人事部应及时批复。未经人事部批准，不得自行修改计划。

第六章　计 划 管 理

第十三条　凡属本办法第七条和第八条规定增加的职工和工资，均应纳入计划管理范围。未经国家核准不得超计划增人、增资。

第十四条　根据编制定员确定增人指标。凡已满编或超编的单位，除国家另有规定外，一律不分配增人指标。确需增人时，须先申请增加编制。超编单位要逐年核减其工人数和工资总额。

第十五条　中央、国务院驻地方的机关和事业单位，根据工作需要和国家规定接收军队转业干部和城镇复退军人时，其劳动指标由当地予以划拨。

第十六条　国家下达的年度计划指标（含自然减员指标）除国家另有规定外不得跨年度使用。

第十七条　补充自然减员指标，由各地区、各部门按照国家有关规定使用。

第七章　计划的监督与检查

第十八条　各地区、各部门的人事部门应根据计划指标，对计划执行情况定期进行检查与考核，发现问题及时解决。每年集中检查两次：第一次在第三季度；第二次在下年的第一季度。每次的检查结果（附详细说明），以书面形式报送人事部。

第十九条　各级人事计划部门，要制定具体指标，定期对下级人事计划部门的工作进行考核和评估。

第二十条　必须维护计划的严肃性。充分发挥审计、银行等部门的监督作用。对于乱开口子，超计划增人增资的地区、部门，除在安排下年度计划时相应核减其指标外，还应视情节轻重对责任单位给予通报批评。对严格执行国家计划、成绩显著的单位，给予表扬和奖励。

第八章 计划统计

第二十一条 统计资料是编制计划的重要根据，统计是检查和控制计划执行情况的重要手段。各级人事部门必须按照有关规定，准确、全面、系统地搜集、整理和分析统计资料，并及时报送有关部门，为研究问题、制定政策、指导工作提供依据。

第九章 附则

第二十二条 各地区、各部门可根据本办法制定实施细则。

第二十三条 本办法由人事部综合计划司负责解释。

第二十四条 本办法自下达之日起试行。

全民所有制事业单位专业技术人员和管理人员辞职暂行规定

（人调发〔1990〕19号 1990年9月8日人事部发布）

第一条 为了完善全民所有制事业单位的人事管理制度，促进人才合理流动，充分发挥人才的作用，特制定本规定。

第二条 本规定适用于全民所有制事业单位的专业技术人员和管理人员。

全民所有制事业单位的专业技术人员和管理人员都可以提出辞职。

第三条 辞职应遵循下列原则：

（一）有利于人才的分布与国民经济发展的需要相适应；

（二）有利于更好地发挥人才作用；

（三）鼓励和支持人才到边远地区、贫困地区、少数民族地区、工农业生产第一线及其他国家最需要的地区、行业和部门工作。

第四条 辞职必须按人事管理权限，向所在单位或主管部门提出书面申请。

第五条 所在单位或主管部门从收到辞职申请起，除本规定第六条、第七条规定的情况外，应在三个月内，予以办理辞职手续并发给辞职证明书。

第六条 与所在单位订有聘用合同的人员，其辞职按聘用合同的规定办理。聘用合同没有明确规定的，可按本规定的第五条或第七条办理。

第七条 有下列情况之一的人员，其辞职必须经过批准。

（一）国家和省、市（地区）重点科研项目的主要负责人和业务骨干，辞职后对工作可能造成损失的；

（二）在边远地区、少数民族地区工作的；

（三）从事特殊行业、特殊工种的；

（四）从事国家机密工作，或曾从事国家机密工作，在规定的保密期内的；

（五）经司法或行政机关决定或批准，正在接受审查、尚未结案的；

（六）法律、法规、规章规定的其他情况。

第八条 所在单位或主管部门与辞职申请人之间发生争议时，可向当地政府人事部门人才流动争议仲裁机构申请调解或仲裁。

第九条 辞职人员的人事档案，有关单位应按国家关于流动人员人事档案的规定，进行移交、接转和管理。

第十条 辞职人员被全民所有制单位重新录用，辞职前和录用后的工龄合并计算。

第十一条 辞职人员在未另外获得住房前，在一定期限内允许继续居住原单位住房。具体居住时间和住房收费标准，按当地政府的有关规定执行。

第十二条 辞职人员凡经单位出资培训的，如个人与单位订有合同，培训费问题可按合同规定办理；如个人与单位没有签订合同，单位可以适当收取培训费，收取标准按培训后回单位服务的年限，以每年递减培训费20%的比例计算。

第十三条 辞职应按规定程序办理手续，不得擅自离职。对擅自离职人员，要进行批评教育，并分别不同情况妥善处理。符合本规定第五条、第七条可以辞职或经批准允许辞职的，要补办辞职手续。其余的要动员返回。对拒不返回和拒不补办手续的，按自动离职处理，以后被其他单位录用，工龄从重新录用之日起计算。

第十四条 辞职人员不得私自带走属原单位的科研成果、内部资料和设备器材等，违者视情节轻重给予行政处分或责令赔偿经济损失。

第十五条 有关单位应支持人才合理流动。对有意刁难、打击申请辞职人员者，应给予严肃处理。

第十六条 省、自治区、直辖市政府人事部门，可根据本规定制定实施细则或实施办法，并报人事部备案。

第十七条 本规定由中华人民共和国人事部负责解释。

第十八条 本规定自发布之日起试行。

人事部、中国人民银行关于印发《国家机关、事业单位工资基金管理暂行办法》的通知

（人计发〔1990〕20号 1990年11月9日）

各省、自治区、直辖市及计划单列市人事（劳动人事）厅（局）、中国人民银行分行，国务院各部委、各直属机构人事（劳资）司：

为了贯彻1985年9月24日国务院发布的《工资基金暂行管理办法》，落实《国务院关于进一步加强工资基金管理的通知》（国发〔1989〕31号），切实加强国家机关、事业单位的工资总额计划管理和工资基金管理，现将《国家机关、事业单位工资基金管理暂行办法》印发给你们试行，请结合本地区、本部门的实际情况组织实施，并将执行情况及时告诉我们。

国家机关、事业单位工资基金管理暂行办法

第一条 为了贯彻1985年9月24日国务院发布的《工资基金暂行管理办法》，落实《国务院关于进一步加强工资基金管理的通知》（国发〔1989〕31号），切实加强国家机关、事业单位的工资总额控制和工资基金管理，特制定本办法。

第二条 工资基金是用于职工各项工资支出的专用资金。工资基金管理的目的，是落实工资总额计划，保证工资总额的合理增长。

第三条 按照国务院关于劳动工资计划管理的分工，人事部门负责国家机关、事业单位的工资基金管理，并纳入人事计划管理的运行轨道。

第四条 国家机关、事业单位工资基金管理的范围应与国家机关、事业单位的职工人数计划和工资总额计划的管理范围相一致；管理对象是该范围内的全部职工（包括计划外用工）的工资。

第五条 工资基金管理的内容，以国家统计局颁布的《关于工资总额组成的规定》为准。凡属于工资总额组成范围的，均纳入工资基金管理。

第六条 国家下达的年度工资总额计划是各地区、各部门编制工资总额计划和进行工资基金管理的依据。各地区、各部门在接到人事部下达的机关、事业单位年度工资总额计划后，要尽快将计划逐级落实到基层单位，基层单位编制的全年工资基金使用计划不得超过上级下达的年度工资总额计划。如有特殊原因需要追加工资总额计划时，由主管部门和同级人事部门负责调剂。调剂不了的，可按计划管理程序报批，由上级人事部门负责调整，在上级未批准前，原计划不得突破。

第七条 全国机关、事业单位的工资总额计划于每年年初下达。在计划未下达前，为了便于工资基金管理，各地区、各部门可按上年度同期实际支付的工资总额，扣除其中不合理部分，增加合理部分，先行核定所属基层单位第一季度工资总额初步计划和工资基金使用计划。待国家工资总额计划下达后，在全年工资总额中统一核算。

第八条 经批准，实行工资总额包干的单位，由人事部门和上级主管部门按照国家的政策规定，核定工资总额基数和下达工资总额计划，并作为包干限额指标，不得突破。

第九条 人事部门在下达工资总额计划时，要考察基层单位编制情况。计划下达后，由于编制变动需要增、减职工的单位，须经主管部门和人事部门批准，在调整职工人数计划和工资总额计划后，方可调整工资基金使用计划。

第十条 调整工资增资指标，是工资总额计划的组成部分，每年根据国家规定的具体工资政策和时间安排，专项下达。调整工资增资指标下达后，要相应调整工资基金使用计划。人事部门可结合调整工资工作，统筹安排工资基金使用计划的审批。

第十一条 基层单位每年要根据上级下达的工资总额计划编制工资基金使用计划，报主管部门审核盖章，并报送同级人事部门批准后，列入《工资基金管理手册》（机关、事业单位使用本）。开户银行据此监督支付。各基层单位每季度分月提取的工资总额合计数，不得超过本季度计划使用数，否则，银行一律拒付。季度工资基金使用计划如有节余，可结转到下季度使用，但不允许提前支取下季度的工资基金。

第十二条 各基层单位根据本地区的具体规定，应在本单位的开户银行设立一个工

资基金专户或建立工资基金专户管理登记簿（卡片）。设立工资基金专户的，基层单位所有用于工资支出的资金必须存储在工资基金专户中，合理安排使用；设立工资基金专户管理登记簿（卡片）的，对上级下达给基层单位的工资总额计划和基层单位的工资基金使用计划以及每次支取的工资要逐项登记。

第十三条 根据机关、事业单位工资工作的管理体制，中央直属驻京外的机关、事业单位工资基金使用计划，由所在省、自治区、直辖市人事部门负责审批。各省、自治区、直辖市人事部门直接办理审批手续有困难的，可委托地、市、县人事部门办理。中央、国务院各主管部门每年应及时将国家下达的机关、事业单位工资总额计划分解下达到各基层单位，并抄送基层单位所在地人事部门和开户银行。

工资工作按系统管理的中央、国务院各部门，可直接审批基层单位工资基金使用计划，如有困难，也可按上述办法，委托基层单位所在地人事部门办理。

中央直属驻北京的机关、事业单位工资基金使用计划，由其主管部门直接审批。

第十四条 要加强工资基金管理的监督、检查。任何地区和部门都不得以任何理由，在国家规定的政策之外自行决定增加工资。对违反国家规定自行增加的工资不得核认，应予以纠正，并追究有关领导和直接责任者的责任。

第十五条 各省、自治区、直辖市人事部门，可根据国务院1985年发布的《工资基金暂行管理办法》、《国务院关于进一步加强工资基金管理的通知》（国发〔1989〕31号）和本办法，结合本地区的实际情况，制定或修订本地区机关、事业单位工资基金管理实施细则，并抄报人事部、中国人民银行备案。

第十六条 人事部门、人民银行要与劳动、计划、各专业银行等有关部门密切配合，沟通信息，共同做好工资基金管理工作。地方各级人事部门要定期将工资基金审批情况和检查情况汇总抄送同级劳动、计划、人民银行、各专业银行等有关部门。

第十七条 为适应机关、事业单位工资制度的特点和工资基金管理工作的需要，国家统一制发了《工资基金管理手册》（机关、事业单位使用本），对每个基层单位只核发一本，自1991年1月1日启用。

第十八条 本办法适用于各级国家机关、政党机关、社会团体和全民所有制事业单位。城镇集体所有制事业单位工资基金管理办法，由各省、自治区、直辖市参照本办法自行制定。

第十九条 本办法由各级人事部门组织实施，人事部负责解释。

第二十条 本办法从发布之日起实行。

人事部关于执行《全民所有制事业单位专业技术人员和管理人员辞职暂行规定》中有关问题的通知

（人调发〔1991〕14号　1991年5月31日）

各省、自治区、直辖市及计划单列市人事（劳动人事）厅（局），国务院各部委、各直

属机构人事（干部）部门：

我部《关于印发全民所有制事业单位专业技术人员和管理人员辞职暂行规定的通知》（人调发〔1990〕19号）（以下简称辞职规定）下发后，一些部门和地方提出了执行该文件的一些具体问题。为此，特作如下通知：

一、辞职规定所称辞职，是指专业技术人员和管理人员辞去所在单位工作，与所在单位脱离关系。

二、辞职的具体程序是：

（一）辞职申请人员填写《辞职申请表》，所在单位根据辞职规定第五条、第六条、第七条进行审核或审批。

（二）辞职人员所在单位将其《辞职申请表》及人事档案转交同级政府人事部门所属人才流动服务机构（国务院部委、直属机构的京外事业单位，可转当地政府人事部门所属人才流动服务机构），人才流动服务机构与辞职人员签订有关协议后，发给辞职人员《辞职证明书》，并将《辞职人员档案转递通知单》的《回执》退给辞职人员原单位。

（三）辞职申请人的情况符合辞职规定第五条，但超过三个月单位仍不给办理辞职的，辞职申请人可到同级政府人事部门所属人才流动服务机构申请办理辞职。人才流动服务机构可向辞职申请人所在单位调转其人事档案，并发给本人《辞职证明书》。

（四）辞职申请人的情况符合辞职规定第六条、第七条，如果个人与单位发生争议，经有关部门仲裁后，辞职申请人凭裁定辞职的仲裁文书，到同级政府人事部门所属人才流动服务机构申请办理辞职。人才流动服务机构向辞职申请人所在单位调转其人事档案，并发给本人《辞职证明书》。

三、辞职人员辞职后一年之内，去全民所有制单位、集体所有制单位、“三资”企业工作的，保留其全民所有制干部身份；辞职人员从事个体经营、到私营企业工作或辞职后一年之内找不到接收单位的，不再保留其全民所有制干部身份。

政府人事部门所属人才流动服务机构负责辞职人员干部身份的审定工作，对保留干部身份的，应将《辞职人员干部身份证明书》存入本人档案。

四、辞职人员到全民所有制单位工作时，由接收单位向保存其人事档案的人才流动服务机构出具《辞职人员接收函》。人才流动服务机构凭《辞职人员接收函》向接收单位出具《辞职人员工作介绍信》和《工资转移证》，并将辞职人员的人事档案转交接收单位。

五、辞职规定第六条所指“聘用合同”，包括单位与个人签订的符合国家规定的有关服务期的书面协议。

六、辞职规定第七条第（二）款“边远地区”是指《劳动人事部关于边远地区范围的通知》（劳人科局〔1983〕064号）中所划定的地区。

第（三）款“特殊行业、特殊工种”如何确定，由有关主管部门提出意见报人事部审批。

第（六）款“规章”指国务院各部委、各直属机构制定的规章和省、自治区、直辖市人民政府制定的规章。

七、在处理流动争议时，当地尚未成立人才流动争议仲裁机构的，可由辞职申请人所在单位上级主管部门协调解决；主管部门协调不了的，由当地政府人事部门所属人才流动服务机构调解或仲裁。

八、辞职规定第九条“关于流动人员人事档案的规定”是指中共中央组织部、人事部《关于加强流动人员人事档案管理工作的通知》（人调发〔1988〕5号）和《关于进一步加强流动人员人事档案管理的补充通知》（人调发〔1989〕11号）。

九、辞职人员居住原单位住房的时间和收费标准，当地政府没有规定的，可按单位与辞职人员签订的协议办理；未签协议的，由双方协商解决。

十、辞职规定第十二条，也适用于单位出资引进的人员。

十一、《辞职申请表》、《辞职人员档案转递通知单》、《辞职证明书》、《辞职人员干部身份证明书》、《辞职人员接收函》、《辞职人员工作介绍信》、《工资转移证》的式样附后（本书略），由各省、自治区、直辖市及国务院各部委、各直属机构印制。

十二、各省、自治区、直辖市根据实际情况确定全民所有制企业单位是否参照执行辞职规定和本通知。

人事部关于印发《全民所有制事业单位辞退专业技术人员和管理人员暂行规定》的通知

（人调发〔1992〕18号 1992年10月16日）

各省、自治区、直辖市及计划单列市人事（劳动人事）厅（局），国务院各部委、各直属机构人事（干部）部门：

现将《全民所有制事业单位辞退专业技术人员和管理人员暂行规定》印发给你们，请遵照执行，并将执行中遇到的问题及时告我部流动调配司。

全民所有制事业单位辞退专业技术人员和管理人员暂行规定

第一条 为完善全民所有制事业单位（以下简称单位）的人事管理制度，保障单位用人自主权，优化人员结构，特制定本规定。

第二条 辞退专业技术人员和管理人员是单位的一项权利，是指因法定事由，经法定程序，单位主动解除与专业技术人员和管理人员之间的关系。

第三条 单位对有下列情况之一，经教育无效的专业技术人员和管理人员，可以辞退：

（一）连续两年岗位考核不能完成工作任务，又不服从组织另行安排或重新安排后在一年之内仍不能完成工作任务的；

（二）单位进行撤并或缩减编制需要减员，本人拒绝组织安排的；

（三）单位转移工作地点，本人无正当理由不愿随迁的；

（四）无正当理由连续旷工时间超过十五天，或一年内累计旷工时间超过三十天的；

（五）损害单位经济权益，造成严重后果以及严重违背职业道德，给单位造成极坏影响的；

（六）无理取闹、打架斗殴、恐吓威胁单位领导，严重影响工作秩序和社会秩序的；

（七）贪污、盗窃、赌博、营私舞弊，情节严重但不够刑事处分的；

（八）违犯工作规定或操作规程，发生责任事故，造成严重经济损失的；

（九）犯有其他严重错误的。

符合开除条件的，按照《国务院关于国家行政机关工作人员的奖惩暂行规定》执行。

第四条 专业技术人员和管理人员在下列情况下，单位不得辞退：

（一）因公负伤、致残，丧失劳动能力的；

（二）妇女在孕期、产假及哺乳期内的；

（三）享受休假待遇的人员在休假期间的；

（四）患绝症、精神病及本专业职业病的；

（五）符合国家规定其他条件的。

第五条 辞退专业技术人员和管理人员，由单位有关行政领导提出书面意见，说明辞退理由和事实依据，经单位领导集体讨论决定后，按人事管理权限办理辞退手续、发给本人《辞退证明书》，并报同级政府人事部门备案。

第六条 当事人接到《辞退证明书》十五日之内，可向当地人才流动争议仲裁机构申请仲裁。当地尚未成立仲裁机构的，由被辞退人所在单位上级主管部门协调解决。

辞退按《辞退证明书》确定的时间执行。

第七条 单位辞退专业技术人员和管理人员，应发给被辞退人员辞退费。辞退费由单位在其办完有关手续后一次性发给，并将《辞退费发放证明》存入本人档案。辞退费发放标准如下：

（一）工作一年以上不满五年（含见习期）的，发给本人当年基本工资（基础工资、职务工资、工龄工资之和，护士加护龄津贴，中小学教师加教龄津贴，下同）总额的60%；

（二）工作五年至十年（含五年）的，发给本人当年基本工资总额的65%；

（三）工作十年（含十年）以上的，发给本人当年基本工资总额的75%。

已实行待业保险的地方和部门，不发给辞退费，被辞退人员可按有关规定享受待业保险待遇。

第八条 辞退费从单位事业费中列支。

第九条 专业技术人员和管理人员被辞退后一年内，到全民所有制单位、集体所有制单位、“三资”企业工作，保留其全民所有制干部身份；被辞退人员从事个体经营、到私营企业工作或被辞退后一年之内找不到接收单位的，不再保留其全民所有制干部身份。

管理被辞退人员人事档案的政府人事部门所属人才流动服务机构负责其干部身份的审定工作。对保留干部身份的，应将《被辞退人员干部身份证明书》存入本人档案。

第十条 被辞退人员由全民所有制单位重新接收的，除去待业时间，其工龄合并计算。对再次被辞退的，按照本规定第七条发放辞退费时，其工作时间从重新接收之日算起。

第十一条 被辞退人员的人事档案，有关单位应按中共中央组织部、人事部《关于加强流动人员人事档案管理工作的通知》（人调发〔1988〕5 号）和《关于进一步加强流动人员人事档案管理的补充通知》（人调发〔1989〕11 号）进行移交、接转和管理。

第十二条 被辞退人员到全民所有制单位工作时，由接收单位向管理其人事档案的人才流动服务机构出具《被辞退人员接收函》，人才流动服务机构凭《被辞退人员接收函》，向接收单位出具《被辞退人员工作介绍信》和《工资转移证》，并将被辞退人员的人事档案转交接收单位。

第十三条 被辞退人员在没有另外获得住房前，在一定期限内允许继续居住原单位住房，具体居住时间和收费标准，按当地政府有关规定办理；当地政府没有规定的，可按单位与个人签订的协议办理；未签协议的，单位与个人协商解决。

第十四条 被辞退人员被辞退后不得泄露国家机密，不得损害原单位的经济权益和技术权益，违者责令赔偿经济损失或追究法律责任。

第十五条 辞退专业技术人员和管理人员必须严格依据本规定的条件和程序进行。任何单位和个人不得干扰辞退工作，严禁单位负责人滥用辞退权。对借辞退进行打击报复的，应依法追究责任。

第十六条 被辞退人员不得无理取闹，纠缠领导，扰乱工作秩序，伺机报复，违者按《中华人民共和国治安管理处罚条例》有关规定处理。

第十七条 全民所有制事业单位辞退工人可参照本规定执行。

第十八条 《辞退证明书》、《辞退费发放证明》、《被辞退人员干部身份证明书》、《被辞退人员接收函》、《被辞退人员工作介绍信》、《工资转移证》的式样附后（本书略），由各省、自治区、直辖市及国务院各部委、各直属机构印制。

第十九条 各省、自治区、直辖市人民政府人事部门，可根据本规定制定实施细则，并报人事部备案。

第二十条 本规定由中华人民共和国人事部负责解释。

第二十一条 本规定自发布之日起施行。

人事部关于机关、事业单位女职工产假期间工资计发问题的通知

（人薪发〔1994〕7 号 1994 年 2 月 24 日）

各省、自治区、直辖市及计划单列市人事（劳动人事）厅（局），国务院各部委、各直属机构人事（干部）司（局），新疆生产建设兵团：

关于机关和事业单位工资制度改革后，女职工产假期间工资如何计发问题，经研究，通知如下：

一、机关、事业单位工资制度改革后，女职工在国家规定的产假期间，其工资按下列各项之和计发：

1. 机关实行职级工资制的人员，为本人职务工资、级别工资、基础工资与工龄工资；

2. 机关技术工人，为本人岗位工资、技术等级（职务）工资与按国家规定比例计算的奖金；

3. 机关普通工人，为本人岗位工资与按国家规定比例计算的奖金；

4. 事业单位职工，为本人职务（技术等级）工资与按国家规定比例计算的津贴（其中，体育运动员，为本人体育基础津贴与成绩津贴）。

二、本通知自 1993 年 10 月 1 日起执行。

人事部、财政部关于国家机关、事业单位职工探亲假工资和探亲路费计算基数问题的通知

（人薪发〔1994〕11 号 1994 年 3 月 21 日）

各省、自治区、直辖市及计划单列市人事（劳动人事）厅（局）、财政厅（局），国务院各部委、各直属机构人事（干部）司（局），新疆建设兵团：

关于机关和事业单位工资制度改革后，职工探亲假期工资和已婚职工探望父母的往返路费如何计发问题，通知如下：

一、机关、事业单位工资制度改革后，职工在探亲假和路程假期内，其工资按下列各项之和计发：

1. 机关实行职级工资制的人员，为本人职务工资、级别工资、基础工资与工龄工资；

2. 机关技术工人，为本人岗位工资、技术等级（职务）工资与按国家规定比例计算的奖金；

3. 机关普通工人，为本人岗位工资与按国家规定比例计算的奖金；

4. 事业单位职工，为本人职务（技术等级）工资与按国家规定比例计算的津贴（其中，体育运动员，为本人体育基础津贴与成绩津贴）。

二、已婚职工探望父母的往返路费，以前条确定的工资额为计算基数，在 30% 以内的，由本人自理，超过部分由所在单位负担。

三、本通知自 1994 年 1 月 1 日起实行。原劳动人事部、财政部《关于探亲假工资和探亲路费计算基数问题的复函》（劳人险字〔1985〕14 号）同时废止。

人事部、财政部关于工资制度改革后事业单位工作人员死亡一次性抚恤金计发问题的通知

（人薪发〔1994〕48 号 1994 年 11 月 15 日）

各省、自治区、直辖市及计划单列市人事（人事劳动）厅（局），财政厅（局），国务

院各部委、各直属机构人事（干部）司（局），新疆建设兵团：

关于 1993 年工资制度改革后，事业单位工作人员死亡一次性抚恤金如何计发问题，现通知如下：

一、在职人员死亡一次性抚恤金。计发基数为本人生前最后一个月职务（技术等级）工资与按国家规定比例计算的津贴之和。

二、离休、退休人员死亡一次性抚恤金。

（一）1993 年 9 月 30 日前离休、退休的，计发基数包括以下项目：

1. 民政部、财政部《关于军队和国家机关离退休人员死亡后计发一次性抚恤金应包括项目的通知》（民优发〔1991〕12 号）和《关于军队和国家行政机关离退休人员增加的离退休费计入一次性抚恤金的通知》（民优发〔1992〕32 号）规定的项目；

2. 《国务院关于机关和事业单位工作人员工资制度改革问题的通知》（国发〔1993〕79 号）和《国务院办公厅关于印发机关、事业单位工资制度改革三个实施办法的通知》（国办发〔1993〕85 号）规定增加的离休、退休费。

（二）1993 年 10 月 1 日后离休、退休的，计发基数为本人离休、退休时的职务（技术等级）工资与按国家规定比例计算的津贴之和。

（三）今后按国家规定增加的离休、退休费，计入死亡一次性抚恤金。

三、死亡一次性抚恤金发放标准，仍按现行规定执行，即：批准为革命烈士的，为本人生前 40 个月工资；因公死亡的，为本人生前 20 个月工资；病故的，为本人生前 10 个月工资。

取消 1986 年对病故后一次性抚恤金最高数额不得超过 3 000 元的规定。

四、本通知由人事部负责解释。

人事部、财政部关于印发《有条件的事业单位实行工资总额同经济效益指标挂钩暂行办法》的通知

（人计发〔1995〕51 号　1995 年 4 月 24 日）

各省、自治区、直辖市人事（人事劳动）厅（局）、财政厅（局），中央、国务院各部委、各直属机构、全国人大常委会办公厅、全国政协办公厅、高法院、高检院、国防科工委、总后勤部，各民主党派，各人民团体人事（劳资）司（局）、财务司（局）：

为了贯彻《中共中央、国务院关于加快发展第三产业的决定》（中发〔1992〕5 号）和《国务院关于机关和事业单位工作人员工资制度改革问题的通知》（国发〔1993〕79 号），我们制定了《有条件的事业单位实行工资总额同经济效益指标挂钩暂行办法》（以下简称《工效挂钩暂行办法》），现发给你们，并就有关事项通知如下：

一、在有条件的事业单位中实行工资总额同经济效益指标挂钩办法，是在当前条件下，加强工资总额宏观控制的有效手段。它对于控制消费基金的过快增长，减轻财政负

担，推动事业单位深化改革，使大部分福利型、公益型和事业型第三产业单位逐步向经营型转变，不断提高经济效益、社会效益，调动职工积极性，有着十分重要的意义，要切实抓好。

二、各省、自治区、直辖市及计划单列市可根据《工效挂钩暂行办法》制定具体实施办法，报人事部、财政部备案。

三、各地区、各部门要本着积极、慎重的原则，结合工资制度改革，选择一批具备条件的事业单位，在实行多种形式经济承包责任制的基础上，进行“工效挂钩”的试点工作。已经开展了“工效挂钩”试点的地区和部门，要不断总结经验，完善办法，并逐步推开。

四、各地区、各部门在试点过程中对《工效挂钩暂行办法》中各项规定的贯彻落实情况、存在的问题及解决办法请及时告诉我们，以便进一步修改、完善。

五、各级人事、财政部门，要分工合作，互相支持，共同做好这项工作。对工作中出现的问题要及时协调，共同解决。

有条件的事业单位实行工资总额同经济效益指标挂钩暂行办法

第一章　总　则

第一条　为适应社会主义市场经济发展的需要，进一步推动有条件的事业单位贯彻按劳分配原则，调动职工积极性，提高经济效益和社会效益，促进社会事业发展，实施工资总额计提办法的改革，特制定本暂行办法。

第二条　工效挂钩的基本原则：

（一）充分利用人力、物力、财力，努力提高经济效益、社会效益。使职工的工资收入同本单位的经济效益和社会效益相联系，正确处理国家、集体、职工三者利益关系。

（二）坚持工资总额增长低于经济效益增长，职工平均工资增长低于本单位人均效益增长的原则。在完成事业计划和工作任务的前提下，随着经济效益、社会效益的增长，逐步提高职工的工资水平。

（三）遵守国家法律、法规，执行国家制定的工资制度和各项财务制度，挂钩单位不再执行国家对事业单位统一规定的增资政策，在国家宏观控制下，赋予挂钩单位内部工资分配的自主权。分配中要打破平均主义，贯彻按劳分配原则。

（四）按照“增人不增工资总额，减人不减工资总额”的原则，促进单位合理用工，提高效率。

第二章　工效挂钩范围及条件

第三条　本暂行办法在具备以下条件的事业单位实施：

（一）在工商行政管理部门登记注册，并发给营业执照，具有法人资格。

（二）单位有稳定的收入，抵偿本单位支出有盈余的；事业经费及各项资金来源，不由财政预算拨补，实行独立核算、自负盈亏、依法纳税。

（三）执行企业财务管理制度，有完全的成本、费用核算、经济指标考核体系及会计报表，能准确反映单位当年的经营收支和经营成果情况，并有财政部门对其财务执行结果的批复。劳动工资计划管理和统计制度健全。

第三章　经济效益指标和社会效益指标确定

第四条　挂钩的经济效益指标，要根据国民经济、社会发展对事业单位的要求，在保证国家利益和有利于单位社会化服务功能全面发展的前提下，选择能够反映事业单位综合经济效益的指标确定。

（一）一般单位挂钩的经济效益指标，主要采用实现税利、实现利润、工资税利率、工资利润率等作为挂钩指标。

（二）少数经批准实行复合挂钩单位的经济效益指标，除选择实现税利、实现利润指标外，还可选择销售收入、收汇额等作为挂钩指标。但实现税利、实现利润指标所占复合指标的比重不能低于50%和40%。

第五条　经济效益指标基数的核定：

（一）经济效益指标基数，一般以本单位上年实际财务决算数为基础加以核定；对首次工效挂钩单位因特殊因素影响，上年实际财务决算数低于前三年平均数，也可参照前三年情况合理核定。

（二）实现税利指标基数是指上年实现增值税、营业税、城市建设维护税、资源税、房产税、车船税、印花税、土地使用税等和利润总额。

（三）实现利润指标基数是指上年营业利润、投资净收益以及营业外收支净额。营业利润是指营业收入扣除成本、费用和各种流转税及附加税费用的数额。投资净收益是指投资收益扣除投资损失后的数额。营业外收支净额为营业外收入减去营业外支出后的数额。

（四）工资税利率指标基数是指上年实现税利总额同职工工资总额之比。

（五）工资利润率指标基数是指上年实现利润总额同职工工资总额之比。

第六条　社会效益考核指标要根据单位的性质和行业特点，选择反映事业发展规模或工作质量的具体量化指标。社会效益指标可作为社会效益考核指标，也可作为考核的否定指标。

（一）社会效益考核指标基数一般以上年实际完成数进行核定。

（二）社会效益指标作为考核的否定指标达不到考核要求的，要扣除一定比例的新增效益工资。

第七条　实现税利总额与工资总额严重倒挂的单位，可采取税利新增长部分按核定定额提取新增效益工资的办法。

第四章　工资总额基数的范围及核定

第八条　工效挂钩单位的工资总额为国家统计局对工资总额规定的全部内容。工资总额基数原则上以上年工资总额为基础核定：

（一）新挂钩单位工资总额基数原则上以上年正式职工工资总额为基础，扣减不合理工资支出，加上执行国家上年调整工资等政策的翘尾工资核入工资总额基数。

（二）经批准继续实行工效挂钩的单位工资总额基数，原则上以上年工资清算的应提工资总额为基础，核增（减）按国家规定应增（减）工资的各种因素后作为本年基数。

第五章　工效挂钩浮动比例的确定

第九条　工效挂钩浮动比例是指工效挂钩单位工资总额随经济效益指标和社会效益考核指标增减变动而浮动的比例系数或工资含量系数。工效挂钩总浮动比例由经济效益指标浮动比例系数和社会效益考核指标浮动比例系数或工资含量系数构成。

第十条　经济效益指标挂钩浮动比例的审核，要考虑事业单位自身经济效益高低、潜力大小和人均税利等实际情况，一般控制在1∶0.3~0.7之间。

第十一条　社会效益考核指标计提新增（减）效益工资的浮动比例系数一般为1∶0.05（-0.05），最高不得超过1∶0.1（-0.1）。

第六章　工资总额基数和经济效益指标基数、社会效益考核指标基数的调整

第十二条　工效挂钩单位的工资总额基数和经济效益指标基数、社会效益考核指标基数经人事部门、财政部门核定后，在挂钩年度内一般不予改变。

第十三条　如遇下列情况，可按工效挂钩审批权限和程序调整基数。

（一）按国家政策规定必须安置的复员转业军人、大中专毕业生，当年所需工资额在工资总额基数外单列，第二年连同翘尾数一并核入工资总额基数。

（二）挂钩单位合并、撤销或职工成建制划入、划出等，按上年决算数调整经济效益指标、社会效益考核指标基数，相应核增（减）工资总额基数。

（三）国务院批准的重大经济改革措施，对工效挂钩单位影响较大时，可根据人事部、财政部有关规定调整经济效益指标基数、社会效益考核指标基数和工资总额基数。

第十四条　经济效益指标或社会效益考核指标实际完成下降时，要同比例扣减新增效益工资或工资总额基数，为了保证职工基本生活，下浮幅度最高不超过当年核定的工资总额基数的30%，并按同口径核定下一年经济效益指标基数或社会效益考核指标基数。

第七章　新增效益工资的结算和提取

第十五条　单位工效挂钩执行情况，应按人事部、财政部统一制定的工资总额同经济效益指标挂钩年度结算表（另行制发），依工资计划和财务管理体制进行清算。主管部门要核实挂钩单位各项挂钩指标和其他考核指标完成情况，对计提的新增效益工资总额进行审核，于第二年一季度报经同级人事、财政部门批准后，可兑现新增效益工资总额。

第十六条　工效挂钩单位安排使用新增效益工资要留有余地，要从当年新增效益工资中提取不少于10%的数额，作为工资储备金（工资增长基金），在年度之间调剂使用，以丰补歉。工资储备金累计达到当年单位正式职工工资总额时，可不再提取工资储备金。

第十七条　年终工效挂钩执行情况，作为检查年度工资总额计划的依据。超过挂钩浮动比例支取的工资总额，要在下年度工资总额基数中扣减，调增挂钩的经济效益指标基数；同时用工资储备金补交有关税金。

第十八条　为了保持工效挂钩政策的连续性和稳定性，挂钩期限一般为三年。除特殊原因外，中途退出挂钩的单位，其累计新增效益工资（或工资储备金）要相应冲回成本或费用，并按规定补交有关税金。

第八章　应提工资总额的列支渠道和计征税

第十九条　工效挂钩单位当年其工资总额基数和新增效益工资按有关财务规定在成本费用中列支。

第二十条　工效挂钩单位职工的工资水平超过一定幅度时，要按国家有关个人收入纳税规定执行。

第二十一条　挂钩单位调出人员的标准工资和离退休人员的离退休金计发仍执行国家对事业单位的统一规定。

第九章　工效挂钩审批程序与组织实施

第二十二条　各地区工效挂钩单位申报的工效挂钩方案包括经济效益和社会效益指标体系、工资总额基数、挂钩浮动比例和年终计提的新增效益工资总额，按照分级管理的原则，每年由主管部门负责审核，报经同级人事、财政部门批准后执行。

第二十三条　中央、国务院有关部门所属单位的工效挂钩方案，由主管部门负责汇总审核，报经人事部、财政部批准后执行。

第二十四条　各级人事、财政部门对成本费用中列支的应提工资总额，要严格管理与控制。工效挂钩单位应提工资总额，要纳入本地区、本部门和本单位的工资总额计划管理，并计入基层单位《工资基金管理手册》（机关、事业单位使用本），由开户银行监督支付工效挂钩单位实提工资总量；同时接受税务、审计等部门的检查。

第十章　附　则

第二十五条　各省、自治区、直辖市及计划单列市可根据本规定制定具体实施办法，报人事部、财政部备案。

第二十六条　本规定由人事部、财政部负责解释。

第二十七条　本规定自发布之日起执行。

人事部关于印发《经济特区机关、事业单位工作人员工资制度改革方案》的通知

（人薪发〔1995〕70号　1995年7月5日）

海南省、深圳市、厦门市、珠海市、汕头市人民政府：

根据党中央、国务院关于经济特区机关、事业单位工资制度改革问题的决定精神和《国务院关于机关和事业单位工作人员工资制度改革问题的通知》（国发〔1993〕79号）、《国务院办公厅关于印发机关、事业单位工资制度改革三个实施办法的通知》（国办发〔1993〕85号）的有关规定，结合经济特区的实际情况，我们制定了《经济特区机关、事业单位工作人员工资制度改革方案》，并已经国务院批准。现印发给你们，请遵照执行。

经济特区机关、事业单位工作人员工资制度改革方案

按照党中央、国务院的决定，根据1993年机关、事业单位工作人员工资制度改革方案和实施办法，结合经济特区的实际，特制订经济特区机关、事业单位工作人员工资制度改革方案。

一、改革的原则

（一）贯彻全国机关、事业单位工资制度改革的原则，执行全国统一的工资制度和工资标准。

（二）结合经济特区的实际，实行特区津贴制度。

（三）工资水平略有增加，逐步缩小经济特区与内地的工资差距。

二、机关工作人员的工资制度与实施

（一）机关工作人员的工资制度

1. 经济特区机关工作人员（除工勤人员外）实行职务级别工资制（以下简称职级工资制）；机关技术工人实行岗位技术等级（职务）工资制，普通工人实行岗位工资制。具体内容见《国务院关于机关和事业单位工作人员工资制度改革问题的通知》（国发〔1993〕79号）。

上述人员的工资标准，分别按国发〔1993〕79号文件中《机关工作人员工资制度改革方案》的附件1、附件3执行。

2. 经济特区机关工作人员的正常增资制度、奖金制度、岗位津贴制度，均按国家统一规定执行。

（二）机关工作人员工资制度的实施

1. 海南、厦门、珠海、汕头经济特区机关工作人员工资制度的实施。海南、厦门、珠海、汕头经济特区机关工作人员工资制度的实施，按《国务院办公厅关于印发机关、事业单位工资制度改革三个实施办法的通知》（国办发〔1993〕85号）的规定执行。

2. 深圳经济特区机关工作人员工资制度的实施。

（1）职级工资制的实施。工资套改办法是：基础工资，按职级工资制中的基础工资标准执行；级别工资，按此次确定的级别执行相应的级别工资标准；工龄工资，按全国统一的标准执行；职务工资，按规定的任职年限和工作年限直接套入相应的职务工资档次。套改级别工资、职务工资的年限规定，分别按国办发〔1993〕85号文件中《机关工作人员工资制度改革实施办法》的附件1、附件2执行。

（2）工人工资制度的实施。工资套改办法是：岗位工资，按规定的工作年限直接套入相应的岗位工资档次。套改岗位工资的年限规定，按国办发〔1993〕85号文件中《机关工作人员工资制度改革实施办法》的附件3执行。

（3）实施的其他内容，按国办发〔1993〕85号文件规定执行。

三、事业单位工作人员工资制度与实施

（一）事业单位工作人员的工资制度

1. 经济特区事业单位专业技术人员根据其单位的不同特点，分别实行五种不同的

工资制度，即专业技术职务等级工资制、专业技术职务岗位工资制、艺术结构工资制、体育津贴奖金制和行员等级工资制；管理人员实行职员职务等级工资制；技术工人实行技术等级工资制，普通工人实行等级工资制。具体内容见国发〔1993〕79 号文件。

上述人员的工资标准，分别按国发〔1993〕79 号文件中《事业单位工作人员工资制度改革方案》的附件 1 至附件 18 执行。

2. 经济特区事业单位的分类管理办法和工作人员的正常增资制度、奖励制度，均按国家统一规定执行。

（二）事业单位工作人员工资制度的实施。

1. 海南、厦门、珠海、汕头经济特区事业单位工作人员工资制度的实施。海南、厦门、珠海、汕头经济特区事业单位工作人员工资制度的实施，按国办发〔1993〕85 号文件规定执行。

2. 深圳经济特区事业单位工作人员工资制度的实施。

（1）专业技术职务工资和职员职务工资的实施。工资套改办法是：根据本人的工作业绩、任职（聘任）年限、工作年限和学历的不同，确定相应的工资档次。套改专业技术职务工资、职员职务工资的年限规定，分别按国办发〔1993〕85 号文件《事业单位工作人员工资制度改革实施办法》的附件 1、附件 2 执行。

（2）工人工资制度的实施。工资套改办法是：技术工人按规定的工作年限直接套入相应的技术等级（职务）工资档次；普通工人按规定的工作年限直接套入相应的等级工资档次。套改技术等级（职务）工资、等级工资的年限规定，按国办发〔1993〕85 号文件中《事业单位工作人员工资制度改革实施办法》的附件 3 执行。

（3）实施的其他内容，按国办发〔1993〕85 号文件规定执行。

四、特区津贴制度与实施

（一）特区津贴制度

1. 经济特区建立特区津贴制度。这次工资制度改革，特区津贴暂按经济特区机关、事业单位现工资高出全国机关、事业单位工资的水平确定。

2. 在经济特区之间调动的机关、事业单位工作人员，其特区津贴按调入单位的标准执行；调离经济特区后，其特区津贴即行取消。

3. 特区津贴标准的调整，由国家统一安排，各经济特区不得自行调整。

4. 特区津贴与工资制度改革同步实施。

（二）特区津贴的实施

1. 海南、厦门、珠海、汕头特区津贴的实施。海南、厦门、珠海、汕头的特区津贴总体水平，根据全部工作人员套改后国家核定的保留工资数额确定。凡工资套改的增资水平超过国家规定的经济特区增资数额的，在特区津贴标准中相应核减。特区津贴的发放，要适当拉开差距，不得平均发放。特区津贴标准，由特区人民政府提出意见，经省人民政府报人事部核批。

2. 深圳特区津贴的实施。鉴于深圳经济特区机关、事业单位现行工资制度、工资标准以及各类人员的工资关系不同于全国，这次工资制度改革，深圳经济特区的特区津贴总体水平按全部工作人员套改后国家核定的保留数和国家规定的经济特区增资数额确定。特区津贴的具体标准和发放办法，由深圳特区人民政府提出意见，经广东省人民政府报人事部核批。

五、其他有关政策

（一）在这次工资制度改革中，深圳、厦门经济特区从按《中央机构编制委员会关于广州等十六市行政级别问题的通知》（中编〔1994〕1号）明确为副省级起，其机关工作人员的工资问题，比照国务院直属机构工作人员的办法处理。

（二）凡本方案中未另行规定，均按国发〔1993〕79号和国办发〔1993〕85号文件规定执行。

六、组织领导

经济特区机关、事业单位工作人员实行新的工资制度，是对现行工资制度的重大改革，各经济特区、各部门、各单位要加强领导，统一认识，严格执行政策，严格控制总量，不得自行其是。凡违反政策规定的，要严肃处理并追究领导者责任。要切实做好职工的思想政治工作，以保证工资制度改革的顺利进行。

经济特区和党中央、国务院各部门（少数部门除外）驻经济特区的机关、事业单位工资制度改革，在省人民政府的统一领导下组织实施。

各经济特区要根据《经济特区机关、事业单位工作人员工资制度改革方案》，结合实际情况，拟定具体实施意见，经省人民政府报送人事部审批。

本方案由人事部负责解释。

人事部、中国人民银行、中国工商银行、中国农业银行、中国人民建设银行、中国银行、交通银行关于进一步加强机关、事业单位工资总额的调控和工资基金管理的通知

（人计发〔1995〕134号 1995年11月1日）

各省、自治区、直辖市人事（人事劳动）厅（局）、中国人民银行分行、中国工商银行分行、中国农业银行分行、中国人民建设银行分行、中国银行分行、交通银行分行，国务院各部委、各直属机构人事（劳资）司：

为贯彻《国务院关于严格控制消费基金过快增长和加强现金管理的通知》（国发明电〔1994〕25号），进一步搞好机关、事业单位工资总额的宏观控制，加强工资基金管理，现就有关事项通知如下：

一、机关、事业单位工资是社会消费基金的重要组成部分。机关、事业单位工资总额计划，目前仍是国家控制消费基金过快增长的重要手段，是工资基金管理的主要依据。加强机关、事业单位工资总额的宏观控制是人事部门的重要职责和任务。各级人事部门要增强宏观意识，提高工资计划工作和工资基金管理工作水平，不断完善和健全各项规章制度，加强对机关、事业单位工资总额计划的指导、检查和监督。各地区、各部门要从实际情况出发，对年度机关、事业单位工资总额计划的执行情况进行认真的

总结。

二、各地区、各部门要严格执行国家规定的各项工资政策，坚决控制机关、事业单位工资总量的过快增长。任何地区和部门未经国家批准，不得突破国家政策和计划以各种名义自行增加工资。对已经出台的各种津贴、补贴项目进行认真清理整顿，不合理的要予以纠正。各类事业单位对国家规定的工资构成比例，应严格执行，不得自行放宽标准工资中津贴（活的部分）的比例。

要加强工资外收入的整顿和管理，合理的部分，要纳入工资总额计划管理和工资基金管理范围。

三、各地区、各部门要积极创造条件，推动事业单位深化改革，不断提高经济效益、社会效益，促使有条件的事业单位实行企业化管理，实施工资总额增长同经济效益挂钩管理办法。工效挂钩要坚持工资总额增长低于经济效益增长，职工平均工资增长低于本单位人均效益增长的原则。各地区、各部门要按照人事部、财政部《有条件的事业单位实行工资总额同经济效益指标挂钩暂行办法》（人计发〔1995〕51 号），做好自收自支企业化管理事业单位的工效挂钩试点工作，严格审批程序，认真核定工资总额基数、经济效益基数和挂钩浮动比例系数。每年对工效挂钩试点结果进行认真考核和清算，按照有关政策规定提取和使用效益工资。建立工资总额随经济效益、社会效益提高而增长的机制。

四、进行机关、事业单位工资总额包干试点的地区和部门，应本着积极慎重的原则开展试点工作。要严格按照国家核定的人员编制和规定的工资政策核定试点单位的工资总额包干基数，试点单位要按照“增人不增工资总额，减人不减工资总额”的原则，促进单位人员合理配置、提高工作效率。

五、进一步加强机关、事业单位工资基金管理。机关、事业单位工资基金管理是落实工资总额计划，保证工资总额合理增长，实现消费基金宏观控制的有效手段。经过多年的努力，机关、事业单位工资基金管理工作已基本纳入正轨，并且取得显著成效。根据国务院关于控制消费基金过快增长的要求和人事计划管理工作的需要，此项工作必须继续加强。

1. 严格工资基金管理范围。凡纳入机关、事业单位职工人数计划和工资总额计划管理范围的单位，一律纳入机关、事业单位工资基金管理范围，管理对象是机关、事业单位全部职工（含临时工和其他人员）的工资。

2. 严格工资基金管理内容。根据国家统计局《关于工资总额组成的规定》（国家统计局令〔1990〕第 1 号）和《关于机关和事业单位工作人员工资制度改革后劳动统计若干问题的通知》（国统字〔1994〕37 号），基层单位凡直接支付给职工的劳动报酬，无论经费来源如何，无论以何种形式支付的，均应纳入工资总额计划和工资基金管理。

3. 工资总额包干单位、工效挂钩事业单位的工资总额基数，上年结存包干工资或新增效益工资一律纳入工资总额计划管理和工资基金管理，并计入基层单位《工资基金管理手册》（机关、事业单位使用本），由银行监督支付工资。

4. 严格工资基金审批手续。各机关、事业单位要根据国家下达的机关、事业单位工资总额计划，认真编制工资基金使用计划，报主管部门审核并送同级人事部门批准后，列入《工资基金管理手册》，开户银行据此监督支付工资。各机关、事业单位只能在一家银行开立一个工资基金专户，不得多头开户，更不得以各种手段套取或坐支现金。

六、严格《工资基金管理手册》的使用。

1. 各地区、各部门要认真执行《关于做好1995年〈工资基金管理手册〉使用工作的通知》（人计发〔1994〕12号），加强《工资基金管理手册》的管理和使用。所有机关、事业单位必须统一使用人事部、中国人民银行制发的《工资基金管理手册》（机关、事业单位使用本），如无重大修订，各省市人事部门可根据《工资基金管理手册》表式，结合本地区实际需要，增加有关内容，每年自行印制。《工资基金管理手册》是机关、事业单位提取工资性现金的唯一凭证。各地区、各部门要采取有效措施，将《工资基金管理手册》落实到每一个机关、事业单位，并严格履行《工资基金管理手册》核发和审批手续。

2. 为适应机关、事业单位试行工资总额包干和工资总额与经济效益挂钩试点工作的需要，《工资基金管理手册》设置了《实行工资总额包干单位199　年工资总额计划》表和《实行工效挂钩单位199　年工资总额计划》表。试点单位主管部门要审批工资总额包干和工资挂钩方案。试点单位根据上级核批清算的包干工资总额或应提工资总额，认真编制工资基金使用计划，做好每月工资基金的使用与登记。

3.《工资基金使用、支付登记卡》有关问题的说明。机关、事业单位工资制度改革后的标准工资，含国家机关的工龄工资和事业单位标准工资构成中的津贴部分，连同其他人员计时、计件工资一并填入“计时和计件标准工资”一栏。

各类人员按国发〔1993〕85号文件（《国务院关于实行分税制财政管理体制的决定》，编者注）规定发放的年终奖及事业单位工资制度改革保留的超过四个月基本工资部分的奖金，超额计件工资和使用奖励基金、包干节余工资，以及使用挂钩新增效益工资建立的浮动工资和其他津贴、补贴，计入“奖金和计件超额工资”。

按国家有关规定发放的津贴、补贴计入“津贴和补贴”，其中：“年功性津贴”主要指教师教龄津贴和护士工龄津贴。

七、各级银行要认真履行国家赋予的工资基金管理监督职能，做好工资现金支付工作。凡违反国家政策、工资基金管理制度和《现金管理暂行条例》的要采取措施，坚决予以纠正。工资基金审批手续不全、超计划支取工资和《工资基金管理手册》使用不当，内容填写不清的，银行可以拒付工资。

各级人事部门、银行要各尽其责，密切配合，相互支持，共同做好机关、事业单位工资基金管理工作。

人事部关于印发《事业单位工作人员考核暂行规定》的通知

（人核培发〔1995〕153号　1995年12月14日）

各省、自治区、直辖市人事（人事劳动）厅（局），国务院各部委、各直属机构人事

(干部）部门：

现将《事业单位工作人员考核暂行规定》印发给你们，请结合本地区、本部门的实际情况，认真贯彻执行。

各级行政机关工勤人员的年度考核，可参照此规定执行。

事业单位工作人员考核暂行规定

第一章 总 则

第一条 为了正确评价事业单位工作人员的德才表现和工作实绩，激励督促事业单位工作人员提高政治业务素质，认真履行职责，并为其晋升、聘任、奖惩、培训、辞退以及调整工资待遇提供依据，制定本规定。

第二条 考核要坚持客观公正、民主公开、注重实绩的原则。

第三条 考核的范围包括各级国家行政机关所属事业单位的各级各类职员、专业技术人员和工人。

第二章 考核的内容和标准

第四条 考核的内容包括德、能、勤、绩四个方面，重点考核工作实绩。

德，主要考核政治、思想表现和职业道德表现；能，主要考核业务技术水平、管理能力的运用发挥，业务技术提高、知识更新情况；勤，主要考核工作态度、勤奋敬业精神和遵守劳动纪律情况；绩，主要考核履行职责情况、完成工作任务的数量、质量、效率，取得成果的水平以及社会效益和经济效益。

第五条 考核标准应以岗位职责及年度工作任务为基本依据，具体标准在政府人事部门与主管部门的指导下由各单位根据实际情况自行制定。

考核标准应明确具体，不同专业和不同职务、不同技术层次的工作人员在业务水平和工作业绩方面应有不同的要求。

第六条 考核结果分为优秀、合格、不合格三个等次。

对德、能、勤、绩表现较差，在年度考核中难以确定等次的人员，可先予以告诫，期限为三至六个月。告诫期满有明显改进的，可定为合格等次；仍表现不好的，定为不合格等次。

第七条 职员考核各等次的基本标准是：

优秀：正确贯彻执行党和国家的路线、方针、政策，模范遵守国家的法律、法规和各项规章制度，廉洁奉公，精通业务，工作勤奋，有改革创新精神，成绩突出。

合格：正确贯彻执行党和国家的路线、方针、政策，自觉遵守国家的法律、法规和各项规章制度，廉洁自律，熟悉业务，工作积极，能够完成工作任务。

不合格：政治、业务素质较低，组织纪律较差，难以适应工作要求，或工作责任心不强，不能完成工作任务，或在工作中造成严重失误。

第八条 专业技术人员考核各等次的基本标准是：

优秀：拥护党和国家的路线、方针、政策，模范遵守国家的法律、法规及各项规章制度和职业道德，工作责任心强、勤奋敬业，专业技术能力强或提高快，工作有创新，在科研、教学、业务技术工作中成绩突出。

合格：拥护党和国家的路线、方针、政策、自觉遵守国家的法律、法规及各项规章制度和职业道德，工作负责，业务熟练，专业技术能力较强或提高较快，能够履行岗位职责、完成工作任务，无责任事故。

不合格：政治、业务素质较低，组织纪律较差，难以适应工作要求，或工作责任心不强，履行岗位职责差、不能完成工作任务，在工作中造成严重失误或责任事故。

第九条 工人考核各等次的基本标准是：

优秀：政治思想表现好，模范遵守法律、纪律和各项规章制度，精通业务，工作勤奋，责任心强，确保劳动安全，工作成绩突出。

合格：政治思想表现好，自觉遵守法律、纪律和各项规章制度，熟悉业务，工作积极，无责任事故，注重劳动安全，能够履行岗位职责、完成工作任务。

不合格：组织纪律较差，难以适应工作要求，履行岗位职责差，不能完成工作任务；或工作责任心不强，在工作中造成严重失误；或忽视劳动安全、违反工作和操作规程，发生严重事故。

第十条 年度考核要严格坚持标准，符合实际，被确定为优秀等次的人数，一般掌握在本单位工作人员总人数的10%。最多不超过15%。

第三章 考核的方法和程序

第十一条 事业单位工作人员的考核，实行领导与群众相结合，平时与定期相结合、定性与定量相结合。

考核要注重实效，简便易行，宜于操作。

第十二条 考核由事业单位负责人负责。必要时，事业单位负责人可以授权同级副职或有关机构负责人负责考核。

第十三条 考核分为平时考核和年度考核。平时考核随时进行，由被考核人根据工作任务定期记实，主管领导负责检查。年度考核一般每年年末或翌年年初进行。年度考核以平时考核为基础。

第十四条 年度考核的基本程序是：

（一）被考核人个人总结、述职。

（二）主管领导人在听取群众意见的基础上，根据平时考核和个人总结写出评语，提出考核等次意见。

（三）考核组织对主管领导人提出的考核意见进行审核。

（四）事业单位负责人确定考核等次。

（五）将考核结果以书面形式通知被考核人。

考核事业单位担任各级领导职务的工作人员，必要时，可以进行民主评议或民意测验。

第十五条 事业单位负责人的年度考核参照第十四条规定的程序，由主管部门组织实施。

第十六条 事业单位工作人员对年度考核结果如有异议，可以在接到考核结果通知之日起十日内向考核组织申请复核，考核组织在十日内提出复核意见，经部门或单位负责人批准后以书面形式通知本人。其中，如复核结果仍被确定为不合格等次的人员对复核意见不服，可以向上一级主管单位人事机构提出申诉。

第十七条 年度考核工作结束后，考核结果存入本人档案。

第四章 考核结果的使用

第十八条 事业单位工作人员在年度考核中被确定为合格以上等次的，按照下列规定办理：

（一）按照有关规定晋升工资档次和发给奖金。

（二）职员连续三年考核被确定为合格以上等次的，具有晋升职务的资格；连续两年以上被确定为优秀等次的，具有优先晋升职务的资格。

（三）专业技术人员年度考核被确定为合格以上等次的，具有续聘的资格。

（四）工人连续两年考核被确定为优秀等次的，具有聘任技师的优先资格。

第十九条 年度考核被确定为不合格等次的，按照下列规定处理：

（一）当年考核被确定为不合格等次的，不发年终奖金，并予以批评教育。

（二）连续两年考核被确定为不合格等次的，根据不同情况，可予以降职、调整工作、低聘或解聘。

（三）连续两年考核被确定为不合格等次，又不服从组织安排或重新安排后年度考核仍不合格的，予以辞退。

第二十条 对年度考核实行告诫的人员，暂不兑现考核结果，待告诫期满，依据所定等次办理。

第二十一条 考核结果的使用，应与事业单位评选先进活动、开展奖励表彰工作紧密结合。

第五章 考核的组织管理

第二十二条 事业单位在年度考核时设立非常设性的考核委员会或考核小组，在单位负责人的领导下，负责年度考核工作。

第二十三条 考核组织由本单位负责人、人事机构和有关部门负责人及工作人员代表组成。

考核组织的日常事务由本单位人事机构承担。

第二十四条 考核组织的职责是：

（一）依据有关规定制定本单位年度考核实施办法；

（二）组织、指导、监督本单位年度考核工作；

（三）审核主管领导人写出的考核评语以及提出的考核等次意见；

（四）审核事业单位工作人员对考核结果不服的复核申请。

第二十五条 事业单位的负责人、主管领导人、考核委员会或考核小组成员，必须按规定要求，实事求是地进行考核。对考核过程中有徇私舞弊、打击报复、弄虚作假行为的，必须严肃处理。

第二十六条 建立事业单位年度考核工作审核备案制度。审核备案的方法是：年度考核基本结束时，各单位将考核工作总结报上一级主管单位人事机构进行审核。

第二十七条 政府人事部门负责综合管理、监督指导事业单位年度考核工作。

第六章 附 则

第二十八条 本规定由人事部负责解释。

第二十九条 本规定自发布之日起施行。

事业单位登记管理暂行条例

（国务院令第252号 1998年10月25日）

第一章 总 则

第一条 为了规范事业单位登记管理，保障事业单位的合法权益，发挥事业单位在社会主义物质文明和精神文明建设中的作用，制定本条例。

第二条 本条例所称事业单位，是指国家为了社会公益目的，由国家机关举办或者其他组织利用国有资产举办的，从事教育、科技、文化、卫生等活动的社会服务组织。

事业单位依法举办的营利性经营组织，必须实行独立核算，依照国家有关公司、企业等经营组织的法律、法规登记管理。

第三条 事业单位经县级以上各级人民政府及其有关主管部门（以下统称审批机关）批准成立后，应当依照本条例的规定登记或者备案。

事业单位应当具备法人条件。

第四条 事业单位应当遵守宪法、法律、法规和国家政策。

第五条 国务院机构编制管理机关和县级以上地方各级人民政府机构编制管理机关是本级人民政府的事业单位登记管理机关（以下简称登记管理机关）。

事业单位实行分级登记管理。分级登记管理的具体办法由国务院机构编制管理机关规定。

法律、行政法规对事业单位的监督管理另有规定的，依照有关法律、行政法规的规定执行。

第二章 登 记

第六条 申请事业单位法人登记，应当具备下列条件：

（一）经审批机关批准设立；

（二）有自己的名称、组织机构和场所；

（三）有与其业务活动相适应的从业人员；

（四）有与其业务活动相适应的经费来源；

（五）能够独立承担民事责任。

第七条 申请事业单位法人登记，应当向登记管理机关提交下列文件：

（一）登记申请书；

（二）审批机关的批准文件；

（三）场所使用权证明；

（四）经费来源证明；

（五）其他有关证明文件。

第八条 登记管理机关应当自收到登记申请书之日起30日内依照本条例的规定进行审查，作出准予登记或者不予登记的决定。准予登记的，发给《事业单位法人证书》；

不予登记的，应当说明理由。

事业单位法人登记事项包括：名称、住所、宗旨和业务范围、法定代表人、经费来源（开办资金）等情况。

第九条 经登记的事业单位，凭《事业单位法人证书》刻制印章，申请开立银行账户。事业单位应当将印章式样报登记管理机关备案。

第十条 事业单位的登记事项需要变更的，应当向登记管理机关办理变更登记。

第十一条 法律规定具备法人条件、自批准设立之日起即取得法人资格的事业单位，或者法律、其他行政法规规定具备法人条件、经有关主管部门依法审核或者登记，已经取得相应的执业许可证书的事业单位，不再办理事业单位法人登记，由有关主管部门按照分级登记管理的规定向登记管理机关备案。

县级以上各级人民政府设立的直属事业单位直接向登记管理机关备案。

第十二条 事业单位备案的事项，除本条例第八条第二款所列事项外，还应当包括执业许可证明文件或者设立批准文件。

对备案的事业单位，登记管理机关应当自收到备案文件之日起 30 日内发给《事业单位法人证书》。

第十三条 事业单位被撤销、解散的，应当向登记管理机关办理注销登记或者注销备案。

事业单位办理注销登记前，应当在审批机关指导下成立清算组织，完成清算工作。

事业单位应当自清算结束之日起 15 日内，向登记管理机关办理注销登记。事业单位办理注销登记，应当提交撤销或者解散该事业单位的文件和清算报告；登记管理机关收缴《事业单位法人证书》和印章。

第十四条 事业单位的登记、备案或者变更名称、住所以及注销登记或者注销备案，由登记管理机关予以公告。

第三章 监督管理

第十五条 事业单位开展活动、按照国家有关规定取得的合法收入，必须用于符合其宗旨和业务范围的活动。

事业单位接受捐赠、资助，必须符合事业单位的宗旨和业务范围，必须根据与捐赠人、资助人约定的期限、方式和合法用途使用。

第十六条 事业单位必须执行国家有关财务、价格等管理制度，接受财税、审计部门的监督。

第十七条 事业单位应当于每年 3 月 31 日前分别向登记管理机关和审批机关报送上一年度执行本条例情况的报告。

第十八条 事业单位未按照本条例规定办理登记的，由登记管理机关责令限期补办登记手续；逾期不补办的，由登记管理机关建议对该事业单位的负责人和其他直接责任人员依法给予纪律处分。

第十九条 事业单位有下列情形之一的，由登记管理机关给予警告，责令限期改正；情节严重的，经审批机关同意，予以撤销登记，收缴《事业单位法人证书》和印章：

（一）不按照本条例的规定办理变更登记、注销登记的；

（二）涂改、出租、出借《事业单位法人证书》或者出租、出借印章的；

（三）违反规定接受、使用捐赠、资助的。

事业单位违反法律、其他法规的，由有关机关依法处理。

第二十条 登记管理机关的工作人员在事业单位登记管理工作中滥用职权、玩忽职守、徇私舞弊构成犯罪的，依法追究刑事责任；尚不构成犯罪的，依法给予行政处分。

第四章 附 则

第二十一条 《事业单位法人证书》的式样由国务院机构编制管理机关制定。

第二十二条 本条例实行前已经成立的事业单位，应当自本条例实行之日起1年内依照本条例有关规定办理登记或者备案手续。

第二十三条 本条例自发布之日起施行。

人事部、财政部、国务院机关事务管理局关于调整在京中央国家机关和事业单位工作人员福利费标准的通知

（人发〔1998〕106号 1998年12月23日）

国务院各部委、各直属机构：

为适当解决在京中央国家机关、事业单位福利费偏低问题，经研究，对在京中央国家机关、事业单位工作人员的福利费提取比例和标准进行调整，即：在京中央国家机关及事业单位工作人员的福利费按照全部工作人员基本工资［机关包括基础工资、职务工资、级别工资和工龄工资，事业单位包括职务（岗位）等级工资、国家规定比例的津贴、教龄、护龄津贴］的2.5%提取。以后福利费的提取标准随着工资水平的提高再作调整。

根据上述办法，在京中央国家机关、事业单位工作人员的福利费为每人每月12元，其中，中央国家机关按每人每月9元留用，其余3元由人事部统一调剂使用；事业单位按12元提取福利费，全部由单位按规定使用。福利费年终如有节余，可转入下年度继续使用。

驻京外地区的中央国家机关和事业单位工作人员的福利费，仍按所在地的规定执行。

本《通知》自1999年1月1日起实行，原劳动人事部、财政部、国务院机关事务管理局下发的《关于中央国家机关和事业单位工作人员福利费提取标准的通知》（劳人险〔1986〕12号）同时废止。

人事部关于机关、事业单位工作人员在停职审查期间工资处理意见的通知

（人发〔1999〕134号 1999年11月23日）

各省、自治区、直辖市人事（人事劳动）厅（局）、国务院各部委、各直属机构人事

（干部）部门：

最近，一些地区和部门来函询问，机关、事业单位工作人员在停职审查期间工资如何处理。经研究，现通知如下：

机关和事业单位各类工作人员在停职审查期间，遇国家规定调整工资（含调整标准、晋升工资档次和级别工资）时，其工资调整暂缓执行。待审查结束有结论后，按照有关规定办理，未受到行政处罚或行政纪律处分的，按国家规定予以补调和补发工资。

人事部办公厅关于成立人事部西部人才资源开发领导小组的通知

（人办发〔2000〕12号　2000年2月16日）

各省、自治区、直辖市人事（人事劳动）厅（局），国务院有关部委、直属机构人事（干部）部门：

为加强对西部人才资源开发工作领导，人事部党组第95次会议决定，成立人事部西部人才资源开发领导小组。领导小组及其办公室组成人员如下：

一、领导小组组长：宋德福

副组长：张学忠

成　员：徐颂陶　戴光前　庄　毅

程四林　文克勤

二、领导小组办公室主任：徐颂陶（兼）

副主任：徐振寰　文海英

成　员：侯建良　杨佩英　王晓初

办公室办事机构设在专业技术人员管理司。

中组部、人事部、科技部关于印发《关于深化科研事业单位人事制度改革的实施意见》的通知

（人发〔2000〕30号　2000年3月30日）

各省、自治区、直辖市党委组织部和人民政府人事（人事劳动）厅（局）、科学技术委员会，党中央各部门和国务院各部委、各直属机构人事（干部）、科技部门：

现将《关于深化科研事业单位人事制度改革的实施意见》印发给你们，请结合本地区、本部门的实际情况贯彻执行。

关于深化科研事业单位人事制度改革的实施意见

改革和完善科研事业单位（指自然科学与技术类科研事业单位，以下简称科研机构）人事制度，是推进科研机构管理体制改革，进一步转变科技工作运行机制的关键环节。经过十多年的科技体制改革，我国科研机构已较普遍地实行了院（所）长负责制、专业技术职务聘任制等内部管理制度，有效地激发了广大科技人员的创新精神和工作积极性。但是，目前科研机构仍然不同程度地存在着用人机制不灵活，分配制度不适应科技工作新形势等问题，人才资源配置不合理的状况还没有从根本上得到解决。因此，按照建立社会主义市场经济体制的要求，深化科研机构人事制度改革，已成为推进我国科技改革与发展的一项重要任务。

根据《中共中央、国务院关于加强技术创新，发展高科技，实现产业化的决定》精神，现就深化科研机构人事制度改革问题，提出以下意见：

一、深化科研机构人事制度改革的指导思想、主要目标和任务

1. 指导思想和主要目标：坚持以邓小平理论、党的基本路线和党的十五大精神为指导，贯彻党的干部路线方针政策和党管干部原则，正确处理继承、借鉴、创新的关系，根据各类科研机构的改革与发展方向和各类科技人才的成长规律，建立以“开放、流动、竞争、协作”为基础的各具特色的人才培养、使用和激励制度，实现人员能进能出、职务能上能下、待遇能高能低，充分调动广大科技人员的积极性和创造性，推动科技人才队伍结构调整，优化人才资源配置，使优秀人才脱颖而出，促进科技事业的健康发展。

2. 主要任务：按照建立社会主义市场经济体制和与之相适应的新型科技体制的要求，对科研机构的人事工作实行分类管理。对向企业化转制的科研机构，实行企业用人制度和分配制度；对按非营利机构运行和管理、国家资助与自我发展相结合的科研机构，要赋予充分的人事管理自主权；对主要依靠财政支持的科研机构，推行固定岗位与流动岗位相结合的用人制度，国家对固定岗位实行制度化的总量控制，建立以竞争和流动为核心的动态人事管理机制，实行人才供求市场调节和人才服务社会化。

绝大部分技术开发类机构和有面向市场能力的社会公益类机构、农业科研机构，要转为科技型企业、进入企业或转为企业性质的中介服务机构。少数具有公共服务性质、难以获得经济回报的社会公益类机构和农业类科研机构，经有关部门批准可以按非营利机构运行和管理。基础性研究机构要优化组合、分流人才。国家财政集中支持少数重点科研机构。

二、建立科研机构人员规模宏观调控制度

3. 根据各类科研机构的性质、规模和发展方向，对科技队伍的人员结构、规模进行合理的规划、调整和控制。

根据国家科技与经济发展需要，稳住一支精干的从事基础研究、社会公益研究和关系国民经济全局的科技攻关项目研究的科技人员队伍；放开从事技术开发、技术服务的科技人员队伍，逐步减少财政支持的人员规模，形成专业学科结构合理，能够适应不同科技工作特点的科技人员队伍。

由各级财政重点支持的科研机构，要在减员增效的基础上，根据国家确定的发展方向科学合理地设置固定岗位，根据完成国家任务的需要自主决定流动岗位，优化内部结构和学科队伍配置。

按非营利机构运行和管理的科研机构，可享有充分的人事管理自主权，在保障公共服务的同时，可以组织科技人员开展其他面向市场的有偿技术服务，提高自我发展能力。转为企业、进入企业的机构，实行企业用人制度。在转制期间，国家本着承认职工过去所作贡献的原则，制定具体的过渡政策。

4. 构造优秀人才脱颖而出的机制和环境。要在科研机构内部建立以竞争为核心的用人制度，支持优秀青年科技人才通过竞争进入关键岗位，发挥骨干作用。科研机构要努力改善青年科技人员的工作条件和生活条件，为他们进修深造和参加国内外学术交流活动创造条件。通过多种途径加大各类青年科技基金的比例，科学选人、重点支持，使他们能够尽快成才，特别是要加强重点行业、重点领域的科技人才培养。对极少数具有国际竞争力的拔尖人才，中组部、人事部、科技部将会同有关部门研究制定吸引、使用的专项政策。

5. 加快科技人才社会化服务体系建设，充分开发人才资源。逐步建立人事争议仲裁制度，及时、公平、合理地处理人事争议，保护争议双方的合法权益。按照人才服务社会化的原则，发展多层次、多渠道、城乡结合的人才市场体系，建立人才库，实行网络化管理，调节人才供求，促进人才资源的合理流动与配置。

三、完善科研机构行政领导任用制度

6. 在坚持党管干部原则，严格干部管理权限的前提下，引入竞争激励机制，改革对科研机构院（所）长的单一任命制，区别不同类型的科研机构，分别实行主管部门公开招聘、职工选举基础上的主管部门聘用、主管部门直接聘用和委任等多种形式的院（所）长任用制度。要制定科学的院（所）长选聘标准和办法，建立规范化的院（所）长选聘制度。在选聘中要发扬民主，引入群众评议监督机制。

7. 进一步完善院（所）长负责制，落实科研机构的自主权。在保证完成国家任务的前提下，科研机构可自主制定内部人员管理制度，依据国家有关规定深化内部分配改革，解聘、辞退职工，在干部管理权限内任用中层干部。对行政领导人员实行任期目标责任制，加强对任期目标完成情况的考核，并将考核结果与任用、奖惩挂钩。

8. 对主要从事基础性研究的国家重点科研机构，行业性、区域性重点科研机构，或按非营利机构管理和运行的机构，探索实行理事会制，形成理事会决策，院（所）长负责执行和日常管理，职工代表大会监督的管理体制。

四、建立符合科研机构特点的充满生机活力的用人制度

9. 全面推行聘用制。推行聘用制度是科研机构转换用人机制的基本环节，通过签订聘用合同确定单位和个人的人事关系，明确单位和个人在人事管理上的基本权利和义务。推行聘用制可采取“老人老办法，新人新办法”，逐步到位。

10. 实行岗位管理制度。科研机构要科学、合理地设置岗位，明确岗位责任、任职条件、聘用期限，以及相应的选聘、奖惩制度。按照“公开、平等、竞争、择优”的原则，按岗聘用，竞争上岗。在坚持用人基本条件前提下，对研究开发人员要着重于学术水平和学术贡献，对经营管理人员要着重于促进成果转化能力和经济效益，对新进人员直接按照岗位任职要求进行专业技术职务考核和聘用；对行政管理人员要着重于管理知识、技能和效率；对工勤人员要进一步完善技术等级岗位规范。通过竞争上岗所取得的岗位职务和相应待遇仅在聘期内适用。

逐步实行科研机构专业技术职务聘任与岗位聘用的统一。随着国家科技投入方式的改革，人事部门对科研机构内部的职务级别比例不再实行指标控制，科研机构根据自身发展需要，自主决定本单位不同职务等级的任职条件和比例。科研机构在国家规定的行业要认真执行执业资格制度。

11. 建立公开招聘制度。科研机构要制定规章制度，建立科研项目课题选人用人公开招聘制度，通过组织专家评审，公开招聘，在一定的范围和领域内选择优秀人才，确保项目的质量。对基础研究领域内的国家重点科研机构，其关键岗位的人才公开招聘工作应聘请部分国内、国际知名专家参加评审。

12. 建立解聘、辞聘制度。科研事业单位实行解聘、辞聘制度，单位可按照国家有关规定和程序解聘职工，职工也可以按照聘用合同辞聘，畅通人员出口，增强用人制度的灵活性。要认真贯彻执行事业单位辞职辞退制度的政策法规，依法保护单位和职工双方的合法权益。

13. 科研机构实行固定岗位和流动岗位相结合的用人方式，促进科研人员的合理流动。对关键、重要岗位要增加竞争的透明度，实行固定岗位用人方式，对辅助性岗位可以实行流动岗位用人方式，努力使流动岗位人员达到科研单位总人数的一定比例，建立灵活的用人机制。

14. 鼓励科研人员创办高新技术企业或在完成本职工作的前提下兼职从事研究开发和成果转化活动。也可以根据长期交流与合作的需要，选派科研人员在一定时间内到其他科研机构或企业工作。科研机构按照国家有关规定通过合同或协议，建立规范的管理制度，明确单位与个人相互之间的权利、义务。

五、建立科研机构未聘人员的分流安置制度

15. 科研机构对实行聘用制以后的未聘人员，要坚持以单位内部消化为主，采取多种方式妥善处置，并积极探索各种有效的社会化安置方式。鼓励他们按照国家的有关规定进入市场。各单位对未聘人员要统一管理，区别对待，通过内部转岗、交内部人才交流中心托管等方式进行安置，并建立相应的管理制度。对受专业知识的局限，不适宜在原单位发展的人员，要为其向其他科研、教学、设计、生产单位流动提供便利；通过拓宽本单位的业务活动领域、创办经济实体和大力发展与科技进步相关的产业等多种途径分流人员、精干科研队伍，提高效益。

16. 有条件的部门和地方可以建立对所属科研机构的未聘人员实行集中管理和服务的内部人才交流服务机构，有组织地分流安置各类未聘人员，减轻科研机构的冗员负担。有关部门要加强对人才交流服务机构的指导、扶持和管理。

六、建立灵活有效的符合科研单位特点的分配激励机制

17. 根据按岗定酬、按任务定酬、按业绩定酬的精神，进一步搞活科研机构的分配。丰富和完善科技生产要素参与分配的方法和途径，使科技人员的贡献、绩效与其收入挂钩。扩大科研机构的分配自主权，建立起重实绩、重贡献，向优秀人才和关键岗位倾斜、自主灵活的分配激励机制。

18. 科研机构要积极探索符合国家规定，适合本单位特点、体现技术价值的科学合理的多种分配形式和办法。对于转为企业或进入企业的科研机构，可实行按岗位、任务和业绩定酬的分配制度，允许单位自主决定内部分配；对科技人员的工资来源主要靠国家拨款的科研事业单位，在执行国家分配政策和工资制度的基础上，进一步加大搞活内部分配的力度，拉开收入档次；对按非营利机构管理和运行的，可实行工资总额包干的办法；对少数有条件的、经费完全自给的机构及实行企业化管理的机构，应在坚持工资总额增长幅度低于本单位经济效益增长幅度、职工实际平均工资增长幅度低于本单位劳动生产率增长幅度的原则下，确定工资分配办法，搞活内部分配；经国家有关部门审核批准，允许科研机构高薪聘用高层次拔尖人才。

19. 落实《促进科技成果转化的若干规定》的各项政策。制定科技成果转化奖励和优惠政策的实施办法，保证科技人员成果转化后的奖励兑现，允许和鼓励专业技术人员通过转化科技成果、促进科技进步先富起来。

七、加强对科研机构人事制度改革的组织领导

20. 科研事业单位人事制度改革是干部人事制度改革的重要组成部分，各级党委和政府要高度重视，摆上日程，加强领导，认真组织。组织、人事部门要发挥宏观管理和指导协调的职能作用，与科技部门一起，统筹规划改革进程，大力推进科研事业单位人事制度改革。

21. 科研机构人事制度改革要与整个科研机构管理体制改革配套推进。本文件发布后，各地、各部门要根据文件的精神，在充分调查研究的基础上，抓紧制订所属科研机构人事制度改革方案和实施计划；具备条件的科研机构应立即着手实行本文件所明确的各项改革的试点工作，以点带面，全面启动科研机构人事制度改革。

22. 积极稳妥地推进科研机构人事制度改革。科研机构人事制度改革涉及广大科技人员的切身利益，各部门、各地方必须对科研机构人事制度改革给予高度重视，及时研究解决深化改革中出现的新情况、新问题，要注意区别不同情况和轻重缓急，从实际出发，分类指导，加强思想政治工作，确保安定团结，积极稳妥地把科研事业单位人事制度改革引向深入。

中组部、人事部、卫生部关于印发《关于深化卫生事业单位人事制度改革的实施意见》的通知

（人发〔2000〕31号　2000年3月30日）

各省、自治区、直辖市党委组织部和人民政府人事（人事劳动）厅（局）、卫生厅（局），党中央各部门和国务院各部委、各直属机构人事（干部）部门：

现将《关于深化卫生事业单位人事制度改革的实施意见》印发给你们，请结合本地区、本部门的实际情况贯彻执行。

关于深化卫生事业单位人事制度改革的实施意见

改革开放以来，随着我国社会主义市场经济体制的逐步建立和完善，卫生事业单位为满足人民群众不断增长的卫生需求，稳步进行了各项改革，取得了很大成绩。目前，卫生改革正在不断深化并处于攻坚阶段，深化卫生事业单位人事制度改革，对进一步推动卫生事业的改革和发展具有十分重要的作用。

一、深化卫生事业单位人事制度改革的指导思想、目标和原则

1. 深化卫生事业单位人事制度改革的指导思想是：坚持以邓小平理论、党的基本路线和十五大精神为指导，认真贯彻党的干部路线方针政策和中央关于卫生改革与发展的决定精神，从服务于社会主义现代化建设和满足人民群众卫生需求出发，以优化卫生人才资源配置，提高卫生服务质量为核心，理顺政事职能，下放管理权限，引入竞争机制，搞活用人制度，为推进卫生改革和促进卫生事业的发展提供强有力的组织保证和人才支持。

2. 卫生事业单位人事制度改革的目标是：力争用 3 至 5 年或更长一点时间，逐步建立起符合卫生工作特点的政事职责分开，政府依法监督，单位自主用人，人员自由择业，科学分类管理，配套措施完善的管理新体制，基本建立起人员能进能出，职务能上能下，待遇能高能低，人才结构合理，有利于优秀人才脱颖而出，充满生机和活力的运行机制。

3. 卫生事业单位人事制度改革必须坚持的原则是：坚持党管干部原则；坚持干部队伍“四化”方针和德才兼备的标准；坚持尊重知识，尊重人才；坚持公开、平等、竞争、择优；坚持按劳分配和生产要素参与分配。

二、改革卫生管理体制，优化卫生人力资源配置

4. 各级政府和卫生行政部门要以区域卫生规划为指导，根据本地区的卫生需求，逐步优化卫生人力资源的配置。卫生事业单位要以卫生部制定的编制原则或有关部门核定的编制标准为依据，合理配置各类人员，根据业务需求和工作量控制人员总量，优化人员结构，提高人员素质。

5. 卫生事业单位要以“精简、高效”为原则，按照规定合理设置内设机构。内设机构不要求统一，不要求上下对口，对职能相近相似、工作量不足的要精简合并。医疗机构可根据医疗任务需求，自行设置业务科室。

6. 卫生事业单位实行并完善院（站、所）长负责制。要建立和完善任期目标责任制，明确院（站、所）长的责、权、利。要充分发挥党组织的政治核心和监督保证作用，依靠职代会实行民主管理和民主监督，建立有效的监督保障机制。实行产权制度改革的试点单位，经批准可探索试行理事会（董事会）决策制、监事会监管制等新型管理制度。要严格执行离任审计制度。

7. 积极推进卫生事业单位后勤社会化的改革，实行适合卫生事业单位工作需要的后勤管理模式。具备条件的后勤部门应从单位中剥离出去，成为面向社会的独立经济实体。暂不具备条件的后勤部门要实行单独核算、自收自支、自负盈亏。在医疗机构相对集中的大、中城市，多家医院的后勤部门可联合组成后勤服务集团。

三、改革卫生事业单位的用人制度

8. 实行聘用制。按照公开招聘、择优聘用、平等自愿、协商一致的原则，单位与职工通过签订聘用合同，明确单位与被聘人员的责、权、利，保证双方的合法权益。根据各类不同人员的特点实行相应的聘用办法，打破行政职务、专业技术职务终身制，实行由身份管理向岗位管理的转变。在聘用人员中，对优秀人才和技术骨干可采用不同的聘用办法，实行不同的聘期，给予较高的聘用待遇，相对稳定一批技术骨干。还可根据工作需要采取专职与兼职相结合的方式，聘用部分兼职技术骨干。医疗机构要根据医疗工作的特点，制定兼职管理规定，加强对兼职人员的管理。

9. 卫生事业单位要进行科学合理的岗位设置。岗位设置要坚持按需设岗、精简高效的原则，充分考虑社会的需求、单位的发展、人才结构和人才培养等多种因素。可根据工作需要，确定一部分关键岗位。要明确岗位责任、任职条件、聘用期限，做到职责明确，权限清晰，条件合理。根据主管部门制定的岗位设置原则及专业技术职务结构比例要求，依据自身承担的任务，自主决定高、中、初级专业技术岗位的设置。同一单位各个科室结构比例不要强求统一，岗位设置要有利于学科的发展及社会对卫生服务的需求。

10. 改革卫生事业单位领导人员管理制度。在坚持党管干部原则和严格干部管理权限的前提下，引入竞争机制，改革单一的委任制，区别不同情况分别实行聘任、选任、委任、考任等多种选拔任用方式。建立健全任期目标责任制，加强对任期目标完成情况的考核，并将考核结果与任用、奖惩挂钩。

11. 卫生管理人员实行职员聘任制，逐步建立符合卫生事业单位行政管理特点的岗位序列和体现管理人员能力、业绩、资历、岗位需要的工资待遇。卫生事业单位中层以上领导干部实行任期目标责任制，可以采用直接聘任、招标聘任、推选聘任、委任等多种任用形式，推行任前“公示制”。

12. 卫生专业技术人员实行专业技术职务聘任制。要以深化职称改革、推行执业资格制度为切入点，实行从业准入制，逐步建立和完善与社会主义市场经济体制相适应的科学的卫生专业技术人才管理机制。要按照评聘分开、强化聘任的原则，实行专业技术职务聘任制。在政府人事部门的政策指导下，由卫生行政部门根据专业技术职务聘任工作的需要，负责组织实施卫生行业专业技术资格的评价和认证工作，逐步建立符合卫生行业特点的社会化卫生人才评价体系。

13. 卫生事业单位中的工勤人员实行合同制。卫生工勤人员要在加强职业技能培训，规范工人技术等级考核，提高素质的基础上，根据其职业工种、技能等级、实际能力等条件，可采用竞争上岗、择优聘用、定期考核等办法，规范工勤人员进、管、出环节。

14. 加强聘后管理，建立和完善岗位考核制度。对聘用人员进行全面考核，并把考核结果作为续聘、晋级、分配、奖惩和解聘的主要依据。要根据医疗等卫生专业技术人员的工作特点，制定能量化的考核要素，建立健全适合各类不同人员的简便、易操作的考核评价体系。

15. 建立解聘、辞聘制度。卫生事业单位要通过建立解聘、辞聘制度，使单位能按照规定的程序解聘职工，职工也可以按照聘用合同辞聘，畅通人员出口，增加用人制度的灵活性。对医疗机构等卫生服务部门中服务质量、服务态度较差，但又不够解聘条件的人员，可实行诫免制度，限期改正，到期不改的，予以解聘。

16. 对新进人员实行公开招聘制度。卫生事业单位需要补充人员时，要公布缺员岗位的用人条件和职责，实行公开招聘。招聘采取考试与考核相结合的方式，择优聘用。应聘卫生技术岗位必须具备相应的专业学历或规定的资格条件，非卫生专业技术人员不得参加应聘进入卫生技术岗位工作，已在卫生技术岗位的必须转岗。在实行聘用制中，对新进人员采取新人新办法，实行人事代理制。

四、改革卫生事业单位的工资分配机制

17. 卫生事业单位工资分配制度的改革要按照按劳分配和生产要素参与分配的原则，结合卫生工作知识密集、脑力与体力结合、高风险等特点，在逐步推进管理体制改革的条件下，进一步搞活内部分配，扩大各事业单位的分配自主权，根据按岗定酬、按任务定酬、按业绩定酬的精神，建立起重实绩、重贡献，向优秀人才和关键岗位倾斜，自主灵活的分配激励机制。

18. 根据卫生事业单位的性质、特点及发展需要，结合经费自给率和财政支持强度，对不同类型的卫生事业单位实行不同的工资管理办法。

对于主要依靠国家拨款的卫生事业单位，要实行有控制的单位工资总额包干形式，并在工资总额包干范围内，对活的工资部分进行重新分配。对于国家定额或定项补助的卫生事业单位，可在执行事业单位工资制度和工资政策的基础上，根据国家核定的工资总额，自主确定各类人员的内部分配办法。对于有条件的、经费完全自给的卫生事业单位，应在坚持工资总额增长幅度低于经济效益增长幅度，职工实际平均工资增长幅度低于本单位劳动生产率增长幅度原则的前提下，确定工资分配办法。

19. 探索新的分配机制。积极开展按生产要素参与分配的改革试点，研究探索技术、管理等生产要素参与分配的方法和途径。根据不同岗位的责任、技术劳动的复杂和承担风险的程度、工作量的大小等不同情况，将管理要素、技术要素、责任要素一并纳入分配因素确定岗位工资，按岗定酬。拉开分配档次，向关键岗位和优秀人才倾斜，对于少数能力、水平、贡献均十分突出的技术和管理骨干，可以通过一定形式的评议，确定较高的内部分配标准。

五、建立卫生人才流动机制，妥善安置未聘人员

20. 卫生事业单位要积极做好改革过程中的思想政治工作，妥善做好未聘人员的分流安置工作。未聘人员要以内部消化为主，采取多种方式妥善安置。组织和支持未聘人员以各种形式开展服务工作；要结合本单位实际情况，积极采取措施，兴办、开发新的服务项目和领域；要通过转岗、交内部人才交流中心托管等方式分流安置未聘人员。同时，积极探索各种有效的社会化安置方式。

21. 运用市场机制，调整卫生人才结构，促进卫生人才合理流动。有条件的省、自治区、直辖市、计划单列市卫生厅局可根据实际情况，按规定申请建立卫生人才交流服务中心。卫生人才交流服务中心要积极配合卫生事业单位人事制度改革，为卫生专业人员和其他卫生工作人员在行业内或行业间流动提供服务。要针对未聘人员的实际情况，为分流人员安置提供信息和指导，组织举办各类岗位技能培训班，鼓励未聘人员面向社会争取再就业。地方政府和有关部门应加强对人才交流服务机构的指导和管理。

卫生事业单位可将未聘人员向卫生人才交流服务中心申请托管，由人才交流中心、单位和托管人员签订协议，明确三方责任及有关事项，对未聘人员集中管理，以减轻卫生事业单位冗员负担。

六、加强对卫生事业单位人事制度改革的组织领导

22. 卫生事业单位人事制度改革是干部人事制度改革的重要组成部分，各级党委和政府要加强领导，高度重视。组织、人事部门要加强宏观管理和指导，卫生行政部门要发挥主管部门的职能作用，精心组织，周密安排，保证卫生事业单位人事制度改革的顺利进行。

23. 卫生事业单位的人事制度改革要注意与卫生改革的其他措施相配合，统筹规划，分步实施，互相推动。要根据本意见，结合本地区本单位实际情况，制订具体的实施方案和配套措施。要在抓好试点、积累经验的基础上逐步全面推开。

24. 卫生事业单位人事制度改革涉及面广，政策性强，是一项复杂的社会系统工程，涉及广大卫生人员的切身利益，一定要处理好改革、发展、稳定的关系，确保安定团结。组织、人事及卫生行政部门要按照国家有关政策规定，加强对卫生事业单位人事制度改革的监督管理，及时协调处理人事制度改革中出现的人事争议，依法保护双方的合法权益。要认真研究和解决改革中遇到的问题，促进卫生事业单位人事制度改革不断深化。

25. 本实施意见适用于医疗、预防保健等卫生事业单位。卫生教育、科研单位可参照教育和科研事业单位人事制度改革的有关方案执行。

中组部、人事部、教育部关于印发《关于深化高等学校人事制度改革的实施意见》的通知

（人发〔2000〕59号 2000年6月2日）

各省、自治区、直辖市党委组织部，人民政府人事（人事劳动）厅（局）、教育厅（教委），党中央各部门和国务院各部委、各直属机构人事（干部）部门，教育部直属高等学校：

现将《关于深化高等学校人事制度改革的实施意见》印发给你们，请结合本地区、本部门的实际情况贯彻执行。

关于深化高等学校人事制度改革的实施意见

随着我国高等教育管理体制、办学体制、内部管理体制改革的不断深入，各地在高

等学校人事管理体制和运行机制改革方面进行了许多有益的探索，取得了一些经验。为了适应我国高等教育改革和发展的要求，迫切需要进一步加快高等学校人事和分配制度改革的步伐，建立起适应社会主义市场经济体制和符合高等教育发展规律的高等学校人事管理制度。

一、深化高等学校人事制度改革的指导思想和目标

1. 深化高等学校人事制度改革的指导思想是，以邓小平理论和党的十五大精神为指导，认真贯彻实施科教兴国的战略方针，实施《教师法》、《高等教育法》和党中央、国务院关于深化教育改革的一系列重大决策，以合理配置教育人才资源、优化高等学校人员结构、全面提高教育质量和办学效益为核心，理顺人事管理体制，引入竞争激励机制，加强机构编制管理，进一步改革用人和分配制度，为高等学校的改革与发展提供强有力的组织保证和人才支持。

2. 深化高等学校人事制度改革的目标是，通过规范政府及其职能部门、高等学校主管部门与高等学校的职责权限，理顺政事关系，下放管理权限，落实高等学校办学自主权，为高等学校的改革和发展创造良好的社会环境；逐步建立符合高等学校特点的学校自主用人、人员自主择业、政府依法监督、配套措施完善的人事管理新体制；进一步健全高等学校内部的竞争机制和激励机制，转换人事管理的运行机制，搞活用人制度和分配制度。

二、积极推进高等学校机构编制改革，规范高等学校内部组织结构

3. 按照“总量控制、微观放权、规范合理、精减高效”的原则进行高等学校机构编制改革。理顺编制管理体制，实行国家制定编制法规和实施宏观控制、高等学校主管部门贯彻编制法规和进行检查评估、高等学校遵守编制法规和有效实施编制管理的管理办法。

教育部会同有关部门抓紧研究制定高等学校机构编制管理办法。

4. 根据高等学校教学、科研、校办产业、后勤服务各方面的不同职能，实行不同的管理办法。教学、科研是高等学校的主要任务，要进一步改革和完善教学、科研工作的管理体制，探索和建立符合教学、科研规律的组织形式；后勤服务要从学校中剥离出来，抓住有利时机，创造条件，实现社会化。校办产业要与学校建立规范的关系，明确学校与校办产业之间的职责与权益，校办产业要按照独立法人实体进行企业化管理，逐步建立现代企业制度。

5. 根据《高等教育法》和《中国共产党普通高等学校基层组织工作条例》所确定的高等学校的工作任务和精干、高效的原则，合理设置学校党政职能部门。高等学校的内设机构不要求上下对口。合并主体职能相近的部门，对任务性质基本相同的机构可实行合署办公。要根据高等学校教学、科研的发展需要和党的建设工作的要求，在上级主管部门核定的编制总数内合理确定人员结构比例并配置各类人员，优化高等学校的教职工队伍，努力提高生员比和生师比，大幅度提高教师占教职工的比例。

三、坚持党管干部原则，改进高等学校领导人员管理办法

6. 高等学校实行党委领导下的校长负责制，要把坚持党管干部原则同充分尊重支持校长依法行使用人权有机地结合起来。要选拔那些政治坚定、师德高尚、学术水平较高、具有较强领导能力和管理水平的同志担任高等学校的领导职务，特别要注重选配好党委书记和校长。

高等学校党委要在不断加强自身建设的同时，切实抓好院（系）领导班子建设，加强对校内各级各类领导干部的管理和监督。适应新形势下高等学校工作的新情况、新特点，全面加强学校中党的建设工作和思想政治工作，切实维护团结稳定的大局。继续大力加强教师队伍建设，特别是加强师德、师风建设，努力建设一支适应全面贯彻党的教育方针、适应新世纪要求的高素质的教师队伍。

7. 引入竞争机制，坚持走群众路线，继续深化高等学校领导干部选拔、任用制度改革。对不同类型的学校和不同领导职务，分别实行聘任、选任、委任、考任等多种任用形式。努力扩大选人视野，大力拓宽选人渠道，按照公开、平等、竞争、择优的原则，尽可能地在较大范围内选拔担任学校领导职务的合适人选。

8. 探索实行高等学校领导班子和领导人员任期制。要明确任期目标，加强届中、届满时对完成任期目标情况的考核，并把考核结果作为对领导人员奖惩和任用的重要依据。

四、全面推行聘用制，建立符合高等学校办学规律、充满生机与活力的用人制度

9. 进一步强化竞争机制，改革固定用人制度，破除职务终身制和人才单位所有制，按照“按需设岗、公开招聘、平等竞争、择优聘用、严格考核、合同管理”的原则，在高等学校工作人员中全面推行聘用（聘任）制度。学校根据学科建设和教学、科研任务的需要，科学合理地设置教学、科研、管理等各级各类岗位，明确岗位职责、任职条件、权利义务和聘任期限，按照规定程序对各级各类岗位实行公开招聘，平等竞争、择优聘用。学校和教职工在平等自愿的基础上，通过签订聘用（聘任）合同，确立受法律保护的人事关系。

10. 高等学校的教师和其他专业技术人员实行职务聘任制。把教师职务聘任制和教师资格制度结合起来，坚持从具有教师资格的人员中聘用教师。专业技术职务聘任工作要理顺评审与聘任的关系，淡化“身份”评审，强化岗位聘任。

11. 高等学校的管理人员实行教育职员制度。教育职员实行聘任制。教育职员制度先在部分高等学校进行试点，在取得经验、完善办法后逐步推开。

12. 探索建立教学、科研、管理关键岗位制度。积极吸引和遴选国内外优秀学术带头人和优秀管理人才到高等学校任教、工作，在学校努力形成优秀拔尖人才脱颖而出的机制。

13. 按照相对稳定、合理流动、专兼结合、资源共享的原则，探索建立相对稳定的骨干人员和出入有序的流动人员相结合、以教师为主的高等学校人才资源开发机制。鼓励校际之间互聘、联聘教师。通过聘任社会兼职教师、实行在学研究生的助教、助研、助管的“三助”制度等多种途径，促进高等学校教师与社会人才资源的优化配置，提高办学效益。

14. 进一步健全考核制度，加强聘后管理。结合年度考核工作，采取适当形式，对聘用（聘任）人员应履行的职责任务进行考核。经考核不能胜任本职工作的，或聘方所提供的条件发生重大变化时，可以通过解聘、辞聘等形式，解除聘用合同，终止聘用关系。同时，被聘人员也有权要求学校按照聘用（聘任）合同的规定提供教学、科研等工作条件。

15. 根据国家有关人事争议处理的有关政策，积极稳妥地处理有关人事争议，依法保障教职工和学校双方的合法权益。教职工对学校作出的涉及本人权益的人事处理决定不服，可向人事争议调解组织申请调解；调解未果的，可向人事争议仲裁机构申请仲裁。

五、加大分配制度改革的力度，健全高等学校的分配激励机制

16. 积极推进高等学校分配制度改革。在国家政策指导下，进一步加大搞活学校内部分配的力度，扩大学校分配自主权，建立重实绩、重贡献、向高层次人才和重点岗位倾斜的分配激励机制。高等学校主管部门根据国家工资管理的有关规定，通过实行工资总额动态包干管理等办法，搞活高等学校内部分配。

17. 高等学校要积极探索适合本单位特点的多种分配形式和办法。在国家政策指导下，根据“效率优先，兼顾公平”、“生产要素参与分配”的原则，探索建立以岗定薪、按劳取酬、优劳优酬、以岗位工资为主要内容的校内分配办法。要将教职工的工资收入与岗位职责、工作业绩、实际贡献以及知识、技术、成果转化中产生的社会效益和经济效益等直接挂钩，向优秀人才和关键岗位倾斜，充分发挥工资的激励功能。

18. 认真落实《促进科技成果转化的若干规定》和国家有关科技成果转化奖励和优惠的政策，加强产学研相结合，兑现高等学校科技人员成果转化的奖励，允许和鼓励高等学校专业技术人员通过转化科技成果、促进科技进步先富起来。

19. 进一步发挥工资的导向作用，实行向优秀人才和关键岗位倾斜的政策，经国家有关部门批准，高等学校可根据教学、科研和管理工作的实际需要，高薪聘用优秀拔尖人才，努力实现一流人才、一流业绩、一流报酬。

六、妥善安置未聘人员，形成人才合理流动的机制

20. 按照“新人新办法”的原则，对本实施意见实行后新聘用（聘任）的教职工，严格按照聘用（聘任）合同管理的规定，在聘期内双方履行规定的权利和义务，聘期满后双方可根据自愿的原则续聘或不再续聘。

按照“老人老办法”的原则，对本实施意见实行前原学校教职工中的落聘、待聘人员，采取校内转岗聘任等办法，以及鼓励高等学校教师到其他大学、高职、专科学校或中小学任教，形成合理的梯次流动。对少数因身体原因等不适合继续工作的教职工，可按照国家有关文件规定办理退休手续。

21. 有条件的高等学校可设立校内人才交流中心，主要承担本校教师及专业人员的人才交流工作。待聘、落聘等富余人员可通过高等学校人才交流中心与所在地政府人才交流机构形成的网络，在学校之间、地区之间进行流动，也可由所在地政府人事部门所属的人才交流机构实行人事代理。

采取优惠政策鼓励经济发达地区或城市的大学教职工到边远地区大中小学任教。政府人事部门所属的人才交流机构应积极为高等学校人才的流动提供服务。各校要开展多种形式的培训，为富余人员再就业提供学习、培训机会。

七、切实加强对高等学校人事制度改革的领导

22. 高等学校人事制度改革是我国整个干部人事制度改革的一个重要组成部分。各级党委和政府要高度重视，加强领导。近年来已进行高校内部管理体制改革或人事分配制度改革的地区和部门，要认真按照本实施意见进一步深化高等学校人事制度改革；尚未开展改革的地区和部门，要根据本实施意见立即开展各项改革。在推进改革的过程中，要坚持从实际出发，加强分类指导，及时研究解决改革中出现的各种新情况新问题，积极稳妥地推进高等学校人事制度改革。

23. 在高等学校人事制度改革过程中，要认真贯彻《教育法》和《高等教育法》，进一步落实高等学校办学自主权。学校作为具有独立法人资格的事业单位主体，依法自主、有效地管理学校内部事务，承担相应的义务和责任。各级政府及其职能部门，都不得干预学校自主办学权范围内的事务。各级党委和组织、人事部门，要加强对高等学校人事制度改革工作的宏观管理和指导协调，教育行政部门或高等学校主管部门要发挥职能作用，结合实际，研究制定实施意见，统筹规划改革进程，认真组织实施工作。

24. 各高等学校要在深入调查研究和科学论证的基础上，研究制订切实可行的具体方案，精心组织，周密部署，积极稳妥地推进本校的改革工作。学校党委书记、校长要亲自挂帅，成立专门领导小组，积极推进改革。改革的一些重大措施，要在充分酝酿的基础上，由学校党政领导班子集体讨论决策，注意通过教职工代表大会等多种途径广泛征求教职工的意见。要发挥党组织的政治优势，正确把握改革方向，有针对性地开展思想政治工作，引导广大教职工积极支持和参与改革，认真处理好高等学校改革、发展和稳定的关系，确保各项人事制度改革收到实效，以促进我国高等教育改革与发展各项工作的顺利进行。

中组部、人事部关于印发《关于加快推进事业单位人事制度改革的意见》的通知

（人发〔2000〕78号　2000年7月21日）

各省、自治区、直辖市党委组织部，人民政府人事（人事劳动）厅（局），党中央各部门和国务院各部委、各直属机构人事（干部）部门：

现将《关于加快推进事业单位人事制度改革的意见》印发给你们，请结合本地区、本部门的实际情况贯彻执行。

关于加快推进事业单位人事制度改革的意见

事业单位是我国各类人才的主要集中地，是增强我国综合国力的重要领域，是实施科教兴国战略的重要阵地。搞好事业单位人事制度改革，对建设高素质、社会化的专业技术人员队伍，推动经济发展和社会全面进步，实现我国改革开放和现代化建设的宏伟目标都具有十分重要的意义。现根据《深化干部人事制度改革纲要》（中办发〔2000〕15号）的精神，对加快推进事业单位人事制度改革提出如下意见。

一、加快推进事业单位人事制度改革是当前的紧迫任务

1. 改革开放以来，特别是近几年来，各地区、各部门根据建立社会主义市场经济体制的需要，按照党中央、国务院关于深化干部人事制度改革的要求，积极推进事业单位人事制度改革，在实行多种形式的选人用人制度、深化职称改革、促进人才流动、搞活工资分配等方面进行了积极探索，积累了有益的经验。但从总体上看，事业单位人事制度改革的进程，与社会主义市场经济体制和各项事业发展还不适应，主要表现在：符合各类事业单位特点的人事管理制度还没有完全建立起来，有效的竞争激励机制和自我约束机制还很不健全，能上能下、能进能出的用人机制还没有形成。当前我国改革开放和现代化建设事业已经进入一个新的历史时期，经济体制改革不断深入，科技、教育、文化、卫生体制改革日益深化，党政机关干部制度改革和企业人事制度改革全面展开。所有这些，都要求把加快推进事业单位人事制度改革作为促进国家整体改革和发展的一项重要而紧迫的任务。

2. 事业单位人事制度改革的指导思想和目标任务是：坚持以邓小平理论为指导，认真贯彻党管干部原则、干部队伍“四化”方针和德才兼备的用人标准，适应事业单位体制改革的要求，建立政事职责分开、单位自主用人、人员自主择业、政府依法管理、配套措施完善的分类管理体制；建立一套适合科、教、文、卫等各类事业单位特点，符合专业技术人员、管理人员和工勤人员各自岗位要求的具体管理制度；形成一个人员能进能出，职务能上能下，待遇能升能降，优秀人才能够脱颖而出，充满生机与活力的用人机制，实现事业单位人事管理的法制化、科学化。

3. 事业单位人事制度改革的基本思路是：按照“脱钩、分类、放权、搞活”的路子，改变用管理党政机关工作人员的办法管理事业单位人员的做法，逐步取消事业单位的行政级别，不再按行政级别确定事业单位人员的待遇；根据社会职能、经费来源的不同和岗位工作性质的不同，建立符合不同类型事业单位特点和不同岗位特点的人事制度，实行分类管理；在合理划分政府和事业单位职责权限的基础上，进一步扩大事业单位的人事管理自主权，建立健全事业单位用人上的自我约束机制；贯彻公开、平等、竞争、择优的原则，引入竞争激励机制，通过建立和推行聘用制度，搞活工资分配制度，建立充满生机活力的用人机制。通过制度创新，配套改革，充分调动各类人员的积极性和创造性，促进优秀人才成长，增强事业单位活力和自我发展能力，减轻国家财政负担，加速高素质、社会化的专业技术人员队伍建设。

二、建立以聘用制为基础的用人制度

4. 全面推行聘用制度。破除干部身份终身制，引入竞争机制，在事业单位全面建立和推行聘用制度，把聘用制度作为事业单位一项基本的用人制度。所有事业单位与职工都要按照国家有关法律、法规，在平等自愿、协商一致的基础上，通过签订聘用合同，确定单位和个人的人事关系，明确单位和个人的义务和权利。通过建立和推行聘用制度，实现用人上的公开、公平、公正，促进单位自主用人，保障职工自主择业，维护单位和职工双方的合法权益。通过聘用制度转换事业单位的用人机制，实现事业单位人事管理由身份管理向岗位管理转变，由单纯行政管理向法制管理转变，由行政依附关系向平等人事主体转变，由国家用人向单位用人转变。

建立解聘辞聘制度。事业单位可以按照聘用合同解聘职工，职工也可以按照聘用合

同辞聘。通过建立解聘辞聘制度，疏通事业单位人员出口渠道，增加用人制度的灵活性，解决人员能进能出的问题。

加强聘后管理。通过建立和完善聘后管理，保证聘用制度的实际效果，调动各类人员的积极性。重点是完善考核制度，研究修改《事业单位工作人员考核暂行规定》，把考核结果作为续聘、解聘、增资、晋级、奖惩等的依据。

5. 改革事业单位领导人员单一的委任制，在选拔任用中引入竞争机制。坚持党管干部原则，改进管理方法，对不同类型事业单位的领导人员，按照干部管理权限和一定程序，可实行直接聘任、招标聘任、推选聘任、委任等多种任用形式。建立健全领导班子和领导人员任期目标责任制，加强对任期目标完成情况的考核，并将考核结果与任用、奖惩挂钩。

6. 建立符合事业单位性质和工作特点的岗位管理制度。事业单位要科学合理设置岗位，明确不同岗位的职责、权利和任职条件，实行岗位管理。

对专业技术岗位，坚持按照岗位要求择优聘用，逐步实现专业技术职务的聘任与岗位聘用的统一。适应我国加入世界贸易组织的需要，按照国际惯例，对责任重大、社会通用性强、事关公共利益、具备一定专业技术才能胜任的岗位，逐步建立执业资格注册管理制度，实行执业准入控制。通过深化职称改革，强化并完善专业技术职务聘任制，建立政府宏观指导下的个人申请、社会化评价的机制，把专业技术职务聘任权交给用人单位。

对管理岗位，要建立体现管理人员的管理水平、业务能力、工作业绩、资格经历、岗位需要的等级序列，推行职员制度。

对工勤岗位，建立岗位等级规范，规范工勤人员"进、管、出"等环节的管理办法。

7. 建立选人用人实行公开招聘和考试的制度。要制定具体的招聘考试办法，从制度上规范事业单位选人用人的程序和做法，把优秀人才吸引到事业单位中来，提高事业单位各类人员的素质，把好选人用人关，防止通过各种非正当途径向事业单位安排人员。

8. 逐步建立固定与流动相结合的用人制度。改变现有单一的固定用人方式，有条件的单位应积极实行固定岗位与流动岗位相结合、专职与兼职相结合的用人办法。鼓励和支持事业单位的人才流动，促进专业技术人才资源配置的社会化、市场化。

三、建立形式多样、自主灵活的分配激励机制

9. 贯彻按劳分配与按生产要素分配，效率优先、兼顾公平的分配原则，扩大事业单位内部分配自主权，逐步建立重实绩、重贡献，向优秀人才和关键岗位倾斜，形式多样、自主灵活的分配激励机制。

10. 进一步扩大事业单位内部分配自主权。对转制为企业的，实行企业的分配制度；对经费主要靠国家财政拨款的，在国家政策指导下，搞活内部分配；对国家逐步减少经费拨款的，经批准，逐步加大内部分配自主权；对经费完全自理的，允许自主决定内部分配。对有条件的事业单位，要试行工资总额包干制度，搞活内部分配，同时，积极探索试行工资总额同经济效益挂钩的办法。

11. 积极探索按生产要素分配的改革。允许各地区、各部门选择有条件的事业单位探索生产要素参与分配的实现形式；允许事业单位在职务科技成果转化取得的收益中，提取一定比例，用于奖励项目完成人员和对产业化有贡献的人员；允许事业单位经批准高薪聘用个别拔尖人才，实行一流人才、一流业绩、一流报酬。对有重大科技发明、贡献突出的人才，根据有关规定，实行重奖。

12. 发挥工资政策的导向作用。对到艰苦边远地区事业单位和在特殊岗位工作的人员，继续在工资待遇上给予优惠政策。事业单位在制定内部分配办法时，对在关键或特殊岗位工作的人员，应适当给予倾斜。

四、建立多层次、多形式的未聘人员安置制度

13. 坚持以内部消化为主的原则，实行多层次多形式的未聘人员安置制度。深化事业单位人事制度改革，实现精减冗员，鼓励竞争，促进流动，提高素质的要求，就要妥善安置未聘人员，这是事业单位人事制度改革能否顺利进行的关键环节。对改革过程中出现的未聘人员，要以单位、行业或系统为基础，坚持以单位内部消化为主，探索多种形式给予妥善安置，为他们发挥作用创造条件。要注意采取先挖渠、后分流的办法，通过兴办发展新的产业、转岗培训等方式安置未聘人员；有条件的城市可以在行业内或行业间调剂安置，或通过人才流动服务中心对未聘人员进行托管。

14. 制定切实可行的政策，引导鼓励未聘人员面向基层、农村和企业，使他们在新的领域发挥作用。对专业技术人员，要为他们提供创办或进入企业的优惠条件，引导他们把专业技术应用到社会生产中去，为社会创造新的财富。

15. 要为妥善安置未聘人员创造条件。事业单位的未聘人员为国家作出了很大贡献，他们具有的专业技术知识和经验是国家的宝贵财富。各地区、各部门、各单位要有专门的未聘人员安置指导机构，为妥善安置未聘人员提供信息、帮助指导、创造条件。

五、建立符合事业单位特点的宏观管理和人事监督制度

16. 加强对事业单位人事工作的监督。要保障单位和职工的合法权利，保证事业单位在国家法律、法规规定的范围内行使用人自主权。要发挥事业单位职工代表大会的作用，依法保障事业单位职工参与民主管理和监督。

17. 建立健全事业单位人事工作的宏观管理制度。对主要靠财政拨款的事业单位要建立健全工资调控体系，建立健全各类人员及职务结构比例的宏观管理办法，健全事业单位人员总量的调控体系，建立不同类型事业单位人员增长的调控办法。

18. 做好事业单位人事争议的处理工作。要推进人事争议立法，积极开展人事仲裁工作。要建立健全人事争议仲裁机构，及时受理和仲裁人事争议案件，切实维护用人单位和职工双方的合法权益。

19. 健全和完善事业单位人事管理的政策法规体系。根据社会主义市场经济和人事制度改革发展的需要，当前要抓紧研究制定以《事业单位聘用条例》为基础的政策法规，保障事业单位人事制度改革的顺利进行。

六、加强领导，统筹规划，积极稳妥地推进事业单位人事制度改革工作

20. 加强领导，统筹规划。各级党委和政府要把事业单位人事制度改革摆到重要议事日程，切实加强对这项改革的领导，统筹规划，缜密实施。各级组织、人事部门要充分发挥宏观管理和业务指导的职能作用，做好牵头和协调工作，与编制、财政、劳动社会保障和科、教、文、卫、新闻出版等有关行业主管部门密切配合，形成合力，共同把这项工作搞好。要注意研究改革中出现的新情况、新问题，及时提出解决的对策和办法，把事业单位人事制度改革不断引向深入。

21. 突出重点，分类推进。事业单位人事制度改革涉及面广，情况复杂，要充分认识改革的艰巨性和复杂性，要认真总结试点经验，抓住重点，分类指导，逐步推进。要以建立和推行聘用制度、搞活工资分配为重点，全面推进事业单位人事制度改革。要紧密结合各行业体制改革和机构改革的要求，重点搞好科研、教育、卫生、文化等事业单位的人事制度改革，探索分类改革的办法、途径和经验。

22. 积极稳妥，稳步实施。各地区、各部门要根据实际情况，结合本地区的机构改革、体制改革和经济社会发展状况，在摸清事业单位的基本情况、改革现状、人员结构等有关情况的基础上，根据本意见，制定具体的实施办法。在推进改革的过程中，要从实际出发，因地制宜，先易后难，分步实施，逐步到位。要正确处理好改革、发展、稳定的关系。发挥党的政治优势，做好思想政治工作，引导干部群众积极支持和参与改革，积极稳妥地把事业单位人事制度改革推向深入，促进高素质社会化专业技术人员队伍建设和人才结构的调整，推动经济建设和各项社会事业的健康协调发展。

中共中央组织部、中共中央宣传部、人事部、国家广播电影电视总局关于印发《关于深化广播影视事业单位人事制度改革的实施意见》的通知

（人发〔2003〕13 号　2002 年 12 月 20 日）

各省、自治区、直辖市党委组织部、宣传部，人民政府人事厅（局）、广播电影电视局，党中央各部门和国务院各部委、各直属机构人事（干部）部门，国家广播电影电视总局各直属单位：

现将《关于深化广播影视事业单位人事制度改革的实施意见》印发给你们，请结合本地区、本部门实际情况贯彻执行。

关于深化广播影视事业单位人事制度改革的实施意见

我国已进入全面建设小康社会、加快推进社会主义现代化的新的发展阶段，广播影视事业的发展既面临新的机遇，也面临严峻的挑战。为了全面贯彻落实党的十六大精

神，深化广播影视事业单位人事制度改革，以适应社会主义市场经济和广播影视事业持续发展的要求，根据《中共中央办公厅关于印发〈深化干部人事制度改革纲要〉的通知》（中办发〔2000〕15号），《中共中央办公厅、国务院办公厅关于转发〈中共中央宣传部、国家广播电影电视总局、新闻出版总署关于深化新闻出版广播影视业改革的若干意见〉的通知》（中办发〔2001〕17号），《国务院办公厅转发人事部关于在事业单位试行人员聘用制度意见的通知》（国办发〔2002〕35号）和中共中央组织部、人事部《关于印发〈关于加快推进事业单位人事制度改革的意见〉的通知》（人发〔2000〕78号），结合广播影视事业单位工作实际，提出以下实施意见：

一、广播影视事业单位人事制度改革的指导思想、目标和任务

1. 指导思想：坚持以马克思列宁主义、毛泽东思想为指导，高举邓小平理论伟大旗帜，全面贯彻“三个代表”的重要思想，坚持解放思想，实事求是，与时俱进，坚持党的基本路线，贯彻干部队伍的“四化”方针和党管干部的原则，尊重劳动、尊重知识、尊重人才、尊重创造。按照党中央、国务院对广播影视工作的要求，牢牢把握先进文化的前进方向，遵循广播影视事业发展的内在规律，改革不适应广播影视事业发展的用人制度和分配制度。改革要有利于加强党对广播影视工作的领导，使之成为党、政府和人民的坚强喉舌，成为社会主义思想文化的重要阵地，从组织上保证广播影视工作的正确导向，有利于调动广大广播影视工作者的积极性，激发创造性，提高竞争力，有利于广播影视事业的持续繁荣和发展。改革要积极稳妥，确保广播影视单位的正常宣传秩序。

2. 目标：在广播电台、电视台和广播发射台等广播影视事业单位，建立单位自主用人、人员自主择业、政府依法管理、配套措施完善的人事管理体制；努力形成广纳群贤，人尽其才，能上能下，充满活力的用人机制，营造优秀人才脱颖而出的良好环境，为推进广播影视事业的改革与发展提供强有力的组织保证和人才支持。

3. 任务：推行聘用制度，建立单位与个人之间以聘用合同管理为基础的平等的人事关系；打破身份管理界限，建立包括岗位聘用、岗位考核、岗位培训等为内容的岗位管理制度；扩大内部分配自主权，建立以岗位工资为核心的多种分配方式并存的分配制度；建立和完善人才流动机制，合理配置人才资源，妥善安置未聘人员。

二、建立适应广播影视事业发展要求的充满生机与活力的用人制度

4. 全面推行聘用制度。聘用制是广播影视事业单位的基本用人制度。单位与职工双方要按照国家关于事业单位聘用制度的有关规定，通过签订聘用合同，确立单位同职工的人事关系，明确双方的责任、权利和义务。单位与职工聘用关系的建立、延续或解除，以职工与岗位的双向需求关系和履行岗位职责、业绩考核情况为依据。

5. 建立岗位管理制度。科学、合理地设置领导岗位、管理岗位、专业技术岗位、工勤岗位，不同的岗位实行不同的管理办法。岗位管理的基本要求是：按需设岗，职责明确，竞聘上岗，择优聘用，严格考核，按岗付酬，合约管理。岗位应有明确的岗位职责、聘用条件、考核指标、薪酬标准。

6. 改革和完善领导人员管理制度。选拔任用广播影视事业单位领导人员，要扩大民主，引进竞争机制，改进选拔方式，拓宽选人渠道。广播影视事业单位的领导人员实行委任制、聘任制等任用方式，建立健全领导人员任期制，实行任期目标责任管理。任期届满，要对其任期目标完成情况进行考核，并将考核结果作为是否续任的依据。完善相关制度和措施，加强对领导人员的监督管理。

7. 管理岗位实行竞争上岗和目标管理制度。逐步取消行政级别，建立体现管理人员水平、能力、业绩、资历的广播影视职员等级序列，在试点的基础上逐步推行。在中层管理人员选拔任用中引入竞争机制，实行目标管理，推行轮岗、挂职等交流制度，注意培养和选拔年轻干部。

8. 专业技术岗位实行岗位职务聘任制度。单位根据各项业务工作的需要，按类别和等级，自主分类设置专业技术岗位，动态管理。专业技术岗位应确定任职条件，竞聘上岗。改革和完善专业技术职务评聘管理制度，实行评聘分开。专业技术人员自主向指定的专业评审机构申报并取得专业技术职务任职资格。单位根据国家有关专业技术职务管理规定，在核定的专业技术职务结构比例内，对获得任职资格的专业技术人员自主选择、择优聘任。专业技术职务的聘任要逐步与岗位聘用统一起来。

专业技术要害、关键岗位建立职业资格证书制度，实行人员资质管理。广播电台、电视台、广播发射台内直接关系节目质量和播出安全的专业技术要害、关键岗位，实行持证上岗。其聘用和待遇要制定相应的管理办法。在要害、关键岗位上工作的人员试用期满，确认合格后，可签订长期聘用合同。

9. 工勤岗位实行岗位等级管理。根据国家关于工勤人员岗位等级规范及管理办法，按照工作需要和岗位的技术要求设置工勤岗位等级，按照岗位技术等级规范，对工勤人员聘用、培训和考核，规范工勤岗位的人员管理。

10. 规范临时工作人员的管理。根据工作任务和工作需要，可以聘用临时工作人员。用人单位应与临时工作人员建立劳务聘用关系，签订聘用合同，聘期一次不超过一年，以支付劳务费、稿酬为主要付酬形式。聘用合同由个人、用人单位双方共同签订，明确双方的责任、权利和义务。临时工作人员在聘期间，可以计算为本单位连续工作时间。

11. 广播影视事业单位补充工作人员，原则上实行公开招聘办法。公开招聘要按照岗位要求，通过考试考核择优聘用。招聘考试组织机构要有专家参加，保证各类适用人才公平竞争的机会。特殊专业技术人才还要通过专家考核推荐。

12. 加强岗位聘后管理，完善岗位考核制度。对各类岗位都要根据不同的岗位目标职责，确定定性与定量相结合并尽可能量化的业绩考核指标。要将考核作为聘后管理的重要措施，充分发挥考核的激励、监督作用，把考核结果作为续聘、解聘、收入分配、奖惩的主要依据。

13. 加强岗位培训，促进知识更新和技术创新，提高队伍整体素质。各级广播影视事业单位都应制定、落实培训规划和年度培训计划，建立和完善培训制度。要将各类人员参加培训的情况作为考核内容之一，列入申报专业技术职务和竞争上岗的资格条件。单位要为职工学习提供有利条件，采取灵活多样的形式，使学历教育和非学历教育、继续教育和岗位培训相结合，鼓励职工利用业余时间学习。

三、建立符合广播影视事业单位特点的分配制度

14. 广播影视事业单位内部收入分配改革，要确立劳动、资本、技术和管理等生产要素按贡献参与分配的原则，完善按劳分配为主体，多种分配方式并存的分配制度。坚持效率优先、兼顾公平。内部收入分配方案的设计要着眼于有效保证任务目标的实现，有利于吸纳人才和稳定人才。

15. 结合经费自给率和财政支持强度，对不同类型的广播影视事业单位实行不同的收入分配形式和管理办法。对事业经费主要靠国家财政拨款的事业单位，可试行工资总额包干的管理办法，允许将单位创收中规定可分配部分，纳入单位内部分配；对国家财政补助开支的事业单位，可在执行事业单位工资制度和工资政策的基础上，按国家有关规定从创收中提取一定经费，用于搞活单位内部分配；对有条件的、经费完全自给的广播影视事业单位，经批准可试行工资总额与经济效益挂钩的办法，自主制定内部分配办法；对企业化管理的事业单位可执行企业的分配制度。

16. 探索建立按岗定酬与按任务定酬、按业绩定酬相结合，以岗位工资为主要内容的内部分配办法，岗变薪变。岗酬设计要向重要岗位和艰苦岗位倾斜。

17. 积极落实国家有关转化科技成果奖励和优惠的政策，探索将产生良好社会效益和经济效益的技术、管理等生产要素参与分配的实现形式。鼓励专业技术人员勇于创新，并允许在创新中通过成果转化获取相应收入。

四、完善广播影视事业单位人才流动机制，妥善安置未聘人员

18. 合理配置人才资源，促进各类人才有序流动。广播影视单位要根据自身的发展及人才结构现状，充分运用市场机制，制定针对性强、便于操作的人才流动办法，为各类人才合理、有序地流动创造良好的政策环境。打破人才部门所有、单位所有，保护单位和职工的合法权益。积极推进广播影视事业单位职工参加社会保险。

19. 发挥人才交流机构的作用。发挥人才交流机构在人才招聘、人员托管、人员培训方面的作用，配合事业单位用人制度的改革，为单位和个人提供相关的人事代理服务，为各类人才合理流动牵线搭桥，为广播影视事业单位人员的能进能出创造条件、提供服务，促进广播影视人才资源的合理配置。

20. 妥善安置未聘人员。要采取有力措施，坚持以单位内部消化为主，多种方式、多种渠道妥善安置未聘人员。要注意采取先挖渠、后分流的办法，通过兴办发展新的产业、转岗培训等方式安置未聘人员；引导鼓励未聘人员面向基层，面向社会，在新的领域发挥作用，并提供创办或进入企业的优惠条件；在有条件的地方，也可由人才交流机构进行托管。对单位内部的未聘人员，提供基本的生活保障。

五、加强对广播影视事业单位人事制度改革的组织领导

21. 广播影视事业单位人事制度改革是干部人事制度改革的组成部分，各级党委和政府要高度重视，加强领导。各级党委组织、宣传和政府人事部门要加强宏观管理和指导协调，要与广播影视行政部门一起，精心组织，周密安排。要根据本《实施意见》，结合实际创造性地研究制定本地区的实施方案，及时研究解决改革中出现的各种新情况新问题。人事制度改革要与整个广播影视管理体制改革配套推进。改革的措施、方案要由单位领导集体讨论决定，同时要通过各种途径广泛征求群众意见，动员群众积极参与、支持改革，保证广播影视事业单位人事制度改革的顺利进行。

22. 广播影视事业单位人事制度改革涉及面广，政策性强，关系到广播影视从业人员的切身利益，要处理好改革发展稳定的关系，积极主动地做好思想政治工作，创造良好的改革舆论环境。要因地制宜，突出重点，分类指导，分步实施。

少数民族地区广播影视事业单位要注意结合本地区的实际，从维护民族团结和国家稳定的大局出发，积极探索适合民族地区特点的事业单位人事制度改革的路子，制定切实可行的方案，认真组织实施。

中共中央组织部、中共中央宣传部、人事部、文化部关于印发《关于深化文化事业单位人事制度改革的实施意见》的通知

（人发〔2003〕14号　2003年1月23日）

各省、自治区、直辖市党委组织部、宣传部，人民政府人事厅（局）、文化、文物厅（局），党中央各部门和国务院各部委、各直属机构人事（干部）部门，文化部直属事业单位：

现将《关于深化文化事业单位人事制度改革的实施意见》印发给你们，请结合本地区、本部门实际情况贯彻执行。

关于深化文化事业单位人事制度改革的实施意见

为了深入贯彻落实党的十六大精神，加快建立与社会主义市场经济体制相适应的文化事业单位（包括文物事业单位，下同）人事管理制度，根据《深化干部人事制度改革纲要》（中办发〔2000〕15号）、《关于在事业单位试行人员聘用制度的意见》（国办发〔2002〕35号）和《关于加快推进事业单位人事制度改革的意见》（人发〔2000〕78号），制定本实施意见。

一、文化事业单位人事制度改革的指导思想、原则和目标

1. 深化文化事业单位人事制度改革，必须坚持以马克思列宁主义、毛泽东思想、邓小平理论和“三个代表”重要思想为指导，坚持解放思想、实事求是、与时俱进，适应社会主义市场经济发展和文化体制改革的要求，认真贯彻落实党中央、国务院关于发展文化事业的一系列重大决策，遵循文化行业专门人才成长的规律，理顺人事管理体制，改革用人和分配制度，为文化事业的繁荣和发展提供强有力的组织保证和人才支持。

2. 深化文化事业单位人事制度改革，必须全面贯彻干部队伍“四化”方针；必须坚持党管干部原则，任人唯贤、德才兼备原则，公开、平等、竞争、择优原则；必须贯彻尊重劳动、尊重知识、尊重人才、尊重创造方针；必须坚持从实际出发，充分发扬民主，保证职工的知情权、参与权、选择权和监督权。

3. 深化文化事业单位人事制度改革的目标是，力争用3至5年的时间，逐步建立符合文化事业单位特点的单位自主用人、人员自主择业、政府依法监督、配套措施完善的人事管理体制；健全竞争和激励机制，搞活用人和分配制度，逐步形成人员能进能

出、职务能上能下、待遇能升能降，人才结构合理，优秀人才能够脱颖而出，充满生机与活力的人事管理机制。

二、加强宏观管理，建立文化事业单位人事分类管理制度

4. 根据文化事业单位的不同职能，对文化事业单位的人事工作实行分类管理。对主要依靠政府财政保障的图书资料、群众文化、文物、博物等公益型文化事业单位，要按照“精简、高效”的原则，加强机构编制管理，控制人员总量规模，科学合理地设定岗位，搞活内部用人机制；对艺术表演团体等具有公益性又可不同程度地实行经营运作的文化事业单位，要赋予充分的人事管理自主权，提高流动岗位所占比例，促进人员流动；对直接面向市场，自主经营、自负盈亏的文化事业单位，可实行更加灵活的用人制度和分配制度。

5. 调整人员规模和结构，形成专业门类齐全、梯次结构合理的各类专业人员队伍。采取措施稳定从事公共文化产品生产和服务、田野考古、文物保护研究、优秀传统文化艺术的人员队伍；搞活从事文艺表演、中介服务、开发经营的人员队伍，逐步减少财政支持的人员规模。

6. 构筑优秀人才脱颖而出的机制和环境。鼓励和支持优秀人才通过竞争进入关键岗位。重视文化艺术人才的规划、培训和开发工作。努力改善文化艺术人才的工作和生活条件，为中青年优秀人才进修深造和参加国内外文化交流活动创造条件。采取必要措施，吸引、鼓励海外文化艺术人才回国工作或以适当方式为国服务。

三、完善文化事业单位内部领导体制，建立健全领导人员选拔任用和管理监督机制

7. 实行行政领导人员负责制的单位，要充分发挥党组织的政治核心作用。实行党委领导下的行政领导人负责制的单位，要充分保证行政领导人的经营和管理权。文化事业单位作为法人实体，依法享有民事权利，承担民事责任。

8. 不同类型的文化事业单位领导人员可根据实际情况采取委任、聘任、选任、考任等多种任用形式。按照群众公认、注重实绩和公开、平等、竞争、择优的原则，推行公开选拔、竞争上岗的选拔方法。实行任前公示制。积极探索完善行政领导人员聘任制。行政副职由行政主要领导人聘任的，必须通过民主程序提名推荐，按照干部管理权限，报上级主管部门考察批准后，由单位行政主要领导人履行聘任手续。党组织的负责人按照党章的有关规定产生。

9. 建立和完善行政领导人员任期目标责任制，实行任期目标管理。完善考核办法，量化考核指标，加强对任期目标完成情况的考核，并将考核结果作为领导人员任用、奖惩的重要依据。严格执行离任审计制度。建立健全职工代表大会制度，实行民主管理和民主监督。

四、推行人员聘用制度和岗位管理制度，形成充满生机与活力的用人机制

10. 全面实行人员聘用制度。通过签订聘用合同明确双方与工作有关的权利和义务，转换用人机制，实现人事管理由身份管理向岗位管理转变，由行政任用关系向平等协商的聘用关系转变。推行聘用制应先易后难，稳步实施，逐步到位。

11. 推行公开招聘制度。文化事业单位补充工作人员，应在国家核定的编制和人员计划内，公布缺员岗位的用人条件和职责，公开招考，择优聘用。专业技术岗位逐步推行职业资格制度。

12．加强聘后管理工作。聘用合同订立后，聘用单位和受聘人员都应严格遵守并全面履行合同。受聘人员应遵守职业道德和聘用单位的规章制度，认真负责地完成岗位工作；聘用单位应当为受聘人员提供必要的工作条件，保障约定的权利和待遇。文化事业单位要完善岗位考核办法，并把考核结果作为续聘、晋级、收入分配、奖惩和解聘的重要依据。加快建立和完善人事争议调解、仲裁制度，及时、客观、公正地处理人员聘用中的人事争议问题，化解矛盾，维护聘用单位和受聘人员双方的合法权益。

13．实行解聘、辞聘制度。文化事业单位可以按照国家有关规定和合同约定解聘工作人员，工作人员也可以按照聘用合同辞聘。通过解聘、辞聘，疏通人员出口，促进合理流动。单位解聘工作人员或工作人员辞聘后，单位和工作人员要按照有关规定及时办理人事行政关系、档案接转以及社会保险关系调转等手续，做好后续工作。

14．建立岗位管理制度。文化事业单位要按照科学合理、精简效能的原则，根据工作任务、发展规划、人才结构等多种因素，合理设定岗位，明确岗位责任、任职条件、聘用期限，做到职责明确、权限清晰、条件合理、待遇透明。对基础性、骨干性岗位实行总量控制，对工勤等辅助性岗位逐步实行社会化服务，对自由从业程度高的岗位，以及指挥、首席等特殊岗位可试行项目（剧目）聘任管理。鼓励艺术表演团体试行剧目制作人制、演出经纪人制和演员签约制。

在坚持用人基本条件的前提下，文化事业单位可根据岗位要求和不同人员的具体情况，既可高职低聘，也可低职高聘；既可短期聘用，也可长期聘用。对专业技术岗位的聘用要注重业务能力、学术水平、社会效果和实际贡献，逐步实行专业技术职务聘任和岗位聘任的统一；对行政管理岗位的聘用要注重政策水平、管理水平和工作效率；对经营管理岗位的聘用要注重成果转化、市场开发和经济效益；对工勤岗位要注重服务质量、服务水平和服务态度。

15．鼓励文化事业单位工作人员在完成本职工作的前提下兼职从事与本职工作相关的教学、表演、学术交流及研究开发活动。根据文化交流和合作需要，允许单位选派工作人员在一定时间内到基层、企业或其他相关单位工作。文化事业单位要按照国家有关规定通过合同和协议，明确单位与个人之间的权利和义务，建立规范的管理制度。

五、加大分配制度改革力度，充分发挥收入分配的激励导向作用

16．文化事业单位要坚持劳动、资本、技术和管理等生产要素按贡献参与分配的原则，完善按劳分配为主体、多种分配方式并存的分配制度，结合文化行业从业特点，根据按岗定酬、按任务定酬、按业绩定酬的精神，建立重实绩、重贡献，向优秀人才和关键岗位倾斜，灵活多样的分配激励机制。

17．文化事业单位可根据本行业、本单位特点，探索多种分配形式和办法。主要依靠政府财政保障的公益型事业单位，在执行国家统一工资制度和工资政策的基础上，加大津贴分配改革力度，适当拉开差距，搞活内部分配。具有公益性又可实行经营运作的单位，可在国家核定的工资总额内，根据国家有关分配政策，将工作人员的收入和所在岗位、实际贡献直接挂钩。自主经营、自负盈亏的单位可根据工作任务、社会贡献和单位积累合理确定内部分配办法。经有关部门批准，单位可根据工作需要高薪聘用高、精、尖专业人才。对从业早、淘汰快、艺术青春短的舞蹈、武功、杂技、管乐，以及考古发掘和钻探、文物保护和修复等特殊专业的从业人员，实行更为灵活的分配办法。

18. 探索具有文化行业特点的新的分配机制。积极开展生产要素参与分配的改革试点。根据不同岗位的工作量、所承担责任及风险的大小、劳动的复杂程度等情况，将管理、技术、责任一并纳入分配因素，确定岗位工资。对于少数能力、水平、贡献十分突出的业务技术和管理骨干，可以实行较高的内部分配标准。

六、稳步推行人事代理，促进人员合理流动

19. 稳步推行人事代理制度。文化事业单位根据聘用制度的有关规定，可将受聘人员的人事行政关系委托政府人才中介机构管理，逐步建立起单位与受聘人员之间新型的人事关系。本实施意见下发后，对新招聘人员，原则上都要实行人事代理；对原有职工，要按照自主自愿、平等协商的原则，逐步实行人事代理。各地应根据实际情况，做好试点工作，在取得经验后，逐步扩大代理事项和代理范围。

20. 加快建设文化艺术人才社会化服务体系，积极培育文化艺术人才市场，通过建立文化艺术人才库、推行文化艺术人才网络化管理等手段，促进人才资源合理配置和有序流动。

21. 妥善安置未聘人员。对这次改革中的未聘人员，要坚持内部消化为主的原则，采取多种形式安置。单位可通过离岗培训等方式促进内部转岗，也可采取由单位、行业或委托政府人才中介机构等多种方式对未聘人员集中管理，促进未聘人员的转岗安置。对因受职业限制，不能继续从事原工作的人员，单位要采取切实措施，为其向教学、研究和生产单位流动提供便利。鼓励创办与之相关的教学、培训实体，为未聘人员转岗就业提供条件。尚未建立社会保障制度的地区，要采取必要措施切实保障未聘人员待岗期间的基本生活。加大文化行业从业人员社会保障的力度，解除他们的后顾之忧。

对长期从事舞蹈、武功、杂技、管乐等特殊专业的人员，各地应根据实际情况，采取适当措施，以利人员新老更替。

七、加强组织领导，推进改革健康发展

22. 文化事业单位人事制度改革是干部人事制度改革的重要组成部分，各级党委和政府要高度重视，切实加强领导。组织、宣传、人事部门要加强综合管理和指导协调，文化、文物行政部门要充分发挥主管部门的职能作用，积极争取有关部门的支持，稳步推进文化事业单位人事制度改革。

23. 文化事业单位人事制度改革要与文化方面的其他改革措施相配套。本实施意见下发后，各地要在广泛调查研究的基础上，抓紧研究制定本地区文化事业单位人事制度改革实施方案和实施计划。在通过试点取得经验的基础上，以点带面，全面启动文化事业单位人事制度改革。

24. 文化事业单位人事制度改革涉及面广，政策性强，关系广大文化工作者的切身利益，关系文化事业的繁荣和发展。各地各部门必须高度重视，在改革进程中，要坚持依法办事，妥善处理改革、发展与稳定的关系，及时研究解决改革中出现的新情况、新问题。文化事业单位党组织要切实发挥政治核心作用，做好深入细致的思想政治工作。要加强舆论宣传，创造良好的改革氛围。通过各方面的共同努力，保证文化事业单位人事制度改革的健康发展。

人事部关于印发《关于事业单位试行人员聘用制度有关工资待遇等问题的处理意见（试行）》的通知

（国人部发〔2004〕63号 2004年7月12日）

各省、自治区、直辖市人事厅（局），新疆生产建设兵团人事局，国务院各部委、各直属机构人事部门：

现将《关于事业单位试行人员聘用制度有关工资待遇等问题的处理意见（试行）》印发给你们，请认真贯彻执行。对试行中遇到的问题，请及时反馈给我们，以不断完善有关待遇政策，促进人员聘用制改革的平稳顺利进行。

关于事业单位试行人员聘用制度有关工资待遇等问题的处理意见（试行）

为贯彻落实《国务院办公厅转发人事部关于在事业单位试行人员聘用制度意见的通知》（国办发〔2002〕35号）精神，积极推进事业单位人事制度改革，现就事业单位试行人员聘用制度中有关工资待遇等问题，提出如下处理意见。

一、受聘人员的工资待遇

1．试行人员聘用制度的事业单位，要在建立以聘用制和岗位管理为基本内容的新型用人制度的同时，进一步深化内部收入分配改革，逐步建立与事业单位人事制度改革相适应的分配激励机制。确定受聘人员的工资待遇，要与其岗位职责、工作绩效紧密结合，坚持按劳分配与按生产要素分配相结合，坚持效率优先、兼顾公平，向关键岗位和特殊岗位倾斜。

2．经费来源主要由财政拨款的事业单位，以及经费来源部分由财政支持的事业单位，受聘人员的岗位工资待遇主要包括以下三部分：一是国家规定工资构成中的固定部分，根据所聘岗位的等级（专业技术职务等级、职员等级、工人技术职务和技术等级，下同）确定；二是国家规定工资构成中活的部分及单位收入中按国家有关规定可用于个人分配部分，由单位根据实际情况搞活分配；三是国家规定的津贴补贴，按现行政策执行。

3．经费自理的事业单位，受聘人员的岗位工资待遇，由单位在核定的工资总额内，按照国家有关政策自主确定。受聘人员国家规定的工资待遇，由单位记载，并按国家工资政策相应调整，作为职工调动和养老保险制度改革前计发退休（退职）费的依据。

二、岗位变动人员的工资待遇

1．受聘人员岗位变动后，按新聘岗位确定其工资待遇。

2. 由较高等级岗位受聘到较低等级岗位的人员，原则上按新聘岗位的等级就近就低确定国家规定的工资待遇。其中，对首次聘用时任原职务满5年、距法定退休年龄不足5年且符合订立聘用至退休合同条件的人员，可以保留原国家规定的工资待遇。

由较低等级岗位受聘到较高等级岗位的人员，按新聘岗位的等级就近就高确定国家规定的工资待遇。

3. 由工勤岗位受聘到专业技术岗位或管理岗位的人员，以及由专业技术岗位或管理岗位受聘到工勤岗位的人员，原则上按新聘岗位的等级重新确定国家规定的工资待遇。对首次聘用时由专业技术岗位或管理岗位受聘到工勤岗位的人员，任原职务满5年、符合订立聘用至退休合同条件的，可以保留原国家规定的工资待遇。

三、未聘人员及缓签聘用合同人员的待遇

1. 试行人员聘用制度中未聘人员的待遇，由各地区、各部门根据实际情况确定，在未聘期间按适当比例逐步递减，最低不低于未聘人员单位所在地人民政府规定的最低生活保障标准。

2. 经确诊患有难以治愈的严重疾病、精神病的缓签合同人员，在治疗期内执行国家规定的病假期间生活待遇。

四、解除聘用合同人员的待遇

1. 聘用单位依据国办发〔2002〕35号文件的有关规定，向被解聘人员支付经济补偿时，以其上年实际领取的月平均工资计算。

被解聘人员上年实际领取的月平均工资低于本人同期国家规定工资构成中固定部分与国家规定的津贴补贴之和的，按被解聘人员同期国家规定工资构成中固定部分与国家规定的津贴补贴之和计算。

被解聘人员上年实际领取的月平均工资高于当地月平均工资3倍以上的，按当地月平均工资的3倍计算。当地月平均工资标准，按国家统计部门公布的聘用单位所在地同期职工平均工资确定。

2. 聘用单位、受聘人员双方经协商一致解除聘用合同的，以及聘用单位、受聘人员单方面解除聘用合同（不含随时单方面解除聘用合同）的，被重新录（聘）用到国家机关、事业单位后，被解聘人员解聘前的工龄与重新录用后的工龄合并计算为连续工龄。

3. 受聘人员因被录用或选调到国家机关工作、依法服兵役及考入普通高等院校而随时单方面解除聘用合同的，解聘前的工作时间计算为工龄。

五、受聘人员的退休（退职）待遇

1. 受聘人员原则上按所聘岗位国家规定的条件办理退休（退职）。在养老保险制度改革前，退休（退职）费以本人退休（退职）时国家规定工资构成中固定部分与活的部分两项之和为基数，按照国家规定的比例计发；已参加当地养老保险费社会统筹的事业单位，按当地的有关规定享受养老保险待遇。

2. 对由工勤岗位受聘到专业技术或管理岗位的人员，在专业技术岗位或管理岗位聘用满10年（本意见下发前已被聘用的，可连续计算）且在所聘岗位退休（退职）的，可按所聘岗位国家规定的条件办理退休（退职），并享受相应的退休（退职）待遇。

3. 对首次聘用时由专业技术岗位或管理岗位受聘到工勤岗位的人员，任原职务满 5 年、符合订立聘用至退休合同且保留原国家规定工资待遇的，应按专业技术岗位或管理岗位国家规定的条件办理退休（退职），并享受相应的退休（退职）待遇。

六、把握政策，严格程序

事业单位试行人员聘用制度改革中的工资待遇问题，政策性强，情况复杂，涉及广大职工的切身利益，各级人事部门和事业单位要高度重视，严格把握政策和程序，积极稳妥地开展这项工作。

各事业单位在研究拟定受聘人员岗位的工资待遇分配办法时，要根据国家有关政策，逐步规范个人收入，认真清理政策外各项津补贴收入，实现职工个人收入的公开化、透明化。同时，要兼顾国家、集体、个人三者利益，正确处理改革、发展、稳定的关系，妥善处理各类人员之间的关系。分配改革方案需充分听取群众的意见，经职工代表大会审议，并报上级主管部门审核和政府人事部门备案。其中，事业单位领导人员的收入分配办法，应按干部管理权限报主管部门批准。

各级人事部门要抓住在事业单位试行人员聘用制度改革的契机，积极指导事业单位进一步深化内部收入分配改革，并加强对事业单位工资收入分配的调控和管理，认真研究和妥善处理本地区、本部门实施中的具体问题，确保人员聘用制改革的平稳顺利进行。

人事部、国家工商行政管理总局关于修改《人才市场管理规定》的决定

（人事部、国家工商行政管理总局令第 4 号　2005 年 3 月 22 日）

根据《中华人民共和国行政许可法》，对 2001 年 9 月 11 日公布的《人才市场管理规定》（人事部、国家工商行政管理总局令第 1 号）作如下修改：

1. 第七条第一款修改为："设立人才中介服务机构，可以通过信函、电报、电传、传真、电子数据交换和电子邮件等方式向政府人事行政部门提出申请，并按本规定第六条的要求提交有关证明材料。其中设立固定人才交流场所的，须做专门的说明。"

2. 第八条增加一款作为第四款："政府人事行政部门应当建立完善人才中介服务机构许可制度，并在行政机关网站公布审批程序、期限和需要提交的全部材料的目录，以及批准设立的人才中介服务机构的名录等信息。"

3. 第九条修改为："审批机关应当在接到设立人才中介服务机构申请报告之日起二十日内审核完毕，二十日内不能作出决定的，经本行政机关负责人批准，可以延长十日，并应当将延长期限的理由告知申请人。

批准同意的，发给《人才中介服务许可证》（以下简称许可证），并应当在作出决定之日起十日内向申请人颁发、送达许可证，不同意的应当书面通知申请人，并说明理由。”

4. 第十一条修改为：“开展人才中介或者相关业务的外国公司、企业和其他经济组织在中国境内从事人才中介服务活动的，必须与中国的人才中介服务机构合资经营。设立中外合资人才中介机构应当符合国家中外合资企业法律法规的规定，由拟设机构所在地省级政府人事行政部门审批，颁发许可证，并报人事部备案，同时按有关规定办理其他手续。

香港特别行政区、澳门特别行政区、台湾地区的投资者在内地设立合资人才中介机构，参照前款执行。法律法规另有规定的，依照其规定执行。”

5. 第十六条修改为：“审批机关负责对其批准成立的人才中介服务机构依法进行检查或抽查，并可以查阅或者要求其报送有关材料。人才中介服务机构应接受检查，并如实提供有关情况和材料。审批机关应公布检查结果。”

6. 第二十三条修改为：“举办人才交流会应当按照管理权限经县以上政府人事行政部门批准。其中举办全省（自治区、直辖市）范围内的人才交流会，须经所在地省级政府人事行政部门批准；举办名称冠以‘中国’、‘全国’等称谓的人才交流会，由人事部或其授权的省级人事行政部门批准。未经批准，任何单位和个人不得举办人才交流会。”

7. 第三十六条修改为：“人才中介服务机构违反本规定，擅自扩大许可业务范围、不依法接受检查或提供虚假材料，不按规定办理许可证变更等手续的，由县级以上政府人事行政部门予以警告，可并处10 000元以下罚款；情节严重的，责令停业整顿，有违法所得的，没收违法所得，并可处以不超过违法所得3倍的罚款，但最高不得超过30 000元。”

本决定自公布之日起30日后施行。

《人才市场管理规定》根据本决定作相应修改，重新公布。

人才市场管理规定

（2001年9月11日人事部、国家工商行政管理总局令第1号发布，2005年3月22日根据《人事部、国家工商行政管理总局关于修改〈人才市场管理规定〉的决定》修正）

第一章 总 则

第一条 为了建立和完善机制健全、运行规范、服务周到、指导监督有力的人才市场体系，优化人才资源配置，规范人才市场活动，维护人才、用人单位和人才中介服务机构的合法权益，根据有关法律、法规，制定本规定。

第二条 本规定所称的人才市场管理，是指对人才中介服务机构从事人才中介服务、用人单位招聘和个人应聘以及与之相关活动的管理。

人才市场服务的对象是指各类用人单位和具有中专以上学历或取得专业技术资格的人员，以及其他从事专业技术或管理工作的人员。

第三条　人才市场活动应当遵守国家的法律、法规及政策规定，坚持公开、平等、竞争、择优的原则，实行单位自主用人，个人自主择业。

第四条　县级以上政府人事行政部门是人才市场的综合管理部门，县级以上工商行政管理部门在职责范围内依法监督管理人才市场。

第二章　人才中介服务机构

第五条　本规定所称人才中介服务机构是指为用人单位和人才提供中介服务及其他相关服务的专营或兼营的组织。

人才中介服务机构的设置应当符合经济和社会发展的需要，根据人才市场发展的要求，统筹规划，合理布局。

第六条　设立人才中介服务机构应具备下列条件：

（一）有与开展人才中介业务相适应的场所、设施，注册资本（金）不得少于 10 万元；

（二）有 5 名以上大专以上学历、取得人才中介服务资格证书的专职工作人员；

（三）有健全可行的工作章程和制度；

（四）有独立承担民事责任的能力；

（五）具备相关法律、法规规定的其他条件。

第七条　设立人才中介服务机构，可以通过信函、电报、电传、传真、电子数据交换和电子邮件等方式向政府人事行政部门提出申请，并按本规定第六条的要求提交有关证明材料。其中设立固定人才交流场所的，须做专门的说明。

未经政府人事行政部门批准，不得设立人才中介服务机构。

第八条　设立人才中介服务机构应当依据管理权限由县级以上政府人事行政部门（以下简称审批机关）审批。

国务院各部委、直属机构及其直属在京事业单位和在京中央直管企业、全国性社团申请设立人才中介服务机构，由人事部审批。中央在地方所属单位申请设立人才中介服务机构，由所在地的省级政府人事行政部门审批。

人才中介服务机构设立分支机构的，应当在征得原审批机关的书面同意后，由分支机构所在地政府人事行政部门审批。

政府人事行政部门应当建立完善人才中介服务机构许可制度，并在行政机关网站公布审批程序、期限和需要提交的全部材料的目录，以及批准设立的人才中介服务机构的名录等信息。

第九条　审批机关应当在接到设立人才中介服务机构申请报告之日起二十日内审核完毕，二十日内不能作出决定的，经本行政机关负责人批准，可以延长十日，并应当将延长期限的理由告知申请人。

批准同意的，发给《人才中介服务许可证》（以下简称许可证），并应当在作出决定之日起十日内向申请人颁发、送达许可证，不同意的应当书面通知申请人，并说明理由。

第十条　互联网信息服务提供者专营或兼营人才信息网络中介服务的，必须申领许可证。

第十一条　开展人才中介或者相关业务的外国公司、企业和其他经济组织在中国境内从事人才中介服务活动的，必须与中国的人才中介服务机构合资经营。设立中外合资人才中介机构应当符合国家中外合资企业法律法规的规定，由拟设机构所在地省级政府人事行政部门审批，颁发许可证，并报人事部备案，同时按有关规定办理其他手续。

香港特别行政区、澳门特别行政区、台湾地区的投资者在内地设立合资人才中介机构，参照前款执行。法律法规另有规定的，依照其规定执行。

第十二条 经批准获得许可证的人才中介服务机构，应当按照有关规定，属事业单位的到机构编制管理部门办理登记手续，属企业的到工商行政管理部门办理登记注册手续。

其中到工商行政管理部门办理登记注册的，其机构名称应当在申领许可证前，由工商行政管理部门预先核准。

第十三条 人才中介服务机构可以从事下列业务：

（一）人才供求信息的收集、整理、储存、发布和咨询服务；

（二）人才信息网络服务；

（三）人才推荐；

（四）人才招聘；

（五）人才培训；

（六）人才测评；

（七）法规、规章规定的其他有关业务。

审批机关可以根据人才中介服务机构所在地区或行业的经济、社会发展需要以及人才中介服务机构自身的设备条件、人员和管理情况等，批准其开展一项或多项业务。

第十四条 人才中介服务机构应当依法开展经营业务活动，不得超越许可证核准的业务范围经营；不得采取不正当竞争手段从事中介活动；不得提供虚假信息或作虚假承诺。

第十五条 人才中介服务机构应当公开服务内容和工作程序，公布收费项目和标准。收费项目和标准，应当符合国家和省、自治区、直辖市的有关规定。

第十六条 审批机关负责对其批准成立的人才中介服务机构依法进行检查或抽查，并可以查阅或者要求其报送有关材料。人才中介服务机构应接受检查，并如实提供有关情况和材料。审批机关应公布检查结果。

第十七条 人才中介服务机构有改变名称、住所、经营范围、法定代表人以及停业、终止等情形的，应当按原审批程序办理变更或者注销登记手续。

第十八条 人才中介服务机构可以建立行业组织，协调行业内部活动，促进公平竞争，提高服务质量，规范职业道德，维护行业成员的合法权益。

第三章 人 事 代 理

第十九条 人才中介服务机构可在规定业务范围内接受用人单位和个人委托，从事各类人事代理服务。

第二十条 开展以下人事代理业务必须经过政府人事行政部门的授权。

（一）流动人员人事档案管理；

（二）因私出国政审；

（三）在规定的范围内申报或组织评审专业技术职务任职资格；

（四）转正定级和工龄核定；

（五）大中专毕业生接收手续；

（六）其他需经授权的人事代理事项。

第二十一条　人事代理方式可由单位集体委托代理，也可由个人委托代理；可多项委托代理，也可单项委托代理；可单位全员委托代理，也可部分人员委托代理。

第二十二条　单位办理委托人事代理，须向代理机构提交有效证件以及委托书，确定委托代理项目。经代理机构审定后，由代理机构与委托单位签订人事代理合同书，明确双方的权利和义务，确立人事代理关系。

个人委托办理人事代理，根据委托者的不同情况，须向代理机构提交有关证件复印件以及与代理有关的证明材料。经代理机构审定后，由代理机构与个人签订人事代理合同书，确立人事代理关系。

第四章　招聘与应聘

第二十三条　举办人才交流会应当按照管理权限经县以上政府人事行政部门批准。其中举办全省（自治区、直辖市）范围内的人才交流会，须经所在地省级政府人事行政部门批准；举办名称冠以“中国”、“全国”等称谓的人才交流会，由人事部或其授权的省级人事行政部门批准。未经批准，任何单位和个人不得举办人才交流会。

第二十四条　人才交流会应当由具备国家和当地政府规定条件的人才中介服务机构举办。举办者应当对参加人才交流会的招聘单位进行资格审查，对招聘中的各项活动进行管理。

第二十五条　用人单位可以通过委托人才中介服务机构、参加人才交流会、在公共媒体和互联网发布信息以及其他合法方式招聘人才。

第二十六条　用人单位公开招聘人才，应当出具有关部门批准其设立的文件或营业执照（副本），并如实公布拟聘用人员的数量、岗位和条件。

用人单位在招聘人才时，不得以民族、宗教信仰为由拒绝聘用或者提高聘用标准；除国家规定的不适合妇女工作的岗位外，不得以性别为由拒绝招聘妇女或提高对妇女的招聘条件。

第二十七条　用人单位招聘人才，不得以任何名义向应聘者收取费用，不得有欺诈行为或采取其他方式谋取非法利益。

第二十八条　人才中介服务机构通过各种形式、在各种媒体（含互联网）为用人单位发布人才招聘广告，不得超出许可业务范围。广告发布者不得为超出许可业务范围或无许可证的中介服务机构发布人才招聘广告。

第二十九条　用人单位不得招聘下列人员：

（一）正在承担国家、省重点工程、科研项目的技术和管理的主要人员，未经单位或主管部门同意的；

（二）由国家统一派出而又未满轮换年限的赴新疆、西藏工作的人员；

（三）正在从事涉及国家安全或重要机密工作的人员；

（四）有违法违纪嫌疑正在依法接受审查尚未结案的人员；

（五）法律、法规规定暂时不能流动的其他特殊岗位的人员。

第三十条 人才应聘可以通过人才中介服务机构、人才信息网络、人才交流会或直接与用人单位联系等形式进行。应聘时出具的证件以及履历等相关材料，必须真实、有效。

第三十一条 应聘人才离开原单位，应当按照国家的有关政策规定，遵守与原单位签订的合同或协议，不得擅自离职。

通过辞职或调动方式离开原单位的，应当按照国家的有关辞职、调动的规定办理手续。

第三十二条 对于符合国家人才流动政策规定的应聘人才，所在单位应当及时办理有关手续，按照国家有关规定为应聘人才提供证明文件以及相关材料，不得在国家规定之外另行设置限制条件。

应聘人才凡经单位出资培训的，如个人与单位订有合同，培训费问题按合同规定办理；没有合同的，单位可以适当收取培训费，收取标准按培训后回单位服务的年限，按每年递减20%的比例计算。

第三十三条 应聘人才在应聘时和离开原单位后，不得带走原单位的技术资料和设备器材等，不得侵犯原单位的知识产权、商业秘密及其他合法权益。

第三十四条 用人单位与应聘人才确定聘用关系后，应当在平等自愿、协商一致的基础上，依法签订聘用合同或劳动合同。

第五章 罚 则

第三十五条 违反本规定，未经政府人事行政部门批准擅自设立人才中介服务机构或从事人才中介服务活动的，由县级以上政府人事行政部门责令停办，并处10 000元以下罚款；有违法所得的，可处以不超过违法所得3倍的罚款，但最高不得超过30 000元。

违反本规定，未经政府人事行政部门批准擅自设立中外合资人才中介机构的，由省级以上政府人事行政部门按照前款规定予以处罚。

第三十六条 人才中介服务机构违反本规定，擅自扩大许可业务范围、不依法接受检查或提供虚假材料，不按规定办理许可证变更等手续的，由县级以上政府人事行政部门予以警告，可并处10 000元以下罚款；情节严重的，责令停业整顿，有违法所得的，没收违法所得，并可处以不超过违法所得3倍的罚款，但最高不得超过30 000元。

第三十七条 违反本规定，未经政府人事行政部门授权从事人事代理业务的或者未经批准擅自组织举办人才交流会的，由县级以上政府人事行政部门责令立即停办，并处10 000元以下罚款；有违法所得的，可处以不超过违法所得3倍的罚款，但最高不得超过30 000元；情节严重的，并责令停业整顿。

第三十八条 人才中介服务机构违反本规定，超出许可业务范围接受代理业务的，由县级以上政府人事行政部门予以警告，限期改正，并处10 000元以下罚款。

第三十九条 用人单位违反本规定，以民族、性别、宗教信仰为由拒绝聘用或者提高聘用标准的，招聘不得招聘人员的，以及向应聘者收取费用或采取欺诈等手段谋取非法利益的，由县级以上政府人事行政部门责令改正；情节严重的，并处10 000元以下罚款。

第四十条 个人违反本规定给原单位造成损失的，应当承担赔偿责任。

第四十一条 用人单位、人才中介服务机构、广告发布者发布虚假人才招聘广告的，由工商行政管理部门依照《广告法》第三十七条处罚。

人才中介服务机构超出许可业务范围发布广告、广告发布者为超出许可业务范围或无许可证的中介服务机构发布广告的，由工商行政管理部门处以10 000元以下罚款；有违法所得的，可处以不超过违法所得3倍的罚款，但最高不得超过30 000元。

第四十二条 人才中介活动违反工商行政管理规定的，由工商行政管理部门依照有关规定予以查处。

第六章 附 则

第四十三条 本规定由人事部、国家工商行政管理总局负责解释。

第四十四条 本规定自2001年10月1日起施行。1996年1月29日人事部发布的《人才市场管理暂行规定》（人发〔1996〕11号）同时废止。

中共中央组织部、中共中央宣传部、人事部、新闻出版总署关于印发《关于深化新闻出版事业单位人事制度改革的实施意见》的通知

（国人部发〔2006〕35号 2006年4月18日）

各省、自治区、直辖市党委组织部、宣传部，人民政府人事厅（局）、新闻出版局，党中央各部门和国务院各部委、各直属机构人事（干部）部门：

现将《关于深化新闻出版事业单位人事制度改革的实施意见》印发给你们，请结合本地区、本部门实际，认真贯彻执行。

关于深化新闻出版事业单位人事制度改革的实施意见

为了深入贯彻落实党的十六大和全国人才工作会议精神，加快建立与社会主义市场经济体制相适应的新闻出版事业单位人事制度，根据《中共中央、国务院关于进一步加强人才工作的决定》（中发〔2003〕16号）、《中共中央、国务院关于深化文化体制改革的若干意见》（中发〔2005〕14号）、《中共中央办公厅关于印发〈深化干部人事制度改革纲要〉的通知》（中办发〔2000〕15号）、《国务院办公厅转发人事部关于在事业单位试行人员聘用制度意见的通知》（国办发〔2002〕35号）和中央组织部、人事部《关于印发〈关于加快推进事业单位人事制度改革的意见〉的通知》（人发〔2000〕78号）精神，结合新闻出版事业单位实际，提出以下实施意见：

一、深化新闻出版事业单位人事制度改革的指导思想、主要原则和目标任务

1．深化新闻出版事业单位人事制度改革，必须坚持以邓小平理论和“三个代表”重要思想为指导，按照党的十六大和十六届四中、五中全会的要求，全面贯彻落实科学发展观，大力加强党的执政能力建设；必须贯彻干部队伍“四化”方针，坚持党管干部

和党管人才的原则，坚持科学人才观，坚持尊重劳动、尊重知识、尊重人才、尊重创造，坚持公开、公平、公正的原则，坚持德才兼备的选人用人标准；按照分类推进事业单位改革的总体要求，遵循新闻出版事业发展的规律，探索新闻出版事业单位在市场经济条件下培养、吸引、使用人才的新机制，实现由固定用人向合同用人的转变，由身份管理向岗位管理的转变，促进新闻出版事业单位人事管理的科学化、民主化、法制化。

2. 深化新闻出版事业单位人事制度改革，要有利于加强和改善党对新闻出版工作的领导，有利于坚持正确的舆论导向，充分发挥新闻出版机构作为党和人民喉舌的作用，有利于凝聚优秀人才和骨干人才，调动广大新闻出版工作者的积极性、创造性，为新闻出版事业的持续繁荣、全面发展提供强有力的组织保证和人才支持。

3. 深化新闻出版事业单位人事制度改革的目标任务是：按照政事职责分开、单位自主用人、个人自主择业、政府依法监管的要求，以推行聘用制度和岗位管理制度为重点，逐步建立起符合社会主义市场经济要求，符合新闻出版事业单位特点的人事管理制度。做到按需设岗、竞聘上岗、以岗定酬、合同管理，逐步实现人员能进能出，职务能上能下，待遇能高能低。形成广纳群贤，人尽其才，有利于优秀人才脱颖而出，充满生机和活力的用人机制。坚持按劳分配与按生产要素分配相结合和效率优先、兼顾公平等分配原则，进一步深化内部收入分配改革，逐步建立与事业单位人事制度改革相适应的分配激励机制。

二、建立适应新闻出版事业发展要求的新型用人制度

4. 全面推行聘用制度。聘用制度是新闻出版事业单位基本的用人制度。要按照先入轨、后完善的要求，加大新闻出版事业单位推行聘用制度的力度。单位与职工双方要按照国家关于事业单位聘用制度的有关规定，按照岗位需要和职责要求，在平等自愿、协商一致的基础上，通过签订聘用合同明确双方的责任、权利和义务。单位与职工聘用关系的建立、续聘或解聘，要以职工的品德、能力、业绩和履行岗位职责的考核情况为主要依据。

5. 建立岗位管理制度。新闻出版事业单位应根据其职责任务、规模和事业发展的需要，本着精简效能的原则，按照国家关于岗位总量、结构比例、最高等级设置的规定和要求，科学合理设置管理岗位、专业技术岗位和工勤岗位，使岗位的职责、权利和义务相统一、相协调，形成以岗位管理为基础的人事管理制度。各个岗位要有明确的职责、聘用条件、考核指标和工资标准。按照按需设岗、职责明确、竞聘上岗、科学考核、以岗定酬、合同管理的基本要求，建立岗位管理制度。

6. 改革和完善领导人员管理制度。选拔任用新闻出版事业单位领导人员，要扩大民主，引入竞争机制，改进选拔任用方式，拓宽选人渠道。按照干部管理权限，对新闻出版事业单位的领导人员实行委任制、聘任制等任用方式。建立健全领导人员任期制，实行任期目标责任管理，任期届满，要对目标完成情况进行严格考核，并将考核结果作为是否继续委任、聘任的依据。要积极探索对新闻出版事业单位领导人员加强监督管理的途径和方式，完善监督管理机制。

7. 管理岗位实行竞聘上岗和目标管理制度。要针对管理岗位的特点，建立以品德、知识、能力、业绩为主要依据的人才评价和使用办法。在中层管理人员选拔任用中一般应采取竞聘上岗的办法，根据聘期实行动态调整和目标管理。

8. 专业技术岗位实行岗位聘用制度。新闻出版事业单位要依据上级主管部门核定的岗位结构比例和工作需要，按照有关规定自主设置专业技术岗位。对法律法规有明确要求的专业技术岗位，要依法实行人员资格准入控制。单位根据国家有关专业技术职务管理规定和内部岗位需要，自主、择优聘用具有相应专业技术资格的专业技术人员，逐步实现专业技术职务的聘任与岗位聘用的统一。

9. 工勤岗位实行岗位等级管理。根据工勤人员岗位等级规范，按照工作需要和岗位要求设置工勤岗位等级。对工勤人员要按照岗位等级规范的要求开展聘用、培训和考核等工作，以规范工勤岗位的人员管理。对部分社会通用性强的工勤岗位，可实行社会化服务和管理。

10. 对新进人员实行公开招聘制度。根据国家有关规定，新闻出版事业单位补充工作人员要在核定的人员总量内，按照岗位要求进行公开招聘，通过考试、考核的办法择优聘用。公开招聘要按照国家规定的程序进行，确保信息公开、过程公开、结果公开，形成公开、平等、竞争、择优的选人用人机制。

11. 规范各种形式的用人办法。根据工作任务和工作需要，可采取固定岗位和流动岗位相结合，以中长期聘用、短期聘用和项目聘用等办法，聘用各类工作人员。各种形式的用人都要按照规范的程序建立聘用关系，签订聘用合同。用人单位必须按有关规定为短期（临时）聘用的工作人员解决在本单位工作期间的养老等社会保险问题。

12. 完善考核制度。建立平时、年度和聘期考核制度。考核要坚持客观公正、民主公开、注重实绩的原则，实行组织考察与群众评议相结合，做到注重实效，简便易行，易于操作。要围绕聘用合同和履行岗位职责，建立适合新闻出版事业单位岗位特点的考核制度。要加强聘后管理，将考核结果作为任用、续聘、解聘、奖惩、调整岗位及工资待遇的主要依据。

13. 加强岗位培训。新闻出版事业单位要加强管理人员、专业技术人员和工勤人员的岗位培训，制订职工培训规划和年度实施计划，建立和完善培训制度，确保职工接受培训、参加继续教育的权利。新闻出版事业单位领导人员，要接受行业主管部门规定的任职培训。培训要围绕树立正确的职业道德，增强履行岗位职责的能力，采取多种形式，有针对性地开展。有条件的单位可根据实际情况，将培训作为上岗的条件和岗位考核的内容。对事业单位专业技术人员的继续教育要按照国家有关政策规定执行。

14. 完善权益保障机制。新闻出版事业单位要认真执行事业单位人事争议仲裁规定，建立健全人事争议处理机制。单位与职工之间因履行聘用合同发生的争议可以向有管辖权的人事争议仲裁机构申请仲裁，切实维护单位和职工的合法权益。

三、建立符合新闻出版事业单位特点的收入分配激励机制

15. 深化新闻出版事业单位内部收入分配改革，逐步建立起体现岗位绩效的收入分配激励机制。实行按岗定酬与按任务定酬、按业绩定酬相结合，以岗位绩效工资为主要内容的内部分配办法，使新闻出版事业单位工作人员的收入与岗位职责、贡献、绩效相联系，有利于吸纳人才和稳定人才队伍。

16. 根据新闻出版事业单位特点和财政支持程度，对不同类型的新闻出版事业单位实行不同的收入分配管理办法。经费来源主要由财政拨款及经费来源部分由财政拨款的事业单位，在必须执行国家统一的工资制度和工资政策基础上，要逐步加大内部收入分配改革力度，适当拉开差距，搞活内部分配；经费自理的事业单位，在保证国有资产保值增值的前提下，按照核定的工资总额和国家有关政策自主决定内部分配。

17. 按照国家关于实行聘用制后工资待遇处理意见的规定，妥善处理各类人员之间的工资关系。逐步规范个人收入，实现单位领导和职工个人收入的公开化、透明化。

四、完善新闻出版人才流动机制，妥善安置未聘人员

18. 合理配置人才资源，促进各类人才有序流动。要打破人才部门所有、单位所有的壁垒，根据新闻出版事业发展需要和人才结构现状，充分发挥市场机制在新闻出版人才配置中的基础性作用，促进各类人才合理、有序流动。建立与聘用制相适应的人员流动政策和管理办法，整合人才资源，盘活现有人才，调整人才结构，加强人才队伍建设，形成凝聚优秀和骨干人才，充分调动广大职工积极性创造性的良好环境。

19. 发挥政府人事部门所属人才交流机构在促进人才流动等方面的作用。配合事业单位用人制度的改革，为单位和个人提供相关的人事代理服务，为新闻出版事业单位人员的合理流动提供服务，促进新闻出版人才的优化配置。

20. 妥善安置未聘人员。坚持内部消化为主、多种渠道安置、不能简单推向社会的原则，在解决养老、失业等社会保障问题的基础上，逐步探索扩大社会接纳的渠道和办法。对单位内部未聘人员，单位必须提供基本的生活保障，并加强其在待聘期间的培训，着重提高其上岗和转岗能力。要通过兴办新的产业或服务项目及转岗培训等方式，妥善安置未聘人员。引导、鼓励未聘人员面向基层、面向社会，在新的领域发挥作用。

五、加强对新闻出版事业单位人事制度改革的组织领导

21. 新闻出版事业单位人事制度改革是干部人事制度改革的重要组成部分，各级党委和政府要高度重视，认真组织，加强领导。各省、自治区、直辖市党委组织、宣传和政府人事部门要加强宏观管理和指导协调，新闻出版行政部门要发挥主管部门的职能作用，精心组织，周密安排，突出重点，分步实施，正确处理改革发展稳定的关系。要结合新闻出版管理体制改革，做好人事制度、收入分配制度改革与机构编制、社会保障、财政供给等制度改革的配套工作。

22. 新闻出版事业单位人事制度改革涉及广大新闻出版工作人员的切身利益，政策性强。要充分发挥新闻出版事业单位党组织的政治核心作用，加强思想政治工作，创造良好的改革环境。要及时研究解决改革中出现的新情况新问题。改革方案要通过各种途径广泛征求群众意见，动员群众积极参与、支持改革，保证新闻出版事业单位人事制度改革的顺利进行。

23. 各地区新闻出版行政主管部门可根据本实施意见，结合本地区新闻出版事业单位整体改革的实际情况，制定相应的实施办法。少数民族地区新闻出版事业单位要积极探索符合民族地区特点的改革路子，制定切实可行的方案。

24. 本实施意见适用于事业性质的报社、通讯社、出版社、期刊社等新闻出版单位。

人事部、卫生部、教育部、财政部、国家中医药管理局关于加强城市社区卫生人才队伍建设的指导意见

（国人部发〔2006〕69 号　2006 年 6 月 30 日）

各省、自治区、直辖市人事、卫生、教育、财政厅（委、局），中医药管理局：

为贯彻落实《国务院关于发展城市社区卫生服务的指导意见》（国发〔2006〕10 号），加快社区卫生人才队伍建设和人才培养，提高社区卫生人才队伍的整体素质和服务水平，促进城市社区卫生事业的发展，提出以下指导意见：

一、指导思想和目标任务

1. 指导思想。以邓小平理论和“三个代表”重要思想为指导，全面落实科学发展观，牢固树立科学人才观，紧紧抓住人才培养、吸引和使用三个重要环节，加强社区卫生人才队伍建设，提高社区卫生人才队伍的整体素质，为社区卫生事业的发展提供人才支持。

2. 目标任务。大力加强社区卫生人才队伍建设，健全社区卫生人才培养体系；完善全科医师、护士等社区卫生专业技术人员的任职资格制度；建立社区卫生服务机构人员的聘用制度；采取有效措施引导、组织高等医学院校毕业生和大中型医疗卫生机构的卫生专业技术人员到社区卫生服务机构服务；逐步在社区建立一支以全科医学为主体，包括中医、西医、公共卫生、护理、药学等卫生专业技术人员以及社区卫生管理人员的社区卫生人才队伍，建立充满生机和活力的用人制度。

二、健全和完善社区卫生人才培养体系

3. 加强全科医学、社区护理学教育和学科建设。高等学校要充分发挥学科建设和人才培养方面的优势，整合教学资源，加强师资队伍建设，制定全科医学、社区护理学师资队伍建设规划，在人员编制、职称评聘、工作量考核等方面给予必要的支持，鼓励高水平临床教师和临床专家承担全科医学教学任务，参与社区卫生人才培训。支持全科医学、社区护理学学科建设与发展，有条件的医学院校要成立全科医学/家庭医学系、社区护理学系，将该类学科纳入学校重点建设学科整体规划之中。加强医学生的全科医学和社区护理学科教育，将医学生的全科医学知识教育与技能培养作为一项基本任务，在向医学类专业开设全科医学概论必修课程的基础上，积极将全科医学基本理论教育和技能培养融入教学全过程之中。护理学本、专科专业教育要开设社区护理学课程。加强全科医学、社区护理学教材建设，进一步完善临床教学和社区实习的配套教材。组织医学生到社区卫生服务中心（站）进行见习或实习。

教育部、国务院学位委员会将在修订的《授予博士、硕士学位和培养研究生的学科、专业目录》中对全科医学的学科定位和人才培养给予专门研究和重点支持。高等医

学院校要创造条件积极探索全科医学研究生教育，有条件的高等学校要举办全科医学研究生学位教育，培养全科医学师资和学科带头人。

4. 开展社区卫生服务人员岗位培训。对已经从事城市社区卫生服务工作的人员和由其他医疗机构转入社区开展卫生服务工作的有关专业人员采取脱产或半脱产的方式进行符合社区卫生服务要求的岗位培训。培训结束后，由省级卫生、中医药行政部门统一组织考试考核，并与岗位聘用相结合，确保在2010年前基本实现所有社区卫生专业技术人员达到相应的岗位执业要求。要根据不同岗位的要求，有针对性地确定培训内容，注意加强城市社区卫生专业技术人员的中医药知识与技能培训，切实提高城市社区卫生服务人员的技能和服务水平。各省（区、市）都要制订社区卫生服务岗位培训计划，并做好组织实施工作。

5. 积极开展全科医学规范化培训工作。要探索相关配套政策和培养模式，稳妥地推进全科医学规范化培训，有关医疗卫生机构要承担培训任务。到2010年各省（区、市）都要开展全科医学规范化培训，逐步建立健全全科医学规范化培训制度。

6. 完善继续教育。进一步明确对城市社区卫生专业技术人员的继续教育要求，加强管理，完善制度，促进卫生专业技术人员的继续教育与使用管理紧密结合。大力开展具有全科医学特点的、针对性和实用性强的继续教育活动，采用多渠道、多方式开展继续教育。充分利用现代远程教育手段为城市社区卫生服务人员提供更多的继续教育机会。

7. 推进培养能力建设。采用多种途径和手段，加强全科医学师资培养。教育、卫生、中医药行政部门要将全科医学和社区护理学师资培养列入教师培训计划。加快社区卫生人才培养临床和社区基地建设，充分利用现有资源建设一批能体现全科医疗服务模式以及防治结合特点的示范性社区卫生人才培养临床和社区基地，发挥其对社区卫生人才培养的示范作用。到2010年在全国每个地级市遴选建设至少1~2个社区卫生服务人才培养示范基地。加强教材建设，组织编制一批高质量的适合不同层次人才培养需要的全科医学、社区护理学等教育培训教材。

8. 提高社区卫生人才队伍职业道德。要加强社区卫生人才队伍的医德医风教育，使社区卫生人才队伍确立全心全意为社区居民服务的意识，树立忠于职守、爱岗敬业、乐于奉献、文明行医的卫生行业新风尚，加强职业技能和医患沟通技能的训练，为社区居民提供及时、便捷、人性化的医疗卫生服务。

三、完善全科医师、护士等社区卫生专业技术人员任职资格制度

9. 社区卫生专业技术人员以全科医学为主体，包括中医、西医、公共卫生、护理、药学等卫生专业技术人员，社区卫生服务机构中专业技术人员的专业技术资格晋升按国家有关规定执行。

10. 完善全科医师任职资格制度。对在社区从事医疗卫生工作的医师，按照卫生部、国家中医药管理局有关规定执业。凡符合条件的卫生专业技术人员，均可参加全国卫生专业技术资格考试中的临床类别、中医类别全科医学专业中级考试，取得相应类别的全科主治医师资格。非全科医学专业的主治、副主任及主任医师经过有针对性的全科医师转岗培训，经考核合格，并由卫生、中医药、人事部门认定后，可转为相应资格的全科医师，按照卫生部、国家中医药管理局有关规定变更执业范围后，在社区从事全科医学工作。在晋升上一级资格时，其转前与转后年限合并计算。卫生部、人事部、国家中医药管理局负责组建全科医学高级职称评审委员会，统一组织全国全科医学高级职称评审工作。

11. 完善在社区从事护理工作的专业技术人员任职资格制度。社区护理人员的初级任职资格通过参加全国卫生专业技术资格考试的护理学专业考试获得；在全国卫生专业技术资格考试护理中级资格专业中增设面向社区护理的专业；在护理高级专业技术资格标准条件的有关政策规定中进一步体现社区护理的要求和特点。

四、建立社区卫生服务机构人员聘用制度

12. 实行岗位管理制度。国家制定事业单位岗位设置管理指导意见，确定通用的岗位类别和等级，实行岗位总量、结构比例和最高等级控制。社区卫生服务机构根据国家事业单位岗位设置管理及社区卫生服务机构岗位管理的有关规定，按照科学合理、精简效能的原则进行岗位设置。社区卫生服务机构的岗位根据其社会功能、职责任务和工作需要设置，应具有明确的岗位名称、工作任务、工作标准、职责范围和任职条件。

13. 完善人员聘用制度。社区卫生服务机构应当按照国家在事业单位实行人员聘用制度的有关规定，通过公开招聘，竞聘上岗，实行择优聘用，合同管理。聘用的各类人员都要签订聘用合同，有法定执业资格要求的岗位，受聘人员应当具有相应的执业资格。

14. 建立健全岗位考核制度，加强对受聘人员履行岗位职责情况的考核，提高服务水平和工作效率。岗位考核以专业水平、工作绩效和接受服务居民的满意度为主要标准，实行定性与定量考核相结合，聘期考核与定期考核相结合。考核结果作为续聘、解聘或者调整岗位的依据。

15. 探索建立人员退出机制，完善辞聘、解聘制度。对于符合辞聘、解聘条件的人员，按照有关规定解除聘用关系。对于考核不合格的受聘人员，社区卫生服务机构可以调整其岗位，并对聘用合同作出相应的变更。对不同意调整岗位，或者虽然同意调整工作岗位，但到新岗位后考核仍不合格，无法胜任工作的，社区卫生服务机构可以与之解除聘用关系。

五、吸引和稳定社区卫生人才队伍

16. 吸引和鼓励高等医学院校毕业生到社区卫生服务机构服务。到艰苦边远地区社区卫生服务机构工作的大中专及以上毕业生，可提前转正定级，转正定级时薪级工资高定 1 至 2 级。制订相应的培养计划，支持毕业生参加规范化培训，为毕业生在大中型医疗卫生机构实习、进修创造条件。

17. 采取有效措施吸引稳定社区卫生人才队伍。各地要制定配套政策，积极吸引医院中的人员到社区卫生服务机构工作。凡到社区卫生服务机构工作的医师和护师，可提前一年参加全国卫生专业技术中级资格考试，各地也可根据实际情况对在社区工作的卫生技术人员职称晋升，给予适当倾斜。在社区卫生服务机构工作满五年的卫生专业技术人员，可优先参加相应的培训或业务进修。改革社区卫生服务机构收入分配制度，实行以岗位工资和绩效工资为主要内容的收入分配办法，使工作人员的收入与其岗位职责、工作业绩和实际贡献紧密联系起来，加强和改善工资总额管理，对公益目标任务完成好、考核优秀的社区卫生服务机构，适当增加绩效工资总量。各省（区、市）应采取有效措施使社区卫生服务机构按时足额发放工作人员工资。

18. 加强人员和技术交流。各地要采取多种形式鼓励和组织大中型医院、预防保健机构的高、中级卫生专业技术人员，按照卫生部有关规定，定期到社区卫生服务机构提供技术指导和服务；要有计划地组织社区卫生服务机构卫生技术人员到医院和预防保健机构进修学习、参加学术活动，提高社区卫生技术人员的素质和专业技术水平。要鼓励城市业务水平较高、身体状况较好的退休卫生专业技术人员到社区卫生服务机构开展医疗卫生服务，社区卫生服务机构要为他们开展服务提供便利，享受相应待遇。

六、切实加强社区卫生人才工作的组织领导

19. 高度重视、加强领导。加强社区卫生服务机构人才队伍建设是发展城市社区卫生服务的一项重大基础性工作和紧迫任务，各地要高度重视，加强领导，统筹规划，精心组织，要在制定社区卫生发展规定时，把人才队伍建设作为一个重要部分。地方人事、卫生、教育、财政和中医药行政部门要密切配合、沟通协作，要定期对社区卫生服务机构人才队伍建设工作进行调查研究，督促检查，总结经验，完善提高。

20. 稳步推进，务求实效。社区卫生服务机构人才队伍建设工作任务重，政策性强，各地要立足当前、着眼长远，从紧密结合社区卫生服务发展的实际，明确本地区工作目标要求，提出工作进度，突出重点，稳步推进。要狠抓各项政策措施的落实，使社区卫生服务机构人才队伍建设取得实效。

机关事业单位工作人员带薪年休假实施办法

（人事部令第9号　2008年2月15日）

第一条　为了规范机关、事业单位实施带薪年休假（以下简称年休假）制度，根据《职工带薪年休假条例》（以下简称《条例》）及国家有关规定，制定本办法。

第二条　《条例》第二条中所称“连续工作”的时间和第三条、第四条中所称“累计工作”的时间，机关、事业单位工作人员（以下简称工作人员）均按工作年限计算。

工作人员工作年限满1年、满10年、满20年后，从下月起享受相应的年休假天数。

第三条　国家规定的探亲假、婚丧假、产假的假期，不计入年休假的假期。

第四条　工作人员已享受当年的年休假，年内又出现《条例》第四条第（二）、（三）、（四）、（五）项规定的情形之一的，不享受下一年的年休假。

第五条　依法应享受寒暑假的工作人员，因工作需要未休寒暑假的，所在单位应当安排其休年休假；因工作需要休寒暑假天数少于年休假天数的，所在单位应当安排补足其年休假天数。

第六条　工作人员因承担野外地质勘查、野外测绘、远洋科学考察、极地科学考察以及其他特殊工作任务，所在单位不能在本年度安排其休年休假的，可以跨 1 个年度安排。

第七条　机关、事业单位因工作需要不安排工作人员休年休假，应当征求工作人员本人的意见。

机关、事业单位应当根据工作人员应休未休的年休假天数，对其支付年休假工资报酬。年休假工资报酬的支付标准是：每应休未休 1 天，按照本人应休年休假当年日工资收入的 300% 支付，其中包含工作人员正常工作期间的工资收入。

工作人员年休假工资报酬中，除正常工作期间工资收入外，其余部分应当由所在单位在下一年第一季度一次性支付，所需经费按现行经费渠道解决。实行工资统发的单位，应当纳入工资统发。

第八条　工作人员应休年休假当年日工资收入的计算办法是：本人全年工资收入除以全年计薪天数（261 天）。

机关工作人员的全年工资收入，为本人全年应发的基本工资、国家规定的津贴补贴、年终一次性奖金之和；事业单位工作人员的全年工资收入，为本人全年应发的基本工资、国家规定的津贴补贴、绩效工资之和。其中，国家规定的津贴补贴不含根据住房、用车等制度改革向工作人员直接发放的货币补贴。

第九条　机关、事业单位已安排年休假，工作人员未休且有下列情形之一的，只享受正常工作期间的工资收入：

（一）因个人原因不休年休假的；

（二）请事假累计已超过本人应休年休假天数，但不足 20 天的。

第十条　机关、事业单位根据工作的具体情况，并考虑工作人员本人意愿，统筹安排，保证工作人员享受年休假。机关、事业单位应当加强年休假管理，严格考勤制度。

县级以上地方人民政府人事行政部门应当依据职权，主动对机关、事业单位执行年休假的情况进行监督检查。

第十一条　机关、事业单位不安排工作人员休年休假又不按本办法规定支付年休假工资报酬的，由县级以上地方人民政府人事行政部门责令限期改正。对逾期不改正的，除责令该单位支付年休假工资报酬外，单位还应当按照年休假工资报酬的数额向工作人员加付赔偿金。

对拒不支付年休假工资报酬、赔偿金的，属于机关和参照公务员法管理的事业单位的，应当按照干部管理权限，对直接负责的主管人员以及其他直接责任人员依法给予处分，并责令支付；属于其他事业单位的，应当按照干部管理权限，对直接负责的主管人员以及其他直接责任人员依法给予处分，并由同级人事行政部门或工作人员本人申请人民法院强制执行。

第十二条　工作人员与所在单位因年休假发生的争议，依照国家有关公务员申诉控告和人事争议处理的规定处理。

第十三条　驻外使领馆工作人员、驻港澳地区内派人员以及机关、事业单位驻外非外交人员的年休假，按照《条例》和本办法的规定执行。

按照国家规定经批准执行机关、事业单位工资收入分配制度的其他单位工作人员的年休假，参照《条例》和本办法的规定执行。

第十四条 本办法自发布之日起施行。

人力资源和社会保障部关于印发部机关各司级单位主要职责内设机构和人员编制规定的通知

（节选）

（人社部发〔2008〕92 号 2008 年 10 月 27 日）

部属各单位：

我部机关各司级单位主要职责内设机构和人员编制规定已经部党组会议批准，现予印发执行。

专业技术人员管理司主要职责内设机构和人员编制规定

根据《国务院办公厅关于印发人力资源和社会保障部主要职责内设机构和人员编制规定的通知》（国办发〔2008〕68 号），设置专业技术人员管理司。

一、主要职责

（一）负责专业技术人员综合管理工作，组织拟订专业技术人员综合管理和队伍建设的政策法规和发展规划，指导全国专业技术人员管理工作。

（二）负责高层次专业技术人才选拔、培养、表彰和规划工作，拟订国（境）外机构在国内招聘专业技术骨干人才出国（境）工作的管理政策法规并组织实施。

（三）负责职称综合管理工作，拟订职称改革政策法规，牵头推进深化职称制度改革，制定和颁布国家专业技术职业标准并组织实施。

（四）负责专业技术职务聘任制度和专业技术职业资格制度工作，参与制定国家职业分类，会同有关部门建立专业技术人员职业资格证书制度，拟订国（境）外专业技术职业资格在我国境内开展相关活动的管理办法，推进专业技术职业资格国际互认，负责职称评审管理和专业技术人员资格考试制度。

（五）负责留学回国人员和回国（来华）定居专家工作，组织拟订留学人员回国工作和回国（来华）专家定居工作政策措施，编制留学人员回国工作规划并组织实施，负责回国（来华）定居专家审批工作。

（六）负责全国博士后综合管理工作，制定博士后工作发展规划和政策措施并组织实施。

（七）负责专业技术人员继续教育工作，拟订继续教育政策法规，编制继续教育规划并组织实施，组织实施重大继续教育专项。

（八）负责部内高层次人才工作综合协调，承担中央人才工作协调小组、西部人才开发协调小组等与我部联络协调的具体工作。

（九）参与专业技术人员统计工作。

（十）承办部领导交办的其他事项。

二、内设机构

根据上述职责，专业技术人员管理司设6个职能处：

（一）综合处

组织拟订全国专业技术人员综合管理、专业技术人员队伍建设的政策法规；组织起草综合性文稿，负责司内综合协调、文秘、人事、党务、外事和行政管理等工作。

（二）专家处

拟订高层次专业技术人才选拔、培养、奖励等政策法规，制定人才队伍发展规划，编制选拔、培养规划并组织实施；拟订加强高层次专业技术人才队伍建设的政策措施；组织实施“新世纪百千万人才工程”；负责选拔、管理享受政府特殊津贴专家和有突出贡献中青年专家；组织实施全国杰出专业技术人才表彰工作；建设和管理全国高级专家信息库，完善和加强专家联系服务制度；承担离退休专业技术人员发挥作用联席会议具体工作；负责部内高层次人才工作综合协调，承担中央人才工作协调小组、西部人才开发协调小组等与我部联络协调的具体工作。

（三）职称处

拟订深化职称制度改革方案，承办职称制度改革有关事宜；拟订职称管理政策法规并组织实施；参与制定国家职业分类，编制职称分类框架，制定和颁布国家专业技术职业标准；制定职称评审有关政策，完善评审制度；拟订专业技术人员职业资格政策法规、发展规划并组织实施，会同有关部门建立专业技术人员职业资格制度；拟订国（境）外专业技术职业资格在我国境内相关活动的管理办法，推进专业技术人员职业资格的国际互认；完善专业技术人员资格考试制度，组织和指导审定考试标准，规范资格考试和证书管理；指导各地区、各部门、中央管理企业的职称管理工作；承担部职称制度改革领导小组的具体工作。

（四）留学人员和回国专家处

制定留学人员回国工作和回国（来华）专家定居工作规划；组织拟订吸引留学人员回国工作、创业、为国服务和回国（来华）定居专家工作的政策法规；建立和完善留学人员回国服务体系，归口管理、指导留学人员创业园和留学人员工作站，会同有关部门开展海外人才智力交流活动；会同有关部门开展留学回国人员表彰工作；负责留学人员回国安置、跨地区跨部门调整和有关的科研经费资助工作；负责回国（来华）定居专家审批工作；承担留学人员回国服务工作部际联席会议的有关工作。

（五）博士后处

拟订博士后工作的政策法规并组织实施，指导协调全国博士后工作；组织开展博士后工作发展规划和年度计划并组织实施；负责博士后科研流动站和工作站评审、评议工作；负责博士后公寓建设的监督管理工作；指导博士后表彰工作；负责博士后工作宣传和网络管理工作；负责博士后研究人员进出站的监督管理工作；制定博士后评估办法并组织实施；会同有关部门推进博士后工作国际交流；承担全国博士后管理委员会办公室有关工作。

（六）继续教育处

拟订专业技术人员继续教育政策法规，编制继续教育规划并组织实施；建立完善继续教育管理制度和服务体系，推行完善继续教育登记制度，建立继续教育激励与约束机制；组织举办继续教育的示范活动，编制国家高研班年度计划并督促检查落实；组织继续教育信息交流与项目合作，指导行业建立继续教育制度和编制继续教育科目指南；组织实施继续教育重大专项活动，拟订为边远、少数民族地区培养专业技术人才的政策措施并组织实施。

三、人员编制

专业技术人员管理司行政编制27名。其中：司长1名，副司长3名，处级领导职数11名。

中共中央、国务院关于印发《国家中长期人才发展规划纲要（2010—2020年）》的通知

（中发〔2010〕6号 2010年4月1日）

各省、自治区、直辖市党委和人民政府，中央和国家机关各部委，解放军各总部、各大单位，各人民团队：

现将《国家中长期人才发展规划纲要（2010—2020年）》（以下简称《人才规划纲要》）印发给你们，请结合实际认真贯彻执行。

《人才规划纲要》是我国第一个中长期人才发展规划，是今后一个时期全国人才工作的指导性文件。制定实施《人才规划纲要》是贯彻落实科学发展观、更好实施人才强国战略的重大举措，是在激烈的国际竞争中赢得主动的战略选择，对于加快经济发展方式转变、实现全面建设小康社会奋斗目标具有重大意义。

各级党委和政府要把人才作为经济社会发展的第一资源摆在突出位置，加强对《人才规划纲要》实施的组织领导。要组织广大干部群众特别是各级领导干部认真学习《人才规划纲要》，深刻理解《人才规划纲要》提出的新思想新理念，深刻理解“服务发展、人才优先、以用为本、创新机制、高端引领、整体开发”的人才发展指导方针，深刻理解建设人才强国的战略目标，深刻理解人才发展的重点任务和重要举措，进一步增强做好人才工作的紧迫感和自觉性。要开展广泛深入的宣传活动，在全社会形成有利于《人才规划纲要》实施的良好舆论氛围。要结合本地区本部门实际，采取有力措施，把《人才规划纲要》提出的各项任务落到实处。要抓紧编制省（自治区、直辖市）、行业系统以及重点领域人才发展规划，形成全国人才发展规划体系。

国家中长期人才发展规划纲要
（2010—2020 年）

目 录

（四）高素质教育人才培养工程

（五）文化名家工程

（六）全民健康卫生人才保障工程

（七）海外高层次人才引进计划

（八）专业技术人才知识更新工程

（九）国家高技能人才振兴计划

（十）现代农业人才支撑计划

（十一）边远贫困地区、边疆民族地区和革命老区人才支持计划

（十二）高校毕业生基层培养计划

六、组织实施

（一）加强对《人才规划纲要》实施工作的组织领导

（二）建立健全人才发展规划体系

（三）营造实施《人才规划纲要》的良好社会环境

（四）加强人才工作基础性建设

根据党的十七大提出的更好实施人才强国战略的总体要求，着眼于为实现全面建设小康社会奋斗目标提供人才保证，制定《人才规划纲要》。

序 言

人才是指具有一定的专业知识或专门技能，进行创造性劳动并对社会作出贡献的人，是人力资源中能力和素质较高的劳动者。人才是我国经济社会发展的第一资源。

在人类社会发展进程中，人才是社会文明进步、人民富裕幸福、国家繁荣昌盛的重要推动力量。当今世界正处在大发展大变革大调整时期。世界多极化、经济全球化深入发展，科技进步日新月异，知识经济方兴未艾，加快人才发展是在激烈的国际竞争中赢得主动的重大战略选择。我国正处在改革发展的关键阶段，深入贯彻落实科学发展观，全面推进经济建设、政治建设、文化建设、社会建设以及生态文明建设，推动工业化、信息化、城镇化、市场化、国际化深入发展，全面建设小康社会，实现中华民族伟大复兴，必须大力提高国民素质，在继续发挥我国人力资源优势的同时，加快形成我国人才竞争比较优势，逐步实现由人力资源大国向人才强国的转变。

党和国家历来高度重视人才工作，新中国成立以来特别是改革开放以来，提出了一系列加强人才工作的政策措施，培养造就了各个领域的大批人才。进入新世纪新阶段，党中央、国务院作出了实施人才强国战略的重大决策，人才强国战略已成为我国经济社会发展的一项基本战略，人才发展取得了显著成就。科学人才观逐步确立，以高层次人才、高技能人才为重点的各类人才队伍不断壮大，有利于人才发展的政策体系进一步完善，市场配置人才资源的基础性作用初步发挥，人才效能明显提高，党管人才工作新格局基本形成。同时必须清醒地看到，当前我国人才发展的总体水平同世界先进国家相比仍存在较大差距，与我国经济社会发展需要相比还有许多不适应的地方，主要是：高层

次创新型人才匮乏，人才创新创业能力不强，人才结构和布局不尽合理，人才发展体制机制障碍尚未消除，人才资源开发投入不足，等等。

未来十几年，是我国人才事业发展的重要战略机遇期。我们必须进一步增强责任感、使命感和危机感，积极应对日趋激烈的国际人才竞争，主动适应我国经济社会发展需要，坚定不移地走人才强国之路，科学规划，深化改革，重点突破，整体推进，不断开创人才辈出、人尽其才的新局面。

一、指导方针、战略目标和总体部署

（一）指导方针

高举中国特色社会主义伟大旗帜，以邓小平理论和“三个代表”重要思想为指导，深入贯彻落实科学发展观，尊重劳动、尊重知识、尊重人才、尊重创造，更好实施人才强国战略，坚持党管人才原则，遵循社会主义市场经济规律和人才成长规律，加快人才发展体制机制改革和政策创新，扩大对外开放，开发利用国内国际两种人才资源，以高层次人才、高技能人才为重点统筹推进各类人才队伍建设，为实现全面建设小康社会奋斗目标提供坚强的人才保证和广泛的智力支持。

当前和今后一个时期，我国人才发展的指导方针是：服务发展、人才优先、以用为本、创新机制、高端引领、整体开发。

服务发展。把服务科学发展作为人才工作的根本出发点和落脚点，围绕科学发展目标确定人才队伍建设任务，根据科学发展需要制定人才政策措施，用科学发展成果检验人才工作成效。

人才优先。确立在经济社会发展中人才优先发展的战略布局，充分发挥人才的基础性、战略性作用，做到人才资源优先开发、人才结构优先调整、人才投资优先保证、人才制度优先创新，促进经济发展方式向主要依靠科技进步、劳动者素质提高、管理创新转变。

以用为本。把充分发挥各类人才的作用作为人才工作的根本任务，围绕用好用活人才来培养人才、引进人才，积极为各类人才干事创业和实现价值提供机会和条件，使全社会创新智慧竞相迸发。

创新机制。把深化改革作为推动人才发展的根本动力，坚决破除束缚人才发展的思想观念和制度障碍，构建与社会主义市场经济体制相适应、有利于科学发展的人才发展体制机制，最大限度地激发人才的创造活力。

高端引领。培养造就一批善于治国理政的领导人才，一批经营管理水平高、市场开拓能力强的优秀企业家，一批世界水平的科学家、科技领军人才、工程师和高水平的哲学社会科学专家、文学家、艺术家、教育家，一大批技艺精湛的高技能人才，一大批社会主义新农村建设带头人，一大批职业化、专业化的高级社会工作人才，充分发挥高层次人才在经济社会发展和人才队伍建设中的引领作用。

整体开发。加强人才培养，注重理想信念教育和职业道德建设，培育拼搏奉献、艰苦创业、诚实守信、团结协作精神，促进人的全面发展。关心人才成长，鼓励和支持人人都作贡献、人人都能成才、行行出状元。统筹国内国际两个市场，推进城乡、区域、产业、行业和不同所有制人才资源开发，实现各类人才队伍协调发展。

（二）战略目标

到2020年，我国人才发展的总体目标是：培养和造就规模宏大、结构优化、布局合理、素质优良的人才队伍，确立国家人才竞争比较优势，进入世界人才强国行列，为在本世纪中叶基本实现社会主义现代化奠定人才基础。

——人才资源总量稳步增长，队伍规模不断壮大。人才资源总量从现在的1.14亿人增加到1.8亿人，增长58%，人才资源占人力资源总量的比重提高到16%，基本满足经济社会发展需要。

——人才素质大幅度提高，结构进一步优化。主要劳动年龄人口受过高等教育的比例达到20%，每万劳动力中研发人员达到43人年，高技能人才占技能劳动者的比例达到28%。人才的分布和层次、类型、性别等结构趋于合理。

——人才竞争比较优势明显增强，竞争力不断提升。人才规模效益显著提高。在装备制造、信息、生物技术、新材料、航空航天、海洋、金融财会、生态环境保护、新能源、农业科技、宣传思想文化等经济社会发展重点领域，建成一批人才高地。

——人才使用效能明显提高。人才发展体制机制创新取得突破性进展，人才辈出、人尽其才的环境基本形成。人力资本投资占国内生产总值比例达到15%，人力资本对经济增长贡献率达到33%，人才贡献率达到35%。

专栏1　国家人才发展主要指标

指标	单位	2008年	2015年	2020年
人才资源总量	万人	11 385	15 625	18 025
每万劳动力中研发人员	人年/万人	24.8	33	43
高技能人才占技能劳动者比例	%	24.4	27	28
主要劳动年龄人口受过高等教育的比例	%	9.2	15	20
人力资本投资占国内生产总值比例	%	10.75	13	15
人才贡献率	%	18.9	32	35

注：人才贡献率数据为区间年均值，其中2008年数据为1978—2008年的平均值，2015年数据为2008—2015年的平均值，2020年数据为2008—2020年的平均值。

（三）总体部署

一是实行人才投资优先，健全政府、社会、用人单位和个人多元人才投入机制，加大对人才发展的投入，提高人才投资效益。二是加强人才资源能力建设，创新人才培养模式，注重思想道德建设，突出创新精神和创新能力培养，大幅度提升各类人才的整体素质。三是推动人才结构战略性调整，充分发挥市场配置人才资源的基础性作用，改善宏观调控，促进人才结构与经济社会发展相协调。四是造就宏大的高素质人才队伍，突出培养创新型科技人才，重视培养领军人才和复合型人才，大力开发经济社会发展重点领域急需紧缺专门人才，统筹抓好党政人才、企业经营管理人才、专业技术人才、高技能人才、农村实用人才以及社会工作人才等人才队伍建设，培养造就数以亿计的各类人才，数以千万计的专门人才和一大批拔尖创新人才。五是改革人才发展体制机制，完善人才管理体制，创新人才培养开发、评价发现、选拔任用、流动配置、激励保障机制，营造充满活力、富有效率、更加开放的人才制度环境。六是大力吸引海外高层次人才和急需紧缺专门人才，坚持自主培养开发与引进海外人才并举，积极利用国（境）外教育培训资源培养人才。七是加快人才工作法制建设，建立健全人才法律法规，坚持依法管理，保护人才合法权益。八是加强和改进党对人才工作的领导，完善党管人才格局，创新党管人才方式方法，为人才发展提供坚强的组织保证。

推进人才发展，要统筹兼顾，分步实施。到 2015 年，重点在制度建设、机制创新上有较大突破。到 2020 年，全面落实各项任务，确保人才发展战略目标的实现。

二、人才队伍建设主要任务

（一）突出培养造就创新型科技人才

发展目标：围绕提高自主创新能力、建设创新型国家，以高层次创新型科技人才为重点，努力造就一批世界水平的科学家、科技领军人才、工程师和高水平创新团队，注重培养一线创新人才和青年科技人才，建设宏大的创新型科技人才队伍。到 2020 年，研发人员总量达到 380 万人年，高层次创新型科技人才总量达到 4 万人左右。

主要举措：创新人才培养模式，建立学校教育和实践锻炼相结合、国内培养和国际交流合作相衔接的开放式培养体系。探索并推行创新型教育方式方法，突出培养学生的科学精神、创造性思维和创新能力。加强实践培养，依托国家重大科研项目和重大工程、重点学科和重点科研基地、国际学术交流合作项目，建设一批高层次创新型科技人才培养基地。加强领军人才、核心技术研发人才培养和创新团队建设，形成科研人才和科研辅助人才衔接有序、梯次配备的合理结构，提高自主创新能力。深化科技体制改革，完善权责明确、评价科学、创新引导的科技管理制度，健全有利于科技人才创新创业的评价、使用、激励措施，进一步解放和发展科技生产力。制定加强高层次创新型科技人才队伍建设意见。改进完善院士制度，注重院士称号精神激励作用，规范院士学术兼职。加大海外高层次创新创业人才引进力度。组织实施创新人才推进计划、海外高层次人才引进计划，推进“百人计划”、“长江学者奖励计划”、“国家杰出青年科学基金”等人才项目。注重复合型人才培养，破除论资排辈、求全责备观念，加大对优秀青年科技人才的发现、培养、使用和资助力度。加强产学研合作，重视企业工程技术与管理人才的培养，推动科技人才向企业集聚。发展创新文化，倡导追求真理、勇攀高峰、宽容失败、团结协作的创新精神，营造科学民主、学术自由、严谨求实、开放包容的创新氛围。建立健全科研诚信体系，从严治理学术不端行为。

（二）大力开发经济社会发展重点领域急需紧缺专门人才

发展目标：适应发展现代产业体系和构建社会主义和谐社会的需要，加大重点领域急需紧缺专门人才开发力度。到 2020 年，在装备制造、信息、生物技术、新材料、航空航天、海洋、金融财会、国际商务、生态环境保护、能源资源、现代交通运输、农业科技等经济重点领域培养开发急需紧缺专门人才 500 多万人；在教育、政法、宣传思想文化、医药卫生、防灾减灾等社会发展重点领域培养开发急需紧缺专门人才 800 多万人。经济社会发展重点领域各类专业人才数量充足，整体素质和创新能力显著提升，人才结构趋于合理。

主要举措：加强产业、行业人才发展统筹规划和分类指导，围绕重点领域发展，开展人才需求预测，定期发布急需紧缺人才目录。调整优化高等学校学科专业设置，加大急需研发人才和紧缺技术、管理人才的培养力度。大规模开展重点领域专门人才知识更新培训。建设一批工程创新训练基地，建立和完善与国际接轨的工程师认证认可制度，提高工程技术人才职业化、国际化水平。根据国家规划，制定人才特别是产业领军人才、工程技术人才向重点产业集聚的倾斜政策。继续实施“四个一批”人才培养工程，加强哲学社会科学、新闻、出版、文艺等领域高层次人才队伍建设。注重培养造就一批马克思主义理论家特别是中青年理论家。依托重大哲学社会科学研究项目，大力培养哲学社会科学学术带头人。加强宣传思想文化、医药卫生人才培养。支持重点领域科学家参加国际科研计划、学术交流。完善重点领域科研骨干人才分配激励办法。建立重点领域相关部门人才开发协调机制。

专栏2 经济重点领域急需紧缺专门人才开发一览表

领域	急需紧缺专门人才类别	发展目标（新增）	
		2015年（人）	2020年（人）
装备制造	机床产品设计及高档数控机床研发、操作、调试人才	8 000	17 000
	大中型农业机械、配套农机具研发与设计人才	32 000	52 000
	汽车总布置、先进发动机、底盘等关键技术研发与设计人才，节能与新能源汽车专业人才	31 000	50 000
信息	互联网技术、网络与信息安全、宽带移动通信人才	115 000	215 000
	集成电路设计人才	25 000	36 000
	软件高级人才	610 000	1 720 000
	软件测试人才	326 000	830 000
生物技术	生命科学前沿和基础研究人才	24 000	40 000
	以重大疾病防治、药物研发为主的医药生物技术人才	90 000	180 000
	农业生物、工业生物、环境生物、能源生物技术等产业化人才	110 000	220 000
	生物技术企业复合型管理人才	20 000	40 000
新材料	跨学科、跨领域战略型领军人才	500	1 000
	纳米、超导、光电微电、新型能源、环保等新兴材料人才	100 000	200 000
	钢铁、有色、建材、化工、高分子等基础材料高性能、低成本和绿色制备方面的工程技术人才	40 000	80 000
海洋	海洋高新技术研发和产业化人才	27 000	45 000
	海洋基础学科领军人才和海洋环境保障人才	2 000	7 000
	极地科研人才和大洋勘探人才	400	1 000
金融财会	首席或高级经济学家、高级风险评估及预测专家	73 000	106 000
	金融分析、国际会计、保险精算、保险核赔、资产评估、证券投资及经纪、财务总监等高级金融分析专家	189 000	289 000
	金融机构总部和管理部门中层以上管理人员及分支机构负责人	100 000	150 000
	具有国际资质的注册会计师、大型企业事业单位高级会计人才、具有国际影响力的会计学教授	25 700	52 700

续表

领域	急需紧缺专门人才类别	发展目标（新增）	
		2015年（人）	2020年（人）
国际商务	跨国经营管理及国际投资管理人才	13 000	42 000
	国际商务营销人才	12 000	35 000
	国际经济法律、国际商务谈判及国际知识产权保护人才	5 000	14 000
生态环境保护	生态建设与保护骨干人才	18 000	36 000
	气候变化、环境保护专业人才	5 000	16 000
	核与辐射、地下水污染专业人才	5 000	17 000
能源资源	能源资源合理规划高端人才	1 000	1 500
	石油、煤炭、铁等重要资源评价、勘查、开发专业人才	100 000	150 000
	太阳能利用领域高端人才及复合型人才	1 000	2 000
	风能、生物质能等领域高端人才及复合型人才	1 000	2 000
现代交通运输	高等级公路建设与养护、汽车维修专业人才	250 000	550 000
	高速铁路关键人才	6 000	8 000
	高级船员	40 000	60 000
	民航飞行员、管制员及飞机维修人员	46 000	100 000
	民用飞机市场与客户服务人才	2 000	4 000
	管道运输技术人才	2 000	2 500
农业科技	生物育种研究创新人才	2 000	3 000
	动植物疫病防控、高效栽培养殖集成、农产品加工与质量安全、沼气等现代农业产业技术创新人才	3 000	5 000
	农业资源开发保护骨干人才	2 000	4 000

专栏3　社会发展重点领域急需紧缺专门人才开发一览表

领域	急需紧缺专门人才类别	发展目标（新增）	
		2015年（人）	2020年（人）
教育	农村中小学薄弱学科教师	296 000	508 000
	中等职业学校"双师型"教师	223 000	426 000
	高等学校具有国际学术影响力的学科领军人才	500	2 000
政法	刑事审判、民商事审判、知识产权审判、行政审判，执行、立案、审判监督、司法政策研究等法院系统人才	82 000	147 000
	侦查监督、公诉、民事行政检察、职务犯罪侦查、控告申诉、监所检察等检察院系统人才	63 000	110 000
	基层警务人员，刑事侦查、交通、禁毒、国内安全保卫、经济犯罪侦查和信息通信、网络安全、技术侦察等公安系统人才	246 000	420 000
	监狱管理、劳动教养管理、法制宣传、基层工作指导、国家司法考试、司法鉴定管理等司法行政系统人才	132 000	225 000
	处置突发事件谈判人才、律师等政法社会人才	76 200	152 200

续表

领域	急需紧缺专门人才类别	发展目标（新增）	
		2015 年（人）	2020 年（人）
宣传思想文化	外向型社会科学专家，从事马克思主义理论研究、宣传普及理论人才，经济社会发展急需学科、重点学科等哲学社会科学人才	50 000	80 000
	复合型专家型记者、编辑、主持人，媒体评论、国际传播、网络宣传等新闻传播人才	250 000	400 000
	数字出版、游戏动漫、版权保护、网络信息服务等创意策划、管理服务人才	900 000	1 500 000
	文艺编导评论、戏曲、非物质文化遗产保护、公共文化服务等文化艺术人才	200 000	300 000
	文化企业管理、市场开发营销、资本运作、国际文化贸易等文化产业经营管理人才	400 000	600 000
	数字技术、网络技术、广播影视制播技术等研发应用人才	100 000	150 000
医药卫生	临床医学、基础医学、公共卫生、卫生监督执法、卫生管理、中医药、药品医疗器械监督等领域高层次专业人才	62 000	96 000
	乡镇卫生院临床医师、社区全科医师、基层公共卫生人员	623 000	685 000
	具有执业（助理）医师资格的乡村医生	677 000	818 000
	护理、药师等人才	842 000	986 000
防灾减灾	预报与预警人才	26 000	43 000
	抢险救灾及专业救援（灾）人才	117 000	223 000
	防灾减灾工程设计管理、政策分析、损失与风险评估人才	36 000	110 000
	灾害信息管理及技术培训人才	17 000	32 000

（三）统筹推进各类人才队伍建设

1. 党政人才队伍

发展目标：按照加强党的执政能力建设和先进性建设的要求，以提高领导水平和执政能力为核心，以中高级领导干部为重点，造就一批善于治国理政的领导人才，建设一支政治坚定、勇于创新、勤政廉洁、求真务实、奋发有为、善于推动科学发展的高素质党政人才队伍。到 2020 年，具有大学本科及以上学历的干部占党政干部队伍的 85%，专业化水平明显提高，结构更加合理，总量从严控制。

主要举措：适应科学发展要求和干部成长规律，开展大规模干部教育培训，加强干部自学。实施党政人才素质能力提升工程，构建理论教育、知识教育、党性教育和实践锻炼“四位一体”的干部培养教育体系。坚持德才兼备、以德为先用人标准，坚持民主、公开、竞争、择优改革方针，树立坚定信念、注重品行、科学发展、崇尚实干、重视基层、鼓励创新、群众公认的用人导向。扩大干部工作民主，加大竞争性选拔党政领导干部工作力度，拓宽选人用人渠道，提高干部工作科学化水平，促进优秀人才脱颖而出。实施后备干部队伍建设“百千万工程”。注重从基层和生产一线选拔党政人才。加强女干部、少数民族干部、非中共党员干部培养选拔和教育培训工作。实施促进科学发展的干部综合考核评价办法。建立健全党政干部岗位职责规范及其能力素质评价标准，加强工作业绩考核。完善党政人才分类管理制度。加大领导干部跨地区跨部门交流力度，推进党政机关重要岗位干部定期交流、轮岗。健全权力约束制衡机制，加强干部管理监督。

2. 企业经营管理人才队伍

发展目标：适应产业结构优化升级和实施“走出去”战略的需要，以提高现代经营管理水平和企业国际竞争力为核心，以战略企业家和职业经理人为重点，加快推进企业经营管理人才职业化、市场化、专业化和国际化，培养造就一大批具有全球战略眼光、市场开拓精神、管理创新能力和社会责任感的优秀企业家和一支高水平的企业经营管理人才队伍。到 2015 年，企业经营管理人才总量达到 3 500 万人。到 2020 年，企业经营管理人才总量达到 4 200 万人，培养造就 100 名左右能够引领中国企业跻身世界 500 强的战略企业家；国有及国有控股企业国际化人才总量达到 4 万人左右；国有企业领导人员通过竞争性方式选聘比例达到 50%。

主要举措：依托知名跨国公司、国内外高水平大学和其他培训机构，加强企业经营管理人才培训，提高战略管理和跨文化经营管理能力。采取组织选拔与市场化选聘相结合的方式选拔国有企业领导人员。健全企业经营管理者聘任制、任期制和任期目标责任制，实行契约化管理。完善以市场和出资人认可为核心的企业经营管理人才评价体系，积极发展企业经营管理人才评价机构，建立社会化的职业经理人资质评价制度，加强规范化管理。健全企业经营管理人才经营业绩评价指标体系。完善年度薪酬管理制度、协议工资制度和股权激励等中长期激励制度。建立企业经营管理人才库。培养和引进一批科技创新创业企业家和企业发展急需的战略规划、资本运作、科技管理、项目管理等方面专门人才。实施企业经营管理人才素质提升工程和国家中小企业银河培训工程。

3. 专业技术人才队伍

发展目标：适应社会主义现代化建设的需要，以提高专业水平和创新能力为核心，以高层次人才和紧缺人才为重点，打造一支宏大的高素质专业技术人才队伍。到 2015 年，专业技术人才总量达到 6 800 万人。到 2020 年，专业技术人才总量达到 7 500 万人，占从业人员的 10% 左右，高级、中级、初级专业技术人才比例为 10∶40∶50。

主要举措：进一步扩大专业技术人才队伍培养规模，提高专业技术人才创新能力。构建分层分类的专业技术人才继续教育体系，加快实施专业技术人才知识更新工程。进一步实施并完善新世纪百千万人才工程。组织实施青年英才开发计划、高素质教育人才培养工程、文化名家工程、全民健康卫生人才保障工程。加大现代物流、电子商务、法律、咨询、会计、工业设计、知识产权、食品安全、旅游等现代服务业人才培养开发力度，重视传统服务业各类技术人才的培养。发挥各类社会组织培养专业技术人才的作用。制定双向挂职、短期工作、项目合作等灵活多样的人才柔性流动政策，引导党政机关、科研院所和高等学校专业技术人才向企业、社会组织和基层一线有序流动，促进专业技术人才合理分布。统筹推进专业技术职称和职业资格制度改革。完善政府特殊津贴制度，强化激励，科学管理。改进专业技术人才收入分配等激励办法。改善基层专业技术人才工作、生活条件，拓展职业发展空间。注重发挥离退休专业技术人才的作用。

4. 高技能人才队伍

发展目标：适应走新型工业化道路和产业结构优化升级的要求，以提升职业素质和职业技能为核心，以技师和高级技师为重点，形成一支门类齐全、技艺精湛的高技能人才队伍。到2015年，高技能人才总量达到3 400万人。到2020年，高技能人才总量达到3 900万人，其中技师、高级技师达到1 000万人左右。

主要举措：完善以企业为主体、职业院校为基础，学校教育与企业培养紧密联系、政府推动与社会支持相结合的高技能人才培养培训体系。加强职业培训，统筹职业教育发展，整合利用现有各类职业教育培训资源，依托大型骨干企业（集团）、重点职业院校和培训机构，建设一批示范性国家级高技能人才培养基地和公共实训基地。改革职业教育办学模式，大力推行校企合作、工学结合和顶岗实习。加强职业教育“双师型”教师队伍建设。在职业教育中推行学历证书和职业资格证书“双证书”制度。逐步实行中等职业教育免费和学生生活补助制度。实施国家高技能人才振兴计划。促进技能人才评价多元化。制定高技能人才与工程技术人才职业发展贯通办法。建立高技能人才绝技绝活代际传承机制。广泛开展各种形式的职业技能竞赛和岗位练兵活动。完善国家高技能人才评选表彰制度，进一步提高高技能人才经济待遇和社会地位。

5. 农村实用人才队伍

发展目标：围绕社会主义新农村建设，以提高科技素质、职业技能和经营能力为核心，以农村实用人才带头人和农村生产经营型人才为重点，着力打造服务农村经济社会发展、数量充足的农村实用人才队伍。到2015年，农村实用人才总量达到1 300万人。到2020年，农村实用人才总量达到1 800万人，平均受教育年限达到10.2年，每个行政村主要特色产业至少有1~2名示范带动能力强的带头人。

主要举措：大规模开展农村实用人才培训，充分发挥农村现代远程教育网络、全国文化信息资源共享工程网络、各类农民教育培训项目、农业技术推广体系、各类职业学校和培训机构的主渠道作用。整合现有培训项目，健全县域职业教育培训网络，推进农村实用人才带头人素质提升计划和新农村实用人才培训工程，重点实施现代农业人才支撑计划。鼓励和支持农村实用人才带头人牵头建立专业合作组织和专业技术协会，加快培养农业产业化发展急需的企业经营管理人员、农民专业合作组织带头人和农村经纪人。积极扶持农村实用人才创业兴业，在创业培训、项目审批、信贷发放、土地使用等方面给予政策支持。因地制宜，建立健全农村实用人才评价制度。加大对农村实用人才的表彰激励和宣传力度，提高农村实用人才社会地位。加大公共财政对农村发展急需的农业技术人员、教师、医生等方面人才培养的支持力度。继续开展城乡人才对口扶持，推进万名医师支援农村卫生、城镇教师支援农村教育、社会工作者服务社会主义新农村建设、科技人才下乡支农等工作。

6. 社会工作人才队伍

发展目标：适应构建社会主义和谐社会的需要，以人才培养和岗位开发为基础，以中高级社会工作人才为重点，培养造就一支职业化、专业化的社会工作人才队伍。到2015年，社会工作人才总量达到200万人。到2020年，社会工作人才总量达到300万人。

主要举措：建立不同学历层次教育协调配套、专业培训和知识普及有机结合的社会工作人才培养体系。加强社会工作学科专业体系建设。建设一批社会工作培训基地。加强社会工作从业人员专业知识培训，制定社会工作培训质量评估指标体系。建立健全社会工作人才评价制度。加强社会工作者队伍职业化管理。加快制定社会工作岗位开发设置政策措施。推进公益服务类事业单位、城乡社区和公益类社会组织建设，完善培育扶持和依法管理社会组织的政策。组织实施社会工作服务组织标准化建设示范工程。研究制定政府购买社会工作服务政策。建立社会工作人才和志愿者队伍联动机制。制定加强社会工作人才队伍建设意见。

三、体制机制创新

（一）改进完善人才工作管理体制

1. 完善党管人才的领导体制

目标要求：坚持党管人才原则，创新党管人才方式方法，完善党委统一领导，组织部门牵头抓总，有关部门各司其职、密切配合，社会力量广泛参与的人才工作格局。发挥党委领导核心作用，统筹经济社会发展和人才发展，切实履行好管宏观、管政策、管协调、管服务的职责，用事业凝聚人才，用实践造就人才，用机制激励人才，用法制保障人才，提高党管人才工作水平。党政主要负责人要树立强烈的人才意识，善于发现人才、培养人才、团结人才、用好人才、服务人才。

主要任务：制定完善党管人才工作格局的意见。健全各级党委人才工作领导机构，建立科学的决策机制、协调机制和督促落实机制，形成统分结合、上下联动、协调高效、整体推进的人才工作运行机制。建立党委、政府人才工作目标责任制，提高各级党政领导班子综合考核指标体系中人才工作专项考核的权重。建立各级党委常委会听取人才工作专项报告制度。完善党委联系专家制度。实行重大决策专家咨询制度。完善党委组织部门牵头抓总职能，发挥政府人力资源管理部门作用，强化各职能部门人才工作职责，充分调动各人民团体、企事业单位、社会组织的积极性，动员和组织全社会力量，形成人才工作整体合力。

2. 改进人才管理方式

目标要求：围绕用好用活人才，完善政府宏观管理、市场有效配置、单位自主用人、人才自主择业的人才管理体制，改进宏观调控，推动政府人才管理职能向创造良好发展环境、提供优质公共服务转变，运行机制和管理方式向规范有序、公开透明、便捷高效转变。健全人才市场体系，发挥市场配置人才资源的基础性作用。遵循放开搞活、分类指导和科学规范的原则，深化国有企业和事业单位人事制度改革，创新管理体制，转换用人机制，扩大和落实单位用人自主权。发挥用人单位在人才培养、吸引和使用中的主体作用。

主要任务：按照政府行政管理体制改革的总体部署，完善人才管理运行机制。规范行政行为，推动人才管理部门进一步简政放权，减少和规范人才评价、流动等环节中的行政审批和收费事项。分类推进事业单位人事制度改革，逐步建立起权责清晰、分类科学、机制灵活、监管有力的事业单位人事管理制度。克服人才管理中存在的行政化、“官本位”倾向，取消科研院所、学校、医院等事业单位实际存在的行政级别和行政化管理模式。在科研、医疗等事业单位探索建立理事会、董事会等形式的法人治理结构。建立与现代科研院所制度、现代大学制度和公共医疗卫生制度相适应的人才管理制度。完善国有企业领导人员管理体制，健全符合现代企业制度要求的企业人事制度。鼓励地方和行业结合自身实际建立与国际人才管理体系接轨的人才管理改革试验区。

3. 加强人才工作法制建设

目标要求：坚持用法制保障人才，推进人才管理工作科学化、制度化、规范化，形成有利于人才发展的法制环境。加强立法工作，建立健全涵盖国家人才安全保障、人才权益保护、人才市场管理和人才培养、吸引、使用等人才资源开发管理各个环节的人才法律法规。

主要任务：研究制定人才开发促进法和终身学习、工资管理、事业单位人事管理、专业技术人才继续教育、职业资格管理、人力资源市场管理、外国专家来华工作等方面的法律法规。完善保护人才和用人主体合法权益的法律法规。

（二）创新人才工作机制

1. 人才培养开发机制

目标要求：坚持以国家发展需要和社会需求为导向，以提高思想道德素质和创新能力为核心，完善现代国民教育和终身教育体系，注重在实践中发现、培养、造就人才，构建人人能够成才、人人得到发展的人才培养开发机制。坚持面向现代化、面向世界、面向未来，充分发挥教育在人才培养中的基础性作用，立足培养全面发展的人才，突出培养创新型人才，注重培养应用型人才，深化教育改革，促进教育公平，提高教育质量。统筹规划继续教育，基本形成学习型社会。

主要任务：把社会主义核心价值体系教育贯穿人才培养开发全过程，不断提高各类人才的思想道德水平。建立人才培养结构与经济社会发展需求相适应的动态调控机制，优化教育学科专业、类型、层次结构和区域布局。创新人才培养模式，全面推进素质教育。坚持因材施教，建立高等学校拔尖学生重点培养制度，实行特殊人才特殊培养。改革高等学校招生考试制度，建立健全多元招生录取机制，提高人才培养质量。建立社会参与的人才培养质量评价机制。完善发展职业教育的保障机制，改革职业教育模式。完善在职人员继续教育制度，分类制定在职人员定期培训办法，倡导干中学。构建网络化、开放式、自主性终身教育体系，大力发展现代远程教育，支持发展各类专业化培训机构。支持建立军民结合、寓军于民的军队人才培养体系。

2. 人才评价发现机制

目标要求：建立以岗位职责要求为基础，以品德、能力和业绩为导向，科学化、社会化的人才评价发现机制。完善人才评价标准，克服唯学历、唯论文倾向，对人才不求全责备，注重靠实践和贡献评价人才。改进人才评价方式，拓宽人才评价渠道。把评价人才和发现人才结合起来，坚持在实践和群众中识别人才、发现人才。

主要任务：健全科学的职业分类体系，建立各类人才能力素质标准。建立以岗位绩效考核为基础的事业单位人员考核评价制度。分行业制定事业单位领导人员考核评价办法。完善重在业内和社会认可的专业技术人才评价机制。加快推进职称制度改革，规范专业技术人才职业准入，依法严格管理；完善专业技术人才职业水平评价办法，提高社会化程度；完善专业技术职务任职评价办法，落实用人单位在专业技术职务（岗位）聘任中的自主权。完善以任期目标为依据、工作业绩为核心的国有企业领导人员考核评价办法。探索技能人才多元评价机制，逐步完善社会化职业技能鉴定、企业技能人才评价、院校职业资格认证和专项职业能力考核办法。健全完善党政领导干部考核评价机制。建立健全公务员职位分类制度。建立在重大科研、工程项目实施和急难险重工作中发现、识别人才的机制。健全举才荐才的社会化机制。

3. 人才选拔任用机制

目标要求：改革各类人才选拔使用方式，科学合理使用人才，促进人岗相适、用当其时、人尽其才，形成有利于各类人才脱颖而出、充分施展才能的选人用人机制。深化党政领导干部选拔任用制度改革，提高选人用人公信度。健全国有企业领导人员选拔制度，加大市场化选聘力度。完善事业单位聘用制度和岗位管理制度，健全事业单位领导人员选拔制度。

主要任务：完善党政领导干部公开选拔、竞争上岗制度，探索公推公选等竞争性选拔干部方式。规范干部选拔任用提名制度。推行和完善地方党委讨论决定任用重要干部票决制。坚持和完善党政领导干部职务任期制。建立聘任制公务员管理制度。建立组织选拔、市场配置和依法管理相结合的国有企业领导人员选拔任用制度，完善国有资产出资人代表派出制和选举制。健全事业单位领导人员委任、聘任、选任等任用方式。全面推行事业单位公开招聘、竞聘上岗和合同管理制度。建立事业单位关键岗位和国家重大项目负责人全球招聘制度。

4. 人才流动配置机制

目标要求：根据完善社会主义市场经济体制的要求，推进人才市场体系建设，完善市场服务功能，畅通人才流动渠道，建立政府部门宏观调控、市场主体公平竞争、中介组织提供服务、人才自主择业的人才流动配置机制。健全人才市场供求、价格、竞争机制，进一步促进人才供求主体到位。大力发展人才服务业。加强政府对人才流动的政策引导和监督，推动产业、区域人才协调发展，促进人才资源有效配置。

主要任务：在建立统一规范、更加开放的人力资源市场基础上，发展专业性、行业性人才市场。健全专业化、信息化、产业化、国际化的人才市场服务体系。积极培育专业化人才服务机构，注重发挥人才服务行业协会作用。进一步破除人才流动的体制性障碍，制定发挥市场配置人才资源基础性作用的政策措施。推进政府所属人才服务机构管理体制改革，实现政事分开、管办分离。逐步建立城乡统一的户口登记制度，调整户口迁移政策，使之有利于引进人才。加快建立社会化的人才档案公共管理服务系统。完善社会保险关系转移接续办法。建立人才需求信息定期发布制度。完善劳动合同、人事争议仲裁、人才竞业避止等制度，维护各类人才和用人单位的合法权益。建立完善与西部大开发、东北地区等老工业基地振兴、中部地区崛起、东部地区率先发展战略相配套的区域人才交流合作机制，加快长江三角洲、珠江三角洲、环渤海等区域人才开发一体化进程。根据国家主体功能区布局，引导各类人才合理分布。

5. 人才激励保障机制

目标要求：完善分配、激励、保障制度，建立健全与工作业绩紧密联系、充分体现人才价值、有利于激发人才活力和维护人才合法权益的激励保障机制。完善各类人才薪酬制度，加强对收入分配的宏观管理，逐步建立秩序规范、激发活力、注重公平、监管有力的工资制度。坚持精神激励和物质奖励相结合，健全以政府奖励为导向、用人单位和社会力量奖励为主体的人才奖励体系。完善以养老保险和医疗保险为重点的社会保障制度，形成国家、社会和单位相结合的人才保障体系。

主要任务：统筹协调党政机关和国有企事业单位收入分配，稳步推进工资制度改革。建立产权激励制度，制定知识、技术、管理、技能等生产要素按贡献参与分配的办法。健全国有企业人才激励机制，推行股权、期权等中长期激励办法，重点向创新创业人才倾斜。逐步提高企业退休人员基本养老金，对在企业退休的高层次专业技术人员给予重点倾斜。建立完善事业单位岗位绩效工资制度。探索高层次人才、高技能人才协议工资制和项目工资制等多种分配形式。建立国家荣誉制度，表彰在经济社会发展中作出杰出贡献的人才。调整规范各类人才奖项设置。研究制定人才补充保险办法，支持用人单位为各类人才建立补充养老、医疗保险。扩大对农村、非公有制经济组织、新社会组织人才的社会保障覆盖面。

四、重大政策

（一）实施促进人才投资优先保证的财税金融政策

各级政府优先保证对人才发展的投入，确保国家教育、科技支出增长幅度高于财政经常性收入增长幅度，卫生投入增长幅度高于财政经常性支出增长幅度。逐步改善经济社会发展的要素投入结构，较大幅度增加人力资本投资比重，提高投资效益。进一步加大人才发展资金投入力度，保障人才发展重大项目的实施。鼓励和支持企业和社会组织建立人才发展基金。在重大建设和科研项目经费中，应安排部分经费用于人才培训。适当调整财政税收政策，提高企业职工培训经费的提取比例。通过税收、贴息等优惠政策，鼓励和引导社会、用人单位、个人投资人才资源开发。加大对中西部地区财政转移支付力度，引导中西部地区加大人才投入。利用国际金融组织和外国政府贷款投资人才开发项目。

（二）实施产学研合作培养创新人才政策

建立政府指导下以企业为主体、市场为导向、多种形式的产学研战略联盟，通过共建科技创新平台、开展合作教育、共同实施重大项目等方式，培养高层次人才和创新团队。实施研究生教育创新计划，发展专业学位教育，建立高等学校、科研院所、企业高层次人才双向交流制度，推行产学研联合培养研究生的“双导师制”。改革完善博士后制度，建立多元化的投入渠道，发挥高等学校、科研院所和企业的主体作用，提高博士后培养质量。实行“人才+项目”的培养模式，依托国家重大人才计划以及重大科研、工程、产业攻关、国际科技合作等项目，重视发挥企业作用，在实践中集聚和培养创新人才。对企业等用人单位接纳高等学校、职业学校学生实习等实行财税优惠政策。

（三）实施引导人才向农村基层和艰苦边远地区流动政策

对在农村基层和艰苦边远地区工作的人才，在工资、职务、职称等方面实行倾斜政策，提高艰苦边远地区津贴标准，改善工作和生活条件。采取政府购买岗位、报考公职人员优先录用等措施，鼓励和引导高校毕业生到农村和中小企业就业。逐步提高省级以上党政机关从基层招录公务员的比例。制定高校毕业生到艰苦边远地区创业就业扶持办法。开发基层社会管理和公共服务岗位。实施公职人员到基层服务和锻炼的派遣和轮调办法。完善科技特派员到农村和企业服务的政策措施。实施东部带西部、城市带农村的人才对口支持政策，引导人才向西部和农村流动。实施高校毕业生基层培养计划，继续做好“三支一扶”、大学生志愿服务西部计划和农村义务教育阶段学校教师特设岗位计划等工作。加强和改进干部援藏援疆、博士服务团、“西部之光”访问学者、少数民族科技骨干和少数民族地区小学“双语”教师特殊培养等工作，为西部地区特别是边疆少数民族地区提供人才和智力支持。实施边远贫困地区、边疆民族地区和革命老区人才支持计划。

（四）实施人才创业扶持政策

促进知识产权质押融资、创业贷款等业务的规范发展，完善支持人才创业的金融政策。完善知识产权、技术等作为资本参股的措施。加大税收优惠、财政贴息力度，扶持创业风险投资基金，支持创办科技型企业，促进科技成果转化和技术转移。加强创业技能培训和创业服务指导，提高创业成功率。继续加大对创业孵化器等基础设施的投入，创建创业服务网络，探索多种组织形式，为人才创业提供服务。制定科研机构、高等学校科技人员创办科技型企业的激励保障办法。

（五）实施有利于科技人员潜心研究和创新政策

在科研院所、高等学校、企业建立符合科技人员和管理人员不同特点的职业发展途径，鼓励和支持科技人员在创新实践中成就事业并享有相应的社会地位和经济待遇。对事业单位管理人员全面推行职员制度。完善科研管理制度，扩大科研机构用人自主权和科研经费使用自主权，健全科研机构内部决策、管理和监督的各项制度。建立以学术和创新绩效为主导的资源配置和学术发展模式。改进科技评价和奖励方式，完善以创新和质量为导向的科研评价办法，克服考核过于频繁、过度量化的倾向。加大对基础研究、前沿技术研究、社会公益类科研机构的投入力度，建立以财政性资金设立的科研机构创新绩效综合评价制度。完善科技经费管理办法和国家科技计划管理办法，对高水平创新团队给予长期稳定支持。健全科研院所分配激励机制，注重向科研关键岗位和优秀拔尖人才倾斜。改善青年科技人才的生活条件，有条件的城市可在国家保障性住房建设中优先解决住房问题。

（六）实施推进党政人才、企业经营管理人才、专业技术人才合理流动政策

完善党政人才、企业经营管理人才、专业技术人才交流和挂职锻炼制度，打破人才身份、单位、部门和所有制限制，营造开放的用人环境。扩大党政机关和国有企事业单位领导人员跨地区跨部门交流任职范围。拓宽党政人才来源渠道，完善从企事业单位和社会组织选拔人才制度。完善党政机关人才向企事业单位流动的社会保险关系转移接续办法。

（七）实施更加开放的人才政策

大力吸引海外高层次人才回国（来华）创新创业，制定完善出入境和长期居留、税收、保险、住房、子女入学、配偶安置，担任领导职务、承担重大科技项目、参与国家标准制定、参加院士评选和政府奖励等方面的特殊政策措施。建立海外高层次人才特聘专家制度。鼓励海外留学人员回国工作、创业或以多种方式为国服务。加强留学人员创业园区建设，提供创业资助和融资服务。建立统一的海外高层次人才信息库和人才需求信息发布平台。完善外国人永久居留权制度，吸引外籍高层次人才来华工作。加大引进国外智力工作力度，探索实行技术移民，制定国外智力资源供给、发现评价、市场准入、使用激励、绩效评估、引智成果共享等办法。扩大国家公派出国留学和来华留学规

模。开发国（境）外优质教育培训资源，完善出国（境）培训管理制度和措施。支持高等学校、科研院所与海外高水平教育、科研机构建立联合研发基地。推动我国企业设立海外研发机构。积极支持和推荐优秀人才到国际组织任职。推进专业技术人才职业资格国际、地区间互认。发展国际人才市场，培育一批国际人才中介服务机构。制定维护国家重要人才安全的政策措施。

（八）实施鼓励非公有制经济组织、新社会组织人才发展政策

对社会主义市场经济体制下各种所有制组织中的人才，坚持一视同仁、平等对待。把非公有制经济组织、新社会组织人才开发纳入各级政府人才发展规划。制定加强非公有制经济组织、新社会组织人才队伍建设意见。政府在人才培养、吸引、评价、使用等方面的各项政策，非公有制经济组织、新社会组织人才平等享受。政府支持人才创新创业的资金、项目、信息等公共资源，向非公有制经济组织、新社会组织人才平等开放。政府开展人才宣传、表彰、奖励等方面活动，非公有制经济组织、新社会组织人才平等参与。

（九）实施促进人才发展的公共服务政策

完善政府人才公共服务体系，建立全国一体化的服务网络。健全人事代理、社会保险代理、企业用工登记、劳动人事争议调解仲裁、人事档案管理、就业服务等公共服务平台，满足人才多样化需求。创新政府提供人才公共服务的方式，建立政府购买公共服务制度，为各类人才平衡工作和家庭责任创造条件。加强对人才公共服务产品的标准化管理，大力开发公共服务产品。

（十）实施知识产权保护政策

实施国家知识产权战略。制定职务技术成果条例，完善科技成果知识产权归属和利益分享机制，保护科技成果创造者的合法权益。明确职务发明人权益，提高主要发明人受益比例。制定职务发明人流动中的利益共享办法。建立非职务发明评价体系，加强对非职务发明创造的支持和管理。制定国家支持个人和中小企业发明创造的资助办法，鼓励创造知识财产。加强专利技术运用转化平台建设。完善非物质文化遗产传承人知识产权保护相关措施。完善知识产权工作体系，加大知识产权宣传普及和执法保护力度。建立健全有利于知识产权保护的社会信用制度。营造保护知识产权的法制、市场和文化氛围，提升知识产权创造、运用、保护和管理能力，推进国际合作交流。

五、重大人才工程

（一）创新人才推进计划

为积极应对国际科技竞争，提高自主创新能力，着眼于培养造就一批世界水平的科学家，在我国具有相对优势的科研领域设立100个科学家工作室；瞄准世界科技前沿和战略性新兴产业，每年重点支持和培养一批具有发展潜力的中青年科技创新领军人才；着眼于推动企业成为技术创新主体，每年重点扶持1 000名科技创新创业人才；依托一批国家重大科研项目、国家重点工程和重大建设项目，建设若干重点领域创新团队；以高等学校、科研院所和高新技术产业开发区为依托，建设300个创新人才培养示范基地。

（二）青年英才开发计划

着眼于人才基础性培养和战略性开发，提升我国未来人才竞争力，在自然科学、哲

学社会科学和文化艺术等重点学科领域，每年重点培养扶持一批青年拔尖人才；在高水平研究型大学和科研院所的优势基础学科建设一批国家青年英才培养基地，按照严入口、小规模、重特色、高水平的原则，每年选拔一批拔尖大学生进行专门培养；为培养造就未来国家所需的高素质、专业化管理人才，每年从应届高中、大学毕业生中筛选若干优秀人才送到国外一流大学深造，进行定向跟踪培养。

（三）企业经营管理人才素质提升工程

着眼于提高我国企业现代化经营管理水平和国际竞争力，到 2020 年，培养一批具有世界眼光、战略思维、创新精神和经营能力的企业家；培养 1 万名精通战略规划、资本运作、人力资源管理、财会、法律等专业知识的企业经营管理人才。

（四）高素质教育人才培养工程

为建设一支高素质、创新型教育人才队伍，通过研修培训、学术交流、项目资助等方式，每年重点培养和支持 2 万名各类学校教育教学骨干、“双师型”教师、学术带头人和校长，在中小学校、职业院校、高等学校培养造就一批教育家、教学名师和学科领军人才。

（五）文化名家工程

为更好地推动宣传思想文化工作，进一步提高国家文化软实力，着眼于培养造就一批造诣高深、成就突出、影响广泛的宣传思想文化领域杰出人才，每年重点扶持、资助一批哲学社会科学、新闻出版、广播影视、文化艺术、文物保护名家承担重大课题、重点项目、重要演出，开展创作研究、展演交流、出版专著等活动。到 2020 年，由国家资助的宣传思想文化领域文化名家达到 2 000 名。

（六）全民健康卫生人才保障工程

适应深化医药卫生体制改革、保障全民健康需要，加大对卫生人才培养支持力度。到 2020 年，培养造就一批医学杰出骨干人才，给予科研专项经费支持；开展住院医师规范化培训工作，支持培养 5 万名住院医师；加强以全科医师为重点的基层卫生人才队伍建设，通过多种途径培训 30 万名全科医师，提高基层医疗卫生服务能力。

（七）海外高层次人才引进计划

重点围绕国家发展战略目标，在中央、国家有关部门、地方分层次、有计划引进一批能够突破关键技术、发展高新技术产业、带动新兴学科的战略科学家和创新创业领军人才。其中，中央层面实施“千人计划”，建设一批海外高层次人才创新创业基地，用 5～10 年时间引进 2 000 名左右海外高层次人才回国（来华）创新创业。

（八）专业技术人才知识更新工程

围绕我国经济结构调整、高新技术产业发展和自主创新能力的提高，在装备制造、信息、生物技术、新材料、海洋、金融财会、生态环境保护、能源资源、防灾减灾、现代交通运输、农业科技、社会工作等重点领域，开展大规模的知识更新继续教育，每年培训 100 万名高层次、急需紧缺和骨干专业技术人才，到 2020 年，累计培训 1 000 万名左右。依托高等学校、科研院所和大型企业现有施教机构，建设一批国家级继续教育基地。

（九）国家高技能人才振兴计划

适应走新型工业化道路、加快产业结构优化升级的需要，加强职业院校和实训基地建设，培养造就一大批具有精湛技艺的高技能人才。到2020年，在全国建成一批技能大师工作室、1 200个高技能人才培训基地，培养100万名高级技师。

（十）现代农业人才支撑计划

适应建设社会主义新农村、加快发展现代农业的需要，加大对现代农业的人才支持力度。到2020年，选拔一批农业科研杰出人才，给予科研专项经费支持；支持1万名有突出贡献的农业技术推广人才，开展技术交流、学习研修、观摩展示等活动；选拔3万名农业产业化龙头企业负责人和专业合作组织负责人、10万名生产能手和农村经纪人等优秀生产经营人才，给予重点扶持。

（十一）边远贫困地区、边疆民族地区和革命老区人才支持计划

为促进边远贫困地区、边疆民族地区和革命老区加快发展，实现基本公共服务均等化目标，在职务、职称晋升等方面采取倾斜政策，每年引导10万名优秀教师、医生、科技人员、社会工作者、文化工作者到边远贫困地区、边疆民族地区和革命老区工作或提供服务。每年重点扶持培养1万名边远贫困地区、边疆民族地区和革命老区急需紧缺人才。

（十二）高校毕业生基层培养计划

着眼于解决基层特别是中西部地区基层人才匮乏问题，培养锻炼后备人才，积极引导和鼓励高校毕业生到基层创业就业。实施一村一名大学生计划，用5年时间，先期选派10万名高校毕业生到村任职，到2020年，实现一村一名大学生目标。统筹各类大学生到基层服务创业计划。通过政府购买工作岗位、实施学费和助学贷款代偿、提供创业扶持等方式，引导高校毕业生到农村和社区服务、就业和自主创业。

六、组织实施

（一）加强对《人才规划纲要》实施工作的组织领导

中央人才工作协调小组负责《人才规划纲要》实施的统筹协调和宏观指导。制定各项目标任务的分解落实方案和重大工程实施办法。建立《人才规划纲要》实施情况的监测、评估、考核机制，加强督促检查。

（二）建立健全人才发展规划体系

各省（自治区、直辖市）、中央和国家机关有关部门要以《人才规划纲要》为指导，根据实际，编制地区、行业系统以及重点领域的人才发展规划，形成全国人才发展规划体系。

（三）营造实施《人才规划纲要》的良好社会环境

大力宣传党和国家人才工作的重大战略思想和方针政策，宣传实施《人才规划纲要》的重大意义和《人才规划纲要》的指导方针、目标任务、重大举措，宣传《人才规划纲要》实施中的典型经验、做法和成效，形成全社会关心、支持人才发展的良好社会氛围。

（四）加强人才工作基础性建设

深入开展人才理论研究，积极探索人才资源开发规律。加强人才学科和研究机构建

设。建立健全人才资源统计和定期发布制度。推进人才工作信息化建设，建立人才信息网络和数据库。加强人才工作队伍建设，加大培训力度，提高人才工作队伍的政治素质和业务水平。

中国人民解放军和中国人民武装警察部队人才发展规划，由中央军委另行制定。

人力资源和社会保障部办公厅关于印发《贯彻实施〈国家中长期人才发展规划纲要（2010—2020 年）〉任务分工方案》的通知

（人社厅函〔2010〕222 号 2010 年 5 月 17 日）

部属有关单位，公务员局：

按照部领导指示，我们对《关于印发〈中央人才工作协调小组实施《国家中长期人才发展规划纲要（2010—2020 年）》任务分工方案〉的通知》（中组发〔2010〕10 号）中涉及我部的工作任务进行了分解，现印发给你们，请按照“四个明确”（明确任务、责任、时限、要求）的原则，抓好相关任务的落实。

贯彻实施《国家中长期人才发展规划纲要（2010—2020 年）》任务分工方案

《国家中长期人才发展规划纲要（2010—2020 年）》（中发〔2010〕6 号，以下简称《人才规划纲要》）是我国第一个中长期人才发展规划，是今后一个时期全国人才工作的指导性文件。中央组织部《关于印发〈中央人才工作协调小组实施《国家中长期人才发展规划纲要（2010—2020 年）》任务分工方案〉的通知》（中组发〔2010〕10 号）中的 91 项任务，我部牵头 32 项，参与 35 项。现就我部贯彻实施《人才规划纲要》提出如下任务分工方案（列在分工项目首位的为牵头单位，其他为参加单位）。

一、我部牵头的 32 项任务分工方案

（一）关于人才队伍建设

1. 进一步实施并完善新世纪百千万人才工程。（专业技术人员管理司）

2. 加强产业、行业人才发展统筹规划和分类指导，围绕重点领域发展，开展人才需求预测，定期发布急需紧缺人才目录。（人力资源市场司、专业技术人员管理司、职业能力建设司、事业单位人事管理司）

3. 进一步扩大专业技术人才队伍培养规模，提高专业技术人才创新能力。发挥各类社会组织培养专业技术人才的作用。（专业技术人员管理司）

4. 加大现代物流、电子商务、法律、咨询、会计、工业设计、知识产权、食品安全、旅游等现代服务业人才培养开发力度，重视传统服务业各类技术人才的培养。（专业技术人员管理司、人力资源市场司）

5. 制定双向挂职、短期工作、项目合作等灵活多样的人才柔性流动政策，引导党政机关、科研院所和高等学校专业技术人才向企业、社会组织和基层一线有序流动，促进专业技术人才合理分布。（人力资源市场司、专业技术人员管理司、事业单位人事管理司、公务员局职位管理司）

6. 完善政府特殊津贴制度，强化激励，科学管理。改善基层专业技术人才工作、生活条件，拓展职业发展空间。注重发挥离退休专业技术人才的作用。（专业技术人员管理司、职业能力建设司）

7. 完善以企业为主体、职业院校为基础，学校教育与企业培养紧密联系、政府推动与社会支持相结合的高技能人才培养培训体系，加强职业培训，统筹职业教育发展，整合利用现有各类职业教育培训资源，依托大型骨干企业（集团）、重点职业院校和培训机构，建设一批示范性国家级高技能人才培养基地和公共实训基地。（职业能力建设司）

8. 制定高技能人才与工程技术人才职业发展贯通办法。建立高技能人才绝技绝活代际传承机制。完善社会化职业技能鉴定、企业技能人才评价、院校职业资格认证和专项职业能力考核办法。广泛开展各种形式的职业技能竞赛和岗位练兵活动。完善国家高技能人才评选表彰制度。（职业能力建设司、专业技术人员管理司）

9. 建立健全农村实用人才评价制度。加大对农村实用人才的表彰激励和宣传力度，提高农村实用人才社会地位。（职业能力建设司）

10. 继续开展城乡人才对口扶持，推进万名医师支援农村卫生、城镇教师支援农村教育、社会工作者服务社会主义新农村建设、科技人才下乡支农等工作。（人力资源市场司）

（二）关于体制机制创新

11. 按照政府行政管理体制改革的总体部署，完善人才管理运行机制。（专业技术人员管理司、职业能力建设司、人力资源市场司）

12. 规范行政行为，推动人才管理部门进一步简政放权，减少和规范人才评价、流动等环节中的行政审批和收费事项。（专业技术人员管理司、人力资源市场司、职业能力建设司）

13. 分类推进事业单位人事制度改革。克服人才管理中存在的行政化、"官本位"倾向，取消科研院所、学校、医院等事业单位实际存在的行政级别和行政化管理模式。在科研、医疗等事业单位探索建立理事会、董事会等形式的事业单位法人治理结构。建立与现代科研院所制度、现代大学制度和公共医疗卫生制度相适应的人才管理制度。（事业单位人事管理司、专业技术人员管理司）

14. 探索建立与国际人才管理体系接轨的人才管理改革试验区。（专业技术人员管理司）

15. 研究制定人才开发促进法和终身学习、工资管理、事业单位人事管理、专业技术人才继续教育、职业资格管理、人力资源市场管理、外国专家来华工作等方面的法律法规。完善保护人才和用人主体合法权益的法律法规。（法规司、人力资源市场司、工资福利司、事业单位人事管理司、专业技术人员管理司、职业能力建设司、劳动监察局）

16. 健全科学的职业分类体系，建立各类人才的能力素质标准。（职业能力建设司、

专业技术人员管理司）

17. 建立健全公务员职位分类制度。（公务员局职位管理司、专业技术人员管理司、工资福利司）

18.（1）建立以岗位绩效考核为基础的事业单位人员考核评价制度。分行业制定事业单位领导人员考核评价办法。（事业单位人事管理司）

（2）完善重在业内和社会认可的专业技术人才评价机制。加快职称制度改革。完善专业技术人才职业水平评价办法。完善专业技术职务任职评价办法。（专业技术人员管理司）

19. 建立在重大科研、工程项目实施和急难险重工作中发现、识别人才的机制。健全举才荐才的社会化机制。（专业技术人员管理司、人力资源市场司）

20. 建立聘任制公务员管理制度。（公务员局职位管理司、工资福利司）

21. 全面推行事业单位公开招聘、竞聘上岗和合同管理制度。健全事业单位领导人员委任、聘任、选任等任用方式。建立事业单位关键岗位和国家重大项目负责人全球招聘制度。（事业单位人事管理司、专业技术人员管理司）

22. 在建设统一规范、更加开放的人力资源市场基础上，发展专业性、行业性人才市场。健全专业化、信息化、产业化、国际化的人才市场服务体系。积极培育专业化人才服务机构。制定发挥市场配置人才资源基础性作用的政策措施。（人力资源市场司、就业促进司）

23.（1）推进政府所属人才服务机构管理体制改革，实现政事分开、管办分离。建立社会化的人才档案公共管理服务系统。（人力资源市场司、就业促进司）

（2）完善社会保险关系转移接续办法。（养老保险司、失业保险司、医疗保险司、农村社会保险司、社会保险事业管理中心）

（3）完善劳动合同、人事争议仲裁、人才竞业避止等制度。（劳动关系司、事业单位人事管理司、人力资源市场司、调解仲裁管理司）

24. 统筹协调党政机关和国有企事业单位收入分配，稳步推进工资制度改革。（工资福利司、劳动关系司、事业单位人事管理司）

25.（1）健全国有企业人才激励机制，推行股权、期权等中长期激励办法，重点向创新创业人才倾斜。（劳动关系司）

（2）逐步提高企业退休人员基本养老金，对在企业退休的高层次专业技术人员给予重点倾斜。（养老保险司、社会保险事业管理中心）

26. 建立完善事业单位岗位绩效工资制度。改进专业技术人才收入分配等激励办法。完善重点领域科研骨干人才分配激励办法。探索高层次人才、高技能人才协议工资制和项目工资制等多种分配形式。（工资福利司、事业单位人事管理司、专业技术人员管理司、职业能力建设司）

27.（1）建立产权激励制度，制定知识、技术、管理、技能等生产要素按贡献参与分配的办法。（劳动关系司、工资福利司）

（2）研究制定人才补充保险办法，支持用人单位为各类人才建立补充养老、医疗保险。扩大对农村、非公有制经济组织、新社会组织人才的社会保障覆盖面。（养老保险司、医疗保险司、农村社会保险司）

28. 建立国家荣誉制度，表彰在经济社会发展中作出杰出贡献的人才。调整规范各类人才奖项设置。（公务员局考核奖励司、专业技术人员管理司、事业单位人事管理司、职业能力建设司）

（三）关于重大政策

29. 实施引导人才向农村基层和艰苦边远地区流动政策。

（1）对在农村基层和艰苦边远地区工作的人才，在工资、职务、职称等方面实行倾斜政策，提高艰苦边远地区津贴标准，改善工作和生活条件。实施东部带西部、城市带农村的人才对口支持政策，引导人才向西部和农村流动。（工资福利司、人力资源市场司、专业技术人员管理司）

（2）采取政府购买岗位、报考公职人员优先录用等措施，鼓励和引导高校毕业生到农村和中小企业就业。（就业促进司、人力资源市场司、公务员局考试录用司、事业单位人事管理司）

（3）逐步提高省级以上党政机关从基层招录公务员的比例。（公务员局考试录用司）

（4）制定高校毕业生到艰苦边远地区创业就业扶持办法。开发基层社会管理和公共服务岗位。（就业促进司、人力资源市场司、事业单位人事管理司）

（5）加强和改进干部援藏援疆、博士服务团、“西部之光”访问学者、少数民族科技骨干和少数民族地区小学“双语”教师特殊培养等工作。（人力资源市场司、专业技术人员管理司、就业促进司）

（6）实施公职人员到基层服务和锻炼的派遣和轮调办法。（人力资源市场司、公务员局职位管理司、事业单位人事管理司）

（7）继续做好“三支一扶”、大学生志愿服务西部计划和农村义务教育阶段学校教师特设岗位计划等工作。（人力资源市场司、事业单位人事管理司、就业促进司）

30. 实施促进人才发展的公共服务政策。

（1）完善政府人才公共服务体系，建立全国一体化的服务网络。健全人事代理、社会保险代理、企业用工登记、劳动人事争议调解仲裁、人事档案管理、就业服务等公共服务平台。（人力资源市场司和就业促进司、劳动关系司、劳动监察局、调解仲裁管理司、社会保险事业管理中心）

（2）建立政府购买公共服务制度，为各类人才平衡工作和家庭责任创造条件。加强对人才公共服务产品的标准化管理，大力开发公共服务产品。（人力资源市场司和就业促进司）

（四）关于重大人才工程

31. 专业技术人才知识更新工程。（专业技术人员管理司）

32. 国家高技能人才振兴计划。（职业能力建设司）

二、我部参与的35项任务分工方案

（一）关于人才队伍建设

1. 创新人才培养模式，建立学校教育和实践锻炼相结合、国内培养和国际交流合作相衔接的开放式培养体系。探索并推行创新型教育方式方法，突出培养学生的科学精

神、创造性思维和创新能力。（专业技术人员管理司）

2. 制定加强高层次创新型科技人才队伍建设的意见。加强领军人才、核心技术研发人才培养和创新团队建设，形成科研人才和科研辅助人才衔接有序、梯次配备的合理结构。（专业技术人员管理司、事业单位人事管理司）

3. 调整优化高等学校学科专业设置，加大急需研发人才和紧缺技术、管理人才的培养力度。大规模开展重点领域专门人才知识更新培训。（专业技术人员管理司、人力资源市场司、事业单位人事管理司）

4. 建设一批工程创新训练基地，建立和完善与国际接轨的工程师认证认可制度。制定产业领军人才、工程技术人才向重点产业集聚的倾斜政策。支持重点领域科学家参加国际科研计划、学术交流。（专业技术人员管理司）

5. 继续实施“四个一批”人才培养工作。加强哲学社会科学、新闻、出版、文艺等领域高层次人才队伍建设。依托重大哲学社会科学研究项目，大力培养哲学社会科学学术带头人。（专业技术人员管理司）

6. 建立重点领域相关部门人才开发协调机制。（专业技术人员管理司）

7. 开展大规模干部教育培训，加强干部自学。实施党政人才素质能力提升工程，构建理论教育、知识教育、党性教育和实践锻炼“四位一体”的干部培养教育体系。（公务员局培训与监督司）

8. 实施后备干部队伍建设“百千万工程”。拓宽党政人才来源渠道，注重从基层和生产一线选拔党政人才。加强女干部、少数民族干部、非中共党员干部培养选拔和教育培训工作。（公务员局考试录用司、培训与监督司、职位管理司）

9. 健全企业经营管理者聘任制、任期制和任期目标责任制，实行契约化管理。完善年度薪酬管理制度、协议工资制度和股权激励等中长期激励制度。（劳动关系司、工资福利司）

10. 加强职业教育“双师型”教师队伍建设。在职业教育中推行学历证书和职业资格证书“双证书”制度。逐步实行中等职业教育免费和学生生活补助制度。（职业能力建设司、专业技术人员管理司）

11. 大规模开展农村实用人才培训，充分发挥农村现代远程教育网络、全国文化信息资源共享工程网络、各类农民教育培训项目、农业技术推广体系、各类职业学校和培训机构的主渠道作用。整合现有培训项目，健全县域职业教育培训网络，推进农村实用人才带头人素质提升计划和新农村实用人才培训工程。加大公共财政对农村发展急需的农业技术人员、教师、医生等方面人才培养的支持力度。（职业能力建设司、专业技术人员管理司、事业单位人事管理司）

12. 加快制定社会工作岗位开发设置政策措施。推进公益服务类事业单位、城乡社区和公益类社会组织建设，完善培育扶持和依法管理社会组织的政策。组织实施社会工作服务组织标准化建设示范工程。研究制定政府购买社会工作服务政策。（事业单位人事管理司、就业促进司、人力资源市场司）

13. 制定加强社会工作人才队伍建设意见。建立健全社会工作人才评价制度。加强社会工作者队伍职业化管理。建立社会工作人才和志愿者队伍联动机制。（专业技术人员管理司、事业单位人事管理司）

（二）关于体制机制创新

14. 制定完善党管人才工作格局的意见。形成统分结合、上下联动、协调高效、整体推进的人才工作运行机制。（专业技术人员管理司）

15. 建立党委、政府人才工作目标责任制。建立各级党委常委会听取人才工作专项报告制度。完善党委联系专家制度。实行重大决策专家咨询制度。（专业技术人员管理司）

16. 建立人才培养结构与经济社会发展需求相适应的动态调控机制，优化教育学科专业、类型、层次结构和区域布局。（专业技术人员管理司、人力资源市场司、职业能力建设司）

17. 完善发展职业教育的保障机制，改革职业教育模式。构建网络化、开发式、自主性终身教育体系，大力发展现代远程教育，支持发展各类专业化培训机构。完善在职人员继续教育制度，分类制定在职人员定期培训办法。（职业能力建设司、专业技术人员管理司、事业单位人事管理司）

18. 完善以任期目标为依据、工作业绩为核心的国有企业领导人员考核评价办法。完善以市场和出资人认可为核心的企业经营管理人才评价体系，积极发展企业经营管理人才评价机构，建立社会化的职业经理人资质评价制度。（劳动关系司、专业技术人员管理司）

19. 完善党政领导干部公开选拔、竞争上岗制度，探索公推公选等竞争性干部选拔方式。规范干部选拔任用提名制度。推行和完善地方党委讨论决定任用重要干部票决制。坚持和完善党政领导干部职务任期制。（公务员局职位管理司）

20. 建立完善与西部大开发、东北地区等老工业基地振兴、中部地区崛起、东部地区率先发展战略相配套的区域人才交流合作机制，加快长江三角洲、珠江三角洲、环渤海等区域人才开发一体化进程。根据国家主体功能区布局，引导各类人才合理分布。（人力资源市场司、专业技术人员管理司）

（三）关于重大政策

21. 实施产学研合作培养创新人才政策。

（1）改革完善博士后制度，建立多元化的投入渠道，发挥高等学校、科研院所和企业的主体作用，提高博士后培养质量。（专业技术人员管理司）

（2）对企业等用人单位接纳高等学校、职业学校学生实习等实行财税优惠政策。（就业促进司、职业能力建设司）

22. 实施人才创业扶持政策。

加强创业技能培训和创业服务指导，提高创业成功率。（就业促进司、职业能力建设司）

23. 实施有利于科技人员潜心研究和创新政策。

（1）在科研院所、高等学校、企业建立符合科技人员和管理人员不同特点的职业发展途径。对事业单位管理人员全面推行职员制度。（事业单位人事管理司、专业技术人员管理司、劳动关系司）

（2）加大对基础研究、前沿技术研究、社会公益类科研机构的投入力度，建立以财政性资金设立的科研机构创新绩效综合评价制度。完善科技经费管理办法和国家科技计划管理办法，对高水平创新团队给予长期稳定支持。健全科研院所分配激励机制，注重向科研关键岗位和优秀拔尖人才倾斜。（规划财务司、工资福利司、事业单位人事管理司）

24. 实施推进党政人才、企业经营管理人才、专业技术人才合理流动政策。

（1）完善党政人才、企业经营管理人才、专业技术人才交流和挂职锻炼制度，打破人才身份、单位、部门和所有制限制，营造开放的用人环境。（人力资源市场司、劳动关系司、专业技术人员管理司、事业单位人事管理司、公务员局职位管理司）

（2）扩大党政机关和国有企事业单位领导人员跨地区跨部门交流任职范围。完善从企事业单位和社会组织选拔党政人才制度。制定党政机关人才向企、事业单位流动的社会保险关系转移接续办法。（公务员局职位管理司、事业单位人事管理司、养老保险司、医疗保险司）

25. 实施更加开放的人才政策。

（1）大力吸引海外高层次人才回国（来华）创新创业，制定完善出入境和长期居留、税收、保险、住房、子女入学、配偶安置、担任领导职务、承担重大科技项目、参与国家标准制定、参加院士评选和政府奖励等方面的特殊政策措施。建立海外高层次人才特聘专家制度。加强留学人员创业园区建设，提供创业资助和融资服务。（专业技术人员管理司）

（2）建立统一的海外高层次人才信息库和人才需求信息发布平台。（专业技术人员管理司、事业单位人事管理司）

（3）积极支持和推荐优秀人才到国际组织任职。推进专业技术人才职业资格国际、地区间互认。发展国际人才市场，培育一批国际人才中介服务机构。推动我国企业设立海外研发机构。制定维护国家重要人才安全的政策措施。（国际合作司、专业技术人员管理司、人力资源市场司）

（4）完善外国人永久居留权制度，吸引外籍高层次人才来华工作。（专业技术人员管理司）

（四）关于重大人才工程

26. 创新人才推进计划。（专业技术人员管理司）

27. 高素质教育人才培养工程。（专业技术人员管理司、职业能力建设司）

28. 海外高层次人才引进计划。（专业技术人员管理司）

29. 现代农业人才支撑计划。（职业能力建设司）

30. 边远贫困地区、边疆民族地区和革命老区人才支持计划。（专业技术人员管理司、人力资源市场司）

31. 高校毕业生基层培养计划。（人力资源市场司、就业促进司、事业单位人事管理司）

（五）关于组织实施

32. 加强对《人才规划纲要》实施工作的组织领导。制定各项目标任务的分解落实方案和重大工程实施办法。建立《人才规划纲要》实施情况的监测、评估、考核机制，加强督促检查。（专业技术人员管理司）

33. 营造实施《人才规划纲要》的良好社会环境。宣传党和国家人才工作的重大战略思想和方针政策，宣传实施《人才规划纲要》的重大意义和《人才规划纲要》的指导方针、目标任务、重大举措，宣传《人才规划纲要》实施中的典型经验、做法和成效。（政策研究司、专业技术人员管理司）

34. 加强人才工作基础性建设。深入开展人才理论研究，积极探索人才资源开发规律。加强人才学科和研究机构建设。推进人才工作信息化建设，建立人才信息网络和数据库。加强人才工作队伍建设。（专业技术人员管理司、职业能力建设司、事业单位人事管理司、政策研究司、规划财务司、人事司）

35. 建立健全人才资源统计和定期发布制度。（规划财务司）

人力资源和社会保障部关于深入贯彻落实全国人才工作会议精神和国家中长期人才发展规划纲要（2010—2020年）的通知

（人社部发〔2010〕40号 2010年6月4日）

各省、自治区、直辖市人力资源社会保障厅（局），新疆生产建设兵团人事局、劳动保障局，各副省级市人力资源社会保障（人事、劳动保障）局，国务院各部委、各直属机构人事部门，部属各单位，外专局、公务员局：

5月25—26日，党中央、国务院召开了全国人才工作会议，对更好实施人才强国战略、加快建设人才强国作出了全面部署。会前，党中央、国务院颁发了《国家中长期人才发展规划纲要（2010—2020年）》（中发〔2010〕6号，以下简称《人才规划纲要》）。为更好学习贯彻全国人才工作会议精神、实施《人才规划纲要》，现就有关事项通知如下：

一、充分认识学习贯彻全国人才工作会议精神和《人才规划纲要》的重大意义

全国人才工作会议是党中央、国务院在我国改革发展关键阶段召开的一次具有深远意义的重要会议。胡锦涛总书记、温家宝总理、习近平副主席等中央领导同志，着眼于我国科学发展、长远发展大局，深刻阐述了加快建设人才强国的重要性和紧迫性，提出了一系列人才工作的重要思想，对加快建设人才强国进行了全面部署，充分说明我们党对人才工作重要性的认识达到了新的高度，对人才工作在党和国家工作全局中的战略性地位有了新的定位，标志着我国人才工作开启了新的发展篇章。《人才规划纲要》是我国第一个中长期人才发展规划，明确了新时期我国人才工作的指导方针、战略目标和总体部署，提出了加强人才队伍建设、创新体制机制、完善重大人才政策、实施重大人才工程的主要任务，是当前和今后一个时期全国人才工作的行动纲领。《人才规划纲要》的颁布实施是贯彻落实科学发展观、更好实施人才强国战略的重大举措，是在激烈的国际竞争中赢得主动的战略选择，对于加快我国经济发展方式转变、实现全面建设小康社会奋斗目标具有重大意义。

学习贯彻全国人才工作会议精神和《人才规划纲要》是人力资源社会保障部门当前

和今后一个时期人才工作的中心任务。5 月 27 日，中央组织部、人力资源社会保障部专门召开了贯彻落实《人才规划纲要》座谈会，李源潮同志对学习贯彻全国人才工作会议精神、实施《人才规划纲要》作了具体部署，强调要“思想落实、任务落实、政策落实、项目落实”。尹蔚民部长要求各级人力资源社会保障部门不断增强做好人才工作的责任感、使命感和紧迫感，“明确任务、明确责任、明确时限、明确要求”，认真落实好各项任务。各级人力资源社会保障部门要深入学习胡锦涛总书记、温家宝总理、习近平副主席和李源潮同志的重要讲话精神，深入学习《人才规划纲要》，充分认识贯彻落实全国人才工作会议精神、实施《人才规划纲要》的重大意义，统一思想，提高认识，自觉把思想和行动统一到中央对人才工作的重大决策和战略部署上来，推动人才工作不断取得新进展。

二、切实抓好全国人才工作会议精神和《人才规划纲要》的组织学习

各级人力资源社会保障部门要按照“四个落实”和“四个明确”的要求，把组织学习全国人才工作会议精神和《人才规划纲要》作为当前的重大任务，紧密结合人力资源社会保障工作实际，切实抓紧抓好。

（一）*突出学习重点*。要组织干部职工认真学习，全面掌握全国人才工作会议和《人才规划纲要》的精神实质和核心内容。重点组织学习中央领导同志的重要讲话，深刻理解全国人才工作会议和《人才规划纲要》提出的新思想、新理念、新目标、新要求，深刻理解人才资源是经济社会发展第一资源的重要思想，深刻理解加快建设人才强国的重大意义，深刻理解人才发展的指导方针、战略目标、重点任务和重要举措，全面把握人力资源社会保障部门在贯彻落实人才工作会议和实施《人才规划纲要》中承担的重要职责和任务。

（二）*丰富学习形式*。要将学习全国人才工作会议精神和《人才规划纲要》纳入人力资源社会保障系统培训、学习计划，通过举办专题培训班、召开主题报告会、邀请专家辅导、开展专题研讨、进行理论征文等各种形式，形成多层次、多形式的学习格局。各级人力资源社会保障部门特别是人才工作部门要发挥表率作用，带头学习、深入学习，主要领导干部要认真抓学习、促学习，采取各种有效措施，在人力资源社会保障系统迅速掀起全国人才工作会议精神和《人才规划纲要》的学习热潮，营造良好的学习氛围。

（三）*增强学习效果*。要结合学习，认真分析查找人力资源社会保障部门人才工作中存在的问题和薄弱环节，明确今后改进工作的思路和方向；要结合学习，认真梳理人力资源社会保障部门承担的重要任务，明确今后一个时期工作的重点和要求；要结合学习，努力提高人力资源社会保障部门干部队伍的思想认识和能力素质，要学深学精学透，切实做到真学真懂真用，将中央领导同志和《人才规划纲要》提出的目标和要求，自觉转化为推动人才工作的科学理念、工作思路和实际行动。

三、认真贯彻落实全国人才工作会议精神和《人才规划纲要》，着力推进人才工作创新发展

按照《中央人才工作协调小组实施〈国家中长期人才发展规划纲要（2010—2020年）〉任务分工方案》（中组发〔2010〕10 号）要求，在 91 项任务中，人力资源社会保障部牵头实施 32 项，参与实施 35 项。各级人力资源社会保障部门，要充分认识人力资源社会保障系统在贯彻落实全国人才工作会议精神和《人才规划纲要》中肩负的重要职责，按照中央的部署和要求，推动人才工作不断创新发展。

（一）着力加强以高层次人才、高技能人才为重点的人才队伍建设。队伍建设是人才发展的重要基础。《人才规划纲要》从突出培养造就创新型科技人才、大力开发经济社会发展重点领域急需紧缺专门人才、统筹推进各类人才队伍建设三个方面对人才队伍建设作出了部署，任务分解为33项，人力资源社会保障部门牵头实施10项，参与实施13项。各级人力资源社会保障部门要按照《人才规划纲要》的部署和要求，重点抓好专业技术人才和高技能人才队伍建设。

要切实加强专业技术人才队伍建设。以提高专业水平和创新能力为核心，以高层次人才和紧缺人才为重点，大力培养宏大的高素质专业技术人才队伍。进一步实施并完善新世纪百千万人才工程，完善政府特殊津贴制度，改革完善博士后制度。要突出创新型科技人才培养，加大各重点领域紧缺人才和现代服务业人才培养。大力实施海外高层次人才引进计划、留学人员回国创业启动支持计划和海外赤子为国服务行动计划，创新引才机制，健全政策体系，完善服务体系，建立统一的海外高层次人才信息库和人才需求信息发布平台，加强留学人员创业园建设，努力掀起留学人员回国工作、创业和为国服务的热潮。积极构建分层分类的继续教育体系，突出创新精神和创新能力培养，大规模开展重点领域专门人才知识更新，大幅度提升专业技术人才队伍的整体素质。推进国家专家服务基地建设，实施万名专家下基层服务行动。改进专业技术人才收入分配等激励办法。加强基层专业技术人才队伍建设，改善基层专业技术人才工作、生活条件，拓展职业发展空间。注重发挥离退休专业技术人才的作用。

要进一步加大技能人才队伍建设力度。以提升职业素质和职业技能为核心，以技师和高级技师为重点，建设一支门类齐全、技艺精湛的高技能人才队伍。完善以企业为主体、职业院校为基础，学校教育与企业培养紧密联系、政府推动与社会支持相结合的高技能人才培养培训体系。加强职业培训，整合利用现有各类职业教育培训资源，建设一批示范性国家级高技能人才培养基地和公共实训基地。大力推行校企合作，加强职业教育培训“双师型”师资队伍建设，推行学历证书和职业资格证书“双证书”制度。制定高技能人才与工程技术人才职业发展贯通办法。建立高技能人才绝技绝活代际传承机制。完善国家高技能人才评选表彰制度。广泛开展各种形式的职业技能竞赛和岗位练兵活动。

要坚持高端引领、整体开发的指导方针，在突出重点的同时，统筹推进各类人才队伍建设。要加强产业、行业人才发展统筹规划和分类指导，围绕重点领域发展，开展人才需求预测，定期发布急需紧缺人才目录。要创新人才培养模式，加强领军人才、核心技术研发人才培养和创新团队建设，加强复合型人才培养，加大急需研发人才和紧缺技术、管理人才的培养力度。加强农村实用人才队伍建设，开展城乡人才对口扶持，做好“三支一扶”等高校毕业生服务基层项目。建立健全农村实用人才评价制度，加大对农村实用人才的表彰激励和宣传力度。进一步推进公务员队伍建设，大力提高公务员队伍能力素质，加强公务员作风建设。

（二）着力推进人才工作体制机制创新。体制机制创新是人才发展的关键。《人才规划纲要》贯彻以用为本的思想，提出了创新人才体制机制的一系列举措，在涉及人才管理体制改革和创新人才机制的31项工作任务中，人力资源社会保障部门牵头落实18项，参与实施7项。各级人力资源社会保障部门要紧紧围绕《人才规划纲要》提出的目标任务，着力推进人才工作体制机制创新。

要健全科学的职业分类体系，建立各类人才的能力素质标准；在企事业单位建立符合科技人员和管理人员不同特点的职业发展路径，促进科技人员潜心研究和创新。要加快职称制度和职业资格制度改革，完善重在业内和社会认可的专业技术人才评价机制，规范专业技术人才职业准入，完善专业技术人才职业水平评价办法和专业技术职务任职评价办法，积极稳妥推进中小学教师职称制度改革和工程师职称制度改革试点。要探索技能人才多元评价机制，逐步完善社会化职业技能鉴定、企业技能人才评价、院校职业资格认证和专项职业能力考核办法。要建立在重大科研、工程项目实施和急难险重工作中发现、识别人才的机制，健全举才荐才的社会化机制。要统筹协调党政机关和国有企事业单位收入分配，稳步推进工资制度改革，健全国有企业人才激励机制，重点向创新创业人才倾斜；建立完善事业单位岗位绩效工资制度，完善重点领域科研骨干人才分配激励办法，探索高层次人才、高技能人才协议工资制和项目工资制等多种分配形式；建立产权激励制度，制定知识、技术、管理、技能等生产要素按贡献参与分配的制度，研究制定人才补充保险办法。要分类推进事业单位人事制度改革，全面推行事业单位公开招聘、竞聘上岗和合同管理制度，建立以岗位绩效为基础的考核评价制度。要推进政府所属人才服务机构管理体制改革，实现政事分开、管办分离，大力发展专业性、行业性人才市场，健全人才市场服务体系，积极培育专业化的人才服务机构，充分发挥市场机制在人力资源配置中的基础性作用。要建立国家荣誉表彰制度，表彰在经济社会发展中作出杰出贡献的人才。

（三）*着力完善重大人才政策*。完善人才管理是提高人才工作水平的迫切要求。《人才规划纲要》针对当前人才发展急需解决的突出问题，提出了10项重大人才政策，其中人力资源社会保障部门牵头实施2项。各级人力资源社会保障部门要围绕《人才规划纲要》的政策目标，逐项分析，认真研究，加快建立健全政府宏观管理、市场有效配置、单位自主用人、人才自主择业的人才管理体制，推动政府人才管理职能向创造良好发展环境、提供优质公共服务转变。

要进一步加强人才法制建设，坚持依法规范、促进和保障人才发展，推进人才开发促进法和终身学习、工资管理、事业单位人事管理、专业技术人才继续教育、职业技能培训和鉴定、职业资格管理、人力资源市场管理、外国专家来华工作等方面法律法规的研究制定。要规范行政行为，推动人才管理部门进一步简政放权。要克服人才管理中存在的“行政化”、“官本位”倾向，会同有关部门，研究建立与现代科研院所制度、现代大学制度和公共医疗卫生制度相适应的人才管理制度。要进一步消除人才流动中的城乡、区域、部门、行业、身份和所有制限制，完善社会保险关系转移接续办法；制定双向挂职、短期工作、项目合作等灵活多样的人才柔性流动政策，引导党政机关、科研院所和高等学校专业技术人才向企业、社会组织和基层一线有序流动。要会同有关部门，实施人才创业扶持政策，加强人才创业技能培训和创业服务指导，提高创业成功率。要实施更加开放的人才政策，推进专业技术人才职业资格国际、地区间互认，发展国际人才市场，制定维护国家重要人才安全的政策措施，积极支持和推荐优秀人才到国际组织任职。要完善政府人才公共服务体系，建立全国一体化的服务网络，健全人事代理、社会保险代理、企业用工登记、劳动人事争议调解仲裁、人事档案管理、就业服务等公共服务平台，建立社会化的人才档案公共管理服务系统。要不断创新政府人才公共服务方式，健全政府购买公共服务制度；加强对人才公共服务产品的标准化管理，大力开发公共服务产品，满足人才多样化需要。

（四）着力实施重大人才工程。实施重大人才工程是做好人才工作、打造人才竞争优势的重要抓手。《人才规划纲要》提出了12项重大人才工程，其中人力资源社会保障部门牵头实施2项，配合实施6项。各级人力资源社会保障部门要大力抓好这些重大人才工程的实施工作。

实施专业技术人才知识更新工程。围绕我国经济结构调整、高新技术产业发展和自主创新的提高，在装备制造业、信息、生物技术等12个经济社会发展重点领域，开展大规模的知识更新继续教育，每年培训100万名高层次、急需紧缺和骨干专业技术人才。依托高等学校、科研院所和大型企业现有施教机构，建设一批国家级继续教育基地。要抓紧研究制订专业技术人才知识更新工程实施方案。

实施国家高技能人才振兴计划。适应走新型工业化道路、加快产业结构优化升级的需要，从完善培养、评价、使用、激励等环节的政策入手，以高技能人才培养示范基地建设项目、公共实训基地建设项目、技能大师工作室建设项目为重点，率先在一些重点领域取得突破，培养造就一大批具有精湛技艺的高技能人才。

同时，配合有关部门实施好海外高层次人才引进计划、创新人才推进计划、高素质人才培养工程、现代农业人才支撑计划、边远贫困地区边疆民族地区和革命老区人才支持计划、高校毕业生基层培养计划。

四、坚持党管人才原则，努力开创人才工作新局面

人力资源社会保障部门是政府人才工作综合管理部门，在贯彻落实全国人才工作会议精神和《人才规划纲要》中承担着重要任务。胡锦涛总书记指出，政府人力资源和社会保障部门要在人力资源开发、就业、收入分配制度改革、人力资源市场建设、社会保障等方面发挥职能作用，为人才发展提供指导和服务。习近平同志强调，人力资源和社会保障部门是政府人才工作综合管理部门，要在构建人才服务体系，推动人才队伍建设等方面积极发挥职能作用。各级人力资源社会保障部门要在党管人才的工作格局下，充分发挥自身职能作用，积极推动人才工作科学发展，努力开创人才工作新局面。

（一）坚持党管人才原则，加强人才工作的统筹规划和战略研究。坚持党管人才原则是贯彻落实全国人才工作会议精神和《人才规划纲要》的根本保证。各级人力资源社会保障部门要坚持党管人才原则，围绕中心，服务大局，积极争取党委政府的重视、支持和领导，将人才工作纳入党和政府工作全局，统筹考虑。要切实加强与组织部门的密切配合，在制定重要政策、作出重大部署、开展重要工作和实施重大工程时，主动加强与组织部门的沟通协调，积极争取他们的指导和支持。要加强配套规划制定实施工作，制定实施好《国家中长期专业技术人才队伍发展规划》和《国家中长期高技能人才队伍建设发展规划》，积极配合组织部门做好本地区本部门人才发展规划的制定实施工作。

（二）切实加强对政府人才工作的组织领导。要在组织部门的指导下，充分发挥政府人才工作综合管理部门职能作用，切实加强对政府人才工作的组织领导。要按照“四个落实”和“四个明确”的要求，抓紧制定本地区本部门贯彻落实《人才规划纲要》的实施意见和工作方案，对承担的任务进行细化分解，把各项任务落实到具体部门和责任人。对人力资源社会保障部门牵头的工作任务，要切实履行好牵头责任，抓好具体分工和组织协调。对由其他部门负责的工作，要积极配合，密切协作。要充分调动各方面的积极性，把政府人才工作各有关部门的力量凝聚起来，为贯彻落实全国人才工作会议精神和《人才规划纲要》，提供坚强的组织保障。

（三）加强对《人才规划纲要》实施工作的督促检查。要建立健全抓落实的长效机制，切实加强对《人才规划纲要》贯彻实施工作的督促检查，做到有计划、有部署、有督促、有检查。要深入实际，及时了解贯彻落实工作的进展情况、重点项目方案制定及实施情况，及时掌握、指导解决《人才规划纲要》实施过程中遇到的新情况、新问题，通过加强指导和督促检查，切实推动全国人才工作会议和《人才规划纲要》各项任务按时保质完成。

（四）深入宣传全国人才工作会议精神和《人才规划纲要》。要结合实际，切实加强对全国人才工作会议精神和《人才规划纲要》的宣传，做到宣传工作与贯彻落实工作一起策划、一起部署、一起实施，举办首届中国人才发展论坛，通过新闻发布、专家解读、跟踪报道等多种形式，大力宣传贯彻落实全国人才工作会议精神和实施《人才规划纲要》的重大意义，积极宣传《人才规划纲要》的指导方针、目标任务、重大举措，宣传各级人力资源社会保障部门学习贯彻全国人才工作会议精神和《人才规划纲要》的典型经验、做法和成效，充分发挥人力资源社会保障系统宣传阵地的重要作用，为贯彻落实全国人才工作会议精神和《人才规划纲要》营造良好的舆论氛围。

2010 年是贯彻落实全国人才工作会议精神和《人才规划纲要》的开局之年。各级人力资源社会保障部门要站在党和国家工作大局的高度，站在更好实施人才强国战略的高度，站在人力资源社会保障工作全局的高度，精心组织，周密部署，切实抓好会议精神和《人才规划纲要》的贯彻落实，不断开创政府人才工作新局面。

人力资源和社会保障部办公厅关于成立人力资源社会保障部人才工作领导小组的通知

（人社厅发〔2010〕109 号　2010 年 12 月 10 日）

部属各单位，公务员局：

为进一步贯彻落实全国人才工作会议精神和《国家中长期人才发展规划纲要（2010—2020 年）》（以下简称《人才发展规划纲要》），加强对人才工作的领导，经研究决定，成立人力资源社会保障部人才工作领导小组。现将有关事项通知如下：

一、领导小组工作职能

（一）在部党组领导下，认真贯彻落实党和国家各项人才工作方针政策，组织实施《人才发展规划纲要》。

（二）传达中央关于人才工作的指示精神，贯彻中央人才工作协调小组对人才工作的要求部署，研究我部人才工作的重大政策、重大举措、重大问题，统筹推进各项人才工作。

（三）统筹协调、指导部属各单位和全国人力资源社会保障系统贯彻落实《人才发展规划纲要》工作。

二、领导小组工作机制

（一）领导小组会议。领导小组会议由领导小组组长或由组长委托副组长召集主持。原则上每年召开1到2次，必要时可临时召开会议。

（二）工作调度会。工作调度会由领导小组副组长召集主持，原则上每季度召开1次。听取各单位贯彻落实《人才发展规划纲要》进展情况的汇报，研究部署有关工作。

（三）领导小组下设办公室，办公室设在专业技术人员管理司，承担领导小组的日常工作。

三、领导小组人员组成

组　长：尹蔚民　部长
副组长：王晓初　副部长
成　员：赵　敏　办公厅　主任
尹成基　政策研究司　司长
孔昌生　法规司　司长
李保国　规划财务司　司长
于法鸣　就业促进司　司长
毕雪融　人力资源市场司　司长
吴道槐　职业能力建设司　司长
孙建立　专业技术人员管理司　司长
魏　卓　事业单位人事管理司　司长
邱小平　劳动关系司　司长
朱建平　工资福利司　司长
蔡振红　养老保险司　司长
张亚力　国际合作司　司长
高光宇　国家公务员局职位管理司　司长
聂生奎　国家公务员局考试录用司　司长
薛　虹　国家公务员局考核奖励司　司长
刘丽军　国家公务员局培训与监督司　司长

孙建立同志兼任办公室主任。

中共中央组织部、人力资源和社会保障部关于印发《专业技术人才队伍建设中长期规划（2010—2020 年）》的通知

（中组发〔2011〕7 号 2011 年 3 月 9 日）

各省、自治区、直辖市党委组织部、政府人力资源和社会保障厅（局），各副省级城市党委组织部、政府人力资源和社会保障局，中央和国家机关各部委、各人民团体组织人事部门，新疆生产建设兵团党委组织部、人事局，部分国有重要骨干企业党组（党委），部分高等学校党委：

《专业技术人才队伍建设中长期规划（2010—2020 年）》已经中央领导同志同意，并经中央人才工作协调小组第 30 次会议审议通过，现印发给你们，请结合实际认真贯彻执行。

专业技术人才队伍建设中长期规划（2010—2020 年）

为实现全面建设小康社会宏伟目标，更好实施人才强国战略，建设宏大的高素质专业技术人才队伍，根据《国家中长期人才发展规划纲要（2010—2020 年）》的总体要求，特制定本规划。

一、规划背景

人才是我国经济社会发展的第一资源。专业技术人才是我国人才队伍的骨干力量，在建设创新型国家和全面建设小康社会伟大事业中发挥着重要作用。全面加强专业技术人才队伍建设，是我们应对激烈的国际竞争，提高自主创新能力，实现经济社会又好又快发展的必然要求。

（一）主要成效

改革开放以来，我国专业技术人才队伍发生了深刻的历史性变化：一是专业技术人才队伍规模不断壮大。截至 2008 年年底，总数已达 4 686 万人，占社会从业人员的 6. 0%。二是专业技术人才队伍整体素质逐步提高。截至 2009 年底，在公有经济企事业单位2 888万专业技术人才中，大专以上学历 2 291. 6 万人，占总人数的 79. 3%；高级职称 297. 5 万人，占总人数的 10. 3%；高层次专业技术人才队伍初具规模，目前，我国有两院院士 1 400 多人，有突出贡献中青年专家 5 200 多人，百千万人才工程国家级人选 4 100多人，享受政府特殊津贴专家 15. 8 万人，博士后研究人员 8 万余人。三是专业技术人才在科技进步和经济社会发展中的作用显著增强。在开展重大科研项目攻关和重点工程建设方面取得了显著成绩，在开发国防尖端技术和破解关系国计民生重大问题方面作出了突出贡献，在推进高新技术产业化和理论创新、制度创新、科技创新、文化创新

等方面发挥了重要作用。四是专业技术人才管理体制机制不断创新。专业技术人才公共服务体系逐步建立，市场化的用人机制初步形成，事业单位聘用制度和岗位管理制度基本建立，初步实现从身份管理向岗位管理转变。五是专业技术人才的社会地位明显上升，人才成长与发展的环境日益改善。随着人才强国战略的深入实施，专业技术人才队伍在经济社会发展中的基础性、战略性、决定性地位和作用日益凸显出来。

（二）存在的问题

改革开放以来，我国专业技术人才队伍建设虽然取得了长足进步，但从整体来看，专业技术人才队伍的整体规模、素质能力、结构分布、体制机制以及发展环境与经济社会发展和建设创新型国家的要求还有一定差距，主要表现在：自主创新能力不强；高层次人才尤其是世界一流的拔尖人才和领军人才匮乏；基层一线专业技术人才短缺，专业技术水平亟待提高；队伍结构、分布不尽合理，人才的培养与快速发展的经济社会需求结构不相适应；人才发展的体制机制障碍依然存在，人才投入不足、激励不够；人才成长发展的社会环境还需要进一步改善，等等。

（三）新阶段新要求

当今世界，经济全球化深入发展，科技进步日新月异，知识经济方兴未艾，各国之间以经济为基础、科技为先导、人才为焦点的综合国力竞争日益激烈。人才资源已经成为重要的战略资源，人才在综合国力竞争中越来越具有决定性意义。我国正处于全面建设小康社会的关键阶段，深入贯彻落实科学发展观，全面建设小康社会，建设创新型国家，加快推进工业化、信息化、城镇化、市场化、国际化，要求我们必须充分发挥人才在科学发展中的第一资源作用，加快经济发展方式由主要依靠物质资源消耗向主要依靠科技进步、劳动者素质提高和管理创新转变，把人力资源优势转化为人才资源优势，更有力地促进经济社会又好又快发展。

党中央、国务院高度重视人才工作，专门制定下发了《国家中长期人才发展规划纲要（2010—2020年）》，对更好实施人才强国战略、加快建设人才强国进行了全面部署，为推动人才工作科学发展指明了方向，标志着我国人才工作迈进了人才优先发展的新时期，进入了加快建设人才强国的新阶段。面对新形势新任务，我国专业技术人才队伍建设工作要按照中央的要求，全面贯彻落实《国家中长期人才发展规划纲要（2010—2020年）》，科学规划、深化改革、重点突破、整体推进，以高层次创新型人才为重点，加快建设一支规模宏大、结构合理、素质优良、具有较强竞争力的专业技术人才队伍，进一步推动科技进步和创新，为更好实施人才强国战略，加快建设人才强国作出新贡献。

二、指导思想、发展目标和总体要求

（一）指导思想

高举中国特色社会主义伟大旗帜，坚持以邓小平理论和“三个代表”重要思想为指导，深入贯彻落实科学发展观，更好实施人才强国战略，以经济社会发展需求为依据，规划专业技术人才队伍建设；以高层次人才为龙头，引领专业技术人才队伍整体发展；以培养创新精神和创新创业能力为核心，带动专业技术人才队伍整体实力提升；以创新体制机制为动力，营造专业技术人才成长的制度环境；以发挥专业技术人才作用为根本，创造人尽其才、才尽其用的发展平台，为在2020年我国进入人才强国行列，实现全面建设小康社会目标提供有力的专业技术人才支撑。

当前和今后一个时期，我国专业技术人才发展的基本原则是：服务发展，人才优先；以用为本，创新机制；高端引领，强化基层；分类开发，协同推进。

——服务发展，人才优先。把服务发展作为专业技术人才工作的根本出发点和落脚点，确立人才作为第一资源优先发展的战略地位和发展布局，以人才优先发展推动经济社会发展。

——以用为本，创新机制。把充分发挥专业技术人才作用作为根本任务，坚持科学发展以人为本，人才发展以用为本，创新专业技术人才发展理念、改革完善体制机制，营造良好的制度环境。

——高端引领，强化基层。培养造就一批学术造诣精深、敬业精神强、创新能力突出的高层次领军人才，引领专业技术人才队伍整体发展；加强基层和一线专业技术人才队伍建设，满足经济社会发展对高素质应用型人才的需求。

——分类开发，协同推进。在充分尊重各类专业技术人才自身特点和发展规律的基础上，统筹不同层次、区域、行业、领域、所有制等各类专业技术人才的发展，形成各类人才持续成长、协调发展的局面。

（二）发展目标

1．第一阶段：从现在起到2015年

我国专业技术人才总量预计达到6 800万人左右，从事研究开发的科学家和工程师达到200万人年，每万劳动力中从事研究开发的人员达到33人年。高、中、初级专业技术人才比例为10:38:52。在高等院校、研究机构、重点企业形成一批在优势领域具有世界水平的创新人才团队。培养造就一支活跃在世界科技前沿，跻身国际一流的专家队伍。

专业技术人才流动的体制性政策性障碍基本得到解决，评价、使用、激励保障制度趋于完善，人才公共服务体系以及中国特色的专业技术人才工作法律法规体系框架初步建立，人才成长发展环境得到明显改善。力争科技进步贡献率达到50%以上，对外技术依存度降低到40%以下，本国人发明专利年度授权量和国际科学论文被引用数均进入世界前10位。科技领军人才在更多领域具备冲击世界重大科技难题的能力。经济社会发展紧缺急需的专业技术人才供需矛盾初步得到缓解。

2．第二阶段：从2016年到2020年

建成一支能够支撑和引领我国现代化建设、规模宏大、结构合理、素质优良、具有强大国际竞争力的专业技术人才队伍，专业技术人才总量预计达到7 500万人左右，从事研究开发的科学家和工程师达到250万人年，每万劳动力中从事研究开发的人员达到43人年。高、中、初级专业技术人才比例为10:40:50。涌现出一批具有世界领先水平的科学家和研究团队。具有原创能力的创新人才团队由重点院校和国有科研机构向具有国际竞争力的企业集团和社会组织扩展。从事现代服务业、社会和文化事业的专业技术人才队伍数量大幅增长。

社会化、科学化、法制化的专业技术人才管理体制基本建成，市场机制调节与政府宏观调控相结合的专业技术人才开发机制基本健全，与社会主义市场经济体制相适应的专业技术人才工作制度体系基本完善，具备与经济社会发展要求同步更新的适应能力。

专业技术人才基本公共服务均等化得以实现。中国特色的专业技术人才法律法规体系基本建立。促进专业技术人才成长发展的良好环境基本形成。力争科技进步贡献率达到60%以上，对外技术依存度降低到30%以下，本国人发明专利年度授权量和国际科学论文被引用数均进入世界前5位。建成若干世界一流的科研院所和大学以及具有国际竞争力的企业研究开发机构，企业创新人才团队成为推动科技进步的主要力量。形成比较完善的中国特色国家创新体系，自主创新能力显著增强，在科学发展的主流方向上取得一批具有重大影响的创新成果，出现一批在国际科技尖端领域发挥主导作用、引领发展方向的科学家。社会和文化事业专业技术人才队伍建设基本适应发展需求。专业技术人才队伍建设与经济、科技、社会实现协调发展。

（三）总体要求

——以科学发展观为统领。以人为本，创新体制，完善机制，健全法制，优化环境，统筹各类专业技术人才发展，实现人才发展与国家发展的协调一致，相互促进。遵循专业技术人才成长规律，把促进人才健康成长和充分发挥作用作为衡量人才工作的重要指标，为专业技术人才服务经济社会发展提供有力保障。

——以科学人才观为指导。坚持德才兼备、以德为先的识才、选才、用才标准。把品德、知识、能力、业绩和贡献作为衡量人才的主要标准，不唯学历、不唯职称、不唯资历、不唯身份，不拘一格选人才。牢固树立人人都可以成才的观念，积极为广大专业技术人员成才创造有利条件，鼓励多出人才、快出人才、出好人才。

——以能力建设为主题。创新专业技术人才培养模式，以社会需要为依据，坚持学习与实践相结合、培养与使用相结合，在提高综合素质基础上，着力培养专业技术人才的学习能力、实践能力和创新创业能力，提高他们的专业化、国际化水平。

——以高层次创新型人才为重点。以加大人才投入为支撑，以建设事业平台为重点，以市场配置人才资源为基础，以创新体制机制为动力，努力培养造就一批世界一流科学家、高水平的学科带头人与科技领军人才，带动专业技术人才队伍整体发展。

——以制度创新为动力。制度创新是加强专业技术人才队伍建设的根本保证。通过深化改革、创新制度、规范管理、优化环境，构建与社会主义市场经济体制相适应，有利于专业技术人才科学发展的制度和政策体系，最大限度地激发人才的创新创造活力。

三、主要任务

为实现专业技术人才队伍建设的战略目标，从现在起到2020年，我国专业技术人才队伍建设的主要任务是：

（一）着力提升专业技术人才素质能力

一是建立以素质能力建设为核心的人才培养体系。全面推进素质教育，深化教育体制机制改革，进一步落实和扩大高校办学自主权，建立经济社会发展对专业技术人才素质能力培养的引导机制。二是提高专业技术人才的实践能力。创新专业技术人才培养模式，鼓励高等院校与科研院所建立创新创业人才培养基地，加强拔尖创新创业人才培养，强化实践和实验教学，发挥项目、基地在专业技术人才培养中的作用，建立培养机构、人才、用人单位和全社会广泛参与的人才培养质量评价机制，建立以质量为导向的科研和学术评价体系。三是提高专业技术人才的学习能力。以实施专业技术人才知识更新工程为龙头，大力开展专业技术人才继续教育。整合继续教育资源，发展网络和远程教育，建立专业技术人才教育培训网络，构建分层分类的专业技术人才继续教育体系。完善专业技术人才继续教育的激励与约束机制、需求引导和绩效评估机制。四是提高专业技术人才的创新创业能力。实施创新人才培养计划，发展创新载体，鼓励专业技术人才在创新活动中提出新理论、新技术；扶持专业技术人才利用自主知识产权或核心技术自主创办高新技术企业；大力推进创新创业团队建设。五是加强学风建设与职业道德建设。引导专业技术人才追求科学与真理，自觉抵制心浮气躁、急功近利等不良风气，有效遏制学术造假现象，进一步净化学术环境和学术风气。六是提高专业技术人才的国际化素质。搭建专业技术人才参加国际活动的平台，支持专业技术人才出国留学和进行国际学术技术交流；促进学位、学历和专业技术人员职业资格国际互认；鼓励专业技术人才在国际学术组织中任职或承担相关工作任务。

（二）着力扩大专业技术人才队伍规模

从现在起到2020年，我国仍将保持较高水平的经济增长率。经济社会的快速持续发展需要大量高素质的专业技术人才。必须采取有效措施，保持人才供给数量，为我国经济、政治、文化、社会建设提供有力支撑。同时，在装备制造、信息、生物技术、新材料、航空航天、海洋、金融财会、国际商务、生态环境保护、能源资源、现代交通运输、农业科技等国民经济重点领域和教育、政法、宣传思想文化、医药卫生、防灾减灾等社会发展重点领域，形成一批人才高地，急需紧缺人才基本得到满足。

（三）着力调整专业技术人才队伍整体结构

一是调整专业技术人才培养结构。根据经济社会发展需要，及时调整高校学科与专业设置，不断健全学科和专业体系。二是调整专业技术人才的产业与行业分布。围绕国家重点发展领域，着力培养引进掌握核心技术、关键技术和共性技术的各类工程技术人才；面对经济全球化日益深化的复杂形势，抓紧培养引进熟悉国际规则、具有丰富实践经验的各类管理人才。三是引导专业技术人才向企业聚集。鼓励企业聘用高层次专业技术人才，引导科研机构和高等院校的科技人员进入市场创新创业，加强企业博士后科研工作站建设，引导高校毕业生到企业就业。四是统筹专业技术人才区域开发。实施专业技术人才区域一体化战略，建立专业技术人才开发示范区，引导专业技术人才向农村、基层和重点开发地区流动。五是促进非公有制经济组织和新社会组织专业技术人才发展。确立非公有制经济组织和新社会组织在专业技术人才培养、引进、评价、使用等方面与国有单位的平等地位，引导专业技术人才到非公有制经济组织和新社会组织中创新创业，支持高校毕业生到非公有制经济组织和新社会组织中就业。

（四）着力创新专业技术人才管理体制机制

一是完善专业技术人才工作格局。坚持党管人才原则，按照党管人才工作的新格局，充分发挥人力资源社会保障部门作为政府人才工作综合部门的职能作用，协调有关部门各司其职、密切配合，动员社会力量广泛参与。二是改革完善专业技术人才管理体制。加强宏观调控和市场监管、提供优质服务、营造良好发展环境，优化专业技术人才管理职能配置，改革专业技术人才管理方式。按照统一、开放、竞争、有序的要求，健全发展人力资源市场体系，发挥市场配置专业技术人才的基础作用。三是创新专业技术人才管理机制。健全完善现代企业人事制度和事业单位人事制度，落实单位用人自主权。创新专业技术人才使用机制。以职业分类为基础，以品德、能力和业绩为导向，统筹专业技术职务聘任制度和职业资格制度，创新专业技术人才评价机制。坚持人才效能最大化与人才价值最大化的有效统一，突破体制性障碍，创新专业技术人才流动机制。知识、管理、技术、技能参与分配，强化业绩作用，创新专业技术人才激励机制。

（五）着力优化专业技术人才发展环境

一是建立健全符合用人单位特点的专业技术人才保障机制。完善机关、企业、事业单位人才基本社会保险的衔接办法；建立高级专业技术人才补充保险以及重要人才安全制度。二是健全知识产权保护制度。给予知识产权的职务发明人、设计人、作者及重要实施者与其实际贡献相当的收益，完善知识产权服务和知识产权维权援助工作，加大知识产权保护执法力度。三是充分发挥经济手段在专业技术人才发展中的作用。加强财政投入对专业技术人才发展的引导作用，加大用人单位、社会组织、个人对专业技术人才发展投入的税收减免力度，加大对专业技术人才创新创业活动的融资支持力度。四是加强专业技术人才发展的法制化建设。健全专业技术人才发展的政策法规体系，严格依法管理，加强执法监督，保护专业技术人才的合法权益，提高专业技术人才管理工作的公信力和执行力。

四、重点举措

按照《国家中长期人才发展规划纲要（2010—2020年）》的要求，着眼于解决存在的主要问题，实现专业技术人才发展的目标任务，采取以下政策措施：

（一）以构建国家高级专家培养选拔体系为核心，加强高层次创新型专业技术人才队伍建设

研究制订改进完善政府特殊津贴制度方案，严格选拔条件，改进评选办法，规范津贴标准，强化考核激励，实行动态管理。实施百千万人才工程，制订不同层次、不同类别、不同地区人才培养计划，举办百千万人才工程国家级人选高级研修班，继续开展国外培训活动。依托国家重大人才培养计划、重大科研和重大工程项目，造就一批战略科学家、从事基础性公益性研究的拔尖人才、杰出工程技术专家、科研管理专家、宣传思想文化高级专家等领军人才；围绕国家中长期科技发展规划和产业发展振兴规划，大力培养经济社会发展重点领域高层次急需紧缺人才；创新产学研结合的人才培养机制，推进专业学位教育与职业资格制度有效衔接；探索建立高层次人才研修制度、科研助手制度、师承制度等人才培养制度，推行技术挂职、访问学者、特殊培养等工作锻炼与业务培训相结合的人才培养方式，为高层次人才不断提高学术水平提供支持。

改革完善有突出贡献中青年专家选拔制度，开展有突出贡献中青年专家选拔工作，造就一批具有国内领先、国际前沿水平的中青年创新型专业技术人才。完善院士制度，加大对中青年领军人才的选拔力度。通过政府特殊津贴专家、百千万人才工程国家级人选、有突出贡献中青年专家、院士等高级专家选拔制度的有机结合，逐步构建层次分明、上下衔接、结构合理、梯次递进的国家级专家培养选拔制度体系。

（二）以推动博士后事业发展为抓手，大力加强青年专业技术人才培养

按照“改革完善制度、着力提高质量、优化布局结构、鼓励多元投入、健全服务体系、造就创新人才”的总体要求，进一步推动博士后事业发展。健全管理体制，积极推进博士后分级管理体制改革，形成由人力资源社会保障部门牵头、各有关部门协调合作、各设站单位发挥人才培养使用主体作用的工作格局；完善管理制度，规范博士后研

究人员的在站管理，按照《博士后科研流动站工作站评估办法》，加强博士后科研流动站、工作站评估工作；提高博士后培养质量，依托国家重点实验室、211工程重点大学、重大科研项目和重大工程项目等有效载体，稳步扩大博士后科研流动站和工作站规模，加大博士后研究人员培养力度，发挥高等院校、科研院所和企业的主体作用，发挥博士后制度在高校院所科研团队建设和企业技术创新中的作用，促进产学研结合，培养造就一支跨学科、复合型、战略型和具有自主创新能力的高层次人才队伍。加大博士后投入力度，建立多元化的投入渠道，加强博士后公寓建设，改善博士后人才工作生活条件。

建立多层次、多渠道的青年拔尖人才培养体系，培养造就一批青年高级人才；建立人才—基地—项目相结合的人才培养模式，依托国家重大科研和重大工程项目、重点学科和重点科研基地、国际学术交流合作项目，培养造就一大批具有国际视野和世界前沿水平的中青年高级人才。

（三）以实施专业技术人才知识更新工程为龙头，全面提升专业技术人才的能力素质

大力实施专业技术人才知识更新工程，围绕我国经济结构调整、高新技术产业发展和自主创新能力的提高，以中高级急需紧缺专业技术人才为重点，以新理论、新知识、新技术、新方法为主要内容，在装备制造、信息、生物技术、新材料、海洋、金融财会、生态环境保护、能源资源、防灾减灾、现代交通运输、农业科技、社会工作等领域，会同各地各部门，通过实施高级研修、急需紧缺人才培养培训、岗位培训等项目，开展大规模的专业技术人才培养培训工作。每年培训100万名高层次、急需紧缺和骨干专业技术人才，到2020年累计培训1 000万名左右。依托有关高校、科研院所、大型企业现有施教机构，建设一批国家级专业技术人才继续教育基地。

加强专业技术人才继续教育制度建设，推进公共服务，创新内容形式，建设面向全体专业技术人才的继续教育工作体系，全面提升专业技术人才的能力素质。加强职业道德教育和科研诚信建设。弘扬爱国主义精神、科学精神和人文精神。提倡坚持真理、潜心研究、勇于创新的学术风气。鼓励专业技术人才自觉维护学术尊严，珍视人格声誉。

（四）以高层次留学人才为重点，加大海外留学人才吸引力度

坚持“支持留学、鼓励回国、来去自由”的方针，按照“拓宽留学渠道、吸引人才回国、支持创新创业、鼓励为国服务”的新要求，研究制定建立海外高层次留学人才回国工作绿色通道的配套政策，完善吸引高层次留学人才政策体系。配合有关部门全面实施海外高层次人才引进计划（“千人计划”），引进并有重点地支持一批能够突破关键技术、发展高新产业、带动新兴学科的战略科学家和科技领军人才回国（来华）创新创业。实施中国留学人员回国创业启动支持计划，制定支持留学人员回国创办企业的政策措施，设立留学人员回国创业启动支持资金和创业基金，加强留学人员创业园建设，构建企业为主体、市场为导向、产学研相结合的留学人才创新创业体系。实施海外赤子为国服务行动计划，鼓励和支持留学人员通过兼职、合作研究、回国讲学、考察咨询、中介服务等各种形式参与祖国建设，办好多种形式的留学人才和项目交流会、留学人员服务团等活动；总结创新以往工作的经验和做法，吸引海外高层次人才回国（来华）定居工作。加强留学人才回国服务体系建设，搭建服务平台，拓宽海外高层次留学人才回国工作绿色通道，探索设立吸引海外人才工作站，为留学人员提供全方位的服务。

积极引导专业技术人才走上国际舞台。围绕我国大型企业集团海外投资、并购、生产、经营等活动，制定人才支持办法，为国内企业“走出去”提供人才保障，鼓励和支持在国（境）外发展的企业推进人才本地化，促进国内外企业间的人才交流与合作；完善国际职员制度，积极培养、选拔和推荐我国优秀人才到各类国际组织工作；加强对外交流与合作，鼓励和支持企事业单位根据项目、技术发展需求，与国（境）外签订人才合作协议，鼓励和支持国内专家参加高水平的国际学术技术交流活动，争取在国际学术技术组织中承担工作任务、担任相应职务。

（五）以深化职称制度改革为动力，实现对专业技术人才的科学评价

坚持以职业分类为基础，以能力和业绩为导向，完善重在业内和社会认可的专业技术人才评价机制，形成科学、分类、动态、面向全社会各类专业技术人才的职称制度。推进职称制度改革，调整功能定位，健全分类体系，完善评价机制，实现科学管理。统筹专业技术职务聘任制度和职业资格制度，规范专业技术人员职业资格准入制度，依法严格管理；发展专业技术人员职业水平评价制度，提高社会化程度；完善专业技术职务任职评价制度，落实用人单位在专业技术职务（岗位）聘任中的自主权。积极推进职称制度框架体系研究，创新和改进完善职称评价的手段和方式，为科学、客观、公正地评价专业技术人员提供制度保障，为各类用人单位使用专业技术人员提供基础和依据，为专业技术人员职业发展开辟宽广的通道。

研究制定《关于深化职称制度改革的意见》，研究提出新的职称分类框架，做好深化中小学教师职称制度改革工作和工程技术人员等职称系列的改革工作。开展技工院校等中等职业院校增设正高级教师职称制度改革试点，建设一批工程创新训练基地，建立和完善与国际接轨的工程师认证认可制度，提高工程技术人才职业化、国际化水平。发展完善职业资格制度，制定《职业资格设置管理条例》和《境外各类职业资格相关活动在境内实施的管理办法》。进一步完善评审机制，健全规章制度，加强评委会建设，提高评审质量。研究改革专业技术人员资格考试管理的措施和办法，确保各项资格考试安全平稳。

（六）以“万名专家服务基层行动计划”为平台，加强基层专业技术人才队伍建设

实施万名专家服务基层行动计划，动员和组织专家到县乡农村、城镇社区、中小企业等基层一线，转化科技成果，推广实用技术，解决技术难题，普及科学知识，培养基层人才，提供公共服务，培育壮大农村生产经营主体和中小企业，培养基层创业创新和实用人才，带动大学生、农民工就业和城镇职工就业再就业。制定专家下基层选派范围、渠道、方式、待遇、评价、保障、激励等政策措施，充分调动中央、地方（部门）、单位、基层各方面的积极性、主动性和创造性，建立完善协调联动的运行机制。

围绕加快推进以改善民生为重点的各项社会建设，制定加强教科文卫和社区、农村等各类基层专业技术人才队伍建设的政策措施，引导专业技术人才深入基层，充实一线，为基层扩大公共服务、完善社会管理提供人才保障。以岗位管理为抓手，构建科学合理的基层人才发展阶梯，为基层各类专业技术人才提供在本职岗位发展进步的职业台阶。整合现有专业技术人才培养、评价、选拔、使用政策，建立完善专业技术人才职业发展通道，提供使专业技术人才持续成长的发展空间。根据基层教育、卫生、文化、农林、地矿、工程等行业的实际情况，制定职称倾斜政策，评聘基层优秀拔尖专业技术人

才担任高级专业技术职务，造就一批扎根基层的高素质的教育工作者、医务工作者、文化工作者、工程技术人员、科技推广人员等高层次专业技术人才。进一步完善选聘高校毕业生到村任职、科技特派员、“三支一扶”等鼓励专业技术人才到基层服务的制度，确保专业技术人才下得去、干得好、留得住、有发展。

（七）以建设专家服务基地和继续教育基地为基础，加强专业技术人才公共服务体系建设

加快建设专家服务基地和专业技术人员继续教育基地，研究制定加强基地建设的政策措施。依托公益性人才服务机构、专家服务基地、继续教育基地、实践基地等，按照政府主导、市场调节、社会参与的原则，搭建高效便捷的专业技术人才公共服务平台，建设均等化、多样化的专业技术人才公共服务体系，建立政府购买服务的制度，创新政府购买服务的方式。

健全专业技术人才信息服务体系，完善市场信息发布制度，根据不同地区、不同类别专业技术人才特点和专业需求，制定和发布相关信息，为专业技术人才和用人单位提供政策服务；政府要切实履行社会管理和公共服务的职能，面向社会提供公开招聘、流动调配、就业保障、公共培训、选拔推荐、政务办理等公共人事管理和人力资源管理服务；大力开发公益性人才服务项目，积极开展市场服务、人事代理、人才培训、专家服务、项目申报、科研资助等人才和智力服务。

（八）以完善市场配置机制为导向，促进专业技术人才的合理流动

充分发挥市场机制在专业技术人才配置上的基础性作用，加快建设统一规范的人力资源市场，不断提升专业技术人才配置服务尤其是高端服务的水平。加强人才政策协调，突破行政区划界限和机关、企业、事业单位专业技术人员之间的身份壁垒，突破人才流动中的地区、部门、所有制、身份、城乡等制度性障碍，制定专业技术人才依法自由流动的管理服务政策，不断完善体制内外专业技术人才评价、吸引、使用、待遇、保障等方面的政策及其衔接，实现专业技术人才顺畅有序流动。

多渠道、多方式培养企业高层次工程技术人才。鼓励和引导科研院所和高等院校的科技人员进入市场创新创业。加大对企业自主创新的支持力度，用高水平的项目、高层次的平台、有竞争力的待遇，积极引导专业技术人才特别是创新型人才向企业流动。引导高校毕业生到企业就业，鼓励高校与企业共同培养专业技术人才。

（九）以深化企事业单位人事制度改革为保障，完善专业技术人才用人制度

深化事业单位人事制度改革，进一步完善聘用制度和岗位管理制度，加强事业单位人事管理法制建设，建立权责清晰、分类科学、机制灵活、监管有力，符合事业单位特点的人事管理制度，实现事业单位由固定用人向合同用人转变，由身份管理向岗位管理转变，充分调动事业单位各类人才的积极性和创造性；深化企业人事制度改革，鼓励企业聘用高层次科技人才和培养优秀科技人才，并给予政策支持。鼓励企业与高等院校和科研院所共同培养技术人才。研究制定企事业单位专业技术人员兼职办法，促进人才的合理配置和作用的充分发挥；落实企事业单位用人自主权和人才的学术研究自主权，建立灵活多样的能岗匹配制度，让科研人员有职、有权、有责，实现用人上由重学历向重能力转变，由重管理向重服务转变；坚持在竞争中识别人才，推行竞聘上岗、公开招聘等制度，创造公开公平的机会，把人才放到重点工程、重大项目、重要任务中，放到重

要和关键岗位上培养锻炼，在实践中选拔人才，不拘一格使用人才；探索建立首席科学家、终身教授、终身研究员、专家决策咨询服务等高级人才使用制度，充分发挥对专业技术人才队伍的引领、示范和带动作用。

（十）以加大投入为根本，完善专业技术人才保障激励机制

牢固树立人才资源是第一资源、人才投入是效益最好的投入的观念，充分调动社会各方面的积极性，建立政府投入为引导、用人单位投入为主体、社会和个人投入为补充的多元化机制，建立与人才贡献相适应的人才激励机制，实施人才优先投入的激励保障政策。

建立专业技术人才发展政府投入保障机制。将人才培养、引进、使用的经费纳入政府年度预算，确保其在财政支出中占有一定比重，重点加大对高层次专业技术人才的支持力度。

建立重大规划项目人才投入机制。在推进产业振兴规划、国家中长期科技发展规划和重大工程项目实施过程中，坚持项目设计与人才计划同步进行，项目投入与人才投入同步安排。围绕重大规划和工程项目的实施，制定切实可行的人才培养、吸引和支持的政策与举措，安排专门资金保证政策落实，使项目建设与人才培养同步发展，相互促进。在工程项目和科研项目经费中，明确人工成本费用，根据需要安排用于人才培养和创新团队建设的经费。加大对高层次专家的科研经费资助，加大对中青年专业技术人才科技创新创业活动的经费支持和奖励。

建立社会化的多元投入机制。完善人才投入税收政策，综合采用资金配套、创业支持、分配激励等优惠措施，鼓励企业加大研发、专业技术人员培训等投入，提高社会各方面对专业技术人才开发投入的积极性和主动性。建立创业风险投资基金，鼓励国内外金融信贷积极投入人才开发项目。

建立产权激励制度，制定知识、技术、管理、技能等生产要素参与分配的办法，综合考虑不同层次不同类别专业技术人才的需求，建立包括物质奖励、职务职称晋升、科技成果转化后的效益提成或股权激励等多层次的人才激励体系。建立重要人才安全制度，完善专业技术人才生活福利保障制度，支持用人单位为关键技术岗位和重要的专业技术人才建立补充养老、医疗保险。

五、规划实施

（一）加强对规划实施工作的领导

在中央人才工作协调小组的领导下，人力资源社会保障部负责本规划的统筹协调和落实工作，加强对规划实施的全程管理，制定和实施与规划相配套的管理制度，确定管理标准和要求，重点抓好规划的实施协调和监督管理。各地区、各部门要以本规划为基础，制订贯彻落实的工作计划和实施细则，形成上下贯通、左右衔接的全国专业技术人才规划实施体系。

（二）积极推进规划各项任务的贯彻落实

制定各项目标任务的分解落实方案，按照本规划制定的阶段性发展目标，层层分解任务，明确实施单位和实施部门，有计划有步骤地抓好贯彻落实工作。完善规划落实保障措施，加强对实施工作的督促检查、适时指导，将规划实施效果与单位绩效评估、干

部业绩考核、财政预算批复挂钩。

（三）扎实做好规划实施的基础工作

加强规划实施的基础性建设。深入开展人才发展理论研究，积极探索专业技术人才资源开发和工作的规律，加强对规划实施和专业技术人才工作实践的理论指导。做好规划实施相关配套政策的制定完善工作。加大培训力度，提高专业技术人才工作队伍的政治素质和业务水平。加强专业技术人才的信息统计工作，提高专业技术人才管理的信息化水平。

（四）健全规划信息反馈监控评估体系

建立规划实施的过程跟踪、执行监督、实施反馈、指导调节机制和中期、末期评估制度，对执行情况进行监控和协调，加强对规划实施的指导。各地区、各部门根据规划进展情况，及时向规划归口管理部门反馈信息。根据反馈信息以及规划评估和监控情况，结合规划实施中出现的新情况、新问题，研究制定切合实际的对策措施，形成规划实施的动态调整机制，确保规划任务的落实。

（五）加强宣传和舆论引导工作

大力宣传党和国家人才工作的重大战略思想和方针政策，宣传实施规划的重大意义和规划的指导方针、目标任务、重大举措，宣传实施规划中的典型经验、做法和成效，形成全社会关心、支持专业技术人才发展的良好社会环境。

第二篇　专家篇

Dierpian Zhuanjiapian

一、政府特殊津贴

人事部关于建立人事部与专家联系制度的通知

（人专发〔1988〕3号　1988年8月3日）

各省、自治区、直辖市及计划单列市劳动人事厅（人事局）、科技干部局（处），国务院各部门、单位人事（干部）部门：

为了充分听取专家的意见和建议，密切同专家的联系，及时向领导反映专家的意见，进一步做好为专家服务的工作，人事部决定建立“专家联系制度”。联系的主要对象是：

1. 二级以上教授、研究员及相当职务的专家、学者；
2. 有突出贡献的中青年科学、技术、管理专家；
3. 各学科权威人士；
4. 来华定居专家；
5. 博士后研究人员；
6. 从工人、农民和其他劳动者中选拔的拔尖人才。

专家联系制度将为专家以各种形式（包括来访和通讯联系）反映各类问题、意见、要求、建议和设想提供方便。为了做好这项工作，我部将不定期向部分专家发出“书面联系表”，请专家在商定时间内，按表列题目发表意见。此外，还将不定期组织同专家的直接对话，听取意见，了解情况和共同研究一些重要问题。

对专家们提出的意见和建议，我们将认真研究和处理，同时以专家工作简讯等形式向有关部门直至党中央、国务院反映，并及时将处理结果告知专家本人。我部还将根据党中央、国务院的指示精神，做好中央领导同志接见专家代表的具体组织工作。

各省、自治区、直辖市、国务院各部门专家管理机构，可结合本地区、本部门的实际情况和可能，逐步建立“专家联系制度”，适当开发对话联系活动，并请将专家反映的重要问题、提出的意见和建议告诉我部专家司，以不断改进专家工作。

人事部、财政部关于给部分高级知识分子发放特殊津贴的通知

（人专发〔1990〕6号　1990年7月28日）

国务院各部委、各直属机构人事（干部）部门，各省、自治区、直辖市及计划单列市人事（劳动人事）厅（局）或科技干部局、财政厅（局）：

为了充分体现党和国家对我国高级专家的关心与爱护，弘扬尊重知识、尊重人才的社会风气，经中央、国务院批准，决定给部分高级知识分子发放特殊津贴。现就具体部

署实施这一工作的有关事宜通知如下。

（一）给部分高级知识分子的特殊津贴列为国家财政专款，由人事部在每年二月底前将全年津贴额一次拨给有关部门和地区。

（二）特殊津贴从 1990 年 7 月开始发放。津贴额为每人每月 100 元，由所在部门、地区的人事或科技干部厅（司、局）逐月发给本人。

（三）享受特殊津贴人员调动工作，津贴随行政关系一起转移。

（四）享受特殊津贴人员因死亡或其他原因停发工资，特殊津贴也随之停发，同时由主管部门报人事部备案。

（五）各部门、各地区须于每年一月底前向人事部书面报告上年度的津贴发放情况（包括经费结余及人员变动等有关情况）。人事部将根据收到的报告拨发当年度津贴数额。

（六）特殊津贴的发放和管理以及其他有关工作由人事部专家司具体负责。

（七）特殊津贴所需资金全部由中央财政负担，专项拨款，列入中央财政支出。今年按半年计算应核拨 90 万元。今后每年由人事部负责编报特殊津贴支出预算和决算，经财政部审核后办理拨款手续。

给部分高级知识分子发放特殊津贴，是为知识分子做的一件实事。现将你部（地区）被批准享受特殊津贴的人员名单附后，希望各部门、各地区加强与他们的联系，认真贯彻执行有关规定，切实做好这项工作。

附件：给予特殊津贴的高级知识分子名单（略）

人事部、财政部关于发放中国科学院学部委员津贴的通知

（人专发〔1992〕10 号　1992 年 6 月 17 日）

各省、自治区、直辖市人事（劳动人事）厅（局）、科技干部局、财政厅（局），国务院各部、委，各直属机构人事（干部）部门：

经党中央、国务院批准，决定给现中国科学院学部委员发放“中国科学院学部委员津贴”。津贴数额定为每人每月 100 元，从 1992 年 5 月起发，免征工资调节税。津贴所需经费由中央财政拨款，委托中国科学院学部联合办公室负责具体发放。请中国科学院学部委员所在地区和部门的人事干部部门协助做好“中国科学院学部委员津贴”的发放工作。

人事部关于《对享受政府特殊津贴人员进行考核的意见》的通知

（人专发〔1993〕10 号　1993 年 4 月 9 日）

各省、自治区、直辖市及计划单列市人事（科技干部）厅（局），国务院各有关部委、

直属机构人事（干部）部门：

为使政府特殊津贴工作进一步规范化、制度化，现将我部制定的《对享受政府特殊津贴人员进行考核的意见》发给你们。请你们切实加强领导，精心组织，认真做好考核工作。

对享受政府特殊津贴人员进行考核的意见

自1990年党中央、国务院决定给作出突出贡献的专家、学者、技术人员发放政府特殊津贴以来，已连续三年开展了这项工作，共选拔了6万多名作出突出贡献的专家、学者、技术人员享受政府特殊津贴。这是党中央、国务院一项带有导向性的决策，充分体现了党和国家对广大知识分子的关怀和爱护，体现了按劳分配、鼓励先进的原则。社会各界普遍认为这对进一步形成“尊重知识，尊重人才”的社会风尚，牢固树立科学技术是第一生产力的观念，调动广大知识分子的积极性，促进中青年人才的成长具有十分重要的意义。

随着政府特殊津贴工作的继续开展，已经有越来越多的中青年专家享受政府特殊津贴。为使政府特殊津贴起到应有的作用，激励享受政府特殊津贴的专家特别是中青年专家更加勤奋地努力工作，继续为国家作出新的贡献，现对享受政府特殊津贴人员进行考核提出如下意见。

一、考核对象是在职人员，特别是55岁以下的中青年专家、学者、技术人员。

二、考核工作在各省、自治区、直辖市及计划单列市党委、政府，各有关部委党组领导下进行，由各省、自治区、直辖市和计划单列市人事（科技干部管理）部门会同党委组织部等有关部门、部委人事司（局）会同有关司（局）组织实施。对享受政府特殊津贴人员的考核可做专项工作安排，也可与本单位职工的考核工作结合进行。

三、每两年对享受政府特殊津贴的专家、学者、技术人员进行一次考核。主要考核其现实表现和业绩。对他们在改革开放和现代化建设中作出的新的重大贡献和取得的新成就要及时掌握，充分肯定，并通过多种渠道进行宣传报道和表彰。

四、经过考核，应将享受政府特殊津贴专家的新成就、新情况、新问题及时输入专家数据库（考核库），在来年3月底以前将本年度的考核报告和考核数据库软盘报送人事部专家司。

五、在考核中如发现有以下情况之一者，停发或取消政府特殊津贴。

（一）弄虚作假，谎报成果，用欺骗手段取得政府特殊津贴者，取消政府特殊津贴，并收回政府特殊津贴证书（以下简称证书）。

（二）丧失或违背享受政府特殊津贴所必须具备的政治思想基本条件者，取消政府特殊津贴，并收回证书。

（三）未经组织同意出国半年以上不归者，停发政府特殊津贴。

（四）领取政府特殊津贴后，未经原单位组织批准，自动离职者，停发政府特殊津贴。

（五）领取政府特殊津贴后，放松要求，不求上进，群众反映强烈的，要及时进行帮助教育。如经两次考核，仍无改进表现，长期不起作用者，停发政府特殊津贴。

（六）享受政府特殊津贴人员去世后，从去世的下一月起，停发政府特殊津贴；因其他原因停发工资者，同时停发政府特殊津贴。

六、凡是需要停发或取消政府特殊津贴的，人事（科技干部管理）部门商有关部门后提出处理意见，并经省、自治区、直辖市及计划单列市或部门领导核准，报人事部核批。各有关地区或部委（局）接到人事部核批的通知后，该处理意见正式生效。

七、享受政府特殊津贴人员去世后，主管人事、干部部门要随时函告人事部专家司。享受政府特殊津贴人员经组织同意由一地区（部门）调往另一地区（部门）后，调出地区（部门）的人事、干部部门要随时函告人事部专家司和调入地区（部门）的人事、干部部门。

八、各地区、各部门可结合本地区、本部门的实际情况制定具体的考核办法。军队系统的考核工作，由军委总政治部参照以上意见，结合部队的实际情况组织实施。

人事部关于从1995年起实行政府特殊津贴发放办法改革的通知

（人专发〔1995〕27号　1995年3月11日）

各省、自治区、直辖市人事（人事劳动）厅（局）、科技干部局，中央、国务院各有关部委、直属机构人事（干部）部门：

根据1995年2月25日国务院第58次总理办公会议的决定，今后政府特殊津贴发放方式，将实行“新人新办法，老人老办法”，即从1995年起，新选拔的享受政府特殊津贴人员，将不再采用逐月发放津贴的办法，而是由国务院向他们一次性发放5 000元；1990年至1994年选拔的人员（含1994年选拔的人员），仍按原逐月发放的方式发给政府特殊津贴。

实行新的政府特殊津贴发放办法，是在国务院反复听取各方面意见的基础上，为更好地发挥这项工作的应有作用所采取的一项改革措施。请各地区、各部门认真贯彻并做好政府特殊津贴发放工作。

附件：政府特殊津贴工作暂行办法

附件

政府特殊津贴工作暂行办法

根据《中共中央、国务院关于给作出突出贡献的专家、学者、技术人员发放政府特殊津贴的通知》（中发〔1991〕10号）和国务院的有关指示精神，为使政府特殊津贴工作规范化、制度化，特制定本办法。

一、选拔范围

（一）选拔享受政府特殊津贴人员的工作在国有企业、事业单位中进行。选拔的对象主要是，在科学研究、教育、卫生、工农业生产和科技推广等第一线工作岗位上以及在文化艺术、新闻出版等方面作出突出贡献的专家、学者、技术人员。

（二）科研院所、学校、厂矿等企事业单位不从事专业技术工作的现职党政主要领导干部，一般不享受政府特殊津贴。

（三）担任副省（部）级及其以上领导职务和享受副省（部）级及其以上待遇的专家、学者以及党政群机关的工作人员，除中国科学院院士和中国工程院院士外，一般不享受政府特殊津贴。

二、选拔数量及其待遇

选拔工作一般每年进行一次。1995 年至 2000 年每年选拔享受政府特殊津贴的人数大体控制在 5 000 名左右，具体人数由人事部视情况确定。政府特殊津贴工作要不断总结经验，搞好新老交替，使享受政府特殊津贴的人员结构比较合理。

凡经国务院批准享受政府特殊津贴的人员，国务院向他们颁发政府特殊津贴证书。

政府特殊津贴发放办法为：对 1990 年至 1994 年已享受政府特殊津贴的人员，每人每月发放政府特殊津贴 100 元，津贴发放和管理继续按原有规定执行；从 1995 年起，新选拔的享受政府特殊津贴人员，改为一次性发给政府特殊津贴 5 000 元。

政府特殊津贴免征个人所得税。

三、选拔条件

（一）享受政府特殊津贴人员必须具备的基本政治思想条件是：热爱祖国，遵守宪法，拥护四项基本原则和改革开放，有良好的职业道德，模范履行岗位职责，为社会主义现代化建设事业努力工作。

（二）享受政府特殊津贴人员必须具有高级专业技术职务，并具备下列条件之一：

1. 为发展我国科技事业作出重大贡献，当选为中国科学院院士或中国工程院院士的专家、学者。

2. 在自然科学研究中，学术造诣高深，是某一学科领域的奠基人或带头人，并对该学科的建设、人才培养、事业发展作出突出贡献；或是研究成果有创造性和重大科学价值，得到国内外同行专家公认，并达到国际领先或先进水平。

3. 在技术上有重大发明创造或重大技术革新或解决了关键性的技术难题，具有显著的经济效益或社会效益。

4. 在社会科学研究中，学术造诣高深，成绩卓著，对社会发展和学科建设作出突出贡献，是某一重点学科的奠基人或带头人。

5. 长期工作在教育、教学工作第一线，造诣高深，对学科建设、人才培养、事业发展发挥了重大作用，所创建的新教育理论或教学方法，经国家教育行政部门鉴定并普遍推广，用该理论或方法教书育人成效显著，为同行所公认。

6. 长期工作在工农业生产和科技推广第一线，在高新技术的引进、吸收、消化、改造中，有重大突破，推动了行业的技术进步和国民经济的发展；或在科技成果向生产转化中，或在新技术、新工艺、新方法推广中，业绩突出，产生了显著的经济效益或社会效益。

7. 长期工作在防病、治病等卫生工作第一线，有解决关键性技术问题的能力，医术高超，多次成功地治愈疑难、危重病症，或在较大范围多次有效地预防、控制、消除疾病，社会影响很大，其业绩为同行所公认。

8. 在文化艺术，新闻出版领域，成绩卓著、享有盛名、是某一重点学科或艺术门类的奠基人或带头人。

9．在教练执训工作中成绩卓著，为发展我国体育事业作出重大贡献的职业体育教练员。

四、选拔程序

（一）由人事部向各省、自治区、直辖市及计划单列市和有关部门下达选拔的控制指标参考数。

（二）各地区享受政府特殊津贴人员的选拔和推荐工作，省、自治区、直辖市以及计划单列市在党委、政府领导下，由人事厅（局）会同本地区党委组织部、宣传部、统战部等组织实施；有关部门（含总公司、行业总会）由人事司（局）会同有关司（局）组织实施；各地区、各部门人事厅（司、局）根据选拔条件和控制指标参考数，对所属单位推荐的人选进行审核、平衡，并报省、自治区、直辖市及计划单列市党委、政府和部门领导核定后，将人选名单和有关材料一并报送人事部。

（三）人事部会同中央组织部、中央宣传部、中央统战部等有关部门对各地区、各部门推荐的人选进行综合平衡、重点审核和宏观控制，并将确定的名单报国务院批准后，通知各地区、各部门。

（四）对完成具有国际先进水平、在国内外有重大影响的科学研究、工程技术攻关项目的群体或作出杰出贡献的人员，由国务院直接提名，人事部负责办理，或由人事部会同有关部门研究，提出人选名单，报国务院审批。

（五）在选拔过程中，应按照隶属关系，由基层单位逐级向上级人事部门推荐人选。在科研院所、学校、厂矿等企事业单位担任主要领导职务的人员如被作为推荐对象，应由上一级主管部门负责推荐。

（六）在选拔过程中应认真组织同行专家评议，听取有关人员的意见，增加选拔工作的透明度，使推荐的人选具有群众基础。

五、经费来源

政府特殊津贴所需经费由中央财政专项列支拨款。

六、考核

为使政府特殊津贴工作更好地起到激励的作用并保持其严肃性，各级人事部门对享受政府特殊津贴人员要加强考核，具体考核办法由人事部负责制定。

七、军队的政府特殊津贴工作

军队的政府特殊津贴工作由解放军总政治部按照中发〔1991〕10 号文件精神和本办法组织实施。选拔的人选由人事部转报国务院审批。

人事部办公厅关于院士津贴和政府特殊津贴经费发放工作有关事项的通知

（人办发〔1999〕25 号　1999 年 3 月 15 日）

各省、自治区、直辖市及副省级城市人事（人事劳动）厅（局）；国务院各部门、各直属机构人事（干部）部门；总政干部部：

根据国务院办公厅《关于印发人事部职能配置内设机构和人员编制规定的通知》（国办发〔1998〕107号）和人事部《关于印发专业技术人员管理司职能配置内设机构和人员编制规定的通知》（人发〔1998〕67号）精神，从1999年第一季度起，政府特殊津贴和中国科学院院士、中国工程院院士经费发放的报表统计工作事务转由人事部专家服务中心负责。现将有关事项通知如下：

一、各地区、各部门收到今年第一季度拨款后，请将《专家津贴收发季报表》（附件1）按要求填好，反馈给人事部专家服务中心。

二、各地区、各部门要认真统计1999年第一季度以前调入、调出本地区或本部门的专家情况，要了解和掌握调入和调出专家的津贴是否已经划拨到位。对已故拟停发津贴和因工作调动需转拨津贴的专家，要按有关规定填写《享受院士津贴和政府特殊津贴专家情况变化报告表》（附件2）及时报专家服务中心。对工作调动的专家要准确填写调入地区（部门）和单位，并注明原工作部门津贴停发的具体时间。

三、为了保证政府特殊津贴的严肃性，对取消、停发津贴的人员，应严格按《中共中央、国务院关于给作出突出贡献的专家、学者、技术人员发放政府特殊津贴的通知》（中发〔1991〕10号）第五条规定办理，由各地区和各部门提出处理意见后，报人事部核批。

四、各地区、各部门负责专家工作的单位要与主管财务的单位主动联系，搞好衔接。拨款账户、账号如有变动，应及时与专家服务中心联系。

附件：1. 专家津贴收发季报表（略）

2. 享受院士津贴和政府特殊津贴专家情况变化报告表（略）

中共中央组织部、中共中央宣传部、中共中央统战部、人事部、劳动和社会保障部关于高技能人才享受国务院颁发政府特殊津贴的意见

（国人部发〔2008〕24号　2008年3月10日）

各省、自治区、直辖市、新疆生产建设兵团以及各副省级市党委组织部、宣传部、统战部、政府人事厅（局）、劳动和社会保障厅（局），中央和国家机关部委、直属机构人事（干部）部门，总政治部干部部，中央管理的企业：

高技能人才是我国人才队伍的重要组成部分，培养造就一大批具有高超技艺和精湛技能的高技能人才，对于稳步提升我国产业工人队伍的整体素质，增强我国核心竞争力和自主创新能力，加快建设创新型国家具有重要意义。为贯彻落实《关于进一步加强高技能人才工作的意见》（中办发〔2006〕15号），进一步加强高技能人才队伍建设，营造有利于高技能人才成长、发挥作用的良好环境，经国务院批

准，自 2008 年起，将高技能人才纳入享受国务院颁发的政府特殊津贴人员选拔范围。现制定如下意见：

一、高技能人才选拔数量

享受国务院颁发的政府特殊津贴高技能人才，每次选拔不超过 400 人。

二、高技能人才选拔条件

（一）热爱祖国，遵纪守法，有良好的职业道德和敬业精神，模范履行岗位职责，为社会主义现代化建设事业努力工作。

（二）具有国家一级职业资格（高级技师）或相应高级职业技能水平，长期工作在生产服务岗位第一线，并具备下列条件之一：

1. 获得过中华技能大奖、高技能人才楷模、全国技术能手等荣誉或省（行业）技能人才表彰，业绩突出，影响广泛；

2. 在技术上有重大发明创造，或有重大技术革新，产生显著的经济效益和社会效益；

3. 在本企业、同行业中具有领先的技术技能水平，并在某一生产工作领域总结出先进的操作技术方法，取得重大经济效益和社会效益；

4. 在促进科技成果转化、推广应用等方面作出突出贡献，并取得重大经济效益和社会效益；

5. 在本职业（工种）中具有某种绝招绝技，在国际国内产生重要影响，并在带徒传技方面成效显著；

6. 实践经验丰富，并能解决生产过程中的重点或关键性技术难题，业绩突出。

三、高技能人才选拔办法

（一）享受政府特殊津贴高技能人才的推荐、选拔工作，按照《中共中央办公厅、国务院办公厅转发〈中央组织部、中央宣传部、中央统战部、人事部、财政部关于改革和完善政府特殊津贴制度的意见〉的通知》（中办发〔2004〕20 号）的规定，与享受政府特殊津贴专家的推荐、选拔工作统一组织，同时开展。

（二）人事部会同劳动保障部，根据高技能人才队伍建设的总体状况，向各省、自治区、直辖市及副省级城市，中央、国家机关有关部门，中央直属企事业单位下达享受政府特殊津贴高技能人才人选控制指标数。

（三）各省、自治区、直辖市及副省级城市人事厅（局）会同劳动保障厅（局），中央、国家机关有关部门人事（干部）部门，中央直属企事业单位人事（劳动）部门负责组织实施本地区、部门、单位享受政府特殊津贴高技能人才的选拔工作。基层单位按照隶属关系逐级向上级推荐人选。非公有制单位选拔工作由所属地区统一组织。

（四）高技能人才的推荐人选必须经过专家评议。专家评议由各省、自治区、直辖市及副省级城市人事厅（局）会同劳动保障厅（局），中央、国家机关有关部门人事（干部）部门，中央直属企事业单位人事（劳动）部门负责组织。没有进行专家评议或专家评议没有通过的，不得作为推荐人选。

（五）各省、自治区、直辖市及副省级城市人事厅（局）会同劳动保障厅（局），中央、国家机关有关部门人事（干部）部门，中央直属企事业单位人事（劳动）部门，根据选拔条件和控制指标数，对高技能人才的推荐人选进行初审后，与享受政府特殊津贴专家人选一同，按照文件规定的程序审核、审定、公示后，统一上报人事部。

（六）人事部、劳动保障部会同中组部、中宣部、统战部集中审核人选，并将拟定的名单报国务院审批。

军队系统高技能人才的选拔工作，由军委总政治部结合部队实际情况组织实施。选拔的人选由人事部转报国务院审批。

四、选拔周期、津贴标准和发放办法

高技能人才享受国务院颁发的政府特殊津贴的选拔周期、津贴标准、经费来源和发放办法，与享受政府特殊津贴专家相同。

人力资源和社会保障部、财政部关于调整政府特殊津贴标准的通知

（人社部发〔2008〕88 号 2008 年 10 月 20 日）

各省、自治区、直辖市人事厅（局）、劳动保障厅（局）、财政厅（局），新疆生产建设兵团人事局、劳动保障局、财务局，中央和国家机关各有关部委、直属机构人事、财务部门，总政治部干部部，中央管理的有关企业：

经党中央、国务院批准，现就调整政府特殊津贴标准有关问题通知如下：

一、从 2009 年 1 月 1 日起，将按月发放的政府特殊津贴标准由每人每月 100 元调整为每人每月 600 元。

二、调整政府特殊津贴标准所需经费，由中央财政专项列支拨款。

调整政府特殊津贴标准，充分体现了党中央、国务院对享受政府特殊津贴人员的关心。各地区、各部门要充分认识做好这项工作的重要意义，切实加强领导，认真做好政府特殊津贴的发放工作，确保平稳顺利实施。

本通知由人力资源和社会保障部负责解释。

人力资源和社会保障部、财政部关于调整院士津贴标准的通知

（人社部发〔2008〕89 号 2008 年 10 月 20 日）

各省、自治区、直辖市人事厅（局）、劳动保障厅（局）、财政厅（局），新疆生产建设兵团人事局、劳动保障局、财务局，中央和国家机关各有关部委、直属机构人事、财务

部门，总政治部干部部，中央管理的有关企业：

经党中央、国务院批准，现就调整院士津贴标准有关问题通知如下：

一、从2009年1月1日起，将中国科学院院士、中国工程院院士的院士津贴标准由每人每月200元调整为每人每月1 000元。今后新当选的中国科学院院士和中国工程院院士，自当选之月起发给院士津贴。

二、院士津贴所需经费列入中央财政预算，专项拨款。

调整院士津贴标准，充分体现了党中央、国务院对院士的关心。各有关地区、部门要充分认识做好这项工作的重要意义，认真做好院士津贴的发放工作。

本通知由人力资源和社会保障部负责解释。

二、有突出贡献青年专家有关文件

中组部、中宣部、劳动人事部、财政部优先提高有突出贡献的中青年科学、技术、管理专家生活待遇的通知

（中组发〔1984〕3号　1984年1月27日）

各省、市、自治区党委和人民政府，中央、国家机关各部委，解放军总政治部，各人民团体：

随着社会主义现代化建设事业的发展，越来越多地依靠科学、技术、管理水平的提高，越来越需要充分发挥科学、技术、管理专家，特别是那些杰出人才的作用。关心并照顾好他们的生活，使他们能够精力旺盛，没有后顾之忧地从事工作，是社会主义四化建设的需要，也是符合党和人民的根本利益的。中央领导同志曾多次指出，要打破常规，优先地提高那些真有本事、贡献突出的杰出人才的生活待遇，在这个问题上不能吃“大锅饭”，搞平均主义。三中全会以来，党和国家采取具体措施，使广大知识分子的生活待遇，逐步有所提高，今后还将继续加以改善。现在的问题是，应当对那些贡献突出、国内外有名望的中青年科学、技术、管理专家，采取特殊措施，优先地破格地提高他们的生活待遇。这些中青年科学、技术、管理专家，人数不多，但贡献卓著，作用很大。他们原来的生活待遇一般较低，如果只是按部就班地来解决他们的实际困难，他们的生活条件难于很快改善，这是不利于我们事业发展的。有些非常优秀的中青年专家的早逝和健康恶化，促使全党进一步认识到解决这个问题的紧迫性。中央书记处最近指出：“对那些在国内外有名望的中青年科学家生活待遇方面的问题，如工资问题、级别问题、住房问题、两地分居问题、医疗问题等，中央组织部应作为特殊的情况，立即同有关部门协商加以解决。”根据中央指示和按劳分配、鼓励先进的原则，结合我国实际情况，现将优先提高有突出贡献的中青年科学、技术、管理专家生活待遇的办法，通知如下：

一、凡是热爱社会主义祖国的中青年科学（包括自然科学、社会科学）、技术和管理专家，年龄大体在55周岁以下，符合下列条件之一的，应视为有突出贡献者，优先

提高其生活待遇：

1. 在理论研究上有创造性的成果，具有重大科学价值，得到国内、外公认的；

2. 在生产、技术（包括工、农、医等）、教育、管理工作中有重大发明创造或革新，经过实践证明，具有显著经济效益和社会效益的；

3. 在专业工作中作出了特别优异的成绩，对建设社会主义精神文明和物质文明有重大贡献，具有显著社会效益，在国内同行中享有较高声誉的。

二、对有突出贡献的中青年科学、技术、管理专家，从下述方面优先提高其生活待遇：

1. 越级（不限级次）提升工资级别。提升后的月基本工资金额，一般暂不超过200元。

2. 夫妻两地分居者，要限期尽快将另一方调至中青年科学、技术、管理专家所在地。配偶为在职职工的，由人事、劳动部门负责调动并安排工作；配偶属农村户口的，由中青年科学、技术、管理专家所在地的公安部门准予落户。子女随迁问题，按有关规定执行。

3. 住房按照当地高级知识分子住房标准给予调整，由省、市、自治区或中央、国务院各部、委统筹安排，尽快解决。

4. 因公、因病由所在单位保证用车。无车单位可乘出租汽车，凭票报销。

5. 改善医疗条件。根据各地医院设施的实际情况，给予住院或门诊照顾，每年全面检查身体一次，加强保健措施。

三、确定上述中青年科学、技术、管理专家的办法，首先由他们所在单位广泛征求同行或学术团体的意见，认为确实具备条件，再向各省、市、自治区或中央、国务院各部、委据实推荐。然后，各省、市、自治区或中央、国务院各部、委从严审核，正式提名，于每年7月1日前，将名单和材料分别报送国家科委（负责自然科学研究和工程技术系统）、国防科工委（负责国防科研、生产系统）、教育部（负责教育系统）、卫生部（负责医疗、卫生系统）、文化部（负责文化系统）归口审核，社会科学方面由中国社会科学院负责审核，同时抄报劳动人事部。各口在审核时，选拔人数控制在本口专业技术干部总人数的万分之二点五之内，个别口由于人员结构不同，选拔比例可适当调整。但各口务必以选拔条件为准，不要层层下达指标，不要凑数。最后，劳动人事部商归口审核单位综合平衡审定后，将确定名单通知各地、各部委。

在按上述范围推荐提名时，不搞群众评议，可以参考国家已设立的奖励办法的获奖名单，优中选优。没有奖励名单可作参考的，应充分尊重同行专家、群众的意见。总之，要从严掌握条件，宁缺毋滥。进行这项工作，要坚决反对论资排辈，防止个别领导人员的偏见，严格禁绝不正之风。把那些确有真才实学、并有实际成果的杰出人才推荐出来。

四、提高中青年科学、技术、管理专家工资待遇和改善他们的医疗、交通条件所需的经费，由其所在单位按照劳动人事部确定的名单和工资级别，予以保证。企业单位可按费用的不同性质，分别在有关项目中列支；行政事业单位，在行政事业经费内开支。确有困难的，可报同级财政部门解决。

五、第一条所指的中青年科学、技术、管理专家，不包括文艺创作家、表演艺术家等方面有突出成就的人才，因为文艺合作和表演艺术的评价尺度不同于科研、技术，不好采用同一个办法。对他们的鼓励办法和所需经费，文化部将专门研究提出意见报中央、国务院批准后施行。军队系统的中青年科学、技术、管理专家，由于他们的工作有很大的机密性，建议由总政治部根据上述原则，拟定专门办法，在军内施行。

六、各归口部委应根据上述各项原则规定，尽速商同劳动人事部，就自然科学、社会科学、技术、管理等几个方面，分别制定实施细则，并同各地商量进行试点，取得经验后，逐步全面展开。

各省、市、自治区和部、委应即指定专门机构，负责进行这项工作。积极协助归口部委和劳动人事部制定细则，进行试点，逐步推广。

七、优先地、破格地提高有突出贡献的中青年科学、技术、管理专家的待遇，对调动知识分子的积极性，促进科学、技术、管理的进步，加快四化建设，都会产生好的影响，广大工人、农民、知识分子、机关干部是会理解和拥护的。但是由于长期以来平均主义、吃“大锅饭”的思想影响，会有一些同志提出某些非议，各级党政领导机关要加强领导，加强思想政治工作，广泛深入地宣传重视知识、新生科学、尊重人才和按劳分配，鼓励先进的原则，统一干部和群众的思想认识，保证把这项工作做好。

中组部、劳动人事部、国家科委通知

（〔84〕国科发干字 590 号　1984 年 7 月 15 日）

各省、自治区、直辖市党委和人民政府，中央、国家机关各部委，解放军总政治部，各人民团体：

今年 1 月 27 日，中组部、中宣部、劳动人事部、财政部联合发出《优先提高有突出贡献的中青年科学、技术、管理专家生活待遇的通知》。最近国务院决定，原劳动人事部科技干部局成建制地划归国家科委主管，因此，“优先提高有突出贡献的中青年科学、技术、管理专家生活待遇”的有关工作，由国家科委负责办理。

特此通知。

国家科委、卫生部对于有突出贡献的中青年科学、技术、管理专家医疗照顾的通知

（〔85〕国科发干字 1051 号　1985 年 11 月 7 日）

各省、自治区、直辖市科委、科技干部局、卫生厅（局）：

根据中央组织部等四部1984年1月27日联合发出的《优先提高有突出贡献的中青年科学、技术、管理专家生活待遇的通知》，国家科委批准了一批有突出贡献的中青年科学、技术、管理专家，各地对他们的医疗照顾大都作了妥善安排，对方便专家就医，起了积极作用。为进一步落实文件精神，现通知如下：

一、凡经国家科委批准的有突出贡献的中青年科学、技术、管理专家，对他们的医疗照顾，各地卫生行政部门应积极作出安排；各地科技干部局应通知专家所在单位，按照当地卫生部门的照顾办法，予以办理。

二、关于医疗照顾的规格，根据一些地方的经验，给予相当于当地高级知识分子和厅、局级干部的医疗待遇为宜。

三、中央、国家机关各部委在地方单位的有突出贡献的中青年科学、技术、管理专家的医疗照顾，也请按上述办法办理。

人事部、铁道部、交通部、民航局关于对有突出贡献的科学、技术、管理专家购买车、船、飞机票予以优待的通知

（人专发〔1989〕4号　1989年3月21日）

全国各铁路局、民航局、交通厅（局）：

根据中央书记处和国务院同意，1984年1月中组部、中宣部、劳动人事部、财政部联合发出《优先提高有突出贡献的中青年科学、技术、管理专家生活待遇的通知》，国家于1984、1986、1988年三次在全国选拔了2 500多名有突出贡献的科学、技术、管理专家。这些专家多数都承担着国家重点科研项目和建设任务，外出工作或参加学术活动较多，由于目前交通运输比较紧张、购买车、船、飞机票十分困难。为了给这些专家创造一些方便条件，现对他们外出时购车、船、飞机票等有关问题通知如下：

一、凡经国家批准的有突出贡献中青年科学、技术、管理专家，外出工作或参加学术会议等，可凭中华人民共和国人事部颁发的《有突出贡献中青年专家证书》，在全国各地的火车站、汽车站、民航、水运码头售票处的记者购票窗口购票。没有记者购票窗口的车站、民航、水运码头售票处应采取措施，使有突出贡献的中青年专家优先购买车、船、飞机票。

二、全国各交通部门、各售票处应积极为有突出贡献的中青年科学、技术、管理专家提供方便，尽可能满足他们的购票要求。

三、有突出贡献的中青年科学、技术、管理专家不得将证书转借给他人购票。

人事部关于有突出贡献的中青年科学、技术、管理专家统一名称的通知

（人专发〔1989〕15 号　1989 年 12 月 18 日）

各省、自治区、直辖市及计划单列市人事（劳动人事）厅（局）、科技干部局（处），国务院各部门人事（干部）司（局）：

根据 1984 年 1 月 27 日中组部、中宣部、劳动人事部、财政部联合发出的《优先提高有突出贡献的中青年科学、技术、管理专家生活待遇的通知》（中组发〔1984〕3 号），我们在全国范围内选拔了三批（1984 年度、1986 年度由国家科委负责审批，后因国家机关机构改革，具体负责此项工作的科技干部局由国家科委成建制地划转到国家人事部，从 1988 年度起由国家人事部审批）共 2 219 名有突出贡献的中青年科学、技术、管理专家。与此同时不少省、市、自治区和一些部委也在各自的范围内选拔了一大批有突出贡献的中青年专家。电台、电视台、报刊杂志经常宣传报道他们的贡献、事迹，起到了很大的鼓舞激励作用。但是，在宣传报道中，由于对这些专家使用的名称不尽一致，比较混乱。不少宣传报道还简称这些专家为“国家级专家”、“省级专家”、“市级专家”；有的专家在自己的名片上也印制了这样的名称。有突出贡献的中青年科学、技术、管理专家，不是职衔，不宜在名片上印制。上述简称缺乏科学论证，不够严密，容易引起误解，更不宜使用。出现这种情况，主要是我们没有事先说清楚。

为了进一步做好对有突出贡献的中青年专家的管理工作，今后，对有突出贡献的中青年科学、技术、管理专家一律称为“19××年度经×××批准的有突出贡献的中青年科学、技术、管理专家”。在 19××年度、经××省（部）批准的，称为“19××年度经××省（部）批准的有突出贡献的中青年科学、技术、管理专家”；在 19××年度、经国家人事部批准的，称为“19××年度经国家人事部批准的有突出贡献的中青年科学、技术、管理专家”。请各省、市、自治区、各部委、各新闻单位予以注意，并请各省、市、自治区、各部委及时将此通知向有关专家通知。

特此通知。

人事部关于印发《关于进一步做好有突出贡献的中青年科学、技术、管理专家工作的意见》的通知

（人专发〔1995〕11 号　1995 年 2 月 7 日）

各省、自治区、直辖市人事（人事劳动）厅（局）、科技干部局，国务院各部委、各直

属机构人事（干部）部门：

1984年以来，各地区、各部门认真贯彻经党中央、国务院批准，由中央组织部、中央宣传部、劳动人事部、财政部联合下发的《优先提高有突出贡献的中青年科学、技术、管理专家生活待遇的通知》精神，积极创造条件，在改善有突出贡献的中青年科学、技术、管理专家工作、生活环境等方面做了大量工作，各地区、各部门的人事（科技干部）部门也通过选拔、推荐有突出贡献的中青年专家工作，掌握了一批高水平、贡献突出的专家队伍和人才信息，在为经济建设和科技事业发展服务方面发挥了重要作用。

选拔有突出贡献的中青年专家，并优先提高他们的生活、工作待遇，是深入贯彻、落实中央知识分子方针、政策的一项重要措施，对广大专业技术人员具有明显的激励和导向作用，在社会上产生了积极的影响。在当前各项改革深入发展的形势下，进一步完善有关政策，继续提高有突出贡献中青年专家的社会地位，为他们创造更加良好的工作、学习和生活环境，仍然是各级人事（科技干部）部门专业技术人员工作的一项重要任务。在总结十年来的工作实践的基础上，为进一步做好这项工作，我部制定了《关于进一步做好有突出贡献的中青年科学、技术、管理专家工作的意见》，现印发给你们，请认真贯彻落实。

关于进一步做好有突出贡献的中青年科学、技术、管理专家工作的意见

进一步提高有突出贡献的中青年科学、技术、管理专家（以下简称有突出贡献的中青年专家）的社会地位，为他们创造更加良好的工作、学习和生活环境，是当前我国经济、科技等各项事业发展对专业技术人员管理部门提出的必然要求，也是深入贯彻党的知识分子工作政策的一项重要措施。为进一步做好这项工作，现提出如下工作意见：

一、选拔范围

有突出贡献中青年专家的选拔工作在国有企、事业单位中进行。选拔对象是在科学研究、高等教育、医疗卫生、工农业生产、科技管理等领域的专业技术人员。被选拔人员的年龄严格控制在55周岁（含55周岁）以下。

二、选拔条件

有突出贡献的中青年专家必须符合下列基本政治思想条件：热爱社会主义祖国，坚持四项基本原则，坚持改革开放，遵纪守法，有良好的职业道德；同时必须符合下列条件之一：

1. 在自然科学方面的研究成果有创造性，具有重大科学价值，得到国内外同行专家公认，并达到国际领先或先进水平，或是获得国家自然科学二等奖以上科研课题的主要完成者。

在社会科学研究方面，其研究成果有独到见解，有创见性、开拓性，对发展新兴学科、发展专业基础有突出贡献，并获得重大社会效益。

2. 在技术上有重大发明创造或重大技术革新，在国内处于领先地位，并经过实践证明，具有显著的经济效益或社会效益，是获得国家发明二等奖以上、国家科技进步一

等奖以上科研课题的主要完成者。

3. 获得前述1、2两款中规定的三种奖励（国家自然科学奖、国家发明奖、国家科技进步奖），但获奖等级低于国家自然科学二等奖、国家发明二等奖、国家科技进步一等奖者，等级每降低一档，获奖次数应增加一次。

4. 在完成国家重点工程、重大科技攻关和在大中型企业技术改造，以及在消化引进高科技产品、技术项目中，创造性地解决了重大技术难题，其技术水平处于国内领先地位，并取得了显著的经济效益或社会效益。

5. 长期在医疗卫生第一线工作，医疗技术精湛，多次成功地诊治疑难危重病症，成绩突出，享有盛誉，并总结出一套有效方法，得到国内同行的公认。

6. 长期从事高等教育工作，在教书育人方面成绩卓著，得到同行专家公认或获得全国普通高校优秀教学成果特等奖的主要获奖者。

7. 长期在农业生产、科技推广第一线工作，为推动农业科技进步和农村经济发展，在成果转化、技术改进和推广服务等方面作出优异成绩，取得明显社会效益或经济效益，在全国产生重大影响。

8. 在管理工作中，能结合实际运用现代化管理科学的理论，提出整套切实可行的科学的管理方法或作出正确决策，并在其方法或决策指导下取得了显著的经济效益或社会效益，其水平处于国内同行领先地位。

9. 在其他专业技术工作中，作出特别优异的成绩，对社会主义精神文明或物质文明建设有重大贡献，具有显著的经济效益或社会效益，在国内同行中享有较高声誉。

三、选拔程序

1. 选拔工作每两年进行一次，由人事部向各地区和有关部门下达选拔的控制指标参数。

2. 选拔对象一般由所在单位推荐，也可以由同行专家或学术团体推荐。但不论何种形式，均须征得所在单位和主管部门同意，并填写《有突出贡献的中青年科学、技术、管理专家呈报表》，按隶属关系逐级向上级人事（科技干部）部门推荐。

3. 由省、自治区、直辖市或部委人事（科技干部）部门负责考察，并组织有关专家或请省部级学术团体进行评议和综合平衡。经省、自治区、直辖市人民政府或部委审核同意后，按照有关要求向人事部报送推荐人选名单和有关材料。

4. 人事部根据各地区、各部门的科技、经济发展水平及专业技术队伍结构和历次的选拔情况，制定有突出贡献的中青年专家选拔工作方案；会同有关部门对各地区和有关部门推荐的人选进行重点审核；人事部审批后将审批名单通知各地区和有关部门。

5. 有突出贡献的中青年专家又继续作出新的贡献，并符合条件者，可再次被推荐选拔。

四、优先改善生活工作条件

1. 有突出贡献的中青年专家自批准之月起，在本人职务工资标准内奖励晋升一个职务工资档次，少数贡献特别突出的经报人事部批准可晋升两个职务工资档次。具体晋升的工资档次，应在《有突出贡献的中青年科学、技术、管理专家呈报表》中写明。奖励晋升工资后，不影响享受其他津贴，也不影响以后正常增加工资（不含执行公务员工资制度的有突出贡献的中青年专家）。

2. 有突出贡献的中青年专家享受所在地保健医疗照顾，地方和部门应有计划地安排他们进行疗养休假和身体检查。

3. 有突出贡献的中青年专家应按本单位高级知识分子的标准优先安排住房。

4. 有突出贡献的中青年专家因公、因病需要用车的，所在单位应予以提供方便或报销出租车费。

5. 有突出贡献的中青年专家与配偶两地分居的，如专家要求解决，应尽快予以办理。

6. 应尽量保持专家业务工作的相对稳定和连续，对使用不当的应及时予以调整；专家社会兼职要适度；对专家急需的科研经费、图书、仪器设备等，应给予支持与照顾；对专家参加国内外有价值的对口学术或考察活动，应尽可能给予支持。

五、其他有关事项

1. 有突出贡献的中青年专家由人事部统一颁发《有突出贡献的中青年科学、技术、管理专家证书》，可称为：某某年度经人事部批准的“有突出贡献的中青年专家”。

2. 凡丧失有突出贡献的中青年专家所必需的政治思想基本条件，弄虚作假、谎报成果，擅自离职或未经组织同意长期出国（出境）不归者，取消其有突出贡献的中青年专家称号。

3. 人事部对有突出贡献的中青年专家实行宏观管理。各省、自治区、直辖市和部委人事部门及专家所在单位负责日常管理，建立有突出贡献的中青年专家的考绩档案，及时了解他们在工作中作出的新贡献和出现的新情况。对有突出贡献的中青年专家的事迹，各级人事部门要注意及时通过报刊、电台、电视台等多种渠道进行宣传报道。

4. 有突出贡献的中青年专家跨地区跨部门工作调动、健康变化等重大情况，有关地区或部门应及时报人事部备案。

5. 各省、自治区、直辖市人事部门要在党委和政府领导下，在党委组织部指导下，同有关部门密切配合，切实做好有突出贡献的中青年科学、技术、管理专家的选拔、管理和服务工作。

六、有突出贡献的中青年专家的有关工作政策由人事部负责解释

人事部关于有突出贡献的中青年科学、技术、管理专家奖励晋升工资有关问题的通知

（人发〔1996〕35 号　1996 年 4 月 8 日）

人事部《关于印发机关、事业单位工作人员正常晋升工资档次办法的通知》（人薪发〔1995〕150 号）实施以来，工资晋升工作已步入规范化。为使人事部批准的有突出贡献的中青年科学、技术、管理专家（以下简称有突出贡献的中青年专家）的奖励晋升工资工作与正常晋升工资工作协调进行，并考虑有关政策的连续性，经研究决定，现对在事业单位

工作、经人事部批准的有突出贡献的中青年专家奖励晋升工资问题通知如下：

一、1994 年度有突出贡献的中青年专家，凡未奖励晋升工资的，均从 1995 年 1 月起奖励晋升一档工资。奖励晋升的工资，不影响按人薪发〔1995〕150 号文件规定正常晋升工资。

二、1996 年度及以后批准的有突出贡献的中青年专家，在批准后的本人第一个正常晋升工资年份，在正常晋升工资的基础上，再一次性奖励晋升一档工资。

凡以前文件有关内容与本通知不一致的，以本通知为准。在企业工作的有突出贡献的中青年专家奖励晋升工资，可参照本通知执行。

三、百千万人才工程有关文件

国务院办公厅转发人事部等部门关于培养跨世纪学术和技术带头人意见的通知

（国办发〔1995〕28 号　1995 年 4 月 28 日）

各省、自治区、直辖市人民政府，国务院各部委、各直属机构：

人事部、国家科委、国家教委、财政部《关于培养跨世纪学术和技术带头人的意见》，已经国务院同意，现转发给你们，请贯彻执行。

关于培养跨世纪学术和技术带头人的意见

（1995 年 3 月 20 日）

《中共中央关于建立社会主义市场经济体制若干问题的决定》指出“要造就一批进入世界科技前沿的跨世纪的学术和技术带头人”，这是当前我国专业技术队伍建设中一项重要而紧迫的任务。为做好有关工作，现提出以下意见：

一、各级政府和有关部门对培养跨世纪学术和技术带头人的工作，要进一步提高认识，充分予以重视，作为一项战略任务加强领导，切实抓出成效。要根据我国各项事业发展的要求，制定总体规划和实施计划；将这项工作纳入各级政府和有关部门领导的任期目标，作为政绩考核的一项重要内容；认真研究优秀人才的成长规律，总结培养优秀人才的工作经验，结合地区和行业特点，采取有效措施，逐步建立重点突出、优势互补的人才培养格局，争取本世纪末在我国科学技术发展的主要学科和技术领域形成一支结构合理、高效精干的学术和技术带头人队伍，从整体上提高我国专业技术队伍的素质。

二、培养跨世纪学术和技术带头人，必须贯彻德才兼备的方针。在实际工作中发现和掌握一批政治思想好，专业知识基础雄厚、能力较强、学术和技术成就比较突出并有一定威望，立志献身祖国社会主义事业的优秀青年专业技术人才。对这些人才，要结合各项科技计划、国家重大建设项目的实施，充分利用国家重点开放实验室、工程（技术）研究中心、重点学科点和博士后科研流动站等较好的工作条件，并充分发挥中老年专家学者的传帮带作用，重点加以培养，使他们尽快成长为具有良好政治素质、业务素质和较强组织协调能力的跨世纪学术和技术带头人。

三、充分发挥各地区、有关部门和基层单位的积极性，自下而上建立多层次、多渠道的人才培养工作体系。国务院主管部门主要是加强综合管理并进一步采取措施，争取到本世纪末，在我国重点学科领域培养、造就一批能够进入世界科技前沿，在世界科技界有较大影响的杰出科学家和具有国内领先水平的跨世纪学术和技术带头人，在各学科领域培养一大批有较高学术造诣、成绩显著、起骨干作用的学术和技术带头人后备人才。各地区和有关部门应积极研究采取措施，认真抓好培养本地区、本部门所需的各级各类学术和技术带头人的工作。有关企事业单位要在进一步加强人才梯队建设的同时，做好后备人才的培养工作。在继续加强国际交流与合作的同时，注意加强对旅居海外从事科研、教学和工程技术工作的优秀人才的联系，有重点地吸引他们回国服务。

四、坚持在重要学术、技术岗位的实践中培养、造就跨世纪学术和技术带头人。对学术和技术带头人后备人才，应积极吸收他们参与国家各类科研规划、计划和重大项目的调研、论证及组织管理工作；承担国家、省市、部门重大的科研和生产等项目；参加各类学术委员会、学术团体、评审委员会等机构的活动，经受锻炼，增长知识和才干。对于跨世纪学术和技术带头人，要合理使用，委以重任，赋予他们充分的科研工作自主权，很好地发挥他们的作用，并积极支持他们出国研修、开展国际学术和技术交流活动，鼓励、要求他们不断提高学术和技术水平。

五、进一步采取资金扶持措施，支持人才培养工作。国家应随着财力的增强，逐步增加对人才培养工作的资金投入。各地区和有关部门也要根据培养不同层次人才的需求增加定向投入。同时进一步扩大青年科学基金在国家自然科学基金中的比例，择优、定向资助由跨世纪学术和技术带头人及其后备人才主持的研究项目，尤其是国家重点研究课题和重点项目。各类科研基金组织和各基层单位也要采取资金扶持措施，支持学术和技术带头人及其后备人才的工作。有条件的地区和部门可建立奖励基金，对作出较大成绩的优秀青年专业技术人才及时予以表彰和奖励，特别突出的应给予重奖。

六、加强对培养跨世纪学术和技术带头人工作的管理。国务院主管部门和各地区、各有关部门对跨世纪学术和技术带头人及其后备人才，应根据需要建立考绩档案，定期进行考核，并根据不同层次学术和技术带头人的特点，进一步强化对现有人员的培训，开展多种形式的继续教育，使他们不断补充新知识，掌握现代科学技术发展动态，提高参加国际科技竞争的素质和能力。各级主管部门应对培养跨世纪学术和技术带头人工作，研究制定具体的科学管理制度，不断完善人才评价办法并根据实际情况及时筛选、调整人员，实行动态管理，确保跨世纪学术和技术带头人的质量。

七、努力为青年专业技术人才脱颖而出创造良好的工作和生活条件，鼓励他们积极进取，促使其多出成果，尽快成长。对跨世纪学术和技术带头人因工作需要跨地区、部门调动的，由人事部出具证明，各级人事和户籍管理部门应给予优先办理调转落户手续；调进北京等大城市的，不受户籍指标限制，也不得收取落户费等费用。他们的助手，如确需跨地区、部门选调，有关地区和部门应积极给予支持。对跨世纪学术和技术带头人从境外带回的自用科研设备，应给予提供方便。拟进一步提高国家重点项目科研津贴标准和科技奖励水平，进一步扩大青年优秀专业技术人才在享受政府特殊津贴人员和有突出贡献中青年专家中的比重，并积极筹措建房资金，优先解决他们的住房困难问题。

培养和造就跨世纪学术和技术带头人，是一项着眼于未来的重要工作，是关系到我国现代化建设全局的一项系统工程，全社会都应给予关心和支持，努力为学术和技术带头人的健康成长创造良好的社会环境。

人事部、国家科委、国家教委、财政部、国家计委、中国科协、国家自然科学基金委关于印发《“百千万人才工程”实施方案》的通知

（人专发〔1995〕147 号　1995 年 11 月 30 日）

各省、自治区、直辖市人事（人事劳动）厅（局）、科技干部局、科委、教委、财政厅（局）、计委、科协，国务院各部委、直属机构人事（干部）司（局），解放军总政治部干部部：

为了进一步贯彻中共中央、国务院《关于加速科学技术进步的决定》和全国科技大会精神，使国务院办公厅转发的人事部、国家科委、国家教委、财政部《关于培养跨世纪学术和技术带头人的意见》（国办发〔1995〕28 号）落到实处，我们拟定了“百千万人才工程”。现将《“百千万人才工程”实施方案》印发给你们，请根据各自的实际情况，认真做好安排落实工作，以加强跨世纪学术和技术带头人队伍的建设，提高专业技术队伍的整体水平。

“百千万人才工程”实施方案

为进一步贯彻落实中共中央、国务院《关于加速科学技术进步的决定》和全国科技大会精神，做好国务院办公厅转发的人事部、国家科委、国家教委、财政部《关于培养跨世纪学术和技术带头人的意见》实施工作，实现《意见》中提出的“争取到本世纪末，在我国重点学科领域，培养造就一批能进入世界科技前沿，在世界科技界有较大影响的杰出科学家和具有国内领先水平的跨世纪学术和技术带头人，在各学科领域培养一大批有较高学术造诣、成绩显著、起骨干作用的学术和技术带头人后备人选”的目标，我们拟定了“百千万人才工程”（以下简称工程），并制订本实施方案。

一、目标

根据国家科技发展规划和经济社会发展的需要，到本世纪末，在对国民经济和社会发展影响重大的自然科学和社会科学领域里，造就一批不同层次的跨世纪学术和技术带头人及后备人选。第一层次：上百名能进入世界科技前沿，在世界科技界有较大影响的杰出青年科学家；第二层次：上千名具有国内先进水平，保持学科优势的学术和技术带头人；第三层次：上万名在各学科领域里有较高学术造诣、成绩显著、起骨干或核心作用的学术和技术带头人后备人选。

“工程”分两个阶段进行：第一个阶段，到1997年遴选和掌握五六千名或更多一点30~40岁左右的优秀人才，作为重点培养对象。第二个阶段，到2000年，在对国民经济和社会发展影响重大的大约50个左右的一级学科和500个左右的二级学科门类中，造就一批国内一流或具有世界水平的专家、学者，使这批年轻的专家、学者成长为各个学科领域的跨世纪的学术和技术带头人，从而改善我国专业技术带头人队伍的结构，形成青年人才能持续成长、不断涌现的机制，全面推动我国专业技术队伍建设工作，提高队伍的整体水平，基本实现“工程”的总体目标。

二、指导思想

坚持德才兼备的方针，全面提高年轻优秀人才的政治素质和业务素质，使专业知识基础雄厚、组织能力较强、政治思想好，立志献身社会主义事业的优秀青年专业技术人员尽快成长。

坚持面向现代化、面向世界、面向未来的方针，立足我国未来科技发展和国民经济发展的需要培养人才。

发挥各地区各部门的积极性，自下而上，分层次、多渠道地建立造就跨世纪学术和技术带头人工作体系，努力创造有利于青年人才更快更好成长的政策环境和社会环境，形成流动、竞争、协作的人才使用机制，建立起政府和社会共同推动、良性发展的人才培养格局。

尊重和按照各类人才成长的规律，建立完善的人才评价体系和科学的管理办法。在人才的培养、使用上要引进竞争机制，对已掌握的人选，要重点支持，定期考核，动态管理，择优汰劣。

根据世界科技发展的趋势和我国科技发展规划，合理部署工作重点，保证重点学科领域人才的培养，使培养工作符合经济建设和科技进步的要求。

三、实施办法

（一）组织领导

人事部、国家科委、国家教委、财政部、国家计委、中国科协、国家自然科学基金委组成“百千万人才工程”领导小组，共同负责“工程”的实施。领导小组定期召开会议，讨论决定重大问题。领导小组下设办公室，贯彻执行领导小组的决定，承办具体工作。办公室设在人事部专家司。

（二）人选的条件

人选的基本条件是：坚持党的基本理论和基本路线，坚持四项基本原则，热爱祖国，有强烈的事业心和献身精神；求实创新，拼搏进取；治学态度严谨，有较强的科研组织能力；在实践中已作出突出成绩，取得有重大价值的成果。一般应有博士或硕士学位，年龄在45周岁以下。

第一、二层次的人选还应符合下列条件之一：

从事基础性研究工作的，其研究成果须有重大创造性，达到国内先进水平，得到同行专家公认；从事应用技术、工程技术研究和科技开发工作的，须有重大发明创造或技术革新，在国内处于领先地位，具有显著的经济效益和社会效益；

从事社会科学研究工作的，其研究成果须有创见性、开拓性，对学科、专业发展有突出贡献，并获得重大社会效益。

第三层次人选的条件，由各地区、各部门根据总体要求自行制定。

（三）人选产生的程序

“工程”人选主要在各地区、各部门已经掌握或已列入学术和技术带头人培养工作规划的人员中产生。各地区、各部门根据自己的实际情况和经济社会发展、科技进步的需要，认真考核已经掌握或已列入学术和技术带头人培养工作规划的人员情况，拟定重点培养对象，作为第一、二层次候选人选，经与领导小组办公室协商后，填写《百千万人才工程人选情况登记表》，于每年10月30日前，上报领导小组办公室。

领导小组根据“工程”总体目标和阶段目标的要求，在上报人员中确定二、三百名特别优秀的作为第一、二层次的后备人选，内部掌握。在同等条件下，根据经济社会发展的需要和我国科技发展规划，优先考虑重点学科领域的人选。

第三层次的人选由各地区、各部门掌握，并于每年年底前，将名单报领导小组办公室备案。

（四）人选的管理和考核

对已进入“工程”的人选，要明确具体的培养目标，固定联系，重点培养，定期考核，并按照公平、择优的原则，及时筛选调整，实行动态管理。

建立考核制度，全面考核人选的德、勤、能、绩，重点是工作实绩和业务能力。对获得“工程”资助的人选，还要考核资助项目的完成情况。

考核工作主要由各地区、各部门人事、科技、教育等部门负责实施。考核工作每年进行一次。每一年度人选的考核情况，要记入“工程”人选的考绩档案，作为人选调整的根据。第一、二层次人选的考核情况还要上报领导小组办公室备案。

在考核过程中，要及时掌握新涌现出来的、符合“工程”人选条件的优秀人才，以不断充实“工程”人选队伍。对于那些弄虚作假谎报成果的，丧失或违背学术和技术带头人所必须具备的政治条件和道德标准的，未经组织批准擅自离职的，以及有其他不符合人选标准行为的，应从人选中筛选出去；对于实际表现平平、确无培养造就前途的，也应及时调整，以确保“工程”人选的质量。

（五）人选的培养措施

各省、自治区、直辖市和国务院各部门，应积极采取措施，加大投入，为各层次人选更快更好的成长创造条件。国家将重点支持第一、二层次的人选，并为各层次人选创造更好的工作和生活条件。

1. 积极吸收“工程”人选参与国家、省市区、部门的重大科研、生产项目，提高他们的科研和组织管理能力；吸收他们参加各类学术委员会、学术团体、评审委员会的活动。对“工程”人选要委以重任，合理使用，赋予他们充分的科研自主权，让他们经受锻炼，不断增长知识和才干。

2. 各级政府和有关部门要多渠道筹集资金，加强对“工程”人选经费支持的力度。根据“工程”不同层次人选的实际要求，定向投入，重点支持，主要用于对承担具有较大前景、而又缺少经费支持的科研课题经费补贴；支持具有创造性和重大学术价值著作的出版；为进行多种方式的进修培训提供资助；资助开展国内外学术交流活动和吸引海外优秀人才为国服务等。

3.“工程”第一、二层次人选，如因工作确实需要调动的，可以跨地区、跨部门调动，以便更好地发挥作用。各级人事部门应优先办理调动手续；其助手如需跨地区、部门选调，有关地区和部门应给予积极支持。

4. 充分利用已经建立起来的各种人才培养制度，使之在培养跨世纪学术和技术带头人工作方面发挥更大作用。

——根据不同层次人选的特点，继续大力开展多种形式的继续教育工作，积极支持他们出国研修、开展国际交流等活动，鼓励、要求他们不断提高学术技术水平，掌握现代科学技术动态，提高参与国际科技竞争的素质和能力。

——稳步发展博士后制度，保证博士后研究人员的招收和培养质量，加强对博士后人员的跟踪管理，注意从已完成博士后研究工作的优秀人才中发现“工程”人选。

——充分利用国家重点（开放）实验室、工程（技术）研究中心、重点学科点等较好的工作条件，结合各项科技计划、国家重大建设项目的实施等，为“工程”人选提供良好的工作环境和锻炼、成长的机会。

——继续做好吸引海外优秀人才为国服务的工作。采取切实措施，为那些已有显著成就、学有专长的优秀人才或确有潜力、确有真才实学的青年尖子人才回国服务创造良好条件。

——积极从留学人员当中选拔“工程”人选。对入选的留学回国人员开展科研工作予以重点资助，定期支持他们出国参加国际学术交流活动，使他们跟踪世界先进科学技术，提高学术和技术水平。继续鼓励、吸引在外留学人员以多种方式为国服务，注意从优秀留学人员中发现“工程”人选，积极创造条件吸引他们回国发挥专长。

——国家杰出青年科学基金的资助对象为45岁以下，从事自然科学基础性研究的青年学者，其目标为促进青年科学人才的成长，并鼓励海外学者回国工作，加速培养造就一批进入世界科技前沿的跨世纪优秀学术带头人，2000年前拟资助600~800名。国家自然科学基金中设立的青年科学基金，资助35岁以下的青年科技工作者，以促进他们的成长和优秀人才的脱颖而出，1995—2000年拟资助4 000名左右。国家自然科学基金还设立了留学人员短期回国工作讲学专项基金，支持海外学者为祖国科技事业发展作贡献。以上各项科学基金，要力争不断提高经费投入，完善评审和管理制度，提高资助效果，为“工程”第一、二层次人选的培养作出贡献。其他各类基金组织和各基层单位也要采取具体措施，支持“工程”人选开展工作。

——继续做好中国青年科技奖的评审工作。有条件的地区和部门可以建立奖励基金，对作出较大成绩的“工程”人选及时予以表彰和奖励，特别突出的要给予重奖。

5. 进一步完善有突出贡献中青年科学、技术、管理专家选拔制度，并使有突出贡献中青年专家的选拔工作与培养跨世纪人才工作密切结合起来。今后选拔有突出贡献的中青年专家，45 岁以下优秀青年专家的比例，应占人事部下达给各地区、各部门指标的 40% 左右。“工程”第一、第二层次人选，凡符合人事部规定的有突出贡献中青年专家选拔条件的，可在人事部分配给各地区、各部门选拔有突出贡献中青年专家的指标中予以优先考虑。对个别列入“工程”第一、二层次人选较多的地区、部门，人事部将视情况，在选拔指标上予以适当照顾。

6. 进一步加大青年优秀专业技术人才在享受政府特殊津贴人员中的比重。在开展政府特殊津贴工作中，要特别注意选拔在实践中涌现出来的作出突出贡献的年轻优秀人才。对已被领导小组办公室列入“工程”第一、二层次的人选，凡符合享受政府特殊津贴条件的，应优先享受政府特殊津贴。

7. 建立必要的制度，充分发挥中老年专家、学者在发现人才、培养人才工作中的作用，对在培养人才方面作出突出贡献的要予以表彰、奖励；各地区、各部门在“工程”的实施过程中要加强信息交流，及时总结经验，发现和解决问题。

8. 各地区、各部门要进一步采取措施，优先改善人选的生活待遇，逐步解决他们的住房问题；加强同人选的联系，注意解决他们生活中的实际困难，保证他们能心情舒畅、无后顾之忧地开展工作。

要切实加强对“百千万人才工程”的领导。培养跨世纪的学术和技术带头人，是一项着眼于未来的重要工作。全社会都应给予关心和支持。要发挥各方面的积极性，大力宣传人选所作出的成绩和他们的奉献精神，努力创造人选迅速成长所需的良好的社会环境。各地区、各部门都要提高认识，采取切实措施，保证“工程”的落实，加强跨世纪学术和技术带头人队伍的建设，提高我国专业技术队伍的整体水平。

人事部、国家科委、国家教委、财政部、国家计委、中国科协、国家自然科学基金委关于强化“百千万人才工程”人选培养的通知

（人发〔1996〕98 号　1996 年 10 月 18 日）

各省、自治区、直辖市人事（人事劳动）厅（局）、科技干部局、科委、教委（教育厅）、财政厅（局）、计委、科协，国务院各部委、直属机构人事（干部）司（局），解放军总政治部干部部：

自从《国务院办公厅转发人事部等部门关于培养跨世纪学术和技术带头人意见的通知》和《“百千万人才工程”实施方案》下发以来，各地区、各部门根据文件要求，做了大量细致的工作。最近，经各地区、各部门选送、专家评议组评议、“百千万人才工程”领导小组审定批准，全国“百千万人才工程”1995/1996 年度第一、二层次人选（以下简称人选）已经正式产生。

这些人选是跨世纪学术和技术带头人的重点培养对象。确定跨世纪学术和技术带头人后备人选，是贯彻科学技术是第一生产力和科教兴国战略，特别是加速整体性人才资

源开发，为实现“九五”计划和2010年远景目标纲要提供可靠的人才保障所采取的一项重大的战略措施。各地区、各部门，特别是人事干部部门，要采取切实有效措施，加大培养力度，为他们尽快成长创造有利条件。为此，现将强化培养的有关意见和人选名单（见附件，本书略）通知如下：

一、坚持在实践中培养人才。各地区、各部门要根据实际工作需要，对人选委以重任，放手让他们承担国家、地区、部门的重大科研、技术项目，并尽可能作为第一或第二主持人。

二、有关地区和部门要多渠道筹集资金，加强对人选经费支持力度。择优资助人选开展学术、科研活动，适时组织人选出国进行学习考察，使其增长才干，拓宽视野；也可采取分层次举办培训班的办法，强化对人选的培训，使其不断提高专业知识和技术水平。对成绩突出的人选应给予表彰、奖励。

在同等条件下，人选可优先享受国家自然科学基金委设立的国家杰出青年科学基金、青年科学基金、留学人员短期回国工作讲学专项基金，国家教委资助优秀年轻教师基金。其他各类基金组织也要采取相应措施，重点扶持人选。

人选中的优秀留学人员，属非教育系统的，由人事部掌握的非教育系统留学归国人员科研资助经费，重点支持他们开展科研活动。

三、确实需要调动工作的人选，可以跨地区、跨部门调动。各级人事部门应优先办理调动手续。有条件的地区和部门可以为人选配备助手。其助手如需跨地区、部门选调，有关地区和部门应给予积极支持。

四、人选配偶与子女如需调动或安排工作，要优先予以考虑；农业户口的，可以转为城市户口。

五、凡符合享受政府特殊津贴条件的人选，其政府特殊津贴名额可不占人事部下达给各地区、各部门的指标。

六、申请进博士后科研流动站进行科研工作的人选，只要符合进站条件，可以不受设站单位招收指标的限制。

七、对人选评聘专业技术职务予以照顾。四十岁以下评聘正高级职务的，只要符合任职条件，可以不占单位指标，不受资历限制破格评聘。

八、符合《中国青年科技奖条例》规定条件的优秀“工程”人选，可被优先推荐参加“中国青年科技奖”评选。

九、采取适当形式切实加强对人选的考核，并实行动态的滚动管理、确保择优汰劣。各地区、各部门要及时将滚动管理的人选调整建议上报“百千万人才工程”领导小组办公室。

各地区，各部门对各自掌握的“工程”第三层次人选，要制定相应的培养措施，并报“工程”领导小组办公室。

人事部、国家科委、国家教委、财政部、国家计委、中国科协、国家自然科学基金委关于进一步做好“百千万人才工程”人选考核工作的通知

（人发〔1998〕62 号 1998 年 8 月 12 日）

各省、自治区、直辖市及副省级市人事（人事劳动）厅（局）、科技干部局、科委、教委、教育（高教）厅、财政厅（局）、计委、科协，国务院各部委、直属机构人事（干部）部门，解放军总政治部：

在各地区、各部门报送并经专家评议组专家评议的基础上，全国“百千万人才工程”领导小组审定了“工程”1997 年度第一、二层次人选（名单见附件 1）。至此，“工程”第一、二层次人选已审定两批共 1 077 名。

自 1995 年“百千万人才工程”实施以来，各地区、各部门普遍加强了对跨世纪人才培养工作的领导，积极开展对人才资源的调查研究，根据实际情况制定人才培养规划，千方百计增加各项资金投入，组织实施了各具特色的人才培养计划，已基本形成了分层次、多渠道的培养、造就跨世纪人才的工作体系，培养工作逐步制度化。特别是 1997 年以来，在各地区、各部门的努力下，跨世纪人才培养工作正朝着组织领导得力、培养管理科学、实施运作有序、经费投入不断增长的方向发展。但这项工作的开展仍不平衡，个别地区和部门工作滞后，人选的培养、考核、评价和科学管理等方面仍有待于进一步加强和改进。

根据近三年来“工程”的实施情况，1998 年暂不开展第三批人选的推荐和审批工作。各地区、各部门应抓紧对本地区、本部门跨世纪人才培养工作开展情况进行检查和评估，按照《“百千万人才工程”实施方案》（人专发〔1995〕147 号）和《关于强化“百千万人才工程”人选培养的通知》（人发〔1996〕98 号）的精神，进一步加强跨世纪人才培养工作的机制建设，强化对人选的培养和管理。

为建立健全人选的动态管理和激励机制，我们拟定了《“百千万人才工程”人选考核暂行办法》（见附件 2）。各地区、各部门应根据各自的实际情况，制定相应的考核办法，切实加强对人选的考核，确保人选的质量，为最终实现“百千万人才工程”总体目标奠定基础。

鉴于目前国务院机构改革的实际情况，在机构改革期间，“百千万人才工程”的实施工作可按以下办法办理：由部改建的国家局或由几个部门合并后新组建的部门，暂由新机构负责与其相关的原部门所属单位的工作；原国家直属的总公司，仍负责本公司范围的工作；原国防科工委所属单位的工作由解放军总政治部统一归口。

附件：1. “百千万人才工程”1997 年度第一、二层次人选名单（略）

2.“百千万人才工程”人选考核暂行办法

附件2

“百千万人才工程”人选考核暂行办法

为切实加强对“百千万人才工程”（以下简称工程）人选的考核，根据国务院办公厅转发的人事部、国家科委、国家教委、财政部《关于培养跨世纪学术和技术带头人的意见》和人事部、国家科委、国家教委、财政部、国家计委、中国科协、国家自然科学基金委员会下发的《“百千万人才工程”实施方案》和《关于强化“百千万人才工程”人选培养的通知》，制定本办法。

一、考核目的

对人选进行考核，目的在于了解和掌握人选的培养和使用情况，促进人选不断提高学术和技术水平；为人选的调整、奖励提供客观依据，确保人选质量；总结“工程”实施经验，提高各地区、各部门对人选管理的科学化水平。

二、指导思想

坚持德才兼备的方针。要全面考核人选政治、业务素质，重点是业务进展与实绩，促进人选全面健康发展。在考核工作中要遵循：

1. 统一规划、分级实施的原则。在“工程”领导小组的领导下，由领导小组办公室负责制订考核的工作规划和总体安排，并对第一、二层次人选的考核进行指导、监督和检查。各地区、各部门负责制定本地区、本部门各层次人选的具体考核办法，做好对各层次人选的具体考核工作。

2. 分类考核的原则。尊重和按照各类人才成长的规律，实行定性与定量相结合，建立完善的人才评价指标体系。对于不同学术技术领域以及同一学术技术领域中从事基础研究、应用基础研究、技术开发及推广应用的人选，应根据各自学术技术领域的特点，分别制定不同的评价指标体系，力争客观、全面、可操作性强。

3. 依靠专家的原则。要注重发挥各类专家、学者，特别是中老年专家、学者在人才培养方面的作用，吸收他们参加人选的考核工作，充分听取他们对人选的鉴定和评价意见。

三、考核内容和标准

人选的考核内容包括德、能、勤、绩四个方面，重点考核业务能力及被批准为人选以后所取得的工作实绩。具体内容如下：

1. 基本素质：包括政治思想素质、职业和学术道德、敬业和奉献精神、组织管理和协调能力等方面；

2. 承担科研项目情况：包括已争取到的科研项目名称、经费数额、科研项目进展等情况；

3. 学术技术成果：包括已完成的研究工作、发表论文、出版学术著作、申请专利、成果获奖、国际学术交流与合作等方面；

4. 学术技术带头人作用：包括所领导的研究活动规模、人员学历、职称和年龄结构、人才培养（博士、硕士研究生培养情况及研究成员职务、职称晋升情况等）、外部协作关系等方面。

第一、二层次人选的考核标准以《"百千万人才工程"实施方案》（人专发〔1995〕147 号）中规定的人选条件为依据；第三层次人选的考核标准，由各地区、各部门根据各自的实际情况自行制定。

四、考核方式及组织实施

人选的考核分为年度考核和阶段考核。

1. 年度考核。人选的年度考核工作每年进行一次，可与专业技术人员年度考核相结合，主要由各地区、各部门的有关职能部门负责实施。

各地区、各部门在年度考核中可根据各自的具体情况，灵活采用集中座谈汇报、分学科报告、实地检查、有关同行专家综合评估、群众评议等多种方式相结合进行。

各地区、各部门要建立人选考绩档案。人选的年度考核结果，要记入考绩档案。

2. 阶段考核。阶段考核以年度考核为基础，不定期举行。阶段考核在领导小组直接领导下，由领导小组办公室负责组织实施。在进行阶段考核时，各地区、各部门应根据领导小组办公室的要求，对"工程"人选和培养工作进行阶段性评价、总结，并提交工作进展情况的综合报告和第一、二层次人选的考核材料及其他有关材料。

五、考核结果的使用

人选的考核结果是对人选进行调整、奖励的客观依据。

1. 对于考核中被确认为作出重大贡献、取得突出研究成果的人选，各地区、各部门应采取适当方式进行表彰、奖励和重点扶持。

2. 在考核工作中，对于新涌现出来、符合人选条件的优秀人才，各地区、各部门要及时将其列入学术技术带头人培养规划，以不断充实人选队伍。

3. 对于考核中被确认为实际表现平平、已不具备人选条件的，不再列入人选。

4. 对于考核中被确认为弄虚作假谎报成果的，丧失或违背学术和技术带头人所必须具备的政治条件和道德标准的，未经组织批准擅自离职的，以及有其他不符合人选标准行为的，应取消其人选资格。

对于考核结果特别优秀的第一、二层次人选，以及第一、二层次人选发生工作调动的，各地区、各部门应将其考核材料或人员工作变化情况报领导小组办公室备案；对于应取消或不再列入第一、二层次人选的，须报领导小组办公室批准。

对人选的考核，既是对人选培养成果的检验，又是对人选进行调整、奖励的客观依据，同时也是保证"工程"顺利实施的一项基础性工作。各地区、各部门应根据本办法规定，结合各自的实际情况，制定相应的实施细则，切实做好人选的考核工作，形成人选的动态管理机制和激励机制。

人事部、科学技术部、教育部、财政部、国家发展计划委员会、国家自然科学基金委员会、中国科学技术协会关于印发《新世纪百千万人才工程实施方案》的通知

（人发〔2002〕55号　2002年5月23日）

各省、自治区、直辖市人事、科技、教育、财政厅（局）、计委、科协，国务院有关部委、直属机构人事（干部）部门，新疆生产建设兵团人事局，中央管理的企业，总政治部干部部：

根据中共中央办公厅、国务院办公厅《关于加强专业技术人才队伍建设的若干意见》（中办发〔2001〕14号）精神，为深入实施人才战略，加速培养造就年轻一代学术技术带头人，人事部、科学技术部、教育部、财政部、国家发展计划委员会、国家自然科学基金委员会、中国科学技术协会制定了《新世纪百千万人才工程实施方案》。现印发给你们，请结合本地区、本部门的实际情况，认真组织实施，以推动高层次专业技术人才队伍建设。

新世纪百千万人才工程实施方案

自1995年起，人事部会同有关部门组织实施了培养造就年轻学术技术带头人的专项计划——“百千万人才工程”。到2000年，入选“工程”的各类人才近万名，形成了分层次、多渠道培养造就优秀年轻人才的工作体系，有力地推动了全国高层次专业技术人才队伍建设。根据中共中央办公厅、国务院办公厅《关于加强专业技术人才队伍建设的若干意见》（中办发〔2001〕14号）精神，为继续做好年轻一代学术技术带头人培养工作，现制定2002—2010年新世纪百千万人才工程实施方案。

一、指导思想和目标

坚持以邓小平人才人事理论和江泽民同志“三个代表”重要思想为指导，牢固树立人才资源是第一资源和人才资源开发的观念，以培养国家急需紧缺的高级人才为目标，按照社会主义市场经济规律和人才成长规律，创新人才队伍建设制度，建立尊重特点、鼓励创新的人才培养体制和机制，采取有效特殊手段，加快培养一批德才兼备、开拓创新、具有国际先进水平的科技专家和国内学术技术带头人，为新世纪我国经济、科技和社会发展提供高层次骨干人才保证。

根据我国社会主义现代化建设第三步战略目标和实施人才战略的总体部署，到2010年，培养造就数百名具有世界科技前沿水平的杰出科学家、工程技术专家和理论家；数千名具有国内领先水平，在各学科、各技术领域有较高学术技术造诣的带头人；数万名在各学科领域里成绩显著、起骨干作用、具有发展潜能的优秀年轻

人才。

二、范围、对象和条件

1. 选拔范围："工程"人选主要在国有企事业单位中选拔，其他经济成分的企事业单位中符合条件的，也可以选拔。

2. 选拔对象：中国青年科技奖获得者、回国工作的海外高层次留学人员、获国家杰出青年科学基金资助者、省部级以上科研课题和国家级工程项目的主持人或主要参与者，以及其他在经济建设和社会发展中作出突出贡献、取得较大成绩的年轻人才。重点是在关系国民经济和社会发展关键学术技术领域涌现出来的具有较大发展潜力的优秀人才，以及适应我国加入世界贸易组织新形势要求的信息、金融、财会、外贸、法律和现代管理等急需的高级专门人才。

3. 选拔条件：（1）热爱社会主义祖国，遵纪守法，具有解放思想、实事求是、不断创新的科学精神和良好的职业道德。（2）学风朴实严谨，有强烈的事业心、较高的学术造诣和较强的组织协调能力，其学术技术水平在国内同行中具有一定的优势。（3）年龄在45周岁以下（含45周岁）。

三、组织领导

建立完善的人才培养工作机制，分层次、多渠道选拔和培养"工程"人选。人事部、科学技术部、教育部、财政部、国家发展计划委员会、国家自然科学基金委员会、中国科学技术协会，组成新世纪百千万人才工程领导小组，共同负责"工程"的实施，并根据培养目标的要求，重点抓好国家级学术技术带头人的选拔、培养工作，特别是培养造就一批冲击世界科技前沿、勇于创新和创业的杰出人才（以下简称国家级"工程"人选）。领导小组下设办公室，承办"工程"实施的具体工作，办公室设在人事部专业技术人员管理司。

各地区、各部门人事厅（局）会同有关部门根据"工程"培养目标的要求，制定相应的人才培养计划并组织实施。

四、选拔和管理

1. 国家级"工程"人选每两年选拔一次，每次选拔500名左右。其中，在科技创新目标明确、能带动前沿学科发展和提升我国在世界范围内科技地位的学科领域中选拔100名拔尖人才；在事关国民经济和社会发展的主要学术技术领域选拔400名学术技术带头人后备人才和高层次急需人才。

国家级"工程"人选选拔的具体办法是：（1）各地区、各部门人事厅（局）会同有关部门按照"公开、平等、竞争、择优"原则，提出本地区、木部门推荐人选并征求有关专家意见后报送人事部。（2）人事部会同有关部门组织专家评审委员会对各地区、各部门推荐的人选进行评审后，报"工程"领导小组审批。（3）公布人选名单，颁发《国家级"百千万人才工程"人选证书》。

各地区、各部门根据"工程"培养目标的要求，负责省部级"工程"人选的选拔和培养。

2. 建立《"百千万人才工程"人选考核档案》，全面加强对人选德、能、勤、绩的考核工作。考核工作由人选所在单位结合年度考核组织实施。考核结果报省部级人事部门备案，其中国家级"工程"人选的考核结果报"工程"领导小组办公室备案。

3．在考核的基础上，对“工程”人选实行动态管理，每五年核定、调整一次。建立“百千万人才工程”人选信息库。

五、培养措施

1．加大对“工程”人选的资助力度。在同等条件下，国家杰出青年科学基金、国家自然科学基金青年科学基金对“工程”人选中从事基础研究的给予优先资助。符合“中国博士后科学研究基金”、“博士后科学研究专项资助经费”、“留学人员科技活动项目择优资助经费”资助条件的，提高资助额度。各地区、各部门要多渠道筹措资金，根据人选的实际情况，定向投入，重点支持。

2．鼓励和支持“工程”人选通过竞争承担国家或省区市、部门的重大科研工作和重大工程项目，委以重任，并赋予他们充分的科研自主权。各级各类学术团体、学术技术委员会要积极吸收“工程”人选参加并安排其担任一定的职务，使他们在参与重大学术技术决策和科技发展规划的制定中，贡献力量，增长才干。

3．积极创造条件，支持“工程”人选开展国内外学术技术交流活动。根据“工程”目标任务要求，采取多种措施，有计划、有重点地选送“工程”人选到国内外一流大学、科研机构、知名企业从事研修工作。进一步完善“工程”人选高级研修班资助办法，加大支持力度。根据国家科技发展规划，人事部有计划地组织“百千万人才工程”学术技术研究班，促进“工程”人选与国内外高水平专家的学术技术交流，不断提高学术技术水平和参与国际科技竞争的能力。

4．加强以“工程”人选为核心的人才群体建设。“工程”人选所在单位应根据岗位和任务的需要，通过设立流动性岗位，面向国内外公开聘用“工程”人选急需的人才或助手。依托国家级“工程”人选所在的国家重点实验室、国家工程研究中心、重大科学工程和知识创新基地，以国家级“工程”人选为核心，加强优秀人才引进和培养力度，形成一批具有专业优势、学科互补、创新能力强的优秀人才群体。国家自然科学基金委员会遴选创新研究群体时，在同等条件下，优先资助以国家级“工程”人选为核心或骨干从事基础研究的团队。

5．进一步改善“工程”人选的待遇。各地区、各部门可根据实际情况，对“工程”人选实行适当倾斜的激励政策。在各地区、各部门上报的享受政府特殊津贴人员中，属于国家级“工程”人选的，由人事部下达专项指标解决，不占其所在地区、部门的指标控制数。

6．认真做好联系和服务工作。积极创造条件，妥善解决“工程”人选工作和生活中的实际困难，使他们摆脱各种繁杂事务，专心致志地从事科研和技术创新工作。要采取切实措施，改善“工程”人选的医疗保健条件，定期安排他们体检，组织“工程”人选学术休假。对“工程”人选的助手配备以及配偶、子女随迁调动等，要妥善予以解决。

7．加强对“工程”人选的思想政治工作。根据“工程”人选的特点，采取多种形式，开展党的基本理论、基本路线和理想信念、职业道德教育，组织国情教育考察活动，大力宣传先进典型事迹，引导他们树立正确的世界观、人生观、价值观，发扬爱国主义和解放思想、实事求是、不断创新的科学精神，为社会主义现代化建设作出新的更大的贡献。

四、表彰工作有关文件

人事部关于授予袁隆平等十名同志“杰出专业技术人才奖章”和给予王梦恕等 40 名同志记一等功奖励的决定

（人发〔1999〕116 号 1999 年 10 月 21 日）

各省、自治区、直辖市人事（人事劳动）厅（局），国务院各部委、各直属机构人事（干部）部门：

新中国成立五十年来，特别是改革开放二十年来，工作在各条战线上的广大专业技术人员为我国社会主义建设事业作出了突出的贡献，他们的辛勤工作和创新精神，促进了我国科技教育水平的提高，推动了经济和社会的发展，提高了人民群众的物质文化生活水平，增强了我国的综合国力，也向世界展示了中华民族的聪明才智和顽强拼搏精神，在他们中间涌现出了一批杰出的专业技术人才。

为了贯彻落实科教兴国的战略，弘扬专业技术人才的拼搏、创新、攀登、奉献的精神，发扬尊重知识、尊重人才、崇尚科学的风尚，激发广大专业技术人员的积极性、创造性，迎接知识经济的挑战，为实现党的十五大确定的跨世纪宏伟目标建功立业，人事部决定：授予袁隆平等十名同志“杰出专业技术人才奖章”，给予王梦恕等四十名同志记一等功奖励。希望受到表彰的同志谦虚谨慎，戒骄戒躁，再接再厉，为社会主义现代化建设作出新的贡献。

这次受到表彰的杰出专业技术人才，有在尖端科学技术领域不畏艰险，勇攀科学技术高峰，创造出世界瞩目成绩的科学家；有在教学岗位几十年如一日，辛勤耕耘，培养出众多优秀人才，桃李满天下的人民教师；有在医疗卫生战线心系人民群众，救死扶伤，从病魔中解救许多病人的白衣天使；有在工程技术上锐意创新，进行技术改造，大幅度提高劳动生产率和开发出新产品的技术带头人；有在希望的田野上，改良品种、推广新的栽培技术，向大自然要产量、要效益的农艺师。

全国的专业技术人员都要向受表彰的杰出专业技术人才学习。学习他们的拼搏精神，不畏艰难，勇于开拓，在各自的专业技术岗位上艰苦创业，作出新的成绩；学习他们的创新精神，创新是一个民族进步的灵魂，要把他们的创新精神发扬光大，迎接新科技革命的挑战；学习他们的攀登精神，坚韧不拔，更新知识，敢攀高峰，把我国的科学技术水平提高到国际领先水平，实现中华民族的伟大复兴；学习他们的奉献精神，热爱祖国，爱岗敬业，不计名利，求真务实，以扎扎实实的工作成绩报答党和人民的培养，把知识技术奉献和回报给社会。

科学技术是第一生产力，是经济发展和社会进步的重要推动力量，实施科教兴国战略是党中央、国务院的重大决策，广大专业技术人员承担着科教兴国的重要责任，希望广大专业技术人员以这次受表彰的先进典型为榜样，在以江泽民同志为核心的党中央领导下，认真贯彻落实十五届四中全会精神和全国教育工作会议、技术创新大会精神，为提高国民经济整体素质和综合国力，为提高我国的科技创新能力和竞争能力，为实现我国跨世纪的宏伟目标拼搏工作，把有中国特色的社会主义现代化建设事业推向前进。

附件：1. 授予“杰出专业技术人才奖章”人员名单
　　　2. 记一等功人员名单

附件1

授予“杰出专业技术人才奖章”人员名单

袁隆平　马伟明　李留恩　詹文龙　龙乐豪
陈　竺　王　涛　魏可镁　吴明珠　陆　芸

附件2

记一等功人员名单

（共40名）

王梦恕　方智远　夏家辉　郭进考　汪宜蕙　褚　健　郭尖措　赵克中
张贤明　李登海　陈鼎常　傅万才　郝秉中　宋宝安　李殿荣　解金瑞
时　匡　谢明权　李志丹　宛晓春　杨公衍　周开达　邓希平　王金锐
莫家让　尼玛扎西　裘志新　乌国庆　唐小我　索丽生　徐　洵　龚健雅
袁永发　谭国俊　吴忠良　宋文骢　张凤山　刘汝山　樊凤兰　孙玉发

中共中央组织部、中共中央宣传部、人事部、科学技术部关于授予李桓英等50名同志“杰出专业技术人才”荣誉称号的决定

（人发〔2002〕71号　2002年7月2日）

各省、自治区、直辖市党委组织部、宣传部，政府人事、科技厅（局），国务院有关部委、直属机构人事（干部）部门，新疆生产建设兵团人事局，中央管理的企业，总政治部干部部：

为贯彻落实江泽民同志“三个代表”重要思想，深入实施人才强国战略，树

立和宣传当代专业技术人员先进典型，引导和激励广大专业技术人员积极投身建设有中国特色社会主义的伟大事业，中共中央组织部、中共中央宣传部、人事部、科学技术部决定：授予李桓英等50名同志“杰出专业技术人才”荣誉称号。被授予“杰出专业技术人才”荣誉称号的人员，享受省部级劳动模范和先进工作者待遇。

希望获得荣誉称号的同志把荣誉作为新的起点，戒骄戒躁，再接再厉，在本职工作岗位上发扬成绩，再立新功。

长期以来，工作在各条战线上的广大专业技术人员忠于祖国、忠于人民，努力实践“三个代表”重要思想，为社会主义现代化建设事业作出了突出贡献。这次受表彰的50名“杰出专业技术人才”是全国4 100万专业技术人员的优秀代表。他们中，有勇于攀登科技高峰，创造出卓越成果的科学家；有数十年如一日辛勤耕耘，培养出众多优秀人才的人民教师；有无私奉献，救死扶伤的医务工作者；有奋发进取，锐意创新，为发展我国农业作出重大贡献的农艺师以及工作在其他领域的优秀专业技术人员。在他们身上，集中体现了新时期广大专业技术人员高尚的思想品质和良好的精神风貌。

全国广大专业技术人员要向受到表彰的“杰出专业技术人才”学习，紧密地团结在以江泽民同志为核心的党中央周围，高举邓小平理论伟大旗帜，全面贯彻“三个代表”重要思想，弘扬“拼搏、创新、攀登、奉献”精神，努力为我国先进生产力和先进文化的发展，为实现和发展最广大人民的根本利益，为中华民族的伟大复兴作出新的更大的贡献。

附件：荣获“杰出专业技术人才”荣誉称号人员名单

附件

荣获“杰出专业技术人才”荣誉称号人员名单

李桓英　　北京友谊医院热带医学研究所　研究员
张伯礼　　天津中医学院　副院长、教授
曹谊林　　上海市第九人民医院　副院长、教授
张洪松　　重庆市农业技术推广站　推广研究员
王顺道　　河北省邢台市人民医院　副院长、主任医师
谢克昌　　太原理工大学　校长、教授
旭日干　　内蒙古大学　校长、工程院院士
安静娴　　东北制药总厂　高级工程师、工程院院士
杜丽华　　吉林远东药业集团股份有限公司　董事长、高级经济师
孙海军　　黑龙江省伊春市双丰林业局　高级工程师
欧阳平凯　　南京工业大学　校长、工程院院士
叶宏明　　浙江省轻工业公司　高级工程师

吴华夏　安徽国家特种显示工程技术研究中心　主任、研究员
赖爱光　福建省光学技术研究所　所长、高级工程师
江风益　南昌大学　教授
孙丕恕　山东浪潮集团有限公司　总裁、研究员
王纪年　河南许继集团有限公司　总裁、研究员
傅廷栋　华中农业大学　教授、工程院院士
刘　筠　湖南师范大学　教授、工程院院士
黄小池　广东科龙电器股份有限公司　高级工程师
陈保善　广西大学　教授
黄润秋　成都理工大学　副校长、教授
吴大华　贵州民族学院　院长、教授
朱有勇　云南农业大学　教授
多　吉　西藏地质矿产勘查开发局　高级工程师、工程院院士
舒德干　西北大学　教授
樊锦诗　敦煌研究院　院长、研究馆员
杜德志　青海省农林科学院　研究员
何季麟　宁夏东方钽业股份有限公司　董事长、工程院院士
夏训诚　中国科学院新疆生态与地理研究所　研究员
迟福林　海南省中国（海南）改革发展研究院　研究员
陈炳忠　中国人民解放军总装备部　研究员
郭予元　中国农业科学院　研究员、工程院院士
肖培根　中国协和医科大学　研究员、工程院院士
郑绵平　中国地质科学院　研究员、工程院院士
李小文　北京师范大学　教授、科学院院士
方滨兴　国家计算机与信息安全管理中心　副主任、教授
于魁智　中国京剧院　一级演员
罗　京　中央电视台　播音指导
彭镇华　中国林业科学研究院　研究员
董立清　国家气象中心中央气象台　高级工程师
王天然　中国科学院沈阳自动化研究所　所长、研究员
李学勤　中国社会科学院历史研究所　研究员、欧亚科学院院士
贾承造　中国石油天然气股份有限公司　总地质师、高级工程师
刘蕴博　中国第一汽车集团公司　高级工程师
范英俊　新兴铸管集团有限公司　董事长、高级工程师
康红普　煤炭科学研究总院　研究员
陈定昌　中国航天科工集团公司　研究员
石　屏　中国第二航空工业集团公司　高级工程师
朱英富　中国船舶重工集团公司　研究员

中共中央组织部、中共中央宣传部、人事部、科学技术部关于授予周美玲等50名同志“杰出专业技术人才”荣誉称号的决定

（国人部发〔2006〕140号 2006年12月11日）

各省、自治区、直辖市党委组织部、宣传部，政府人事、科技厅（局），国务院有关部委、直属机构人事（干部）部门，总政治部干部部，中央管理的企业：

为深入实施科教兴国和人才强国战略，积极营造尊重劳动、尊重知识、尊重人才、尊重创造的社会环境，树立和宣传当代专业技术人员先进典型，引导和激励广大专业技术人员积极投身社会主义现代化建设的伟大实践，中央组织部、中央宣传部、人事部、科学技术部决定：授予周美玲等50名同志“杰出专业技术人才”荣誉称号。被授予“杰出专业技术人才”荣誉称号的人员，享受省部级劳动模范和先进工作者待遇。

长期以来，我国各条战线上的广大专业技术人员弘扬爱国奉献、求实创新、顽强拼搏、勇攀高峰的精神，积极进取，埋头苦干，为提高我国自主创新能力，推动经济社会发展作出了重大贡献。这次受到表彰的50名“杰出专业技术人才”是全国广大专业技术人员的优秀代表。他们中有创造性地开展工作，取得突破性科研成果的科学家；有解决关键领域技术难题，获得自主知识产权的工程师；有精心选育和推广优良品种，积极提升我国农业生产水平的农业工作者；有救死扶伤，为提高我国重大疾病防治水平作出突出贡献的医务工作者；有在哲学社会科学领域造诣深厚、著述丰硕的著名学者及工作在其他领域的优秀专业技术人员。在他们身上，集中体现了新时期广大专业技术人员高尚的思想品质和良好的精神风貌。

希望获得荣誉称号的同志珍惜荣誉，发扬成绩，戒骄戒躁，在本职工作岗位上再立新功。全国广大专业技术人员要以受表彰的“杰出专业技术人才”为榜样，紧密团结在以胡锦涛同志为总书记的党中央周围，高举邓小平理论和“三个代表”重要思想伟大旗帜，全面贯彻落实科学发展观，努力为全面建设小康社会、构建社会主义和谐社会作出新的更大的贡献。

附件：荣获“杰出专业技术人才”荣誉称号人员名单

附件

荣获“杰出专业技术人才”荣誉称号人员名单

周美玲（女） 北京工业大学 教授

李嘉禄 天津工业大学 教授
温进坤 河北医科大学 教授
熊诗波 太原理工大学 教授
罗辽复 内蒙古大学 教授
王殿武 辽宁省水文水资源勘测局 高级工程师
孙 寰 吉林省农业科学院 研究员
衣俊卿 黑龙江大学 校长、教授
孙晋良 上海大学 高级工程师、工程院院士
徐南平 南京工业大学 副校长、教授、工程院院士
刘化章 浙江工业大学 研究员
刘伟民 安徽省涡阳县农科所 研究员
谢华安 福建省农业科学院 研究员
黄路生 江西农业大学 副校长、教授
凌沛学 山东省生物药物研究院 院长、研究员
许为钢 河南省农业科学院 研究员
易振明 湖北三环锻压机床有限公司 高级工程师
官春云 湖南农业大学 教授、工程院院士
陈韶章 广东省广州市地下铁道总公司 副总经理、高级工程师
黄日波 广西壮族自治区科学院 院长、教授
李向民 海南省水产研究所 所长、研究员
王智彪 重庆医科大学 教授
郑家奎 四川省农业科学院 研究员
程明亮 贵阳医学院附属医院 教授
李文昌 云南省地质矿产勘查开发局 高级工程师
姬秋梅（女） 西藏自治区农牧科学院 副研究员
奚正平 陕西省西北有色金属研究院 院长、高级工程师
谢定雄 甘肃省心血管病研究所 教授
格日力 青海大学 教授
李范文 宁夏回族自治区社会科学院 研究员
郭志勤 新疆维吾尔自治区畜牧科学院 研究员
李雪健 国家话剧院 一级演员
逄锦聚 南开大学 副校长、教授
黄伯云 中南大学 校长、教授、工程院院士
张恩和 中国航空工业第一集团公司 研究员
汪福瑞 中国船舶重工集团公司 研究员
王 浩 中国水利水电科学研究院 高级工程师、工程院院士
唐启升 中国水产科学研究院 研究员、工程院院士
郎景和 中国协和医科大学北京协和医院 教授
宗保宁 中国石油化工集团公司石油化工科学研究院 高级工程师

方勇杰	国家电网公司南京自动化研究院　高级工程师
余少华	武汉邮电科学研究院　高级工程师
苏永地	中国石油天然气集团公司　高级工程师
秦顺全	中国铁路工程总公司中铁大桥局　高级工程师
刘征涛	中国环境科学研究院　研究员
蒋有绪	中国林业科学研究院　研究员、科学院院士
洪茂椿	中国科学院福建物质结构研究所　所长、研究员、科学院院士
叶秀山	中国社会科学院哲学研究所　研究员
刘政崇	中国空气动力研究与发展中心　高级工程师
秦升益	北京仁创科技集团有限公司　董事长、高级工程师

中共中央组织部、中共中央宣传部、人力资源和社会保障部、科学技术部关于表彰全国杰出专业技术人才和专业技术人才先进集体的决定

（人社部发〔2009〕102 号　2009 年 8 月 31 日）

各省、自治区、直辖市党委组织部、宣传部，政府人力资源社会保障（人事、劳动保障）厅（局）、科技（厅）局，新疆生产建设兵团委党组织部、宣传部和人事局、劳动保障局、科技局，中央和国家机关有关部委、直属机构人事（干部）部门，解放军总政治部干部部：

专业技术人才是我国人才资源的重要力量，加强专业技术人才队伍建设是更好地实施科教兴国战略和人才强国战略的重要内容。长期以来，广大专业技术人员在邓小平理论和“三个代表”重要思想的指引下，深入贯彻落实科学发展观，发扬爱国、奉献、拼搏、进取的精神，在国民经济和社会发展的各个领域，作出了重大贡献，涌现出一大批先进典型。为表彰先进，激励和引导广大专业技术人才为全面建设小康社会和建设创新型国家作出新的贡献，中央组织部、中央宣传部、人力资源社会保障部、科技部决定，授予刘冠军等 50 人“杰出专业技术人才”荣誉称号，享受省部级劳动模范和先进工作者待遇。授予北京中星微电子有限公司等 30 个单位“专业技术人才先进集体”荣誉称号。希望受表彰的个人和集体珍惜荣誉，谦虚谨慎，发扬成绩，再接再厉，不断在本职岗位上作出新的贡献。

这次受到表彰的 50 名“杰出专业技术人才”和 30 个“专业技术人才先进集体”是全国专业技术人才和各个专业技术人才集体的优秀代表。全国广大专业技术人才和专业技术人才集体要以受表彰的“杰出专业技术人才”和“专业技术人才先进集体”为榜样，学习他们心系祖国、服务人民的高尚情操，学习他们求真务实、勇于创新的科学精神，学习他们不畏艰险、拼搏进取的职业操守，学习他们爱岗敬业、脚踏实地的优秀品质，学习他们团结协作、淡泊名利的优良作风，在以胡锦涛同志为总书记的党中央领导

下，高举中国特色社会主义伟大旗帜，深入贯彻落实科学发展观，开拓进取，扎实工作，为全面建设小康社会，建设创新型国家，作出新的更大的贡献。

附件：1. 杰出专业技术人才名单（50 名）
　　　2. 专业技术人才先进集体名单（30 个）

附件 1

杰出专业技术人才名单

（50 名）

刘冠军（刘恒）　北京市文学艺术界联合会　一级作家
严泽生　天津钢管集团股份有限公司　高级工程师
杜彦良　石家庄铁道学院　教授
彭堃墀　山西大学，中国科学院院士　教授
堃李春龙　包钢（集团）公司　高级工程师
艾洪德　东北财经大学　校长、教授
穆　钢　东北电力大学　教授
杨其国　哈尔滨汽轮机厂有限责任公司　高级工程师
史进渊　上海发电设备成套设计研究院　高级工程师
缪昌文　江苏省建筑科学研究院有限公司　高级工程师
王　健　杭州电子科技大学　研究员
李　平　淮南矿业（集团）有限责任公司　高级工程师
郑金贵　福建农林大学　教授
廖维林　江西师范大学　教授
乔明琦　山东中医药大学　教授
申长雨　郑州大学　校长、教授
柯卫东　武汉市蔬菜科学研究所　农业技术推广研究员
田大伦（女）　中南林业科技大学　教授
蒋宗勇　广东省农业科学院　校长、研究员
罗素兰（女）　海南大学　教授
周怀营　桂林电子科技大学　校长、教授
潘复生　重庆市应用技术研究院　院长、教授
张和民　四川卧龙国家级自然保护区管理局　高级工程师
官志忠　贵阳医学院　教授
李华春　云南省畜牧兽医科学院　研究员
刘务林　西藏自治区林业调查规划研究院　研究员
徐德龙　西安建筑科技大学　校长，中国工程院院士　教授
周祥椿　甘肃省农业科学院　教授

林大泽　西部矿业股份有限公司　研究员
钟銈元　宁夏农林科学院　研究员
李南方（女）　新疆维吾尔自治区人民医院　主任医师、教授
陈学庚　新疆生产建设兵团新疆农垦科学院　研究员
陈维亚　中国东方歌舞团　教授
段　雪　北京化工大学，中国科学院　院士、研究员
郑杭生　中国人民大学　教授
房建成　北京航空航天大学　教授
周岳溪　中国环境科学研究院　研究员
张建云　南京水利科学研究院　院长、高级工程师
王汉中　中国农业科学院　研究员
侯云德　中国疾病预防控制中心，中国科学院　院士、研究员
张柏楠　中国航天科技集团公司第五研究院　研究员
刘永才　中国航天科工集团第三研究院　研究员
邓运华　中国海洋石油总公司　高级工程师
刘长令　中国中化集团沈阳化工研究院　教授
李崇坚　中国钢研科技集团有限公司冶金自动化研究设计院　高级工程师
陈　辉　中国建筑材料集团公司哈尔滨玻璃钢研究院　高级工程师
宋湛谦　中国林业科学院，中国工程院　院士、研究员
崔向群（女）　中国科学院国家天文台南京天文光学技术研究所　研究员
靳辉明　中国社会科学院马克思主义研究院　教授
甘晓华　解放军空军装备研究院　高级工程师

附件2

专业技术人才先进集体名单

（30个）

北京中星微电子有限公司
天津医科大学中国女性乳腺癌发生转移机制及防治研究团队
河北工业大学电机与电器学科
太原理工大学煤科学与技术教育部和山西省重点实验室
内蒙古大学哺乳动物生殖生物学及生物技术教育部重点实验室
沈阳鼓风机集团有限公司“五朵金花”创新团队
上海交通大学医学院附属瑞金医院上海血液学研究所
浪潮集团高效能计算机与软件系统创新团队
河南省农业科学院
烽火通信科技股份有限公司40Gb/s SDH项目组
广东省广州市刑事科学技术研究所

海南大学化学工程重点学科组
云南大学“特色资源利用化学”教学科研团队
兰州交通大学“绿色镀膜与智能控制”研究团队
青海大学高原医学研究中心
宁夏林业研究所（有限公司）
新疆医科大学第一附属医院心脏中心
中央电视台新闻中心
中南大学轨道交通安全关键技术创新团队
北京大学中国考古学研究中心
北京理工大学爆炸科学与技术国家重点实验室
水利部水利水电规划设计总院水战略研究部
中国农业科学院哈尔滨兽医研究所农业部动物流感重点开放实验室
中国医学科学院医药生物技术研究所创新药物研究团队
中国兵器工业集团公司柴油机高增压技术国防科技重点实验室
中国电子科技集团公司第十四研究所某预警机雷达科研攻坚团队
中国机械工业集团合肥通用机械研究院压力容器与管道安全工程技术研究团队
中国石油天然气集团大庆油田有限责任公司勘探开发研究院采收率研究室
中国科学院西安光机所光学遥感团队
空气动力研究基地“航空航天复杂流动机理及其数值模拟研究群体”

五、综合性文件

国务院发布《国务院关于高级专家离休退休若干问题的暂行规定》的通知

（国发〔1983〕141号 1983年9月12日）

各省、市、自治区人民政府，国务院各部委、各直属机构：

现将《国务院关于高级专家离休退休若干问题的暂行规定》发给你们，望遵照执行。

国务院关于高级专家离休退休若干问题的暂行规定

为了充分发挥高级专家的作用，为社会主义建设事业多作贡献，并有利于新生力量的成长和队伍的更新，特制定本规定。

第一条 本规定所称高级专家，系指：正副教授、正副研究员、高级工程师、高级农艺师、正副主任医师、正副编审、正副译审、正副研究馆员、高级经济师、高级统计师、高级会计师、特级记者、高级记者、高级工艺美术师，以及文艺六级以上的专家。

第二条　高级专家离休退休年龄，一般应按国家统一规定执行。对其中少数高级专家，确因工作需要，身体能够坚持正常工作，征得本人同意，经下述机关批准，其离休退休年龄可以适当延长：

副教授、副研究员以及相当这一级职称的高级专家，经所在单位报请上一级主管机关批准，可以适当延长离休退休年龄，但最长不超过六十五周岁；教授、研究员以及相当这一级职称的高级专家，经所在单位报请省、市、自治区人民政府或中央、国家机关的部委批准，可以延长离休退休年龄，但最长不超过七十周岁；学术上造诣高深、在国内外有重大影响的杰出高级专家，经国务院批准，可以暂缓离休退休，继续从事研究或著述工作。

第三条　延长离休退休年龄的高级专家中，担任行政领导职务或管理职务的，在达到国家统一规定的离休退休年龄时，应当免去其行政领导职务或管理职务，使他们集中精力继续从事科学技术或文化艺术等工作。特殊情况经过任免机关批准的除外。

第四条　高级专家离休退休的待遇，按国家统一规定办理。符合以下情况的，退休费标准可以适当提高：

（一）有重大贡献的高级专家，经省、市、自治区人民政府或中央、国家机关的部委批准，其退休费标准可以酌情提高 5% ~15%。提高标准后的退休费，不得超过本人原标准工资。

（二）新中国成立后从国外或者从香港、澳门、台湾回来定居工作的高级专家，其退休费均按新中国成立后参加革命工作退休干部的最高标准发给。其中有重大贡献的，再按本条（一）项规定提高退休费。

第五条　高级专家离休退休后，如身体尚好，可以接受部门或单位的聘请，担任科学技术或文化艺术顾问，也可以直接承担业务工作。聘请离休退休高级专家应签订聘请合同，聘请条件和受聘人员待遇按国家有关规定办理。

第六条　各单位和各部门要认真执行国务院关于干部离休退休后政治、生活待遇的有关规定，对离休退休的高级专家应体贴关怀，热情爱护；要积极主动地帮助他们继续进行科学研究、资料整理、著书立说等工作，为他们的业务活动提供必要的方便。

第七条　本规定自发布之日起施行。本规定发布以前，已经离休退休的高级专家，不再复职。

第八条　本规定由劳动人事部负责解释。

国务院关于高级专家退休问题的补充规定

（国发〔1986〕26 号　1986 年 2 月 18 日）

各省、市、自治区人民政府，国务院各部委、各直属机构：

为了有利于在全国实行专业技术职务聘任制度，现对国务院 1983 年 9 月 12 日发布的《国务院关于高级专家离休退休若干问题的暂行规定》作如下补充规定：

凡新中国成立前从事专业技术工作，1986 年已满 60 周岁，并于 1983 年 9 月 1 日前已获得相当于副教授以上职称的老科学家、老教授、老专家（含新中国成立前在国外工作，新中国成立后回国的），在他们退休后，仍可保留原已获得的称号，他们的退休费按其原工资额的 100% 发给。对于过去已经办了退休手续、符合上述条件的，也同样对待；领取原工资额的 100% 退休费的时间，自 1986 年 2 月起计算。

这里所说“1983 年 9 月 1 日前已获得相当于副教授以上职称的”，系指《国务院关于高级专家离休退休若干问题的暂行规定》第一条规定的范围，并包括 1983 年 9 月 1 日前经过职称评定组织评定了副教授以上职称并已上报到有关部门“待批”或“待授”的人员。

人事部关于高级专家退（离）休有关问题的通知

（人退发〔1990〕5 号　1990 年 2 月 27 日）

各省、自治区、直辖市人事（劳动人事）厅（局）、科技干部局（处），国务院各部委、各直属机构：

为了进一步贯彻执行国务院有关高级专家退（离）休的规定，做好高级专家的退（离）休工作，充分发挥他们的作用，经国务院批准，现就有关问题通知如下：

一、高级专家退（离）休，仍按照《国务院关于高级专家离休退休若干问题的暂行规定》（国发〔1983〕141 号）和《劳动人事部关于印发两个“说明”的通知》（劳人科〔1983〕153 号）中的附件一执行。

二、女性高级专家，凡身体能坚持正常工作，本人自愿，可到 60 周岁退（离）休。对年满 60 周岁的少数女性高级专家，确因工作需要延长退（离）休年龄的，按国发〔1983〕141 号和劳人科〔1983〕153 号文件规定执行。

三、国发〔1983〕141 号文件中的少数高级专家“确因工作需要”延长退（离）休年龄，主要是指以下几种情况，已承担的重要工作（如重点攻关科研项目）和带博士研究生等任务尚未完成，退（离）休后将对工作带来较大影响的；特殊专业和新学科、重点学科急需的；技术力量薄弱的单位确系工作需要的；在业务上起把关作用或在学科中起带头作用、退（离）休后尚无人接替的。

四、高级专家的退（离）休工作是一项政策性很强的工作，应严格按政策规定办事。要从实际出发，根据单位的工作任务，专业技术队伍的结构，以及高级专家身体健康状况等情况确定其退（离）休。高级专家退（离）休时，所在单位的领导要事先同本人谈话，做好思想工作，鼓励其退（离）休后继续为四化建设贡献力量。

五、本通知自下发之日起执行，凡已退（离）休的高级专家，不再重新办理，但要注意发挥他们的作用。

人事部、农业部关于印发《县乡村实用人才工程实施方案》的通知

（人发〔2000〕55号　2000年5月26日）

各省、自治区、直辖市人事（人事劳动）、农业、畜牧、渔业、农垦、农机化、乡镇企业厅（局），国务院各部委、各直属机构人事（干部）部门，新疆生产建设兵团人事局：

为了贯彻落实《中共中央关于农业和农村工作若干重大问题的决定》，培养一支适应农业和农村经济发展的实用人才队伍，推动农业和农村经济的全面发展，根据人事部、农业部《关于加速农村人才资源开发，加强农业和农村人才队伍建设有关问题的通知》要求，具体制定了《县乡村实用人才工程实施方案》，现印发给你们，请根据本地区的实际情况，认真组织实施，周密部署，抓好落实。

县乡村实用人才工程实施方案

为贯彻落实“科教兴国”战略，培养数以千万计的农村实用人才，提高农民的科技素质和运用农业科学技术的能力，加速农业科技进步，推动农业和农村经济的全面发展，人事部、农业部发出了《关于加速农村人才资源开发，加强农业和农村人才队伍建设有关问题的通知》。现根据《通知》提出的实施县乡村实用人才工程的目标要求，制定2000年至2010年“县乡村实用人才工程实施方案”（以下简称方案）。

一、实施县乡村实用人才工程的目的意义

面对农业和农村经济结构实行战略性调整的新形势，需要采取积极有效的措施，全面提高农业和农村经济的整体素质，实行农科教结合，大力发展科技含量高的产品和产业，使结构调整过程成为依靠科技推动农村产业升级的过程。因此，必须用科技知识、现代技术武装农业。培养数以千万计的农业科技人才是农业发展的根本，是实施科教兴农、发展农业和农村经济的一项战略措施，也是人事和农业部门的一项历史任务。

我国是一个农业大国，12亿人口中有9亿多在农村，其中，初中以上文化程度的青壮年农民就有1.7亿。农业劳动者中，多数人没有接受过农业技术培训，直接从事农业生产的科技人员数量不足，农业科技含量低。与此同时，我国每年约有500万初、高中毕业生回到农村，在农业生产实践中还涌现出数以百万计的“田秀才”、“土专家”，这是一笔宝贵的人力资源。积极开发利用好这部分潜力巨大的人力资源，充分发挥他们的作用，对于发展农业和振兴农村经济具有十分重要的意义。因此，大力实施县乡村实用人才工程，培养和造就一支宏大的拥有农业科技知识和技能的实用人才队伍，使其成为推广农业科学技术、促进农业科技创新、丰富农村文化生活、繁荣农村经济的新型农民，是加速农业生产力发展，推动农业和农村经济转移到依靠科技进步和提高劳动者素

质上来，使少数落后地区尽快脱贫致富，使广大农村加快走上富裕文明道路的战略性举措。

二、实施县乡村实用人才工程的目标、任务

总体目标任务是：2000年至2010年，在全国县、乡、村范围内，培养和掌握1 000万名覆盖农业和农村经济各个行业、领域，具有一定专业技能的各类实用型科技人才和管理人才，基本满足农业和农村经济发展的需要。为此，全国县一级范围内要培养和掌握50万名具有大专学历，中级以上职称，主要包括农、林、牧、渔各个产业的优秀科研开发等骨干型实用人才；全国乡一级要培养和掌握250万名具有中专学历，初级以上职称，从事农业种植、养殖、农机、兽医和乡镇企业经营管理等直接为农业和农村经济服务的各类专业实用人才；全国村一级要培养700万名具有掌握专业生产技术、技能的“土专家”、“田秀才”、种养业能人、农民企业家，或为农产品开发、销售服务的致富带头人、农村经纪人。

“方案”分两个阶段实施。第一阶段，从2000年到2005年，县乡村实用人才工程要实现培养500万。全国县一级要达到25万；乡一级要达到125万；村一级要达到350万。为保证上述目标的实现，一要抓紧调查研究，制定切合本地区实际情况的实用人才培养规划。二是从2000年至2001年，各省要在每个地（市）选择1～2个县进行试点。人事、农业部门要深入试点加强指导，研究解决遇到的实际问题，总结推广试点的成功经验。三是从2002年起，按照规划的目标要求全面推开。第二阶段，2006年至2010年，在总结前5年工作的基础上，根据当地经济和社会发展需要，特别是农村经济发展的特点和新的增长点，在实现培养实用人才总体目标任务的同时，要突出重点，对在本地区经济发展中具有明显实力和优势的专业和产业要加大人才培养和智力支持的力度，以形成稳定的县、乡、村农业科技实用人才队伍。

培养对象：一是提高现有的县、乡、村各类农业技术人员的科技水平和创新应用能力，使其成为当地农业科技某项专业的技术带头人。二是重点从具有初、高中文化程度的青壮年农民和每年回到农村的初、高中毕业生以及具备条件的“田秀才”、“土专家”中，培养一批有志于发展农村经济、掌握农业科学技术、善经营会管理的青年农民。

三、实施办法和措施

（一）抓好人员的选拔、培养

1. 从2000年起，省、地（市）、县人事和农业部门，每年要制订选培计划，培训科目和对象要落实到人。选培实用人才的数量由各地根据实际情况确定。

2. 充分发挥现有的农、林院校，农业、林业广播电视学校，各类培训、教育基地特别是农业职业教育培训中心的作用，开展多种形式、不同专业的培训或短训；发挥好1 200多个县级农业技术推广中心、畜牧、水产、农机站等在推广、传授农业技术中的作用，针对某项农业技术举办学习班，请有关专家、教授讲课，有条件的可组织赴外地参观学习或出国考察；继续开展“科普之冬”、“科技下乡”等活动。根据需要，也可重点选送一批后备骨干到各类农业大中专学校进行脱产委培。对在实践中作出成绩的优秀个人，有关部门要积极创造条件，鼓励其学习提高；其中条件具备的可采取适当方式进行学历培训。培训的专业课程由地（市）、县级人事、农业部门根据实际情况商定。

3. 培训经费由地方政府列入当地人才开发经费的总预算中统筹考虑，不足部分由集体或受培训者个人负担。

（二）搞好“三个结合”

在各级政府的领导下，人事、农业部门要与有关部门和高等院校、科研院所加强沟通、配合，做好“方案”的具体实施工作。要坚持“方案”与实施中国“绿色证书”制度相结合，与实施农业部、财政部、团中央“跨世纪青年农民科技培训工程”相结合，与农民职称评定工作相结合，加大实施力度，增强凝聚力。

（三）加强政策引导

各地要制定政策，鼓励实用人才成长，充分发挥他们在促进农业发展和农村建设中的作用。

1. 扶持他们进行科研开发、咨询服务、技术推广，保护知识产权，依法合理收取科技成果转让费。

2. 支持创办农业科技示范综合基地或承包租赁试验田、山林、乡镇企业或自办企业，使其成为致富带头人。

3. 具有真才实学，在科技开发、技术推广中产生良好社会、经济效益的拔尖实用人才和科技致富带头人，符合条件的要予以评定和晋升专业技术职称。群众公认的“田秀才”、“土专家”，可按条件评定农民技术职称。

4. 鼓励具有专业技术和一技之长的能工巧匠，通过各种方式，进行农业科技方面的学术、技术研讨和交流，推广、普及农业技术，转化成果等，为农民和农村经济服务。

5. 表彰奖励对农村、农业经济发展作出较大贡献、有突出成绩的各类实用人才。

6. 对确实优秀并具有管理才能的实用人才，可根据国家有关规定，按法定程序聘为乡（镇）、村干部。

四、组织领导

“方案”由人事部、农业部负责组织实施。具体协调工作由人事部专业技术人员管理司和农业部人事劳动司共同承担。省、地（市）、县人民政府要调查研究，因地制宜，分类指导，从本地区农村自然资源和人才资源的现状出发，根据本地区农业和农村经济发展的实际需要，结合区域经济的特点，在摸清县乡村实用人才现状的基础上，制定实用人才开发规划，并将实用人才开发规划纳入本地区经济与社会发展的总体规划中同步实施。

省以下各级人事、农业部门要根据当地的实际情况，作出具体规划，制定落实措施。抓好“方案”实施是县级人事、农业部门今后一个时期的重要工作。要加强与科技、教育部门和科协、共青团、妇联等有关组织之间的协调与合作。在实用人才的选拔、培养、使用中，要有计划、有标准、有目标、有措施，建立经常性的严格考核评价管理机制。要总结交流经验，宣传实用人才的先进事迹，做到树立一个典型，带动一方农民，搞活一片经济。有条件的县要在现有设施的基础上，建立职业培训和技术信息推广网络，要发挥广播、电视的媒体作用，广泛深入地传播农业科技知识。县级人事部门要建立实用人才信息库，为农业和农民提供有效的人才服务。也可依托县级人才市场，建立农村人才市场网络，或组织专场实用人才招聘会，促进技术、信息咨询和人才交流。

人力资源和社会保障部关于印发《万名专家服务基层行动计划实施方案》的通知

（人社部发〔2011〕123 号　2011 年 11 月 24 日）

各省、自治区、直辖市人力资源社会保障厅（局），福建省公务员局，新疆生产建设兵团人事局、劳动保障局，各副省级市人力资源社会保障（人事、劳动保障）局，国务院有关部委、直属机构人事部门：

为贯彻落实《国家中长期人才发展规划纲要（2010—2020 年）》和《专业技术人才队伍建设中长期规划（2010—2020 年）》，人力资源社会保障部决定组织实施“万名专家服务基层行动计划”。现将《万名专家服务基层行动计划实施方案》印发你们，请结合本地本部门实际情况认真贯彻落实。

实施万名专家服务基层行动计划是人力资源社会保障部门服务基层经济社会发展的一项具体措施，是充分发挥高层次人才作用，推动基层经济社会发展和人才队伍建设的一项长期任务。各地各部门要充分认识实施万名专家服务基层行动计划的重要性和紧迫性，把专家服务基层工作作为实施人才强国战略的重要内容，作为加强专业技术人才队伍建设的重要措施，切实加强对专家服务基层工作的组织领导，不断完善专家服务基层政策措施，健全专家服务基层长效机制，积极引导和支持专家深入基层、深入一线，为推动经济社会科学发展贡献智慧和力量。

万名专家服务基层行动计划实施方案

为贯彻落实《国家中长期人才发展规划纲要（2010—2020 年）》和《专业技术人才队伍建设中长期规划（2010—2020 年）》，充分发挥专家引领、带动作用，帮助基层解决实际问题，加强基层人才队伍建设，人力资源社会保障部决定实施万名专家服务基层行动计划，制订本实施方案。

一、实施万名专家服务基层行动计划的重要意义

我国已进入全面建设小康社会的关键时期。人才资源在推动科学发展、转变发展方式中的重要作用更加突出，但我国各类人才特别是高层次专家分布不均衡，基层人才紧缺。积极引导各类专家以多种形式深入基层，加强基层人才培养，带动技术、智力、管理、信息等要素流向基层，对于引领产业优化升级、加快科技成果转化、推进基层人才队伍建设具有重要作用。

近年来，人力资源社会保障部通过组织专家西部行、东北行等示范活动，积极引导国家重点联系专家深入基层、服务一线，取得了良好效果。总结以往服务活动经验，实施万名专家服务基层行动计划，在更大范围、更广领域和更高层次上组织专家深入基层经济、社会发展前沿，对于坚持以用为本的人才工作方针，更好发挥各级各类专家作用，助推基层科技创新和经济社会发展；对于加快培养基层急需紧缺人才，满足基层经济社会发展对人才的需求；对于完善专家服务基层政策措施，全面提升专业技术人才队伍的整体素质和创新水平，具有重要的现实意义。

二、指导思想和总体目标

（一）指导思想

以邓小平理论和“三个代表”重要思想为指导，深入贯彻落实科学发展观，更好实施人才强国战略，以发挥专家作用、服务基层发展为中心，以加强基层人才队伍建设为重点，坚持政府组织、专家参与、形式多样、注重实效，充分调动部门、地方、单位、专家各方面的积极性、主动性和创造性，积极引导和支持专家深入基层、深入一线，推动基层经济社会发展和人才队伍建设，创新专业技术人才流动机制，健全专家服务基层长效机制，为实现全面建设小康社会宏伟目标提供智力支撑和人才保障。

（二）总体目标

根据基层经济社会发展和人才队伍建设需要，从 2012 年起用 5 年时间，组织 30 000名左右专家到县级以下单位、广大农村、城镇社区、中小企业等基层一线开展多种形式的服务活动。围绕用好用活人才、提高人才效能，不断完善专家服务基层政策措施，健全专家服务基层工作机制，优化专家服务基层工作平台，更好发挥专家作用，在解决技术难题、培养基层人才、转化科技成果、推动公共事业发展等方面取得明显成效。

三、主要任务

（一）破解一批基层发展关键技术难题

围绕基层经济科技发展急需解决的关键技术难题、重点科研项目等，组织专家通过技术指导、决策咨询、项目合作、联合攻关等，着力破解基层中小企业、专业户、农户等面临的关键技术难题，推广新技术、新品种、新工艺、新方法，提高基层发展水平。

（二）培养一批基层急需紧缺人才

围绕基层人才队伍建设需要，组织专家深入基层开展巡回讲学、专题授课、技术培训、对口指导等，推动基层单位与高等院校、科研院所等结成产学研联盟，加快基层急需紧缺人才培养培训，全面提升基层人才队伍整体素质和创新能力。

（三）转化一批应用前景良好的科技成果

围绕基层重点优势产业和战略新兴产业发展需要，鼓励和支持专家利用专业优势领办、联办、协办各类经济实体，培育一批高科技、高成长性、人才集聚效应突出的科技示范企业，促进科技成果转化，推动高新技术产业化。

（四）开展一批基层社会事业公益性活动

围绕加快推进以改善民生为重点的基层社会事业发展需要，在农业、教育、医疗卫生、文化等重点领域，组织开展支农、支教、支医、扶贫服务等多种形式的社会事业公益性服务活动，缓解基层公共服务体系人才不足，促进基层文化大发展大繁荣，提升基层公共事业发展水平。

四、专家遴选范围和条件

（一）专家遴选范围

参加万名专家服务基层行动计划的专家主要从高层次人才比较集中的高等院校、科研院所及大中型国有企事业单位中遴选，重点是两院院士、国家特聘专家、有突出贡献中青年专家、百千万人才工程国家级人选、享受国务院政府特殊津贴专家、回国（来华）定居专家、高层次留学回国人才、优秀博士后研究人员等国家、省级重点联系专家，以及其他基层经济社会发展需要的高层次人才和急需紧缺人才。

（二）遴选条件

专家一般应具有副高级以上专业技术职称，有较高的学术造诣和扎实的业务能力，具有服务基层的良好意愿，身体健康，能够适应基层的工作、生活环境。专家服务基层应经单位批准，一般不影响本职工作。

五、服务形式

（一）组织专家服务团

根据基层单位服务需求，组织对口专家组成服务团开展短期服务活动。

——人力资源社会保障部组织的国家示范性服务活动。围绕国家发展战略和重点领域、重点行业、战略性新兴产业等发展需要，组织国家重点联系专家到基层开展服务活动，每年计划组织示范性服务团 3～5 个。

——各省区市组织的专家服务活动。围绕各地重大发展战略和重点领域、重点行业、特色产业等发展需要，各省区市人力资源社会保障部门根据基层需求，组织专家开展的服务活动。人力资源社会保障部每年从中遴选 40 个左右重点项目，给予一定资助。

（二）建设专家服务基地

根据国家发展规划及战略布局和基层经济科技发展需要，在符合条件的经济技术开发区、创业园区、高新技术企业、基层科研机构、行业协会、城镇社区、农村县区等设立专家服务基地，承接专家智力资源转移。以基地为平台组织专家进行项目研发、成果转化、合作攻关、培养人才、技术咨询等。专家可依托基地开展长期对口服务，也可短期开展巡回服务，还可以网络、电话等方式提供技术咨询、信息服务等。

支持专家依托各级专家服务基地，以专利、专有技术、科研成果等创办高新技术企业，或以专有知识、技能、信息等创办专业性咨询公司、服务实体或合作组织等，为基层发展提供服务。鼓励各高等院校、科研院所、大型企业等高层次人才聚集的单位，充分发挥自身人才优势，依托各级专家服务基地，主动深入基层开展多种形式的服务活动，组织专家为基层发展多作贡献。

“十二五”期间，人力资源社会保障部拟建设国家级专家服务基地 200 家左右，每个基地每年组织开展专家服务活动不少于 50 人次。各地人力资源社会保障部门可结合实际，建设各种类型的省级专家服务基地、专家工作站等。

（三）对口支援服务活动

根据促进区域协调发展和区域人才合作的需要，在各类区域对口支援、对口帮扶工作基础上，由对口省区市人力资源社会保障部门协调，开展对口支援专家服务活动。对口支援专家服务活动要紧紧围绕对口支援重点工作领域和重点项目，组织相关领域专家，到对口省区市基层开展多种形式的短期服务，解决技术难题、进行项目对接、联合培养人才、提供技术咨询等，进一步加强区域人才合作。人力资源社会保障部每年将重点支持 10 个左右对口支援服务项目。

六、保障措施

（一）国家设立万名专家服务基层行动计划专项资金，重点资助一批专家服务基层项目，主要用于专家服务团基层服务期间专家食宿费、交通差旅费、设备场地租用费、保险及培训费等。各省市也要结合实际设立专家服务基层专项经费，用于开展专家服务活动。

（二）国家给予国家级专家服务基地一定资助，用于补贴基地专家服务费用。进驻服务基地专家采取柔性流动和动态管理方式，其服务时间、方式、报酬及其他事项，由服务基地或设立服务基地的单位与专家按照平等自愿、互惠互利的原则协商解决。

（三）专家在基层领办、联办、协办高新技术企业、服务实体或合作组织等，符合条件的享受国家有关高新技术、产业税收、支农优惠和企业研发费用加计扣除等政策，按照国家有关规定给予期权、股权激励。各地要从实际出发，采取政府购买服务、税收减免、简化登记程序等优惠政策措施予以重点扶持。各类创业园区、产业园区、孵化器等要积极给予相应支持和服务。

（四）建立健全区域性专家交流合作机制，支持各省市打破地域界限，共享专家资源，推进基层单位与高等院校、科研院所、骨干企业等人才项目交流合作，推进专家智力资源与基层需求的有效对接，使专家工作有效融入基层经济社会发展。人力资源社会保障部在宏观指导、部门协调、政策倾斜、信息交流、专家推荐、舆论宣传等方面给予支持。

（五）积极为专家服务基层创造良好条件。专家经单位同意到基层服务期间，其原单位职级、工资福利和岗位保留不变，专家服务基层工作业绩作为晋职、晋级、评聘和晋升专业技术职务（职称）的重要依据，有条件的单位可适当给予工作生活补助。基层单位要选派得力助手或组建专门团队，配备精干工作人员，确保专家在基层顺利开展工作。

（六）建立长效激励机制，对为基层作出突出贡献的专家，可按照国家有关规定予以表彰奖励，同等条件下优先纳入国家、省级各类重点人才选拔培养奖励项目等。

七、组织实施

（一）人力资源社会保障部负责万名专家服务基层行动计划组织实施工作，牵头制订计划总体实施方案，会同有关部门完善专家服务基层政策措施，组织开展示范性服务活动，协调跨地区、跨部门大型服务活动。各省市要结合本地实际情况，制定本省市专家服务基层行动计划实施方案并组织实施，统筹安排好本省市专家服务基层活动。

（二）充分发挥人力资源社会保障部门政府人才工作和专家工作综合管理部门的职能作用，调动各方面积极性，整合资源，形成合力，为专家服务基层提供政策保障和支撑条件，营造良好的政策环境。各省市要结合本地实际情况，创新完善政策措施，形成专家选派、管理和跟踪服务的长效机制，推动专家服务基层制度化、规范化、科学化、常态化。

（三）加强宣传引导，及时总结万名专家服务基层行动计划的典型经验和先进事迹，大力弘扬专家扎根基层、无私奉献、心系群众、勇于实践的崇高精神，充分发挥先进典型的带动示范作用，形成全社会关心、支持专家服务基层的良好舆论氛围。

第三篇　职称篇

Disanpian Zhichengpian

一、专业技术职务聘任制度

（一）综合类

中共中央、国务院转发《关于改革职称评定、实行专业技术职务聘任制度的报告》的通知

（中发〔1986〕3号 1986年1月24日）

各省、自治区、直辖市党委和人民政府，中央和国家机关各部委，总政治部，各人民团体：

中共中央、国务院同意中央职称改革领导小组《关于改革职称评定、实行专业技术职务聘任制度的报告》。现转发给你们，望认真贯彻执行。

自1978年开展职称评定工作以来，各级党委、政府部门，各级职称评定委员会和科技干部管理部门都做了大量的工作，取得了很大成绩。但是，由于职称制度本身的缺陷以及经验不足和历史遗留问题太多等原因，职称评定工作中也出现了一些问题。1983年九月中央书记处和国务院决定暂停职称评定工作，进行整顿。当前，为了适应经济体制改革和科技、教育体制改革的需要，需在总结过去职称评定工作经验的基础上，改革职称评定制度。改革的中心是实行专业技术职务聘任制度，并相应地实行以职务工资为主要内容的结构工资制度。

实行专业技术职务聘任制度是我国专业技术人员管理制度的一项重大改革，是关系社会主义现代化事业的一项基础建设。目前，我国经济、科技、教育体制改革正在不断深入发展，我们要充分把握这个有利时机，着手革除历史上形成的专业技术人员管理制度上的各种弊端，打破那种禁锢人才、一潭死水的局面，逐步建立起充满活力的专业技术人员管理制度，创造一种生动活泼的环境，使每一个专业技术人员都能在与本人的知识、能力和客观需要相适应的工作岗位上，更好地为振兴经济，发展科技、教育，繁荣文化贡献力量。

这项工作涉及面广，政策性强，必须加强领导，统一指挥，有计划、有步骤地进行，不得各行其是。中央决定成立中央职称改革领导小组，统一指导全国改革职称评定和实行专业技术职务聘任制度的工作。

聘任专业技术职务，是一项十分严肃的事情，要严格把住质量关，不能降低标准，切忌滥竽充数。为了防止地区、部门、行业之间进行不恰当的攀比，造成思想混乱，报刊在宣传报道上要十分慎重，要坚持多做少说或只做不说；对于专业技术职务的定编、晋升比

例和增加工资多少等一律不公开报道。要结合形势政策教育，向广大专业技术人员讲清职称改革、实行专业技术聘任制度的目的、意义和政策，把思想政治工作做深做细，尽可能地帮助他们解决一些实际问题，调动广大知识分子为四化建设贡献力量的积极性。

各省、自治区、直辖市，中央和国家机关各部委应根据本通知和报告精神，结合自己的实际情况，精心指导，在试点的基础上，经过批准，逐步展开。实行专业技术职务聘任制度后，对过去已获得职称的合格人员，无论现在是否担任专业技术职务，都应给予妥善安排。

党中央、国务院对我国广大知识分子寄予厚望。尽管我们国家的经济力量还很薄弱，我们仍要尽一切可能逐步改善知识分子的工作条件和生活条件。我们相信，在广大知识分子的共同努力下，职称改革工作一定会取得预期的成功，我国的广大知识分子一定会在四化建设中发挥出更大的作用。

关于改革职称评定、实行专业技术职务聘任制度的报告

中央职称改革领导小组

（1985年12月30日）

中央书记处、国务院：

职称评定工作1983年9月暂停以后，按照中央的要求，各省、自治区、直辖市和国务院各部委都进行了检查。现将几年的工作情况和今后改革职称评定制度的意见报告如下：

（一）

据1983年底统计，全国获得职称的人员共5 950 000人。其中高级职称人员（相当教授、副教授、高级工程师一级的）94 000人，占获职称人员的1.6%；中级职称人员（相当讲师和工程师一级的）1 530 000人，占25.7%；初级职称人员4 325 000人，占72.7%（其中相当助理工程师一级职称的1 930 000人，相当技术员一级职称的2 395 000人）。

几年来，职称评定工作取得了很大成绩，主要表现在以下三个方面：

（1）增强了专业技术人员在科学技术和经济建设中的责任感，提高了他们的社会地位，促进了党的知识分子政策的落实，稳定了专业技术队伍。

（2）通过对学术、技术、专业水平及成就的考核和评价，激励了专业技术人员的进取精神，促进了人才的成长和各项事业的发展。

（3）发现了大批中青年优秀人才，为提拔一大批合乎四化条件的干部创造了条件。

实践中虽然也不同程度地出现了论资排辈、降低标准、扩大评定范围和片面强调学历、论文等问题，但是主流是好的。

在职称评定工作中，产生上述问题的主要原因，一是由于职称既具有称号性质，又具有职务因素，两者混在一起；与职责分离，但又作为工资晋级的依据；没有数量限制，一旦授予、终身享有等职称制度本身的缺陷。二是由于多年来工资基本冻结，都希望能通过职称评定解决待遇问题。

(二)

根据《中共中央关于科技体制改革的决定》的精神，为了适应经济、科技、教育体制改革的形势，对职称评定制度需要进行改革。改革的中心是实行专业技术职务聘任制度，并相应地实行以职务工资为主要内容的结构工资制度。

专业技术职务聘任制度的基本内容是：根据实际需要设置专业技术工作岗位，规定明确的职责；在定编定员的基础上，确定高中初级专业技术职务的合理结构比例；由行政领导在经过评审委员会认定的、符合相应条件的专业技术人员中聘任或任命；有一定的任期，在任职期间领取专业技术职务工资。专业技术职务不同于一次获得后而终身拥有的学位、学衔等各种学术、技术称号。

实行专业技术职务聘任制度后，对由于限额已满而不能在本单位、本部门就任专业技术职务的人员，应鼓励和支持他们到别的单位或部门去任职，以促进人才合理流动和科学技术交流，充分发挥他们的专长和作用。

担任专业技术职务人员的离退休应坚决按国家有关制度执行。

这样的改革，将有利于克服在专业技术人员管理制度上长期存在的积压、浪费人才的弊病；有利于克服平均主义，贯彻按劳分配原则；有利于打破禁锢人才、一潭死水的局面，促进人才合理流动，改变人才结构不合理的状况，逐步建立起一套适应新形势和新任务需要的专业技术人员管理制度。

(三)

实行专业技术职务聘任制度的几项规定和要求：

(1) 各专业技术职务系列主管部委必须对主管系列专业技术职务的名称、档次、适用范围、不同单位类别的高中初级专业技术职务的合理结构比例、岗位职责、任职条件、聘任办法和审批权限等作出原则规定，报国家科委核定。所设各档次专业技术职务对应的工资标准，应报劳动人事部核准。

国务院各部委，各省、自治区、直辖市应参照经核定的有关专业技术职务条例和实施意见，结合自己的实际情况制定实施细则，贯彻执行。

(2) 国务院各部委，各省、自治区、直辖市，要在国家批准的编制和在各专业技术职务系列主管部委规定的限额比例内，确定本部门或本地区所属事业单位各类专业技术职务中各级人员的合理结构比例。

国务院各部委，各省、自治区、直辖市要在劳动人事部会同国家科委提出并经国务院批准的国家机关专业技术职务的总结构比例内，拟定所属部门和地区内各级专业技术职务的合理结构比例，报国家科委备案。属于中央国家机关的，备案前需报劳动人事部核准。属于省、自治区、直辖市人民政府工作部门的，由同级劳动人事部门核准；高级职务的比例限额应低于中央国家机关的限额，根据具体情况核定。

中央部门在省、自治区、直辖市的直属事业单位，应由中央部门会同各省、自治区、直辖市科技干部管理部门统一领导部署；属地方的事业单位由地方科技干部管理部门会同各业务主管部门领导进行。

机关和事业单位实行专业技术职务聘任制所需的增资额，均在国务院工资制度改革小组、劳动人事部规定的增资指标内核准。增资指标未经批准不能突破。

（3）受聘担任某一专业技术职务必须具备履行相应职责的实际能力。由于全国各地实际情况差别很大，同一专业技术职务在不同部门的具体职责也不可能完全相同。因此，各专业技术职务系列主管部委在制定主管系列专业技术职务的任职条件时，应给下属部门和单位以结合实际灵活执行的余地。

考虑到实现干部队伍四化的需要，专业技术职务的任职条件应有一定的学历要求。出任初级、中级和高级专业技术职务的，一般应相应具备国务院有关文件规定的中专、大专和大学本科毕业的学历。各专业技术职务系列可以根据各自的特点，提出各级职务的不同学历要求。为了广开才路，对确有真才实学、成绩显著、贡献突出、符合任职条件的专业技术人员，虽不具备相应学历也可聘任专业技术职务。

（4）在检查过去职称评定工作的基础上，对已获得职称的合格人员，应承认其具有受聘或被任命担任相应专业技术职务的条件，并根据需要聘任或任命适当的专业技术职务；水平偏低的，应帮助其尽快提高水平；完全不合格的，不能承认其具备担任相应专业技术职务的条件；对个别弄虚作假骗取职称的应严肃处理。

企业单位也应参照上述规定和各专业技术职务系列主管部委的有关规定，结合企业特点逐步实行专业技术职务聘任制度。

本报告经中央正式批准颁发后，确定专业技术职务的工作应有计划、有领导、有步骤地进行。各省、自治区、直辖市和国务院各部委应首先做好职称改革的试点工作，在试点的基础上，经过批准，逐步展开。各单位首次确定专业技术职务的工作，应大体在1986 年或稍长一些时间内完成，所确定的专业技术职务工资从 1985 年 7 月 1 日算起，并按规定的增资限额分两年发给。

实行专业技术职务聘任制度是我国专业技术人员管理制度的重大改革，也是工资制度改革的一个重要组成部分，对我国专业技术队伍的建设和社会主义事业的发展具有深远的意义。但是，这项工作涉及面广、政策性强。必须在各级党委和政府的直接领导下，建立强有力的领导和办事机构，有条不紊地开展工作，以保证实行专业技术职务聘任制度的成功。

以上报告如无不妥，请转发各地、各部门贯彻执行。

国务院关于发布《关于实行专业技术职务聘任制度的规定》的通知

（国发〔1986〕27 号　1986 年 2 月 18 日）

各省、自治区、直辖市人民政府，国务院各部委、各直属机构：

现将《关于实行专业技术职务聘任制度的规定》发给你们，请遵照执行。

实行专业技术职务聘任制度，是对专业技术人员管理工作的一项重大改革，必须加强领导，认真掌握政策，慎重从事。全国实行专业技术职务聘任制度的工作由中央职称改革领导小组统一领导，具体工作由中央职称改革领导小组办公室负责，办公室设在国家科委。省、自治区、直辖市人民政府也应成立职称改革领导小组，对这项工作进行统一领导，具体工作由职称改革领导小组办公室负责，办公室设在科委或科技干部管理部门。

关于实行专业技术职务聘任制度的规定

一、专业技术职务聘任制度的基本内容

专业技术职务是根据实际工作需要设置的有明确职责、任职条件和任期，并需要具备专门的业务知识和技术水平才能担负的工作岗位，不同于一次获得后而终身拥有的学位、学衔等各种学术、技术称号。

建立专业技术职务聘任制度，应当根据实际需要设置专业技术工作岗位，规定明确的职责和任职条件；在定编定员的基础上，确定高、中、初级专业技术职务的合理结构比例；由行政领导在经过评审委员会评定的、符合相应条件的专业技术人员中聘任；有一定的任期，在任职期间领取专业技术职务工资。

二、专业技术职务的设置

1. 专业技术职务系列由国务院有关部门根据需要提出，经中央职称改革领导小组审核后报国务院批准。国务院委托专业技术职务系列的主管部门制定有关条例及实施意见，其内容应包括职务的名称、档次（或等级）、适用范围、高中初级专业技术职务的合理结构比例、岗位职责、任职条件、任期、评审和聘任办法、审批权限等，报送中央职称改革领导小组批准试行，经过一段实践，总结经验，进一步修改后，报国务院正式发布。

2. 各单位根据专业技术工作的实际需要，提出本单位选用专业技术职务系列和职务设置的意见，属于国务院各部门直属事业单位的，由各部门核准；属于地方的，由地方职称改革领导小组核准。

3. 直接从事专业技术管理工作的部门设置专业技术职务问题，由中央职称改革领导小组另行规定，报国务院批准。

三、任职基本条件

1. 热爱祖国，遵守宪法和法律，积极为我国四化建设贡献自己的力量。

2. 具备履行相应职责的实际工作能力和业务知识。

3. 担任高级、中级、初级专业技术职务一般应相应具备大学本科、大专、中专毕业的学历。各专业技术职务系列可以根据各自的特点，提出各级职务的不同学历要求。

对虽然不具备上述规定学历，但确有真才实学、成绩显著、贡献突出、符合任职条件的专业技术人员，也可根据需要聘任相应的专业技术职务。

4. 身体健康，能坚持正常工作。

四、各级专业技术职务结构比例及工资额的确定

1. 专业技术职务设高、中、初三级，也可以只设中、初两级或只设初级。

专业技术职务的数量在国家规定的编制范围内有一定的限额，不同类别的单位和专业技术职务在不同档次之间应各有合理的结构比例。

2. 国务院各部门和各省、自治区、直辖市应在国家批准的编制和各专业技术职务系列主管部委规定的限额比例内，确定本部门、本地区所属事业单位各类专业技术职务的结构比例。

国务院各部门和各省、自治区、直辖市人民政府各工作部门，在劳动人事部会同国家科委提出并经国务院批准的国家机关专业技术职务的总结构比例内，提出本机关内各级专业技术职务的结构比例。属于国务院各部门的，报劳动人事部核定并报国家科委备案；属于省、自治区、直辖市人民政府工作部门的，报同级劳动人事部门核定并报同级科委备案。省、自治区、直辖市人民政府工作部门的高级职务的比例限额应低于国务院各部门高级职务的限额。

3. 专业技术职务各档次（或等级）对应的职务工资标准，报劳动人事部核准。

国家机关和事业单位实行专业技术职务聘任制所需的增资额，均应在劳动人事部规定的增资指标内核定，未经批准不得突破。

五、专业技术职务评审委员会

评审委员会是负责评议、审定专业技术人员是否符合相应专业技术职务任职条件的组织。评审委员会应以民主程序进行工作。

各部门和地方可根据实际需要分别建立高级、中级、初级职务评审委员会。评审委员会应由具有较高的专业技术水平或担任较高专业技术职务、作风正派、办事公道的专业技术人员组成，其中中、青年应占一定比例。评审委员会可以是常设的，也可以在需要时临时组成。评审委员会的人选由本单位专业技术人员酝酿推荐，单位专业技术负责人提名，经单位领导批准。中级职务评审委员会人选，还须报上一级主管部门批准。高级职务评审委员会一般应由国务院各部门和各省、自治区、直辖市组建，国务院各部门和各省、自治区、直辖市也可授权确实具备评审条件的下属单位直接组建、报部门或省、自治区、直辖市批准。本单位专业技术力量薄弱，不能成立评审委员会的，可以由上一级组织的评审委员会或聘请外单位专家与本单位专家共同组成的评审委员会承担评审任务。

六、聘任和任命

1. 事业单位的专业技术职务一般实行聘任制。事业单位的各级专业技术职务，由行政领导在经过评审委员会评定的符合相应任职条件的专业技术人员中聘任。行政领导应向被聘任的专业技术人员颁发聘书，双方签订聘约。

2. 三线、边远地区和不具备聘任条件的事业单位可以实行任命制，但应创造条件逐步实行聘任制。各级国家机关的专业技术职务实行任命制。实行任命制的部门和单位应按干部管理权限，由行政领导向被任命的专业技术人员颁发任命书。实行任命制的部门和单位的各级专业技术人员也须经过评审委员会评审，符合相应的任职条件。

3. 专业技术职务的聘任或任命都不是终身的，应有一定的任期，每一任期一般不超过五年。如工作需要，可以连聘连任。

4. 聘任或任命单位对受聘或被任命的专业技术人员的业务水平、工作态度和成绩，应进行定期或不定期的考核。考核成绩记入考绩档案，作为提职、调薪、奖惩和能否续聘或任命的依据。

七、行政人员与专业技术人员相互兼任职务的问题

1. 行政领导一般不兼任专业技术职务。确需兼任的，必须经评审委员会确认符合相应职务任职条件，并按规定的手续聘任。兼职人员应履行相应的职责。

2. 专业技术人员兼任行政领导职务的，任职期间的工资待遇，在专业技术职务工资和行政职务工资中，按较高的职务工资标准执行。

八、已获得职称人员的安排

对于过去已获得职称的人员，原则上应承认他们具备担任相应专业技术职务的条件。在专业技术岗位上的合格人员，要给予妥善安排，根据需要聘任他们担任相应的专业技术职务，其中水平偏低的，应帮助其尽快提高水平；完全不合格的，不能承认其具备担任相应专业技术职务的条件；对个别弄虚作假骗取职称的，应严肃处理。

1983 年 9 月 1 日前，经过职称评定组织评定了相应职称，并已上报到有关部门“待批”或“待授”的人员，在这次专业技术职务聘任工作中，也按上述规定对待。

九、待聘人员的安排和待遇

1. 实行聘任制后，对暂时未被聘任的专业技术人员，原单位要继续关心他们，并区别情况，妥善安排。要鼓励他们到更需要或更能发挥他们专长的单位去工作。待聘人员应积极应聘到其他单位工作，原单位科技干部管理部门要积极帮助联系，提供应聘方便。待聘人员在尚未应聘到其他单位工作以前，应做好原单位所安排的临时性工作。

2. 长期未受聘用的专业技术人员的工资待遇，原则上应低于受聘专业技术人员的工资待遇，以促进人才流动，具体办法由劳动人事部门另行规定。

十、“待聘高级职务”的设置

在少数人才密集的部门或单位，为解决历史遗留问题，鼓励人才合理流动，凡确实符合相应高级职务任职条件的中年专业技术骨干，由于限额已满，未受聘任的，可有控制地确定“待聘高级职务”，领取相应的职务工资，同时鼓励他们到其他单位任职。设置“待聘高级职务”，一定要严格保证质量，绝不能降低标准，更不能滥竽充数。拟设“待聘高级职务”的单位和数额，经国务院有关部门或各省、自治区、直辖市核定后，报中央职称改革领导小组批准。宣布聘任结果时，应同时宣布确定的“待聘高级职务”人员名单，确定“待聘高级职务”的人员都应根据国家需要提出志愿去向，由单位帮助联系；到外地的，户口、家属可以不迁。

十一、离休、退休问题

1. 在实行专业技术职务聘任制的同时，应坚决执行国务院有关离休、退休的规定。

2. 在这次专业技术职务聘任工作中，达到规定离休、退休年龄的专业技术人员，凡符合专业技术职务聘任条件的，可在确定相应专业技术职务后，办理离休、退休手续。

十二、聘任专业技术职务，必须实事求是，严格按照政策办事

对于借聘任之机打击迫害专业技术人员的，应按情节轻重，严肃处理；对于伪造学历、资历，谎报成果，骗取专业技术职务的，应予解聘，免除其担任的专业技术职务，并视情节轻重，严肃处理。

十三、本规定适用于国家机关、事业单位

国务院各部门和各省、自治区、直辖市应根据有关专业技术职务条例和实施意见，结合本部门、本地区的工作需要，制定实施细则。

企业单位也应参照上述规定，结合企业特点逐步实行专业技术职务聘任制度。

十四、本规定自发布之日起实行

过去由国务院或国务院各部门颁发的有关职称评定的规定，即行废止。

中央职称改革工作领导小组、国务院工资制度改革小组关于试行提高部分高级工程师职务工资的通知

（职改字〔86〕165号　1986年12月27日）

各省、自治区、直辖市人民政府，中央和国家机关各部委、总政治部，各人民团体：

在我国四化建设中，有一些工程技术人员确实具有很高的技术水平或学术水平，在科技发展和经济建设中成绩优异、贡献突出，在这次实行《工程技术人员职务试行条例》聘任专业技术职务工作中，虽然被评审、聘任（任命）为高级工程师，但他们的职务工资按高级工程师最低职务工资执行则显得偏低。为表彰和鼓励他们取得的优异成绩和突出贡献，根据中央、国务院关于实行专业技术职务聘任制和改革工资制度的精神，现决定，对这部分高级工程师试行提高职务工资。具体试行办法可按国家经委报送的《关于提高部分成绩优异的高级工程师职务工资的试行办法》执行。提高工资的高级工程师名额一般不应超过高级工程师总数的百分之十。在试行中要审慎行事，严格把关，把这项工作做好。工作中有什么意见和问题，望告国家经济委员会，以便总结经验，制定正式办法。

附件：关于提高部分成绩优异的高级工程师职务工资的试行办法

附件

关于提高部分成绩优异的高级工程师职务工资的试行办法

根据中央、国务院关于改革职称评定，实行专业技术职务聘任制度和改革工资制度的有关精神，为了鼓励在四化建设中成绩优异的工程技术人员，便于人才交流，解决部分高级工程师职务工资偏低的问题，特制定本试行办法。

一、范围

国家机关、事业单位按照《工程技术人员职务试行条例》，聘任或任命的高级工程师、具备本试行办法所规定的相应条件，其现行基础工资加职务工资之和低于160元（六类工资区，下同）的，可以提高到160元。

二、条件

1. 在工程技术岗位上成绩优异，具备下列条件之一者：

（1）组织和解决过国家重要工程项目或技术攻关项目的关键性问题，取得了显著技术成果或经济效益。

（2）掌握本专业国内外科技发展动态，开创性地提出本专业的研究或开发方向，取得重要成果，或有创见性的技术专著、论文，或填补国内空白并取得显著经济效益。

（3）在经济建设和改革中，主持和组织过重要技术经济活动，取得显著经济效益和社会效益。或在技术改造，在计量、标准、科技情报工作中，推广、应用先进技术成果，其综合经济技术指标达到国际或国内先进水平。

2. 能指导本专业其他高级工程师的工作，或能培养、指导研究生。

3. 一般需从事相当高级工程师岗位工作五年以上。

三、名额控制幅度

国务院有关部委、直属机关及其所属勘察、设计、研究等技术密集型的事业单位，提高职务工资的高级工程师名额比例，一般控制在高级工程师总数的百分之十，有的可低于百分之十，最高的不超过百分之十二。

各省、自治区、直辖市政府机关及其所属勘察、设计、研究等事业单位，提高职务工资的高级工程师名额比例，按低于上述幅度掌握。

上述名额控制幅度，由国务院有关部委、直属机构，各省、自治区、直辖市政府统一掌握使用，不得按比例下放给各单位。

四、审批权限

高级工程师提高职务工资，由省或部级高级技术职务评审委员会进行评审，经国务院有关部委、直属机构或省、自治区、直辖市审核，报国家经委平衡后，再由省（区、市）或部（直属机构）批准。所需要的增资额，属中央国家机关的，报劳动人事部核准，属省、自治区、直辖市的，由地方劳动人事部门核准。

五、经批准提高职务工资的高级工程师，享受教授、研究员的同等有关待遇

企业单位中成绩优异的高级工程师的聘任办法与工资待遇问题，将另行研究确定。

国家经济委员会

中央职称改革工作领导小组、国务院工资制度改革小组关于试行提高部分高级工程师职务工资有关发放时间问题的通知

（职改字〔1987〕第37号 1987年8月20日）

各省、自治区、直辖市人民政府、中央和国家机关各部委，各直属机构，各人民团体：

根据 1986 年 12 月 27 日下发的职改字〔86〕165 号文件精神，现对试行提高部分高级工程师职务工资有关发放问题，做如下通知：

一、经中央批准于 1986 年底展开专业技术职务聘任工作的高教、科研、卫生三系统中的省、自治区、直辖市和中央、国务院各部委、各直属机构、各人民团体直属事业单位，以及经中央职称改革工作领导小组批准或同意于 1986 年进行专业技术职务聘任制试点的单位，在首次专业技术职务聘任中按职改字〔86〕165 号文件精神受聘并提高工资待遇的高级工程师，其现行基础工资加职务工资之和低于 160 元（六类工资区、下同）的，均可从 1987 年 1 月 1 日起，提高到 160 元。

二、按照中央职称改革工作领导小组《关于 1987 年职称改革工作部署的通知》的规定，于 1987 年 1 月 1 日后开展首次专业技术职务聘任工作单位按职改字〔86〕165 号文件精神受聘并提高工资待遇的高级工程师，其现行基础工资加职务工资之和低于 160 元的，均可从开展这项工作之月起，提高到 160 元；如果从开展这项工作之月起，一年后被聘任的，提高到 160 元工资的时间，从被聘任之月起最多往前推算一年，即补发的增资额计算时间最多不得超过一年。

三、在首次专业技术职务聘任工作完成以后，专业技术人员的职务聘任工作即进入正常轨道，按职改字〔86〕165 号文件精神受聘并提高工资待遇的高级工程师，其工资一律从被聘任之月起进入相应职务工资档次。

中共中央办公厅、国务院办公厅关于撤销中央职称改革工作领导小组的通知

（厅字〔1988〕8 号　1988 年 7 月 8 日）

各省、自治区、直辖市党委和人民政府、中央和国家机关各部委，解放军总政治部，各人民团体：

党中央、国务院决定：撤销中央职称改革工作领导小组。今后，全国改革职称制度、实行专业技术职务聘任制的工作，在国务院领导下，由人事部负责指导、组织和协调。

人事部关于加强职称改革工作统一指导的通知

（人职发〔1988〕2 号　1988 年 8 月 8 日）

各省、自治区、直辖市及计划单列市职称改革工作领导小组，国务院各部门、各单位人事（干部）部门：

据一些省市和单位反映，有的部委未经主管职称工作的部门协调和同意，自行发出政策规定性文件，部署有关职称改革工作（例如：要求设置本行业的职称系列等），引

起有关部门和基层单位的某些误解，造成了一些混乱。鉴于职称改革工作重要，涉及面广，在政策上必须加强统一指导，为此特作如下通知：

一、根据党中央和国务院的决定，今后全国的职称改革工作由人事部负责指导、组织和协调，凡属有关职称改革和技术职务聘任工作的重大政策问题，必须由人事部报请党中央和国务院批准，才能部署和执行。

二、职称改革工作必须有计划、有步骤地展开。为了避免由于经验不足引起偏差，应严格按照中央指示，精心指导，审慎行事，坚持试点，逐步展开，各地区、各部门必须按照国家的统一部署进行工作，不要自行安排和仓促行事。

三、各地区、各部门在职称改革工作中遇到的重要问题，请及时同人事部联系、研究。各部委作出的有关涉及职称改革的各项重要规定，必须同党中央、国务院的政策和规定一致。否则，各地区、各部门和基层单位不宜执行。

四、各省、自治区、直辖市和计划单列市及其以下地区的职称改革工作，在地方机构改革前继续由职称改革工作领导小组统一负责，其办事机构继续履行其职责。各级职称改革工作领导小组应按照有关政策、规定，结合当地的实际情况，加强对职称改革工作的领导。

国务院职称改革工作领导小组第一次会议纪要

（1991 年 8 月 16 日）

1991 年 7 月 29 日下午，罗干同志主持召开了国务院职称改革工作领导小组第一次会议。

会议议定了关于国务院职称改革工作领导小组办公室的组成方案和国务院职称改革工作领导小组议事规则，听取了人事部职位职称司副司长张志鸿关于当前职称改革工作情况的汇报，并就有关问题议定了意见。

一、职称改革工作领导小组办公室设在人事部，是领导小组的办事机构。领导小组办公室与人事部职位职称司合署办公，一套人马，两块牌子。根据工作开展，将来可以考虑任命一名专职副主任。

二、会议通过了国务院职称改革工作领导小组议事规则。根据国办发〔1991〕35 号文件规定，国务院职称改革工作领导小组是全国职称改革工作的决策、协调机构，负责研究拟订深化职称改革的方案和重大政策；研究协调、增减、合并专业技术职务系列以及有关重大问题。需要提请国务院审议批准的问题，经领导小组讨论通过后上报。

领导小组办公室负责实施领导小组作出的各项决定，并将实施情况及时向领导小组汇报。有关职称改革的日常工作和一般性问题，由人事部在其职责范围内，按照有关规定研究处理。

三、领导小组原则同意人事部关于当前职称改革工作情况的汇报，有的问题还要进行专题研究。会议明确了以下几个问题：

1. 要客观、充分地肯定职称改革工作取得的成绩。在前一段专业技术职务评聘工作中，各级党组织和政府都十分重视，人事、职改部门的同志做了大量工作，取得了很大的成绩。实行专业技术职务聘任制，对于稳定专业技术队伍，促进科技、教育、文化等各项事业的繁荣与发展，尊重知识，尊重人才，发挥科技人员的作用，鼓励各行各业的人才成长和脱颖而出，落实知识分子政策，以及进行对外技术交流与合作，都起到了积极的作用。但也要清楚地看到，职称改革工作还存在不少问题，主要是评得有些乱和滥。因此，深化职称改革，要认真吸取以前的经验教训，发扬优点，解决已出现的问题。

2. 要继续贯彻 1990 年 5 月 22 日第 100 次国务院总理办公会议精神，职称改革工作要先稳定下来，不搞大的动作，采取适当措施，逐步走向经常化。不要认为成立职称改革工作领导小组，又要搞什么大的动作。当前主要是进行微调，把以前不足的方面弥补一下，并把评聘专业技术职务工作纳入日常人事管理，根据工作需要经常地进行。要认真做好岗位设置和考核工作。微调要从严掌握，逐步实施，不要引起大的波动。

3. 会议决定，要像控制机构编制那样，对增设新系列采取冻结的办法，把不再增设新系列作为一条原则定下来。

4. 会议一致认为，实行“双轨制”是深化职称改革的方向，要认真研究实行评聘分开的有关政策措施，同时要搞好“双轨制”的试点工作，以便取得经验，积极稳妥地逐步由单轨制向双轨制过渡。实行评聘分开，职称与工资待遇从挂钩到不挂钩，要有一个平滑过渡的办法。专业技术职务评聘工作不是一个孤立的问题，要把职称、工资、人事制度改革结合起来统筹考虑，搞好配套措施。要改变职称与工资待遇挂得太紧的状况，使职称评定从利益驱动变成竞争驱动。

5. 要改进单一的评审办法，不论实行单轨制还是双轨制，关键是要有一个科学的考评办法，坚持标准，保证质量。要认真总结考核、考试的经验，采取考试、考核、评审相结合的办法，特别是中、初级专业技术资格应该加大考试分量。

6. 对专业技术职务要实行分类管理。总的原则，一要简化系列，“专业、技术”概念要搞清楚，系列设置要考虑国际通用做法，不搞攀比和对应。许多属于职业性质的系列要通过划分等级，从解决工资问题入手。领导小组办公室要着手研究简化系列的具体方案，报领导小组讨论决定。二要根据企事业单位的学术地位、性质以及所承担的任务，研究如何划分不同类别，对不同类别的单位规定不同的职务结构比例和职务等级设置。

7. 会议决定，国家机关不开展职称评定工作，今后中央各部门和各地方都不得开这个口子。但要研究一个出路，根据工作需要，可考虑在国家机关设置行政非领导职务序列，提出具体方案报国务院审批。

8. 企事业单位行政后勤人员不列入评聘专业技术职务的范围，可以研究用职员职级来解决。对于已离退休人员，也不再评职称，以免引起连锁反应。关于政企合一、政事合一的单位已评聘专业技术职务的，要按照工作职能予以区分，总的原则只能靠一头，不能两头沾。

领导小组会议强调指出，职称改革工作政策性强，涉及面广，要严格执行党中央、国务院规定的各项方针、政策，谨慎从事，稳妥从事，积极稳妥地开展工作。

国务院职称改革工作领导小组第二次会议纪要

（1991 年 11 月 20 日）

1991 年 11 月 2 日上午，罗干同志主持召开了国务院职称改革工作领导小组第二次会议。

会议审议了中科院关于《自然科学研究人员职称职务条例》（送审稿）和领导小组办公室对公安部《关于在公安机关刑事侦察和技术侦察专业技术人员中评聘专业技术职务的请示》的意见，听取了领导小组办公室近期工作汇报，并就有关问题议定了如下意见。

一、中国科学院负责修订的《自然科学研究人员职称职务条例》（送审稿），体现了领导小组第一次会议的指导思想和原则，总的思路是对的。中科院做了大量的工作，已经有了一个很好的基础。考虑到条例修改比较复杂，涉及职称、职务、工资和其他系列的关系，需要通盘考虑。应进一步研究如何把职称和职务彻底分开，包括职称、职务的称谓及工资、津贴等有关问题。在任职条件上要注意科研、高教、卫生系列的大体平衡。为了提高我国专业技术水平，保持同国际上的可比性，今后职称评定要坚持学位的要求，逐步做到要取得教授、研究员的职称，必须取得博士学位，要取得副教授、副研究员的职称，必须取得硕士学位。对于因各种原因虽不具备所要求的学位，但成绩优异，也可破格晋升。这种情况只能是个别的，而且对破格的条件要有具体规定，比一般条件应更严格。同时，要防止有些人不去努力做好本职工作，只顾学习拿学位的倾向。中科院和人事部根据上述精神，对《自然科学研究人员职称职务条例》（送审稿）做进一步修改后，再报领导小组讨论。

二、对公安部《关于在公安机关刑事侦察和技术侦察专业技术人员中评聘专业技术职务的请示》，鉴于国务院已多次明确国家机关不实行专业技术职务聘任制，领导小组重申国家机关不开展职称评定工作，国务院各部门和各地方都要严格执行国家规定。因此，不宜在公安部刑侦技侦专业技术人员中进行职称评定，以免引起各部门的攀比和连锁反应。公安部正在建立和即将实施警阶制度，此项工作情况复杂，任务繁重，目前应集中精力搞好这项工作。

三、会议充分肯定专业技术资格考试取得的成绩，认为资格考试方向是完全正确的，要继续抓好，严格把关，保证质量。

四、简化系列势在必行，要抓紧工作。但情况复杂，必须审慎、稳妥地进行。必须有相应的配套措施，还应采取逐步过渡办法，尽量避免大的波动。简化系列的原则和方案，责成办公室广泛听取各部门、各方面意见，反复论证、研究修改比较成熟后，提交领导小组会议审议。

五、关于“高等院校专业技术职务设置的宏观管理意见”，要继续征求各方面意见，尤其是各类高等学校的意见，经国家教委审核同意后，再提交领导小组会议审议。

六、原则同意在深圳市和天津市部分单位进行“双轨制”的试点，探索由单轨制向双轨制过渡的具体办法和配套措施。试点办法，由领导小组办公室和天津市、深圳市具体商定。

国务院职称改革领导小组办公室当前职称改革工作中有关问题的通知

（国职办〔1993〕1 号　1992 年 12 月 30 日）

各省、自治区、直辖市及计划单列市人事（劳动人事）厅（局）、职改办，国务院各部（委）、各直属机构人事（干部）部门：

根据中共中央、国务院关于认真贯彻执行《全民所有制工业企业转换经营机制条例》的通知（中发〔1992〕12 号）要求精神及加快改革开放和现代化建设步伐的一系列方针政策，为适应企业转换经营机制和转换政府职能的需要，充分发挥企事业单位专业技术人员的积极性，现就有关职称改革工作中的若干问题通知如下：

一、各级人事（职改）部门要认真贯彻落实《全民所有制工业企业转换经营机制条例》，充分尊重企业的人事管理权。要把坚持和完善企业专业技术职务聘任制，强化竞争机制，破除实际上存在的专业技术职务终身制，实现专业技术人员能上能下，作为企业劳动、人事、工资制度改革的重要组成部分。

二、按照《全民所有制工业企业转换经营机制条例》规定，企业在转换经营机制过程中应坚持对专业管理人员和技术人员实行聘任制、考核制。企业有权按照生产经营和技术工作的需要，自主设置本企业有效的专业技术职务，按照专业技术人员履行岗位职责的能力和工作态度择优聘任。坚持科技是第一生产力的原则，充分尊重知识，尊重人才，逐步完善企业内部的专业技术职务聘任制度。聘任期间享受企业规定的工资待遇。各级人事（职改）部门不再对企业的专业技术职务进行职数或结构比例控制。企业内部有效的专业技术职务不等同于经国家统一评定或统一考试取得的专业技术资格。

三、事业单位专业技术职务按经费来源实行分类管理：

1. 实行企业化经营，不需财政拨付经费的事业单位，在工资总额随同经济效益增长的基础上，可参照对企业的有关规定，由本单位根据实际工作需要自主设置在本单位有效的专业技术职务和合理的结构比例，并报上级人事（职改）部门备案。聘任专业技术职务所需增资额报上级人事计划部门核准后，纳入本单位工资总额。

2. 财政差额拨款和其他自收自支的事业单位，在省、自治区、直辖市和国务院各部门确定的专业技术职务结构比例内，由单位自主设岗和评聘专业技术职务。增资经费由本单位自筹解决。

3. 财政全额拨款的事业单位，根据其工作性质、承担任务、规模和地位，由省、自治区、直辖市和国务院各部门确定专业技术职务结构比例，通过自然减员和采取微调措施，使结构比例逐步到位。

事业单位经费来源情况由财政部门确认。

四、对于国家机关成建制划转为企事业单位和从国家机关调入企事业单位的专业技术人员，可以根据工作需要，按照国务院国发〔1986〕27号文件和人事部人职发〔1990〕4号文件以及国务院颁发的《全民所有制工业企业转换经营机制条例》的有关规定报评相应的专业技术职务任职资格和受聘担任专业技术职务。

五、按照国家统一规定评定和全国统一组织的专业技术资格考试取得的专业技术资格，是专业技术人员水平能力的标志，不与工资等待遇挂钩，可作为企事业单位聘任专业技术职务的依据之一。

六、专业技术资格评定和全国统一组织的专业技术资格考试，以自愿为原则，由专业技术人员个人申请参加，个人交纳费用。准备考试不得占用工作时间，不得影响本职工作。

七、经济、统计、会计（审计）系列，不具备规定学历的人员凡拟申报高、中级专业技术职务任职资格，必须通过相应的中、初级专业技术资格考试成绩合格，不再进行破格评审。

八、本通知自下发之日起执行。具体实施办法和步骤由各省、自治区、直辖市和国务院各部门职称改革工作领导小组确定。过去所发文件凡与上述规定不一致的条款，自行废止。

国务院办公厅关于加强职称改革工作统一管理的通知

（国办发〔1995〕1号 1995年1月3日）

各省、自治区、直辖市人民政府，国务院各部委、各直属机构：

据反映，近来少数地区和部门违反国家有关规定，自行制定政策性文件，建立或变相建立职称系列，评定“政策师”、“管理师”等职称。有的部门还要改变现行职称改革工作管理体制，对本系统实行垂直管理。这种情况已引起一些矛盾，使职称改革工作出现混乱，必须予以制止和纠正。经请示国务院领导同志同意，现作如下通知：

一、职称改革工作政策性强，涉及面广，对国内外有较大的影响，必须集中统一领导，加强统一管理。深化职称改革的方案、职称系列的调整和有关政策措施等重大问题，必须由党中央、国务院批准。少数地区和部门自行建立或变相建立的职称系列，必须自行纠正。

二、国务院机构改革以后，原国务院职称改革领导小组的工作交由人事部承担。人事部要充分发挥负责综合管理职称改革工作的职能作用，按照党中央、国务院的要求，对职称改革工作加强协调、指导和监督检查，重大问题报党中央、国务院批准后组织实施。

三、专业技术职务聘任制度、专业技术资格评定及考试制度、专业技术人员职业资格制度的建立和推行，是职称改革的重要内容，要根据国家规定和统一部署，有计划、有步骤地进行。国务院已责成人事部尽快研究提出深化职称改革的意见，各地区、各部门有关这方面的意见和建议，可直接报送人事部。

四、各地区、各部门要加强对职称改革工作的领导，认真执行国家的规定，遇有重要问题及时会商人事部，不得自行其是。有关地区和部门在纠正违反规定做法的过程中，一定要做好专业技术人员的思想政治工作，确保专业技术队伍的稳定和社会的安定。

人事部关于贯彻《国务院办公厅关于加强职称改革工作统一管理的通知》的通知

（人职发〔1995〕10 号　1995 年 1 月 28 日）

各省、自治区、直辖市人事（人事劳动）厅（局）、科干局，国务院各部委、各直属机构人事（干部）部门：

为认真贯彻执行《国务院办公厅关于加强职称改革工作统一管理的通知》（国办发〔1995〕1 号）精神，现将有关问题通知如下：

一、根据《通知》要求，各级人事部门要认真进行一次全面检查。凡未经党中央、国务院批准自行建立的职称系列，必须自行纠正，不能因此增加工资，兑现待遇。

二、对各部门制定下发的有关职称改革的政策规定进行一次清理。凡未经国务院或原国务院职称改革工作领导小组批准和人事部同意的职称评定和资格考试，均不予承认，更不能据此增加工资，兑现待遇。

三、凡未经人事部联署的、其他部门自行制发的涉及职称改革内容的规定、文件，各地各部门人事部门均不得执行，各项职称评定和资格考试或试点工作均不得实施。

四、深化职称改革的各项政策措施，经国务院批准后将作出部署。在此之前，专业技术职务评聘的各项经常化工作按有关规定照常进行，严格防止突击评审、扩大范围、降低标准的现象发生。

五、今后各地区有关职称工作的部署和安排要同时抄报我部专业技术人员职称司。

六、请于三月底以前将本通知的贯彻情况报我部专业技术人员职称司。

附件：国务院办公厅关于加强职称改革工作统一管理的通知（略）

（二）聘任管理

中央职称改革工作领导小组关于转发国家教委职称改革工作领导小组《关于成人中等专业学校实行〈中等专业学校教师职务试行条例〉有关问题的说明》的通知

（职改字〔1987〕11 号　1987 年 4 月 20 日）

各省、自治区、直辖市人民政府，中央和国家机关各部委、各直属机构，总政治部，各人民团体：

现将国家教委职称改革工作领导小组《关于成人中等专业学校实行〈中等专业学校教师职务试行条例〉有关问题的说明》发给你们，请在成人中等专业学校实行专业技术职务聘任工作中参照执行。

附件：关于成人中等专业学校实行《中等专业学校教师职务试行条例》有关问题的说明

关于成人中等专业学校实行《中等专业学校教师职务试行条例》有关问题的说明

成人中等专业学校实行《中等专业学校教师职务试行条例》（以下简称《试行条例》）和《关于〈中等专业学校教师职务试行条例〉的实施意见》（以下简称《实施意见》）。现结合成人中等专业学校实际情况，作如下补充说明：

一、成人中等专业学校实行教师职务聘任制或任命制，应按照有利于成人中等专业学校的改革与发展和教师队伍的稳定与提高的精神，根据成人中等专业学校不同特点和教师承担的不同任务来进行。

二、成人中等专业学校是指按照国发〔1982〕119号文件《国务院批转教育部〈关于举办职工中等专业学校的试行办法〉的通知》和原教育部以及国家教育委员会有关规定批准成立和备案的职工中等专业学校、农民中等专业学校、干部中等专业学校、广播电视中等专业学校、函授中等专业学校。这些学校的专任老师和从事成人中等专业学校教学研究的教研员，均可按照《试行条例》和《实施意见》的规定，实行教师职务聘任或任命制。未经批准建立的学校，均不得实行中等专业学校教师职务聘任制。

三、成人中等专业学校各级教师职务的职责，应根据《试行条例》和本文第一条的原则精神确定。具体办法由省、自治区、直辖市主管成人中等专业学校的教育行政部门制订。

四、从各种专业技术岗位调到成人中等专业学校任教，并已获得专业技术职称的合格人员，现任课程的教学与原岗位从事的专业技术工作性质相同或相近，须经过一年的成人中等专业学校教学实践的考察，对确实能胜任教学工作的，则应评聘相应的教师职务。

对1983年9月1日以前已获得教师职称的合格人员，应承认他们具有担任相应教师职务的任职资格。

对上述两类人员，其原从事专业技术工作或教学工作的年限和现职的教学年限可累积计算。

从各类大专院校、中等专业学校和普通高中调入的教师，其原教学工作年限和现职的教学年限可合并计算。

五、对来自生产技术岗位，具有较丰富的实践经验，教学效果较好；或长期从事教育工作，具有较丰富的教学经验，教学效果较好的不具备规定学历人员，可按有关规定评审相应教师职务。

六、成人中等专业学校教师职务任职资格的评审组织，原则上应按照《试行条例》

和《实施意见》办理，省、自治区、直辖市和国务院有关部委中等专业学校教师职务评审委员会在评审成人中等专业学校教师职务任职资格时，要吸收成人中等专业学校中具有较高专业水平的教师和主管成人中等专业学校的教育行政部门或业务主管部门的行政领导参加。考虑到成人中等专业学校的实际情况，必要时，经省市教育行政部门批准，也可以由省、自治区、直辖市和国务院有关部委成立成人中等专业学校教师职务评审委员会，负责评审中级职务任职资格；对高级职务任职资格进行初审提出建议，报省、自治区、直辖市和国务院有关部委中等专业学校教师职务评审委员会审定；地（市）教育行政部门或省、自治区、直辖市业务主管部门成立成人中等专业学校教师职务评审委员会，负责评审初级职务任职资格；少数具备条件的成人中等专业学校，经省、自治区、直辖市或国务院有关部委批准，负责审定初级职务任职资格。

七、各省、自治区、直辖市和国务院有关部委，可根据《试行条例》和《实施意见》以及本《说明》，结合本地区、本部门的实际情况，制定具体的实施细则，报本地区、本部门职称改革工作领导小组批准，并报国家教育委员会备案。

中央职称改革工作领导小组关于实行专业技术职务聘任制工作中若干问题的原则意见

（职改字〔1987〕23号 1987年6月1日）

各省、自治区、直辖市人民政府，中央和国家机关各部委、各直属机构，总政治部，各人民团体：

去年，全国职称改革工作按照中央的部署在高教、科研、卫生三个系统的省市、部委直属单位展开和在中央职称改革工作领导小组批准的单位试点。一年多的实践表明，职称改革工作的进展总的说来是健康的、顺利的，取得了初步成效。为了适应当前的改革形势，进一步推进专业技术职务聘任工作，放宽放活对科技人员的政策，现对各地区、各部门在职称改革工作中遇到的一些共同性问题，提出下列原则意见。各地区、各部门可结合各自的实际情况，制定具体规定或办法。

一、兼任专业技术职务问题

行政领导一般不兼任专业技术职务。确需兼任的，必须符合相应职务任职条件，并由单位详细阐述兼职理由，报上级主管部门审批后，按规定的手续聘任。兼职人员应履行相应的职责。对兼任职务应认真审核，兼任高级职务的更应从严掌握。

兼职人员按行政职务领取工资的，可不占专业技术职务指标。

专业技术人员在外单位兼任专业技术职务的问题，按国务院有关规定执行。

二、离退休专业技术人员的任职资格评审问题

已办理离退休手续的专业技术人员，凡1983年9月1日以前已获职称的人员，应和其他已获得职称的人员一样对待，原则上应承认他们具备担任相应专业技术职务的条件，即任职资格；对过去未获相应职称的人员，凡有单位返聘的，可由原单位或返聘单位按照各职务条件所规定的任职条件，评定相应的任职资格后，再按规定的手续聘任。

三、支援城镇或农村的专业技术人员职务聘任问题

专业技术人员经原单位同意以调离、辞职、停薪留职等方式，走出科研机构、高等学校、政府机构等单位，到城镇和农村承包、承租全民所有制中小企业，承包或领办集体乡镇企业，兴办经营各种所有制形式的技术开发、技术服务、技术贸易机构，创办各类中小型合资企业、股份公司时，原单位应积极地、实事求是地向所到单位或其上级主管部门全面介绍专业技术人员情况，出具所评审和聘任专业技术职务的证明。

专业技术人员到新单位后所任职务，由新单位评审或参考原单位评审的任职资格，根据实际情况和需要确定。

四、乡镇及集体所有制企业中的专业技术人员职务聘任问题

乡镇及集体所有制企业根据工作需要可以设置专业技术职务。在评审专业技术职务任职资格时，应注意保证质量，可根据企业的特点，主要考核专业技术人员的工作成绩、技术水平和业务能力，特别要充分考虑到他们创造的经济效益。具体实施办法，由各省、自治区、直辖市自行确定。

五、在老、少、边、山、穷地区工作的专业技术人员任职及指标问题

长期在老、少、边、山、穷地区工作的专业技术人员，在评审和聘任专业技术职务时，应着重考核本人的实际水平、工作能力和作出的具体成绩，不要一律强调“论文”；外语考核条件可根据实际工作的需要确定，各地区可拟定具体规定和办法。

为促进人才合理流动，凡已确定从人才密集的部门或单位流动到老、少、边、山、穷地区单位的高级专业技术人员，其跨省市和部门的高级职务指标，由各省市、部委汇总，经中央职称改革工作领导小组审核，在原已下达的宏观控制指标外，作为专项，由中央职称改革工作领导小组以“待聘高级职务”指标下达给接受单位。原单位可对上述人员评审任职资格，接受单位聘任专业技术职务。

六、经济自立的事业单位聘任专业技术职务的限额指标问题

经济完全自主的科研机构等事业单位，根据本单位的实际工作需要，在各职务条例主管部门所规定的合理结构比例范围内，参照企业确定专业技术职务限额指标的控制方式，提出各级职务的设置数额，报各地区、各部门批准。

七、不具备规定学历专业技术人员的任职问题

在一些行业和部门，由于历史原因，有相当数量不具备相应职务试行条例所规定学历的人员，在专业技术岗位上工作，有的已成为专业技术骨干，并为实践证明能胜任相应专业技术职务。在首次专业技术职务聘任工作中应考虑他们的实际情况，在保证聘任质量的前提下，由各职务系列主管部门根据不同行业、不同层次、不同档次实事求是地提出相应的原则要求和考核办法，经中央职称改革工作领导小组办公室协调后，由各职务系列主管部门下发参照执行。

八、关于专业技术职务聘任工作制度化问题

在首批专业技术职务聘任工作完成后，各地区、各部门专业技术职务聘任工作应转入正常轨道，即根据国家下达的编制、实际工作需要和合理的结构比例，在国家允许的每年工资增长幅度内，可聘任一定数量的合格人员担任相应专业技术职务。

人事部关于印发《企事业单位评聘专业技术职务若干问题暂行规定》的通知

（人职发〔1990〕4 号　1990 年 11 月 10 日）

各省、自治区、直辖市及计划单列市人事（劳动人事）厅（局）、职改办，国务院各部（委）、各直属机构人事（干部）部门：

现将《企事业单位评聘专业技术职务若干问题暂行规定》印发给你们，请遵照试行。

企事业单位评聘专业技术职务若干问题暂行规定

目前，全国企事业单位首次专业技术职务评聘工作已经结束。为适应治理整顿、深化改革的需要，完善专业技术职务聘任制度，使评聘专业技术职务转入经常性工作，遵照 1990 年 5 月 22 日第 100 次国务院总理办公会议精神，对当前专业技术职务评聘工作的若干问题，作如下规定：

一、专业技术职务评聘工作是各级人事管理工作的一部分。各企事业单位可以根据专业技术工作的实际需要，按照中发〔1986〕3 号、国发〔1986〕27 号文件和各专业技术职务试行条例，开展经常性的专业技术职务评聘工作。

二、按照中共中央办公厅厅字〔1988〕8 号文件规定，全国的改革职称制度、实行专业技术职务聘任制的工作，在国务院领导下，由人事部负责指导、组织和协调。各省、自治区、直辖市和国务院各部门都要坚决执行统一制定的政策和评聘的标准，不得自行其是。如果需要根据本地区、本部门的实际情况，另行制定具体政策和特殊规定，须报经人事部审核批准。

三、开展经常性的专业技术职务评聘工作，必须在科学合理地设置专业技术岗位的基础上进行。各地区、各部门要认真总结首次评聘工作中设置专业技术岗位的经验，检查、督促、指导所属企事业单位在国家批准的人员编制、首次评聘下达的高、中级职务数额和工资总额内，按照职位分类原理，根据工作需要设置和调整专业技术岗位，明确岗位职责。各地区、各部门根据企业、事业以及不同类别单位的实际情况，审定各级专业技术岗位设置，如认为有必要，可提出专业技术职务结构比例和专业技术职务设置最高档次的指导性意见。

四、企事业单位因自然减员、调动、解聘等原因出现岗位人员空缺时，可根据工作需要进行补缺。由于事业发展以及破格评聘优秀中、青年拔尖人才等原因，需要增设专业技术岗位，须在规定的增资指标范围内，经省、部级人事（职改）部门批准。

五、1987年以来新建企事业单位，应在批准的人员编制和工资总额内，科学合理地设置专业技术岗位，经上级主管部门和人事（职改）部门审定批准后，按照规定的程序，逐步开展专业技术职务评聘工作。

六、评聘专业技术职务必须严格坚持专业技术职务试行条例所规定的能力、业绩、资历、本专业（或相近专业）学历和相应的外语水平等基本任职条件。各地区、各部门要清理检查首次评聘工作中制定下发的文件，对于不符合专业技术职务试行条例的规定和扩大范围、放宽条件、降低标准的有关文件（含实施意见或细则），一律停止执行。今后申报评聘专业技术职务应具备国家教委承认的本专业（或相近专业）的学历，各种培训班颁发的结业证书或专业证书不再作为评聘专业技术职务的学历依据。

七、各地区、各部门要切实按照试行条例的有关规定，严格控制评聘范围，不得自行设置和任意靠用专业技术职务系列。

八、评聘专业技术职务要结合实际情况，坚持正确的政策导向，引导专业技术人员努力做好本职工作，注重工作实绩，积极为优秀中、青年人才脱颖而出创造条件，不搞论资排辈，不拘一格选拔人才。对不具备专业技术职务试行条例规定的学历、资历条件，但确有真才实学、成绩显著、贡献突出的，可根据具体情况和工作需要破格评聘专业技术职务。具体破格条件由各地区、各部门提出，报人事部审核。

九、企事业单位行政领导原则上不兼任专业技术职务。确需技术行政领导兼任的，必须符合相应的任职条件，履行相应的职责，占用本单位的专业技术职务数额。兼任高级专业技术职务的报省、部级人事（职改）部门批准，兼任中级专业技术职务的报地、市级人事（职改）部门批准，并按规定的程序评聘。

十、今后各地区、各部门对达到离退休年龄的专业技术人员，除个别确因工作需要、按有关文件规定，延缓办理离退休手续的以外，不再评定专业技术职务。

十一、各地区、各部门应重新组建评审委员会，评委会应由包括中、青年专家在内的具有本专业较高专业技术水平的专家组成。中、初级评审委员会应由上级人事（职改）部门批准。高级评审委员会由省、部级人事（职改）部门批准组建，报人事部备案。一些国务院部门设在地方的直属单位不具备组建某些系列评委会条件的，不能自行组建，可以委托当地的有关评委会统一组织评审。评委会的评审工作每年举行一次。评委会成员应遵守职业道德，办事公道。在评审评委本人或其亲属专业技术职务时，实行回避制度。要改进评审方法，实行考试（含答辩），考核、评审相结合，对不同系列、不同层次各有侧重的办法，客观公正地测定申报人的任职条件和履行职责的能力、水平，具体内容和方式由各地区、各部门确定。评审结果应报相应的人事（职改）部门审批备案。

十二、聘任专业技术职务，要严格掌握思想政治标准，坚持德才兼备的原则，实行择优聘任和竞争聘任，不搞论资排辈。要有明确的聘任期限。聘期一般为一至三年，也可与一个重大项目（一项课题）的周期相同。在聘期内或聘任期满，经严格考核不能履行岗位职责、不能完成岗位任期目标的人员，应解除聘约，按本人条件和工作需要另行聘任适当职务，享受新任职务的工资待遇。对解聘、低聘的人员，可按其晋升专业技术职务所增加的工资至少降低一级的办法处理。

十三、各单位应加强对国家教委承认的正规大、中专院校毕业生（含研究生）见习期的考核工作。根据拟聘专业技术岗位的职责要求，对其政治表现和从事该岗位专业技术工作的能力、水平、工作成绩等，进行全面的考核。见习期满并考核合格，可按试行条例的规定聘任相应的专业技术职务。

十四、评聘的专业技术职务，经批准在哪个范围内评聘的，则在哪个范围内有效。专业技术人员调动工作或变更工作专业，应按拟新聘职务的管理办法和任职条件要求，重新考核、评审或确认任职资格，经过试用考察，按工作岗位需要聘任适当的职务，并按新聘职务享受相应的工资待遇。

十五、企事业单位受聘担任专业技术职务人员的职务工资，一律从聘任之下月起，分别按有关工资的规定和标准计发。目前经济效益很差的企业，如何兑现职务工资，由企业主管部门研究确定。

十六、各地区、各部门要指导企事业单位结合各自的特点，建立健全专业技术人员考核制度和考绩档案。考核应按干部管理权限进行，注重政治标准，以履行岗位职责的工作实绩为主要内容，实行定性考核与定量考核相结合，平时考核与任期期满考核相结合。考核要广泛听取领导、专家和群众的意见。考核结果要记入考绩档案，作为续聘、低聘、解聘或晋升、奖惩的依据。

十七、各级人事（职改）部门要按照人事部关于计算机应用软件人员、统计员等资格考试的有关规定，组织做好专业技术资格全国统一考试的试点工作。考试合格者，发给由人事部统一印制的《专业技术资格证书》，全国有效。今后，凡全国统一组织资格考试的，不再进行专业技术资格的评审工作。

十八、对于特大型、大型企业和重点事业单位中主体系列的高层次人员，在核定岗位设置和实行考评结合的基础上，由本单位提出申请，经省、部级人事（职改）部门批准，可有计划、有步骤、稳妥地进行评聘分开的试点。任职资格不与工资待遇挂钩。

十九、各级人事（职改）部门要加强对专业技术职务评聘和资格考试工作的组织领导和监督检查，严肃纪律。对评聘、资格考试工作中出现的不正之风、弄虚作假等行为除给予当事人必要的行政处分外，还要追究单位领导人的责任，对有评审权的单位，可令其暂停评审直三收回评审权。

二十、本规定自发布之日起实行，由人事部负责解释。过去未经中共中央、国务院批准的有关职称改革文件，凡与本规定不一致的，按本规定执行。

人事部职位职称司关于贯彻人职发〔1990〕4 号文件有关问题的解答

（人职司函〔1991〕15 号　1991 年 5 月 8 日）

各省、自治区、直辖市及计划单列市人事（劳动人事）厅（局）、职改办，国务院各部（委）、各直属机构人事（干部）部门：

对贯彻人职发〔1990〕4 号文件，各地、各部门提出了一些问题，除由部发文作出说明外，现对其余问题再作如下解答：

1. 一些基层单位反映，不少专业技术人员认为达到了专业技术职务试行条例规定的任职年头，就要求评聘高一级职务，对此应如何正确理解？

任职年头已够，并不等于就必须评聘高一级职务，这是一个十分明显的问题。试行条例中规定的任职年头，是指必要的年头，不可能到了这个年头都能晋升。正如宪法规定当国家主席必须45岁，显然谁也不会认为到了45岁就都当国家主席。具备了任职年头这一个条件并不说明具备了其他条件，因此晋升高一级职务必须对申报人所具有的任职条件进行全面考核和评审。当然，能否提交评审和聘任还要看是否有空缺岗位。

2. 在评聘专业技术职务时，任职年头应怎么具体掌握？

对年头问题我们总的原则是既要重视年头，也就是重视实践经验，但不死抠年头，不搞论资排辈。具体问题要具体分析。实践知识较强的系列与理论知识较强的系列要有所不同。另外，不同的人同一任职年头，实践的情况也不同。比如同样是外科医师，都任职五年，有的只做了几例手术，有的可能做过几十例、几百例；又如，同样是演员，在同一时期内，有的演了几百场，有的只演了几场。同时，由于首次评聘工作开展时间有差别，在任职时间的计算上也会有差别。因此，评聘专业技术职务时，在任职年限的掌握上，各地区、各部门可以根据上述精神制定一些具体条件。对虽然任职年头不到，但实践经验丰富，成绩显著，确有真才实学的，不要死抠年头。

3.《暂行规定》（指人事部人职发〔1990〕4号文件，下同）重申了评聘专业技术职务对学历的要求，对此应如何理解？

学历是一个人受教育经历，一般表明其具有的文化程度。专业技术职务是需要具备专门的业务知识和技术水平才能担负的工作岗位，因此，在各个专业技术职务系列都有对学历的基本要求。对担任专业技术职务的学历要求问题，我们始终坚持既重视学历又不唯学历的原则。重视学历，是保证评聘质量的主要措施之一，因为一定的学历代表着专业技术人员所掌握专业基础知识的广度和深度，同时，不同的学历反映着不同的培养目标，而人才的培养目标和使用目标应该是一致的。重视学历，也涉及国家教育政策导向问题，关系到国家未来的兴衰。不唯学历，就是对虽然不具备规定学历，但确有真才实学的专业技术人员，也可以按照一定的条件进行评审，根据德才兼备原则和工作需要聘任相应的专业技术职务。

4. 对学历的要求为什么要强调是本专业或相近专业的学历？对此应如何掌握？

评聘专业技术职务之所以要求学历，是考察其专业基础知识的情况。如果所学专业和所从事专业完全不同，其学历也就不能反映其所掌握的专业基础知识的状况。例如，学文科的人从事理、工、农、医工作，显然其基础知识是不能适应的。

如何掌握是否属于本专业或相近专业，从我国目前的实际状况出发，可参照国家标准局信息分类编码研究所出版的《人事信息代码汇编》中有关学科和专业代码部分的规定，可认为同一学科内的专业为相近专业。现在分为12大学科：工科、农科、林科、医科、师范、文科、理科、财经、政法、体育、艺术和党政管理。从职称改革的角度来看，还可以划得再粗一些，比如将农科与林科、师范与文科、工科与理科、政法与行政管理划在一起。对此，各部委和各省、自治区、直辖市可根据具体情况作出适当规定。

5. 所具有学历的专业与申报专业技术职务不一致时怎么办?

凡申报人所具有学历的专业与申报任职的专业不一致或不相近时，一般应视为不具备规定学历。这种情况可通过接受继续教育取得本专业或相近专业的教育证明。

6. 首次评聘中有的地方和单位把“专业证书”当大专学历评聘了专业技术职务，但今后不能再这样做，这是不是不保持政策的连续性?

恰恰相反，这正是保持了政策的连续性。事实上，把“专业证书”当成大专学历只是个别地方少数单位，绝大多数地方并没有这样做。把“专业证书”当大专学历是对 006 号文件规定的政策的一种扭曲。如果说要保持连续性的话，我们必须保持政策的连续性，而不是保持政策被扭曲的连续性。

7. 如果“专业证书”不能作为评聘专业技术职务的学历依据，是不是会对“专业证书”教育的发展产生消极影响?

不应当产生消极影响。“专业证书”教育的举办，从“办学”方面来说，目的是为社会主义建设培养人才，而不是单纯“创收”。如果以“创收”为目的，恐怕有悖于办学的宗旨。从参加学习的方面来说，是为了多学一些知识，更好地为“四化”建设服务，而不应是“混个文凭评职称”。我们的《暂行规定》只是重申 006 号文件的原则，这也恰恰是国家教委已经和还在继续对“专业证书”班进行整顿所要解决的问题之一。我们相信，通过治理整顿，“专业证书”教育的发展一定会越来越好。

8. 见习期满，考核合格即可聘任相应的专业技术职务，不必再经过评审程序的规定是否适用于“五大”毕业生?

上述规定只适用于国家教委承认的全日制正规大中专院校列入国家统一分配计划的毕业生。“五大”毕业生情况比较复杂，彼此差别大，聘任专业技术职务仍然必须经过任职条件的评审。

9. 现在社会流传所谓“高高工”、“教授级高工”或“研究员级高工”的职务，评聘工作转入经常化后，还会不会评聘这类职务?

根据原中央职改领导小组和国务院工资改革领导小组的有关文件精神，“高工高定”只是提高部分成绩优异的高级工程师的职务工资，并没有“高高工”、“教授级高工”或“研究员级高工”之类的职务，这类职务名称，人事和职改部门都不承认。今后，评聘工作转入经常化也不会评聘这类职务。另外，工资达到了某一职务的最低档，不能表明已担任了某一职务或具备了担任某一职务的条件。道理很简单，工资晋升不等于职务晋升。

10. 大多数同志都赞成搞“双轨制”，为什么不尽快全面推行“评聘分开”呢?

这里所说的“双轨制”是指专业技术职称评定制与专业技术职务聘任制并行的制度。1983 年前实行的职称评定制和 1986 年以后实行的职务聘任制都是“单轨制”。不少同志认为，把这两种制度合起来会更有利于解决目前存在的许多矛盾。我们也在积极创造条件向“双轨制”过渡，并且有计划有步骤地进行试点。现在不能立即或尽快全面实施“双轨制”，主要是目前有两个条件还不具备：第一，评审条件没有“硬化”；第二，岗位设置也没有“硬化”。没有评审条件的“硬化”，就无法有效控制评“乱”评“滥”的问题；没有岗位设置的“硬化”，就无法解决聘多聘少的问题。搞不好就会出现只要“年头”够了，通通都得评，只要评上了通通都得聘的混乱状况，在专业技术人员中造成更多的矛盾，强化首次评聘中的某些弊端，这是不可取的。所以，现在只能进行评聘分开的试点，范围仅限于那些自我控制、自我约束能力较强的少数特大型、大型企业和重点事业单位，而且只限于这些单位专业技术职务的主体系列的某些层次。试点要经过省部级人事、职改部门的批准。目的是从严控制，摸索经验，防止一哄而起。

11．现在各地办的各种各样的培训班都很多，有的地方规定，不经过某种培训班培训就不给评职称，人事部在这方面有什么规定?

人事部在这方面从未做过任何规定，而且也不允许把评聘专业技术职务与各种培训班相联系。如果有的地方以评聘专业技术职务为由，强制别人参加某个培训班，这是没有根据的，应当纠正。我们只能要求申报专业技术职务的人员达到什么水平，而不必也不能要求采用何种方法。培训自然是一种方法，但不是唯一的方法。许多同志自学成才就是例子。同时，即使参加了某种培训，也不一定能达到所要求的水平。

12．参加资格考试以前是不是一定要参加培训?

参加资格考试也不一定要参加培训。就是说，不参加培训，也允许参加考试。培训班结业考试的成绩，不能代替资格考试的成绩，也不能作为免考的依据；同时，不能以参加培训为由影响正常工作。

人事部关于印发《〈企事业单位评聘专业技术职务若干问题暂行规定〉有关具体问题的说明》的通知

（人职发〔1991〕11号 1991年5月20日）

各省、自治区、直辖市及计划单列市人事（劳动人事）厅（局）、职改办，国务院各部（委）、各直属机构人事（干部）部门：

现将《〈企事业单位评聘专业技术职务若干问题暂行规定〉有关具体问题的说明》印发给你们，以便你们更加准确地理解和贯彻《企事业单位评聘专业技术职务若干问题暂行规定》（人职发〔1990〕4号），进一步做好经常化评聘工作。

《企事业单位评聘专业技术职务若干问题暂行规定》有关具体问题的说明

《企事业单位评聘专业技术职务若干问题暂行规定》（以下称《暂行规定》）发出以后，一些地区和部门就如何贯彻执行《暂行规定》提出了一些具体问题，经研究，现就这些问题说明如下：

1．关于《暂行规定》的基本精神

职称改革已进行了五年，我们按照“正确的加以坚持，不足的加以完善，失误的加以纠正”的精神，制定了《暂行规定》。《暂行规定》的基本精神是，坚持专业技术职务聘任制的原则，逐步完善聘任制的具体措施，纠正某些不符合聘任制的理解和做法，使专业技术职务聘任制顺利地转入经常化的轨道。其中有两个主要的内容：一是做好聘任前的岗位设置，二是严格聘任后的任职考核。

2. 关于转入经常性的评聘工作必须具备的几个前提条件

评聘专业技术职务转入经常性的工作，必须具备几个前提条件，这就是：一要对首次评聘工作进行检查并验收合格；二是清理好首次下达的指标；三要设置好岗位并经过批准；四是建立了考核制度并进行了 1990 年的年度考核。这四个条件必须都要具备，缺一不可。一个地区、部门或单位什么时候具备了这些前提条件，什么时候就可开展经常性的评聘工作，全国发展不平衡，不搞一刀切。

3. 关于做好设岗工作

根据这几年许多地区许多单位做好设岗工作的经验，首先，要根据需要和可能来设岗。从目前情况看，第一，要根据各个基层单位现已聘任的专业技术职务情况，按照承担的工作任务，设置若干不同层次的岗位，明确规定每个岗位的具体职责。第二，检查首次评聘人员履行职责的情况，看各层次职务与其具体职责程度是否基本相符，并以此为根据进行必要的调整。第三，根据单位任务的增减，按照国家的财力状况，再对岗位进行适当的调整。这就是说，既要根据需要，还要根据可能。设岗不能不受编制和工资总额的制约。事业单位的岗位设好以后要经上级批准（企业按有关规定、法规执行）。设定的岗位及职责一般要向本单位群众公布，以便专业技术人员根据自己的条件和岗位空缺状况，按照自己的具体情况，对岗申报；评审组织评审其是否符合岗位的任职条件，行政领导按照德才兼备的原则，择优聘任。其次，设岗要逐步做到科学和合理。必须掌握、运用职位分类的科学原理，依据岗位的工作性质、责任轻重、难易繁简程度和所需资格条件，对岗位进行调查、分析、评价等一系列过程，并经过反复实践逐步完善。

如果某个事业单位岗位已满，就不能再评聘专业技术职务（经批准进行评聘分开试点的单位可以评定资格）。但如果由于人员调动、退休离休等自然减员出现岗位空缺，或者由于事业发展、任务增加，国家批准增设了岗位，可及时评聘相应的专业技术职务。

4. 关于国家分配的军队转业干部评聘专业技术职务问题

安置好军队转业干部，对于贯彻落实党的十三届七中全会精神，对于国家的政治稳定、经济稳定和社会稳定、促进经济建设和部队建设都有重要意义。军队转业干部中的专业技术干部要尽量对口安排，对按政策分配的军队转业的专业技术干部，确实具备拟任专业技术职务任职条件的应优先聘任。为解决转业干部专业技术职务聘任问题，企事业单位可根据工作需要适当增设一些岗位，但需经省、部级职改部门核准。

5. 关于对专业技术人员的任职考核

考核工作搞不搞和搞得好不好，是坚持不坚持聘任制和聘任制搞得如何的重要标志。国务院有关职称改革的文件明确规定："聘任或任命单位对受聘或被任命的专业技术人员的业务水平、工作态度和成绩，应进行定期或不定期的考核。考核成绩记入考绩档案作为提职、调薪、奖惩及能否续聘或任命的依据。"

考核工作要注重政治标准，以履行岗位职责的工作实绩为主要内容。当然，还应包括职业道德、工作态度和勤惰表现。考核的方式，应采取定性和定量相结合，任期届满和平时相结合，专家、领导和群众相结合。考核的结果，要区分出等次：优秀、合格、基本合格、不合格。只有成绩为优秀者才可考虑晋升；合格者可以续聘；基本合格者要提出具体要求，限期提高和改进；不合格者应予解聘或低聘。

只有严格考核，才能把那些不具备条件但被聘上的人淘汰下来，把优秀人才选拔上去，真正做到优上劣下，解决干和不干一个样，干好干坏一个样的问题。实现了择优聘任、竞争聘任，才能激发和调动广大专业技术人员的积极性，聘任制才能充满生机和活力。

6. 关于不具备规定学历的人员评聘专业技术职务问题

对不具备规定学历人员评聘专业技术职务要具体情况具体分析，区别对待。原则上，对不具备规定学历的中青年申报初、中级专业技术职务，应该要求他们通过正规的成人教育取得相应的学历。作为目前的过渡措施，可以通过相应的基础知识统一考试。这种基础知识统一考试应由省、自治区、直辖市组织进行。对于不具备规定学历、申报高、中级专业技术职务的中老年同志则要制定具体条件，通过考核其实际工作业绩，看是否达到了拟聘职务所需的专业技术水平和能力。比如是否获得省部级以上的科研成果奖；在科研、设计、管理方面是否取得过国内外领先水平的成就或获得显著的经济和社会效益；是否出版过有学术价值的著作，是否在国内外著名刊物上发表过有较高学术价值的论文；是否在国内外学术、技术界有较高的知名度，等等。总之，要由省、自治区、直辖市制定出具体条件，用这些条件来严格考核，并经过包括群众推荐、公开答辩、专家评审等必要的程序，确定证明其有真才实学，就可以进行评聘。应当说明的是，为了保证评聘质量，即使具备了规定学历，也需认真考核其是否具有任职所需的专业技术水平和代表其水平的业绩成果，只是对不具备规定学历者要更严格一些罢了。

7. 关于参加基础知识考试问题

不管参加哪种考试，包括基础知识考试，都不应当影响工作。任何人都不得以参加考试为由要求脱产学习以至影响本职工作，各企事业单位也不应进行考前突击培训。对因准备考试而不正常履行岗位职责的人，各单位应给予批评教育，直至取消其申报资格。

8. 关于各种培训班的结业证书和专业证书不再作为评聘专业技术职务的学历依据问题

国家教委、人事部《印发〈关于成人高等教育试行〈专业证书〉制度的若干规定〉的通知》〔88〕教高三字006号文件曾规定，专业证书不等同于大学专科毕业证书。在专业技术职务评聘中，“专业证书”不能也不应作为评聘专业技术职务的学历依据。因此，《暂行规定》与006号文件的精神和原则是完全一致的，两者没有矛盾。但考虑到在首次评聘工作中，有的地方和部门违背了006号文件的精神，把“专业证书”等同大学专科毕业证书，并按此评聘了专业技术职务，因此，在《暂行规定》中用了“不再”这个词。意思就是，如果有的地方和单位已把“专业证书”作为大专毕业学历而评聘了专业技术职务的，只要是符合006号文件规定的“办学条件”和“入学条件”，我们仍然承认这个现状，但今后不能再这样做了。

006号文件中说“专业证书”可以作为评定聘任专业技术职务的依据之一，意思是合格的“专业证书”，可以证明其持有者接受过某种专业培训，具有某个专业大专层次的专业知识，在评聘专业技术职务时应当作为一个条件加以考虑。当然，究竟他的专业技术水平怎样，还需经过实践的检验。

9. 关于中小学教师的教学合格证书仍可作为评聘教师职务的参评条件问题

对不具备规定学历的中小学教师，经过国家教委组织严格统一出题考试合格，认为具备了作为中小学教师必需的基础知识，这种情况与“专业证书”班不同。因此，中小学教师的教育合格证书仍然可作为评聘教师职务的参评条件。

10. 关于转入经常性评聘工作后评聘的范围问题

评聘专业技术职务只限于在编在职人员。已达退离休年龄的人员（按有关文件经正式批准延缓办理退离休的除外）和返聘人员不再评聘专业技术职务。

单位行政领导必须在专业技术岗位履行职责，通过评审符合任职条件，并经批准才能聘任专业技术职务。

11. 关于国家教委承认的正规全日制院校毕业生见习期满并考核合格，即可聘任相应的专业技术职务问题

首次评聘工作的实践证明，对国家教委承认的正规全日制院校毕业生（不含“五大”毕业生）实行见习期满考核定职、既能保证初定职务的质量，又可大大减少评审工作量。所以今后在经常性的评审工作中，对正规院校毕业生，见习期满，经考核合格即可聘任相应的专业技术职务，不需再进行评审。具体规定是：中专毕业，见习一年期满，可聘任为“员”级职务；大专毕业，见习期满，再从事本专业技术工作两年，可聘任为“助师”级职务；大学本科毕业，见习一年期满，可聘任为“助师”级职务，硕士学位获得者，从事本专业技术工作三年可聘为中级职务；博士学位获得者，可聘为中级职务。上述各类毕业生都要由单位人事部门对其德、能、勤、绩进行全面考核，认为合格后方可聘任。

12. 关于评聘专业技术职务“哪里评哪里有效”问题

“哪里评哪里有效”是由聘任制的原则和基本内容决定的。从 1986 年开始改革职称评定，实行专业技术职务聘任制以后，只能是哪个地方哪个单位想聘任某个专业技术人员时，才将这个专业技术人员的有关材料提交评审委员会，对他是否具备担任拟聘职务的条件进行评审。这个省评的某个人调到另一个省，另一个省自然要按照本省的情况确认或重新评审这个人是否具备新聘任职务的条件。那种认为只要一旦评上就全国有效、永远有效的观点是对聘任制的误解。因为各地区经济、文化、教育发展不平衡，岗位情况和人员情况不同，甚至差异很大，对各系列的试行条例中任职条件的理解和执行，在掌握上不可能宽严一致，因此，应该是哪里评的哪里有效。

13. 关于具有高级职务任职资格而未受聘职务的人员的管理问题

按国务院有关职改文件规定，要聘任职务才评定任职资格。因为“专业技术职务是根据实际工作需要设置的有明确职责、任职条件和任期，并需要具备专门的业务知识和技术水平才能担负的工作岗位，不同于一次获得后而终身拥有的学位、学衔等各种学术、技术称号”，并“在任职期间领取专业技术职务工资”，所以，如果只评定了任职资格，没有受聘或受聘后又被解聘，没有或不再履行岗位职责，均不应领取相应的职务工资，也不能作为担任高级专业技术职务人员进行管理。但是，在 1983 年 9 月 1 日前按职称评定原则评定的高级技术职称的人员仍可视为高级专家并进行相应的管理。

14. 关于在 1989 年 9 月 30 日后评聘的专业技术职务兑现职务工资问题

根据岗位需要，在 1989 年 9 月 30 日后评聘的专业技术职务均从聘任之下月起按现行专业技术职务的工资标准兑现职务工资。

15. 关于专业技术人员由于工作调转，按什么标准领取工资问题

专业技术人员由于工作调转，在新的岗位试用期内可保留原职务工资。试用期满，确定了新的职务，按新任专业技术职务领取相应的工资。

人事部《企事业单位评聘专业技术职务若干问题暂行规定》有关具体问题的补充说明

（人职发〔1991〕17 号 1991 年 10 月 15 日）

各省、自治区、直辖市及计划单列市人事（劳动人事）厅（局）、职改办，国务院各部（委）、各直属机构人事（干部）部门：

各地在贯彻《企事业单位评聘专业技术职务若干问题暂行规定》（人职发〔1990〕4 号）和《〈企事业单位评聘专业技术职务若干问题暂行规定〉有关具体问题的说明》（人职发〔1991〕11 号），进行经常性评聘工作中，又提出一些具体问题，现补充说明如下：

一、凡达到离退休年龄而未办离退手续的全国政协委员中的高级专家、中国科学院的学部委员及正在带博士生的导师，突出贡献的优秀青年专业技术人员（35 岁以下晋升副教授、副研究员、副主任医师、高级工程师、高级农艺师和 40 岁以下晋升教授、研究员、主任医师的），博士后流动站合格的出站人员，经省、部级人事（职改）部门审定、核准，可不占单位的岗位限额。

二、各级评审委员会必须按系列重新组建，不能建立综合性评审委员会。中央部委的直属企事业单位的非主体系列一般不由部委组织评审，也不建立部委系统的评委会，应委托所在地方统一组织评审。国家机关行政领导一般不参加评委会。

由本单位人选组成的评委会，满足不了人职发〔1991〕8 号文规定的人数要求时，允许适当聘请一些外单位的同行专家。已离退的人员，原则上不宜再请他们担任评委。正高级专业技术职务评审委员会应全部由担任正高级职务的专家组成，可评审正副高级专业技术职务的任职资格；由副高级职务人员组成的评审委员会不能评审正高级专业技术职务的任职资格。

组建后的评审委员会按人职发〔1991〕8 号文件的要求，应及时向人事部和有关部门备案，收到后一个月内不作答复即可视为同意。不备案的评审委员会，其评审结果无效。

三、人职发〔1991〕11 号文件中关于“专业技术人员由于工作调动，在新的岗位试用期内可保留原职务工资”是指按劳人薪〔1987〕24 号文件精神，调动工作后，试用期内，可参考新岗位所属单位同类职务人员的工资水平确定其工资。

四、进行继续教育的目的是为了更新知识，提高专业技术人员的水平。而评聘专业技术职务，只能要求专业技术人员应达到什么水平。举办培训班（包括继续教育的培训班）不应与评聘、晋升专业技术职务挂钩。

五、参加资格考试接受培训，是根据自愿原则，因此培训费应由个人支付。同样，不参加培训也可参加资格考试。任何部门和单位都不得以资格考试为名，强制任何人接受任何形式的培训。另外，参加资格考试的报名费、考务费、试卷费等均由个人负担，企事业单位不承担此项费用。

六、凡是行使政府职能的机构不能评聘专业技术职务。对政企合一、政事合一的部门可以按以下原则掌握：尽可能从编制上和职能上划清政府和企事业单位的界限；若对于有双重职能的单位，明确是以哪种职能为主有困难，则只能靠一头，不能两头沾。以上范围划分后，由省、部级职改领导小组审核批准，报人事部备案。

七、对不具备规定学历人员进行的基础知识考试及评审高、中级专业技术职务任职资格需要进行的外语考试、考核，凡是已由省、自治区、直辖市按有关规定统一组织部署的，中央、国务院各部门所属单位的专业技术人员就地参加；省、自治区、直辖市尚未统一组织的，可由国务院各部门组织。

八、取得双学士学位和研究生班毕业的人员，在取得最后一个学位或毕业后即可定为助理级职务，再从事专业技术工作三年，可根据岗位的需要参加中级职务的考试与评审。

九、在技术工作岗位上的工人，必须先被聘用为干部方能评聘专业技术职务。同时，必须在结构比例内有专业技术岗位空缺。在任职期间履行专业技术岗位规定的职责，享受相应的专业技术职务的工资待遇。离开了专业技术岗位，不再履行其职责，相应的工资待遇同时取消。

人事部关于印发《关于全民所有制企业评聘专业技术职务工作的原则意见》的通知

（人职发〔1991〕18 号　1991 年 12 月 3 日）

各省、自治区、直辖市及计划单列市人事（劳动人事）厅（局）、职改办，国务院各部委、各直属机构人事（干部）部门：

现将《关于全民所有制企业评聘专业技术职务工作的原则意见》印发给你们，请结合本地区、本部门的实际情况贯彻执行。执行过程中遇到的问题，望及时告我部职位职称司。

关于全民所有制企业评聘专业技术职务工作的原则意见

为贯彻中央工作会议精神，落实《企业法》，增强国营大中型企业活力，提高经济效益，促进企业深化改革，逐步完善企业技术职务聘任制度，现对全民所有制企业专业技术职务评聘工作提出以下原则意见。

一、企业专业技术职务评聘工作是企业人事管理工作的重要组成部分，应与完善企业承包经营责任制，加强内部管理，推进企业人事、劳动、工资制度改革结合进行。各地区、各部门人事（职改）部门应区别不同企业的特点和经营管理水平，切实加强对企业专业技术职务评聘工作的指导和协调，帮助企业建立和增强自主管理和自我约束的内部机制，逐步完善企业专业技术职务聘任制度。

二、企业聘任专业技术职务，应引入竞争机制，实行择优聘任，竞争聘任，打破专业技术职务“终身制”，真正做到人尽其才，能上能下，能进能出，充分发挥专业技术人员的积极性、主动性和创造性。

三、各级政府人事职改部门不再采取下达职数的直接控制办法，实行结构比例的宏观控制。由企业在首次评聘后实际形成的结构比例内根据生产经营、科研设计、技术改造和技术开发等专业技术工作的实际需要，区分专业技术岗位的工作性质，评价工作内容的繁简难易、责任大小，合理地设置和调整专业技术职务岗位。个别企业如因工作需要提高首次评聘后的结构比例时必须经上级人事（职改）部门核准。在合理设置专业技术职务岗位的基础上，明确工作标准，落实岗位职责，建立健全岗位责任制，使专业技术人员做到事职相符，人适其职，责权利统一。

四、对三线军工企业和以专业技术人员为主体从事高科技开发、承担国家专项重点任务以及重点技术改造的老企业，设置的高、中级专业技术职务岗位的比例可略高于同类工交企业。

五、对企业所属医院、学校等事业机构，应参照社会同类事业单位的办法设置适当的专业技术职务岗位。其他非主体系列一般不设高级专业技术岗位。

六、在《经济专业人员职务试行条例》修订以前，应严格控制经济专业岗位的设置范围，一般只在决策层和管理层评聘高、中级经济专业职务，并限定其岗位职数和比例。对大型工交企业，高级经济专业岗位应控制在工程技术系列同级岗位数额的5%以内；中级经济专业岗位应控制在工程技术系列同级岗位数额的20%以内；中小型企业一般不设高级经济专业岗位，中级经济专业岗位应比大型企业更少。

七、企业单位的行政领导不兼任专业技术职务。具备担任专业技术职务的能力、业绩、资历、本专业（或相近专业）学历和相应外语水平等基本任职条件的，可以根据《关于职称改革评聘分开试点工作有关事项的通知》（人职发〔1991〕7号）精神，按照评聘分开的原则，由上级职改部门组织，通过规定的评审程序，评审相应的专业技术职务任职资格。少数企业单位的个别行政领导如有特别需要必须兼职的，应在限定的职数和结构比例范围内，履行所兼任职务的岗位职责，并报经企业主管部门和人事（职改）部门批准。

八、企业评聘企业技术职务应注重政治思想标准，着重考核专业技术人员履行岗位职责，解决生产、经营、科研、设计、工艺等实际问题的能力以及创造的效益及贡献，不宜过分强调论文、著作。企业中少数成绩优异、贡献突出，虽不具备职务试行条例规定的学历、资历条件的专业技术骨干，可由企业根据工作需要和实际业绩提出破格评审和聘任意见，经企业主管部门和人事（职改）部门同意后，按规定程序评聘相应的专业技术职务。

九、各地区、各部门可根据企业首次专业技术职务评聘工作的实际情况、自我控制能力和管理水平，按《关于重新组建专业技术职务评审委员会有关事项的通知》（人职发〔1991〕8号）精神，慎重地、有计划、有步骤地把高级工程技术职务评审权下放给具备条件的特大型工业企业，中级工程技术职务评审权下放给具备条件大型工业企业。对不认真执行国家有关专业技术职务聘任制规定的企业，上级主管部门、人事（职称）部门要加强督促、检查，直到收回评审权，暂停其评聘工作。

十、企业聘用制干部聘任专业技术职务，应在企业干部定岗、定编、定员和专业技术职务比例限额内，根据岗位空缺和工作需要，按试行条例规定的专业技术职务任职条件，评聘专业技术职务。任职期间享受相应的待遇，具体管理办法按《全民所有制企业聘用制干部管理暂行规定》（人法发〔1991〕5号）执行。

人事部关于印发《关于加强选拔优秀青年科技人员聘任高级专业技术职务工作的若干意见》的通知

（人职发〔1995〕2号　1995年1月13日）

各省、自治区、直辖市人事（劳动人事）厅（局）、职改办，国务院各部（委）、各直属机构人事（干部）部门：

现将《关于加强选拔优秀青年科技人员聘任高级专业技术职务工作的若干意见》印发给你们，请结合本地区、本部门的实际情况贯彻执行。执行中有什么问题和意见请告我部专业技术人员职称司。

关于加强选拔优秀青年科技人员聘任高级专业技术职务工作的若干意见

为加快青年高级科技人才的培养，鼓励事业和企业单位大胆选拔、聘任优秀青年人才，努力造就一批跨世纪学术和技术带头人，特提出以下意见：

一、各地、各部门人事（职改）部门要根据实际情况，对优秀青年科技人员聘任高级专业技术职务制定具体的、易于操作的办法，向担负基础性、高新技术、重大科研和生产项目的青年科技人员实行政策倾斜，主要对高教、科研、工程、农业、卫生等系列中30～45岁的人员聘任副高级和正高级职务实行专项管理。要制定重点学科、专业的人才评价、选拔、聘任规划，积极采取得力措施，调整和优化担任高级专业技术职务人员的年龄梯次结构。

二、要强化专业技术职务能上能下的竞争机制，大胆选拔聘任胜任工作的优秀青年。选拔专项管理范围内的青年人员担任高级专业技术职务，对业绩突出的，任职年限的要求可适当放宽。

三、要逐步提高高教、科研、工程、农业、卫生系列高级专业技术职务人员中青年人员所占的比例，大胆选拔35岁左右的优秀青年科技人员担任正高级专业技术职务。

（一）继续执行国办发〔1991〕14号和人职发〔1991〕17号等文件的有关规定，并健全备案制度。事业单位35岁以下人员聘任副高级职务、40岁以下人员聘任正高级职务，经各地、各部门人事（职改）部门核准，可不受上级核定的基层单位职务数额或结构比例限制，并报人事部备案。

（二）各地、各部门可根据实际情况，结合本地、本部门的优秀青年科技人员专项管理办法，在国家每年下达本地、本部门的总职数内定出一定比例，设置专项职数，解决35岁以下人员聘任副高级职务、40岁以下人员聘任正高级职务需要的职务数额。人事部将视该专项职数的设置和使用情况，在来年下达年度职数微调计划时适当增拨专业技术职务数额。

（三）人事部设置专项职数，用于全额预算和差额预算事业单位35岁左右优秀青年科技人员聘任正高级专业技术职务。

各地、各部门人事（职改）部门应将聘任高级专业技术职务的优秀青年科技人员情况汇总，填写本文件附件一和附件二。附件一于每年十二月底以前报送人事部，附件二经审核后，专项职数将下达各地、各部门。

四、高级专业技术职务聘任工作要有利于吸引和稳定较高学历层次、留学回国以及单位急需引进的优秀青年科技人才。在确定这些人员评聘高级专业技术职务的申报条件和其他任职基本条件时，应注重他们实际从事专业技术工作的经历，可以参考与其同期大学本科毕业的其他人员的资历条件。在审议他们的任职条件时，应着重考察其实际专业技术水平和业绩，参考他们在继续深造过程中，独立选题并研究取得的重大成果和突出成就。

五、各地、各部门人事（职改）部门应对专项管理范围内聘任高级专业技术职务的青年科技人员进行跟踪考核，加强培养。对在聘期内作出突出成绩、考核优秀的青年应及时表彰和奖励，积极宣传他们的业绩。对考核不称职的应及时解聘，空出的专项职数要用于其他符合条件的青年人员。

六、选拔优秀青年科技人员担任高级专业技术职务，是造就跨世纪学术和技术带头人、带动一代青年科技人员快速成长的一项承上启下的战略性工作。搞好这项工作，有利于破除论资排辈和解决“人才队伍年龄结构不合理”的问题，也有利于在全社会形成尊重知识、尊重人才的良好风尚。各地、各部门要把这一工作当做一件关系我国未来发展的大事来抓，认真研究和部署，保证其顺利、健康地进行。

七、各地、各部门人事（职改）部门应将制定的有关这一工作的专项管理办法抄报人事部。人事部将适时组织经验交流，并根据实施情况对有关的政策进行调整和完善。

人事部关于脱钩企业职称管理工作问题的通知

（人发〔1999〕105号 1999年9月9日）

各省、自治区、直辖市人事（人事劳动）厅（局），国务院有关部委、直属机构人事（干部）部门，企业集团及总公司：

根据《中共中央办公厅、国务院办公厅关于中央党政机关与所办经济实体和管理的直属企业脱钩有关问题的通知》（中办发〔1998〕27号）以及《中共中央办公厅、国务院办公厅关于印发〈中央党政机关金融类企业脱钩的总体处理意见和具体实施方案〉和〈中央党政机关非金融类企业脱钩的总体处理意见和具体实施方案〉的通知》（中办发〔1999〕1号）精神，为了保持脱钩企业专业技术人员管理工作的连续性，保证企业职称工作的正常进行，现就做好脱钩企业（包括金融类和非金融类）专业技术人员职称管理工作的有关问题通知如下：

一、党政机关与所办经济实体和管理的直属企业脱钩是党中央、国务院对国有企业管理制度改革的重大举措。各级人事职改部门要认真贯彻落实党中央、国务院的决定精神，采取切实可行的措施，努力为国有企业改革服务。在保持国家对企业职称改革工作宏观指导连续性的同时，确保脱钩企业有权自主设置专业技术职务岗位和职务等级，自主聘任专业技术人员职务。要积极帮助企业解决职称改革工作中的一些实际问题，促进脱钩企业职称改革工作顺利进行。

二、交由中央和地方管理的脱钩企业，其职称改革工作分别在人事部和省级人事职改部门的指导监督下，由企业自主实施。

脱钩企业按国家有关规定组建相应专业技术职务任职资格评审委员会，负责本企业人员专业技术职务任职资格评审工作。中央管理企业组建高级评审委员会，应报人事部备案，不具备组建评审委员会条件的专业，其任职资格由企业自行委托评审；移交地方管理企业组建评审委员会应报地方人事部门备案。

国家关于职称改革工作的政策和相关事项，对于中央管理的企业，由人事部负责通知；对于移交地方管理的企业，由地方人事部门负责通知。

三、国家鼓励和支持企业专业技术人员通过全国统一组织的专业技术资格考试取得相应的专业技术资格。脱钩企业人员参加全国专业技术资格统一考试，其组织工作按属地化原则，由当地考试管理部门受理。各地人事职改部门和考试组织实施机构应将考试工作的有关政策、信息以及安排及时通知辖区内的中央和地方管理的企业。

四、脱钩企业应严格执行专业技术人员执业资格制度，凡国家规定实行人员准入控制的专业技术领域的关键岗位，专业技术人员必须取得相应的执业资格后方能进入该岗位从事专业技术工作。

五、中央各部门所属科研机构转制为企业并与原主管部门脱钩的，其职称管理工作按照本通知精神执行；未与原主管部门脱钩的，仍按原管理办法执行。

人事部、卫生部关于加强卫生专业技术职务评聘工作的通知

（人发〔2000〕114号　2000年12月3日）

各省、自治区、直辖市人事厅（局）、卫生厅（局），国务院各部委、各直属机构人事（干部）部门，新疆生产建设兵团：

为进一步深化卫生专业技术职称改革工作，不断完善卫生专业技术职务聘任制，根据中共中央组织部、人事部、卫生部《关于深化卫生事业单位人事制度改革的实施意见》（人发〔2000〕31号）文件精神和国家有关职称改革的规定，现就加强卫生专业技

术职务评聘有关工作通知如下：

一、完善卫生专业技术职务评聘工作。要适应社会主义市场经济发展和医药卫生体制改革的需要，逐步建立专业技术职务能上能下、人员能进能出、待遇能高能低、人才合理流动、充满活力的用人机制，有利于优秀卫生专业技术人才脱颖而出，努力建立一支高素质的卫生专业技术人员队伍。要坚持按需设岗、按岗聘任、平等竞争、择优上岗，逐步建立政府宏观管理、个人自主申请、社会合理评价、单位自主聘任的管理体制。

二、加强结构比例管理，做好职务岗位设置工作。各地、各部门应按照人事部《关于事业单位专业技术职务实行结构比例管理的通知》（人发〔1999〕65 号）要求，结合本地区卫生医疗机构及其专业技术人员实际情况，合理确定各类卫生专业技术职务结构的比例。依据本单位的功能、规模、人员编制和承担的工作任务，认真做好高、中、初级专业技术岗位的设置工作，并明确不同岗位的职责、任职条件和任职期限。

三、进一步落实用人单位专业技术职务聘任权。各类卫生医疗机构根据实际工作需要，可成立以专家、行政领导和有关部门组成的聘任委员会，坚持公开、平等、竞争、择优的用人原则，根据岗位工作需要和条件，自主聘任专业技术职务。为确保医疗质量和水平，受聘人员必须具备与岗位职务相适应的任职资格和实际能力，对不具备规定学历、任职资格的人员，不能聘任。聘任专业技术职务时，聘用单位与受聘人员应遵循平等自愿、协商一致的原则签订聘任合同。明确双方的责任、权利和义务。

四、严格考核制度，切实加强聘任管理。各单位应不断完善考核方法，依据聘任合同的规定对受聘人员进行年度和聘期考核，建立适应卫生专业技术人员特点的德、能、勤、绩等考核要素，并将考核结果放入受聘人员的档案，作为续聘、解聘、晋升和奖惩等的依据。对业绩优秀人员予以奖励，对不胜任本职岗位的人员予以解聘或低聘。

五、确保卫生专业技术职务任职资格的评审质量。各地、各部门要按照人事部、卫生部制定的医、药、护、技各专业任职资格的评审标准和条件，不断完善评审办法，逐步推行行政部门指导下的社会化评价。要积极采取科学、先进的评价手段，本着公平、公开、公正的原则，提高评审质量，严格把关，采取必要的措施，防止和严肃查处评审工作的各种不正之风。

六、要加强高级评审委员会的管理。在各省、自治区、直辖市职称改革领导小组的领导下，由卫生行政部门会同人事行政部门，分专业组建卫生系列高级评委会（或评委库），经卫生部审批，报人事部备案后成立。原则上一个省市一个专业只组建一个相应级别的高级评委会（或评委库），对专业技术人员比较集中的地区是否增设高级评委会，由各地卫生、人事行政部门根据实际情况研究确定后报批。

中央各部门和中央管理的企事业单位，确需组建卫生系列高级评委会，由卫生部审批后组建，报人事部备案。卫生部负责组建医、药、护、技各专业相应级别的高级评委会，各地和中央各部门不具备组建高级评委会的专业，其高级专业技术职务任职资格，可由卫生部高级评委会评审。

七、逐步推行卫生专业技术资格考试制度。卫生系列医、药、护、技各专业的中、初级专业技术资格逐步实行以考代评和与执业准入制度并轨的考试制度；高级专业技术资格采取考试和评审结合的办法取得。

为了保证卫生专业技术资格考试工作的顺利实施和健康发展，人事部、卫生部决定成立卫生专业技术资格考评委员会，统筹组织、规划、实施卫生专业技术资格的考评和有关衔接工作。考评委员会办公室设在卫生部人事司，负责日常管理工作。

八、加强卫生专业技术职务评聘工作是卫生事业单位人事制度改革顺利实施的重要保障，是调整优化卫生专业技术人才结构的重要措施，是建设一支与我国现代化建设相适应的高素质卫生专业技术人才队伍的迫切需要，各地、各部门一定要切实加强领导，密切配合，相互支持，共同做好这项工作。

（三）资格评审

人事部关于职称改革评聘分开试点工作有关事项的通知

（人职发〔1991〕7 号　1991 年 4 月 25 日）

各省、自治区、直辖市及计划单列市人事（劳动人事）厅（局）、职改办，国务院各部委、各直属机构人事（干部）部门：

为便于各地区、各部门贯彻执行人事部《关于印发〈企事业单位评聘专业技术职务若干问题暂行规定〉的通知》（人职发〔1990〕4 号），进一步深化职称改革，现将评聘分开试点工作有关事项通知如下：

一、进行评聘分开试点工作，是为了进一步强化竞争机制，深化和完善专业技术职务聘任制度。研究探索少数专业系列实行职务聘任制，建立学术技术称号制度。

二、选择试点单位，只限于以下范围的人才密集单位：国务院各有关部委和各省、自治区、直辖市所属的高等院校、科研、设计单位；卫生部和各省、自治区、直辖市所属的卫生医疗机构；少数特大型、大型企业。

三、属于上述范围的试点单位，只在本单位主体系列在职人员的副高级职务层次实行评聘分开，即高等院校的副教授；科研、设计单位的副研究员、高级工程师；特大型、大型企业的高级工程师；卫生医疗机构中的副主任医师和副主任药师。

四、选择试点单位的条件是：

（一）领导班子团结，改革意识强，有开拓创新精神，工作有魄力；首次专业技术职务聘任工作成效明显；专业技术人员管理制度比较健全；具备自我约束、自我控制的能力。

（二）已经进行了定编定员工作，专业技术岗位设置明确和合理，并经上级人事、职改部门批准。专业技术岗位的设置范围、数量及职责已向专业技术人员公布。

五、确定试点单位的程序是：由符合上述条件的单位提出申请，经上级主管部门审核，报省、部人事、职改部门批准，同时抄报人事部。省、部属高等院校进行评聘分开的试点单位，经上级主管部门审核，在征得国家教委同意后，由省、部人事、职改部门批准，并抄报人事部。今年各省、自治区、直辖市和各有关部委原则上可选择十个事业单位和十个大型企业进行试点工作。

六、评审任职资格，必须严格执行国家颁布的各专业技术职务试行条例，硬化评审标准条件，严格考评方法和程序，确保评审质量，防止乱评滥评。目前评定任职资格的数量一般应控制在经上级人事、职改部门核定的同级专业技术岗位的15%以内，具体数额由省、部人事、职改部门审批。评审结果必须报人事、职改部门审核批准。

七、试点单位必须坚持专业技术职务聘任制的原则，切实加强对聘任工作的管理，严格区分任职资格与聘任职务的界限。任职资格只反映专业技术人员的学术技术水平，表明具备担任某一职务的学术技术水平和能力，不能与工资和待遇挂钩。职务是根据工作需要设置的，有明确的职责、限额比例和任职期限的岗位，由行政领导择优聘任，在任期内领取职务工资。获得任职资格未被聘任人员，不得以任何借口要求兑现工资待遇，对无理取闹者，人事、职改部门有权取消其任职资格。

八、各地区、各部门要加强对评聘分开试点工作的领导。对首次评聘工作已实行评聘分开的单位，进行一次认真的检查。凡符合上述要求，搞得好的单位，可予以认定，进一步完善健全制度。对一些以评聘分开为由，任意扩大评聘范围，放宽条件，降低标准的，要令其停止并取消其评审的资格，问题严重的应追究领导责任。

九、实行评聘分开的试点单位，要进一步加强对专业技术人员的考核。通过严格的考核，真正做到择优聘任、竞争聘任、优上劣下。对获得任职资格、因岗位已满不能受聘的中青年骨干，要鼓励他们到需要人才的地区或单位任职。也可以实行有领导、有组织地到需要人才的单位去兼职。

人事部关于重新组建专业技术职务评审委员会有关事项的通知

（人职发〔1991〕8号　1991年4月25日）

各省、自治区、直辖市及计划单列市人事（劳动人事）厅（局）、职改办，国务院各部委、各直属机构人事（干部）部门：

为进一步加强和改善专业技术职务评审委员会的工作，保证专业技术职务评聘工作经常化的顺利进行，确保评审质量，现对有关评审委员会组织和工作程序事项通知如下：

一、首次专业技术职务评聘工作完成以后，各地区、各部门应根据人事部《关于印发〈企事业单位评聘专业技术职务若干问题暂行规定〉的通知》（人职发〔1990〕4号)的要求，按系列重新组建评审委员会。今后，各地区、各部门不设置综合性的评审委员会，各系列评委会不评审本系列以外的专业技术职务。高级评审委员会由各省、自治区、直辖市及各部委人事（职改）部门批准组建，并报人事部备案。中、初级评审委员会由上一级人事（职改）部门批准组建。

二、高教、科研、卫生、工程等系列，应在评委会下按学科、专业设置若干评审组，负责审查被评审人的申报材料，对被评审人的业绩、成果（含著作、论文）等进行评估，确认被评审人的专业技术水平，向评委会推荐评审人选。被评审人要由学科组推选的两名以上专家进行审查、评估业绩成果，不得自找专家审查、评估。

三、评委会委员应由具有较高学术技术水平、作风正派、办事公道，群众公认的专家组成。其中，中青年专家一般应占三分之一。高级评委会一般由二十五人以上组成，委员应具有本专业的高级职务。中级评委会一般由二十人以上组成，委员应具有本专业中级以上职务，具有本专业高级职务的委员不少于二分之一。初级评委会应由本专业中级以上职务者组成。

四、各级评委会委员应在民主推荐、协商的基础上，经相应职改部门批准产生。行政领导一般不参加评委会。评委会委员名单在本期评审工作完成以前不对外公布。

五、要有计划、有步骤地把评审权下放给具备条件的基层单位。具体条件是：本单位专业岗位设置和专业技术职务结构比例已经上级主管部门批准，有比较健全的评审制度，领导班子及专业技术队伍素质较好，有足够的评审委员会委员人选。

高等学校教授评审权的授予，由各省、自治区、直辖市和各部委教育主管部门提出，各省、自治区、直辖市和各部委职改领导小组审核，国家教委批准。

高等学校副教授评审权的授予，由各省、自治区、直辖市和各部委教育主管部门提出，经国家教委同意后，由各省，自治区、直辖市和各部委职改领导小组批准；科研、工程、农业，卫生系列高级职务评审权的授予，地方所属单位，由单位提出申请，各省、自治区、直辖市系列主管部门审查，各省、自治区、直辖市职改领导小组批准；各部委所属单位，由单位提出申请，各部委主管部门审查，职改领导小组（或部委领导集体）批准。其他系列高级评委会应由各省、自治区、直辖市和各部委负责组建，一般不再下放评审权。

六、本单位不具备评审条件的，可以委托其他具有相应评审权的地区、部门或单位的评委会评审。国务院各部门驻地方的直属单位非主体系列一般委托当地的有关评委会组织评审。委托评审的程序是：由本单位提出，上级人事、职改部门批准并出具委托评审的证明函。高级职务委托评审须各省、自治区、直辖市和各部委人事、职改部门出具委托函，中级职务委托评审由县（处）级以上的人事、职改部门出具委托函，单位之间或个人委托评审无效。

经批准需要兼任专业技术职务的基层单位领导人（含正、副职）不在本单位评审，他们的专业技术职务任职条件，由上级职改部门负责委托评审。

七、各地区、各部委职改部门应制定具体措施，切实加强对评委会工作的监督检查。对不能保证评审质量的评委会，应视情况停止其工作、宣布评审结果无效、直至收回评审权。对首次评聘工作中已经授予评审权的单位，应按上述办法和条件，重新审批组建。

八、评委会实行任期制，每届任期一般两年左右。任期届满，应适当调整成员，每次调整人数不应少于三分之一，同时为保证评审工作的连续性，调整人数亦不应多于三分之二。

九、今后评聘专业技术职务不搞个人申报，由单位人事、职改部门根据考核结果进行推荐，对被评聘人员的业绩、成果、学历、资历、外语等基本条件进行审查核实后向评审组织提供有关的考绩档案和考核结论、材料以及群众的评价和反映。

十、评委会的评审工作必须坚持民主程序、走群众路线，提高评审工作的透明度和公开性。评审办法、评审条件、岗位数额等应向广大专业技术人员公布。对被评审人的学术、技术水平和业绩成果（含论文、著作）等基本情况广泛听取意见，然后组织一定范围、规模的答辩会，以测定被评审人的实际水平，作为评审的重要依据 。

十一、召开评审会议时，出席会议的委员人数，高级评委会不得少于十七人，中级评委会不得少于十三人。评委会在听取人事职改部门意见和学科组的评审意见的基础上进行评议，采用无记名投票表决，经出席会议委员三分之二以上通过方能有效。未出席评审会的委员不得投票或补充投票。

十二、评审结果必须由人事（职改）部门批准。个别评审不准确，群众反映意见较大的，应由单位领导提出，经职改部门同意后，由评委会进行复议。

十三、在评审评委本人及其亲属的专业技术职务任职条件时，该评委本人应主动回避或被告知回避。

十四、各级评委会收取评审费要严格执行国家有关规定。收费标准由各省、自治区、直辖市统一规定，并经当地物价部门批准后公布，自觉接受有关部门和广大群众的监督、检查。同时，抄报我部职位职称司。

附件：高级职务评审委员会委员备案登记表（略）

人事部关于高级职务任职资格评审委员会有关问题的通知

（人职发〔1992〕5 号 1992 年 5 月 12 日）

各省、自治区、直辖市及计划单列市人事（劳动人事）厅（局）、职改办，国务院各部委、各直属机构人事（干部）部门：

在贯彻人职发〔1991〕8 号、17 号文件过程中，一些地方和部门就重新组建高级职务任职资格评审委员会提出了一些问题。经研究，现将有关处理意见通知如下：

一、翻译、新闻、出版、播音、档案、图书资料、文物博物、工艺美术、船舶系列，各地、各部门按人职发〔1991〕8 号、17 号文件有关规定，具备组建高级职务任职资格评审委员会条件的，可重新组建；不具备组建条件的，由我部委托有关部门组建评委会进行全国统一评审，具体办法是：

1. 翻译系列：由国家外文局牵头，中央编译局、外专局、外交部等单位参加，组织成立全国翻译系列高级职务任职资格评审委员会，负责翻译系列高级职务任职资格的评审工作。

2. 新闻、出版系列：由国家新闻出版署分别组织成立全国新闻、出版系列高级职务任职资格评审委员会，负责新闻、出版系列高级职务任职资格的评审工作。

3. 播音系列：由广播电影电视部组织成立全国播音系列高级职务任职资格评审委员会，负责播音系列高级职务任职资格的评审工作。

4. 档案系列：由国家档案局组织成立全国档案系列高级职务任职资格评审委员会，负责档案系列高级职务任职资格的评审工作。

5. 图书资料系列：由文化部组织成立全国图书资料系列高级职务任职资格评审委员会，负责图书资料系列高级职务任职资格的评审工作。

6. 文物博物系列：由国家文物局组织成立全国文物博物系列高级职务任职资格评审委员会，负责文物博物系列高级职务任职资格的评审工作。

7. 工艺美术系列：由轻工业部组织成立全国工艺美术系列高级职务任职资格评审委员会，负责工艺美术系列高级职务任职资格的评审工作。

8. 船舶系列：由交通部组织成立全国船舶系列高级职务任职资格评审委员会（渔业船舶由农业部组织），负责船舶系列高级职务任职资格的评审工作。

送交全国统一评审的条件和程序是：本地、本部门经过批准已进入经常性的评聘工作；报评的专业技术职务必须有设定的空缺岗位，并经过省、部级职改部门批准，被推荐评审的专业技术人员必须经过本单位考核，成绩优秀，对其业绩成果进行了审核认定，并经省、部级职改部门审查同意后才能上报。有关具体实施办法由我部委托的部门制定。

二、其他系列按不同情况办理：

1. 凡首次评聘中被授予教授或副教授评审权的部属高等院校，重新组建的评委会，经国家教委批准，报人事部备案后，授予的评审权继续有效。

2. 各部委（总公司）首次评聘中有高级职务任职资格评审权的系列，按人职发〔1991〕8 号、17 号文件规定，具备组建条件的，可重新组建高级职务任职资格评审委员会，报人事部备案后，再进行评审工作。首次评聘中委托地方进行高级职务任职资格评审或不具备组建高级职务任职资格评审委员会条件的，仍可进行委托评审。

三、各地、各部门要认真执行人职发〔1991〕8 号文件的报批程序，未经批准或备案的评委会，评审结果无效。

四、评委会收取评审费，应严格按人职发〔1991〕8 号文件中的规定办理。

国家教委办公厅、人事部办公厅关于高等学校 1970—1976 年入学的毕业生有关问题的通知

（教学厅〔1993〕4 号　1993 年 3 月 6 日）

各省、自治区、直辖市教委、高教（教育）厅（局）、人事（劳动人事）厅（局）、职改工作部门，国务院各部委教育司（局）、人事（干部）司（局）：

现将普通高等学校 1970—1976 年入学的毕业生有关问题通知如下：

一、对于 1970—1976 年进入普通高等学校的大学生，他们的学制当时规定“普通班暂为二至三年”、学习期满毕业时已由学校颁发了毕业证书，国家承认其学历为大学普通班毕业。近期，一些院校自行为这批毕业生重新开具学历证明或换发毕业证书，这种做法不妥，应予制止。在此之前已开具的学历证明或换发的毕业证书无效。

二、由于“文革”的特殊原因，这批毕业生当时仅在工资上规定相当于大学专科毕业生待遇，而没有明确是本科或专科，现在也不宜重新明确。在评定高级专业技术资格或聘任专业技术职务时，对于一些在专业技术工作中，业绩突出，水平、能力达到国家规定的高级专业技术资格条件的人员，可以按照有关规定申报、评审。

请你们按隶属关系将此通知转发至高等学校或所属有关人事（干部）部门。

人事部关于印发《专业技术资格评定试行办法》的通知

（人职发〔1994〕14号 1994年10月31日）

各省、自治区、直辖市及计划单列市人事（人事劳动）厅（局）、职改办，国务院各部（委）、各直属机构人事（干部）部门：

我部会同有关部委制订的中、高级专业技术资格评审条件已经陆续颁布。为规范评定组织、统一评定程序、保证评定质量，现将《专业技术资格评定试行办法》印发给你们，请遵照试行。

实行专业技术资格制度，是深化职称改革的一项重大措施，必须有领导、有步骤地在国家确定实行专业技术资格的专业范围内，按照颁发的中、高级技术资格评审条件，积极稳妥地进行专业技术资格的评定。

各地各部门在试行中有什么问题和意见，请告我部专业技术人员职称司。

专业技术资格评定试行办法

一、总 则

第一条 为适应社会主义市场经济的发展，贯彻实施科学技术进步法，保证客观、公正、准确地评定科技人员的中、高级专业技术资格（即职称，下同），为用人单位科学、合理地使用人才提供服务，制订本办法。

第二条 专业技术资格是学术技术水平的标志，一般没有岗位、数量的限制，不与工资等待遇挂钩，可作为聘任专业技术职务的依据。国家通过制定标准条件，实行宏观控制。

第三条 人事部会同有关主管部门制定、颁发的中、高级专业技术资格评审条件，是评定科技人员是否具备相应专业技术资格的标准。

第四条 专业技术资格评定实行分级管理，由政府人事（职改）部门授权组建具有权威性、公正性的跨部门、跨单位的同行专家组成的评审组织，按照颁布的标准条件和规定程序对申请人进行评价。

第五条 凡申请评定专业技术资格的人员，均适用本办法。按照本办法取得专业技术资格的人员，由政府人事（职改）部门颁发资格证书。

二、组 织

第六条 专业技术资格评审委员会（下称评委会），是负责评审科技人员是否符合相应资格条件的组织。评委会按评审条件划分的专业组建。一般性专业正高级评委会由有关部委或具备组建条件的省、自治区、直辖市人事（职改）部门提出申请，人事部批准组建；副高级评委会由人事部授权具备组建条件的有关部委或省、自治区、直辖市批准组建，报人事部备案；中级评委会的组建由省、自治区、直辖市人事（职改）部门参照上述原则决定。特殊

性专业中、高级评委会由人事部授权国务院行业主管部门组建。（授权办法见附件1）

第七条 评委会由十一名以上同行专家组成，并应有一定比例的中青年专家。评委会设主任委员一人，副主任委员一至二人。根据需要，可按分支专业组成若干评议组。评议组有推荐、建议权，但不是一级评审组织。

第八条 申请授权组建有关专业高级评委会的地区必须同时具备下列条件：

1. 该专业在国内有较高的知名度，能代表国家水平；
2. 本地区有条件聘请足够数量的评审委员；
3. 人事（职改）部门有能力承担专业技术资格评审管理工作。

第九条 高级评审委员会的聘请，根据评审工作的实际需要，考虑不同专业的研究层次、分支学科的覆盖面、地区和部门的分布以及评委的年龄结构加以确定。具体条件由人事部会同有关部委提出。

正高级评审委员由人事部会同行业主管部门遴选、聘请并颁发聘书；副高级评审委员由省、自治区、直辖市人事（职改）部门会同有关专业主管厅（局）遴选、聘请并颁发聘书。每届聘期一般为一至三年。

中级评审委员应具有本专业中级以上专业技术资格或职务，其中具备本专业高级专业技术资格或担任高级专业技术职务的委员不少于二分之一。具体组建条件和评委条件，由各省、自治区、直辖市人事（职改）部门会同专业主管厅（局）参照上述要求制定。

第十条 资格评定办事机构设在被授权的人事（职改）部门，负责受理申请，组织评审，接受咨询等日常工作。

第十一条 未经授权组建评委会的地区，应委托已经授权的地区评审。高级资格委托评审须经所在省、自治区、直辖市人事（职改）部门出具委托函，中级资格委托评审须经地（市）级人事（职改）部门出具委托函。

第十二条 专业技术资格评定的专业、级别和申报时间、地点，由人事（职改）部门向社会公布。

三、申　请

第十三条 申请评定专业技术资格的人员必须遵守中华人民共和国宪法和法律，具备良好的职业道德和敬业精神，符合各专业中、高级技术评审条件所规定的申报条件。

第十四条 申请专业技术资格评定的人员应在规定的时间内，向相应资格评定办事机构或其指定的代办机构提出申请（也可由单位办理集体申请），填写《专业技术资格评定表》（格式见附件2）。申请人在办理申请的同时，提交经本单位确认无误的本人学历、专业经历证明，外语考试成绩和反映本人专业技术水平的业绩材料及相应证明文件的原件或复印件，其中包括能够代表本人专业技术水平的论文、著作、译作和设计、技术报告等科学技术成果。

四、审　核

第十五条 专业技术资格评审材料的收受和审核工作由相应资格评定办事机构负责。对材料不完整、填写不清楚的，可通知申请人在限定时间内补办。发现弄虚作假行为，取消申请人评定资格，两年内不予受理申请，并视情节追究所在单位或有关人员的责任。

第十六条 提交评委会的评审材料，应盖有资格评定办事机构同意送评的印章和负责人的签章。

五、评 定

第十七条 资格评审的基本程序是：

1．资格评定办事机构在评审会议前十五天将有关材料分别送达评审委员。

2．评议组根据各专业技术资格的标准条件对申请人申评材料进行初审，包括必要的考核、答辩等，测定其实际水平，并写出初审意见。不设评议组的，由评委会委员分工负责上述工作，对每个申请人的考核、答辩每次必须有三名以上委员出席进行。

3．每次参加评审会议的委员不少于九人，会议由主任委员或副主任委员主持。先由评议组或初审委员介绍初审意见，然后在民主评议的基础上进行无记名投票表决。赞成票数达到出席会议评委总数的三分之二通过有效。

4．会议结束时，评委会应在《专业技术资格评定表》中写明评审结论，由主任委员或副主任委员签字，并加盖评委会印章。

评委会应建立会议记录制度。记录内容包括开会日期、出席评委、会议议程、评审对象、评委发言摘要、投票结果等。记录要有会议主持人及记录人签名，并做好归档保密工作。

第十八条 评委会应遵循“公正、准确、保密”的原则，严格掌握标准条件，保证评审质量。在评审评委亲属的专业技术资格时，该评委应主动回避或被告知回避。

第十九条 评委会评审结果由相应人事（职改）部门审批。资格评定办事机构应在评审工作结束后一个月内，将经审定的评定结果通知申请人。获得专业技术资格的人员应在规定时间内持评定结果通知书，到资格评定办事机构或其指定的代办机构办理《专业技术资格证书》。

六、监 督

第二十条 授权部门对授权组建评委会的地区和单位的评定工作实施监督、检查，受理举报、申诉并负责核查和裁定。

第二十一条 对违反评审程序和规定的评委会或委员，人事（职改）部门视情况停止其工作，宣布评审结果无效，直至收回评审权或取消评委资格。

七、费 用

第二十二条 资格评定按照勤俭节约的原则，合理收费。费用由申请人支付，并在申请评定的同时交纳。

收费标准要严格执行国家有关规定，由省、部级人事（职改）部门提出，报当地财政、计划（物价）部门审批。审批通过的收费标准应向社会公布，接受广大群众和有关部门的监督。收取费用只限于评定事务开支，不得挪作他用。

八、附 则

第二十三条 本办法自发文之日起执行，由人事部负责解释。

附件：1．关于组建高级评委会的授权办法

2．专业技术资格评定表（略）

3．专业评委会委员审定登记表（略）

4．专业副高级评委会备案登记（略）

附件 1

关于组建高级评委会的授权办法

根据《专业技术资格评定试行办法》的规定，为规范评定组织，保证评定质量，现就组建高级专业技术资格评委会（下称评委会）的授权办法规定如下：

一、各专业高级专业技术资格评委会的授权工作，由人事部在征询有关主管部门意见的基础上，按照《专业技术资格评定试行办法》第八条，即授权地区必须同时具备的三个条件审核确定。为保证评审组织的权威性和规范性，人事部对组建高级专业技术资格评委会将建立严格的批准、备案制度，凡批准组建的正高级评委会均履行批复手续，对备案的副高级评委会正式函复，并予以公布。

二、具备聘请足够数量合格的评审委员，是申请组建相应评委会的前提，也是决定可否授权的重要依据。高级（含正、副高级）评委会委员必须具备的基本条件是：

1. 从事本专业工作一般 15 年以上（含就读研究生时间），担任过高级专业技术职务，符合本专业相应级别高级专业技术资格条件；

2. 学术造诣深，知识面广，在本专业同行专家中有较高的知名度，熟悉本专业的国内外最新技术现状和理论研究动态；

3. 有丰富的实践工作经验，全面掌握本专业有关的技术标准、技术规范和技术规程，参加过省部级以上成果评估、项目鉴定或有解决重大、疑难技术问题的经历；

4. 政策观念强，作风正派，办事公道，能认真履行职责，自觉遵守职业道德和评定纪律，热心资格评定工作；

5. 具备完成资格评定工作的能力，在聘期内有参加评定工作的时间和精力。

三、授权组建高级专业技术资格评委会的范围只限于实行专业技术资格制度，并已颁发专业技术资格条件的专业。按本办法组建资格评审委员会后，原任职资格评审委员会即停止工作。

四、在符合组建条件的前提下，各省、自治区、直辖市（北京除外），原则上每个专业分别只设正、副高级评委会各一个。选聘一般性专业高级评委会委员时，应掌握同部门、同单位的评审委员原则上不超过三分之一。部委所属驻地方单位需要组建一般性专业副高级评委会的，经人事部批准可以作为专业评审点开展工作，选聘评委时一般也应按照同单位的评审委员不超过三分之一的原则执行。

五、申请组建正高级评委会或进行副高级评委会备案，均应有正式报告。报告除包括申报专业在本地区的规模，高中级专业技术人员的数量等情况外，申请组建正高级评委会应同时报送评审委员审定表；申请组建副高级评委会应同时报送评委会备案表。

六、获得高级评委会组建权的部委或省、自治区、直辖市只限在授权的相应专业和级别内开展评审工作。其中，正高级评委会可以评审同专业副高级专业技术资格；各专业评委会其分支专业的评审权需要区分的，人事部授权时予以明确。

七、各单位根据专业技术资格评定的基本程序要求，结合本地区、本部门实际具体组织实施。各专业高级评委会的组建工作，不搞一刀切，成熟一个组建一个。

人事部专业技术人员职称司关于转发国家教委教成厅〔1995〕15号文件的函

（人职司函〔1995〕81号 1995年10月27日）

各省、自治区、直辖市人事（人事劳动）厅（局）职称处、职改办，国务院各部委人事职改部门：

现将国家教委办公厅《关于重申党校学历不应等同于国民教育学历的复函》（教成厅〔1995〕15号）转发给你们，请在职称工作中掌握执行。

国家教委办公厅关于重申党校学历不应等同于国民教育学历的复函

（教成厅〔1995〕15号 1995年7月31日）

北京市成人教育局：

你局京成教高字〔1995〕第025号来文收悉。现就党校学历与国民教育学历问题，重申如下：

一、根据中央有关文件规定，党校学历不应等同于国民教育系列的学历。

二、党校学历不作为报考国民教育系列专科升本科和研究生教育的学历依据。

请遵照执行。

人事部、国家教委关于北京大学、复旦大学1989至1991级学生毕业参加工作后评聘专业技术职务有关问题的通知

（人职发〔1995〕158号 1995年12月18日）

各省、自治区、直辖市人事（人事劳动）厅（局）、科技干部局，国务院各部委、各直属机构人事（干部）部门：

北京大学、复旦大学1989至1991级学生入校后，先到军队院校进行一年军政训练，第二年再回本校按专业进行正常学习。关于这批学生毕业参加工作后评聘专业技术职务的有关问题，现通知如下：

一、毕业参加工作后，根据有关系列专业技术职务试行条例的规定，认定其专业技术职务。

二、初次认定专业技术职务后，再晋升上一级专业技术职务时，对其任职年限的要求可较相应系列专业技术职务试行条例要求的任职年限减少一年。

三、凡经国家教委批准，入学后到军队院校集中一年时间进行军政训练的学生，在评聘专业技术职务时，均按本通知规定办理。

人事部关于重申离退休人员不再评审专业技术职务任职资格的通知

（人发〔1997〕30号　1997年3月24日）

各省、自治区、直辖市人事（人事劳动）厅（局）国务院各部委、各直属机构人事（干部）部门：

据反映：近来有些地区的个别社会团体自行在离退休人员中开展“高级专业技术资格”的评审，这种做法违反了职称改革工作现行的政策规定，也不符合深化职称改革的方向，引发了一些矛盾，各地人事（职改）部门应引起重视。为此，特作如下通知：

一、对已离退休的人员，不再评审专业技术职务任职资格。对达到离退休年龄的专业技术人员，除个别确因工作需要，按有关文件规定延缓办理离退休手续的以外，不再评定专业技术职务。

二、社会团体未征得省级人事（职改）部门同意，无权组建高级评审委员会。凡不符合国家职称改革政策规定和未经人事（职改）部门批准同意组建的评审委员会，所评审的结果一律无效，人事（职改）部门不予认可，不兑现工资待遇。

三、要充分重视发挥离退休干部特别是离退休专业技术人员的作用，搞好第二次人才资源开发，通过返聘、人才市场等为他们参加两个文明建设和培养人才积极创造条件。对已评定专业技术资格的单位和离退休人员，要耐心细致地做好宣传解释工作。

四、由于职称改革工作政策性强，涉及面广，影响面广，关系到各类人员的切身利益，职称工作的行政管理属于人事（职改）部门和系列主管部门的职能范围，有关重大政策措施还必须经党中央、国务院批准。各地区、各部门在具体工作中，要注意与职称改革方案相衔接，防止增加新的改革难度。要加强对职称工作的宏观管理，为方案出台实施创造良好的环境和条件。

（四）其 他

人事部关于农民技术人员职称评定问题的通知

（人职发〔1991〕2号 1991年2月6日）

各省、自治区、直辖市及计划单列市人事（劳动人事）厅（局）、职改办：

根据《国务院关于依靠科技进步振兴农业加强农业科技成果推广工作的决定》，（国发〔1989〕78号）关于在技术培训中成绩和水平突出的农民可评定相应的技术职称的精神，现就农民技术人员职称评定有关问题通知如下：

一、农民技术人员职称评定和晋升工作对于提高农民科学文化素质，进一步调动广大农民学科学、用科学的积极性，为农村培养大批熟悉基层情况，富有实践经验养得起留得住的技术骨干，开展科技兴农有重要意义。

二、农民技术人员职称评定和晋升工作与国营企事业单位的职称改革、实行专业技术职务聘任制是两个不同范围的事，必须明确划分，不能混淆。各级人事职改部门对农民技术人员职称评定工作应予以支持。

三、农民技术人员职称评定和晋升的范围必须严格限于农民（含在乡镇农技服务组织工作的农民）。在农业第一线工作属于国营企事业单位的正式职工（包括停薪留职的职工）不得参加农民技术人员职称的评定，两者所评职称不能相互套改或转换。

四、被评定的农民技术人员，按有关规定不与工资挂钩，不列入国家编制。各级政府有关业务部门可根据工作需要择优聘用。

国家教委、人事部关于中小学教师职务聘任工作中有关问题的通知

（教人〔1991〕8号 1991年2月25日）

各省、自治区、直辖市教委、教育厅（局）、人事厅（局），国务院有关部委人事（教育）司（局）：

在人事部《企事业单位评聘专业技术职务若干问题暂行规定》（人职发〔1990〕4号）下发后，有些地区就中小学教师《专业合格证书》是否可继续作为中小学教师评聘职务的参评条件等问题请示国家教委和人事部，经研究，通知如下：

中小学教师《专业合格证书》是国家教委对不具备国家规定学历的中小学教师经过严格统一考试合格后颁发的一种证明。上述中小学教师《专业合格证书》与人事部人职

发〔1990〕4 号文件中所指的培训班颁发的专业证书不同，今后仍可作为评聘教师职务时，视同相当学历的参评条件。

小学教师具有高中毕业学历，在补学教育学和心理学合格后，应视为具有小学教师的合格学历。

国家教委、人事部关于印发《关于高等学校继续做好教师职务评聘工作的意见》的通知

（教人〔1991〕20 号　1991 年 4 月 10 日）

各省、自治区、直辖市教委、高教（教育）厅（局）、人事（职改）部门，国务院有关部委教育（人事）司（局），委属高等学校：

现将《关于高等学校继续做好教师职务评聘工作的意见》印发给你们，请遵照试行。

关于高等学校继续做好教师职务评聘工作的意见

高等学校首次实行教师职务聘任制的实践证明，高等学校职称改革的方向是正确的，并取得了初步成效。当前高等学校教师职务评聘工作，应作为人事管理工作的一部分，在首次职务评聘工作总结和复查的基础上继续进行，并不断完善。为此，根据国家人事部《企事业单位评聘专业技术职务若干问题暂行规定》，结合高等学校的实际情况，现提出以下意见：

1．高等学校主管部门和高等学校，要从学校事业发展、学校教师队伍建设和学科建设出发，按照当前高等教育优化结构、提高水平的要求，结合学校实际情况，提出切实可行的继续做好教师职务评聘工作的措施和办法，使这一工作有利于激励广大教师教书育人的积极性，有利于加强学科改革和建设，提高教育教学质量，有利于提高教师的政治和业务素质，建设一支又红又专的结构合理的高等学校教师队伍。

2．学校党委和行政要加强对教师职务评聘工作的领导，根据国家有关高等学校教师职务评聘工作的方针、政策，讨论决定学校贯彻实施的措施和办法，把握好教师职务评聘工作的正确政策导向和思想政治方向。学校各级党组织应认真做好教师职务评聘工作中的思想政治工作，要与行政部门共同做好对拟评聘教师的思想政治、职业道德及教书育人等方面的考核，并将教师在这些方面的实际表现和取得的成绩作为评聘教师职务的重要条件。

教师职务评聘工作要严格掌握思想政治条件。对于那些思想政治表现、教书育人好，又红又专的教师要优先评聘。对于不能坚持四项基本原则，职业道德差，不能为人师表的教师不予评聘，已经聘任的，应进行教育帮助；对顽固坚持资产阶级自由化立场的要取消其教师任职资格，并调离教师岗位。

3. 各地高教行政部门、有关部委及高等学校，要根据首次评聘工作的情况，重新组建教师职务评聘组织。教师职务评审组织成员应由坚持四项基本原则，作风正派，教书育人成绩优良，办事公道，学术造诣深，群众信得过的学者、专家担任。人员组成要能保证党的方针政策的贯彻执行。各级评审组织成员应在发扬民主、广泛征求群众意见基础上产生，并注意增加中青年高级职务人员的比例。德育、马克思主义理论课（公共课）教师职务评聘组织应予单设。

4. 各地高教行政部门、有关部委及高等学校在评审教师职务任职资格时，要根据《高等学校教师职务试行条例》继续采取评审与考核结合的办法，既要评审教师的学术水平，更要考核教师任现职期间履行职责所取得的工作实绩。要坚持思想政治条件与业务条件并重，要根据学科特点，正确处理教学与科研，理论与实践的关系。要采取有力措施，努力克服在教师职务评审和考核中，忽视对思想政治表现、教学工作和理论联系实际等方面要求的问题。各级评审组织一定要严格掌握标准，保证评审质量，不得以任何理由扩大评审范围、降低评审条件。评审的教授、副教授应报上级人事（职改）部门备案。

5. 不同类型和层次的高等学校承担着不同的任务，具有不同的特点，因而执行《高等学校教师职务试行条例》时，应该区分类型和层次，制订相应的各级教师职务任职条件的具体要求。这些要求要有利于不同类型和层次学校的正确发展。理工科院校要鼓励教师参加生产实践，为国民经济建设服务；农林院校要强调教师为我国农林科学技术的发展和推广农林科技成果服务；师范院校要强调教师进行教育教学工作的科学性、艺术性、示范性，教书育人和教学法研究（包括中小学教学教法方面）；医学院校要鼓励教师参加医疗卫生实践；而文科的教师要看能否坚持学科领域的马克思主义方向，参加社会实践，理论联系实际，为两个文明建设服务并产生良好的社会效益。专科院校应重在专业实践能力和生产技术应用上。国家教委将组织一些不同类型和层次的高等学校进行试点，以便制订出更为合理，符合不同类型和层次高等学校特点的规定。

6. 高等学校要认真做好教师职务的考核工作。学校的教师考核工作应体现正确的政策导向。工作实绩应作为考核的重要内容，并将考核成绩作为教师评聘、晋职的重要依据，考核成绩优良者才能晋职，对教师的考核应依据他们的不同工作岗位、所承担的不同任务而有所侧重。考核的政策，要促进教师既教书又育人，要有利于教师担任教学工作，促进优秀的教师上教学第一线，特别是上基础课、公共课，要有利于本、专科生教学。要加强和改进对教师课堂教学及其他教学环节的考核工作。对以教学为主的教师（如公共课、基础性课教师），应着重考核其教学质量、教学效果及在教学改革、教学法研究方面的成绩；对以科研工作为主的教师，除也须考核教学成绩外，着重考核其科研工作能力、学术水平及其在学术上、国民经济建设中的作用；对主要承担科学技术推广任务的教师，应着重考核其产生的经济效益和社会效益。

7. 高等学校应建立和完善教师考核制度，建立和管理好考绩档案。要将平时考核与定期考核结合起来，平时表现与在重大政治事件中的表现结合起来，定性考核与定量考核结合起来，努力做到全面、公正、客观、实事求是。此外，对青年教师还应把近年来参加社会实践情况作为重要考核内容。

8. 高等学校应在主管部门核定的岗位职务数额内评聘教师职务。因自然减员、人员调动、解聘等出现岗位空缺时，学校可以根据工作需要进行补缺聘任。由于事业发展及破格评聘优秀中青年拔尖人才等原因或其他特殊原因，需要增设教师职务岗位及因此所需的增资指标，须由学校主管部门报省、部级人事（职改）部门批准。

9. 要加强教师职务聘任工作的宏观管理。学校主管部门和高等学校要进一步做好所属学校的定任务、定规模、定编制等基础工作。同时要认真研究和抓好教师职务岗位的设置工作，要根据学校学科工作需要设置和调整教师职务岗位。在此基础上国家教委和学校主管部门要逐步采取控制教师职务结构比例等办法加强对高等学校教师职务聘任工作的宏观管理。

10. 高等学校教师职务评聘工作要有利于今后5至10年内解决高级职务教师年龄老化和新老教师交替问题。学校主管部门和高等学校要注意把评聘教师职务工作的重点放在解决学校急需的又红又专的中青年骨干教师上。学校主管部门和高等学校要认真解决国家批准的有突出贡献中青年专家的职务晋升及年龄在40岁以下教师晋升教授、35岁以下教师晋升副教授的问题，其所需的职务岗位数额由各地区、各部门专项下达，增资指标报人事部核认。同时也要注意解决1982年以来毕业的符合任职条件的青年教师晋升讲师的问题。

11. 国家教委成立优秀中青年拔尖人才高级职务特别评审组织，对因职务岗位数额及增资指标等原因所限不能得到评聘的国内外争夺的优异人才，可经学校主管部门批准，报送国家教委特别评审其任职资格，所需职务岗位数额和增资指标由国家教委会同人事部安排，学校可及时聘任他们担任高级职务工作。

12. 高等学校经批准，可以有计划、有步骤、稳妥地进行教师任职资格评审和职务聘任分开的试点工作，并且，目前只限于在职人员的副教授这一层次上进行。任职资格不与工资挂钩，对获得任职资格，因职务岗位数额限制而不能受聘相应职务的教师，要鼓励他们到校内外其他岗位任职。

高等学校评聘分开的试点工作，由省、自治区、直辖市和国务院有关部委教育主管部门提出，征得国家教委同意后，经省、自治区、直辖市和国务院有关部委人事（职改）部门批准；评审数量和评审结果报人事（职改）部门审核批准。学校主管部门应将实行评聘分开试点的学校名称和评审副教授任职资格而不聘任副教授职务的教师数量报国家教委和人事部备案。

13. 高等学校教师应认真执行国务院有关离退休的规定，已达到离退休年龄的教师，应办理离退休手续。除个别确因工作需要，严格按照有关规定经批准延缓办理离退休手续的高级职务教师外，不再评聘教师职务。按照中发〔1989〕4号文件的有关精神，考虑到哲学社会科学的某些专业的教师队伍已出现的青黄不接状况，当前对那些坚持马克思列宁主义立场、有真才实学、身体条件尚能工作的教师，应根据需要，经过批准，适当延长其离退休年限，不要用一刀切的办法，简单从事。

14. 高校主管部门和高等学校要研究和总结首次评聘工作中的聘任工作经验和办法，认真抓好教师职务的聘任工作，并不断加以完善。要坚持德才兼备、择优聘任的原则，努力改变目前存在的某些忽视聘任工作的倾向。学校可以试行缓聘、低聘、解聘教师，教师也可受聘和不应聘。凡取得任职资格后应聘的教师的职务工资，一律从聘任的下月起，分别按有关工资的规定和标准计发。教师聘任期届满，经聘任双方协商，可以续聘或延长聘任期限。聘任双方无正当理由，不得中止聘任关系。解聘或中止聘任一方应当提前以书面形式通知对方。聘期届满，经考核不合格未被聘任的，其因晋升职务增加的工资至少下调一级。

经主管部门批准，学校可向社会公开招聘德才兼备的教师。

15. 高等学校教授任职资格评审权的授予，由省、自治区、直辖市和国务院有关部委教育主管部门提出，省、自治区、直辖市和国务院有关部委职改领导小组审核，国家教委批准。高等学校副教授任职资格评审权的授予，由省、自治区、直辖市和国务院有关部委教育主管部门提出，经国家教委同意后，由各省市、各部委职改领导小组批准。

国家教委将对已有教授或副教授任职资格评审权的学校行使权利的情况进行检查。少数地方、部门未按规定已下放了一些学校的评审权，须由学校主管部门向国家教委作出说明，以便审核。经检查和审核不能保证评审质量的，国家教委有权暂停其评审工作直至收回评审权。

16. 高等学校教师以外专业技术职务的评聘工作应严格按照有关规定相继进行，所需职务岗位数额或增资指标由学校主管部门和高等学校统筹安排。教师以外专业技术职务的评聘工作要从学校各有关工作岗位需要出发，着眼于学校专业技术人员队伍的优化和教学科研工作整体效益的提高，并注意逐步理顺教师以外专业技术职务系列的关系。必须严格坚持国家职称改革主管部门正式批准颁发的各专业技术职务试行条例，不得任意扩大评审系列范围和评审权限。

17. 为切实搞好教师职务评聘工作，保护教师的合法权益，国家教委将加强对高等学校教师职务评聘工作的检查和监督。各高校主管部门要建立相应的制度，把对教师职务评聘工作的检查和监督，作为一项重要工作认真抓好。对于营私舞弊或借机打击迫害教师的，应严肃处理。对于伪造学历、资历，谎报成果，骗取教师职务的，应坚决取消其教师职务和任职资格。

国家教委、人事部关于印发《关于当前做好中小学教师职务聘任工作的几点意见》的通知

（教人〔1991〕48 号　1991 年 7 月 16 日）

各省、自治区、直辖市教委、教育厅（局）、人事厅（局）、职改办，国务院有关部委人事、教育司（局）：

现将《关于当前做好中小学教师职务聘任工作的几点意见》印发你们，请遵照执行。

关于当前做好中小学教师职务聘任工作的几点意见

中共中央在《关于制定国民经济和社会发展的十年规划和八五计划的建议》中指出：“发展教育事业，提高全民族素质，是建设社会主义的根本大计。”这进一步明确了在社会主义经济建设发展中教育处在优先发展的战略地位。我国九百多万中小学教师，肩负着提高基础教育质量和培养社会主义建设接班人的重任。建设一支又红又专、合格的中小学教师队伍对提高全民族的素质和社会主义现代化建设具有重要意义。实行中小学教师职务聘任制，对稳定中小学教师队伍，调动广大教师教书育人的积极性，提高中小学教师的社会地位，加强中小学教师队伍的长远建设，提高教育教学质量起到了积极作用。中小学教师职务聘任工作应在首次职务聘任工作总结和复查的基础上，根据人事部《企事业单位评聘专业技术职务若干问题暂行规定》的精神，结合各地的实际情况，坚持正确的改革方向，使中小学教师职务聘任工作转入经常化。现就继续做好中小学教师职务聘任工作提出以下意见。

一、继续做好中小学教师职务聘任工作，要坚持正确的政治方向，使这项工作有利于提高教师队伍的政治、业务素质，增强教师终身从事教育的事业心和主人翁的责任感，进一步调动教师教书育人的积极性，把德育放在首位，搞好教育教学工作。

聘任或任命教师职务，应按照中、小学教师职务试行条例第八条的要求，对教师的政治表现和师德修养等方面进行考核，严格掌握思想政治条件，坚持德才兼备、择优聘任或任命。对政治上不能坚持四项基本原则，或思想品德方面犯有严重错误的，不予聘任或任命教师职务。对已聘任或任命的教师要进行帮助教育，个别问题严重的应解聘或改做其他工作。

二、继续做好中小学教师职务聘任工作，各地要根据人事部《关于增补和调整全民所有制事业单位专业技术职务岗位数额的通知》的精神，结合本地基础教育发展的需要和教师队伍的结构、编制和教师成长等因素，在做好高教、科研等系列职务聘任工作的同时，要注意做好中小学教师职务聘任工作。各地人事（职改）部门，可在上级审批的职务岗位数额内，考虑中小学教师首次评聘工作的实际情况，根据工作需要审批中小学教师职务数额，以有利于进一步稳定中小学教师队伍，提高教师队伍的素质，提高基础教育的质量。

三、各地县以上教育行政部门可在人事（职改）部门批准的职务数额内聘任或任命教师职务。因自然减员、人员变动等出现职务空额时，可根据工作需要进行补缺聘任或任命。

各级各类学校的毕业生到中小学任教见习期满，经考核合格，符合教师职务任职条件的，即可按中、小学教师职务试行条例的规定聘任或任命相应的教师职务。

四、为顺利实现教师队伍的新老交替，教育行政部门和学校要积极为优秀中青年骨干教师的成长创造条件。当前，要认真注意选拔在德育工作方面作出显著成绩的教师和思想政治条件好、工作成绩突出的中青年骨干教师担任高一级职务。要注意薄弱学科的教师队伍建设。

五、评聘教师职务时，要从实际情况出发，在任职年限上，应按人事部有关文件规定掌握，不要死抠年头，对虽然不具备规定学历，但实践经验丰富，任职以来考核成绩优秀，确有真才实学的教师，可根据德才兼备的原则和工作需要破格聘任或任命相应教师职务。

六、对经过严格统一考试取得中小学教师《专业合格证书》的教师和具有高中毕业学历的小学教师，按国家教委和人事部联合下发的《关于中小学教师职务聘任工作中有关问题的通知》（教人〔1991〕8号）文件执行。

七、中小学教师担任学校领导职务，承担一定的教学和学生的思想教育工作，履行相应的职务职责，符合相应的任职条件，可聘任或任命相应的教师职务。兼任中学一级、小学高级职务，由地、市级人事职改部门批准，兼任中学高级职务，由省、部级人事职改部门批准。兼职占用学校的教师职务数额。

八、学校要建立健全教师考核制度，建立和管理好教师考绩档案。要从政治思想表现、教育教学能力和履行职责几方面对教师进行考核，考核的重点是教师履行职责的实绩。要实行平时考核与阶段考核相结合、并可采用定性考核与定量考核相结合的方法。考核的结果记入教师的考绩档案，作为职务晋升的重要依据。要认真做好聘期内的考核工作，对聘任期满经考核优秀的可在职务限额内晋升职务，称职的可以续聘原职，基本称职的要限期改进工作，达不到相应职务要求的水平和能力或不能履行相应职责或有其他严重问题的教师，学校应予以解聘或低聘，或另行安排工作。

九、各地要按照人事部《关于重新组建专业技术职务评审委员会有关事项的通知》（人职发〔1991〕8号）的规定，重新组建教师职务评审委员会。评委会要注意选拔思想政治与教育教学水平高、教书育人好的教师和专家参加。要认真总结评审经验，改进评审工作，实行考核和评审相结合以考核为主的办法。既要通过教育教学工作总结、开展教学法研究工作、公开课、答辩等形式评审教师的教育教学水平，更要考核教师的思想政治表现和教书育人的工作实绩。各级评审组织一定要严格掌握任职条件，保证评审质量。任何单位和个人，不得以任何理由降低评审条件。

十、根据中小学教师的工作特点，今后中小学教师在职务限额内主要通过考核的方法确定教师职务。经批准各地可以有计划、有步骤地进行考核确定教师职务的试点工作，为今后进一步深化中小学教师的职称改革工作创造条件。

十一、教师以外的专业技术职务的评聘工作要严格执行国家职称改革主管部门正式批准颁发的专业技术职务试行条例，不得任意扩大评审范围和评审权限。

十二、要加强中小学教师职务评聘工作的检查和监督，对在职务评聘工作中营私舞弊或借机打击迫害教师的，要严肃处理。对于伪造学历、资历、谎报成绩，骗取教师职务的，要坚决取消其教师职务，并给予相应的处分。

国家教委、人事部关于公布具有教授、副教授任职资格评审权高等学校的通知

（教人〔1993〕101号　1993年11月30日）

各省、自治区、直辖市教委、高教（教育）厅（局）、人事（职改）部门，国务院有关部委、直属机构教育（人事）司（局），委属高等学校：

为了加强对高等学校教师职务评聘工作的宏观调控，严肃高等学校教授、副教授任职资格评审权审批授予工作，现将1986年职称改革以来，经国家教委批准具有教授或副教授任职资格评审权高等学校名单向全国公布。请各地区、各部门高教行政部门、人事（职改）部门认真掌握，并加强对所属高等学校教师职务评聘工作及行使权力情况的检查监督。上述公布高等学校中，未经批准授权的学科，仍应送学校所在地高教行政部门组织的高等学校教师职务任职资格评审组织进行评审。

各地区、各部门高教行政部门、人事（职改）部门要加强对高等学校教师职务评聘工作的领导，严格按照国家教委和人事部有关文件规定的审批程序，坚持标准，保证质量，积极稳妥地做好授予所属高等学校教授或副教授任职资格评审权的审核或审批工作，不得自行下放高等学校教授或副教授任职资格评审权或自行扩大可以自评的学科范围。前一个时期，个别地方和部门未经国家教委同意自行下放的副教授任职资格评审权，接到本通知后，要按国家教委和人事部的有关文件规定，重新向国家教委报批，对其中不符合条件的高等学校，要暂缓授予副教授任职资格评审权。今后凡不按规定条件和审批程序授予下放的副教授任职资格评审权，国家教委和人事部均不予承认。国家教委、人事部还将对具有教授或副教授任职资格评审权高等学校行使权力情况进行检查，对不能正确行使权力，保证评审质量的高等学校，暂停其评审工作直至收回其评审权。

一、84所具有教授任职资格评审权（只包括经国家教委批准的学科，下同）高等学校名单（排名不分先后）

（一）1986年经批准下放的32所高等学校

北京大学
清华大学
中国人民大学
上海交通大学
中国科技大学
北京师范大学
复旦大学
西安交通大学
浙江大学
北京医科大学
北京农业大学
北京科技大学
北京理工大学
南开大学
天津大学
大连理工大学
东北大学
哈尔滨工业大学

北京航空航天大学
同济大学
东南大学
华中理工大学
中国地质大学
西北工业大学
吉林大学
中国协和医科大学
南京大学
厦门大学
武汉大学
中山大学
上海医科大学
华东师范大学

（二）1988 年经批准下放的 48 所高等学校

华南理工大学
武汉水利电力大学
中南工业大学
北方交通大学
北京邮电学院
吉林工业大学
长春地质学院
中国矿业大学
河海大学
南京航空航天大学
中国纺织大学
华东理工大学
南京理工大学
石油大学
西南交通大学
重庆大学
青岛海洋大学
成都科技大学
电子科技大学
兰州大学
山东大学
四川大学
杭州大学
上海财经大学
南京农业大学
华南农业大学
东北农学院
浙江农业大学
北京林业大学
北京中医学院
中国医科大学
中山医科大学
同济医科大学
湖南医科大学
华西医科大学
上海第二医科大学
白求恩医科大学
东北师范大学
华中师范大学
南京师范大学
北京外国语学院
上海外国语学院
中央音乐学院
中央美术学院
上海音乐学院
浙江美术学院
北京体育学院
对外经济贸易大学

（三）1992 年经批准下放的 4 所高等学校

暨南大学
西安电子科技大学
湖南大学
合肥工业大学

二、103 所具有副教授任职资格评审权高等学校名单（排名不分先后）

（一）1986 年经批准下放的 9 所高等学校

重庆建筑工程学院
武汉测绘科技大学
哈尔滨建筑工程学院
西北大学

华中农业大学
哈尔滨医科大学
天津医学院
浙江医科大学
华南师范大学

（二）1988 年经批准下放的 60 所高等学校

北京化工学院
北京工业大学
北京农业工程大学
昆明工学院
东北林业大学
大连海运学院
福州大学
上海工业大学
哈尔滨船舶工程学院
武汉水运工程学院
武汉工业大学
上海科技大学
上海机械学院
无锡轻工业学院
江苏工学院
南京化工学院
山东工业大学
外交学院
成都理工学院
陕西机械学院
西安冶金建筑学院
黑龙江大学
河北大学
云南大学
福建农学院
甘肃农业大学
西南农业大学
沈阳农业大学
山东农业大学
西北农业大学
四川农业大学
苏州大学
南京林业大学
首都医学院
南京医学院
沈阳药学院
山东医科大学
西南财经大学
西安医科大学
重庆医科大学
中国药科大学
广州中医学院
黑龙江中医学院
南京中医学院
上海中医学院
首都师范大学
西南师范大学
西北师范大学
上海师范大学
成都中医学院
陕西师范大学
广州外国语学院
中央戏剧学院
中央工艺美术学院
南京艺术学院
上海体育学院
中南财经大学
东北财经大学
中国政法大学
中央民族学院

（三）1991 年 4 月至 1993 年 10 月 31 日止经批准下放的 34 所高等学校

华北电力学院
河北工学院
湘潭大学
东北重型机械学院
武汉工学院
太原工业大学
郑州大学
沈阳工业大学

洛阳工学院
山西大学
河北医学院
兰州医学院
河南大学
长春光学精密机械学院
兰州铁道学院
天津师范大学
上海戏剧学院
湖南农学院
辽宁师范大学
大连医学院
上海海运学院
甘肃工业大学
河南医科大学
苏州医学院
湖南师范大学
大庆石油学院
太原机械学院
杭州电子工业学院
北京语言学院
天津财经学院
辽宁大学
辽宁中医学院
西安公路学院
哈尔滨师范大学

农业部、人事部关于从事农业技术推广工作的教学科技人员评聘专业技术职务有关问题的通知

[〔1993〕农（人）字第52号 1993年11月30日]

各省、自治区、直辖市及计划单列市农业（畜牧、水产、农机、农垦）厅（局），人事（劳动人事）厅（局）、职改办，国务院各有关部委人事司：

中共中央十四届三中全会《中共中央关于建立社会主义市场经济体制若干问题的决定》中指出，“农业、农村和农民问题，是我国经济发展和现代化建设的根本问题”，要“积极推进农科教结合，加强农业科学技术的研究和先进实用的科学技术的推广，用现代科学技术改造传统农业”。中央农村工作会议《中共中央国务院关于当前农业和农村经济发展的若干政策措施》中指出，“继续推进农科教‘三结合’，全面实施科技、教育兴农的发展战略。”要“集中力量组织推广一批重大农业实用技术项目”，“要进一步加强农业科技研究”，“有关部门要通力协作，力争在短期内见到成效”。《中华人民共和国农业法》中指出，“国家扶持农业技术推广事业，促使先进的农业技术尽快用于农业生产。农业技术推广机构应当与农业科研、教育单位相互协作，推广先进的农业技术”。“各级人民政府应当采取措施，充实加强农业科技、教育和农业技术推广队伍。对从事农业技术推广工作的专业技术人员，应当保障和改善他们的工作条件和生活条件，改善他们的待遇，并依照国家规定给予补贴，鼓励他们为农业服务。”《中华人民共和国农业技术推广法》中指出，“国家鼓励和支持科技人员开发、推广应用先进的农业技术”，“各级人民政府应当加强对农业技术推广工作的领导，组织有关部门和单位采取措施，促进农业技术推广事业的发展”。“各级人民政府应当采取措施，保障和改善从事农业技术推广工作的专业科技人员的工作条件和生活

条件，改善他们的待遇，依照国家规定给予补贴，保持农业技术推广机构和专业科技人员的稳定。”为此将从事农业技术推广工作的教学科技人员评聘专业技术职务的有关问题做如下通知：

一、各级政府人事和农业主管部门对农业技术推广机构、高等农业院校、科研单位中从事农业技术推广工作的教学科技人员职务评聘应加强领导，采取有效措施，使专业技术职务评聘工作成为调动农业技术推广工作人员积极性的重要手段之一。

二、在评聘农业技术推广人员专业技术职务时，应当将他们从事农业技术推广工作的实绩作为考核的主要内容。

三、对于学术水平高、工作能力强、推广业绩突出的从事农业技术推广工作的教学科技人员，可以申报评聘农业科技推广研究员、教授专业技术职务。其申报条件、评审标准、评审程序和聘任办法，按照《农业部关于从事农业技术推广工作的教学科技人员评聘研究员、教授职务的试行意见》执行。

请各地、各部门要切实加强领导、精心组织实施，保证这一工作健康进行。试行中有何问题和反映望及时报告。

附件：农业部关于从事农业技术推广工作的教学科技人员评聘研究员、教授职务的试行意见

附件

农业部关于从事农业技术推广工作的教学科技人员评聘研究员、教授职务的试行意见

根据农业部、人事部《关于从事农业技术推广工作的教学科技人员评聘专业技术职务有关问题的通知》的规定，现就推广研究员、教授职务的评聘工作提出如下意见：

一、评聘范围

农业技术推广机构中从事农学、园艺、土肥、植保、畜牧、兽医、中兽医、水产、农业机械化专业技术推广工作的符合条件的专业技术人员，可以申报评聘推广研究员职务。

二、申报条件

（一）具备下列条件之一者，可以申报评聘农业技术推广研究员

1. 大学本科毕业担任高级农艺师职务（含高级畜牧师、高级兽医师、高级工程师，下同)，并从事农业技术推广工作五年以上，具备下列条件者：

（1）能分析本学科国内外发展趋势，根据国家需要和学科发展提出本学科推广研究方向，选定具有重要实际意义或开创性的推广课题。

（2）能创造性地解决重大的、关键的农业技术问题，并取得国际水平的科研成果，或具有较高的学术价值或具有重要的社会效益和经济效益的推广成果。

（3）是本学科的学术带头人，能够指导国家重大推广项目。

（4）培养出较高水平的推广科技人员，具有培养指导农业技术推广专业博士研究生的能力。

2. 担任高级农艺师职务期间，符合下列条件之一者：

（1）获国家发明奖或科技进步二等奖，或获省、部级科技成果一等奖以上的主要贡献者。

（2）获全国农牧渔业丰收奖一等奖以上的主要贡献者。

（二）外语水平要求与研究员相同

三、评审标准

（一）专业理论要求

1. 必须坚实系统地掌握本专业理论和技术，了解相关专业及系统工程、计算机应用、经济管理等专业知识。

2. 在本专业领域有深厚的造诣，是本专业学科带头人之一。

3. 对本专业理论技术有创造性研究，在国内外有一定的知名度。

4. 熟悉有关前沿理论在本专业国内外应用情况。

5. 具有指导博士研究生的理论水平。

（二）业务工作经历和能力要求

在农业技术推广工作中，具备下列条件之二项：

1. 曾提出过有重要学术和实用意义的推广课题，在推广科学前沿进行开创性的工作。

2. 曾编写出具有较大影响的科学论著。

3. 负责指导过国家重大推广项目或攻关项目的研究工作。

4. 主持或为主参与制定本专业技术推广规划。

5. 举办过高层次、高水平的科学讲座。培养出合格的研究生或指导高中级农业技术人员工作。

6. 解决过重大农业技术推广疑难问题。

（三）工作业绩要求

1. 发表高水平的论文，出版有价值的著作。具备下列条件之一：

（1）主编公开出版的全国性或省级农业学术、技术推广教材20万字以上。

（2）在国家级学术技术刊物上发表高水平的文章五篇以上。

（3）参加国际学术讨论会并提交学术论文三篇以上。

（4）在全国性学术会议上，全文发表论文四篇以上。

（5）正式出版过不少于十万字著作的作者。

2. 获得国内先进水平的科技成果。具备下列条件之一：

（1）获国家自然科学奖、发明奖、科学技术进步奖三等奖以上的等级内额定人员。

（2）获部、省级科学技术进步奖一等奖以上的等级内额定人员。

（3）主持的农业技术推广项目取得显著的成果，推广面积和技术水平达到规定要求，并获全国农牧渔业丰收奖一等奖以上的主要贡献者。

（4）主持的国家级推广项目，经部级鉴定达到国内先进水平。

（5）主持研制开发的实用技术有两项以上重大改进，经部级专家鉴定通过，已在全国推广，并取得明显的社会、经济效益。

四、评审程序

农业技术推广研究员由农业部根据人事部授权组织的专家评审委员会评审。具体程序是：

1．个人申报并由申报人员所在单位核准推荐。

2．省农业系列高级职务任职资格评审委员会评审推荐。

3．省人事和农业主管部门在岗位职数内核准上报农业部职改办。

4．农业部组建“全国农业技术推广研究员职务评审委员会”。评委会下设农学、园艺、土肥、植保、畜牧、兽医、中兽医、水产、农业机械化专业学科评议组。

5．经人事部同意后，农业部发文公布评审委员会评审通过的农业技术推广研究员名单。

五、高等农业、水产院校、农业科研单位中从事农业技术推广工作的人员，也可按照本文规定的精神申报农业技术推广教授、研究员

高校评聘推广教授职务，除具备本实施意见所列条款外，还应有任课经历，其评审工作按国家规定的教授职务评审程序执行。农业科研单位评聘推广研究员职务工作，也按国家规定的研究系列的评审办法执行。

六、聘任

各单位根据本单位工作需要，在上级核准的高级职务数额内聘任评审通过的人员担任推广研究员、教授职务。

人事部、中央统战部关于非公有制企业人员评定专业技术资格（职称）由工商联牵头管理，并纳入当地人事（职改）部门统一组织的通知

（人职发〔1993〕9号　1993年12月24日）

各省、自治区、直辖市及计划单列市人事（劳动人事）厅（局）、职改办、党委统战部，国务院各部委、各直属机构人事（干部）部门：

近几年来，由于非公有制经济迅速发展，非公有制企业中专业技术人员也迅速增加，他们对专业技术资格（职称）评定的要求日益强烈。为了进一步调动他们的积极性，推动非公有制经济健康发展，今后非公有制企业人员的专业技术资格（职称）评定工作，可由工商联牵头管理，并纳入当地人事（职改）部门统一组织。具体做法：

一、非公有制企业人员的专业技术资格（职称）评定工作，由非公有制企业单位提出申请，经当地工商联审查批准后，出具委托函，委托当地的人事（职改）部门，按程序交相应的评审委员会，进行统一标准条件的社会化评审。或者由非公有制企业

单位出具证明，经当地工商联审查后集体报名，就地参加全国专业技术资格的统一考试。

二、对取得专业技术资格（职称）证书的非公有制企业中的专业技术人员，由本企业单位自主聘用。

以上意见，请各地人事（职改）部门和工商联实施。

国家教委、人事部关于进一步做好授予高等学校教授、副教授任职资格评审权工作的通知

（教人〔1994〕19 号 1994 年 3 月 1 日）

各省、自治区、直辖市教委、高教（教育）厅（局）、人事（职改）部门，国务院有关部委、直属机构教育、人事司（局），各委属高等学校：

为了扩大高等学校办学自主权，增强办学活力，在 1986 年和 1988 年先后两批下放高等学校教授、副教授任职资格评审权的基础上，近几年，国家教委又下放了一批高等学校教授、副教授任职资格评审权。目前，高等学校正在贯彻《中国教育改革和发展纲要》和《关于加快改革和积极发展普通高等教育的意见》，为适应高等学校改革和事业发展的需要，国家教委将继续下放教授、副教授任职资格评审权。现将有关事项通知如下：

一、授予副教授任职资格评审权的学校必须具备的条件：

1. 学校领导班子健全，办学指导思想端正，团结协调好，能正确执行党的路线、方针、政策。

2. 具有学术水平较高、结构合理的教师队伍，主要学科均有以一定数量学术造诣较深的教授、副教授为骨干的学术梯队。

3. 经国家批准主要培养本科合格人才十届以上，教学梯队健全，教学质量较高。

4. 具有博士学位授予权和若干硕士学位授予权学科专业点；或综合、理工、农业、师范院校具有十个以上硕士学位授予权学科专业点，医学院校具有十五个以上硕士学位授予权学科专业点，其他院校具有五个以上硕士学位授予权学科专业点（体育、艺术等特殊科类学校，经国家教委同意可酌情放宽要求），并培养过两届以上合格的硕士毕业生。

5. 主要学科已具备较好的科研工作基础，承担过国家级、省（部）级科研项目或其他具有重大经济、社会效益的科研项目，并获得过省部级以上奖励。

6. 师资、教学和科研工作管理制度健全，教师职务岗位设置合理，职务结构比例已经上级核定，建立健全了教师考核制度和职务评聘的实施办法，在教师职务聘任工作中能严格执行国家职称改革政策，坚持评审标准，保证评审质量。

7. 学校组建的副教授职务任职资格评审委员会及其下设的学科（一般指国务院学

位委员会颁布的研究生专业分类目录中的一级学科，单科性或特殊科类学校可按二级学科，下同）评议组符合国家有关文件规定。评审委员会由在职教授、副教授和有教授、副教授职务的学校党政主要负责人组成，其中教授不得少于三分之二；学科评议组全部由在职教授、副教授组成，其中教授不得少于二分之一。

二、授予教授任职资格评审权的学校必须取得副教授任职资格评审权五年以上，在教师职务任职资格评审工作中能正确行使权力；有一定数量的博士学位授予权的学科专业点，并在培养博士研究生，接受国内外访问学者，科学研究工作和培训高校师资方面成绩显著，在国内有较大影响；教授职务任职资格评审委员会由在职教授和有教授职务的学校党政主要负责人组成，学科评议组都应由在职教授组成。

三、授予高等学校教授、副教授任职资格评审权的审批办法：

1. 教授任职资格评审权的授予，由学校提出申请，经省、自治区、直辖市和国务院有关部委、直属机构教育主管部门和人事（职改）部门审核，报国家教委批准，并抄报人事部备案。副教授任职资格评审权的授予，由学校提出申请，省、自治区、直辖市和国务院有关部委、直属机构教育行政部门审核，报经国家教委同意后，由各省市、各部委职改领导小组批复。其中，国务院有关部委、直属机构所属高等学校申请教授或副教授任职资格评审权，还应报送学校所在地教育行政部门审查，审查意见由学校所在地教育行政部门直接报国家教委。

2. 获得教授或副教授任职资格评审权的学校，应在批准授予的学科进行评审，少数暂不具备评审条件的学科仍由学校所在地高校教师职务任职资格评审组织评审。条件具备后，学校可按上述程序，申请报批。

3. 省、自治区、直辖市和国务院有关部委、直属机构应对所属高等学校申请授予教授或副教授任职资格评审权工作统筹规划后，报国家教委审批。

四、建立检查监督制度。

省、自治区、直辖市和国务院有关部委、直属机构要加强对教师职务评聘工作的领导，按照本通知规定，坚持标准，严格要求，保证质量，积极稳妥地做好授予所属高等学校教授或副教授任职资格评审权的审核工作。地方教育行政部门要切实协助国务院有关部委、直属机构做好对部委所属部等学校申报教授或副教授任职资格评审权的推荐工作，会同人事（职改）部门对本地区高等学校教师职务评聘工作进行统筹指导。前一个时期，个别地方、部门未按规定授予的副教授任职资格评审权，务必终止评审（已审定的副教授任职资格，若群众反映大、存有异议者应报学校所在地高校教师职务任职资格评审组织重新审核，通过者任职资格可按学校评审通过之日算起），并由学校主管部门按本通知的规定，重新报批。否则国家教委和人事部不予承认，并视情况作出必要处理。国家教委和人事部将委托地方教育行政部门会同当地人事（职改）部门以及有关部委教育行政部门组织力量采取普查与抽查相结合的办法，对已具有教授或副教授任职资格评审权的高等学校进行检查和评估，对不能正确行使权力、保证评审质量的，将暂停评审工作直至收回评审权。

五、本通知自下发之日起执行，由国家教委负责解释。过去所发文件与本通知规定不一致的，按本通知规定执行。

附件：1. 申报教授或副教授任职资格评审权材料要求（略）
2. 高等学校教授或副教授任职资格评审权呈报表（略）

人事部、国家科委关于民营科技企业人员评定专业技术职称（资格）有关问题的通知

（人职发〔1995〕7号　1995年1月5日）

各省、自治区、直辖市及计划单列市人事（人事劳动）厅（局）、职改办，科委，国务院各部委、各直属机构人事司（干部）部门：

随着改革开放的不断深入，一大批以科技人员为主体创办或经营的民营科技企业迅猛发展，并已成为推进科技经济一体化的重要力量。加强民营科技企业人员专业技术职称（资格）评定工作，是贯彻落实“尊重知识，尊重人才”政策，稳定民营科技队伍，支持民营科技企业发展的必要措施。为此，各级人事、科技管理部门做了大量工作，取得了成效。为进一步做好这项工作，现就民营科技企业人员专业技术职称（资格）评定工作的有关问题通知如下：

一、民营科技企业人员专业技术职称（资格）评定工作，在省、自治区、直辖市职称改革领导小组或人事（职改）部门统一领导下，由当地科委负责办理有关评审的具体工作。评审工作应严格按照国家有关规定进行。

二、民营企业人员申报专业技术职称（资格），由个人提出申请，经所在单位同意，报当地科委审查核准，按程序提交经人事（职改）部门批准组建的相应的评审委员会，根据国家统一制定颁发的有关专业技术资格评审条件，进行社会化评审。通过评审的人员由当地人事（职改）部门按规定颁发专业技术职称（资格）证书。

三、全国统一考试的专业，由其单位出具证明，经当地科委审查后到考试管理机构报名，就地参加全国专业技术资格的统一考试。

四、经考试或按上述程序和条件评审取得专业技术职称（资格）证书的专业技术人员，由本企业自主聘用，其职务与待遇由单位决定。

五、在本通知下发之前，各地人事（职改）部门与科委就民营科技企业人员评聘专业技术职务问题已经制定了办法且实施情况良好的，可根据本通知精神进行适当调整后继续执行。

六、本通知适用于经各级科委审批或认定的各类民营科技企业（含高新技术企业）。

七、本通知由人事部负责解释。

农业部、人事部、国家教委关于从事农业技术推广工作的高中等农业院校教师评聘职务有关问题的通知

（农人发〔1996〕35号　1996年4月24日）

各省、自治区、直辖市及计划单列市农业、畜牧、水产、农机化、农垦厅（局），人事（人事劳动）厅（局）、职改办，教委、高教（教育）厅（局），高等农业院校：

为了认真贯彻落实《农业法》、《农业技术推广法》和《教师法》，进一步引导、鼓励和推动农业院校的广大教师到农业生产第一线从事农业科技的普及、推广和应用工作，现就农业院校推广教师职务评聘工作的有关问题通知如下：

一、农业院校教师从事农业技术推广工作，对促进理论与实践的结合，促进农业科技发展及经济建设具有重大意义。有关主管部门及各农业院校要认真贯彻“科教兴国”、“科教兴农”的方针，对从事农业技术推广工作教师的推广工作业绩应给予应有的承认和肯定，要采取积极措施，切实做好从事农业技术推广工作教师职务评聘工作。

二、按照农业院校要完成教学、科研和推广三大中心任务的要求，各农业院校要在上级核准的专业技术职务岗位数额内，按五分之一左右设置推广教师职务岗位。

三、农业院校教师评聘推广教师职务，要按照《高等学校教师职务试行条例》、《中等专业学校教师职务试行条例》的规定执行。农业院校教师在完成教学任务的同时，积极从事农业技术推广工作，长期（每年累计3个月以上）在农业第一线蹲点、扶贫，或者从事农业科技开发，工作成绩突出，可申报评聘推广教师职务。对其教学工作、论文著作、科研成果的要求按下列原则执行：

1. 对教学工作的要求，应着重考核其是否具备相应职务要求的教学能力和水平。推广教师在农业技术推广工作中的讲课、报告、讲座时数可按教学工作量计算，但在任期内承担的校内教学课时数不得少于学校规定的正常教学课时数的1/5。

2. 对论文著作的要求，应与推广工作的实践和推广科学水平相一致，体现推广工作特点。其撰写的农业技术推广培训教材、讲义、资料，撰写的技术推广、开发、引进项目的可行性论证报告、总结等，只要被有关专家鉴定具有相应水平或者该项目被县及县以上农业主管部门证明已取得显著的经济效益和社会效益的，均可视为评聘推广教师职务的依据。

3. 对科研成果的要求，应着重考核其推广工作的实际效果及其产生的经济效益和社会效益。即推广项目经县及县以上农业主管部门确认，可以视为相应的科研成果。

四、为了有利于对从事农业技术推广工作教师的水平、能力和贡献作出合理评价，

农业院校教师职务评审委员会应设立推广学科评议组。各省、自治区、直辖市按照国家有关规定组建的教师职务评审委员会也应设立推广学科评议组，或者指定具备相应教师职务评审权限的高等农业院校教师职务评审委员会推广学科评议组负责本地区相应推广教师职务的评议工作。

各地农业、人事、教育主管部门要切实加强对这项工作的领导，有关部门要积极支持，努力推动这项工作的开展。

农业部、人事部关于在乡镇企业进一步开展专业技术职务评聘工作的通知

（农人发〔1996〕36号 1996年3月12日）

各省、自治区、直辖市及计划单列市乡镇企业局、人事（人事劳动）厅（局）：

自1986年我国实行专业技术职务聘任制以来，各地采取积极措施，在乡镇企业开展了专业技术职务评聘工作，并取得明显成效。这项工作的开展，在合理评价和有效使用乡镇企业各类专业技术人才，充分发挥他们的积极性和创造性，提高乡镇企业科技和管理水平等方面都起到了重要作用。为进一步做好乡镇企业的专业技术职务评聘工作，现就有关问题通知如下：

一、乡镇企业继续按照国家关于实行专业技术职务聘任制的规定，在各级人事（职改）部门统一领导之下，结合乡镇企业特点，开展经常性的专业技术职务评聘工作。

二、各地应依据国家有关规定，根据本地区乡镇企业专业技术人员的实际状况，进行各有关系列专业技术职务任职条件的评审；专业技术职务的聘任，由企业在自行设置专业技术岗位的基础上自主决定。

三、评聘专业技术职务的范围，由省级人事（职改）部门和乡镇企业行政主管部门，参照国家有关专业技术职务评聘范围的规定和乡镇企业的实际需要确定。

四、乡镇企业专业技术职务任职条件的评审，纳入各级人事（职改）部门综合管理。各地已组建相应专业技术职务评审委员会的，不再另行组建；如确实需要，由相应人事（职改）部门根据人事部有关规定，批准组建。

五、乡镇企业要逐步建立健全专业技术人员考核制度和考绩档案，对受聘人员进行定期考核。考核的结果存入考绩档案，并作为晋升、续聘或低聘、解聘等工作的重要依据。具体考核办法，可按人事部有关文件精神，由各地乡镇企业行政主管部门制定。

六、各省、自治区、直辖市及计划单列市要采取有效措施，鼓励专业技术人员参加全国统一的专业技术资格考试，或通过按照国家颁布的专业技术资格条件、规定的程序进行评审，取得专业技术资格。

开展专业技术职务评聘工作是调动乡镇企业广大专业技术人员积极性的重要手段，

关系乡镇企业广大专业技术人员的切身利益，政策性和专业性都很强。希望各级乡镇企业行政主管部门和人事（职改）部门加强对这项工作的领导，密切配合，通力协作，相互支持，努力做好乡镇企业专业技术职务评聘工作。

人事部、公安部关于在公安刑事、技术侦察队试行专业技术任职资格制度的通知

（人发〔2000〕10号 2000年1月27日）

各省、自治区、直辖市人事（人事劳动）厅（局），公安厅（局）：

为加强公安队伍建设，保证公安部门更加有效地履行打击犯罪、维护社会稳定和社会治安秩序的职责，经国务院领导同意，决定在公安刑事、技术侦察队中试行专业技术任职资格制度，现就有关问题通知如下：

一、在公安刑事、技术侦察队试行专业技术任职资格制度，要同深化人事制度改革，完善公务员制度，建设高素质专业化的公安队伍相结合；要同正在进行的深化职称改革相衔接，逐步建立起政府指导下的专业技术水平社会评价机制，通过社会评价办法确定专业技术任职资格，确保人才评价的质量和客观公正性。

二、试行专业技术任职资格制度的范围仅限定于公安刑事、技术侦察队中在法医、物证鉴定、技术侦察等专业技术职位上工作的现职人员，公安部门中机关的人员不试行专业技术任职资格制度。专业技术任职资格通过考试、考核、评审相结合的办法获得，并作为从事专业技术职位工作的必备条件。任职资格不与工资待遇挂钩。

三、法医专业技术任职资格的标准条件参照《卫生技术人员职务试行条例》的有关标准，物证鉴定、技术侦察专业技术任职资格的标准参照《工程技术人员职务试行条例》的有关标准，并结合试点的专业技术职位工作特点制定。

四、试行专业技术任职资格制度靠用系列、等级、名称和任职资格使用等，由人事部、公安部共同确定。

五、为做好专业技术任职资格制度的试行工作，人事部、公安部将成立试行工作领导小组，负责组织领导专业技术任职资格制度的试行工作。试行专业技术任职资格制度采取先行试点、探索经验、逐步推开的办法进行。

六、任职资格试点工作先在广东、安徽、福建、内蒙古、重庆五省（区、市）进行。请各试点省（区、市）人事、公安厅（局）接此通知后，认真按照通知精神，积极配合，做好相应的准备工作，确保专业技术任职资格制度试点工作顺利实施。未确定为试点的省（区、市），不得自行组织专业技术任职资格制度的试行工作。

附件：关于在公安刑事、技术侦察队试行专业技术任职资格制度的试点方案

附件

关于在公安刑事、技术侦察队试行专业技术任职资格制度的试点方案

根据人事部、公安部《关于在公安刑事、技术侦察队试行专业技术任职资格制度的通知》精神，为保证试行工作的顺利实施，本着先行试点、探索经验、逐步推开的原则，决定在部分省（区、市）进行试点工作，方案如下：

一、试点范围

专业技术任职资格制度的试点工作在广东省、安徽省、福建省、内蒙古自治区、重庆市等五个省（区、市）公安厅（局）的刑事、技术侦察队进行，人员范围为在法医、物证鉴定、技术侦察等专业技术职位上工作的现职人员。

二、专业技术任职资格靠用系列、等级与名称

专业技术任职资格分别靠用《卫生技术人员职务试行条例》和《工程技术人员职务试行条例》。

法医专业技术任职资格等级、名称为：

高级：主任法医师、副主任法医师

中级：主检法医师

初级：法医师、法医士

物证鉴定、技术侦察专业技术任职资格等级、名称为：

高级：高级工程师

中级：工程师

初级：助理工程师、技术员

三、实施步骤

（一）确定专业技术职位

各试点省（区、市）根据专业技术工作性质，从实际需要出发，制定具体的实施方案，确定试点的专业技术职位，明确职位的工作任务、工作标准、职责权限、任职条件，待报试行工作领导小组批准后，作为试点专业技术任职资格制度的依据（专业技术职位具体设置办法另文下发）。

（二）报名及资格审查

符合专业技术任职资格条件，申请专业技术任职资格的人员填写《专业技术任职资格申请表》，并提交代表本人专业技术水平的论文、著作，以及学历和获奖证明等有关材料。

各试点单位组织对申请人的资格条件及其德、能、勤、绩等方面进行全面审查和考核，并填写推荐意见。

（三）考试

对报名资格审查合格人员，按法医、物证鉴定、技术侦察三个专业分别进行考试。

考试内容主要包括基础理论知识、专业知识、办案能力等。

（四）评审

人事部、公安部成立专家评审委员会，负责高级专业技术任职资格的评审工作；各试点省（区、市）成立专家评审委员会，负责中、初级专业技术任职资格的评审工作。各评审委员会根据规定的评审条件、申请人提交的材料及考试情况进行评审。评审合格人员取得专业技术任职资格。

（五）专业技术任职资格的使用

试行专业技术任职资格制度后，在专业技术职位上工作的人员，要从获得专业技术任职资格的人员中选拔，鼓励采取竞争上岗的方式确定人选。对没有取得专业技术任职资格的现在专业技术职位上工作的人员，要逐步调整。

四、试点工作时间安排

（一）调查研究

在 2000 年一季度人事部、公安部组织对有关试点省（区、市）的刑事、技术侦察队中的专业技术职位及人员队伍情况进行调查摸底。

（二）明确职位

2000 年二季度，试行工作领导小组制发《试点单位专业技术职位设置实施办法》，试点单位上报专业技术职位设置方案，报试行工作领导小组审批。

（三）制定条件

在 2000 年二季度制定下发任职资格标准条件和考试评审办法。

（四）考试评审

在 2000 年三季度，召开会议，部署开展报名、资格审查和考试、评审的工作。

（五）资格使用

2000 年三、四季度，公布试行专业技术任职资格制度的专业技术职位，组织具有相应任职资格的人员实行竞争上岗，择优任用。对未获得资格的人员，逐步调整。

（六）总结验收

在 2000 年四季度，对试点单位试点情况进行检查验收，并在总结的基础上，部署在全国公安刑事、技术侦察队全面推开专业技术任职资格评审工作。

五、组织领导

试点工作在人事部、公安部试行工作领导小组领导下进行，小组办公室负责具体组织、指导和协调有关试点工作。试点省（区、市）人事、公安部门也可成立相应的工作小组，负责本地区试点工作的组织实施。

人事部、公安部关于印发《公安刑事、技术侦察队专业技术职位设置试行办法》和《公安刑事、技术侦察队专业技术任职资格标准条件及考试评审试行办法》的通知

（人发〔2001〕24号 2001年3月8日）

广东、安徽、福建、内蒙古、重庆人事厅（局），公安厅（局）：

为了保证公安刑事、技术侦察队专业技术任职资格制度试点工作的顺利进行，现将《公安刑事、技术侦察队专业技术职位设置试行办法》和《公安刑事、技术侦察队专业技术任职资格标准条件及考试评审试行办法》印发给你们，请结合试点单位实际，认真贯彻执行。

公安刑事、技术侦察队专业技术职位设置试行办法

为保证公安刑事、技术侦察队专业技术任职资格制度试点工作的顺利进行，根据国家公务员制度和《关于在公安刑事、技术侦察队试行专业技术任职资格制度的通知》的有关规定，结合试点省区市的实际情况，制定本办法。

一、专业技术职位设置原则

（一）专业技术职位根据专业技术工作性质、工作任务、职责权限和执法需要设置。

（二）专业技术职位设置应科学、合理、适用、高效并兼顾发展，按照规定的职位名称、等级、数量设置。

（三）专业技术职位要在职位调查与分析评价的基础上，并适当考虑现有专业技术人员的情况设置。

（四）专业技术职位设置应明确职位的职责任务、工作权限、工作标准、工作程序与所需资格条件，制定职位说明书，作为聘任、考核、晋升、培训专业技术人员的依据。

二、专业技术职位名称序列、等级及设置范围

（一）专业技术职位名称序列与等级。专业技术职位名称序列分为法医和工程两个序列，物证鉴定、技术侦察对应工程序列。专业技术职位分为高、中、初三个等级。专业技术职位等级与名称序列的对应关系是：

法医序列：

高级：主任法医师、副主任法医师

中级：主检法医师

初级：法医师、法医士

工程序列：

高级：高级工程师

中级：工程师

初级：助理工程师、技术员

（二）设置范围。法医职位、物证鉴定职位在公安刑事侦查队中的刑事技术处（科、股）内设置。省、副省级城市、市（地）的公安刑事侦查队可设置高、中、初级专业技术职位。县公安刑事侦查队可设置中、初级专业技术职位，不得设置高级专业技术职位。

技术侦察职位在公安技术侦察部门的技术侦察处（科）内设置，可设置高级、中级和初级专业技术职位。

三、专业技术职位任职标准

公安刑事、技术侦察专业技术职位任职，坚持德才兼备的原则，符合国家公务员的基本条件和人民警察的基本要求，同时要具有相应的专业技术任职资格，低等级专业技术职位可以聘任具有高等级专业技术任职资格的人员，高等级专业技术职位不得聘任具有低等级任职资格的人员。

专业技术职位的人员选配，贯彻公开、平等、竞争、择优的原则，按照竞争上岗的程序进行，试行聘任制。

四、专业技术职位职数比例

法医职位、物证鉴定职位数量为刑事侦查队所属刑事技术处（科、股）编制数的75% ~85%。

技术侦察职位数量为技术侦察队（总队、支队）编制数的75% ~85%。

省公安刑事、技术侦察部门专业技术职位的职数结构比例为：高级专业技术职位数量占专业技术职位总数的20% ~25%，中级为35% ~40%。

副省级城市的公安刑事、技术侦察部门专业技术职位的职数结构比例为：高级专业技术职位数量占专业技术职位总数的15% ~20%，中级为30% ~35%。

市（地）公安刑事、技术侦察部门专业技术职位的职数结构比例为：高级专业技术职位数量占专业技术职位总数的5% ~10%，中级为30% ~35%。

县公安刑事侦查队专业技术职位的结构比例为：中级专业技术职位占专业技术职位总数的20% ~30%。

五、实施步骤

（一）调查摸底。试点单位要对本单位的刑事、技术侦察部门的机构编制、职能配备、实际工作和现有的专业技术人员状况进行调查摸底，为科学合理设置专业技术职位做准备。

（二）设置职位。依据职数比例限额、结构比例和工作实际、人员状况，确定职位名称、等级和职位数量。

（三）明确标准。明确职位工作任务、工作标准、职责权限、任职条件，制定职位说明书，作为对专业技术人员进行管理的依据。

（四）选聘人员。根据职位标准，在已获得相应专业技术任职资格人员中通过竞争上岗的方式聘任人员，试行聘任制。

六、工作要求

（一）专业技术职位设置实施工作，由试点省市区公安厅（局）会同人事厅（局），按以上原则制定具体实施方案，报公安刑事、技术侦察队试行专业技术任职资格制度领导小组审批后组织实施。

（二）为了保证专业技术任职资格制度试点工作的顺利进行，必须从严控制专业技术职位数量，在选配人员时，不要一次把职数配满。

（三）已经设置专业技术岗位和评聘专业技术资格的，要按照统一的规定重新设置专业技术职位。

（四）对在试点过程中，违反规定，擅自扩大专业技术职位设置范围、超职数、超规格设置职位的，放宽资格条件选聘人员的，上级人事、公安部门有权纠正，并追究有关领导人员的责任。

公安刑事、技术侦察队专业技术任职资格标准条件及考试评审试行办法

根据人事部、公安部《关于在公安刑事、技术侦察队试行专业技术任职资格制度的通知》（人发〔2000〕10号）精神，参照《卫生技术人员职务试行条例》和《工程技术人员职务试行条例》有关规定，结合公安刑事、技术侦察队实际，特制定本办法：

一、专业技术任职资格申报条件

（一）申报专业技术任职资格人员必须坚持四项基本原则，具有良好的职业道德，刻苦钻研技术，积极为保护人民、惩治犯罪、维护社会稳定和社会治安秩序、保卫社会主义现代化建设服务。

（二）根据人事部有关文件规定，对国家教育部门承认的全日制院校毕业生符合下列条件者，经考核合格，可认定具备专业技术任职资格。

1. 大学专科或中专毕业，在技术职位见习1年期满，可认定具备法医士或技术员任职资格。

2. 大学本科毕业，在技术职位上见习1年期满；或获得硕士学位或第二学士学位，可认定具备法医师或助理工程师任职资格。

3. 获得硕士学位，从事专业工作满3年；或获得博士学位，可认定具备主检法医师或工程师任职资格。

（三）首次申报专业技术任职资格的人员参照事业单位同等人员的情况，对不同学历的专业技术人员从事本专业或相近专业的最低工作年限应符合以下要求。

1. 符合下列条件之一者，可申报法医师或助理工程师任职资格：

（1）大学专科毕业，从事专业工作满3年；

（2）中专毕业，从事专业工作满5年。

2. 符合下列条件之一者，可申报主检法医师或工程师任职资格：

（1）获得硕士学位或第二学士学位，从事专业工作满2年；

（2）大学本科毕业，从事专业工作满5年；

（3）大学专科毕业，从事专业工作满7年；

（4）中专毕业，从事专业工作满15年。

3. 符合下列条件之一者，可申报副主任法医师或高级工程师任职资格：

（1）获得博士学位，从事专业工作满2年；

（2）获得硕士学位或第二学士学位，从事专业工作满 7 年；

（3）大学本科毕业，从事专业工作满 10 年；

（4）大学专科毕业，从事专业工作满 20 年。

4．符合下列条件之一者，可申报主任法医师任职资格：

（1）获得博士学位，从事专业工作满 7 年；

（2）获得硕士学位或第二学士学位，从事专业工作满 12 年；

（3）大学本科毕业，从事专业工作满 15 年；

（4）大学专科毕业，从事专业工作满 25 年。

（四）晋升专业技术任职资格等级的人员在学历、资历方面的要求。

1．符合下列条件之一者，可申报法医师或助理工程师任职资格：

（1）大学专科毕业，从事法医士或技术员工作满 2 年；

（2）中专毕业，从事法医士或技术员工作满 4 年。

2．符合下列条件之一者，可申报主检法医师或工程师任职资格：

（1）获得硕士学位或第二学士学位，从事法医师或助理工程师工作满 2 年；

（2）大学本科毕业，从事法医师或助理工程师工作满 4 年；

（3）大学专科毕业，从事法医师或助理工程师工作满 5 年。

3．符合下列条件之一者，可申报副主任法医师或高级工程师任职资格：

（1）获得博士学位，从事主检法医师或工程师工作满 2 年；

（2）获得硕士学位或第二学士学位，或大学本科毕业，从事主检法医师或工程师工作满 5 年。

4．符合下列条件者，可申报主任法医师任职资格：

获得博士、硕士或第二学士学位，或大学本科毕业，从事副主任法医师工作满5 年。

二、专业技术任职资格评审条件

对首次申报专业技术任职资格的人员，重点审查近 5 年来的工作能力、经历和业绩。对晋升专业技术任职资格的人员，重点审查任下一级专业技术任职资格期间的工作能力、经历和业绩。申报不同专业技术任职资格人员应分别具备如下条件：

（一）法医士或技术员。

1．专业理论水平和工作能力：

（1）了解本专业一般基础理论知识和专业技术知识；

（2）能协助解决、处理一般案件鉴定的能力；

（3）能承担一般性技术工作任务，掌握本专业各种技术设备的性能和操作规程。

2．工作经历，具备下列条件之一：

（1）参与本单位科研项目；

（2）协助上级专业技术人员完成本单位科研课题或技术革新 1 项以上；

（3）配合上级专业技术人员解决案件侦破中一般技术问题 10 起以上；

（4）协助上级专业技术人员制定本专业工作方案 15 起以上。

（二）法医师或助理工程师。

1．专业理论水平和工作能力：

（1）掌握本专业一般基础理论知识和专业技术知识；

（2）能独立解决、处理一般案件鉴定的能力；

（3）能承担一般性技术工作任务，掌握本专业各种技术设备的性能和操作规程，判断、排除一般性技术故障。

2. 工作经历，具备下列条件之一：

（1）厅、地市级科研项目参与者；

（2）协助上级专业技术人员完成本单位科研课题或技术革新1项以上；

（3）配合上级专业技术人员解决案件侦破中一般技术问题15起以上；

（4）协助上级专业技术人员制定本专业工作方案20起以上。

（三）主检法医师或工程师。

1. 专业理论水平和工作能力：

（1）较系统地掌握本专业基础理论和技术知识；

（2）有一定的办案经验，能独立对案件进行检验，并作出准确判断，解决本专业范围内比较复杂的技术问题；

（3）熟悉本专业技术规程，在办理案件中能结合实际制定本专业工作具体实施方案；

（4）能收集、整理和分析国内本专业的有关技术资料，独立进行科研项目立项、论证、实验工作；

（5）具有指导初级专业技术人员办案和科研能力。

2. 工作经历，具备下列条件之一：

（1）省、部级以上科研项目的参加者；

（2）厅（含地、市）级科研项目的主要参加者；

（3）独立完成本单位科研项目或技术革新1项以上；

（4）引进、推广、运用2项以上科技成果的主要完成者；

（5）先后参与一般案件的现场勘查或检验鉴定100起以上；

（6）先后参与一般案件现场勘查或检验鉴定50起以上，同时参与过重大、疑难案件的鉴定工作。

3. 工作业绩和成果，具备下列条件之一：

（1）省、部级三等奖或厅（含地、市）级二等奖以上获得者；

（2）主持完成过1项厅（含地、市）级研究课题，课题通过鉴定并已应用；

（3）参与出具的鉴定书20份以上无差错为侦查破案提供方向或直接认定犯罪；

（4）参与出具的鉴定书有5份以上被法庭采用作为审判证据；

（5）因专业技术工作成绩突出，被厅（含地、市）级以单位授予荣誉称号或荣立个人二等功以上者。

（四）副主任法医师或高级工程师。

1. 专业理论水平和工作能力：

（1）比较全面、深入地掌握本学科的基础理论知识和专业知识，对本专业的某一方面有较深入的研究，具有较高的水平；

（2）具有丰富的办案经验，能独立完成有较大技术难度案件的技术难题，解决过重大的、疑难的技术问题；

（3）比较系统地掌握本专业的国内外研究现状和发展趋势，熟悉本专业领域的前沿问题；

（4）具有解决本专业与相关专业协调配合中的有关技术难题的能力；

（5）具有培养指导中级技术任职资格人员科研、办案的业务水平和组织能力。

2．工作经历，具备下列条件之一：

（1）国家级、省部级科研课题的主要参加者；

（2）主持1项地、市级课题，并参加课题论证，撰写研究报告；

（3）作为主要完成人参加过国家重大事故的调查分析工作；

（4）主持过一般案件的现场勘查或检验鉴定100起以上；

（5）主持过一般案件的现场勘查或检验鉴定50起以上，同时负责5起以上重大疑难案件尸体检验、物证检验、技术鉴定等工作。

3．工作业绩和成果，具备下列条件之一：

（1）国家级，或省部级二等奖以上获得者；

（2）省、部级三等奖或厅（含地、市）级一等奖获得者；

（3）因专业技术工作成绩突出，被省、部级以上单位授予荣誉称号或荣立个人一等功；

（4）参与对国家重大事故调查分析的结论被国家行政部门认可，并被作为处理事故的依据；

（5）主持检验鉴定出具鉴定书50份以上无差错且为侦查破案提供方向或直接认定犯罪；

（6）主持检验鉴定出具的鉴定书有10份以上被法庭采用作为审判证据。

（五）主任法医师。

1．专业理论水平和工作能力：

（1）全面系统地掌握本学科的基础理论知识和相关学科的知识，对本专业的某一方面有较深入的研究，具有较高的水平；

（2）具有丰富的办案经验，能独立或主持解决重大疑难案件的技术难题，在本专业范围内有一定的知名度；

（3）掌握国内外本专业工作技术动态和发展趋势，根据国家需要和专业发展确定本专业工作和科研的方向；

（4）具有解决本专业与相关专业协调配合中的有关技术难题的能力；

（5）具有培养指导中、高级技术任职资格人员科研、办案的学术水平和组织管理能力。

2．工作经历，具备下列条件之一：

（1）主持完成过1项国家级或省、部级科研课题；

（2）主持完成过厅（含地、市）级课题2项以上，并为课题论证报告、研究报告主要撰写者；

（3）负责制定过行业或本专业区域性科技发展规划，或承担专业科技发展规划的论证、审查、鉴定；

（4）主持过对国家重大事故的调查分析工作；

（5）负责过10起以上重大疑难案件的尸体检验、物证检验、技术鉴定及组织工作。

3．工作业绩和成果，同时具备下列条件中的两项：

（1）国家自然科学奖、发明奖、科技进步奖获得者；

（2）省、部级科技进步二等奖以上1项或三等奖2项获得者；

（3）因专业技术工作成绩突出，被省、部级以上单位授予荣誉称号或荣立个人一等功；

（4）主持对国家重大事故调查分析结论被国家行政部门认可，并作为处理事故的依据；

（5）负责的重大疑难案件的法医鉴定中有6起以上为侦破案件提供重要科学依据或被法庭采用作为审判依据；

（6）获国家专利1项以上，并在侦破案件中取得显著成效。

三、考试

（一）申报专业技术任职资格人员，经本单位资格审查合格，方可参加全国统一的考试。

（二）考试实行全国统一考试制度，由人事部、公安部统一组织、统一大纲、统一命题、统一评分标准。考试按法医、物证鉴定、技术侦察3个专业分别进行，每个专业又划分高级和中初级两种考试。考试内容主要包括基础理论知识、专业知识、办案能力等。

（三）高级专业技术任职资格考试的合格标准由人事部、公安部共同研究确定，中初级专业技术任职资格考试合格标准由各省、自治区、直辖市人事厅（局）、公安厅（局）研究提出，报人事部、公安部审批后确定。

（四）考试的合格成绩，有效期为3年。在有效期内，申报专业技术任职资格者，不再参加考试。

（五）年满50周岁，且从事专业工作满20年，符合专业技术任职资格申报条件者，可免予考试。

四、专业技术任职资格考试与评审程序

（一）个人申报。专业技术人员根据申报条件和评审条件提出申请，填写《专业技术任职资格推荐评审表》、《考试报名表》，并提交代表本人专业技术水平的论文、著作，以及学历和获奖证明等有关材料。

（二）资格审查。所在单位的考核推荐小组对申报者提交材料进行核实，并对其德、能、勤、绩4个方面进行全面考核，在《专业技术任职资格推荐评审表》上填写考核推荐意见。中、初级资格人员的审查由地、市级公安局和人事部门签署意见，高级资格人员的审查由公安厅（局）和人事厅（局）签署意见。

（三）考试。资格审查合格的人员，按法医、物证鉴定、技术侦察3个专业分别进行考试。考试成绩合格的人员方可参加专业技术任职资格的评审。

（四）组织评审。人事部、公安部组建高级专业技术任职资格评审委员会，各省、自治区、直辖市人事厅（局）、公安厅（局）组建中级专业技术任职资格评审委员会，地、市组建初级专业技术任职资格评审委员会。各级评审委员会根据评审条件、本人提交的材料及考试、考核情况进行评审。评审结果在被评人所在单位公示1周后，报公安、人事部门批准。

（五）颁发证书。经评审具备专业技术任职资格者，颁发人事部、公安部统一印制专业技术任职资格证书。高级资格证书由公安部负责颁发，中、初级资格证书由所在省、地级公安厅（局、处）负责颁发。

五、其他

（一）在首次申报专业技术任职资格工作中，对已经评定了各类资格的人员，按照以下办法予以认可、复议和重新考试评审：

（1）按照国家规定，2000 年 1 月 31 日前在企事业单位评定了法医、物证鉴定、技术侦察专业的任职资格，现在刑事、技术侦察队工作的人员，其任职资格予以承认。

（2）按照国家规定，2000 年 1 月 31 日前在企事业单位评定了非法医、物证鉴定、技术侦察专业的任职资格，现在刑事、技术侦察队工作的人员，参加考试成绩合格并经复议，其任职资格予以承认。

（3）未按国家规定，在公安机关内部评定资格及其他曾具有资格的人员必须参加考试成绩合格，并经专家委员会评审通过，才能获得专业技术任职资格。

（二）申报条件中有关学历的要求，是指经国家教育部承认的学历，有关工作年限的要求是申报人员取得学历前后从事本专业工作时间的总和。

（三）为不拘一格选拔人才，对虽不具备规定学历或资历，但在专业技术工作中成绩特别突出、贡献很大的人员，可以破格申报。

（1）对不具备规定学历的人员，破格申报时，要求其从事专业技术工作最低工作年限或资历应比具备规定学历的人员分别增加 2 年，并应取得本专业或相近专业的教育证明或培训经历。

（2）对不具备规定资历的人员，要求其必须符合规定的学历，同时，破格申报时间最多只能提前 2 年。

（3）破格申报高级专业技术任职资格的人员，由公安部、人事部共同审定；破格申报中级专业技术任职资格的人员，由试点省市公安、人事部门共同审定，并报公安部核定。

卫生部、人事部关于印发《关于城市医疗卫生机构新聘人员取得医师执业证书后定期到农村服务的规定》的通知

（卫人发〔2004〕115 号　2004 年 4 月 7 日）

各省、自治区、直辖市卫生厅局、人事厅局、新疆生产建设兵团卫生局、人事局：

根据《中共中央、国务院关于进一步加强农村卫生工作的决定》（中发〔2002〕13 号），为加强城市卫生支援农村卫生工作，提高农村医疗卫生服务水平，锻炼城市医疗卫生机构卫生专业人才队伍，经研究决定开展城市医疗卫生机构取得医师执业证书的新聘人员定期到农村医疗卫生机构服务工作，现将《关于城市医疗卫生机构新聘人员取得医师执业证书后定期到农村服务的规定》印发给你们，请遵照执行。

关于城市医疗卫生机构新聘人员取得医师执业证书后定期到农村服务的规定

根据《中共中央、国务院关于进一步加强农村卫生工作的决定》（中发〔2002〕13

号），为加强城市卫生支援农村卫生工作，提高农村医疗卫生服务水平，锻炼城市医疗卫生机构卫生专业人才队伍，对城市医疗卫生机构取得医师执业证书的新聘人员定期到农村医疗卫生机构服务问题，作出如下规定：

一、城市医疗卫生机构取得医师执业证书的新聘人员定期到农村从事医疗卫生服务，是加强农村卫生工作的重要措施

城市医疗卫生机构卫生专业人才密集，担负着支持农村医疗卫生人才队伍建设的重要任务。城市医疗卫生机构取得医师执业证书的新聘人员定期到农村医疗卫生机构服务，对建立素质较高的农村医疗卫生队伍，优化农村医疗卫生人员结构，提高农村医疗卫生服务水平和质量具有重要作用。引导城市年轻医务工作者定期到农村服务，树立为广大农民服务的观念，可以培养一批既有先进医学知识，又有农村基层工作经验的青年医学工作者，进一步改善医务人员的医德医风。各级卫生、人事行政部门要把做好城市医疗卫生机构取得医师执业证书的新聘人员定期到农村从事医疗卫生服务，作为城市卫生支援农村的重要任务认真落实。

二、切实做好城市医疗卫生机构取得医师执业证书的新聘人员定期到农村从事医疗卫生服务的组织实施

定期到农村从事医疗卫生服务人员是指五年内以及今后由政府举办的城市二、三级医院（不含军队）和疾病预防控制机构取得医师执业证书的新聘人员。服务去向主要是县乡两级医疗卫生机构。三级医院和国家、省级疾病预防控制机构有关人员重点到县级医疗卫生机构服务，二级医院和市、县级疾病预防控制机构的有关人员重点到乡镇医疗卫生机构服务。服务期均为1年，可作为城市医师在晋升主治医师前必须到农村服务的时间。

各地卫生、人事行政部门共同负责本辖区统筹规划和组织实施。各地要根据《中国2001—2015年卫生人力发展纲要》要求，确定本地区农村人才发展规划，逐步清退不具备规定学历的非医疗卫生专业技术人员，有计划地安排城市医院和疾病预防控制机构具有上述资格的新聘人员到农村医疗卫生机构服务。各省、自治区、直辖市卫生、人事行政部门可组织本辖区内外的跨区域支援。

三、加强领导，做好城市医疗卫生机构新聘人员到农村服务的各项工作

各级卫生、人事行政部门要从政治、工作、生活等方面关心到农村服务人员，会同派出和接收单位，努力为到农村服务人员创造工作生活条件，帮助他们解决后顾之忧。派出人员在农村服务期间，其原工资和福利待遇不变，由派出单位负责支付。服务期满后，要及时安排相应的工作。服务期间工龄连续计算。派出地区卫生部门要争取当地财政支持，给予其适当生活补助和交通补贴。接收地区和单位要为到农村服务人员提供必要的工作、生活条件，按本单位职工同等管理，期满后作出考核鉴定。

各地要站在讲政治、讲大局的高度认识做好这项工作的重要性，列入本地人才工作总体部署，研究落实，注意掌握农村的实际需求和接受能力，认真总结经验，不断解决实施中出现的问题，确保此项工作可持续开展。每年年终应将有关工作情况报卫生部人事司。

人事部、公安部关于在全国公安机关刑事科学技术、技术侦察队伍试行专业技术职位任职制度的通知

（国人部发〔2004〕67 号　2004 年 7 月 27 日）

各省、自治区、直辖市人事厅（局）、公安厅（局）：

为保证公安机关更加有效地履行打击犯罪、维护社会稳定和社会治安秩序的职责，切实加强公安机关公务员队伍建设，在总结广东、安徽、福建、内蒙古、重庆等五个省（区、市）公安机关刑事科学技术、技术侦察队伍试行专业技术任职资格制度试点经验的基础上，人事部、公安部研究决定，在全国公安机关刑事科学技术、技术侦察队伍试行专业技术职位任职制度。现就有关问题通知如下：

一、在公安机关刑事科学技术、技术侦察队伍中试行专业技术职位任职制度，要同深化干部人事制度改革，探索公务员分类管理办法，完善公务员制度，建设高素质、专业化的公安队伍相结合，努力形成能上能下、广纳人才、充满生机与活力的用人机制。

二、试行专业技术职位任职制度的范围为公安机关刑事科学技术、技术侦察队伍中从事法医、痕迹检验、理化检验、文件检验、影像技术、声纹检验、电子物证检验、心理测试技术、警犬技术和技术侦察等专业技术工作的现职人员。公安部机关的人员不试行专业技术职位任职制度。

三、公安机关刑事科学技术、技术侦察队伍试行专业技术职位任职制度的有关政策、实施方案和步骤等由人事部、公安部负责制定。

四、专业技术资格按照相应专业技术职务试行条例及有关规定，通过考试、考核与评审相结合的办法获得，并作为在专业技术职位上工作的必备条件。任职资格不与工资待遇挂钩。在专业技术职位上任职的公务员，执行公务员职级工资制。

五、为做好专业技术职位任职制度的试行工作，人事部、公安部成立领导小组，负责组织领导、监督检查等工作。地方各级人事、公安部门也要成立相应的领导小组和办公室。

各级人事、公安部门要高度重视专业技术职位任职制度实施工作，要从贯彻实施人才强国战略的高度，深刻领会试行这项制度的重要意义，切实加强组织领导。工作中要密切配合，相互支持，确保各项工作的顺利进行。各公安厅（局）人事部门要积极会同刑事科学技术、技术侦察工作主管部门，精心组织，周密安排，严格按照文件规定做好相关工作，确保专业技术职位任职制度顺利实施。

人事部、国务院学位委员会、教育部、卫生部、国家中医药管理局关于印发《全国老中医药专家学术经验继承工作管理规定（试行）》的通知

（国人部发〔2008〕32 号 2008 年 3 月 13 号）

各省、自治区、直辖市人事厅（局）、学位委员会、教育厅（教委）、卫生厅（局）、中医（药）管理局，国务院各部委、各直属机构人事（干部）部门：

全国老中医药专家学术经验继承工作是继承和发扬祖国传统医药学、培养造就高层次中医临床人才和中药技术人才的重要途径，是实施中医药继续教育的重要形式。自 1990 年开展这项工作以来，有效地加速了中医药人才的培养，推进了中医药学术的研究、传承与发展。为进一步做好全国老中医药专家学术经验继承工作，推动继承工作与专业学位教育的衔接，经研究，人事部、国务院学位委员会、教育部、卫生部、国家中医药管理局共同制定了《全国老中医药专家学术经验继承工作管理规定（试行）》。现印发给你们，请贯彻执行。

全国老中医药专家学术经验继承工作管理规定（试行）

第一章 总 则

第一条 为加强对全国老中医药专家学术经验继承工作的管理，培养高层次中医临床人才和中药技术人才，推进中医药学术的研究、继承与发展，制定本规定。

第二条 老中医药专家学术经验继承工作（以下简称继承工作）是指，遴选有丰富、独到学术经验和技术专长的老中医药专家为指导老师，选配具有相当专业理论和一定实践经验的中青年业务骨干为他们的继承人，采取师承方式进行培养。

第三条 继承工作的任务是：继承整理老中医药专家的学术经验和技术专长，培养造就高层次中医临床人才和中药技术人才，研究、继承与发展中医药学术。

第四条 具备相应条件的老中医药专家或中青年业务骨干，经遴选，方可承担继承教学任务或接受继承学习培养。继承教学和接受继承学习培养工作周期为 3 年。

第五条 中医临床专业的继承人在继承期间可申请临床医学专业学位。

第二章 遴 选 条 件

第六条 指导老师必须同时具备下列条件：

（一）受聘担任主任医师、主任药师等正高级专业技术职务的老中医药（含中医、中药、中西医结合、民族医药）专家；

（二）从事中医药专业工作累计满 30 年；

（三）有丰富、独到的学术经验和技术专长，是本专业的学科带头人或专科专病的知名专家，医德高尚，在群众中享有盛誉，得到同行公认；

（四）身体健康，能够坚持临床或专业实践，完成继承带教任务。

第七条　符合下列条件之一者，也可作为指导老师的遴选对象。

（一）少数评聘为副高级专业技术职务的老中药、老民族医药专家，并具备指导老师的其他各项条件的；

（二）符合指导老师的各项遴选条件，虽已办理离退休手续，但具备带教条件的。

第八条　继承人必须同时具备下列条件：

（一）在中医、中西医结合、民族医疗机构，综合医院以及医药企业从事中医、中药、中西医结合或民族医药工作，受聘担任主治医师、主管药师等中级专业技术职务满 2 年。

（二）取得大学本科及以上学历。获得硕士、博士学位者可优先遴选。

（三）年龄 45 岁及以下。

（四）从事中医药临床专业工作累计满 8 年（在职西医脱产学习中医或攻读中医临床专业硕士、博士学位期间，其专业工作年限可连续计算）。

（五）爱岗敬业，品学兼优，有志于研究和继承老中医药专家学术经验。

（六）与指导老师所从事的专业基本对口。

第九条　符合下列条件之一者，也可作为继承人的遴选对象。

（一）少数取得大学专科学历，从事中药或民族医药工作满 15 年的中青年业务骨干，并符合继承人的其他各项条件。

（二）西医院校毕业生，从事医疗专业工作时间累计满 8 年，其中从事中西医结合工作或中医药工作满 4 年，并符合继承人的其他各项条件。

第十条　人事部、国务院学位委员会、教育部、卫生部、国家中医药管理局规定的其他遴选条件。

第三章　遴 选 程 序

第十一条　指导老师的遴选程序：经符合条件的专家本人同意，由所在单位负责申报，交各省、自治区、直辖市（以下简称各地）中医药管理部门组织的专家委员会进行评议，由中医药管理部门会同人事部门、学位与研究生教育主管部门、卫生部门审核。

第十二条　继承人的遴选程序：在个人申请、导师同意、所在单位推荐的基础上，由各省中医药管理部门会同人事部门、学位与研究生教育主管部门、卫生部门对其资格进行审核并进行相关的考核。

第十三条　指导老师与继承人的遴选工作完成后，由各省中医药管理部门会同人事部门、学位与研究生教育主管部门、卫生部门报国家中医药管理局批准，由国家中医药管理局报人事部、国务院学位委员会、教育部、卫生部备案。

第十四条　指导老师的名额，由国家中医药管理局会同人事部、国务院学位委员会、教育部、卫生部根据各省中医药队伍的实际情况下达。

第十五条　各省中医药管理部门会同人事部门、学位与研究生教育主管部门、卫生部门根据下达的名额，组织指导老师的遴选工作。

第十六条　继承人的遴选，按照每名指导老师选配 1 至 2 名的要求，采取公开竞争、公示的方式进行。

第四章　教 学 管 理

第十七条　各省继承工作，应按照统一时间进岗和结业的要求进行。

第十八条 各省中医药管理部门组织指导老师和继承人签订继承教学协议，并制定继承教学计划。

第十九条 继承人自进岗学习之日起，每周跟指导老师临床或实际操作的时间不得少于3个半天，独立从事临床或实际操作的时间不得少于2天。

第二十条 继承人在学习期间，原则上不应管理行政事务，不得接受与继承学习无关的其他任务。

第二十一条 继承人在学习期间，应保持学习的连续性。对确有特殊原因，中断时间在6个月内的，经当地中医药管理部门批准，可继续学习，并补足其缺少的教学、实践时间；中断时间超过6个月的，协议自行终止，停止学习。

第二十二条 因指导老师原因不能继续带教情况的处理：

（一）继承人进岗学习时间超过2年半并学有成效者，经当地中医药管理部门同意，报国家中医药管理局批准后，可自行整理、学习和研究指导老师的学术经验，继续完成继承学习任务。

（二）继承人进岗学习时间超过1年者，经当地中医药管理部门同意，报国家中医药管理局批准后，可转跟其他相应专业的指导老师学习，并重新签订继承教学协议，学习时间须延长半年。

（三）继承人进岗学习时间不满1年者，应终止学习。

第五章 教学方式和要求

第二十三条 继承教学以跟指导老师临床（实践）为主，同时也可采取其他形式进行。

第二十四条 继承人通过学习必须同时达到下列要求：

（一）基本掌握指导老师的学术经验和技术专长，基本达到指导老师的临床疗效或技能技艺水平。

（二）按照中医药学术发展的规律，结合指导老师的学术经验，对本学科领域的某一方面能提出新的见解和新的观点。

（三）学习期间发表2篇以上继承、总结指导老师学术思想和技术专长的论文，其中必须有1篇刊登在国内外公开发行的期刊（具有国际标准刊号ISSN和国内统一刊号CN）上。

（四）中医、中西医结合、民族医专业继承人结业时应提交由本人独立完成的、能反映指导老师临床经验和专长的、体现疾病诊疗全过程的本专科临床医案60份；中药、民族药专业继承人结业时应提交能反映指导老师加工、炮制、制剂工艺、鉴别经验等方面的特色技艺材料60份。

（五）结业时须提交不少于2万字的结业论文和2 000字的论文摘要（少数民族文字的结业论文应附2 000汉字的论文摘要）。其内容既要体现指导老师的临床（实践）经验和学术思想，又要有继承人自己的创新观点，并具有一定的学术价值和临床（实践）意义。

第六章 考 核

第二十五条 继承工作的考核分为平时考核、阶段考核、结业考核和出师验收。

第二十六条 平时考核由指导老师进行，主要考核平时学习情况，带教单位负责督促检查。

第二十七条 带教单位每半年按照规定的内容和要求，进行一次阶段考核，考核不合格者，予以淘汰。

第二十八条 考核情况由带教单位归档，报当地中医药管理部门备案。

第二十九条 继承人学习期满，由各省中医药管理部门会同人事部门、学位与研究生教育主管部门、卫生部门组织进行结业考核。结业考核不合格者，不予出师。

第三十条 结业考核由各省中医药管理部门组织同行专家成立考核小组，严格按照国家中医药管理局下发的继承人结业考核指标、考核方法和考核程序进行。

第三十一条 结业考核结果和考核工作总结由各省中医药管理部门报国家中医药管理局。

第三十二条 国家中医药管理局会同人事部、国务院学位委员会、教育部、卫生部组织专家对结业考核结果进行检查和验收。经考核、验收合格的继承人，由人事部、国务院学位委员会、教育部、卫生部和国家中医药管理局颁发出师证书，同时对指导老师颁发荣誉证书。

第七章 学位授予

第三十三条 申请临床医学专业学位的继承人，应该具备以下条件：

（一）申请临床医学硕士专业学位条件与要求

1. 取得医学学士学位；
2. 医古文（中级）、中医综合全国统一入学考试合格；
3. 完成临床医学硕士专业学位课程；
4. 继承人结业考核合格。

（二）申请临床医学博士专业学位条件与要求

1. 取得医学硕士学位；
2. 医古文（高级）、中医综合全国统一入学考试合格；
3. 完成临床医学博士专业学位课程；
4. 继承人结业考核合格。

第三十四条 申请临床医学专业学位的继承人完成继承工作教学要求，等同于完成临床医学专业学位的基础理论、专业课程以及临床教学要求。

第三十五条 申请临床医学专业学位的继承人，其学位论文答辩与继承工作结业论文答辩合并进行，由学位授予单位和各省中医药管理部门共同组织。通过后，由学位授予单位的学位评定委员会审核批准，授予相应的临床医学专业学位。

第三十六条 在继承工作期间，具备临床医学专业学位授予权的单位应积极支持继承工作，聘请继承人的指导老师为硕士生导师或博士生导师。

第三十七条 继承工作与临床医学专业学位衔接工作由各省中医药管理部门会同学位授予单位共同负责，并按照相关规定制订教学计划。

第八章 组织管理

第三十八条 国家中医药管理局会同人事部、卫生部负责全国继承工作的宏观管理和指导。国家中医药管理局老中医药专家学术经验继承工作办公室负责日常工作的管理。

国家中医药管理局会同国务院学位委员会、教育部负责继承工作与临床医学专业学位衔接工作的宏观管理和指导。

第三十九条 各省中医药管理部门会同人事、卫生部门负责本地区继承工作的管理和指导。各省中医药管理部门负责日常工作的管理。

各省中医药管理部门会同学位与研究生教育主管部门负责继承工作与临床医学专业学位衔接工作的管理和指导。

第四十条 指导老师所在单位负责本单位继承工作的组织实施和日常管理。若指导老师与继承人不在同一单位，由双方单位协商，明确继承教学管理责任单位，报当地中医药管理部门批准。

学位授予单位负责继承人学位课程的组织实施和日常教学管理。

第九章 待遇和奖励

第四十一条 指导老师和继承人在继承教学期间的工资及其他福利待遇均由各自所在单位发给。

第四十二条 指导老师在继承教学期间享受一定数额的带教津贴，具体标准由各省中医药管理部门确定。

第四十三条 继承人经结业考核及出师验收合格并获得出师证书者，符合《卫生技术人员职务试行条例》有关规定的，可优先评聘高一级专业技术职务。继承人在继承学习期间，符合《卫生技术人员职务试行条例》的有关规定者，可评聘高一级专业技术职务。

第四十四条 国家中医药管理局委托有关中医药学术团体，组织开展继承人优秀论文评选活动，并出版论文集。各地可开展对成绩优异继承人和有突出贡献指导老师的表彰活动。

第十章 经 费

第四十五条 开展继承工作所需经费实行政府、单位、个人等多渠道筹集。

第四十六条 国家中医药管理局向各省划拨一定数量的款项。作为开展继承工作的专项补助经费，用于继承教学、带教津贴和奖励等工作。专项补助经费由各省中医药管理部门统筹安排使用。

第十一章 附 则

第四十七条 国务院各部门直属单位、中央直接管理医药企业的老中医药专家学术经验继承工作，按属地原则组织实施。

军队系统的老中医药专家学术经验继承工作，可由总政治部按国家的统一规定组织实施。

第四十八条 本规定按职责分工由人事部、国务院学位委员会、教育部、卫生部、国家中医药管理局负责解释。

第四十九条 本规定的内容与过去人事部、卫生部、国家中医药管理局联合发布的有关规定不符之处，以本规定为准。

第五十条 本规定的具体实施办法，由国家中医药管理局商人事部、国务院学位委员会、教育部、卫生部后下发。

第五十一条 本规定自发布之日起生效。人事部、卫生部、国家中医药管理局《关于印发〈全国老中医药专家学术经验继承工作管理暂行规定〉的通知》（人发〔2002〕44号）即行废止。

人力资源和社会保障部、教育部关于印发深化中小学教师职称制度改革试点指导意见的通知

（人社部发〔2009〕13 号　2009 年 1 月 15 日）

吉林省、山东省、陕西省人事厅、教育厅：

为促进教育事业的科学发展，加强中小学教师队伍建设，推进职称制度分类改革，按照党中央、国务院加强人才工作的决定和深化职称制度改革的要求，根据义务教育法有关规定，经国务院同意，决定在吉林省、山东省和陕西省各选择一个地级市开展中小学教师职称制度改革试点工作。

各试点省和地（市）要按照本指导意见精神和要求，加强领导、周密部署、制订方案、精心组织，切实做好改革试点的组织实施工作。未纳入试点范围的省份和地区，不得自行开展改革试点工作。

现将《关于深化中小学教师职称制度改革试点的指导意见》印发你们，请遵照执行。

关于深化中小学教师职称制度改革试点的指导意见

中小学教师是我国专业技术人才队伍的重要组成部分，是全面实施素质教育，推动教育事业又好又快发展的重要力量。深化中小学教师职称制度改革，完善符合中小学教师特点的专业技术水平评价制度，是贯彻党中央、国务院加强人才工作决定和深化职称制度改革要求的重要举措，是落实义务教育法的重要任务，是推进职称制度分类改革的重要内容，对于加强教师队伍建设，吸引和稳定优秀人才长期从教、终身从教，具有重大意义。考虑到这项改革情况复杂，涉及面广，政策性强，关系中小学教师的切身利益，需要经过试点取得经验后再全面推行。现就深化中小学教师职称制度改革试点提出如下指导意见。

一、改革试点的指导思想和原则

我国现行的以中小学教师职务聘任制为主要内容的中小学教师职称制度是 1986 年建立的，对调动广大中小学教师的积极性，提高中小学教师队伍的整体素质，促进教育事业的发展，发挥了积极作用。随着中小学人事制度改革的深入推进、素质教育的全面实施和教师队伍结构的不断优化，现行的中小学教师职称制度还存在等级设置不够合理、评价标准不够科学、评价机制不够完善、与事业单位聘用制度不够衔接等问题。深化中小学教师职称制度改革已成为当前深化职称制度改革，加强中小学教师队伍建设一项重要而紧迫的任务。

（一）改革试点的指导思想

坚持以邓小平理论和“三个代表”重要思想为指导，深入贯彻落实科学发展观，遵

循教育发展规律，按照深化职称制度改革的方向和总体要求，建立与事业单位聘用制度和岗位管理制度相衔接，符合教师职业特点，统一的中小学教师职称（职务）制度，充分调动广大中小学教师的积极性，为中小学聘用教师提供基础和依据，为全面实施素质教育提供制度保障和人才支持。

（二）改革试点的基本原则

1. 坚持以人为本，遵循中小学教师成长规律，鼓励优秀人才脱颖而出，促进中小学教师全面发展；

2. 坚持统一制度，分类管理，体现中学和小学的不同特点；

3. 坚持民主、公开、竞争、择优，切实维护教师的合法权益；

4. 坚持重师德、重能力、重业绩、重贡献，激励中小学教师提高教书育人水平；

5. 坚持与中小学聘用制度和岗位管理制度相配套，积极稳妥、协同推进，妥善处理改革、发展、稳定的关系。

二、改革试点的主要内容

改革试点重点围绕拓展教师职业发展通道，完善评价标准，创新评价方法，形成以能力和业绩为导向，以社会和业内认可为核心，覆盖各类中小学教师的评价机制，建立与事业单位岗位聘用制度相衔接的职称制度。改革试点的主要内容包括：

（一）健全制度体系

1. 改革原中学和小学教师相互独立的职称（职务）制度体系。贯彻落实《中华人民共和国义务教育法》，建立统一的中小学教师职务制度，教师职务分为初级职务、中级职务和高级职务。原中学教师职务系列与小学教师职务系列统一并入新设置的中小学教师职称（职务）系列。

2. 统一职称（职务）等级和名称。初级设员级和助理级；高级设副高级和正高级。员级、助理级、中级、副高级和正高级职称（职务）名称依次为三级教师、二级教师、一级教师、高级教师和正高级教师。

3. 统一后的中小学教师职称（职务），与原中小学教师专业技术职务的对应关系是：原中学高级教师（含在小学中聘任的中学高级教师）对应高级教师；原中学一级教师和小学高级教师对应一级教师；原中学二级教师和小学一级教师对应二级教师；原中学三级教师和小学二级、三级教师对应三级教师。

4. 统一后的中小学教师职称（职务）分别与事业单位专业技术岗位等级相对应：正高级教师对应专业技术岗位一至四级，高级教师对应专业技术岗位五至七级，一级教师对应专业技术岗位八至十级，二级教师对应专业技术岗位十一至十二级，三级教师对应专业技术岗位十三级。

（二）完善评价标准

1. 中小学教师专业技术水平评价标准，是中小学教师职称评审的重要基础和主要依据。中小学教师专业技术水平评价标准，要适应实施素质教育和课程改革的新要求，充分体现中小学教师职业特点，着眼于中小学教师队伍长远发展，并在实践中不断完善。要充分考虑教书育人工作的专业性、实践性、长期性，坚持育人为本、德育为先，注重师德素养，注重教育教学工作业绩，注重教育教学方法与艺术，注重教育教学一线实践经历，切实改变过分强调论文、学历的倾向，引导教师立德树人，爱岗敬业，积极进取，不断提高实施素质教育的能力和水平。

2. 国家制定各级中小学教师专业技术水平评价的基本标准条件（见附件）。各试点省根据本地教育发展情况，结合各类中小学校的特点和教育教学实际，制定中小学教师具体评价标准。对于少数特别优秀的教师，可制定相应的破格评审条件。中小学正高级教师、高级教师的评价标准要体现中学、小学的不同特点和要求，有所区别，并对农村教师予以适当倾斜。各试点省可根据本地教育发展水平，在不低于国家基本标准条件的基础上适当提高。

（三）创新评价机制

1. 建立以同行专家评审为基础的业内评价机制。要按照分类改革、分类管理的要求，建立健全同行专家评审制度。各试点省要加强对中小学教师职称评审工作的领导和指导，完善评委会的组织管理办法，扩大评委会组成人员的范围，注重遴选高水平的教育教学专家和经验丰富的一线教师，健全评委会工作程序和评审规则；建立评审专家责任制。

2. 改革和创新评价办法。认真总结推广同行专家评审在中小学教师专业技术水平评价中的成功经验，继续探索社会和业内认可的实现形式，采取说课讲课、面试答辩、专家评议等多种评价方式，对中小学教师的业绩、能力进行有效评价，确保评价结果的客观公正，增强同行专家评审的公信力。要在水平评价中全面推行评价结果公示制度，增加评审工作的透明度。

（四）实现与事业单位岗位聘用制度的有效衔接

1. 中小学教师职称评审是中小学教师岗位聘用的重要依据和关键环节，岗位聘用是职称评审结果的主要体现。中小学教师岗位出现空缺，教师可以跨校评聘。职称评审要遵循教育教学规律，适应中小学教师岗位聘用的实际需要。公办中小学教师的聘用和待遇，按照事业单位岗位管理制度和收入分配制度管理和规范。

2. 中小学教师职称评审，在核定的岗位结构比例内进行，不再进行岗位结构比例之外、与岗位聘用相脱离的资格评审。中小学教师竞聘上一职称等级的岗位，由学校在岗位结构比例控制范围内推荐符合条件的教师参加评审，并按照《事业单位岗位设置管理试行办法》和中小学岗位设置管理的有关规定，聘用通过职称评审的教师到相应教师岗位，人事、教育行政部门应及时兑现受聘教师的工资待遇，防止在有评审通过人选的情况下出现“有岗不聘”的现象。

3. 坚持中小学教师岗位聘用制度。按照深化事业单位人事制度改革以及中小学人事制度改革的要求，全面实行中小学教师聘用制度和岗位管理制度，发挥学校在用人上的主体作用，实现中小学教师职务聘任和岗位聘用的统一。要建立健全考核制度，加强聘后管理，在岗位聘用中实现人员能上能下。

4. 中小学教师职称评审和岗位聘用工作，要健全完善评聘监督机制，充分发挥有关纪检监察部门和广大教师的监督作用，确保评聘程序公正规范，评聘过程公开透明。评聘工作应在有岗位空缺的前提下，按照个人申报、考核推荐、专家评审、学校聘用的基本程序进行。

个人申报。中小学教师竞聘相应岗位，要按照不低于国家和当地制定的评价标准条件，按规定程序向聘用学校提出申报。

考核推荐。学校对参加竞聘的教师，要结合其任现职以来各学年度的考核情况，通过多种方式进行全面考核。根据考核结果，经集体研究，由学校根据核准的教师岗位结构比例择优推荐拟聘人选参加评审。

专家评审。由同行专家组成的评委会，按照评价标准和办法，对学校推荐的拟聘人选进行专业技术水平评价。评审结果经公示后，由人事行政部门和教育行政部门审核确认。

学校聘用。中小学根据聘用制度的有关规定，将通过评审的教师聘用到相应岗位。

5. 中小学教师高级、中级、初级岗位之间的结构比例，以及高级、中级、初级岗位内部各等级的结构比例，根据新的中小学教师职称等级体系，按照国家关于中小学岗位设置管理的有关规定执行。

三、改革试点的组织实施

中小学教师职称制度改革试点政策性强，涉及面广，涉及人数多，社会影响大，改革试点本身涉及人员过渡、标准制定和评审等诸多环节，工作十分复杂，各地情况又差别很大，必须按照国家的统一要求和部署开展试点工作。人力资源社会保障部、教育部联合成立改革试点工作领导小组，统一领导改革试点工作。领导小组下设办公室，负责改革试点工作的组织实施、政策指导和监督检查等工作。

（一）提高认识，加强领导

各试点省要充分认识改革试点的重大意义，切实加强领导。各试点省人事行政部门和教育行政部门要高度重视、密切配合，按照现有职能分工，做好相关工作。政府人事部门要加强对中小学教师职称工作的综合管理，教育行政部门要切实履行行业主管部门的职责，学校要按照核准的岗位设置方案和工作安排，负责教师的推荐、聘用和聘后管理等工作。

（二）结合实际，周密部署

各试点省要根据本意见精神、紧密结合本地实际，抓紧制定本地区的改革试点方案，报经人力资源社会保障部、教育部批准后，组织开展本地区改革试点工作；要选择一个地级市，用一年左右的时间，完成改革试点工作。各试点省要统筹规划，分工协作，精心组织，周密部署；要统筹协调各方面的利益关系，深入细致地做好政策解释、舆论宣传和思想政治工作，引导广大教师积极支持和参与改革；要认真总结改革试点经验，为整体推进中小学教师职称制度改革探索积累经验。

（三）平稳过渡，稳慎实施

要充分认识改革试点的复杂性，妥善做好新老人员过渡和新旧政策衔接工作，平稳过渡，确保改革试点顺利有序推进。现有在岗中小学教师，由各级人事、教育行政部门按照原中小学教师专业技术职务与统一后的职称（职务）对应关系，以及现聘任的职务等级，直接过渡到统一后的职称（职务）体系，并统一办理过渡手续。对于已经取得中小学教师专业技术职务任职资格但未聘用到相应岗位的人员，原则上资格予以保留，待相应岗位出现空缺，再按照岗位聘用程序择优聘用。在平稳过渡的基础上，各级别新的职称（职务）评聘工作，严格按照本意见规定的原则要求、标准条件、评价办法、评聘程序等，结合岗位聘用工作，在核定的岗位结构比例内组织进行。

中小学教师职称（职务）评聘工作分级组织实施。高级教师及以下职称（职务）等级的评聘工作，由各试点省按照本意见制定本地区的实施办法和相关配套政策，并组织实施。试点阶段正高级教师的评价工作由人力资源社会保障部、教育部统一部署，各试点省组织评审，评审结果报两部批准。

各试点省要及时总结经验，发现、研究和解决改革试点中出现的新情况、新问题，妥善处理改革、发展和稳定的关系。遇到重要情况及时向改革试点领导小组报告。试点地区改革试点进展情况请及时报送改革试点领导小组办公室。

（四）本意见适用于普通中小学、职业中学、幼儿园、特殊教育学校、工读学校及省、地、县教研室和校外教育机构

民办中小学校教师可参照本意见参加职称评审。

附件：中小学教师水平评价基本标准条件

附件

中小学教师水平评价基本标准条件

一、拥护党的领导，胸怀祖国，热爱人民，遵守宪法和法律，贯彻党和国家的教育方针，忠诚于人民教育事业，具有良好的思想政治素质和职业道德，牢固树立爱与责任的意识，爱岗敬业，关爱学生，为人师表，教书育人。

二、具备相应的教师资格及专业知识和教育教学能力，在教育教学一线任教，切实履行教师岗位职责和义务。

三、身心健康。

四、中小学教师评聘各级别职称（职务），除必须达到上述标准条件，还应分别具备以下标准条件：

正高级教师

1．具有崇高的职业理想和坚定的职业信念；长期工作在教育教学第一线，为促进青少年学生健康成长发挥了指导者和引路人的作用，出色地完成班主任、辅导员等工作任务，教书育人成果突出。

2．深入系统地掌握所教学科课程体系和专业知识，教育教学业绩卓著，教学艺术精湛，形成独到的教学风格。

3．具有主持和指导教育教学研究的能力，在教育思想、课程改革、教学方法等方面取得创造性成果，并广泛运用于教学实践，在实施素质教育中，发挥了示范和引领作用。

4．在指导、培养高级、一级、二级、三级教师方面作出突出贡献，在本教学领域享有较高的知名度，是同行公认的教育教学专家。

5．一般应具有大学本科及以上学历，并在高级教师岗位任教5年以上。

高级教师

1．根据所教学段学生的年龄特征和思想实际，能有效进行思想道德教育，积极引

导学生健康成长，比较出色地完成班主任、辅导员等工作，教书育人成果比较突出。

2. 具有所教学科坚实的理论基础、专业知识和专业技能，教学经验丰富，教学业绩显著，形成一定的教学特色。

3. 具有指导与开展教育教学研究的能力，在课程改革、教学方法等方面取得显著的成果，在素质教育创新实践中取得比较突出的成绩。

4. 胜任教育教学带头人工作，在指导、培养一级、二级、三级教师方面发挥了重要作用，取得了明显成效。

5. 具备博士学位，并在一级教师岗位任教2年以上；或者具备硕士学位、学士学位、大学本科毕业学历，并在一级教师岗位任教5年以上；或者具备大学专科毕业学历，并在小学、初中一级教师岗位任教5年以上。城镇中小学教师原则上要有1年以上在薄弱学校或农村学校任教经历。

一级教师

1. 具有正确教育学生的能力，能根据所教学段学生的年龄特征和思想实际，进行思想道德教育，有比较丰富的班主任、辅导员工作经验，并较好地完成任务。

2. 对所教学科具有比较扎实的基础理论和专业知识，独立掌握所教学科的课程标准、教材、教学原则和教学方法，教学经验比较丰富，有较好的专业知识技能，并结合教学开展课外活动，开发学生的智力和能力，教学效果好。

3. 具有一定的组织和开展教育教学研究的能力，并承担一定的教学研究任务，在素质教育创新实践中积累了一定经验。

4. 在培养、指导二级、三级教师提高业务水平和教育教学能力方面作出一定成绩。

5. 具备博士学位；或者具备硕士学位，并在二级教师岗位任教2年以上；或者具备学士学位或者大学本科毕业学历，并在二级教师岗位任教4年以上；或者具备大学专科毕业学历，并在小学、初中二级教师岗位任教4年以上；或者具备中等师范学校毕业学历，并在小学二级教师岗位任教5年以上。

二级教师

1. 比较熟练地掌握教育学生的原则和方法，能够胜任班主任、辅导员工作，教育效果较好。

2. 掌握教育学、心理学和教学法的基础理论知识，具有所教学科必备的专业知识，能够独立掌握所教学科的教学大纲、教材、正确传授知识和技能，教学效果较好。

3. 掌握教育教学研究方法，积极开展教育教学研究和创新实践。

4. 具备硕士学位；或者具备学士学位或者大学本科毕业学历，见习期1年期满并考核合格；或者具备大学专科毕业学历，并在小学、初中三级教师岗位任教2年以上；或者具备中等师范学校毕业学历，并在小学三级教师岗位任教3年以上。

三级教师

1. 基本掌握教育学生的原则和方法，能够正确教育和引导学生。

2. 具有教育学、心理学和教学法的基础知识，基本掌握所教学科的专业知识和教材教法，能够完成所教学科的教学工作。

3. 具备大学专科毕业学历，并在小学、初中教育教学岗位见习1年期满并考核合格；或者具备中等师范学校毕业学历，并在小学教育教学岗位见习1年期满并考核合格。

人力资源和社会保障部、教育部关于印发深化中小学教师职称制度改革试点工作方案的通知

（人社部发〔2009〕29号 2009年2月17日）

吉林省、山东省、陕西省人事厅、教育厅：

根据国务院第32次常务会议精神和《关于印发深化中小学教师职称制度改革试点指导意见的通知》有关要求，为切实做好深化中小学教师职称制度改革试点工作，我们研究制定了《深化中小学教师职称制度改革试点工作方案》，现印发你们，请遵照执行。

深化中小学教师职称制度改革试点工作方案

一、试点工作的组织领导

人力资源社会保障部、教育部联合成立改革试点工作领导小组，统一领导改革试点工作。领导小组下设办公室，具体负责改革试点工作的组织实施、政策指导和监督检查等工作（名单附后）。各试点省也要成立相应的领导小组和工作机构。

二、试点省市的遴选

遴选原则：一是领导高度重视；二是有改革试点积极性；三是改革试点基础较好；四是改革试点环境较好，外部矛盾较少；五是具有较强的代表性。同时还要综合考虑经济社会发展情况、现行职称政策执行情况、教师队伍情况、人事制度改革推进情况、收入分配改革进展情况等。

按照上述原则，并经反复沟通，决定在东、中、西部的吉林省松原市、山东省潍坊市、陕西省宝鸡市三个地级市开展改革试点工作。

三、试点进度安排

准备用一年左右的时间，分为五个阶段开展改革试点工作：

第一阶段：制定下发文件。2008年11月至2009年1月，在原《关于深化中小学教师职称制度改革的意见》基础上，制定《关于深化中小学教师职称制度改革试点的指导意见》（以下简称《试点指导意见》）。《试点指导意见》已经国务院批准后，以两部名义印发试点省，同时抄送全国其他非试点省市。

第二阶段：专门开会部署。2009年2月下旬，两部联合召开改革试点工作部署会，试点省和试点市的人事、教育部门负责同志和有关工作人员参加。传达学习国务院关于开展深化中小学教师职称制度改革试点工作的精神和要求，对改革试点工作进行部署。

第三阶段：制订试点方案。2009年3月至4月，试点省市根据《试点指导意见》和工作部署会要求研究制订试点方案，试点方案主要包括人员过渡具体办法、具体评

价标准、评价方式和程序、评审监督检查机制、新增小学副高级教师和中小学正高级教师比例（数量）以及实施的方法步骤等内容，特别要注意处理好城乡学校之间的统筹协调关系。

审批试点方案。2009 年 5 月，综合试点省和试点市的实际情况，两部联合审批试点省的试点方案。

第四阶段：组织开展试点。2009 年 6 月至 12 月，各试点省和试点市在两部统一领导下开展试点工作。试点工作领导小组办公室要切实加强政策指导和定点指导，帮助试点地区及时研究解决改革试点中出现的新情况、新问题，确保改革试点顺利实施。

第五阶段：试点工作总结。2010 年 1 月至 3 月，全面总结改革试点工作，研究提出进一步深化改革的意见。

四、试点工作要求

各试点省和试点市要高度重视，加强领导，周密部署，精心组织，妥善处理好改革、发展、稳定的关系。要严格按照《试点指导意见》的精神和要求，开展试点工作，不得随意扩大试点范围和相应比例（数量）。未纳入试点范围的省份不得自行开展改革试点工作。要妥善处理好中小学教师职称改革和其他职称系列的关系，坚决防止和避免其他职称系列的“搭车”行为。

附件：深化中小学教师职称制度改革试点工作领导小组及领导小组办公室成员名单

附件

深化中小学教师职称制度改革试点工作领导小组及领导小组办公室成员名单

组　　长：王晓初　人力资源社会保障部　副部长
　　　　　李卫红　教育部　副部长
副 组 长：孙建立　人力资源社会保障部专业技术人员管理司　司长
　　　　　吴德刚　教育部人事司　司长
办公室主任：吴剑英　人力资源社会保障部专业技术人员管理司　副司长
　　　　　吕玉刚　教育部人事司　副司长
办公室成员：胡文忠　人力资源社会保障部专业技术人员管理司职称处　处长
　　　　　王光彦　教育部人事司综合处　处长
　　　　　申　月　人力资源社会保障部专业技术人员管理司职称处　副处长
　　　　　孟庆瑜　教育部人事司综合处　副处长

卫生部、国家发展改革委、财政部、人力资源和社会保障部、教育部、中央编办关于加强卫生人才队伍建设的意见

（卫人发〔2009〕131号　2009年12月31日）

各省、自治区、直辖市卫生厅（局）、发展改革委、财政厅（局）、人力资源社会保障（人事、劳动保障）厅（局）、教育厅（局）、机构编制委员会办公室，新疆生产建设兵团卫生局、发展改革委、财政局、人事局、教育局、机构编制委员会办公室：

根据《中共中央、国务院关于深化医药卫生体制改革的意见》（中发〔2009〕6号），现就加强卫生人才队伍建设提出如下意见。

一、加强卫生人才队伍建设的指导思想、总体目标和基本要求

（一）指导思想

以邓小平理论和“三个代表”重要思想为指导，全面贯彻落实科学发展观，坚持党管人才原则和尊重劳动、尊重知识、尊重人才、尊重创造的方针，紧紧抓住人才培养、吸引和使用三个环节，以用为本，提高卫生人才队伍的整体素质，推动卫生人才队伍全面、协调、可持续发展，为卫生事业发展和人民群众健康提供人才和智力保障。

（二）总体目标

到2020年，卫生人才总量基本适应人民群众医疗卫生服务需求，卫生人才素质显著提高，卫生人才配置结构优化，城乡区域分布趋于合理，农村、城市社区的公共卫生和医疗服务人才短缺的局面得到明显改善；逐步建立和完善符合卫生人才发展内在规律、充满生机与活力的人才工作机制，努力造就一支品德高尚、技术精湛、服务优良的卫生人才队伍。

加强卫生人才队伍建设的基本要求是：

——大力实施人才强卫战略。牢固树立人才资源是第一资源的观念，充分认识卫生人才对于事业发展的决定性作用，把卫生人才建设作为卫生工作的重中之重，以人才促改革，以人才促发展。

——加强卫生人才宏观管理。按照管宏观、管政策、管协调、管服务的要求，建立健全卫生人才宏观管理的体制机制。加强卫生人才队伍建设规划，统筹指导各类卫生人才队伍建设，制定有利于卫生人才发展的政策措施，搞好部门协调和服务，加强优秀卫生人才宣传和表彰，努力营造良好的卫生人才环境。

——坚持思想道德教育与专业技术培养两手抓。把牢固树立为人民健康服务的意识作为卫生人才队伍建设的重点，加强思想政治工作，提高职业道德素质；努力提高卫生人员技术业务素质，增强服务能力，努力建设一支忠实为人民健康服务的卫生人才队伍。

——坚持各类卫生人才协调发展。以农村卫生人才队伍建设为重点，整体推进农村卫生、社区卫生、疾病预防控制、妇幼保健、医疗服务、中医药、卫生监督和卫生管理等各类卫生人才协调发展。遵循医学人才成长规律，兼顾当前需要与长远发展，逐步完

善卫生人才培养制度和培养体系。

二、加快卫生人才队伍协调发展

（三）加强农村卫生人才队伍建设

根据农村群众的医疗卫生需求，合理配备县乡村卫生服务机构人员。深化人事制度改革，完善收入分配制度，形成规模适当、相对稳定、水平适宜的农村卫生服务队伍。

逐步扩大乡镇卫生院招聘执业医师试点规模，2009—2011 年中央财政支持招聘 3 000余名执业医师到乡镇卫生院，鼓励有条件的地方扩大招聘规模。到 2011 年，实现每个乡镇卫生院至少有 1 名执业医师的目标。统筹城乡卫生资源，完善城乡医院对口支援制度，严格执行“城市医生在晋升主治医师或副主任医师职称前到农村累计服务 1 年”的规定，继续推动“万名医师支援农村卫生工程”。继续组织实施高校毕业生“三支一扶”计划中支医项目，加大医学类高校毕业生选拔力度，采取有效措施鼓励服务期满后扎根基层。

进一步加强农村卫生人员在职在岗培训。实施农村卫生人员培训规划，对农村乡镇卫生院在职在岗卫生人员每 5 年进行全员岗位培训一次，对村卫生室在职在岗卫生人员每年培训一次，将培训结果作为岗位聘任与年度考核、职称晋升的重要依据。建立农村卫生技术人员定期进修学习制度，每年要有 1 名乡镇卫生院技术骨干人员到县级以上医疗卫生机构进修；每年要有 1 名乡村医生到县级医疗卫生机构集中培训。用 3 年时间，培训乡镇卫生院医疗卫生人员 36 万人次，培训村卫生室医疗卫生人员 137 万人次。利用远程教育等多种形式，拓宽农村卫生人员的培训渠道。选拔优秀人才担任乡镇卫生院院长，提高乡镇卫生院的管理水平。

卫生、教育行政部门共同研究制定农村卫生人才培养规划，卫生行政部门结合区域卫生规划研究提出农村卫生人才岗位需求，教育行政部门落实培养学校，考前学生与学校和当地卫生行政部门签订定岗服务协议，实施定单定向农村卫生人才培养，为农村培养留得住、用得上、干得好的适宜卫生人才。定单定向为农村卫生培养的学生在校期间免缴学费和住宿费，所需经费由定向委托培养部门承担。

从 2009 年起，对志愿去中西部地区乡镇卫生院工作 3 年以上的高校医学毕业生，其学费（助学贷款）由国家实行补偿（代偿）。

坚持从实际出发，以业绩、能力考核和使用农村卫生技术人员。对在农村基层工作的卫生技术人员，在职称晋升等方面给予适当鼓励和政策倾斜，落实国家对长期在乡以下基层地区工作的卫生技术人员待遇倾斜政策。

（四）加强城市社区卫生人才队伍建设

按照城市社区卫生服务机构编制标准和岗位设置方案配备社区卫生专业技术人员。实施社区卫生人员培训项目，大力开展社区卫生人员岗位培训，用 3 年时间，培训城市社区卫生服务机构医疗卫生人员 16 万人次。实施以全科医生为重点的基层医疗卫生队伍建设规划。

吸引和鼓励高等医学院校毕业生到社区卫生服务机构就业。鼓励公立医院高中级医疗卫生技术人员定期到社区卫生机构提供技术指导和服务，探索建立公立医院支援社区卫生制度。鼓励非全科医学专业的主治医师、副主任医师经过全科医师培训转为社区全科医师。凡到城市社区卫生服务机构工作的医师和护师，可提前一年参加全国卫生专业技术中级资格考试。各地可根据实际情况对在社区工作的卫生技术人员在职称晋升等方面制定优惠鼓励政策。

（五）加强疾病预防控制和妇幼保健人才队伍建设

按照承担的职责和任务，合理确定公共卫生机构的人员编制、工资水平和经费标准。加强公共卫生人才培养，加强重大疾病预防控制、妇幼保健和卫生应急等方面人员的业务培训，提高技术水平。高等医学院校应加强公共卫生学科建设，扩大公共卫生人才培养。进一步完善相关政策措施，吸引、鼓励高等医学院校公共卫生专业毕业生到基层公共卫生机构工作。在城市社区卫生服务机构和乡镇卫生院配备公共卫生执业医师或执业助理医师。

优化人员结构。争取3年内，各级疾病预防控制中心学历构成应当符合以下标准：国家级中心本科学历人员占75%以上；省级中心本科学历人员占65%以上；市级中心本科学历人员占50%以上；县级中心本科学历人员占35%以上。妇幼保健人员编制按《各级妇幼保健机构编制标准》落实，卫生技术人员占总人数的75%～80%。各级公共卫生机构要根据工作职责和任务，有计划地吸收高等医学院校毕业生，改善专业技术人员结构，提高知识和技术水平。严禁非专业人员从事公共卫生专业技术工作，对现在专业技术岗位的非专业技术人员要妥善进行调整。妇幼保健专业技术人员须掌握母婴保健法律法规，从事婚前保健、产前诊断和遗传病诊断、助产技术、终止妊娠和结扎手术服务的人员必须取得相应的《母婴保健技术考核合格证书》。

（六）加强卫生监督人才队伍建设

按照辖区人口数、工作量、服务范围和经济水平等因素，科学合理确定各级卫生监督机构的人员配备。研究落实政策，吸引各类优秀人员从事卫生监督工作。加强卫生监督人员执法资格管理，优化人员结构。完善培训管理制度，定期对在岗人员进行培训。落实执法责任制，完善执法考核评议和稽查机制，不断提高卫生监督人员的综合素质和执法能力，推进卫生监督队伍的规范化建设。

（七）加强中医药人才队伍建设

充分发挥中医药在医疗卫生服务体系中的作用。完善中医药师承教育制度，开展中医药师承教育与专业学位衔接的试点。加强中医药人才培训，建立稳定的中医药人才培训机制。大力实施“三名三培”工程，加强高层次中医药人才培养。继续支持优秀中医临床人才研修和老中医药专家学术经验继承工作。统筹加强农村、社区的中医药人才培养，继续开展县乡村中医药技术骨干培训，实施中医类全科医师岗位培训和规范化培训。按照布局合理、分工明确、特色突出的原则，加强中医药继续教育。

（八）加强护理队伍和技能人才建设

贯彻落实《护士条例》，切实维护护士合法权益，建立健全护士准入制度，加强护士继续教育，提高护士队伍整体素质。医疗机构的护士人员配备要严格按照国家有关规定执行。研究拟订综合医院编制标准，合理配备护理人员编制，切实保障护士待遇。

对卫生行业工勤技能岗位的人员，实行职业资格证书制度，加快卫生行业技能人才培养。

（九）加快建设高层次卫生人才队伍

研究制定高层次卫生人才发展规划，以创新能力建设为核心，以项目为依托，努力建设一支高水平的医学创新队伍。实施卫生高层次人才培养计划，培养一批在国际医学领域有重要影响力的医学科学家，成为优秀学科带头人。

完善高层次人才选拔机制。组建卫生系统高层次人才信息库，建立高层次人才研修制度，资助参加国内外重大学术活动。积极引进海外高层次卫生人才，建设好“海外高层次人才创新创业基地”，加大对高层次留学回国人才的支持，为回国人员创造较好的工作和生活条件。

（十）推进医疗卫生机构管理人员职业化建设

制定不同层次、不同类型医疗卫生机构管理人员的岗位职责规范，探索建立符合科学发展观和卫生行业特点的管理人员考核体系和评价标准。

积极推动卫生管理岗位培训工作，逐步建立医疗卫生机构管理人员持证上岗制度。医疗卫生机构管理人员每5年参加一次3个月以上的管理岗位知识培训。卫生管理岗位培训证书应当作为医疗卫生机构管理人员竞聘上岗的重要依据。规范医院管理者的任职条件，逐步形成一支职业化、专业化的医疗机构管理队伍。高等学校要逐步完善卫生管理相关学科建设，实施卫生管理培训及学历教育。

规范医疗卫生机构管理人员培养、选拔、聘用、考核，努力建设一支岗位职责明晰、考核规范、责权一致的职业化医疗卫生机构管理人员队伍。

三、以职业道德和能力建设为核心，加强医学人才培养

（十一）深化医学教育改革，发挥医学院校人才培养基地作用

完善医学教育协调工作机制，教育、卫生等部门要加强医学教育工作的宏观指导，根据我国卫生事业发展的客观需求，科学合理制定医学教育的发展规划，加大投入，改善管理，深化改革，提高质量，促进医学教育的全面健康发展。

教育行政部门要根据卫生事业发展需要，统筹规划，调控医学教育规模和结构；合理设置医学教育本科专业，推进医学教育学制、学位体系改革，创新医学人才培养模式；加强医德和职业素质教育，促进学生全面发展；强化临床实践教学和临床技能培养，加强临床教学实践基地建设，提高医学实践教学质量。

积极开展医学教育专业认证工作，定期向社会公布医学教育院校相关信息和评估结果，做好医学教育与卫生执业准入的衔接。

根据卫生岗位需求，科学确定卫生职业教育的办学规模，合理设置专业，探索建立卫生职业教育的认证、认可制度。

（十二）完善医学人才培养体系，促进继续医学教育稳步发展

进一步明确院校医学教育、毕业后医学教育和继续医学教育三个阶段的目标和任务。建立符合中国国情的住院医师规范化培训制度，医学专业本科生在完成院校教育毕业后，在符合要求的医院中接受规定年限的住院医师培训，医学专业研究生毕业后，由培养单位按其临床能力安排参加相应阶段的住院医师培训，提高医生临床医疗水平和基层医疗机构的服务能力。研究制定与住院医师培训相关的人事管理、资金筹措等配套政策，充分发挥高等院校、医院及行业协会的作用，为住院医师培训创造良好环境。

建立健全医学终身教育制度。充分利用各种卫生和教育资源、远程教育的技术优势，开展形式多样的医学继续教育活动。加强对继续医学教育的管理。将继续医学教育

与卫生技术人员考核、聘用、晋升、执业再注册等人才管理制度相结合，不断提高卫生技术队伍素质。

四、完善卫生人才评价体系和使用机制

（十三）完善卫生人才评价体系

严格卫生行业技术人员的准入。建立以工作业绩为核心，以品德、知识、能力、服务为主要内容的卫生人才评价指标体系。完善全国卫生专业技术资格考试考评制度。强化对卫生专业技术人员实践能力的考核，完善卫生专业技术资格标准条件。积极探索和改进卫生人才评价方法，应用现代人才测评手段，客观、公正地评价卫生专业技术人员的水平和能力。完善技能型人才职业标准。

研究建立卫生技术人员和卫生管理人员评价制度，培育、发展和规范卫生人才评价中介组织。

（十四）全面建立聘用制度和岗位管理制度

转换用人机制，健全用人制度，推行聘用制度和岗位管理制度，实现卫生人才管理由固定用人向合同用人转变，由身份管理向岗位管理转变。建立人才公平竞争和绩效评价机制，实行按需设岗、公开招聘、竞聘上岗、科学考核、合同管理。严禁非卫生技术人员进入卫生技术岗位。

对优秀的专业技术人才到基层卫生机构工作，如无相应等级的空缺岗位，可以按照有关规定申请设置特设岗位。

五、完善卫生事业单位分配机制

（十五）完善卫生事业单位收入分配机制

卫生事业单位工作人员实行岗位绩效工资制度。基本工资执行国家统一工资政策和标准；绩效工资以综合绩效考核为依据，突出服务质量、数量，注重向优秀人才和关键岗位倾斜，合理拉开收入差距。对从事医学基础研究和重要公益领域的高层次人才逐步建立特殊津贴制度，落实传染病医院、鼠防机构、血防机构和其他疾病预防控制机构从事高风险岗位工作人员的待遇；对部分紧缺或者急需引进的高层次人才，经批准可实行协议工资、项目工资等灵活多样的分配办法；积极探索技术等生产要素参与收入分配的形式。落实优秀人才到基层和艰苦边远地区工作的工资倾斜政策。基层医务人员工资水平要与当地事业单位工作人员平均工资水平相衔接。

公共卫生事业单位实施绩效工资所需经费，纳入财政预算全额安排，按现行财政体制和单位隶属关系，分别由中央财政和地方财政负担。政府举办的基层医疗卫生事业单位实施绩效工资所需经费的补助，按医改政府卫生投入文件的有关规定执行。县级财政要保障公共卫生与基层医疗卫生事业单位实施绩效工资所需经费，省级财政要强化责任，加强经费统筹力度，中央财政进一步加大转移支付力度，对中西部及东部部分财力薄弱地区公共卫生与基层医疗卫生事业单位实施绩效工资给予适当支持。

六、建立和完善卫生人才市场体系，促进卫生人才的合理流动

（十六）加强卫生人才市场建设

加强卫生行业人才中介机构和信息化网络建设。进一步完善功能，提高服务能力；探索建立卫生行业人才社会化服务标准，规范卫生人才中介机构工作。

积极运用现代科技手段，加强人才信息网络建设。规范卫生行业人才市场管理，组建全国卫生人才资源网络，加快卫生人才市场服务体系的专业化、信息化建设。

（十七）促进卫生人才合理流动

加强卫生人才库建设和用人信息网络建设，为个人择业和单位用人提供准确及时的信息，促进卫生人才的合理流动与配置。人才服务机构要积极开展代理、派遣、评价、培训、交流、存档等服务，提高服务的能力和水平。积极引导各类优秀卫生人才向西部地区和艰苦地区流动。

建立不同地区、不同机构间的人才流动渠道，鼓励专业技术人才通过兼职服务、技术开发、科技咨询等方式实现规范有序流动，最大限度地发挥人才资源的作用。

七、加大经费投入，加强组织领导

（十八）加大卫生人才队伍建设的经费投入

建立以政府投入为主、用人单位和社会资助为辅的卫生人才队伍建设投入机制。中央和地方各级政府根据人才建设工作需要，逐步加大对卫生人才建设的支持力度。中央财政对中西部地区和困难地区给予必要支持。各类医疗卫生机构要安排一部分资金，用于人才队伍建设和高层次卫生人才的培养、选拔、评价、奖励和引进。鼓励支持社会资本参与卫生人才队伍建设，积极争取国际组织、外国政府贷款和社会捐助，推动卫生人才队伍建设。

整合卫生人才队伍培训资金，统筹安排，合理使用，形成合力。加强资金的监督管理，提高资金使用效益。

（十九）加强卫生人才队伍建设的组织领导

各级政府要高度重视卫生人才队伍建设，把卫生人才队伍建设纳入本地区人才工作总体规划和经济社会发展规划，加强领导，统一部署，保证人才建设投入，建立卫生人才工作协调机制，加强宏观指导和统筹协调。各地发展改革、财政、人力资源社会保障、教育、编制等部门要按照职责分工，落实部门责任，加强与卫生部门协调配合，研究制定加强各类卫生人才队伍建设的政策和措施。各级卫生部门和医疗卫生机构要把卫生人才队伍建设作为卫生事业发展的重点，制定卫生人才队伍建设规划，建立卫生人才工作责任制，明确目标任务，整合资源，落实措施，坚持不懈地抓出成效。

国家发展和改革委员会、卫生部、中央机构编制委员会办公室、教育部、财政部、人力资源和社会保障部关于印发以全科医生为重点的基层医疗卫生队伍建设规划的通知

（发改社会〔2010〕561 号　2010 年 3 月 25 日）

各省、自治区、直辖市、新疆生产建设兵团发展改革委、卫生厅（局）、编办、教育厅

(局)、财政厅（局)、人力资源社会保障（人事、劳动保障）厅（局)：

为贯彻落实《中共中央、国务院关于深化医药卫生体制改革的意见》（中发〔2009〕6号）和国务院《医药卫生体制改革近期重点实施方案（2009—2011年)》(国发〔2009〕12号)，国家发展改革委、卫生部、中央编办、教育部、财政部、人力资源社会保障部制定了《以全科医生为重点的基层医疗卫生队伍建设规划》，经国务院医改领导小组同意，现印发你们，请抓紧结合本地实际认真贯彻落实。

加强以全科医生为重点的基层医疗卫生队伍建设，是健全基层医疗卫生服务体系、提高基层医疗卫生服务水平的基础工程，是“缓解看病难、看病贵”的基础环节，是实现人人享有基本医疗卫生服务的基本途径，关系到医改全局和群众切身利益。因此，各地要高度重视，精心组织，以本规划为指导，结合本地实际，制定并实施好当地规划。同时，要加大投入力度，加快配套改革，建立监测评估机制，加强督促检查，开展宣传教育，营造全社会尊重、信任、支持全科医生的良好氛围，确保完成规划目标。

以全科医生为重点的基层医疗卫生队伍建设规划

前言

加强以全科医生为重点的基层医疗卫生队伍建设，对改善城乡居民健康水平和降低医疗费用具有重要作用，是健全基层医疗卫生服务体系、提高基层医疗卫生服务水平的基础工程，是缓解看病难、看病贵问题的基础环节，是实现人人享有基本医疗卫生服务的基本途径。

为贯彻落实《中共中央、国务院关于深化医药卫生体制改革的意见》（中发〔2009〕6号）和国务院《医药卫生体制改革近期重点实施方案（2009—2011年）》(国发〔2009〕12号)，加快建设以全科医生为重点的基层医疗卫生队伍，提高基层医疗卫生队伍的整体素质和服务水平，逐步实现人人享有基本医疗卫生服务的目标，提高全民健康水平，在总结我国基层医疗卫生队伍建设和发展经验的基础上，特制定本规划。

一、规划背景

（一）基本概况

党中央、国务院高度重视城乡基层医疗卫生工作，近年来制定并实施了一系列政策措施，农村卫生和城市社区卫生工作得到大力推进。

一是基层医疗卫生服务体系进一步完善。各级政府加大对村卫生室、乡镇卫生院和城市社区卫生服务机构基础设施建设的投入，基层医疗卫生机构服务条件有了明显改善。截至2008年年底，全国共有县级医院8 874个，乡镇卫生院3.9万个，村卫生室61.3万个（含新疆生产建设兵团2 617个连队卫生室)，农村三级医疗卫生服务网络得到进一步健全。全国共有2.4万个社区卫生服务中心（站)，社区卫生服务网络体系初步形成。

表1　城乡基层医疗卫生服务体系概况

服务网络		机构情况（个）	人员情况（万人）
农村三级卫生服务网络	县级医院	8 874	137.8
	乡镇卫生院	39 000	107.5
	村卫生室	613 000	105.8
城市社区卫生服务网络	社区卫生服务中心	4 036	15.0
	社区卫生服务站	20 224	6.9

二是基层医疗卫生队伍得到一定发展。截至2008年年底，全国社区卫生人员21.9万人，乡镇卫生院人员107.5万人，村卫生室人员105.8万人，占全国卫生人员总量的32.6%。村卫生室、乡镇卫生院、城市社区卫生机构的执业（助理）医师为60.6万人，占全国执业（助理）医师总数的比例为29.1%。

三是基层医疗卫生服务利用量逐渐增加。随着新型农村合作医疗制度的全面推行以及城镇居民基本医疗保险制度的建立，人民群众到基层医疗卫生机构就诊人次数和住院人数明显增加。2008年，卫生院诊疗人次达8.62亿人次，住院人数达3 355万人，分别比2003年增加1.72亿人次和1 747万人；社区卫生服务中心（站）诊疗人次达2.57亿人次，住院人数达141万人，分别比2003年增加2.17亿人次和130.7万人。

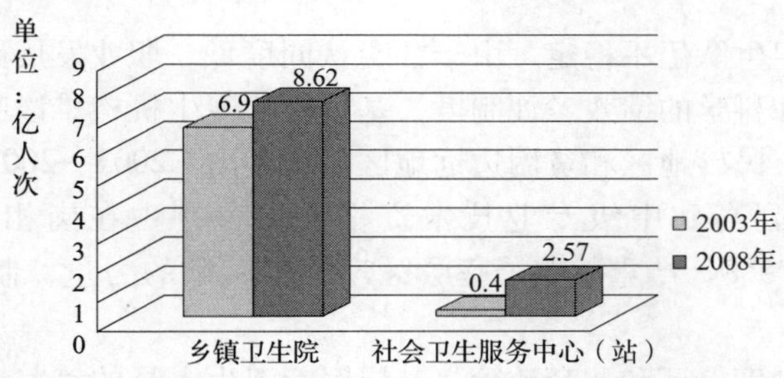

图1　城乡基层医疗卫生服务机构年诊疗人次增长情况

但是，与硬件条件不断改善相比，我国基层医疗卫生机构的“软件”建设相对薄弱，难以满足人民群众医疗卫生需求，特别是人才队伍建设相对滞后，已成为制约基层医疗卫生机构进一步改善服务和提高水平的“瓶颈”。目前，乡镇卫生院、社区卫生服务机构等基层医疗卫生服务利用率为30%左右，与50%～80%的国际水平还有较大差距，“大医院人满为患，基层医疗卫生服务利用不足”现象仍然严重，人民群众对“看病难、看病贵”问题反映强烈。

城镇化、工业化、人口老龄化和经济全球化，使我国经济社会各方面都发生了深刻变化，同时也带来疾病谱、生态环境等不断变化，对基层医疗卫生服务提出了更高的要求。大力培养全科医生，向个人和家庭提供集预防、保健、诊断、治疗、康复、健康管理一体化的，连续协调、方便可及的主动服务，为基层医疗卫生服务培养知识全面、经验丰富、素质较高的人才队伍，已经成为目前我国深化医药卫生体制改革非常紧迫的重要任务。

（二）主要问题

当前，基层医疗卫生队伍存在的主要问题有：

一是执业医师尤其是全科医师数量严重不足。据中国卫生统计年鉴，我国约有 6 万名执业范围为全科医学的执业（助理）医师，仅占执业（助理）医师总数的 3.5%，远低于国际上 30% ~60% 的平均水平，其中，中医类别全科医师数量更为不足。我国农村地区，尤其是中西部地区基层，合格的医疗卫生人才更为短缺，仍有部分乡镇卫生院无执业医师，24% 的乡镇卫生院没有中医类别执业医师。

二是基层医疗卫生队伍素质不高。我国乡村医生大多学历不高，56.7% 的乡村医生不具备报考国家执业（助理）医师考试的资格。乡镇卫生院具有大专及以上学历的卫生技术人员不足 23%。社区卫生服务中心卫生技术人员高级职称人员不足 4%。基层医生难以取得城乡居民的信任。

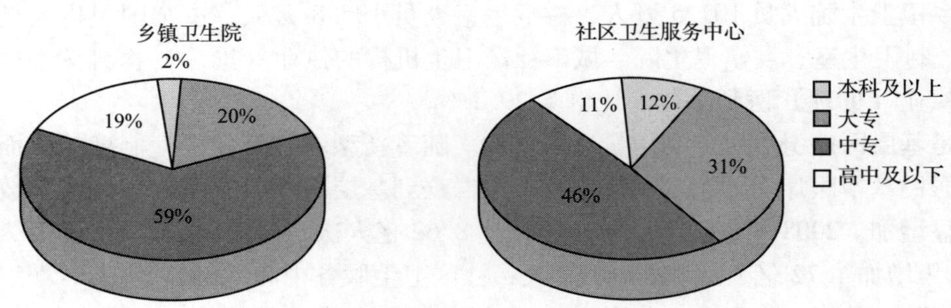

图 2　2005 年城乡基层医疗卫生服务机构人员学历构成

三是基层医疗卫生队伍不稳定。由于社会认同度低，职业发展路径不清晰，缺乏有效的激励约束机制和科学的绩效考评制度，基层医疗卫生机构难以吸引和稳定人才，条件较为艰苦的山区、民族地区和贫困边远地区尤为突出。2003—2007 年，基层医疗卫生机构流失的正高、副高和中级专业技术资格人员分别占在岗相应职称人员总数的 35.7%、10.1%、9.5%，严重削弱了基层医疗卫生队伍的力量，制约了基层医疗卫生事业发展。

四是缺乏机制制度保证和配套政策。基层医疗卫生人员的培养培训尚未建立科学规范的体系和制度，低水平重复培训多，政府投入效果有待提高。同时，尚未建立人员准入、评价与退出制度，人才使用和管理政策不配套。一方面培养的人才“下不去”，也“留不住”；另一方面现有在岗人员工作积极性不高，学习欲望低，水平难以让老百姓信任，导致业务量少，形成恶性循环。

二、原则与目标

（一）规划范围

1. 规划期：近期规划期为三年（2010 年到 2012 年），远期规划到 2020 年。

2. 规划范围：以全科医生为重点，涵盖社区卫生服务机构、乡镇卫生院、村卫生室（含社会办医）的基层医疗卫生队伍建设。同时，加强县级医院医疗卫生人才培养。

3. 规划内容：围绕人才培养、吸引和使用三个环节，突出制度机制建设和政策完善，为基层医疗卫生机构培养一批适宜人才，提高一批在岗人才，吸引一批优秀人才，留住一批合格人才。

（二）指导思想

以邓小平理论和“三个代表”重要思想为指导，深入贯彻落实科学发展观，全面落实医药卫生体制改革精神，坚持中西医并重，从我国城乡基层医疗卫生队伍建设的实际出发，以发展建设与基本医疗卫生制度相适应的基层医疗卫生队伍为目标，立足长远制度建设，着眼当前突出问题，创新人才工作体制机制，完善人才培养、吸引、使用、评价和激励办法，以全科医生为重点，全面加强基层医疗卫生队伍建设，提高基层医疗卫生队伍的整体素质和医疗卫生服务能力。

（三）基本原则

第一，突出重点，整体推进。以培养全科医生为重点目标，以加强农村基层医疗卫生队伍建设为重点内容，整体推进基层医疗卫生队伍建设，提高基层医疗卫生人员的专业素质和技术水平。加强基层中医药（民族医药）人才队伍建设，合理配备中医药（民族医药）专业技术人员，充分发挥中医药（民族医药）在基层医疗卫生服务中的优势与作用。

第二，立足国情，分类指导。根据我国国情，合理制定全科医生的准入资格、执业注册、技术职称等标准体系。紧密结合人民群众的实际需求和不同地区的实际情况，采取学历教育、规范化培训、转岗培训和继续医学教育等多种途径，分阶段、分步骤地建设一支与我国基层医疗卫生服务需求相适应的全科医生队伍。同时，不断创新工作思路，因地制宜地制定人才政策，建立科学的人才使用机制，采取切实可行措施，确保实效。

第三，总量适当，结构合理。合理规划基层医疗卫生队伍总量和结构，调整高等医学院校招生规模和专业结构，适度提高全科医生和执业医师的比例。加大中西部基层医疗卫生队伍建设和东部支援中西部、城市支援农村的工作力度，促进基层医疗卫生人才合理分布。

第四，统一规划，分级实施。中央制定全国规划的指导原则、支持范围和重点及主要政策，对规划实施情况进行督导检查。各地根据中央规划要求，结合地方实际情况，科学制定当地基层医疗卫生队伍建设规划和具体的培养培训实施计划，落实相关政策措施，确保国家规划整体目标的实现。

第五，政府主导，社会参与。各级政府在基层医疗卫生队伍建设中要发挥主导作用，统筹规划，制定与城乡居民基本医疗卫生服务需求相适应的基层医疗卫生人才政策。改革以药补医机制，促使基层医疗卫生人员通过提供医疗服务、改进服务质量获得合理报酬。加大政府投入，鼓励社会参与，多渠道推动以全科医生为重点的基层医疗卫生队伍建设。

第六，注重当前，着眼长远。遵循医学人才成长规律，兼顾当前需要与长远发展，建立全科医生的培养制度体系，健全基层医疗卫生人才培养、吸引、使用的体制机制，完善人事分配等配套政策。从当前出发，重点解决全科医生的培养培训，通过在职人员转岗培训等途径，大力加强包括全科医生在内的基层医疗卫生队伍建设。

（四）主要目标任务

1. 总体目标

合理规划城乡基层医疗卫生人力资源，逐步建立有中国特色的基层医疗卫生队伍建设制度，培养一批下得去、用得好、留得住的全科医生，形成一支数量适宜、质量较高、结构合理，适应基本医疗卫生制度需要的基层医疗卫生队伍，逐步提高基层医疗卫生服务能力，促进人人享有基本医疗卫生服务目标的实现。

2. 主要任务

（1）健全基层医疗卫生人才培养制度。逐步完善基层医疗卫生人员的学校教育、毕业后教育和继续教育制度，到2020 年，通过多种途径培养30 万名全科医生，基本满足“小病在基层”的人力资源要求。

（2）进一步完善有关政策，大力吸引高等医学院校（含中医药院校，下同）毕业生和优秀医疗卫生人才下基层。健全各类对口支援制度，采取有效措施，鼓励高素质人才服务基层。

（3）健全人才激励和约束机制，创新人才管理和使用政策，建立充满生机和活力的用人制度，使合格人才在基层“用得好、留得住”；建立人员的退出机制，使不合格人员“出得去”。

3. 近三年目标和任务

（1）三年内培养6 万名全科医生，基本实现城市每万名居民有1～2 名全科医生，农村每个乡镇卫生院有1 名全科医生。以1～2 年的转岗培训为主要培养途径，同时，招收本科医学毕业生进行全科方向住院医师规范化培训，培训合格后，采取有效措施鼓励其到城乡基层医疗卫生机构工作。

（2）进一步提升在岗人员能力水平，积极开展城乡基层医疗卫生人员岗位培训工作，按既定规划分别为乡镇卫生院、城市社区卫生服务机构和村卫生室培训医疗卫生（含中医）人员36 万人次、16 万人次和137 万人次。

（3）采取有效措施逐步实现每个乡镇卫生院至少有1 名执业医师，按既定规划为乡镇卫生院招聘3 000 名执业医师。

（4）完善配套政策，实现培养培训与岗位聘用、职称晋升等人才使用和管理政策的相互衔接，逐步建立科学合理的人才管理和使用机制。

三、大力加强基层医疗卫生人才的培养

以全科医生的培养为重点，健全城乡基层医疗卫生人员培训体系，建立健全培养制度，加强适宜人才培养，适应人民群众基本医疗卫生服务需求。

（一）深化面向基层卫生人才培养的高等医学教育改革

1. 调控高等医学教育的规模和结构

以卫生需求为导向，科学调控高等医学教育招生规模，优化学科专业设置和人才培养结构，加强基层医疗卫生人才的培养，着力提高医学教育质量。

积极引导高等医学教育教学改革，本专科医学类专业教育开设全科医学必修课程，加强对学生在医患沟通、团队合作、健康教育、社区预防保健、卫生服务管理等方面的培养，强化临床实践和社区实践教学。

逐步实施高等医学院校农村订单定向免费培养项目，推动地方高等医学院校根据本地农村卫生实际需求，探索实践基层卫生服务人才培养新模式。

加强全科医学学科建设。通过研究生教育等途径加强全科医学师资培养，鼓励教育部直属高等院校和有条件的地方高等医学院校开展全科医学专业研究生教育。有条件的高等医学院校要建设区域性全科医学培训基地，为全科医学师资队伍建设提供培养、培训平台。在临床医学学科下，研究探索增设全科医学二级学科，各高等医学院校要高度重视全科医学学科建设，加强科学研究和学科带头人培养。鼓励综合医院设置全科医学科，承担全科医师规范化培训任务的医院必须设置全科医学科，开展全科医学医、教、研工作。鼓励相关行业协会和学术团体积极组织国内外全科医学学术交流，促进全科医学蓬勃发展。

专栏1 农村订单定向免费培养重点项目

从2010年秋季入学的新生起，实行订单定向免费教育。由省级卫生行政部门和人力资源部门提出订单定向就业岗位数量需求，省级高校招生委员会将订单定向培养计划列入普通高等学校定向就业招生计划。实行免费教育的医学生分为5年制本科和3年制专科两种。3年制专科主要面向乡镇卫生院及以下的医疗卫生机构。各省（区、市）可选择高等学校举办农村医学班，也可将免费定向医学生纳入普通班。免费医学生在校学习期间免除学费，免缴住宿费，并补助生活费。所需经费按照委托培养部门的隶属关系由省级财政统筹落实。免费医学生入学前与学校和生源所在地县级卫生行政部门签订协议，承诺毕业后在农村基层从事卫生工作6年以上。国家鼓励免费医学生毕业后进行全科医师规范化培训，培训合格后长期在农村基层服务。免费医学毕业生在协议规定服务期内，可在农村基层卫生机构之间流动或从事卫生管理工作。对违反协议者要予以罚赔，具体办法由省级卫生、人力资源部门制定。国家分三年为中西部地区每个乡镇卫生院培养一名拟从事全科医疗的医学本科毕业生。

2. 提升在岗人员学历层次

通过各种形式和类型的面向成人的高等教育，力争经过5—10年的努力，使基层医疗卫生人员的学历层次得到较大提升。

鼓励村卫生室、乡镇卫生院、城市社区卫生服务机构等具有卫生类执业资格从业人员，参加成人高等教育。鼓励在基层工作的已取得卫生类执业资格的医学中专毕业生通过成人高等教育，取得大专学历。

已批准可举办专科层次医学教育的高等学校可开设成人中专升大专层次的医药卫生类专业，招收基层已取得卫生类执业资格的在职人员，实行弹性学制，允许其分阶段完成学业，并根据成人教育的特点和多样化的学习需求制订相应的教学大纲。

（二）加快建立全科医生的培养制度

1. 通过规范化培训途径培养全科医生

住院医师规范化培训时间为3年。按照全科和专科培养方向的不同目标和要求，采取相应的培训模式。全科方向的培训，前2年在已取得省级以上卫生行政部门认可的临床培训基地进行以内科、外科、妇产科、儿科、急诊科为主的通科系统培训，第3年在已取得省级以上卫生行政部门认可的县区级实践基地完成规定时间的服务锻炼。培训期间，培训基地组织参加全国统一的执业医师资格考试。培训期满经考核合格后颁发证书，将取得执业医师资格作为培训考核合格的必要条件。考核办法由国务院卫生行政部门会同人力资源社会保障部门制定。取得规范化培训证书并符合申请学位条件者，可以向有关学位授予单位申请临床医学相应学位。规范化培训是优化医生知识结构、提高临床能力、加强医学人才培养、保障医疗质量和医疗安全的重要举措，将逐步成为医学院校毕业生转变为一名合格医生的必经阶段。住院医师规范化培训办法由卫生部制定。

按照先行试点、逐步推开的原则，开展全科医生规范化培养。通过医疗机构委托培养、卫生行政部门定向培养和培训基地面向社会招收等多种渠道，三年内对3万名本科医学毕业生进行全科方向的住院医师规范化培训。鼓励地方积极探索规范化培养的多种实现途径。经济欠发达的农村地区，可以辅之以3年医学专科生毕业后进行2年规范化培训的模式，但要由省级卫生行政部门严格控制比例，培训期间可参加执业助理医师考试。

2. 通过转岗培训途径培养全科医生

对在职人员进行全科医学转岗培训是为解决迫切需要全科医学人才和规范化培训周期较长之间的矛盾而采取的过渡性措施，也是近三年全科医生培训的主要途径。转岗培训以提升基本医疗和公共卫生服务能力为主，在省级以上卫生行政部门认定的住院医师规范化培训基地进行通科轮训，选拔5万名符合一定条件的在岗执业（助理）医师按需进行1—2年的分程培训。省级卫生行政部门制订全科医生转岗培训选拔条件标准，与之前开展的全科医学转岗培训工作做好衔接。国务院卫生行政部门负责编写培训大纲和配套教材，并由省级卫生行政部门组织统一的考试，对考核合格者颁发全科医生转岗培训证书。

加强培训基地建设。以全国三级综合医院（含社会办医疗机构）为主要依托，社区卫生服务中心、有条件的乡镇卫生院和县级医院为基础，建设以临床培训基地和基层实践基地为主体的培训网络，每个临床培训基地对应3所基层实践基地。国务院卫生行政部门会同有关部门制定基地管理办法，凡达到培训基地标准的医疗机构均可提出申请，由省级卫生行政部门会同有关部门根据有关标准进行审核和认定，报国务院卫生行政部门、人力资源社会保障部门备案。培训基地实行动态管理。国家选择一定数量的培训基地作为示范点，由国务院卫生行政部门会同有关部门制定国家示范基地的建设方案。

（三）进一步开展基层医疗卫生人员的在职继续教育

结合全国专业技术人才知识更新工程的要求，针对基层卫生人员专业需求，加强基层在职人员的继续教育培训，将培训结果作为岗位聘用、年度考核、推荐表彰的重要依据。

大力开展社区卫生人员岗位培训，使其掌握适宜技术，继续实施“社区卫生人员培训项目”，按既定规划培训城市社区卫生服务机构医疗卫生人员16万人次。

积极开展全科医学继续教育活动。为经过转岗培训和规范化培训的全科医生提供具有全科医学特点、针对性和实用性强的继续医学教育项目。

对农村乡镇卫生院和村卫生室在岗卫生人员定期进行全员岗位培训。按既定规划培训乡镇卫生院医疗卫生人员36万人次，培训村卫生室医疗卫生人员137万人次。

建立农村卫生技术人员定期进修学习制度，进行以适宜技术为主的知识和实践能力培训。

定期对疾病防控、执法监督等基层公共卫生人员进行培训，完善培训管理制度。加强农村、社区的中医药人才培养，继续开展县乡村中医药技术骨干培训。加强基层护理、药剂、检验、管理人员继续教育，提高整体素质。加快培养基层执业药师队伍。

（四）大力加强县级医疗卫生人才的培养

通过住院医师规范化培训途径为县级医院培养合格医生。由县级医院委托培养或卫生行政部门定向培养，对1万名临床医学（含口腔医学、中医学、中西医结合）本科毕业生，在经过认定的培训基地进行3年住院医师规范化培训。

加强县级医院业务骨干的培养。县级医院骨干进修学习以实践技能培训为主，重点提高临床诊疗能力。从县级医院具有中级及以上专业技术资格的人员中选拔骨干力量，到对口的三级医院进修学习。

四、积极鼓励和引导医疗卫生人才到基层服务

进一步加大政策的优惠力度，采取有效措施，鼓励和引导高等医学院校毕业生和经规范化培训合格的医生到基层医疗卫生机构就业，优化基层医疗卫生队伍。落实大医院的技术力量长期对口支援基层医疗卫生机构的制度，使一批高素质的医疗卫生人才可以“下得去”基层，并带动一批基层在岗医疗卫生人才提高素质。

（一）鼓励和引导高校医学毕业生到城乡基层医疗卫生机构就业

到城乡基层医疗卫生服务机构就业的专科以上医学专业毕业生，优先选拔参加住院医师规范化培训。

对于志愿到中西部地区和艰苦边远地区县以下农村基层医疗卫生机构就业并连续服务三年以上的高校医学毕业生，按国家有关规定，根据高校隶属关系实施相应的学费和助学贷款代偿，给予解决县（市）城镇户口，并帮助解决配偶就业和子女就学问题。对到艰苦边远地区、国家扶贫开发工作重点县以及乡（含乡）以下卫生事业单位工作的大中专及以上毕业生，按国家规定实行工资倾斜政策。

积极引导经过规范化培训合格的住院医师到基层就业，基层医疗卫生单位选聘人员时要优先聘用，对到城市社区卫生服务机构工作的人员，可优先解决城市户口。

对完成全科医师规范化培训并在基层工作的人员，可以申请全科主治医师资格。经过全科医生转岗培训合格或注册全科医师后可提前一年晋升职称，按照国家有关规定可放宽外语要求，论文不做硬性规定，晋升标准向接诊量、群众满意度评价等因素倾斜。

对具有基层工作经历的高等医学毕业生，在研究生招录时同等条件下优先录用；在医疗卫生单位选聘时，同等条件下优先聘用。

继续实施和完善高校毕业生“三支一扶”、“大学生志愿服务西部计划”等项目，各地也要因地制宜开展地方项目，鼓励和引导更多的高等医学院校毕业生报名参加。鼓励高等医学院校毕业生在项目结束后留在当地就业，基层医疗卫生机构要优先聘用服务期满的高等医学院校毕业生。对参加项目的高等医学院校毕业生按国家规定给予生活补贴，同时按规定参加有关社会保险。

（二）招聘优秀医疗卫生人才到基层医疗卫生机构工作

通过为乡镇卫生院招聘执业医师，吸引和鼓励执业医师到农村服务，探索并逐步建立为农村卫生机构吸引、稳定人才的长效机制，推动乡镇卫生院人才队伍建设，提高农村医疗服务水平。

专栏2　乡镇卫生院招聘执业医师重点项目

逐步扩大乡镇卫生院招聘执业医师试点规模，按既定计划3年招聘3 000名执业医师，逐步实现每个乡镇卫生院至少有1名执业医师。招聘执业医师服务期为5年，积极创造条件鼓励受聘医师5年聘期结束后继续留在乡镇卫生院工作。

坚持公开、平等、竞争、择优的原则，招聘作风好、懂技术、善管理的中级及以上职称的优秀人才担任乡镇卫生院院长。

鼓励引导优秀医学人才到城乡基层医疗卫生机构工作，对优秀的专业技术人才到基层卫生机构工作，可以按照有关规定申请设置特设岗位。城市社区卫生服务机构和乡镇卫生院重点对全科医生申请特设岗位，并与招聘执业医师项目做好衔接。

专栏 3　全科医生特设岗位项目

2010 年起，取得资格的全科医师或应届医学毕业生，到乡镇卫生院和社区卫生服务中心（站）工作，可以按照国家有关规定申请设置全科医生特岗。特设岗位人员聘期内执行国家统一的工资制度和标准。鼓励特岗医生长期在城乡基层医疗卫生机构工作，空出岗位应优先用于聘用安排特岗全科医生，或由省级卫生行政部门优先安排继续医学教育。同时，县级医疗机构、城市医院公开招聘人员，同等条件下优先聘用具有特岗全科医生工作经历的人员。

（三）建立健全各类对口支援制度

完善城乡对口支援制度，严格执行“城市医生在晋升主治医师或副主任医师职称前到农村累计服务 1 年”的规定，继续推动“万名医师支援农村卫生工程”，加强发达地区对口支援贫困地区和少数民族地区工作。

鼓励大医院高中级医疗卫生技术人员定期到社区卫生机构提供技术指导和服务，探索建立大医院支援社区卫生制度。鼓励城市业务水平较高、身体状况较好的退休卫生专业技术人员到基层卫生服务机构开展医疗卫生服务和培训基层医疗卫生人员，优先探索退休人员的多点执业管理办法，由卫生部研究制定管理细则，基层卫生服务机构要为他们开展服务提供便利和相应待遇。

建立培训的双向交流机制，基层医疗卫生机构每年派出一定数量的人员到上级医院进行培训学习和工作交流，上级医院每年派出一定数量的人员到所辖基层医疗卫生机构服务。县级以上医院建立并使用远程医学和远程继续医学教育网络，送服务、送教下基层，服务基层。

实施城市三级医院对口支援县级医院（包括有条件的中心乡镇卫生院）制度，三年选派 1 万名医务人员支援县级医院。

专栏 4　城市对口支援农村卫生工程

900 所城市医院与 2 000 所县级医院（包括有条件的中心乡镇卫生院）建立长期对口支援关系。根据受援医院床位、工作量和所在地人口等因素，支援医院（综合医院为主）与受援县级医院签订援建计划，确定技术、带教等方面的援建内容，派驻由高年资主治医师以上人员等组成的团队，派驻医务人员连续工作至少 6 个月。

五、用制度和机制留住并用好基层医疗卫生人才

以用为本，完善人才使用和管理政策，健全激励和约束机制，建立充满生机和活力的用人制度，使符合要求的医疗卫生人才可以在基层“留得住、用得好”，同时建立人员的退出机制。

（一）发挥好基层各类医疗卫生人才的作用

1．深化人事制度改革

中央研究制定乡镇卫生院机构编制标准，各地依据《城市社区卫生服务机构设置和编制标准指导意见》（中央编办发〔2006〕96 号）和即将出台的相关编制标准，结合实际服务人口数量、服务半径和当地经济发展水平等，重新核定基层医疗卫生机构的人员编制数和岗位设置方案，明确岗位职责和任务，配备合格人员。

城市社区卫生服务机构和乡镇卫生院实行全员聘用制度和岗位管理制度，岗位设置必须有一定数量的全科医生岗位。

非公立基层医疗卫生机构平等纳入基层医疗卫生队伍建设规划。将设置一定比例的全科医生岗位，作为非公立基层医疗卫生机构评估的重要指标和政府购买服务的重要条件。

积极创造条件，充分发挥全科医生的重要作用。组建全科医师团队，优先选用培训考核成绩优秀的全科医生。

建立健全考核制度，加强人员履行岗位职责情况的考核，提高服务水平和工作效率。岗位考核以聘用合同和岗位职责为依据、以工作绩效为重点内容、以服务对象满意度为基础，实行定性与定量考核相结合，聘期考核与平时考核相结合。考核结果作为续聘、解聘或调整岗位、工资的依据。

2. 加强执业注册和职称评聘

经过转岗培训的全科医生，及经过规范化培训的全科医师，均应按规定程序注册全科医学专业执业范围。执业的全科医生，不论何级职称，必须接受继续教育，完成规定学分。按国家规定定期进行执业资格再注册考核。由卫生部制定全国统一的全科医生继续教育和再注册考核细则。

建立健全全科医生职称考核方法，全科医生专业职称分五级：全科医士、全科医师、全科主治医师、全科副主任医师、全科主任医师。通过执业助理医师和执业医师考试的全科医生，用人单位可根据《卫生技术人员职务试行条例》和工作需要分别聘任为全科医学专业的医士和医师职务。

（二）进一步健全激励约束机制

1. 完善收入分配机制

基层医疗卫生事业单位工作人员实行岗位绩效工资制度，其工资水平要与当地事业单位工作人员平均工资水平相衔接。单位内部绩效工资分配可采取设立全科医生津贴等方式向全科医生等承担临床一线任务的人员倾斜。按国家有关规定县（区）级财政保障政府举办的基层医疗卫生机构实施绩效工资所需经费。省级财政强化责任，加强经费统筹力度。中央财政进一步加大转移支付力度，对中西部及东部部分财力薄弱地区县级以下基层医疗卫生机构实施绩效工资给予适当支持。

对到艰苦边远地区工作的基层医疗卫生事业单位工作人员按国家规定享受艰苦边远地区津贴。对长期在乡以下（含乡级）工作的卫生技术人员，由所在省、自治区、直辖市根据其他农村一线工作人员的工资待遇情况给予政策倾斜。

在岗卫生人员参加脱产培训和学习期间，工资福利待遇按照国家有关政策执行，由所在医疗机构发放。在岗培训时间计算工作年限。参加住院医师规范化培训的基层定向和社会化培训对象，由承担培训任务的单位支付报酬，具体水平由各地根据实际情况确定，其相关费用由财政给予适当补助。社会保险、住房公积金按照当地有关政策执行，享受国家规定的带薪年休假和法定节假日。

稳定村医队伍。对乡村医生承担的公共卫生服务等任务给予合理补助。整合村级公共服务，鼓励地方创造条件支持乡村医生拥有相对稳定报酬。实行乡村一体化管理的地方，可以采取不占编制聘用的办法择优将村医纳入统一管理，其工资水平与当地乡镇卫生院职工平均工资水平相衔接。

2. 健全社会保障政策

基层医疗卫生人员应按照国家规定参加社会保险，单位和个人要按时足额缴费。积极支持乡村医生按规定参加新型农村社会养老保险等社会保险。

3. 建立基层医疗卫生人才流动机制

鼓励以多种形式促进基层医疗卫生人才的纵向联动和横向流动。采取有效措施，建立基层医疗卫生机构与上级医院之间的人才技术合作交流机制。以满足需求为导向，探索建立县（区）域人才统筹调配和柔性流动机制，统筹区域内人员编制总数，实行全员人事代理和聘用，根据工作需要统一调配，促进卫生人力资源均等化配置。充分发挥县级医院在农村三级卫生服务网络体系中的龙头作用，探索建立县乡人才联动机制，实行县域内医疗卫生人员编制统筹使用、统一调配、定期考核、不定期轮岗。开展全科医生县乡联动试点项目。

专栏5　全科医生县乡联动试点项目

在有条件的地方开展全科医生县乡联动管理试点。按照所辖乡镇个数，统筹县域内全科医生编制，变单位人为行业人，全科医生岗位可设在县级医院，统筹调配到乡镇卫生院轮岗（3—5年）提供全科医疗服务。具体由地方组织试点。

4. 医疗卫生人才表彰政策向基层倾斜

建立以政府奖励为主导的人才激励机制，充分发挥用人单位和社会力量奖励作用。

在全国范围内大力表彰优秀基层医疗卫生人才特别是全科医生代表，形成定期评选制度，具体办法由卫生部牵头制定。对当选的优秀全科医生代表给予表彰奖励，晋升职称时优先予以考虑。在“新世纪百千万人才工程”和“享受国务院颁发的政府特殊津贴人员”选拔中向基层一线医疗卫生人才适当倾斜。鼓励引导全科医生对外交流合作。提高基层医务人员的社会地位，形成全社会尊重、信任基层医生的良好氛围。

5. 建立人员退出机制

社区卫生服务机构、乡镇卫生院医务人员在5年内达不到执业助理医师资格的要转岗。5年内未注册全科（助理）医师者不得从事全科医疗岗位。要严格控制社区卫生服务机构、乡镇卫生院内非卫生技术人员的比例，对卫生技术岗位上的非卫生技术人员要合理分流和有计划地清退。做好未聘人员的安置工作。

（三）建立科学的基层医疗卫生人才评价机制

建立以能力和业绩为导向、重在社会和业内认可的基层医疗卫生人才评价机制。完善以业绩为重点，由医德、知识、能力等要素构成的基层医疗卫生人才评价指标体系。规范评价程序，健全评价组织，引入群众评价，将考核评价与奖惩相结合。完善全科医师任职资格制度，建立科学的绩效考核制度。

六、规划实施的保障措施

（一）加强组织领导

国务院有关部门要各司其职，密切配合，抓紧制订相关配套政策，积极推进规划的实施。发展改革部门商有关部门，加强规划统筹协调工作，支持培训基地建设。卫生部门负责培养培训工作的指导实施、培训机构认定、培训大纲制定、业务考核评估，建立和完善有关的培训管理制度等。财政部门负责安排培养培训等经费补助。人力资源社会保障部门负责落实人员聘用、岗位设置管理、工资待遇、职称评定等方面的人事政策。教育部门负责全科医学教育的学科建设，制定基层医疗卫生人才学校教育培养方案。机构编制部门按有关标准及时核定编制。

各级政府要从建立基本医疗卫生制度的高度，充分认识加强基层医疗卫生队伍建设的重要意义，将基层医疗卫生人才培养培训工作纳入重要议事日程，以本规划为指导，结合本地实际，因地制宜，制定并实施好当地规划。基层医疗卫生机构要切实落实医疗卫生人员参加学习培训的具体政策，积极鼓励和安排在职人员参加培训学习。

（二）加强监测评估

国务院各部门要加强督促检查，建立规划实施的监测评估机制。由卫生部商有关部门制定年度评估方案，制定规划实施的监测指标体系，并组织对规划实施情况的年度评估，及时总结地方先进经验，发现和反映新情况、新问题，提出解决问题的对策，评估报告报国务院深化医药卫生体制改革领导小组办公室。在本规划实施结束后，由国务院发展改革部门牵头组织有关地区和部门对本规划实施情况进行全面总结。同时，委托相关研究机构对规划实施的情况进行外部监测和评估，并提出相应对策和建议。

地方政府也要依据本规划，建立相应的监测评估制度，对规划实施情况实行分级监测评估。各地要对每年度本地落实规划情况进行检查，及时发现问题，制定改进措施。建立规划实施情况定期上报制度，各省、自治区、直辖市卫生部门每年 11 月 30 日前，上报本年度贯彻落实规划情况。建立目标责任制，落实工作任务，集中力量突破重点和难点，确保完成规划目标。

（三）加强经费保障

建立政府为主导的多元投入机制。合理确定政府、单位、社会和个人在基层医疗卫生队伍建设中的责任。

政府要加大投入力度，支持各级实施以全科医生为重点的基层医疗卫生队伍建设规划。合理划分不同层级政府在基层医疗卫生队伍建设中的责任。中央补助资金重点支持中西部及东部困难地区。建立培训的绩效考核机制，考核结果与资金拨付挂钩。地方各级政府要积极筹措资金，加大投入力度，足额落实地方资金，保证规划任务的顺利实施。要加强资金管理，专款专用，制定和强化监督检查等制度，防止资金滞留、挪用和非法占用。

积极鼓励社会资本以设立奖学金、基金等形式为基层医疗卫生人才培养贡献力量。

（四）加强推进配套改革

各地要按照医改文件精神，加快推进基层医疗卫生管理体制和运行机制改革。制定分级诊疗标准，开展基层首诊制试点，建立基层医疗卫生机构与上级医院的双向转诊制度。实行属地化和全行业管理。基层医疗卫生机构要转变服务模式，开展主动服务、上门服务。乡镇卫生院要建立“出诊”制度。县级医院要建立巡回医疗制度。有条件的城市社区要探索建立“家庭医生”制度。转变基层医疗卫生机构运行机制。完善城乡基层医疗卫生机构补偿机制。鼓励有条件的农村实行乡村一体化管理。

对社会力量举办基层医疗卫生机构提供的公共卫生服务，采取政府购买服务等方式给予补偿；对其提供的基本医疗服务，可通过签订医疗保险定点合同等方式，由基本医疗保障基金等渠道补偿。鼓励有资质的人员开办诊所或个体行医。加快推进执业医师多点执业试点工作。

（五）加强舆论宣传引导

广泛宣传加强基层医疗卫生队伍建设的重大意义，以及规划实施的目标任务和重大举措。及时总结宣传规划实施中的典型经验、做法和成效。同时，通过形式多样、通俗易懂的宣传教育，提高广大群众对全科医学的认识，改变过去单纯依赖医疗服务的观念和行为；使人民群众了解全科医生是一种专业化程度很高的职业，是高素质的新型医学人才，提高全科医生的职业认同感，营造全社会尊重、信任、支持全科医生的良好氛围。

人力资源和社会保障部、教育部关于印发深化中小学教师职称制度改革扩大试点指导意见的通知

（人社部发〔2011〕98 号　2011 年 9 月 8 日）

各省、自治区、直辖市人力资源社会保障厅（局）、教育厅（教委），福建省公务员局，新疆生产建设兵团人事局、教育局：

为促进教育事业的科学发展，加强中小学教师队伍建设，推进职称制度分类改革，按照党中央、国务院加强人才工作的决定和深化职称制度改革的要求，根据义务教育法有关规定，经国务院同意，决定在前期中小学教师职称制度改革试点工作基础上，进一步扩大试点范围。

各省（区、市）和试点地（市）要按照本指导意见精神和要求，加强领导、周密部署、制订方案、精心组织，切实做好改革试点的组织实施工作。未纳入试点范围的地区，不得自行开展改革试点工作。

现将《关于深化中小学教师职称制度改革扩大试点的指导意见》印发你们，请遵照执行。

关于深化中小学教师职称制度改革扩大试点的指导意见

中小学教师是我国专业技术人才队伍的重要组成部分，是全面实施素质教育，推动教育事业又好又快发展的重要力量。1986 年开始建立的以中小学教师职务聘任制为主要内容的中小学教师职称制度，对调动广大中小学教师的积极性，提高中小学教师队伍整体素质，促进基础教育事业发展，发挥了积极作用。随着中小学人事制度改革的深入推进、素质教育的全面实施和教师队伍结构的不断优化，现行的中小学教师职称制度存在

着等级设置不够合理、评价标准不够科学、评价机制不够完善，与事业单位岗位聘用制度不够衔接等问题。深化中小学教师职称制度改革，完善符合中小学教师特点的专业技术职务任职评价制度，是贯彻党中央、国务院人才工作决定关于深化职称制度改革要求的重要举措，是落实义务教育法的重要任务，是推进职称制度分类改革的重要内容，对于加强教师队伍建设，吸引和稳定优秀人才长期从教、终身从教，具有重大意义。为贯彻落实《国家中长期人才发展规划纲要（2010—2020）》和《国家中长期教育改革和发展规划纲要（2010—2020）》要求，建设高素质专业化的中小学教师队伍，经国务院同意，现就深化中小学教师职称制度改革扩大试点提出如下指导意见。

一、深化中小学教师职称制度改革的指导思想和基本原则

（一）深化中小学教师职称制度改革的指导思想

坚持以邓小平理论和“三个代表”重要思想为指导，深入贯彻落实科学发展观，遵循教育发展规律和教师成长规律，按照深化职称制度改革的方向和总体要求，建立与事业单位聘用制度和岗位管理制度相衔接，符合教师职业特点，统一的中小学教师职称（职务）制度，充分调动广大中小学教师的积极性，为中小学聘用教师提供基础和依据，为全面实施素质教育提供制度保障和人才支持。

（二）深化中小学教师职称制度改革的基本原则

1. 坚持以人为本，遵循中小学教师成长规律和职业特点，提高中小学教师职业地位，促进中小学教师全面发展；

2. 坚持统一制度，分类管理，建立统一的制度体系，体现中学和小学的不同特点；

3. 坚持民主、公开、竞争、择优，鼓励优秀人才脱颖而出，切实维护中小学教师的合法权益；

4. 坚持重师德、重能力、重业绩、重贡献，激励中小学教师提高教书育人水平；

5. 坚持与中小学教师岗位聘用制度相配套，积极稳妥、协同推进，妥善处理改革发展稳定的关系。

二、深化中小学教师职称制度改革的主要内容

深化中小学教师职称制度改革围绕健全制度体系，拓展职业发展通道，完善评价标准，创新评价方法，形成以能力和业绩为导向，以社会和业内认可为核心，覆盖各类中小学教师的评价机制，建立与事业单位岗位聘用制度相衔接的职称制度。改革的主要内容包括：

（一）健全制度体系

1. 改革原中学和小学教师相互独立的职称（职务）制度体系。贯彻落实《中华人民共和国义务教育法》，建立统一的中小学教师职务制度，教师职务分为初级职务、中级职务和高级职务。原中学教师职务系列与小学教师职务系列统一并入新设置的中小学教师职称（职务）系列。

2. 统一职称（职务）等级和名称。初级设员级和助理级；高级设副高级和正高级。员级、助理级、中级、副高级和正高级职称（职务）名称依次为三级教师、二级教师、一级教师、高级教师和正高级教师。

3. 统一后的中小学教师职称（职务），与原中小学教师专业技术职务的对应关系是：原中学高级教师（含在小学中聘任的中学高级教师）对应高级教师；原中学一级教师和小学高级教师对应一级教师；原中学二级教师和小学一级教师对应二级教师；原中学三级教师和小学二级、三级教师对应三级教师。

4. 统一后的中小学教师职称（职务）分别与事业单位专业技术岗位等级相对应：正高级教师对应专业技术岗位一至四级，高级教师对应专业技术岗位五至七级，一级教师对应专业技术岗位八至十级，二级教师对应专业技术岗位十一至十二级，三级教师对应专业技术岗位十三级。

（二）完善评价标准

1. 中小学教师专业技术水平评价标准，是中小学教师职称评审的重要基础和主要依据。中小学教师专业技术水平评价标准，要适应实施素质教育和课程改革的新要求，充分体现中小学教师职业特点，着眼于中小学教师队伍长远发展，并在实践中不断完善。要充分考虑教书育人工作的专业性、实践性、长期性，坚持育人为本、德育为先，注重师德素养，注重教育教学工作业绩，注重教育教学方法，注重教育教学一线实践经历，切实改变过分强调论文、学历的倾向，引导教师立德树人，爱岗敬业，积极进取，不断提高实施素质教育的能力和水平。

2. 国家制定中小学教师专业技术水平评价的基本标准条件（见附件）。各省（自治区、直辖市，含新疆生产建设兵团；下同）根据本地教育发展情况，结合各类中小学校的特点和教育教学实际，制定中小学教师具体评价标准。对于少数特别优秀的教师，可制定相应的破格评审条件。中小学正高级教师、高级教师的评价标准要体现中学、小学的不同特点和要求，有所区别，并对农村教师予以适当倾斜。

（三）创新评价机制

1. 建立以同行专家评审为基础的业内评价机制。建立健全同行专家评审制度。各省（自治区、直辖市）要加强对中小学教师职称评审工作的领导和指导，完善评委会的组织管理办法，扩大评委会组成人员的范围，注重遴选高水平的教育教学专家和经验丰富的一线教师，健全评委会工作程序和评审规则，建立评审专家责任制。

2. 改革和创新评价办法。认真总结推广同行专家评审在中小学教师专业技术水平评价中的成功经验，继续探索社会和业内认可的实现形式，采取说课讲课、面试答辩、专家评议等多种评价方式，对中小学教师的业绩、能力进行有效评价，确保评价结果的客观公正，增强同行专家评审的公信力。要在水平评价中全面推行评价结果公示制度，增加评审工作的透明度。

（四）实现与事业单位岗位聘用制度的有效衔接

1. 中小学教师职称评审是中小学教师岗位聘用的重要依据和关键环节，岗位聘用是职称评审结果的主要体现。中小学教师岗位出现空缺，教师可以跨校评聘。公办中小学教师的聘用和待遇，按照事业单位岗位管理制度和收入分配制度管理和规范。

2. 中小学教师职称评审，在核定的岗位结构比例内进行。中小学教师竞聘上一职称等级的岗位，由学校在岗位结构比例内按照一定比例差额推荐符合条件的教师参加职称评审，并按照有关规定将通过职称评审的教师聘用到相应教师岗位。人力资源社会保障部门、教育行政部门应及时兑现受聘教师的工资待遇，防止在有评审通过人选的情况下出现“有岗不聘”的现象。

3. 坚持中小学教师岗位聘用制度。按照深化事业单位人事制度改革以及中小学人事制度改革的要求，全面实行中小学教师聘用制度和岗位管理制度，发挥学校在用人上的主体作用，实现中小学教师职务聘任和岗位聘用的统一。要建立健全考核制度，加强聘后管理，在岗位聘用中实现人员能上能下。

4. 中小学教师职称评审和岗位聘用工作，要健全完善评聘监督机制，充分发挥有关纪检监察部门和广大教师的监督作用，确保评聘程序公正规范，评聘过程公开透明。评聘工作按照个人申报、考核推荐、专家评审、学校聘用的基本程序进行。

个人申报。中小学教师竞聘相应岗位，要按照不低于国家和当地制定的评价标准条件，按规定程序向聘用学校提出申报。

考核推荐。学校对参加竞聘的教师，要结合其任现职以来各学年度的考核情况，通过多种方式进行全面考核。根据考核结果，经集体研究，由学校在核定的教师岗位结构比例内按照一定比例差额推荐拟聘人选参加评审。

专家评审。由同行专家组成的评委会，按照评价标准和办法，对学校推荐的拟聘人选进行专业技术水平评价。评审结果经公示后，由人力资源社会保障部门审核确认。

学校聘用。中小学根据聘用制度的有关规定，将通过评审的教师聘用到相应岗位。

5. 对改革前已经取得中小学教师专业技术职务任职资格但未被聘用到相应岗位的人员，已经取得的资格依然有效，择优聘用到相应岗位时应给予适当倾斜，不需再经过评委会的评审。

6. 中小学教师高级、中级、初级岗位之间的结构比例，以及高级、中级、初级岗位内部各等级的结构比例，根据新的中小学教师职称等级体系，按照国家关于中小学岗位设置管理的有关规定执行。

三、深化中小学教师职称制度改革扩大试点的组织实施

深化中小学教师职称制度改革政策性强，涉及面广，涉及人数多，社会影响大，改革本身涉及制度统一、人员过渡、标准制定和评审等诸多环节，工作十分复杂，各地情况又差别很大，必须按照国家的统一要求和部署开展工作。人力资源社会保障部、教育部联合成立改革领导小组，统一领导改革扩大试点工作。领导小组下设办公室，负责改革扩大试点的组织实施、政策指导和监督检查等工作。

（一）提高认识，加强领导

各省（自治区、直辖市）要充分认识改革的重大意义，将深化中小学教师职称制度改革作为当前加强中小学教师队伍建设的首要任务，予以高度重视，切实加强领导。承担改革具体工作的地区，应当成立当地政府领导牵头的改革工作领导小组，切实加强对改革的组织领导。各级人力资源社会保障部门和教育部门要按照现有职能分工，密切配合，做好相关工作。

（二）结合实际，周密部署

各省（自治区、直辖市）要根据本意见精神，紧密结合本地实际，选择二至三个有代表性的地级市（区、州、盟），用一年左右的时间，开展改革试点，积累经验；要抓紧制定本地区的改革试点方案，报经人力资源社会保障部、教育部批准后组织实施。已经完成中小学教师职称制度改革试点任务的山东省、吉林省、陕西省，经人力资源社会保障部、教育部批准，可在本地区全面开展改革工作。在推进改革的过程中，各地要开展全面深入的调研，充分掌握本地区中小学情况和教师队伍状况，全方位考虑工作中可能遇到的各种情况和问题，细化工作措施，完善工作预案，深入细致地做好政策解释、舆论宣传和思想政治工作，引导广大教师积极支持和参与改革，确保改革顺利推进。

（三）平稳过渡，稳慎实施

要充分认识改革的复杂性，妥善做好新老人员过渡和新旧政策衔接工作，确保改革试点顺利有序推进。现有在岗中小学教师，由各级人力资源社会保障部门、教育部门按照原中小学教师专业技术职务与统一后的职称（职务）对应关系，以及现聘任的职务等级，直接过渡到统一后的职称（职务）体系，并统一办理过渡手续。在平稳过渡的基础上，各级别新的职称（职务）评聘工作，严格按照本意见规定的原则要求、标准条件、评价办法、评聘程序等进行。

中小学教师职称（职务）评聘工作分级组织实施。高级教师及以下职称（职务）等级教师的评聘工作，由各省（自治区、直辖市）按照本意见制定本地区的实施办法和相关配套政策，并组织实施。正高级教师的评价工作由人力资源社会保障部、教育部统一部署，各省（自治区、直辖市）组织评审，评审结果报两部批准。

各省（自治区、直辖市）要及时总结经验，发现、研究和解决改革试点中出现的新情况、新问题，妥善处理改革、发展和稳定的关系。遇到重要情况及时向两部报告。各省（自治区、直辖市）改革进展情况请及时报送两部改革领导小组办公室。

本意见适用于普通中小学、职业中学、幼儿园、特殊教育学校、工读学校及省、地、县教研室和校外教育机构。

民办中小学校教师可参照本意见参加职称评审。

附件：中小学教师水平评价基本标准条件

附件

中小学教师水平评价基本标准条件

一、拥护党的领导，胸怀祖国，热爱人民，遵守宪法和法律，贯彻党和国家的教育方针，忠诚于人民教育事业，具有良好的思想政治素质和职业道德，牢固树立爱与责任的意识，爱岗敬业，关爱学生，为人师表，教书育人。

二、具备相应的教师资格及专业知识和教育教学能力，在教育教学一线任教，切实履行教师岗位职责和义务。

三、身心健康。

四、中小学教师评聘各级别职称（职务），除必须达到上述标准条件，还应分别具备以下标准条件：

（一）正高级教师

1. 具有崇高的职业理想和坚定的职业信念；长期工作在教育教学第一线，为促进青少年学生健康成长发挥了指导者和引路人的作用，出色地完成班主任、辅导员等工作任务，教书育人成果突出。

2. 深入系统地掌握所教学科课程体系和专业知识，教育教学业绩卓著，教学艺术精湛，形成独到的教学风格。

3. 具有主持和指导教育教学研究的能力，在教育思想、课程改革、教学方法等方面取得创造性成果，并广泛运用于教学实践，在实施素质教育中，发挥了示范和引领作用。

4. 在指导、培养一级、二级、三级教师方面作出突出贡献，在本教学领域享有较高的知名度，是同行公认的教育教学专家。

5. 一般应具有大学本科及以上学历，并在高级教师岗位任教 5 年以上。

（二）高级教师

1. 根据所教学段学生的年龄特征和思想实际，能有效进行思想道德教育，积极引导学生健康成长，比较出色地完成班主任、辅导员等工作，教书育人成果比较突出。

2. 具有所教学科坚实的理论基础、专业知识和专业技能，教学经验丰富，教学业绩显著，形成一定的教学特色。

3. 具有指导与开展教育教学研究的能力，在课程改革、教学方法等方面取得显著的成果，在素质教育创新实践中取得比较突出的成绩。

4. 胜任教育教学带头人工作，在指导、培养二级、三级教师方面发挥了重要作用，取得了明显成效。

5. 具备博士学位，并在一级教师岗位任教 2 年以上；或者具备硕士学位、学士学位、大学本科毕业学历，并在一级教师岗位任教 5 年以上；或者具备大学专科毕业学历，并在小学、初中一级教师岗位任教 5 年以上。城镇中小学教师原则上要有 1 年以上在薄弱学校或农村学校任教经历。

（三）一级教师

1. 具有正确教育学生的能力，能根据所教学段学生的年龄特征和思想实际，进行思想道德教育，有比较丰富的班主任、辅导员工作经验，并较好地完成任务。

2. 对所教学科具有比较扎实的基础理论和专业知识，独立掌握所教学科的课程标准、教材、教学原则和教学方法，教学经验比较丰富，有较好的专业知识技能，并结合教学开展课外活动，开发学生的智力和能力，教学效果好。

3. 具有一定的组织和开展教育教学研究的能力，并承担一定的教学研究任务，在素质教育创新实践中积累了一定经验。

4. 在培养、指导三级教师提高业务水平和教育教学能力方面作出一定成绩。

5. 具备博士学位；或者具备硕士学位，并在二级教师岗位任教 2 年以上；或者具备学士学位或者大学本科毕业学历，并在二级教师岗位任教 4 年以上；或者具备大学专科毕业学历，并在小学、初中二级教师岗位任教 4 年以上；或者具备中等师范学校毕业学历，并在小学二级教师岗位任教 5 年以上。

（四）二级教师

1. 比较熟练地掌握教育学生的原则和方法，能够胜任班主任、辅导员工作，教育效果较好。

2. 掌握教育学、心理学和教学法的基础理论知识，具有所教学科必备的专业知识，能够独立掌握所教学科的教学大纲、教材，正确传授知识和技能，教学效果较好。

3. 掌握教育教学研究方法，积极开展教育教学研究和创新实践。

4. 具备硕士学位；或者具备学士学位或者大学本科毕业学历，见习期1年期满并考核合格；或者具备大学专科毕业学历，并在小学、初中三级教师岗位任教2年以上；或者具备中等师范学校毕业学历，并在小学三级教师岗位任教3年以上。

（五）三级教师

1. 基本掌握教育学生的原则和方法，能够正确教育和引导学生。

2. 具有教育学、心理学和教学法的基础知识，基本掌握所教学科的专业知识和教材教法，能够完成所教学科的教学工作。

3. 具备大学专科毕业学历，并在小学、初中教育教学岗位见习1年期满并考核合格；或者具备中等师范学校毕业学历，并在小学教育教学岗位见习1年期满并考核合格。

人力资源和社会保障部办公厅、教育部办公厅关于印发《深化中小学教师职称制度改革扩大试点工作方案》的通知

（人社厅发〔2011〕96号　2011年9月27日）

各自、自治区、直辖市人力资源社会保障厅（局）、教育厅（教委），福建省公务员局，新疆生产建设兵团人事局、教育局：

根据国务院第170次常务会议精神和《关于印发深化中小学教师职称制度改革扩大试点指导意见的通知》（人社部发〔2011〕98号）有关要求，为切实做好深化中小学教师职称制度改革扩大试点工作，人力资源社会保障部、教育部研究制定了《深化中小学教师职称制度改革扩大试点工作方案》，现印发你们，请遵照执行。

深化中小学教师职称制度改革扩大试点工作方案

为贯彻落实国务院第170次常务会议精神和《关于印发深化中小学教师职称制度改革扩大试点指导意见的通知》（人社部发〔2011〕98号）有关要求，切实做好深化中小学教师职称制度改革扩大试点工作，人力资源社会保障部、教育部特制定扩大试点工作方案。

一、组织领导

按照国务院常务会议决定，人力资源社会保障部、教育部联合成立深化中小学教师

职称制度改革领导小组，统一领导改革试点工作。领导小组由两部分管部领导担任组长，下设办公室，由两部相关司局负责同志和工作人员组成，具体负责改革试点工作的组织实施、政策指导和监督检查等工作。各省（自治区、直辖市，含新疆生产建设兵团；下同）也要成立领导小组和工作机构，领导小组由分管省领导担任组长，相关部门和试点地级市（区、州、盟；下同）负责同志参加。

二、试点地级市遴选

遴选原则：一是领导高度重视；二是有改革试点积极性；三是改革试点基础较好；四是改革试点环境较好，外部矛盾较少；五是具有较强的代表性。

在确定试点地级市要综合考虑经济社会发展情况，现行职称政策执行情况，教师队伍情况，人事制度改革推进情况等。优先选择教育系统事业单位岗位设置、绩效工资工作实施到位的地级市参加试点。

三、进度安排

用1年左右的时间，分为5个阶段开展扩大试点工作：

第一阶段：部署扩大试点工作。2011年9月，按照国务院常务会议决定，人力资源社会保障部、教育部联合印发《关于深化中小学教师职称制度改革扩大试点的指导意见》，成立改革领导小组；两部联合召开改革扩大试点工作部署会，传达学习国务院关于开展深化中小学教师职称制度改革扩大试点工作的决定，对扩大试点工作进行部署。

第二阶段：确定试点地级市、制订试点方案。2011年10月—2011年11月，各省遴选参加试点的地级市，研究制订试点方案。试点方案主要包括试点范围和主要内容、人员过渡具体办法、具体评价标准、评价方式和程序、评审监督检查机制、新增小学副高级教师和中小学正高级教师比例（数量）以及试点组织实施的具体方法步骤等内容。遴选试点地级市、制订试点方案过程中，各省要与两部改革领导小组办公室密切沟通。

第三阶段：审批试点方案。2011年12月至2012年3月，各省试点方案经省政府同意后，由省人力资源社会保障厅（局）、教育厅（局）报人力资源社会保障部、教育部审批。

第四阶段：组织开展试点。2012年4月至10月，各省试点市实施扩大试点工作。

第五阶段：试点工作总结。2012年11月至12月，全面总结扩大试点工作，研究提出进一步深化改革的意见。

四、工作要求

各省和试点地级市要高度重视，加强领导，周密部署，精心组织，妥善处理好改革、发展、稳定的关系。省改革领导小组要切实加强对试点地区的政策指导，及时研究解决改革试点中出现的新情况、新问题，确保改革试点顺利实施。试点地级市要严格按照《扩大试点指导意见》的精神和要求，开展试点工作，不得随意扩大范围和相应比例（数量）。未纳入试点范围的地区不得自行开展改革试点工作。要妥善处理好中小学教师职称改革和其他职称系列的关系，坚决防止和避免其他职称系列的“搭车”行为。

人力资源和社会保障部办公厅、公安部办公厅、铁道部办公厅、国家公务员局综合司关于铁路公安机关刑事科学技术和技术侦察人员纳入公安机关专业技术职位任职制度的通知

（人社厅发〔2011〕99号　2011年11月3日）

各省、自治区、直辖市人力资源社会保障厅（局）、公务员局，公安厅（局），新疆生产建设兵团人事局、公安局，各铁路公安局：

为配套做好铁路公安管理体制改革工作，切实加强铁路公安机关人民警察队伍建设，人力资源和社会保障部、公安部、铁道部、国家公务员局决定，将铁路公安机关刑事科学技术和技术侦察人员纳入公安机关试行专业技术职位任职制度实施范围。按照《关于在全国公安机关刑事科学技术、技术侦察队伍试行专业技术职位任职制度的通知》（国人部发〔2004〕67号）要求，现将有关问题通知如下：

一、试行专业技术职位任职制度的范围为铁路公安机关刑事科学技术和技术侦察队伍中从事法医、痕迹检验、理化检验、文件检验、影像技术、声纹检验、电子物证检验、心理测试技术、警犬技术和技术侦察等专业技术工作的现职人员。铁道部公安局机关的人员不纳入专业技术职位任职制度试行范围。

二、铁路公安机关刑事科学技术和技术侦察专业技术资格通过考试、考核与评审相结合的办法获得，相关政策按照原人事部、公安部《关于在全国公安机关刑事科学技术、技术侦察队伍试行专业技术职位任职制度的通知》（国人部发〔2004〕67号）有关规定执行。

三、铁路公安机关刑事科学技术和技术侦察人员参加人力资源社会保障部、公安部统一组织的专业考试，考务工作由人力资源社会保障部人事考试中心负责，纳入各铁路公安局所在地考试考务统一安排。高级专业考试的合格标准由人力资源社会保障部会同公安部确定；中、初级专业考试的合格标准，由铁道部研究确定。

四、申报高级专业技术资格人员，由铁道部提出审核推荐意见，参加人力资源社会保障部和公安部共同组织的评审。高级专业技术职务任职资格评审委员会由人力资源社会保障部和公安部共同组建；申报中、初级专业技术资格人员，由铁道部组织评审。中、初级专业技术职务任职资格评审委员会由铁道部负责组建。

五、高级专业技术资格证书由人力资源社会保障部、公安部共同用印、印制并颁发，中、初级专业技术资格证书由铁道部参照高级专业技术资格证书样式印制并颁发。

六、铁路公安管理体制改革前，按照国家规定，已评定了相应专业技术资格的人员，经相应级别评委会确认后，原资格继续有效。高级专业技术资格由人力资源社会保障部、公安部组建的评委会进行确认，中、初级专业技术资格由铁道部组建的评委

会进行确认。确认通过后，换发相应级别专业技术资格证书，批准时间为原证书取得时间。

七、铁道部制定《铁路公安机关刑事科学技术和技术侦察中、初级专业技术资格考评实施办法》，以确保铁路公安机关刑事科学技术和技术侦察队伍中、初级专业技术资格考评工作顺利实施。

各级人力资源社会保障部门、公安部门、铁路公安机关要高度重视专业技术职位任职制度实施工作，切实加强领导，精心组织，周密安排，严格按照文件规定做好相关工作，确保专业技术职位任职制度的顺利实施。

二、专业技术资格考试制度和专业技术人员职业资格制度

（一）综合类

人事部、国家保密局关于印发《人事工作中国家秘密及其密级具体范围的规定》的通知

（人办发〔1989〕8号　1989年10月24日）

各省、自治区、直辖市及计划单列市人事（劳动人事）厅（局）、保密局，各地市（州）保密局，国务院各部委、各直属机构人事（干部）部门、保密部门：

根据《中华人民共和国保守国家秘密法》第十条规定，国家保密局会同人事部制定了《人事工作中国家秘密及其密级具体范围的规定》，现予下发。请认真组织学习并予执行。

人事工作中国家秘密及其密级具体范围的规定

第一条　人事工作中国家秘密的具体范围包括：

（一）尚未公布的工资（含津贴、补贴）、人事、机构编制、职位职称工作的计划、方案和政策；

（二）工资、人事、机构编制、职位职称工作的统计资料；

（三）军官转业安置政策和分配计划；

（四）干部的任免及考察材料；

（五）干部的档案及汇总名册；

（六）录用干部的计划、方案，录用干部考试的试题、试卷、备份卷和答案，干部出国进修考试的试题、试卷；

（七）涉外活动中需要保密的事项；

（八）有关密码电报。

第二条　人事工作中国家秘密的密级具体范围如下：

（一）绝密级事项

1. 尚未出台的工资（含津贴、补贴）调整方案；

2. 尚未出台的中央、地方机构改革方案和编制调整方案；

3. 干部录用考试的报审试题、试卷、备份卷及其答案；

4. 含有“绝密”内容的密码电报；

5. 涉外人事管理的有关内部政策。

（二）机密级事项

1. 国务院管理的干部的档案、汇总名册、考察材料及未公布的任免、调动事项；

2. 各省、自治区、直辖市人民政府管理的干部、中央各部门管理的干部（司局级）的档案；

3. 干部录用考试题库及考分计算方法；

4. 每年上报国务院、中央军委审批的全国军官转业安置政策；

5. 全国专业技术职务评聘工作政策及宏观控制方案；

6. 国家机关、事业单位的人员计划和工资计划；

7. 正在承办的有关中央、地方党政机构及编制的调整事宜；

8. 干部出国进修考试的试题及试卷；

9. 非绝密级内容的密码电报。

（三）秘密级事项

1. 各省、自治区、直辖市人民政府管理的干部、中央各部门管理的干部（司局级）的考察材料及未公布的任免、调动事项；

2. 中央和地方各级党政机关、事业单位、社会团体的机构、编制、人员统计资料及报表；

3. 尚未公布的干部录用计划、考试方案及候选人名册；

4. 尚未公布的军官转业的分配计划；

5. 尚未出台的职位分类方案和机关及企、事业单位专业技术职务（含任职资格）的评审事宜及有关统计资料；

6. 县处级干部档案及考察材料，县处级以下国家行政机关干部的档案及考察材料；

7. 尚未出台的机关、事业单位人员的离休、退休、退职政策。

第三条　人事工作中的下列事项不属于国家秘密，但应当作为内部事项管理，不得擅自扩散：

1. 一般干部的档案；

2. 人事工作中不宜公开的事项。

第四条　本规定自 1989 年 10 月 24 日起生效。

人事部关于认真做好“专业技术资格”考试工作的通知

（人职发〔1990〕2号 1990年4月28日）

各省、自治区、直辖市及计划单列市人事（劳动人事）厅（局）、职改部门，国务院各部委、各直属机构人事部门：

建立“专业技术资格考试”制度（以下简称资格考试）是在新形势下深化职称改革，进一步完善专业技术职务聘任制的一项重要措施。今年，首先对计算机应用软件人员和统计员进行资格考试。为了保证这一工作的顺利开展，现将有关问题通知如下：

一、各地的“资格考试”工作要在各省、自治区、直辖市及计划单列市（以下简称各地区）职称改革工作领导小组领导下进行，由人事厅（局）或职改部门负责指导、监督、协调有关考试工作，各地区专业主管部门或考试工作机构负责考试的具体组织工作。各地是否成立考试工作机构，由当地职改领导小组决定。

二、各地区人事厅（局）或职改部门要按照《中国计算机软件专业技术资格和水平考试暂行规定》和《统计员资格考试暂行规定》，会同有关专业主管部门研究具体实施办法，明确分工，互相配合，积极稳妥地做好各项准备工作，切实保证考试工作的顺利进行。

三、凡参加全国统一组织的“资格考试”成绩合格者，由国家统一颁发《专业技术资格证书》，在全国范围内有效。《资格证书》由人事部统一印制、编号。经各地区人事厅（局）或职改部门审核批准加盖钢印后，由各地区组织考试的部门或考试工作机构发至本人。

四、中央国家机关及其所属各单位的报考人员，一律参加所在地区组织的资格考试。

五、考试工作可收取一定的报名费和考务管理费。费用收取应遵循“以考养考，以支定收”的原则，具体标准应报经当地物价管理部门批准。严禁随意提高收费标准。

六、“资格考试”工作涉及面广，政策性强。为了保证考试的客观、公正、有效，各地区、各部门对命题、报名、考试、评卷等环节要按照有关规定严密组织，严格纪律，不得各行其是。对以权谋私，弄虚作假的，应严肃查处。

七、以前所发有关“资格考试”问题的规定如与本通知精神不符，以本通知为准。

人事部办公厅关于发放专业技术资格证书有关问题的通知

（人办职〔1990〕3号 1990年10月16日）

各省、自治区、直辖市及计划单列市人事（劳动人事）厅（局）、职改工作部门，国务院各部委、各直属机构人事（干部）部门：

根据我部有关专业技术资格考试工作的规定，凡参加全国统一组织的专业技术资格考试成绩合格者，由国家统一颁发《专业技术资格证书》（以下简称《证书》）。为了保证这项工作的顺利进行，现就有关事项通知如下：

一、《证书》表明持证人具有相应的专业技术水平和业务能力，在全国范围内有效，作为受聘相应专业技术职务的必备条件之一。

二、《证书》分高、中、初级三种，由人事部统一印制。任何地区、部门、单位和个人不得擅自印制、发放、伪造、涂改专业技术资格证书。各省、自治区、直辖市及计划单列市人事（劳动人事）厅（局）或职改工作部门根据需要向人事部购领。

三、《证书》发放工作由各省、自治区、直辖市及计划单列市人事（劳动人事）厅（局）或职改工作部门负责，各地区考试管理机构具体组织实施。

1. 各地区考试管理机构通知考试成绩合格者到所在地区考试管理机构填写登记表（表式附后），并交近期免冠二寸照片两张及《证书》工本费（收费办法另行通知）。

2. 各地考试管理机构根据登记表分级别编制发证人员名册（包括人员姓名、专业、所获专业技术资格名称等），填写《证书》，报各省、自治区、直辖市及计划单列市职改工作部门审核。

3. 各地区职改工作部门在审核后，应在《证书》加盖钢印，并将有关资料存档。

4. 考试管理机构管理《证书》的发放，并应将考试合格者的答卷等有关资料存档备查。

5. 如《证书》丢失，本人应提交充分证明向原发证机构申报补发，并登报声明原证作废。

四、专业技术资格具有时效性，实行定期登记注册。有效期满，持证人应按有关规定到所在地区考试管理机构审核、登记，逾期不办理者，其《证书》自行失效。

五、各地区、各部门在《证书》发放工作中要严格执行有关规定和纪律，不得以权谋私，弄虚作假，不得乱收费。如有违反，要追究有关人员及其领导者的责任。

附件：专业技术资格证书登记表（略）

国务院职称改革领导小组办公室关于加强职称考试统一管理的通知

（职改办发〔1992〕3号　1992年3月16日）

各省、自治区、直辖市及计划单列市职改办公室，国务院各部委、各直属机构职改部门：

专业技术职务评聘工作转入经常化以来，包括外语考试在内的各种职称考试（以下简称考试）作为对专业技术人员的一种评价方法，得到越来越广泛的应用，促进了经常化工作的顺利开展。特别是全国统一组织的专业技术资格考试，作为深化职称改革的一项重要措施，受到了社会各方面，尤其是专业技术人员的拥护和支持。但在这项工作中也出现了多头组织，重复进行，考试科目和内容不规范等现象。这些问题不仅增加了专业技术人员的负担，也在不同程度上影响了企事业单位各项工作的正常进行。特别是有些地方和单位在考试中弄虚作假，乱办培训班，随意收取各种费用，直接干扰了职称改革工作的顺利进行，助长了社会的不正之风。为了促使考试工作的健康发展，确保考试的科学性、严肃性、公正性，各地区、各部门应加强对这项工作的统一管理。现就有关问题通知如下：

1. 各地区、各部门应根据专业技术职务聘任工作的要求，按照考试、考核、评审相结合，不同系列、不同层次各有侧重的总体评价方法，对考试工作全面规划，统筹安排。确需实行的考试，要在认真调查研究，充分听取各方面意见的基础上，从实际出发，对有关政策、办法、科目设置和考试内容、水平，制定科学合理、切实可行的方案，送人事部备案。凡已经实行的统一考试，下属地方或单位不得再组织相同的重复考试。

2. 各种考试必须严格要求，严密组织，切实保证考试的客观、公正。考试主办单位应根据考试的性质和作用，结合提高队伍素质的要求，确定合理的考试内容、水平和形式，不得降低标准。在具体考务工作中，应有严格、具体的规定和措施，认真执行，严肃考风、考纪。在考试过程中，上级主管部门应对考试的组织、实施情况进行检查和监督。对考试中反映的问题，有关部门必须认真调查，凡发现降低考试水平或评分标准、考试作弊的要严肃处理，考试成绩作废。

3. 严格坚持考试和培训分开的原则。组织考试的有关单位、人员不得参加培训工作。职称考试培训应有组织、有计划地进行。培训单位应具备必要的教材、师资、场地等条件，保证培训质量。所有培训班都须经考试主管部门审查并报当地人事、职改部门批准。任何部门、组织不得强迫和变相强迫考生参加培训。

4. 考试及有关培训费用的收支要严格执行中央、国务院关于治理“三乱”的有关规定。费用收取标准必须经物价管理部门核准，不得擅自提高。所收费用严格按照预算外资金进行管理，专款专用，不得巧立名目，随意开支。主办单位要自觉接受财务、审计部门的检查、监督。有关考试和培训费用原则上由考生个人支付，任何人不得强迫单位给予报销。对违反物价管理制度和财经纪律的单位和个人，要认真查处。

5. 不具备规定学历考试只是专业技术职务评聘工作转入经常化的一种过渡性措施。当前，各地区应按照上述精神结合本地实际对这项工作合理安排。今后，随着评聘工作转入正常，不具备规定学历的人员要通过学历教育取得学历或通过“破格”进行评审，到1993年底不再进行不具备规定学历的考试。对此，各地区要制定相应的计划，善始善终地做好这项工作。

国务院职称改革领导小组办公室关于加强对专业技术资格考试工作的领导、监督、检查的通知

（职改办字〔1992〕4号　1992年7月10日）

各省、自治区、直辖市及计划单列市职改办公室，国务院各部委、各直属机构职改部门：

1990 年开始进行专业技术资格考试试点以来，专业技术资格考试工作有了很大发展。今年资格考试量大面广，共有六个系列十四个层次，报名参加考试的将超过 200 万人，因此各级职改部门必须切实加强对资格考试的领导，认真监督和检查。根据国务院职改领导小组关于资格考试"要继续抓好、严格把关、保证质量"的指示精神，现就有关问题通知如下：

一、各级职改部门要充分认识资格考试工作的重要意义。各地职改领导小组对各系列各层次的资格考试工作都必须加强领导，根据有关规定和要求，并结合自己的实际情况，全面规划、统筹安排，及时协调、解决各系列资格考试中出现的各种矛盾。在考试工作的全过程中都必须加强监督、检查，发现问题，随即解决，解决不了时，立即上报。

二、认真贯彻执行国家关于资格考试有关政策规定和考试标准。各地考试主管部门提出的具体规定和办法，须经当地职改部门审查同意后发布执行，并送人事部有关部门备案。对于自行其是，随意放宽条件，降低要求，考试组织管理混乱的地方，经省、自治区、直辖市职改领导小组批准不予承认其考试结果，并追究有关部门的责任。

三、及时了解掌握各系列资格考试工作的进展情况。按照资格考试的有关规定，对报名、准考证号编排、考场设置、考试实施和评卷登分等环节的工作进行及时检查和有效监督。特别是要加强县级考场的管理，制定具体措施，严格考风考纪，确保考试的公正和有效。对考试工作中出现弄虚作假、徇私舞弊等问题，要坚决纠正，严肃处理。对问题严重的地区，职改部门应责成考试主管机构及时进行整顿，并有权暂停该地区的考试。

四、严格执行考试回避制度。凡参与考试组织管理工作（包括报名、准考证号编排、考场设置、试卷运送、保管、监考、评卷登分等）的人员，一律不得参加该项考试或培训工作。如有直系亲属参加考试，工作人员本人应主动提出回避。各级职改部门应加强对这项工作的检查、监督。对违反回避制度的工作人员，取消其本人或其亲属的考试成绩。

五、资格考试结束后，各省、自治区、直辖市职改部门必须对本地区各项考试纪律和评卷登分情况进行检查验收，有关考试管理机构应提供必要条件，积极配合。验收工作结束后，省、自治区、直辖市职改部门应向人事部全国职称考试指导中心写出书面报告，经批准后，方可公布考试成绩，发放资格证书。

六、加强对本地区的各类资格考试培训班的管理。凡以资格考试名义举办的培训班或咨询服务等，必须按规定经有关部门审查、批准，严格执行有关收费办法、标准。对强迫或变相强迫考生参加培训，以及乱收费等问题要坚决纠正。

七、各地区要建立健全资格考试的社会监督机制。各级职改部门可邀请人大、政协、纪检、监察、公安和教育等部门的同志对资格考试工作进行指导、监督和检查。同时，要做好资格考试的目的、意义和政策的宣传工作，接受社会各界对资格考试工作的监督。

八、各地职改部门可根据本通知精神，研究制定实施办法和具体措施。

总政治部、人事部关于军队专业技术干部参加全国统一组织的专业技术资格考试的通知

（〔1992〕政联字第3号 1992年10月15日）

各军区、各军兵种、各总部、国防科工委、军事科学院、国防大学政治部，各省、自治区、直辖市及计划单列市人事（劳动人事）厅（局）、职改工作部门：

为深化职称改革，进一步完善军队专业技术职务任命（聘任）制度，确定军队专业技术干部有计划地参加全国统一组织的专业技术资格考试（以下简称资格考试）。现将有关问题通知如下：

一、军队专业技术干部参加资格考试，按照国家有关政策规定，结合军队的实际，分专业陆续展开，与地方同步进行，逐步形成制度。资格考试按照国家的统一考试大纲、统一试题、统一考试时间、统一评分标准执行。参加资格考试的专业和报考范围、对象、条件等，由军队参照国家有关文件精神确定。

二、军队系统组织干部参加资格考试，不专门成立考试工作机构，由团级以上单位政治机关牵头，干部部门和有关业务主管部门具体负责。按照就近原则，组织干部到驻地由国家统一设置的考场应试。军队系统如需单独设置考场，应经当地考试管理机构批准，并由当地考试管理机构组织监考事宜。对于有关应试事项，军队干部部门和业务主管部门，要主动与当地考试管理机构联系，予以落实。地方各级人事、职改部门和考试管理机构，要积极支持军队干部参加资格考试。在考试组织实施中，军队要为地方开展工作提供方便。

三、军队专业技术干部参加资格考试，由个人申请，干部所在团级以上单位政治机关进行资格审查，认定合格后，到当地考试管理机构集体报名，统一登记，领取准考证。考生凭准考证在规定时间和地点参加考试。经各省、自治区、直辖市的考试管理机构组织评卷，将考试结果通知军队考生所在单位。军队干部参加资格考试，按当地统一规定的标准交纳报名费和考务管理费。

四、凡资格考试合格者，由国家统一颁发《专业技术资格证书》，在全国范围内有效。《专业技术资格证书》的发放，由军队团级以上单位政治机关集体办理。要组织考试合格者填写《专业技术资格登记表》，备齐所需照片等，及时送交当地考试管理机构。各省、自治区、直辖市及计划单列市职改部门审核同意并加盖钢印的《专业技术资格证书》，由军队团级以上单位政治机关造册登记后，发给考试合格者本人。

专业技术资格具有时效性，对其实行定期注册制度。《专业技术资格证书》丢失者，应提供充分证明，由团级以上政治机关向发证机构申报补发，并由持证者登报声明原证书作废。

五、军队干部应试前的复习和培训，以自学为主，利用业余时间进行，个人不得要求脱产学习，影响本职工作。各级要积极支持干部参加资格考试，尽量为他们创造便利

条件。要加强对各种辅导班、培训班的管理，严格审批备案手续。所有培训班都须经考试主管部门审查后，报当地人事、职改部门批准，并按规定为受训者提供必要的资料。要坚持培训和考试分开的原则，组织培训工作的有关单位和人员，不得参加考试的具体实施工作。

六、考试获得专业技术资格，表明干部具有从事相应专业技术工作的基本能力。军队各级党委按任免权限任命专业技术职务时，应对专业技术资格考试合格者进行考核，根据其德才表现和编制员额等情况，予以优先考虑。干部个人不能要求必须担任某一专业技术职务。专业技术资格不与军队干部现行政治、生活、工资等待遇挂钩。

七、军队各专业参加资格考试的具体实施意见，由总政治部干部部会同军队有关业务主管部门，根据国家有关政策拟定，向国家人事部和有关主管部门备案，相应事项由地方各级人事、职改部门和考试管理机构协助办理。

实行资格考试制度，政策性强，涉及面广，组织工作复杂，必须加强领导，严密组织，密切协作。对实施过程中的问题，要及时协商解决。要严格考试工作纪律，在报名、考试、评卷、发证等各个环节，坚决防止和杜绝不正之风。对违反政策、弄虚作假的，要严肃查处。

国务院职称改革领导小组办公室关于对专业技术资格考试工作进行检查验收的通知

（国职办〔1992〕9号　1992年10月20日）

各省、自治区、直辖市职改办公室，各系列资格考试主管部门职改办：

为落实“关于加强对专业技术资格考试工作的领导、监督、检查的通知”，切实保证考试结果的客观、公正、有效，现就对1992年资格考试工作进行检查验收有关事项通知如下：

一、各省、自治区、直辖市职改办要对各项考试有关政策执行情况、考试纪律情况以及评卷工作的程序和质量进行检查验收。人事部全国职称考试指导中心受委托会同各系列主管部门的资格考试办公室将对各省、自治区、直辖市验收工作进行检查。

二、验收工作要严格执行国务院职称改革领导小组和人事部关于资格考试的各项政策规定和全国统一的试题标准答案及评分标准，按照实事求是、严格慎重的原则，采取专家认定、职改部门把关的方法进行。验收工作应吸收未参加过评卷工作的专家参加。

三、验收工作应按下列要求进行：

1. 对考试组织实施工作的验收，要求报名、考场编排、试卷的运送、保管、考试实施以及评卷、登分等考试各环节的组织和操作程序及执行回避制度方面符合有关政策规定。登分结果清晰、准确、无误，对违纪考生的处理结果标记明确。

2. 评卷质量验收采取随机抽取试卷检查的办法。抽检试卷数量最少不低于“专业技术资格考试评卷质量合格标准”（以下简称合格标准）（附件1）的规定。评卷应严格按全国统一的试题答案和评分标准评分。发生错判、漏判、判分宽严超过主观判断差异允许值等现象的试卷数应不超过“合格标准”的规定。主观判断差异允许值暂定为：验收人员与原判卷人员对填空、简答和论述题评分的总正、负分差，分别不超过上述题型总配分的4%。

3. 考试纪律的验收采取对整考场试卷进行检查的办法。对双科合格率高于全省平均合格率的考场要进行重点验收。对有考场违纪记录或卷面有标记、前后字迹不一致和明显抄书现象的试卷以及同考场内座号相邻、有明显互抄现象的试卷，考试成绩全部按无效处理。

4. 考试合格人员的资格条件应符合有关规定。

四、各省市职改办可根据本地区评卷登分工作的实际情况制定检查验收的具体办法。验收中发现问题的，应及时提出处理意见并责有关考试主管机构处理。要做好验收过程的记录（记录内容可参考附件2）。全部验收合格，应及时写出验收报告。验收报告或考试统计结果在考试结束后两个月内送人事部全国职称考试指导中心汇总。

五、人事部全国职称考试指导中心收到各省市考试统计结果和验收报告后，即会同各系列主管部门资格考试办公室对各地区的验收工作进行检查。凡符合“合格标准”的，可公布考试结果；未达到“合格标准的”，应重新进行检查验收，合格后才能公布考试结果。

六、检查验收所需费用，由各资格考试主管机构从考试费中支付。

附件：1. 专业技术资格考试评卷质量合格标准（略）
　　　2. 评卷检查记录表（略）

人事部、国家保密局关于印发《人事工作中国家秘密及其密级具体范围的补充规定》的通知

（人办发〔1992〕1号　1992年12月29日）

各省、自治区、直辖市及计划单列市人事（劳动人事）厅（局）、保密局，各地市（州）保密局，国务院各部委、各直属机构人事（干部）部门、职改工作部门、保密部门：

现将《人事工作中国家秘密及其密级具体范围的补充规定》印发给你们，请贯彻执行。

人事工作中国家秘密及其密级具体范围的补充规定

第一条　人事工作中，国家秘密的具体范围补充规定如下：

（一）地（市）级以上人事职改部门及所属考试机构组织的各类职称考试在启用前的试题（包括备用题）、标准答案和评分标准；

（二）尚未公布的试题、考试成绩统计数字和分析情况；

（三）命题工作及其人员的有关情况。

第二条 人事工作中国家秘密的密级具体范围补充规定如下：

（一）绝密级事项

专业技术资格全国统一考试在启用前的试题、试卷（包括备用卷）、标准答案及评分标准。

（二）机密级事项

1. 专业技术资格考试试题、试卷启用前的命题细目表；

2. 省级、地（市）级各类职称统一考试在启用前的试题（包括备用题）、标准答案和评分标准。

（三）秘密级事项

1. 地（市）级以上各类职称统一考试命题工作及其人员的有关情况；

2. 尚未公布的考试成绩、统计数字和分析情况。

第三条 按人事部的规定，全国统一专业技术资格考试后不应公开的试题不属于国家秘密，应作为内部事项管理，未经批准不得擅自公开。

第四条 本规定自 1992 年 12 月 29 日起生效。

人事部对《关于武警部队专业技术干部参加全国统一组织的专业技术资格考试的请示》的复函

（人职函〔1993〕2 号 1993 年 1 月 19 日）

武警部队政治部：

经研究，原则同意你们拟定的《关于武警部队专业技术干部参加全国统一组织的专业技术资格考试的请示》[〔1992〕武政（干）字第 364 号]。请按照《武警部队专业技术干部参加全国统一组织的专业技术资格考试的规定》组织实施。有关资格考试的事宜，可参照总政治部、人事部〔1992〕政联字 3 号文件的有关精神办理。

人事部办公厅关于制止各地自行评定经济、统计、会计、审计专业技术职务任职资格的通知

（人办职〔1993〕3 号 1993 年 5 月 25 日）

各省、自治区、直辖市及计划单列市人事（劳动人事）厅（局）、职改办，国务院各部委、各直属机构人事（干部）部门：

目前，各地已按国家统一部署进行经济、统计、会计、审计专业技术资格的考试工作，据反映，有的地区违背资格考试政策规定，擅自在实行资格考试的专业中继续进行资格评审，妨碍了专业技术资格制度的建立，影响了深化职称改革工作。为此，特作如下通知：

一、经济、统计、会计、审计专业要严格按照国家已颁发的有关资格考试的文件规定贯彻执行。从文件规定之日起，各级政府职改部门不再组织评审相应专业技术职务的任职资格，已经评的，一律无效。

二、按照《全民所有制工业企业转换经营机制条例》文件精神，专业技术职务评聘权由企业自主管理。企业因工作需要，拟聘任没有经过资格考试未取得专业技术资格的人员，可以通过实际考核，聘任其担任本企业内部有效的专业技术职务。

三、各级人事（职改）部门，接此通知后，尽快组织对本地区、本部门执行国家专业技术资格考试规定的情况进行一次检查，发现问题，及时纠正，并采取相应的措施，消除影响，维护专业技术资格考试工作的严肃性，保证专业技术资格考试工作的健康发展。

人事部办公厅关于进一步加强对专业技术资格考试培训工作监督管理的通知

（人办职〔1993〕4号　1993年5月26日）

各省、自治区、直辖市及计划单列市人事（职改）部门、各有关专业主管部门：

专业技术资格考试实行以来，有关部门和地区的培训机构、教学单位针对资格考试举办了各种培训班、辅导班，编写了各种辅导参考资料，为促进广大专业技术人员学习专业知识、提高专业素质提供了有利条件。但也发现在这些培训活动中，一些地方和单位存在着考试实施和培训工作的机构、人员不分；对不参加培训的参考人员不卖给教材；培训收费过多、辅导水平差，甚至把学员主要精力引向猜题、押题等问题。这些问题不仅影响了广大专业技术人员学习和考试的积极性，也干扰了资格考试工作的正常进行，助长了社会上的不正之风，群众意见很大。为促进资格考试工作的健康发展，维护资格考试的严肃性，保证考试结果的客观、公正、真实、有效，现就进一步加强对资格考试培训工作统一领导和管理的有关问题通知如下：

一、人事部全国职称考试指导中心和各专业全国统一资格考试办公室负责考试大纲、辅导教材的编写，考试参考用书的指定和命题工作，以及对上述工作和内容进行解释。培训部门及其他组织和个人不得为资格考试编写出版教材、辅导材料、习题集和模拟题等学习资料。

二、各地区、各部门要严格贯彻考培分开的原则，保证考试和培训工作在机构、职能和人员上完全分开，不能严格分开的，考试组织实施工作一律由人事职改部门负责。

三、所有国家工作人员都应遵守国家的保密法规。专业技术资格考试启用前的试题、标准答案和评分标准，属国家绝密资料，凡接触过上述资料和参加考试组织实施工作的人员，不得参与培训工作。从事培训工作的机构和人员不得打探考试试题内容，也不得参与考试的组织和实施。对违反上述原则的单位和个人，当地人事职改部门可先终止其有关活动，并报人事部，由人事部会同有关部门研究处理。

四、专业技术资格考试培训工作按学员自愿报名的原则组织培训，任何部门和组织不得以考试名义强迫或变相强迫报考人员参加培训。培训工作应按考试大纲的要求，使学员系统掌握各科内容，全面提高业务素质，切实保证培训质量，不得以押题、猜题等方式误导学员。

五、承担培训的单位应具备以下条件：

1．遵守和执行人事部关于专业技术资格考试和培训工作的有关规定和纪律；

2．有与培训规模相适应的教学场所和设施，每个教学班人数不得超过50人；

3．有一支专业理论水平较高、专业工作经验丰富和一定教学经验的教师队伍；

4．有具体的培训计划和学时安排，每门课总学时不得少于60学时；

5．经考试主管机构审查通过，并获人事职改部门批准。

六、承办培训的单位对培训费用的收支要严格执行中央、国务院的有关规定，费用收取标准必须经当地物价管理部门核准，并严格按预算外资金进行管理，专款专用，不得巧立名目，随意开支。要自觉接受财务、审计部门的检查、监督。培训费用应由学员个人支付，任何人不得要求单位给予报销。对违反物价管理制度和财经纪律的单位和个人，要认真查处。

七、各地区人事职改部门要进一步加强对资格考试培训工作的监督检查，做好培训单位的资格审查工作，严格控制数量，保证质量。要定期检查培训内容和管理情况，听取学员意见。对违反培训工作规定、培训质量差、群众意见大的培训单位，应进行批评，限期纠正，直至取消其培训资格。

人事部办公厅关于专业技术职务评聘和资格考试工作中有关收费问题的通知

（人办职〔1993〕7号　1993年7月15日）

各省、自治区、直辖市及计划单列市人事（劳动人事）厅（局）、职改办，国务院各部委、各直属机构人事（干部）部门：

专业技术职务评聘工作转入经常化以来，各地区、各部门做了大量工作，总的情况是好的。但是，近来也有个别地区和单位没有严格执行《关于重新组建专业技术职务评审委员会有关事项的通知》（人职发〔1991〕8号）和《关于加强职称考试统一管理的通知》（职改办发〔1992〕3号）等有关严格评审和考试收费问题的规定，有的未经当地物价管理部门核准，擅自提高评审费用；有的乱办培训班，随意扩大收费范围；有的对经费管理不严，铺张浪费较大等。这些做法不仅增加了专业技术人员的负担，也在不同程度上败坏了职改工作的声誉。为防止政府权力商品化，保证职称改革工作健康发展，现重申以下要求：

一、各级人事（职改）部门要按照党中央、国务院的要求，大力提倡和发扬艰苦奋斗精神，坚决反对拜金主义、享乐主义和极端个人主义；提高服务意识，不准把行政职能和正常办事程序变成有偿服务；严肃党纪政纪，防止财经管理工作中的不正之风。

二、各地区、各部门根据实际情况组织的外语考试要坚持从实际出发、区别对待的原则，切实加强领导，注重实效，反对形式主义。国家已进行资格考试的专业，各地不得以聘任专业技术职务为名组织不具备规定学历的人员进行基础理论知识考试；国家尚未进行资格考试的专业，各地也不得在1993年底以前组织突击考试，不能以考试搞“创收”。

三、重申考试和培训分开的原则。承担考务工作的单位或部门不得组织培训，严禁以培训为名增加专业技术人员负担。

四、各级专业技术任职资格评审和专业技术资格考试费用的收支要严格执行国家有关规定。收费标准必须经当地财政物价部门核准后公布，不得擅自提高。所收费用严格按预算外资金管理，专款专用，不得巧立名目，挪作他用。同时，要自觉接受监察、审计部门和广大群众的监督、检查。

请各地区、各部门接此通知后，对有关任职资格评审和资格考试收费情况进行一次清查，发现问题及时纠正，并制定有力措施，保证各项制度的严格执行。

人事部、总后勤部关于军队企事业单位专业技术人员参加全国统一组织的专业技术资格考试的通知

（〔1993〕后司字第510号 1993年8月13日）

各省、自治区、直辖市及计划单列市人事（劳动人事）厅（局）、职改工作部门，各军区、各军兵种、国防科工委后勤部，总参管理局、总政直工部，军事科学院院务部、国防大学校务部：

为进一步完善军队企事业单位专业技术职务聘任制度，客观、公正地评价和选拔人才，充分发挥专业技术人员的积极性和创造性，根据深化职称改革的精神，确定军队企事业单位专业技术人员参加全国统一组织的专业技术资格考试（以下简称资格考试）。现就有关问题通知如下：

一、军队企事业单位专业技术人员参加全国统一组织的资格考试，与地方同步进行。资格考试的大纲、试题、时间、评分标准、专业的设定和报考范围、对象、条件等，均按照国家有关规定执行。

二、军队企事业单位专业技术人员参加资格考试，由师以上单位劳动人事管理部门（企业化工厂可由其人事部门，下同）组织，按照就近原则，到驻地国家统一设置的考场参加考试。对于有关考试事项，各级劳动人事管理部门要会同业务主管部门主动与当地考试管理机构联系落实。地方各级人事、职改部门和考试管理机构，要积极支持军队企事业单位专业技术人员参加资格考试。

三、军队企事业单位专业技术人员参加资格考试，由个人申请，经师以上单位劳动人事管理部门审查合格后，到当地考试管理机构报名，领取准考证。凭准考证在规定的

时间和地点参加考试，并按当地统一规定的标准交纳报名费和考务管理费。

四、资格考试合格者，由国家统一颁发在全国范围内有效的《专业技术资格证书》。《专业技术资格证书》由军队师以上单位劳动人事管理部门集中送当地考试管理机构办理，个人须填写《专业技术资格登记表》。《专业技术资格证书》经各省、自治区、直辖市及单独组织考试的计划单列市的职改部门审核下发后，由军队师以上单位劳动人事管理部门造册登记，发给本人。

专业技术资格具有时效性，实行定期登记注册。有效期满，本人应按规定到当地考试管理机构重新审核、登记。《专业技术资格证书》丢失者，应提交证明，由师以上单位劳动人事管理部门向发证机构申报补发。

五、军队各单位要积极支持专业技术人员参加资格考试，尽量为他们提供便利条件。专业技术人员复习和培训，应坚持以自学为主，不得脱产，不能影响正常工作。

六、经考试获得的专业技术资格，仅表明其具备了担任相应专业技术职务的专业水平，不与工资待遇挂钩，在岗位需要时，根据德才兼备的原则，按军队规定的任免（聘任）权限，在获得资格的人员中择优任命（聘任）专业技术职务。

七、军队企事业单位专业技术人员参加资格考试有关专业的具体实施意见，按国家各专业资格考试有关规定执行。

资格考试工作政策性强、涉及面广。各单位必须加强领导，严密组织，搞好协作。在实施过程中遇到的具体问题，要及时研究解决。要严格考试纪律，坚决防止和杜绝不正之风。对违反政策、弄虚作假的，要严肃查处。

人事部办公厅转发《关于各类专业技术资格考试收费问题的通知》的通知

（人办职〔1994〕1 号　1994 年 1 月 5 日）

各省、自治区、直辖市及计划单列市人事（劳动人事）厅（局）、职改办：

现将国家计划委员会、财政部《关于各类专业技术资格考试收费问题的通知》（计物价〔1993〕2473 号）转发给你们，望认真贯彻执行。

关于各类专业技术资格考试收费问题的通知

国家计划委员会　财政部

（计物价〔1993〕2473 号　1993 年 12 月 13 日）

各省、自治区、直辖市及计划单列市物价局（委员会）、财政厅（局）：

为进一步深化职称改革，提高专业人员的素质，公正、客观地评定专业人员职称，全国已对经济、统计、律师和会计等专业实行统一的技术资格考试制度。考虑到各地经济发展水平的差异和不同年度、不同地区考生数量的变化，以及组织考试所需费用存在的明显差别，经研究决定，国家不再对各类专业技术资格考试制定统一的收费标准，由各省、自治区、直辖市物价部门会同财政部门根据本地实际情况，按照以收抵支、收支平衡的原则核定。所收费用应用于考试试卷印刷、评判、支付场地租用、监考人员劳务报酬等开支。收费收支应实行收支两条线管理，为简化事务，采取以收抵支、结余上交同级财政。

人事部办公厅关于专业技术资格证书发放问题的通知

（人办职〔1994〕2号 1994年9月10日）

各省、自治区、直辖市及计划单列市人事（职改）部门，国务院各有关部门：

最近，我部对专业技术人员职称司与人事考试中心的有关职能作了一些调整，为避免引起误解和职能交叉，现就有关专业技术资格证书发放问题通知如下：

1. 证书发放范围指：发放证书的专业、层次、数量和对象。证书发放经我部专业技术人员职称司核定发放范围后，由人事考试中心发往各省、自治区、直辖市人事（职改）部门。

2. 各省、自治区、直辖市人事（职改）部门收到证书后，要加强管理，严格按照核定的发放证书的范围和有关规定发放。发给证书前，需由省、自治区、直辖市人事（职改）部门对考试结果进行验收，并逐个核对姓名、专业和层次，在资格证书上加盖省、自治区、直辖市人事（职改）部门的钢印。证书发放的具体手续由各省、自治区、直辖市人事（职改）部门规定。

人事部关于加强对专业技术资格考试综合管理的通知

（人职发〔1994〕15号 1994年11月1日）

各省、自治区、直辖市及计划单列市人事（人事劳动）厅（局），国务院各部委、各直属机构人事（干部）部门：

根据国务院批准的人事部“三定”方案的规定，人事（职改）部门具有对专业技术人员职称工作综合管理的职能。目前若干系列专业技术资格考试工作相继展开，为了加强对专业技术资格考试的综合管理，现对各省、自治区、直辖市人事（职改）部门做好资格考试的综合管理工作作如下通知：

一、认真做好各类专业技术资格考试工作的组织协调。会同有关业务主管部门做好考试工作各个环节的统筹安排，协调解决考试过程中的职能交叉，保证各类资格考试的顺利进行。

二、认真落实每年专业技术资格考试的实施计划。按照上级的有关规定，对各类专业技术资格考试的年度实施计划提出具体落实方案，并会同有关业务主管部门有计划有步骤地组织实施。

三、认真做好报名的资格审查监督，保证考生质量。

四、按照上级有关规定，负责资格考试结果的检查验收，保证考试结果的公正性和准确性。

五、按照上级规定的合格标准，负责资格证书的接收、验印和发放，保证资格证书及时、安全发到合格考生的手中，防止资格证书的遗失和损坏。

六、做好各类专业技术资格考试在实施过程中的全面监督，及时发现和协调解决出现的各种矛盾和问题，并及时向上级部门反映和报告。

人事部专业技术人员职称司关于专业技术资格证书发放程序问题的通知

（人职司函〔1995〕7号　1995年1月27日）

部人事考试中心，各省、自治区、直辖市人事（人事劳动）厅（局）、科干局、职改办：

为做好专业技术资格证书的颁发工作，保证资格证书及时、安全发到合格考生手中，根据人事部《关于加强对专业技术资格考试综合管理的通知》（人职发〔1994〕15号）和《关于专业技术资格证书发放问题的通知》（人办职〔1994〕2号）的精神，现就专业技术资格证书具体发放程序通知如下：

一、由部人事考试中心负责发送的各类专业技术资格证书的数量、种类和发送目的地须由我司检验核定后再办理发运手续。如各地在发放证书过程中，由于破损等原因需补发证书时，应由当地人事（职改）部门提出正当理由经我司同意后，由我司正式通知部人事考试中心办理补发事宜。

二、资格证书一律发至各省、自治区、直辖市和经批准的副省级市人事（职改）部门。各地人事（职改）部门在收到证书后，进行验收核对，签退回执，在证书上加盖钢印后向下分发。分发的具体程序，由各地人事（职改）部门确定。

三、颁发资格证书是一种政府行为。各地人事（职改）部门要严肃认真对待资格证书的颁发工作，切实防止资格证书落入无关人员和非合格考生的手中。因此，要严格按照有关文件的规定，做好证书颁发工作，保证资格考试工作顺利进行。

人事部关于加强职称管理、严肃考风考纪的通知

（人职发〔1995〕14号　1995年2月14日）

各省、自治区、直辖市人事（人事劳动）厅（局）、职改办、国务院各部委、各直属机

构人事（干部）部门：

近来，据一些地区和部门反映，少数单位在组织专业技术资格考试和外语考试中，考风不正、考纪松弛的现象有日益蔓延之势。这不但违背客观、公正的考试原则，损害职称改革的声誉，也在社会上造成了不良影响，必须予以制止和纠正。为进一步加强职称管理，严肃考风考纪，现就有关问题通知如下：

一、人事（职改）部门要切实加强对专业技术资格考试和外语考试的组织领导，切实抓好对考风考纪的整顿与检查工作，严格执行考试工作的有关规定，完善各项规章制度，保证专业技术资格考试和外语考试工作健康有序地进行。

二、当前，各地区、各部门在贯彻《关于加强对专业技术资格考试综合管理的通知》（人职发〔1994〕15号）时，要把工作重点放在狠抓考风考纪上来。人事（职改）部门与考务部门应密切配合，制定有效措施，使本地区、本部门的考试工作做到考风端正、考纪严明。

三、各单位在专业技术职务评聘工作中组织的外语考试，要坚持从实际出发、实事求是、区别对待的原则，注重实效，反对形式主义。对那些圈定复习内容，随意划定合格标准的做法要通过政策调整加以纠正。

四、各地区、各部门要搞好考风考纪工作的综合治理，严格考试制度，规范考试程序，加强对监考人员和考生的思想教育，提高考试工作的透明度，自觉接受有关部门和群众的监督检查，依靠社会力量共同维护职称改革及其考试工作的声誉。

五、按照《国务院办公厅关于加强职称改革工作统一管理的通知》（国办发〔1995〕1号）精神，人事（职改）部门要加强对考试工作的监督检查，同时要把考风考纪情况作为考核和评价职改工作好坏的重要内容，对出现的弄虚作假及考试舞弊等行为，要严肃查处并追究有关领导的责任。

各级人事（职改）部门要在近期内对本地区、本部门的考风考纪工作进行一次全面总结，针对存在问题提出改进措施并对落实情况进行检查。

人事部专业技术人员职称司关于获得初级专业技术资格人员聘任职务问题的函

（人职司函〔1995〕71号 1995年9月28日）

凡符合规定报考条件并参加了不分助理和员级的初级专业技术资格考试合格人员，在聘任专业技术职务时，事业单位可根据岗位需要，按下列条件聘任相应的专业技术职务：

1. 大专毕业担任员级职务二年以上；中专毕业担任员级职务四年以上；不具备上述学历担任员级职务五年以上，经所在单位考核合格，可聘任助理级职务。

2. 其他人员可聘任员级职务。

企业与自收自支并实行企业化管理的事业单位可参照上述规定执行。

人事部办公厅关于资格考试工作中有关问题的通知

（人办发〔1996〕52号 1996年6月11日）

各省、自治区、直辖市及部分副省级城市人事（人事劳动）厅（局）、职改办：

为了维护资格考试工作的严肃性和科学性，加强各类资格考试的规范管理，现将资格考试工作中有关问题通知如下：

一、各级人事（职改）部门要重视并认真实施资格审查工作，加强对资格审查工作的管理。在报名和考试合格发证前，都要进行相应的资格审查。经资格审查不合格者，不能参加考试，也不得发给资格证书。对弄虚作假者和不履行应有职责的，要追究有关人的责任，予以严肃处理。

二、要进一步加强和规范资格考试的检查验收工作。各地人事（职改）部门要按规定时间上报检查验收报告和考试的有关信息。验收报告应写明考试的基本情况（包括总人数和不同级别的报考人数、参考人数、参考率、验收后最终合格人数、合格率等）、资格审查情况、评阅卷情况、违纪处理情况（须附违纪考生姓名和准考证号）等。不能按时上报的，应提前通报情况和说明原因。无特殊原因逾期未报的省（区、市），当年该专业考试资格证书的发放将转入下年度同类考试时再一并办理。

三、录入考试成绩，不再采取0.5分进1的做法，一律按实际分数录入。各地人事（职改）部门在收到我部关于合格标准的通知15日内，将复核结果送我部专业技术人员职称司，抄送人事考试中心，待接到我部核准通知后，方可向社会公布考试结果。

四、对资格考试合格人员情况实行存档管理。在发放资格证书前，要填写《资格考试合格人员登记表》（见附件），一式三份，分存考生人事档案、业务考绩档案和发证机关。

五、通过计算机软件水平考试并合格的在职人员，必须符合人职发〔1991〕6号文件第七条的要求，取得程序员资格须担任软件技术员职务两年以上，取得高级程序员资格须担任助理工程师职务两年以上，方可获得计算机软件专业相应级别的资格证书。

六、凡在资格考试科目中单独设立外语考试内容的专业，在聘任专业技术职务时，可不再参加职称外语等级考试。

七、目前，我们正在对考试管理工作进行深入研究和统筹规划，请各级人事（职改）部门以及考务管理机构按照上述要求，周密组织，认真实施，发现问题，及时报告，共同把资格考试工作做好。

附件：资格考试合格人员登记表（略）

人事部关于加强职称评聘和考试工作中证书管理的通知

（人发〔1996〕72号 1996年8月15日）

各省、自治区、直辖市人事（人事劳动）厅（局）、职改办，国务院各部委、各直属机构人事（干部）部门：

近期发现，个别地区和部门对职称评聘和考试工作中的证书管理不严，制度不健全，甚至出现个别人利用职权，收受贿赂，私自办理证书的违法行为。有的地方还发生伪造、贩卖假证书的恶劣案件。这些违法行为和案件虽然已受到应有的查处，但却损害了人事（职改）部门的声誉，在一定程度上给证书管理工作造成了混乱。

为维护职称改革工作的严肃性，保护专业技术人员的合法权益，现就加强对职称评聘和考试工作中证书管理的有关问题通知如下：

一、发放证书和管理证书，是一项涉及专业技术人员切身利益，政策性强，十分严肃的工作。对此，各级人事（职改）部门务必高度重视，要从维护安定团结和廉政建设的大局出发，切实加强对证书管理工作的组织领导，制定有关规章、制度和纪律，严格发放程序。

二、对通过全国考试取得的资格证书，要认真贯彻人事部《关于专业技术资格证书发放问题的通知》（人办职〔1994〕2号）和《关于专业技术资格证书发放程序问题的通知》（人职司函〔1995〕7号）精神，按职责分工，严格验收考试结果，严格核定发放范围，认真细致地做好证书发放各个环节的管理工作。

三、执业资格证书的发放，严格按人事部《关于印发〈职业资格证书制度暂行办法〉的通知》（人职发〔1995〕6号）有关规定执行。证书由人事部统一印制，各地人事（职改）部门负责核发。

四、对专业技术职务任职资格证书的发放，各地区、各部门要加大管理力度，制定相应的管理办法。每年评审通过的任职资格数额，须经省人事（职改）部门核准。高级任职资格经报省、部级人事（职改）部门审批备案后再发放证书；中、初级任职资格审批备案程序和证书发放办法，由各地区、各部门制定。

五、各地区、各部门要提高证书管理工作的透明度，自觉接受监督检查。对群众举报的问题要认真调查，对违纪违法的要严肃查处。对社会上出现的伪造贩卖假证书的，要积极与公安部门配合，予以严厉打击。

六、各级人事（职改）部门接到此通知后，应对本地区、本部门的证书管理工作进行一次自查和总结。对存在问题，要有针对性地提出改进措施，严格执行证书管理工作的各项规定，以确保职称改革工作健康发展。

七、各地区、各部门有关职称工作中证书管理与发放的问题，请与我部专业技术人员职称司联系。

财政部、人事部关于对违反国家财经纪律的会计人员解除专业技术职务等有关问题的通知

（财会字〔1996〕33号　1996年10月25日）

各省、自治区、直辖市财政厅（局）、人事（人事劳动）厅（局），国务院各有关部、委、局、总公司：

根据《国务院关于整顿会计工作秩序进一步提高会计工作质量的通知》（国发〔1996〕16号）中“凡属会计人员对违法违纪活动知情不举或通同作弊的，除追究责任外，要取消其会计人员的专业技术资格”的规定，现对违反财经纪律的会计人员解除专业技术职务等有关问题通知如下：

一、会计专业技术人员严重违反国家财经法规和《会计专业职务试行条例》等有关规定，有下列情形之一的，由聘任单位解除其会计专业技术职务，并由发证机构收回其会计专业技术职务聘书及会计专业技术资格证书，取消其会计专业技术资格。核发会计证的机构同时收回其会计证。

（一）对本单位严重违反财经纪律的行为，听之任之，知情不举，造成严重后果的。

（二）主动为本单位违反财经纪律的活动出谋划策，通同作弊，情节严重的。

（三）阻挠政府有关部门依法进行检查，拒绝、隐匿、谎报或不如实提供会计凭证、会计账簿、会计报表和其他会计资料，情节严重的。

（四）缺乏职业道德和基本业务素质，对单位账目混乱或严重违纪行为负有主要责任的。

（五）有其他严重违反财经纪律行为的。

二、负责会计工作秩序整顿检查的部门发现会计人员有上述情形，应会同同级财政部门提出处理意见，报各地区、各部门财政（财务）、人事（干部）部门批准，由人事部门收回其会计专业技术职务聘书和会计专业技术资格证书，注销其有关登记注册材料。中央有关业务主管部门在整顿会计工作秩序中发现所属单位会计人员有上述情形的，亦按上述程序办理。

三、各单位在会计人员年度考核和聘期考核中发现并核实属本通知第一条规定情况的，其解除会计专业技术职务等有关事项的程序按本通知的第二条规定办理。

四、因违反国家财经纪律，被解除会计专业技术职务并取消会计专业技术资格的会计人员，二年内不得从事会计工作，也不得参加会计专业技术职务的评聘和资格考试。

五、各地区、各部门财政（财务）、人事（干部）部门应根据本规定制定具体实施办法，送财政部、人事部备案。

人事部办公厅关于公布专业技术人员资格考试合格标准有关问题的通知

（人办发〔1997〕52号 1997年6月19日）

各省、自治区、直辖市、新疆生产建设兵团、部分副省级城市人事（人事劳动）厅（局），国务院有关部委、直属机构人事（干部）部门：

根据《人事部办事公开暂行规定》（人发〔1996〕83号）的有关要求，为规范专业技术人员资格考试工作的管理，增加资格考试工作的透明度，加强社会监督机制，提高考试工作效率，现将公布考试合格标准及有关问题通知如下：

一、各专业资格考试结束后，各地人事（职改）部门应在规定的时间内，完成检查验收和报送验收报告等工作。收到我部下发的相应专业考试合格标准后，即应对考试成绩进行复核。在确认无误后，可通过适当方式向社会公布考试合格标准和考试人员成绩。

二、为提高考试工作透明度，允许参考人员查询本人考试的卷面成绩（只查卷面合分）。具体查卷办法，请各地根据当地实际情况酌定。

三、考生查阅试卷的费用收取，可参照全国高等学校入学考试的相应办法。收费标准请商当地物价部门核准。

四、在考生查阅试卷过程中，如发现确有核分失误，经各地考试管理机构确认后，应及时更正。考生查卷费用如数退还。

各地应树立大局观念，自觉接受社会监督、提高工作质量、热诚为考生服务，积极做好考试过程中的政治思想工作，维护社会稳定。各地要认真执行本通知的各项要求，并根据本地实际情况制定实施办法。在执行过程中，有何意见和建议请与我部专业技术人员职称司联系。

人事部关于加强专业技术人员资格考试工作管理的通知

（人发〔1997〕75号 1997年8月22日）

各省、自治区、直辖市、新疆生产建设兵团及副省级城市人事（人事劳动）厅（局），国务院各有关部委、直属机构人事（干部）部门：

几年来，专业技术人员资格考试工作（包括专业技术职务任职资格考试、专业技术人员执业资格考试和职称工作的专项考试，以下简称考试工作），在致力于创造客观公正的人才评价氛围，建立科学的人才评价标准方面进行了有益的探索，取得了显著成绩。从1990年以来，已在14个系列、专业实行了专业技术人员任职资格考试和执业资格考试。截至 1996 年底，全国共组织考试 44 次，累计报名人数 1 474 万人，参加考试人数为 990 万人，有 230 万人获得相应资格证书。

考试工作的实施增强了专业技术人员的竞争意识，调动了专业技术人员学习知识、钻研业务的积极性，促进了专业技术人员队伍整体素质的提高，受到了专业技术人员和用人单位的欢迎，收到了较好的社会效益；与此同时，在考务组织、命题、管理等方面也积累了较为丰富的经验。由于考试工作科学性强，运作程序复杂，加上社会不正之风影响，考试工作中还存在一些问题，如规章制度不够健全，操作程序不够规范，考风考纪时有违反规定等。为使考试工作逐步走上规范化、制度化的轨道，为专业技术人员成长创造公开、公正、平等竞争的良好环境，更好地为经济建设和社会发展服务，现就加强考试工作管理问题通知如下：

一、切实加强领导。考试工作关系着专业技术人员的切身利益，关系着社会的安定团结。各级人事（职改）部门要充分认识这一工作的重要性、复杂性、艰巨性，加强对考试工作的领导，认真做好考试的内外协调工作，及时发现和解决考试工作中出现的问题；主管领导要亲自组织与指导考试计划的制定和具体实施工作，保证考试工作严格、有序地进行，维护考试工作的严肃性、客观性和公正性。

二、规范运作程序。各级人事（职改）部门和各专业考试管理机构，要认真执行国家有关考试工作的规定，严格按照各专业年度考试工作计划的要求和各环节工作程序实施考试。必须认真抓好考试设计、内容确定、大纲编写、命题组织、考务管理、考风考纪、监督检查、确定标准、公布结果等各个环节的工作，不能有丝毫松懈。要增强服务意识，树立全局观念，按时完成各专业年度考试各个环节的工作，提高全国考试工作的运作效率。要在规定期限内完成阅卷评分、确定合格标准、颁发证书的工作。

三、健全规章制度。考试工作环节多，操作复杂，必须加强考试工作制度的建设。各专业考试管理机构要根据国家的统一规定，对考试实施过程中的每个环节“建章立制”，并不断完善规章制度，做到有章可循，避免随意性，增强严谨性，提高管理水平。

四、提高命题质量。试题是测试专业技术人员综合能力的标准，是对专业技术人员学识水平和实践能力的检验。加强命题研究，提高命题质量要充分体现考试工作为经济建设服务，为人才成长服务和坚持理论与实践相结合的原则。各专业考试管理机构应建立一支具有本专业丰富经验的考试专家队伍，及时总结、分析考试命题（包括题型、题量）的质量，并根据本专业实际工作的需要，研究制定既适合成人考试特点，又充分体现专业技术人员水平、能力的考试内容和标准，不断提高命题质量。

五、严肃考试纪律。考风考纪是党风、政风和社会风气的重要组成部分，是考试工作的生命线。各地必须采取切实可行的办法，加强考试纪律的管理。要遵循“教育防范和惩戒处罚”相结合的原则，对考风考纪中存在的问题进行综合治理。在组织实施考试工作过程中，要严格执行回避制度。凡参与考试命题和组织管理工作（包括试卷保管、运送、评卷、登录分和考场主考、监考、巡考）的人员及其需要回避的近亲属，一律不得参加当年举行的资格考试。如有上述情况，考试工作人员应主动提出回避。

六、严格做好保密工作。保密是体现公平竞争的重要保证之一，是顺利组织全国考试的关键。考试工作要严格执行《中华人民共和国保守国家秘密法》和人事部与国家保密局联合颁发的《人事工作中国家秘密及其密级具体范围的补充规定》（人办发〔1992〕1号），认真做好考试各环节（包括命题、审题、试卷印制、运送、保管、分发、评卷、登分等）的保密工作。各级人事（职改）部门和各专业考试管理机构，要高度重视保密工作，加强对考试工作人员的保密教育，增强保密意识，建立保密工作责任制，确保考试各个环节工作的安全、有效。

七、重视信息管理。参加资格考试的人数多、覆盖面大、时间性强，考试信息要实行计算机管理，以便于全国考试工作的汇总、分析和研究，提高考试工作效率，更好地为专业技术人员服务。各专业考试的信息管理，应符合人事部人事考试信息管理系统中关于资格考试的信息项目和要求。人事部将根据资格考试管理工作的需要，公布各专业资格考试信息项目和代码。各级人事（职改）部门和各专业考试管理机构，要严格按照规定的项目、程序和要求，及时、准确地采集和处理各类考试信息，控制误差，体现考试工作的高质量。

八、抓好考试工作队伍建设。各级人事（职改）部门和各专业考试管理机构要建立和培养一支相对稳定的素质高、业务精、纪律严、政策明的考试工作队伍（含考试工作管理人员和主考、监考、命题等人员），注意加强对这支队伍的教育培训，尤其是职业道德教育和组织考试的实际能力，增强责任感，提高考试组织工作的质量和水平。

九、建立和健全考试监督机制。要制订监督制度，健全监督机能，组建监督队伍并充分发挥他们的作用。按照人事部下发的《关于聘请专业技术人员资格考试监督巡视员有关工作的通知》（人发〔1997〕51号）要求，组织好本地区督巡员队伍的建设，发挥社会各界对考试工作的监督，强化监督巡视人员的监督、检查的职能，加大考风考纪的监督和宣传力度。

加强考试工作管理，规范考试工作程序，提高考试工作水平，保证考试工作质量，是各级人事（职改）部门、考试组织管理机构的一项刻不容缓的任务。为贯彻落实本通知精神，我部专业技术人员职称司将制定并印发《专业技术人员资格考试管理手册》，提出具体贯彻的要求。各地、各有关部门要联系实际，认真总结几年来考试工作的经验，研究分析存在的问题，并根据本通知的要求，制定切实可行的办法。各有关部门和上下级之间，要发挥各自职能优势和积极性，加强沟通，密切联系，增进团结，共同把专业技术人员资格考试工作提高到一个新的水平。

附件：1. 专业技术人员资格考试工作管理办法
　　　2. 专业技术人员资格考试大纲、试题编、审和试卷印刷等工作规程

附件1

专业技术人员资格考试工作管理办法

第一章 总 则

第一条 为加强对专业技术人员资格考试工作的科学化、规范化管理，保证考试的客观性、公正性，根据《关于加强专业技术人员资格考试工作管理的通知》（人发〔1997〕75号）要求制定本办法。

第二条　本办法所称专业技术人员资格考试（以下简称资格考试）包括：专业技术职务任职资格考试、专业技术人员执业资格考试和与职称有关的专项考试。

第三条　资格考试实行全国统一组织、统一时间、统一大纲、统一命题、统一合格标准、颁发统一证书的办法。

第四条　资格考试工作在人事（职改）部门统一领导下，会同各专业主管部门组织、实施。

第五条　资格考试工作严格遵守和执行《中华人民共和国保守国家秘密法》和人事部、国家保密局关于《人事工作中国家秘密及其密级具体范围的规定》（人办发〔1989〕8号）以及《人事工作中国家秘密及其密级具体范围的补充规定》（人办发〔1992〕1号）。

第二章　组织与实施

第六条　各省、区、市（以下简称各地）人事（职改）部门会同各专业主管部门组织或委托考试管理机构组织实施所辖地区的考试工作。

第七条　各地根据考试报名情况设置考区或考点，考点一般设在大、中专院校或高考定点学校。

第八条　专业技术人员执业资格考试原则上在省会城市设置考点。专业技术职务任职资格考试，考生比较集中，确需在县设置考点的，初级资格考试经省人事（职改）部门批准；中级资格考试应由各地向人事部和各专业主管部门提出书面报告，经批准后方可在县设考点。

第九条　报名工作要求：

（一）各地应根据人事部每年发布的下一年度考试工作计划和各专业考试年度具体工作计划，在国家规定的报名时间前半个月向社会公布报名日期、地点、条件、办法等有关事项。

（二）各地应按照各专业考试具体工作计划，做好对报考人员资格条件审查和编排考场等各项考前准备工作。

（三）各地根据人事部统一规定的“资格考试信息管理系统”的要求，公布与报名工作有关的信息编码，印制资格考试报名表，并备好与报名有关的材料，在报名时一并发给报考人员。

（四）报名时，报考人员须携带工作证、身份证、学历证明、报名登记表（报考人员单位推荐、盖章有效）和各专业考试管理机构要求的其他有关材料。

（五）报名结束后，各地应按“资格考试信息管理系统”的要求，对报名信息进行处理，及时统计报考人员情况并上报各专业考务主管机构。

（六）各专业考试管理机构负责向符合报考条件的人员颁发《准考证》。《准考证》的基本内容包括：姓名、照片、工作单位、准考证号、身份证号、报考专业名称、级别、类别、科目、考试日期、考试地点、考场号、座位号等。

（七）《准考证》须有存根，供监考人员在核对应考人员时使用。若应考人员遗失准考证，须由其所在单位出具证明并携带有关证件，经报名点审核后由原发证单位补发。补发的准考证用原准考证号，但应注明“补发”字样。

第十条　《准考证》使用“资格考试信息管理系统”编排。同一单位的应考人员应编排在不同的考场或不相邻的考号。准考证号编排为16位，具体编排方法如下：

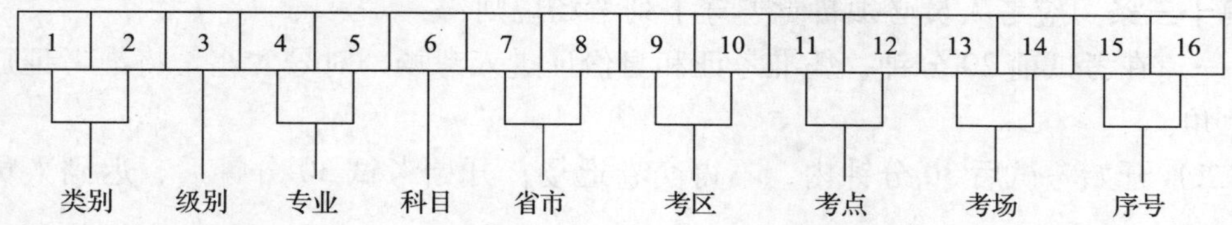

第十一条 考场要求：

（一）考场要选择光线充足、通风良好的教室（不得使用阶梯教室）。每个考场最多安排30名考生。考场内座位须单人、单桌、单行排列，间距80厘米以上，桌屉朝前放置，考生的准考证号单贴在课桌右上角。考场内应备墨水、浆糊、针、线和一定数量的2B铅笔和塑料橡皮。

（二）考点门口应有"全国×××××考试××省××考区××考点"标识，并公布考场规则、考场安排表（考场编号、所在教室、准考证起止号码）、考场分布示意图和时间安排表。

（三）在考试前，各级人事（职改）部门按上述要求，对考场进行检查验收，不合格的，要责成各专业考试管理机构立即改正。

第十二条 考试实施要求：

（一）严格按全国统一规定实施考试。考试前各地要组织参与考试管理工作的人员学习考试工作有关的纪律和规定，掌握试卷（含答题纸、答题卡，下同）的整理、装订和密封方法。

（二）考试期间，各级考试管理机构须安排昼夜值班，值班人员名单和值班电话号码应于考前一周通知到上、下级考试管理机构。

（三）考试工作人员要严格遵守考试管理工作各项有关规定。在执行考试任务时，必须佩戴各地统一制发的工作证章，如"主考""监考""巡视""工作证"等。

（四）考点、考场工作由考区统一组织。各考点设主考1名，副主考1~2名，负责考点的全面工作。每个考场设监考2名，一般应男、女各1名。县级考场和县级联合考场设监考3名，其中一般应有1名异地监考人员。考场外设流动监考若干名。各考点还应配备试卷收发、保卫、后勤、医务等工作人员。

（五）应考人员按规定的地点和时间凭《准考证》和身份证参加考试，并遵守考场规则。

（六）考试结束后，各考区要立即将考试的简要情况报上级人事（职改）部门和各专业考试管理机构。各地应在考试结束后一周内将汇总情况报人事部和各专业考务主管机构。

（七）出现失密、泄密以及其他重大非正常情况时，各地人事（职改）部门和考试管理机构应立即采取有效措施，控制扩散，及时报告上级人事（职改）部门、保密局和考试管理机构，并尽快查清泄源和范围，提出处理意见报人事部和各专业主管部门，由人事部和各专业主管部门研究确定处理办法。

（八）由于不可抗拒原因不能按时组织本地参加全国统一考试时，各地人事（职改）部门和各专业考试管理机构，应及时向人事部和各专业主管部门报告，经批准后采取补救办法。

第十三条　应考人员必须自觉遵守下列考场规则：

（一）在考试前20分钟，凭准考证和身份证进入考场，对号入座。将准考证放在桌面右上角。

（二）开始考试后30分钟内，不得交卷退场；开始考试30分钟后，迟到人员不得入场。

（三）只准带钢笔、圆珠笔和电子计算器（免套、非立式、无存储功能）进入考场；采用答题卡作答的可带2B铅笔、橡皮、铅笔刀。开考后应试人员不得传递任何物品。对于开卷考试的科目，可根据其具体要求，携带规定范围之内的应试用品。

（四）不得携带电子记事本、寻呼机、移动电话等通信设备进入考场，已带的要切断电源，并与其他文具或物品一同存放在指定位置，不得带至座位。

（五）考试铃响后开始答题，必须首先在试卷或答题卡规定的位置上准确填写（填涂）本人所在地区、单位、姓名和准考证号、科目，不得超过装订线，不得做任何标记。

（六）不得要求监考人员解释试题，如遇试卷分发错误，页码序号不对、字迹模糊和答题卡有折皱、污点等问题，可举手询问。

（七）考试规定需在答题纸上作答的，一律使用蓝、黑色墨水钢笔或圆珠笔，字迹要清楚、工整；需在答题卡上填涂的，应用2B铅笔填涂。

（八）必须保持考场安静，不许交头接耳、左顾右盼，严禁窥视他人试题答案或交换试卷；考场内禁止吸烟；交卷后不得在考场附近逗留。

（九）考试结束铃响，立即停止答卷，并将试卷反面向上放在桌面上，经监考人员允许后，方可离开考场。不得将试卷和草稿纸带出考场。

（十）服从考试工作人员管理，接受监考人员的监督和检查。不得无理取闹，不得辱骂、威胁、报复考试工作人员。

第三章　主考、监考、巡视工作人员职责

第十四条　凡担任主考、监考、巡视工作的人员应认真履行各自职责，违反者按有关办法进行处理。

第十五条　主考人员职责：

（一）领导和组织本考点考试的全面工作，选聘考点工作人员，确定各考场监考人员，落实考试工作制度和岗位职责。

（二）主持接收、发送试卷，检查试卷保管和考场布置情况，做好考前准备。

（三）考前须组织监考人员和考点工作人员学习考试工作有关规定和监考要求，进行试卷装订和密封训练。

（四）掌握考试时间和考点的考试情况，发出考试预备、开始和终止的命令。

（五）处理考试期间发生的重大问题，督促监考人员执行考试纪律。对违反纪律的监考人员及考点工作人员，有权进行撤换，并提出处理意见。有权取消违反考场规则、寻衅闹事的应考人员的考试资格。对考试期间发生的难以处理的问题，及时向考区主任直至省级人事（职改）部门和各专业考试管理机构报告。

（六）因出现试卷缺损、错装或答题卡质量有问题，确需进行调剂的，应经本考点主考人员批准，并由主考和有关考场监考人员在考场情况纪录单上注明原因、双方签

名，并向该考区考试管理机构报告。

（七）督促检查监考人员做好试卷装订、回收工作，防止错装、漏收试卷。

（八）副主考协助主考工作，并按主考分工履行以上有关职责。

第十六条 监考人员职责：

（一）监考人员必须佩戴监考标志，于考试前30分钟向考点主考领取试卷。在领取试卷时，须认真检查，如发现试卷袋密封签破损、有拆封痕迹或不是原印厂的封签等情况时，应经主考人员签字证明无泄密情况后方可领取，并将此情况记入考场情况记录单。

（二）监考人员应于考试前20分钟组织应考人员进入考场，宣读考场规则及有关规定，使用答题卡作答的，应讲解答题卡填涂注意事项。考前5分钟，当众拆封试卷袋，并检查本考场考试的专业、级别是否与试卷相符，然后分发试卷。

（三）发卷后，监考人员必须提醒应考人员在试卷指定位置填写准考证号、姓名和单位。开考后监考人员应根据准考证存根逐一核对应考人员准考证、身份证与本人及试卷填写是否一致，并按要求填写考场情况记录单和考生座位序号排列表。

（四）监考人员不得宣读试卷（题），对试题内容不作任何解释。在应考人员对试题文字印刷不清之处提出询问时，监考人员应当众回答，但不得解答试题或暗示题意，也不得与应考人员私下交谈。

（五）监考人员发现应考人员有违犯考场纪律行为时，必须严格执行考试有关纪律规定，将情况如实记入考场情况记录单。对影响他人考试者，立即终止其考试，并劝其退场。对难以处理的问题应及时向主考人员报告。

（六）监考人员要坚守岗位，应在考场内巡视，不应固定站在应考人员的座位旁，不得在考场内吸烟、阅读书报和谈话，不得抄题、答题、将试卷传出考场。

（七）发现应考人员生病或其他情况不能坚持考试时，应及时与有关人员联系，妥善处理。

（八）有权制止与考试无关的人员进入考场。

（九）考试结束前20分钟，应提醒应考人员注意时间。考试结束时，即宣布停止答卷。

（十）考试完毕后，各考场应对试卷进行清点，检查无误后，将本考场全部已答试卷或答题纸按准考证号顺序编排、装订（空白试卷附在其后），与监考人员共同签名的考场情况记录单一并放入试卷袋内密封。使用答题卡的，监考人员要将缺考人员的准考证号填在相应的栏目内，然后将本考场全部答题卡按准考证号顺序排好（含缺考人员答题卡），装入答题卡袋密封，交本考点主考验收。

第十七条 巡视人员职责：

（一）认真学习和掌握资格考试的各项规定，并督促巡视地区严格贯彻执行。

（二）忠于职守，坚持原则，对巡视地区考试工作的组织管理、工作人员执行纪律情况以及考场布置、试卷保管、交接、密封和考试实施等环节进行检查。

（三）重点检查考试工作人员执行考试纪律情况，监考人员履行职责情况。发现监考人员或其他工作人员监考不严、工作不负责任，应当场批评指正，情节严重者提请主考处理。巡视中如发现应考人员替考、作弊等违纪情况，应当场制止，并通知监考人员如实记录。

（四）当主考对考试中发生的问题处理不当时，巡视人员可以根据有关规定，向考区人事（职改）部门和各专业考试管理机构提出意见或建议。

（五）考试结束后，听取应考人员、监考人员对考试组织管理、考场纪律以及试题难度、试卷题型题量方面的意见和反映。

（六）及时将巡视情况和巡视中发现的重大问题向人事部和各专业主管部门报告。

第十八条 各地人事（职改）部门应认真落实《关于聘请专业技术人员资格考试监督巡视员有关工作的通知》（人发〔1997〕51 号）精神，按有关规定在资格考试工作中聘请监督巡视员，加强在资格考试组织、运作过程中的监督。

第四章 试卷运送、交接与保管

第十九条 试卷运送、交接要求：

（一）试卷交接双方对试卷袋种类、数量进行清点核对，并对包装和密封情况进行检查，合格后由双方在试卷交接单上签字。

（二）试卷交接双方各不得少于 2 人，如发现试卷种类、数量有误，包装、密封破损或更换过密封签，应立即报告当地人事（职改）部门和各专业考试管理机构，同时做好记录，迅速查明原因，逐级上报，及时采取补救措施。

（三）考前各考区人事（职改）部门、各专业考试管理机构负责人和各考点主考人要亲自参加清点试卷，并按规定履行领取试卷的有关手续。

（四）试卷须由专人押送，任何情况下试卷现场不得少于 2 名押送人员。

第二十条 试卷保管应符合下列规定：

（一）建立健全试卷收、发制度。

（二）试卷接收后应立即存放在保密室，保密室要有严格的防火、防潮、防盗措施。

（三）试卷存放时间，除因特殊情况经各地人事（职改）部门批准外，考前考区保存试卷时间不得超过 3 天，考试结束后不得超过 1 天；考点领取试卷为考前 2 小时；考场监考人员领取试卷为考前 30 分钟。

（四）试卷评阅完毕以前，均应有 2 人以上值班保管。

第五章 评卷与登分

第二十一条 评卷、登分工作由各地人事（职改）部门和各专业考试管理机构统一组织或实行全国统一阅卷，并按照评卷、登分工作规程进行工作。

第二十二条 评卷人员必须由具有本专业丰富的教学和实际工作经验且责任心强的人员组成。各专业考试管理机构应加强对评卷人员、场所和保密措施检查，明确责任。

第二十三条 评卷工作必须严格执行全国统一制定的标准答案和评分标准，任何人不得擅自更改，如有异议，应由各地人事（职改）部门和各专业考试管理机构与人事部和各专业主管部门联系解决。

第二十四条 各地要选择环境良好、外界干扰少的场所进行评卷，并严格保密措施。评卷场所要设立试卷保管室，配备值班保管人员，每班值班人员不得少于 2 人，无关人员不得入内。

第二十五条 各地成立评卷工作领导小组。领导小组下设资料（包括试卷、答题卡、综合信息软盘等）保管组、评卷（人工或机读）组、登分组、合分复核组。评卷组及合分复核组由本专业的专家任组长。

第二十六条 对于异常试卷的认定，应严格执行异常试卷认定办法，并按要求填写《资格考试考场纪律检查情况记录单》（附件1）。

第二十七条 评卷（机读）组要指定专人负责领送试卷。领送双方要严格检查试卷和考试情况记录单。试卷保管人员应根据评卷进度，对试卷袋统一拆封，并将考场的起止编号标记在试卷袋封面相应位置。取出的试卷要与原试卷袋统一编号，将试卷和《资格考试考场纪律检查情况记录单》交评卷组，考场情况记录单应留在试卷袋内。评阅完的试卷和《资格考试考场纪律检查情况记录单》由试卷保管人员放入原试卷袋交登分组。

第二十八条 人工评卷要求：

（一）人工评卷应按题型分为若干小组，采取流水作业方式进行，专人评专题，严禁一人评阅全卷。评卷组长负责人工评卷的具体组织工作，并对评卷质量负责。

（二）各专业评卷组要在正确理解试题、评分标准和标准答案的基础上，经过试评，制定具体的评卷办法和步骤后，方可进行正式评卷。

（三）评卷人员一律使用红色黑水钢笔或圆珠笔评卷。记分数字和签名必须清楚，不得涂抹。

（四）评卷中除判断题外，统一采用给分制，即各题均应标记采分点得分数。每评完一大题，应在该题得分栏内记入得分数，并签署评卷人姓名。评卷不标记扣除分数。

（五）全卷评完合分时，首先应对各题型得分进行复核，确认无误后，将各题型得分数填入卷首相应栏目内，然后合计卷首各题型得分，按实际分数填入“总分”栏内，并在“合分人”栏目内签署姓名。合分人不得自行更改分数。如发现题目得分有误时，应与原评卷人联合签名更改分数。

（六）评卷组应组织专人做好复查工作（复查试卷应不少于试卷总数的20%），如发现有错评、漏评、计分错误或评分不当需要做更改的答卷，应与原评卷人取得一致意见后进行修正，并共同在修正处签名。若意见不能统一，应由评卷组长处理。

（七）评卷时，评卷人员要注意对异常试卷进行鉴别，根据异常试卷认定办法的规定进行认定，并将违纪试卷情况如实填入《资格考试考场纪律检查情况记录单》内，并向评卷组长报告。

（八）评卷组长要在评卷工作结束前，组织专人对异常试卷进行复核，提出明确的处理意见，并将处理意见填入《资格考试考场纪律检查情况记录单》。

（九）评卷中不准揭封、撬看试卷姓名和考号。如发现有倒装、密封不严等特殊情况，应及时向有关领导报告，不得擅自处理。

（十）评卷人员要严守纪律，不得泄露评卷情况；不得涂改答卷和分数；不准将标准答案、评分标准和试卷带出评卷室。

（十一）人工评卷工作应在评分标准下发后1个月内完成。

第二十九条 计算机评卷要求：

（一）应设立机读监督员，监督阅卡全过程。参加机器评卷工作的操作人员，必须经过岗位培训，要熟悉光电阅读器的基本原理，并能及时处理出现的各种有关的技术问题。

（二）机读工作人员，必须严格遵守工作纪律，未经许可，不得擅自修改计算机内的有关信息。

（三）机器阅卷前，要做好计算机、光电阅读器等设备的调试和计算机病毒防范工作，并对阅卷软件进行试运行后，方可正式开始阅卷。拆封答题卡袋时应与机读监督员共同进行，认真核对每个考场的答题卡数量，然后再对答题卡进行机读。

（四）在机读过程中，要按考场认真检查读入信息是否与答题卡袋记录相符（包括缺考考生信息），防止漏读。

（五）资料保管组人员不得拆封答题卡袋，与机读组应有严格的交接手续。机读组人员不得单独进入机房。评卷时严禁无关人员进入机房。

（六）任何人不得擅自修改答题卡的内容。机房的铅笔、橡皮应由专人保管。对影响机器阅读的答题卡进行技术处理或复制无法阅读的答题卡时，须经阅卷组长签字批准，并应有 2 人在场进行。答题卡复制后应注明“已复制”字样，并留存备查。

（七）阅卷软件、存储的标准答案、评分标准和输入的答题情况应采取技术手段加密。如发现阅读软件或存储的标准答案、评分标准有问题，应及时向上级人事（职改）部门和专业主管部门反映，未经同意不得擅自修改、拷贝数据文件。

（八）机读组应及时填写工作记录，每天做好数据资料备份，并按规定妥善保管。阅卷完毕后应将成绩存入磁盘，并制作备份盘。

（九）计算机评卷工作应在考试结束后 15 天内完成。

第三十条 异常试卷认定办法：

（一）认定违纪试卷应坚持严格要求、实事求是的原则。

（二）符合下列情况之一的试卷，须组织专家鉴别是否为违纪试卷：

1. 有考场违纪记录，考号、姓名有涂改，未用规定的笔答卷，字迹前后不一，以及有特别标记等问题的试卷。

2. 同考场内考号相连、座位相邻、考分相近的试卷，在单选、多选、判断、填空题的答题中出现同错多处，特别是经涂改后同错的题超过 30% 的。

3. 计算题解答时不按规定答卷，出现同错或无计算过程只有结果的试卷。

4. 部分简答、论述、案例分析题与考试教材或辅导材料的相关内容基本相同，答题要点、顺序均与书上一致，同时表答相似，而其他题的答题质量又非常差的试卷。

5. 对实行计算机阅读答题卡的试卷，还应根据“选项”和“填涂信息点”2 个方面同错进行鉴别。“选项”同错系指同一种类型的答题卡（即同为 A 卡或同为 B 卡）选项相同；“填涂信息点”同错系指不同类型的答题卡填涂位置相同（特别是填涂位置有明显涂改的）。“选项”和“填涂信息点”同错超过全部试题 10% 的即视为异常答题卡，对一些难以识别的答题卡，须同时与答题卡对应的试卷核实。

6. 其他认为有必要鉴别的试卷。

（三）认定程序：

1. 对评卷中出现的异常试卷由评卷组长汇总后，提交考试管理机构组织专家认定。

2. 对有考场违纪记录的试卷，由登分组按有关处罚办法的条款进行处理。

3. 在评卷和登分工作中，对难以确认的违纪试卷或同一考场违纪试卷超过 60% 的情况，应请上级人事（职改）部门和考试管理机构予以确认。

4. 检查验收工作中发现的异常试卷由验收组组织认定。

（四）对违纪试卷、考场的认定应做好详细记录，认真填写《资格考试考场纪律检查情况记录单》，并经专家组组长签字。各地需将异常试卷认定处理情况向人事部和有关专业主管部门报告，并抄送有关专业考务主管机构。

第三十一条 评卷中违纪试卷的处理：

（一）评卷组在评卷时要根据异常试卷认定办法对违纪试卷进行鉴别，并做好记录。

（二）登分组在登分时，对违纪试卷要按《资格考试考场纪律检查情况记录单》中的意见进行登录，对有怀疑、但难以认定的异常试卷，应与《资格考试考场纪律检查情况记录单》一并送上级人事（职改）部门和各专业考试管理机构处理。

（三）对大面积舞弊、同一考场雷同试卷超过60%的整考场试卷应单独存放，由省级各专业考试管理机构提出处理意见，并报同级人事（职改）部门和各专业主管部门。

第三十二条 登分工作要求：

（一）评卷与登分工作必须在人员和场地上严格分开。

（二）登分工作要遵循如实登录，准确无误的原则，按照统一的要求和程序进行。应指定专人组成登分组。登分组设组长1人、副组长1人，负责组织进行核分、登录分、计算机录入（机读）等具体工作。登分组长对登分质量和录入（机读）结果负责。

（三）登分前，登分组工作人员要对试卷各题得分和试卷总分进行核对，并对全袋试卷数量、考场情况记录单、《资格考试考场纪律检查情况记录单》及考场编号核对无误（如发现评卷、计分或合分有错误，应送评卷组长按规定程序修改、签字）后，才能拆除装订线，逐袋登分。

（四）实行计算机阅卷的考试科目，如既有客观性试题也有主观性试题，其主观性试题部分的阅卷及登分工作按“人工评卷”及登分要求进行，分数合成（客观性试题与主观性试题分数的合成）工作按具体操作要求进行。

（五）登分人员应将各考场应考人员姓名和分数如实填入成绩登记表或考场情况记录单相应栏目内。对有考场违纪记录和认定违纪的试卷应在考场情况记录单的相应栏目作出明确标记，并按“成绩无效”登入“违纪处理成绩”栏内。

（六）实行机读的，对违纪考生要在其答题卡“违纪标识”栏目进行填涂，登录分数和记录字迹要清楚、工整。

（七）对评卷组提出疑问又难以认定的试卷按异常试卷认定办法的有关条款处理。

（八）按照《关于资格考试工作中有关问题的通知》（人办发〔1996〕52号）规定，试卷分数以实际分数登录，不得做圆整处理（如将0.5分登录为1分）。

（九）建立登分复核制度。登分无误，应由复核人在登分表复核人栏目中签署姓名；发现不符的，应由复核人立即更正，并由复核人和登分组长共同签字。

（十）计算机录入考试成绩必须有2名工作人员同时在场，并实行异人异机复录校核制度，发现不符的，应由登分组长组织人员及时纠正。复核登分无误，应在考场情况记录单或答题卡复核人栏目中签署姓名。每天的录入结果都应备份并打印出来，标明日期，由登分组长签字，与工作记录一并保存。如对有关内容修改，应在计算机和机读工作记录中详细记载修改前后的内容，由修改人与登分组长共同签字。

（十一）每袋试卷分数登录完毕，应随时将答卷和答题卡（纸）放入原袋。试卷袋、答题卡袋、考场情况记录单、《资格考试考场纪律检查情况记录单》和信息软盘、计算机工作记录由各地考试管理机构保存。

（十二）登分组要有专人领送保管试卷、答题卡、考场情况记录单、《资格考试考场纪律检查情况记录单》和信息软盘，并对其安全、保密负责，不得损坏和丢失。

第三十三条 各专业考务主管机构应在考试结束后，及时对考试情况进行统计、汇总、分析，提出本专业各科目合格标准的建议，报人事部批准。

第六章 考试信息管理

第三十四条 资格考试工作实行计算机管理，各专业考试信息的确定和采集应符合人事部人事考试信息管理系统中关于资格考试的信息项和要求，逐步实现资格考试信息管理的科学化和规范化。

第三十五条 建立健全全国资格考试信息管理网络。各地各专业考试管理机构应在现有编制内，配备相应的计算机技术人员。

第三十六条 考试信息包括报考人员基本情况、考试科目、考场设置、准考证号编排、考场纪律和考试成绩等。人事部将根据资格考试工作需要，公布各种资格考试信息标准和代码。

第三十七条 地市级考试管理机构负责本地区报考人员信息采集和考场设置工作；省市级考试管理机构负责本地区应考人员、考场设置情况的汇总、准考证编排、评阅试卷、考试成绩录入；各专业考务主管机构负责相应专业资格全国考试情况的统计和试题、试卷质量的分析。

第三十八条 各级考试管理机构要严格按照规定的程序和要求及时准确地采集和处理考试信息，控制误差，保证考试信息的高信度。

第三十九条 信息录入工作：

（一）在机器阅读和录入考试成绩时，计算机工作室要采取保密措施，录入人员不能携带软盘进、出工作室，与录入无关人员不得进入工作室。

（二）考试成绩应按要求输入计算机，存入磁盘，并制作备份盘。

（三）考试成绩的存储必须采取技术手段加密，防止人为改动。同时要加强磁盘的使用管理，防止计算机病毒破坏。

第四十条 考试信息属国家秘密。各级考试管理机构和工作人员不得泄露或擅自发布考试信息。要按照资格考试的密级规定对各类考试信息、工作记录、计算机和软盘的保管和传递采取安全保密措施。

第四十一条 考试信息软盘和考试成绩登记册由各地人事（职改）部门和考试管理机构存档保存。试卷、考场情况记录单、《资格考试考场纪律检查情况记录单》、考试成绩录入单和计算机工作记录从公布考试成绩之日起保存 6 个月，过期各地自行销毁。

第七章 检查验收与发证

第四十二条 资格考试结束后，各地人事（职改）部门按本办法有关规定，组织检查验收，并按照各专业年度考试具体工作计划的时间要求上报检查验收报告（包括合格人员情况统计表和违纪考生名单及准考证号）。

第四十三条 检查验收按照实事求是、严格慎重的原则，采取专家认定、人事（职改）部门把关的方法进行。参加验收工作的专家应是未参加考试评卷工作的人员。

第四十四条 检查验收内容：

（一）报名，考场编排，试卷的运送、保管，考试实施以及评卷、登分等考试各环节的组织和操作程序及执行回避制度方面是否符合有关规定。

（二）评卷质量检查采取分科目随机抽取合格率较高的整考场试卷的办法。抽取试卷数量不低于《资格考试试卷抽查数量标准表》（附件2）的规定。评卷应严格按全国统一的试题标准答案和评分标准进行。发生计分错误、误评、漏判、判分宽严掌握超过主观判断差异允许值等现象的试卷数不得超过《资格考试试卷抽查数量标准表》允许值。主观判断差异允许值暂定：验收人员与原判卷人员对主观题评分的总正负分差，每卷不超过其总配分的4%。检查过程中应认真填写《评卷检查情况记录单》（附件3）。

（三）考场纪律的检查，按照异常试卷认定办法的内容，采取对整考场试卷进行检查的办法。对一次通过全部考试科目合格率高于全省平均合格率10%以上的考场和考点及单科考试成绩异常高的地区要进行重点检查验收。对群众举报纪律混乱的考场或考点要进行单独检查。对其他考场或考点要进行抽查。

（四）要严格审查考试合格人员报名条件，对不符合国家有关文件规定报考条件的人员，考试成绩无效，同时，应追究有关资格审查人员责任。

第四十五条 各地各专业的资格考试工作，须经人事部检查验收合格后，根据人事部下发的各专业资格考试合格标准，对本地区考试合格人员的成绩进行复核，确实无误并报人事部核准后，方可通过适当方式向社会公布考试合格标准和考试人员成绩。

第四十六条 各地在公布考试结果后，应按人事部关于资格证书发放的有关规定和程序，认真做好资格证书的发放、考试合格人员建档和后续管理工作。属于执业资格考试的，负责考试工作的机构还应将取得执业资格证书人员的名册，送相应专业的主管部门。

第四十七条 资格证书中“发放时间”栏目的填写，以通过全部规定科目的考试日期为准。在发放资格证书的同时，各地人事（职改）部门应将《资格考试合格人员登记表》（附件4）及时转送到考试合格人员所在单位的人事部门存档。

第八章 工作要求与纪律

第四十八条 各地人事（职改）部门和各专业考试管理机构应根据工作需要，在现有编制内配备相对稳定的考试工作人员。兼职人员要经过资格审查和考核，并保持相对稳定。

第四十九条 考试工作人员必须努力学习和准确掌握考试工作的有关政策，严格遵守、认真执行考试工作纪律，按保密程序工作，不得自行委托他人代行本职工作，也不得以任何形式擅自发表、透露或暗示考试工作的有关情况。

第五十条 考试工作人员要严格执行回避制度。凡参与考试命题和组织管理工作（包括试卷保管、运送、监考、评卷、登录分等）的人员，一律不得参加当年举行的各专业资格考试。如有亲属参加当年考试的，考试工作人员本人应主动提出回避。

第五十一条 资格考试实行考试和培训分开的原则。各级考试管理机构的工作人员和命题人员不得参与培训工作；培训部门亦不得参与考试组织管理工作。

第五十二条 资格考试的试题、试卷（包括备用卷）、命题细目表、标准答案和评分标准在考试前属国家绝密级材料；命题工作及其人员情况、尚未公布的考试成绩、统计数字和分析报告属国家秘密材料。

第九章　附　则

第五十三条　各地人事（职改）部门和各专业考试管理机构，应严格执行各专业年度考试具体工作计划，不能按计划中的时间和要求完成各环节考试工作的地区，如无特殊原因，其资格证书的发放将转入本专业下年度考试后一同办理。

第五十四条　凡符合各专业资格考试报考条件的应考人员，参加规定科目考试并全部合格（含免试科目），即按规定发给相应专业的资格证书。聘任专业技术职务所需的其他条件（如外语、计算机等），按人事部有关要求办理。

第五十五条　各地人事（职改）部门和各专业考试管理机构要与监考、评卷和登分录入人员签订责任书，并组织他们学习考试工作纪律，进行业务培训。

第五十六条　承担资格考试培训的单位必须具备以下条件：

（一）有与培训规模相适应的教学场所和设施，每个教学班人数不得超过 50 人。

（二）有一支理论水平高、专业工作经验丰富和一定教学经验的教师队伍。

（三）有具体的培训计划和学时安排，每门课总学时不得少于 60 学时。

（四）遵守和执行人事部关于资格考试和培训工作的规定和纪律。

第五十七条　各地各专业主管部门会同人事（职改）部门，依据上述条件对本地区培训工作单位和培训教师进行资格审查，并报国务院各专业主管部门批准。参加培训坚持自愿的原则，任何单位不得以考试名义强迫报考人员参加培训。

第五十八条　未经人事部和各专业主管部门的批准，任何组织或个人不得翻印、出版资格考试的试题、试卷、标准答案和评分标准；不得以人事部、各专业主管部门或考务主管机构的名义擅自编写、出版辅导教材、复习资料及习题集、模拟题等。也不得以“全国××专业资格考试指导用书”等名义编写、出版上述教材、复习资料。

第五十九条　各地人事（职改）部门会同各专业主管部门及考试管理机构，根据本办法制定本地区的实施细则，并报人事部备案。

第六十条　本办法由人事部负责解释。原专业技术人员资格考试的有关规定与本办法不符的，按本办法执行。

附件：1．资格考试考场纪律检查情况记录单（略）

2．资格考试试卷抽查数量标准表（略）

3．评卷检查情况记录单（略）

4．资格考试合格人员登记表（略）

附件 2

专业技术人员资格考试大纲、试题编、审和试卷印制等工作规程

根据专业技术人员资格考试（以下简称资格考试）组织工作的有关分工，国务院有关专业主管部门（以下简称专业主管部门）负责组织考试大纲、考试指定用书的编写和命题工作。人事部负责组织审定各专业资格考试大纲和试题工作。

一、资格考试大纲的编写和审定要求

（一）各专业主管部门根据工作需要组建考试大纲编写委员会暨命题委员会。其委员应有较高学术水平、丰富的实际工作经验和一定的考试大纲编写和命题经验。委员实行定期轮换制，每年人员变动不应超过三分之一。

（二）考试大纲编写委员会根据本专业考试科目编写考试大纲。考试大纲的作用是：对考试起到法定文件的约束作用；统一规定考试的性质和标准；有效的指导考生的备考活动；确保试题试卷质量的稳定。

（三）考试大纲制订的基本内容包括：考试的目标和性质、方式和方法、知识范围、技能要求和样题。

（四）考试大纲的编写要求：

1. 符合党和国家现行的政策法规，坚持为经济建设服务，体现改革开放与社会主义市场经济建设的要求，避免错误的、陈旧过时的或尚存争议的内容。

2. 内容逻辑结构严谨、观点明确、叙述简洁，使用规范性语言。避免冗长和过渡性的文字叙述。

3. 编写体例统一、规范，不能相互矛盾、混淆。提法、用语注意前后一致，基本概念、原理避免前后重复或矛盾。

4. 突出实际工作岗位必备的业务知识和技能，注意理论结合实际。

5. 注意区分不同层次的水平差异，分层次（掌握、熟悉、了解，下同）规定对本专业理论知识和能力的要求，确定试题类型及答题方式。

（五）各专业主管部门在实施首次考试前 12 个月向人事部提交考试大纲待终审稿。

（六）人事部按每科目不少于 3 名（含初审科目负责人 1 名）确定终审专家，并组织召开终审会。

（七）考试大纲终审原则：

1. 考试大纲须明确阐述考试标准，体现从事相应专业技术工作合格人员的必备条件。

2. 体现本专业工作必要的理论知识和操作技能。

3. 考核点要明确，层次要分明，文字表述要科学、规范、准确、统一。

4. 其内容应是本专业较为普遍、典型、为学术界所公认的，不存在学术、学派尚存争议的问题。

（六）考试大纲终审程序：

1. 专业主管部门介绍考试大纲编写情况。

2. 人事部明确考试大纲终审原则及要求。

3. 各科目编写人向终审专家介绍情况。

4. 各科目终审专家对考试大纲进行审核，提出修改意见并与编写人员协商。

5. 终审专家按要求填写《资格考试大纲审定意见表》（附件 1）。

6. 人事部将终审专家的意见归纳、汇总后，提出审定意见。由专业主管部门根据审定意见对考试大纲进行修改，并于考试前 6 个月予以公布。

二、命题工作要求及程序

（一）参加命题的人员应严格执行保密工作的各项规定，须在签署《资格考试试卷（题）命制、审定保密保证书》（附件 2）并填写《命（审）题专家登记表》（附件 3）

后进行此项工作，命题人员的身份对外保密。

（二）考试大纲是命题的依据，专业主管部门根据本专业资格考试的性质和特点进行命题工作。命题工作遵循科学、严谨、无误的原则。

1. 试题内容和认知层次不得超出大纲范围。

2. 试题内容应与相应专业工作要求掌握的知识和技能基本一致，知识结构分布合理，注重考查业务工作通用的专业知识和技能，体现资格考试的特点。

3. 试题内容应与相应资格考试的考核目标相符，层次区分明确，有适当的难度和区分度。

4. 试题和标准答案文字表述要准确、简练、规范。

5. 试题难易程度比例为：中等难度水平的试题约占试卷的60%，较易及较难的试题约各占20%。

6. 初级资格考试着重基础知识和基本技能的考核，侧重考查初级专业技术人员在业务活动中必需的信息加工、理解、判断和应用能力。

7. 中级资格考试和执业资格考试应侧重考查专业技术人员在业务活动中的判断、分析、应变能力以及综合运用相关知识处理实际工作中问题的能力和水平。

（三）命题工作程序：

组建命题组—制定命题工作计划—根据大纲要求确定《试卷题型、题量及分值分布表》（见附件4）—拟制《命题双向细目表》（附件5）—征题（命题题卡见附件6）—审题—组配试卷—确定评分标准—初审—提交终审。

（四）资格考试试题题型的特点和编写要求。

客观性试题的题型包括：选择题和是非判断题。特点是：在相同考试时间内题目数量多，可覆盖考核知识的范围；评分标准客观唯一；可采用机器阅读；可有效地控制评分误差。其编写要求：

1. 选择题常用的题型有：单项选择和多项选择题。单选题由1个题干和4个备选答案组成，备选答案中有1个正确或最符合题意的答案。多选题由1个题干和4至5个备选答案组成，备选答案中有2个以上（含2个）正确或最符合题意的答案。

（1）备选答案中的应选项要在内容上确保正确或最符合题意，不应引起歧义的争执。干扰项要有迷惑性。

（2）多选题备选答案中的应选项在各题选项中的位置，应随机排列，不可显出规律。所有选项都要用到的相同语句，应放在题干中。

（3）不给正确答案提供暗示。各选项在内容和形式上要互相对等，逻辑与语法上基本一致，用词及句式长短大体相仿。

（4）有争议的问题应予回避，以免影响试题的质量。

2. 是非判断题。实质上是一种特别形式的选择题，也称为二项选择题。它向考生提供一个陈述句或一个命题，让其判断真伪、可接受或不可接受，因此，只选择正、反两种情况。

（1）尽量把是非题限于单一的概念，不要包含多个正确或者错误混淆的概念，确保题意明确，避免套用教材上的表述。

（2）题干内容应具有确定性，能明确判明真伪。正误句的排列要随机化，避免使用否定题，特别是双重否定题。

（3）避免使用模糊和程度、数量不明确的限定词。

主观性试题的题型主要有：论述、计算、作图和综合（或案例）分析等类型。其编写要求：

1．论述题。着重考核考生组织材料的能力、综合能力和表达能力，也可测量考生的评价能力和创造能力。

（1）题目清楚而且明确，使考生了解要求。有关的试题素材（如文字说明、数据、图表等）要完备，解题条件要全面、充分，力求使考生对题意理解准确，防止因误解而影响考生回答问题。

（2）尽量使用新的材料或经过改造的编排方式，避免照搬教材上的例题或练习题。

（3）在编制论述题时，应该有一个理想答案，同时对一些可接受的答案有所规定和说明。评分标准尽可能细化，便于减少误差。

2．计算题。

（1）尽量使用较常用的数学公式。

（2）避免直接套用教材中的例题和练习题。

（3）答案要求列出计算过程，按步骤给分数。结果尽可能取整数，如需采用小数，应规定保留几位小数。

（4）有多种解法的试题应在标准答案和评分标准中加以说明。

3．综合（或案例）分析题。根据资格考试的特点，考虑各专业知识在实际活动中应用的范围，采用模拟有代表性的业务活动的一种命题方式。该类试题着重鉴别应试者综合运用专业知识处理实际问题的有效性和准确性。

（1）选择本专业工作实践中有代表性的实例，避免过专或过细的内容。可采取一道大题分解成若干小题，小题之间所用的条件互相关联，其解题过程既可独立也可相互联系。

（2）题干要给考生提供全面、充分的解题条件（如文字说明、数据、图表等），并作出必要的限定，使考生对题意理解准确，防止因误解而影响答题。

（3）标准答案及评分标准应按要点、步骤配置分数。分数配置要求细化，以便减少评分误差，确保阅卷标准的客观和统一。

介于主观性和客观性之间的题型包括：填空题、简答题。这种试题若采用问句的形式，则为简答题，采用陈述句的形式，则为填空题。这两类题型的编写要求：

1．每一道试题都涉及重要内容，不考核琐碎的东西，且这类题型只有一个正确答案。

2．应向考生提出一个具体和完整的问题，不致引起考生的误解。

3．试题的用词要简单明白，贴切和准确。答案必须清楚明了，无可非议。

4．在填空题中，空出来的应是关键性内容。

5．简答题应当说明解答要求，不能要求论述和论证。

（五）组配试卷要求：

1．组卷人根据《命题双向细目表》，将合格的试题进行有机组合、调整，编制出可用于考试的试卷，试卷要有较高的信度、效度。

2. 综合考虑试卷知识结构的合理分布、不同级别（层次）知识和能力的要求及标准划分。

3. 试卷结构分布应做到既有重点，又基本覆盖考试大纲的各个章节。

4. 同一试卷中试题各自独立，不得相互关联，避免内容互相提示和重复。

5. 同一题型中内容相关的试题应排列有序。

6. 避免采用本专业全国性考试已使用过的同一试题，如采用，不得超过总分值的10%。

7. 各类题型指导语的表述应简明扼要，说明应该注意的事项。

8. 组卷人对组配试卷结果承担责任。工作完成后，将组卷意见填写在试卷情况登记表中。

（六）试卷（题）终审工作程序及要求：

1. 专业主管部门向人事部提交本专业资格考试各级别和科目经初审后的试卷 2 ~ 3 套，每套 2 ~ 3 份，并提供与终审专家相应数量的考试大纲和指定用书。

2. 人事部按每科目不少于 3 名（含初审科目负责人 1 名）确定终审专家，并组织召开终审会。

3. 试卷（题）终审场所须符合保密要求，参加终审工作的所有人员须签署《资格考试试卷（题）命制、审定保密保证书》。

4. 终审会应按规定程序（附件 7）进行，严格试卷（题）交接手续，认真填写《审定试卷（题）交接单》（附件 8）。

5. 各科目终审专家按照试卷（题）审核具体内容的要求进行，并认真填写《____年度____资格考试试卷（题）终审情况记录单》（附件 9）和《资格考试试卷审定评估表》（附件 10）。

6. 审定人员对试题、试卷及其标准答案的科学性、准确性、规范性承担责任，发现问题有权责成命题人员改正或直接进行修改。

7. 为明确责任，命、审题人员应分别在题卡和试卷上签字，各自对命制和审定的试题承担全部责任。

8. 审题工作结束后，人事部或专业主管部门负责验收以下材料：经审定的、未用的和被淘汰的试题题卡，试卷过程稿和终稿，每套试卷的组卷细目表和稿纸等有关用品。

9. 试卷（题）审定后，磁盘和终审定稿一并封存待做考试选用卷，其余与试卷（题）有关的用品和过程稿须收回统一销毁。

10. 经终审专家签署意见并已密封的待选试卷，须送各专业主管部门机要室保存。在进入保密印刷厂开印前，任何专业的考务主管部门不得擅自启封。

（七）试题审核应在编写要求的基础上，按照以下要求和内容进行审核：

1. 试题内容、命题技巧和试卷的结构分布等方面要合理，要按照命题方案的基本要求配置试题，既要有重点，又能基本覆盖指定用书的各个章节。

2. 试题内容不得超出考试大纲范围，提法与观点应与指定用书相一致，如有矛盾，以指定用书为准。

3. 试题内容应避免引起民族、地区、性别等矛盾。题干所涉及人名、地名、单位名称等一般不确指。

4. 试题题干以文字和数据为主，也可配以图表。应当做到：文字表述简明扼要，数据准确无误，图表格式规范。

5. 试题内容不得存在观点错误、提法陈旧和过时等问题，如发现应及时加以调整或修改。

6. 考核点应具有较重要的、与实际工作相关程度较密切的专业知识和技能。

7. 试题总体难易程度要适当，各套试卷的难易程度要大致相当。

8. 试卷结构要按照（或基本按照）命题方案的要求加以配置，专业技术资格考试试卷的初、中级层次区分是否明确、清楚。

9. 试卷中前后试题的内容不得互相提示，某些试题不得为解答其他试题提供线索和暗示。

10. 各类题型的题干、答案清楚明了，正确无误并包含了必要的有意义的信息。避免引起歧义或误导。

11. 选择题的审核：

（1）选择题备选答案中干扰项要具有迷惑性，不应都是错误的或互相有重叠。应选项必须具有唯一性和排他性。题干和干扰项不得有暗示正确答案的线索。

（2）选择题题干中不应存在一些不相关的材料或内容，要具有似真性，应选项必须都是正确、最符合题意、不会引起争执的。

（3）选择题的备选项在形式上要大体一致、文字长度上要大体相当，在复杂性上要基本相同，在语法、逻辑上要与题干相衔接，无语病和逻辑错误。

（4）选择题的备选项不应有“上述答案都对”、“上述答案都不对”或“无法确定”等词句。其正确答案都应呈无规律性排列。

12. 是非判断题的审核：

（1）是非判断题一般为陈述句，叙述简单明确，避免使用复杂的句式结构。

（2）应当做到确切的“是”或“非”。每一题都仅限于一个单独的概念。是题与非题在试卷中应呈无规律性排列。

（3）避免使用像“经常地”、“常常”、“在相当大程度上”等模糊或程度数量不明确的词语。

（4）避免使用像“所有”、“全部”、“有时”、“在某种情况下”之类易引起猜测的特殊限定词。

13. 填空、简答题的审核：

（1）所填内容应为语句中的关键信息，且与上下文有密切联系。

（2）每道题一般设置 1 ~ 2 处空白，空白不宜过多且不置于句首。

（3）需用文字作为答案，应当说明用什么数量单位来表示。

14. 计算、综合（或案例）分析与论述题的审核：

（1）题义要明确、完整，避免套用教材上的例题和表述。应给考生提供充分的解题条件和时间。

（2）标准答案和评分标准应按要求、步骤配置分数，分数配置适当细化。

（3）每道题都应具有各自不同的针对性、复杂性和难易程度。

（4）标准计算题有多种解答方法或结果的，应在标准答案和评分标准中注明。

（5）综合（或案例）分析题（包括实务）是否选用了该专业有代表性的案例。不应出现实际工作中不可能发生的、罕见的或不合常理的。

三、试卷印制要求

（一）保密印刷厂须严格执行国家保密局、工商行政管理局、公安部等六部门制定的《印刷、复印等行业复制国家秘密载体暂行管理办法》的有关规定。

（二）承接印制试卷的保密印刷厂应经人事部或专业主管部门批准，到当地保密局注册，办理保密印刷《许可证》。由各专业主管部门批准的印刷厂应报人事部备案。

（三）保密印刷厂应按人事部或各专业主管部门统一规定的规格、要求和数量印制考试试卷、标准答案、评分标准和试卷袋等有关用品。保证试卷印制和分装质量，做到字迹清晰，数量准确，密封牢固，封章醒目。

（四）保密印刷厂应按保密程序印制、保管和运送试卷。从试卷印制到送达接收地办理移交手续前，必须实行全程封闭；所有接触试卷的人员应全部入闱，不得与外界联系；每天 24 小时安排人员值班巡逻。

（五）各专业主管部门或考务主管机构在向保密印刷厂提交试卷付印时，需同时向保密印刷厂出具人事部专业技术人员职称司关于试卷印制的通知。否则，保密印刷厂不得承接任何单位组织的全国性有关专业技术人员资格考试试卷印制任务。

（六）提交印刷的试卷清样和软盘须有严格的封装手续，并由各专业主管部门或考务主管机构负责此项工作的同志和保密印刷厂试卷印制负责人共同启封。对在交接前已启封的试卷，保密印刷厂有权提出质询并不予接收。

（七）试卷、标准答案和评分标准须标明绝密字样，并注明解密日期。

（八）资格考试试卷须由专人押运，任何情况下试卷现场不得少于两名押运人员。

四、解释权限

本规程由人事部负责解释。原考试大纲、命题等工作的有关规定与本规程不符的，按本规程执行。

附件：1. 资格考试大纲审定意见表（略）
2. 资格考试试卷（题）命制、审定保密保证书（略）
3. 命（审）题专家登记表（略）
4. 试卷题型、题量及分值分布表（略）
5. 命题双向细目表（略）
6. 命题题卡（略）
7. 终审会规定程序（略）
8. 审定试卷（题）交接单（略）
9. ____年度____资格考试试卷（题）终审情况记录单（略）
10. 资格考试试卷审定评估表（略）

人事部办公厅关于更换补发专业技术资格证书有关问题的通知

（人办发〔1997〕85 号 1997 年 9 月 19 日）

各省、自治区、直辖市、新疆生产建设兵团及副省级城市人事（人事劳动）厅（局）、职改办：

自 1990 年实行专业技术人员资格考试工作以来，各地按照我部要求，认真组织了专业技术资格证书（以下简称证书）的发放工作，总的情况是好的。但是，也存在因保管不当，以致造成证书残缺、丢失等问题。为维护证书的严肃性，促进证书的规范化管理，本着为专业技术人员服务的精神，现将有关证书更换补发工作的问题通知如下：

一、专业技术资格证书不仅是专业技术人员学术、技术水平的重要标志，而且是单位聘任相应专业技术职务的重要依据。因此，必须保证证书发放工作及时到位。我部从 1997 年开始，按年度各省、自治区、直辖市专业技术人员资格考试合格人员总数的 1% 下发备用证书，作为个人丢失补发、发证机关错填更换证书之用。此项工作由专业技术人员职称司负责，备用证书由各省、自治区、直辖市人事职改部门统一掌握使用。

二、个人丢失证书，当事人应及时向当地发证机关提交个人补发证书申请、单位证明、登报声明原证作废的原件，以及按人事部《关于资格考试工作中有关问题的通知》（人办发〔1996〕52 号）要求归入个人档案的《资格考试合格人员登记表》等补发证书的依据。

各地发证机关要认真负责地受理专业技术人员的补发申请。经严格查验，对情况属实，符合补发证书要求者，填写《专业技术资格证书补发登记表》（样式附后），办理补发证书手续。

发证机关对个人丢失补发的证书要在其证书首页右上方加盖“补发”字样，以示区分。

三、对于在邮寄、运输过程中丢失的证书，由有关发证机关向我部专业技术人员职称司提供相应证明材料，经查实后，如数补发。

四、申请补发和更换证书工作随时进行。各地发证机关对备用证书要按不同专业实行专项管理，更换、补发证书要有严格的审批、登记制度，所有补发证书的全部原始材料要一人一册存档备查。每年十二月底以前，各地发证机构要将当年因丢失补发证书情况的书面报告、《专业技术资格证书补发登记表》复印件，以及错填、损坏更换的原证书，一并报送我部专业技术人员职称司备案。超出 1% 机动数额，经审核，我部将向有关发证机关及时补发。

五、各地人事（职改）部门要根据本通知的要求，结合本地情况，认真做好证书的管理与补发工作。实施中有什么问题，请及时告我部专业技术人员职称司。

附件：专业技术资格证书补发登记表（略）

人事部办公厅关于实施聘请专业技术人员资格考试监督巡视员工作有关问题的通知

（人办发〔1998〕32 号 1998 年 4 月 24 日）

各省、自治区、直辖市人事（人事劳动）厅（局），国务院有关部委人事（干部）部门，解放军总政治部干部部，新疆生产建设兵团人事局：

为落实《关于聘请专业技术人员资格考试监督巡视员有关工作的通知》（人发〔1997〕51 号），加强对全国专业技术人员资格考试工作的监督，保证考试工作的严肃性、公正性，现就实施聘请全国专业技术人员资格考试监督巡视员有关问题通知如下：

一、各地聘请的监督巡视员名额，按考场设置地区情况及实际工作需要，由各省、自治区、直辖市人事部门确定，人员名单报人事部备案。各有关专业主管部门可根据实施考试专业的情况，推荐人选报人事部遴选确定。

二、各地人事部门要根据《关于聘请专业技术人员资格考试监督巡视员有关工作的通知》（人发〔1997〕51 号）精神及本通知的要求制订本地监督巡视员的工作内容、程序和办法。

三、在专业技术人员资格考试中，监督巡视员应持监督巡视员证书并佩戴胸牌执行公务。

四、各地人事部门应对监督巡视员进行业务培训，培训内容主要包括：深化职称改革的方针政策；职称考试工作的考务管理、运作程序和有关工作纪律；各类专业考试工作的具体情况；督巡工作中的一些具体要求等。

五、请各地人事部门和有关专业主管部门抓紧将确定或推荐的监督巡视员名单报人事部专业技术人员职称司，并统一申领监督巡视员证书和胸牌。

附件：全国专业技术人员资格考试监督巡视员审批表（略）

人事部办公厅关于认真做好专业技术人员执业资格证书发放工作的通知

（人办发〔1998〕40 号 1998 年 6 月 22 日）

各省、自治区、直辖市人事（人事劳动）厅（局）、职改办，新疆生产建设兵团人事局：

在各级人事（职改）部门和有关专业主管部门的共同努力下，全国专业技术人员执业资格制度的试点工作顺利实施，通过全国统一考核认定与考试，一批专业技术人员已经取得相应专业的执业资格。为严格有序地做好执业资格证书（以下简称证书）发放工作，现将有关问题通知如下：

一、加强组织管理。专业技术人员执业资格证书是持证人已通过相应专业执业资格全国统一考核认定、考试的凭证，是依照有关法规或规定向社会求职、单位聘用从事相应专业技术工作的有效证件。证书发放工作是实施专业技术人员执业资格制度的重要环节。因此，各地人事（职改）部门要从维护国家、公众利益的要求出发，高度重视证书发放的组织工作，加强证书发放的管理，以严肃、严谨、认真、细致的工作态度，切实做好证书的发放工作。

二、严格发放程序。各地人事（职改）部门要根据本地实际情况制定证书发放工作程序，要会同有关专业主管部门，对本地取得执业资格人员的姓名、性别、年龄、单位、专业、学历、专业技术职务、取得执业资格时间等有关内容进行认真核对，做好证书发放的基础工作，确保证书发放准确无误。

证书要认真填写。在证书发放时，对证书栏目中的有关内容，要统一用钢笔填写，笔画要工整、清晰，不得潦草。有条件的地区也可用计算机填写。凡有涂改的证书一律无效。

三、建立登记制度。对所有获得证书人员的有关情况，以及发放证书的编码，按专业进行分类登记备案，统一造册，做到资料齐全，有据可查。各地区要积极创造条件，实现证书登记的计算机管理。

四、严格发放纪律。要加强对证书发放工作各环节的监督，保证发放工作的严肃性、公正性。对证书和有关登记备案资料，实行专柜管理，严格出入登记手续。对在证书发放中有弄虚作假行为的，要追究当事人责任，并给予严肃处理。

五、加强廉政建设。发放执业资格证书，是国家对获得执业资格人员实行准入控制的政府行为。因此，执业资格证书由国家财政专项拨款统一印制，我部将按各地通过执业资格考核、考试的人数，如数将证书发给各地人事（职改）部门，各地不得再向证书获得者收取证书印制费用。需要收取邮寄费用的，必须经当地物价部门审核批准。

六、证书在邮寄中或个人保管不当造成损坏丢失，以及填错需要更换、补发的，按照人事部办公厅《关于更换补发专业技术资格证书有关问题的通知》（人办发〔1997〕85 号）文件有关规定办理。

七、专业技术职务任职资格证书（简称专业技术资格证书）的发放，另由人事考试中心按国家发展计划委员会有关批复精神办理。

人事部关于加强职称考试管理严肃考风考纪的通知

（人发〔2000〕85 号　2000 年 9 月 7 日）

各省、自治区、直辖市人事（人事劳动）厅（局），新疆生产建设兵团人事局：

几年来，各级人事部门按照人事部《关于加强专业技术人员资格考试工作管理的通知》（人发〔1997〕75 号）等文件要求，抓制度建设、抓落实管理、抓考风考纪，使考试工作逐步走上规范化、制度化管理的轨道，为公平公正地评价人才，为建设高素质社会化的专业技术人员队伍发挥了重要作用。每年参加职称考试的人员多达 300 万左右，成为全国最大规模的考试种类，越来越引起全社会各方面的重视和关注。今年下半年，全国还将举行 11 项考试，报考人员将达 100 多万人，这是我国在 20 世纪的最后一批资格考试。职称考试工作已经成为考量人事部门廉政勤政建设和社会风气的一个重要方面，各级人事部门必须以高度的政治责任感和认真负责的态度，严密组织，一丝不苟地搞好每一项考试工作。为了进一步贯彻落实江泽民同志“三个代表”重要思想，加强人事工作纪律，做好考试工作，防止考试中的不正之风，现就加强职称考试管理，严肃考风考纪问题通知如下：

一、切实加强对考试工作的领导。职称考试（包括专业技术资格考试、执业资格考试、职务评聘专项考试等）涉及面广，关系广大专业技术人员切身利益。考试组织工作成功与否直接影响党和政府的形象，关系社会风气和安定团结。各级人事部门要从讲政治的高度，真正从思想上、组织上、制度上加强对考试工作的领导，摆上重要的议事日程。分管领导要亲自组织考试计划的制订，严格监督各项措施的落实。上级人事部门对下一级人事部门的考试工作准备情况和实施安排要提出明确要求，认真监督检查。要加强与专业主管部门的协调沟通，密切配合，共同做好考试工作。

二、必须树立良好的服务意识。各级人事部门要密切结合考试工作实际，切实加强思想教育工作，努力提高考试组织管理人员的思想政治水平，深化对考试工作重要性、敏感性和复杂性的认识，树立良好的服务意识，高质有效地做好服务工作。要广泛听取考生对考试工作的意见和建议，不断改进服务手段，完善服务措施，积极解决考生的实际困难。

三、严肃考试工作纪律，防止不正之风。各级人事部门要从自身抓起，加强廉政勤政建设，采取切实可行的措施，严肃考风考纪，以防范为主，加大对违纪行为的惩处力度。要针对下半年的各项考试工作，开展一次自检自查，重点是检查考试组织及考风考纪方面存在的问题，及时防范，堵塞漏洞；对在考试工作中出现的玩忽职守、滥用职权、弄虚作假、损害考生利益、索贿受贿等违法乱纪的人和事，不管发生在哪一级哪个单位，都要从严查处，依照党纪和法律，追究当事人和有关领导的责任。

四、建立健全考试管理的各项规章制度。各级人事部门要继续认真执行人发〔1997〕75 号文件及人事部印发的《专业技术人员资格考试管理手册》等有关规定，认真抓好考试组织实施各个环节的管理工作，各地、各单位不得以任何形式和借口违规操作。要根据本地区工作实际，进一步细化和完善管理措施和工作纪律，责任落实到人。要加大考试的社会监督和行政监督的力度，健全和完善考试督巡员制度，增加考试管理的透明度。

五、加强对考试工作人员的培训。各地要根据考试工作环节多、政策性强的特点，结合机构改革后人员变化的实际情况，加强对考试组织管理人员的培训，帮助有关人员熟悉和掌握考试工作的有关政策规定、管理知识、业务知识、工作纪律以及防范考试舞弊行为的方法，提高有关考务人员严格执行考试纪律的自觉性和责任心。未经培训的不得上岗。

六、提高保密意识做好保密工作。考试保密工作直接关系到考试的公平和公正，各级人事部门要严格执行国家对考试保密工作的各项规章制度，认真落实保密措施，建立保密工作责任制，加强对涉密人员的教育，确保考试各个环节的安全。

七、加大对考试工作政策的宣传。各级人事部门要利用各种宣传渠道，切实做好考试工作的政策宣传和教育，特别是要向广大专业技术人员宣传职称考试的目的意义、政策规定、管理办法、工作程序、考试纪律等，提高广大专业技术人员遵纪守法的意识。

各地对考试工作中出现的问题，要做到认真及时妥善处理，涉及重大问题要迅即向我部专业技术人员管理司和人事考试中心以及有关专业主管部门报告。

人事部办公厅关于印发《专业技术人员资格考试考务工作规程（试行）》的通知

（人办发〔2000〕71号 2000年9月7日）

各省、自治区、直辖市人事（人事劳动）厅（局）、新疆生产建设兵团人事局、部分副省级城市人事局：

现将《专业技术人员资格考试考务工作规程（试行）》印发给你们，请结合本地实际认真贯彻实施。

专业技术人员资格考试考务工作规程（试行）

第一章 总 则

第一条 为加强对专业技术资格考试和执业资格考试（以下简称资格考试）考务工作的科学化、规范化管理，依据人事部有关资格考试的规定制定本规程。

第二条 本规程适用于人事部人事考试中心（以下简称部考试中心）组织或参与组织的各类考试的考务管理工作。

第三条 各省、自治区、直辖市（以下简称省区市）人事考试中心负责本地区资格考试考务的组织实施工作。

第二章 组织管理

第四条 各省区市人事考试中心必须严格按人事部资格考试年度工作计划和有关考务文件的要求，加强领导，统筹安排，认真组织。

第五条 在实施资格考试工作中，各省区市人事考试中心要积极与有关专业主管部门密切配合，协调一致，并按确定的分工，各司其职。

第六条 资格考试考务工作实行计算机管理。考试的信息管理工作统一使用部考试中心《人事考试管理信息系统》，并按有关文件的要求进行操作和管理。

第七条 认真落实《关于聘请专业技术人员资格考试监督巡视员有关工作的通知》（人发〔1997〕51号）精神，发挥监督巡视员作用，加强在资格考试组织、运作过程中的监督，保证资格考试的严肃性、公正性。

第八条 各省区市人事考试中心应严格按照财政、物价部门核准审批的收费标准收缴考试费用，按照国家有关规定严格收支管理。

第三章 报 名

第九条 各省区市人事考试中心应在规定的报名日期前20天向社会发布《考试公告》。

公告的内容应包括：考试名称、考试科目设置、考试时间及报名日期、地点、报考条件等。

第十条 考试报名按省区市（经批准的部分副省级城市）组织，实行属地化管理。考生可以在工作单位（含临时工作单位）所在地报名参考。对个别因报考人数较少，本省区市不组织的考试，或属于滚动考试中异地调动的考生，应允许考生到就近省区市报名参考，有关省区市人事考试中心应负责为考生办理转接手续，考生各科成绩均合格后，由最终成绩合格所在的省区市颁发相应的资格证书或合格证书。

第十一条 报名前，应做好相关的准备工作，按人事部的统一样式印制《报名信息卡》、《资格考试报名表》及有关报名材料。报名时应做好以下工作：

（一）对报考人员的资格条件进行审查。

（二）向报考人员提供《专业技术人员资格考试报考手册》。

（三）公布与报名工作有关的信息编码，以及与本次考试有关的其他事宜。

（四）按报名工作程序及要求等规定为考生办理报名手续。

（五）报名工作应本着为人民服务的宗旨，方便、快捷、准确地为报考人员提供服务。

第十二条 对超过规定报名时限要求报名的考生，原则上在距规定的考试日期两个月前应准许补报。具体补报事宜，各地可根据当地的实际情况自行确定。更改报考专业、科目的按补报申请受理。

第十三条 在报名期间，对已办理报名手续，但因特殊原因不能参加考试的考生，应受理其退考或更改报考专业、科目的申请，并可收取相应的工本费。全国统一考试前两个月内，不再受理退考、改报的申请。

第四章 考 前 准 备

第十四条 考前应做好以下工作：

（一）拟定详细、周密的考试实施计划和实施方案。

（二）根据报名情况统筹安排考点和考场，并制作准考证。考点、考场的选择、布置及工作人员的配置按考点、考场设置的要求办理。

（三）认真做好有关报名数据的统计工作，按规定时限向部考试中心上报《试卷预订单》（一式两份）。

部考试中心接收各省区市考试中心修订《试卷预订单》的最后截止时间为该专业考

试日期之前50天。

（四）组织对主考、监考、巡视等工作人员进行培训，明确职责，并逐级签订责任书。培训内容主要包括：

1. 各自的工作职责；

2. 考试实施步骤和要求；

3. 与考试有关的纪律和规定；

4. 试卷（答题纸、答题卡）的整理、装订和密封方法；

5. 特殊情况的处理办法；

6. 其他与考试有关的内容。

第十五条 各种与考试有关的指定用书、复习资料等的出版、发行必须按国家有关主管部门的规定执行。凡未经人事部或有关专业主管部门批准，任何组织或个人不得翻印、出版任何资格考试的指定用书、试题、试卷、标准答案和评分标准等，不得以人事部、专业主管部门、考务主管部门的名义，或者以“全国××专业资格考试指导用书”等名义擅自编写、出版辅导教材、复习资料、习题集、模拟题等。各级人事考试中心必须按人事部或专业主管部门的要求做好考试用书的发售工作，不得借报名之机搭售非考试用书。

第十六条 试卷运送、交接、保管和分发工作按规定的要求进行，确保各个环节的安全。

第五章 考 试 实 施

第十七条 考试实施应按考试实施计划、方案和要求进行，并严格执行考场规则等考试纪律。个别地区的考试因不可抗拒因素不能如期进行，必须更改考试时间时，须由省区市人事考试中心及时报部考试中心，经批准后方可采取补救办法或顺延考试时间。

第十八条 人事部专业技术人员管理司负责考试工作的监督检查和指导工作；部考试中心负责考试考务等工作；各专业主管部门负责试卷内容方面的工作（无专业主管部门的考试由部考试中心负责）。

第十九条 考试期间，各省区市考试中心和有关专业主管部门须安排昼夜值班，值班时间一般为考试前一天19时至考试结束后1小时。

第六章 考 后 管 理

第二十条 评阅卷工作按人事部的规定组织进行。

（一）客观题（机读卡）阅卷由各省区市人事考试中心组织进行。

（二）主观题阅卷工作按以下形式组织：

1. 由部考试中心和有关专业主管部门负责，全国统一组织阅卷工作。阅卷点所在省区市人事考试中心和专业部门承担阅卷的具体实施与保障工作。

2. 由部考试中心和专业主管部门统一培训各省区市阅卷人员，并提供统一的评分标准和程序，各省区市人事考试中心和专业部门共同组织阅卷。

3. 由部考试中心提供统一的标准答案及评分标准，各省区市人事考试中心按有关规定组织阅卷。

第二十一条 各省区市人事考试中心在收到人事部（或授权有关专业主管部门）下发的考试合格标准后，应在规定时间内向部考试中心报送考试情况与合格人员统计库。

第二十二条 考试成绩应在检查验收合格的基础上，按合格标准进行复核确认无误后，由各省区市人事考试中心予以公布。

第二十三条 检查验收工作按人事部有关规定进行。

（一）检查验收工作组由人事部门和有关专业主管部门的人员，以及未参加评阅卷工作的专家组成。

（二）检查验收工作必须遵循客观公正、实事求是、严格慎重的原则，采取专家认定、人事部门和专业主管部门把关的方法进行。

（三）检查验收的重点是：

1. 考试合格率偏高的考区、考点、考场；

2. 雷同卷较多的考场；

3. 署名举报、问题严重的考点、考场；

4. 违反考务工作规程的；

5. 有其他突出问题的。

（四）检查验收的主要内容包括：

1. 各种规章制度的贯彻落实情况；

2. 考务工作实施情况；

3. 考试合格人员报名资格条件的复查情况；

4. 评卷质量；

5. 考风考纪；

6. 监考人员履行职责情况；

7. 回避制度的执行情况；

8. 专项调查以及其他内容。

（五）对检查验收中发现的问题按有关规定处理。

第二十四条 公布考试成绩后，各省区市资格考试部门应按《资格证书的发放及管理规定》的要求，在 30 天内完成证书发放工作。

第二十五条 在考试成绩公布后30天内，各省区市人事考试中心应为考生提供便捷的查分服务和有偿查阅试卷卷面合分服务。查卷收费标准由各省区市报当地物价部门确定。在确认合分有误时，经一定的批准程序改正成绩并应将所收的查卷费用全部退还考生。

对全国集中评阅并保管的试卷，由各省区市人事考试中心提出查卷申请的考生名单汇总后报部考试中心组织复查，所需费用由各地分担。查卷工作按《查卷规则》的规定进行。

第二十六条 应考人员违法违纪处理按有关规定执行。

第七章 保密要求

第二十七条 根据人事部、国家保密局《人事工作中国家秘密及其密级具体范围的补充规定》（人办发〔1992〕1 号）考试工作密级范围划分如下：

绝密级事项：启用前的考试试题（含题库）、试卷（含备用卷）、标准答案、评分标准。

机密级事项：尚未进行的考试的命题方案、计划，已考完但尚未评阅的试卷等。

秘密级事项：命题工作情况、命题人员名单，尚未公布的合格标准、考生的考试成绩及统计数字分析报告，已评阅完毕的试卷。

第二十八条 考试信息软盘和考试成绩登记册由各省区市人事（职改）部门和人事考试中心存档保存。试卷、考场情况记录单、《资格考试考场纪律检查情况记录单》、考试成绩录入单和计算机工作记录从公布考试成绩之日起保存6个月，到期后由负责保存的单位自行销毁。群众举报有问题的，待查清后再做处理。

第二十九条 参加组织考试的工作人员应遵守以下纪律：

（一）严格遵守保密规定，不得以任何形式擅自发表、透露或暗示有关考试需保密的内容。

（二）凡参与有关考试组织、管理工作的人员和涉及考试工作的人员，一律不得参加本年度举行的该项考试，如有亲属参加本年度该项考试时，应主动提出回避。

第三十条 对违反保密规定的人员，将依照《中华人民共和国保守国家秘密法》的有关规定进行处理。

第八章 附 则

第三十一条 实际操作类考试的有关规程和具体考务操作办法，由部考试中心另行制发。

第三十二条 各省区市人事考试中心负责的其他考试考务工作可参照本规定实施。

第三十三条 本规程由人事部人事考试中心负责解释。

第三十四条 本规程自发布之日起执行。

国务院港澳事务办公室香港社会文化司关于香港人士申请参加珠宝玉石质量检验师执业资格考试的复函

（港社字〔2000〕第204号 2000年5月8日）

国家质量技术监督局人事劳动司：

质技监人函〔2000〕061号函悉。

若有香港人士主动申请参加珠宝玉石质量检验师执业资格考试，可予受理。

此复。

国务院台湾事务办公室交流局关于台湾居民参加珠宝玉石质量检验师执业资格考试的复函

（国台七字〔2002〕8号 2002年2月4日）

国家质量监督检验检疫总局人事司：

质检人函〔2001〕110号文悉。

经研究，对允许台湾居民参加珠宝玉石质量检验师执业资格考试无异议。建议你局与有关部门研究、补充相关规定，落实相应措施。

此复。

人事部办公厅、财政部办公厅关于香港、澳门居民申请参加全国注册资产评估师执业资格考试有关问题的通知

（国人厅发〔2004〕5 号　2004 年 1 月 14 日）

各省、自治区、直辖市人事厅（局）、财政厅（局），新疆生产建设兵团人事局、财政局，副省级市人事局、财政局：

根据国务院港澳事务办公室《关于港澳居民参加中国注册资产评估师执业资格考试的复函》（〔2003〕港办交字第 084 号）精神，经人事部、财政部研究决定，现将香港、澳门居民申请参加注册资产评估师执业资格考试有关事项通知如下：

一、申请人应符合人事部、财政部《关于调整注册资产评估师执业资格考试有关政策的通知》（人发〔2002〕20 号）规定的报名条件。

二、在报名时应向考试管理机构提供下列材料：

（一）香港或澳门公立全日制高等院校经济类、工程类大学专科以上学历或学位证书。

（二）有关资产评估机构出具的从事资产评估相关工作经历的证明。

（三）香港或澳门居民的身份证明。

三、请各地及时向社会公布本通知要求，并做好香港、澳门居民参加全国注册资产评估师执业资格考试的有关准备工作。

人事部办公厅、国家税务总局办公厅关于同意香港、澳门居民参加全国注册税务师执业资格考试的通知

（国人厅发〔2004〕107 号　2004 年 10 月 23 日）

各省、自治区、直辖市人事厅（局）、国家税务局、地方税务局，新疆生产建设兵团人事局，副省级市人事局、国家税务局、地方税务局：

经人事部、国家税务总局研究决定，同意香港、澳门居民参加注册税务师执业资格考试。现将有关事项通知如下：

一、申请人应符合人事部、国家税务总局《关于印发〈注册税务师资格制度暂行规定〉的通知》（人发〔1996〕116 号）和《关于印发〈注册税务师执业资格考试实施办法〉的通知》（人发〔1999〕4 号）规定的考试有关报名条件。

二、香港、澳门居民在报名参加注册税务师执业资格考试时，应根据报名条件规定，提交中华人民共和国教育行政部门认可的大学专科以上学历或学士以上学位证书；从事经济、法律或税务代理工作年限证明和居民身份证明。

三、请各地及时向社会公布本通知，并做好香港、澳门居民参加全国注册税务师执业资格考试的有关准备工作。

人事部关于做好香港、澳门居民参加内地统一举行的专业技术人员资格考试有关问题的通知

（国人部发〔2005〕9号　2005年1月14日）

各省、自治区、直辖市人事厅（局）、新疆生产建设兵团人事局、部分副省级市人事局，国务院各有关部委、各直属机构人事部门：

根据国务院批准的《〈内地与香港关于建立更紧密经贸关系的安排〉补充协议》和《〈内地与澳门关于建立更紧密经贸关系的安排〉补充协议》，经与各有关部门协商，现将香港、澳门居民报名参加内地统一举行的专业技术人员资格考试有关问题通知如下：

一、自2005年度起，凡符合注册建筑师、注册结构工程师、注册土木工程师（岩土）、注册土木工程师（港口与航道）、注册公用设备工程师、注册化工工程师、注册电气工程师、注册城市规划师、注册税务师、注册资产评估师、监理工程师、造价工程师、房地产估价师、房地产经纪人、建造师、执业药师、拍卖师、价格鉴证师、企业法律顾问、假肢与矫形器制作师、棉花质量检验师、矿业权评估师、注册咨询工程师（投资）、注册安全工程师、注册核安全工程师、注册设备监理师、土地登记代理人、国际商务、环境影响评价工程师和质量、翻译、计算机技术与软件、卫生、经济、统计、审计、会计等37项考试相应规定的香港、澳门居民，均可按照规定的程序和要求，报名参加相应专业考试。

二、2000年5月，经国务院港澳办同意，已允许香港居民报名参加内地统一举行的珠宝玉石质量检验师执业资格考试。自2005年度起，符合该专业执业资格考试报名条件的澳门居民，也可按规定的程序和要求，报名参加本专业考试。

三、香港、澳门居民申请参加相应专业考试，在报名时应向当地考试报名机构提交本人身份证明。凡报名条件中有专业学历和从事相关专业工作年限规定的，在报名时，还应提交国务院教育行政部门认可的相应专业学历或学位证书，以及相应专业机构从事相关专业工作年限的证明。

四、各省、自治区、直辖市人事行政部门和有关行政部门，各级考试考务机构应积极做好香港、澳门居民参加专业技术人员资格考试的有关准备工作，确保香港、澳门居民顺利报名并参加相应专业考试。

凡各专业技术人员资格考试规定中的有关条款与本通知不符的，以本通知为准。

人事部、国务院台湾事务办公室关于向台湾居民开放部分专业技术人员资格考试有关问题的通知

（国人部发〔2007〕78号 2007年5月30日）

各省、自治区、直辖市人事厅（局）、台办，国务院有关部委、有关直属机构人事部门：

为促进海峡两岸专业技术人员的交流与合作，经与国务院有关部门研究，从今年起再向台湾居民开放15类（项）专业技术人员资格考试。现将开放专业技术人员资格考试的有关问题通知如下：

一、开放专业技术人员资格考试的15类（项）专业名称分别为：经济、会计、卫生、计算机技术与软件、质量管理、翻译、拍卖师、执业药师、棉花质量检验师、注册资产评估师（含珠宝评估专业）、房地产估价师、房地产经纪人、造价工程师、注册咨询工程师（投资）和注册税务师。

二、自本通知发布后，凡符合上述15类（项）专业技术人员资格考试报名条件的台湾居民，均可按照就近和自愿的原则，在大陆的任何省、自治区、直辖市相应专业考试考务管理机构指定的地点报名并参加考试。

三、需要报名参加相应专业考试的台湾居民，应按照人事部办公厅发布的本年度专业技术人员资格考试工作计划要求，并根据所在地的省级相应专业考试考务管理机构规定的报名日期、程序和相关要求，到当地考试报名机构办理考试报名手续。

四、在报名时，台湾居民应向当地考试报名机构提交《台湾居民来往大陆通行证》。凡本专业考试报名条件中有专业学历和从事相关专业工作年限规定的，还应提交国务院教育行政部门认可的相应专业学历或学位证书和本人工作单位出具的从事相应专业工作年限的证明。

经本专业考试考务管理机构审查合格后，向申请人核发准考证、安排考场。申请人凭准考证在指定的时间、地点参加本专业考试。

五、由于部分专业考试科目的成绩实行滚动管理办法，台湾居民报名和参加同一专业各科目考试的地点应相对固定。确有特殊情况，需在异地报名并参加剩余科目考试的，在报名时应按规定向当地考试管理机构提交本人上次参加本专业考试的档案号，以便合成考试成绩和颁发资格证书。

六、各省、自治区、直辖市人事厅（局）、台办和相应专业考试管理机构，应积极做好台湾居民报名参加新开放的15类（项）专业技术人员资格考试的相关准备工作，并继续做好已开放的珠宝玉石质量检验师资格和注册建筑师资格考试的相关工作。在开展台湾居民参加专业技术人员资格考试的工作中，要严格执行国家的有关规定，提供热情周到的服务，确保台湾居民顺利有序地参加相应专业的考试。

本次开放考试的15类（项）专业技术人员资格制度规定中，有关条款与本通知精神不符的，以本通知为准。

人事部办公厅、建设部办公厅关于台湾居民参加全国房地产估价师资格考试报名条件有关问题的通知

（国人厅发〔2007〕116号 2007年8月9日）

各省、自治区、直辖市人事厅（局）、建设厅（建委、房地局），新疆生产建设兵团人事局、建设局：

根据人事部、国务院台湾事务办公室《关于向台湾居民开放部分专业技术人员资格考试有关问题的通知》（国人部发〔2007〕78号）精神，为做好台湾居民报名参加全国房地产估价师资格考试工作，现就报名条件中有关房地产估价相关学科专业学历问题通知如下：

一、符合建设部、人事部联合下发的《房地产估价师执业资格制度暂行规定》（建房〔1995〕147号）中考试报名条件的台湾居民，均可按照就近、自愿的原则和规定的程序，在大陆任何省、自治区、直辖市房地产估价师考试考务管理机构指定的地点，报名参加全国房地产估价师资格考试。

二、经国务院教育行政部门认可的，台湾院校的不动产估价、不动产经营、土地管理、建筑、都市计划（或区域及都市计划）和不动产管理与开发学科的专业学历证书，可视同为全国房地产估价师资格考试报名条件中相关学科的专业学历。

请各省、自治区、直辖市人事行政部门和建设行政主管部门按照国人部发〔2007〕78号文件精神和本通知要求，认真做好台湾居民报名参加考试及有关工作。

人力资源和社会保障部、国务院台湾事务办公室关于再向台湾居民开放部分专业技术人员资格考试有关问题的通知

（人社部发〔2009〕54号 2009年5月27日）

各省、自治区、直辖市人力资源社会保障（人事、劳动保障）厅（局）、台办、国务院有关部委、有关直属机构人事部门：

为积极推动两岸关系和平发展，深化两岸专业技术人员的交流与合作，经与国务院各有关部门研究，人力资源社会保障部、国务院台办决定再向台湾居民开放10类（11项）专业技术人员资格考试。现将有关问题通知如下：

一、新开放的 10 类（11 项）专业技术人员资格考试的名称分别为：统计、审计、价格鉴证师、社会工作者、国际商务、土地登记代理人、环境影响评价工程师、企业法律顾问、注册安全工程师、勘察设计领域的注册结构工程师和注册土木工程师（岩土）。

二、自本通知发布之日起，凡符合上述 10 类（11 项）专业技术人员资格考试报名条件的台湾居民，均可按照就近和自愿原则，在大陆的任何省、自治区、直辖市相应专业考试考务管理机构指定的地点参加考试。

三、需要参加相应专业考试的台湾居民，应按照人力资源社会保障部办公厅印发的《2009 年度专业技术人员资格考试工作计划》（人社厅〔2008〕75 号）安排，并根据所在地的省级相应专业考试考务管理机构规定的报名日期、报名地点和相关要求，到当地考试报名机构办理报名手续。

四、在报名时，台湾居民应向考试报名机构提交《台湾居民来往大陆通行证》。凡相应专业考试的报名条件中有专业学历和从事相关专业工作年限规定，还应提交国务院教育行政部门认可的相应专业学历（学位）证书和本人工作单位出具的从事相应专业工作年限（或实践要求）的证明。

经考试考务管理机构审查合格后，向考试申请人核发准考证、安排考场。申请人凭准考证指定的时间、地点参加本专业的考试。

五、由于部分专业考试科目的成绩实行滚动管理的办法，台湾居民报名和参加同一专业各科目考试的地点应相对固定。确有特殊情况、需在异地报名参加剩余科目考试的，在报名时应按规定向当地考试管理机构提交本人上次参加本专业其他科目考试所用的档案号，以便各科目考试成绩的合成和证书颁发。

六、各省、自治区、直辖市人力资源社会保障（人事、劳动保障）厅（局）、台办和相应专业考试考务管理机构应抓紧做好台湾居民报名参加新开放的 10 类（11 项）专业技术人员资格考试的相关准备工作，并继续做好已开放的 17 类（项）考试的相关的工作。

在开展台湾居民参加专业技术人员资格考试工作中，要严格执行国家的有关规定，提供热情周到的服务，确保台湾居民顺利有序地参加相应专业的考试。

本次开放的 10 类（11 项）专业技术人员资格考试制度规定中，有关条款与本通知精神不符的，以本通知为准。

人力资源和社会保障部办公厅、国家税务总局办公厅关于香港居民参加注册税务师资格考试有关问题的通知

（人社厅发〔2009〕115 号　2009 年 9 月 3 日）

各省、自治区、直辖市人力资源社会保障（人事、劳动保障）厅（局）、国家税务局、地方税务局：

根据国务院批准的《〈内地与香港关于建立更紧密经贸关系的安排〉补充协议六》的规定，经研究，自2010年起，符合下列条件的香港居民，在参加注册税务师资格考试时可免试部分科目。现将免试条件及有关问题通知如下：

一、在2009年3月31日前，成为香港会计师公会正式会员的香港居民，参加注册税务师资格考试时，可免试《财务与会计》科目，只参加《税法（一）》、《税法（二）》、《税收相关法律》和《税务代理实务》4个科目的考试。

二、根据《人事部办公厅关于2002年上半年各专业资格考试相关问题的通知》（人办发〔2001〕94号），参加注册税务师资格4个科目考试的人员，必须在连续的两个考试年度内通过应试科目的考试并合格，方可取得注册税务师资格证书。

请各地及时向社会公布本通知精神，严格审核报名条件，认真做好香港居民参加注册税务师资格考试的各项有关工作。

专业技术人员资格考试违纪违规行为处理规定

（人力资源和社会保障部令第12号 2011年3月15日）

第一章 总 则

第一条 为加强专业技术人员资格考试工作管理，保证考试的公平、公正，规范对违纪违规行为的认定与处理，维护应试人员和考试工作人员合法权益，根据有关法律、法规制定本规定。

第二条 本规定适用于在专业技术人员资格考试中违纪违规行为的认定与处理。

第三条 本规定所称专业技术人员资格考试，是指由人力资源社会保障部或者由其会同有关行政部门确定，在全国范围内统一举行的与评聘专业技术职务相关的考试、职业准入资格考试和职业水平考试。

本规定所称应试人员，是指根据专业技术人员资格考试有关规定参加考试的人员。

本规定所称考试工作人员，是指参与考试管理和服务工作的人员，包括命（审）题（卷）、监考、主考、巡视、评卷等人员和考试主管部门及考试机构的有关工作人员。

本规定所称考试主管部门，是指各级人力资源社会保障行政部门、有关行政部门以及依据法律、行政法规的规定具有考试管理职能的行业协会或者学会等。

本规定所称考试机构，是指经政府及其有关部门批准的各级负责专业技术人员资格考试考务工作的单位。

第四条 对违纪违规行为的认定与处理，应当做到事实清楚、证据确凿、程序规范、适用规定准确。

第五条 人力资源社会保障部负责全国专业技术人员资格考试工作的综合管理与监督。

各级考试主管部门、考试机构或者有关部门按照考试管理权限依据本规定对考试工作人员的违纪违规行为进行认定与处理。

地方各级考试主管部门、考试机构依据本规定对应试人员的违纪违规行为进行认定与处理。其中，造成重大影响的严重违纪违规行为，由省级考试主管部门会同省级考试机构或者由省级考试机构进行认定与处理，并将处理情况报告人力资源社会保障部和相应行业的考试主管部门。

第二章 应试人员违纪违规行为处理

第六条 应试人员在考试过程中有下列行为之一的，当次该科目考试成绩无效：

（一）携带规定以外的物品进入考场未按规定放在指定位置的；

（二）经提醒仍不按规定填写（填涂）本人信息的；

（三）在试卷规定以外位置书写本人信息，或者以其他方式标注信息的；

（四）未在规定座位参加考试，或者未经考试工作人员允许擅自离开座位或者考场的；

（五）未用规定的纸、笔作答，或者试卷前后作答笔迹不一致的；

（六）以旁窥、交头接耳、打手势等方式传接信息的；

（七）违反规定翻阅参考资料的；

（八）在考试信号发出前答卷，或者考试结束信号发出后继续答卷的；

（九）其他一般违纪违规行为。

第七条 应试人员在考试过程中有下列行为之一的，当次全部科目考试成绩无效；其中有第（三）项至第（八）项行为之一的，2 年内不得参加各类专业技术人员资格考试：

（一）抄袭、协助他人抄袭试题答案或者与考试内容相关资料的；

（二）互相传递试卷、答题纸、答题卡、草稿纸等的；

（三）故意损坏试卷、答题纸、答题卡，或者将试卷、答题纸、答题卡带出考场的；

（四）伪造、涂改证件、证明，或者以其他不正当手段获取考试资格的；

（五）让他人冒名顶替参加考试的；

（六）本人离开考场后，在考试结束前，传播考试试题及答案的；

（七）与考试工作人员串通作弊或者参与有组织作弊的；

（八）利用通信工具、电子用品或者其他技术手段接收、发送与考试相关信息的；

（九）其他严重违纪违规行为。

第八条 应试人员应当自觉维护考试工作场所秩序，服从考试工作人员管理，有下列行为之一的，责令离开考场；影响考试正常进行的，视情节轻重，按照本规定第六条或者第七条处理；违反《中华人民共和国治安管理处罚法》的，交由公安机关依法处理；构成犯罪的，依法追究刑事责任：

（一）故意扰乱考点、考场等考试工作场所秩序；

（二）拒绝、妨碍考试工作人员履行管理职责；

（三）威胁、侮辱、诽谤、诬陷他人；

（四）其他扰乱考试管理秩序的行为。

第九条 对提供虚假证明材料或者以其他不正当手段取得相应证书的，由证书签发机关宣布证书无效，收回证书，并依照本规定第七条处理。对其中涉及职业准入资格的人员，3 年内不得参加该项资格考试。

第十条 代替他人参加考试的，2 年内不得参加各类专业技术人员资格考试。

第三章 考试工作人员违纪违规行为处理

第十一条 考试工作人员有下列情形之一的，停止其继续参加当年及下一年度考试工作，并由考试机构、考试主管部门或者建议有关部门给予处分：

（一）不严格掌握报名条件的；

（二）擅自提前考试开始时间、推迟考试结束时间及缩短考试时间的；

（三）擅自为应试人员调换考场或者座位的；

（四）提示或者暗示应试人员答卷的；

（五）未准确记录考场情况及违纪违规行为，并造成一定影响的；

（六）未认真履行职责，造成考场秩序混乱或者所负责考场出现雷同试卷的；

（七）未执行回避制度的；

（八）其他一般违纪违规行为。

第十二条 考试工作人员有下列情形之一的，由考试机构、考试主管部门或者建议有关部门将其调离考试工作岗位，不得再从事考试工作，并给予相应处分：

（一）因命（审）题（卷）发生错误，造成严重后果的；

（二）以不正当手段协助他人取得考试资格或者取得相应证书的；

（三）因失职造成应试人员未能如期参加考试，或者使考试工作遭受重大损失的；

（四）擅自将试卷、答题纸、答题卡、草稿纸等带出考场或者传给他人的；

（五）故意损坏试卷、答题纸、答题卡的；

（六）擅自更改、编造或者虚报考试数据、信息的；

（七）泄露考务实施工作中应当保密信息的；

（八）在评阅卷工作中，擅自更改评分标准或者不按评分标准进行评卷的；

（九）因评卷工作失职，造成卷面成绩错误，后果严重的；

（十）指使或者纵容他人作弊，或者参与考场内外串通作弊的；

（十一）监管不严，使考场出现大面积作弊现象的；

（十二）擅自拆启未开考试卷、答题纸等或者考试后已密封的试卷、答题纸、答题卡等的；

（十三）利用考试工作之便，以权谋私或者打击报复应试人员的；

（十四）其他严重违纪违规行为。

第十三条 考试工作人员违反《中华人民共和国保守国家秘密法》及有关规定，造成在保密期限内的考试试题、试卷及相关材料内容泄露、丢失的，由相关部门视情节轻重，分别给予责任人和有关负责人处分；构成犯罪的，依法追究刑事责任。

第四章 处 理 程 序

第十四条 对应试人员违纪违规行为当场发现的，考试工作人员应当查实情况、如实记录，收集、保存相应证据材料，当场告知其记录内容，并要求本人签字，拒绝签字的，由两名考试工作人员如实记录拒签的情况。违纪违规记录经考点负责人签字认定后，报送考试机构或者考试主管部门。

对应试人员违纪违规使用的物品，应当填写收据暂留保管。

第十五条 在评卷工作中，发现有下列情形之一的，由考试机构或者考试主管部门根据评卷专家组意见认定为作弊试卷，并给予当次该科目考试成绩无效的处理：

（一）同一科目试卷答案文字表述、主要错点高度一致，或者错同数量达到一定比例的（即雷同试卷）；

（二）未按规定填写（填涂）本人信息的；

（三）有第六条第（三）项、第（五）项所列情形的。

第十六条 考试机构或者考试主管部门在对违纪违规的应试人员作出处理决定前，应当复核违纪违规事实和相关证据，告知应试人员作出处理决定的理由和依据，并告知应试人员享有陈述和申辩的权利。

对应试人员违纪违规行为作出处理决定的，由考试机构或者考试主管部门制作考试违纪违规行为处理决定书，及时送达被处理的应试人员。

第十七条 被处理的应试人员对处理决定不服的，可以依法申请行政复议或者提起行政诉讼。

第十八条 考试工作人员有违纪违规行为的，按照相关规定处理。

考试工作人员因违纪违规行为受到处分不服的，可以依法提出申诉。

第十九条 有本规定所列违纪违规行为并受到相应处理的人员，省级考试机构或者考试主管部门向社会公布相关信息。

第五章 附 则

第二十条 按照本规定 2 年内或者 3 年内不得参加专业技术人员资格考试的期限，应当自发生违纪违规行为之日起，按周年计算。

被处理的应试人员可以在前款规定的期限内报名，但应当在期限届满后参加专业技术人员资格考试。

第二十一条 本规定自 2011 年 5 月 1 日起施行。人事部 2004 年 10 月 20 日颁布的《专业技术人员资格考试违纪违规行为处理规定》（人事部令第 3 号）同时废止。

（二）专业技术资格考试制度

人事部、交通部、农业部关于印发《船舶专业技术资格考试暂行规定》的通知

（人职发〔1992〕1 号 1992 年 2 月 12 日）

各省、自治区、直辖市及计划单列市人事（劳动人事）厅（局）、职改工作部门，交通厅（局）、农牧渔业厅（局）、水产厅（局）、国务院各部委、各直属机构人事（干部）部门：

根据深化职称改革的要求，现将《船舶专业技术资格考试暂行规定》印发给你们，望各地区、各部门结合实际，贯彻执行。

船舶专业技术资格考试暂行规定

一、为加强船舶专业技术队伍建设，根据进一步完善专业技术职务聘任制的有关精神，特制定本规定。

二、船舶中初级专业技术资格实行国家考试制度，并逐步在远洋、沿（外）海、近岸和内河四类航区实施。今后对实行以考试的办法确定资格的人员，不再进行专业技术职务任职资格的评审工作。通过考试获得船舶专业技术资格的人员，表明其具有担任相应职务的专业技术水平，但资格不与工资待遇挂钩。单位行政领导在岗位需要时，根据德才兼备的原则，可从获得专业技术资格的人员中择优聘任。

三、船舶专业技术资格考试级别按照船舶专业技术职务档次设置，分为员级、助理级和中级，其专业包括驾驶、轮机、船电和报务。

四、船舶中初级专业技术资格考试与国家港务监督和国家渔港监督部门组织的相应级别的船员适任证书或职务船员证书考试合并进行。考试实行全国统一组织、统一大纲、统一试题和统一评分标准。

五、参加船舶专业技术资格考试的人员，应具备下列条件：

1. 坚持党的四项基本原则，拥护党的改革开放政策，遵纪守法，热爱航运、渔业事业。

2. 符合国家“港监”、“渔监”部门对参加相应级别船员考试的学历和海上资历等要求。

六、考试合格，授予人事部统一印制的《专业技术资格证书》，全国范围有效。资格的有效期为五年，有效期满，持证者要主动到发证机构注册登记。

七、对在首次专业技术职务聘任工作中受聘船舶中初级专业技术职务的人员，经考核合格，可以续聘其专业技术职务。其中参加国家港务监督部门组织的考试或国家渔港监督部门组织的考试，取得船员适任证书或职务船员证书的人员，也可授予人事部印制的相应级别专业技术资格证书。

八、船舶专业技术资格考试工作，由人事部、交通部和农业部共同负责，研究决定考试的有关政策、规定和重大原则问题。人事部负责审定专业技术资格考试大纲、试题水平和对考试进行监督，并会同交通部和农业部分别制定有关船舶专业技术人员考试实施意见。国家港务监督和国家渔港监督部门分别负责组织考试实施工作。

九、本规定适用于海上、内河船舶专业技术人员的资格考试工作。船员适任证书和渔船职务船员证书的考试发证工作仍按国家港务监督和国家渔港监督部门的有关规定执行。

十、本规定自发布之日起执行。过去关于船舶专业技术职务评聘工作的有关规定如与本规定不符，以本规定为准。

十一、本规定由人事部负责解释。

人事部、国务院电子信息系统推广应用办公室关于印发《中国计算机软件专业技术资格和水平考试暂行规定》的通知

（人职发〔1991〕6号　1991年4月1日）

各省、自治区、直辖市及计划单列市人事（劳动人事）厅（局）、职改工作部门，电子信息产业和应用主管部门，国务院各部委、各直属机构人事（干部）部门：

1990年计算机应用软件人员专业技术职务任职资格（水平）考试工作已顺利结束。在广泛听取意见，认真总结经验的基础上，对原《中国计算机应用软件人员专业技术职务任职资格（水平）考试暂行规定》进行了修改。现将修改后的《中国计算机软件专业技术资格和水平考试暂行规定》发给你们，请遵照执行。

中国计算机软件专业技术资格和水平考试暂行规定

第一条　为加速我国电子信息技术的广泛应用和软件事业的发展，科学考核和合理使用人才，促进计算机软件人才的国际交流与合作，进一步深化职称改革，特制定本规定。

第二条　获得计算机软件专业技术资格需要通过国家统一组织的考试。今后对中级专业技术职务（含中级）以下的计算机软件人员不再进行专业技术职务任职资格的评审工作。

第三条　计算机软件专业技术资格使用工程技术职务的名称与档次。考试级别分为初级程序员（相当于技术员）、程序员（相当于助理工程师）、高级程序员（相当于工程师）。

第四条　在计算机软件专业技术资格考试的同时，进行水平考试。水平考试跟踪国际水平，其级别分为：程序员、高级程序员、系统分析员。程序员、高级程序员级水平考试合格者同时具有相应级别专业技术资格。系统分析员水平考试合格可以作为评聘高级工程师的条件之一。

第五条　企事业单位全日制大、中专计算机软件、计算机及应用专业毕业人员，按照有关规定，见习期满，经考核合格，可认定相应的专业技术资格。其中，中专毕业见习期满可认定其初级程序员资格；大学专科毕业见习期满后从事计算机软件工作两年，大学本科毕业见习期满可认定其程序员资格；获硕士学位从事计算机软件工作三年或获博士学位可认定其高级程序员资格。

第六条　按本规定通过全国统一考试或认定获得计算机软件专业技术资格的人员表明其已具有担任相应职务的专业技术水平。获得专业技术资格不与工资待遇挂钩。单位行政领导在岗位需要时，应按照德才兼备的原则，从获得专业技术资格的人员中择优

聘任。

第七条 参加考试人员应具备以下条件：

1. 坚持四项基本原则，拥护党的改革开放政策，遵纪守法。

2. 工作努力，尽职尽责。

3. 参加资格考试还须符合下列规定的条件：

（1）有志从事计算机软件工作的人员，均可参加初级程序员考试。

（2）担任软件技术员职务二年以上或大学本科毕业，可参加程序员考试。

（3）担任软件助理工程师职务二年以上或研究生毕业，可参加高级程序员考试。

4. 参加各级水平考试，不受上述资格条件的限制。

第八条 考试每年举行一次，考试实行全国统一组织、统一大纲、统一试题、统一评分标准。

第九条 考试内容

初级程序员 简单程序编制能力，计算机软、硬件及应用初步知识。

程序员 程序编制能力，计算机软、硬件及应用基础知识。

高级程序员 软件设计能力，程序编制能力，计算机软、硬件知识，计算机综合基础知识。

系统分析员 计算机系统的分析和设计能力，计算机软、硬件知识，计算机综合知识。

第十条 资格考试由中国计算机软件专业技术资格（水平）考试委员会统一领导。考试委员会负责研究决定有关考试的方针、政策，审定命题委员会的人选，讨论通过考试大纲，报送人事部审定颁布，决定考试有关重要事项，并公布考试日期、种类和地区。考委会下设办公室（即软件考试中心）。软件考试中心负责考试的组织、协调及日常工作。命题委员会负责考试大纲的拟定和命题。各省、自治区、直辖市及计划单列市职改办和电子信息办共同组织考试实施机构，负责组织考务工作。人事厅（局）或职改部门负责对本地区考试工作指导、监督、协调。

第十一条 参加考试由本人提出申请，单位审查同意，按照报考的种类、级别，到当地考试实施机构报名，经资格审查后，领取准考证。考生凭准考证参加指定时间、考场的考试。

第十二条 考试成绩合格获得软件专业技术资格者，授予人事部统一印制的《专业技术资格证书》，全国有效。资格证书发放办法按人事部人办职〔1990〕3 号文件执行。资格有一定的有效期。有效期满，持证者要主动到发证机构注册登记。水平考试合格者，授予中国计算机软件专业技术资格（水平）考试委员会统一印制的《计算机软件专业水平证书》。

第十三条 在首次专业技术职务聘任工作中受聘担任相应职务的计算机软件人员，经考核合格可续聘专业技术职务。在 1990 年以前实行联合考试中，通过程序员级和高级程序员级水平考试合格的人员，对其中已经符合《工程技术人员职务试行条例》所规定学历、工作资历的，可授予相应的《专业技术资格证书》。

第十四条 本规定适用于国家机关、企业、事业单位。

第十五条 本规定自发布之日起执行。过去有关规定如与本规定不符，以本规定为准。

第十六条 本规定由人事部负责解释。

人事部、信息产业部关于印发《计算机技术与软件专业技术资格（水平）考试暂行规定》和《计算机技术与软件专业技术资格（水平）考试实施办法》的通知

（国人部发〔2003〕39 号 2003 年 10 月 18 日）

各省、自治区、直辖市人事厅（局）、信息产业厅（局），国务院各部委、各直属机构人事部门，中央管理的企业：

为适应国家信息化建设的需要，规范计算机技术与软件专业人才评价工作，促进计算机技术与软件专业人才队伍建设，人事部、信息产业部在总结计算机软件专业资格和水平考试实施情况的基础上，重新修订了计算机软件专业资格和水平考试有关规定。现将《计算机技术与软件专业技术资格（水平）考试暂行规定》和《计算机技术与软件专业技术资格（水平）考试实施办法》印发给你们，请遵照执行。

自 2004 年 1 月 1 日起，人事部、原国务院电子信息系统推广应用办公室发布的《关于印发〈中国计算机软件专业技术资格和水平考试暂行规定〉的通知》（人职发〔1991〕6 号）和人事部《关于非在职人员计算机软件专业技术资格证书发放问题的通知》（人职发〔1994〕9 号）即行废止。

计算机技术与软件专业技术资格（水平）考试暂行规定

第一条 为适应国家信息化建设的需要，加强计算机技术与软件专业人才队伍建设，促进我国计算机应用技术和软件产业的发展，根据国务院《振兴软件产业行动纲要》以及国家职业资格证书制度的有关规定，制定本规定。

第二条 本规定适用于社会各界从事计算机应用技术、软件、网络、信息系统和信息服务等专业技术工作的人员。

第三条 计算机技术与软件专业技术资格（水平）考试（以下简称计算机专业技术资格（水平）考试），纳入全国专业技术人员职业资格证书制度统一规划。

第四条 计算机专业技术资格（水平）考试工作由人事部、信息产业部共同负责，实行全国统一大纲、统一试题、统一标准、统一证书的考试办法。

第五条 人事部、信息产业部根据国家信息化建设和信息产业市场需求，设置并确定计算机专业技术资格（水平）考试专业类别和资格名称。

计算机专业技术资格（水平）考试级别设置：初级资格、中级资格和高级资格 3 个层次。

第六条 信息产业部负责组织专家拟订考试科目、考试大纲和命题，研究建立考试试题库，组织实施考试工作和统筹规划培训等有关工作。

第七条 人事部负责组织专家审定考试科目、考试大纲和试题，会同信息产业部对考试进行指导、监督、检查，确定合格标准。

第八条 凡遵守中华人民共和国宪法和各项法律，恪守职业道德，具有一定计算机技术应用能力的人员，均可根据本人情况，报名参加相应专业类别、级别的考试。

第九条 计算机专业技术资格（水平）考试合格者，由各省、自治区、直辖市人事部门颁发人事部统一印制，人事部、信息产业部共同用印的《中华人民共和国计算机专业技术资格（水平）证书》。该证书在全国范围有效。

第十条 通过考试并获得相应级别计算机专业技术资格（水平）证书的人员，表明其已具备从事相应专业岗位工作的水平和能力，用人单位可根据《工程技术人员职务试行条例》有关规定和工作需要，从获得计算机专业技术资格（水平）证书的人员中择优聘任相应专业技术职务。

取得初级资格可聘任技术员或助理工程师职务；取得中级资格可聘任工程师职务；取得高级资格，可聘任高级工程师职务。

第十一条 计算机专业技术资格（水平）实施全国统一考试后，不再进行计算机技术与软件相应专业和级别的专业技术职务任职资格评审工作。

第十二条 计算机专业技术资格（水平）证书实行定期登记制度，每3年登记一次。有效期满前，持证者应按有关规定到信息产业部指定的机构办理登记手续。

第十三条 申请登记的人员应具备下列条件：

（一）取得计算机专业技术资格（水平）证书；

（二）职业行为良好，无犯罪记录；

（三）身体健康，能坚持本专业岗位工作；

（四）所在单位考核合格。

再次登记的人员，还应提供接受继续教育或参加业务技术培训的证明。

第十四条 对考试作弊或利用其他手段骗取《中华人民共和国计算机专业技术资格（水平）证书》的人员，一经发现，即行取消其资格，并由发证机关收回证书。

第十五条 获准在中华人民共和国境内就业的外籍人员及港、澳、台地区的专业技术人员，可按照国家有关政策规定和程序，申请参加考试和办理登记。

第十六条 在本规定施行日前，按照《中国计算机软件专业技术资格和水平考试暂行规定》（人职发〔1991〕6号）参加考试并获得人事部印制、人事部和信息产业部共同用印的《中华人民共和国专业技术资格证书》（计算机软件初级程序员、程序员、高级程序员资格）和原中国计算机软件专业技术资格（水平）考试委员会统一印制的《计算机软件专业水平证书》的人员，其资格证书和水平证书继续有效。

第十七条 本规定自2004年1月1日起施行。

计算机技术与软件专业技术资格（水平）考试实施办法

第一条 计算机技术与软件专业技术资格（水平）考试（以下简称计算机专业技术

资格（水平）考试）在人事部、信息产业部的领导下进行，两部门共同成立计算机专业技术资格（水平）考试办公室（设在信息产业部），负责计算机专业技术资格（水平）考试实施和日常管理工作。

第二条　信息产业部组织成立计算机专业技术资格（水平）考试专家委员会，负责考试大纲的编写、命题，建立考试试题库。

具体考务工作由信息产业部电子教育中心（原中国计算机软件考试中心）负责。各地考试工作由当地人事行政部门和信息产业行政部门共同组织实施，具体职责分工由各地协商确定。

第三条　计算机专业技术资格（水平）考试原则上每年组织两次，在每年第二季度和第四季度举行。

第四条　根据《计算机技术与软件专业技术资格（水平）考试暂行规定》（以下简称《暂行规定》）第五条规定，计算机专业技术资格（水平）考试划分为计算机软件、计算机网络、计算机应用技术、信息系统和信息服务 5 个专业类别，并在各专业类别中分设了高、中、初级专业资格考试，详见《计算机技术与软件专业技术资格（水平）考试专业类别、资格名称和级别层次对应表》（附后）。人事部、信息产业部将根据发展需要适时调整专业类别和资格名称。

考生可根据本人情况选择相应专业类别、级别的专业资格（水平）参加考试。

第五条　高级资格设：综合知识、案例分析和论文 3 个科目；中级、初级资格均设：基础知识和应用技术 2 个科目。

第六条　各级别考试均分 2 个半天进行。

高级资格综合知识科目考试时间为 2.5 小时，案例分析科目考试时间为 1.5 小时、论文科目考试时间为 2 小时。

初级和中级资格各科目考试时间均为 2.5 小时。

第七条　计算机专业技术资格（水平）考试根据各级别、各专业特点，采取纸笔、上机或网络等方式进行。

第八条　符合《暂行规定》第八条规定的人员，由本人提出申请，按规定携带身份证明到当地考试管理机构报名，领取准考证。凭准考证、身份证明在指定的时间、地点参加考试。

第九条　考点原则上设在地市级以上城市的大、中专院校或高考定点学校。

中央和国务院各部门所属单位的人员参加考试，实行属地化管理原则。

第十条　坚持考试与培训分开的原则，凡参与考试工作的人员，不得参加考试及与考试有关的培训。

应考人员参加培训坚持自愿的原则。

第十一条　计算机专业技术资格（水平）考试大纲由信息产业部编写和发行。任何单位和个人不得盗用信息产业部名义编写、出版各种考试用书和复习资料。

第十二条　为保证培训工作健康有序进行，由信息产业部统筹规划培训工作。承担计算机专业技术资格（水平）考试培训的机构，应具备师资、场地、设备等条件。

第十三条　计算机专业技术资格（水平）考试、登记、培训及有关项目的收费标准，须经当地价格行政部门核准，并向社会公布，接受群众监督。

第十四条 考务管理工作要严格执行考务工作的有关规章和制度，切实做好试卷的命制、印刷、发送和保管过程中的保密工作，遵守保密制度，严防泄密。

第十五条 加强对考试工作的组织管理，认真执行考试回避制度，严肃考试工作纪律和考场纪律。对弄虚作假等违反考试有关规定者，要依法处理，并追究当事人和有关领导的责任。

附件：计算机技术与软件专业技术资格（水平）考试专业类别、资格名称和级别对应表

附件

计算机技术与软件专业技术资格（水平）考试
专业类别、资格名称和级别对应表

级别层次 \ 资格名称 \ 专业类别	计算机软件	计算机网络	计算机应用技术	信息系统	信息服务
高级资格	信息系统项目管理师 系统分析师（原系统分析员） 系统架构设计师				
中级资格	软件测评师 软件设计师 （原高级程序员）	网络工程师	多媒体应用设计师 嵌入式系统设计师 计算机辅助设计师 电子商务设计师	信息系统监理师 数据库系统工程师 信息系统管理工程师	信息技术 支持工程师
初级资格	程序员 （原初级程序员、程序员）	网络管理员	多媒体应用制作技术员 电子商务技术员	信息系统运行管理员	信息处理 技术员

人事部办公厅、信息产业部办公厅关于计算机技术与软件专业技术资格（水平）考试新增专业有关问题的通知

（国人厅发〔2007〕139号 2007年9月14日）

各省、自治区、直辖市人事厅（局）、信息产业主管部门，国务院各部委、各直属机构人事部门，中央管理的企业：

为适应信息产业发展需要，根据人事部、信息产业部《关于印发〈计算机技术与软件专业技术资格（水平）考试暂行规定〉和〈计算机技术与软件专业技术资格（水平）考试实施办法〉的通知》（国人部发〔2003〕39号）有关规定，现将计算机技术与软件

专业技术资格（水平）考试新增专业有关问题通知如下：

一、在原《计算机技术与软件专业技术资格（水平）考试专业类别、资格名称和级别对应表》基础上，新增以下 7 个专业。

（一）2 个高级资格的专业，名称为："网络规划设计师"、"系统规划与管理师"。

（二）4 个中级资格的专业，其中信息系统专业类别 2 个，名称为："系统集成项目管理工程师"和"信息安全工程师"；信息服务专业类别 1 个，名称为："计算机硬件工程师"；计算机软件专业类别 1 个，名称为："软件过程能力评估师"。

（三）1 个初级资格的专业，在信息服务专业类别中，名称为："网页制作员"。

二、自 2008 年起，将陆续启动新增专业的考试。新增专业的考试大纲和考试日期等具体安排，由信息产业部电子教育与考试中心（原信息产业部电子教育中心）另行公布。

请各地及时向社会公告计算机技术与软件专业技术资格（水平）考试新增专业情况，并做好相关准备工作。

附件：计算机技术与软件专业技术资格（水平）考试专业类别、资格名称和级别对应表

附件

计算机技术与软件专业技术资格（水平）考试
专业类别、资格名称和级别对应表

专业类别 / 资格名称 / 级别层次	计算机软件	计算机网络	计算机应用技术	信息系统	信息服务
高级资格	信息系统项目管理师 系统分析师 系统架构设计师 *网络规划设计师 *系统规划与管理师				
中级资格	软件评测师 软件设计师 *软件过程能力评估师	网络工程师	多媒体应用设计师 嵌入式系统设计师 计算机辅助设计师 电子商务设计师	*系统集成项目管理工程师 信息系统监理师 *信息安全工程师 数据库系统工程师 信息系统管理工程师	*计算机硬件工程师 信息技术支持工程师
初级资格	程序号	网络管理员	多媒体应用制作技术员 电子商务技术员	信息系统运行管理员	*网页制作员 信息处理技术员

注：资格名称栏目中带"*"的名称为增加的专业。

人事部关于印发《经济专业技术资格考试暂行规定》及其《实施办法》的通知

(人职发〔1993〕1号 1993年1月6日)

各省、自治区、直辖市及计划单列市人事(劳动人事)厅(局)、职改工作部门，国务院各部委、各直属机构人事(干部)部门：

为适应我国加快改革开放和经济建设发展的需要，根据深化职称改革的精神和两年来经济员资格考试的试点经验，决定在经济专业人员中实行中、初级专业技术资格考试制度。现将《经济专业技术资格考试暂行规定》及《实施办法》印发你们，望结合各地区、各部门的实际贯彻执行。

经济专业技术资格考试暂行规定

第一条 为加强经济专业队伍建设，提高经济人员素质，客观公正地评价和选拔人才，充分发挥经济人员在社会主义现代化建设中的积极性和创造性，根据深化职称改革、使我国专业技术资格考试制度纳入对外开放总格局的精神，特制定本规定。

第二条 经济专业技术资格实行全国统一考试制度，由全国统一组织、统一大纲、统一试题、统一评分标准。资格考试设置两个级别：经济专业初级资格、经济专业中级资格。参加考试并成绩合格者，获得相应级别的专业技术资格。以后不再进行经济专业中、初级职务任职资格的评审工作，各地区、各部门为评定相应经济专业职务任职资格进行的考试也不再进行。

第三条 按本规定通过全国统一考试获得经济专业中、初级资格的人员，表明其已具备担任相应职务的专业技术水平和能力。资格不与工资待遇挂钩。单位根据实际需要自主决定获得资格人员的职务和工资待遇。

第四条 经济专业中级资格考试分甲、乙两种。甲种考试为该资格应具备的专业水平和业务能力的考试。乙种考试为经济基础理论和专业知识的考试，凡不具备规定学历的人员，必须取得乙种考试合格证书，方能参加甲种考试。

经济专业初级资格考试只设一种，为该资格应具备的专业水平和业务能力的考试。

第五条 经济专业初级资格考试科目为：1. 经济基础知识；2. 专业知识和实务(分为工业、农业、商业、物资、外经贸、财政、金融、保险、运输、劳动、邮电、房地产、旅游、价格管理十四个专业)。

经济专业中级资格甲种考试科目为：1. 经济基础理论及相关知识综合考试；2. 专业知识和实务(专业划分同上)。

经济专业中级资格乙种考试科目为：1. 经济学；2. 企业管理原理；3. 统计与会计知识；4. 市场营销；5. 经济法；6. 经济数学。

第六条 报名参加经济专业中、初级资格考试的人员应拥护中国共产党在社会主义初级阶段的基本路线，遵纪守法，遵守社会公德。

第七条 报名参加经济专业初级资格考试的人员，除具备第六条所列条件外，还必须具备高中毕业以上学历。

第八条 报名参加经济专业中级资格甲种考试的人员，除具备第六条所列条件外，还必须具备下列条件之一：

1. 中等专业学校毕业后从事专业工作满十年，取得经济专业初级资格（含 1992 年年底以前通过国家考试获得的经济员资格或本规定发布前按照国家统一规定评聘的初级经济专业职务），经济专业中级资格乙种考试合格。

2. 大学专科毕业后从事专业工作满六年；大学本科毕业后从事专业工作满四年。

3. 获第二学士学位后或研究生班结业后从事专业工作满二年。

4. 获硕士学位后从事专业工作满一年；获博士学位。

第九条 经济专业初级资格和中级资格的甲种考试每年举行一次，全部考试科目合格者，授予人事部统一印制的《专业技术资格证书》，全国范围内有效。

第十条 经济专业中级资格乙种考试各科的开考计划，以两年为一周期循环安排。考试成绩采用单科累积的方式，每门科目考试合格，由人事部颁发单科合格证明。规定的科目全部合格后，由人事部颁发经济专业中级资格乙种考试合格证书。

第十一条 经济专业的中、初级资格中文名称和英文译名根据国际通例和各经济专业部门的工作性质及特点，由主管部门确定，经人事部同意后正式使用。所定名称与原名称作用相同。

第十二条 经济专业中、初级资格实行注册登记制度。资格有效期一般为五年。有效期满，持证者要按规定主动到发证机构办理注册登记。

第十三条 对伪造学历、资历或考试作弊，骗取资格证书和乙种考试合格证书的人员，发证机关应取消其资格，收回证书。

第十四条 经济专业技术资格考试在国务院职称改革工作领导小组统一领导下进行，由人事部负责，委托全国职称考试指导中心具体组织实施，各省、自治区、直辖市资格考试的组织实施工作由当地职改领导小组决定。

第十五条 本规定适用于国家机关、企业、事业单位。本规定解释权属人事部。本规定自发布之日起执行，过去有关规定与本规定不符的，以本规定为准。

《经济专业技术资格考试暂行规定》实施办法

一、设立经济专业技术资格考试大纲编写暨命题委员会和考试办公室。考试大纲编写暨命题委员会由人事部与各有关专业专家共同组成，负责考试大纲、教材编写及命题工作。考试办公室设在人事部全国职称考试指导中心，负责组织考试大纲的审定，确认试卷水平并审定试题，制发考务工作的有关办法、规则，指导、协调各地考务工作，处理有关考试的日常工作。

二、经济专业初级资格考试和经济专业中级资格甲种考试从 1993 年开始实施。考试日期定为每年 9 月的第二个星期日。1993 年考试具体时间另行确定。

经济专业中级资格乙种考试从 1994 年开始实施。第一年考试科目为：经济学、企业管理原理、统计与会计知识；第二年考试科目为：市场营销、经济法、经济数学。考试定于每年5月的第三个星期六下午开始。

如遇特殊情况，经资格考试办公室批准，可调整考试时间。

三、经济专业初级资格考试和经济专业中级资格甲种考试报名时间定为每年的3月1日至31日。中级资格乙种考试报名时间定为考试前一年度的10月1日至31日。报名地点由各地资格考试管理机构确定，在报名开始前一个月公布。

四、参加经济专业中、初级资格考试，均由本人提出申请，到当地考试管理机构报名。考试管理机构按规定程序和报名条件审查合格后，发给准考证。考生凭准考证在指定的时间、地点参加考试。

五、考场原则上在地（市）设置，必要时可在县设置。中央和国务院各部门及其直属单位的人员按属地原则参加考试。

六、有组织、有计划地做好资格考试的培训工作。各地举办的资格考试培训班须经当地人事厅（局）或职改部门批准，发挥有关专业主管部门的作用。培训班必须具备场地、师资、教材等必要的条件。坚持考试和培训分开，参加考试工作的人员不得参加培训工作。参加培训坚持自愿原则，费用由考生个人支付。

七、严格执行考务工作的有关规章制度，做好试卷在命题、印刷、发送和保管过程中的保密工作，严格考场纪律，严禁弄虚作假，对违反规章制度者，应按规定进行处理。考务工作的有关规章制度按经济员资格考试的考务规则执行。

人事部关于印发《经济专业技术资格考试报名条件的补充规定》的通知

（人职发〔1993〕3号 1993年6月21日）

各省、自治区、直辖市及计划单列市人事（劳动人事）厅（局）、职改工作部门，国务院各部委、各直属机构人事（干部）部门：

现将《经济专业技术资格考试报名条件的补充规定》印发你们，望遵照执行。

经济专业技术资格考试报名条件的补充规定

为了更好地贯彻实施《经济专业技术资格考试暂行规定》（以下简称《暂行规定》），顺利实现经济系列专业职务任职条件评审制度向资格考试制度的过渡，现对经济专业技术资格考试的报名条件补充规定如下：

一、已评聘非经济系列专业技术职务的在岗从事经济工作的人员，可同相应级别经济专业职务的人员一样，按照《暂行规定》中第八条第1款和本规定第四条第2款的规定，报名参加经济专业中级资格甲种考试。

二、已离退休的人员，可按《暂行规定》有关规定报名参加相应级别的资格考试。

三、实行资格考试办法以前，已评聘担任中、初级经济专业职务的人员，如本人自愿，可以报名参加相应经济专业中级资格甲种考试和经济专业初级资格考试。

四、国家机关和企事业单位在岗从事经济工作的人员，符合《暂行规定》第六条规定的条件，可按下列规定参加相应级别的资格考试：

1. 初中毕业参加工作满十年，可报名参加经济专业初级资格考试；

2. 初中毕业参加工作满二十年且从事经济工作满十五年并担任助理经济师职务满四年，或高中、中等专业学校毕业从事经济工作满十五年并担任助理经济师职务满四年，可报名参加经济专业中级资格甲种考试。现在国家机关工作和从国家机关调入企事业单位工作未参加专业技术职务评聘的，不要求担任助理经济师职务。

五、本规定第四条只适用于 1993—1994 年度组织的经济专业技术资格考试，其报考人员参加工作年限和担任专业职务年限的计算截至 1994 年 12 月 31 日。从 1995 年开始，除第一、二、三条规定外，一律按《暂行规定》执行。

人事部办公厅、建设部办公厅关于经济专业技术资格考试增设建筑经济专业的通知

（人办职发〔1995〕1 号　1995 年 1 月 5 日）

各省、自治区、直辖市人事（人事劳动）厅（局）、职改办，建委（建设厅），国务院各部委、各直属机构人事（干部）部门：

为适应我国社会主义市场经济发展的需要，加强建筑经济专业队伍的建设，根据深化职称改革的精神和各地建筑行业的实际情况，决定在经济专业技术资格考试中增设建筑经济中、初级专业技术资格考试。现将有关事项通知如下：

一、现经济专业技术资格考试科目中的经济基础知识部分不变，只在专业知识实务考试中增设建筑经济专业的内容。

二、考试工作从 1995 年起实施，考试日期定为 1995 年 10 月 28 日，报名时间为同年 3 月。请各地做好该专业考试的准备工作。

三、从 1996 年开始，该专业的资格考试工作纳入经济专业技术资格考试统一管理，并与其同步进行。

四、已报名参加其他经济专业考试的建筑经济专业人员，经所在单位人事部门出具证明，可以改考建筑经济专业。

人事部办公厅关于经济专业技术资格考试商业专业中增设商业营销子专业等有关问题的通知

（人办发〔1996〕22 号　1996 年 3 月 8 日）

各省、自治区、直辖市及部分副省级城市人事（人事劳动）厅（局），国务院各部委、

各直属机构人事（干部）部门：

为适应我国社会主义市场经济发展的需要，加强商业经营队伍的建设，根据商业营销工作在经济活动中所起的重要作用和商业经营工作队伍的实际情况，决定将经济专业技术资格考试的商业专业按照工作性质划分为商业管理（即原商业专业）和商业营销两个子专业，即增设商业营销子专业中、初级的资格考试。现将有关事项通知如下：

一、商业管理子专业适用于从事商业管理工作的人员，其考试科目、内容和考试时间不变。

二、增设的商业营销子专业，适用于从事商业经营工作的人员，其考试科目的设置与经济专业技术资格考试的其他专业相同。基础知识科目内容不变，专业知识与实务科目为商业营销子专业的考试内容。

三、商业营销子专业的考试工作从1996年起，在内贸系统内试行，其他人员自愿参加。1996年的考试日期定为11月2日，报名时间定为3月。从事经营工作的人员，经所在单位人事部门出具证明，可以改考商业营销子专业。

四、商业营销子专业考试各环节的管理工作与要求，执行经济专业技术资格考试的有关规定。其考试工作计划和时间安排，可在《1996年经济专业技术资格考试工作计划》（人办职发〔1995〕60号）的基础上适当顺延，请各地做好该专业考试的各项准备工作。

五、商业营销子专业考试的报名表和报名软件与1996年经济专业技术资格考试的其他专业相同。在报名表专业代码的项目中，将原代码03的专业名称“商业”改为“商业管理”。其备用代码05的专业名称定为“商业营销”，其他不变。

六、从1997年开始，商业营销子专业的资格考试工作纳入经济专业技术资格考试的统一管理，同步进行。

各地在执行中有何问题，请及时与我部专业技术人员职称司联系。

人事部办公厅关于调整经济专业技术资格考试专业设置的通知

（人办发〔2002〕18号　2002年3月1日）

各省、自治区、直辖市人事厅（局），新疆生产建设兵团人事局，部分副省级市人事局，国务院有关部委、直属机构人事（干部）部门：

为适应我国社会主义市场经济的发展和加入世界贸易组织的需要，公平、公正、客观地评价经济专业人才，促进经济专业技术队伍建设，经与有关部门协商，对经济专业技术资格考试的专业设置进行调整。现将有关问题通知如下：

一、调整的专业

（一）将原工商行政管理、价格管理、工商管理3个专业合并为工商管理专业。

（二）将原商业专业的商业管理、商业营销 2 个子专业和物资专业合并为商业专业。

（三）将原财政专业的财政、税务 2 个子专业合并为财政税收专业。

（四）将原旅游专业的饭店管理、旅行社 2 个子专业合并为旅游专业。

二、保留的专业

在此次调整中未做变动的有：农业、金融、保险、运输（含水路、公路、铁路、民航 4 个子专业）、人力资源管理、邮电、房地产、建筑等 8 个专业。

三、调整后的专业设置

调整后，经济专业技术资格考试为 12 个专业，专业设置及专业科目名称见附件。

四、有关事项

（一）2002 年度经济专业技术资格考试将按照新的专业设置实施。

（二）经济专业技术资格初、中级考试公共科目的名称均为“经济基础知识”。

（三）请各地人事部门和考试考务管理机构及时将本通知精神向社会公布，做好考试报名及考试有关的各项准备工作。

附件：经济专业技术资格考试专业设置及专业科目名称

附件

经济专业技术资格考试专业设置及专业科目名称

专业名称		专业代码	专业科目名称
工商管理		01	工商管理专业知识与实务
农业		02	农业经济专业知识与实务
商业		03	商业经济专业知识与实务
财政税收		07	财政税收专业知识与实务
金融		09	金融专业知识与实务
保险		10	保险专业知识与实务
运输	水路	11	运输经济（水路）专业知识与实务
	公路	12	运输经济（公路）专业知识与实务
	铁路	13	运输经济（铁路）专业知识与实务
	民航	14	运输经济（民航）专业知识与实务
人力资源管理		15	人力资源管理专业知识与实务
邮电		16	邮电经济专业知识与实务
房地产		17	房地产经济专业知识与实务
旅游		19	旅游经济专业知识与实务
建筑		21	建筑经济专业知识与实务

财政部、人事部关于修订印发《会计专业技术资格考试暂行规定》及其实施办法的通知

（财会〔2000〕11 号 2000 年 9 月 8 日）

各省、自治区、直辖市财政厅（局）、人事（人事劳动）厅（局），新疆生产建设兵团，国务院各部委、直属机构：

为了完善会计专业技术资格考试制度，科学、客观、公正地评价会计专业人员的学识水平和业务能力，财政部、人事部对原《会计专业技术资格考试暂行规定》和《会计专业技术资格考试暂行规定实施办法》进行了修订。现将修订后的《会计专业技术资格考试暂行规定》及《会计专业技术资格考试实施办法》印发你们，请遵照执行。

各地区、各部门在组织实施中有何问题，请及时函告财政部、人事部。

附件：1. 会计专业技术资格考试暂行规定
　　　2. 会计专业技术资格考试实施办法

附件 1

会计专业技术资格考试暂行规定

第一条 为加强会计专业队伍建设，提高会计人员素质，科学、客观、公正地评价会计专业人员的学识水平和业务能力，完善会计专业技术人才选拔机制，根据《中华人民共和国会计法》和《会计专业职务试行条例》的有关规定，制定本暂行规定。

第二条 通过全国统一考试，取得会计专业技术资格的会计人员，表明其已具备担任相应级别会计专业技术职务的任职资格。

用人单位可根据工作需要和德才兼备的原则，从获得会计专业技术资格的会计人员中择优聘任。

第三条 会计专业技术资格实行全国统一组织、统一考试时间、统一考试大纲、统一考试命题、统一合格标准的考试制度。

第四条 会计专业技术资格实行全国统一考试后，不再进行相应会计专业技术职务任职资格的评审工作。

第五条 会计专业技术资格分为：初级资格、中级资格和高级资格。

取得初级资格，单位可根据有关规定按照下列条件聘任相应的专业技术职务：

（一）助理会计师：大专毕业担任会计员职务满 2 年；中专毕业担任会计员职务满 4 年；不具备规定学历，担任会计员职务满 5 年。

（二）不符合上述条件的人员，只可聘任会计员职务。

取得中级资格并符合国家有关规定，可聘任会计师职务。

高级资格（高级会计师资格）实行考试与评审结合的评价制度，具体办法另行规定。

第六条 报名参加会计专业技术资格考试的人员，应具备下列基本条件：

（一）坚持原则，具备良好的职业道德品质；

（二）认真执行《中华人民共和国会计法》和国家统一的会计制度，以及有关财经法律、法规、规章制度，无严重违反财经纪律的行为；

（三）履行岗位职责，热爱本职工作；

（四）具备会计从业资格，持有会计从业资格证书。

第七条 报名参加会计专业技术初级资格考试的人员，除具备本规定第六条所列的基本条件外，还必须具备教育部门认可的高中毕业以上学历。

第八条 报名参加会计专业技术中级资格考试的人员，除具备本规定第六条所列的基本条件外，还必须具备下列条件之一：

（一）取得大学专科学历，从事会计工作满 5 年。

（二）取得大学本科学历，从事会计工作满 4 年。

（三）取得双学士学位或研究生班毕业，从事会计工作满 2 年。

（四）取得硕士学位，从事会计工作满 1 年。

（五）取得博士学位。

第九条 对通过全国统一的考试，取得经济、统计、审计专业技术中、初级资格的人员，并具备本规定第六条所列的基本条件，均可报名参加相应级别的会计专业技术资格考试。

第十条 会计专业技术资格考试工作，由财政部、人事部共同负责。

财政部负责拟定考试科目、考试大纲、考试命题、编写考试用书，组织实施考试工作，统一规划考前培训等有关工作。

人事部负责审定考试科目、考试大纲和试题，会同财政部对考试工作进行检查、监督、指导和确定合格标准。

各地的考试工作，由当地财政部门、人事部门共同负责。

第十一条 会计专业技术初级、中级资格考试合格者，即由各省、自治区、直辖市、新疆生产建设兵团人事（职改）部门颁发人事部统一印制，人事部、财政部用印的会计专业技术资格证书。该证书全国范围有效。各地在颁发证书时，不得附加任何条件。

第十二条 会计专业技术资格实行定期登记制度。资格证书每 3 年登记一次。持证者应按规定到当地人事、财政部门指定的办事机构办理登记手续。

第十三条 取得会计专业技术资格的人员，应按照财政部的有关规定，接受相应级别会计人员的继续教育。

第十四条 有下列情形之一的，由会计考试管理机构吊销其会计专业技术资格，由发证机关收回其会计专业技术资格证书，2 年内不得再参加会计专业技术资格考试：

（一）伪造学历、会计从业资格证书和资历证明。

（二）考试期间有违纪行为。

第十五条 本规定报名条件中所规定的从事会计工作年限，其截止日期为考试报名年度当年年底前。

第十六条 本规定适用于国家机关、社会团体、企业、事业单位和其他组织持有会计从业资格证书的人员。

境外人员申请参加会计专业技术资格考试的有关办法，经国务院有关部门批准后，另行规定。

第十七条 本规定由财政部、人事部按职责分工负责解释。

第十八条 本规定自印发之日起施行。

财政部、人事部于1992年3月21日联合颁布的《会计专业技术资格考试暂行规定》同时废止。财政部、人事部、全国会计专业技术资格考试领导小组及其办公室下发的有关会计专业技术资格考试的规定，与本规定不符的，以本规定为准。

附件2

会计专业技术资格考试实施办法

根据《会计专业技术资格考试暂行规定》（以下简称《暂行规定》），制定本实施办法。

一、资格考试组织领导

财政部、人事部联合成立全国会计专业技术资格考试办公室，负责考试日常管理工作。办公室设在财政部会计司。

各省、自治区、直辖市财政厅（局）、人事（职改）部门和新疆生产建设兵团根据《暂行规定》第十条规定，组织实施本地区的考试工作。

二、考试科目的设置

（一）会计专业技术初级资格考试科目为：初级会计实务、经济法基础2个科目。

参加初级资格考试的人员必须在一个考试年度内通过全部科目的考试。

（二）会计专业技术中级资格考试科目为：中级会计实务（一）、中级会计实务（二）、财务管理、经济法4个科目。

会计专业技术中级资格考试以2年为一个周期，参加考试的人员必须在连续的2个考试年度内通过全部科目的考试。部分科目合格后，由当地考试管理机构核发成绩通知单。

三、考试日期和时间

（一）考试日期：会计专业技术资格考试，原则上每年举行一次。考试日期一般为每年5月最后一个星期六、星期日。如遇特殊情况需要调整考试时间，财政部、人事部将会及时通知各地。

（二）考试时间：初级资格考试分2个半天进行，初级会计实务科目为3小时，经济法基础科目为2.5小时；中级资格考试分4个半天进行，中级会计实务（一）、中级会计实务（二）、经济法、财务管理4个科目均为2.5小时。

四、考试报名

（一）报名时间：一般为每年的 9—10 月底。原则上在距考试日期 3 个月前准许补报，具体补报办法由各地根据实际情况研究确定。

（二）报名地点：由各地会计专业技术资格考试管理机构确定，在报名开始前 1 个月公布。

（三）报名条件：参加考试的人员必须符合《暂行规定》中与报考资格有关的各项条件。

（四）报名手续：凡符合报名条件并申请参加会计专业技术资格考试的人员，均由本人提出申请，单位核实，持学历证书、身份证、会计从业资格证书的原件和《报名登记表》于规定期限内到当地会计专业技术资格考试管理机构设置的报名地点报名。经审核合格后，发给准考证。考生凭准考证在规定的时间和地点参加考试。

中央和国务院各部门及其直属单位的人员参加考试，实行属地管理原则。

五、考场设置

考场原则上设在省辖市以上中心城市或行政专员公署所在地的大、中专院校或高考定点学校。考生比较集中，考场安排困难，确需在县设置初级资格考场的，须经省级会计专业技术资格考试管理机构批准，并报全国会计考试办公室备案。

六、考试培训

各地要认真做好培训工作，组织培训要有计划。培训单位必须具备场地、师资、教材等条件。各地会计专业技术资格考试管理机构应当加强对培训单位的管理，实行培训单位资格登记备案制度。

培训必须坚持与考试分开的原则，参与培训工作的人员不得参加考试命题及考试组织管理工作；应考人员参加培训坚持自愿原则。

七、考试用书

会计专业技术资格考试所用的考试大纲、指定用书和有关辅导材料，由财政部组织编写、出版和发行。任何单位和个人不得盗用财政部的名义编写、出版发行各种考试用书和复习资料。

八、考试纪律

要严格执行考试考务工作的有关规章和纪律，切实做好试卷的命题、印刷、发送和保管过程中的保密工作，必须严格遵守保密制度，严防泄密。要严肃考场纪律。考试工作人员要坚决执行回避制度。对于违反考试纪律和有关规定者，要严肃处理，并追究领导责任。

财政部将对考试考务工作制定一系列规章、制度，保证会计专业技术资格考试工作健康有序的进行。

九、本实施办法自印发之日起施行

财政部、人事部于 1992 年 3 月 21 日联合颁布的《暂行规定》实施办法同时废止。

人事部办公厅、财政部办公厅关于高级会计师资格实行考评结合试点工作的通知

（人办发〔2003〕28 号 2003 年 3 月 14 日）

浙江省、湖北省人事厅，财政厅：

为加强高级会计专业人才队伍建设，提高会计专业人员素质，改革高级会计师资格单一评审办法，探索科学、客观、公正、公平的高级会计师资格评价办法，人事部、财政部决定在浙江省、湖北省进行高级会计师资格考试与评审相结合试点工作。现就试点有关工作通知如下：

一、试点工作步骤

高级会计师资格实行考试与评审相结合的评价办法，按照积极稳妥、逐步推开的原则，先行试点，待条件成熟后在全国推开。

凡申请参加高级会计师资格评审的人员，须经考试合格后，方可参加评审。

试点考试由国家统一组织，评审工作仍按现行办法由试点省组织进行。

二、组织管理

人事部、财政部共同负责高级会计师资格考评结合试点工作的组织和领导。财政部、人事部全国会计专业技术资格考试办公室（以下简称全国会计考办）负责确定考试科目、制定考试大纲、组织命题和阅卷、确定合格标准。

试点省的高级会计师考试工作，在省人事、财政部门的领导下，由省级会计专业技术资格考试管理机构组织实施。

三、试点考试

（一）报名条件

申请参加高级会计师资格考试的人员，须符合下列条件之一：

1.《会计专业职务试行条例》规定的高级会计师专业职务任职资格评审条件。

2. 经省人事、财政部门批准的申报高级会计师专业职务任职资格评审的破格条件。

（二）考试方式

1. 考试科目为《高级会计实务》。考试时间为 210 分钟，采取开卷笔答方式进行。主要考核应试者运用会计、财务、税收等相关的理论知识、政策法规和实际工作经验，对所提供的有关背景资料进行分析、判断和处理业务的综合能力。

2. 考点原则上设置在省会城市。考试时间为 2003 年 9 月。

3. 参加考试并达到国家合格标准的人员，由全国会计考办核发高级会计师资格考试成绩合格证，该证在全国范围内 3 年有效。

4. 试点省可根据本地区会计人员考试的实际情况，参照国家标准，确定当年参评

的使用标准，报全国会计考办备案，并由试点省市会计专业技术资格考试管理机构核发考试成绩证明，该证明只在本年度本地区评聘工作中有效。

四、试点要求

各级考试管理机构应严格执行考试工作的组织纪律，切实做好考试命题、试卷管理、考场组织以及其他各个环节的保密工作，对泄密、舞弊行为，要严肃处理并追究当事人及有关领导的责任。

附件：高级会计师资格考评结合试点工作计划及安排

附件

高级会计师资格考评结合试点工作计划及安排

<table>
<tr><th colspan="2">时 间</th><th rowspan="2">工作内容</th><th rowspan="2">负责单位</th></tr>
<tr><th>步骤</th><th>完成时间</th></tr>
<tr><td rowspan="8">准备阶段</td><td rowspan="2">3月份</td><td>1. 就试点通知征求有关省市意见并修改</td><td>财政部、人事部</td></tr>
<tr><td>2. 确定编写高级会计实务考试大纲、命题专家人选</td><td>全国会计考办</td></tr>
<tr><td>3月中旬</td><td>印发高级会计师资格考评结合试点工作的通知</td><td>人事部、财政部</td></tr>
<tr><td>4月底前</td><td>1. 编写并印发考试大纲
2. 召集试点省高级会计师资格考证工作负责人会议，部署有关试点工作</td><td>全国会计考办</td></tr>
<tr><td rowspan="2">7月底前</td><td>1. 试点省组织报名、资格审查、编排考场、报送试卷征订单等，做好考试前期的各项工作</td><td>试点省</td></tr>
<tr><td>2. 根据考试大纲要求进行命题、初审，组配试卷</td><td>全国会计考办</td></tr>
<tr><td>8月底前</td><td>1. 试题终审、印制
2. 检查考前各环节工作，安排考试期间巡视工作
3. 将试卷运抵试点省</td><td>全国会计考办</td></tr>
<tr><td style="display:none"></td><td style="display:none"></td><td style="display:none"></td></tr>
<tr><td rowspan="3">实施阶段</td><td>9月</td><td>1. 组织考试
2. 全国会计考办组织人员赴试点省检查、指导考试工作
3. 研究确定试题标准答案
4. 考试结束1周内组织专家集中阅卷，考试结束15天内完成阅卷工作
5. 人事部检查评卷质量</td><td>全国会计考办</td></tr>
<tr><td rowspan="2">10月底前</td><td>1. 研究确定考试合格标准</td><td>人事部、财政部</td></tr>
<tr><td>2. 下发考试合格标准和成绩合格证</td><td>全国会计考办</td></tr>
<tr><td rowspan="3">总结阶段</td><td rowspan="2">11月底前</td><td>1. 试点省总结考试工作，提出改进意见</td><td>试点省</td></tr>
<tr><td>2. 研究2004年继续试点方案</td><td>人事部、财政部</td></tr>
<tr><td>12月底前</td><td>1. 全国会计考办召集各试点省全面总结考试试点情况
2. 部署扩大试点有关工作</td><td>全国会计考办</td></tr>
</table>

人事部办公厅、财政部办公厅关于高级会计师资格考评结合扩大试点工作的通知

（国人厅发〔2004〕14 号 2004 年 2 月 13 日）

各省、自治区、直辖市人事厅（局）财政厅（局）：

为促进会计专业技术人才队伍建设，积极探索科学、客观、公正的高级会计师资格评价办法，在总结浙江、湖北两省 2003 年高级会计师资格考评结合试点工作的基础上，经研究决定，2004 年扩大高级会计师资格考评结合试点工作。现就有关问题通知如下：

一、试点范围

经研究，确定在北京市、河北省、辽宁省、江苏省、浙江省、福建省、江西省、山东省、湖北省、海南省、四川省、重庆市、陕西省、宁夏回族自治区、青海省、新疆维吾尔自治区 16 个地区进行试点。

二、组织管理

人事部、财政部共同负责高级会计师资格考评结合扩大试点工作的组织和领导。

试点考试由国家统一组织，评审工作仍按现行办法由试点省组织进行。实行高级会计师考评结合试点的地区，申请参加高级会计师资格评审的人员，须经考试合格后，方可参加评审。

财政部、人事部全国会计专业技术资格考试办公室（以下简称全国会计考办）负责确定考试科目、制定考试大纲、组织命题和阅卷、确定合格标准。

试点地区的高级会计师资格考试工作，在当地人事、财政部门的领导下，由省级会计专业技术资格考试管理机构组织实施。

三、试点考试

（一）报名条件

申请参加高级会计师资格考试的人员，须符合下列条件之一：

1. 《会计专业职务试行条例》规定的高级会计师专业职务任职资格评审条件。

2. 经省级人事、财政部门批准的申报高级会计师专业职务任职资格评审的破格条件。

（二）考试方式

1. 考试科目为《高级会计实务》。考试时间为 210 分钟，采取开卷笔答方式进行。主要考核应试者运用会计、财务、税收等相关的理论知识、政策法规，对所提供的有关背景资料进行分析、判断和处理业务的综合能力。

2. 考点原则上设置在省会城市和直辖市的大、中专院校和高考定点学校。考试时间为 2004 年 9 月 5 日 8:30—12:00。

3. 参加考试并达到国家合格标准的人员，由全国会计考办核发高级会计师资格考试成绩合格证，该证在全国范围内 3 年有效。

4. 试点地区可根据本地区会计专业人员的实际情况，参照国家标准，确定当年参评的使用标准，报全国会计考办备案，并由试点地区会计专业技术资格考试管理机构核发考试成绩证明，该证明只在本年度本地区评聘工作中有效。

（三）考试要求

各级考试管理机构应严格执行考试工作的组织纪律，切实做好考试命题、试卷管理、考场组织以及其他各个环节的保密工作，对泄密、舞弊行为，要严肃处理并追究当事人及有关领导的责任。试点考试工作中，各地要认真组织听取考生的意见和建议，努力提高服务质量。

附件：2004 年度高级会计师资格考评结合扩大试点工作计划及安排

附件

2004 年度高级会计师资格考评结合扩大试点工作计划及安排

时间 步骤	完成时间	工作内容	负责单位
准备阶段	2 月上旬	印发 2004 年度高级会计师资格考评结合扩大试点通知	人事部、财政部
	4 月底前	1. 印发考试大纲 2. 召集试点地区组织考试软件培训	全国会计考办
		3. 试点地区组织报名、资格审查、编排考场、报送试点征订单等，做好考试前期的各项工作	试点地区
	7 月底前	根据考试大纲要求进行命题、初审，组配试卷	全国会计考办
	8 月底前	1. 试题终审、印制 2. 检查考前各环节工作，安排考试期间巡视工作 3. 将试卷运抵试点地区	全国会计考办
实施阶段	9 月	1. 组织考试 2. 全国会计考办组织人员赴试点地区检查考试工作 3. 印发试题标准答案 4. 考试结束 1 周内组织评卷合收，阅卷工作于考试结束 15 天内完成 5. 人事部检查评卷质量	全国会计考办
	10 月底前	1. 研究确定考试合格标准	全国会计考办
		2. 下发考试合格标准和成绩合格证	全国会计考办
总结阶段	11 月底前	1. 试点地区总结考试工作，提出改进意见	试点地区
		2. 研究 2005 年高级会计师资格考评结合工作	人事部、财政部
	12 月底前	1. 全国会计考办召集各试点地区全面总结考试试点情况 2. 部署下一步工作	全国会计考办

财政部办公厅、人事部办公厅关于调整会计专业技术资格考试科目及有关问题的通知

（财办会〔2004〕25号 2004年8月2日）

各省、自治区、直辖市财政厅（局）、人事厅（局），新疆生产建设兵团财务局、人事局，国务院各部委、各直属机构：

为适应会计工作需要，在总结多年来会计专业技术资格考试工作的基础上，经财政部、人事部研究，现对会计专业技术资格考试科目调整及有关问题通知如下：

一、会计专业技术资格考试科目调整问题

将会计专业技术中级资格考试的中级会计实务（一）和中级会计实务（二）科目合并为中级会计实务，财务管理、经济法科目不变。调整后，会计专业技术中级资格考试为中级会计实务、财务管理、经济法3个科目。从2005年度起，会计专业技术中级资格考试将按照调整后的3个科目进行。

初级资格考试科目仍为初级会计实务、经济法基础。

二、考试科目衔接问题

为保证中级会计实务考试科目调整的平稳过渡，在2005年度，报名参加中级资格会计实务科目考试按下列要求进行：

（一）在2004年度考试中，已通过中级会计实务（一）科目考试的人员，在2005年度可报名参加中级会计实务（二）科目的考试；已通过中级会计实务（二）科目考试的人员，在2005年度可报名参加中级会计实务（一）科目的考试；虽已通过中级会计实务（一）或中级会计实务（二）科目考试的人员，在2005年度也可报名参加调整后的中级会计实务科目考试。

（二）2004年度未通过中级会计实务（一）和中级会计实务（二）科目考试的人员，在2005年度报名时须参加调整后的中级会计实务科目考试。

（三）参加2005年度中级会计实务（一）和中级会计实务（二）两个科目考试的合格成绩，仅在当年有效。自2006年度起，停止原中级会计实务（一）和中级会计实务（二）科目的考试。

（四）2005年度首次报名参加中级资格会计实务科目考试的人员，按照调整后的中级会计实务科目进行。

三、考试成绩管理问题

参加会计专业技术中级资格考试人员，在连续的两个考试年度内，全部科目考试均合格者，可获得会计专业技术中级资格证书。参加初级资格考试的人员，必须在一个考试年度内通过全部科目的考试，方可获得会计专业技术初级资格证书。

四、港澳居民参加考试问题

（一）根据国务院港澳事务办公室《关于允许港澳居民参加内地会计专业技术资格

考试的复函》（〔2004〕港办交字第170号）精神，对符合财政部、人事部《关于修订印发〈会计专业技术资格考试暂行规定〉及其实施办法的通知》（财会〔2000〕11号）规定的报名条件的人员，均可报名参加相应级别会计专业技术资格考试。

（二）港澳居民在报名参加会计专业技术资格考试时，应根据相应级别报名条件规定，提交中华人民共和国教育行政主管部门认可的高中以上学历或学士以上学位证书；会计从业资格证书；从事会计工作年限证明和居民身份证明。

五、其他有关事项

（一）全国会计专业技术资格考试领导小组办公室将重新修订全国会计专业技术资格考试大纲，并用于2005年度的考试。

（二）2005年度需参加会计专业技术资格原中级会计实务（一）或中级会计实务（二）科目考试的人员，可继续按照2004年度中级会计实务（一）或中级会计实务（二）科目考试大纲的要求复习备考。

（三）请各地及时向社会公布本通知要求，并做好香港、澳门居民参加全国会计专业技术资格考试的有关准备工作。

本通知自2005年起施行。财政部、人事部《关于修订印发〈会计专业技术资格考试暂行规定〉及其实施办法的通知》（财会〔2000〕11号）中有关规定与本通知不符的，以本通知规定为准。

审计署、人事部关于修订印发《审计专业技术初、中级资格考试规定》及其实施办法的通知

（审人发〔2003〕4号　2003年1月13日）

各省、自治区、直辖市和计划单列市、新疆生产建设兵团审计厅（局）、人事厅（局），国务院各部委、各直属机构：

为了完善审计专业技术人才评价制度，科学、客观、公正地评价审计专业人员的学识水平和业务能力，我们对审计专业技术初、中级资格考试有关政策进行了调整，现将修订后的《审计专业技术初、中级资格考试规定》及其实施办法印发给你们，请认真贯彻执行。

各地区、各部门在组织实施中有何问题，请及时函告审计署、人事部。

附件：1. 审计专业技术初、中级资格考试规定
　　　2. 审计专业技术初、中级资格考试实施办法

附件1

审计专业技术初、中级资格考试规定

第一条　为了加强审计专业队伍建设，提高审计人员素质，科学、客观、公正地评

价和选拔人才，进一步调动审计专业人员工作积极性，更好地履行宪法赋予的审计监督职责，根据《中华人民共和国审计法》、《中华人民共和国审计法实施条例》和国家关于专业技术职务聘任制的有关规定，制定本规定。

第二条 审计专业技术初级资格和中级（审计师）资格实行全国统一考试制度。

第三条 按本规定通过全国统一考试获得资格的人员，表明其已具备担任相应审计专业技术职务的水平和能力，用人单位可根据工作需要，按照德才兼备的原则择优聘任。

第四条 参加审计专业技术资格考试人员应具备下列基本条件：

（一）遵守国家法律，具有良好职业道德；

（二）认真执行《中华人民共和国审计法》以及有关财经法规和制度，无违反财经纪律的行为；

（三）认真履行岗位职责，热爱本职工作；

（四）从事审计、财经工作。

第五条 参加初级资格考试人员，除具备本规定第四条所列的基本条件外，还必须具备教育部门认可的中专以上学历。

第六条 参加中级资格考试人员，除具备本规定第四条所列的基本条件外，还必须具备下列条件之一：

（一）取得大学专科学历，从事审计、财经工作满5年；

（二）取得大学本科学历，从事审计、财经工作满4年；

（三）取得双学士学位或研究生班毕生，从事审计、财经工作满2年；

（四）取得硕士学位，从事审计、财经工作满1年；

（五）取得博士学位。

第七条 审计专业技术资格考试由审计署和人事部共同负责。

审计署负责拟定考试科目，编写考试大纲，组织考试命题，实施考试工作，统一规划并组织或授权组织培训等工作。

人事部负责审定考试科目、考试大纲和试题，会同审计署对考试工作进行检查、监督、指导和确定考试合格标准。

各地的考试工作由当地审计部门和人事部门共同负责，具体职责分工，由各地协商确定。

第八条 审计专业技术资格考试原则上每年举行一次。初、中级资格考试合格者，由各省、自治区、直辖市人事部门颁发相应的《审计专业技术资格证书》。审计专业技术资格证书由人事部统一印制，人事部、审计署联合用印，在全国范围内有效。审计专业中级资格的外语要求另行规定。

第九条 取得审计专业技术资格的人员，应按照审计署的有关规定，接受相应级别的继续教育。

第十条 有下列情形之一的，由发证机关取消其资格，收回证书，3年内不得再参加审计专业技术资格考试。

（一）伪造、涂改学历、资历证明；

（二）考试期间有违纪行为。

第十一条　本规定第六条所称的从事审计、财经工作年限，其截止时间为考试年度当年12月31日。

第十二条　本规定适用于所有从事审计、财经工作的人员。

第十三条　本规定由审计署、人事部按职责分工负责解释。

第十四条　本规定自发布之日起施行。1995年2月25日由审计署、人事部联合发布的《审计专业技术资格考试暂行规定》同时废止。以前有关规定与本规定不一致的，均以本规定为准。

附件2

审计专业技术初、中级资格考试实施办法

根据《审计专业技术初、中级资格考试规定》，制定本实施办法。

一、资格考试的组织管理

审计署、人事部成立全国审计专业技术资格考试办公室（以下简称全国审计考办），在审计署、人事部领导下，负责审计专业技术资格考试的日常管理工作，全国审计考办设在审计署人事教育司。审计专业技术资格考试的具体组织实施和考务工作由审计署考试中心负责。为了做好考试工作，审计署设立审计专业技术资格考试指导委员会。指导委员会由相关学科的专家、学者组成，负责考试内容的研究、考试大纲的编写、考试政策咨询以及命题指导工作。

二、考试科目与内容

初、中级资格考试科目与内容均为：

（一）《审计专业相关知识》：宏观经济学基础、企业财务管理、企业财务会计、法律；

（二）《审计理论与实务》：审计理论与方法、企业财务审计。

初、中级资格考试采用同一套考试大纲。根据对初、中级审计人员知识水平和业务能力的不同要求，两个考试科目各部分内容分为初、中级资格共同考试内容和中级资格单独考试内容。

三、考试日期和时间

（一）考试日期：审计专业技术资格考试日期原则上为每年10月的第二个星期日。

（二）考试时间：审计专业技术资格考试分两个半天进行，上午为《审计专业相关知识》，下午为《审计理论与实务》。两个科目的考试时间均为2.5小时。

四、考试报名

参加审计专业技术资格考试由本人提出申请，单位审核批准后，携带有关证件到当地考试管理机构报名。经资格审查合格后，发给准考证。考生凭准考证和身份证在规定的时间和地点参加考试。

中央、国务院各部门及其所属单位人员参加考试，实行属地管理原则。

五、考场设置

考场原则上设在地（市）级以上城市的大、中专院校或高考定点学校。考生比较集中，考场安排困难，确需在县设置的，须经省级审计专业技术资格考试管理机构批准，

并报全国审计考办备案。

六、考试培训

各地要认真做好培训工作，组织培训要有计划。培训单位必须具备场地、师资、教材等条件。各地审计专业技术资格考试管理机构要加强对培训单位的管理，实行培训单位资格登记备案制度。

审计专业技术资格考试的考前辅导或培训工作要坚持考试与培训分开的原则，参与培训工作的人员不得参加考试命题及考试组织管理工作。应考人员参加培训要坚持自愿的原则，任何单位和个人不得强制应考人员参加各类辅导或培训班。

七、考试用书

审计专业技术资格考试所用的考试大纲由审计署组织编写、出版和发行。任何单位和个人不得盗用审计署的名义编写、出版和发行各种考试用书和复习资料。

八、考试工作纪律

要严格执行考试考务工作的有关规章和纪律，切实做好试卷的命题、印制、发送和保管过程中的保密工作，必须严格遵守保密制度，严防泄密。要严肃考场纪律。考试工作人员要坚决执行回避制度。对于违反考试纪律和有关规定者，要严肃处理，并追究领导责任。

九、本办法自发布之日起施行。1995 年 2 月 25 日由审计署和人事部联合发布的《〈审计专业技术资格考试暂行规定〉实施办法》同时废止。

卫生部、人事部关于印发《临床医学专业技术资格考试暂行规定》的通知

（卫人发〔2000〕462 号　2000 年 12 月 21 日）

各省、自治区、直辖市卫生厅（局）、人事厅（局），新疆生产建设兵团，国务院各部委、各直属机构人事（干部）部门：

为贯彻落实人事部、卫生部《关于加强卫生专业技术职务评聘工作的通知》和《临床医学专业中、高级技术资格评审条件（试行）》的精神，科学、客观、公正地评价临床医学专业人员的技术水平和能力，完善评价机制，提高临床医学专业人员的业务素质，现将卫生部、人事部共同制定的《临床医学专业技术资格考试暂行规定》印发给你们，请遵照执行。

临床医学专业技术资格考试暂行规定

第一条　为贯彻落实人事部、卫生部《关于加强卫生专业技术职务评聘工作的通知》和《临床医学专业中、高级技术资格评审条件（试行）》的精神，科学、客观、公正地评价临床医学专业人员的技术水平和能力，完善评价机制，提高临床医学专业人员

的业务素质，制订本规定。

第二条 本规定适用于经国家有关部门批准的医疗机构内从事临床医疗工作的专业技术人员。

第三条 临床医学专业技术资格包括初级资格（医士、医师），中级资格（主治医师），高级资格（副主任医师、主任医师）。

第四条 临床医学专业初、中级资格实行全国统一考试制度。全国实行统一考试后，各地、各部门不再进行相应临床医学专业技术资格的评审。

高级资格的取得实行考评结合的方式，具体办法另行制定。

第五条 临床医学专业技术资格证书在全国范围内有效，它表明持有人具有相应的学术技术水平，是受聘担任相应专业技术职务的必备条件。

第六条 临床医学专业初级资格的考试按照《中华人民共和国执业医师法》的有关规定执行。

参加国家医师资格考试，取得执业助理医师资格，可聘任医士职务；取得执业医师资格，可聘任医师职务。

第七条 临床医学专业中级资格考试实行全国统一组织、统一考试时间、统一考试大纲、统一考试命题、统一合格标准的考试制度，原则上每年进行一次。

第八条 临床医学专业中级资格考试由卫生部、人事部共同负责。

卫生部负责拟定考试大纲和命题，组建国家级题库，组织实施考试工作，管理考试用书，规划考前培训，研究考试办法，拟定合格标准等工作。

人事部负责审定考试大纲和试题，会同卫生部对考试工作进行检查、监督，指导确定合格标准。

卫生部、人事部成立临床医学专业技术资格考试专家委员会，下设办公室，办公室设在卫生部人事司，负责资格考试日常管理工作。

第九条 通过临床医学专业中级资格考试者，由各省、自治区、直辖市人事（职改）部门颁发人事部统一印制，人事部、卫生部用印的临床医学专业技术资格证书。各地在颁发证书时，不得附加任何条件。

第十条 参加临床医学专业中级资格考试的人员，应具备下列基本条件：

（一）遵守中华人民共和国的宪法和法律；

（二）遵守《中华人民共和国执业医师法》，并取得执业医师资格；

（三）具备良好的医德医风和敬业精神；

（四）已实施住院医师规范化培训的医疗机构的医师须取得该培训合格证书。

第十一条 参加临床医学专业中级资格考试的人员，除具备第十条所规定的条件外，还必须具备下列条件之一：

（一）取得医学中专学历，受聘担任医师职务满 7 年。

（二）取得医学大专学历，从事医师工作满 6 年。

（三）取得医学本科学历，从事医师工作满 4 年。

（四）取得临床医学硕士专业学位，从事医师工作满 2 年。

（五）取得临床医学博士专业学位。

第十二条 有下列情形之一的，不得申请参加临床医学专业技术资格的考试：

（一）医疗事故责任者未满3年。

（二）医疗差错责任者未满1年。

（三）受到行政处分者在处分时期内。

（四）伪造学历或考试期间有违纪行为未满2年。

（五）省级卫生行政部门规定的其他情形。

第十三条 取得临床医学专业技术资格的人员，应按照国家有关规定，参加继续医学教育。

第十四条 临床医学专业技术资格考试实施办法由卫生部、人事部另行制定。

第十五条 本规定由卫生部、人事部按职责分工负责解释。

卫生部、人事部关于印发《预防医学、全科医学、药学、护理、其他卫生技术等专业技术资格考试暂行规定》及《临床医学、预防医学、全科医学、药学、护理、其他卫生技术等专业技术资格考试实施办法》的通知

（卫人发〔2001〕164号 2001年6月11日）

各省、自治区、直辖市卫生厅局、人事厅局，新疆生产建设兵团，国务院各部委、各直属机构人事（干部）部门：

为贯彻落实人事部、卫生部《关于加强卫生专业技术职务评聘工作的通知》（人发〔2000〕114号）的精神，科学、客观、公正地评价卫生专业人员的技术水平和能力，完善评价机制，提高卫生专业人员的业务素质，现将卫生部、人事部共同制定的《预防医学、全科医学、药学、护理、其他卫生技术等专业技术资格考试暂行规定》及《临床医学、预防医学、全科医学、药学、护理、其他卫生技术等专业技术资格考试实施办法》印发给你们，请遵照执行。

附件：1. 预防医学、全科医学、药学、护理、其他卫生技术等专业技术资格考试暂行规定

2. 临床医学、预防医学、全科医学、药学、护理、其他卫生技术等专业技术资格考试实施办法

附件1

预防医学、全科医学、药学、护理、其他卫生技术等专业技术资格考试暂行规定

第一条 为贯彻落实人事部、卫生部《关于加强卫生专业技术职务评聘工作的通

知》（人发〔2000〕114 号）精神，制定本暂行规定。

第二条 本规定适用于经国家有关部门批准的医疗卫生机构内从事医疗、预防、保健、药学、护理、其他卫生技术（以下简称技术）专业工作的人员。

第三条 预防医学、全科医学、药学、护理、技术专业实行全国统一组织、统一考试时间、统一考试大纲、统一考试命题、统一合格标准的考试制度，原则上每年进行一次。

第四条 本规定下发之日前，已按国家规定取得卫生系列初、中级专业技术职务任职资格的人员，其资格继续有效。本规定下发后，各地、各部门不再进行相应专业技术职务任职资格的考试和评审。通过考试取得专业技术资格，表明其已具备担任卫生系列相应级别专业技术职务的水平和能力，用人单位根据工作需要，从获得资格证书的人员中择优聘任。

第五条 预防医学、药学、护理、技术专业分为初级资格、中级资格、高级资格。全科医学专业分为中级资格、高级资格。

（一）取得初级资格，根据有关规定，并按照下列条件聘任相应的专业技术职务：

1. 药、护、技师：取得中专学历，担任药、护、技士职务满 5 年；取得大专学历，从事本专业工作满 3 年；取得本科学历，从事本专业工作满 1 年。

2. 不符合上述条件的人员只可聘任药、护、技士职务。

（二）取得中级资格，并符合有关规定，可聘任主治（管）医师，主管药、护、技师职务。

（三）高级资格的取得均实行考评结合方式，具体办法另行制定。

第六条 按照《中华人民共和国执业医师法》的有关规定，参加国家医师资格考试，取得执业助理医师资格，可聘任医士职务；取得执业医师资格，可聘任医师职务。

第七条 人事部和卫生部共同负责国家预防医学、全科医学、药学、护理、技术专业技术资格考试的政策制定、组织协调等工作。

卫生部负责拟定考试大纲和命题，组建国家级题库，组织实施考试工作，管理考试用书，规划考前培训，研究考试办法，拟定合格标准等工作。

人事部负责审定考试大纲和试题，会同卫生部对考试工作进行指导、监督、检查和确定合格标准。

第八条 通过预防医学、全科医学、药学、护理、技术专业技术资格考试并合格者，由各省、自治区、直辖市人事（职改）部门颁发人事部统一印制，人事部、卫生部用印的专业技术资格证书。该证书在全国范围内有效。各地在颁发证书时，不得附加任何条件。聘任专业技术职务所需的其他条件按照国家有关规定办理。

第九条 参加预防医学、全科医学、药学、护理、技术专业技术资格考试的人员，应具备下列基本条件：

（一）遵守中华人民共和国的宪法和法律。

（二）具备良好的医德医风和敬业精神。

第十条 参加药学、护理、技术专业初级资格考试的人员，除具备第九条所规定的基本条件外，还必须具备相应专业中专以上学历。

第十一条 参加预防医学、全科医学、药学、护理、技术专业中级资格考试的人员，除具备第九条所规定的条件外，还必须具备下列条件之一：

（一）取得相应专业中专学历，受聘担任医（药、护、技）师职务满7年。

（二）取得相应专业大专学历，从事医（药、护、技）师工作满6年。

（三）取得相应专业本科学历，从事医（药、护、技）师工作满4年。

（四）取得相应专业硕士学位，从事医（药、护、技）师工作满2年。

（五）取得相应专业博士学位。

第十二条 有下列情形之一的，不得申请参加预防医学、全科医学、药学、护理、技术专业技术资格的考试：

（一）医疗事故责任者未满3年。

（二）医疗差错责任者未满1年。

（三）受到行政处分者在处分时期内。

（四）伪造学历或考试期间有违纪行为未满2年。

（五）省级卫生行政部门规定的其他情形。

第十三条 取得预防医学、全科医学、药学、护理、技术专业技术资格的人员，应按照国家有关规定，参加继续医学教育。

第十四条 有下列情形之一的，由卫生行政管理部门吊销其相应专业技术资格，由发证机关收回其专业技术资格证书，2年内不得参加卫生系列专业技术资格考试：

（一）伪造学历和专业技术工作资历证明；

（二）考试期间有违纪行为；

（三）国务院卫生、人事行政主管部门规定的其他情形。

第十五条 本暂行规定由卫生部、人事部按职责分工负责解释。

第十六条 军队系统卫生系列初、中级专业技术资格考试的组织实施由总政治部负责。

第十七条 卫生部、人事部《临床医学专业技术资格考试暂行规定》（卫人发〔2000〕462号）未明确事项，均按本规定执行。

附件2

临床医学、预防医学、全科医学、药学、护理、其他卫生技术等专业技术资格考试实施办法

第一条 根据卫生部、人事部《临床医学专业技术资格考试暂行规定》和《预防医学、全科医学、药学、护理、其他卫生技术等专业技术资格考试暂行规定》（以下均简称暂行规定），制定本办法。

第二条 临床医学、预防医学、全科医学、药学、护理、其他卫生技术（以下简称技术）专业技术资格考试在卫生部、人事部的统一领导下进行。根据《暂行规定》的要求，两部门成立“卫生专业技术资格考试专家委员会”（委员会分设临床医学、预防医学、全科医学、药学、护理和技术等专业组）和“卫生专业技术资格考试办公室”，办公室设在卫生部人事司。具体考务工作委托卫生部人才交流服务中心

实施。

各地考试工作由省级人事和卫生行政部门按照职能分工组织实施。

第三条 临床医学、预防医学、全科医学专业中级资格和药学、护理、技术专业初、中级资格考试原则上每年举行1次，考试日期定于每年10月。首次考试拟定于2001年10月20—21日。

第四条 临床医学、预防医学、全科医学专业中级资格和药学、护理、技术专业初、中级资格考试均分4个半天进行，各级别考试均设置了“基础知识”、“相关专业知识”、“专业知识”、“专业实践能力”等4个考试科目。考试原则上采用人机对话的方式。参加相应专业考试的人员，必须在一个考试年度内通过全部科目的考试，方可获得专业技术资格证书。

第五条 参加考试的人员，必须符合《暂行规定》中与报名有关的各项条件。由本人提出申请，经所在单位审核同意，按规定携带有关证明材料以当地考试机构报名，经考试管理机构审核合格后，领取准考证，凭准考证在指定的时间、地点参加考试。

中央和国务院各部门及其直属单位的人员参加考试，实行属地化管理原则。

第六条 报名条件中有关学历的要求，是指经国家教育、卫生行政主管部门认可的正规全日制院校毕业的学历；有关工作年限的要求，是指取得正规学历前后从事本专业工作时间的总和。工作年限计算的截止日期为考试报名年度当年年底。

第七条 考场原则上设在省辖市以上的中心城市或行政专员公署所在地，具有计算机教学设备的高考定点学校或高等院校。

第八条 卫生部负责组织或授权组织编写培训教材和有关参考资料。严禁任何单位和个人盗用卫生部名义，编写、发行考试用书和举办各种与考试有关的考前培训，使考生利益受到损害。

第九条 为保证培训工作的顺利进行，卫生部制定资格考试培训管理办法，各地要按规定认真做好培训工作。培训单位必须具备场地、师资、教材等条件，由当地卫生部门会同人事（职改）部门审核批准，报卫生部、人事部备案。

第十条 培训必须坚持与考试分开的原则，参与培训的工作人员，不得参加考试命题及考试组织管理工作。应考人员参加培训坚持自愿原则。

第十一条 考试和培训等项目的收费标准，须经当地价格主管部门核准。

第十二条 考试考务管理工作要严格执行有关规章和纪律，切实做好试卷的命制、印刷、发送和保管过程中的保密工作。严格遵守保密制度，严防泄密。

第十三条 考试工作人员要认真执行考试回避制度，严肃考场纪律，对违反考试纪律和有关规定者，要严肃处理，并追究领导责任。

第十四条 为促进卫生专业技术资格考试工作顺利实施，保证各地卫生专业技术职务聘任工作的平稳有序进行，在2005年底前，各省、自治区、直辖市人事厅（局）按国家公布的考试合格标准为考试合格人员颁发全国统一的专业技术资格证书的同时，还可根据当地实际情况，会同卫生厅（局）确定本地区考试合格标准，作为本地区范围内聘任卫生系列相应专业技术职务的条件。各地确定的地区考试合格标准，报人事部、卫生部备案。

护士执业资格考试办法

（卫生部、人力资源和社会保障部令第74号　2010年5月10日）

第一条　为规范全国护士执业资格考试工作，加强护理专业队伍建设，根据《护士条例》第七条规定，制定本办法。

第二条　卫生部负责组织实施护士执业资格考试。国家护士执业资格考试是评价申请护士执业资格者是否具备执业所必需的护理专业知识与工作能力的考试。

考试成绩合格者，可申请护士执业注册。

具有护理、助产专业中专和大专学历的人员，参加护士执业资格考试并成绩合格，可取得护理初级（士）专业技术资格证书；护理初级（师）专业技术资格按照有关规定通过参加全国卫生专业技术资格考试取得。

具有护理、助产专业本科以上学历的人员，参加护士执业资格考试并成绩合格，可以取得护理初级（士）专业技术资格证书；在达到《卫生技术人员职务试行条例》规定的护师专业技术职务任职资格年限后，可直接聘任护师专业技术职务。

第三条　护士执业资格考试实行国家统一考试制度。统一考试大纲，统一命题，统一合格标准。

护士执业资格考试原则上每年举行一次，具体考试日期在举行考试3个月前向社会公布。

第四条　护士执业资格考试包括专业实务和实践能力两个科目。一次考试通过两个科目为考试成绩合格。

为加强对考生实践能力的考核，原则上采用“人机对话”考试方式进行。

第五条　护士执业资格考试遵循公平、公开、公正的原则。

第六条　卫生部和人力资源社会保障部成立全国护士执业资格考试委员会。主要职责是：

（一）对涉及护士执业资格考试的重大事项进行协调、决策；

（二）审定护士执业资格考试大纲、考试内容和方案；

（三）确定并公布护士执业资格考试成绩合格线；

（四）指导全国护士执业资格考试工作。

全国护士执业资格考试委员会下设办公室，办公室设在卫生部，负责具体工作。

第七条　护士执业资格考试考务管理实行承办考试机构、考区、考点三级责任制。

第八条　承办考试机构具体组织实施护士执业资格考试考务工作。主要职责是：

（一）组织制定护士执业资格考试考务管理规定，负责全国护士执业资格考试考务管理；

（二）组织专家拟定护士执业资格考试大纲和命题审卷的有关规定并承担具体工作；

（三）负责护士执业资格考试考生信息处理；

（四）组织评定考试成绩，提供考生成绩单和护士执业资格考试成绩合格证明；

（五）负责考试结果的统计分析和考试工作总结，并向护士执业资格考试委员会提交工作报告；

（六）负责建立护士执业资格考试命题专家库和考试题库；

（七）指导考区有关考试的业务工作。

第九条 各省、自治区、直辖市及新疆生产建设兵团设立考区。省、自治区、直辖市人民政府卫生行政部门及新疆生产建设兵团卫生局负责本辖区的考试工作。其主要职责是：

（一）负责本考区护士执业资格考试的考务管理；

（二）制定本考区护士执业资格考试考务管理具体措施；

（三）负责审定考生报名资格；

（四）负责指导考区内各考点的业务工作；

（五）负责处理、上报考试期间本考区发生的重大问题。

省、自治区、直辖市人民政府卫生行政部门及新疆生产建设兵团卫生局可根据实际情况，会同人力资源社会保障部门成立护士执业资格考试领导小组。

第十条 考区根据考生情况设置考点，报全国护士执业资格考试委员会备案。考点设在设区的市。考点的主要职责是：

（一）负责本考点护士执业资格考试的考务工作；

（二）执行本考点护士执业资格考试考务管理具体措施；

（三）受理考生报名，核实报名材料，初审考生报名资格；

（四）负责为不能自行上网打印准考证的考生打印准考证；

（五）处理、上报本考点考试期间发生的问题；

（六）发给考生成绩单和护士执业资格考试成绩合格证明。

第十一条 各级考试管理机构要有计划地培训考务工作人员和监考人员，提高考试管理水平。

第十二条 在中等职业学校、高等学校完成国务院教育主管部门和国务院卫生主管部门规定的普通全日制 3 年以上的护理、助产专业课程学习，包括在教学、综合医院完成 8 个月以上护理临床实习，并取得相应学历证书的，可以申请参加护士执业资格考试。

第十三条 申请参加护士执业资格考试的人员，应当在公告规定的期限内报名，并提交以下材料：

（一）护士执业资格考试报名申请表；

（二）本人身份证明；

（三）近 6 个月二寸免冠正面半身照片 3 张；

（四）本人毕业证书；

（五）报考所需的其他材料。

申请人为在校应届毕业生的，应当持有所在学校出具的应届毕业生毕业证明，到学校所在地的考点报名。学校可以为本校应届毕业生办理集体报名手续。

申请人为非应届毕业生的，可以选择到人事档案所在地报名。

第十四条 申请参加护士执业资格考试者，应当按国家价格主管部门确定的收费标准缴纳考试费。

第十五条 护士执业资格考试成绩于考试结束后45个工作日内公布。考生成绩单由报名考点发给考生。

第十六条 考试成绩合格者，取得考试成绩合格证明，作为申请护士执业注册的有效证明。

第十七条 考试考务管理工作要严格执行有关规章和纪律，切实做好试卷命制、印刷、发送和保管过程中的保密工作，严防泄密。

第十八条 护士执业资格考试实行回避制度。考试工作人员有下列情形之一的，应当回避：

（一）是考生近亲属的；

（二）与考生有其他利害关系，可能影响考试公正的。

第十九条 对违反考试纪律和有关规定的，按照《专业技术人员资格考试违纪违规行为处理规定》处理。

第二十条 军队有关部门负责军队人员参加全国护士执业资格考试的报名、成绩发布等工作。

第二十一条 香港特别行政区、澳门特别行政区和台湾地区居民符合本办法规定和《内地与香港关于建立更紧密经贸关系的安排》、《内地与澳门关于建立更紧密经贸关系的安排》或者内地有关主管部门规定的，可以申请参加护士执业资格考试。

第二十二条 本办法自2010年7月1日起施行。

人力资源和社会保障部办公厅、卫生部办公厅、总政治部干部部关于军队卫生人员参加国家统一组织的卫生专业技术资格考试有关问题的通知

（人社厅发〔2011〕16号 2011年2月11日）

各省、自治区、直辖市人力资源社会保障厅（局）、卫生厅（局），福建省公务员局，各军区、各军兵种、各总部、军事科学院、国防大学、国防科学技术大学、武警部队政治部干部部（处）：

在总结利用社会资源评价军队卫生专业技术人员试点工作经验的基础上，经研究决定，自2011年起，军队卫生专业技术干部、文职人员和护理士官（以下简称军队卫生人员），按照属地原则参加国家统一组织的卫生专业技术资格考试。现将有关事项通知如下：

一、符合卫生部、原人事部联合印发的《临床医学专业技术资格考试暂行规定》（卫人发〔2000〕462号）和《预防医学、全科医学、药学、护理、其他卫生技术等专业技术资格考试暂行规定》（卫人发〔2001〕164号）有关规定的军队卫生人员，均可在单位所在地区设置的考点参加国家统一组织的卫生专业技术资格考试。

武警部队和公安部现役卫生人员参加国家统一组织的卫生专业技术资格考试，均按照本通知规定办理。

二、军队卫生人员参加国家统一组织的卫生专业技术资格考试，由团级以上单位按照卫生专业技术资格考试教务机构统一规定的报名时限及报名系统要求组织报名，报名条件的审核工作由师以上单位负责。报名工作结束后，由团以上单位将报名数据移交本地区卫生专业技术资格考试教务管理机构。有关卫生专业技术资格考试考务工作的具体要求，由卫生部人才交流服务中心另行通知。

三、由于国家统一组织的卫生专业技术资格考试的专业设置不能满足军队卫生工作的需要和因执行军队重大任务的军队卫生人员不能按期参加国家统一组织的卫生专业技术资格考试的，仍由军队根据具体情况单独组织进行。

四、军队卫生人员参加国家统一组织的卫生专业技术资格考试，并达到国家确定的相应级别、专业考试合格标准的，由有任免权限的单位择优任命（或聘任）相应岗位专业技术职务。对违反考试纪律的人员，按照《专业技术人员资格考试违纪违规行为处理规定》处理。

各省、自治区、直辖市有关部门和军队各有关单位要切实加强领导，积极沟通，密切配合，周密组织，保证军队卫生人员参加国家统一组织的卫生专业技术资格考试工作顺利进行。

人事部关于印发《翻译专业资格（水平）考试暂行规定》的通知

（人发〔2003〕21 号　2003 年 3 月 21 日）

各省、自治区、直辖市人事厅（局），新疆生产建设兵团人事局，国务院各部委、各直属机构人事（干部）部门，中国外文出版发行事业局：

为适应社会主义市场经济和我国加入世界贸易组织的需要，科学、客观、公正地评价翻译专业人才水平和能力，促进高素质的外语翻译专业人员队伍建设，经研究决定，在翻译专业实行资格（水平）考试制度，现将《翻译专业资格（水平）考试暂行规定》印发给你们，请遵照执行。

翻译专业资格（水平）考试暂行规定

第一条　为适应社会主义市场经济发展的需要，建设高素质的外语翻译专业人员队伍，培养高水平的翻译专业人才，更好地为我国对外开放和国际交流与合作服务，根据国家关于职业资格证书制度的有关精神，制定本规定。

第二条　翻译专业资格（水平）考试纳入国家职业资格证书制度，统一规划。

第三条　翻译专业资格（水平）考试等级划分与专业能力：

（一）资深翻译：长期从事翻译工作，具有广博科学文化知识和国内领先水平的双语互译能力，能够解决翻译工作中的重大疑难问题，在理论和实践上对翻译事业的发展和人才培养作出重大贡献。

（二）一级口译、笔译翻译：具有较为丰富的科学文化知识和较高的双语互译能力，能胜任范围较广、难度较大的翻译工作，能够解决翻译工作中的疑难问题，能够担任重要国际会议的口译或译文定稿工作。

（三）二级口译、笔译翻译：具有一定的科学文化知识和良好的双语互译能力，能胜任一定范围、一定难度的翻译工作。

（四）三级口译、笔译翻译：具有基本的科学文化知识和一般的双语互译能力，能完成一般的翻译工作。

第四条 资深翻译实行考核评审方式取得，申报资深翻译的人员须具有一级口译或笔译翻译资格（水平）证书；一级口译、笔译翻译实行考试与评审相结合的方式取得。资深翻译和一级口译、笔译翻译评价的具体办法另行规定。

二级口译、笔译翻译和三级口译、笔译翻译实行统一大纲、统一命题、统一标准的考试办法。申请人可根据本人所从事的专业工作，报名参加相应级别口译或笔译翻译的考试。

第五条 凡遵守中华人民共和国宪法和法律，恪守职业道德，具有一定外语水平的人员，均可报名参加相应语种、级别的考试。

第六条 中国外文出版发行事业局（以下简称中国外文局）组建翻译资格（水平）考试专家委员会。该委员会负责拟定考试语种、考试科目、考试大纲和考试命题，研究建立考试题库等有关工作。

人事部组织专家审定考试语种、考试科目、考试大纲，对考试工作进行检查、监督和指导。

第七条 翻译专业资格（水平）考试合格，颁发人事部统一印制并用印的《中华人民共和国翻译专业资格（水平）证书》。该证书在全国范围内有效。

第八条 翻译专业资格（水平）证书实行定期登记制度，每3年登记一次。有效期满前，持证者应按规定到指定的机构办理再次登记手续。再次登记，还需要提供接受继续教育或业务培训的证明。

第九条 取得二级口译、笔译翻译或三级口译、笔译翻译资格（水平）证书，并符合《翻译专业职务试行条例》翻译或助理翻译专业职务任职条件的人员，用人单位可根据需要聘任相应职务。

第十条 二级口译、笔译翻译和三级口译、笔译翻译的相应语种实施全国统一考试后，各地、各部门不再进行相应语种的翻译及助理翻译专业职务任职资格的评审工作。

第十一条 经国家有关部门同意，获准在中华人民共和国境内就业的外籍人员及港、澳、台地区的专业人员，符合本规定要求的，也可报名参加翻译专业资格（水平）考试并申请登记。

第十二条 本规定自2003年4月21日起施行。

人事部办公厅关于印发《二级、三级翻译专业资格（水平）考试实施办法》的通知

（国人厅发〔2003〕17号　2003年8月25日）

各省、自治区、直辖市人事厅（局），国务院各部委、各直属机构人事部门，中国外文出版发行事业局：

现将《二级、三级翻译专业资格（水平）考试实施办法》印发给你们，请遵照执行。

二级、三级翻译专业资格（水平）考试实施办法

第一条　根据《翻译专业资格（水平）考试暂行规定》（人发〔2003〕21号，以下简称《暂行规定》），为做好二级、三级翻译专业资格（水平）考试工作，制定本办法。

第二条　各级别翻译专业资格（水平）考试均设英、日、俄、德、法、西班牙、阿拉伯等语种。各语种、各级别均设口译和笔译考试。

第三条　各级别口译考试均设《口译综合能力》和《口译实务》2个科目，其中二级口译考试《口译实务》科目分设“交替传译”和“同声传译”2个专业类别。报名参加二级口译考试的人员，可根据本人情况，选择《口译实务》科目相应类别的考试。

各级别笔译考试均设《笔译综合能力》和《笔译实务》2个科目。

第四条　各级别《口译综合能力》科目考试采用听译笔答方式进行；二级《口译实务》科目“交替传译”和“同声传译”以及三级《口译实务》科目的考试均采用现场录音方式进行。

各级别《笔译综合能力》和《笔译实务》科目考试均采用纸笔作答方式进行。

第五条　各级别口译、笔译考试均分2个半天进行。

各级别《口译综合能力》科目、二级《口译实务》科目“交替传译”和“同声传译”考试时间均为60分钟。

三级《口译实务》科目考试时间为30分钟。

各级别《笔译综合能力》科目考试时间均为120分钟，《笔译实务》科目考试时间均为180分钟。

第六条　中国外文出版发行事业局（以下简称中国外文局）负责各级别翻译专业资格（水平）考试的实施与管理工作。人事部人事考试中心负责考务工作，国家外国专家局培训中心承担口译考试考务工作。

第七条　中国外文局根据需要确定各年度各级别翻译专业资格（水平）考试的次数，并在考试后提出合格标准的建议，送人事部核准。

第八条　参加考试人员，须在一次考试内通过相应级别口译或笔译2个科目考试，方可取得《中华人民共和国翻译专业资格（水平）证书》。

第九条　凡符合《暂行规定》第五条的人员，均可由本人提出申请，按规定携带身份证明到当地考试管理机构报名，领取准考证，凭准考证、身份证明按指定的时间、地点参加考试。

第十条　口译考试的考点原则上设在地级以上城市具有语音考试专用设备的单位；笔译考试的考点原则上设在地级以上城市大中专院校或高考定点学校。

中央和国务院所属单位的人员，按属地原则报名参加考试。

第十一条　坚持考试与培训分开的原则，凡参与考试工作的人员，不得参加考试及与考试有关的培训工作。

应考人员参加培训坚持自愿的原则。

第十二条　各级别翻译专业资格（水平）考试大纲由中国外文局编写和发行。未经中国外文局同意，不得复制、出版翻译专业资格（水平）考试大纲和已启用的考试试题。

第十三条　各级别翻译专业资格（水平）考试和培训等项目的收费标准，须经当地价格主管部门核准，并公布于众，接受社会监督。

第十四条　考务管理工作要严格执行考务工作的有关规章和制度，严格遵守保密制度，严防泄密，切实做好试卷的命制、印刷和录音制品的录制以及发送、保管过程中的保密工作。

第十五条　加强对考试工作的组织管理，认真执行回避制度，严肃考试工作纪律和考场纪律。对弄虚作假等违反考试有关规定者，要依法处理，并追究当事人和有关领导的责任。

人事部办公厅关于二级、三级翻译专业资格（水平）考试试点有关问题的通知

（国人厅发〔2003〕26 号　2003 年 9 月 25 日）

北京市、上海市、广州市人事局：

根据《翻译专业资格（水平）考试暂行规定》（人发〔2003〕21 号）和《二级、三级翻译专业资格（水平）考试实施办法》（国人厅发〔2003〕17 号）精神，为积极稳妥地推进翻译专业资格（水平）考试工作，经与中国外文出版发行事业局及有关单位研究，本着先行试点、积累经验、逐步推开的原则，首次确定进行全国二级、三级翻译专业资格（水平）考试试点城市为北京市、上海市、广州市。现将《二级、三级翻译专业资格（水平）考试试点实施方案》印发给你们，请认真组织实施，确保试点工作的顺利开展。试点过程中有何情况和建议，请及时与我部专业技术人员管理司联系。

二级、三级翻译专业资格（水平）考试试点实施方案

为了保证试点工作顺利实施，现将试点方案确定如下：

一、考试人员范围

凡符合《翻译专业资格（水平）考试暂行规定》（以下简称《暂行规定》）第五条的人员，均可由本人提出申请，报名参加二级、三级翻译专业资格（水平）笔译、口译的考试。考试语种为英语。

二、考试方式

考试试点实行统一大纲、统一命题、统一合格标准、统一信息管理系统和统一证书。

各级别笔译考试科目均为《笔译综合能力》和《笔译实务》；二级口译“交替传译”类考试科目为《口译综合能力》和《口译实务》；三级口译科目为《口译综合能力》和《口译实务》。

各级别笔译考试采用纸笔作答方式进行，口译考试采用听译笔答和现场录音方式进行。相应级别笔译或口译2个科目考试均合格者，方可取得相应级别、类别《中华人民共和国翻译专业资格（水平）证书》。

三、考试组织管理

中国外文局出版发行事业局（以下简称中国外文局）负责各级别翻译专业资格（水平）考试的实施与管理工作。人事部人事考试中心负责笔译考试考务和试点考试数据汇总工作，国家外国专家局培训中心承担口译考试考务工作。

各试点城市笔译考试的考点原则上设在大中专院校或高考定点学校；口译考试考点、考场设置标准由中国外文局和国家外国专家局培训中心确定。

四、考试工作时间安排

（一）10月份。中国外文局下发考试大纲、组织命题，人事考试中心和国家外国专家局培训中心联合下发试点考试考务通知和考试报名信息管理软件；各试点城市确定试点考试考点、考场。

（二）11月份。人事考试中心和国家外国专家局培训中心分别检查笔译和口译考点、考场设置及考前有关工作准备情况。各试点城市组织报名，分别将笔译、口译报名信息报人事考试中心和国家外国专家局培训中心。

（三）12月份。各试点城市组织进行考试。中国外文局组织阅卷工作，人事部办公厅公布合格标准。试点考试工作结束后，各试点城市要抓紧进行工作总结，人事部专业技术人员管理司将听取试点城市对考试试点工作的意见和建议，研究明年的工作安排。

人力资源和社会保障部关于印发《资深翻译和一级翻译专业资格（水平）评价办法（试行）》的通知

（人社部发〔2011〕51号　2011年4月25日）

各省、自治区、直辖市人力资源社会保障厅（局），福建省公务员局，国务院各部委、各直属机构人事部门，中国外文出版发行事业局：

为健全翻译专业资格（水平）评价体系，规范资深翻译和一级翻译专业资格（水平）评价标准和程序，现将《资深翻译和一级翻译专业资格（水平）评价办法（试行）》印发给你们，请在资深翻译和一级翻译专业资格（水平）评价工作中试行。试行过程中遇到的问题请及时反馈我们，以便修订完善。

资深翻译和一级翻译专业资格（水平）评价办法（试行）

第一章 总 则

第一条 为加强翻译专业人员队伍建设，提高翻译专业人员的整体素质，健全和完善翻译专业人才选拔机制，客观、公正地评价资深翻译和一级翻译专业人员能力水平，促进我国翻译事业的发展，根据《翻译专业职务试行条例》、《翻译专业资格（水平）考试暂行规定》（人发〔2003〕21号）及有关规定，制定本办法。

第二条 资深翻译和一级翻译专业资格（水平）评价办法是翻译专业资格（水平）评价制度的重要组成部分，是分类推进职称制度改革的探索。本办法试行范围包括英、法、日、俄、德、西班牙、阿拉伯7个语种长期从事翻译专业工作的人员。其他语种相应级别翻译专业人员的评价，暂按照《翻译专业职务试行条例》有关规定和现行办法组织进行。

第三条 本办法试行后，各省、自治区、直辖市（以下简称地区）和国务院有关部门、中央管理的企业（以下简称中央单位）不再进行翻译系列相应语种译审和副译审任职资格的评审。

第四条 资深翻译和一级翻译是翻译系列正高级职称和副高级职称。资深翻译采取评审的方式取得；一级翻译采取考试与评审相结合的方式取得。

第五条 人力资源社会保障部委托中国外文出版发行事业局（以下简称中国外文局）开展全国范围的资深翻译评审和一级翻译的考试与评审工作。

其他具备组建资深翻译、一级翻译评审委员会条件的地区和中央单位，经人力资源社会保障部审核备案后，可在本地区或者本单位内开展资深翻译和一级翻译的评审工作。不具备组建评审委员会条件的地区或者中央单位，应当委托中国外文局统一承担资深翻译、一级翻译的评审工作。

第二章 资 深 翻 译

第六条 资深翻译的评审工作原则上每年组织一次。

第七条 资深翻译应具备的基本素质与职业能力：

（一）丰富的翻译专业工作经验和良好的职业道德；

（二）知识广博，熟悉中国和相关语言国家的文化背景，中外文语言功底深厚；

（三）胜任高难度的翻译专业工作，能够解决翻译专业工作中的重大疑难问题，具有较强的审定重要事项翻译稿件的能力，或者承担重要谈判、国际会议的口译工作能力；

（四）译风严谨，译文能表达原作的风格；

（五）对翻译专业理论有深入研究，组织、指导翻译专业人员出色完成各项翻译任务，在翻译专业人才培养方面卓有成效；

（六）翻译成果显著，翻译业务考评和年度综合考核均为合格以上等次。

第八条 申请参加资深翻译的评审应具备的基本条件：

（一）遵守国家法律、法规和翻译行业相关规定，严格执行国家标准与技术规范，恪守职业道德；

（二）按照国家统一规定评聘副译审专业职务后或者取得一级翻译证书后，从事翻译专业工作满5年；

（三）任现职以来有翻译专业论文，近5年年度考核均为合格以上等次。

第九条 申请参加资深翻译的评审，需提交评聘副译审专业职务后或者取得一级翻译证书后，具备的下列一项业绩成果的材料：

（一）审定稿量在30万字以上的正式出版物或者单位证明；

（二）在正式出版社出版的、有统一书号（ISBN）的、各不少于10万字的译著或者翻译理论研究著作2部（对书中未注明参评人撰写章节的译著，须由该出版社出具有关证明，注明参评人所译章节）；

（三）在国内统一刊号的报纸、期刊上或者在国际统一刊号的国外报纸、期刊上发表的独立完成的译文，累计不少于20万字；

（四）承担重要谈判或者国际会议等口译任务30场以上的场次目录和服务方证明，及不少于2场的现场录音材料。

第三章 一级翻译

第十条 一级翻译的考试设笔译和口译（交替传译）两个专业类别，实行全国统一大纲、统一命题，原则上每年举行一次。

第十一条 一级翻译的考试考务实施工作，由人力资源社会保障部人事考试中心（以下简称人事考试中心）、中国外文局翻译专业资格考评中心（以下简称中国外文局考评中心）和国家外国专家局培训中心，按照职责分工负责。

中国外文局考评中心负责命题与题库建设；人事考试中心承担笔译考试的考务实施和笔译、口译考试的数据统计等工作；国家外国专家局培训中心承担口译考试的考务实施工作。

第十二条 各语种一级翻译的笔译专业考试设“笔译实务”科目，考试采用纸笔作答方式进行，考试时间为180分钟。口译（交替传译）专业考试设“口译（交替传译）实务”科目，考试采用现场录音方式进行，考试时间为60分钟，中译外和外译中各30分钟。

第十三条 一级翻译应具备的基本素质与职业能力：

（一）较丰富的翻译专业工作经验和良好的职业道德；

（二）知识面宽广，熟悉中国和相关语言国家的文化背景，中外文语言功底扎实；

（三）对原文有较强的理解能力和表达能力，有正式出版的译著或者公开发表的译文，对翻译实践或者理论有所研究，有翻译专业论文；

（四）胜任范围较广、难度较大的相应类别翻译专业工作，能够解决翻译专业工作中的疑难问题，能够承担重要场合、具有实质性内容的口译工作或者译文定稿能力；

（五）组织、指导翻译专业人员完成各项翻译任务；

（六）翻译工作成绩较大，翻译业务考评和年度综合考核均为合格以上等次。

第十四条 遵守国家法律、法规和翻译行业相关规定，恪守职业道德，并具备下列条件之一的人员，均可报名参加一级翻译考试。

（一）通过全国统一考试取得相应语种、类别二级翻译证书；

（二）按照国家统一规定评聘翻译专业职务。

第十五条 一级翻译考试考点原则上设在省会城市，设置的地区和数量，由国家根据实际情况确定。笔译考试考点应设在大、中专院校或高考定点学校；口译考试考点应设在具有语音考试专用设备的学校。

中央单位的人员参加考试，按照属地管理原则。

第十六条 参加一级翻译考试的人员，由人事考试中心统一核发相应语种、相应类别一级翻译考试成绩通知书。达到国家统一确定的考试合格标准的考试成绩长期有效。

各地区人力资源社会保障部门和中央单位人事部门研究确定本年度一级翻译评审的考试成绩使用标准。

第十七条 申请参加一级翻译评审的人员，必须取得与申请评审的语种和类别相一致的一级翻译考试成绩通知书。申请评审的语种和类别与考试成绩通知书不一致的，负责评审的机构可不予受理。

第十八条 提交一级翻译评审的申请时，必须出具不少于20万字的笔译工作量的证明，或者由服务方证明的、在正式场合不少于100场次的英语口译工作量，其他语种的口译工作量应不少于50场次，并具备下列条件之一：

（一）具有翻译专业博士学位证书，按照国家统一规定聘任翻译专业职务或者取得二级翻译证书后，从事翻译专业工作满2年；

（二）具有翻译专业硕士学位证书，按照国家统一规定聘任翻译专业职务或者取得二级翻译证书后，从事翻译专业工作满3年；

（三）具有包括翻译专业在内的双学士学位证书或者翻译专业研究生班毕业证书，按照国家统一规定聘任翻译专业职务或者取得二级翻译证书后，从事翻译专业工作满4年；

（四）具有翻译专业大学本科学历或者学位证书，按照国家统一规定聘任翻译专业职务或者取得二级翻译证书后，从事翻译专业工作满5年；

（五）具有非翻译专业上述学历或者学位证书，按照国家统一规定聘任翻译专业职务或者取得二级翻译证书后，其从事翻译专业工作的年限应相应增加2年。

第四章 评价工作要求

第十九条 开展资深翻译和一级翻译专业资格（水平）评价工作的地区和中央单位，应不断完善评价工作规章制度，确保评价结果的客观、公平、公正。

第二十条 考务机构和评审机构及其工作人员，应当严格执行考试、评审工作的各项规章制度，严格遵守考试、评审工作纪律。

第二十一条 坚持考试与培训分开的原则。凡参与考试工作的人员，不得参加考试，也不得参加或者举办与考试内容相关的培训工作。不得强迫应试人员参加与考试内容相关的培训。

第二十二条 资深翻译的评审和一级翻译的考试与评审的收费标准，应经当地价格主管部门核准，并向社会公布，接受群众监督。

第二十三条 对违反考试工作纪律和有关规定的人员，按照《专业技术人员资格考试违纪违规行为处理规定》（人力资源社会保障部第 12 号令）处理。

第五章 附 则

第二十四条 对翻译专业工作业绩突出、成果显著，但不具备本办法规定的学历、工作经历等基本条件的人员，其申请参加资深翻译和一级翻译评审的破格条件，由经人力资源社会保障部备案具有评审委员会的地区和中央单位研究制定，并报人力资源社会保障部备案。

第二十五条 通过资深翻译或者一级翻译评审的人员，经公示无异议后，属中国外文局组织评审的，颁发由人力资源社会保障部用印的资深翻译或者一级翻译证书；属其他地区或者中央单位组织评审的，由该地区或者单位颁发人力资源社会保障部门或者单位人事部门用印的资深翻译或者一级翻译证书。

第二十六条 人力资源社会保障部用印的资深翻译和一级翻译证书在全国范围有效。各地区和中央单位用印的资深翻译和一级翻译证书在所辖区域内有效。

第二十七条 本办法第二十五条要求的公示期为 7 个工作日，中国外文局应当在中国网或者相关网站进行，其他地区或者中央单位应当在本地区或者本系统的相应网站进行。

第二十八条 按照本办法取得资深翻译证书或者一级翻译证书的人员，用人单位可根据需要择优聘任相应级别专业职务。

第二十九条 在本办法试行前，已按照国家统一规定取得的译审和副译审专业职务任职资格的效用不变。已获得翻译系列译审或副译审专业职务任职资格的人员申请取得资深翻译证书或者一级翻译证书，仍须按照本办法规定的条件和程序申报。

第三十条 本办法自 2011 年 6 月 1 日起试行。

国家统计局、人事部关于印发《统计专业技术资格考试暂行规定》及其实施办法的通知

（国统字〔1995〕46 号 1995 年 1 月 24 日）

各省、自治区、直辖市统计局、人事（人事劳动）厅（局），计划单列市、新疆生产建设兵团统计局、人事局：

现将《统计专业技术资格考试暂行规定》及其实施办法印发给你们，请认真贯彻执行。

统计专业技术资格考试暂行规定

第一条 为加强统计专业队伍建设，提高统计人员素质，客观公正地评价和选拔人才，充分发挥统计人员在社会主义现代化建设中的积极性和创造性，根据国家深化职称改革、建立和推行专业技术资格考试制度的精神，特制定本规定。

第二条 统计专业技术资格实行全国统一考试制度。资格考试坚持客观、公正、规范的原则，实行全国统一组织、统一大纲、统一考试用书、统一试题、统一评分标准。资格考试暂设置两个级别：统计专业初级资格、统计专业中级资格。本规定执行后不再进行统计专业初、中级职务任职资格的评审工作，各地区、各部门为评定相应统计专业职务任职资格而组织的考试也不再进行。

第三条 按本规定通过全国统一考试获得统计专业初、中级资格的人员，表明其已具备担任相应职务的专业技术水平和能力。获得统计专业资格不与工资待遇挂钩。单位根据工作需要和本人条件决定获得统计专业资格人员的职务和工资待遇。

第四条 统计专业中级资格考试分甲、乙两种。甲种考试为统计师资格应具备的专业水平和业务能力的考试，考试合格者，获得统计师资格。乙种考试为统计基础理论和专业知识的考试。不具备甲种考试规定学历的人员，必须取得乙种考试合格证书后，再参加甲种考试科目中《统计工作实务》的考试，成绩合格者，获得统计师资格。

统计专业初级资格考试只设一种，为该资格应具备的专业水平和业务能力的考试。

第五条 统计专业初级资格考试科目为：1. 统计学和统计法基础知识；2. 专业知识和实务（新的国家统计报表制度）。

统计专业中级资格甲种考试科目为：1. 统计基础理论及相关知识；2. 统计工作实务。

统计专业中级资格乙种考试科目为：1. 统计学原理；2. 经济学；3. 会计基础知识；4. 国民经济核算基础知识；5. 统计分析；6. 计算机基础知识与应用。

第六条 报名参加统计专业初、中级资格考试的人员应具备下列基本条件：

1. 拥护中国共产党在社会主义初级阶段的基本路线，遵纪守法；

2. 热爱统计工作，能够履行岗位职责，完成本职工作任务，遵守职业道德。

第七条 报名参加统计专业初级资格考试的人员，除具备第六条所列基本条件外，还必须具备高中毕业以上学历。

第八条 报名参加统计专业中级资格甲种考试的人员，除具备第六条所列基本条件外，还必须具备下列条件之一：

1. 中等专业学校毕业后从事专业工作满十年，取得统计专业初级资格（含本规定实施前通过国家考试获得的统计员、助理统计师资格或按照国家统一规定评聘的初级统计专业职务），并参加统计专业中级资格乙种考试合格。

2. 大学专科毕业后从事专业工作满六年；大学本科毕业后从事专业工作满四年。

3. 获第二学士学位后或研究生班结业后从事专业工作满二年。

4. 获硕士学位后从事专业工作满一年；获博士学位。

第九条 统计专业初级资格和中级资格的甲种考试每年举行一次，全部考试科目合格者，授予由人事部统一印制，人事部和国家统计局用印的《统计专业技术资格证书》，全国范围内有效。

第十条 统计专业中级资格乙种考试的开考计划，以两年为一周期循环安排。考试成绩采用单科累积的方式，每门科目考试合格，由省（区、市）统计专业资格考试办公室颁发单科合格证明。规定的科目全部合格后，由国家统计局颁发统计专业中级资格乙种考试合格证书。乙种考试各单科合格证只在四年内申办合格证书有效，逾期该科目必须重考。

第十一条 对伪造学历、资历或考试作弊，骗取资格证书和乙种考试合格证书的人员，发证机关应取消其资格，收回证书。

第十二条 统计专业资格考试由人事部和国家统计局共同负责。人事部负责审定考试科目、考试大纲、试题和确定合格标准，会同国家统计局对考试进行指导、监督、协调。国家统计局负责考试大纲和考试用书的编写、出版、发行，组织命题、建立题库和实施考试工作。

各省、区、市的考务工作由人事厅（局）和统计局共同负责，具体分工按“三定”方案规定的职责确定。副省级市是否单独组织考试由所在省人事厅会同省统计局确定。

第十三条 统计专业资格考试工作遵守并执行《中华人民共和国保守国家秘密法》和人事部、国家保密局关于《人事工作中国家秘密及秘级具体范围的补充规定》。

第十四条 统计专业中级资格其外语要求另行规定。

第十五条 本规定适用于国家机关、企业、事业、团体单位在统计岗位工作的人员。本规定按第十二条的分工，分别由人事部和国家统计局负责解释。本规定自发布之日起执行，过去有关规定与本规定不符的，以本规定为准。

《统计专业技术资格考试暂行规定》实施办法

一、国家统计局和人事部成立全国统计专业技术资格考试办公室，在两部（局）领导下，负责统计专业技术资格考试的组织实施和考务工作，考试办公室设在国家统计局人事司。国家统计局设立统计专业技术资格考试大纲、考试用书编写暨命题委员会。该委员会负责统计专业初级资格考试，中级资格甲、乙种考试的考试大纲、考试用书的编写和命题工作。委员会的日常工作由国家统计局人事司负责。

二、统计专业初级资格考试和统计专业中级资格甲种考试从 1995 年开始实施，1995、1996 年考试具体时间另行确定。从 1997 年起，每年的考试日期定为 5 月的第二个星期日。

统计专业中级资格乙种考试从 1997 年开始实施。第一年考试科目为：统计学原理、经济学、会计基础知识；第二年考试科目为：计算机基础知识与应用、统计分析、国民经济核算基础知识。考试定于每年五月的第二个星期日。

三、已评聘非统计系列初级专业技术职务的在岗从事统计工作的人员，可视同获得初级统计专业职务人员，按照《统计专业技术资格考试暂行规定》（以下简称《暂行规定》）中第八条和本《实施办法》第四款的规定，报名参加统计专业中级资格甲种考试；实行资格考试制度前，已担任统计师专业职务的人员，如本人自愿，也可参加统计专业中级资格甲种考试。

四、在 1995—1997 年度组织的统计专业初级资格考试和中级资格甲种考试中，国家机关和企业、事业单位在岗从事统计工作的人员，初中毕业参加工作满十年、符合《暂行规定》第六条规定的条件，可报名参加统计专业初级资格考试；初中毕业参加工作满二十年且从事统计工作满十五年并担任统计专业初级职务满四年，或高中、中等专业学校毕业从事统计工作满十五年并担任统计初级职务满四年，符合《暂行规定》第六条规定的条件，可报名参加统计专业中级资格甲种考试（现在国家机关工作和从国家机关调入企事业单位工作未参加专业技术职务评聘的，对是否担任统计专业初级职务不作要求）。

五、统计专业资格考试都必须在当年开考时间前四个月完成报名工作，并按统一表式将报名人员基本情况和考场设置情况报全国统计专业资格考试办公室。报名地点和报名起止时间由各地统计专业资格考试办公室确定，并在报名开始前一个月公布。

六、参加统计专业资格考试，由本人提出申请，本单位人事部门审查盖章后到当地统计专业资格考试办公室报名。考试办公室按规定程序和报名条件审查合格后，发给准考证。考生凭准考证在指定的时间、地点参加考试。

七、统计专业资格考试考场一般在地（市）设置，特殊情况或个别边远地区需在县设考场的，须经省一级考试办公室批准。

八、有组织、有计划地做好统计专业资格考试培训工作。各地举办的资格考试培训班须经当地统计专业资格考试办公室批准。必须坚持考试和培训分开的原则，参加培训工作的人员不得参加考试组织工作。参加培训坚持自愿原则。考试和培训的报名、收费须分开进行。

九、严格执行考务工作的有关规章制度，做好试卷在命题、印刷、发送和保管过程中的保密工作，严格考场纪律，严禁弄虚作假。对违反规章制度者，按有关规定进行处罚。

人事部办公厅、国家统计局办公室关于开展高级统计师资格考评结合试点工作的通知

（国人厅发〔2005〕121号 2005年10月14日）

山西省、山东省人事厅、统计局：

为改革高级统计师资格单一评审办法，探索科学、客观、公正公平的高级统计师资格评价办法，促进高级统计专业人才队伍建设，人事部、国家统计局决定在山西省、山东省开展高级统计师资格考试与评审相结合试点工作。现就试点工作有关问题通知如下：

一、试点考试由国家统一组织，评审工作仍按现行办法由试点省市组织进行。凡申请参加高级统计师资格评审的人员，须经考试合格后，方可参加评审。

二、人事部、国家统计局共同负责高级统计师资格考评结合试点工作的组织和领导。国家统计局、人事部全国统计专业技术资格考试办公室（以下简称全国统计考试办）负责确定考试科目、制定考试大纲、组织命题和阅卷、确定合格标准。

试点省市的高级统计师考试工作，由省人事、统计部门综合管理，省级统计专业技术资格考试管理机构组织实施。

三、凡申请参加高级统计师资格考试的人员，须符合下列条件之一：

1.《统计专业职务试行条例》规定的高级统计师专业职务任职资格评审条件。

2. 经省人事、统计部门批准的申报高级统计师专业职务任职资格评审的破格条件。

四、考试采取以下方式：

（一）考试科目为《高级统计实务》。考试时间为 180 分钟，采取开卷笔答方式进行。主要测试应试者运用统计专业理论、相关理论知识，分析、解决和处理统计业务的综合能力。

（二）考点原则上设置在省会城市。考试时间为 2005 年 12 月。

（三）参加考试并达到国家合格标准的人员，由全国统计考试办核发高级统计师资格考试成绩合格证，该证在全国范围内 5 年有效。

（四）试点省可根据本地区统计人员考试的实际情况，参照国家标准，确定当年度参评的使用标准，报全国统计考试办备案，并由试点省市统计专业技术资格考试管理机构核发考试成绩证明，该证明只在本年度本地区评聘工作中有效。

五、各级考试管理机构应严格执行考试工作纪律，切实做好考试命题、试卷管理、考场组织以及其他各个环节的保密工作。对泄密、舞弊行为，要严肃处理并追究当事人及有关领导的责任。

人力资源和社会保障部、国家统计局关于印发《高级统计师资格评价办法（试行）》的通知

（人社部发〔2011〕90 号　2011 年 8 月 22 日）

各省、自治区、直辖市人力资源社会保障厅（局）、统计局，福建省公务员局，国务院各部委、各直属机构人事部门，中央管理企业人事部门：

为规范高级统计师资格评价标准和评价程序，现将《高级统计师资格评价办法（试行）》印发给你们，请在高级统计师资格评价工作中试行。试行中遇到的问题请及时反映给我们，以便修订完善。

高级统计师资格评价办法（试行）

第一章　总　则

第一条　为加强统计专业技术人才队伍建设，提高统计人员的整体素质，科学、客观、公正地评价统计人员的学识水平和业务能力，健全和完善统计专业技术人才选拔机制，根据《中华人民共和国统计法》及其实施条例、《统计专业职务试行条例》和国家关于专业技术职务聘任制度有关规定，制定本办法。

第二条　本办法适用于从事统计专业工作的人员。

第三条　高级统计师资格实行考试与评审相结合的评价办法。参加考试合格并通过评审，方可取得高级统计师资格。

第四条　各省、自治区、直辖市（以下简称地区）和中央、国务院各部门及其直属机构、中央管理的企业（以下简称中央单位）应当按照本办法要求，试行高级统计师资格考试与评审相结合的评价办法。

第五条 高级统计师资格评价工作在人力资源社会保障部、国家统计局的统一领导下进行。人力资源社会保障部、国家统计局联合组成的统计专业技术资格考试办公室（以下简称全国统计考试办），负责研究高级统计师资格评价相关政策和评价标准，指导、监督和检查高级统计师资格评价的实施工作。

各地区高级统计师资格评价工作，由本地区人力资源社会保障部门（福建省为公务员局，下同）、统计局共同组织实施。

第二章 考 试

第六条 高级统计师资格的考试实行全国统一大纲、统一命题，原则上每年举行一次。

第七条 考试设《高级统计实务与案例分析》科目。主要考查应试者运用统计方法和数据信息，分析、判断、处理统计业务和解决统计工作实际问题的综合能力。

考试时间为180分钟，采取开卷笔答的方式进行。

第八条 凡遵守国家法律法规，严格执行统计工作各项规章制度，热爱统计业务工作，具有良好的职业道德和统计行业操守，并符合下列一项条件的人员，均可申请参加考试：

（一）获得统计学或者相近专业（数学与应用数学、信息与计算科学，下同）博士学位后，担任统计师专业职务满2年；

（二）获得统计学或者相近专业硕士学位，担任统计师专业职务后，或者通过全国统一考试取得统计师、会计师、审计师或者经济师资格（以下简称中级资格）后，从事统计专业工作满3年；

（三）获得统计学或者相近专业本科学历或者学士学位，取得中级资格后，从事统计专业工作满4年；

（四）获得非统计学或者相近专业上述学历、学位，取得中级资格后，其从事统计专业工作的年限相应增加1年。

第九条 申请参加考试的人员，携带相关证件和证明材料到当地统计专业技术资格考试管理机构报名，或者通过网络报名。经考试管理机构审核合格后，核发准考证。应试人员凭准考证和身份证明在规定的日期、地点和时间参加考试。

中央单位的统计人员，按照属地原则报名参加考试。

第十条 考点原则上设在省会城市和直辖市的大中专院校，或者高考定点学校，确需在其他城市设置考点的，须报全国统计考试办批准。

第十一条 全国统计考试办确定每年度高级统计师资格考试国家统一的合格标准。

各地区人力资源社会保障、统计部门可根据本地区统计人才需求状况，确定本地区本年度参加评审的使用标准，并报全国统计考试办备案。

第十二条 对达到国家确定的合格标准人员，由全国统计考试办核发高级统计师资格考试成绩合格证，该合格证自考试通过之日起，在全国范围3年内有效。

各地区高级统计师资格评价机构，负责核发符合本地区参加评审的使用标准的考试成绩证明。该证明只在辖区范围内本年度的评审工作中使用。

第三章 评 审

第十三条 高级统计师资格的评审工作，由经人力资源社会保障部备案、具备组建高级统计师资格评审委员会（以下简称高评委）条件的地区或者中央单位组织进行。

第十四条　不具备组建统计专业高评委条件的中央单位的评审工作，应当委托具有高评委的其他中央单位或者所在地省级高评委代为进行。

第十五条　评审工作原则上每年组织一次。各地区和中央单位，应在考试成绩公布6个月内完成评审工作。

评审程序一般应当包括考核、答辩、评议等环节。

第十六条　高级统计师应具备的职业能力：

（一）较强的统计分析和数据诠释能力；

（二）主持或者作为主要参加者，拟定较大型统计调查的方案，进行较高级别科研课题的研究；

（三）组织实施较大规模的统计项目，编辑统计资料；

（四）解决本专业领域重要技术问题，或者独立解决本专业领域复杂疑难问题；

（五）组织、指导下级统计专业人员完成各项统计任务。

第十七条　申请参加评审的人员须同时具备下列基本条件：

（一）具备“高级统计师资格评审条件”（见附件）规定的统计专业工作项目、业绩成果与研究成果；

（二）具有在有效期限内的高级统计师资格考试成绩合格证，或者本地区一次性有效的成绩证明；

（三）年度考核或者任职期满的综合考核均为“合格”以上等次；

（四）符合高级统计师所需的职称外语和计算机应用能力要求。

第十八条　各地区高级统计师资格的评审结果，应经同级人力资源社会保障部门审核确认；各中央单位高级统计师资格的评审结果，应经同级人事部门审核确认。其评审结果应当在本地区或者本单位一定范围内进行公示。公示期应不少于7个工作日。

经公示无异议后，将评审结果报全国统计考试办备案，并颁发由本地区人力资源社会保障部门用印，或者中央单位人事部门用印的高级统计师资格证书。该证书原则上在本地区或者本单位管辖的范围内有效。

第四章　评价工作要求

第十九条　各地区、各单位应当不断完善高级统计师资格评价工作规章制度，确保评价结果的客观、公平、公正。

第二十条　考务实施机构和评审机构及其工作人员，应当严格执行考试、评审工作纪律和回避制度。

第二十一条　坚持考试与培训分开的原则。凡参与考试工作的机构和人员，不得举办或者参与举办与考试相关的培训，不得强迫应试人员参加与考试相关的培训。

第二十二条　高级统计师资格评价的收费标准，应当经当地价格主管部门核准，并向社会公布，接受群众监督。

第二十三条　对违反考试工作纪律和有关规定的人员，按照《专业技术人员资格考试违纪违规行为处理规定》（人力资源社会保障部令第12号）处理。

第五章 附 则

第二十四条 在内地工作的香港、澳门地区居民，申请参加高级统计师资格评价，应当符合本办法规定的各项条件，并提供相关证明材料，由所在工作单位按规定向当地高级统计师资格评价管理部门提出申请。

第二十五条 本办法第八条有关“从事统计专业工作”年限的截止日期为考试日前。

第二十六条 按照本办法取得高级统计师资格的人员，表明其已具备承担高级统计师岗位工作的水平能力，用人单位应在具备高级统计师资格的人员中择优聘任高级统计师专业职务。

第二十七条 本办法自2011年12月1日起试行。

附件：高级统计师资格评审条件

附件

高级统计师资格评审条件

申请参加高级统计师资格评审的人员，在担任统计师专业职务或者通过全国统一考试取得统计师、会计师、审计师或者经济师资格（以下简称中级资格）后，应当具备本条件一、二、三项中的各1项条件。

一、主持或者作为主要参加者，完成统计业务工作项目

（一）设计1项国家级、省部级或者2项地市级综合性、常规性的统计调查方案。

（二）组织实施1项国家级、2项省部级或者3项地市级较大规模的统计调查项目；或者在县级机构、企事业单位，组织实施5项国家、上级下达或者自行设计的统计调查项目。

（三）组织编辑3本（年）全国、全行业（部门）、省级统计资料，或者4本（年）地市级统计资料；或者5本（年）县级、企事业单位统计资料。

（四）完成1项国家级、省部级或者2项地市级科研课题研究项目。

二、主持或者作为主要参加者，取得统计工作业绩成果

（一）在本单位、本专业工作期间，2次获得国家级、省部级三等以上奖项，或者3次获得地市级二等以上奖项，或者4次获得行业主管部门的专项奖励。

（二）设计的1项统计调查方案被国家级或者省部级主管部门采纳；或者设计的2项统计调查方案被地市级主管部门采纳。

（三）编辑的统计资料2次获得省部级二等以上奖项；或者3次获得省部级三等以上奖项。

（四）完成的科研课题研究成果或者撰写的统计分析报告，1次获得国家级、省部级二等以上奖项，或者2次获得国家级或者省部级三等以上奖项；或者研究成果、政策建议3次被主管部门采纳，取得较好的社会效益和经济效益。

三、经两位以上高级统计师鉴定，具有国内先进水平及应用价值的统计或者相近专业研究成果

（一）在正式出版社出版了有统一书号（ISBN）的统计或者相近专业著作（译著），

本人独立撰写不少于 5 万字；或者参加编写已投入使用的统计或者相关专业书籍，本人独立撰写不少于 8 万字（对未注明作者撰写章节的书籍、著作，不能作为研究成果）。

（二）在有国内统一刊号（CN）的核心类报纸、期刊上，或者在有国际统一刊号（ISSN）的国外报纸、期刊上发表独立完成的统计或者相关专业论文、统计分析报告不少于 2 篇（每篇不少于 2 000 字，下同）。

（三）在有国内统一刊号（CN）的非核心类报纸、期刊上发表独立完成的统计或者相近专业论文、统计分析报告不少于 3 篇。

（四）在省部级内部刊物上发表的独立完成的统计分析报告、课题研究报告不少于 5 篇；或者在地市级综合刊物上发表独立完成的统计分析报告、课题研究不少于 7 篇。

注：本条件中有关国家级、省部级、地市级奖项的要求，是指颁布奖项或者作出奖励决定单位的级别。

（三）专业技术人员职业资格制度

劳动部、人事部关于颁发《职业资格证书规定》的通知

（劳部发〔1994〕98 号　1994 年 2 月 22 日）

各省、自治区、直辖市及计划单列市劳动（劳动人事）厅（局），人事厅（局），国务院各有关部门，解放军总后勤部司令部、生产部：

为了贯彻落实《中共中央关于建立社会主义市场经济体制若干问题的决定》中有关实行职业资格证书制度的精神，适应建立社会主义市场经济体制的需要，加强劳动人事科学化管理，保护社会公共利益，维护正常职业秩序，劳动、人事部共同制定了《职业资格证书规定》，现颁发给你们，请遵照执行。

职业资格证书规定

第一条　为了深化劳动、人事制度改革，适应社会主义市场经济对人才的需求，客观公正地评价专业（工种）技术人才，促进人才的合理流动，制定本规定。

第二条　职业资格是对从事某一职业所必备的学识、技术和能力的基本要求。

职业资格包括从业资格和执业资格。从业资格是指从事某一专业（工种）学识、技术和能力的起点标准。执业资格是指政府对某些责任较大，社会通用性强，关系公共利益的专业（工种）实行准入控制，是依法独立开业或从事某一特定专业（工种）学识、技术和能力的必备标准。

第三条　职业资格分别由国务院劳动、人事行政部门通过学历认定、资格考试、专家评定、职业技能鉴定等方式进行评价，对合格者授予国家职业资格证书。

第四条　职业资格证书是国家对申请人专业（工种）学识、技术、能力的认可，是

求职、任职、独立开业和单位录用的主要依据。

第五条 职业资格证书制度遵循申请自愿，费用自理，客观公正的原则。凡中华人民共和国公民和获准在我国境内就业的其他国籍的人员都可按照国家有关政策规定和程序申请相应的职业资格。

第六条 职业资格证书实行政府指导下的管理体制，由国务院劳动、人事行政部门综合管理。

若干专业技术资格和职业技能鉴定（技师、高级技师考评和技术等级考核）纳入职业资格证书制度。

劳动部负责以技能为主的职业资格鉴定和证书的核发与管理（证书的名称、种类按现行规定执行）。

人事部负责专业技术人员的职业资格评价和证书的核发与管理。

各省、自治区、直辖市劳动、人事行政部门负责本地区职业资格证书制度的组织实施。

第七条 国务院劳动、人事行政部门会同有关行业主管部门研究和确定职业资格的范围、职业（专业、工种）分类、职业资格标准以及学历认定、资格考试、专家评定和技能鉴定的办法。

第八条 国家职业资格证书参照国际惯例，实行国际双边或多边互认。

第九条 本规定适用于国家机关、团体和所有企、事业单位。

第十条 国务院劳动、人事行政部门按职责范围分别制定实施细则。

第十一条 本规定由国务院劳动、人事行政部门按职责范围分别负责解释。

第十二条 本规定自颁发之日起实施。

人事部关于印发《职业资格证书制度暂行办法》的通知

（人职发〔1995〕6号 1995年1月17日）

各省、自治区、直辖市及计划单列市人事（人事劳动）厅（局）、职改办、国务院各部委、各直属机构人事（干部）部门：

现将《职业资格证书制度暂行办法》印发你们，请遵照执行。执行中有什么情况和问题，可请告我部职称司。

职业资格证书制度暂行办法

第一章 总 则

第一条 根据国务院批准的人事部“三定”方案（国办发〔1994〕60号）和《关于加强职称改革工作统一管理的通知》（国办发〔1995〕1号）制定本暂行办法。

第二条 国家按照有利于经济发展、社会公认、国际可比、事关公共利益的原则，在涉及国家、人民生命财产安全的专业技术工作领域，实行专业技术人员职业资格制度。

第三条 专业技术人员职业资格是对从事某一职业所必备的学识、技术和能力的基本要求，职业资格包括从业资格和执业资格。

从业资格是政府规定专业技术人员从事某种专业技术性工作的学识、技术和能力的起点标准；

执业资格是政府对某些责任较大，社会通用性强，关系公共利益的专业技术工作实行的准入控制，是专业技术人员依法独立开业或独立从事某种专业技术工作学识、技术和能力的必备标准。

第四条 符合本办法第二条规定的专业，由国务院有关业务主管部门提出建立职业资格的申请，经人事部审核批准后，共同拟定具体实施方案并颁布实施。

第二章 从业资格

第五条 从业资格通过学历认定或考试取得。具备下列条件之一者，可确认从业资格：

（一）具有本专业中专毕业以上学历，见习一年期满，经单位考核合格者。

（二）按国家有关规定已担任本专业初级专业技术职务或通过专业技术资格考试取得初级资格，经单位考核合格者。

（三）在本专业岗位工作，经过国家或国家授权部门组织的从业资格考试合格者。

第六条 从业资格确认工作由各省、自治区、直辖市人事（职改）部门会同当地业务主管部门组织实施。

第三章 执业资格

第七条 执业资格通过考试方法取得。

参加执业资格考试的报名条件根据不同专业另行规定。

第八条 执业资格考试工作由人事部会同国务院有关业务主管部门按照客观、公正、严格的原则组织进行。

第九条 执业资格考试由国家定期举行。考试实行全国统一大纲、统一命题、统一组织、统一时间，所取得的执业资格经注册后，全国范围有效。

第十条 凡符合规定条件的中华人民共和国公民，均可报名参加执业资格考试。

第十一条 国务院有关业务主管部门负责组织执业资格考试大纲的拟定、培训教材的编写和命题工作，并组织考前培训和对取得执业资格人员的注册管理工作。培训要坚持考培分开、自愿参加的原则，参与考试管理工作的人员不得参与培训工作和参加考试。

第十二条 人事部负责审定考试科目、考试大纲和审定命题；确定合格标准；会同有关部门组织实施执业资格考试的有关工作。各地人事（职改）部门会同当地有关业务部门负责本地区执业资格考试的考务工作。

第四章 资格证书

第十三条 经职业资格考试合格的人员，由国家授予相应的职业资格证书。

第十四条 职业资格证书是证书持有人专业水平能力的证明。可作为求职、就业的凭证和从事特定专业的法定注册凭证。

第十五条 职业资格证书在中华人民共和国境内有效。

第十六条 职业资格证书分为《从业资格证书》和《执业资格证书》。证书由人事部统一印制，各地人事（职改）部门具体负责核发工作。

第五章 注 册

第十七条 执业资格实行注册登记制度。注册是对专业技术人员执业管理的重要手段。未经注册者，不得使用相应名称和从事有关业务。国务院有关业务主管部门为执业资格的注册管理机构。各省、自治区、直辖市业务主管部门负责审核、注册，并报国务院业务主管部门备案。各省、自治区、直辖市人事（职改）部门负责对注册工作的监督、检查。

第十八条 取得《执业资格证书》者，应在规定的期限内到指定的注册管理机构办理注册登记手续。逾期不办者，执业资格证书及考试成绩不再有效。

第十九条 申请执业资格注册，必须同时具备下列条件：

（一）遵纪守法，遵守职业道德；

（二）取得《执业资格证书》；

（三）身体健康，并能坚持在相应的岗位工作；

（四）经所在单位考核合格。

再次注册者，应经单位考核合格并取得知识更新、参加业务培训的证明。

第二十条 国务院业务主管部门负责确定必须由取得执业资格的人员充任的关键岗位及工作规范，并负责检查监督关键岗位的执业人员上岗及执业情况，对违反岗位工作规范者要进行处罚。

第二十一条 对已在须由取得执业资格人员充任的关键岗位工作，但尚未取得《执业资格证书》的人员，要进行强化培训，限期达到要求。对经过培训仍不能取得执业资格者，必须调离关键岗位。

第六章 罚 则

第二十二条 执业资格应考人员、考试工作人员和其他有关人员在考试和考务工作中有违法行为的，将追究其法律责任。

第二十三条 对骗取、转让、涂改职业资格证书的人员，一经发现，发证机关应取消其资格，收回证书，并报国务院业务主管部门和当地同级人事（职改）部门备案。

第二十四条 对伪造职业资格证书者，要依法追究责任。

第七章 附 则

第二十五条 通过国家统一考试取得的专业技术资格，经鉴定认为水平相当，经批准确认，可视为执业资格。

第二十六条 实行执业资格考试的专业不再组织该专业相应层次的专业技术资格评审或考试，并把取得执业资格作为申报高一级专业技术资格评审的必备条件。

第二十七条 执业资格考试、认定、培训、发证、注册等工作费用的收取，必须经当地计划（物价）、财政部门核准。严禁乱收费。

第二十八条 本办法由人事部负责解释。

第二十九条 本办法自发布之日起施行。

国务院办公厅关于清理规范各类职业资格相关活动的通知

（国办发〔2007〕73号　2007年12月21日）

各省、自治区、直辖市人民政府、国务院各部委、各直属机构：

职业资格制度是社会主义市场经济条件下科学评价人才的一项重要制度。近年来，我国职业资格制度逐步完善，对提高专业技术人员和技能人员素质、加强人才队伍建设发挥了积极作用。与此同时，这一制度在实施过程中也存在一些突出问题，集中表现为考试太乱、证书太滥：有的部门、地方和机构随意设置职业资格，名目繁多、重复交叉；有些机构和个人以职业资格为名随意举办考试、培训、认证活动，乱收费、滥发证，甚至假冒权威机关名义组织所谓职业资格考试并颁发证书；一些机构擅自承办境外职业资格的考试发证活动，高额收费等，社会对此反映强烈。为有效遏制职业资格设置、考试、发证等活动中的混乱现象，切实维护公共利益和社会秩序，维护专业技术人员和技能人员的合法权益，加强人才队伍建设，确保职业资格证书制度顺利实施，更好地为发展社会主义市场经济和构建社会主义和谐社会服务，经国务院同意，近期对各类职业资格有关活动进行集中清理规范。现将有关事项通知如下：

一、清理规范的原则和范围

（一）清理规范的原则。坚持以科学发展观为统领，以科学人才观为指导；坚持清理规范、依法管理与改革完善、有序发展相结合；坚持统一领导、分工负责，分类清理、分步实施。

（二）清理规范的范围。国务院各部门、各直属机构、各直属事业单位及其下属单位，地方各级人民政府各部门、各直属机构、各直属事业单位及其下属单位，各类行业协会、学会等社会团体设置或组织实施的职业资格及相关考试、发证等活动，各类企业面向社会设置或组织实施的职业资格及相关考试、发证等活动。

二、清理规范的主要内容

（一）清理规范职业资格的设置。职业资格必须在职业分类的基础上统一规划、规范设置。对涉及公共安全、人身健康、人民生命财产安全等特定职业（工种），国家依据有关法律、行政法规或国务院决定设置行政许可类职业资格；对社会通用性强、专业性强、技能要求高的职业（工种），根据经济社会发展需要，由国务院人事、劳动保障部门会同国务院有关主管部门制定职业标准，建立能力水平评价制度（非行政许可类职业资格）；对重复交叉设置的职业资格，逐步进行归并。对涉及在我国境内开展的境外各类职业资格相关活动，由国务院人事、劳动保障部门会同有关部门制订专门管理办法，报国务院批准。

凡是依据有关法律、行政法规或国务院决定设置的行政许可类职业资格，予以保留并向社会公布；除此以外的其他各种行政许可类职业资格予以取消，如确有必要保留，由国务院人事、劳动保障部门会同有关部门统筹研究，按程序通过修改相关法律、行政法规或形成国务院决定予以解决，或调整为非行政许可类职业资格。

凡经国务院人事、劳动保障部门会同有关部门批准设置的非行政许可类职业资格，要在清理规范的基础上确定保留的项目并向社会公布。其他各类非行政许可类职业资格都要分类进行清理：国务院其他部门、各直属机构、各直属事业单位及下属单位自行设置的要及时清理，确有必要的，经国务院人事、劳动保障部门会同有关部门审批后纳入国家统一管理，并向社会公布，其他的一律停止；全国性行业协会、学会等社会团体自行设置的应及时清理，确有必要的，经业务主管单位审核同意，报国务院人事、劳动保障部门会同有关部门审批后纳入国家统一管理，并向社会公布，其他的一律停止或调整为专业培训；地方各级人民政府及有关部门和单位原则上不得设置职业资格，已经设置且确有必要的，经国务院人事、劳动保障部门批准后作为职业资格工作试点，逐步纳入统一的职业资格管理，其他的应立即停止；各类企业不得自行开展冠以职业资格名称的相关活动。

（二）清理规范职业资格考试、鉴定。全面治理职业资格考试、鉴定等活动中的混乱现象。组织实施职业资格考试、鉴定活动应与举办单位（机构）的性质和职能一致，不得使用含义模糊的名称或假借行政机关名义开展考试、鉴定活动。开展职业资格的考试、鉴定要按照公开、公平、公正原则，严格程序、规范实施、严肃考风考纪、切实加强管理。在本次清理规范工作中不予保留的职业资格的相关考试、鉴定活动要立即停止。

（三）清理规范职业资格证书的印制、发放。完善各类职业资格证书印制、发放和管理等工作环节的程序和办法，严格规范证书样式和“中国”、“中华人民共和国”、“国家”、“职业资格”等字样和国徽标志的使用。严厉打击违规违法印制、滥发证书等活动。

（四）清理规范职业资格培训、收费。整治各类职业资格培训秩序，严禁强制开展考前培训以及以考试为名推行培训。举办职业资格考试的单位和机构一律不得组织与考试相关的培训。对超越职能范围或不按办学许可证规定乱办培训的要予以查处，对在培训活动中虚假宣传和忽视培训质量的要予以纠正。

各类职业资格的考试、鉴定等有关收费，必须符合国家和地方有关收费政策。组织实施各类职业资格相关活动，不得以营利为目的。要认真检查与各类职业资格相关的收费活动，严肃查处和纠正各种违规收费行为。

（五）改革完善职业资格证书制度。要在清理规范的基础上，根据社会主义市场经济要求，按照各类人才成长与职业发展的规律，改革完善职业资格证书制度，健全相关法律法规。要根据职称制度改革的总体要求，将专业技术人员职业资格纳入职称制度框架，构建面向全社会、符合各类专业技术人员特点的人才评价体系，要做好技能人员职业资格制度与工人技术等级考核制度的衔接，建立健全面向全体技能劳动者的多元评价机制。国务院人事、劳动保障部门要会同行业和社会组织管理部门，共同研究完善职业资格证书制度，充分发挥行业管理部门和社会组织在组织实施工作中的作用，逐步形成统一规划、规范设置、分类管理、有序实施、严格监管的职业资格管理机制，促进职业资格证书制度健康发展。

三、清理规范的方法步骤

（一）国务院各部门和各省、自治区、直辖市人民政府要按照职责权限和管辖范围，认真组织对本系统和本行政区域内的各类职业资格设置、考试、鉴定、培训、收费和发证等活动进行清理规范。各类行业协会、学会等社会团体设置或组织实施的职业资格及相关考试、发证等活动，由其业务主管单位负责清理规范，民政部门予以配合。

（二）职业资格相关活动的清理规范工作要于 2008 年 4 月 30 日前完成。国务院人事、劳动保障部门要按本通知要求，及时部署清理规范工作。国务院各有关部门和各省、自治区、直辖市人民政府要将清理规范工作情况及时报送国务院人事、劳动保障部门。

（三）国务院人事、劳动保障部门要对国务院有关部门和各省、自治区、直辖市人民政府报送的清理规范工作情况进行汇总，会同有关部门认真处理，分期分批向社会公告批准保留的职业资格的名称、设置依据、类别、实施承办的部门和机构。同时声明，未经批准并公告的不得继续开展与职业资格相关的考试、发证等活动。

四、清理规范的工作要求

（一）加强组织领导。清理规范职业资格相关活动涉及面广，政策性强，情况复杂，各地区、各部门要提高对清理规范工作重要性、必要性的认识，切实加强领导，将清理规范工作与清理行政法规规章、改革行政审批制度和推进行业协会商会改革发展工作结合起来，统筹安排，精心组织，周密部署，确保按时高质量地完成清理规范工作任务。

（二）明确职责分工。职业资格的清理规范工作由国务院人事、劳动保障部门牵头，会同发展改革、公安、监察、教育、民政、财政、工商和行业主管部门组织实施。财政和发展改革部门负责对各类职业资格考试、鉴定、培训、发证等收费活动进行全面清理，查处和纠正各种违规收费行为。工商部门负责查处各类违法广告、虚假宣传、超范围经营行为。公安部门负责依法严厉打击伪造、变造或者买卖公文、证件、证明文件、印章和冒用职业资格之名进行诈骗等各类违法犯罪行为。民政部门和各有关业务主管单位要对社会团体开展的有关活动加强指导和监督。

（三）积极稳妥实施。要正确处理清理规范与改革、发展、稳定的关系，杜绝边清理边继续违规设置职业资格的行为，加强思想政治工作和宣传教育工作，确保清理规范工作有序进行，促进社会的和谐稳定。

人力资源和社会保障部、国家发展改革委、公安部、监察部、教育部、民政部、财政部、国家工商管理总局关于贯彻《国务院办公厅关于清理规范各类职业资格相关活动的通知》的通知

（人社部发〔2008〕8 号　2008 年 4 月 3 日）

各省、自治区、直辖市人事、劳动保障、发展改革、公安、监察、教育、民政、财政、工商管理厅（局、委），国务院各部委、各直属机构人事、劳动保障等工作机构：

根据国务院办公厅《关于清理规范各类职业资格相关活动的通知》（国办发

〔2007〕73号，以下简称国办73号文件）精神，为切实做好各类职业资格的清理规范工作，现就有关问题通知如下：

一、高度重视，认真贯彻国办73号文件精神

针对近年来我国职业资格证书制度在实施过程中存在的一些突出问题，国务院决定集中开展各类职业资格相关活动清理规范工作。各地区、各部门要认真学习、深刻领会国办73号文件精神，把思想认识统一到国务院的要求上来。要按照维护公共利益、社会秩序和各类人才合法权益的要求，从树立政府良好形象和构建社会主义和谐社会的高度，充分认识做好各类职业资格相关活动清理规范工作的重要性、必要性，严格按照国务院的总体部署和要求，抓紧抓好落实工作。

二、严格要求，全面深入开展清理规范工作

（一）清理规范内容。各地区和各部门要按照管辖范围和职责权限，全面清查本行政区域和本系统各类职业资格相关活动的情况，包括资格设置、资格类别、实施机构、资格相关培训、资格证书印制和发放等工作情况。对于各类行业协会、学会等社会团体面向社会设置或组织实施的职业资格及相关考试、鉴定、发证等活动，由其业务主管单位负责清理规范，民政部门配合。对于企业面向社会设置或组织实施的职业资格及相关考试、鉴定、发证等活动，由所在地区负责清理规范。

（二）清理规范方法。各地区、各部门要在摸清情况的基础上，分步、分类开展清理规范工作。一是对于清理出来的各类职业资格，必须认真提出保留、归并、调整或取消的意见。对清查中发现的没有法律、行政法规或国务院决定为依据设置的行政许可类职业资格及相关考试、发证等活动，以及国务院各部门，各直属机构，各直属事业单位及下属单位，全国性行业协会、学会等社会团体，地方各级人民政府及有关部门和单位自行设置的非行政许可类职业资格，原则上都应立即停止。对确需保留的，经国务院人力资源和社会保障部门会同有关部门审批后纳入国家统一管理，并向社会发布公告，再按照相关规定组织实施。二是各类企业自行开展的冠以职业资格名称的相关活动应立即停止。三是要全面检查本行政区域、本系统内组织实施的各类职业资格考试、鉴定活动，特别是考试、鉴定重要环节的组织实施工作，发现问题及时纠正，确保公平公正，严格有序。四是对举办考试、鉴定活动的单位（机构）与职能不一致、使用含义模糊的名称或假借行政机关名义开展的考试、鉴定活动，要立即停止或予以纠正。五是对违法违规印制、滥发证书等活动，依法予以严肃查处。六是对强制开展的考前培训、以考试为名推行的各种培训、超越职能范围或不按办学许可证规定举办的各种培训，坚决进行查处。对在培训活动中进行的虚假宣传等，及时予以纠正。七是按照国家和地方有关收费政策，对各类职业资格相关活动收费情况进行认真检查，发现问题及时纠正和处理。

对在我国境内开展的境外各类职业资格相关活动，人力资源和社会保障部按照国办73号文件要求，另行制定具体管理办法，报国务院批准。

（三）清理规范结果处理。各地区和各部门在对本行政区域和本系统各类职业资格相关活动清理规范的基础上，按照专业技术人员职业资格和技能人员职业资格两类情况分别作出总结，并汇总形成本地区或本部门清理规范各类职业资格相关活动的工作总结，认真填写《职业资格清理规范情况统计表》（见附件1）。按照国办73号文件要求，由国务院各有关部门和各省、自治区、直辖市人民政府将工作总结和《职业资格清理规范情况统计表》报送人力资源和社会保障部，抄报发展改革委、公安部、监察部、教育部、民政部、财政部、工商总局。工作总结主要内容：一是基本情况；二是处理意见；三是规范发展意见。具体包括：本行政区域或本系统开展各类职业资格相关活动基本情况；清理规范过程中采取的主要措施、取得的成效；对每一个职业资格明确提出保留、取消、停止、调整或归并的处理意见；详细说明各类职业资格名称、类型、设置依据、设置部门（或单位）、实施部门（或单位）、实施时间和已获得资格人数、涉及范围、证书名称及需要上报人力资源和社会保障部统筹研究进行调整、审批并予以公告的理由；下一步规范发展的意见。

人力资源和社会保障部在各地区和各部门报送清理规范工作总结的基础上进行汇总，并会同有关部门提出处理意见。对批准保留的专业技术人员职业资格和技能人员职业资格分期分批向社会发布公告。凡未经批准和向社会公告的职业资格，今后一律不得开展相应的考试、鉴定、培训、发证等活动。

（四）清理规范时限要求。2008 年 6 月 30 日前，各地区和各部门要完成本行政区域和本系统各类职业资格相关活动的清理规范工作，并上报工作总结和《职业资格清理规范情况统计表》。

各地区、各部门要在清理规范工作的基础上，按照统一规划、规范设置、分类管理、有序实施、严格监管的要求，采取各种有效措施，建立健全各类职业资格健康有序发展的长效机制。

三、明确职责，分工合作做好清理规范工作

各地人事、劳动保障部门要在省级政府统一领导下，切实承担好清理规范的牵头工作，会同本地区相关部门组织实施好各类职业资格清理规范的相关工作；各地财政和价格部门负责全面清理各类职业资格考试、鉴定、培训、发证等收费活动，查处和纠正各种违规收费行为；各地工商部门负责查处各类违法广告、虚假宣传、超范围经营行为；各地公安部门负责依法查处伪造、变造或者买卖公文、证件、证明文件、印章和冒用职业资格之名进行欺诈等各类违法犯罪行为；各地民政部门和各有关业务主管单位要对社会团体开展的有关活动加强指导和监督；各地监察部门要加强监督检查，并对监察对象的违纪违法行为进行查处。

国务院各部门、各直属机构人事（劳动）司（局）负责本部门、本系统各类职业资格相关活动的清理规范工作。

四、加强领导，确保清理规范工作取得实效

人力资源和社会保障部牵头，会同发展改革委、公安部、监察部、教育部、民政部、财政部、工商总局建立职业资格清理规范工作协调机制，共同负责清理规范工作。人力资源和社会保障部设立专业技术人员职业资格清理规范工作办公室和技能人员职业资格清理规范工作办公室，分别负责专业技术人员和技能人员各类职业资格的清理规范工作。

各地区、各部门要切实加强对清理规范工作的领导，按照国务院的总体部署和本通知的要求，组织专门力量，周密部署，确保各项工作任务落到实处，切实完成好这次清理规范工作。

在清理规范工作中遇到问题请及时与清理规范工作办公室联系。

附件：1. 职业资格清理规范情况统计表（略）

2. 职业资格清理规范工作办公室联系人及联系方式（略）

人事部、对外贸易经济合作部关于建立国际商务专业技术资格问题的通知

（人职发〔1993〕2号 1993年6月16日）

各省、自治区、直辖市人事（劳动人事）厅（局）、职改办、经贸厅、委（局），国务院各部委、各直属机构人事（干部）部门：

当今国际间贸易、国际经济技术交流与合作日益专业化，专业人员不仅需要具备坚实的国际商务理论、熟悉有关的国际商务公约和惯例，掌握国际上通行的贸易作法和商务程序，而且要通晓外语，有一定的国际商务实际操作经验。为适应经济体制改革、对外开放形势的需要和我国对外贸易经济合作工作的发展，本着与国际接轨的原则，决定将经济系列中的外经贸类专业名称比照国际惯例调整为国际商务专业，并建立相应的资格制度。现将有关问题通知如下：

一、国际商务专业技术资格设置级别和名称

“国际商务”专业资格设置初、中、高三个级别，名称分别是：

初级资格为助理国际商务师

英文为：ASSISTANT INTERNATIONAL BUSINESS ENGINEER

中级资格为国际商务师

英文为：INTERNATIONAL BUSINESS ENGINEER

高级资格为高级国际商务师

英文为：SENIOR INTERNATIONAL BUSINESS ENGINEER

二、确认国际商务专业技术资格的范围

国际商务专业技术资格适用于全国外经贸行业的对外经济贸易、对外援助、对外经济合作和其他行业中的对外经济贸易部门内从事国际商务专业工作的专业技术人员。

三、国际商务专业技术资格评审、考试办法

初、中级国际商务专业技术资格一般通过考试取得，高级国际商务专业技术资格暂以专家评定取得。在人事部、外经贸部和有关主管部门认定的对外经济贸易高等学校外经贸类专业取得学士以上学位者，经过一定期限的实际工作考核合格，也可认定初级资格。

四、国际商务专业初、中级资格考试内容（具体科目另定）

1. 基础理论：

国际营销学、国际商法、国际金融、关贸总协定与中国对外贸易、商品学。

2. 专业理论与实务：

国际贸易理论与实务、国际经济合作理论与实务、跨国经营理论、国际投资理论。

3. 业务外语：

国际商务外语。其中包括：英语、法语、德语、日语、俄语、意大利语、西班牙语、阿拉伯语等八个语种。

五、组织及管理

初、中级国际商务专业技术资格考试由人事部和外经贸部共同负责。

外经贸部负责拟定考试科目、编写考试大纲和考试命题；各地外经贸部门会同当地人事（职改）部门共同负责国际商务专业技术资格的考前培训。

人事部负责审定考试科目、考试大纲和试题并会同外经贸部对考试进行监督指导；各地人事（职改）部门会同各地外经贸部门具体组织实施考试工作。

外经贸部负责制定高级国际商务高级专业技术资格的评审条件，人事部组织专家审定。由人事部授权具备条件的部门或单位，组织进行高级国际商务专业技术资格的评定。

对考试或评定合格人员由人事部和外经贸部颁发国际商务专业技术资格证书。

六、其他

1. 已取得的经济系列外经贸类专业技术职务任职资格的专业人员，本着自愿的原则，经过审查、考核或考试可转为相应级别的国际商务专业职务，具体办法另定。

2. 没有转为国际商务专业的，经济系列外经贸类专业技术职务任职资格效用不变。

3. 对尚未取得或申报高一级国际商务专业技术资格的，按本通知规定执行。

4. 国际商务专业技术资格制度建立后，将不再进行经济系列外经贸类专业技术职务评聘工作。

人事部、对外贸易经济合作部关于印发《国际商务专业技术资格考试暂行规定》及其《实施办法》的通知

（人职发〔1994〕1 号　1994 年 1 月 8 日）

各省、自治区、直辖市及计划单列市人事（劳动人事）厅（局）、职改办、经贸厅、委（局），国务院各部委、各直属机构人事（干部）部门：

为适应我国加快改革开放和建立社会主义市场经济体制的需要，根据《建立国际商务专业技术资格问题的通知》（人职发〔1993〕2 号）精神，现将《国际商务专业技术资格考试暂行规定》及《〈国际商务专业技术资格考试暂行规定〉实施办法》印发你们，望遵照执行。

国际商务专业技术资格考试暂行规定

第一条 为加强对外经济贸易专业队伍的建设，提高外经贸专业人员的素质，客观公正地评价和选拔人才，适应深化改革和扩大对外开放的需要，根据《关于建立国际商务专业技术资格问题的通知》（人职发〔1993〕2号）文件精神，特制定本规定。

第二条 国际商务专业技术资格实行全国统一考试制度。国际商务专业目前暂设助理国际商务师和国际商务师两个级别的资格考试。参加考试并成绩合格者，获得相应级别的专业技术资格。

国际商务专业技术资格考试制度建立后，不再进行经济系列（外经贸类）初、中级专业技术职务任职资格的评审工作。

第三条 助理国际商务师资格考试科目为：

1. 基础理论：国际营销学、国际商法、国际金融、商品学。

2. 专业与实务：国际贸易理论与实务、国际经济合作理论与实务。

3. 业务外语：设英语、法语、德语、日语、俄语、意大利语、西班牙语、阿拉伯语等八个语种。参加考试人员任选一种。

国际商务师资格考试科目为：

1. 基础理论：国际营销学、国际商法、国际金融、关贸总协定与中国对外贸易。

2. 专业与实务：国际贸易理论与实务、国际经济合作理论与实务任选其一、跨国经营理论与实务、国际投资理论与实务。

3. 业务外语：同上。

第四条 报名参加助理国际商务师和国际商务师资格考试人员，应拥护中国共产党在社会主义初级阶段的基本路线，遵纪守法、热爱本职、恪守公德。

第五条 报名参加助理国际商务师资格考试的人员，除具备第四条所列条件外，还必须具备下列条件之一：

1. 高中毕业后，从事外经贸类专业工作满五年；

2. 中等专业学校毕业后，从事外经贸类专业工作满四年；

3. 大学专科毕业后，从事外经贸类专业工作满二年；

4. 非经济系列外经贸类专业的大学本科毕业。

报名参加国际商务师资格考试的人员，除具备第四条所列条件外，还必须具备下列条件之一：

1. 高中、中专毕业取得助理国际商务师资格后，从事外经贸类专业工作满四年；

2. 大学专科毕业后，从事外经贸类专业工作满六年；

3. 大学本科毕业后，从事外经贸类专业工作满四年；

4. 获第二学士学位或研究生班毕业后，从事外经贸类专业工作满二年；

5. 获硕士学位后，从事外经贸类专业工作满一年；

6. 获博士学位。

第六条 助理国际商务师、国际商务师资格考试每年举行一次。全部考试科目合格者，授予人事部、对外贸易经济合作部统一印制的《专业技术资格证书》，全国范围有效。

第七条 按本规定通过全国统一考试，获得助理国际商务师、国际商务师资格的人员，表明其已具备担任相应职务的专业技术水平和能力。资格不与工资待遇挂钩。单位根据需要，可在获得资格的人员中聘任相应专业技术职务并决定其待遇。

第八条 国际商务专业技术资格考试由人事部和对外贸易经济合作部共同负责，并由各地人事（职改）部门会同外经贸部门组织实施。

第九条 对伪造学历或考试作弊，骗取资格证书者，除取消其资格、收回证书外，还将按有关规定严肃处理。

第十条 本规定有关报考条件、考务工作解释权属人事部；有关考试大纲、参考教材、培训工作解释权属对外贸易经济合作部。

第十一条 本规定适用于国家机关、企业、事业单位，本规定自发布之日起执行。

《国际商务专业技术资格考试暂行规定》实施办法

一、本办法根据人事部、对外贸易经济合作部《关于建立国际商务专业技术资格问题的通知》（人职发〔1993〕2 号）和《国际商务专业技术资格考试暂行规定》制定。

二、国际商务专业技术资格考试从 1994 年开始实施。考试日期定为每年 8 月的第三个星期日。报名时间为前一年的 12 月底。

如遇特殊情况，经批准，可调整考试时间。

三、国际商务专业技术资格考试分两个半天进行。上午考基础理论，时间两个半小时。下午考专业与实务，时间两小时，业务外语，时间一小时。

四、参加国际商务专业技术资格考试，均由本人提出申请，到当地考试管理机构报名。考试管理机构按规定程序和报名条件审查合格后，发给准考证。考生凭准考证在指定的时间、地点参加考试。

五、考场原则在地（市）设置，必要时可在县设置。中央和国务院各部门及其直属单位的人员按属地的原则参加考试。

六、加强考生考前培训工作。各地辅导班、培训班必须具备场地、师资、教材等条件，经省、自治区、直辖市经贸厅（委）会同人事（职改）部门审批。坚持考试和培训分开。参与考试工作人员不得参与培训工作。参加培训坚持自愿的原则，费用由考生个人支付。

七、严格执行考务工作的有关规章制度，做好试卷在命题、印制、发送和保管过程中的保密工作，严格考场纪律，严禁弄虚作假，对违反规章制度者，应按规定进行处理。

八、各地人事（职改）部门会同各地外经贸部门组织实施考试工作。具体实施办法由各地根据自己的实际情况确定。

人事部、对外贸易经济合作部关于印发《经济系列（外经贸类）专业技术职务转为国际商务专业技术职务的办法》的通知

（人职发〔1994〕8号　1994年9月19日）

各省、自治区、直辖市及计划单列市人事（人事劳动）厅（局）、职改办、经贸厅、委（局），国务院各部委、各直属机构人事（干部）部门：

现将《经济系列（外经贸类）专业技术职务转为国际商务专业技术职务的办法》印发你们，望遵照执行。

经济系列（外经贸类）专业技术职务转为国际商务专业技术职务的办法

根据人事部、对外贸易经济合作部下发的《关于建立国际商务专业技术资格的通知》（人职发〔1993〕2号）要求，为保证外经贸类专业名称的调整、专业技术职务的转换和建立国际商务专业技术资格制度工作顺利进行，提高国际商务专业人员专业技术素质，做好本职工作，现对企、事业单位评聘经济系列（外经贸类）专业技术职务的人员转为国际商务专业技术职务问题，提出以下办法：

第一条　凡在外经贸类行业（对外经济贸易、对外援助、对外经济合作）和其他行业的对外经济贸易部门内从事国际商务专业工作，并在《关于建立国际商务专业技术资格问题的通知》（人职发〔1993〕2号）下发之日前评聘了经济系列（外经贸类）专业技术职务的人员，均可依据本办法转为国际商务专业技术职务。

第二条　经济系列（外经贸类）专业技术职务转为国际商务专业技术职务只能在同一级别内进行。

第三条　国际商务专业技术职务名称为：高级国际商务师、国际商务师、助理国际商务师。与经济系列专业技术职务名称转换对应关系为：高级国际商务师对应高级经济师；国际商务师对应经济师；助理国际商务师对应助理经济师。

第四条　凡1991年以后参加全国经济员考试或经济系列初级资格考试合格者，各单位也可根据岗位需要聘任助理国际商务师职务。

第五条　经济系列（外经贸类）专业技术职务转为国际商务专业技术职务，按照本人自愿的原则，根据不同情况，采取审查、考试和考核相结合的方法进行。

1. 对已评聘为经济系列（外经贸类）专业技术职务的人员，由所在单位及其主管部门对其履行岗位职责、完成任期目标、实际工作业绩、外语能力等进行考核。考核结果为优秀或称职者，在确有岗位的情况下，可按管理权限聘任相应的国际商务专业技术职务。

其中，转为高级国际商务师职务的，须经省、部级人事（职改）部门批准；转为国际商务师职务的，由地（市）级人事（职改）部门批准；转为助理国际商务师职务的，由县（处）级人事（职改）部门批准。

2. 凡在企、事业单位已取得经济系列（外经贸类）专业技术职务的任职资格而未受聘的人员，或虽曾受聘、现已调离外经贸工作岗位的人员及已办离退休手续的人员，不转换国际商务专业技术职务，原已获得经济系列（外经贸类）专业技术职务任职资格的效用不变。

3. 按照国职办〔1993〕1号文件规定，由各企业或实行企业化管理的事业单位内部聘任的经济系列（外经贸类）专业技术职务仍执行内部有效的原则，这次不搞转换。

第六条 今后申报高一级的国际商务专业技术资格，则按人职发〔1993〕2号文件第三条规定办理。

1. 不具备规定学历人员申报高、中级国际商务专业技术资格，必须通过相应的中、初级国际商务专业技术资格的考试，不再进行破格评审。

2. 具备大学本科以上学历人员，申报高级国际商务专业技术资格，原担任中级职务的年限可以作为申报高级专业技术资格的年限，按照人事部、对外贸易经济合作部联合颁发的高级国际商务师的评审条件进行评审。

第七条 报转国际商务专业技术职务工作于1994年内完成。按本办法转为国际商务专业技术职务者，仍执行哪里评转哪里有效的原则。

第八条 经济系列（外经贸类）专业职务转为国际商务专业技术职务的工作按现行管理体制组织实施，由人事部、对外贸易经济合作部负责协调。各省、自治区、直辖市经贸部门与人事（职改）部门要相互配合，认真做好报转人员的考核和审批工作。

第九条 本办法不适用于各级国家机关工作人员。

第十条 本办法自下发之日起实行。

第十一条 本办法解释权属人事部。

人事部、对外贸易经济合作部关于进一步明确国际商务专业技术资格考试有关问题的通知

（人职发〔1995〕135号 1995年11月7日）

各省、自治区、直辖市人事（人事劳动）厅（局）、职改办、外经贸厅、委（局），国务院各部委、各直属机构人事（干部）部门：

根据人事部、对外贸易经济合作部《国际商务专业技术资格考试暂行规定》、《实施办法》（人职发〔1994〕1号）精神，为进一步做好国际商务专业技术资格考试工作，现就有关问题通知如下：

一、人事部、对外贸易经济合作部共同负责国际商务专业技术资格考试的组织管理工作。对外贸易经济合作部设立国际商务专业技术资格考试大纲、教材编写和命题委员会。人事部负责审定考试科目、考试大纲和试题，确定合格标准，会同对外贸易经济合作部对考试进行监督、指导。对外贸易经济合作部负责考试科目设置，考试大纲、教材的编写、出版，组织命题，并统一规划组织或授权组织考前培训。

二、国际商务专业技术资格考试的考务工作委托人事部人事考试中心负责，各地的考务工作由人事（职改）部门会同外经贸部门共同组织实施。

三、加强考前培训管理工作。按照职能分工，各地外经贸部门可结合具体情况，本着考生自愿的原则，组织进行必要的考前培训。举办考前培训，须提交培训工作计划，经对外贸易经济合作部批准。

根据考培分开的原则，参与考生培训的人员，不得参加所有考试工作（包括命题、考务和组织管理）。

四、国际商务专业技术资格考试合格的人员，颁发由人事部统一印制，人事部、对外贸易经济合作部用印的《专业技术资格证书》。

人事部办公厅关于国际商务专业技术资格考试报名条件的补充通知

（人办发〔1996〕19 号 1996 年 3 月 4 日）

各省、自治区、直辖市及部分副省级城市人事（人事劳动）厅（局），国务院各部委、各直属机构人事（干部）部门：

为了更好地贯彻实施《国际商务专业技术资格考试暂行规定》（人职发〔1994〕1 号），做好经济专业技术资格考试中外经贸专业向国际商务专业技术资格考试制度的过渡工作，现对取得中专毕业学历，申请参加国际商务师资格考试人员的报告条件补充通知如下：

一、中专毕业后，从事经济工作满十五年，其中连续从事外经贸工作满四年并具备下列条件之一的人员，可报名参加国际商务师资格考试：

1. 1992 年底以前参加经济员专业技术资格考试，获得经济员资格；

2. 在《经济专业技术资格考试暂行规定》（人职发〔1993〕1 号）发布前（1993 年 1 月 6 日），按照国家统一规定评聘了助理经济师专业技术职务；

3. 参加经济专业技术资格考试，获得初级资格满四年。

二、本规定只适用于 1996 年和 1997 年度组织的国际商务专业技术资格考试，报考人员从事经济、外经贸工作和获得经济初级资格年限的计算，截至考试当年年底。

人事部、对外贸易经济合作部关于印发《国际商务专业人员职业资格制度暂行规定》和《国际商务专业人员职业资格考试实施办法》的通知

（人发〔2002〕70号 2002年6月24日）

各省、自治区、直辖市人事厅（局）、外经贸厅（委、局），国务院各部委、各直属机构人事（干部）部门：

为适应我国加入世界贸易组织和社会主义市场经济发展的需要，科学、客观、公正地评价外经贸专业人才，加强外经贸专业队伍建设，人事部、对外贸易经济合作部在总结国际商务专业技术资格考试实施情况的基础上，经研究决定，建立国际商务专业人员职业资格制度。现将《国际商务专业人员职业资格制度暂行规定》和《国际商务专业人员职业资格考试实施办法》印发给你们，请遵照执行。

自本通知发布之日起，人事部、对外贸易经济合作部《关于印发〈国际商务专业技术资格考试暂行规定〉及其〈实施办法〉的通知》（人职发〔1994〕1号）、《关于进一步明确国际商务专业技术资格考试有关问题的通知》（人职发〔1995〕135号）、人事部办公厅《关于国际商务专业技术资格考试报名条件的补充通知》（人办发〔1996〕19号）即行废止。

人事部、对外贸易经济合作部《关于建立国际商务专业技术资格问题的通知》（人职发〔1993〕2号）中与本规定不相一致之处，以本规定为准。

国际商务专业人员职业资格制度暂行规定

第一章 总 则

第一条 为适应我国加入世界贸易组织和社会主义市场经济发展的需要，科学、客观、公正地评价外经贸专业人才，加强外经贸专业技术人员队伍建设，根据职业资格证书制度的有关规定，制定本规定。

第二条 国家对国际商务专业人员实行职业资格制度，纳入全国专业技术人员职业资格证书制度统一规划。

第三条 国际商务专业人员职业资格（以下简称国际商务职业资格）分为从业资格和执业资格。

外销员为国际商务专业的从业资格，是从事国际商务专业工作的基本条件；国际商务师为国际商务专业的执业资格，是从事国际商务专业工作关键岗位的必备条件。

第四条 人事部、对外贸易经济合作部共同负责国际商务职业资格制度的政策制定、组织协调、资格考试、注册登记和监督管理工作。

第二章 考 试

第五条 国际商务职业资格实行统一组织、统一大纲、统一标准、统一证书的考试制度，原则上每年举行一次。

第六条 国际商务职业资格考试由人事部和对外贸易经济合作部共同负责。

对外贸易经济合作部负责拟定考试科目、考试大纲和试题，编写考试用书，统一规划考前培训等有关工作。

人事部负责审定考试科目、考试大纲和试题，会同对外贸易经济合作部对考试进行指导、监督、检查和确定合格标准。

第七条 参加国际商务职业资格考试的人员，必须遵守中华人民共和国宪法和法律、法规，恪守职业道德。

第八条 申请参加外销员从业资格考试的人员，除具备本规定第七条所列基本条件外，还必须具备中专以上学历。

第九条 申请参加国际商务师执业资格考试的人员，应符合本规定第七条所列基本条件、取得全国职称外语等级考试 B 级合格证，并具备下列条件之一：

（一）取得大学专科学历，从事外经贸类专业工作满 5 年。

（二）取得大学本科学历，从事外经贸类专业工作满 4 年。

（三）取得双学士学位或研究生班毕业，从事外经贸类专业工作满 2 年。

（四）取得硕士学位，从事外经贸类专业工作满 1 年。

（五）取得博士学位。

（六）取得外销员从业资格，从事外经贸类专业工作满 8 年。

第十条 国际商务职业资格考试合格，由各省、自治区、直辖市人事部门颁发人事部统一印制，人事部、对外贸易经济合作部共同用印的《中华人民共和国外销员从业资格证书》或《中华人民共和国国际商务师执业资格证书》。职业资格证书全国范围有效。

第三章 注 册

第十一条 国际商务职业资格实行注册登记制度。对外贸易经济合作部或其授权的机构为国际商务职业资格的注册管理机构。各省、自治区、直辖市外经贸主管部门为注册登记机构。

人事部和各级人事部门对国际商务职业资格注册工作进行监督、检查。

第十二条 取得国际商务职业资格，必须在规定的期限内，到所在地注册登记机构登记注册。经注册后，方可从事国际商务职业资格相应岗位的工作。

第十三条 国际商务职业资格注册有效期一般为 4 年，有效期满前 3 个月，持证者应到注册登记机构办理再次注册手续。注册登记内容变更，应及时到原注册登记机构办理变更手续。

第十四条 申请注册的人员必须同时具备下列条件：

（一）取得外销员从业资格证书或国际商务师执业资格证书；

（二）身体健康，能坚持在本专业岗位工作；

（三）经所在单位考核合格。

再次注册者，除符合上述条件外，还须提供接受继续教育和参加培训合格的证明。

第十五条 经注册的国际商务从业、执业人员有下列情形之一的，由原注册机构予以注销注册，并由发证机关收回其职业资格证书：

（一）不具有完全民事行为能力的。

（二）受刑事处罚的。

（三）脱离国际商务相应岗位连续满 3 年的。

第十六条 经批准注册的国际商务职业资格人员，由注册登记机构在其职业资格证书的“注册情况”栏目内，加盖印章。注册登记机构应当在年终将国际商务职业资格注册情况报对外贸易经济合作部或其授权的机构备案。

第四章 附 则

第十七条 取得外销员从业资格证书的人员，用人单位可根据需要，聘任助理国际商务师或其他经济系列初级专业技术职务。

取得国际商务师执业资格证书的人员，用人单位可根据需要，聘任国际商务师或其他经济系列中级专业技术职务。

第十八条 本规定下发之日前，已获得人事部、对外贸易经济合作部共同颁发的助理国际商务师或国际商务师专业技术资格证书的人员，即取得外销员从业资格或国际商务师执业资格，可换发相应层次职业资格证书。换发证书的有关事宜另行通知。

已获得对外贸易经济合作部颁发的外销员资格证书的人员，其证书在有效期内，应通过国际商务从业资格相应科目的考试，取得外销员从业资格证书。

第十九条 对伪造学历、资历证明或采取其他不正当手段取得国际商务职业资格证书的人员，一经发现，将取消其资格，收回其证书，2 年内不得参加国际商务职业资格考试。

第二十条 经国家有关部门同意，获准在中华人民共和国境内就业的外籍人员，符合本规定要求的，也可报名参加国际商务职业资格的考试以及申请注册。

第二十一条 国际商务师执业资格关键岗位和岗位职责由用人单位根据本单位的实际情况自行确定。

第二十二条 本规定由人事部、对外贸易经济合作部按职责分工负责解释。

第二十三条 本规定自发布之日30 日后生效。

国际商务专业人员职业资格考试实施办法

第一条 根据《国际商务专业人员职业资格制度暂行规定》（以下简称暂行规定），制定本实施办法。

第二条 国际商务专业人员职业资格考试（以下简称国际商务职业资格考试）在人事部、对外贸易经济合作部的领导下进行。两部门成立“国际商务专业人员职业资格考试专家委员会”，下设“国际商务专业人员职业资格考试办公室”。办公室设在对外贸易经济合作部人事教育劳动司，负责考试的日常管理工作。具体考务工作由人事部考试中心和外经贸部培训中心共同组织实施。

各地考试工作由当地人事部门和外经贸主管部门共同负责。具体分工，由各地协商确定。

第三条 国际商务职业资格考试原则上每年组织一次，考试时间定于每年 9 月中旬。首次考试定于 2002 年 11 月 2 日和 3 日。

第四条 参加国际商务职业资格考试的人员必须符合“暂行规定”的报名条件。

第五条 外销员从业资格考试设外经贸综合业务、外经贸外语（包括英语、俄语、日语、法语 4 个语种）2 个科目，外经贸外语考试分笔试和口语 2 个部分。

第六条 国际商务师执业资格考试设国际商务理论与实务、国际商务专业知识和业务外语 3 个科目。其中业务外语科目应参加全国职称外语等级考试中的 B 级考试。

第七条 国际商务职业资格考试分 2 个半天进行，每个科目的考试时间为 3 小时(不含从业资格考试中的口语部分)。除外销员从业资格“外经贸外语”考试科目中的口语部分外，其他考试科目均采取阅卷笔答方式。

口语部分的考试，每个考生为 10 分钟，考试时间为次日上午。

第八条 参加国际商务师执业资格考试的人员，在报名时必须提供在有效期限内的全国职称外语等级考试的 B 级合格证。

第九条 参加国际商务职业资格考试的人员，由本人提出申请，单位审核同意，按规定携带有关证件到当地考试管理机构报名。报名时，各地外经贸主管部门负责审核报名人员的资格条件。经考试管理机构核准后，向应考人员核发准考证，应考人员凭准考证在指定时间、指定地点参加考试。

国务院各部门的所属单位和中央管理的企业人员参加考试，按属地化原则管理。

第十条 已取得对外贸易经济合作部颁发的外销员资格证书（在有效期限内），并符合暂行规定中外销员从业资格考试报名条件的人员，可免试“外经贸外语”科目，只参加“外经贸综合业务”科目的考试，考试合格者即可取得《中华人民共和国外销员从业资格证书》。

参加对外贸易经济合作部组织的 2000 年或 2001 年的考试，已取得外销员资格考试单科合格成绩，并符合暂行规定中外销员从业资格考试报名条件的人员，可只参加未考科目的考试，考试合格可取得《中华人民共和国外销员从业资格证书》。

第十一条 本规定报名条件中规定的从事外经贸类专业工作年限，其截止日期为考试报名年度当年年底。

第十二条 国际商务师执业资格考试考场原则上设在省会城市的大、中专院校或高考定点学校；外销员从业资格考试考场原则上设在省辖市以上中心城市的大、中专院校或高考定点学校。

第十三条 对外贸易经济合作部负责组织或授权组织编写考试用书。任何单位和个人不得盗用对外贸易经济合作部名义，编写、发行考试用书和举办各种与国际商务职业资格考试有关的考前培训。

第十四条 培训必须坚持考培分开的原则，参与命题及考试组织管理人员不得参与培训工作。

第十五条 国际商务职业资格考试和培训等项目的收费标准，须经当地价格主管部门核准。

第十六条 考试考务管理工作要严格执行有关规章和纪律，切实做好试卷的命制、印刷、发送和保管过程中的保密工作。严格遵守保密制度，严防泄密。

第十七条 考试工作人员要认真执行考试回避制度，严肃考场纪律。对违反考试纪律和有关规定者，要严肃处理，并追究有关人员的责任。

人事部办公厅、商务部办公厅关于换发国际商务专业人员职业资格证书有关事项的通知

（国人厅发〔2003〕38 号 2003 年 10 月 15 日）

各省、自治区、直辖市人事厅（局）、外经贸厅（委、局）、商务厅（局）：

根据人事部、原对外贸易经济合作部联合印发的《国际商务专业人员职业资格制度暂行规定》（人发〔2002〕70 号，以下简称《暂行规定》）的要求，在《暂行规定》印发前，已获得人事部、原对外贸易经济合作部共同颁发的助理国际商务师或国际商务师专业技术资格证书的人员，可换发相应层次的国际商务专业人员职业资格证书。现将换发证书的有关事项通知如下：

一、换发证书的条件

（一）1999 年底前，参加国家统一组织的国际商务专业技术资格考试，并取得助理国际商务师或国际商务师专业技术资格证书的人员，可直接换发外销员从业资格证书或国际商务师执业资格证书。

（二）在 2000 年和 2001 年底前，参加国际商务专业技术资格考试，并取得助理国际商务师或国际商务师专业技术资格证书的人员，在换发外销员从业资格证书或国际商务师执业资格证书时，须同时提交全国职称外语等级考试 C 级或 B 级合格证。

二、换发证书的程序

（一）凡符合上述条件之一的人员，由本人提出申请，所在单位人事部门出具证明，并持助理国际商务师或国际商务师专业技术资格证书和所需相关证件（如外语合格证、身份证等有效证明文件），到所在地人事部门登记造册。

（二）所在地人事部门核实情况后，将需换证人员情况和有关材料报省级人事职改部门审核。

（三）省级人事职改部门应按各年度公布的国际商务专业技术资格合格人员名单和有关数据库进行核对，确认无误后，以省为单位将换证人员汇总情况送人事部人事考试中心。

（四）人事部人事考试中心对各地上报情况进行复核，并将复核结果分送人事部专业技术人员管理司、商务部人事司。

（五）经人事部专业技术人员管理司、商务部人事司确认后，下发外销员从业资格证书或国际商务师执业资格证书。

三、审核与发证时间

（一）各地人事、商务部门审核截止日期为 2003 年 12 月 31 日，请于 2004 年 1 月 31 日前，将有关材料送人事部人事考试中心。

（二）人事部换证书时间为2004年3月1日起至4月30日止，逾期不再办理。

四、有关要求

（一）各地人事、商务部门要将换发证书的条件、程序、时间和有关要求及时通报有关单位和人员。

（二）认真按照换发证书有关条件的规定，对换证人员的证明文件（原件）进行严格审核，不得弄虚作假。对于上交的原助理国际商务师和国际商务师资格证书，可在证书换发工作完成后，由省级换证机构统一销毁。

（三）根据国家关于职业资格证书不得向考生收取费用的规定，各地一律不得收取证书成本费。与换发证书相关的费用，应经当地价格管理部门标准。

（四）严格按照规定的条件、程序和时间，保证质量、准确无误地完成证书换发工作。

监理工程师资格考试和注册试行办法

（建设部令第18号 1992年6月4日）

第一章 总 则

第一条 为加强监理工程师的资格考试和注册管理，保证监理工程师的素质，制定本办法。

第二条 本办法所称监理工程师系岗位职务，是指经全国统一考试合格并经注册取得《监理工程师岗位证书》的工程建设监理人员。

监理工程师按专业设置岗位。

第三条 国务院建设行政主管部门为全国监理工程师注册管理机关。

省、自治区、直辖市人民政府建设行政主管部门为本行政区域内地方工程建设监理单位监理工程师的注册机关。

国务院有关部门为本部门直属工程建设监理单位监理工程师的注册机关。

第二章 监理工程师资格考试

第四条 监理工程师资格考试，在全国监理工程师资格考试委员会的统一组织指导下进行，原则上每两年进行一次。

第五条 全国监理工程师资格考试委员会由国务院建设行政主管部门和国务院有关部门工程建设、人事行政管理的专家十五至十九人组成，设主任委员一人、副主任委员三至五人。

第六条 省、自治区、直辖市及国务院有关部门成立地方或部门监理工程师资格考试委员会，分别负责本行政区域内地方工程建设监理单位或本部门直属工程建设监理单位的监理工程师资格考试工作。

地方或部门监理工程师资格考试委员会的成立，应报全国监理工程师资格考试委员会备案。

第七条 监理工程师资格考试委员会为非常设机构，于每次考试前六个月组成并开始工作。

第八条　全国监理工程师资格考试委员会的主要任务是：

（一）制定统一的监理工程师资格考试大纲和有关要求；

（二）确定考试命题，提出考试合格的标准；

（三）监督、指导地方、部门监理工程师资格考试工作，审查、确认其考试是否有效；

（四）向全国监理工程师注册管理机关书面报告监理工程师资格考试情况。

第九条　地方和部门监理工程师资格考试委员会的主要任务是：

（一）根据监理工程师资格考试大纲和有关要求，发布本地区、本部门监理工程师资格考试公告；

（二）受理考试申请，审查参考者资格；

（三）组织考试、阅卷评分和确认考试合格者；

（四）向本地区或本部门监理工程师注册机关书面报告考试情况；

（五）向全国监理工程师资格考试委员会报告工作。

第十条　参加监理工程师资格考试者，必须具备以下条件：

（一）具有高级专业技术职称或取得中级专业技术职称后具有三年以上工程设计或施工管理实践经验；

（二）在全国监理工程师注册管理机关认定的培训单位经过监理业务培训，并取得培训结业证书。

第十一条　凡参加监理工程师资格考试者，由所在单位向本地区或本部门监理工程师资格考试委员会提出书面申请，经审查批准后，方可参加考试。

第十二条　经监理工程师资格考试合格者，由监理工程师注册机关核发《监理工程师资格证书》。

第十三条　1995 年底以前，对少数具有高级技术职称和三年监理实践经验、年龄在 55 岁以上、工作能力较强的监理人员，经地区、部门监理工程师注册机关推荐，全国监理工程师资格考试委员会审查，全国监理工程师注册管理机关批准，可免予考试，取得《监理工程师资格证书》。

第十四条　《监理工程师资格证书》的持有者，自领取证书起，五年内未经注册，其证书失效。

《监理工程师资格证书》式样由国务院建设行政主管部门统一制定。

第三章　监理工程师注册

第十五条　申请监理工程师注册者，必须具备下列条件：

（一）热爱中华人民共和国，拥护社会主义制度，遵纪守法，遵守监理工程师职业道德；

（二）身体健康，胜任工程建设的现场监理工作；

（三）已取得《监理工程师资格证书》。

第十六条　申请监理工程师注册，由拟聘用申请者的工程建设监理单位统一向本地区或本部门的监理工程师注册机关提出申请。监理工程师注册机关收到申请后，依照本办法第十五条的规定进行审查。对符合条件的，根据全国监理工程师注册管理机关批准的注册计划择优予以注册，颁发《监理工程师岗位证书》，并报全国监理工程师注册管理机关备案。

《监理工程师岗位证书》式样由国务院建设行政主管部门统一制定。

第十七条 已经取得《监理工程师资格证书》但未经注册的人员，不得以监理工程师的名义从事工程建设监理业务。已经注册的监理工程师，不得以个人名义私自承接工程建设监理业务。

第十八条 监理工程师注册机关每五年对持《监理工程师岗位证书》者复查一次。对不符合条件的，注销注册，并收回《监理工程师岗位证书》。

第十九条 监理工程师退出、调出所在的工程建设监理单位或被解聘，须向原注册机关交回其《监理工程师岗位证书》，核销注册。核销注册不满五年再从事监理业务的，须由拟聘用的工程建设监理单位向本地区或本部门监理工程师注册机关重新申请注册。

第二十条 国家行政机关现职工作人员，不得申请监理工程师注册。

第四章 罚 则

第二十一条 违反本办法，有下列行为之一的，由监理工程师注册机关根据情节，分别给予停止执业、收缴《监理工程师资格证书》、收缴《监理工程师岗位证书》、限期四年不准参加考试或注册的处罚，并可处以罚款：

（一）未经注册，以监理工程师的名义从事监理业务的；

（二）以监理工程师个人名义承接工程监理业务的；

（三）以不正当手段取得《监理工程师资格证书》或《监理工程师岗位证书》的。

第二十二条 因监理工程师的过错造成利害关系人严重经济损失的，除追究其所在单位经济责任外，还应撤销其注册，收缴其《监理工程师岗位证书》；构成犯罪的，由司法机关依法追究其刑事责任。

第二十三条 监理工程师资格考试委员会成员及监理工程师注册机关工作人员泄露监理工程师资格考试内容，在监理工程师资格考试或注册中违反有关规定的，应由其所在单位给予行政处分；对监理工程师资格考试委员会成员应取消其考试委员会成员资格。

第二十四条 当事人对行政处罚决定不服的，可以在收到处罚通知之日起十五日内，向作出处罚决定机关的上一级机关申请复议，对复议决定不服的，可以在收到复议决定之日起十五日内向人民法院起诉；也可以直接向人民法院起诉。逾期不申请复议或者不向人民法院起诉，又不履行处罚决定的，由作出处罚决定的机关申请人民法院强制执行。

第五章 附 则

第二十五条 省、自治区、直辖市人民政府建设行政主管部门和国务院有关部门可以根据本办法制定实施细则，并报国务院建设行政主管部门备案。

第二十六条 国外及港、澳、台地区的工程建设监理人员来我国大陆执业的注册管理办法，另行制定。

第二十七条 本办法由国务院建设行政主管部门负责解释。

第二十八条 本办法自 1992 年 7 月 1 日起施行。

建设部、人事部关于《监理工程师资格考试和注册试行办法》实施意见的通知

（建监〔1993〕415号 1993年5月25日）

各省、自治区、直辖市建委（建设厅）、人事（劳动人事）厅（局）、职改办，各计划单列市建委、人事局、职改办，国务院各有关部门建设司、人事司：

根据八届人大一次会议关于人事制度改革和加快社会主义市场经济机制培育的要求，以及执业资格的确认要同国际惯例接轨的需要，为加强对监理工程师资格考试和注册工作的统一领导与管理，现就《监理工程师资格考试和注册试行办法》实施意见通知如下：

一、监理工程师资格属于执业资格，与专业技术资格不等同，但有联系。各级人事（职改）行政主管部门应积极与建设行政主管部门配合，参与监理工程师资格考试的指导与组织工作。

二、全国监理工程师资格考试委员会是监理工程师资格统一管理的最高机构。根据监理工程师资格考试和注册工作开展的需要，其成员可及时调整。

监理工程师资格考试方面的所有工作，由当地建设行政主管部门会同人事（职改）行政主管部门共同负责。

省、自治区、直辖市成立的监理工程师资格考试委员会，可作为考试的办事机构；其成员没有当地人事（职改）部门人员的，应予增补；未成立考试委员会的，可由建设行政主管部门会同人事（职改）行政主管部门联合成立办公室。具体考务工作可由当地人事部门资格（职称）考试机构承担。

三、要抓紧今年监理工程师资格考试的试点工作，积极创造条件尽快全面推行。

四、对于业绩突出的监理人员监理工程师资格的考核认定工作，今年再进行一次。人选必须经部门或者省、自治区、直辖市的建设主管部门会同人事（职改）主管部门共同审查推荐，并分别盖章后，再报送全国监理工程师资格考试委员会办公室。

五、《监理工程师资格证书》由建设部和人事部共同颁发。

建设部、人事部关于印发《监理工程师资格考试试点工作的具体办法》的通知

（建监〔1994〕99号 1994年2月3日）

北京市、天津市、上海市、山东省、广东省建委，人事厅（科干局）、职改办：

为适应社会主义市场经济体制对建设监理事业发展的需要，进一步加强建设监理工

程师队伍建设，按照建设部第18号令的规定和建设部、人事部联合下发的实施意见，建设部会同人事部从1993年下半年已开始着手进行监理工程师资格考试试点的筹划工作，并研究确定1994年在北京市、天津市、上海市、山东省、广东省进行考试试点。现将《监理工程师资格考试试点工作的具体办法》印发给你们，请按此办法抓紧做好考试试点的各项准备工作。

监理工程师资格考试试点工作的具体办法

为了实施监理工程师资格考试和注册制度，1992年6月建设部颁发了《监理工程师资格考试和注册试行办法》（第18号令），1993年5月建设部和人事部又联合颁发了该试行办法的《实施意见》（建监〔1993〕415号）。现按照这两个文件的要求，提出试点工作的具体办法：

一、监理工程师考试和注册是一项新的而又严肃的工作，为稳妥起见，需要先行试点，取得经验，再有计划地在全国实行。为此，现决定北京、天津、上海、山东和广东五省市为先行考试试点省市。国务院各专业部门可组织本部门在该五省市的单位人员，以自愿报名的方式就近就地参加该五省市的考试。

二、考试的时间为1994年4月23至24日两天，五省市同时进行。考试范围包括：建设监理概论、建设工程合同管理、建设项目投资控制、工程项目质量控制、工程项目进度控制、数据处理基础六个部分的基础知识及实务技能。

三、考试工作由试点省市人事（职改）行政主管部门、建设行政主管部门共同组织实施，并做好如下考务工作：

1. 公布监理工程师资格考试通告，宣布参试者条件和应提交的证件，报名的地点和起止日期，考试地点和日期，确定考场，以及其他各项考务工作。

2. 受理参试者的报考申请，审查与确定是否具有参试资格。对合格者进行统一编号登记，颁发准考证；

3. 制定考场纪律，组织考试，做好监考工作；

4. 向全国考委会提交参试者的答卷和全部证件的复印件，并书面报告考试情况和考试工作。

四、参试者的资格条件和其应提交的证件如下：

1. 应同时具备两个条件：具有高级专业技术职务或取得中级专业技术职务后具有三年以上工程设计或施工管理或监理的实践经验；

2. 应提交的证件：本人填写的《监理工程师资格考试申请表》（式样见附件），并经所在单位审查盖章；本人毕业院校印发的毕业证书复印件；本人专业技术职务证书的复印件。

不符合上述条件或提交的证件不齐全者，不颁发准考证。无准考证者不得入场考试。

五、全国考委会负责做好以下工作：

1. 组织制定并发布考试大纲；

2. 拟定考试合格标准，报人事部、建设部审批；

3. 组成专门命题小组，负责制定考试试题，编印试卷，密封分送各个考试点，并拟定试题标准答案和评分标准；

4．指导与监督考试工作，确认其考试是否有效；

5．组织统一阅卷；

6．按考试合格标准确定考试合格者；

7．向建设部和人事部报送合格者名单，经其审查后由其联合颁发《监理工程师资格证书》；

8．对考试试点工作进行全面总结，对监理工程师考试和注册在全国的实施提出改进意见。

六、严肃考试纪律和工作纪律。在考试试卷的命题、印制、密封、发送和保管的全过程中，必须责任到人，并坚持严格的保密制度，严防泄密。如有泄密或在审核参试资格过程中有舞弊行为者，建设行政主管部门和人事行政主管部门要追究其责任，并视情节给予行政处分。参试者如有作弊行为，考试管理机构有权取消其参考资格，全国考委会有权取消其录取资格。

七、考试工作需要的经费，可本着以支定收的原则，采取向报考者适当收取的办法予以解决。各考试管理机构应事先编制预算，在摸清参试人数后确定一个适当的收取数额，并经当地物价部门审核同意。

附件：监理工程师资格考试申请表（略）

建设部、人事部关于全国监理工程师执业资格考试工作的通知

（建监〔1996〕462号 1996年8月20日）

各省、自治区、直辖市建委（建设厅）、人事（人事劳动）厅（局），国务院各部门有关司、局，解放军总政科技文职干部局、总后营房部：

为了适应建立社会主义市场经济体制的要求，加强工程建设项目监理，确保工程建设质量，提高工程建设监理人员素质和工程建设监理工作水平，建设部、人事部在监理工程师执业资格考核认定、考试试点工作的基础上，决定自1997年起，在全国举行监理工程师执业资格考试，并将此项工作纳入全国专业技术人员执业资格制度实施规划。现将有关事项通知如下：

一、考试组织管理

（一）建设部和人事部共同负责全国监理工程师执业资格制度的政策制定、组织协调、资格考试和监督管理工作。

（二）建设部负责组织拟定考试科目，编写考试大纲、培训教材和命题工作，统一规划和组织考前培训。

（三）人事部负责审定考试科目、考试大纲和试题，组织实施各项考务工作；会同建设部对考试进行检查、监督、指导和确定考试合格标准。

二、考试报名条件

凡中华人民共和国公民，遵纪守法，具有工程技术或工程经济专业大专以上（含大专）学历，并符合下列条件之一者，可申请参加监理工程师执业资格考试。

（一）具有按照国家有关规定评聘的工程技术或工程经济专业中级专业技术职务，并任职满三年。

（二）具有按照国家有关规定评聘的工程技术或工程经济专业高级专业技术职务。

三、考试时间、科目及考场设置

（一）监理工程师执业资格考试实行全国统一大纲、统一命题、统一组织的办法，每年举行一次。

（二）考试科目：《工程建设监理基本理论和相关法规》、《工程建设合同管理》、《工程建设质量、投资、进度控制》、《工程建设监理案例分析》。

（三）考场原则上设在省会城市，如确需在其他城市设置，须经人事部、建设部批准。

四、部分科目免试条件

对从事工程建设监理工作并同时具备下列四项条件的报考人员，可免试《工程建设合同管理》和《工程建设质量、投资、进度控制》两科。

（一）1970年以前（含1970年）工程技术或工程经济专业大专以上（含大专）毕业；

（二）具有按照国家有关规定评聘的工程技术或工程经济专业高级专业技术职务；

（三）从事工程设计或工程施工管理工作15年以上（含15年）；

（四）从事监理工作一年以上（含一年）。

五、具体事项

（一）参加考试，由本人提出申请，所在单位推荐，持报名表到当地考试管理机构报名。考试管理机构按规定程序和报名条件审查合格后，发给准考证。考生凭准考证在指定的时间和地点参加考试。中央和国务院各部门及其直属单位的报考人员，按属地原则报名参加考试。

（二）坚持考培分开的原则，参与考前培训工作的人员不得参与所有考试工作（包括命题和组织管理）；考生自愿参加考前培训，各地、各部门不得以任何理由强迫考生参加考前培训。

（三）申请参加监理工程师执业资格考试，须提供下列证明文件：

1. 监理工程师执业资格考试报名表；

2. 学历证明；

3. 专业技术职务证书。

（四）各地在具体操作中，要严格执行人事部《关于资格考试工作中有关问题的通知》（人办发〔1996〕52号）各项规定，认真做好资格审查工作。

（五）监理工程师执业资格考试合格者，由各省、自治区、直辖市人事（职改）部门颁发人事部统一印制，人事部和建设部共同用印的《中华人民共和国监理工程师执业资格证书》，该证书在全国范围有效。

注册管理的具体办法由建设部另行制定。人事部和各级人事（职改）部门对注册使用情况负有检查、监督的责任。

六、本通知有关报名条件、考务工作的解释权属人事部；有关考试大纲、参考教材、培训等业务工作的解释权属建设部。

建设部、人事部关于建立注册建筑师制度及有关工作的通知

（建设〔1994〕第598号　1994年9月21日）

各省、自治区、直辖市建委（建设厅）、人事（劳动人事）厅（局）、有关计委，国务院各有关部门：

为了适应建立社会主义市场经济体制的需要，提高工程设计质量，强化建筑师的法律责任，保障公众生命和财产安全，维护国家利益并逐步实现与发达国家工程设计管理体制接轨，经建设部、人事部研究决定，我国将实行注册建筑师制度。现将有关工作通知如下：

一、注册建筑师属专业技术人员执业资格制度范畴，根据国务院批准的建设部、人事部“三定”方案，注册建筑师制度由建设部、人事部共同领导组织实施。

二、建设部负责注册和注册管理工作。负责注册建筑师考试大纲、命题及评分标准的拟定工作，负责考前培训，协助实施考务及评分等工作。人事部负责考试工作，负责考试大纲、试题及合格标准的审定并组织实施考务工作。

在实施过程中，两部有关业务主管司要加强协调，密切配合，共同完成此项任务。

三、成立由建设部、人事部、部分省（自治区、直辖市）和国务院有关部委的有关负责同志、专家等组成的全国注册建筑师管理委员会。在两部的领导下，负责有关注册建筑师的具体工作。

四、全国注册建筑师考试定于1995年三季度举行。为保证该项工作的顺利开展，积累必要的经验，经两部研究决定，于1994年10月10日至13日在辽宁省沈阳市进行注册建筑师试点考试。试点工作由辽宁省建设厅、人事厅共同负责实施。

五、在全国注册建筑师考试工作实施之前，为使注册建筑师制度顺利开展，经两部研究决定，对部分已达到注册建筑师标准的建筑设计人员通过特许取得注册建筑师资格。该项工作在今年年底前完成。具体条件和办法将由全国注册建筑师管理委员会制定，报建设部、人事部审核同意后实施。

各地区、各有关部门应加强对此项工作的领导，认真做好各项准备工作。

建设部、人事部关于印发《注册建筑师特许办法》的通知

（建设〔1994〕708号　1994年11月20日）

各省、自治区、直辖市建委（建设厅）及计划单列市建委、人事（人事劳动）厅（局）、有关计委，国务院各有关部门，总后营房部：

经研究决定，现将《注册建筑师特许办法》印发给你们，请遵照执行。

注册建筑师特许办法

为了保障公众生命和财产安全，维护国家利益，改革工程设计管理体制，建立建筑师考试注册制度，根据建设部、人事部《关于建立注册建筑师制度及有关工作的通知》（建设〔1994〕第598号）的规定，制定本办法。

一、注册建筑师特许范围

已达到注册建筑师标准的建筑设计专职人员和长期从事建筑业务工作的专家或学者。

二、注册建筑师特许条件

（一）1994年前授予建筑专业设计大师称号者。

（二）1993年前担任高级建筑师职务并在岗者（含工业设计院从事建筑设计的高级工程师并在岗者）。

（三）具有工程系列高级专业技术职务且曾担任300人以上建筑设计院（含不到300人的省级甲级建筑设计院）正、副总建筑师五年以上在岗者。

（四）应聘参加注册建筑师试题设计和考卷评分等工作的高级建筑师。

具备上述条件之一，同时主持过两项大型项目建筑设计，并获得一项省、部级优秀工程设计奖者可申报特许注册建筑师。

三、特许注册建筑师名额和分配

全国特许注册建筑师的名额限定为300人。按地区、部门建筑设计人员的分布情况进行分配。各省、自治区、直辖市和国务院各有关部门的勘察设计主管部门按分配名额上报，不得超过。

四、注册建筑师特许程序

（一）符合本办法第一、二款的建筑设计人员可向所在单位提出申请。经单位审核同意后向所在省、自治区、直辖市建委（建设厅）或国务院有关部委勘察设计主管部门申报。

（二）各省、自治区、直辖市建委（建设厅）和各部门对本地区、本部门建筑设计单位申报的人员进行审核，经本地区、本部门人事（职改）部门审核同意后提出推荐名单，报全国注册建筑师管理委员会办公室（以下简称办公室，设在建设部勘察设计司）。

（三）办公室对各地各部门推荐的人员进行资格初审，提出拟特许的人员名单，报全国注册建筑师管理委员会审查。

（四）经全国注册建筑师管理委员会审定合格，报建设部、人事部核准，颁发两部用印的一级注册建筑师资格证书。

五、申请特许注册建筑师必须提供下列文本：

（一）特许注册建筑师申请表；

（二）毕业证书、建筑专业设计大师称号证书或高级专业技术职务证书的复印件；

（三）单位推荐和主管部门初审意见材料；

（四）主持两项大型项目建筑设计的单位证明复印件；

（五）荣获优秀建筑设计奖证书的复印件。

六、特许注册建筑师的时间安排和要求

各地区、各部门请于12月底前将申报材料报到全国注册建筑师管理委员会办公室，逾期不予受理。

特许注册建筑师将作为我国第一批一级注册建筑师颁布，具有重大的历史意义，必须严格按照规定的程序和条件，认真做好申报、审核工作。凡不认真把关或弄虚作假的，一经发现，停止该地区或部门的申报权和个人的申报资格。

特许注册建筑师名额分配与申报表另发。

中华人民共和国注册建筑师条例

（国务院令第184号　1995年9月23日）

第一章　总　则

第一条　为了加强对注册建筑师的管理，提高建筑设计质量与水平，保障公民生命和财产安全，维护社会公共利益，制定本条例。

第二条　本条例所称注册建筑师，是指依法取得注册建筑师并从事房屋建筑设计及相关业务的人员。

注册建筑师分为一级注册建筑师和二级注册建筑师。

第三条　注册建筑师的考试、注册和执业，适用本条例。

第四条　国务院建设行政主管部门、人事行政主管部门和省、自治区、直辖市人民政府建设行政主管部门、人事行政主管部门依照本条例的规定对注册建筑师的考试、注册和执业实施指导和监督。

第五条　全国注册建筑师管理委员会和省、自治区、直辖市注册建筑师管理委员会，依照本条例的规定负责注册建筑师的考试和注册的具体工作。

全国注册建筑师管理委员会由国务院建设行政主管部门、人事行政主管部门、其他有关行政主管部门的代表和建筑设计专家组成。

省、自治区、直辖市注册建筑师管理委员会由省、自治区、直辖市建设行政主管部门、人事行政主管部门、其他有关行政主管部门的代表和建筑设计专家组成。

第六条　注册建筑师可以组建注册建筑师协会，维护会员的合法权益。

第二章　考试和注册

第七条　国家实行注册建筑师全国统一考试制度，注册建筑师全国统一考试办法由国务院建设行政主管部门会同国务院人事行政主管部门商国务院其他有关行政主管部门共同制定，由全国注册建筑师管理委员会组织实施。

第八条　符合下列条件之一的，可以申请参加一级注册建筑师考试：

（一）取得建筑学硕士以上学位或者相近专业工学博士学位，并从事建筑设计或者相关业务2年以上的；

（二）取得建筑学学士学位或者相近专业工学硕士学位，并从事建筑设计或者相关业务3年以上的；

（三）具有建筑学专业大学本科毕业学历并从事建筑设计或者相关业务5年以上的，或者具有建筑学相近专业大学本科毕业学历并从事建筑设计或者相关业务7年以上的；

（四）取得高级工程师技术职称并从事建筑设计或者相关业务3年以上的，或者取得工程师技术职称并从事建筑设计或者相关业务5年以上的；

（五）不具有前四项规定的条件，但设计成绩突出，经全国注册建筑师管理委员会认定达到前四项规定的专业水平的。

第九条 符合下列条件之一的，可以申请参加二级注册建筑师考试：

（一）具有建筑学或者相近专业大学本科毕业以上学历，从事建筑设计或者相关业务2年以上的；

（二）具有建筑设计技术专业或者相近专业大学毕业以上学历，并从事建筑设计或者相关业务3年以上的；

（三）具有建筑设计技术专业4年制中专毕业学历，并从事建筑设计或者相关业务5年以上的；

（四）具有建筑设计技术相近专业中专毕业学历，并从事建筑设计或者相关业务7年以上的；

（五）取得助理工程师以上技术职称，并从事建筑设计或者相关业务3年以上的。

第十条 本条例施行前已取得高级、中级技术职称的建筑设计人员，经所在单位推荐，可以按照注册建筑师全国统一考试办法的规定，免予部分科目的考试。

第十一条 注册建筑师考试合格，取得相应的注册建筑师资格的，可以申请注册。

第十二条 一级注册建筑师的注册，由全国注册建筑师管理委员会负责；二级注册建筑师的注册，由省、自治区、直辖市注册建筑师管理委员会负责。

第十三条 有下列情形之一的，不予注册：

（一）不具有完全民事行为能力的；

（二）因受刑事处罚，自刑罚执行完毕之日起至申请注册之日止不满5年的；

（三）因在建筑设计或者相关业务中犯有错误受行政处罚或者撤职以上行政处分，自处罚、处分决定之日起至申请注册之日止不满2年的；

（四）受吊销注册建筑师证书的行政处罚，自处罚决定之日起至申请注册之日止不满5年的；

（五）有国务院规定不予注册的其他情形的。

第十四条 全国注册建筑师管理委员会和省、自治区、直辖市注册建筑师管理委员会依照本条例第十三条的规定，决定不予注册的，应当自决定之日起15日内书面通知申请人；申请人有异议的，可以自收到通知之日起15日内向国务院建设行政主管部门或省、自治区、直辖市人民政府建设行政主管部门申请复议。

第十五条 全国注册建筑师管理委员会应当将准予注册的一级注册建筑师名单报国务院建设行政主管部门备案；省、自治区、直辖市注册建筑师管理委员会应当将准予注册的二级注册建筑师名单报省、自治区、直辖市人民政府建设行政主管部门备案。

国务院建设行政主管部门或者省、自治区、直辖市人民政府建设行政主管部门发现有关注册建筑师管理委员会的注册不符合本条例规定的，应当通知有关注册建筑师管理委员会撤销注册，收回注册建筑师证书。

第十六条　准予注册的申请人，分别由全国注册建筑师管理委员会和省、自治区、直辖市注册建筑师管理委员会核发由国务院建设行政主管部门统一制作的一级注册建筑师证书或者二级注册建筑师证书。

第十七条　注册建筑师注册的有效期为 2 年。有效期届满需要继续注册的，应当在期满前 30 日内办理注册手续。

第十八条　已取得注册建筑师证书的人员，除本条例第十五条第二款规定的情形外，注册后有下列情形之一的，由准予注册的全国注册建筑师管理委员会或者省、自治区、直辖市注册建筑师管理委员会撤销注册，收回注册建筑师证书：

（一）完全丧失民事行为能力的；

（二）受刑事处罚的；

（三）因在建筑设计或者相关业务中犯有错误，受到行政处罚或者撤职以上行政处分的；

（四）自行停止注册建筑师业务满 2 年的。

被撤销注册的当事人对撤销注册、收回注册建筑师证书有异议的，可以自接到撤销注册、收回注册建筑师证书的通知之日起 15 日内向国务院建设行政主管部门或者省、自治区、直辖市人民政府建设行政主管部门申请复议。

第十九条　被撤销注册的人员可以依照本条例的规定重新注册。

第三章　执　业

第二十条　注册建筑师的执业范围：

（一）建筑设计；

（二）建筑设计技术咨询；

（三）建筑物调查与鉴定；

（四）对本人主持设计的项目进行施工指导和监督；

（五）国务院建设行政主管部门规定的其他业务。

第二十一条　注册建筑师执行业务，应当加入建筑设计单位。

建筑设计单位的资质等级及其业务范围，由国务院建设行政主管部门规定。

第二十二条　一级注册建筑师的执业范围不受建筑规模和工程复杂程度的限制。二级注册建筑师的执业范围不得超越国家规定的建筑规模和工程复杂程度。

第二十三条　注册建筑师执行业务，由建筑设计单位统一接受委托并统一收费。

第二十四条　因设计质量造成的经济损失，由建筑设计单位承担赔偿责任；建筑设计单位有权向签字的注册建筑师追偿。

第四章　权利和义务

第二十五条　注册建筑师有权以注册建筑师的名义执行注册建筑师业务。

非注册建筑师不得以注册建筑师的名义执行注册建筑师业务。二级注册建筑师不得以一级注册建筑师的名义执行业务，也不得超越国家规定的二级注册建筑师的执业范围执行业务。

第二十六条　国家规定的一定跨度、跨径和高度以上的房屋建筑，应当由注册建筑师进行设计。

第二十七条　任何单位和个人修改注册建筑师的设计图纸，应当征得该注册建筑师的同意；但是，因特殊情况不能征得该注册建筑师同意的除外。

第二十八条　注册建筑师应当履行下列义务：

（一）遵守法律、法规和职业道德，维护社会公共利益；

（二）保证建设设计的质量，并在其负责的设计图纸上签字；

（三）保守在执业中知悉的单位和个人的秘密；

（四）不得同时受聘于两个以上建筑设计单位执行业务；

（五）不得准许他人以本人名义执行业务。

第五章　法 律 责 任

第二十九条　以不正当手段取得注册建筑师考试合格资格或者注册建筑师证书的，由全国注册建筑师管理委员会或者省、自治区、直辖市注册建筑师管理委员会取消考试合格资格或者吊销注册建筑师证书；对负有直接责任的主管人员和其他直接责任人员，依法给予行政处分。

第三十条　未经注册擅自以注册建筑师名义从事注册建筑师业务的，由县级以上人民政府建设行政主管部门责令停止违法活动，没收违法所得，并可以处以违法所得5倍以下的罚款；造成损失的，应当承担赔偿责任。

第三十一条　注册建筑师违反本条例规定，有下列行为之一的，由县级以上人民政府建设行政主管部门责令停止违法活动，没收违法所得，并可以处以违法所得5倍以下的罚款；情节严重的，可以责令停止执行业务或者由全国注册建筑师管理委员会或者省、自治区、直辖市注册建筑师管理委员会吊销注册建筑师证书：

（一）以个人名义承接注册建筑师业务、收取费用的；

（二）同时受聘于两个以上建筑设计单位执行业务的；

（三）在建筑设计或者相关业务中侵犯他人合法权益的；

（四）准许他人以本人名义执行业务的；

（五）二级注册建筑师以一级注册建筑师的名义执行业务或者超越国家规定的执业范围执行业务的。

第三十二条　因建筑设计质量不合格发生重大责任事故，造成重大损失的，对该建筑设计负有直接责任的注册建筑师由县级以上人民政府建设行政主管部门责令停止执行业务；情节严重的，由全国注册建筑师管理委员会或者省、自治区、直辖市注册建筑师管理委员会吊销注册建筑师证书。

第三十三条　违反本条例规定，未经注册建筑师同意擅自修改其设计图纸的，由县级以上人民政府建设行政主管部门责令纠正；造成损失的，应当承担赔偿责任。

第三十四条　违反本条例规定，构成犯罪的，依法追究刑事责任。

第六章　附　则

第三十五条　本条例所称建筑设计单位，包括专门从事建筑设计的工程设计单位和其他从事建筑设计的工程设计单位。

第三十六条　外国人申请参加中国注册建筑师全国统一考试和注册以及外国建筑师

申请在中国境内执行注册建筑师业务，按照对等原则办理。

第三十七条　本条例自发布之日起施行。

建设部关于印发《回国（来华）定居专家注册建筑师资格确认与执业注册的暂行规定》的通知

（建设〔1997〕118号　1997年5月27日）

各省、自治区、直辖市建委（建设厅），国务院有关部门，总后营房部：

为适应改革开放的需要，推动我国社会主义建设和新学科的发展，吸引更多的海外科技专家和学者来华定居工作，根据国务院有关部门规定精神，特制订《回国（来华）定居专家注册建筑师资格确认与执业注册的暂行规定》，现印发给你们，请各地、各有关部门认真贯彻执行。

回国（来华）定居专家注册建筑师资格确认与执业注册的暂行规定

1997年，我国开始实行注册建筑师执业制度。根据人事部、国家教委、外交部（人专发〔1995〕36号《关于回国（来华）定居专家工作有关问题的通知》）精神，为了充分发挥来华定居专家在我国社会主义建设工作中的积极作用，对长期从事建筑设计工作人员的注册建筑师资格确认和执业注册问题作如下暂行规定：

一、申请者必须具有中华人民共和国人事部专家司出具的回国（来华）定居的专家证明。

二、申请者必须符合《中华人民共和国注册建筑师条例》和《中华人民共和国注册建筑师条例实施细则》以及有关考试认定文件规定的要求。

三、申请者必须在中华人民共和国境内从事建筑设计工作三年以上（含三年），作为项目负责人或专业负责人，完成民用建筑工程分级标准中规定的三级以上（含三级）工程两项。

凡符合上述三项内容的来华定居专家均可申请参加考核认定和执业注册。

四、执业注册前应参加有关中国工程设计法规和规范的学习并考核合格。

五、注册建筑师资格的确认和执业注册，由全国注册建筑师管理委员会（建设部执业资格注册中心）审查，由建设部勘察设计司会同有关部门审核批准后核发执业注册证书和执业专用章。

六、执业注册人员在中国从事建筑工程设计的执业活动，应当遵守国家法令和有关工程勘察设计的管理规定。

七、本规定由建设部负责解释。

八、本规定自公布之日起执行。

中华人民共和国注册建筑师条例实施细则

（建设部令第167号 2008年1月29日）

第一章 总 则

第一条 根据《中华人民共和国行政许可法》和《中华人民共和国注册建筑师条例》（以下简称《条例》），制定本细则。

第二条 中华人民共和国境内注册建筑师的考试、注册、执业、继续教育和监督管理，适用本细则。

第三条 注册建筑师，是指经考试、特许、考核认定取得中华人民共和国注册建筑师执业资格证书（以下简称执业资格证书），或者经资格互认方式取得建筑师互认资格证书（以下简称互认资格证书），并按照本细则注册，取得中华人民共和国注册建筑师注册证书（以下简称注册证书）和中华人民共和国注册建筑师执业印章（以下简称执业印章），从事建筑设计及相关业务活动的专业技术人员。

未取得注册证书和执业印章的人员，不得以注册建筑师的名义从事建筑设计及相关业务活动。

第四条 国务院建设主管部门、人事主管部门按职责分工对全国注册建筑师考试、注册、执业和继续教育实施指导和监督。

省、自治区、直辖市人民政府建设主管部门、人事主管部门按职责分工对本行政区域内注册建筑师考试、注册、执业和继续教育实施指导和监督。

第五条 全国注册建筑师管理委员会负责注册建筑师考试、一级注册建筑师注册、制定颁布注册建筑师有关标准以及相关国际交流等具体工作。

省、自治区、直辖市注册建筑师管理委员会负责本行政区域内注册建筑师考试、注册以及协助全国注册建筑师管理委员会选派专家等具体工作。

第六条 全国注册建筑师管理委员会委员由国务院建设主管部门商人事主管部门聘任。

全国注册建筑师管理委员会由国务院建设主管部门、人事主管部门、其他有关主管部门的代表和建筑设计专家组成，设主任委员一名、副主任委员若干名。全国注册建筑师管理委员会秘书处设在建设部执业资格注册中心。全国注册建筑师管理委员会秘书处承担全国注册建筑师管理委员会的日常工作职责，并承担相应的法律责任。

省、自治区、直辖市注册建筑师管理委员会由省、自治区、直辖市人民政府建设主管部门商同级人事主管部门参照本条第一款、第二款规定成立。

第二章 考 试

第七条 注册建筑师考试分为一级注册建筑师考试和二级注册建筑师考试。注册建筑师考试实行全国统一考试，每年进行一次。遇特殊情况，经国务院建设主管部门和人事主管部门同意，可调整该年度考试次数。

注册建筑师考试由全国注册建筑师管理委员会统一部署，省、自治区、直辖市注册建筑师管理委员会组织实施。

第八条 一级注册建筑师考试内容包括：建筑设计前期工作、场地设计、建筑设计与表达、建筑结构、环境控制、建筑设备、建筑材料与构造、建筑经济、施工与设计业务管理、建筑法规等。上述内容分成若干科目进行考试。科目考试合格有效期为八年。

二级注册建筑师考试内容包括：场地设计、建筑设计与表达、建筑结构与设备、建筑法规、建筑经济与施工等。上述内容分成若干科目进行考试。科目考试合格有效期为四年。

第九条 《条例》第八条第（一）、（二）、（三）项，第九条第（一）项中所称相近专业，是指大学本科及以上建筑学的相近专业，包括城市规划、建筑工程和环境艺术等专业。

《条例》第九条第（二）项所称相近专业，是指大学专科建筑设计的相近专业，包括城乡规划、房屋建筑工程、风景园林、建筑装饰技术和环境艺术等专业。

《条例》第九条第（四）项所称相近专业，是指中等专科学校建筑设计技术的相近专业，包括工业与民用建筑、建筑装饰、城镇规划和村镇建设等专业。

《条例》第八条第（五）项所称设计成绩突出，是指获得国家或省部级优秀工程设计铜质或二等奖（建筑）及以上奖励。

第十条 申请参加注册建筑师考试者，可向省、自治区、直辖市注册建筑师管理委员会报名，经省、自治区、直辖市注册建筑师管理委员会审查，符合《条例》第八条或者第九条规定的，方可参加考试。

第十一条 经一级注册建筑师考试，在有效期内全部科目考试合格的，由全国注册建筑师管理委员会核发国务院建设主管部门和人事主管部门共同用印的一级注册建筑师执业资格证书。

经二级注册建筑师考试，在有效期内全部科目考试合格的，由省、自治区、直辖市注册建筑师管理委员会核发国务院建设主管部门和人事主管部门共同用印的二级注册建筑师执业资格证书。

自考试之日起，九十日内公布考试成绩；自考试成绩公布之日起，三十日内颁发执业资格证书。

第十二条 申请参加注册建筑师考试者，应当按规定向省、自治区、直辖市注册建筑师管理委员会交纳考务费和报名费。

第三章 注 册

第十三条 注册建筑师实行注册执业管理制度。取得执业资格证书或者互认资格证书的人员，必须经过注册方可以注册建筑师的名义执业。

第十四条 取得一级注册建筑师资格证书并受聘于一个相关单位的人员，应当通过聘用单位向单位工商注册所在地的省、自治区、直辖市注册建筑师管理委员会提出申请；省、自治区、直辖市注册建筑师管理委员会受理后提出初审意见，并将初审意见和申请材料报全国注册建筑师管理委员会审批；符合条件的，由全国注册建筑师管理委员会颁发一级注册建筑师注册证书和执业印章。

第十五条 省、自治区、直辖市注册建筑师管理委员会在收到申请人申请一级注册建筑师注册的材料后，应当即时作出是否受理的决定，并向申请人出具书面凭证；申请材料不齐全或者不符合法定形式的，应当在五日内一次性告知申请人需要补正的全部内容。逾期不告知的，自收到申请材料之日起即为受理。

对申请初始注册的，省、自治区、直辖市注册建筑师管理委员会应当自受理申请之日起二十日内审查完毕，并将申请材料和初审意见报全国注册建筑师管理委员会。全国注册建筑师管理委员会应当自收到省、自治区、直辖市注册建筑师管理委员会上报材料之日起，二十日内审批完毕并作出书面决定。

审查结果由全国注册建筑师管理委员会予以公示，公示时间为十日，公示时间不计算在审批时间内。

全国注册建筑师管理委员会自作出审批决定之日起十日内，在公众媒体上公布审批结果。

对申请变更注册、延续注册的，省、自治区、直辖市注册建筑师管理委员会应当自受理申请之日起十日内审查完毕。全国注册建筑师管理委员会应当自收到省、自治区、直辖市注册建筑师管理委员会上报材料之日起，十五日内审批完毕并作出书面决定。

二级注册建筑师的注册办法由省、自治区、直辖市注册建筑师管理委员会依法制定。

第十六条　注册证书和执业印章是注册建筑师的执业凭证，由注册建筑师本人保管、使用。

注册建筑师由于办理延续注册、变更注册等原因，在领取新执业印章时，应当将原执业印章交回。

禁止涂改、倒卖、出租、出借或者以其他形式非法转让执业资格证书、互认资格证书、注册证书和执业印章。

第十七条　申请注册建筑师初始注册，应当具备以下条件：

（一）依法取得执业资格证书或者互认资格证书；

（二）只受聘于中华人民共和国境内的一个建设工程勘察、设计、施工、监理、招标代理、造价咨询、施工图审查、城乡规划编制等单位（以下简称聘用单位）；

（三）近三年内在中华人民共和国境内从事建筑设计及相关业务一年以上；

（四）达到继续教育要求；

（五）没有本细则第二十一条所列的情形。

第十八条　初始注册者可以自执业资格证书签发之日起三年内提出申请。逾期未申请者，须符合继续教育的要求后方可申请初始注册。

初始注册需要提交下列材料：

（一）初始注册申请表；

（二）资格证书复印件；

（三）身份证明复印件；

（四）聘用单位资质证书副本复印件；

（五）与聘用单位签订的聘用劳动合同复印件；

（六）相应的业绩证明；

（七）逾期初始注册的，应当提交达到继续教育要求的证明材料。

第十九条 注册建筑师每一注册有效期为二年。注册建筑师注册有效期满需继续执业的，应在注册有效期届满三十日前，按照本细则第十五条规定的程序申请延续注册。延续注册有效期为二年。

延续注册需要提交下列材料：

（一）延续注册申请表；

（二）与聘用单位签订的聘用劳动合同复印件；

（三）注册期内达到继续教育要求的证明材料。

第二十条 注册建筑师变更执业单位，应当与原聘用单位解除劳动关系，并按照本细则第十五条规定的程序办理变更注册手续。变更注册后，仍延续原注册有效期。

原注册有效期届满在半年以内的，可以同时提出延续注册申请。准予延续的，注册有效期重新计算。

变更注册需要提交下列材料：

（一）变更注册申请表；

（二）新聘用单位资质证书副本的复印件；

（三）与新聘用单位签订的聘用劳动合同复印件；

（四）工作调动证明或者与原聘用单位解除聘用劳动合同的证明文件、劳动仲裁机构出具的解除劳动关系的仲裁文件、退休人员的退休证明复印件；

（五）在办理变更注册时提出延续注册申请的，还应当提交在本注册有效期内达到继续教育要求的证明材料。

第二十一条 申请人有下列情形之一的，不予注册：

（一）不具有完全民事行为能力的；

（二）申请在两个或者两个以上单位注册的；

（三）未达到注册建筑师继续教育要求的；

（四）因受刑事处罚，自刑事处罚执行完毕之日起至申请注册之日止不满五年的；

（五）因在建筑设计或者相关业务中犯有错误受行政处罚或者撤职以上行政处分，自处罚、处分决定之日起至申请之日止不满二年的；

（六）受吊销注册建筑师证书的行政处罚，自处罚决定之日起至申请注册之日止不满五年的；

（七）申请人的聘用单位不符合注册单位要求的；

（八）法律、法规规定不予注册的其他情形。

第二十二条 注册建筑师有下列情形之一的，其注册证书和执业印章失效：

（一）聘用单位破产的；

（二）聘用单位被吊销营业执照的；

（三）聘用单位相应资质证书被吊销或者撤回的；

（四）已与聘用单位解除聘用劳动关系的；

（五）注册有效期满且未延续注册的；

（六）死亡或者丧失民事行为能力的；

（七）其他导致注册失效的情形。

第二十三条 注册建筑师有下列情形之一的，由注册机关办理注销手续，收回注册证书和执业印章或公告注册证书和执业印章作废：

（一）有本细则第二十二条所列情形发生的；

（二）依法被撤销注册的；

（三）依法被吊销注册证书的；

（五）受刑事处罚的；

（六）法律、法规规定应当注销注册的其他情形。

注册建筑师有前款所列情形之一的，注册建筑师本人和聘用单位应当及时向注册机关提出注销注册申请；有关单位和个人有权向注册机关举报；县级以上地方人民政府建设主管部门或者有关部门应当及时告知注册机关。

第二十四条 被注销注册者或者不予注册者，重新具备注册条件的，可以按照本细则第十五条规定的程序重新申请注册。

第二十五条 高等学校（院）从事教学、科研并具有注册建筑师资格的人员，只能受聘于本校（院）所属建筑设计单位从事建筑设计，不得受聘于其他建筑设计单位。在受聘于本校（院）所属建筑设计单位工作期间，允许申请注册。获准注册的人员，在本校（院）所属建筑设计单位连续工作不得少于二年。具体办法由国务院建设主管部门商教育主管部门规定。

第二十六条 注册建筑师因遗失、污损注册证书或者执业印章，需要补办的，应当持在公众媒体上刊登的遗失声明的证明，或者污损的原注册证书和执业印章，向原注册机关申请补办。原注册机关应当在十日内办理完毕。

第四章 执 业

第二十七条 取得资格证书的人员，应当受聘于中华人民共和国境内的一个建设工程勘察、设计、施工、监理、招标代理、造价咨询、施工图审查、城乡规划编制等单位，经注册后方可从事相应的执业活动。

从事建筑工程设计执业活动的，应当受聘并注册于中华人民共和国境内一个具有工程设计资质的单位。

第二十八条 注册建筑师的执业范围具体为：

（一）建筑设计；

（二）建筑设计技术咨询；

（三）建筑物调查与鉴定；

（四）对本人主持设计的项目进行施工指导和监督；

（五）国务院建设主管部门规定的其他业务。

本条第一款所称建筑设计技术咨询包括建筑工程技术咨询，建筑工程招标、采购咨询，建筑工程项目管理，建筑工程设计文件及施工图审查，工程质量评估，以及国务院建设主管部门规定的其他建筑技术咨询业务。

第二十九条 一级注册建筑师的执业范围不受工程项目规模和工程复杂程度的限制。二级注册建筑师的执业范围只限于承担工程设计资质标准中建设项目设计规模划分表中规定的小型规模的项目。

注册建筑师的执业范围不得超越其聘用单位的业务范围。注册建筑师的执业范围与其聘用单位的业务范围不符时，个人执业范围服从聘用单位的业务范围。

第三十条　注册建筑师所在单位承担民用建筑设计项目，应当由注册建筑师任工程项目设计主持人或设计总负责人；工业建筑设计项目，须由注册建筑师任工程项目建筑专业负责人。

第三十一条　凡属工程设计资质标准中建筑工程建设项目设计规模划分表规定的工程项目，在建筑工程设计的主要文件（图纸）中，须由主持该项设计的注册建筑师签字并加盖其执业印章，方为有效。否则设计审查部门不予审查，建设单位不得报建，施工单位不准施工。

第三十二条　修改经注册建筑师签字盖章的设计文件，应当由原注册建筑师进行；因特殊情况，原注册建筑师不能进行修改的，可以由设计单位的法人代表书面委托其他符合条件的注册建筑师修改，并签字、加盖执业印章，对修改部分承担责任。

第三十三条　注册建筑师从事执业活动，由聘用单位接受委托并统一收费。

第五章　继 续 教 育

第三十四条　注册建筑师在每一注册有效期内应当达到全国注册建筑师管理委员会制定的继续教育标准。继续教育作为注册建筑师逾期初始注册、延续注册、重新申请注册的条件之一。

第三十五条　继续教育分为必修课和选修课，在每一注册有效期内各为四十学时。

第六章　监 督 检 查

第三十六条　国务院建设主管部门对注册建筑师注册执业活动实施统一的监督管理。县级以上地方人民政府建设主管部门负责对本行政区域内的注册建筑师注册执业活动实施监督管理。

第三十七条　建设主管部门履行监督检查职责时，有权采取下列措施：

（一）要求被检查的注册建筑师提供资格证书、注册证书、执业印章、设计文件（图纸）；

（二）进入注册建筑师聘用单位进行检查，查阅相关资料；

（三）纠正违反有关法律、法规和本细则及有关规范和标准的行为。

建设主管部门依法对注册建筑师进行监督检查时，应当将监督检查情况和处理结果予以记录，由监督检查人员签字后归档。

第三十八条　建设主管部门在实施监督检查时，应当有两名以上监督检查人员参加，并出示执法证件，不得妨碍注册建筑师正常的执业活动，不得谋取非法利益。

注册建筑师和其聘用单位对依法进行的监督检查应当协助与配合，不得拒绝或者阻挠。

第三十九条　注册建筑师及其聘用单位应当按照要求，向注册机关提供真实、准确、完整的注册建筑师信用档案信息。

注册建筑师信用档案应当包括注册建筑师的基本情况、业绩、良好行为、不良行为等内容。违法违规行为、被投诉举报处理、行政处罚等情况应当作为注册建筑师的不良行为记入其信用档案。

注册建筑师信用档案信息按照有关规定向社会公示。

第七章　法 律 责 任

第四十条　隐瞒有关情况或者提供虚假材料申请注册的，注册机关不予受理，并由建设主管部门给予警告，申请人一年之内不得再次申请注册。

第四十一条 以欺骗、贿赂等不正当手段取得注册证书和执业印章的，由全国注册建筑师管理委员会或省、自治区、直辖市注册建筑师管理委员会撤销注册证书并收回执业印章，三年内不得再次申请注册，并由县级以上人民政府建设主管部门处以罚款。其中没有违法所得的，处以1万元以下罚款；有违法所得的处以违法所得3倍以下且不超过3万元的罚款。

第四十二条 违反本细则，未受聘并注册于中华人民共和国境内一个具有工程设计资质的单位，从事建筑工程设计执业活动的，由县级以上人民政府建设主管部门给予警告，责令停止违法活动，并可处以1万元以上3万元以下的罚款。

第四十三条 违反本细则，未办理变更注册而继续执业的，由县级以上人民政府建设主管部门责令限期改正；逾期未改正的，可处以5 000元以下的罚款。

第四十四条 违反本细则，涂改、倒卖、出租、出借或者以其他形式非法转让执业资格证书、互认资格证书、注册证书和执业印章的，由县级以上人民政府建设主管部门责令改正，其中没有违法所得的，处以1万元以下罚款；有违法所得的处以违法所得3倍以下且不超过3万元的罚款。

第四十五条 违反本细则，注册建筑师或者其聘用单位未按照要求提供注册建筑师信用档案信息的，由县级以上人民政府建设主管部门责令限期改正；逾期未改正的，可处以1 000元以上1万元以下的罚款。

第四十六条 聘用单位为申请人提供虚假注册材料的，由县级以上人民政府建设主管部门给予警告，责令限期改正；逾期未改正的，可处以1万元以上3万元以下的罚款。

第四十七条 有下列情形之一的，全国注册建筑师管理委员会或者省、自治区、直辖市注册建筑师管理委员会可以撤销其注册：

（一）全国注册建筑师管理委员会或者省、自治区、直辖市注册建筑师管理委员会的工作人员滥用职权、玩忽职守颁发注册证书和执业印章的；

（二）超越法定职权颁发注册证书和执业印章的；

（三）违反法定程序颁发注册证书和执业印章的；

（四）对不符合法定条件的申请人颁发注册证书和执业印章的；

（五）依法可以撤销注册的其他情形。

第四十八条 县级以上人民政府建设主管部门、人事主管部门及全国注册建筑师管理委员会或者省、自治区、直辖市注册建筑师管理委员会的工作人员，在注册建筑师管理工作中，有下列情形之一的，依法给予处分；构成犯罪的，依法追究刑事责任：

（一）对不符合法定条件的申请人颁发执业资格证书、注册证书和执业印章的；

（二）对符合法定条件的申请人不予颁发执业资格证书、注册证书和执业印章的；

（三）对符合法定条件的申请不予受理或者未在法定期限内初审完毕的；

（四）利用职务上的便利，收受他人财物或者其他好处的；

（五）不依法履行监督管理职责，或者发现违法行为不予查处的。

第八章 附 则

第四十九条 注册建筑师执业资格证书由国务院人事主管部门统一制作；一级注册建筑师注册证书、执业印章和互认资格证书由全国注册建筑师管理委员会统一制作；二级注册建筑师注册证书和执业印章由省、自治区、直辖市注册建筑师管理委员会统一制作。

第五十条 香港特别行政区、澳门特别行政区、台湾地区的专业技术人员按照国家有关规定和有关协议，报名参加全国统一考试和申请注册。

外籍专业技术人员参加全国统一考试按照对等原则办理；申请建筑师注册的，其所在国应当已与中华人民共和国签署双方建筑师对等注册协议。

第五十一条 本细则自 2008 年 3 月 15 日起施行。1996 年 7 月 1 日建设部颁布的《中华人民共和国注册建筑师条例实施细则》（建设部令第 52 号）同时废止。

人事部、国家国有资产管理局关于印发《注册资产评估师执业资格制度暂行规定》及《注册资产评估师执业资格考试实施办法》的通知

（人职发〔1995〕54 号 1995 年 5 月 10 日）

各省、自治区、直辖市人事（人事劳动）厅（局）、职改办、国有资产管理局（办），国务院各部委、各直属机构人事（干部）、国有资产管理部门：

为适应我国资产评估工作发展的需要，加强资产评估行业人员的管理，提高资产评估人员素质，更好地发挥资产评估人员在资产评估工作中的作用，现将《注册资产评估师执业资格制度暂行规定》、《注册资产评估师执业资格考试实施办法》印发给你们，请贯彻执行。

注册资产评估师执业资格制度暂行规定

第一章 总 则

第一条 为了加强对资产评估人员的执业准入控制，加强和规范资产评估行业人员管理，提高资产评估人员素质和执业水平，更好地发挥评估在资产流动与重组中的中介服务作用，制定本规定。

第二条 国家对资产评估人员实行注册登记管理制度。凡按本规定通过考试，取得中华人民共和国注册资产评估师《执业资格证书》，并经注册登记的人员，方可从事资产评估业务。

第三条 注册资产评估师英文为 Certified Public Valuer（缩写 CPV.）。

注册资产评估师执业资格制度属于职业资格证书制度，由国家确认批准。

第四条 人事部和国家国有资产管理局共同负责全国注册资产评估师执业资格制度的政策制定、组织协调、资格考试、注册登记和监督管理工作。

第五条 获得注册资产评估师执业资格证书的人员，表明已具备执业的能力和水平，该证书作为依法申请执业的依据。

第二章 考 试

第六条 注册资产评估师执业资格实行全国统一大纲、统一命题、统一组织的考试制度。每年举行一次。

第七条　人事部负责审定考试科目、考试大纲和试题。会同国家国有资产管理局对考试进行检查、监督、指导和确定考试合格标准，组织实施各项考务工作。

第八条　国家国有资产管理局负责组织考试大纲的拟定、培训教材的编写和命题工作，统一规划和组织考前培训。培训工作必须按照与考试分开、自愿参加的原则进行。

第九条　凡中华人民共和国公民，遵纪守法并具备下列条件之一者，可申请参加注册资产评估师执业资格考试：

1. 取得资产评估相关专业（经济管理、财务会计、工程技术，下同）中专学历，具有八年以上相关专业工作经历，其中从事资产评估工作满五年；

2. 取得资产评估相关专业大专学历，具有六年以上相关专业工作经历，其中从事资产评估工作满四年；

3. 取得资产评估相关专业本科学历，具有四年以上相关专业工作经历，其中从事资产评估工作满三年；

4. 取得资产评估相关专业硕士学位或第二学士学位、研究生班毕业，从事资产评估工作满二年；

5. 取得资产评估相关专业博士学位；

6. 不具备上述规定学历，但通过国家统一组织的经济专业初级资格或会计、审计、统计专业助理级资格考试并取得相应资格，具有十年以上相关专业工作经历，其中从事资产评估工作满六年，成绩特别突出的。

第十条　注册资产评估师执业资格考试合格者，由各省、自治区、直辖市人事（职改）部门颁发人事部统一印制、人事部和国家国有资产管理局用印的中华人民共和国注册资产评估师《执业资格证书》，经注册后全国范围有效。

第三章　注　册

第十一条　注册资产评估师执业资格实行注册登记制度。国家国有资产管理局和省级国有资产管理部门为注册资产评估师执业资格的注册管理机构。人事部和各级人事部门对注册资产评估师执业资格的注册和使用情况有检查、监督的责任。

第十二条　考试合格者取得资格证书后，须在三个月内到当地省级国有资产管理部门申请办理注册登记手续。

第十三条　申请注册的资产评估人员，必须同时具备下列条件：

1. 遵纪守法，遵守注册资产评估师职业道德；

2. 注册资产评估师执业资格考试合格；

3. 经单位考核同意。

再次注册者，应经单位考核合格并有知识更新、参加业务培训的证明。

第十四条　注册资产评估师有下列情形之一者，不予注册：

1. 完全丧失民事行为能力的；

2. 因在资产评估等业务工作中犯有严重错误，受行政处罚的；

3. 受刑事处罚的。

第十五条　注册资产评估师注册有效期一般为三年，有效期满前三个月持证者要按规定主动到注册管理机构重新办理注册登记。对不符合第十四条要求的，不予重新注册。

第十六条 各省（自治区、直辖市）国有资产管理部门应将准予注册的人员名单报国家国有资产管理局备案，国家国有资产管理局发现注册不符合规定的，将通知有关省级管理部门撤销注册。各省级管理部门依本规定不予注册的，应自决定之日起十五日内书面通知申请人，申请人有异议的，可以向省级管理部门或国家国有资产管理局申请复议。

第十七条 准予注册的申请人，由国家国有资产管理局或其授权的部门核发统一印制的《注册资产评估师注册证》。

对《注册资产评估师注册证》的发放情况，国家国有资产管理局向人事部备案。

第十八条 凡脱离注册资产评估师工作岗位连续二年以上者（含二年），注册管理机构将取消其注册。

第十九条 注册资产评估师执业资格注册登记内容变更，须在变更后 30 日内向原注册管理机构办理变更登记。

第四章 职 权

第二十条 资产评估机构是经国家国有资产管理局或者省、自治区、直辖市人民政府国有资产管理部门批准的正式（临时）资产评估资格的机构。

注册资产评估师岗位设置和职责规范由国家国有资产管理局统一制定。

第二十一条 注册资产评估师应遵守国家法律、法规和资产评估行业的执业守则，具有良好的职业道德和业务素质，恪守公正客观、实事求是的原则，对所出具的资产评估报告书内容的真实性、合法性负责。

第二十二条 注册资产评估师有权依法申请开办资产评估机构，注册资产评估师执业资格证书是申请开办资产评估机构的必备文件。

第二十三条 在经国家国有资产管理局或省级国有资产管理部门批准的资产评估机构中，属本机构的注册资产评估师有下列业务的签字权：

1. 国家法律、行政法规规定的国有资产评估业务；

2. 接受委托的非国有资产评估业务；

3. 评估咨询和其他评估服务业务。

第二十四条 资产评估机构接受委托承接的评估项目，其项目负责人只能由注册资产评估师担任，评估报告至少由二位注册资产评估师签署方为有效。

第二十五条 注册资产评估师应不断更新知识，按规定参加法定的执业培训。

第二十六条 注册资产评估师只能在一个评估机构专职执业，只能在该机构有签字权。

第五章 罚 则

第二十七条 注册资产评估师有下列情形之一的，由注册管理机构视其情节轻重，给予警告、暂停执业直至吊销执业资格的处分。

1. 在执业期间，违反法律、法规规定买卖委托方的股票或债券；

2. 利用执行业务之便，索取、收受委托方不正当的酬金或其他财物，或者谋取其他不正当的利益；

3. 允许他人以本人名义执行业务；

4. 同时在两个或者两个以上的资产评估机构执行业务；

5. 违反法律、法规的其他行为。

第二十八条 对涂改、伪造或以虚假和不正当手段获取注册资产评估师《执业资格证书》和《注册资产评估师注册证》的人员，发证机关应当收回其《执业资格证书》，取消其注册，并视情节轻重，给予必要的行政处分。

第二十九条 各省（自治区、直辖市）注册管理机构对注册资产评估师所受处分，应及时记录在资格证书的惩罚登记栏内。凡注销注册，就由发证机构收回注册资产评估师《执业资格证书》和《注册资产评估师注册证》，并报人事部和国家国有资产管理局备案。

第六章 附 则

第三十条 本规定按人事部和国家国有资产管理局的职责分工分别负责解释。

第三十一条 本规定自发布之日起执行。

注册资产评估师执业资格考试实施办法

一、资格考试从1996年开始实施，考试日期定为每年5月，报名时间为前一年11月。

二、考试科目为：资产评估学、财务会计学、工程技术基础、经济法。考试分为四个半天进行，每个科目考试时间为两个半小时。

三、参加考试，须由本人提出申请，所在单位考核推荐，持报名登记表，到当地考试管理机构报名。考试管理机构按规定程序和报名条件审查合格后，发给准考证，考生凭准考证在指定的时间、地点参加考试。中央和国务院各部门及其直属单位的报考人员，按属地原则报名参加考试。

四、在1996—1997年组织的注册资产评估师执业资格考试中，凡符合《注册资产评估师执业资格制度暂行规定》（以下简称《暂行规定》）第九条（不含第五款）规定的学历和经历要求，其从事资产评估业务满二年者，可报名参加注册资产评估师执业资格考试。

五、自1998年起，申请参加注册资产评估师执业资格考试的人员，必须符合《暂行规定》第九条的报名条件。

六、考场设在省辖市以上的中心城市。

七、做好考前培训工作。各地培训单位必须具备场地、师资、教材等条件，由省、自治区、直辖市国有资产管理部门会同职改部门推荐培训单位，国家国有资产管理局审批。坚持考培分开，参与培训工作的人员，不得参加所有考试工作（包括命题和组织管理）。考生参加培训坚持自愿原则。

八、注册资产评估师执业资格考试培训费和报名费由考生个人支付，收费标准须经当地物价部门批准。

九、人事部和国家国有资产管理局联合成立全国注册资产评估师执业资格考试办公室，在两部门领导下，负责注册资产评估师执业资格考试的组织实施和日常管理工作。各地考试办公室组成情况应分别报送人事部专业技术人员职称司和国家国有资产管理局。考务工作由人事（职改）部门会同国有资产管理部门组织实施，具体职责分工按《暂行规定》第七、八条执行。各地可按具体情况自行确定。

十、严格执行考务的有关规章制度，做好试卷印刷、发送和保管过程中的保密工作，严格考场纪律，严禁弄虚作假，对违反规章制度者，应按规定进行严肃处理。

人事部、财政部关于调整注册资产评估师执业资格考试有关规定的通知

（人发〔1999〕23 号　1999 年 3 月 11 日）

各省、自治区、直辖市人事（人事劳动）厅（局）、职改办、财政厅（局）、国有资产管理局（办），国务院各部委、各直属机构人事（干部）、国有资产管理部门：

为适应我国资产评估行业发展的需要，切实做好注册资产评估师执业资格制度的实施工作，根据国务院批准的财政部“三定”方案中关于承担原国家国有资产管理局有关资产评估方面职能的规定，经人事部、财政部研究，现对人事部和原国家国有资产管理局联合发布的《关于印发〈注册资产评估师执业资格制度暂行规定〉及〈注册资产评估师执业资格考试实施办法〉的通知》（人职发〔1995〕54 号）和《关于注册资产评估师执业资格考试免试部分科目的通知》（人发〔1997〕22 号）中有关考试工作的内容作如下修改和调整。

一、考试组织

（一）人事部和财政部共同负责全国注册资产评估师执业资格考试的组织工作。

（二）人事部和财政部委托人事部人事考试中心实施注册资产评估师执业资格考试的考务工作，委托中国资产评估协会组织考试大纲的拟定、培训教材的编写发行和命题等有关工作。

（三）注册资产评估师执业资格考试报名资格审查工作，由各地人事（职改）部门会同财政（国有资产管理）部门组织进行。

二、考试科目

注册资产评估师执业资格考试的科目调整为《资产评估学》、《经济法》、《财务会计学》、《机电设备评估基础》、《建筑工程评估基础》五个科目。

三、考试报名条件

凡中华人民共和国公民，遵纪守法并具备下列条件之一者，可申请参加注册资产评估师执业资格考试：

（一）取得资产评估相关专业（经济管理、财务会计、工程技术，下同）中专学历，从事资产评估相关工作满七年。

（二）取得资产评估相关专业大专学历，从事资产评估相关工作满五年。

（三）取得资产评估相关专业本科学历，从事资产评估相关工作满三年。

（四）取得资产评估相关专业硕士学位或第二学士学位、研究生班毕业，从事资产评估相关工作满一年。

（五）取得资产评估相关专业博士学位。

（六）不具备上述规定学历，但通过国家统一组织的经济、会计、审计专业初级资格考试，取得相应专业技术资格，并从事资产评估相关工作满六年。

四、免试部分科目的条件

从事资产评估相关工作满二十年，并按照国家有关规定评聘为高级工程师职务的人员，可免试《建筑工程评估基础》或《机电设备评估基础》科目；评聘为高级会计师、高级审计师职务的人员可免试《财务会计学》科目。

五、考试成绩有效期限

参加考试人员，在连续两个考试年度内，全部科目（含免试科目）考试合格者，方可获得注册资产评估师执业资格，并取得人事部、财政部共同用印的中华人民共和国注册资产评估师执业资格证书。

六、其他有关事项

1. 通过全国统一考试取得注册资产评估师执业资格的人员，根据工作需要可聘任经济师职务。

2. 人事部、原国家国有资产管理局发布的《关于注册资产评估师免试部分科目的通知》（人发〔1997〕22号）自本通知发布之日起停止执行。

3. 人事部与原国家国有资产管理局发布的《注册资产评估师执业资格制度暂行规定》和《注册资产评估师执业资格考试实施办法》（人职发〔1995〕54号）中的有关规定与本通知不符之处，以本通知为准。

人事部、财政部关于调整注册资产评估师执业资格考试有关政策的通知

（人发〔2002〕20号　2002年2月25日）

各省、自治区、直辖市、新疆生产建设兵团人事厅（局）、财政厅（局）、国有资产管理局（办），国务院各部委、各直属机构人事（干部）、国有资产管理部门：

为适应我国资产评估行业发展和加入世界贸易组织后服务于市场经济的需要，经人事部、财政部研究，对注册资产评估师执业资格考试报名条件及有关政策进行调整，现通知如下：

一、考试科目

注册资产评估师执业资格考试原《资产评估学》、《财务会计学》科目，从今年起改为《资产评估》、《财务会计》，其他科目不变。

二、考试报名条件

凡中华人民共和国公民，遵纪守法并具备下列条件之一者，均可报名参加注册资产评估师执业资格考试：

（一）取得经济类、工程类大专学历，工作满5年，其中从事资产评估相关工作满3年。

（二）取得经济类、工程类本科学历，工作满3年，其中从事资产评估相关工作满1年。

（三）取得经济类、工程类硕士学位或第二学士学位、研究生班毕业，工作满1年。

（四）取得经济类、工程类博士学位。

（五）非经济类、工程类专业毕业，其相对应的从事资产评估相关工作年限延长 2 年。

（六）不具备上述规定学历，但通过国家统一组织的经济、会计、审计专业初级资格考试，取得相应专业技术资格，并从事资产评估相关工作满 5 年。

三、免试部分科目条件

从事资产评估相关工作满 2 年，并按照国家有关规定评聘为经济类、工程类高级专业技术职务人员，可免试 1 科相应考试科目。其中，评聘为高级工程师（含相应专业的副教授、副研究员等）职务的人员，可免试《建筑工程评估基础》或《机电设备评估基础》；评聘为高级经济师（含相应专业的副教授、副研究员等）职务可免试《经济法》；高级会计师、高级审计师（含相应专业的副教授、副研究员等）职务可免试《财务会计》。

四、考试成绩有效期限

参加 5 个科目考试人员成绩的有效期限由 2 年调整为 3 年，实行 3 年滚动管理办法，考试人员必须在连续 3 个考试年度内通过 5 个科目的考试，方可获得注册资产评估师执业资格证书。考试成绩滚动管理从 2000 年度开始进行。

参加 4 个科目考试的人员必须在连续 2 个考试年度内通过应试科目，方可获得注册资产评估师执业资格证书。

五、其他有关事项

（一）人事部、原国家国有资产管理局发布的《关于注册资产评估师免试部分科目的通知》（人发〔1997〕22 号）及人事部、财政部发布的《关于调整注册资产评估师执业资格考试有关规定的通知》（人发〔1999〕23 号）自本通知发布之日起即行废止。

（二）本通知规定的内容与人事部、原国家国有资产管理局发布的《关于印发〈注册资产评估师执业资格制度暂行规定〉及〈注册资产评估师执业资格考试实施办法〉的通知》（人职发〔1995〕54 号）中有关规定不相一致之处，以本通知为准。

人事部、财政部关于在注册资产评估师执业资格中增设珠宝评估专业有关问题的通知

（人发〔2003〕19 号 2003 年 3 月 14 日）

各省、自治区、直辖市人事厅（局）、财政厅（局），上海市国有资产管理办公室，国务院各部委、各直属机构人事（干部）部门、国有资产管理部门：

为了提高珠宝评估专业技术人员素质，规范珠宝评估行为，维护公众利益，更好地发挥珠宝评估在社会中介服务中的作用，经人事部、财政部研究，决定在注册资产评估师执业资格中增设珠宝评估专业。现将有关问题通知如下：

一、考试报名条件

凡遵守国家法律、法规，恪守职业道德，并符合下列条件之一者，可申请参加注册资产评估师（珠宝）考试。

（一）取得珠宝评估相关专业（含地质类、经济类）大学专科学历，从事珠宝评估工作满5年。

（二）取得珠宝评估相关专业（含地质类、经济类）大学本科学历，从事珠宝评估工作满3年。

（三）取得珠宝评估相关专业（含地质类、经济类）第二学士学位，从事珠宝评估工作满2年。

（四）取得珠宝评估相关专业（含地质类、经济类）硕士学位，从事珠宝评估工作满1年。

（五）取得珠宝评估相关专业（含地质类、经济类）博士学位。

二、考试科目和组织方式

（一）考试科目

注册资产评估师（珠宝）考试设《资产评估》、《经济法》、《珠宝鉴定与分级》、《珠宝评估理论与方法》和《珠宝评估案例分析》5个科目。

（二）组织方式

1.《资产评估》和《经济法》2个科目纳入注册资产评估师执业资格考试；《珠宝鉴定与分级》科目纳入珠宝玉石质量检验师执业资格考试。

2.《珠宝评估理论与方法》和《珠宝评估案例分析》2个科目的考试，由中国资产评估协会组织进行，原则上每2年举行一次。

三、免试部分科目条件

（一）通过考试取得珠宝玉石质量检验师执业资格证书的人员，可免试《珠宝鉴定与分级》科目，只参加《资产评估》、《经济法》、《珠宝评估理论与方法》和《珠宝评估案例分析》4个科目的考试。

（二）通过考试取得注册资产评估师执业资格证书的人员，可免试《资产评估》、《经济法》2个科目，只参加《珠宝鉴定与分级》、《珠宝评估理论与方法》和《珠宝评估案例分析》3个科目的考试。

四、证书

参加注册资产评估师（珠宝）考试并合格者，颁发中华人民共和国注册资产评估师执业资格证书。在该证书“专业类别”栏目中标明“珠宝”，在全国范围有效。

五、有关事项

（一）注册资产评估师（珠宝）考试5个科目实行3年滚动的管理办法。凡在规定的期限内，全部科目合格者，方可获得中华人民共和国注册资产评估师（珠宝）执业资格证书。

（二）免试部分科目的人员在报名时，应提供相应的证明文件。

（三）境外人员申请参加注册资产评估师（珠宝）考试，按照注册资产评估师执业资格考试的有关规定执行。

（四）对长期从事珠宝评估专业工作、在珠宝评估领域有很高声望、具备注册资产评估师（珠宝）执业资格条件、受聘担任首届注册资产评估师（珠宝）执业资格考试专家委员会委员并承担珠宝评估专业考试大纲制定、命题工作的人员，经考核合格，可认定注册资产评估师（珠宝）执业资格。

人事部、建设部关于印发《注册城市规划师执业资格制度暂行规定》及《注册城市规划师执业资格认定办法》的通知

（人发〔1999〕39号　1999年4月7日）

各省、自治区、直辖市人事（人事劳动）厅（局）、建委（建设厅）、直辖市规划局，国务院各部委、各直属机构人事（干部）部门：

现将《注册城市规划师执业资格制度暂行规定》及《注册城市规划师执业资格认定办法》印发你们，请遵照执行。

附件：1. 注册城市规划师执业资格认定领导小组（略）
2. 注册城市规划师执业资格认定申请表（略）

注册城市规划师执业资格制度暂行规定

第一章　总　则

第一条　为了加强城市规划专业技术人员的执业准入控制，保障城市规划工作质量，维护国家、社会和公众的利益，根据《中华人民共和国城市规划法》以及职业资格证书制度的有关规定，制定本规定。

第二条　本规定所称注册城市规划师是指通过全国统一考试，取得注册城市规划师执业资格证书，并经注册登记后从事城市规划业务工作的专业技术人员。

第三条　注册城市规划师执业资格制度属职业资格证书制度范畴，纳入专业技术人员执业资格制度的统一规划，由国家确认批准。

第四条　凡城市规划部门和单位，应在其相应的城市规划编制、审批，城市规划实施管理，城市规划政策法规研究制定，城市规划技术咨询，城市综合开发策划等关键岗位配备注册城市规划师，具体办法由建设部另行规定。

第五条　人事部、建设部共同负责全国城市规划师执业资格制度的政策制定、组织协调、资格考试、注册登记和监督管理工作。

第二章　考　试

第六条　注册城市规划师执业资格考试实行全国统一大纲、统一命题、统一组织的办法。原则上每年举行一次。

第七条　凡中华人民共和国公民，遵纪守法并具备以下条件之一者，可申请参加注册城市规划师执业资格考试：

（一）取得城市规划专业大专学历，并从事城市规划业务工作满6年。

（二）取得城市规划专业大学本科学历，并从事城市规划业务工作满4年；或取得

城市规划相近专业大学本科学历，并从事城市规划业务工作满 5 年。

（三）取得通过评估的城市规划专业大学本科学历，并从事城市规划业务满 3 年。

（四）取得城市规划相近专业硕士学位，并从事城市规划业务满 3 年。

（五）取得城市规划专业硕士学位或相近专业博士学位，并从事城市规划业务工作满 2 年。

（六）取得城市规划专业博士学位，并从事城市规划业务工作满 1 年。

（七）人事部、建设部规定的其他条件。

第八条 建设部负责组织有关专家编制考试大纲、编写培训教材和组织命题工作，统一规划并组织考前培训等有关工作。

考前培训工作必须按照培训与考试分开、自愿参加的原则进行。

第九条 人事部负责组织有关专家审定考试科目、考试大纲和试题，会同建设部对考试进行检查、监督和指导。并负责组织或授权组织实施考务工作。

第十条 注册城市规划师执业资格考试合格者，由各省、自治区、直辖市人事部门颁发人事部统一印制、人事部和建设部用印的中华人民共和国注册城市规划师执业资格证书。

第三章 注 册

第十一条 建设部及各省、自治区、直辖市规划行政主管部门负责注册城市规划师的注册管理工作。

各级人事部门对注册城市规划师的注册情况有检查、监督的责任。

第十二条 取得注册城市规划师执业资格证书申请注册的人员，可由本人提出申请，经所在单位同意后报所在地省级城市规划行政主管部门审查，统一报建设部注册登记。

经批准注册的申请人，由建设部核发《注册城市规划师注册证》。

第十三条 申请注册的人员必须同时具备以下条件：

（一）遵纪守法，恪守注册城市规划师职业道德；

（二）取得注册城市规划师执业资格证书；

（三）所在单位考核同意；

（四）身体健康，能坚持在注册城市规划师岗位上工作。

再次注册者，应经单位考核合格并有参加继续教育、业务培训的证明。

第十四条 注册城市规划师每次注册有效期为 3 年。有效期满前 3 个月，持证者应当重新办理注册登记。

第十五条 注册城市规划师有下列情况之一的，其所在单位应及时向所在省级城市规划行政主管部门报告，有关的省级城市规划行政主管部门必须及时向建设部办理撤销注册手续：

（一）完全丧失民事行为能力的；

（二）受到刑事处罚的；

（三）脱离注册城市规划师岗位连续 2 年以上；

（四）因在城市规划工作中的失误造成损失，受到行政处罚或者撤职以上行政处分的。

被撤销注册的当事人对撤销注册有异议的，可以在接到撤销注册通知之日起 15 日内向建设部申请复议。

第四章 权利与义务

第十六条 注册城市规划师应严格执行国家有关城市规划工作的法律、法规和技术规范，秉公办事，维护社会公众利益，保证工作成果质量。

第十七条 注册城市规划师对所经办的城市规划工作成果的图件、文本以及建设用地和建设工程规划许可文件有签名盖章权，并承担相应的法律和经济责任。

第十八条 注册城市规划师有权对违反国家有关法律、法规和技术规范的要求及决定提出劝告，并可在拒绝执行的同时向上级城市规划部门报告。

第十九条 注册城市规划师应保守工作中的技术和经济秘密。

第二十条 注册城市规划师不得同时受聘于两个或两个以上单位执行城市规划业务。不得准许他人以本人名义执行业务。

第二十一条 注册城市规划师按规定接受专业技术人员继续教育，不断更新知识，提高工作水平。参加规定的专业培训和考核，并作为重新注册登记的必备条件之一。

第五章 附 则

第二十二条 按本规定通过考试取得注册城市规划师执业资格的专业技术人员，单位可根据工作需要聘任相应的中级专业技术职务。

第二十三条 境外人员申请参加注册城市规划师执业资格考试和申请在境内从事城市规划工作的管理办法，经国务院有关部门批准后，另行规定。

第二十四条 本规定由人事部、建设部按职责分工负责解释。本规定自发布之日起施行。

注册城市规划师执业资格认定办法

为保证注册城市规划师执业资格制度的顺利实施，根据《注册城市规划师执业资格制度暂行规定》的有关精神，经研究决定，对长期从事城市规划工作的高级专业技术人员进行注册城市规划师执业资格的认定，具体办法如下：

一、认定范围

从事城市规划编制、审批，城市规划实施管理，城市规划咨询等相关业务工作，1997 年底以前担任建筑工程类高级专业技术职务人员。

二、申报条件

同时具备以下两项条件的人员，可申请认定注册城市规划师执业资格。

（一）学历和业务工作年限符合下列条件之一

1. 1970 年以前（含 1970 年）城市规划专业大学本科毕业，从事城市规划工作累计满 15 年；或相近专业本科毕业，从事城市规划工作累计满 20 年。

2. 1970 年以前（含 1970 年）城市规划专业大专毕业，从事城市规划工作累计满

20年；或相近专业大专毕业，从事城市规划工作累计满25年。

3. 1970年以前（含1970年）城市规划专业中专毕业，从事城市规划工作累计满25年；相近专业中专毕业，从事城市规划工作累计满30年。

（二）技术资历和工作业绩符合下列条件之一

1. 作为技术负责人，主持并完成人口规模在50万以上的大城市总体规划一项，或中、小城市总体规划两项。

2. 作为技术负责人，主持并完成大城市分区规划3项。

3. 作为技术负责人，主持并完成详细规划5项。

4. 连续担任甲级城市规划设计单位副总规划师及以上技术管理职务5年以上。

5. 连续担任负责城市规划实施管理的部门主要负责人满5年，且所担任职务对城市规划实施管理负有直接责任。

三、认定组织

由建设部、人事部组成“注册城市规划师执业资格认定领导小组”（附件1），负责全国注册城市规划师执业资格认定工作。领导小组下设办公室，负责日常工作，办公室设在建设部城乡规划司。

四、认定程序

（一）符合上述条件的人员，可向所在单位提出申请，经审核同意后，由所在单位向省、自治区、直辖市城市规划行政主管部门申报。并附下列材料：

1.《注册城市规划师执业资格认定申请表》（附件2）一式两份。

2. 学历证明、高级专业技术职务证书原件。

3. 单位出具的技术资历、业务工作业绩和职业道德证明文件。

（二）各省、自治区、直辖市城市规划行政主管部门对本地区、本部门的申报人员进行审核，经本地区、本部门人事部门审核同意后提出推荐名单报认定领导小组办公室。

（三）认定领导小组办公室对各地推荐的人员进行资格初审，提出拟定的人员名单，报领导小组审核。

（四）认定工作领导小组召开会议，对申请认定资格的人员进行审核，将合格人员名单报建设部、人事部办理批准手续。

五、上报材料时间

请各地将注册城市规划师执业资格认定申报材料于1999年7月30日前报认定领导小组办公室。实施注册城市规划师执业资格考试后不再进行认定工作。

六、认定要求

（一）注册城市规划师执业资格认定工作领导小组要严格按本办法确定的范围和程序要求进行审核，并对认定人员实行总量控制。

（二）各地区和各有关部门要切实履行职责，加强对认定工作的领导，严格认定程序，确保认定工作的质量。对申请认定过程中弄虚作假的地区和个人，一经查实，即行取消该地区或部门的申报权和个人的申报资格。

七、凡是申请认定注册城市规划师执业资格的人员均按本办法办理

人事部办公厅、建设部办公厅关于注册城市规划师执业资格认定工作及有关问题的通知

（人办发〔1999〕121 号 1999 年 12 月 16 日）

各省、自治区、直辖市人事（人事劳动）厅（局）、建委（建设厅）、直辖市规划局，国务院各部委、各直属机构人事（干部）部门：

根据人事部、建设部《注册城市规划师执业资格认定办法》（人发〔1999〕39 号，以下简称《认定办法》）的规定和城市规划行业的实际情况，经研究，对符合《认定办法》规定的认定范围、申报条件的人员，组织进行注册城市规划师执业资格认定的一次性考试，考试成绩合格者可取得注册城市规划师执业资格。现将有关问题通知如下：

一、考试的组织管理

1. 认定考试的组织管理按《认定办法》的有关规定执行，考试的日常管理工作由建设部城乡规划司负责，考务实施工作委托人事部人事考试中心负责。实施认定考试的具体考务工作另行通知。

2. 认定考试实行全国统一评卷，由人事部和建设部共同研究确定合格标准。对考试合格者颁发人事部统一印制、人事部和建设部用印的《注册城市规划师执业资格证书》。

二、考试时间、科目及方式

认定考试的时间定于 2000 年 6 月 4 日上午 9:00—11:30。考试科目为《城市规划实务》。考试采取闭卷笔试方式。

三、参加考试报名条件

凡符合《认定办法》规定的认定范围和申报条件者（通过认定方式取得其他行业执业资格者除外），均可报名参加注册城市规划师的认定考试。

对已办理离、退休手续，现返聘在岗并符合《认定办法》规定的认定范围和申报条件的人员，可按规定程序，由聘用单位负责办理申报、推荐等手续。

四、有关要求

1. 申请参加认定考试的人员，要按规定如实填写《认定办法》中要求的有关表格，提交有关证明，并出具“从事城市规划业务工作证明”（见附件）。

2. 省级人事职改部门和城市规划部门要加强配合，密切合作，精心组织，认真做好认定考试的各项工作。对报名和考试中弄虚作假的地区和个人，一经查出，取消该地区和个人的认定考试资格。

3. 认定考试的指定用书为建设部编写的《城市规划实务》。省级城市规划行政主管部门负责认定考试考前的培训工作。认定考试的考场设在省会城市。

4. 各地在执行过程中有何问题和意见，请按职责分工，分别与人事部专业技术人

员管理司、建设部城乡规划司、人事部人事考试中心联系。

附件：从事城市规划业务工作证明（略）

人事部、建设部关于印发《注册城市规划师执业资格考试实施办法》的通知

（人发〔2000〕20号 2000年2月23日）

各省、自治区、直辖市人事（人事劳动）厅（局）、建委（建设厅）、规划局，国务院各部委、各直属机构人事（干部）部门：

现将《注册城市规划师执业资格考试实施办法》印发给你们，请遵照执行。

注册城市规划师执业资格考试实施办法

根据人事部、建设部《注册城市规划师执业资格制度暂行规定》（人发〔1999〕39号，以下简称《暂行规定》），为规范和加强考试管理，切实做好注册城市规划师执业资格考试工作，制定本办法。

一、注册城市规划师执业资格考试从2000年开始实施，原则上每年举行一次（一般安排在10月份）。首次考试时间定于2000年10月14日至15日。

二、人事部和建设部共同负责注册城市规划师执业资格考试工作，日常管理工作由建设部或其授权的机构负责。具体考务工作委托人事部人事考试中心组织实施。

各地的考务工作，由当地人事（职改）部门会同城市规划行政主管部门组织实施，具体职责分工，由各地自行确定。

三、注册城市规划师执业资格考试科目为：《城市规划原理》、《城市规划管理与法规》、《城市规划相关知识》和《城市规划实务》。

考试分四个半天进行，其中《城市规划实务》科目考试时间为3个小时，其他3个科目考试时间均为两个半小时。

四、在《暂行规定》下发之日前，已受聘担任高级专业技术职务并具备下列条件之一者，只参加《城市规划管理与法规》、《城市规划实务》两个科目的考试，《城市规划原理》、《城市规划相关知识》两个科目可免试。

（一）1987年以前（含1987年），取得城市规划专业硕士学位，从事城市规划工作满10年或取得相近专业硕士学位，从事城市规划工作满12年。

（二）1984年以前（含1984年），取得城市规划专业大学本科学历，从事城市规划工作满15年或取得相近专业大学本科学历，从事城市规划工作满17年。

五、凡符合《暂行规定》第七条和本办法第四条规定的报名条件者，均可报名参加考试。

六、考试以两年为一个周期，参加全部科目考试的人员须在连续的两个考试年度内通过全部科目的考试。参加免试部分科目的人员须在一个考试年度内通过应试科目。

七、参加考试须由本人提出申请，所在单位审核同意，携带有关证明材料到当地考试管理机构报名。考试管理机构按规定程序和报名条件审查合格后，发给准考证。考生凭准考证在指定的时间、地点参加考试。中央和国务院各部门及其直属单位的报考人员，按属地原则报名参加考试。

八、建设部负责组织编写和确定城市规划师执业资格考试、培训指定用书及有关参考资料，并负责城市规划师执业资格考试的培训管理工作。

九、建设部或其授权的机构负责组织全国注册城市规划师执业资格考试的师资培训工作，经培训合格后，由建设部颁发注册城市规划师培训教师资格证书后，方可承担培训任务。申请承担城市规划师执业资格考试培训的单位要具备场地、师资、教材等条件，由省、自治区、直辖市城市规划行政主管部门会同人事（职改）部门审核批准。

十、坚持培训与考试分开的原则，参加培训工作的人员，不得参加考试及管理工作（包括命题和组织管理）。考生参加考前培训，坚持自愿原则。

十一、注册城市规划师执业资格考试、培训及有关项目的收费标准须经当地价格主管部门批准。

十二、要严格执行考试考务工作的有关规章制度，切实做好试卷的命制、印刷、发送和保管过程中的保密工作，严格考场纪律，对违反考试有关规定者，要严肃处理，并追究领导责任。

人事部办公厅、建设部办公厅关于注册城市规划师执业资格考试报名条件补充规定的通知

（人办发〔2001〕38 号　2001 年 5 月 24 日）

各省、自治区、直辖市人事厅（局）、建设厅（建委）、规委（规划局），新疆生产建设兵团人事局、规划局：

根据我国城市规划队伍的实际情况，为切实做好注册城市规划师执业资格制度的实施工作，经研究决定，对注册城市规划师执业资格考试报名条件有关问题作如下补充规定：

一、凡符合《注册城市规划师执业资格考试实施办法》（人发〔2000〕20 号）第四款免试部分科目的报名条件，并在城市规划行政管理部门从事城市规划工作的人员，报名时必须审查学历和从事城市规划工作的年限。

二、具备下列条件之一者，可免试《城市规划原理》、《城市规划相关知识》2 个科目，只参加《城市规划管理与法规》、《城市规划实务》2 个科目的考试。

（一）1970 年底前，取得城市规划专业大专学历，从事城市规划工作累计满 15 年；或非规划专业大专学历，从事城市规划工作累计满 20 年。

（二）1970 年底前，取得城市规划专业中专学历，从事城市规划工作累计满 20 年；或非规划专业中专学历，从事城市规划工作累计满 25 年。

三、对符合上述条件，并参加了 2000 年度注册城市规划师执业资格考试，其《城

市规划管理与法规》和《城市规划实务》2个科目的考试成绩均达到当年国家确定的合格标准者，即可取得注册城市规划师执业资格证书。

四、具备下列条件之一者，可参加全部科目的考试。

（一）1980年底前，取得城市规划专业中专学历，从事城市规划工作满15年。

（二）1982年底前，取得非规划专业大专学历，从事城市规划工作满10年。

请各地在组织注册城市规划师执业资格考试报名前，将本规定的各项条件予以公布，并在报名过程中，认真做好资格审查工作，严禁弄虚作假。

建设部、人事部关于印发《房地产估价师执业资格制度暂行规定》和《房地产估价师执业资格考试实施办法》的通知

（建房〔1995〕147号　1995年3月22日）

各省、自治区建委（建设厅），直辖市房地产管理局；各省、自治区、直辖市人事（人事劳动）厅（局）、职改办，国务院各部委、各直属机构人事（干部）部门：

为加强对房地产市场管理，提高房地产估价人员的素质，积极审慎地建立房地产估价人员的执业资格制度，现将《房地产估价师执业资格制度暂行规定》和《房地产估价师执业资格考试实施办法》印发给你们，请贯彻执行。

房地产估价师执业资格制度暂行规定

第一章　总　则

第一条　为了加强房地产估价人员的管理，充分发挥房地产估价在房地产交易中的作用，根据《中华人民共和国城市房地产管理法》，制定本规定。

第二条　本规定所称房地产估价师是指经全国统一考试，取得房地产估价师《执业资格证书》，并注册登记后从事房地产估价活动的人员。

第三条　国家实行房地产估价人员执业资格认证和注册登记制度。凡从事房地产评估业务的单位，必须配备有一定数量的房地产估价师。

第四条　建设部和人事部共同负责全国房地产估价师执业资格制度的政策制定、组织协调、考试、注册和监督管理工作。

第二章　考　试

第五条　房地产估价师执业资格实行全国统一考试制度。原则上每两年举行一次。

第六条　人事部负责审定考试科目、考试大纲和试题。会同建设部对考试进行检查、监督、指导和确定合格标准，组织实施各项考务工作。

第七条　建设部负责组织考试大纲的拟定、培训教材的编写和命题工作，统一规划并会同人事部组织或授权组织考前培训等有关工作。

培训工作必须按照与考试分开、自愿参加的原则进行。

第八条 凡中华人民共和国公民，遵纪守法并具备下列条件之一的，可申请参加房地产估价师执业资格考试：

（一）取得房地产估价相关学科（包括房地产经营、房地产经济、土地管理、城市规划等，下同）中等专业学历，具有八年以上相关专业工作经历，其中从事房地产估价实务满五年；

（二）取得房地产估价相关学科大专学历，具有六年以上相关专业工作经历，其中从事房地产估价实务满四年；

（三）取得房地产估价相关学科学士学位，具有四年以上相关专业工作经历，其中从事房地产估价实务满三年；

（四）取得房地产估价相关学科硕士学位或第二学位、研究生班毕业，从事房地产估价实务满二年；

（五）取得房地产估价相关学科博士学位的；

（六）不具备上述规定学历，但通过国家统一组织的经济专业初级资格或审计、会计、统计专业助理级资格考试并取得相应资格，具有十年以上相关专业工作经历，其中从事房地产估价实务满六年，成绩特别突出的。

第九条 申请参加房地产估价师执业资格考试，需提供下列证明文件：

（一）房地产估价师执业资格考试报名申请表；

（二）学历证明；

（三）实践经历证明。

第十条 房地产估价师执业资格考试合格者，由人事部或其授权的部门颁发人事部统一印制，人事部和建设部用印的房地产估价师《执业资格证书》，经注册后全国范围有效。

第三章 注 册

第十一条 建设部或其授权的部门为房地产估价师资格的注册管理机构。未取得《房地产估价师注册证》的人员，不得以房地产估价师的名义从事房地产估价业务。

第十二条 房地产估价师执业资格考试合格人员，必须在取得房地产估价师《执业资格证书》后三个月内办理注册登记手续。

第十三条 申请房地产估价师注册需提供下列证明文件：

（一）房地产估价师执业资格注册申请；

（二）房地产估价师《执业资格证书》；

（三）业绩证明；

（四）所在单位考核合格证明。

第十四条 房地产估价师执业资格注册，由本人提出申请，经聘用单位送省级房地产管理部门初审后，统一报建设部或其授权的部门注册。准予注册的申请人，由建设部或其授权的部门核发《房地产估价师注册证》。

人事部和各级人事（职改）部门对房地产估价师执业资格注册和使用情况有检查、监督的责任。

第十五条 凡不具备民事行为能力的和不能按第十三条要求提供证明文件的，不予注册。

第十六条 房地产估价师执业资格注册有效期一般为三年，有效期满前三个月，持

《房地产估价师注册证》者应当到原注册机关重新办理注册手续。

再次注册，应有受聘单位考核合格和知识更新、参加业务培训的证明。

第十七条 凡脱离房地产估价师工作岗位连续时间二年以上者（含二年），注册管理机构将取消其注册。

第十八条 房地产估价师执业资格注册登记内容变更，须在变更前30日内向原注册机关办理变更登记。

第十九条 房地产估价师执业资格注册后，有下列情形之一的，由原注册机关吊销其《房地产估价师注册证》：

（一）完全丧失民事行为能力；

（二）死亡或失踪；

（三）受刑事处罚的。

第四章 权利与义务

第二十条 房地产估价师在经批准的估价单位执行业务。估价单位的业务范围、工作规程由建设部按国家有关规定制定。

第二十一条 房地产估价师的作业范围包括房地产估价、房地产咨询以及与房地产估价有关的其他业务。

第二十二条 房地产估价师享有下列权利：

（一）有执行房地产估价业务的权利；

（二）有在房地产估价报告上签字的权利；

（三）有使用房地产估价师名称的权利。

第二十三条 房地产估价师必须履行下列义务：

（一）遵守房地产评估法规、技术规范和规程；

（二）保证估价结果的客观公正；

（三）遵守行业管理规定和职业道德规范；

（四）接受职业继续教育，不断提高业务水平；

（五）为委托人保守商业秘密。

第二十四条 房地产估价师承办业务，由其所在单位统一受理并与委托人签订委托合同。

房地产评估收费由所在单位统一收取。

第二十五条 房地产估价师执行业务可以根据需要查阅委托人的有关资料和文件，查看委托人的业务现场和设施，要求委托人提供必要的协助。

第二十六条 由于房地产估价失误给当事人造成经济损失的，由所在单位承担赔偿责任。所在单位可以对房地产估价师追偿。

第二十七条 房地产估价师与委托人有利害关系的，应当回避。委托人有权要求其回避。

第五章 罚 则

第二十八条 违反本规定，有下列行为之一的，由注册单位对当事人处以警告、没收非法所得、暂停执行业务、吊销房地产估价师《执业资格证书》、《房地产估价师注册证》，并可处以罚款，情节严重、构成犯罪的，由司法机关依法追究刑事责任：

（一）涂改、伪造或以虚假和不正当手段获取房地产估价师《执业资格证书》、《房地产估价师注册证》的；

（二）未按规定办理注册、变更登记和未经登记以房地产估价师的名义从事估价业务的；

（三）利用执行业务之便，索贿、受贿，谋取其他不正当的利益；

（四）允许他人以自己的名义从事房地产估价业务和同时在两个或两个以上估价单位执行业务；

（五）与委托人串通或故意做不实的估价报告和因工作失误，造成重大损失的；

（六）以个人名义承接房地产估价业务，收取费用的；

（七）因在房地产估价及管理工作中犯严重错误，受行政处罚或刑事处罚的。

第二十九条 房地产估价师执业资格管理部门的工作人员，在房地产估价师执业资格考试和注册管理中玩忽职守、滥用职权、构成犯罪的，依法追究刑事责任，未构成犯罪的，给予行政处分。

第三十条 当事人对行政处分决定不服的，可以依法申请复议或向上级人民法院起诉。

第六章 附 则

第三十一条 通过全国统一考试取得房地产估价师执业资格的人员，根据工作需要可直接聘任经济师职务。

第三十二条 根据国务院国发〔1993〕20 号文件的规定，本规定所称房地产是指从事房屋资产和土地资产经营的行业。

第三十三条 本规定由建设部和人事部分别负责解释。

第三十四条 本规定自发布之日起施行。

房地产估价师执业资格考试实施办法

一、房地产估价师执业资格考试从 1995 年开始实施，每两年举行一次。考试时间定于当年六月的第一个周六休息日。首次考试时间定于 1995 年 9 月 5 日、6 日举行。报名时间为 1995 年 5 月 2 日至 5 月 30 日。

二、考试科目为：房地产基本制度与政策、房地产投资经营与管理、房地产估价理论与实务、房地产估价案例与分析。考试分为四个半天进行，每个科目考试时间为两个半小时。

三、在 1995—1997 年度组织的房地产估价师执业资格考试中，凡符合《房地产估价师执业资格制度暂行规定》（以下简称《暂行规定》）第八条中（不含第五款）的学历和经历要求，其从事房地产估价业务满二年者，可报名参加房地产估价师执业资格考试。

四、自 1998 年起，申请参加房地产估价师执业资格考试的人员必须符合《暂行规定》第八条的报名条件。

五、参加考试由本人提出申请，所在单位考核推荐，持报名登记表，到当地考试管理机构报名，考试管理机构按规定程序和报名条件审查合格后，发给准考证，考生凭准考证按指定的时间、地点参加考试。中央和国务院各部门及其直属单位的报考人员，按属地原则报名参加考试。

六、考场设在省辖市以上的中心城市和行政专员公署所在的城市。

七、做好考前培训工作。各地培训单位必须具备场地、师资、教材等条件，由省、自治区建设主管部门、直辖市房地产管理部门会同职改部门推荐培训单位，建设部审批。坚持考培分开，参与培训工作的人员，不得参加所有考试工作（包括命题和组织管理），考生参加培训坚持自愿原则。

八、房地产估价师执业资格考试培训费和报名费由个人支付，收费标准须经当地物价部门批准。

九、人事部和建设部成立全国房地产估价师执业资格考试办公室，在两部领导下，负责房地产估价师执业资格考试的组织实施和日常管理工作，考试办公室设在建设部房地产业司。

各地的考务工作由当地职改部门会同房地产管理部门共同成立的考试管理机构组织实施，具体职责分工由各地自行确定。各地考试办公室组成情况应分别报送人事部专业技术人员职称司和建设部房地产业司。

十、严格执行考务工作的有关规章制度，做好试卷印刷、发送和保管过程中的保密工作，严格考场纪律，防止弄虚作假，对违反考试有关规定者应严肃处理并追究有关人员责任。

人事部、建设部关于印发《房地产经纪人员职业资格制度暂行规定》和《房地产经纪人执业资格考试实施办法》的通知

（人发〔2001〕128号 2001年12月18日）

各省、自治区、直辖市人事厅（局）、建设厅（房地产管理局），新疆生产建设兵团，国务院各部委、各直属机构人事（干部）部门：

为了适应市场经济发展需要，规范和发展房地产市场，加强对房地产经纪人员的管理，提高房地产经纪人员的业务水平和职业道德，保护消费者合法权益，人事部、建设部决定实行房地产经纪人员职业资格制度。现将《房地产经纪人员职业资格制度暂行规定》和《房地产经纪人执业资格考试实施办法》印发你们，请遵照执行。

房地产经纪人员职业资格制度暂行规定

第一章 总 则

第一条 为了加强对房地产经纪人员的管理，提高房地产经纪人员的职业水平，规范房地产经纪活动秩序，根据国家职业资格制度的有关规定，制定本规定。

第二条 本规定适用于房地产交易中从事居间、代理等经纪活动的人员。

第三条 国家对房地产经纪人员实行职业资格制度，纳入全国专业技术人员职业资

格制度统一规划。凡从事房地产经纪活动的人员，必须取得房地产经纪人员相应职业资格证书并经注册生效。未取得职业资格证书的人员，一律不得从事房地产经纪活动。

第四条 本规定所称房地产经纪人员职业资格包括房地产经纪人执业资格和房地产经纪人协理从业资格。

取得房地产经纪人执业资格是进入房地产经纪活动关键岗位和发起设立房地产经纪机构的必备条件。取得房地产经纪人协理从业资格，是从事房地产经纪活动的基本条件。

第五条 人事部、建设部共同负责全国房地产经纪人员职业资格制度的政策制定、组织协调、资格考试、注册登记和监督管理工作。

第二章 考 试

第六条 房地产经纪人执业资格实行全国统一大纲、统一命题、统一组织的考试制度，由人事部、建设部共同组织实施，原则上每年举行一次。

第七条 建设部负责编制房地产经纪人执业资格考试大纲、编写考试教材和组织命题工作，统一规划、组织或授权组织房地产经纪人执业资格的考前培训等有关工作。

考前培训工作按照培训与考试分开、自愿参加的原则进行。

第八条 人事部负责审定房地产经纪人执业资格考试科目、考试大纲和考试试题，组织实施考务工作。会同建设部对房地产经纪人执业资格考试进行检查、监督、指导和确定合格标准。

第九条 凡中华人民共和国公民，遵守国家法律、法规，已取得房地产经纪人协理资格并具备以下条件之一者，可以申请参加房地产经纪人执业资格考试：

（一）取得大专学历，工作满 6 年，其中从事房地产经纪业务工作满 3 年。

（二）取得大学本科学历，工作满 4 年，其中从事房地产经纪业务工作满 2 年。

（三）取得双学士学位或研究生班毕业，工作满 3 年，其中从事房地产经纪业务工作满 1 年。

（四）取得硕士学位，工作满 2 年，从事房地产经纪业务工作满 1 年。

（五）取得博士学位，从事房地产经纪业务工作满 1 年。

第十条 房地产经纪人执业资格考试合格，由各省、自治区、直辖市人事部门颁发人事部统一印制，人事部、建设部用印的《中华人民共和国房地产经纪人执业资格证书》。该证书全国范围有效。

第十一条 房地产经纪人协理从业资格实行全国统一大纲，各省、自治区、直辖市命题并组织考试的制度。

第十二条 建设部负责拟定房地产经纪人协理从业资格考试大纲。人事部负责审定考试大纲。

各省、自治区、直辖市人事厅（局）、房地产管理局，按照国家确定的考试大纲和有关规定，在本地区组织实施房地产经纪人协理从业资格考试。

第十三条 凡中华人民共和国公民，遵守国家法律、法规，具有高中以上学历，愿意从事房地产经纪活动的人员，均可申请参加房地产经纪人协理从业资格考试。

第十四条 房地产经纪人协理从业资格考试合格，由各省、自治区、直辖市人事部门颁发人事部、建设部统一格式的《中华人民共和国房地产经纪人协理从业资格证书》。该证书在所在行政区域内有效。

第三章 注 册

第十五条 取得《中华人民共和国房地产经纪人执业资格证书》的人员，必须经过注册登记才能以注册房地产经纪人名义执业。

第十六条 建设部或其授权的机构为房地产经纪人执业资格的注册管理机构。

第十七条 申请注册的人员必须同时具备以下条件：

（一）取得房地产经纪人执业资格证书。

（二）无犯罪记录。

（三）身体健康，能坚持在注册房地产经纪人岗位上工作。

（四）经所在经纪机构考核合格。

第十八条 房地产经纪人执业资格注册，由本人提出申请，经聘用的房地产经纪机构送省、自治区、直辖市房地产管理部门（以下简称省级房地产管理部门）初审合格后，统一报建设部或其授权的部门注册。准予注册的申请人，由建设部或其授权的注册管理机构核发《房地产经纪人注册证》。

第十九条 人事部和各级人事部门对房地产经纪人员执业资格注册和使用情况有检查、监督的责任。

第二十条 房地产经纪人执业资格注册有效期一般为3年，有效期满前3个月，持证者应到原注册管理机构办理再次注册手续。在注册有效期内，变更执业机构者，应当及时办理变更手续。

再次注册者，除符合本规定第十七条规定外，还须提供接受继续教育和参加业务培训的证明。

第二十一条 经注册的房地产经纪人有下列情况之一的，由原注册机构注销注册：

（一）不具有完全民事行为能力。

（二）受刑事处罚。

（三）脱离房地产经纪工作岗位连续2年（含2年）以上。

（四）同时在两个及以上房地产经纪机构进行房地产经纪活动。

（五）严重违反职业道德和经纪行业管理规定。

第二十二条 建设部及省级房地产管理部门，应当定期公布房地产经纪人执业资格的注册和注销情况。

第二十三条 各省级房地产管理部门或其授权的机构负责房地产经纪人协理从业资格注册登记管理工作。每年度房地产经纪人协理从业资格注册登记情况应报建设部备案。

第四章 职 责

第二十四条 房地产经纪人和房地产经纪人协理，在经纪活动中，必须严格遵守法律、法规和行业管理的各项规定，坚持公开、公平、公正的原则，恪守职业道德。

第二十五条 房地产经纪人有权依法发起设立或加入房地产经纪机构，承担房地产经纪机构关键岗位工作，指导房地产经纪人协理进行各种经纪业务，经所在机构授权订立房地产经纪合同等重要业务文书，执行房地产经纪业务并获得合理佣金。

在执行房地产经纪业务时，房地产经纪人员有权要求委托人提供与交易有关的资料，支付因开展房地产经纪活动而发生的成本费用，并有权拒绝执行委托人发出的违法指令。

第二十六条 房地产经纪人协理有权加入房地产经纪机构，协助房地产经纪人处理经纪有关事务并获得合理的报酬。

第二十七条 房地产经纪人和房地产经纪人协理经注册后，只能受聘于一个经纪机构，并以房地产经纪机构的名义从事经纪活动，不得以房地产经纪人或房地产经纪人协理的身份从事经纪活动或在其他经纪机构兼职。

房地产经纪人和房地产经纪人协理必须利用专业知识和职业经验处理或协助处理房地产交易中的细节问题，向委托人披露相关信息，诚实信用，恪守合同，完成委托业务，并为委托人保守商业秘密，充分保障委托人的权益。

房地产经纪人和房地产经纪人协理必须接受职业继续教育，不断提高业务水平。

第二十八条 房地产经纪人的职业技术能力：

（一）具有一定的房地产经济理论和相关经济理论水平，并具有丰富的房地产专业知识。

（二）能够熟练掌握和运用与房地产经纪业务相关的法律、法规和行业管理的各项规定。

（三）熟悉房地产市场的流通环节，具有熟练的实务操作的技术和技能。

（四）具有丰富的房地产经纪实践经验和一定资历，熟悉市场行情变化，有较强的创新和开拓能力，能创立和提高企业的品牌。

（五）有一定的外语水平。

第二十九条 房地产经纪人协理的职业技术能力：

（一）了解房地产的法律、法规及有关行业管理的规定。

（二）具有一定的房地产专业知识。

（三）掌握一定的房地产流通的程序和实务操作技术及技能。

第五章 附 则

第三十条 本规定发布前已长期从事房地产经纪工作并具有较高理论水平和丰富实践经验的人员，可通过考试认定的办法取得房地产经纪人执业资格，考试认定办法由建设部、人事部另行规定。

第三十一条 通过全国统一考试，取得房地产经纪人执业资格证书的人员，用人单位可根据工作需要聘任经济师职务。

第三十二条 经国家有关部门同意，获准在中华人民共和国境内就业的外籍人员及港、澳、台地区的专业人员，符合本规定要求的，也可报名参加房地产经纪职业资格考试以及申请注册。

第三十三条 房地产经纪人协理从业资格的管理，由省、自治区、直辖市人事厅（局）、房地产管理部门根据国家有关规定，制定具体办法，组织实施。各地所制定的管理办法，分别报人事部、建设部备案。

第三十四条 本规定由人事部和建设部按职责分工负责解释。

第三十五条 本规定自发布之日起施行。

房地产经纪人执业资格考试实施办法

第一条 根据《房地产经纪人员职业资格制度暂行规定》（以下简称《暂行规

定》），为做好房地产经纪人执业资格考试工作，制定本办法。

第二条 人事部和建设部共同成立全国房地产经纪人执业资格考试办公室，在两部领导下，负责房地产经纪人执业资格考试的组织实施和日常管理工作。

各地考试工作由当地人事部门会同房地产管理部门组织实施，具体分工由各地自行确定。

第三条 房地产经纪人执业资格考试从2002年度开始实施，原则上每年举行1次，考试时间定于每年的第三季度。首次开始于2002年10月份举行。

第四条 房地产经纪人执业资格考试科目为《房地产基本制度与政策》、《房地产经纪相关知识》、《房地产经纪概论》和《房地产经纪实务》4个科目。考试分四个半天进行，每个科目的考试时间为两个半小时。

第五条 考试成绩实行两年为一个周期的滚动管理。参加全部4个科目考试的人员必须在连续两个考试年度内通过应试科目；免试部分科目的人员必须在一个考试年度内通过应试科目。

第六条 符合《暂行规定》第九条规定的报名条件者，均可报名参加房地产经纪人执业资格考试。

在2005年以前（包括2005年），报名参加房地产经纪人执业资格考试的人员，可以不需要先取得房地产经纪人协理从业资格。

第七条 凡已经取得房地产估价师执业资格者，报名参加房地产经纪人执业资格考试可免试《房地产基本政策与制度》科目。

第八条 参加考试须由本人提出申请，所在单位审核同意，携带有关证明材料到当地考试管理机构报名。考试管理机构按规定程序和报名条件审查合格后，发给准考证。考生凭准考证在指定的时间、地点参加考试。

国务院各部委及其直属单位的报考人员，按属地原则报名参加考试。

第九条 房地产经纪人执业资格考试的考场设在省辖市以上的中心城市。

第十条 建设部负责组织编写和确定房地产经纪人执业资格考试、培训指定用书及有关参考资料，并负责考试培训管理工作。

第十一条 建设部或授权的机构负责组织房地产经纪人执业资格考试的师资培训工作，各省、自治区、直辖市房地产管理部门或其授权的机构组织负责具体培训工作。各地培训机构要具备场地、师资、教材等条件，经省、自治区、直辖市房地产管理部门会同人事部门审核批准，报建设部备案。

第十二条 坚持培训与考试分开的原则，参加培训工作的人员，不得参加所有考试组织工作（包括命题、审题和组织管理）。应考人员参加考前培训坚持自愿原则。

第十三条 房地产经纪人执业资格考试、培训及有关项目的收费标准，须经当地价格主管部门核准，并公布于众，接受群众监督。

第十四条 严格执行考试考务工作的有关规章制度，做好试卷命题、印刷、发送过程中的保密工作，严格考场纪律，严禁弄虚作假。对违反规章制度的，按规定进行严肃处理。

人事部、建设部关于实施房地产经纪人执业资格认定考试工作有关问题的通知

（人发〔2002〕54号　2002年5月27日）

各省、自治区、直辖市人事厅（局）、建设厅（房地产管理局），国务院各部委、各直属机构人事（干部）部门：

根据人事部、建设部《关于印发〈房地产经纪人员职业资格制度暂行规定〉和〈房地产经纪人执业资格考试实施办法〉的通知》（人发〔2001〕128号）的精神和实际工作需要，经研究决定，对长期从事房地产经纪工作的人员，进行房地产经纪人执业资格认定的一次性考试，考试成绩合格者可取得房地产经纪人执业资格。现将有关问题通知如下：

一、认定考试申报条件

从事房地产经纪工作、具有较高理论水平和丰富实践经验，遵纪守法，并同时具备以下两项条件的人员，可申请参加房地产经纪人执业资格认定考试。

（一）学历和业务工作年限符合下列条件之一

1. 1992年底前取得大学本科学历，从事房地产经纪工作累计满5年。

2. 1987年底前取得大学专科学历，从事房地产经纪工作累计满8年。

3. 1982年底前取得中专学历，从事房地产经纪工作累计满10年。

（二）聘任专业技术职务及年限符合下列条件之一

1. 受聘担任高级专业技术职务，在房地产中介服务机构担任主要负责人满3年，在公开发行的刊物上发表房地产方面的论文3篇以上或公开出版有房地产方面的专著。

2. 取得房地产估价师执业资格，在房地产中介服务机构担任主要负责人满5年，在公开发行的刊物上发表房地产方面的论文3篇以上或公开出版有房地产方面的专著。

二、认定考试组织

房地产经纪人执业资格认定考试由人事部、建设部共同负责，并成立“全国房地产经纪人执业资格考试办公室”（以下简称考试办公室），负责认定考试的日常工作。

各省、自治区人事厅、建设厅和直辖市人事局、房地产管理局按职责分工负责本地区的认定考试管理工作。

三、认定考试

（一）认定考试采取全国统一组织闭卷作答的方式。

（二）考试时间定于2002年7月21日上午9:00—11:30。

（三）考试科目为《房地产经纪综合知识》。考试内容包括房地产经纪基本概念、房地产经纪基本理论与实务、房地产政策法规知识等。

（四）考试的合格标准由人事部、建设部共同研究确定。

四、认定考试程序

（一）符合申报条件的人员，在报名时应提供下列材料：

1.《房地产经纪人执业资格认定考核申报表》（附件1）一式两份；

2. 学历或学位证书、专业技术职务聘书原件（同时提交复印件存档）；

3. 单位出具的本专业工作年限、房地产经纪工作业绩和职业道德证明文件；

4. 在公开发行刊物上发表的论文及公开出版的专著；

5. 本人近期1寸免冠相片3张。

（二）申请参加认定考试的人员，携带上述材料到当地考试管理部门指定的报名地点办理有关手续。

（三）各省、自治区、直辖市认定考试管理机构对申报人员进行资格审查，资格审查合格者方可参加认定考试。

（四）认定考试结束后，各地将认定考试合格人员情况汇总表（附件2）、考试信息软盘及申报材料于2002年8月10日前报“考试办公室”。

（五）“考试办公室”组织有关专家对各地呈报的认定考试合格人员进行复核，并将复核合格人员的名单通过中国住宅与房地产信息网站（http：//www.realestate.gov.cn)、中国建设执业网（http：//www.cpear.com）和中国房地产估价师学会网站（http：//www.cirea.org.cn）进行公示，接受社会监督。

（六）经公示无异议后，方可公布房地产经纪人执业资格认定考试合格人员名单。

（七）认定考试合格人员，由各省、自治区、直辖市人事部门颁发人事部统一印制的《中华人民共和国房地产经纪人执业资格证书》。

五、认定考试要求

（一）各地应及时将本通知精神向社会公告。房地产经纪人执业资格认定考试坚持公开、公平、公正的原则，自觉接受群众和社会的监督。

（二）各地人事、建设部门要加强领导、密切合作，严格认定考试工作程序，确保认定考试工作质量，对在认定考试过程中弄虚作假的地区和个人，一经查实，要严肃处理。

附件：1. 房地产经纪人执业资格认定考核申报表（略）
　　　2. 房地产经纪人执业资格考试合格人员汇总表（略）

人事部办公厅、建设部办公厅关于举行首次全国房地产经纪人执业资格考试有关问题的通知

（人办发〔2002〕86号 2002年10月11日）

各省、自治区、直辖市人事厅（局）、建设厅、直辖市房地局，新疆生产建设兵团人事局、建设局，国务院各部委、各直属机构人事（干部）部门：

根据人事部、建设部《关于印发〈房地产经纪人员职业资格制度暂行规定〉和

〈房地产经纪人执业资格考试实施办法〉的通知》（人发〔2001〕128号）精神，为做好2002年度全国房地产经纪人执业资格考试工作，现将有关问题通知如下：

一、报名工作

全国房地产经纪人执业资格考试报名工作于2002年11月20日前结束，具体报名时间由各地自行确定。

考试报名申请表（附件1）须按照“数据库格式及说明”（附件2）的要求建成数据库。报名库中各字段均不能为空。“身份证/军官证/护照”一栏，军人填写军人证件号码，港澳台及外籍人员填写护照号码。学历、专业技术职务等内容要填写中文全名，不得填写代码。报名库中考生的姓名如出现异体字，需书面说明，加盖公章，连同身份证复印件与报名库一起报送。全国房地产经纪人执业资格考试办公室将根据各地报名库和报送的试卷征订单核发试卷。

请各地于2002年11月30日前，将报考人员名单及试卷预订单（附件3）和数据库软盘送全国房地产经纪人执业资格考试办公室。

二、报名条件

按照《房地产经纪人员职业资格制度暂行规定》第九条的规定，凡中华人民共和国公民，遵守国家法律、法规，并具备下列条件之一的，可以申请参加房地产经纪人执业资格考试：

（一）取得大专学历，工作满6年，其中从事房地产经纪业务工作满3年。

（二）取得大学本科学历，工作满4年，其中从事房地产经纪业务工作满2年。

（三）取得双学士学位或研究生班毕业，工作满3年，其中从事房地产经纪业务工作满1年。

（四）取得硕士学位，工作满2年，从事房地产经纪业务工作满1年。

（五）取得博士学位，从事房地产经纪业务工作满1年。

经国家有关部门同意，获准在中华人民共和国境内就业的外籍人员及港澳台专业人员，符合上述条件的，也可报名参加房地产经纪人执业资格考试。

三、考试科目

（一）根据《房地产经纪人执业资格考试实施办法》（以下简称《实施办法》）的规定，房地产经纪人执业资格考试科目为《房地产基本制度与政策》、《房地产经纪概论》、《房地产经纪实务》、《房地产经纪相关知识》4个科目。

各科目考试范围及对考生应掌握知识的具体要求，请查阅《全国房地产经纪人执业资格考试大纲（试行）》。

（二）按照《实施办法》中第七条的规定，已经取得房地产估价师执业资格者，报名参加房地产经纪人执业资格考试可免试《房地产基本制度与政策》科目。

房地产经纪人执业资格考试成绩实行以两年为一个周期的滚动管理办法。参加全部4个科目考试的人员必须在连续两个考试年度内通过全部考试科目；免试部分科目的人员必须在一个考试年度内通过应试科目。

四、考试时间

12月21日　上午　9:00—11:30

房地产基本制度与政策

下午 14:00—16:30

房地产经纪概论（自备计算器）

12月22日 上午 9:00—11:30

房地产经纪实务（自备计算器）

下午 14:00—16:30

房地产经纪相关知识（自备计算器）

本次考试各科目均为客观题型，题型为单项选择题、多项选择题、综合分析题（由单项选择题和多项选择题组成）。考试采取填涂答题卡的方式作答，各地在考前应通知考生自备2B铅笔和橡皮。

五、考试组织管理

（一）按照《实施办法》的要求，人事部、建设部共同成立“全国房地产经纪人执业资格考试办公室”，在两部的领导下，负责房地产经纪人执业资格考试的组织实施和日常管理工作。

（二）房地产经纪人执业资格考试试卷由全国房地产经纪人执业资格考试办公室指派专人，按照试卷预订单及报名库的数量和交接地点送达各地，送达时间为12月18日之前。

（三）考试结束后，各地试卷及缺考人员的答题卡由地方按照有关规定存放，监考人员应当在考场记录单上注明缺考人员的姓名及准考证号码；参考人员的答题卡必须于12月29日前送达全国房地产经纪人执业资格考试办公室。

各地房地产经纪人执业资格考试管理部门在考试期间要安排专人值班，并将值班人员名单和值班电话于11月20日前传至全国房地产经纪人执业资格考试办公室。

六、考试有关事项

（一）各地要严格执行全国房地产经纪人执业资格考试报名条件，严肃考试纪律，保证考试的公正性、公平性。

（二）考试期间，全国房地产经纪人执业资格考试办公室将派出巡视员到部分考点巡视检查考试工作。凡担任主考、监考、巡视工作的人员应按照人事部《专业技术人员资格考试管理手册》的要求，认真履行各自职责，严格考试工作纪律。

（三）考生不得携带电子记事本、寻呼机、移动电话等通讯设备进入考场；已带的要切断电源，并与其他物品一同存放在指定位置，不得带至座位。

（四）各地房地产经纪人执业资格考试管理部门要严格按照本通知精神，认真组织好首次全国房地产经纪人执业资格考试的实施工作，并于11月20日前将承担房地产经纪人执业资格考试具体组织工作的单位名称、单位地址、负责人、联系电话、报名时间、报名地点等送全国房地产经纪人执业资格考试办公室备案。

附件：1．2002年全国房地产经纪人执业资格考试报名申请表（略）

2．数据库格式及说明（略）

3．2002年全国房地产经纪人执业资格考试试卷预订单（略）

人事部办公厅对《关于香港地产代理人报考全国房地产经纪人执业资格问题的请示》的批复

（国人厅函〔2004〕85 号 2004 年 9 月 2 日）

广东省人事厅：

你厅《关于香港地产代理人报考全国房地产经纪人执业资格问题的请示》（粤人报〔2004〕41 号）收悉，经与建设部有关部门研究，同意你厅意见，允许符合《人事部、建设部关于印发〈房地产经纪人员职业资格制度暂行规定〉的通知》（人发〔2001〕128 号）中有关报考条件的港澳居民参加内地房地产经纪人执业资格考试。

报名时应提交中华人民共和国教育行政主管部门认可的大学专科以上学历或学士以上学位证书、在港澳从事房地产经纪工作年限证明和居民身份证明。

请你厅按照有关规定，做好考试报名及相关组织工作。

房地产经纪管理办法

（住房和城乡建设部、国家发展和改革委员会、人力资源和社会保障部令第 8 号 2011 年 1 月 20 日）

第一章 总 则

第一条 为了规范房地产经纪活动，保护房地产交易及经纪活动当事人的合法权益，促进房地产市场健康发展，根据《中华人民共和国城市房地产管理法》、《中华人民共和国合同法》等法律法规，制定本办法。

第二条 在中华人民共和国境内从事房地产经纪活动，应当遵守本办法。

第三条 本办法所称房地产经纪，是指房地产经纪机构和房地产经纪人员为促成房地产交易，向委托人提供房地产居间、代理等服务并收取佣金的行为。

第四条 从事房地产经纪活动应当遵循自愿、平等、公平和诚实信用的原则，遵守职业规范，恪守职业道德。

第五条 县级以上人民政府建设（房地产）主管部门、价格主管部门、人力资源和社会保障主管部门应当按照职责分工，分别负责房地产经纪活动的监督和管理。

第六条 房地产经纪行业组织应当按照章程实行自律管理，向有关部门反映行业发展的意见和建议，促进房地产经纪行业发展和人员素质提高。

第二章 房地产经纪机构和人员

第七条 本办法所称房地产经纪机构，是指依法设立，从事房地产经纪活动的中介服务机构。

房地产经纪机构可以设立分支机构。

第八条 设立房地产经纪机构和分支机构，应当具有足够数量的房地产经纪人员。

本办法所称房地产经纪人员，是指从事房地产经纪活动的房地产经纪人和房地产经纪人协理。

房地产经纪机构和分支机构与其招用的房地产经纪人员，应当按照《中华人民共和国劳动合同法》的规定签订劳动合同。

第九条 国家对房地产经纪人员实行职业资格制度，纳入全国专业技术人员职业资格制度统一规划和管理。

第十条 房地产经纪人实行全国统一大纲、统一命题、统一组织的考试制度，由国务院住房和城乡建设主管部门、人力资源和社会保障主管部门共同组织实施，原则上每年举行一次。

房地产经纪人协理实行全国统一大纲，由各省、自治区、直辖市人民政府建设（房地产）主管部门、人力资源和社会保障主管部门命题并组织考试的制度，每年的考试次数根据行业发展需要确定。

第十一条 房地产经纪机构及其分支机构应当自领取营业执照之日起 30 日内，到所在直辖市、市、县人民政府建设（房地产）主管部门备案。

第十二条 直辖市、市、县人民政府建设（房地产）主管部门应当将房地产经纪机构及其分支机构的名称、住所、法定代表人（执行合伙人）或者负责人、注册资本、房地产经纪人员等备案信息向社会公示。

第十三条 房地产经纪机构及其分支机构变更或者终止的，应当自变更或者终止之日起 30 日内，办理备案变更或者注销手续。

第三章 房地产经纪活动

第十四条 房地产经纪业务应当由房地产经纪机构统一承接，服务报酬由房地产经纪机构统一收取。分支机构应当以设立该分支机构的房地产经纪机构名义承揽业务。

房地产经纪人员不得以个人名义承接房地产经纪业务和收取费用。

第十五条 房地产经纪机构及其分支机构应当在其经营场所醒目位置公示下列内容：

（一）营业执照和备案证明文件；

（二）服务项目、内容、标准；

（三）业务流程；

（四）收费项目、依据、标准；

（五）交易资金监管方式；

（六）信用档案查询方式、投诉电话及 12358 价格举报电话；

（七）政府主管部门或者行业组织制定的房地产经纪服务合同、房屋买卖合同、房屋租赁合同示范文本；

（八）法律、法规、规章规定的其他事项。

分支机构还应当公示设立该分支机构的房地产经纪机构的经营地址及联系方式。

房地产经纪机构代理销售商品房项目的，还应当在销售现场明显位置明示商品房销售委托书和批准销售商品房的有关证明文件。

第十六条　房地产经纪机构接受委托提供房地产信息、实地看房、代拟合同等房地产经纪服务的，应当与委托人签订书面房地产经纪服务合同。

房地产经纪服务合同应当包含下列内容：

（一）房地产经纪服务双方当事人的姓名（名称）、住所等情况和从事业务的房地产经纪人员情况；

（二）房地产经纪服务的项目、内容、要求以及完成的标准；

（三）服务费用及其支付方式；

（四）合同当事人的权利和义务；

（五）违约责任和纠纷解决方式。

建设（房地产）主管部门或者房地产经纪行业组织可以制定房地产经纪服务合同示范文本，供当事人选用。

第十七条　房地产经纪机构提供代办贷款、代办房地产登记等其他服务的，应当向委托人说明服务内容、收费标准等情况，经委托人同意后，另行签订合同。

第十八条　房地产经纪服务实行明码标价制度。房地产经纪机构应当遵守价格法律、法规和规章规定，在经营场所醒目位置标明房地产经纪服务项目、服务内容、收费标准以及相关房地产价格和信息。

房地产经纪机构不得收取任何未予标明的费用；不得利用虚假或者使人误解的标价内容和标价方式进行价格欺诈；一项服务可以分解为多个项目和标准的，应当明确标示每一个项目和标准，不得混合标价、捆绑标价。

第十九条　房地产经纪机构未完成房地产经纪服务合同约定事项，或者服务未达到房地产经纪服务合同约定标准的，不得收取佣金。

两家或者两家以上房地产经纪机构合作开展同一宗房地产经纪业务的，只能按照一宗业务收取佣金，不得向委托人增加收费。

第二十条　房地产经纪机构签订的房地产经纪服务合同，应当加盖房地产经纪机构印章，并由从事该业务的一名房地产经纪人或者两名房地产经纪人协理签名。

第二十一条　房地产经纪机构签订房地产经纪服务合同前，应当向委托人说明房地产经纪服务合同和房屋买卖合同或者房屋租赁合同的相关内容，并书面告知下列事项：

（一）是否与委托房屋有利害关系；

（二）应当由委托人协助的事宜、提供的资料；

（三）委托房屋的市场参考价格；

（四）房屋交易的一般程序及可能存在的风险；

（五）房屋交易涉及的税费；

（六）经纪服务的内容及完成标准；

（七）经纪服务收费标准和支付时间；

（八）其他需要告知的事项。

房地产经纪机构根据交易当事人需要提供房地产经纪服务以外的其他服务的，应当事先经当事人书面同意并告知服务内容及收费标准。书面告知材料应当经委托人签名（盖章）确认。

第二十二条 房地产经纪机构与委托人签订房屋出售、出租经纪服务合同，应当查看委托出售、出租的房屋及房屋权属证书，委托人的身份证明等有关资料，并应当编制房屋状况说明书。经委托人书面同意后，方可以对外发布相应的房源信息。

房地产经纪机构与委托人签订房屋承购、承租经纪服务合同，应当查看委托人身份证明等有关资料。

第二十三条 委托人与房地产经纪机构签订房地产经纪服务合同，应当向房地产经纪机构提供真实有效的身份证明。委托出售、出租房屋的，还应当向房地产经纪机构提供真实有效的房屋权属证书。委托人未提供规定资料或者提供资料与实际不符的，房地产经纪机构应当拒绝接受委托。

第二十四条 房地产交易当事人约定由房地产经纪机构代收代付交易资金的，应当通过房地产经纪机构在银行开设的客户交易结算资金专用存款账户划转交易资金。

交易资金的划转应当经过房地产交易资金支付方和房地产经纪机构的签字和盖章。

第二十五条 房地产经纪机构和房地产经纪人员不得有下列行为：

（一）捏造散布涨价信息，或者与房地产开发经营单位串通捂盘惜售、炒卖房号，操纵市场价格；

（二）对交易当事人隐瞒真实的房屋交易信息，低价收进高价卖（租）出房屋赚取差价；

（三）以隐瞒、欺诈、胁迫、贿赂等不正当手段招揽业务，诱骗消费者交易或者强制交易；

（四）泄露或者不当使用委托人的个人信息或者商业秘密，谋取不正当利益；

（五）为交易当事人规避房屋交易税费等非法目的，就同一房屋签订不同交易价款的合同提供便利；

（六）改变房屋内部结构分割出租；

（七）侵占、挪用房地产交易资金；

（八）承购、承租自己提供经纪服务的房屋；

（九）为不符合交易条件的保障性住房和禁止交易的房屋提供经纪服务；

（十）法律、法规禁止的其他行为。

第二十六条 房地产经纪机构应当建立业务记录制度，如实记录业务情况。

房地产经纪机构应当保存房地产经纪服务合同，保存期不少于5年。

第二十七条 房地产经纪行业组织应当制定房地产经纪从业规程，逐步建立并完善资信评价体系和房地产经纪房源、客源信息共享系统。

第四章 监 督 管 理

第二十八条 建设（房地产）主管部门、价格主管部门应当通过现场巡查、合同抽查、投诉受理等方式，采取约谈、记入信用档案、媒体曝光等措施，对房地产经纪机构和房地产经纪人员进行监督。

房地产经纪机构违反人力资源和社会保障法律法规的行为，由人力资源和社会保障主管部门依法予以查处。

被检查的房地产经纪机构和房地产经纪人员应当予以配合，并根据要求提供检查所需的资料。

第二十九条　建设（房地产）主管部门、价格主管部门、人力资源和社会保障主管部门应当建立房地产经纪机构和房地产经纪人员信息共享制度。建设（房地产）主管部门应当定期将备案的房地产经纪机构情况通报同级价格主管部门、人力资源和社会保障主管部门。

第三十条　直辖市、市、县人民政府建设（房地产）主管部门应当构建统一的房地产经纪网上管理和服务平台，为备案的房地产经纪机构提供下列服务：

（一）房地产经纪机构备案信息公示；

（二）房地产交易与登记信息查询；

（三）房地产交易合同网上签订；

（四）房地产经纪信用档案公示；

（五）法律、法规和规章规定的其他事项。

经备案的房地产经纪机构可以取得网上签约资格。

第三十一条　县级以上人民政府建设（房地产）主管部门应当建立房地产经纪信用档案，并向社会公示。

县级以上人民政府建设（房地产）主管部门应当将在日常监督检查中发现的房地产经纪机构和房地产经纪人员的违法违规行为、经查证属实的被投诉举报记录等情况，作为不良信用记录记入其信用档案。

第三十二条　房地产经纪机构和房地产经纪人员应当按照规定提供真实、完整的信用档案信息。

第五章　法律责任

第三十三条　违反本办法，有下列行为之一的，由县级以上地方人民政府建设（房地产）主管部门责令限期改正，记入信用档案；对房地产经纪人员处以1万元罚款；对房地产经纪机构处以1万元以上3万元以下罚款：

（一）房地产经纪人员以个人名义承接房地产经纪业务和收取费用的；

（二）房地产经纪机构提供代办贷款、代办房地产登记等其他服务，未向委托人说明服务内容、收费标准等情况，并未经委托人同意的；

（三）房地产经纪服务合同未由从事该业务的一名房地产经纪人或者两名房地产经纪人协理签名的；

（四）房地产经纪机构签订房地产经纪服务合同前，不向交易当事人说明和书面告知规定事项的；

（五）房地产经纪机构未按照规定如实记录业务情况或者保存房地产经纪服务合同的。

第三十四条　违反本办法第十八条、第十九条、第二十五条第（一）项、第（二）项，构成价格违法行为的，由县级以上人民政府价格主管部门按照价格法律、法规和规章的规定，责令改正、没收违法所得、依法处以罚款；情节严重的，依法给予停业整顿等行政处罚。

第三十五条　违反本办法第二十二条，房地产经纪机构擅自对外发布房源信息的，由县级以上地方人民政府建设（房地产）主管部门责令限期改正，记入信用档案，取消网上签约资格，并处以1万元以上3万元以下罚款。

第三十六条 违反本办法第二十四条，房地产经纪机构擅自划转客户交易结算资金的，由县级以上地方人民政府建设（房地产）主管部门责令限期改正，取消网上签约资格，处以3万元罚款。

第三十七条 违反本办法第二十五条第（三）项、第（四）项、第（五）项、第（六）项、第（七）项、第（八）项、第（九）项、第（十）项的，由县级以上地方人民政府建设（房地产）主管部门责令限期改正，记入信用档案；对房地产经纪人员处以1万元罚款；对房地产经纪机构，取消网上签约资格，处以3万元罚款。

第三十八条 县级以上人民政府建设（房地产）主管部门、价格主管部门、人力资源和社会保障主管部门的工作人员在房地产经纪监督管理工作中，玩忽职守、徇私舞弊、滥用职权的，依法给予处分；构成犯罪的，依法追究刑事责任。

第六章 附 则

第三十九条 各地可以依据本办法制定实施细则。

第四十条 本办法自2011年4月1日起施行。

人事部、建设部关于印发《造价工程师执业资格制度暂行规定》的通知

（人发〔1996〕77号 1996年8月26日）

各省、自治区、直辖市人事（人事劳动）厅（局）、建委（建设厅、有关计委）、国务院各部委、各直属机构人事（干部）、建设部门：

为加强对建设工程造价的管理，提高工程造价专业人员的素质，确保建设工程造价管理工作的质量，现将《造价工程师执业资格制度暂行规定》印发给你们，请遵照执行。

造价工程师执业资格制度暂行规定

第一章 总 则

第一条 为了加强建设工程造价专业技术人员的执业准入控制和管理，确保建设工程造价管理工作质量，维护国家和社会公共利益，根据中共中央《关于建立社会主义市场经济体制若干问题的决定》和人事部、劳动部关于《职业资格证书规定》的有关条款，制定本规定。

第二条 造价工程师执业资格制度属于国家统一规划的专业技术人员执业资格制度范围。造价工程师，是指经全国统一考试合格，取得造价工程师执业资格证书，并经注册从事建设工程造价业务活动的专业技术人员。

第三条 国家在工程造价领域实施造价工程师执业资格制度。凡从事工程建设活动的建设、设计、施工、工程造价咨询、工程造价管理等单位和部门，必须在计价、评估、审查（核）、控制及管理等岗位配备有造价工程师执业资格的专业技术人员。

第四条 人事部和建设部共同负责全国造价工程师执业资格制度的政策制定、组织协调、资格考试、注册登记和监督管理工作。

第二章 考 试

第五条 造价工程师执业资格考试实行全国统一大纲、统一命题、统一组织的办法。原则上每年举行一次。

第六条 建设部负责考试大纲的拟定、培训教材的编写和命题工作，统一计划和组织考前培训等有关工作。培训工作按照与考试分开、自愿参加的原则进行。

第七条 人事部负责审定考试大纲、考试科目和试题，组织或授权实施各项考务工作。会同建设部对考试进行监督、检查、指导和确定合格标准。

第八条 凡中华人民共和国公民，遵纪守法并具备以下条件之一者，均可申请参加造价工程师执业资格考试：

（一）工程造价专业大专毕业后，从事工程造价业务工作满五年；工程或工程经济类大专毕业后，从事工程造价业务工作满六年。

（二）工程造价专业本科毕业后，从事工程造价业务工作满四年；工程或工程经济类本科毕业后，从事工程造价业务工作满五年。

（三）获上述专业第二学士学位或研究生班毕业和获硕士学位后，从事工程造价业务工作满三年。

（四）获上述专业博士学位后，从事工程造价业务工作满两年。

第九条 申请参加造价工程师执业资格考试，需提供下列证明文件：

（一）造价工程师执业资格考试报名申请表。

（二）学历证明。

（三）工作实践经历证明。

第十条 通过造价工程师执业资格考试的合格者，由省、自治区、直辖市人事（职改）部门颁发人事部统一印制、人事部和建设部共同用印的造价工程师执业资格证书，该证书全国范围有效。

第三章 注 册

第十一条 造价工程师执业资格实行注册登记制度。建设部及各省、自治区、直辖市和国务院有关部门的建设行政主管部门为造价工程师的注册管理机构。人事部和各级人事（职改）部门对造价工程师的注册和使用情况有检查、监督的责任。

第十二条 考试合格人员在取得证书三个月内到当地省级或部级造价工程师注册管理机构办理注册登记手续。

第十三条 申请注册的人员必须同时具备下列条件：

（一）遵纪守法，恪守造价工程师职业道德。

（二）取得造价工程师执业资格证书。

（三）身体健康，能坚持在造价工程师岗位工作。

（四）所在单位考核同意。

再次注册者，应经单位考核合格并有继续教育、参加业务培训的证明。

第十四条 经批准注册的造价工程师，由其单位所在省、自治区、直辖市或国务院有关部门造价工程师注册管理机构核发建设部印制的造价工程师注册证，并在执业资格证书的注册登记栏内加盖注册专用印章。各注册管理机构应将注册汇总名单报建设部备案。

建设部对造价工程师注册证的使用进行监督、检查，并定期将有关情况向人事部通报。

第十五条 造价工程师注册有效期为三年，有效期满前三个月，持证者应当到原注册机构重新办理注册手续。对不符合本规定第十三条规定的，不予重新注册。

第十六条 造价工程师遇到下列情况之一的，应当由其所在单位向注册机构办理注销手续。

（一）死亡。

（二）服刑。

（三）脱离造价工程师岗位连续两年（含两年）以上。

（四）因健康原因不能坚持造价工程师岗位的工作。

第四章 权利与义务

第十七条 造价工程师享有以下权利：

（一）有独立依法执行造价工程师岗位业务并参与工程项目经济管理的权利。

（二）有在所经办的工程造价成果文件上签字的权利；凡经造价工程师签字的工程造价文件需要修改时应经本人同意。

（三）有使用造价工程师名称的权利。

（四）有依法申请开办工程造价咨询单位的权利。

（五）造价工程师对违反国家有关法律法规的意见和决定有权提出劝告，拒绝执行并有向上级或有关部门报告的权利。

第十八条 造价工程师应履行以下义务：

（一）必须熟悉并严格执行国家有关工程造价的法律法规和规定。

（二）恪守职业道德和行为规范，遵纪守法，秉公办事。对经办的工程造价文件质量负有经济的和法律的责任。

（三）及时掌握国内外新技术、新材料、新工艺的发展应用，为工程造价管理部门制订、修订工程定额提供依据。

（四）自觉接受继续教育，更新知识，积极参加职业培训，不断提高业务技术水平。

（五）不得参与与经办工程有关的其他单位事关本项工程的经营活动。

（六）严格保守执业中得知的技术和经济秘密。

第五章 附 则

第十九条 本规定发布前已从事工程造价管理工作并具有高级专业技术职务的人员，经考核合格，可通过认定办法取得造价工程师资格。《造价工程师执业资格认定办法》由人事部、建设部另行制定。

第二十条 通过全国统一考试取得造价工程师执业资格的人员，根据工作需要可聘任工程师或经济师专业技术职务。

第二十一条 境外人员申请造价工程师资格考试和申请在境内从事工程造价业务的管理办法，经国务院有关部门批准后另行制定。

第二十二条 本规定有关报考条件、考务工作的解释权属人事部；有关考试大纲、参考教材、培训、注册管理等工作的解释权属建设部。

第二十三条 本规定自发布之日起施行。

人事部、建设部关于实施造价工程师执业资格考试有关问题的通知

（人发〔1998〕8号 1998年1月26日）

各省、自治区、直辖市及新疆生产建设兵团人事（人事劳动）厅（局）、建委（建设厅、有关计委），国务院各部委、各直属机构人事（干部）、建设部门：

为切实做好造价工程师执业资格考试工作，现将考试组织实施中的有关问题通知如下：

一、造价工程师执业资格考试自1998年起在全国举行。考试工作原则上每年进行一次，考试时间为每年10月份，分四个半天进行。

二、人事部、建设部委托人事部人事考试中心具体组织实施全国造价工程师执业资格考试的考务管理工作。各地人事（职改）部门和建设行政主管部门要加强对考务工作的领导和指导，确保考试工作的顺利进行。

三、考试科目为：工程造价管理相关知识、工程造价的确定与控制、建设工程技术与计量（本科目分土建工程专业和安装工程专业，报名时考生可选择其一）、工程造价案例分析。各科目考试成绩合格者，方能获得造价工程师执业资格。

四、在《造价工程师执业资格制度暂行规定》（人发〔1997〕77号）下发之日前，已受聘担任高级专业技术职务并具备下列条件之一者，可免试工程造价管理相关知识、建设工程技术与计量两个科目，只参加工程造价的确定与控制、工程造价案例分析两个科目的考试。

（一）1970年（含1970年，下同）以前工程或工程经济类本科毕业，从事工程造价业务满15年。

（二）1970年以前工程或工程经济类大专毕业，从事工程造价业务满20年。

（三）1970年以前工程或工程经济类中专毕业，从事工程造价业务满25年。

五、根据工程造价专业技术队伍的实际情况，对工程造价及相近专业中专毕业后，从事工程造价业务满15年，并受聘担任中级专业技术职务的专业技术人员，在2000年（含2000年）以前，可报名参加造价工程师执业资格全部科目的考试。

六、参加造价工程师执业资格考试者，须由本人提出申请，经所在单位考核推荐，按规定时间和地点报名。报名时须提供报名条件中要求的学历证书、专业技术职务证书和所在单位出具的从事工程造价业务年限证明。报名后经考试管理机构会同建设行政主管部门审核合格，发给准考证，凭准考证在指定的地点和时间参加考试。中央、国务院各部门及其直属单位的报考人员，按属地原则报名参加考试。

七、考场设置地点由人事部、建设部确定，原则上设在省辖市以上的中心城市。

八、认真做好考前培训工作。培训单位必须具备场地、师资、教材等条件，由各地建设行政主管部门推荐，经建设部审批后公布。

九、培训工作委托中国建设工程造价管理协会组织实施。要坚持培训与考试分开的原则，参与培训工作的人员不得参与所有考试工作（包括命题与组织管理）。考生按自愿的原则参加培训。

十、考试与培训的收费标准须经当地物价部门核准。

十一、各地、各部门要认真贯彻执行《关于加强专业技术人员资格考试工作管理的通知》（人发〔1997〕75号）规定，认真做好试卷在命题、印刷、发送和保管过程中的保密工作，严肃考风考纪，严禁弄虚作假，保证造价工程师执业资格考试各环节工作的健康运行。

人事部、国家技术监督局关于印发《珠宝玉石质量检验专业技术人员执业资格制度暂行规定》的通知

（人发〔1996〕79号 1996年9月6日）

各省、自治区、直辖市人事（人事劳动）厅（局）、职改办、技术监督局，国务院各部委、各直属机构人事（干部）、技术监督部门：

为加强对珠宝玉石质量检验专业技术人员的执业准入控制，提高质量检验专业技术人员素质，完善珠宝玉石质量检验管理体系，保护广大消费者利益，现将《珠宝玉石质量检验专业技术人员执业资格制度暂行规定》印发给你们，请贯彻执行。

珠宝玉石质量检验专业技术人员执业资格制度暂行规定

第一章 总 则

第一条 为了加强对珠宝玉石质量检验专业技术人员的执业准入控制，提高检验专业技术人员的执业水平，保护广大消费者的利益，根据《中华人民共和国产品质量法》、《中华人民共和国标准化法》以及职业资格证书制度的有关内容，制定本规定。

第二条 国家对珠宝玉石质量检验专业技术人员实行执业资格制度，纳入全国专业技术人员执业资格制度统一规划的范围。

第三条 珠宝玉石质量检验专业技术人员执业资格名称为珠宝玉石质量检验师（以下简称质量检验师）。质量检验师是指经全国统一考试合格，取得质量检验师执业资格证书，并经注册从事该业务活动的专业技术人员。

第四条 人事部和国家技术监督局负责制定、颁布全国珠宝玉石质量检验专业技术人员执业资格制度。

人事部授权国家技术监督局负责全国珠宝玉石质量检验专业技术人员执业资格制度的组织实施工作。人事部对其进行指导、监督、检查。

第五条 凡从事珠宝玉石质量检验的单位，必须配备具有质量检验师执业资格的专业技术人员。

在与珠宝玉石质量相关的其他单位中，从事质量检验的专业技术人员，也应取得质量检验师执业资格证书。

第六条 获得质量检验师执业资格证书的专业技术人员，表明已具备执业的能力和水平，该证书作为其从事珠宝玉石质量检验机构关键岗位工作和依法独立执行珠宝玉石质量检验业务的主要依据之一。

第二章 考 试

第七条 质量检验师执业资格考试，实行全国统一大纲、统一命题、统一组织的办法。

第八条 凡中华人民共和国公民，遵纪守法并具备下列条件之一者，可申请参加质量检验师执业资格考试：

（一）珠宝玉石（含岩矿）专业中专毕业后，从事珠宝玉石鉴定检验工作满十年。

（二）珠宝玉石（含岩矿）专业大专毕业后，从事珠宝玉石鉴定检验工作满六年。

（三）珠宝玉石（含岩矿）专业本科毕业后，从事珠宝玉石鉴定检验工作满四年。

（四）获珠宝玉石（含岩矿）专业硕士学位后，从事珠宝玉石鉴定检验工作满二年。

（五）获珠宝玉石（含岩矿）专业博士学位。

（六）已正式受聘珠宝玉石（含岩矿）专业中级以上专业技术职务。

（七）取得国外有较大影响的珠宝玉石机构的鉴定考试合格证书，从事珠宝玉石鉴定检验工作满两年。

第九条 国家技术监督局组织成立全国珠宝玉石质量检验执业资格考试专家委员会。专家委员会负责拟定考试大纲、考试科目、考试试题，编写培训教材，经国家技术监督局审定后，送人事部备案。专家委员会秘书处设在国家授权的地矿部所属国家珠宝玉石产品质量监督检验中心，秘书处负责承办专家委员会的日常工作和珠宝玉石质量检验师执业资格考试等具体工作。

第十条 国家技术监督局负责组织考试、命题、考前培训工作。培训工作必须按照与考试分开、自愿参加的原则进行。

第十一条 每一次考试结束后，国家技术监督局提出合格标准的意见，与试题及其考试情况一并报人事部验收核准。

第十二条 质量检验师执业资格考试合格者，由国家技术监督局颁发人事部统一印制、人事部和国家技术监督局用印的珠宝玉石质量检验师执业资格证书，该证书全国范围有效。

第三章 注 册

第十三条 国家对质量检验师执业资格实行注册登记。国家技术监督局及各省、自治区、直辖市技术监督部门为质量检验师执业资格的注册管理机构。

第十四条 考试合格取得资格证书者，须在三个月内到所在省、自治区、直辖市技术监督部门审核、登记后，统一报国家技术监督局批准注册。

第十五条 申请注册的质量检验师，必须同时具备下列条件：

（一）遵纪守法，遵守质量检验师的职业道德。

（二）取得质量检验师执业资格证书。

（三）身体健康，能坚持在珠宝玉石质量检验关键岗位上工作。

（四）经所在单位审核同意。

第十六条 经批准注册的质量检验师，由国家技术监督局颁发统一印制的质量检验师注册证。

第十七条 各省、自治区、直辖市技术监督部门要定期向国家技术监督局报告质量检验师的执业情况，并抄送同级人事（职改）部门。

国家技术监督局对质量检验师注册证的使用等有关情况，定期向人事部通报并予以公布。

第十八条 质量检验师注册有效期一般为三年，有效期满前三个月，持证者应按规定主动到注册机构重新办理注册手续。对不符合第十五条要求的，不予重新注册。

再次注册，应经单位考核合格并有继续教育、参加业务培训的证明。

第十九条 凡脱离珠宝玉石质量检验关键岗位工作连续两年以上（含两年）者，注册管理机构将取消其注册。

第二十条 质量检验师执业资格注册后，有下列情形之一的，由各省、自治区、直辖市技术监督部门向原注册机关申请吊销其质量检验师注册证：

（一）完全丧失民事行为能力。

（二）死亡或失踪。

（三）受刑事处分的。

第四章 职 责

第二十一条 质量检验师必须严格执行《中华人民共和国产品质量法》、《中华人民共和国标准化法》等质量监督方面的法律法规，遵守职业道德规范和行业管理的各项规定。

第二十二条 质量检验师必须以维护广大消费者的利益为基本准则，客观公正、实事求是，对所出具的鉴定检验报告的真实性、准确性负责。

第二十三条 一个质量检验师只能在一个鉴定检验机构专职执业，只具有该机构质量检验报告的签字权。

第二十四条 质量检验师应自觉接受继续教育，不断更新知识，掌握最新的质量检验技术，以保持较高的专业水平。

第五章 罚 则

第二十五条 各级技术监督部门负责监督、检查质量检验师的上岗及执业情况，对违反岗位工作规范者进行处罚。

第二十六条 质量检验师以个人名义出具的珠宝玉石质量检验报告和质量检验证书，不具有法律效力。

第二十七条 违反本规定，有下列行为之一的，由发证机关收回质量检验师执业资格证书，取消其注册并视情节轻重根据有关规定，给予必要的行政处分。

（一）伪造学历、资历和以其他不正当手段获取质量检验师执业资格证书和质量检验师注册证的。

（二）未按规定办理注册登记和未经注册以质量检验师的名义从事质量检验业务的。

（三）违反有关法律法规，在质量检验工作中造成重大失误的。

（四）利用执行业务之便，索贿、受贿，谋取其他不正当利益的。

（五）允许他人以自己的名义从事质量检验业务或同时在两个或两个以个质量检验机构执行业务的。

第二十八条　各省、自治区、直辖市技术监督部门发现质量检验师有上述不正当行为后，应及时记录在册，并视情节轻重，给予批评教育，直至由发证机构收回质量检验师执业资格证书和注册证，并报人事部和国家技术监督局备案。

第六章　附　则

第二十九条　质量检验师的岗位设置和职责规范由国家技术监督局统一制定并予以公布。

第三十条　对已在须由质量检验师充任的岗位工作，但尚未取得质量检验师执业资格证书的人员，要进行强化培训，必须在规定的时间内通过质量检验师执业资格考试。

第三十一条　本暂行规定由国家技术监督局负责解释。

第三十二条　本暂行规定自发布之日起执行。

人事部、国家质量技术监督局关于调整珠宝玉石质量检验师执业资格考试报名条件及有关问题的通知

（人发〔1999〕137 号　1999 年 11 月 30 日）

各省、自治区、直辖市人事（人事劳动）厅（局）、技术监督局，国务院各有关部委及直属机构人事（干部）部门：

为适应珠宝玉石质量检验行业发展的需要，切实做好珠宝玉石质量检验师执业资格制度的实施工作，在总结经验的基础上，经人事部、国家质量技术监督局研究，对珠宝玉石质量检验师执业资格考试报名条件进行了适当调整。现将调整后的珠宝玉石质量检验师执业资格考试报名条件及有关问题通知如下：

一、珠宝玉石质量检验师考试报名条件

1. 取得珠宝玉石（含地质类）专业中专学历，从事珠宝玉石鉴定检验工作满七年。非本专业中专学历，从事珠宝玉石鉴定检验工作满九年。

2. 取得珠宝玉石（含地质类）专业大专学历，从事珠宝玉石鉴定检验工作满五年。非本专业大专学历，从事珠宝玉石鉴定检验工作满七年。

3. 取得珠宝玉石（含地质类）专业本科学历，从事珠宝玉石鉴定检验工作满三年。非本专业本科学历，从事珠宝玉石鉴定检验工作满五年。

4. 取得第二学士学位、研究生班毕业或取得硕士学位，从事珠宝玉石鉴定检验工作满一年。

5. 取得博士学位，从事珠宝玉石鉴定检验工作满半年。

6. 已正式受聘担任珠宝玉石（含地质类）专业工程师及以上专业技术职务者。

7. 取得国内外有较大影响的珠宝玉石检验的鉴定考试合格证书，从事珠宝玉石鉴定检验工作满二年。

二、调整后的珠宝玉石质量检验师执业资格考试报名条件，自 2000 年度起执行。

三、人事部与原国家技术监督局联合发布的《珠宝玉石质量检验专业技术人员执业

资格制度暂行规定》（人发〔1996〕79号）第二章第八条所列的报名条件与本通知不符之处，均以本通知的规定为准。

四、各地人事（职改）部门和质量技术监督部门在组织报名工作时，要严格掌握报名条件，认真做好资格审查工作。

人事部、国家质量监督检验检疫总局关于珠宝玉石质量检验师执业资格考试报名条件调整及有关问题的通知

（人发〔2002〕61号 2002年6月10日）

各省、自治区、直辖市人事厅（局）、质量技术监督局，国务院各有关部委及直属机构人事（干部）部门：

为做好珠宝玉石质量检验师执业资格制度的实施工作，经人事部、国家质量监督检验检疫总局研究，对珠宝玉石质量检验师执业资格考试报名条件进行了适当调整。现将调整后的珠宝玉石质量检验师执业资格考试报名条件及有关问题通知如下：

一、珠宝玉石质量检验师执业资格考试报名条件

1. 取得珠宝玉石（含地质类）专业中专学历，从事珠宝玉石鉴定检验工作满5年；或非本专业中专学历，从事珠宝玉石鉴定检验工作满7年。

2. 取得珠宝玉石（含地质类）专业大专学历，从事珠宝玉石鉴定检验工作满2年；或非本专业大专学历，从事珠宝玉石鉴定检验工作满4年。

3. 取得珠宝玉石（含地质类）专业本科学历，从事珠宝玉石鉴定检验工作满1年；或非本专业本科学历，从事珠宝玉石鉴定检验工作满3年。

4. 取得珠宝玉石（含地质类）专业硕士及以上学位，从事珠宝玉石鉴定检验工作满半年；或取得非本专业硕士及以上学位，从事珠宝玉石鉴定检验工作满1年。

5. 受聘担任珠宝玉石（含地质类）专业工程师及以上专业技术职务者。

6. 取得国外有较大影响的珠宝玉石检验的鉴定考试合格证书。

二、调整后的珠宝玉石质量检验师执业资格考试报名条件，自2003年度起执行。

三、人事部与原国家技术监督局联合发布的《珠宝玉石质量检验师专业技术人员执业资格制度暂行规定》（人发〔1996〕79号）第二章第八条所列的报名条件与本通知不符之处，均以本通知的规定为准。

四、人事部与原国家质量技术监督局联合发布的《关于调整珠宝玉石质量检验师执业资格考试报名条件及有关问题的通知》（人发〔1999〕137号）从本通知发布之日起即行废止。

五、各地人事（职改）部门和质量技术监督部门在组织报名时，要严格掌握报名条件，认真做好资格审查工作。

人事部、国家税务总局关于印发《注册税务师资格制度暂行规定》的通知

（人发〔1996〕116号 1996年11月22日）

各省、自治区、直辖市人事（人事劳动）厅（局）、国税局、地税局，国务院各部委、各直属机构人事（干部）部门：

为了加强对税务代理制度的管理，提高税务代理专业技术人员的素质，规范税务代理行为，保证税务代理制度向法制化轨道发展，现将《注册税务师资格制度暂行规定》印发给你们，请遵照执行。

注册税务师资格制度暂行规定

第一章 总 则

第一条 为了加强对税务代理专业技术人员的执业准入控制，规范税务代理行为，发挥税务代理在税收活动中的作用，保证国家税收法律、行政法规的贯彻执行，维护纳税人、扣缴义务人的合法权益，根据《中华人民共和国税收征收管理法》及其实施细则，以及职业资格证书制度的有关规定，制定本暂行规定。

第二条 国家对从事税务代理活动的专业技术人员实行注册登记制度。按本规定取得中华人民共和国注册税务师执业资格证书并注册的人员，方可从事税务代理活动。

第三条 从事税务代理业务的中介服务机构为税务师事务所，税务师事务所必须配备一定数量的注册税务师。

第四条 注册税务师资格制度属职业资格证书制度范畴，纳入专业技术人员执业资格制度的统一规划，由国家确认批准。

注册税务师英文译称：Registered Tax Agent。

第五条 人事部和国家税务总局共同负责全国注册税务师资格制度的政策制定、组织协调、资格考试、注册登记和监督管理工作。

第二章 考 试

第六条 注册税务师资格考试实行全国统一大纲、统一命题、统一组织的考试制度。原则上每年举行一次。

第七条 凡中华人民共和国公民，遵纪守法并具备下列条件之一者，可申请参加注册税务师资格考试：

（一）经济类、法学类大专毕业后，或非经济类、法学类大学本科毕业后，从事经济、法律工作满六年。

（二）经济类、法学类大学本科毕业后，或非经济、法学类第二学士或研究生班毕业后，从事经济、法律工作满四年。

（三）经济类、法学类第二学位或研究生班毕业后，或获非经济、法学类硕士学位后，从事经济、法律工作满两年。

（四）获得经济类、法学类硕士学位后，从事经济、法律工作满一年。

（五）获得经济类、法学类博士学位。

（六）人事部和国家税务总局规定的其他条件。

第八条 国家税务总局负责组织有关专家拟定考试大纲、编写培训教材和命题工作，统一规划并组织或授权组织考前培训等有关工作。

考前培训工作必须按照与考试分开、自愿参加的原则进行。

第九条 人事部负责组织有关专家审定考试科目、考试大纲和试题，组织或授权组织实施各项考务工作。会同国家税务总局对考试进行检查、监督和指导。

第十条 注册税务师资格考试合格者，由各省、自治区、直辖市人事（职改）部门颁发人事部统一印制、人事部和国家税务总局用印的中华人民共和国注册税务师执业资格证书。

第三章 注 册

第十一条 国家税务总局及其授权的省、自治区、直辖市、计划单列市注册税务师管理机构为注册税务师的注册管理机构。

各级人事（职改）部门对注册税务师的注册情况有检查、监督的责任。

第十二条 取得注册税务师执业资格证书，申请从事税务代理业务的人员，应在取得证书后三个月内到所在省、自治区、直辖市及计划单列市注册税务师管理机构申请办理注册登记手续。

第十三条 申请注册者，必须同时具备下列四项条件：

（一）遵纪守法，恪守职业道德；

（二）取得中华人民共和国注册税务师执业资格证书；

（三）身体健康，能坚持在注册税务师岗位上工作；

（四）经所在单位考核同意。

再次注册者，应经单位考核合格并有参加继续教育、业务培训的证明。

第十四条 有下列情况之一者，不予注册：

（一）不具有完全民事行为能力的。

（二）因受刑事处罚，自处罚执行完毕之日起未满三年者。

（三）被国家机关开除公职，自开除之日起未满三年者。

（四）国家税务总局认为其他不具备税务代理资格的。

第十五条 经批准的注册税务师，由省、自治区、直辖市及计划单列市注册税务师管理机构按国家税务总局的规定进行注册。

第十六条 注册税务师有下列情况之一的，由国家税务总局或省、自治区、直辖市及计划单列市注册税务师管理机构注销其注册税务师资格：

（一）在登记中弄虚作假，骗取中华人民共和国注册税务师执业资格证书的。

（二）同时在两个税务代理机构执业的。

（三）死亡或失踪的。

（四）有本规定第三十条、第三十一条行为之一的。

（五）国家税务总局认为其他不适合从事税务代理业务的。

第十七条 注册税务师每次注册有效期为三年，每年验证一次。有效期满前三个月持证者按规定到注册管理机构重新办理注册登记。

有第十四、十六条行为之一的，不予重新注册登记。

第十八条 各地注册税务师管理机构应对注册税务师注册登记和被注销登记的情况，及时向国家税务总局报告。对注册税务师办理了注册登记或被注销登记的，可通过新闻媒介予以公布。

第四章 权利和义务

第十九条 在税务代理活动中，注册税务师应当以纳税人、扣缴义务人自愿委托和自愿选择为前提，遵守国家税收法律、行政法规和行政规章，独立、公正执行业务，维护国家利益，保护委托人的合法权益。

第二十条 注册税务师可以接受纳税人、扣缴义务人的委托，从事下列范围内的业务代理：

（一）办理税务登记、变更税务登记和注销税务登记。

（二）办理除增值税专用发票外的发票领购手续。

（三）办理纳税申报或扣缴税款报告。

（四）办理缴纳税款和申请退税。

（五）制作涉税文书。

（六）审查纳税情况。

（七）建账建制，办理账务。

（八）税务咨询、受聘税务顾问。

（九）税务行政复议。

（十）国家税务总局规定的其他业务。

第二十一条 注册税务师可以接受纳税人、扣缴义务人的委托进行全面代理、单项代理或常年代理、临时代理。

第二十二条 注册税务师依法从事税务业务，受国家法律保护，任何机关、团体、单位和个人不得非法干预。

第二十三条 注册税务师有权根据代理业务需要，查询被代理人的有关财务会计资料和文件，查看业务现场和设施。被代理人应当向代理人提供真实的经营情况和财务资料。

第二十四条 注册税务师承办业务，由其所在的税务师事务所统一受理并与委托人签订委托代理协议书，按照国家统一规定的标准收取代理费用。

一个注册税务师不能同时在两个或两个以上税务师事务所执业。

税务师事务所必须经国家税务总局确认批准。

第二十五条 注册税务师在办理代理业务时，应向被代理人或有关税务机关出示由国家税务总局或省、自治区、直辖市及计划单列市注册税务师管理机构核发的注册登记证明。注册税务师对其代理的业务所出具的所有文书有签名盖章权，并承担相应的法律责任。

第二十六条 注册税务师应保守被代理人的商业秘密。对被代理人偷税、骗税的行为予以制止，并及时报告有关税务机关。

第二十七条 注册税务师按规定接受专业技术人员继续教育，不断更新知识，掌握最新的税收政策法规，提高操作技能。接受注册税务师管理机构组织的专业培训和考核，并作为重新注册登记的必备条件之一。

第五章 罚 则

第二十八条 注册税务师未按照委托代理协议书的规定进行代理或违反税收法律、行政法规的规定进行代理活动的，由县及县以上税务行政机关按有关规定处以罚款，并追究相应的责任。

第二十九条 注册税务师在一个会计年度内违反本规定从事代理活动两次以上的，由省、自治区、直辖市及计划单列市注册税务师管理机构停止其从事税务代理业务一年以上。

第三十条 注册税务师知道被委托代理的事项违法仍进行代理活动或知道自身的代理行为违法的，除按第二十八条规定处理外，由省、自治区、直辖市、计划单列市注册税务师管理机构注销其注册税务师注册登记，收回执业资格证书，禁止其从事税务代理业务，并向发证机关备案。

第三十一条 注册税务师从事税务代理活动，触犯刑律、构成犯罪的，由司法机关依法惩处。

第三十二条 各省、自治区、直辖市及计划单列市注册管理机构对注册税务师违反本规定有关条款所作的处理，及时如实记录在证书的惩戒登记栏内。

第三十三条 税务师事务所违反税收法律和有关行政规章的规定进行代理活动的，由县及县以上税务行政机关视情节轻重，给予警告，或根据有关法律、行政法规处以罚款，或提请有关管理部门给予停业整顿、责令解散等处理。

第三十四条 当事人对行政处分决定不服的，可以依法申请复议或向人民法院起诉。

第六章 附 则

第三十五条 注册税务师资格考试实施以前，已取得经济类高级专业技术职务的税务代理人员，可通过考核认定注册税务师资格。

考核认定的具体办法由人事部和国家税务总局另行制定。

第三十六条 按本规定取得注册税务师资格的，单位根据工作需要可聘任经济师职务。

第三十七条 境外人员申请注册税务师资格考试和申请在境内从事税务代理业务的管理办法，经国务院有关部门批准后，另行制定。

第三十八条 本规定有关报考条件、考务工作的解释权属人事部；有关考试大纲、参考教材、考前培训、注册管理工作的解释权属国家税务总局。

第三十九条 本规定自发布之日起执行。

人事部、国家税务总局关于实施注册税务师资格认定考试工作的通知

（人发〔1998〕18 号　1998 年 3 月 5 日）

各省、自治区、直辖市人事（人事劳动）厅（局）、国家税务局、地方税务局：

根据人事部和国家税务总局《关于印发〈注册税务师资格制度暂行规定〉的通知》（人发〔1996〕116 号）的精神和实际工作需要，经研究决定，对长期从事税务代理业务的人员组织进行注册税务师资格认定的一次性考试，考试成绩合格者可取得注册税务师执业资格。现就有关问题通知如下：

一、认定考试组织管理

这次注册税务师资格认定考试由人事部和国家税务总局共同负责，并成立认定考试办公室，办公室设在国家税务总局注册税务师管理中心，负责考试的日常工作，认定考试的考务实施工作由国家税务总局注册税务师管理中心和人事部人事考试中心按分工负责。

各地人事职改部门和由各地国家税务局、地方税务局按照《国家税务总局关于进一步做好税务代理的紧急通知》（国税发〔1995〕215 号）组建的税务师资格审查委员会［或按照《国家税务总局关于组建省级注册税务师管理机构有关问题的通知》（国税发〔1998〕6 号）组建的注册税务师管理工作领导小组，下同］，共同负责本地区的认定考试管理工作。

二、认定考试时间、考试科目方法

考试时间定于 1998 年 6 月 20 日上午 8:30—11:30，考试科目为《税务代理实务》。考试采取闭卷笔试方式。

三、参加认定考试的报名条件

凡按《国家税务总局关于开展税务代理试点工作的通知》（国税发〔1994〕211 号）、《国家税务总局关于从严审批税务师和税务代理机构的通知》（国税发〔1995〕060 号）和《国家税务总局关于进一步做好税务代理的紧急通知》（国税发〔1995〕215 号）规定取得税务师执业证书并在税务代理机构内从事税务代理业务者，均可报名参加考试。

四、报名程序

（一）报名参加考试者应于 3 月 15 日至 30 日填报《注册税务师资格认定考试审查表》（以下简称《审查表》）一式两份，并附下列材料：

1. 税务师执业证书及复印件；
2. 本人身份证及复印件；
3. 所在税务代理机构的工作证明；
4. 本人近期一寸免冠相片三张。

（二）经各地税务师资格审查委员会审查，在报名资格审查合格者的《审查表》上加盖印章。4 月 15 日前，各地税务师资格审查委员会将《注册税务师资格认定考试报名统计表》报国家税务总局备案。

（三）资格审查合格者持《审查表》及上述有关附件，于 3 月 20 日至 4 月 10 日到当地人事职改部门所指定的报名处办理报名手续。

五、各地人事职改部门最迟应于 4 月 30 日前完成报名工作并确定考点和考场。考场原则上设在省会城市，确需在其他城市设立考场的，应向人事部报告。

六、本次认定考试教材统一使用由国家税务总局组织编写的《税务代理实务》和《中国税制简明教程》。各地税务师资格审查委员会可在考前对考生进行辅导。

七、国家税务总局组织有关专家编制认定考试复习大纲和试题，人事部组织有关部门专家审定试题。

八、认定考试实行全国统一评卷，并由人事部和国家税务总局共同确定合格分数标准。

认定考试合格者，颁发人事部统一印制、人事部和国家税务总局用印的注册税务师执业资格证书。

九、各地人事职改部门和各地税务师审查委员会要加强配合，密切合作，精心组织，认真做好认定考试的各项工作。对报名和考试中弄虚作假的地区和个人，一经查实，即行取消该地区和个人的认定考试资格。

十、实施认定考试的具体考务工作另行通知。

人事部、国家税务总局关于印发《注册税务师执业资格考试实施办法》的通知

（人发〔1999〕4 号　1999 年 1 月 4 日）

各省、自治区、直辖市人事（人事劳动）厅（局）、国家税务局、地方税务局，国务院各部委、各直属机构人事（干部）部门：

为做好注册税务师执业资格考试工作，现将《注册税务师执业资格考试实施办法》印发给你们，请遵照执行。

注册税务师执业资格考试实施办法

第一条　根据人事部、国家税务总局颁发的《注册税务师资格制度暂行规定》（人发〔1996〕116 号，以下简称《暂行规定》）制定本办法。

第二条　人事部和国家税务总局共同负责注册税务师执业资格考试工作，日常管理工作由国家税务总局注册税务师管理中心负责。具体考务工作委托人事部考试中心组织实施。

各地考试工作由各地人事部门会同当地注册税务师管理机构组织实施。

第三条 注册税务师执业资格考试从 1999 年开始实施，原则上每年举行一次，考试时间为每年的第二季度。

第四条 注册税务师执业资格考试科目为《税法（一）》、《税法（二）》、《税务代理实务》、《税收相关法律》、《财务与会计》五个科目。考试时间为五个半天，每个科目考试时间为两个半小时。

考试以两年为一个周期，参加全科考试应考人员须在连续两个考试年度内通过全部科目的考试。

其中，免试部分科目的应考人员须在一个考试年度内通过应试科目。

第五条 凡符合《暂行规定》第七条规定的报名条件者均可报名参加考试。

第六条 对非经济类、法学类大专毕业后从事经济、法律工作满八年者，可报名参加注册税务师全部科目的考试；对取得中专学历后，从事税收业务工作满十年，其中从事税务代理业务满两年者，在 2002 年前，可报名参加注册税务师全部科目的考试。

第七条 对于在全国实行专业技术资格考试前，按照国家有关规定已评聘了经济、会计、统计、审计和法律中级专业职务或参加全国统一考试，取得经济、会计、统计、审计专业中级专业技术资格者，从事税务代理业务满一年，可报名参加注册税务师全部科目的考试。

第八条 凡符合下列条件之一者，均可免试《税法（一）》、《税法（二）》和《财务与会计》三个科目，只参加《税务代理实务》和《税收相关法律》两个科目的考试。

一、按国家税务总局有关规定，已取得税务师执业证书并在税务代理机构内从事税务代理业务满三年。

二、按照国家有关规定已评聘经济、会计、统计、审计、法律等高级专业技术职务，从事税收工作满两年。

第九条 对于按照国家税务总局有关规定，已取得税务师执业证书，虽在税务代理机构内从事税务代理业务工作，但不符合免试条件者，可报名参加注册税务师执业资格全部科目的考试。

第十条 参加考试须由本人提出申请，所在单位审核同意，并携带有关证明材料到当地考试管理机构办理报名手续。

第十一条 国家税务总局负责注册税务师执业资格考试的培训管理工作。注册税务师管理中心负责举办全国注册税务师执业资格考试的师资培训。各地根据全国师资培训内容组织本地区的培训。

第十二条 各地培训单位必须具备场地、师资、教材等条件，经各省、自治区、直辖市和计划单列市注册税务师管理机构会同人事部门审核批准，报国家税务总局注册税务师管理中心备案。

第十三条 培训工作必须坚持考培分开，参与培训工作的人员不得参加考试组织工作（包括命题和组织管理），应考人员参加培训坚持自愿原则。

第十四条 国家税务总局注册税务师管理中心组织编写培训教材和有关参考资料。严禁任何单位和个人盗用注册税务师管理中心的名义，编写辅导材料或举办考前培训，误导考生。

第十五条 在考试管理工作中，要严格执行考试工作的有关规章制度，切实做好试卷的命制、印刷、发送及保管过程中的保密工作，加强考试纪律，对违反考试有关规定者应严肃处理，并追究领导责任。

人事部办公厅、国家税务总局办公厅关于注册税务师执业资格考试报名条件补充规定的通知

（人办发〔1999〕104 号 1999 年 11 月 10 日）

各省、自治区、直辖市人事（人事劳动）厅（局）、国家税务局、地方税务局，国务院部委、各直属机构人事（干部）部门：

根据税务代理行业的实际情况，在总结 1999 年注册税务师执业资格考试的基础上，经人事部、国家税务总局研究，对具备下列条件之一的人员，在 2002 年前，可报名参加注册税务师执业资格考试。

一、取得经济类、法学类大学专科学历，从事税务相关工作满四年。

二、取得非经济类、法学类大学专科学历，从事税务相关工作满六年。

三、取得经济类、法学类大学本科学历，从事税务相关工作满两年。

四、取得非经济类、法学类大学本科学历，从事税务相关工作满四年。

各地人事（职改）部门和注册税务师管理机构在组织报名时，要严格掌握资格条件，认真做好资格审查工作。

人事部、国内贸易部关于印发《拍卖师执业资格制度暂行规定》的通知

（人发〔1996〕130 号 1996 年 12 月 25 日）

各省、自治区、直辖市人事（人事劳动）厅（局）、商委、贸易厅拍卖业主管部门，国务院各部委、各直属机构人事（干部）部门：

为规范拍卖市场，加强拍卖企业管理，提高拍卖专业技术人员素质，确保拍卖活动依法进行，现将《拍卖师执业资格制度暂行规定》印发给你们，请遵照执行。

拍卖师执业资格制度暂行规定

第一章 总 则

第一条 为加强对拍卖专业技术人员的执业准入控制，规范拍卖市场的管理，提高拍卖专业技术人员的素质和执业水平，更好地发挥拍卖专业技术人员在拍卖企业、拍卖

活动中的作用，根据《中华人民共和国拍卖法》以及职业资格证书制度的有关内容，制定本规定。

第二条　国家对拍卖专业技术人员实行执业资格制度，纳入全国专业技术人员执业资格制度统一规划的范围。

第三条　拍卖师是指经全国统一考试合格，取得拍卖师执业资格证书，并经注册登记的人员。

第四条　中国拍卖行业协会负责制定拍卖师标准、管理办法，组织编写培训教材，报国内贸易部、人事部审核后，统一组织培训、考试、考核、颁发证书工作。

国内贸易部负责全国拍卖专业技术人员执业资格制度的组织实施工作，人事部负责监督、检查。

第五条　获得拍卖师执业资格证书的专业技术人员，方可主持拍卖活动。

第二章　考　试

第六条　拍卖师执业资格实行全国统一大纲、统一命题、统一组织的考试制度。原则上每年举行一次。

第七条　国内贸易部组织成立"全国拍卖师执业资格考试委员会"（以下简称全国考试委员会）。全国考试委员会负责拟定考试大纲、考试科目、考试试题，送人事部备案。全国考试委员会下设办公室，办公室设在中国拍卖行业协会，负责拍卖师执业资格考试等具体工作。

第八条　培训工作必须按照与考试分开、自愿参加的原则进行。

第九条　凡中华人民共和国公民，遵纪守法并同时具备下列条件者，可申请参加拍卖师执业资格考试：

（一）思想健康，品行端正，具有敬业精神；

（二）身体状况良好；

（三）具有高等院校专科以上学历和拍卖专业知识；

（四）在拍卖企业工作两年以上；

（五）通过由国内贸易部组织的拍卖专业人员培训，并经所在拍卖企业推荐。

第十条　有下列情形之一者，不得申请参加拍卖师执业资格考试：

（一）不具有完全民事行为能力者。

（二）被开除公职未满五年以上者。

（三）因故意犯罪受过刑事处罚者。

（四）受吊销拍卖师执业资格证书处罚，自处罚决定之日起至申请报名之日止未满五年者。

第十一条　申请参加拍卖师执业资格考试的人员，应向中国拍卖行业协会提交下列资料：

（一）拍卖师执业资格考试报名表；

（二）拍卖专业人员培训证书及本人学历证明。

第十二条　拍卖师执业资格考试合格者，经全国考试委员会办公室考核评议通过后，由中国拍卖行业协会颁发国内贸易部、人事部用印的拍卖师执业资格证书，该证书全国范围内有效。

第三章 注 册

第十三条 中国拍卖行业协会为拍卖师执业资格的注册管理机构。国内贸易部、人事部对拍卖师执业资格的注册和使用情况有检查、监督的责任。

第十四条 考试合格取得拍卖师执业资格的人员，须在三个月内到中国拍卖行业协会申请办理注册登记手续。逾期不办者，当年考试成绩作废。

第十五条 拍卖师因正常原因调离原单位，仍继续从事拍卖工作者，须在一个月内到中国拍卖行业协会重新办理注册登记手续，并更换拍卖师执业资格证书。

第十六条 拍卖师因正常原因调离原单位，不再从事拍卖工作者，须在一个月内到中国拍卖行业协会注销拍卖师执业资格，并缴回拍卖师执业资格证书。

第十七条 拍卖师执业资格注册有效期为一年。有效期满前一个月，持证者应按规定主动到注册管理机构重新办理注册登记手续。

第十八条 拍卖师执业资格注册后，有下列情形之一的，由中国拍卖行业协会取消其注册，并收回拍卖师执业资格证书：

（一）完全丧失民事行为能力者。

（二）死亡或失踪者。

（三）受刑事处罚者。

第四章 职 责

第十九条 拍卖师必须严格执行《中华人民共和国拍卖法》等法律法规，遵守职业道德规范和行业管理的各项规定。

第二十条 拍卖师是拍卖活动的主持人。

第二十一条 拍卖师只能在一个拍卖企业专职执业，不得以其拍卖师的身份在其他拍卖企业兼职。

第二十二条 拍卖师职业道德标准：

（一）坚持四项基本原则；

（二）恪守公正、客观的原则，保持廉洁的工作作风。

第二十三条 拍卖师专业技术标准：

（一）具有一定的经济理论水平和丰富的拍卖专业理论知识；

（二）具有与拍卖相关的其他学科及商品知识，对拍卖标的具有相应的鉴定水平和评估能力；

（三）熟悉、掌握、运用《拍卖法》及其相关的各种法律和法规；

（四）具有一定的外语水平；

（五）具有丰富的实践经验，了解和掌握国内外拍卖动态。

第二十四条 拍卖师行为能力标准：

（一）具有自控能力，善于掌握分寸；

（二）具有社交能力，善于协调人际关系；

（三）具有组织能力，善于对工作、语言、文字进行组织和表达；

（四）具有知识转化能力，善于将已具备的专业知识与实际工作相结合。

第五章 罚 则

第二十五条 拍卖师有下列情形之一的，由中国拍卖行业协会视其情节轻重，给予警告、罚款、暂停执业、吊销执业资格的处分：

（一）在执业期间，因违反法律法规规定对国家、委托人或竞买人所造成的经济损失有直接责任者。

（二）利用执行业务之便，索取、收受委托人不正当的酬金或其他财物，或者谋取不正当的利益。

（三）允许他人以本人名义执行业务。

（四）同时在两个或者两个以上的拍卖企业执行业务。

（五）以竞买人的身份参与自己组织的拍卖活动，或者委托他人代为竞买。

（六）拍卖师工作变动，未在规定期限到中国拍卖行业协会办理变更或注销手续。

（七）拍卖师执业资格未按规定注册。

（八）违反法律、法规的其他行为。

第二十六条 拍卖师在主持拍卖活动时，必须展示拍卖师执业资格证书，违者不得主持拍卖活动。

第二十七条 在执业期间，由于拍卖师自身原因造成拍品成交价低于底价的，损失金额应由拍卖师个人负责赔偿。

第二十八条 对涂改、伪造或以虚假和不正当手段获取拍卖师执业资格证书的人员，中国拍卖行业协会将收回拍卖师执业资格证书，取消其执业资格，并视情节轻重给予必要的经济处罚。

第六章 附 则

第二十九条 本暂行规定由国内贸易部负责解释。

第三十条 本暂行规定自1997年1月1日起施行。

人事部、国家经贸委、司法部关于印发《企业法律顾问执业资格制度暂行规定》及《企业法律顾问执业资格考试实施办法》的通知

（人发〔1997〕26号 1997年3月12日）

各省、自治区、直辖市及新疆生产建设兵团人事（人事劳动）厅（局）、经贸委（经委、计经委）、司法厅（局），国务院各部委、各直属机构人事（干部）部门、法规部门：

现将《企业法律顾问执业资格制度暂行规定》和《企业法律顾问执业资格考试实施办法》印发给你们，请遵照执行。

企业法律顾问执业资格制度暂行规定

第一章 总 则

第一条 为了加强对企业从事法律事务的专业人员的执业准入控制，促进企业依法

经营管理和依法维护自身的合法权益，根据职业资格证书制度有关规定，制定本规定。

第二条 企业法律顾问实行执业资格制度，纳入全国专业技术人员执业资格制度统一规划范围。

第三条 企业法律顾问是指经全国统一考试合格，由企业聘用，专职从事企业法律事务工作并经注册，本企业内部的专业人员。

第四条 从事生产、经营和提供劳务的企业，已设置法律事务机构的，在其机构内应配备具有企业法律顾问执业资格的人员；未设置法律事务机构的，其聘用的专职独立从事企业法律事务工作的人员，必须具备企业法律顾问执业资格。

第五条 人事部、国家经贸委、司法部按照本暂行规定中规定的职责范围负责企业法律顾问执业资格的有关工作。

有关行业主管部门在各自的职责范围内，对企业法律顾问执业资格制度的贯彻实施进行监督、指导。

第二章 考 试

第六条 企业法律顾问执业资格考试实行全国统一大纲、统一命题、统一组织。原则上每2年举行一次。

第七条 中华人民共和国公民遵纪守法，并具备以下条件之一者，可申请参加企业法律顾问执业资格考试：

（一）法律、经济或者相关专业大学专科毕业后，从事法律或者经济工作满6年，或取得初级经济专业技术职务任职资格满4年。

（二）法律、经济或者相关专业大学本科毕业后，从事法律或者经济工作满4年，或取得初级经济专业技术职务任职资格满3年。

（三）取得法律、经济或者相关专业双学士学位或者研究生学历后，从事法律或者经济工作满2年。

（四）取得法律、经济或者相关专业硕士学位后，从事法律或者经济工作满1年。

（五）取得法律、经济或者相关专业博士学位。

（六）按照国家有关规定评聘为经济师专业技术职务。

第八条 国家经贸委会同司法部负责组织考试大纲的拟定和命题工作。国家经贸委负责统一规划并组织协调考前培训的有关工作，培训工作按照培训与考试分开、自愿参加的原则组织进行。

第九条 人事部组织专家审定考试大纲和试题，组织或授权组织实施各项考务工作。会同国家经贸委对考试进行监督、检查、指导，确定合格标准。

第十条 企业法律顾问执业资格考试合格者，由省、自治区、直辖市人事（职改）部门颁发人事部统一印制、人事部、国家经贸委、司法部用印的企业法律顾问执业资格证书，该证书在全国范围内有效。

第三章 注 册

第十一条 企业法律顾问执业资格实行注册登记。国家经贸委及各省、自治区、直辖市经贸委（经委、计经委）为企业法律顾问的注册管理机关。

有关行业主管部门负责本系统中央直属企业企业法律顾问执业资格的注册管理工作。

人事部和各省、自治区、直辖市人事（职改）部门对企业法律顾问执业资格的注册工作和人员的使用情况有检查、监督的责任。

第十二条 申请注册者，必须同时具备下列条件：

（一）遵纪守法，遵守企业法律顾问职业道德；

（二）企业法律顾问执业资格考试合格；

（三）身体健康，能坚持在企业法律顾问岗位工作；

（四）经所在单位考核同意。

未经注册者，不得以企业法律顾问身份执行业务。

第十三条 企业法律顾问注册有效期为2年。有效期满前3个月，持证者应当按规定重新办理注册登记。

再次注册者，应当有所在企业考核合格及参加业务培训、进行继续教育的证明。

第十四条 有下列情形之一的，注册机关不予注册；已经注册的，由所在单位向注册机关办理注销注册。

（一）不具有完全民事行为能力。

（二）受刑事处罚（过失犯罪除外）。

（三）受撤职以上行政处分。

第十五条 经批准注册的企业法律顾问，由注册机关在企业法律顾问执业资格证书中的注册登记栏内加盖印章。注册机关应当在年终将企业法律顾问注册情况汇总报上级主管部门备案并抄送同级人事（职改）部门和司法行政部门。

第四章 职 责

第十六条 企业法律顾问只能在一个企业内正式执业。

第十七条 企业法律顾问履行下列职责：

（一）协助企业领导人正确执行国家法律、法规，对企业重大经营决策提出法律意见；

（二）参与起草、审核企业重要的规章制度；

（三）审核企业合同，参加重大合同的起草、谈判工作；

（四）参与企业的合并、分立、破产、投资、租赁、资产转让及投标、招标等重要经济活动，提出法律意见，处理有关法律事务；

（五）办理企业工商登记、商标注册、专利申请等有关法律事务；

（六）接受企业法定代表人委托，代理企业参加诉讼和非诉讼活动；

（七）在股票在境外上市的股份有限公司中，经董事会聘任担任董事会秘书；

（八）开展与企业生产经营有关的法律咨询；

（九）配合企业有关部门对职工进行法制宣传教育；

（十）负责企业外聘律师的选择、联络及相关工作；

（十一）办理企业领导人交办的其他法律事务。

第十八条 企业法律顾问应当在所审核的经济合同、拟写的法律文书和出具的法律意见书上签字，对上述业务以及办理的其他法律事务的合法性负责。

第十九条 企业法律顾问应当忠于职守，模范遵守法律、法规，维护国家和社会公共利益，不进行有悖于企业法律顾问职业道德、有损于企业利益的活动。

第二十条 企业法律顾问应当保守国家和企业秘密。

第二十一条 企业应为企业法律顾问提供必要的工作条件。

第二十二条 企业法律顾问应当自觉接受继续教育，不断更新知识，了解国内外与企业有关的法律信息，熟悉在企业经营管理中涉及法律的各项有关业务，保持较高的专业水平，为企业提供优质法律服务。

第五章 罚 则

第二十三条 发证机关、注册机关对企业法律顾问执业资格制度的实施情况进行检查监督，对违反规定的企业及责任者进行批评并责令其改正，对由此给企业造成重大损失的，依照有关法律、法规追究行政责任，给予相应的行政处罚。

第二十四条 伪造学历、资历或考试作弊，骗取企业法律顾问执业资格证书的，由注册机关注销其注册，由发证机关取消其企业法律顾问执业资格，收回证书，并给予2年内不得参加企业法律顾问执业资格考试的处罚。

第二十五条 企业法律顾问违反法律、法规、有关政策规定、职业道德、企业规章制度，造成不良后果的，企业可以根据《企业职工奖惩条例》给予处分。

企业应当将企业法律顾问受处分的情况如实上报注册机关，注册机关应当根据企业法律顾问所犯错误性质，决定是否注销其注册。被注销注册的，由发证机关收回其企业法律顾问执业资格证书。

第二十六条 注册机关对企业法律顾问所受处分，应当及时在其证书中的惩罚登记栏内予以记录；注销注册的，应当报上级主管部门备案。

第六章 附 则

第二十七条 通过全国统一考试取得企业法律顾问执业资格的人员，企业根据工作需要可聘任经济师专业技术职务。

第二十八条 本规定实施后，取得企业法律顾问执业资格是在企业法律顾问岗位上评聘高级经济专业技术职务的必备条件。

第二十九条 本规定实施前已在企业法律顾问岗位工作的人员，应当在规定实施后4年内取得企业法律顾问执业资格。否则，不得继续以企业法律顾问的身份执行业务。

第三十条 本规定有关报考条件、考务工作的解释权属人事部；有关考试大纲、指定用书、培训、注册管理等工作的解释权属国家经贸委。

第三十一条 事业单位聘任企业法律顾问可参照本规定执行。

第三十二条 本规定自发布之日起实施。过去有关规定与本规定不符的，以本规定为准。

企业法律顾问执业资格考试实施办法

第一条 企业法律顾问执业资格考试从1998年开始实施，每2年组织一次。

第二条 为保证考试工作的顺利实施，人事部、国家经贸委、司法部委托人事部人事考试中心具体组织实施全国企业法律顾问执业资格考试的考务管理工作。各地要加强对考务工作的领导，明确职责、互相协调、密切配合、分工合作。

第三条 考试科目为：综合法律知识、经济与民商法律知识、企业管理知识、企业法律顾问实务。每科考试时间为两个半小时。

第四条 报名参加考试者，应当符合《企业法律顾问执业资格制度暂行规定》（以下简称《暂行规定》）第七条规定的条件。由本人提出申请，经所在单位审核同意，按规定的时间到当地考试机构报名，经考试管理机构审核合格后，领取准考证，凭准考证在指定的时间、地点参加考试。中央直属企业的报考人员，按属地原则报名参加考试。

第五条 符合下列条件者可申请免试部分科目，并应当在报名时提交有关的证明文件。

（一）《暂行规定》下发之日前，按照国家有关规定评聘了三级（中级）以上律师专业技术职务，已在企业法律顾问岗位工作满 2 年者，可以免试综合法律知识科目和经济与民商法律知识科目。

（二）参加全国经济专业技术资格考试，取得经济师专业技术职务任职资格的，可以免试综合法律知识科目和企业管理知识科目。

（三）《暂行规定》下发之日前，按照国家有关规定评聘了经济、会计、工程或法律高级专业技术职务，已在企业法律顾问岗位工作满 2 年者，可以免试综合法律知识科目、经济与民商法律知识科目和企业管理知识科目。

（四）1990 年参加国家体改委、原国务院生产办、原国务院企业管理指导委员会在吉林省进行的企业法律顾问资格考试试点取得资格证书者和 1990 年参加司法部、船舶工业总公司组织进行的企（事）业法律顾问资格考试取得资格证书者及 1992 年参加人事部、司法部组织的全国企业法律顾问资格考试取得资格证书者，只参加企业法律顾问实务科目考试。

第六条 考场一般设在省辖市以上的中心城市。

第七条 做好考前培训工作。各培训单位必须具备场地、师资、教材等条件，有关行业主管部门或各省、自治区、直辖市经贸管理部门会同当地人事（职改）部门审批，并报国家经贸委备案。培训按自愿参加的原则进行，不得进行强制培训。

第八条 按照考试与培训分开的原则，参与培训的工作人员不得参与所有考试（包括命题与组织管理）工作。考试与培训的收费须经当地物价部门批准。

第九条 严格执行考务工作的有关规章制度，做好试卷在命题、印刷、发送和保管过程中的保密工作，严格考场纪律，严禁弄虚作假。对违反规章制度者，应按有关规定严肃处理。

人事部、国家经贸委、司法部关于实施《企业法律顾问执业资格制度暂行规定》及《企业法律顾问执业资格考试实施办法》补充规定的通知

（人发〔1998〕4 号　1998 年 1 月 11 日）

各省、自治区、直辖市及新疆生产建设兵团人事（人事劳动）厅（局）、经贸委（经委、计经委）、司法厅（局），国务院各部委、各直属机构人事（干部）部门、法规部门：

人事部、国家经贸委、司法部联合发布的《企业法律顾问执业资格制度暂行规定》（以下简称《暂行规定》）以及《企业法律顾问执业资格考试实施办法》（以下简称《考试办法》），是贯彻党的十四届三中全会关于实行学历文凭和职业资格两种证书制度的重要举措，也是进一步建立与完善企业法律顾问制度的一项有效措施。为切实做好企业法律顾问执业资格制度的实施工作，根据我国企业法律顾问队伍的实际情况，现就有关问题作如下补充规定。

一、在实施全国统一考试前，以实行总量控制的办法，对部分长期从事企业法律事务工作，具有较高业务水平和突出业绩的人员，进行企业法律顾问执业资格考核认定，授予资格。实施考试后不再进行考核认定工作。

（一）申报条件

1. 坚持四项基本原则，遵纪守法，具有良好的职业道德。

2. 截止到 1997 年 12 月 31 日，已取得经济、会计、审计、工程或法律类高级专业技术职务。

3. 具有国家承认的相关专业大专以上学历，截止到 1997 年 12 月 31 日，连续从事企业法律事务工作满五年。

4. 在企业法律事务工作方面具有较高的业务水平和突出业绩：有水平较高的论文获得省（部）级成果奖，或在省（部）级报刊上发表，或收入公开出版的专业书籍，或者承担过省（部）级重大课题的研究起草工作。

申请认定的人员，必须同时具备上述各项条件。

（二）认定组织

由人事部、国家经贸委和司法部共同组成“企业法律顾问执业资格认定工作领导小组”（以下简称领导小组），负责全国企业法律顾问执业资格认定工作。领导小组下设办公室，办公室设在国家经贸委经济法规司。

（三）认定程序

1. 符合申报条件的企业法律事务工作人员，可向所在单位提出申请，经所在单位审核同意后，填写《企业法律顾问执业资格申报表》，由所在单位向企业法律顾问注册机关申报。

2. 注册机关对申报人员应当具备的条件进行初审，并经同级人事（职改）部门（国务院有关行业主管部门对申报人员条件的复核工作，由本部门内的人事部门负责）复核后，上报领导小组办公室。

3. 领导小组办公室对各注册机关上报的人员，依据认定条件，提出拟认定的人员名单，报领导小组审核。

4. 领导小组召开会议，对拟认定的人员进行审核，并将审核合格者报人事部、国家经贸委、司法部办理批准手续。

（四）申报材料

申请认定的人员必须提交下列材料：

1.《企业法律顾问执业资格申报表》一式两份（表格统一印制另发）。

2. 高级专业技术职务证书。

3．学历证书。

4．连续五年从事企业法律事务工作的证明。

5．奖励证书，或刊登论文的报刊、收入论文的公开出版的书籍，或课题报告及本人承担研究起草工作的证明。

（五）认定时间

认定人员材料在1998年3月31日前上报领导小组办公室。

二、符合下列条件，申请参加1998年、2000年企业法律顾问执业资格考试的人员，可减免相应考试科目：

（一）符合《暂行规定》中规定的报考条件，并于《暂行规定》发布之日前已取得律师资格，且从事企业法律事务工作满两年的，免试综合法律知识科目和经济与民商法律知识科目。

（二）符合《暂行规定》中规定的报考条件，且在1993年12月31日前已评聘经济师专业技术职务的，免试综合法律知识科目和企业管理知识科目。

（三）符合上述第（一）项条件，并同时符合《考试办法》第五条第（二）项规定（即参加全国经济专业技术资格考试，取得经济师专业技术职务任职资格的）的，只参加企业法律顾问实务科目考试。

（四）同时符合上述第（一）、（二）项条件的，只参加企业法律顾问实务科目考试。

三、参加1992年原机械电子部组织的“机械电子工业企业法律顾问资格考试”合格并取得资格证书者，只参加企业法律顾问实务科目考试。

四、符合以上免考条件的人员，在报名时须提交有关证明文件原件，经考试主管部门审核同意后，方可参加必考科目的报名。

附件：企业法律顾问执业资格认定领导小组成员名单（略）

人事部关于调整企业法律顾问执业资格考试有关规定的通知

（人发〔2002〕21号　2002年3月5日）

各省、自治区、直辖市人事厅（局），国务院各部委、各直属机构人事（干部）部门：

为适应我国企业法律顾问队伍的发展和加入世界贸易组织企业对法律人才的需要，经与有关部门协商，对企业法律顾问执业资格考试报名条件及有关政策进行调整，现通知如下：

一、考试报名条件

凡中华人民共和国公民，遵纪守法并具备下列条件之一者，均可报名参加企业法律顾问执业资格考试。

（一）取得法律类、经济类或相关专业大专学历，工作满5年，其中从事企业法律或经济工作满3年。

（二）取得法律类、经济类或相关专业本科学历，工作满3年，其中从事企业法律或经济工作满1年。

（三）取得法律类、经济类或相关专业双学士学位或研究生班毕业，工作满2年。

（四）取得法律类、经济类或相关专业硕士学位，工作满1年。

（五）取得法律类、经济类或者相关专业博士学位。

（六）不具备上述规定学历，但通过国家统一组织的经济专业技术资格考试，取得经济专业技术初级资格，并从事企业法律或经济工作满5年。

二、免试条件与科目

符合上述相应报名条件，同时具备下列条件之一者，可免试部分科目。

（一）通过考试取得律师资格，并按国家有关规定评聘为三级（中级）以上律师专业技术职务，从事企业法律或经济工作满1年。可免试综合法律知识和经济与民商法律知识2个科目，只参加企业管理知识和企业法律顾问实务2个科目的考试。

（二）参加全国经济专业技术资格考试，取得经济专业技术中级资格，并受聘担任经济师专业技术职务，从事企业法律或经济工作满1年。可免试综合法律知识和企业管理知识2个科目，只参加经济与民商法律知识和企业法律顾问实务2个科目的考试。

（三）参加全国经济专业技术资格考试取得中级资格，同时通过考试取得律师资格，并按国家有关规定评聘为三级（中级）以上律师专业技术职务，从事企业法律或经济工作满1年。可免试综合法律知识、经济与民商法律知识和企业管理知识3个科目，只参加企业法律顾问实务1个科目的考试。

三、考试年度与成绩有效期限

从2002年开始，企业法律顾问执业资格考试由每2年组织一次调整为每年组织一次，并实行以2年为一个周期的考试成绩管理办法。参加4个科目考试的人员必须在连续的2个考试年度内通过全部科目的考试；参加2个及以下科目考试的人员必须在一个考试年度内通过应试科目。

四、有关事项

本通知规定的内容与《企业法律顾问执业资格制度暂行规定》及《企业法律顾问执业资格考试实施办法》（人发〔1997〕26号）和《关于实施〈企业法律顾问执业资格制度暂行规定〉及〈企业法律顾问执业资格考试实施办法〉补充规定的通知》（人发〔1998〕4号）中有关规定不相一致之处，以本通知为准。

人事部关于企业法律顾问执业资格考试报名条件及有关问题的补充通知

（国人部发〔2005〕55号　2005年7月13日）

各省、自治区、直辖市人事厅（局）、新疆生产建设兵团人事局，国务院各部委、各直

属机构人事（干部）部门：

为适应我国企业法律顾问队伍的发展需要，经与有关部门协商，现就《关于调整企业法律顾问执业资格考试有关规定的通知》（人发〔2002〕21号）中报名条件及有关问题补充通知如下：

一、符合《关于调整企业法律顾问执业资格考试有关规定的通知》（人发〔2002〕21号）报名条件的人员，可报名参加考试。

二、自2005年度起，具备下列条件之一的人员，可报名参加考试：

（一）取得非法律类、经济类专业大学专科学历，工作满7年，其中从事企业法律或经济工作满5年；

（二）取得非法律类、经济类专业大学本科学历，工作满5年，其中从事企业法律或经济工作满3年；

（三）取得非法律类、经济类专业双学士学位或研究生班毕业，工作满4年，其中从事企业法律或经济工作满2年；

（四）取得非法律类、经济类专业硕士学位，工作满3年，其中从事企业法律或经济工作满1年；

（五）取得非法律类、经济类专业博士学位，从事企业法律或经济工作满1年。

请各地尽快通过各种渠道将本通知精神向社会公布，并做好本年度企业法律顾问执业资格考试报名工作。

人事部、民政部关于印发《假肢与矫形器制作师执业资格制度暂行规定》的通知

（人发〔1997〕38号 1997年4月16日）

各省、自治区、直辖市人事（人事劳动）厅（局）、民政厅（局），国务院各部委、各直属机构人事（干部）部门：

为了加强假肢与矫形器制作专业技术人员的管理，不断提高专业技术人员素质和执业水平，规范假肢与矫形器行业的市场行为，促进假肢与矫形器行业工作的健康发展，现将《假肢与矫形器制作师执业资格制度暂行规定》印发你们，请遵照执行。

假肢与矫形器制作师执业资格制度暂行规定

第一章 总 则

第一条 为了加强对假肢与矫形器行业的管理，规范假肢与矫形器行业的市场行为，提高专业技术人员的素质和执业水平，保护残疾人权益，根据职业资格证书制度的有关规定，制定本暂行规定。

第二条 国家对假肢与矫形器制作专业技术人员实行资格考试、注册登记制度。凡按本规定通过考试取得假肢或矫形器制作师（以下简称制作师）执业资格证书并经注册登记的人员，方可从事假肢或矫形器制作业务。

第三条 制作师执业资格制度纳入全国专业技术人员执业资格制度的统一规划，由国家确认批准。

假肢制作师英文译称：

Certified Prosthetist（简称 CP）

矫形器制作师英文译称：

Certified Orthotist（简称 CO）

假肢与矫形器制作师英文译称：

Certified Prosthetist And Orthotist（简称 CPO）

第四条 制作师执业资格证书是具备该专项工作执业能力和水平的证明，亦作为上岗或依法申请从事假肢或矫形器制作业务的法定注册凭证。

凡从事假肢或矫形器制作业务的单位，其关键技术岗位必须由经注册登记的假肢或矫形器制作师担任。

第五条 民政部负责制作师执业资格制度的组织实施工作，人事部负责制作师执业资格制度组织实施的指导、检查和监督。

第二章 考 试

第六条 制作师执业资格考试实行统一大纲、统一命题的考试办法，原则上每年举行一次。

第七条 凡中华人民共和国公民，遵纪守法并具备以下条件之一者，可申请参加制作师执业资格考试：

（一）假肢与矫形器或相关专业中专毕业，并具有六年以上相关专业工作经历，其中在民政部审核批准的假肢与矫形器制作单位有四年以上工作经历。

（二）假肢与矫形器或相关专业大专毕业，并具有四年以上相关专业工作经历，其中在民政部审核批准的假肢与矫形器制作单位有三年以上工作经历。

（三）假肢与矫形器或相关专业本科毕业，并具有三年以上相关专业工作经历，其中在民政部审核批准的假肢与矫形器制作单位有两年以上工作经历。

（四）假肢与矫形器或相关专业硕士学位或第二学士学位、研究生班毕业，并具有两年相关专业工作经历，其中在民政部审核批准的假肢与矫形器制作单位有一年以上工作经历。

（五）民政部认定的其他同等条件。

第八条 制作师执业资格考试合格者，由人事部或其授权的部门颁发统一印制、人事部和民政部共同用印的执业资格证书。

第三章 注 册

第九条 制作师执业资格实行注册登记制度。民政部及各省、自治区、直辖市民政部门为制作师执业资格的注册管理机构。人事部和各省、自治区、直辖市人事部门对制作师的注册及管理有检查、监督的责任。

第十条 执业资格考试合格者，应在取得执业资格证书后三个月内申请办理注册登记手续。

第十一条 申请制作师注册者，必须同时具备下列三项条件：

（一）遵纪守法，恪守制作师职业道德。

（二）取得执业资格证书。

（三）经所在单位考核合格。

再次注册者，应提供本人参加继续教育、业务培训的证明。

第十二条 有下列情形之一的，不予注册。

（一）完全无民事行为能力或限制民事行为能力的。

（二）因健康等原因不宜从事制作师业务的。

第十三条 申请注册者，应当提交下列文件：

（一）申请书。

（二）制作师执业资格证书。

（三）申请人所在单位出具的考核合格证明。

（四）申请人身份证复印件。

第十四条 经批准的制作师，由各省、自治区、直辖市民政部门颁发由民政部统一印制的制作师注册证，并将注册人员名单报民政部备案。

第十五条 注册证有效期一般为三年，每年验证一次，有效期满前三个月持证者要按规定到注册管理机构重新办理注册登记。对制作师有下列行为之一的，不予验证和重新注册。

（一）同时在两个假肢或矫形器制作单位执业的。

（二）不按规定参加执业培训的。

（三）因违法执业或者因过失对当事人造成身体严重伤害的。

第四章 职 责

第十六条 制作师应当严格遵守职业道德和行业管理的各项规定，必须以维护广大肢残者的利益为基本准则，并对装配出的每具假肢、矫形器的质量负责。

第十七条 一个制作师只能在一个单位内执业，并对其所分工的业务负责。

制作师执业不受地域限制。

第十八条 制作师按规定接受专业技术人员继续教育，注意了解国内外假肢与矫形器行业动态，掌握最新的假肢与矫形器制作知识和技术，不断提高专业技术水平。

第五章 罚 则

第十九条 制作师有下列行为之一的，省、自治区、直辖市民政部门可以给予警告或按有关规定处以罚款：

（一）注册申请过程中弄虚作假的。

（二）同时在两个假肢、矫形器制作单位执业的。

第二十条 没有取得制作师资格或者没有办理制作师注册登记手续，以牟利为目的从事假肢、矫形器制作业务的，由县级以上地方人民政府民政部门给予警告或按有关规定处以罚款。

第二十一条 假肢或矫形器制作单位有违反本规定行为的，由省级人民政府民政部门给予警告，并按有关规定处理。

第二十二条 被处罚人对民政部门作出的行政处罚决定不服的，可以依法申请行政复议或者提起行政诉讼。

依照本规定申请制作师注册或申请重新注册时，申请人对不予批准或不予答复不服的，可以依法申请行政复议或提起行政诉讼。

第二十三条 制作师及其所在的假肢、矫形器制作单位因违法执业或因过错致使当事人造成身体伤害的，由假肢、矫形器制作单位承担赔偿责任。单位赔偿后，可以向故意或重大过失行为的直接责任人追偿，情节严重构成犯罪的，依法追究刑事责任。

第二十四条 各地注册管理机构对制作师所受的处分，应及时记录在证书中的处罚登记栏内。

第六章 附 则

第二十五条 对已在须有制作师任职的关键岗位上工作但尚未通过制作师资格考试的人员，要进行强化培训，限期达到要求。在限期内不能通过资格考试者，不能再从事该项工作。

第二十六条 假肢或矫形器制作业务的关键岗位设置和职责规范，由民政部另行制定。

第二十七条 境外人员申请制作师执业资格考试和申请在境内从事假肢和矫形器制作业务的管理办法，经国务院有关部门批准后，另行制定。

第二十八条 本规定自发布之日起施行，本规定由民政部负责解释。

建设部、人事部关于印发《注册结构工程师执业资格制度暂行规定》的通知

（建办设〔1997〕222号 1997年9月1日）

各省、自治区、直辖市建委（建设厅）、人事（劳动人事）厅（局），国务院各有关部门，总后营房部：

为了适应建立社会主义市场经济体制的需要，提高工程设计质量，强化结构工程师法律责任，保障公众生命和财产安全，维护国家利益，经建设部、人事部研究决定，我国勘察设计行业实行注册结构工程师执业资格制度，现将《注册结构工程师执业资格制度暂行规定》印发给你们，请遵照执行。

注册结构工程师执业资格制度暂行规定

第一章 总 则

第一条 为了加强对结构工程设计人员的管理，提高工程设计质量与水平，保障公众生命和财产安全，维护社会公共利益，根据执业资格制度的有关规定，制定本

规定。

第二条 注册结构工程师资格制度纳入专业技术人员执业资格制度，由国家确认批准。

第三条 本规定所称注册结构工程师，是指取得中华人民共和国注册结构工程师执业资格证书和注册证书，从事房屋结构、桥梁结构及塔架结构等工程设计及相关业务的专业技术人员。

注册结构工程师分为一级注册结构工程师和二级注册结构工程师。

第四条 建设部、人事部和省、自治区、直辖市人民政府建设行政主管部门、人事行政主管部门依照本规定对注册结构工程师的考试、注册和执业实施指导、监督和管理。

第五条 全国注册结构工程师管理委员会由建设部、人事部和国务院有关部门的代表及工程设计专家组成。

省、自治区、直辖市可成立相应的注册结构工程师管理委员会。

各级注册结构工程师管理委员会可依照本规定及建设部、人事部有关规定，负责或参与注册结构工程师的考试和注册等具体工作。

第二章 考试与注册

第六条 注册结构工程师考试实行全国统一大纲、统一命题、统一组织的办法，原则上每年举行一次。

第七条 建设部负责组织有关专家拟定考试大纲、组织命题，编写培训教材、组织考前培训等工作；人事部负责组织有关专家审定考试大纲和试题，会同有关部门组织考试并负责考务等工作。

第八条 一级注册结构工程师资格考试由基础考试和专业考试两部分组成。通过基础考试的人员，从事结构工程设计或相关业务满规定年限，方可申请参加专业考试。

一级注册结构工程师考试具体办法由建设部、人事部另行制定。

第九条 注册结构工程师资格考试合格者，由省、自治区、直辖市人事（职改）部门颁发人事部统一印制、加盖建设部和人事部印章的中华人民共和国注册结构工程师执业资格证书。

第十条 取得注册结构工程师执业资格证书者，要从事结构工程设计业务的，须申请注册。

第十一条 有下列情形之一的，不予注册：

（一）不具备完全民事行为能力的。

（二）因受刑事处罚，自处罚完毕之日起至申请注册之日止不满 5 年的。

（三）因在结构工程设计或相关业务中犯有错误受到行政处罚或者撤职以上行政处分，自处罚、处分决定之日起至申请注册之日不满 2 年的。

（四）受吊销注册结构工程师注册证书处罚，自处罚决定之日起至申请注册之日止不满 5 年的。

（五）建设部和国务院有关部门规定不予注册的其他情形的。

第十二条 全国注册结构工程师管理委员会和省、自治区、直辖市注册结构工程师管理委员会依照本规定第十一条，决定不予注册的，应当自决定之日起 15 日内书面通知申请人。若有异议的，可自收到通知之日起 15 日内向建设部或各省、自治区、直辖市人民政府建设行政主管部门申请复议。

第十三条 各级注册结构工程师管理委员会按照职责分工应将准予注册的注册结构工程师名单报同级建设行政主管部门备案。

建设部或各省、自治区、直辖市人民政府建设行政主管部门发现有与注册规定不符的，应通知有关注册结构工程师管理委员会撤销注册。

第十四条 准予注册的申请人，分别由全国注册结构工程师管理委员会和省、自治区、直辖市注册结构工程师管理委员会核发由建设部统一制作的注册结构工程师注册证书。

第十五条 注册结构工程师注册有效期为 2 年，有效期届满需要继续注册的，应当在期满前 30 日内办理注册手续。

第十六条 注册结构工程师注册后，有下列情形之一的，由全国或省、自治区、直辖市注册结构工程师管理委员会撤销注册，收回注册证书：

（一）完全丧失民事行为能力的。

（二）受刑事处罚的。

（三）因在工程设计或者相关业务中造成工程事故，受到行政处罚或者撤职以上行政处分的。

（四）自行停止注册结构工程师业务满 2 年的。

被撤销注册的当事人对撤销注册有异议的，可以自接到撤销注册通知之日起 15 日内向建设部或省、自治区、直辖市人民政府建设行政主管部门申请复议。

第十七条 被撤销注册的人员可依照本规定的要求重新注册。

第三章 执 业

第十八条 注册结构工程师的执业范围：

（一）结构工程设计；

（二）结构工程设计技术咨询；

（三）建筑物、构筑物、工程设施等调查和鉴定；

（四）对本人主持设计的项目进行施工指导和监督；

（五）建设部和国务院有关部门规定的其他业务。

一级注册结构工程师的执业范围不受工程规模及工程复杂程度的限制。

第十九条 注册结构工程师执行业务，应当加入一个勘察设计单位。

第二十条 注册结构工程师执行业务，由勘察设计单位统一接受委托并统一收费。

第二十一条 因结构设计质量造成的经济损失，由勘察设计单位承担赔偿责任；勘察设计单位有权向签字的注册结构工程师追偿。

第二十二条 注册结构工程师执业管理和处罚办法由建设部另行规定。

第四章 权利和义务

第二十三条 注册结构工程师有权以注册结构工程师的名义执行注册结构工程师业务。

非注册结构工程师不得以注册结构工程师的名义执行注册结构工程师业务。

第二十四条 国家规定的一定跨度、高度等以上的结构工程设计，应当由注册结构工程师主持设计。

第二十五条　任何单位和个人修改注册结构工程师的设计图纸，应当征得该注册结构工程师同意；但是因特殊情况不能征得该注册结构工程师同意的除外。

第二十六条　注册结构工程师应当履行下列义务：

（一）遵守法律、法规和职业道德，维护社会公众利益；

（二）保证工程设计的质量，并在其负责的设计图纸上签字盖章；

（三）保守在执业中知悉的单位和个人的秘密；

（四）不得同时受聘于两个以上勘察设计单位执行业务；

（五）不得准许他人以本人名义执行业务。

第二十七条　注册结构工程师按规定接受必要的继续教育，定期进行业务和法规培训，并作为重新注册的依据。

第五章　附　则

第二十八条　在全国实施注册结构工程师考试之前，对已经达到注册结构工程师资格水平的，可经考核认定，获得注册结构工程师资格。

考核认定办法由建设部、人事部另行制定。

第二十九条　外国人申请参加中国注册结构工程师全国统一考试和注册以及外国结构工程师申请在中国境内执行注册结构工程师业务，由国务院主管部门另行规定。

第三十条　二级注册结构工程师依照本规定的原则执行，具体实施办法由建设部、人事部另行制定。

第三十一条　本规定自发布之日起施行。本规定由建设部、人事部在各自的职责内负责解释。

建设部、人事部关于申报特许注册结构工程师资格有关问题的通知

（建设〔1998〕46 号　1998 年 3 月 18 日）

各省、自治区、直辖市建委（建设厅）、人事（人事劳动）厅（局），国务院有关部委主管部门，总后营房部：

为了保证注册结构工程师执业资格制度的顺利实施，根据建设部、人事部（建设〔1997〕222 号）《关于印发〈注册结构工程师执业资格制度暂行规定〉的通知》的精神和实际工作需要，两部决定在全国范围内特许一批注册结构工程师，现将有关申报工作通知如下：

一、特许资格范围

1970 年以前大学本科毕业长期从事房屋结构、塔架结构工程设计及相关业务且具有高级专业技术职务的人员，并符合考核认定条件者。从事桥梁、水工、岩土工程的结构人员不属这次特许范围。

二、特许条件

同时符合以下两项条件者，可申报特许注册结构工程师。

（一）具备下列条件之一：

1. 1994 年以前被授予房屋结构专业设计大师称号者；

2. 担任 300 人以上具有建筑甲级的设计院（含不到 300 人的省级、副省级市甲级建筑设计院）正、副总工程师（结构专业）五年以上在岗者；

3. 应聘参加注册建筑师结构试题设计及注册结构工程师试题设计和考卷评分等工作的高级工程师。

（二）主持过两项以上大型工业建筑或一级以上（含一级）民用建筑结构设计，并获得一项省、部级优秀工程设计奖者或有特殊贡献者。

三、特许名额

全国特许注册结构工程师资格名额限定为 500 人。按地区、部门房屋或塔架结构设计人员的分布情况进行分配。各省、自治区、直辖市和国务院各有关部委的勘察设计主管部门按分配名额上报，不得超过。

四、特许申报程序

（一）符合本通知第一、二款的设计人员可向所在单位提出申请。经单位审核同意后向所在省、自治区、直辖市建委（建设厅）和国务院有关部委勘察设计主管部门申报。

（二）各省、自治区、直辖市建委（建设厅）和各部门对本地区、本部门设计单位申报的人员进行审核，经本地区、本部门人事（职改）部门审核同意后提出推荐名单，报全国注册工程师管理委员会（结构）审定。

（三）经全国注册工程师管理委员会（结构）审定合格，报建设部、人事部批准获得一级注册结构工程师资格。

五、申请特许注册结构工程师资格必须提供下列材料

（一）特许注册结构工程师申请表（附件）；

（二）毕业证书、结构专业设计大师称号证书或高级专业技术职务证书的复印件，正、副总工程师任命批件的复印件；

（三）单位推荐和主管部门初审意见材料；

（四）主持两项大型工业建筑或一级以上（含一级）民用建筑结构设计的单位证明复印件；

（五）荣获优秀设计奖证书的复印件。

六、特许工作时间安排和要求

各地区、各部门请于 5 月底前将申报材料报到建设部执业资格注册中心注册处，逾期不予受理。

各地区、各部门必须严格按照规定的程序和条件，认真做好申报、审核工作。凡不认真把关或弄虚作假的，一经发现，停止该地区或部门的申报权和个人的申报资格。

附件：中华人民共和国特许注册结构工程师申请表（略）

人事部、国土资源部关于印发《矿产储量评估师执业资格制度暂行规定》的通知

（人发〔1999〕33号 1999年3月29日）

各省、自治区、直辖市人事（人事劳动）厅（局），资源委、储委，国务院有关部、委、局、总公司矿产勘查管理部门：

现将《矿产储量评估师执业资格制度暂行规定》印发你们，请遵照执行。

矿产储量评估师执业资格制度暂行规定

第一条 为了保证矿产资源储量评审工作质量，加强和规范评审人员管理，提高评审人员素质和执业水平，充分发挥专业人员在矿产资源储量评审工作中的作用，根据《中华人民共和国矿产资源法》以及职业资格证书制度的有关内容，制定本规定。

第二条 矿产储量评估师执业资格制度属职业资格范畴，纳入专业技术人员执业资格制度的统一规划，由国家确认批准。

第三条 凡按照本规定取得矿产储量评估师执业资格证书的人员，方可受聘承担矿产资源储量评审业务。

第四条 国土资源部负责矿产储量评估师执业资格制度的组织实施工作。人事部负责进行监督、检查。

第五条 凡中华人民共和国公民，符合下列条件者，可申请矿产储量评估师执业资格：

（一）坚持四项基本原则，遵纪守法，具有良好的职业道德；

（二）具有地质勘查、采（选）矿等工程或经济类高级专业技术职务；

（三）从事相关工作（矿产勘查、储量评审、矿山或水源地建设项目可行性研究或设计）满10年，同时具有下列经历之一：

1. 主持过中型以上矿床或水源地勘查报告的编制工作；
2. 主持审查中型以上矿床或水源地勘查报告不少于5份；
3. 主持过中型以上矿床或水源地建设项目的可行性研究或设计工作。

（四）身体健康，年龄不超过65周岁（院士及著名专家可适当放宽）。

第六条 符合上述条件人员，可向所在单位提出申请，经单位同意后，由省、自治区、直辖市矿产储量审批机构推荐，报国土资源部；国务院有关部、委、局和总公司可直接向国土资源部申报。

第七条 经国土资源部组织考核合格者，由国土资源部统一颁发人事部和国土资源部用印的矿产储量评估师执业资格证书。证书有效期三年，三年期满，重新考核核定有效期。该证书全国范围内有效。

第八条 矿产资源储量评审机构须聘用矿产储量评估师承担矿产资源储量的评审业

务工作。

第九条 取得矿产储量评估师执业资格证书者，应按规定参加国土资源部组织或授权组织的业务培训，并作为考核聘用的重要依据。

第十条 矿产储量评估师应熟悉和掌握矿产资源储量管理有关法律、规定、规范及技术要求，恪守公正客观、实事求是的原则。受聘担任评审的矿产储量评估师应对所承担的评审项目签署鉴定和评审意见，并对其内容的真实性、合法性负责。

第十一条 矿产储量评估师受聘承担矿产资源储量报告评审工作中，有徇私舞弊、弄虚作假、玩忽职守，构成犯罪的，依法追究刑事责任；尚不构成犯罪的，给予警告、暂停聘用或收回证书等处分。

第十二条 本规定由国土资源部负责解释。

第十三条 本规定自发布之日起施行。

人事部、国家药品监督管理局关于修订印发《执业药师资格制度暂行规定》和《执业药师资格考试实施办法》的通知

（人发〔1999〕34 号 1999 年 4 月 1 日）

各省、自治区、直辖市人事（人事劳动）厅（局）、职改办，药品监督管理局或医药管理部门，国务院各部委、各直属机构人事（干部）部门：

为贯彻《中华人民共和国药品管理法》和《中共中央、国务院关于卫生改革与发展的决定》，加强药学技术人员和药品市场管理工作，保障人民用药安全有效，根据国务院赋予的国家药品监督管理局的职能，人事部、国家药品监督管理局在总结执业药师、执业中药师资格制度实施情况的基础上，重新修订了《执业药师资格制度暂行规定》和《执业药师资格考试实施办法》，现印发给你们，请贯彻执行。

自本通知发布之日起，人事部分别与原国家医药管理局、国家中医药管理局颁布的《执业药师资格制度暂行规定》（人职发〔1994〕3 号）、《执业药师资格考试实施办法》和《执业药师资格认定办法》（人职发〔1994〕10 号）、《关于执业药师考试免试部分科目的通知》（人发〔1996〕94 号）、《执业中药师资格制度暂行规定》、《执业中药师资格考试实施办法》和《执业中药师资格认定办法》（人职发〔1995〕69 号）、《关于执业中药师资格考试免试部分科目的通知》（人发〔1996〕129 号）即行废止。

执业药师资格制度暂行规定

第一章 总 则

第一条 为了加强对药学技术人员的职业准入控制，确保药品质量，保障人民用药的安全有效，根据《中华人民共和国药品管理法》、《中共中央、国务院关于卫生改革与

发展的决定》及职业资格制度的有关内容，制定本规定。

第二条　国家实行执业药师资格制度，纳入全国专业技术人员执业资格制度统一规划的范围。

第三条　执业药师是指经全国统一考试合格，取得《执业药师资格证书》并经注册登记，在药品生产、经营、使用单位中执业的药学技术人员。

执业药师英文译为：Licensed Pharmacist。

第四条　凡从事药品生产、经营、使用的单位均应配备相应的执业药师，并以此作为开办药品生产、经营、使用单位的必备条件之一。国家药品监督管理局负责对需由执业药师担任的岗位作出明确规定并进行检查。

第五条　人事部和国家药品监督管理局共同负责全国执业药师资格制度的政策制定、组织协调、资格考试、注册登记和监督管理工作。

第二章　考　试

第六条　执业药师资格实行全国统一大纲、统一命题、统一组织的考试制度。一般每年举行一次。

第七条　国家药品监督管理局负责组织拟定考试科目和考试大纲、编写培训教材、建立试题库及考试命题工作。按照培训与考试分开的原则，统一规划并组织考前培训。

第八条　人事部负责组织审定考试科目、考试大纲和试题，会同国家药品监督管理局对考试工作进行监督、指导并确定合格标准。

第九条　凡中华人民共和国公民和获准在我国境内就业的其他国籍的人员具备以下条件之一者，均可申请参加执业药师资格考试：

（一）取得药学、中药学或相关专业中专学历，从事药学或中药学专业工作满七年。

（二）取得药学、中药学或相关专业大专学历，从事药学或中药学专业工作满五年。

（三）取得药学、中药学或相关专业大学本科学历，从事药学或中药学专业工作满三年。

（四）取得药学、中药学或相关专业第二学士学位、研究生班毕业或取得硕士学位，从事药学或中药学专业工作满一年。

（五）取得药学、中药学或相关专业博士学位。

第十条　执业药师资格考试合格者，由各省、自治区、直辖市人事（职改）部门颁发人事部统一印制的、人事部与国家药品监督管理局用印的中华人民共和国《执业药师资格证书》。该证书在全国范围内有效。

第三章　注　册

第十一条　执业药师资格实行注册制度。国家药品监督管理局为全国执业药师资格注册管理机构，各省、自治区、直辖市药品监督管理局为注册机构。人事部及各省、自治区、直辖市人事（职改）部门对执业药师注册工作有监督、检查的责任。

第十二条　取得《执业药师资格证书》者，须按规定向所在省（区、市）药品监督管理局申请注册。经注册后，方可按照注册的执业类别、执业范围从事相应的执业活动。未经注册者，不得以执业药师身份执业。

第十三条　申请注册者，必须同时具备下列条件：

（一）取得《执业药师资格证书》。

（二）遵纪守法，遵守药师职业道德。

（三）身体健康，能坚持在执业药师岗位工作。

（四）经所在单位考核同意。

第十四条 经批准注册者，由各省、自治区、直辖市药品监督管理局在《执业药师资格证书》中的注册情况栏内加盖注册专用印章，同时发给国家药品监督管理局统一印制的中华人民共和国《执业药师注册证》，并报国家药品监督管理局备案。

第十五条 执业药师只能在一个省、自治区、直辖市注册。执业药师变更执业地区、执业范围应及时办理变更注册手续。

第十六条 执业药师注册有效期为三年，有效期满前三个月，持证者须到注册机构办理再次注册手续。再次注册者，除须符合第十三条的规定外，还须有参加继续教育的证明。

第十七条 执业药师有下列情形之一的，由所在单位向注册机构办理注销注册手续：

（一）死亡或被宣告失踪的。

（二）受刑事处罚的。

（三）受取消执业资格处分的。

（四）因健康或其他原因不能或不宜从事执业药师业务的。

凡注销注册的，由所在省（区、市）的注册机构向国家药品监督管理局备案，并由国家药品监督管理局定期公告。

第四章 职 责

第十八条 执业药师必须遵守职业道德，忠于职守，以对药品质量负责、保证人民用药安全有效为基本准则。

第十九条 执业药师必须严格执行《药品管理法》及国家有关药品研究、生产、经营、使用的各项法规及政策。执业药师对违反《药品管理法》及有关法规的行为或决定，有责任提出劝告、制止、拒绝执行并向上级报告。

第二十条 执业药师在执业范围内负责对药品质量的监督和管理，参与制定、实施药品全面质量管理及对本单位违反规定的处理。

第二十一条 执业药师负责处方的审核及监督调配，提供用药咨询与信息，指导合理用药，开展治疗药物的监测及药品疗效的评价等临床药学工作。

第五章 继 续 教 育

第二十二条 执业药师需努力钻研业务，不断更新知识，掌握最新医药信息，保持较高的专业水平。

第二十三条 执业药师必须接受继续教育。国家药品监督管理局负责制定执业药师继续教育管理办法，组织拟定、审批继续教育内容。各省、自治区、直辖市药品监督管理局负责本地区执业药师继续教育的实施工作。

第二十四条 国家药品监督管理局批准的执业药师培训机构承担执业药师的继续教育工作。

第二十五条 执业药师实行继续教育登记制度。国家药品监督管理局统一印制《执业药师继续教育登记证书》，执业药师接受继续教育经考核合格后，由培训机构在证书上登记盖章，并以此作为再次注册的依据。

第六章　罚　则

第二十六条　对未按规定配备执业药师的单位，应限期配备，逾期将追究单位负责人的责任。

第二十七条　对已在需由执业药师担任的岗位工作，但尚未通过执业药师资格考试的人员，要进行强化培训，限期达到要求。对经过培训仍不能通过执业药师资格考试者，必须调离岗位。

第二十八条　对涂改、伪造或以虚假和不正当手段获取《执业药师资格证书》或《执业药师注册证》的人员，发证机构应收回证书，取消其执业药师资格，注销注册。并对直接责任者根据有关规定给予行政处分，直至送交有关部门追究法律责任。

第二十九条　对执业药师违反本规定有关条款的，所在单位须如实上报，由药品监督管理部门根据情况给予处分。注册机构对执业药师所受处分，应及时记录在其《执业药师资格证书》中的备注《执业情况记录》栏内。

第三十条　执业药师在执业期间违反《药品管理法》及其他法律法规构成犯罪的，由司法机关依法追究其刑事责任。

第七章　附　则

第三十一条　对在关键岗位工作且业绩突出的执业药师，应给予表彰和奖励。

第三十二条　通过全国统一考试取得执业药师资格证书的人员，单位根据工作需要要可聘任主管药师或主管中药师专业技术职务。

第三十三条　人事部和国家药品监督管理局按职责分工，对本规定进行解释。

执业药师资格考试实施办法

第一条　人事部、国家药品监督管理局共同负责执业药师资格考试工作，日常管理工作由国家药品监督管理局负责。具体考务工作委托人事部人事考试中心组织实施。

各地要加强对考务工作的领导，明确职责、互相配合、密切协作。

第二条　执业药师资格考试日期定为每年10月，报名时间定为每年3月。

第三条　考试科目为：药学（中药学）专业知识（一）、药学（中药学）专业知识（二）、药事管理与法规、综合知识与技能四个科目。

考试科目中，药事管理与法规、综合知识与技能两个科目为执业药师资格考试的必考科目；从事药学或中药学专业工作的人员，可根据从事的本专业工作，选择药学专业知识科目（一）、药学专业知识科目（二）或中药学专业知识科目（一）、中药学专业知识科目（二）的考试。

考试分四个半天进行，每个科目考试时间为两个半小时。

第四条　考试以两年为一个周期，参加全部科目考试的人员须在连续两个考试年度内通过全部科目的考试。

参加免试部分科目的人员须在一个考试年度内通过应试科目。

第五条　按照国家有关规定评聘为高级专业技术职务，并具备下列条件之一者，可免试药学（或中药学）专业知识（一）、药学（或中药学）专业知识（二）两个科目，只参加药事管理与法规、综合知识与技能两个科目的考试。

（一）中药学徒、药学或中药学专业中专毕业，连续从事药学或中药学专业工作满20年。

（二）取得药学、中药学专业或相关专业大专以上学历，连续从事药学或中药学专业工作满15年。

第六条 凡符合《执业药师资格制度暂行规定》第九条和本办法第五条的报名条件者均可报名参加考试。

第七条 报名参加考试者，由本人提出申请，所在单位审核同意，并携带有关证明材料到当地考试管理机构办理报名手续。考试管理机构按规定程序和报名条件审查合格后，发给准考证，应考人员凭准考证在指定的时间、地点参加考试。党中央、国务院各部门、部队及其直属单位的人员，按属地原则报名参加考试。

第八条 考场设在省辖市以上的中心城市和行政专员公署所在的城市。

第九条 具体考务工作由各省、自治区、直辖市人事（职改）部门会同药品监督管理部门组织实施，各地可根据实际情况确定具体办法。

第十条 国家药品监督管理局负责执业药师资格考试的培训管理工作。各地培训机构要具备场地、师资、教材等条件，经省、自治区、直辖市药品监督管理部门会同人事部门审核批准，报国家药品监督管理局备案。培训收费标准须经当地物价主管部门核准并公布于众，接受群众监督。

第十一条 坚持考试与培训分开的原则，参与培训的工作人员不得参与考试工作(包括命题及组织管理)。

第十二条 严格执行考试考务工作的有关规章制度，做好试卷命题、印刷、发送过程中的保密工作，严格考场纪律，严禁弄虚作假。对违反规章制度的，按规定进行严肃处理。

人事部、卫生部、国家药品监督管理局关于印发《执业药师资格（药品使用单位）认定办法》的通知

（人发〔2001〕71号 2001年7月13日）

各省、自治区、直辖市人事厅（局）、卫生厅（局）、药品监督管理局，国务院各部委、各直属机构人事（干部）部门：

为加强药品监督管理，确保人民群众用药安全、有效、经济、合理，促进医药事业的健康发展，经人事部、卫生部、国家药品监督管理局研究决定，对药品使用单位人员进行执业药师资格认定工作。现将《执业药师资格（药品使用单位）认定办法》印发给你们，请认真做好有关准备工作。

附件：1. 执业药师资格（药品使用单位）认定工作领导小组成员名单（略）

2. 执业药师资格（药品使用单位）认定评审表（略）

执业药师资格（药品使用单位）认定办法

为实施执业药师资格制度，做好药品使用单位执业药师资格认定工作，制定本办法。

一、认定范围

在药品使用单位工作，受聘担任药学（中药学）高级专业技术职务的人员。

二、申报条件（必须同时具备下列条件）

（一）遵纪守法，遵守职业道德；

（二）身体健康，能坚持执业药师岗位工作；

（三）1994 年 3 月 15 日以前受聘担任药学（中药学）高级专业技术职务；

（四）获得省（部）级医药科技成果奖，或在省（部）级刊物上发表过有代表性的医药专业论文两篇，或有医药行业专著；

（五）连续直接从事药品使用岗位工作满 5 年，累计 10 年以上；

（六）经各省、自治区、直辖市人事（职改）部门、卫生行政部门和药品监督管理部门共同组织的药事法规考核合格。

三、认定组织

由人事部、卫生部、国家药品监督管理局及有关专家组成“执业药师资格（药品使用单位）认定工作领导小组”（以下简称领导小组），负责全国执业药师资格（药品使用单位）认定工作。领导小组下设办公室，办公室设在人事部。

四、认定程序

（一）符合上述条件的药学（中药学）专业技术人员，可向所在单位提出申请，属地方管理的单位，由所在单位向省、自治区、直辖市人事厅（局）申报；党中央、国务院各部门所属单位的人员，由所在单位向上级主管部门申报；军队所属单位的人员，由解放军总政治部统一申报。

（二）各省、自治区、直辖市人事（职改）部门会同卫生行政部门、药品监督管理部门对本地区申报人员进行资格审核。经审核同意后提出推荐名单报领导小组办公室，并附《执业药师资格（药品使用单位）认定评审表》一式两份、高级专业技术职务聘书、本专业有代表性的论文出版专著内容说明、获奖证书、药事法规考核证明等材料的复印件。

（三）领导小组办公室对推荐的人员进行资格初审，提出拟认定的人员名单，报领导小组。

（四）领导小组召开会议对符合条件的人员进行审核，办理批准手续。

（五）上报材料时间：请各省、自治区、直辖市人事（职改）部门，于 2001 年 10 月 30 日前，将执业药师资格（药品使用单位）认定申报材料送领导小组办公室。

五、认定要求

各省、自治区、直辖市人事（职改）部门、卫生行政部门、药品监督管理部门要切实加强领导，坚持标准，严格要求，认真做好审核、申报工作。对弄虚作假的单位或个人，一经发现，严肃处理，取消该单位申报权或个人的申报资格。

人事部办公厅、国家药品监督管理局办公室关于执业药师资格考试补充规定的通知

（人办发〔2001〕49号　2001年7月13日）

各省、自治区、直辖市人事厅（局）、药品监督管理局，新疆生产建设兵团及部分副省级市人事局、药品监督管理局：

根据药品监督管理工作的实际需要，并总结近年来执业药师资格考试工作的经验，经人事部和国家药品监督管理局研究，对执业药师资格考试的有关问题补充通知如下：

一、在2002年度全国执业药师资格考试中，对各单位在药学（中药学）岗位上工作并符合下列条件之一的专业技术人员，可免试部分科目，只参加《药学综合知识与技能》或《中药学综合知识与技能》一个科目的考试，考试合格者即可获得执业药师资格。

（一）1988年底以前，取得药学（中药学）专业大专学历，连续从事药学（中药学）专业工作满10年，并按国家统一规定评聘为中级专业技术职务。

（二）1990年底以前，取得药学（中药学）专业大学本科学历，连续从事药学（中药学）专业工作满8年，并按国家统一规定评聘为中级专业技术职务。

（三）1999年4月1日以前，在药学（中药学）专业岗位上工作，按国家统一规定评聘为药学（中药学）高级专业技术职务。

二、《药学综合知识与技能》或《中药学综合知识与技能》科目的考试与2002年执业药师资格考试相应科目的规定时间一同进行。

三、符合报名条件的人员，由本人提出申请，经所在单位审核同意，并携带学历证书、专业技术职务证书等有关证明材料，在2002年度执业药师资格考试规定的报名时间内，到当地考试管理机构办理报名有关手续。

请各地在收到本通知后及时予以公布，并认真做好报名及资格审查工作。

人事部、国家发展计划委员会关于印发《价格鉴证师执业资格制度暂行规定》和《价格鉴证师执业资格考试实施办法》的通知

（人发〔1999〕66号　1999年6月17日）

各省、自治区、直辖市人事（人事劳动）厅（局）、职改办，物价局（委员会），国务院各部委、各直属机构人事（干部）部门：

为适应我国司法、行政执法机关和仲裁机构办理各类案件涉案标的价格鉴证的需

要，规范价格鉴证行业管理，加强价格鉴证队伍建设，提高价格鉴证人员素质，保证价格鉴证工作的客观、公正，现将《价格鉴证师执业资格制度暂行规定》和《价格鉴证师执业资格考试实施办法》印发给你们，请遵照执行。

价格鉴证师执业资格制度暂行规定

第一章　总　则

第一条　为了加强对价格鉴证专业人员的准入控制，规范价格鉴证行为，提高价格鉴证人员素质和执业水平，保证价格鉴证工作的客观、公正，制定本规定。

第二条　国家对价格鉴证行业关键岗位的专业人员实行执业资格制度，纳入全国专业技术人员执业资格制度的统一管理。

第三条　本规定所称价格鉴证师是指通过全国统一考试，取得《价格鉴证师执业资格证书》，经注册登记后，从事涉案标的价格鉴定、认证、评估工作关键岗位上的专业人员。

第四条　凡从事价格鉴证业务的机构，必须配备有一定数量的价格鉴证师。

第五条　人事部和国家发展计划委员会共同负责全国价格鉴证师执业资格制度的政策制定、组织协调、考试、注册和监督管理工作。

第二章　考　试

第六条　价格鉴证师执业资格实行全国统一考试制度。原则上每两年举行一次。

第七条　国家发展计划委员会负责组织考试大纲的拟定、培训教材的编写和命题工作，统一规划、组织或授权组织考前培训等有关工作。

培训工作按照与考试分开、自愿参加的原则进行。

第八条　人事部负责审定考试科目、考试大纲和试题，会同国家发展计划委员会对考试进行检查、监督、指导和确定合格标准，组织实施各项考务工作。

第九条　中华人民共和国公民，遵纪守法并具备下列条件之一者，可申请参加价格鉴证师执业资格考试：

（一）取得经济、法律专业中专学历，从事价格鉴证相关工作满七年。

（二）取得经济、法律专业大学专科学历，从事价格鉴证相关工作满五年。

（三）取得经济、法律专业大学本科学历，从事价格鉴证相关工作满三年。

（四）取得经济、法律专业硕士学位、第二学士学位或研究生学历，从事价格鉴证相关工作满一年。

（五）取得价格鉴证相关专业博士学位。

（六）通过国家统一组织的经济、会计、审计专业技术资格考试，取得初级资格，从事价格鉴证相关工作满六年。

第十条　价格鉴证师执业资格考试合格者，由人事部或其授权的部门颁发人事部统一印制、人事部和国家发展计划委员会用印的中华人民共和国《价格鉴证师执业资格证书》。该证书全国范围有效。

第三章　注　册

第十一条　国家发展计划委员会或其授权部门为价格鉴证师执业资格的注册机构。

各省、自治区、直辖市价格主管部门为价格鉴证师执业资格注册的初审机构。

人事部和各级人事（职改）部门对价格鉴证师执业资格的注册和使用情况有检查、监督的责任。

第十二条 价格鉴证师执业资格考试合格人员，应在规定时间内办理注册登记手续。价格鉴证师执业资格的注册，由本人提出申请，所在单位考核同意，送所在省、自治区、直辖市价格主管部门初审合格后，报国家发展计划委员会或其授权部门统一办理注册手续，由国家发展计划委员会核发《价格鉴证师注册证》。

第十三条 申请注册者应提供下列证明文件：

（一）价格鉴证师执业资格注册申请；

（二）《价格鉴证师执业资格证书》；

（三）所在单位考核合格证明。

第十四条 凡不具备完全民事行为能力或不能按本规定第十三条要求提供证明文件者，不予注册。

第十五条 未取得《价格鉴证师注册证》的人员，不得以价格鉴证师的名义从事价格鉴证业务。

第十六条 价格鉴证师执业资格注册有效期一般为两年，有效期满前三个月，持证者应到原注册机关重新办理注册手续。

再次注册的，须提供所在单位考核合格和知识更新、接受继续教育的证明。

第十七条 价格鉴证师注册登记内容变更，须及时向原注册机关办理变更手续。

第十八条 价格鉴证师有下列情形之一的，由注册机关吊销其《价格鉴证师注册证》：

（一）连续两年以上（含两年）脱离价格鉴证工作的。

（二）完成丧失民事行为能力的。

（三）受刑事处罚的。

第四章 执 业

第十九条 价格鉴证师在经批准的价格鉴证机构执行业务，价格鉴证机构的业务范围、工作规程须符合国家发展计划委员会的有关规定。

第二十条 价格鉴证师根据司法机关、行政执法机关和仲裁机构办理价格鉴定、认证、评估的需要，接受委托，执行相应业务。

第二十一条 价格鉴证师具有在价格鉴证报告上签字的权力，并对价格鉴证报告的合法性负责。

第二十二条 价格鉴证师应当遵守价格鉴证法规、执业守则及技术规程，保证价格鉴证结果的客观公正，接受继续教育和按规定参加执业培训，为委托人保守秘密。

第二十三条 价格鉴证师承办业务，由其所在单位统一受理并与委托人签订委托合同。

第二十四条 价格鉴证师不得同时在两个以上价格鉴证机构执业。

第二十五条 价格鉴证师执行业务，可以根据需要查阅委托人的有关文件和资料，查看委托人的业务现场和设施，要求委托人提供必要的协助。

第二十六条 价格鉴证结果失实给当事人造成损失的，由所在的价格鉴证机构承担赔偿责任。所在机构赔偿后，可以向有关的价格鉴证师追偿。

第二十七条 价格鉴证师与委托人有利害关系的，应当回避。委托人也可以要求有利害关系的价格鉴证师回避。

第五章　罚　则

第二十八条　价格鉴证师有下列行为之一的，注册机构可以给予警告、没收非法所得、给予暂停执行业务、吊销《价格鉴证师执业资格证书》、《价格鉴证师注册证》和罚款；构成犯罪的，依法追究刑事责任：

（一）伪造或以虚假和不正当手段获得《价格鉴证师执业资格证书》、《价格鉴证师注册证》的。

（二）未按规定办理注册、变更手续和未经注册以价格鉴证师的名义从事价格鉴证业务的。

（三）利用执行业务之便，索贿、受贿，谋取不正当利益的。

（四）允许他人以自己名义从事价格鉴证业务的。

（五）同时在两个以上价格鉴证机构执行业务的。

（六）与委托人串通或故意做不实的鉴证报告和因工作失误，造成重大损失的。

（七）以个人名义承接价格鉴证业务的。

（八）因在价格鉴证及其管理工作中犯严重错误，受行政处罚或刑事处罚的。

（九）应当给予处罚的其他行为。

第二十九条　被处罚人对行政处罚决定不服的，可以依法申请复议或向人民法院起诉。

第六章　附　则

第三十条　通过全国统一考试取得价格鉴证师执业资格的人员，根据工作需要可以聘任经济师职务。

第三十一条　本规定由人事部和国家发展计划委员会按职责分工负责解释。

第三十二条　本规定自发布之日起执行。

价格鉴证师执业资格考试实施办法

为规范和加强考试工作管理，切实做好价格鉴证师执业资格考试工作，制定本实施办法。

一、价格鉴证师执业资格考试从 2000 年开始实施，原则上每两年举行一次，一般在举行考试年份的 5 月份进行。首次考试时间定于 2000 年 10 月。

二、人事部和国家发展计划委员会共同负责价格鉴证师执业资格考试工作，考试的日常管理由国家发展计划委员会或其授权部门负责。具体考务工作委托人事部人事考试中心组织实施。

各地的考务工作，由当地人事（职改）部门会同价格主管部门组织实施，具体职责分工，由各地自行确定。

三、考试科目为：《经济学和价格学基本理论》、《法学基础知识》、《价格政策法规》、《价格鉴证理论与实务》、《价格鉴证案例分析》五个科目。

考试分五个半天进行，每个科目考试时间为两个半小时。

四、参加考试须由本人提出申请，所在单位审核同意，携带有关证明材料到当地考试管理机构报名。考试管理机构按规定程序和报名条件审查合格后，发给准考证，考生凭准考证在指定的时间、地点参加考试。中央和国务院各部门及其直属单位的报考人员，按属地原则报名参加考试。

五、从事价格鉴证工作满两年，并具备下列条件之一者，可免试《经济学和价格学基本理论》科目，参加《法学基础知识》、《价格政策法规》、《价格鉴证理论与实务》、《价格鉴证案例分析》四个科目的考试。

（一）在全国实行专业技术资格考试前，按国家有关规定评聘为经济、会计或审计系列中级专业技术职务。

（二）参加全国统一组织的专业技术资格考试，取得经济、会计或审计专业技术中级资格。

六、凡符合《价格鉴证师执业资格制度暂行规定》第九条和本办法第五款规定的报名条件者，均可报名参加考试。

七、考场设在省辖市以上的中心城市。

八、国家发展计划委员会或其授权部门组织编写价格鉴证师执业资格考试指定用书及有关参考资料，负责价格鉴证师执业资格考试的培训管理工作。

九、各申请承担价格鉴证师执业资格考试培训的单位要具备场地、师资、教材等条件，由省、自治区、直辖市价格主管部门会同人事（职改）部门审核推荐，报国家发展计划委员会审批。

十、培训必须坚持与考试分开的原则，参与培训工作的人员，不得参加考试及管理工作（包括命题和组织管理）。应考人员参加培训坚持自愿原则。

十一、价格鉴证师执业资格考试、培训及有关项目的收费标准须经当地价格主管部门批准。

十二、要严格执行考试考务工作的有关规章制度，切实做好试卷的命制、印刷、发送和保管过程中的保密工作，严格考场纪律，对违反考试有关规定者，要严肃处理，并追究领导责任。

人事部、国家发展计划委员会关于实施价格鉴证师执业资格认定考试有关问题的通知

（人发〔1999〕131 号　1999 年 11 月 11 日）

各省、自治区、直辖市人事（人事劳动）厅（局）、物价局（委员会）：

根据人事部和国家发展计划委员会《关于印发〈价格鉴证师执业资格制度暂行规定〉和〈价格鉴证师执业资格考试实施办法〉的通知》（人发〔1999〕66 号）的精神和实际工作需要，经研究决定，对长期从事价格鉴证业务的人员组织进行价格鉴证师资格认定的一次性考试，考试成绩合格者可取得价格鉴证师执业资格。现就有关问题通知如下：

一、考试的组织管理

价格鉴证师资格认定考试由人事部和国家发展计划委员会共同负责，并成立认定考试工作办公室，办公室设在国家发展计划委员会价格司，负责认定考试的日常工作。考务实施工作委托人事部人事考试中心负责。

省级人事职改部门和省级价格主管部门按照人事部、国家发展计划委员会人发〔1999〕66 号文件规定的职责，分工负责本地区的认定考试管理工作。

二、考试的时间、科目和方法

考试时间定于 2000 年 4 月 16 日上午 9:00—11:30。考试科目为《价格鉴证案例分析》。考试采取闭卷笔试方式。

三、参加考试的报名条件

凡按《国家计委关于印发〈涉案物品价格评估人员持证上岗暂行办法〉的通知》（计价〔1997〕1662 号）和《国家发展计划委员会关于印发〈涉案物品价格鉴证人员资格管理实施细则〉的通知》（计价调〔1998〕952 号）规定，取得由国家发展计划委员会颁发的《涉案物品价格鉴证人员资格证书》，并在价格鉴证机构内从事价格鉴证业务者，均可报名参加考试。

四、报名程序

（一）报名参加考试者应于 2000 年 1 月底前填报《价格鉴证师资格认定考试审查表》（以下简称《审查表》，样表见附件 1）一式两份，并附下列材料：

1．价格鉴证人员资格证书及复印件；

2．本人身份证及复印件；

3．所在价格鉴证机构的工作证明（式样见附件 2）；

4．本人近期一寸免冠相片三张。

（二）经省级价格主管部门和当地人事职改部门审查后，分别在报名资格合格者的《审查表》上加盖印章，2000 年 2 月底前，由省级价格主管部门将《价格鉴证师资格认定考试报名统计表》（见附件 3）报国家发展计划委员会备案。

（三）资格审查合格者持《审查表》及有关材料于 2000 年 2 月 20 日前到当地人事职改部门指定的报名地点办理有关手续。

五、其他有关事项

（一）各地人事职改部门最迟应于 2000 年 2 月底前完成报名工作并确定考点和考场。认定考试考场设在省会城市。

（二）认定考试教材统一使用由国家发展计划委员会组织编写的《价格鉴证案例分析》。省级价格主管部门可在考试前对考生进行辅导。

（三）认定考试实行全国统一评卷，由人事部和国家发展计划委员会共同研究确定合格标准。考试合格者，颁发人事部统一印制、人事部和国家发展计划委员会用印的《价格鉴证师执业资格证书》。

（四）省级人事职改部门和价格主管部门要加强配合，密切配合，精心组织，认真做好认定考试的各项工作。对报名和考试中弄虚假的地区和个人，一经查实，即行取消该地区和个人的认定考试资格。

（五）实施认定考试的具体考务工作另行通知。

（六）各地在执行过程中，有何问题和意见，请按职责分工，分别与人事部专业技术人员管理司、国家发展计划委员会价格司、人事部人事考试中心联系。

附件：1. 价格鉴证师资格认定考试审查表（略）
2. 价格鉴证机构工作情况证明（略）
3. 价格鉴证师资格认定考试报名统计表（略）

人事部、国土资源部关于印发《矿业权评估师执业资格制度暂行规定》的通知

（人发〔2000〕82号　2000年8月4日）

各省、自治区、直辖市人事（人事劳动）厅（局），国土资源（地产矿产）厅（局），国务院有关部、委、局、总公司人事（干部）部门、矿产管理部门：

现将《矿业权评估师执业资格制度暂行规定》印发你们，请遵照执行。

矿业权评估师执业资格制度暂行规定

第一章　总　则

第一条　为适应矿业权评估工作的需要，加强对矿业权评估人员的管理，提高矿业权评估质量，依照《中华人民共和国矿产资源法》、《探矿权采矿权转让管理办法》、《矿产资源勘查区块登记管理办法》、《矿产资源开采登记管理办法》和专业技术执业资格制度的有关规定，制定本暂行规定。

第二条　国家实行矿业权评估师执业资格制度，纳入专业技术执业资格制度的统一规划，由国家确认批准。

第三条　按本规定取得矿业权评估师执业资格证书并经注册登记的人员，方可从事矿业权评估业务活动。

第四条　国土资源部负责矿业权评估师执业资格制度的组织实施工作；人事部负责矿业权评估师执业资格制度实施的指导、监督和检查。

第二章　考　试

第五条　矿业权评估师执业资格须通过考试获得。考试实行全国统一大纲、统一命题、统一组织的办法，原则上每两年举行一次。

第六条　凡中华人民共和国公民，遵纪守法并具备以下条件之一者，可申请参加矿业权评估师执业资格考试：

（一）取得地质、采矿等工程类或经济、法律类专业大专学历，具有10年相关工作经历。

（二）取得地质、采矿等工程类或经济、法律类专业本科学历，具有 8 年相关工作经历。

（三）取得地质、采矿等工程类或经济、法律类专业硕士学位，具有 5 年相关工作经历。

（四）取得地质、采矿等工程类或经济、法律类专业博士学位，具有 2 年相关工作经历。

（五）人事部和国土资源部规定的其他条件。

第七条　国土资源部组织成立矿业权评估师执业资格考试专家委员会。考试专家委员会拟定考试大纲、考试科目、编写培训教材和命题工作。经国土资源部审定后，报人事部备案。

第八条　国土资源部规划组织考前培训工作，培训工作按照培训与考试分开、自愿参加的原则进行。

国土资源部负责或授权有关机构组织实施各项考务工作。每次考试结束后，国土资源部提出考试合格标准的意见，报人事部验收核定。

第九条　矿业权评估师考试合格者，由国土资源部颁发人事部和国土资源部用印的中华人民共和国矿业权评估师执业资格证书，该证书在全国范围内有效。

第三章　注　册

第十条　矿业权评估师执业实行注册登记制度。国土资源部为矿业权评估师的注册管理机构。

第十一条　取得矿业权评估师执业资格证书人员，应受聘于一个矿业权评估机构，并由该矿业权评估机构在三个月内到注册管理机构为其申请办理注册登记手续。

第十二条　申请注册的人员必须具备下列条件：

（一）遵纪守法，恪守职业道德；

（二）取得矿业权评估师执业资格证书；

（三）所在矿业权评估机构考核同意；

（四）身体健康，能坚持在矿业权评估师岗位上工作。

第十三条　矿业权评估师注册有效期为三年。有效期满前三个月，持证者应当按规定在注册管理机构重新办理注册登记。

再次注册者，除符合第十二条规定的条件外，还应有参加继续教育、业务培训的证明。

第十四条　矿业权评估师变换矿业权评估机构的，应到注册管理机构办理变更注册手续。

第十五条　矿业权评估师有下列情况之一的，注册管理机构要注销其注册登记，并在一年内不再受理其注册登记申请：

（一）完全丧失民事行为能力的；

（二）脱离矿业权评估师岗位连续两年以上的；

（三）注册管理机构规定的其他情形。

第四章　执　业

第十六条　矿业权评估师可以从事下列范围内的业务：

（一）矿业权出让评估业务；

（二）矿业权转让评估业务；

（三）矿业权评估咨询；

（四）国土资源部规定的其他业务。

第十七条 矿业权评估师有权根据评估业务需要，要求矿业权评估委托人提供与矿业权评估有关的资料和文件，协助查看业务现场和设施。

第十八条 矿业权评估师应熟悉和掌握矿产资源管理的有关法律法规、矿业权评估的规范和技术标准，执业要实事求是，坚持科学、公平、公正的原则，维护国家和社会公共利益，保证评估质量。

第十九条 矿业权评估师承揽矿业权评估业务时，由其所在的矿业权评估机构受理并与委托人签订委托合同。

矿业权评估师执行业务，应主动向委托人出示经注册登记的矿业权评估师执业资格证书。

第二十条 矿业权评估师应在其出具的矿业权评估报告签名盖章，对其真实性、合法性负责，承担相应的法律责任。

第二十一条 矿业权评估师应为委托人保守商业、技术等秘密。

第二十二条 矿业权评估师遇有下列情形之一的，应当拒绝出具矿业权评估报告：

（一）委托人要求出具虚假的矿业权评估结果；

（二）委托人故意不提供矿业权评估所需资料文件及相应工作条件；

（三）委托人提出的影响评估结果客观公正性的不合理要求。

第二十三条 矿业权评估师应努力钻研业务，不断更新知识，学习掌握新的技术方法，保持较高的专业水平。

矿业权评估师按规定参加国土资源部组织或授权组织的继续教育和业务培训。

第五章 法律责任

第二十四条 矿业权评估师有下列行为，注册管理机构根据情节轻重、责任大小，给予警告、暂停执业、取消注册、吊销矿业权评估师执业资格证书等处理：

（一）利用执业之便，索取、收受委托方不正当的酬金财物，或谋取其他不正当的利益；

（二）允许他人以本人的名义执行业务；

（三）同时在两个以上评估机构执业；

（四）在注册登记过程中弄虚作假；

（五）向委托人之外泄露矿业权评估结果和在执行业务时知悉的商业技术秘密；

（六）违反法律、行政法规的其他行为。

被吊销矿业权评估师执业资格证书人员，要取得执业资格，必须在被吊销资格之日起两年以后，重新通过考试并注册登记。

第二十五条 对违反本规定，私自承揽矿业权评估业务的人员，国土资源部责令其停业违法活动，依据法律没收非法所得，处以相应的罚款。

第二十六条 矿业权评估师违反有关法律、法规规定，给委托人、其他利害关系人造成损失的，应依法承担民事责任；构成犯罪的，依法承担刑事责任。

第六章　附　则

第二十七条　矿业权评估师执业资格考试实施前，长期从事矿业权评估管理研究的高级专业技术人员，可以通过国土资源部、人事部共同组织的考核认定，取得矿业权评估师执业资格证书。

第二十八条　境外人员申请参加矿业权评估师执业资格考试或申请在境内执业的管理办法，经国务院有关部门批准后，另行规定。

第二十九条　本规定由国土资源部、人事部按职责分工负责解释。

第三十条　本规定自发布之日起施行。

人事部、国家质量技术监督局关于印发《棉花质量检验师执业资格制度暂行规定》的通知

（人发〔2000〕70 号　2000 年 6 月 16 日）

各省、自治区、直辖市人事（人事劳动）厅（局）、质量技术监督局，国务院各部委、各直属机构人事（干部）部门：

根据《国务院关于深化棉花流通体制改革的决定》（国发〔1998〕42 号）精神和深化职称制度改革的要求，为加强棉花质量检验人员队伍的管理，提高棉花质量检验人员的素质，维护国家、棉农和消费者利益，决定对棉花质量检验专业技术人员实行执业资格制度。现将《棉花质量检验师执业资格制度暂行规定》印发你们，请遵照执行。

棉花质量检验师执业资格制度暂行规定

第一章　总　则

第一条　为了加强对棉花质量检验专业技术人员的执业准入控制，提高棉花质量检验人员的素质和执业水平，规范棉花质量检验工作，根据《国务院关于深化棉花流通体制改革的决定》（国发〔1998〕42 号）精神和职业资格制度的有关规定，制定本暂行规定。

第二条　国家对棉花质量检验专业技术人员实行执业资格制度，纳入全国专业技术人员执业资格制度的统一规划。

第三条　棉花质量检验师是指经全国统一考试合格，取得《棉花质量检验师执业资格证书》并经注册登记，从事棉花质量检验工作的专业技术人员。

第四条　凡出具棉花质量检验证书的棉花质量监督单位和棉花收购、加工、经销等经营单位，在检验技术的关键岗位，必须配备棉花质量检验师，并以此作为开办棉花质量监督单位、棉花经营单位和在棉花质量检验关键岗位工作的必备条件。

在产棉、用棉单位中，从事棉花质量检验关键岗位工作的专业技术人员，也应取得棉花质量检验师执业资格。

第五条　人事部授权国家质量技术监督局负责全国棉花质量检验师执业资格制度的

组织实施工作。人事部对其进行指导、监督、检查。

第二章 考 试

第六条 棉花质量检验师实行全国统一大纲、统一命题、统一组织的考试制度。原则上每年举行一次。

第七条 凡中华人民共和国公民，遵纪守法并具备下列条件之一者，可申请参加棉花质量检验师执业资格考试：

（一）取得棉花检验及相关专业（棉花种植与加工、纺织、仪器仪表等，下同）中专学历，从事棉花质量检验工作满七年。

（二）取得棉花检验及相关专业大专学历，从事棉花质量检验工作满五年。

（三）取得棉花检验及相关专业本科学历，从事棉花质量检验工作满三年。

（四）取得硕士以上学位，从事棉花质量检验工作满一年。

（五）按国家有关规定评聘为助理工程师后，从事棉花质量检验工作满四年。

（六）按国家有关规定评聘为工程师及以上专业技术职务。

第八条 国家质量技术监督局组织成立全国棉花质量检验人员执业资格考试专家委员会。专家委员会负责拟定考试大纲、考试试题及考前培训教材，提出考试合格标准意见。专家委员会的日常工作机构设在中国纤维检验局。

第九条 国家质量技术监督局负责审定考试大纲、考前培训教材，与人事部共同确定考试合格标准。

第十条 国家质量技术监督局授权中国纤维检验局组织棉花质量检验师考试等具体工作，有关省、自治区、直辖市人事部门监督指导。

第十一条 国家质量技术监督局负责统一规划并组织协调考前培训的有关工作。培训工作按照培训与考试分开、自愿参加的原则进行。

第十二条 棉花质量检验师考试合格者，由各省、自治区、直辖市质量技术监督部门颁发人事部统一印制、人事部与国家质量技术监督局用印的《中华人民共和国棉花质量检验师执业资格证书》。该证书在全国范围内有效。

第三章 注 册

第十三条 棉花质量检验师执业资格实行注册登记制度。国家质量技术监督局为注册管理机构，各省、自治区、直辖市质量技术监督部门为注册登记机构。人事部及各省、自治区、直辖市人事（职改）部门对棉花质量检验师注册工作进行监督、检查。

第十四条 考试合格取得资格证书者，必须在规定的期限内，到所在地注册登记机构登记注册。经注册后，方可从事相应的执业活动。

第十五条 申请注册者，必须同时具备下列条件：

（一）取得棉花质量检验师执业资格证书；

（二）遵纪守法，遵守棉花质量检验师职业道德；

（三）身体健康，能坚持在棉花质量检验关键岗位工作；

（四）经聘用单位审核同意。

第十六条 经国家质量技术监督局批准注册者，由各地注册登记机构在《棉花质量检验师执业资格证书》注册情况栏内加盖注册专用章，核发国家质量技术监督局统一印制的《棉花质量检验师注册证》，并将注册情况报同级人事（职改）部门备案。

第十七条 棉花质量检验师注册有效期为三年，有效期满前三个月，持证者应到注册登记机构重新办理注册手续。棉花质量检验师变更执业单位应及时办理变更注册手续。再次注册除符合第十五条规定外，还须有接受继续教育和业务培训的证明。

第十八条 棉花质量检验师有下列情形之一的，由所在单位向注册登记机构办理注销注册手续：

（一）不具有完全民事行为能力的。

（二）死亡或被宣告失踪的。

（三）受刑事处分的或取消执业资格以上处分的。

（四）因健康或其他原因，连续两年未从事棉花质量检验业务工作的。

凡注销注册的，由所在省的注册登记机构向国家质量技术监督局备案。

第十九条 国家质量技术监督局对棉花质量检验师注册证使用等有关情况，定期向人事部通报并予以公布。

第四章 职 责

第二十条 棉花质量检验师必须遵守棉花质量检验相关的法律、法规及职业道德，忠于职守。

第二十一条 棉花质量检验师必须严格执行国家标准及有关棉花质量检验的规章制度、检验规程。棉花质量检验师对违反有关规定的行为或决定，有责任提出劝告、制止、拒绝执行并向上级报告。

第二十二条 棉花质量检验师必须客观公正、实事求是，对所出具的检验证书的真实性、准确性负责。

第二十三条 棉花质量检验师在执业范围内负责对棉花检验质量的监督管理，参与棉花质量管理。

第二十四条 一个棉花质量检验师只能在一个单位专职执业，只具有该单位质量检验报告的签字权。

第二十五条 棉花质量检验师岗位设置和职责规范，由国家质量技术监督局统一制定。

第五章 继 续 教 育

第二十六条 棉花质量检验师需努力钻研业务，不断更新知识，保持较高的专业水平。

第二十七条 棉花质量检验师应按国家有关规定接受继续教育。国家质量技术监督局负责制定棉花质量检验师继续教育管理办法，组织拟定、审批继续教育内容。

第二十八条 棉花质量检验师实行继续教育登记制度，并以此作为再次注册的依据之一。

第六章 罚 则

第二十九条 对以不正当手段获取《棉花质量检验师执业资格证书》或《棉花质量检验师注册证》的人员，发证机构应收回证书，取消其棉花质量检验师执业资格，注销注册。

第三十条 对棉花质量检验师在检验工作中数据失准的，由聘用单位予以批评教育；发生重大技术差错并产生严重后果的，由发证机关暂停其执业资格；两次发生重大技术差错并产生严重后果的，发证机关取消其执业资格，注销注册。聘用单位应对直接责任者根据有关规定给予行政处分。

第三十一条 对棉花质量检验师违反本规定有关条款的，其所在单位须如实上报，由质量技术监督管理部门根据情况给予处分。注册机构对棉花质量检验师所受处分，应及时记录在其《棉花质量检验师执业资格证书》中备注（执业情况记录）栏内。

第三十二条 棉花质量检验师在执业期间违反法律法规构成犯罪的，由司法机关依法追究其刑事责任。

第七章 附 则

第三十三条 通过全国统一考试取得棉花质量检验师执业资格的人员，聘用单位根据专业岗位工作需要可聘任工程师专业技术职务。

第三十四条 对未按规定配备棉花质量检验师的单位，需在本规定发布后三年内完成配备工作。对已在需由棉花质量检验师担任的岗位工作，但尚未取得棉花质量检验师资格的人员，要进行强化培训，限期达到要求。对经过培训仍不能通过棉花质量检验师资格考试者，必须调离岗位。

第三十五条 对在关键岗位工作且业绩突出的棉花质量检验师，应给予表彰和奖励。

第三十六条 人事部和国家质量技术监督局按职责分工，对本暂行规定进行解释。

第三十七条 本暂行规定自发布之日起执行。

人事部、国家质量技术监督局关于印发《质量专业技术人员职业资格考试暂行规定》和《质量专业技术人员职业资格考试实施办法》的通知

（人发〔2000〕123号 2000年12月22日）

各省、自治区、直辖市人事厅（局）、质量技术监督局，国务院各部委、各直属机构人事（干部）部门：

为适应加入世贸组织和完善市场经济需要，科学、客观、公正地评价和选拔质量专业技术人才，加强质量专业技术人员队伍建设，提高产品质量水平和产品竞争力，经人事部、国家质量技术监督局研究决定，在工程系列质量专业实行全国统一的职业资格考试制度。现将《质量专业技术人员职业资格考试暂行规定》和《质量专业技术人员职业资格考试实施办法》印发给你们，请遵照执行。

质量专业技术人员职业资格考试暂行规定

第一条 根据国务院《质量振兴纲要》和《关于进一步加强产品质量工作若干问题的决定》精神及关于职业资格证书制度的有关规定，制定本规定。

第二条 本规定适用于企业、事业单位和社会团体中从事质量专业工作及相关工作的人员，在质量技术监督检验机构从事专职检验工作的人员除外。

第三条 国家对质量专业技术人员实行职业资格制度，纳入全国专业技术人员职业

资格制度的统一规划。

第四条　质量专业技术人员职业资格（以下简称质量专业资格）实行全国统一考试制度，由国家统一组织、统一时间、统一大纲、统一试题、统一标准、统一证书。

质量专业实行职业资格考试制度后，不再进行工程系列相应专业技术职务任职资格的评审工作。

第五条　质量专业资格实行一考多用的原则。通过质量专业资格考试并获得该专业相应级别职业资格证书的工程技术人员，表明其已具备质量专业相应岗位职业资格和担任相应级别工程技术职务的水平和能力。用人单位可根据工作需要，从获得质量专业资格证书的人员中择优聘任。

第六条　质量专业资格分为：初级资格、中级资格和高级资格。

（一）取得初级资格，作为质量专业岗位职业资格的上岗证，可根据《工程技术人员职务试行条例》有关规定聘任工程技术员或助理质量工程师职务。

（二）取得中级资格，作为某些重要产品生产企业关键质量岗位职业资格的必备条件，可根据《工程技术人员职务试行条例》有关规定聘任质量工程师职务。

（三）高级资格实行考试与评审相结合的评价制度，具体办法另行规定。

第七条　参加质量专业资格考试的人员，必须遵守中华人民共和国宪法和各项法律，认真贯彻执行国家质量工作的方针、政策，遵守有关质量工作法律法规，热爱质量专业工作，恪守职业道德。

第八条　参加质量专业初级资格考试的人员，除具备本规定第七条所列基本条件外，还必须具备中专以上学历。

第九条　参加质量专业中级资格考试的人员，除具备本规定第七条所列的基本条件外，还必须具备下列条件之一：

（一）取得大学专科学历，从事质量专业工作满 5 年。

（二）取得大学本科学历，从事质量专业工作满 4 年。

（三）取得双学士学位或研究生班毕业，从事质量专业工作满 2 年。

（四）取得硕士学位，从事质量专业工作满 1 年。

（五）取得博士学位。

（六）本规定发布前，按国家统一规定已受聘担任助理工程师职务，从事质量专业工作满 5 年。

第十条　质量专业资格考试工作，由人事部、国家质量技术监督局共同负责。

国家质量技术监督局负责拟定考试大纲、考试科目、考试命题、编写考试用书、研究建立考试题库，组织或授权组织考前培训等有关工作。

人事部负责审定考试大纲、考试科目和试题，会同国家质量技术监督局对考试进行指导、监督、检查和确定合格标准。

第十一条　质量专业资格考试合格，由各省、自治区、直辖市人事（职改）部门颁发人事部统一印制，人事部、国家质量技术监督局用印的质量专业技术人员职业资格证书。该证书全国范围有效。

第十二条　质量专业资格证书实行定期登记制度。资格证书每 3 年登记 1 次。持证者应按规定到国家质量技术监督局指定的机构办理登记手续。

第十三条 对有伪造学历或资历证明、违反考试纪律行为的质量专业技术人员，一经发现，将取消其资格，收回其证书，2 年内不得再参加质量专业资格考试。

第十四条 本规定报名条件中所规定的从事质量专业工作年限，其截止日期为考试报名年度当年年底。

第十五条 经国务院有关部门同意，获准在中华人民共和国境内就业的外籍人员，也可按本规定要求，报名参加考试。

第十六条 某些重要产品生产企业关键质量岗位由国家质量技术监督局另行规定。

第十七条 本规定由人事部、国家质量技术监督局按职责分工负责解释。

第十八条 本规定自 2001 年 1 月 1 日起施行。

质量专业技术人员职业资格考试实施办法

根据《质量专业技术人员职业资格考试暂行规定》（以下简称《暂行规定》），制定本实施办法。

第一条 质量专业技术人员职业资格（以下简称质量专业资格）考试在人事部、国家质量技术监督局的统一领导下进行。两部门成立“质量专业资格考试专家委员会”和“质量专业资格考试办公室”，办公室设在国家质量技术监督局质量司，负责考试的日常管理工作。具体考务工作委托人事部人事考试中心组织实施。

各地考试工作由当地质量技术监督部门和人事（职改）部门共同负责。具体职责分工，由各地协商确定。

第二条 质量专业资格考试，原则上每年举行 1 次，考试日期定于每年 6 月。首次考试拟定于 2001 年 9 月进行。

第三条 质量专业初级资格考试设：质量专业相关知识、质量专业基础理论与实务两个科目。

质量专业中级资格考试设：质量专业综合知识、质量专业理论与实务两个科目。

各级别考试均分两个半天进行，每个科目的考试时间为 3 个小时。

第四条 参加考试的人员必须符合《暂行规定》中与报名资格有关的各项条件。

对在《暂行规定》发布前，按国家统一规定已受聘担任工程系列助理工程师、工程师职务的质量专业人员，只参加“质量专业基础理论与实务”或“质量专业理论与实务”一个科目的考试，考试合格者即可取得质量专业相应级别的资格证书。

第五条 凡符合报名条件并申请参加质量专业资格考试的人员，由本人提出申请，单位审核同意，按规定携带有关证件到当地考试管理机构报名。报名时，各地质量技术监督部门负责审核从事质量专业工作经历。经考试管理机构核准后，向应考人员核发准考证，应考人员凭准考证在指定的时间、地点参加考试。

中央和国务院各部门直属单位的人员参加考试，实行属地化管理原则。

第六条 考场原则上设在省辖市以上中心城市的大、中专院校或高考定点学校。

第七条 国家质量技术监督局负责组织或授权组织编写培训教材和有关参考资料。严禁任何单位和个人盗用国家质量技术监督局名义，编写、发行考试用书和举办各种与质量专业资格有关的考前培训，使考生利益受到损害。

第八条 为保证培训工作健康有序进行，国家质量技术监督局负责组织质量专业资格考试的师资培训。

各地要认真做好培训工作，组织培训要有计划的进行。培训单位必须具备场地、师资、教材等条件，由当地质量技术监督部门会同人事（职改）部门审核推荐，报国家质量技术监督局批准。

第九条 培训必须坚持与考试分开的原则，参与培训工作的人员，不得参加考试命题及考试组织管理工作。应考人员参加培训坚持自愿原则。

第十条 质量专业资格考试和培训等项目的收费标准，须经当地价格主管部门核准。

第十一条 考试考务管理工作要严格执行有关规章和纪律，切实做好试卷的命制、印刷、发送和保管过程中的保密工作。严格遵守保密制度，严防泄密。

考试工作人员要认真执行考试回避制度，严肃考场纪律。对违反考试纪律和有关规定者，要严肃处理，并追究领导责任。

人事部、新闻出版总署关于印发《出版专业技术人员职业资格考试暂行规定》和《出版专业技术人员职业资格考试实施办法》的通知

（人发〔2001〕86 号 2001 年 8 月 7 日）

各省、自治区、直辖市人事厅（局）、新闻出版局，新疆生产建设兵团人事局、新闻出版局：

为贯彻落实《中共中央关于加强社会主义精神文明建设若干重要问题的决定》，适应我国加入世贸组织和社会主义市场经济发展的需要，科学、客观、公正地评价和选拔出版专业技术人才，经人事部、新闻出版总署研究决定，在出版专业实行全国统一的职业资格考试制度。现将《出版专业技术人员职业资格考试暂行规定》和《出版专业技术人员职业资格考试实施办法》印发给你们，请遵照执行。

出版专业技术人员职业资格考试暂行规定

第一条 为加强出版专业技术队伍建设，提高出版专业技术队伍的整体素质，规范出版物市场的管理，保证出版物的质量，根据国务院《出版管理条例》和《音像管理条例》的有关精神及职业资格证书制度的有关规定，制定本暂行规定。

第二条 本规定适用于在图书、期刊、音像、电子等出版单位（包括出版社、期刊社）中从事编辑、出版、校对、发行等专业技术工作的人员。

第三条 国家对出版专业技术人员实行职业资格制度，纳入全国专业技术人员职业资格制度的统一规划。

第四条 出版专业技术人员职业资格（以下简称出版专业资格）实行全国统一考试制度，由国家统一组织、统一时间、统一大纲、统一试题、统一标准、统一证书。

出版专业实行职业资格考试制度后，不再进行该专业相应级别专业技术职务任职资格的评审工作。

第五条 出版专业资格实行一考多用原则。通过出版专业资格考试并获得该专业相应级别职业资格证书的专业技术人员，表明其已具备出版专业相应岗位职业资格和担任相应级别出版专业职务的水平和能力。用人单位可根据工作需要，从获得出版专业资格证书的人员中择优聘任。

第六条 出版专业资格分为：初级资格、中级资格和高级资格。

（一）取得初级资格，作为从事出版专业岗位工作的上岗证，可以根据《出版专业人员职务试行条例》有关规定，聘任助理编辑（助理技术编辑或二级校对）职务。

（二）取得中级资格，作为出版专业某些关键岗位工作的必备条件，可以根据《出版专业人员职务试行条例》有关规定聘任编辑（技术编辑和一级校对）职务。

（三）高级资格（编审、副编审）实行考试与评审相结合的评价制度，具体办法另行规定。

第七条 报名参加出版专业资格考试的人员，必须遵守中华人民共和国宪法和各项法律，认真贯彻执行党和国家有关宣传出版工作的方针、政策，热爱出版工作，恪守职业道德。

第八条 报名参加出版专业初级资格考试的人员，除具备本规定第七条所列基本条件外，还必须具备下列条件之一：

（一）取得大学专科以上学历。

（二）本规定发布之日前，已受聘担任技术设计员或三级校对专业技术职务。

第九条 报名参加出版专业中级资格考试的人员，除具备本规定第七条所列的基本条件外，还必须具备下列条件之一：

（一）取得大学专科学历，从事出版专业工作满5年。

（二）取得大学本科学历，从事出版专业工作满4年。

（三）取得双学士学位或研究生班毕业，从事出版专业工作满2年。

（四）取得硕士学位，从事出版专业工作满1年。

（五）取得博士学位。

（六）本规定发布之日前，按国家统一规定已受聘担任助理编辑、助理技术编辑、二级校对专业技术职务满4年。

（七）本规定发布之日前，受聘担任非出版专业中级专业技术职务，从事出版专业技术岗位工作满1年。

第十条 出版专业资格考试工作由人事部和新闻出版总署共同负责。

新闻出版总署负责拟定考试科目、考试大纲、考试题目、编写考试用书、研究并建立考试题库，组织或授权组织考前培训等有关工作。

人事部负责审定考试科目、考试大纲和试题，会同新闻出版总署对考试进行检查、监督和指导，确定合格标准。

第十一条 出版专业资格考试合格者，由各省、自治区、直辖市人事（职改）部门颁发人事部统一印制，人事部、新闻出版总署共同用印的《中华人民共和国出版专业技术人员职业资格证书》。该证书在全国范围有效。

第十二条 出版专业职业资格证书实行定期登记制度。资格证书每3年登记1次。

持证者应按国家规定到新闻出版总署指定的机构办理登记手续。

第十三条 有下列情形之一者，不得申请参加出版专业资格考试：

（一）不具有完全民事行为能力。

（二）违犯出版法规受到严厉惩处。

（三）有刑事犯罪记录。

第十四条 有下列情形之一者，由新闻出版行政主管部门吊销其专业技术资格，由发证机关收回其职业资格证书，2年内不得再参加出版专业资格考试：

（一）伪造学历和出版专业工作资历证明。

（二）考试期间有违纪行为。

（三）国务院新闻出版和人事行政主管部门规定的其他情形。

第十五条 新闻出版总署将对通过考试取得出版专业职业资格证书人员的职责、权利、义务及管理作出明确规定。

第十六条 国家将对出版专业某些重要的专业技术岗位实行执业准入制度，具体办法另行规定。

第十七条 本规定由人事部、新闻出版总署按职责分工负责解释。

第十八条 本规定自发布之日起施行。

出版专业技术人员职业资格考试实施办法

第一条 根据《出版专业技术人员职业资格考试暂行规定》（以下简称《暂行规定助》），制定本实施办法。

第二条 出版专业技术人员职业资格（以下简称出版专业资格）考试在人事部、新闻出版总署的统一领导下进行。两部门共同成立“出版专业资格考试大纲编写暨命题专家委员会”和出版专业资格考试办公室。办公室设在新闻出版总署人事教育司，负责资格考试的日常管理工作。具体考务工作委托人事部人事考试中心组织实施。

各地考试工作由各省、自治区、直辖市新闻出版主管部门和人事（职改）部门共同负责。具体职责分工，由各地协商确定。

第三条 出版专业资格考试，原则上每年举行1次，考试日期定于每年6月。首次考试拟定于2002年9月进行。

第四条 出版专业初级、中级资格考试均设出版专业基础知识和出版专业理论与实务2个科目。

各级别考试均分2个半天进行，每个科目的考试时间均为3个小时。

第五条 参加考试的人员必须符合《暂行规定》中与报考资格有关的各项条件。

在《暂行规定》发布之日前，按国家统一规定已受聘担任出版专业初级或中级专业技术职务的人员，只参加相应级别“出版专业理论与实务”一个科目的考试，考试合格者即可取得出版专业相应级别的职业资格证书。

第六条 报名条件中有关学历的要求，是指经国家教育行政主管部门认可的正规院校毕业的学历。有关工作年限的要求，是指取得正规学历前后从事本专业工作时间的总和。工作年限计算时间的截止日期为考试报名年度当年年底。

第七条 参加考试的人员，必须符合《暂行规定》中与报名有关的各项条件。由本人提出申请，经所在单位审核同意，按规定携带有关证件到当地考试管理机构报名。经考试管理机构审核合格后，领取准考证。应考人员凭准考证、身份证在指定的时间、地点参加考试。

中央和国务院各部门直属出版单位的人员参加考试，实行属地化管理原则。

第八条 考场原则上设在省会城市的大、中专院校或高考定点学校。

第九条 为保证培训工作健康有序地进行，新闻出版总署负责组织出版专业的师资培训。

各地要认真做好培训工作，组织培训要有计划。培训单位必须具备场地、师资、教材等条件，由当地出版行业主管部门会同人事（职改）部门审核推荐，新闻出版总署审批。

第十条 必须坚持培训与考试分开的原则，参与培训工作的人员，不得参与所有考试工作（包括命题及考试组织管理）。应考人员参加培训坚持自愿的原则。

第十一条 新闻出版总署负责组织或授权组织编写培训教材和有关参考资料。严禁任何单位和个人盗用新闻出版总署名义，编写、发行考试用书和举办各种与出版专业资格有关的考前培训，损害考生利益。

第十二条 出版专业资格考试和培训等项目的收费标准，须经当地价格主管部门核准。

第十三条 考试考务管理工作要严格执行考务工作的有关规章和纪律，切实做好试卷的命制、印刷、发送和保管过程中的保密工作。严格遵守保密制度，严防泄密。

第十四条 考试工作人员要认真执行考试回避制度，严肃考场纪律，严禁弄虚作假。对违反考试纪律和有关规定者，要严肃处理，并追究领导责任。

人事部、国家发展计划委员会关于印发《注册咨询工程师（投资）执业资格制度暂行规定》和《注册咨询工程师（投资）执业资格考试实施办法》的通知

（人发〔2001〕127号 2001年12月12日）

各省、自治区、直辖市人事厅（局）、计委、物价局，国务院各部委、各直属机构人事（干部）部门：

为适应社会主义市场经济和中国加入世界贸易组织的需要，加强工程咨询专业技术人员队伍建设，提高工程咨询专业技术人员素质和业务水平，规范工程咨询行为，保证工程咨询质量，人事部、国家发展计划委员会决定在工程咨询行业实行注册咨询工程师（投资）执业资格制度。现将《注册咨询工程师（投资）执业资格制度暂行规定》和《注册咨询工程师（投资）执业资格考试实施办法》印发你们，请遵照执行。

附件：全国注册咨询工程师（投资）执业资格管理委员会人员名单（略）

注册咨询工程师（投资）执业资格制度暂行规定

第一章 总 则

第一条 为加强对工程咨询专业技术人员的管理，提高工程咨询专业技术人员素质和业务水平，规范工程咨询行为，保证工程咨询质量，根据国家职业资格证书制度的有关规定，制定本规定。

第二条 国家对工程咨询行业关键岗位的专业技术人员实行执业资格制度，纳入全国专业技术人员执业资格制度统一管理。

第三条 本规定所称注册咨询工程师（投资），是指通过考试取得《中华人民共和国注册咨询工程师（投资）执业资格证书》，经注册登记后，在经济建设中从事工程咨询业务的专业技术人员。

注册咨询工程师（投资）英文译称：Registered Consulting Engineer。

第四条 凡在经济建设中从事工程咨询业务的机构，必须配备一定数量的注册咨询工程师（投资）。具体办法由国家发展计划委员会另行规定。

第五条 人事部和国家发展计划委员会共同负责全国注册咨询工程师（投资）执业资格制度的政策制定、组织协调和监督指导，并成立全国注册咨询工程师（投资）执业资格管理委员会，负责注册咨询工程师（投资）执业资格管理工作，该委员会办事机构设在中国工程咨询协会。

第二章 考 试

第六条 注册咨询工程师（投资）执业资格实行全国统一考试制度，原则上每年举行一次。

第七条 全国注册咨询工程师（投资）执业资格管理委员会负责组织编制考试大纲、编写教材和组织命题工作，统一规划并组织考前培训等有关工作。

考前培训工作按照培训与考试分开、自愿参加的原则进行。

第八条 人事部负责审定考试科目、考试大纲和试题，组织或授权组织实施考务工作，会同国家发展计划委员会对考试进行监督、检查、指导和确定合格标准。

第九条 凡中华人民共和国公民，遵守国家法律、法规，并具备以下条件之一者，可以申请参加注册咨询工程师（投资）执业资格考试：

（一）工程技术类或工程经济类大专毕业后，从事工程咨询相关业务满8年；

（二）工程技术类或工程经济类专业本科毕业后，从事工程咨询相关业务满6年；

（三）获工程技术类或工程经济类专业第二学士学位或研究生班毕业后，从事工程咨询相关业务满4年；

（四）获工程技术类或工程经济类专业硕士学位后，从事工程咨询相关业务满3年；

（五）获工程技术类或工程经济类专业博士学位后，从事工程咨询相关业务满2年；

（六）获非工程技术类、工程经济类专业上述学历或学位人员，其从事工程咨询相关业务年限相应增加2年；

（七）人事部、国家发展计划委员会规定的其他条件。

第十条 注册咨询工程师（投资）执业资格考试合格者，由各省、自治区、直辖市人事部门颁发人事部统一印制，人事部、国家发展计划委员会用印的《中华人民共和国注册咨询工程师（投资）执业资格证书》。该证书全国范围有效。

第三章 注 册

第十一条 取得《中华人民共和国注册咨询工程师（投资）执业资格证书》的人员，必须经过注册登记才能以注册咨询工程师（投资）名义执业。

第十二条 全国注册咨询工程师（投资）执业资格管理委员会负责注册咨询工程师（投资）的注册登记工作。全国注册咨询工程师（投资）执业资格管理委员会授权单位或地方工程咨询协会，为注册咨询工程师（投资）的注册初审机构。

各省、自治区、直辖市人事部门对注册咨询工程师（投资）的注册情况有检查、监督的责任。

第十三条 取得注册咨询工程师（投资）执业资格证书后，申请注册的人员，由本人提出申请，经所在单位同意，报所在地注册初审机构审查，由全国注册咨询工程师（投资）执业资格管理委员会统一注册登记。

经批准注册的申请人，由全国注册咨询工程师（投资）执业资格管理委员会核发《注册咨询工程师（投资）注册证》。

第十四条 申请注册的人员必须同时具备以下条件：

（一）恪守职业道德；

（二）取得注册咨询工程师（投资）执业资格证书；

（三）身体健康，能坚持在注册咨询工程师（投资）岗位上工作并具有良好业绩。

再次注册者，应经单位考核合格，并具有全国注册咨询工程师（投资）执业资格管理委员会认可的继续教育、业务培训证明。

第十五条 注册咨询工程师（投资）注册有效期为 3 年，有效期届满需要继续注册的，应当在期满前 3 个月内重新办理注册登记手续。

第十六条 未取得《注册咨询工程师（投资）注册证》的人员，不得以注册咨询工程师（投资）的名义执业。

第十七条 注册咨询工程师（投资）变更所在单位、执业内容的，须及时向注册机构办理变更手续。

第十八条 注册咨询工程师（投资）注册后，有下列情形之一的，由所在单位向注册机构办理注销手续：

（一）死亡；

（二）服刑；

（三）脱离工程咨询岗位连续两年以上（含两年）；

（四）受处分、处罚不能执业；

（五）因健康原因不能正常执业。

凡注销注册的，由全国注册咨询工程师（投资）执业资格管理委员会定期公告。

第四章 执 业

第十九条 注册咨询工程师（投资）可在以下范围执业：

（一）经济社会发展规划、计划咨询；

（二）行业发展规划和产业政策咨询；

（三）经济建设专题咨询；

（四）投资机会研究；

（五）工程项目建议书的编制；

（六）工程项目可行性研究报告的编制；

（七）工程项目评估；

（八）工程项目融资咨询、绩效追踪评价、后评价及培训咨询服务；

（九）工程项目招投标技术咨询；

（十）国家发展计划委员会规定的其他工程咨询业务。

注册咨询工程师（投资）的专业类别，由全国注册咨询工程师（投资）执业资格管理委员会另行规定。

第二十条 注册咨询工程师（投资）必须加入一个工程咨询单位，方可执行工程咨询业务。

第二十一条 注册咨询工程师（投资）执行工程咨询业务，由所在工程咨询单位统一接受委托并收费。

第五章 权利和义务

第二十二条 注册咨询工程师（投资）有权以注册咨询工程师（投资）的名义执行业务，对其出具的所有咨询文本有签名盖章权，并具有法律效力。

第二十三条 国家投资或政府审批的固定资产投资项目，必须由注册咨询工程师（投资）主持其工程咨询业务。注册咨询工程师（投资）也可以主持其他项目业主委托本单位的工程咨询业务。

第二十四条 任何单位和个人修改注册咨询工程师（投资）主持完成的咨询文本，应征得该注册咨询工程师（投资）同意，特殊情况除外。

第二十五条 注册咨询工程师（投资）应当履行以下义务：

（一）遵守国家法律、法规，服从行业自律管理，维护国家、社会和业主利益；

（二）客观、公正执业，保证工程咨询质量；

（三）严格保守在执业中知悉的单位、个人技术和经济秘密；

（四）不得同时受聘于两个以上工程咨询单位；

（五）不得准许他人以本人名义执行工程咨询业务。

第二十六条 注册咨询工程师（投资）应当接受继续教育，参加职业培训，补充更新知识，不断提高业务技术水平。

第六章 罚 则

第二十七条 注册咨询工程师（投资）在执业中，因工程咨询质量问题给委托方、第三方造成损失的，由其所在工程咨询单位承担责任，工程咨询单位应据此对签字盖章的注册咨询工程师（投资）进行处罚或处分。

第二十八条 注册咨询工程师（投资）若违反本规定，经注册初审机构查证核实，报全国注册咨询工程师（投资）执业资格管理委员会批准，视情节轻重，分别予以警告、停止执业、注销注册、收回执业资格证书的处分。

第二十九条 注册咨询工程师（投资）在执业中触犯刑律，构成犯罪的，由司法机关依法惩处。

第三十条 全国注册咨询工程师（投资）执业资格管理委员会和工程咨询单位对注册咨询工程师（投资）违反本规定有关条款所作的处理，及时如实登记在证书的“执业情况记录”栏中。

第三十一条 当事人对处分、处罚不服的，可以申请复议。

第七章 附 则

第三十二条 在全国实施注册咨询工程师（投资）执业资格考试之前，对已经达到注册咨询工程师（投资）执业资格水平的，考核认定一定数量的人员，获得注册咨询工程师（投资）执业资格。

注册咨询工程师（投资）执业资格考核认定办法由人事部、国家发展计划委员会另行制定。

第三十三条 获准在中华人民共和国境内就业的外籍人员，可按照国家有关政策规定和程序申请参加考试和注册执业。

第三十四条 本规定由人事部、国家发展计划委员会按职责分工负责解释。

第三十五条 本规定自发布之日起执行。

人事部、建设部关于成立全国注册工程师工作领导小组的通知

（人发〔2001〕4 号 2001 年 1 月 4 日）

各省、自治区、直辖市人事厅（局）、建设厅（委、局），国务院有关部门，新疆生产建设兵团：

为适应我国社会主义市场经济发展和加入世界贸易组织的需要，加快我国注册工程师制度的建立，人事部、建设部等部门决定成立全国注册工程师工作领导小组，统一协调和指导我国各类注册工程师制度的规划实施工作，分行业逐步建立和推行工程技术各专业领域的执业资格注册制度。全国注册工程师工作领导小组成员如下：

组　　长：徐颂陶　人事部　副部长
执行组长：叶如棠　建设部　副部长
副 组 长：朱高峰　中国工程院　副院长、中国工程院　院士
　　　　　容柏生　中国工程院　院士
成　　员：林选才　建设部勘察设计司　司长
　　　　　范　勇　人事部专业技术人员管理司　副司长
　　　　　钟秉林　教育部高教司　司长
　　　　　贾建华　国家计委人事司　副司长
　　　　　杨晓健　国家经贸委人事司　助理巡视员
　　　　　徐　光　交通部水运司　副司长
　　　　　顾　聪　铁道部建设管理司　副司长

赵英明　国家环保总局科技司　副司长
薛　平　国土资源部人事司　巡视员
刘小波　国家测绘局人事司　副司长
汪　洪　水利部水电规划设计总院　副院长
刘宝英　人事部人事考试中心　主任
李竹成　建设部执业注册管理中心　主任

人事部、建设部关于发布《勘察设计注册工程师制度总体框架及实施规划》及《全国勘察设计注册工程师管理委员会组成人员名单》的通知

（人发〔2001〕5号　2001年1月4日）

各省、自治区、直辖市人事厅（局）、建设厅（委、局），国务院有关部门，新疆生产建设兵团：

现将《勘察设计注册工程师制度总体框架及实施规划》及《全国勘察设计注册工程师管理委员会组成人员名单》予以公布。

勘察设计注册工程师制度总体框架及实施规划

结合我国国情并参照国外注册执业制度的通行做法，我国勘察设计行业执业注册资格分为三大类，即：注册工程师、注册建筑师、注册景观设计师。根据分行业分类建立和推行执业注册制度的原则，勘察设计注册工程师制度总体框架及实施规划如下：

一、勘察设计注册工程师专业划分总体框架

专业分类		执业范围	涵盖工程内容
1	土木	岩土工程	各类建设工程的岩土工程
		水利水电工程	水坝、灌渠、河道整治等
		港口与航道工程	码头、航道、防波堤、船闸等
		公路工程	公路、城市道路、隧道等
		铁路工程	铁路、轻轨工程、隧道等
		民航工程	机场跑道、滑行道、停机坪等
2	结构	房屋结构工程	工业与民用建筑
		塔架工程	各类塔架及构筑物
		桥梁工程	各类桥梁
3	公用设备	暖通及空调工程	采暖、通风、空调等
		动力工程	供热、制冷、供气、燃气等
		给排水工程	城市给排水及工业与民用建筑给排水工程

续表

专业分类		执业范围	涵盖工程内容	
4	电气	发电、传输工程	发电、输变电、供配电、自控	
		供配电工程	照明、防雷接地等	
5	机械	机械制造工程	制造工艺、专用设备及生产线等	
6	化工	化工工程	化工、石化、化纤、医药、轻化	
7		电子工程	电子信息工程	
			广播电影电视工程	
8		航天航空	航天航空工程	
9		农业	农业工程	
10		冶金	冶金工程	
11		矿业/矿物	矿业/矿物工程	（待研究确定）
12		核工业	核工业工程	
13		石油/天然气	石油/天然气工程	
14		造船	造船工程	
15		军工	军工工程	
16		海洋	海洋工程	
17		环保	环保工程	

二、建立和完善勘察设计注册工程师执业法规、标准和管理办法

（一）逐步制定勘察设计注册工程师制度的法律规章，明确注册工程师的法律地位，作为开展执业注册工作的依据。

（二）制定勘察设计注册工程师教育评估、职业实践、考试、注册、执业、继续教育等标准。

（三）制定管理机构设置及职责分工管理办法。

三、注册工程师名称及执业范围界定

采用专业分类命名执业注册名称，即“中华人民共和国注册××工程师”。如“中华人民共和国注册结构工程师”、“中华人民共和国注册土木工程师”。某些专业如需明确执业范围的可在注册证书上加注执业范围。

四、管理

（一）人事部、建设部的职责

1. 筹备成立协调议事机构——全国勘察设计注册工程师管理委员会；

2. 指导全国勘察设计注册工程师管理委员会的工作；

3. 制定各专业实施注册工程师执业资格制度的政策规定；

4. 对注册工程师制度的实施情况进行监督；

5. 协调各部门、各专业之间的关系。

（二）全国勘察设计注册工程师管理委员会职责

1. 受人事部、建设部的委托，实施勘察设计注册工程师总体框架方案，负责审批专业委员会提交的立项报告；

2. 负责组织协调全国统一的勘察设计注册工程师考试工作与教育评估工作；

3. 负责制定勘察设计注册工程师职业实践、考试、注册、执业、继续教育等标准的统一原则；

4. 确定勘察设计注册工程师命题工作规程，审定考试大纲、年度试题、评分标准与合格标准；

5、统一印制“注册证书”，规范执业印章的统一模式和编号；

6. 指导、协调、监督、检查勘察设计注册工程师专业管理委员会和地方管理委员会的工作；

7. 负责与境外注册工程师机构的联络与交流及资格互认工作；

8. 委员会下设专家组及常设办事机构，负责委员会的日常工作。

（三）国务院有关部门或政府授权的行业协会的职责

1. 协助全国勘察设计注册工程师管理委员会筹备成立勘察设计注册工程师专业管理委员会；

2. 审核专业注册工程师管理规定；

3. 监督专业注册工程师的执业活动。

（四）勘察设计注册工程师专业管理委员会的职责

1. 受有关部委或行业协会的委托，并在全国勘察设计注册工程师管理委员会统一指导下，组织制定本专业注册工程师考试大纲，建立并管理考试试题库、负责组织阅卷评分，提出本专业评分标准和合格标准建议；

2. 负责专业注册工程师的注册、继续教育、培训以及监督管理等工作；

3. 参加本专业的教育评估工作；

4. 颁发统一印制的注册证书，制作和管理执业印章。

（五）地方勘察设计注册工程师管理委员会的职责

在全国勘察设计注册工程师管理委员会和专业管理委员会的指导下，组织实施考试、培训、注册、继续教育等具体工作。

五、实施计划

（一）组建全国勘察设计注册工程师管理委员会；2001 年制定勘察设计注册工程师制度暂行规定及实施细则、专业注册工程师立项程序及管理办法；指导开展建立注册工程师制度的各项工作。

（二）各专业管理委员会，按照专业划分，本着既有利于管理，又不造成专业划分过细过多的原则，专业管理委员会除土木可按执业范围成立专业管理委员会外，其他均按专业划分设置。具体意见如下：

1. 土木专业委员会的职能由全国勘察设计注册工程师管理委员会代行，主要负责指导、协调土木专业的管理事务；

2. 岩土专业管理委员会——由建设部负责组建；

3. 水利专业管理委员会——由水利部负责组建；

4. 港口与航道工程专业管理委员会——由交通部负责组建；

5. 公路专业管理委员会——由交通部负责组建；

6. 铁路专业管理委员会——由铁道部负责组建；

7. 民航专业管理委员会——由国家民航总局负责组建；

8. 结构专业管理委员会——已组建；

9. 公用设备专业管理委员会——由建设部、中国机械工业勘察设计协会负责组建；

10. 电气专业管理委员会——由中国电力规划设计协会等牵头组建；

11. 电子信息专业管理委员会——由信息产业部、国家广播电影电视总局牵头组建；

12. 化工专业管理委员会——由医药、轻化等部门参加，中国化工勘察设计协会牵头负责组建；

13. 机械专业管理委员会——由中国机械工业勘察设计协会负责组建。

上述专业管理委员会准备工作成熟的，制订具体实施计划，经全国勘察设计注册工程师管理委员会审批同意后，即开始实施。其他专业管理委员会根据工作发展需要再行组建。

（三）完善注册结构工程师的考试大纲，2001 年增设塔架、桥梁专业的考试内容。

（四）土木、公用设备、电气、化工等专业涉及面广，安全性强，直接关系到国家财产和人民生命安全，将逐步在 3～5 年内分别实行注册执业制度。岩土工程、港工工程等专业已做了大量的准备工作，条件基本成熟，在近两年内推行注册执业制度。

（五）其他专业的注册工程师的立项工作将根据行业和市场需要由全国勘察设计注册工程师管理委员会制订实施计划。

（六）教育评估工作由建设部、教育部牵头，相关行业部门参加，与考试准备工作同时开展；首批将对土木、结构、公用设备、电气、化工等五个专业的有关重点院校进行教育评估，公布评估结果。

（七）参照国际惯例和国内注册结构工程师的成功做法，由全国勘察设计注册工程师管理委员会制定统一的考试标准。考试分为基础考试和专业考试，各基础、专业考试的题型、题量统一。

（八）总体规划，到 2010 年全面实行勘察设计注册工程师执业注册制度。

六、其他问题

（一）关于注册建筑师

注册建筑师制度按照《中华人民共和国注册建筑师条例》已于 1995 年在全国推行，第一批注册建筑师于 1997 年开始执业，目前工作开展顺利。根据专业发展，拟在注册建筑师中增设注册室内（装饰）设计师，其可行性由人事部、建设部会同有关部门另行论证。

（二）关于注册景观设计师

注册景观设计师主要从事风景园林设计、城市及小区景观设计和广场设计。

注册景观设计师执业制度目前尚处于论证阶段，待条件成熟时，参照注册建筑师的模式和管理办法成立全国注册景观设计师管理委员会，指导开展执业注册工作。

全国勘察设计注册工程师管理委员会组成人员名单

主　任：叶如棠　　建设部　副部长

副主任：范　勇　　人事部专业技术人员管理司　副司长

林选才　　建设部勘察设计司　司长

容柏生　　中国工程院　院士

钟秉林　　教育部高教司　司长
徐　光　　交通部水运司　副司长
顾　聪　　铁道部建设管理司　副司长
汪　洪　　水利部水电规划设计总院　副院长
刘宝英　　人事部人事考试中心　主任
李竹成　　建设部执业资格注册中心　主任
成　员：王素卿　　建设部勘察设计司　副司长
蒋作舟　　民航总局机场司　司长
沈　融　　中国电力规划设计协会　理事长
孟祥恩　　中国机械工业勘察设计协会　理事长
袁　纽　　中国化工勘察设计协会　原副司长
魏成林　　北京市规划委员会　副主任
赵春山　　建设部执业资格注册中心　副主任
郑富仕　　人事部专业技术人员管理司职称处　处长
张文斗　　建设部勘察设计司　处长

人事部、建设部关于印发《注册土木工程师（岩土）执业资格制度暂行规定》、《注册土木工程师（岩土）执业资格考试实施办法》和《注册土木工程师（岩土）执业资格考核认定办法》的通知

（人发〔2002〕35号　2002年4月8日）

各省、自治区、直辖市人事厅（局）、建设厅（建委、规委），国务院各有关部委，总政干部部、总后基建营房部，中央管理的有关企业：

根据人事部、建设部《关于发布〈勘察设计注册工程师制度总体框架及实施规划〉及〈全国勘察设计注册工程师管理委员会组成人员名单〉的通知》（人发〔2001〕5号）要求，经建设部、人事部研究决定，现将《注册土木工程师（岩土）执业资格制度暂行规定》、《注册土木工程师（岩土）执业资格考试实施办法》和《注册土木工程师（岩土）执业资格考核认定办法》印发给你们，请遵照执行。

附件：注册土木工程师（岩土）新旧专业对应表

注册土木工程师（岩土）执业资格制度暂行规定

第一章　总　则

第一条　为加强对岩土工程专业技术人员的管理，保证工程质量，维护社会公共利

益和人民生命财产安全，依据《中华人民共和国建筑法》、《建设工程勘察设计管理条例》等法律法规和国家有关执业资格制度的规定，制定本规定。

第二条 注册土木工程师（岩土）执业资格制度纳入国家专业技术人员执业资格制度，由人事部、建设部批准建立。

第三条 本规定所称注册土木工程师（岩土），是指取得《中华人民共和国注册土木工程师（岩土）执业资格注册证书》和《中华人民共和国注册土木工程师（岩土）执业资格注册证书》，从事岩土工程工作的专业技术人员。

第四条 建设部、人事部、国务院各有关部门和省、自治区、直辖市人民政府建设行政部门、人事行政部门依照本规定对注册土木工程师（岩土）执业资格的考试、注册和执业进行指导、监督和检查。

第五条 全国勘察设计注册工程师管理委员会下设全国勘察设计注册工程师岩土工程专业管理委员会（以下简称岩土工程专业委员会），由建设部、人事部和国务院各有关部门及岩土工程专业的专家组成，具体负责注册土木工程师（岩土）执业资格的考试和注册等工作。

各省、自治区、直辖市的勘察设计注册工程师管理委员会，负责本地区注册土木工程师（岩土）执业资格的考试组织、取得资格人员的管理和办理注册手续等具体工作。

第二章 考试与注册

第六条 注册土木工程师（岩土）执业资格考试实行全国统一大纲、统一命题、统一组织的办法，原则上每年举行一次。

第七条 岩土工程专业委员会受建设部委托负责拟定岩土工程专业考试大纲和命题、编写培训教材或指定考试用书等工作，统一规划考前培训工作。全国勘察设计注册工程师管理委员会负责审定考试大纲、年度试题、评分标准与合格标准。

第八条 注册土木工程师（岩土）执业资格考试由基础考试和专业考试组成。

第九条 凡中华人民共和国公民，遵守国家法律、法规，恪守职业道德，并具备相应专业教育和职业实践条件者，均可申请参加注册土木工程师（岩土）执业资格考试。

第十条 注册土木工程师（岩土）执业资格考试合格者，由省、自治区、直辖市人事行政部门颁发人事部统一印制，人事部、建设部用印的《中华人民共和国注册土木工程师（岩土）执业资格证书》。

第十一条 取得《中华人民共和国注册土木工程师（岩土）执业资格证书》者，应向所在省、自治区、直辖市勘察设计注册工程师管理委员会提出申请，由该委员会向岩土工程专业委员会报送办理注册的有关材料。

第十二条 由岩土工程专业委员会向准予注册的申请人核发由全国勘察设计注册工程师管理委员会统一制作的《中华人民共和国注册土木工程师（岩土）执业资格注册证书》和执业印章，经注册后，方可在规定的业务范围内执业。

岩土工程专业委员会应将准予注册的注册土木工程师（岩土）名单报全国勘察设计注册工程师管理委员会备案。

第十三条 注册土木工程师（岩土）执业资格注册有效期为 2 年。有效期满需继续执业的，应在期满前 30 日内办理再次注册手续。

第十四条 有下列情形之一的，不予注册：

（一）不具备完全民事行为能力的；

（二）在从事岩土工程或相关业务中犯有错误，受到行政处罚或者撤职以上行政处分，自处罚、处分决定之日起至申请注册之日不满 2 年的；

（三）因受刑事处罚，自处罚完毕之日起至申请注册之日不满 5 年的；

（四）国务院各有关部门规定的不予注册的其他情形。

第十五条 岩土工程专业委员会依照本规定第十四条决定不予注册的，应自决定之日起 15 个工作日内书面通知申请人。如有异议，申请人可自收到通知之日起 15 个工作日内向全国勘察设计注册工程师管理委员会提出申诉。

第十六条 注册土木工程师（岩土）注册后，有下列情形之一的，由岩土工程专业委员会撤销其注册：

（一）完全丧失民事行为能力的；

（二）受刑事处罚的；

（三）因在岩土工程业务中造成工程事故，受到行政处罚或者撤职以上行政处分的；

（四）经查实有与注册规定不符的；

（五）严重违反职业道德规范的。

第十七条 被撤销注册人员对撤销注册有异议的，可自接到撤销注册通知之日起 15 个工作日内向全国勘察设计注册工程师管理委员会提出申诉。

第十八条 被撤销注册的人员在处罚期满 5 年后可依照本规定重新申请注册。

第三章 执 业

第十九条 注册土木工程师（岩土）的执业范围：

（一）岩土工程勘察；

（二）岩土工程设计；

（三）岩土工程咨询与监理；

（四）岩土工程治理、检测与监测；

（五）环境岩土工程和与岩土工程有关的水文地质工程业务；

（六）国务院有关部门规定的其他业务。

第二十条 注册土木工程师（岩土）必须加入一个具有工程勘察或工程设计资质的单位方能执业。

第二十一条 注册土木工程师（岩土）执业，由其所在单位接受委托并统一收费。

第二十二条 因岩土工程技术质量事故造成的经济损失，接受委托单位应承担赔偿责任，并可向签字的注册土木工程师（岩土）追偿。

第二十三条 注册土木工程师（岩土）执业管理和处罚办法由建设部会同有关部门另行规定。

第四章 权利和义务

第二十四条 注册土木工程师（岩土）有权以注册土木工程师（岩土）的名义从事规定的专业活动。

第二十五条 在岩土工程勘察、设计、咨询及相关专业工作中形成的主要技术文件，应当由注册土木工程师（岩土）签字盖章后生效。

第二十六条 任何单位和个人修改注册土木工程师（岩土）签字盖章的技术文件，

须征得该注册土木工程师（岩土）同意；因特殊情况不能征得签字盖章的注册土木工程师（岩土）同意的，可由其他注册土木工程师（岩土）签字盖章并承担责任。

第二十七条　注册土木工程师（岩土）应履行下列义务：

（一）遵守法律、法规和职业道德，维护社会公众利益；

（二）保证执业工作的质量，并在其负责的技术文件上签字盖章；

（三）保守在执业中知悉的商业技术秘密；

（四）不得同时受聘于两个及以上单位执业；

（五）不得准许他人以本人名义执业。

第二十八条　注册土木工程师（岩土）应按规定接受继续教育，并作为再次注册的依据。

第五章　附　则

第二十九条　在实施注册土木工程师（岩土）执业资格考试之前，对已经达到注册土木工程师（岩土）执业资格条件的，可经特许或考核认定，获得《中华人民共和国注册土木工程师（岩土）执业资格证书》。

第三十条　经国务院有关部门同意，获准在中华人民共和国境内就业的外籍人员及港、澳、台地区的专业人员，符合本规定要求的，也可按规定的程序申请参加考试、注册和执业。

第三十一条　本规定由建设部和人事部按职责分工负责解释。

第三十二条　本规定自发布之日起30日后施行。

注册土木工程师（岩土）执业资格考试实施办法

第一条　建设部、人事部共同负责注册土木工程师（岩土）执业资格考试工作。

全国勘察设计注册工程师管理委员会负责审定考试大纲、年度试题、评分标准与合格标准。

全国勘察设计注册工程师岩土工程专业管理委员会负责审定考试大纲、年度试题、评分标准与合格标准。

全国勘察设计注册工程师岩土工程专业管理委员会（以下简称岩土工程专业委员会）负责具体组织实施考试工作。

考务工作委托人事部人事考试中心负责。各地的考试工作，由当地人事行政部门会同建设行政部门组织实施，具体职责分工由各地协商确定。

第二条　考试分为基础考试和专业考试。参加基础考试合格并按规定完成职业实践年限者，方能报名参加专业考试。专业考试合格后，方可获得《中华人民共和国注册土木工程师（岩土）执业资格证书》。

第三条　符合《注册土木工程师（岩土）执业资格制度暂行规定》第九条的要求，并具备以下条件之一者，可申请参加基础考试：

（一）取得本专业（指勘查技术与工程、土木工程、水利水电工程、港口航道与海岸工程专业，下同）或相近专业（指地质勘探、环境工程、工程力学专业，下同）大学本科及以上学历或学位。

（二）取得本专业或相近专业大学专科学历，从事岩土工程专业工作满 1 年。

（三）取得其他工科专业大学本科及以上学历或学位，从事岩土工程专业工作满 1 年。

第四条 基础考试合格，并具备以下条件之一者，可申请参加专业考试：

（一）取得本专业博士学位，累计从事岩土工程专业工作满 2 年；或取得相近专业博士学位，累计从事岩土工程专业工作满 3 年。

（二）取得本专业硕士学位，累计从事岩土工程专业工作满 3 年；或取得相近专业硕士学位，累计从事岩土工程专业工作满 4 年。

（三）取得本专业双学士学位或研究生班毕业，累计从事岩土工程专业工作满 4 年；或取得相近专业双学士学位或研究生班毕业，累计从事岩土工程专业工作满 5 年。

（四）取得本专业大学本科学历，累计从事岩土工程专业工作满 5 年；或取得相近专业大学本科学历，累计从事岩土工程专业工作满 6 年。

（五）取得本专业大学专科学历，累计从事岩土工程专业工作满 6 年；或取得相近专业大学专科学历，累计从事岩土工程专业工作满 7 年。

（六）取得其他工科专业大学本科及以上学历或学位，累计从事岩土工程专业工作满 8 年。

第五条 符合下列条件之一者，可免基础考试，只需参加专业考试：

（一）1991 年及以前，取得本专业硕士及以上学位，累计从事岩土工程专业工作满 6 年；或取得相近专业硕士及以上学位，累计从事岩土工程专业工作满 7 年。

（二）1991 年及以前，取得本专业双学士学位或研究生班毕业，累计从事岩土工程专业工作满 7 年；或取得相近专业双学士学位或研究生班毕业，累计从事岩土工程专业工作满 8 年。

（三）1989 年及以前，取得本专业大学本科学历，累计从事岩土工程专业工作满 8 年；或取得相近专业大学本科学历，累计从事岩土工程专业工作满 9 年。

（四）1987 年及以前，取得本专业大学专科学历，累计从事岩土工程专业工作满 9 年；或取得相近专业大学专科学历，累计从事岩土工程专业工作满 10 年。

（五）1985 年及以前，取得其他工科专业大学本科及以上学历或学位，累计从事岩土工程专业工作满 12 年。

（六）1982 年及以前，取得其他工科专业大学专科及以上学历，累计从事岩土工程专业工作满 9 年。

（七）1977 年及以前，取得本专业中专学历或 1972 年及以前取得相近专业中专学历，累计从事岩土工程专业工作满 10 年。

第六条 参加考试由本人提出申请，所在单位审核同意，到当地考试管理机构报名。考试管理机构按规定程序和报名条件审核合格后，发给准考证。应考人员在准考证指定的时间、地点参加考试。

国务院各部门所属单位和中央管理的企业的专业技术人员按属地原则报名参加考试。

第七条 考场原则上设在省会城市，如确需在其他城市设置，须经建设部、人事部批准。

第八条 坚持考试与培训分开的原则，参与命题及考试组织管理的人员不得参加考试培训工作。

第九条　严格执行考试考务工作的有关规章制度，做好试卷命题、印刷、发送过程中的保密工作，严格考场纪律，严禁弄虚作假。对违反规章制度的，按规定严肃处理。

附件

注册土木工程师（岩土）新旧专业对应表

专业划分	新专业名称	旧专业名称
本专业	1. 勘查技术与工程 2. 土木工程 3. 水利水电工程 4. 港口航道与海岸工程	岩土工程 水文物质与工程地质 勘察工程 建筑工程 结构工程 工业与民用建筑 城镇建设 地下工程与隧道工程 桥梁工程 铁道工程 交通工程 公路、城市道路及机场工程 水利水电工程建筑 水利水电工程施工 河川枢纽及水电站建筑物 河流泥沙与治河工程 水工结构工程 港口及航道工程 港口水工建筑 海岸与海洋工程
相近专业	1. 地质勘探 2. 环境工程 3. 工程力学	煤田地质勘查 地质矿产勘察 采矿工程 探矿工程 矿井建设 钻井工程 地球化学与勘查 应用地球物理 勘查地球物理 矿场地球物理 石油地质勘察 环境工程 农业建筑与环境 工程力学
其他专业	除本专业和相近专业外的工科专业	

注：表中“新专业名称”指中华人民共和国教育部高等教育司1998年颁布的《普通高等学校本科专业目录》中规定的专业名称；“旧专业名称”指1998年《普通高等学校本科专业目录》颁布前各院校所采用的专业名称。

注册土木工程师（岩土）执业资格考核认定办法

一、考核认定条件

评聘工程类高级专业技术职务，职业道德行为良好，并具备下列条件（一）或条件（二）的人员。

（一）同时具备下列 1、2 两项中的各一项条件者。

1. 学历和职业年限：

（1）1970 年及以前，取得本专业大学本科学历，累计从事岩土工程技术工作满 15 年；或取得相近专业大学本科学历，累计从事本专业技术工作满 20 年。

（2）1970 年及以前，取得本专业大学专科学历，累计从事岩土工程技术工作满 20 年；或取得相近专业大学专科学历，累计从事本专业技术工作满 25 年。

（3）1970 年及以前，取得本专业中专学历，累计从事岩土工程技术工作满 25 年；或取得相近专业中专学历，累计从事岩土工程技术工作满 30 年。

2. 技术业绩和资历：

（1）担任项目技术负责人，完成工程勘察资质分级标准中甲级民用建筑工程项目 6 级及以上或大型工业项目 3 项及以上的岩土工程。

（2）在具有甲级工程勘察资质的勘察设计单位中，担任有关岩土工程方面的正、副总工程师满 5 年。

（二）1970 年以后，取得本专业大学本科及以上学历或学位，从事岩土工程技术工作满 15 年，并获得全国优秀工程勘察奖项目或本专业国家级科技进步奖项目的主要技术负责人，或获得 2 项及以上省部级有关岩土工程的优秀工程勘察、科技进步一、二、三等奖项目的主要技术负责人。

二、考核认定程序

（一）符合考核认定条件的工程技术人员由所在单位向单位工商注册所在地的省、自治区、直辖市建设行政部门推荐，其中铁道部、水利部所属的甲、乙级勘察设计单位分别向铁道部、水利部主管勘察设计的部门推荐，军队系统勘察设计单位向总后基建营房部推荐。

（二）各省、自治区、直辖市建设行政部门和铁道部、水利部主管勘察设计的部门、总后基建营房部对本地区、本部门勘察设计单位的申报人员进行审核，经本地区、本部门人事（职改）部门、总政干部部复核后提出推荐名单，报全国勘察设计注册师工程岩土工程专业管理委员会（以下简称岩土工程专业委员会）初审。

（三）岩土工程专业委员会负责初审通过人员的测试管理工作，各省、自治区、直辖市建设行政部门负责所辖地区初审通过人员的测试工作，并将测试成绩报岩土工程专业委员会。

（四）岩土工程专业委员会将初审结果和测试成绩汇总后上报全国勘察设计注册工程师管理委员会。全国勘察设计注册工程师管理委员会根据初审结果和测试成绩进行终审，报人事部、建设部批准后，由全国勘察设计注册工程师管理委员会统一公布通过考核认定获得《中华人民共和国注册土木工程师（岩土）执业资格证书》人员的名单。

三、申报考核认定应提供下列材料

（一）各省、自治区、直辖市建设行政部门和铁道部、水利部、总后基建营房部等主管勘察设计部门的意见函；

（二）注册土木工程师（岩土）执业资格考核认定申报表；

（三）学历或学位证书、高级专业技术职务证书的复印件，担任正、副总工程师职务的任命文件复印件，获奖证书的复印件；

（四）所在单位出具的职业道德证明。

四、申报时间及要求

（一）各省、自治区、直辖市建设行政部门和铁道部、水利部主管勘察设计和人事行政部门、总政干部部和总后基建营房部，应于2002年7月30日前，将审核和复核合格人员材料报岩土工程专业委员会。

（二）已通过特许或考核认定的方式取得其他工程类专业执业资格的人员，一律不得申报注册土木工程师（岩土）执业资格的考核认定。

（三）各地区和有关部门应严格按照规定的条件和程序，认真做好申报、审核和复核工作。凡不认真把关或弄虚作假的，停止该地区或部门的申报权和个人的申报资格。

（四）各地区和有关部门在审核、复核时，应核查各类证书的原件。向岩土工程专业委员会报送的各类证书复印件应由所在单位人事（干部）部门负责人签署意见并加盖单位印章。

人事部、建设部关于申报特许注册土木工程师（岩土）执业资格有关工作的通知

（人发〔2002〕36号 2002年4月8日）

各省、自治区、直辖市人事厅（局）、建设厅（建委、规委），国务院各有关部门，总政干部部、总后基建营房部，中央管理的有关企业：

为了保证注册土木工程师（岩土）执业资格制度的顺利实施，根据人事部、建设部《关于发布〈勘察设计注册工程师制度总体框架及实施规划〉及〈全国勘察设计注册工程师管理委员会组成人员名单〉的通知》（人发〔2001〕5号）和《注册土木工程师（岩土）执业资格制度暂行规定》（人发〔2002〕35号）的精神及实施注册土木工程师（岩土）执业资格制度的需要，经人事部、建设部研究，决定在全国范围内进行注册土木工程师（岩土）执业资格的特许工作。现将申报工作的有关事项通知如下：

一、特许条件

符合下列条件之一的人员，可以申报：

（一）从事岩土工程专业技术工作的中国科学院院士、中国工程院院士或取得全国工程勘察大师称号的人员。

（二）符合《注册土木工程师（岩土）执业资格考核认定办法》（人发〔2002〕35

号）中有关规定，取得大学本科及以上学历或学位，从事岩土工程专业技术工作累计满15 年，评聘为工程类高级专业技术职务，并具备下列条件之一的人员：

1. 在具有甲级工程勘察资质的勘察设计单位中，担任正、副总工程师职务（负责岩土工程技术工作）满 5 年，并获得全国优秀工程勘察项目金、银奖或有关岩土工程国家科技进步奖项目的主要技术负责人。

2. 受聘担任注册土木工程师（岩土）执业资格考试大纲编写、考题设计的专家。

二、申报程序

（一）符合特许条件的工程技术人员由所在单位向单位工商注册所在地的省、自治区、直辖市建设行政部门推荐。其中，铁道部、水利部所属甲、乙级勘察设计单位分别向铁道部、水利部主管勘察设计的部门推荐，军队系统勘察设计单位向总后基建营房部推荐。

（二）各省、自治区、直辖市建设行政部门和铁道部、水利部主管勘察设计的部门、总后基建营房部对本地区、本部门勘察设计单位的申报人员进行审核，经本地区、本部门人事（职改）部门、总政干部部复核后提出推荐名单，报全国勘察设计注册工程师岩土工程专业管理委员会（以下简称岩土工程专业委员会）初审。

（三）岩土工程专业委员会初审合格后，报全国勘察设计注册工程师管理委员会终审。经全国勘察设计注册工程师管理委员会终审合格的人员，报建设部、人事部批准后，方可获得《中华人民共和国注册土木工程师（岩土）执业资格证书》。

三、申报特许应提供下列材料

（一）各省、自治区、直辖市建设行政部门或铁道部、水利部、总后基建营房部等主管勘察设计的部门的意见函；

（二）注册土木工程师（岩土）执业资格特许申报表；

（三）中国科学院院士、中国工程院院士或全国勘察大师应提供院士或大师证书复印件。其他人员应提供以下证明材料的复印件：学历或学位证书、评聘工程类高级专业技术职务证书、获奖证书、参加注册土木工程师（岩土）考题设计专家组成员聘任证书或担任正、副总工程师职务任命文件。

四、申报时间及要求

（一）各省、自治区、直辖市建设行政部门和铁道部、水利部、主管勘察设计和人事行政部门、总政干部部和总后基建营房部，应于 2002 年 6 月 30 日前，将审核和复核合格人员材料报岩土工程专业委员会。

（二）已通过特许或考核认定的方式取得其他工程类专业执业资格者不得申报。

（三）各地区和有关部门应严格按照规定的程序和条件，认真做好申报、审核和复核工作。凡不认真把关或弄虚作假的，停止该地区或部门的申报权和个人的申报资格。

（四）各地区和有关部门在审核和复核时，应核查各类证书的原件。向岩土工程专业委员会报送的各类证书复印件应由所在单位人事（干部）部门负责人签署意见并加盖单位印章。

附件：中华人民共和国注册土木工程师（岩土）执业资格特许申报表（略）

人事部、建设部、交通部关于印发《注册土木工程师（港口与航道工程）执业资格制度暂行规定》、《注册土木工程师（港口与航道工程）执业资格考试实施办法》和《注册土木工程师（港口与航道工程）执业资格考核认定办法》的通知

（人发〔2003〕27号 2003年3月31日）

各省、自治区、直辖市人事厅（局）、建设厅（建委、规委）、交通厅（局、委），国务院各部委、各直属机构人事（干部）部门，总政干部部、总后基建营房部，中央管理的有关企业：

根据《人事部、建设部关于发布〈勘察设计注册工程师制度总体框架及实施规划〉及〈全国勘察设计注册工程师管理委员会组成人员名单〉的通知》（人发〔2001〕5号）要求，现将《注册土木工程师（港口与航道工程）执业资格制度暂行规定》、《注册土木工程师（港口与航道工程）执业资格考试实施办法》和《注册土木工程师（港口与航道工程）执业资格考核认定办法》印发给你们，请遵照执行。

附件：1. 注册土木工程师（港口与航道工程）执业资格新旧专业对照表
2. 中华人民共和国注册土木工程师（港口与航道工程）执业资格考核认定申报表（略）

注册土木工程师（港口与航道工程）执业资格制度暂行规定

第一章 总 则

第一条 为加强对港口与航道工程专业设计人员的管理，保证工程质量，维护社会公共利益和人民生命财产安全，依据《中华人民共和国建筑法》、《建设工程勘察设计管理条例》等法律法规和国家有关执业资格制度的规定，制定本规定。

第二条 本规定适用于从事港口与航道工程（包括港口工程、航道工程、通航建筑工程、修造船厂水工工程等）设计及相关业务的专业技术人员。

第三条 国家对从事港口与航道工程设计活动的专业技术人员实行执业资格制度，纳入全国专业技术人员执业资格制度统一规划。

第四条 本规定所称注册土木工程师（港口与航道工程），是指取得《中华人民共和国注册土木工程师（港口与航道工程）执业资格证书》和《中华人民共和国注册土木工程师（港口与航道工程）执业资格注册证书》，从事港口与航道工程设计及相关业务的专业技术人员。

第五条 建设部、人事部、交通部和省、自治区、直辖市人民政府建设行政部门、人事行政部门、交通行政部门等依照本规定对注册土木工程师（港口与航道工程）执业资格工作的考试、注册和执业进行指导、监督和检查。

第六条 全国勘察设计注册工程师管理委员会下设全国勘察设计注册工程师港口与航道工程专业管理委员会（以下简称港口与航道工程专业委员会），由交通部负责组建，人事部、建设部、交通部等国务院有关部门及港口与航道工程专业的专家组成，具体负责注册土木工程师（港口与航道工程）执业资格的考试、注册和管理等工作。

各省、自治区、直辖市的勘察设计注册工程师管理委员会，负责本地区注册土木工程师（港口与航道工程）执业资格的考试组织、取得资格人员的管理和办理注册申报等具体工作。

第二章 考 试

第七条 注册土木工程师（港口与航道工程）执业资格考试实行全国统一大纲、统一命题的考试制度，原则上每年举行一次。

第八条 港口与航道工程专业委员会负责拟定港口与航道工程专业考试大纲和命题、建立并管理考试试题库、组织阅卷评分、提出评分标准和合格标准建议。全国勘察设计注册工程师管理委员会负责审定考试大纲、年度试题、评分标准与合格标准。

第九条 注册土木工程师（港口与航道工程）执业资格考试由基础考试和专业考试组成。

第十条 凡中华人民共和国公民，遵守国家法律、法规，恪守职业道德，并具备相应专业教育和职业实践条件者，均可申请参加注册土木工程师（港口与航道工程）执业资格考试。

第十一条 注册土木工程师（港口与航道工程）执业资格考试合格者，由省、自治区、直辖市人事行政部门颁发人事部统一印制，人事部、建设部、交通部用印的《中华人民共和国注册土木工程师（港口与航道工程）执业资格证书》。

第三章 注 册

第十二条 取得《中华人民共和国注册土木工程师（港口与航道工程）执业资格证书》者，可向所在省、自治区、直辖市勘察设计注册工程师管理委员会提出申请，由该委员会向港口与航道工程专业委员会报送办理注册的有关材料。

第十三条 港口与航道工程专业委员会向准予注册的申请人核发由建设部统一制作，全国勘察设计注册工程师管理委员会和港口与航道工程专业委员会用印的《中华人民共和国注册土木工程师（港口与航道工程）执业资格注册证书》和执业印章。申请人经注册后，方可在规定的业务范围内执业。

港口与航道工程专业委员会应将准予注册的注册土木工程师（港口与航道工程）名单报全国勘察设计注册工程师管理委员会备案。

第十四条 注册土木工程师（港口与航道工程）执业资格注册的有效期为 2 年。有效期满需继续执业的，应在期满前 30 天内办理再次注册手续。

第十五条 有下列情形之一的，不予注册。

（一）不具备完全民事行为能力的；

（二）在从事港口与航道工程或相关业务中犯有错误，受到行政处罚或者撤职以上行政处分，自处罚、处分决定之日起至申请注册之日不满2年的；

（三）自受刑事处罚完毕之日起至申请注册之日不满5年的；

（四）国务院有关部门规定的不予注册的其他情形。

第十六条 港口与航道工程专业委员会依照本规定第十五条决定不予注册的，应自决定之日起15个工作日内书面通知申请人。如有异议，申请人可自收到通知之日起15个工作日内向全国勘察设计注册工程师管理委员会提出申诉。

第十七条 注册土木工程师（港口与航道工程）注册后，有下列情形之一的，由港口与航道工程专业委员会撤销其注册。

（一）不具备完全民事行为能力的；

（二）受刑事处罚的；

（三）在港口与航道工程设计和相关业务中造成工程事故，受到行政处罚或者撤职以上行政处分的；

（四）经查实有与注册规定不符的；

（五）严重违反职业道德规范的。

第十八条 被撤销注册人员对撤销注册有异议的，可自接到撤销注册通知之日起15个工作日内向全国勘察设计注册工程师管理委员会提出申诉。

第十九条 被撤销注册的人员在处罚期满5年后可依照本规定重新申请注册。

第四章 执 业

第二十条 注册土木工程师（港口与航道工程）的执业范围：

（一）港口与航道工程设计；

（二）港口与航道工程技术咨询；

（三）港口与航道工程的技术调查和鉴定；

（四）港口与航道工程的项目管理业务；

（五）对本专业设计项目的施工进行指导和监督；

（六）国务院有关部门规定的其他业务。

第二十一条 注册土木工程师（港口与航道工程）只能受聘于一个具有工程设计资质的单位。

第二十二条 注册土木工程师（港口与航道工程）执业由其所在单位接受委托并统一收费。

第二十三条 因港口与航道工程设计质量事故及相关业务造成的经济损失，接受委托单位应承担赔偿责任，并有权根据合约向签字盖章的注册土木工程师（港口与航道工程）追偿。

第二十四条 注册土木工程师（港口与航道工程）执业管理和处罚办法由交通部会同建设部另行制定。

第五章 权利和义务

第二十五条 注册土木工程师（港口与航道工程）有权以注册土木工程师（港口与航道工程）的名义从事规定的专业活动。

第二十六条 在港口与航道工程设计、咨询及相关专业工作中形成的主要技术文件，应当由注册土木工程师（港口与航道工程）签字盖章后生效。

第二十七条 任何单位和个人修改注册土木工程师（港口与航道工程）签字盖章的技术文件，须征得该注册土木工程师（港口与航道工程）同意；因特殊情况不能征得其同意的，可由其他注册土木工程师（港口与航道工程）签字盖章并承担责任。

第二十八条 注册土木工程师（港口与航道工程）应履行下列义务：

（一）遵守法律、法规和职业道德，维护社会公众利益；

（二）保证执业工作的质量，并在其负责的技术文件上签字盖章；

（三）保守在执业中知悉的商业技术秘密；

（四）不得同时受聘于两个及以上单位执业；

（五）不得准许他人以本人名义执业。

第二十九条 注册土木工程师（港口与航道工程）应按规定接受继续教育，并作为再次注册的依据条件之一。

第六章 附 则

第三十条 在实施注册土木工程师（港口与航道工程）执业资格考试之前，已经达到注册土木工程师（港口与航道工程）执业资格条件的，可经考核认定，获得《中华人民共和国注册土木工程师（港口与航道工程）执业资格证书》。

第三十一条 经国务院有关部门同意，获准在中华人民共和国境内就业的外籍人员及港、澳、台地区的专业人员，符合本规定要求的，可按规定的程序申请参加考试、注册和执业。

第三十二条 水运工程设计的单位配备注册土木工程师（港口与航道工程）的具体办法，由建设部商交通部另行规定。

注册土木工程师（港口与航道工程）签字盖章生效的技术文件种类及管理办法由港口与航道工程专业委员会制定。

第三十三条 本规定自 2003 年 5 月 1 日起施行。

注册土木工程师（港口与航道工程）执业资格考试实施办法

第一条 建设部、人事部和交通部共同负责注册土木工程师（港口与航道工程）执业资格考试工作。

第二条 全国勘察设计注册工程师管理委员会负责审定考试大纲、年度试题、评分标准与合格标准。

全国勘察设计注册工程师港口与航道工程专业管理委员会（以下简称港口与航道工程专业委员会）负责具体组织实施考试工作。

考务工作委托人事部人事考试中心负责。各地的考试工作，由当地人事行政部门会同建设行政部门组织实施，具体职责分工由各地协商确定。

第三条 考试分为基础考试和专业考试。参加基础考试合格并按规定完成职业实践年限者，方能报名参加专业考试。专业考试合格后，方可获得《中华人民共和国注册土木工程师（港口与航道工程）执业资格证书》。

第四条 符合《注册土木工程师（港口与航道工程）执业资格制度暂行规定》第十条要求，并具备以下条件之一者，可申请参加基础考试：

（一）取得本专业（指港口航道与海岸工程专业，详见附件1，下同）或相近专业（指船舶与海洋工程、水利水电工程、土木工程专业，详见附件1，下同）大学本科及以上学历或学位。

（二）取得本专业或相近专业大学专科学历后，累计从事港口与航道工程设计工作满1年。

（三）取得其他工科专业大学本科及以上学历或学位后，累计从事港口与航道工程设计工作满1年。

第五条 基础考试合格，并具备以下条件之一者，可申请参加专业考试：

（一）取得本专业博士学位后，累计从事港口与航道工程设计工作满2年；或取得相近专业博士学位后，累计从事港口与航道工程设计工作满3年。

（二）取得本专业硕士学位后，累计从事港口与航道工程设计工作满3年；或取得相近专业硕士学位后，累计从事港口与航道工程设计工作满4年。

（三）取得含本专业在内的双学士学位或本专业研究生班毕业后，累计从事港口与航道工程设计工作满4年；或取得相近专业双学士学位或研究生班毕业后，累计从事港口与航道工程设计工作满5年。

（四）取得通过本专业教育评估的大学本科学历或学位后，累计从事港口与航道工程设计工作满4年；或取得未通过本专业教育评估的大学本科学历或学位后，累计从事港口与航道工程设计工作满5年；或取得相近专业大学本科学历或学位后，累计从事港口与航道工程设计工作满6年。

（五）取得本专业大学专科学历后，累计从事港口与航道工程设计工作满6年；或取得相近专业大学专科学历后，累计从事港口与航道工程设计工作满7年。

（六）取得其他工科专业大学本科及以上学历或学位后，累计从事港口与航道工程设计工作满8年。

第六条 截止到2002年12月31日前，符合下列条件之一者，可免基础考试，只需参加专业考试：

（一）取得本专业博士学位后，累计从事港口与航道工程设计工作满5年；或取得相近专业博士学位后，累计从事港口与航道工程设计工作满6年。

（二）取得本专业硕士学位后，累计从事港口与航道工程设计工作满6年；或取得相近专业硕士学位后，累计从事港口与航道工程设计工作满7年。

（三）取得含本专业在内的双学士学位或本专业研究生班毕业后，累计从事港口与航道工程设计工作满7年；或取得相近专业双学士学位或研究生班毕业后，累计从事港口与航道工程设计工作满8年。

（四）取得本专业大学本科学历或学位后，累计从事港口与航道工程专业设计工作满8年；或取得相近专业大学本科学历或学位后，累计从事港口与航道工程设计工作满9年。

（五）取得本专业大学专科学历后，累计从事港口与航道工程设计工作满9年；或取得相近专业大学专科学历后，累计从事港口与航道工程设计工作满10年。

（六）取得其他工科专业大学本科及以上学历或学位后，累计从事港口与航道工程设计工作满12年。

（七）取得其他工科专业大学专科学历后，累计从事港口与航道工程设计工作满 15 年。

（八）取得本专业中专学历后，累计从事港口与航道工程设计工作满 25 年；或取得相近专业中专学历后，累计从事港口与航道工程设计工作满 30 年。

第七条 参加考试由本人提出申请，所在单位审核同意，到当地考试管理机构报名。考试管理机构按规定程序和报名条件审核合格后，发给准考证。参加考试人员在准考证指定的时间、地点参加考试。

国务院各部门所属单位和中央管理的企业的专业技术人员按属地原则报名参加考试。

第八条 考点原则上设在省会城市和直辖市，如确需在其他城市设置，须经人事部、建设部和交通部批准。

第九条 坚持考试与培训分开的原则。考试工作人员要认真执行考试回避制度，参加命题和考试组织管理的人员，不得参与考试有关的培训工作和参加考试。

第十条 严格执行考试考务工作的有关规章制度，做好试卷命题、印刷、发送过程中的保密工作，严格遵守保密制度，严禁泄密。

第十一条 严肃考场纪律，严禁弄虚作假，对违反考试纪律和有关规定者，要严肃处理，并追究当事人和领导责任。

注册土木工程师（港口与航道工程）执业资格考核认定办法

一、考核认定条件

本办法下发之日前，长期从事港口与航道工程设计岗位工作，评聘为工程类高级专业技术职务，职业道德行为良好，身体健康，并符合下列条件之一的人员。

（一）中国科学院院士或中国工程院院士。

（二）全国工程设计大师。

（三）1983 年 12 月 31 日前，取得大学本科及以上学历或学位，累计从事港口与航道工程设计工作满 15 年，并获得全国优秀工程设计项目金、银奖或有关港口与航道工程国家级科技进步奖项目的主要技术负责人，年龄在 70 周岁（含）以下，且具备下列一项条件：

1. 在具有甲级工程设计资质的设计单位中，担任正、副总工程师（负责港口与航道工程技术工作）职务满 5 年。

2. 受聘担任注册土木工程师（港口与航道工程）执业资格考试大纲编写、考题设计的专家。

（四）具备下列条件 1 或条件 2，并参加专业测试成绩合格的人员。

1. 同时具备下列（1）和（2）项中的各一项条件者。

（1）学历和职业年限：

①1983 年 12 月 31 日前，取得本专业大学本科学历或学位，累计从事港口与航道工程设计工作满 15 年；或取得相近专业大学本科学历或学位，累计从事港口与航道工程设计工作满 20 年。

②1983 年 12 月 31 日前，取得本专业大学专科学历，累计从事港口与航道工程设计工作满 20 年；1978 年 12 月 31 日前，取得相近专业大学专科学历，累计从事港口与航

道工程设计工作满25年。

③1978年12月31日前，取得本专业中专学历，累计从事港口与航道工程设计工作满25年；1973年12月31日前，取得相近专业中专学历，累计从事港口与航道工程设计工作满30年。

（2）技术业绩和资历：

①担任港口与航道工程项目总平面专业或水工结构专业技术负责人，完成工程设计资质分级标准中大型港口与航道工程项目2项及以上，或大型港口与航道工程项目1项和中型项目3项及以上，或中型港口与航道工程项目6项及以上。

②在具有甲级水运工程设计资质的单位中，担任总平面或水工结构的正、副总工程师职务满5年。

③在具有乙级水运工程设计资质的单位中，担任总平面或水工结构的正、副总工程师职务满7年。

2. 1983年以后，取得本专业大学本科及以上学历或学位后，累计从事港口与航道工程设计工作满15年，并获得全国优秀工程设计奖项目（港口与航道工程）或本专业国家级科技进步奖项目的主要技术负责人，或获得2项及以上省部级有关港口与航道工程的优秀工程设计、本专业科技进步一、二、三等奖项目的主要技术负责人。

二、考核认定程序

（一）符合考核认定条件的工程设计人员由所在单位向单位工商注册所在地的省、自治区、直辖市建设行政部门推荐，军队系统勘察设计单位向总后基建营房部推荐。

（二）各省、自治区、直辖市建设行政部门和总后基建营房部对本地区、本部门勘察设计单位的申报人员进行审核，并经本地区、本部门人事（职改）行政部门、总政干部部复审后提出推荐名单，报全国勘察设计注册工程师港口与航道工程专业管理委员会（以下简称港口与航道工程专业委员会）初审。

（三）港口与航道工程专业委员会负责初审通过人员的测试管理工作。各省、自治区、直辖市建设行政部门负责所辖地区初审通过人员的具体测试工作，并将测试成绩报港口与航道工程专业委员会。

（四）港口与航道工程专业委员会将初审结果和测试成绩汇总后上报全国勘察设计注册工程师管理委员会。全国勘察设计注册工程师管理委员会根据初审结果和测试成绩进行终审，报人事部、建设部和交通部批准后，由全国勘察设计注册工程师管理委员会公布通过考核认定获得《中华人民共和国注册土木工程师（港口与航道工程）执业资格证书》人员的名单。

三、考核认定申报材料

（一）各省、自治区、直辖市建设行政部门和总后基建营房部等主管勘察设计部门的意见函。

（二）注册土木工程师（港口与航道工程）执业资格考核认定申报表（附件2）。

（三）中国科学院院士、中国工程院院士或全国设计大师应提供院士或大师证书复印件。其他人员应提供以下证明材料的复印件：学历或学位证书、高级专业技术职务证书，获奖证书，获奖项目的主要设计文件或图纸签署证明，担任正、副总工程师职务的任命文件。

（四）所在单位出具的职业道德证明和获奖单位出具的获奖项目主要技术负责人证明。

四、申报时间及要求

（一）各省、自治区、直辖市建设行政部门和人事部门、总后基建营房部和总政干部部，应于2003 年5 月31 日前，将审核和复核合格人员材料报港口与航道工程专业委员会。

（二）通过特许或考核认定的方式取得其他专业执业资格的人员，一律不得申报注册土木工程师（港口与航道工程）执业资格的考核认定。

（三）各地区和有关部门应严格按照规定的条件和程序，认真做好申报、审核和复核工作。凡不认真把关或弄虚作假的，停止该地区或部门的申报权和个人的申报资格。

（四）各地区和有关部门在审核、复核时，应核查各类证书及相关证明文件的原件。向港口与航道工程专业委员会报送的各类证书及相关证明文件复印件应由所在单位人事（干部）部门负责人签署意见并加盖单位印章。

附件 1

注册土木工程师（港口与航道工程）新旧专业对照表

专业划分	新专业名称	旧专业名称
本专业	港口航道与海岸工程	港口及航道工程 港口水工建筑工程 海岸与海洋工程 水道及港口工程 港口建筑工程 港口航道及海岸工程 港口、海岸及近岸工程 航道（或整治）工程
相近专业	船舶与海洋工程 水利水电工程 土木工程	水利水电工程建筑 水利水电工程施工 河川枢纽及水电站建筑物 河流泥沙与治河工程 水工结构工程 建筑工程 结构工程 工业与民用建筑 城镇建设 地下工程与隧道工程 桥梁工程 铁道工程 交通工程 公路、城市道路及机场工程
其他工科专业	除本专业和相近专业外的工科专业	

注：表中“新专业名称”指中华人民共和国教育部高等教育司1998 年颁布的《普通高等学校本科专业目录》中规定的专业名称；“旧专业名称”指1998 年《普通高等学校本科专业目录》颁布前各院校所采用的专业名称。

人事部、建设部、水利部关于印发《注册土木工程师（水利水电工程）制度暂行规定》、《注册土木工程师（水利水电工程）资格考试实施办法》和《注册土木工程师（水利水电工程）资格考核认定办法》的通知

（国人部发〔2005〕58号　2005年7月14日）

各省、自治区、直辖市人事厅（局）、建设厅（建委、规委）、水利（水务）厅（局），国务院各部委、各直属机构人事部门，总政干部部、总后基建营房部，新疆生产建设兵团建设局、水利局，中央管理的企业：

根据《中华人民共和国建筑法》和《建设工程勘察设计管理条例》有关规定，我们制定了勘察设计行业《注册土木工程师（水利水电工程）制度暂行规定》、《注册土木工程师（水利水电工程）资格考试实施办法》和《注册土木工程师（水利水电工程）资格考核认定办法》，现印发给你们，请遵照执行。

附件：1. 注册土木工程师（水利水电工程）新旧专业参照表

2. 中华人民共和国注册土木工程师（水利水电工程）资格考核认定申报表（略）

注册土木工程师（水利水电工程）制度暂行规定

第一章　总　则

第一条　为加强对水利水电工程勘察、设计人员的管理，保证工程质量，维护社会公共利益和人民生命财产安全，依据《中华人民共和国建筑法》、《建设工程勘察设计管理条例》等法律法规和国家职业资格证书制度有关规定，制定本规定。

第二条　本规定适用于从事水利水电工程（包括水利枢纽、水电站、抽水蓄能电站、引调水、灌溉排涝、城市防洪工程、围垦工程、河道治理工程、水土保持等）勘察、设计及相关业务的专业技术人员。

第三条　国家对从事水利水电工程勘察、设计活动的专业技术人员，实行职业准入制度，纳入全国专业技术人员职业资格证书制度统一规划。

第四条　本规定所称注册土木工程师（水利水电工程），是指经考试取得《中华人民共和国注册土木工程师（水利水电工程）资格证书》（以下简称资格证书），并依法注册取得《中华人民共和国注册土木工程师（水利水电工程）注册执业证书》（以下简称注册证书）和执业印章，从事水利水电工程勘察、设计及相关业务的专业技术人员。

注册土木工程师（水利水电工程）英文译为：Registered engineer of Civil engineering（Water resources & Hydropower）。

第五条　建设部、人事部、水利部共同负责注册土木工程师（水利水电工程）制度工作，并按职责分工对该制度的实施进行指导、监督和检查。

县级以上地方人民政府建设行政主管部门、水利行政主管部门按照职责分工对本行政区域内注册土木工程师（水利水电工程）资格的注册、执业活动实施监督管理；县级以上人民政府人事行政部门对本行政区域内的注册土木工程师（水利水电工程）制度进行监督检查。

第二章　考　试

第六条　注册土木工程师（水利水电工程）资格实行全国统一大纲、统一命题的考试制度，原则上每年举行一次。

注册土木工程师（水利水电工程）资格考试由基础考试和专业考试两部分组成。

第七条　建设部、水利部组织成立水利水电工程专业专家委员会，该委员会负责拟定水利水电工程专业的考试大纲和试题，建立并管理考试试题库，组织评阅卷工作，提出评分标准和合格标准建议。

建设部、水利部、人事部组织专家审定考试大纲、试题、评分标准与合格标准。

第八条　凡中华人民共和国公民，遵守国家法律、法规，恪守职业道德，并具备相应专业教育和职业实践条件者，均可申请参加注册土木工程师（水利水电工程）资格考试。

第九条　资格考试合格者，由人事部、建设部、水利部委托省、自治区、直辖市人民政府人事行政部门，颁发人事部统一印制，人事部、建设部和水利部用印的《中华人民共和国注册土木工程师（水利水电工程）资格证书》。

第十条　对以不正当手段取得注册土木工程师（水利水电工程）资格证书的，由省、自治区、直辖市人民政府人事行政部门收回资格证书，3 年内不得再次参加注册土木工程师（水利水电工程）资格考试。

第三章　注　册

第十一条　注册土木工程师（水利水电工程）资格实行注册执业管理制度。取得资格证书的人员，必须经过注册，方可以注册土木工程师（水利水电工程）的名义执业。

第十二条　建设部、水利部为注册土木工程师（水利水电工程）资格注册审批机构。省、自治区、直辖市人民政府建设行政主管部门为注册土木工程师（水利水电工程）资格注册的审查机构。

第十三条　取得资格证书并申请注册的人员，应受聘于一个具有建设工程勘察、设计资质的单位，并通过聘用单位向本单位工商注册所在地的省、自治区、直辖市人民政府建设行政主管部门提出注册申请。

第十四条　省、自治区、直辖市人民政府建设行政主管部门，在收到申请人的申请材料后，对申请材料不齐全或者不符合法定形式的，应当当场或在 5 个工作日内，一次告知申请人需要补正的全部内容，逾期不告知的，自收到申请材料之日起即为受理。

对受理或者不予受理的注册申请，均应出具加盖省、自治区、直辖市人民政府建设行政主管部门专用印章和注明日期的书面凭证。

第十五条 省、自治区、直辖市人民政府建设行政主管部门自受理之日起 20 个工作日内，按规定条件和程序完成申报材料的审查工作，并将申报材料和审查意见送建设部、水利部审批。

建设部、水利部自受理审查申报人员材料之日起 45 个工作日内共同作出批准决定。对作出不予批准决定的，应当书面说明理由，并告知申请人享有依法申请行政复议或提起行政诉讼的权利。在规定的期限内不能作出批准决定的，应将延长期限的理由告知申请人。

建设部、水利部应当自作出批准决定之日起 10 个工作日内，将批准决定送达经批准注册的申请人。核发统一制作和用印的注册证书和执业印章。

第十六条 注册土木工程师（水利水电工程）每一注册有效期为 3 年。注册证书和执业印章在有效期限内是注册土木工程师（水利水电工程）的执业凭证，由注册土木工程师（水利水电工程）本人保管、使用。

第十七条 初始注册者，可自取得资格证书之日起 3 年内提出注册申请。逾期未申请者，在申请初始注册时，须符合本规定继续教育要求。

初始注册需要提交下列材料：

（一）《中华人民共和国注册土木工程师（水利水电工程）注册申请表》；

（二）《中华人民共和国注册土木工程师（水利水电工程）资格证书》；

（三）与聘用单位签订的劳动合同；

（四）逾期申请注册人员的继续教育证明材料。

第十八条 注册有效期届满需继续执业的，应在届满前 30 个工作日，按照本规定第十三条规定的程序申请延续注册。审批机构应当根据申请人的申请，在规定的时限内作出准予延续注册的决定；逾期未作出决定的，视为准予延续。

延续注册需要提交下列材料：

（一）《中华人民共和国注册土木工程师（水利水电工程）延续注册申请表》；

（二）与聘用单位签订的劳动合同；

（三）达到注册期内继续教育要求的证明材料。

第十九条 在注册有效期内，注册土木工程师（水利水电工程）变更执业单位，应与原聘用单位解除劳动关系，并按本规定第十三条规定的程序办理变更注册手续。变更注册后，其注册证书和执业印章在原注册有效期限内继续有效。

变更注册需要提交下列材料：

（一）《中华人民共和国注册土木工程师（水利水电工程）变更注册申请表》；

（二）与新聘用单位签订的劳动合同；

（三）工作调动证明或与原聘用单位解除劳动合同的证明、退休人员的退休证明。

第二十条 注册土木工程师（水利水电工程）有下列情形之一的，其注册证书和执业印章失效：

（一）聘用单位破产的；

（二）聘用单位被吊销营业执照的；

（三）聘用单位被吊销建设工程勘察、设计资质证书的；

（四）与聘用单位解除劳动关系的；

（五）注册有效期满且未延续注册的；

（六）丧失行为能力、死亡或被宣告失踪的；

（七）注册失效的其他情形。

第二十一条 注册土木工程师（水利水电工程）有下列情形之一的，应由注册土木工程师（水利水电工程）本人和聘用单位及时向当地省、自治区、直辖市人民政府建设主管部门提出申请，由建设部会同水利部审核批准后，办理注销手续，收回注册证书和执业印章。

按规定程序办理注销手续：

（一）不具备完全民事行为能力的；

（二）申请注销注册的；

（三）有本规定第二十条所列情形的；

（四）不符合规定条件取得注册的；

（五）被依法撤销注册的；

（六）受到刑事处罚的；

（七）应当注销注册的其他情形。

第二十二条 注册申请人有下列情形之一的，不予注册：

（一）不具有完全民事行为能力的；

（二）刑事处罚尚未执行完毕的；

（三）因从事工程勘察、设计或相关业务受到刑事处罚，自刑事处罚执行完毕之日起至申请注册之日止不满2年的；

（四）法律、法规规定不予注册的其他情形。

第二十三条 对被注销注册或不予注册的人员，在重新具备初始注册条件，并符合本规定继续教育要求的，可按本规定第十三条规定的程序申请注册。

第二十四条 注册审批机构应及时向社会公告注册有关情况。当事人对注销注册或不予注册有异议的，可依法申请行政复议或提起行政诉讼。

第四章 执 业

第二十五条 注册土木工程师（水利水电工程）应在一个具有建设工程勘察设计资质的单位，进行水利水电工程勘察、设计执业活动。

第二十六条 注册土木工程师（水利水电工程）的执业范围：

（一）水利水电工程勘察、设计；

（二）水利水电工程技术咨询；

（三）水利水电工程招标、采购咨询；

（四）水利水电工程的项目管理；

（五）对本专业勘察、设计项目的施工进行指导和监督；

（六）国务院有关部门规定的其他业务。

第二十七条 在水利水电工程勘察、设计活动中形成的勘察、设计文件，必须由注册土木工程师（水利水电工程）签字并加盖执业印章后方可生效。需注册土木工程师（水利水电工程）签字盖章的勘察、设计文件种类和办法由建设部会同水利部另行规定。

第二十八条 修改经注册土木工程师（水利水电工程）签字盖章的设计文件，应由该注册土木工程师（水利水电工程）本人进行；因特殊情况，该注册土木工程师（水利水电工程）不能进行修改的，应由其他注册土木工程师（水利水电工程）修改，并签字、加盖执业印章，同时对修改部分承担责任。

第二十九条 注册土木工程师（水利水电工程）从事执业活动，由其所在单位接受委托并统一收费。

因水利水电工程勘察、设计质量事故及相关业务造成的经济损失，接受委托单位应承担赔偿责任。接受委托的单位依法向承担设计责任的注册土木工程师（水利水电工程）追偿。

第三十条 注册土木工程师（水利水电工程）执业管理办法由建设部、水利部另行制定。

第五章 继续教育

第三十一条 继续教育是注册土木工程师（水利水电工程）延续注册、重新申请注册和逾期初始注册的必备条件。在每个注册期内，注册土木工程师（水利水电工程）应按规定完成本专业的继续教育。

第三十二条 注册土木工程师（水利水电工程）继续教育，分必修课和选修课，必修课和选修课均为60学时。继续教育的内容及要求，由建设部会同水利部确定。

第六章 权利和义务

第三十三条 注册土木工程师（水利水电工程）享有下列权利：

（一）使用注册土木工程师（水利水电工程）称谓；

（二）在规定范围内从事执业活动，并履行相应岗位职责；

（三）保管和使用本人的注册证书和执业印章；

（四）对本人在工程勘察、设计领域的活动进行解释和辩护；

（五）接受继续教育；

（六）获得与执业责任相应的劳动报酬；

（七）对侵犯本人权利的行为进行申诉。

第三十四条 注册土木工程师（水利水电工程）应当履行下列义务：

（一）遵守法律、法规和有关管理规定；

（二）执行技术标准和规范；

（三）保证执业活动成果的质量，并承担相应责任；

（四）接受继续教育，努力提高执业水准；

（五）在本人执业活动中完成的主要设计文件上签字、加盖执业印章；

（六）保守在执业中知悉的国家秘密和他人的商业、技术秘密；

（七）不得准许他人以本人名义执业；

（八）在本专业规定的执业范围和聘用单位业务范围内执业。

（九）协助注册管理机构完成相关工作。

第七章 附 则

第三十五条 在本规定下发之日前，对长期从事水利水电工程勘察、设计工作，并符合考核认定条件的专业技术人员，可通过考核认定，获得《中华人民共和国注册土木工程师（水利水电工程）资格证书》。

第三十六条 符合考试报名条件的香港、澳门居民，可申请参加注册土木工程师（水利水电工程）资格考试。申请人在报名时应提交本人身份证明、国务院教育行政部门认可的相应专业学历或学位证书、从事勘察、设计相关专业实践年限证明。台湾地区专业技术人员参加考试的办法另行规定。

外籍专业技术人员，申请参加注册土木工程师（水利水电工程）资格考试、申请注册和执业等管理办法另行制定。

第三十七条 从事水利水电工程勘察、设计活动的单位配备注册土木工程师（水利水电工程）的具体办法，由建设部会同水利部另行规定。

第三十八条 各级相关行政部门及经批准的注册土木工程师（水利水电工程）资格考试等机构，在实施注册土木工程师（水利水电工程）制度过程中，因工作失误，使专业技术人员合法权益受到损害的，应依据《中华人民共和国国家赔偿法》给予相应赔偿，并可向有关责任人追偿。

第三十九条 各级相关部门及经批准的注册土木工程师（水利水电工程）资格考试等机构工作人员，有不履行工作职责，监督不力，或者谋取其他利益等违纪违规行为，并造成不良影响或严重后果的，由其上级相关行政部门责令改正，对直接负责的主管人员和其他直接责任人员依法给予行政处分；构成犯罪的，依法追究刑事责任。

第四十条 本规定自 2005 年 9 月 1 日起施行。

注册土木工程师（水利水电工程）资格考试实施办法

第一条 建设部、水利部、人事部共同负责注册土木工程师（水利水电工程）资格考试工作，委托人事部人事考试中心承担考务工作。

各省、自治区、直辖市的考试工作，由当地人事行政部门会同建设行政主管部门组织实施，具体职责分工由各地协商确定。

第二条 考试分为基础考试和专业考试。基础考试合格并符合本办法规定的专业考试报名条件的，可报名参加专业考试。专业考试合格后，方可获得《中华人民共和国注册土木工程师（水利水电工程）资格证书》。

第三条 基础考试分 2 个半天进行，各为 4 个小时。专业考试分专业知识和专业案例两部分内容，每部分内容均为 2 个半天，每个半天均为 3 个小时。

第四条 符合《注册土木工程师（水利水电工程）制度暂行规定》第八条要求，并具备下列条件之一的，可申请参加基础考试：

（一）取得本专业（指水利水电工程、水文与水资源工程、农业水利工程、水土保持与荒漠化防治专业，详见附件 1，下同），或相近专业（指港口航道与海岸工程、土木工程、勘查技术与工程等专业，详见附件 1，下同）大学本科及以上学历或学位。

（二）取得本专业或相近专业大学专科学历，累计从事水利水电工程勘察、设计工作满 1 年。

（三）取得其他工科专业大学本科及以上学历或学位，累计从事水利水电工程勘察、设计工作满 1 年。

第五条 基础考试合格，并具备下列条件之一的，可申请参加专业考试：

（一）取得本专业博士学位后，累计从事水利水电工程勘察、设计工作满2年；或取得相近专业博士学位后，累计从事水利水电工程勘察、设计工作满3年。

（二）取得本专业硕士学位后，累计从事水利水电工程勘察、设计工作满3年；或取得相近专业硕士学位后，累计从事水利水电工程勘察、设计工作满4年。

（三）取得含本专业在内的双学士学位或本专业研究生班毕业后，累计从事水利水电工程勘察、设计工作满4年；或取得含相近专业在内的双学士学位或研究生班毕业后，累计从事水利水电工程勘察、设计工作满5年。

（四）取得通过本专业教育评估的大学本科学历或学位后，累计从事水利水电工程勘察、设计工作满4年；或取得未通过本专业教育评估的大学本科学历或学位后，累计从事水利水电工程勘察、设计工作满5年；或取得相近专业大学本科学历或学位后，累计从事水利水电工程勘察、设计工作满6年。

（五）取得本专业大学专科学历后，累计从事水利水电工程勘察、设计工作满6年；或取得相近专业大学专科学历后，累计从事水利水电工程勘察、设计工作满7年。

（六）取得其他工科专业大学本科及以上学历或学位后，累计从事水利水电工程勘察、设计工作满8年。

第六条 截止到2002年12月31日前，符合下列条件之一的，可免基础考试，只需参加专业考试：

（一）取得本专业博士学位后，累计从事水利水电工程勘察、设计工作满5年；或取得相近专业博士学位后，累计从事水利水电工程勘察、设计工作满6年。

（二）取得本专业硕士学位后，累计从事水利水电工程勘察、设计工作满6年；或取得相近专业硕士学位后，累计从事水利水电工程勘察、设计工作满7年。

（三）取得含本专业在内的双学士学位或本专业研究生班毕业后，累计从事水利水电工程勘察、设计工作满7年；或取得含相近专业在内的双学士学位或研究生班毕业后，累计从事水利水电工程勘察、设计工作满8年。

（四）取得本专业大学本科学历或学位后，累计从事水利水电工程专业勘察、设计工作满8年；或取得相近专业大学本科学历或学位后，累计从事水利水电工程勘察、设计工作满9年。

（五）取得本专业大学专科学历后，累计从事水利水电工程勘察、设计工作满9年；或取得相近专业大学专科学历后，累计从事水利水电工程勘察、设计工作满10年。

（六）取得其他工科专业大学本科及以上学历或学位后，累计从事水利水电工程勘察、设计工作满12年。

（七）取得其他工科专业大学专科学历后，累计从事水利水电工程勘察、设计工作满15年。

（八）取得本专业中专学历后，累计从事水利水电工程勘察、设计工作满25年；或取得相近专业中专学历后，累计从事水利水电工程勘察、设计工作满30年。

第七条 参加考试由本人提出申请，所在单位审核同意，到当地考试管理机构报名。考试管理机构按规定程序和报名条件审核合格后，发给准考证。参加考试人员在准考证指定的时间、地点参加考试。

国务院各部门所属单位和中央管理的企业的专业技术人员按属地原则报名参加考试。

第八条 考试日期为每年第三季度。考点原则上设在直辖市和省会城市的大、中专院校或高考定点学校，如确需在其他城市设置，须经人事部、建设部和水利部批准。

第九条 坚持考试与培训分开的原则。凡参与考试工作（包括试题命制与组织管理等）的人员，不得参加考试和举办与考试内容有关的培训工作。应考人员参加相关培训坚持自愿的原则。

第十条 考试考务工作应严格执行考试工作的有关规章制度，切实做好试卷命制、印刷、发送过程中的保密工作，严格遵守保密制度，严防泄密。

第十一条 考试工作人员要严格遵守考试工作纪律，认真执行考试回避制度。对违反考试纪律和有关规定行为的，按照《专业技术人员资格考试违纪违规行为处理规定》（人事部令第 3 号）处理。

注册土木工程师（水利水电工程）资格考核认定办法

一、考核认定条件

本办法下发之日前，在工程勘察、设计单位长期从事水利水电工程勘察、设计工作，评聘为工程类高级专业技术职务，职业道德行为良好，身体健康，并符合下列条件之一的在职、在编人员。

（一）中国科学院院士或中国工程院院士。

（二）全国工程设计大师、全国工程勘察大师。

（三）1983 年 12 月 31 日前，取得大学本科及以上学历或学位，累计从事水利水电工程勘察、设计工作满 15 年，并获得全国优秀工程勘察设计项目金、银奖或有关水利水电工程国家级科技进步奖项目的主要技术负责人，年龄在 70 周岁（含）以下，且具备下列一项条件：

1. 在具有甲级水利行业、电力行业（水力发电）工程设计资质或工程勘察资质的设计单位中，担任正、副总工程师（负责水利水电专业技术工作）职务满 5 年；

2. 水利水电专业专家委员会成员并受聘担任注册土木工程师（水利水电工程）资格考试大纲编写及命题工作。

（四）具备下列条件 1 或条件 2，并参加本专业测试成绩合格的人员。

1. 同时具备下列（1）和（2）项中的各一项条件。

（1）学历和职业年限：

①1983 年 12 月 31 日前，取得本专业大学本科及以上学历或学位，累计从事水利水电工程勘察、设计工作满 15 年；或取得相近专业大学本科及以上学历或学位，累计从事水利水电工程勘察、设计工作满 20 年。

②1983 年 12 月 31 日前，取得本专业大学专科学历，累计从事水利水电工程勘察、设计工作满 20 年；1979 年 12 月 31 日前，取得相近专业大学专科学历，累计从事水利水电工程勘察、设计工作满 25 年。

③1978 年 12 月 31 日前，取得本专业中专学历，累计从事水利水电工程勘察、设计

工作满25年；1973年12月31日前，取得相近专业中专学历，累计从事水利水电工程勘察、设计工作满30年。

④1970年12月31日前，取得其他专业中专及以上学历，累计从事水利水电工程勘察、设计工作满30年。

（2）技术业绩和资历：

①担任水利水电工程项目的技术负责人或项目负责人，完成工程设计资质分级标准中的大型工程项目2项及以上，或大型工程项目1项和中型项目3项及以上，或中型工程项目6项及以上的水利水电工程设计；或者累计完成大型水利水电工程项目审查20项以上的专业技术负责人。

②在具有甲级水利行业、电力行业（水力发电）设计资质或工程勘察资质的设计单位中，担任正、副总工程师职务，负责水利水电专业技术工作满5年。

③在具有乙级水利行业、电力行业（水力发电）设计资质或工程勘察资质的设计单位中，担任总工程师职务，负责水利水电专业技术工作满7年。

2. 取得本专业大学本科及以上学历或学位后，累计从事水利水电工程勘察、设计工作满15年，达到本办法（2）“技术业绩和资历”中第①项规定的业绩，并获得全国优秀工程勘察、设计奖项目（水利水电）或本专业国家级科技进步奖项目的主要技术负责人，或获得2项及以上省部级有关水利水电的优秀工程勘察、设计、本专业科技进步一、二、三等奖项目的主要技术负责人；或者累计完成大型水利水电工程项目审查30项以上的专业技术负责人。

二、考核认定程序

（一）符合考核认定条件的工程设计人员应当通过聘用单位向单位工商注册所在地的省、自治区、直辖市人民政府建设行政主管部门或者其委托的管理机构提出考核认定申请，其中水利部所属的甲、乙级勘察设计单位向水利部主管勘察设计的部门申请，军队系统勘察设计单位向总后基建营房部提出申请。

（二）各省、自治区、直辖市建设行政主管部门和水利部主管勘察设计的部门、总后基建营房部对本地区、本部门设计单位的申报人员进行审查，提出审查意见，并经本地区、本部门人事行政部门、总政干部部复审后提出推荐名单，送水利水电工程专业专家委员会审核。

（三）水利水电工程专业专家委员会负责审核通过人员的测试管理工作。各省、自治区、直辖市建设行政主管部门负责所辖地区审核通过人员的具体测试工作，并将测试成绩送水利水电工程专业专家委员会。

（四）水利水电工程专业专家委员会将审核结果和测试成绩汇总后报建设部、水利部和人事部。三部门对审核结果和测试成绩进行复核，并将复核合格人员名单进行公示。经公示无异议后，建设部、水利部和人事部向社会公告获得《中华人民共和国注册土木工程师（水利水电工程）资格证书》人员的名单。

对未通过考核认定的申请人，委托水利水电工程专业专家委员会向其说明不通过的理由。

三、考核认定申报材料

（一）各省、自治区、直辖市建设行政主管部门和水利部主管勘察设计部门、总后基建营房部的意见函。

（二）注册土木工程师（水利水电工程）资格考核认定申报表（附件 2）。

（三）中国科学院院士、中国工程院院士或全国设计大师、勘察大师应提供院士或大师证书复印件。其他人员应提供以下证明材料的复印件：学历或学位证书、高级专业技术职务证书，获奖证书，单位工程勘察、设计资质证书，获奖项目的主要勘察、设计文件或图纸签署证明，担任正、副总工程师职务的任命文件，大型水利水电工程项目审查数量及专业技术负责人证明。

（四）获奖者应附有效证明，即奖状、个人证书或正式公布的获奖人名单。对奖项未颁发个人证书或未正式公布获奖人员名单的，应提供符合国家规定人数的单位申报奖项的人员名单、获奖项目主要技术文件或图纸签署证明的复印件，经单位负责人签字并加盖公章。

（五）所在单位出具的职业道德证明和获奖单位出具的获奖项目主要技术负责人证明。

四、申报时间及要求

（一）各省、自治区、直辖市建设行政主管部门和人事行政部门、水利部主管勘察设计和人事部门、总后基建营房部和总政干部部，应于 2005 年 12 月 31 日前完成审查、复审工作，签署审查、复审意见后，将全部申请人员材料送水利水电工程专业专家委员会。

（二）通过特许或考核认定的方式取得其他专业职（执）业资格的人员，一律不得申报注册土木工程师（水利水电工程）资格的考核认定。

（三）各地区和有关部门应严格按照规定的条件和程序，认真做好申报、审查和复审工作。凡不认真把关或弄虚作假的，停止该地区或部门的申报权和个人的申报资格，并依据相应法律法规的有关规定进行处理。

（四）各地区和有关部门在审查、复审时，应核查各类证书及相关证明的原件。报送的各类证书等相关材料复印件应由所在单位人事（干部）部门负责人签署意见并加盖单位印章。

附件 1

注册土木工程师（水利水电工程）新旧专业参照表

专业划分	新专业名称	旧专业名称
本专业	水利水电工程	水利水电建筑工程、河川枢纽及水电站建筑、河流泥沙及治河工程、水利水电工程施工、土木水利工程、水工结构工程、水工建筑力学、水利水电、水电站
	水文与水资源工程	水文与水资源利用、水利规划、水能利用、陆地水文、水力学及河流海岸动力学、河流力学及治河工程、水文气象、水库经济、水利水电工程移民
	农业水利工程	农田水利工程、机电排灌工程、农村水电站
	水土保持与荒漠化防治	水土保持、土壤、土壤改良

续表

专业划分	新专业名称	旧专业名称
相近专业	港口航道与海岸工程 船舶与海洋工程 土木工程 工程力学 交通工程 勘查技术与工程、资源 勘查工程 机械设计制造及其自动化 给水排水工程 热能与动力工程 电气工程及其自动化	港口航道及治河工程、海岸与海洋工程、工业与民用建筑工程、港口工程、结构工程、交通土建工程、给排水工程、桥梁工程、农业建筑及环境工程 沙漠治理、风景园林、土地与环境、环境监测、生态学与环境生物学、林学、环境科学、农学水利水电工程地质、水利水电地质工程、水文地质与工程地质、勘察工程、岩土工程 工程管理、工程力学、水利经济、技术经济 金属结构、机械制造及工艺设备、起重运输与工程机械、水利水电动力工程、水电站动力设备、水力机械、水利机械、电力系统及其自动化、电气技术、工业自动化、自动控制、水电站自动化
其他专业	除本专业和相近专业外的工科专业	

注：1．表中“新专业名称”指中华人民共和国教育部高等教育司1998年颁布的《普通高等学校本科专业目录和专业介绍》中规定的专业名称；“旧专业名称”系指1998年《普通高等学校本科专业目录和专业介绍》颁布前各院校所采用的专业名称。

2．申请参加考试的人员，所学专业在“参照表”中未列出的，但又与本专业或相关专业相近，在申报相关材料时，附在校学习专业基础课和专业课的“课程设置表”（由原毕业院校出具），经所在单位核实并提出符合“本专业”、“相近专业”、“其他专业”的意见，通过单位所在省级建设行政部门或有关部门初审后，报建设部、水利部组织有关专家审查确认。

3．申请参加考试的人员，所学专业在“参照表”中未列出的，可在报名时提交在校学习专业基础课和专业课的“课程设置表”（由原毕业院校出具），经所在单位核实并提出符合“本专业”、“相近专业”、“其他专业”的意见后，由当地考试管理机构审核确认。

人事部办公厅、建设部办公厅、水利部办公厅关于印发《对〈注册土木工程师（水利水电工程）制度暂行规定〉、〈注册土木工程师（水利水电工程）资格考试实施办法〉和〈注册土木工程师（水利水电工程）资格考核认定办法〉的补充规定》的通知

（国人厅发〔2005〕116号　2005年9月30日）

各省、自治区、直辖市人事厅（局）、建设厅（建委、规委）、水利（水务）厅（局），国务院各部委、各直属机构人事部门，总政干部部、总后基建营房部，新疆生产建设兵团人事局、建设局、水利局，中央管理的企业：

根据水利水电工程勘察、设计专业执业岗位的需要，现对《注册土木工程师（水利水电工程）制度暂行规定》、《注册土木工程师（水利水电工程）资格考试实施办法》和《注册土木工程师（水利水电工程）资格考核认定办法》（国人部发〔2005〕58号）中执业类别有关问题补充规定如下：

一、根据勘察设计注册土木工程师（水利水电工程）执业岗位需要，将执业岗位确定为水利水电工程规划、水工结构、水利水电工程地质、水利水电工程移民、水利水电工程水土保持5个类别。

二、从事水利水电工程勘察设计及相关业务的专业技术人员，申报勘察设计注册土木工程师（水利水电工程）资格考核认定和报名参加资格考试时，应根据本人所从事的专业工作岗位选择其一，并在填写相应表格时注明其执业类别。

三、通过勘察设计注册土木工程师（水利水电工程）资格考核认定或资格考试，取得相应类别《注册土木工程师（水利水电工程）资格证书》的人员，均应按照资格证书注明的执业类别申请注册，并在本执业类别的范围内进行执业。

人事部、建设部、交通部关于印发《勘察设计注册土木工程师（道路工程）制度暂行规定》、《勘察设计注册土木工程师（道路工程）资格考试实施办法》和《勘察设计注册土木工程师（道路工程）资格考核认定办法》的通知

（国人部发〔2007〕18号　2007年2月2日）

各省、自治区、直辖市人事厅（局）、建设厅（建委、规委）、交通厅（局、委），国务院各部委、各直属机构人事部门，总政干部部、总后基建营房部，中央管理的企业：

根据《中华人民共和国建筑法》和《建设工程勘察设计管理条例》有关规定，现将《勘察设计注册土木工程师（道路工程）制度暂行规定》、《勘察设计注册土木工程师（道路工程）资格考试实施办法》和《勘察设计注册土木工程师（道路工程）资格考核认定办法》印发给你们，请遵照执行。

附件：1. 勘察设计注册土木工程师（道路工程）新旧专业参照表

2. 中华人民共和国勘察设计注册土木工程师（道路工程）资格考核认定申报表

勘察设计注册土木工程师（道路工程）制度暂行规定

第一章　总　则

第一条　为加强对道路工程专业设计人员的管理，保证工程质量，维护社会公共利益和人民生命财产安全，依据《中华人民共和国建筑法》、《中华人民共和国公路法》和《建设工程勘察设计管理条例》等法律法规和国家职业资格证书制度的有关规定，制定本规定。

第二条 本规定适用于从事道路（包括公路、城市道路、林区、厂矿及其他专用道路）工程专业设计及相关业务的专业技术人员。

第三条 国家对从事道路工程专业设计活动的专业技术人员，实行职业准入制度，纳入全国专业技术人员职业资格证书制度统一规划。

第四条 本规定所称勘察设计注册土木工程师（道路工程），是指经考试取得《中华人民共和国勘察设计注册土木工程师（道路工程）资格证书》，并依法注册取得《中华人民共和国勘察设计注册土木工程师（道路工程）注册执业证书》和执业印章，从事道路工程专业设计及相关业务的专业技术人员。

勘察设计注册土木工程师（道路工程）英文译为：

Registered Engineer of Civil Engineering（Road Engineering）

第五条 建设部、人事部、交通部共同负责勘察设计注册土木工程师（道路工程）制度工作，并按职责分工对该制度的实施进行指导、监督和检查。

各省、自治区、直辖市人民政府人事行政部门、建设行政主管部门、交通行政主管部门，按照职责分工负责本行政区域内勘察设计注册土木工程师（道路工程）制度的实施、检查、监督、管理。

第二章 考 试

第六条 勘察设计注册土木工程师（道路工程）资格实行全国统一大纲、统一命题的考试制度，原则上每年举行一次。

勘察设计注册土木工程师（道路工程）资格考试由基础考试和专业考试两部分组成。

第七条 建设部、交通部组织成立道路工程专业专家委员会。该委员会负责拟定勘察设计注册土木工程师（道路工程）资格考试大纲和试题，建立并管理考试试题库，组织评阅卷工作，提出评分标准和合格标准建议。

人事部、建设部、交通部组织专家审定考试大纲、试题、评分标准与合格标准。

第八条 凡中华人民共和国公民，遵守国家法律、法规，恪守职业道德，并具备相应专业教育和职业实践条件者，均可申请参加勘察设计注册土木工程师（道路工程）资格考试。

第九条 资格考试合格，由人事部、建设部、交通部委托省、自治区、直辖市人民政府人事行政部门，颁发人事部统一印制，人事部、建设部和交通部用印的《中华人民共和国勘察设计注册土木工程师（道路工程）资格证书》（以下简称资格证书）。

第十条 对以不正当手段取得资格证书的，由发证机构取消资格并收回资格证书。自取消资格之日起，当事人3年内不得再次参加勘察设计注册土木工程师（道路工程）资格考试。

第三章 注 册

第十一条 勘察设计注册土木工程师（道路工程）资格实行注册执业管理制度。取得资格证书的人员，必须经过注册，方可以勘察设计注册土木工程师（道路工程）的名义执业。

第十二条 建设部、交通部为勘察设计注册土木工程师（道路工程）资格注册审批机构。省、自治区、直辖市人民政府建设行政主管部门和交通行政主管部门为勘察设计注册土木工程师（道路工程）资格注册的审查机构。

第十三条　取得资格证书并申请注册的人员，应当受聘于一个具有建设工程设计资质的单位，并通过聘用单位向本单位工商注册所在地的省、自治区或直辖市人民政府建设行政主管部门提出注册申请。

第十四条　省、自治区、直辖市人民政府建设行政主管部门收到申请人的申请材料后，对申请材料不齐全或不符合法定形式的，应当当场或在 5 个工作日内，一次告知申请人需要补正的全部内容，逾期不告知的，自收到申请材料之日起即为受理。

对受理或不予受理的注册申请，均应当出具加盖省、自治区或直辖市人民政府建设行政主管部门专用印章和注明日期的书面凭证。

第十五条　省、自治区、直辖市人民政府建设行政主管部门自受理之日起 20 个工作日内，按规定条件和程序完成申报材料的审查工作，并将申报材料和审查意见送建设部、交通部审批。

建设部、交通部自受理申报人员材料之日起 45 个工作日内共同作出是否批准的决定。对作出不予批准决定的，应当书面说明理由，并告知申请人享有依法申请行政复议或提起行政诉讼的权利。在规定的期限内不能作出批准决定的，应当将延长的期限和理由告知申请人。

建设部、交通部应当自作出批准决定之日起 10 个工作日内，将批准决定送达经批准注册的申请人。核发统一制作和用印的《中华人民共和国勘察设计注册土木工程师（道路工程）注册执业证书》（以下简称《注册证书》）和执业印章。

第十六条　《注册证书》和执业印章每一注册有效期为 3 年。《注册证书》和执业印章在有效期限内是勘察设计注册土木工程师（道路工程）的执业凭证，由勘察设计注册土木工程师（道路工程）本人保管、使用。

第十七条　初始注册者，可自取得《资格证书》之日起 3 年内提出注册申请。逾期未申请者，在申请初始注册时，须符合本规定第五章继续教育的有关规定。

初始注册需要提交下列材料：

（一）《中华人民共和国勘察设计注册土木工程师（道路工程）注册申请表》；

（二）《资格证书》；

（三）申请人与聘用单位签订的劳动或聘用合同；

（四）逾期申请注册人员的继续教育证明材料。

第十八条　注册有效期届满需继续执业的，应在届满前 30 个工作日，按照本规定第十三条规定的程序申请延续注册。审批机构应当根据申请人的申请，在规定的时限内作出是否准予延续注册的决定；逾期未作出决定的，视为准予延续。

延续注册需要提交下列材料：

（一）《中华人民共和国勘察设计注册土木工程师（道路工程）延续注册申请表》；

（二）申请人与聘用单位签订的劳动或聘用合同；

（三）达到注册期内继续教育要求的证明材料。

第十九条　在注册有效期内，勘察设计注册土木工程师（道路工程）需变更执业单位的，应与原聘用单位解除劳动或聘用关系，并按本规定第十三条规定的程序办理变更注册手续。变更注册后，其注册证书和执业印章在原注册有效期内继续有效。

变更注册需要提交下列材料：

（一）《中华人民共和国注册土木工程师（道路工程）变更注册申请表》；

（二）申请人与新聘用单位签订的劳动或聘用合同；

（三）工作调动证明或与原聘用单位解除劳动或聘用关系的证明、退休人员的退休证明。

第二十条 注册申请人有下列情形之一的，不予注册：

（一）不具有完全民事行为能力的；

（二）刑事处罚尚未执行完毕的；

（三）因从事建设工程勘察、设计及相关业务受到刑事处罚，自刑事处罚执行完毕之日起至申请注册之日止不满2年的；

（四）法律、法规规定不予注册的其他情形。

第二十一条 勘察设计注册土木工程师（道路工程）有下列情形之一的，应由勘察设计注册土木工程师（道路工程）本人或聘用单位及时向所在地省、自治区或直辖市人民政府建设行政主管部门提出申请，由建设部会同交通部审核批准后，办理注销手续，收回注册证书和执业印章。

（一）不具有完全民事行为能力的；

（二）申请注销注册的；

（三）注册有效期满未办理延续注册的；

（四）被依法撤销注册的；

（五）受到刑事处罚的；

（六）与聘用单位解除劳动或聘用关系的；

（七）聘用单位破产的；

（八）聘用单位被吊销营业执照的；

（九）聘用单位被吊销工程勘察设计资质证书的；

（十）应当注销注册的其他情形。

第二十二条 勘察设计注册土木工程师（道路工程）因丧失行为能力、死亡或被宣告失踪的，其《注册证书》和执业印章失效。

第二十三条 以不正当手段取得注册的，应当予以撤销，由行政机关依法给予行政处罚；当事人在3年内不得再次申请注册；构成犯罪的，依法追究刑事责任。

第二十四条 对被注销注册或不予注册的人员，在重新具备初始注册条件，并符合本规定继续教育要求的，可按本规定第十三条规定的程序申请注册。

第二十五条 注册审批机构应当及时向社会公告注册有关情况。当事人对注销注册或不予注册有异议的，可依法申请行政复议或提起行政诉讼。

第四章 执 业

第二十六条 勘察设计注册土木工程师（道路工程）应在一个具有建设工程勘察设计资质的单位，进行道路工程专业设计执业活动。

第二十七条 勘察设计注册土木工程师（道路工程）的执业范围：

（一）道路工程勘测设计；

（二）道路工程技术咨询；

（三）道路工程招标、采购咨询；

（四）道路工程的技术调查和鉴定；

（五）道路工程的项目管理；

（六）对本专业勘测设计工程项目的施工进行指导和监督；

（七）国务院有关部门规定的其他业务。

第二十八条 在道路工程专业设计活动中形成的设计文件，必须由勘察设计注册土木工程师（道路工程）签字并加盖执业印章后方可生效。需勘察设计注册土木工程师（道路工程）签字盖章的设计文件种类和办法，由交通部、建设部另行规定。

第二十九条 修改勘察设计注册土木工程师（道路工程）签字盖章的设计文件，应由该勘察设计注册土木工程师（道路工程）本人进行；因特殊情况，该勘察设计注册土木工程师（道路工程）不能进行修改的，应由其他勘察设计注册土木工程师（道路工程）修改，并签字、加盖执业印章，同时对修改部分承担责任。

第三十条 勘察设计注册土木工程师（道路工程）从事执业活动，由其所在单位接受委托并统一收费。

因道路工程专业设计质量事故及相关义务造成的经济损失，接受委托单位应承担赔偿责任。接受委托的单位依法向承担设计责任的勘察设计注册土木工程师（道路工程）追偿。

第三十一条 勘察设计注册土木工程师（道路工程）执业管理办法由交通部、建设部另行制定。

第五章 继续教育

第三十二条 继续教育是勘察设计注册土木工程师（道路工程）延续注册、重新申请注册和逾期初始注册的必备条件。在每个注册期内，勘察设计注册土木工程师（道路工程）应按规定完成本专业的继续教育。

第三十三条 勘察设计注册土木工程师（道路工程）继续教育，分必修课和选修课。每注册期的必修课和选修课均为60学时。继续教育内容及要求，由交通部、建设部确定。

第六章 权利和义务

第三十四条 勘察设计注册土木工程师（道路工程）享有下列权利：

（一）使用勘察设计注册土木工程师（道路工程）称谓；

（二）在规定范围内从事执业活动，并履行相应岗位职责；

（三）保管和使用本人的注册证书和执业印章；

（四）对本人在工程设计领域的活动进行解释和辩护；

（五）接受继续教育；

（六）获得与执业责任相应的劳动报酬；

（七）对侵犯本人权利的行为进行申诉。

第三十五条 勘察设计注册土木工程师（道路工程）应当履行下列义务：

（一）遵守法律、法规和有关管理规定；

（二）执行技术标准和规范；

（三）保证执业活动成果和质量，并承担相应责任；

（四）接受继续教育，努力提高执业水准；

（五）在本人执业活动中完成的主要设计文件上签字、加盖执业印章；

（六）保守在执业活动中知悉的国家秘密和他人的商业、技术秘密；

（七）不得准许他人以本人名义执业；

（八）在本专业规定的执业范围和聘用单位业务范围内执业；

（九）协助注册管理机构完成相关工作。

第七章 附 则

第三十六条 在本规定印发之日前，对长期从事道路工程专业设计工作，并符合考核认定条件的专业技术人员，可通过考核认定，获得《中华人民共和国勘察设计注册土木工程师（道路工程）资格证书》。

第三十七条 符合考试报名条件的香港、澳门地区居民，可申请参加勘察设计注册土木工程师（道路工程）资格考试。申请人在报名时应提交本人身份证明、国务院教育行政部门认可的相应专业学历或学位证书、从事道路设计相关专业实践年限证明。台湾地区专业人员参加考试的办法另行规定。

外籍专业技术人员，申请参加勘察设计注册土木工程师（道路工程）资格考试、申请注册和执业等管理办法另行制定。

第三十八条 从事道路工程专业设计活动的单位配备勘察设计注册土木工程师（道路工程）的具体办法，由建设部商交通部另行规定。

第三十九条 各级相关行政部门或勘察设计注册土木工程师（道路工程）资格考试等相关机构，因工作失误，使专业技术人员的合法权益受到损害的，应依据《中华人民共和国国家赔偿法》给予相应赔偿，并可向有关责任人追偿。

第四十条 各级相关行政部门或勘察设计注册土木工程师（道路工程）资格考试等相关机构的工作人员，不履行工作职责，监督不力，借机为自己或他人谋取利益以及有其他违法违规行为的，由其上级相关行政部门责令改正；造成不良影响或严重后果的，对直接负责的主管人员和其他直接责任人员依法给予处分；构成犯罪的，依法追究刑事责任。

第四十一条 本规定自2007年4月1日起施行。

勘察设计注册土木工程师（道路工程）资格考试实施办法

第一条 建设部、交通部、人事部共同负责勘察设计注册土木工程师（道路工程）资格考试工作，具体考务工作由人事部人事考试中心和建设部执业资格注册中心按职责分工进行。

各省、自治区、直辖市的考试工作，由当地人事行政主管部门会同建设行政主管部门组织实施，并协商确定具体职责分工。

第二条 资格考试分为基础考试和专业考试。基础考试合格并符合本办法规定的专业考试报名条件的，可报名参加专业考试。专业考试合格后，方可获得《中华人民共和国勘察设计注册土木工程师（道路工程）资格证书》。

第三条 基础考试分 2 个半天进行，各为 4 个小时。专业考试分专业知识和专业案例两部分内容，每部分内容均为 2 个半天，每个半天均为 3 个小时。

第四条 符合《勘察设计注册土木工程师（道路工程）制度暂行规定》第八条要求，并具备以下条件之一的，可申请参加基础考试：

（一）取得本专业（指土木工程，详见附件 1，下同）或相近专业（指港口与航道工程、勘查技术与工程等专业，详见附件 1，下同）大学本科及以上学历或学位。

（二）取得本专业或相近专业大学专科学历，累计从事道路工程专业设计工作满 1 年。

（三）取得其他专业大学本科及以上学历或学位，累计从事道路工程专业设计工作满 1 年。

第五条 基础考试合格，并具备以下条件之一的，可申请参加专业考试：

（一）取得本专业博士学位后，累计从事道路工程专业设计工作满 2 年；或取得相近专业博士学位后，累计从事道路工程专业设计工作满 3 年。

（二）取得本专业硕士学位后，累计从事道路工程专业设计工作满 3 年；或取得相近专业硕士学位后，累计从事道路工程专业设计工作满 4 年。

（三）取得含本专业在内的双学士学位或本专业研究生班毕业后，累计从事道路工程专业设计工作满 4 年；或取得含相近专业在内的双学士学位或研究生班毕业后，累计从事道路工程专业设计工作满 5 年。

（四）取得通过本专业教育评估的大学本科学历或学位后，累计从事道路工程专业设计工作满 4 年；或取得未通过本专业教育评估的大学本科学历或学位后，累计从事道路工程专业设计工作满 5 年；或取得相近专业大学本科学历或学位后，累计从事道路工程专业设计工作满 6 年。

（五）取得本专业大学专科学历后，累计从事道路工程设计工作满 6 年；或取得相近专业大学专科学历后，累计从事道路工程专业设计工作满 7 年。

（六）取得其他专业大学本科及以上学历或学位后，累计从事道路工程专业设计工作满 8 年。

第六条 截止到 2002 年 12 月 31 日前，符合下列条件之一的，可免基础考试，只需参加专业考试：

（一）取得本专业博士学位后，累计从事道路工程专业设计工作满 5 年；或取得相近专业博士学位后，累计从事道路工程专业设计工作满 6 年。

（二）取得本专业硕士学位后，累计从事道路工程专业设计工作满 6 年；或取得相近专业硕士学位后，累计从事道路工程专业设计工作满 7 年。

（三）取得含本专业在内的双学士学位或本专业研究生班毕业后，累计从事道路工程专业设计工作满 7 年；或取得含相近专业在内的双学士学位或研究生班毕业后，累计从事道路工程专业设计工作满 8 年。

（四）取得本专业大学本科学历或学位后，累计从事道路工程专业设计工作满 8 年；或取得相近专业大学本科学历或学位后，累计从事道路工程专业设计工作满 9 年。

（五）取得本专业大学专科学历后，累计从事道路工程专业设计工作满 9 年；或取得相近专业大学专科学历后，累计从事道路工程专业设计工作满 10 年。

（六）取得其他专业大学本科及以上学历或学位后，累计从事道路工程专业设计工作满12年。

（七）取得其他专业大学专科学历后，累计从事道路工程专业设计工作满15年。

（八）取得本专业中专学历后，累计从事道路工程专业设计工作满25年；或取得相近专业中专学历后，累计从事道路工程专业设计工作满30年。

第七条 参加考试由本人提出申请，所在单位审核同意，到当地考试管理机构报名。考试管理机构按规定程序和报名条件审核合格后，发给准考证。参加考试人员在准考证指定的时间、地点参加考试。

国务院各部门所属单位和中央管理的企业的专业技术人员按属地原则报名参加考试。

第八条 考试日期为每年第三季度。考点原则上设在直辖市和省会城市的大、中专院校或高考定点学校，如确需在其他城市设置，须经人事部、建设部和交通部批准。

第九条 坚持考试与培训分开的原则，凡参与考试工作（包括试题命制与组织管理等）的人员，不得参加考试和参与或举办与考试内容有关的培训工作。应考人员参加相关培训坚持自愿的原则。

第十条 考试考务工作要严格执行考试工作的有关规章制度，切实做好试卷命制、印刷、发送过程中的保密工作，遵守保密制度，严防泄密。

第十一条 考试工作人员要严格遵守考试工作纪律，认真执行考试回避制度。对违反考试纪律和有关规定的，按照《专业技术人员资格考试违纪违规行为处理规定》处理。

勘察设计注册土木工程师（道路工程）资格考核认定办法

一、考核认定条件

本办法印发之日前，在工程设计单位长期从事道路工程专业设计工作，评聘为工程类高级专业技术职务，职业道德行为良好，身体健康，并符合下列条件之一的在职、在编人员。

（一）中国科学院院士或中国工程院院士。

（二）全国工程设计大师。

（三）1983年12月31日前，取得大学本科及以上学历或学位，累计从事道路工程专业设计工作满15年，并获得全国优秀工程设计项目金、银奖或有关道路工程专业国家级科技进步奖项目的主要技术负责人，年龄在70周岁（含）以下，且具备下列一项条件：

1. 在具有甲级工程设计资质的设计单位中，担任正、副总工程师（负责道路工程专业技术工作）职务满5年。

2. 道路工程专业专家委员会成员并受聘担任勘察设计注册土木工程师（道路工程）资格考试大纲编写及命题工作。

（四）具备下列条件1或条件2，年龄在70周岁（含）以下，并参加本专业测试成绩合格的人员。

1. 同时具备下列（1）和（2）项中的各一项条件。

（1）学历和职业年限：

①1983年12月31日前，取得本专业大学本科及以上学历或学位，累计从事道路工程专业设计工作满15年；或取得相近专业大学本科及以上学历或学位，累计从事道路工程专业设计工作满20年。

②1983年12月31日前，取得本专业大学专科学历，累计从事道路工程专业设计工作满20年；1979年12月31日前，取得相近专业大学专科学历，累计从事道路工程专业设计工作满25年。

③1978年12月31日前，取得本专业中专学历，累计从事道路工程专业设计工作满25年；1973年12月31日前，取得相近专业中专学历，累计从事道路工程专业设计工作满30年。

④1970年12月31日前，取得其他专业中专及以上学历，累计从事道路工程专业设计工作满30年。

（2）技术业绩和资历：

①担任道路工程专业项目的技术负责人或项目负责人，完成工程设计资质分级标准中的大型道路工程项目2项及以上，或大型道路工程项目1项和中型项目3项及以上，或中型道路工程项目6项及以上的道路工程设计。

②在具有甲级工程设计资质的单位中，担任正、副总工程师职务，负责道路工程专业技术工作满5年。

③在具有乙级工程设计资质的单位中，担任总工程师职务，负责道路工程专业技术工作满7年。

2. 取得本专业大学本科及以上学历或学位后，累计从事道路工程专业设计工作满15年，达到本办法（2）“技术业绩和资历”中第①项规定的业绩，并获得全国优秀工程设计奖项目（道路工程专业）或本专业国家级科技进步奖项目的主要技术负责人，或获得2项及以上省部级道路工程专业优秀工程设计、本专业科技进步一、二、三等奖项目的主要技术负责人。

二、考核认定程序

（一）符合考核认定条件的工程设计人员应当通过聘用单位向单位工商注册所在地的省、自治区、直辖市人民政府建设行政主管部门或其委托的管理机构提出考核认定申请，军队系统勘察设计单位向总后基建营房部提出申请。

（二）各省、自治区、直辖市建设行政主管部门、交通行政主管部门，总后基建营房部对本地区、本部门勘察设计单位的申报人员进行审查，提出审查意见，并经本地区人事行政部门、总政干部部复审后提出推荐名单，送道路工程专业专家委员会审核。

（三）道路工程专业专家委员会负责审核通过人员的测试管理工作。各省、自治区、直辖市建设行政主管部门负责所辖地区审核通过人员的具体测试工作，并将测试成绩送道路工程专业专家委员会。

（四）道路工程专业专家委员会将审核结果和测试成绩汇总后上报建设部、交通部和人事部。三部门对审核结果和测试成绩进行复核，将复核合格人员名单进行公示。经公示无异议后，建设部、交通部和人事部向社会公告获得《中华人民共和国勘察设计注册土木工程师（道路工程）资格证书》人员的名单。

对未通过考核认定的申请人，委托道路工程专业专家委员会向其说明不通过的理由。

三、考核认定申报材料

（一）各省、自治区、直辖市建设行政主管部门和总后基建营房部的意见函。

（二）中华人民共和国勘察设计注册土木工程师（道路工程）资格考核认定申报表(见附件2)。

（三）中国科学院院士、中国工程院院士或全国设计大师应提供院士或大师证书复印件。其他人员应提供以下证明材料的复印件：学历或学位证书、高级专业技术职务证书，获奖证书，单位工程设计资质证书，获奖项目的主要设计文件或图纸签署证明，担任正、副总工程师职务的任命文件。

（四）获奖者应附有效证明，即奖状、个人证书或正式公布的获奖人名单。对奖项未颁发个人证书或未正式公布获奖人员名单的，应提供符合国家规定人数的单位原始申报奖项的人员名单、获奖项目主要图纸图签的复印件，经单位负责人签字并加盖公章。

（五）所在单位出具的职业道德证明和获奖单位出具的获奖项目主要技术负责人证明。

四、申报时间及要求

（一）各省、自治区、直辖市建设行政主管部门、交通行政主管部门和人事行政部门、总后基建营房部和总政干部部，应于2007年8月31日前完成审查、复审工作，签署审查、复审意见后，将全部申请人员材料送道路工程专业专家委员会。

（二）各地区和有关部门应当推荐符合申报条件、能力业绩突出、业内认可且在道路工程专业设计专业一线工作的人员。实施资格考试后不再进行考核认定工作。

（三）各地区和有关部门在审查、复审时，应核查各类证书及相关证明文件的原件。报送的各类证书等相关材料复印件应由申报人所在单位人事部门负责人签署意见并加盖单位印章。

（四）已通过特许或考核认定的方式取得其他专业职（执）业资格证书、现在公务员岗位工作、正在申报其他专业职业（执业）资格考核认定和已办理离、退休手续且未再受聘本专业设计岗位工作的人员，均不在申报范围。凡因在建设工程勘察设计或相关业务中违法违纪或发生重大失误，受到刑事处罚或行政处分的人员，一律不得申报。

（五）各地区和有关部门应严格按照规定的条件和程序，认真做好申报、审查和复审工作。凡不认真把关或弄虚作假的，停止该地区或部门的申报权和取消个人的申报资格，并依据相应法律和有关规定进行处理。

附件 1

勘察设计注册土木工程师（道路工程）新旧专业参照表

专业划分	新专业名称	旧专业名称
本专业	土木工程	交通土建工程 公路与城市道路工程 桥梁工程 铁道工程 地下工程与隧道工程 森林道路与桥梁工程 建筑工程 城镇建设 土木工程
相近专业	1. 港口航道与海岸工程 2. 地质工程 3. 水利水电工程	港口航道及治河工程 港口航道及海岸工程 水文地质与工程地质 海岸与海洋工程 勘察技术与工程 岩土工程 资源勘察工程 水工结构工程 水利水电工程建筑
其他专业	除本专业和相近专业外的工科专业	

注：1. 表中“新专业名称”指中华人民共和国教育部高等教育司 1998 年颁布的《普通高等学校本科专业目录和专业介绍》中规定的专业名称；“旧专业名称”指 1998 年《普通高等学校本科专业目录和专业介绍》颁布前各院校所采用的专业名称。

2. 申报考核认定的人员，所学专业在“参照表”中未列出的，但又与本专业或相关专业相近，在申报相关材料时，附在校学习专业基础课和专业课的“课程设置表”（由原毕业院校出具），经所在单位核实并提出符合“本专业”、“相近专业”、“其他专业”的意见，通过单位所在省级建设行政主管部门或有关部门初审后，报建设部组织有关专家审查确认。

3. 申请参加考试的人员，所学专业在“参照表”中未列出的，可在申报材料时，附在校学习专业基础课和专业课的“课程设置表”（由原毕业院校出具），经所在单位核实并提出符合“本专业”、“相近专业”、“其他专业”的意见后，由当地考试管理机构审核确定。

附件 2

中华人民共和国勘察设计注册土木工程师（道路工程）资格考核认定申报表

省、自治区、
直 辖 市
或部门名称________________

单 位 名 称________________

申请人姓名________________

身份证号码________________

申 报 时 间__________年________月________日

人事部
中华人民共和国 建设部 编制
交通部

填写注意事项

1. 本申报表一律用钢笔或签字笔由申请人如实填写，字迹工整清晰。由于字迹潦草、难以认清所产生的后果，责任自负。

2. **“专业学历”**栏中应填写符合国家教育行政主管部门认定的专业学历，未获学位的，不应自行填写学位。对取得双学士学位者应分别填报。

3. **“累计从事道路工程专业设计工作年限”**系指道路工程专业技术人员在工程设计单位从事本专业建设工程设计和技术管理业务时间的总和，其截止日期为本办法印发之日前，按满周年累计计算。

4. **“正、副总工程师任职起止时间”**，是指在有独立设计资质证书的单位任正、副总工程师的起止时间，不包括单位内设部门的职务任职时间。

5. **“从事道路工程专业设计工作主要经历”**中，应按专业技术职务级别不同分别填写。其中：“从事何专业技术工作”应明确填写所从事的专业技术工作性质。

6. **“完成道路工程专业设计主要工程项目业绩”**中，应按要求认真填写，如填写不下，可另加附页，每页均应加盖单位印章。对其中各栏目按下列要求填写：

“项目规模和复杂程度”须按照建设〔2001〕22号“工程设计资质分级标准”确定的等级如实填写。

“工作内容”应填写本专业勘察、设计及设计阶段工作。

“本人起何作用”应填写项目负责人、专业负责人、主要设计人或参加人。

“完成情况及获何奖励”中**“完成情况”**部分应填写“在建”或“已建成”；**“获何奖励”**部分应填写获得全国优秀工程设计奖、标准设计奖或有关道路工程专业国家级科技进步奖；获得省、部级优秀工程设计奖、标准设计奖或本专业科技进步一、二、三等奖。本人不在规定的获奖名单之内，不得填写该奖项。

7. 在本申报表中，凡项目前有“□”的，均分别由个人或单位在所同意项目前的“□”内打“√”。

基 本 情 况

<table>
<tr><td>姓 名</td><td></td><td>性 别</td><td></td><td>出生年月</td><td>年 月</td><td rowspan="5">照片</td></tr>
<tr><td>籍 贯</td><td></td><td>民 族</td><td></td><td>身份证号</td><td></td></tr>
<tr><td rowspan="3">在所符合项目的□内打“√”</td><td colspan="5">院士 □ 设计大师 □</td></tr>
<tr><td colspan="5">1983 年及以前毕业 □ 1983 年以后毕业 □</td></tr>
<tr><td colspan="5">道路工程专业专家委员会成员并受聘担任大纲编写及命题工作 □ 其他 □</td></tr>
<tr><td rowspan="3">聘用单位</td><td colspan="2">单位名称</td><td colspan="4"></td></tr>
<tr><td colspan="2">通信地址</td><td colspan="4"></td></tr>
<tr><td colspan="2">联系电话</td><td colspan="2"></td><td>邮 编</td><td></td></tr>
<tr><td rowspan="3">专业学历</td><td colspan="2">毕（肄、结）业时间</td><td colspan="2">院校及专业</td><td>学 历</td><td>学 位</td></tr>
<tr><td colspan="2">年 月</td><td colspan="2"></td><td></td><td></td></tr>
<tr><td colspan="2">年 月</td><td colspan="2"></td><td></td><td></td></tr>
<tr><td colspan="2">参加工作时间</td><td colspan="2">年 月</td><td>累计从事道路工程专业设计工作年限</td><td colspan="2"></td></tr>
<tr><td colspan="4">现任专业技术职务名称及聘任时间</td><td colspan="3"></td></tr>
<tr><td colspan="4">正、副总工程师任职起止时间</td><td colspan="3"></td></tr>
<tr><td colspan="4">所在单位工程设计资质证书等级及编号</td><td colspan="3"></td></tr>
<tr><td colspan="2">接受教育、培训及发表论文、著作情况</td><td colspan="5"></td></tr>
<tr><td colspan="2">是否有过违反职业道德行为</td><td colspan="5"></td></tr>
</table>

从事道路工程专业设计工作主要经历

起止时间	工作单位	从事何专业技术工作	职务
年 月 至 年 月			
年 月 至 年 月			
年 月 至 年 月			
年 月 至 年 月			
年 月 至 年 月			
年 月 至 年 月			

完成道路工程专业设计主要项目业绩

单位印章：

起止时间	项目名称	项目规模和复杂程度	工作内容	本人起何作用	完成情况及获何奖励
年 月 至 年 月					
年 月 至 年 月					
年 月 至 年 月					
年 月 至 年 月					
年 月 至 年 月					
年 月 至 年 月					

<table>
<tr><td colspan="3">工作单位推荐意见</td></tr>
<tr><td colspan="3">□申报材料属实，同意推荐申报注册土木工程师（道路工程）资格考核认定。
□申报材料不属实，不同意推荐申报注册土木工程师（道路工程）资格考核认定。

负责人（签字）： （单位印章）
年 月 日</td></tr>
<tr><td colspan="3">省、自治区、直辖市建设行政主管部门、交通行政主管部门和人事行政部门，或总后基建营房部和总政干部部审查、复审意见</td></tr>
<tr><td colspan="3">□申报材料属实齐全，符合考核认定条件，同意参加注册土木工程师（道路工程）资格考核认定；
□申报材料属实齐全，不符合考核认定条件，不同意参加注册土木工程师（道路工程）资格考核认定；</td></tr>
<tr><td>负责人（签字）：
（单位印章）
年 月 日</td><td>负责人（签字）：
（单位印章）
年 月 日</td><td>负责人（签字）：
（单位印章）
年 月 日</td></tr>
<tr><td colspan="3">道路工程专业专家委员会测试及审核意见</td></tr>
<tr><td colspan="3">□经审核，测试结果和审查情况均符合注册土木程师（道路工程）资格考核认定条件。
□经审核，测试结果和审查情况不符合注册土木程师（道路工程）资格考核认定条件。
□经审核，测试结果和审查情况均不符合注册土木程师（道路工程）资格考核认定条件。
负责人（签章）： （印章）
年 月 日</td></tr>
<tr><td colspan="3">建设部、交通部、人事部复核、公示及审批意见</td></tr>
<tr><td colspan="3">□经复核，不符合注册土木工程师（道路工程）资格考核认定条件。
□经复核，符合注册土木工程师（道路工程）资格考核认定条件，并经公示无异议。
□经复核，符合注册土木工程师（道路工程）资格考核认定条件，经公示有异议，最终确认不符合考核认定条件。</td></tr>
<tr><td>建设部
（印章）</td><td>国家环保总局
（印章）
年 月 日</td><td>人事部
（印章）</td></tr>
<tr><td colspan="3">备注：</td></tr>
</table>

人事部、建设部关于印发《注册公用设备工程师执业资格制度暂行规定》、《注册公用设备工程师执业资格考试实施办法》和《注册公用设备工程师执业资格考核认定办法》的通知

（人发〔2003〕24 号　2003 年 3 月 27 日）

各省、自治区、直辖市人事厅（局）、建设厅（建委、规委），国务院各部委、各直属机构人事（干部）部门，总政干部部、总后基建营房部，中央管理的有关企业：

根据《人事部、建设部关于发布〈勘察设计注册工程师制度总体框架及实施规划〉及〈全国勘察设计注册工程师管理委员会组成人员名单〉的通知》（人发〔2001〕5 号）要求，现将《注册公用设备工程师执业资格制度暂行规定》、《注册公用设备工程师执业资格考试实施办法》和《注册公用设备工程师执业资格考核认定办法》印发给你们，请遵照执行。

附件：1．注册公用设备工程师新旧专业对照表

2．中华人民共和国注册公用设备工程师执业资格考核认定申报表（略）

注册公用设备工程师执业资格制度暂行规定

第一章　总　则

第一条　为加强对公用设备专业工程设计人员的管理，保证工程质量，维护社会公共利益和人民生命财产安全，依据《中华人民共和国建筑法》、《建设工程勘察设计管理条例》等法律法规和国家有关执业资格制度的规定，制定本规定。

第二条　本规定适用于从事暖通空调、给水排水、动力等专业工程设计及相关业务活动的专业技术人员。

第三条　国家对从事公用设备专业工程设计活动的专业技术人员实行执业资格注册管理制度，纳入全国专业技术人员执业资格制度统一规划。

第四条　本规定所称注册公用设备工程师，是指取得《中华人民共和国注册公用设备工程师执业资格证书》和《中华人民共和国注册公用设备工程师执业资格注册证书》，从事公用设备专业工程设计及相关业务的专业技术人员。

第五条　建设部、人事部等国务院有关主管部门和省、自治区、直辖市人民政府建设行政部门、人事行政部门等依照本规定对注册公用设备工程师执业资格的考试、注册和执业进行指导、监督和检查。

第六条　全国勘察设计注册工程师管理委员会下设全国勘察设计注册工程师公用设

备专业管理委员会（以下简称公用设备专业委员会），由建设部、人事部和有关行业协会及公用设备专业工程设计的专家组成，具体负责注册公用设备工程师执业资格的考试、注册和管理等工作。

各省、自治区、直辖市的勘察设计注册工程师管理委员会，负责本地区注册公用设备工程师执业资格的考试组织、取得资格人员的管理和办理注册申报等具体工作。

第二章 考 试

第七条 注册公用设备工程师执业资格考试实行全国统一大纲、统一命题的考试制度，原则上每年举行一次。

第八条 公用设备专业委员会负责拟定公用设备专业考试大纲和命题、建立并管理考试试题库、组织阅卷评分、提出评分标准和合格标准建议。全国勘察设计注册工程师管理委员会负责审定考试大纲、年度试题、评分标准与合格标准。

第九条 注册公用设备工程师执业资格考试由基础考试和专业考试组成。

第十条 凡中华人民共和国公民，遵守国家法律、法规，恪守职业道德，并具备相应专业教育和职业实践条件者，均可申请参加注册公用设备工程师执业资格考试。

第十一条 注册公用设备工程师执业资格考试合格者，由省、自治区、直辖市人事行政部门颁发人事部统一印制，人事部、建设部用印的《中华人民共和国注册公用设备工程师执业资格证书》。

第三章 注 册

第十二条 取得《中华人民共和国注册公用设备工程师执业资格证书》者，可向所在省、自治区、直辖市勘察设计注册工程师管理委员会提出申请，由该委员会向公用设备专业委员会报送办理注册的有关材料。

第十三条 公用设备专业委员会向准予注册的申请人核发由建设部统一制作，全国勘察设计注册工程师管理委员会和公用设备专业委员会用印的《中华人民共和国注册公用设备工程师执业资格注册证书》和执业印章。申请人经注册后，方可在规定的业务范围内执业。

公用设备专业委员会应将准予注册的注册公用设备工程师名单报全国勘察设计注册工程师管理委员会备案。

第十四条 注册公用设备工程师执业资格注册有效期为 2 年。有效期满需继续执业的，应在期满前 30 日内办理再次注册手续。

第十五条 有下列情形之一的，不予注册：

（一）不具备完全民事行为能力的；

（二）在从事公用设备专业工程设计或相关业务中犯有错误，受到行政处罚或者撤职以上行政处分，自处罚、处分决定之日起至申请注册之日不满 2 年的；

（三）自受刑事处罚完毕之日起至申请注册之日不满 5 年的；

（四）国务院各有关部门规定的不予注册的其他情形。

第十六条 公用设备专业委员会依照本规定第十五条决定不予注册的，应自决定之日起 15 个工作日内书面通知申请人。如有异议，申请人可自收到通知之日起 15 个工作日内向全国勘察设计注册工程师管理委员会提出申诉。

第十七条 注册公用设备工程师注册后，有下列情形之一的，由公用设备专业委员会撤销其注册：

（一）不具备完全民事行为能力的；

（二）受刑事处罚的；

（三）在公用设备专业工程设计和相关业务中造成工程事故，受到行政处罚或者撤职以上行政处分的；

（四）经查实有与注册规定不符的；

（五）严重违反职业道德规范的。

第十八条　被撤销注册人员对撤销注册有异议的，可自接到撤销注册通知之日起 15 个工作日内向全国勘察设计注册工程师管理委员会提出申诉。

第十九条　被撤销注册的人员在处罚期满 5 年后可依照本规定重新申请注册。

第四章　执　业

第二十条　注册公用设备工程师的执业范围：

（一）公用设备专业工程设计（含本专业环保工程）；

（二）公用设备专业工程技术咨询（含本专业环保工程）；

（三）公用设备专业工程设备招标、采购咨询；

（四）公用设备工程的项目管理业务；

（五）对本专业设计项目的施工进行指导和监督；

（六）国务院有关部门规定的其他业务。

第二十一条　注册公用设备工程师只能受聘于一个具有工程设计资质的单位。

第二十二条　注册公用设备工程师执业，由其所在单位接受委托并统一收费。

第二十三条　因公用设备专业工程设计质量事故及相关业务造成的经济损失，接受委托单位应承担赔偿责任，并有权根据合约向签章的注册公用设备工程师追偿。

第二十四条　注册公用设备工程师执业管理和处罚办法由建设部会同有关部门另行制定。

第五章　权利和义务

第二十五条　注册公用设备工程师有权以注册公用设备工程师的名义从事规定的专业活动。

第二十六条　在公用设备专业工程设计、咨询及相关业务工作中形成的主要技术文件，应当由注册公用设备工程师签字盖章后生效。

第二十七条　任何单位和个人修改注册公用设备工程师签字盖章的技术文件，须征得该注册公用设备工程师同意；因特殊情况不能征得其同意的，可由其他注册公用设备工程师签字盖章并承担责任。

第二十八条　注册公用设备工程师应履行下列义务：

（一）遵守法律、法规和职业道德，维护社会公众利益；

（二）保证执业工作的质量，并在其负责的技术文件上签字盖章；

（三）保守在执业中知悉的商业技术秘密；

（四）不得同时受聘于两个及以上单位执业；

（五）不得准许他人以本人名义执业。

第二十九条　注册公用设备工程师应按规定接受继续教育，并作为再次注册的依据条件之一。

第六章 附 则

第三十条 在实施注册公用设备工程师执业资格考试之前，已经达到注册公用设备工程师执业资格条件的，可经考核认定，获得《中华人民共和国注册公用设备工程师执业资格证书》。

第三十一条 经国务院有关部门同意，获准在中华人民共和国境内就业的外籍人员及港、澳、台地区的专业人员，符合本规定要求的，可按规定的程序申请参加考试、注册和执业。

第三十二条 从事公用设备专业工程设计活动的单位配备注册公用设备工程师的具体办法由建设部会同有关部门另行规定。

注册公用设备工程师签字盖章生效的技术文件种类及管理办法由公用设备专业委员会制定。

第三十三条 本规定自2003年5月1日起施行。

注册公用设备工程师执业资格考试实施办法

第一条 建设部、人事部共同负责注册公用设备工程师执业资格考试工作。

第二条 全国勘察设计注册工程师管理委员会负责审定考试大纲、年度试题、评分标准与合格标准。

全国勘察设计注册工程师公用设备专业管理委员会（以下简称公用设备专业委员会）负责具体组织实施考试工作。

考务工作委托人事部人事考试中心负责。各地的考试工作，由当地人事行政部门会同建设行政部门组织实施，具体职责分工由各地协商确定。

第三条 考试分为基础考试和专业考试。参加基础考试合格并按规定完成职业实践年限者，方能报名参加专业考试。专业考试合格后，方可获得《中华人民共和国注册公用设备工程师执业资格证书》。

第四条 符合《注册公用设备工程师执业资格制度暂行规定》第十条的要求，并具备以下条件之一者，可申请参加基础考试：

（一）取得本专业（指公用设备专业工程中的暖通空调、动力、给水排水专业，详见附件1，下同）或相近专业（详见附件1，下同）大学本科及以上学历或学位。

（二）取得本专业或相近专业大学专科学历，累计从事公用设备专业工程设计工作满1年。

（三）取得其他工科专业大学本科及以上学历或学位，累计从事公用设备专业工程设计工作满1年。

第五条 基础考试合格，并具备以下条件之一者，可申请参加专业考试：

（一）取得本专业博士学位后，累计从事公用设备专业工程设计工作满2年；或取得相近专业博士学位后，累计从事公用设备专业工程设计工作满3年。

（二）取得本专业硕士学位后，累计从事公用设备专业工程设计工作满3年；或取得相近专业硕士学位后，累计从事公用设备专业工程设计工作满4年。

（三）取得含本专业在内的双学士学位或本专业研究生班毕业后，累计从事公用设备专业工程设计工作满 4 年；或取得相近专业双学士学位或研究生班毕业后，累计从事公用设备专业工程设计工作满 5 年。

（四）取得通过本专业教育评估的大学本科学历或学位后，累计从事公用设备专业工程设计工作满 4 年；或取得未通过本专业教育评估的大学本科学历或学位后，累计从事公用设备专业工程设计工作满 5 年；或取得相近专业大学本科学历或学位后，累计从事公用设备专业工程设计工作满 6 年。

（五）取得本专业大学专科学历后，累计从事公用设备专业工程设计工作满 6 年；或取得相近专业大学专科学历后，累计从事公用设备专业工程设计工作满 7 年。

（六）取得其他工科专业大学本科及以上学历或学位后，累计从事公用设备专业工程设计工作满 8 年。

第六条 截止到 2002 年 12 月 31 日前，符合下列条件之一者，可免基础考试，只需参加专业考试：

（一）取得本专业博士学位后，累计从事公用设备专业工程设计工作满 5 年；或取得相近专业博士学位后，累计从事公用设备专业工程设计工作满 6 年。

（二）取得本专业硕士学位后，累计从事公用设备专业工程设计工作满 6 年；或取得相近专业硕士学位后，累计从事公用设备专业工程设计工作满 7 年。

（三）取得含本专业在内的双学士学位或本专业研究生班毕业后，累计从事公用设备专业工程设计工作满 7 年；或取得相近专业双学士学位或研究生班毕业后，累计从事公用设备专业工程设计工作满 8 年。

（四）取得本专业大学本科学历或学位后，累计从事公用设备专业工程设计工作满 8 年；或取得相近专业大学本科学历或学位后，累计从事公用设备专业工程设计工作满 9 年。

（五）取得本专业大学专科学历后，累计从事公用设备专业工程设计工作满 9 年；或取得相近专业大学专科学历后，累计从事公用设备专业工程设计工作满 10 年。

（六）取得其他工科专业大学本科及以上学历或学位后，累计从事公用设备专业工程设计工作满 12 年。

（七）取得其他工科专业大学专科学历后，累计从事公用设备专业工程设计工作满 15 年。

（八）取得本专业中专学历后，累计从事公用设备专业工程设计工作满 25 年；或取得相近专业中专学历后，累计从事公用设备专业工程设计工作满 30 年。

第七条 参加考试由本人提出申请，所在单位审核同意，到当地考试管理机构报名。考试管理机构按规定程序和报名条件审核合格后，发给准考证。参加考试人员在准考证指定的时间、地点参加考试。

国务院各部门所属单位和中央管理的企业的专业技术人员按属地原则报名参加考试。

第八条 考点原则上设在省会城市和直辖市，如确需在其他城市设置，须经建设部和人事部批准。

第九条 坚持考试与培训分开的原则。考试工作人员认真执行考试回避制度，参加命题和考试组织管理的人员，不得参与考试有关的培训工作和参加考试。

第十条 严格执行考试考务工作的有关规章制度，做好试卷命题、印刷、发送过程中的保密工作，严格遵守保密制度，严防泄密。

第十一条 严格考场纪律，严禁弄虚作假，对违反考试纪律和有关规定者，要严肃处理，并追究当事人和领导责任。

注册公用设备工程师执业资格考核认定办法

一、考核认定条件

本办法下发之日前，长期从事公用设备专业工程设计工作，评聘为工程类高级专业技术职务，职业道德行为良好，身体健康，并符合下列条件之一的人员。

（一）中国科学院院士或中国工程院院士。

（二）全国工程设计大师。

（三）1983 年 12 月 31 日前，取得大学本科及以上学历或学位，累计从事公用设备专业工程设计工作满 15 年，并获得全国优秀工程设计项目金、银奖或有关公用设备专业国家级科技进步奖项目的主要技术负责人，年龄在 70 周岁（含）以下，且具备下列一项条件：

1. 在具有甲级工程设计资质的设计单位中，担任正、副总工程师（负责公用设备专业技术工作）职务满 5 年。

2. 受聘担任注册公用设备工程师执业资格考试大纲编写、考题设计的专家。

（四）具备下列条件 1 或条件 2，并参加专业测试成绩合格的人员。

1. 同时具备下列（1）和（2）项中的各一项条件者。

（1）学历和职业年限：

①1983 年 12 月 31 日前，取得本专业大学本科学历或学位，累计从事公用设备专业工程设计工作满 15 年；或取得相近专业大学本科学历或学位，累计从事公用设备专业工程设计工作满 20 年。

②1983 年 12 月 31 日前，取得本专业大学专科学历，累计从事公用设备专业工程设计工作满 20 年；1978 年 12 月 31 日前，取得相近专业大学专科学历，累计从事公用设备专业工程设计工作满 25 年。

③1978 年 12 月 31 日前，取得本专业中专学历，累计从事公用设备专业工程设计工作满 25 年；1973 年 12 月 31 日前，取得相近专业中专学历，累计从事公用设备专业工程设计工作满 30 年。

（2）技术业绩和资历：

①担任工程设计中公用设备专业技术负责人，完成工程设计资质分级标准中 6 项及以上的一级和特级建筑工程项目或中型及以上工业项目（其中大型工业项目不少于 2 项）的公用设备专业工程设计。

②在具有甲级工程设计资质的设计单位中，担任正、副总工程师（负责公用设备专业技术工作）职务满 5 年。

③在具有乙级工程设计资质的设计单位中，担任总工程师（负责公用设备专业技术工作）职务满 7 年。

2. 1983 年以后，取得本专业大学本科及以上学历或学位后，累计从事公用设备专业工程设计工作满 15 年，并获得全国优秀工程设计奖项目或有关公用设备专业国家级科技进步奖项目的主要技术负责人，或获得 2 项及以上省部级优秀工程设计、公用设备专业科技进步一、二、三等奖项目的主要技术负责人。

二、考核认定程序

（一）符合考核认定条件的工程设计人员由所在单位向单位工商注册所在地的省、自治区、直辖市建设行政部门推荐，其中铁道部、水利部所属的甲、乙级勘察设计单位分别向铁道部、水利部主管勘察设计的部门推荐，军队系统勘察设计单位向总后基建营房部推荐。

（二）各省、自治区、直辖市建设行政部门和铁道部、水利部主管勘察设计的部门、总后基建营房部对本地区、本部门设计单位的申报人员进行审核，并经本地区、本部门人事（职改）行政部门、总政干部部复审后提出推荐名单，报全国勘察设计注册工程师公用设备专业管理委员会（以下简称公用设备专业委员会）初审。

（三）公用设备专业委员会负责初审通过人员的测试管理工作。各省、自治区、直辖市建设行政部门负责所辖地区初审通过人员的具体测试工作，并将测试成绩报公用设备专业委员会。

（四）公用设备专业委员会将初审结果和测试成绩汇总后上报全国勘察设计注册工程师管理委员会。全国勘察设计注册工程师管理委员会根据初审结果和测试成绩进行终审，报人事部、建设部批准后，由全国勘察设计注册工程师管理委员会公布通过考核认定获得《中华人民共和国注册公用设备工程师执业资格证书》人员的名单。

三、考核认定申报材料

（一）各省、自治区、直辖市建设行政部门和铁道部、水利部、总后基建营房部等主管勘察设计部门的意见函。

（二）注册公用设备工程师执业资格考核认定申报表（附件 2）。

（三）中国科学院院士、中国工程院院士或全国设计大师应提供院士或大师证书复印件。其他人员应提供以下证明材料的复印件：学历或学位证书，高级专业技术职务证书，获奖证书，获奖项目的主要设计文件或图纸签署证明，担任正、副总工程师职务的任命文件。

（四）所在单位出具的职业道德证明和获奖单位出具的获奖项目主要技术负责人证明。

四、申报时间及要求

（一）各省、自治区、直辖市建设行政部门和人事部门，铁道部、水利部主管勘察设计和人事部门，总后基建营房部和总政干部部，应于 2003 年 5 月 31 日前，将审核和复核合格人员材料报公用设备专业委员会。

（二）通过特许或考核认定的方式取得其他专业执业资格的人员，一律不得申报注册公用设备工程师执业资格的考核认定。

（三）各地区和有关部门应严格按照规定的条件和程序，认真做好申报、审核和复核工作。凡不认真把关或弄虚作假的，停止该地区或部门的申报权和个人的申报资格。

（四）各地区和有关部门在审核、复核时，应核查各类证书及相关证明文件的原件。向公用设备专业委员会报送的各类证书及相关证明文件复印件应由所在单位人事（干部）部门负责人签署意见并加盖单位印章。

附件1

注册公用设备工程师新旧专业对照表

专业划分		新专业名称	旧专业名称
暖通空调	本专业	建筑环境与设备工程	供热通风与空调工程 供热空调与燃气工程 城市燃气工程
	相近专业	国防工程内部环境与设备 飞行器环境与生命保障工程	飞行器环境控制与安全救生
		环境工程 安全工程	环境工程 矿山通风与安全　安全工程
		食品科学与工程	冷冻冷藏工程（部分）
		热能与动力工程	制冷与低温技术
	其他工科专业	除本专业和相近专业外的工科专业	
动力	本专业	热能与动力工程	热力发动机 流体机械及流体工程 热能工程与动力机械（含锅炉、涡轮机、压缩机等） 热能工程 制冷与低温技术 能源工程 工程热物理 水利水电动力工程 冷冻冷藏工程（部分）
		建筑环境与设备工程	城市燃气工程 供热空调与燃气工程 供热通风与空调工程
		化学工程与工艺	化学工程 化工工艺 化学工程与工艺 煤化工（或燃料化工）
		食品科学与工程	冷冻冷藏工程（部分）
	相近专业	飞行器设计与工程 飞行器动力工程 过程装备与控制工程 油气贮运工程	空气动力学与飞行力学 飞行器动力工程 化工设备与机械 石油天然气贮运工程
	其他工科专业	除本专业和相近专业外的工科专业	
给水排水	本专业	给水排水工程	给水排水工程
	相近专业	环境工程	环境工程
	其他工科专业	除本专业和相近专业外的工科专业	

注：表中“新专业名称”指中华人民共和国教育部高等教育司1998年颁布的《普通高等学校本科专业目录》中规定的专业名称；“旧专业名称”指1998年《普通高等学校本科专业目录》颁布前各院校所采用的专业名称。

人事部、建设部关于印发《注册电气工程师执业资格制度暂行规定》、《注册电气工程师执业资格考试实施办法》和《注册电气工程师执业资格考核认定办法》的通知

（人发〔2003〕25 号 2003 年 3 月 27 日）

各省、自治区、直辖市人事厅（局），建设厅（建委、规委），国务院各部委、各直属机构人事（干部）部门，总政干部部、总后基建营房部，中央管理的有关企业：

根据《人事部、建设部关于发布〈勘察设计注册工程师制度总体框架及实施规划〉及〈全国勘察设计注册工程师管理委员会组成人员名单〉的通知》（人发〔2001〕5 号）要求，现将《注册电气工程师执业资格制度暂行规定》和《注册电气工程师执业资格考试实施办法》、《注册电气工程师执业资格考核认定办法》，请遵照执行。

附件：1. 注册电气工程师新旧专业对照表

2. 中华人民共和国注册电气工程师执业资格考核认定申报表（略）

注册电气工程师执业资格制度暂行规定

第一章 总 则

第一条 为加强对电气专业工程设计人员的管理，保证工程质量，维护社会公共利益和人民生命财产安全，依据《中华人民共和国建筑法》、《建设工程勘察设计管理条例》等法律法规和国家有关执业资格制度的规定，制定本规定。

第二条 本规定适用于从事发电、输变电、供配电、建筑电气、电气传动、电力系统等工程设计及相关业务的专业技术人员。

第三条 国家对从事电气专业工程设计活动的专业技术人员实行执业资格注册管理制度，纳入全国专业技术人员执业资格制度统一规划。

第四条 本规定所称注册电气工程师，是指取得《中华人民共和国注册电气工程师执业资格证书》和《中华人民共和国注册电气工程师执业资格注册证书》，从事电气专业工程设计及相关业务的专业技术人员。

第五条 建设部、人事部等国务院有关部门和省、自治区、直辖市人民政府建设行政部门、人事行政部门依照本规定对注册电气工程师执业资格的考试、注册和执业进行指导、监督和检查。

第六条 全国勘察设计注册工程师管理委员会下设全国勘察设计注册工程师电气专业管理委员会（以下简称电气专业委员会），由建设部、人事部和国务院有关部门及电气专业工程设计的专家组成，具体负责注册电气工程师执业资格制度的考试和注

册等工作。

各省、自治区、直辖市的勘察设计注册工程师管理委员会，负责本地区注册电气工程师执业资格的考试组织、取得资格人员的管理和办理注册申报等具体工作。

第二章 考 试

第七条 注册电气工程师执业资格考试实行全国统一大纲、统一命题的考试制度，原则上每年举行一次。

第八条 电气专业委员会负责拟定电气专业考试大纲和命题、建立并管理考试试题库、组织阅卷评分、提出评分标准和合格标准建议。全国勘察设计注册工程师管理委员会负责审定考试大纲、年度试题、评分标准与合格标准。

第九条 注册电气工程师执业资格考试由基础考试和专业考试组成。

第十条 凡中华人民共和国公民，遵守国家法律、法规，恪守职业道德，并具备相应专业教育和职业实践条件者，均可申请参加注册电气工程师执业资格考试。

第十一条 注册电气工程师执业资格考试合格者，由省、自治区、直辖市人事行政部门颁发人事部统一印制，人事部、建设部用印的《中华人民共和国注册电气工程师执业资格证书》。

第三章 注 册

第十二条 取得《中华人民共和国注册电气工程师执业资格证书》者，可向所在省、自治区、直辖市勘察设计注册工程师管理委员会提出申请，由该委员会向电气专业委员会报送办理注册的有关材料。

第十三条 电气专业委员会向准予注册的申请人核发由建设部统一制作，全国勘察设计注册工程师管理委员会和电气专业委员会用印的《中华人民共和国注册电气工程师执业资格注册证书》和执业印章。申请人经注册后，方可在规定的业务范围内执业。

电气专业委员会应将准予注册的注册电气工程师名单报全国勘察设计注册工程师管理委员会备案。

第十四条 注册电气工程师执业资格注册有效期为 2 年。有效期满需继续执业的，应在期满前 30 日内办理再次注册手续。

第十五条 有下列情形之一的，不予注册：

（一）不具备完全民事行为能力的；

（二）在从事电气专业工程设计或相关业务中犯有错误，受到行政处罚或者撤职以上行政处分，自处罚、处分之日起至申请注册之日不满 2 年的；

（三）自受刑事处罚完毕之日起至申请注册之日不满 5 年的；

（四）国务院有关部门规定的不予注册的其他情形。

第十六条 电气专业委员会依照本规定第十五条决定不予注册的，应自决定之日起 15 个工作日内书面通知申请人。如有异议，申请人可自收到通知之日起 15 个工作日内向全国勘察设计注册工程师管理委员会提出申诉。

第十七条 注册电气工程师注册后，有下列情形之一的，由电气专业委员会撤销其注册：

（一）不具备完全民事行为能力的；

（二）受刑事处罚的；

（三）在电气专业工程设计和相关业务中造成工程事故，受到行政处罚或者撤职以上行政处分的；

（四）经查实有与注册规定不符的；

（五）严重违反职业道德规范的。

第十八条　被撤销注册人员对撤销注册有异议的，可自接到撤销注册通知之日起 15 个工作日内向全国勘察设计注册工程师管理委员会提出申诉。

第十九条　被撤销注册的人员在处罚期满 5 年后可依照本规定重新申请注册。

第四章　执　业

第二十条　注册电气工程师的执业范围：

（一）电气专业工程设计；

（二）电气专业工程技术咨询；

（三）电气专业工程设备招标、采购咨询；

（四）电气工程的项目管理；

（五）对本专业设计项目的施工进行指导和监督；

（六）国务院有关部门规定的其他业务。

第二十一条　注册电气工程师只能受聘于一个具有工程设计资质的单位。

第二十二条　注册电气工程师执业，由其所在设计单位接受委托并统一收费。

第二十三条　因电气专业工程设计技术质量事故及相关业务造成的经济损失，接受委托单位应承担赔偿责任，并有权根据合约向签字盖章的注册电气工程师追偿。

第二十四条　注册电气工程师执业管理和处罚办法由建设部会同有关部门另行制定。

第五章　权利和义务

第二十五条　注册电气工程师有权以注册电气工程师的名义从事规定的专业活动。

第二十六条　在电气专业工程设计、咨询及相关业务工作中形成的主要技术文件，应当由注册电气工程师签字盖章后生效。

第二十七条　任何单位和个人修改注册电气工程师签字盖章的技术文件，须征得该注册电气工程师同意；因特殊情况不能征得其同意的，可由其他注册电气工程师签字盖章并承担相应责任。

第二十八条　注册电气工程师应当履行下列义务：

（一）遵守法律、法规和职业道德，维护社会公众利益；

（二）保证执业工作的质量，并在其负责的技术文件上签字盖章；

（三）保守在执业中知悉的商业技术秘密；

（四）不得同时受聘于两个及以上单位执业；

（五）不得准许他人以本人名义执业。

第二十九条　注册电气工程师应按规定接受继续教育，并作为再次注册的依据。

第六章　附　则

第三十条　在实施注册电气工程师执业资格考试之前，对长期从事电气专业工程设计工作，并符合注册电气工程师执业资格条件的，可经考核认定，获得《中华人民共和国注册电气工程师执业资格证书》。

第三十一条 经国务院有关部门同意，获准在中华人民共和国境内就业的外籍人员及港、澳、台地区的专业人员，符合本规定要求的，可按规定的程序申请参加考试、注册和执业。

第三十二条 从事电气专业工程设计活动的单位配备注册电气工程师的具体办法，由建设部商有关部门另行规定。

注册电气工程师签字盖章生效的技术文件种类及管理办法由电气专业委员会制定。

第三十三条 本规定自2003年5月1日起施行。

注册电气工程师执业资格考试实施办法

第一条 建设部、人事部共同负责注册电气工程师执业资格考试工作。

第二条 全国勘察设计注册工程师管理委员会负责审定考试大纲、年度试题、评分标准与合格标准。

全国勘察设计注册工程师电气专业管理委员会（以下简称电气专业委员会）负责具体组织实施考试工作。

考务工作委托人事部人事考试中心负责。各地的考试工作，由当地人事行政部门会同建设行政部门组织实施，具体职责分工由各地协商确定。

第三条 考试分为基础考试和专业考试。参加基础考试合格并按规定完成职业实践年限者，方能报名参加专业考试。专业考试合格后，方可获得《中华人民共和国注册电气工程师执业资格证书》。

第四条 符合《注册电气工程师执业资格制度暂行规定》第十条的要求，并具备以下条件之一者，可申请参加基础考试：

（一）取得本专业（指电气工程、电气工程自动化专业，详见附件1，下同）或相近专业（指自动化、电子信息工程、通信工程、计算机科学与技术专业，详见附件1，下同）大学本科及以上学历或学位。

（二）取得本专业或相近专业大学专科学历，累计从事电气专业工程设计工作满1年。

（三）取得其他工科专业大学本科及以上学历或学位，累计从事电气专业工程设计工作满1年。

第五条 基础考试合格，并具备以下条件之一者，可申请参加专业考试：

（一）取得本专业博士学位后，累计从事电气专业工程设计工作满2年；或取得相近专业博士学位后，累计从事电气专业工程设计工作满3年。

（二）取得本专业硕士学位后，累计从事电气专业工程设计工作满3年；或取得相近专业硕士学位后，累计从事电气专业工程设计工作满4年。

（三）取得含本专业在内的双学士学位或本专业研究生班毕业后，累计从事电气专业工程设计工作满4年；或取得相近专业双学士学位或研究生班毕业后，累计从事电气专业工程设计工作满5年。

（四）取得通过本专业教育评估的大学本科学历或学位后，累计从事电气专业工程设计工作满4年；或取得未通过本专业教育评估的大学本科学历或学位后，累计从事电气专业工程设计工作满5年；或取得相近专业大学本科学历或学位后，累计从事电气专业工程设计工作满6年。

（五）取得本专业大学专科学历后，累计从事电气专业工程设计工作满6年；或取得相近专业大学专科学历后，累计从事电气专业工程设计工作满7年。

（六）取得其他工科专业大学本科及以上学历或学位后，累计从事电气专业工程设计工作满8年。

第六条 截止到2002年12月31日前，符合下列条件之一者，可免基础考试，只需参加专业考试：

（一）取得本专业博士学位后，累计从事电气专业工程设计工作满5年；或取得相近专业博士学位后，累计从事电气专业工程设计工作满6年。

（二）取得本专业硕士学位后，累计从事电气专业工程设计工作满6年；或取得相近专业硕士学位后，累计从事电气专业工程设计工作满7年。

（三）取得含本专业在内的双学士学位或本专业研究生班毕业后，累计从事电气专业工程设计工作满7年；或取得相近专业双学士学位或研究生班毕业后，累计从事电气专业工程设计工作满8年。

（四）取得本专业大学本科学历或学位后，累计从事电气专业工程设计工作满8年；或取得相近专业大学本科学历或学位后，累计从事电气专业工程设计工作满9年。

（五）取得本专业大学专科学历后，累计从事电气专业工程设计工作满9年；或取得相近专业大学专科学历后，累计从事电气专业工程设计工作满10年。

（六）取得其他工科专业大学本科及以上学历或学位后，累计从事电气专业工程设计工作满12年。

（七）取得其他工科专业大学专科学历后，累计从事电气专业工程设计工作满15年。

（八）取得本专业中专学历后，累计从事电气专业工程设计工作满25年；或取得相近专业中专学历后，累计从事电气专业工程设计工作满30年。

第七条 参加考试由本人提出申请，所在单位审核同意，到当地考试管理机构报名。考试管理机构按规定程序和报名条件审核合格后，发给准考证。参加考试人员在准考证指定的时间、地点参加考试。

国务院各部门所属单位和中央管理的企业的专业技术人员按属地原则报名参加考试。

第八条 考点原则上设在省会城市和直辖市，如确需在其他城市设置，须经建设部和人事部批准。

第九条 坚持考试与培训分开的原则。考试工作人员要认真执行考试回避制度，参加命题和考试组织管理工作的人员，不得参与考试有关的培训和参加考试。

第十条 严格执行考试考务工作的有关规章制度，做好试卷命题、印刷、发送过程中的保密工作，严格遵守保密制度，严防泄密。

第十一条 严肃考场纪律，严禁弄虚作假，对违反考试纪律和有关规定者，要严肃处理，并追究当事人和领导责任。

注册电气工程师执业资格考核认定办法

一、考核认定条件

本办法下发之日前，长期从事电气专业工程设计工作，评聘为工程类高级专业技术职务，职业道德行为良好，身体健康，并符合下列条件之一的人员。

（一）中国科学院院士或中国工程院院士。

（二）全国工程设计大师。

（三）1983 年 12 月 31 日前，取得大学本科及以上学历或学位，累计从事电气专业工程设计工作满 15 年，并获得全国优秀工程设计项目金、银奖或有关电气专业国家级科技进步奖项目的主要技术负责人，年龄在 70 周岁（含）以下，且具备下列一项条件：

1. 在具有甲级工程设计资质的设计单位中，担任正、副总工程师（负责电气专业技术工作）职务满 5 年。

2. 受聘担任注册电气工程师执业资格考试大纲编写、考题设计的专家。

（四）具备下列条件 1 或条件 2，并参加专业测试成绩合格的人员。

1. 同时具备下列（1）和（2）项中的各一项条件者。

（1）学历和职业年限：

①1983 年 12 月 31 日前，取得本专业大学本科学历或学位，累计从事电气专业工程设计工作满 15 年；或取得相近专业大学本科学历或学位，累计从事电气专业工程设计工作满 20 年。

②1983 年 12 月 31 日前，取得本专业大学专科学历，累计从事电气专业工程设计工作满 20 年；1978 年 12 月 31 日前，取得相近专业大学专科学历，累计从事电气专业工程设计工作满 25 年。

③1978 年 12 月 31 日前，取得本专业中专学历，累计从事电气专业工程设计工作满 25 年；1973 年 12 月 31 日前，取得相近专业中专学历，累计从事电气专业工程设计工作满 30 年。

（2）技术业绩和资历：

①担任工程设计中电气专业技术负责人，完成工程设计资质分级标准中 6 项及以上的一级和特级建筑工程项目或中型及以上工业项目（其中大型工业项目不少于 2 项）的电气专业工程设计。

②在具有甲级工程设计资质的设计单位中，担任正、副总工程师（负责电气专业技术工作）职务满 5 年。

③在具有乙级工程设计资质的设计单位中，担任总工程师（负责电气专业技术工作）职务满 7 年。

2. 1983 年以后，取得本专业大学本科及以上学历或学位后，累计从事电气专业工程设计工作满 15 年，并获得全国优秀工程设计奖项目或有关电气专业国家级科技进步奖项目的主要技术负责人，或获得 2 项及以上省部级优秀工程设计、电气专业科技进步一、二、三等奖项目的主要技术负责人。

二、考核认定程序

（一）符合考核认定条件的工程设计人员由所在单位向单位工商注册所在地的省、自治区、直辖市建设行政部门推荐，其中铁道部、水利部所属的甲、乙级勘察设计单位分别向铁道部、水利部主管勘察设计的部门推荐，军队系统勘察设计单位向总后基建营房部推荐。

（二）各省、自治区、直辖市建设行政部门和铁道部、水利部主管勘察设计的部门、总后基建营房部对本地区、本部门设计单位的申报人员进行审核，并经本地区、本部门人事（职改）行政部门、总政干部部复审后提出推荐名单，报全国勘察设计注册工程师电气专业管理委员会（以下简称电气专业委员会）初审。

（三）电气专业委员会负责初审通过人员的测试管理工作。各省、自治区、直辖市建设行政部门负责所辖地区初审通过人员的具体测试工作，并将测试成绩报电气专业委员会。

（四）电气专业委员会将初审结果和测试成绩汇总后上报全国勘察设计注册工程师管理委员会。全国勘察设计注册工程师管理委员会根据初审结果和测试成绩进行终审，报人事部、建设部批准后，由全国勘察设计注册工程师管理委员会公布通过考核认定获得《中华人民共和国注册电气工程师执业资格证书》人员的名单。

三、考核认定申报材料

（一）各省、自治区、直辖市建设行政部门和铁道部、水利部、总后基建营房部等主管勘察设计部门的意见函。

（二）注册电气工程师执业资格考核认定申报表（附件 2）。

（三）中国科学院院士、中国工程院院士或全国设计大师应提供院士或大师证书复印件。其他人员应提供以下证明材料的复印件：学历或学位证书、高级专业技术职务证书，获奖证书，获奖项目的主要设计文件或图纸签署证明，担任正、副总工程师职务的任命文件。

（四）所在单位出具的职业道德证明和获奖单位出具的获奖项目主要技术负责人证明。

四、申报时间及要求

（一）各省、自治区、直辖市建设行政部门和人事部门、铁道部、水利部主管勘察设计和人事部门、总后基建营房部和总政干部部，应于 2003 年 5 月 31 日前，将审核和复核合格人员材料报电气专业委员会。

（二）通过特许或考核认定的方式取得其他专业执业资格的人员，一律不得申报注册电气工程师执业资格的考核认定。

（三）各地区和有关部门应严格按照规定的条件和程序，认真做好申报、审核和复核工作。凡不认真把关或弄虚作假的，停止该地区或部门的申报权和个人的申报资格。

（四）各地区和有关部门在审核、复核时，应核查各类证书及相关证明文件的原件。向电气专业委员会报送的各类证书及相关证明文件复印件应由所在单位人事（干部）部门负责人签署意见并加盖单位印章。

附件1

注册电气工程师新旧专业对照表

专业划分	新专业名称	旧专业名称
本专业	电气工程及其自动化	电力系统及其自动化 高电压与绝缘技术 电气技术（部分） 电机电器及其控制 电气工程及其自动化
相近专业	自动化 电子信息工程 通信工程 计算机科学与技术	工业自动化 自动化 自动控制 流体传动及控制（部分） 飞行器制导与控制（部分） 电子工程 信息工程 应用电子技术 电磁场与微波技术 广播电视工程 无线电技术与信息系统 电子与信息技术 通信工程 计算机通信 计算机及应用
其他工科专业	除本专业和相近专业外的工科专业	

注：表中“新专业名称”指中华人民共和国教育部高等教育司1998年颁布的《普通高等学校本科专业目录》中规定的专业名称；“旧专业名称”指1998年《普通高等学校本科专业目录》颁布前各院校所采用的专业名称。

人事部、建设部关于印发《注册化工工程师执业资格制度暂行规定》、《注册化工工程师执业资格考试实施办法》和《注册化工工程师执业资格考核认定办法》的通知

（人发〔2003〕26号　2003年3月27日）

各省、自治区、直辖市人事厅（局）、建设厅（建委、规委），国务院各部委、各直属机构人事（干部）部门，总政干部部、总后基建营房部，中央管理的有关企业：

根据《人事部、建设部关于发布〈勘察设计注册工程师制度总体框架及实施规划〉及〈全国勘察设计注册工程师管理委员会组成人员名单〉的通知》（人发〔2001〕5号）要求，现将《注册化工工程师执业资格制度暂行规定》、《注册化工工程师执业资格考试实施办法》和《注册化工工程师执业资格考核认定办法》印发给你们，请遵照执行。

附件：1. 注册化工工程师新旧专业对照表

2. 中华人民共和国注册化工工程师执业资格考核认定申报表（略）

注册化工工程师执业资格制度暂行规定

第一章 总 则

第一条 为加强对化工工程设计专业技术人员的管理，保证工程质量，维护社会公共利益和人民生命财产安全，依据《中华人民共和国建筑法》、《建设工程勘察设计管理条例》等法律法规和国家有关执业资格制度的规定，制定本规定。

第二条 本规定适用于从事化工工程（包括化工、石化、化纤、医药和轻化）设计及相关业务活动的专业技术人员。

第三条 国家对从事化工工程设计活动的专业技术人员实行执业资格注册管理制度，纳入全国专业技术人员执业资格制度统一规划。

第四条 本规定所称注册化工工程师，是指取得《中华人民共和国注册化工工程师执业资格证书》和《中华人民共和国注册化工工程师执业资格注册证书》，从事化工工程设计及相关业务的专业技术人员。

第五条 建设部、人事部等国务院有关部门和省、自治区、直辖市人民政府建设行政部门、人事行政部门等依照本规定对注册化工工程师执业资格的考试、注册和执业进行指导、监督和检查。

第六条 全国勘察设计注册工程师管理委员会下设全国勘察设计注册工程师化工专业管理委员会（以下简称化工专业委员会），由建设部、人事部和有关行业协会及化工工程的专家组成，具体负责注册化工工程师执业资格的考试、注册和管理等工作。

各省、自治区、直辖市的勘察设计注册工程师管理委员会，负责本地区注册化工工程师执业资格的考试组织、取得资格人员的管理和办理注册申报等具体工作。

第二章 考 试

第七条 注册化工工程师执业资格考试实行全国统一大纲、统一命题的考试制度，原则上每年举行一次。

第八条 化工专业委员会负责拟定化工专业考试大纲和命题，建立并管理考试试题库，组织阅卷评分，提出评分标准和合格标准建议。全国勘察设计注册工程师管理委员会负责审定考试大纲、年度试题、评分标准与合格标准。

第九条 注册化工工程师执业资格考试由基础考试和专业考试组成。

第十条 凡中华人民共和国公民，遵守国家法律、法规，恪守职业道德，并具备相应专业教育和职业实践条件者，均可申请参加注册化工工程师执业资格考试。

第十一条 注册化工工程师执业资格考试合格者，由省、自治区、直辖市人事行政部门颁发人事部统一印制，人事部、建设部用印的《中华人民共和国注册化工工程师执业资格证书》。

第三章 注 册

第十二条 取得《中华人民共和国注册化工工程师执业资格证书》者，可向所在省、自治区、直辖市勘察设计注册工程师管理委员会提出申请，由该委员会向化工专业委员会报送办理注册的有关材料。

第十三条 化工专业委员会向准予注册的申请人核发由建设部统一制作，全国勘察设计注册工程师管理委员会和化工专业委员会用印的《中华人民共和国注册化工工程师执业资格注册证书》和执业印章。申请人经注册后，方可在规定的业务范围内执业。

化工专业委员会应将准予注册的注册化工工程师名单报全国勘察设计注册工程师管理委员会备案。

第十四条 注册化工工程师执业资格注册有效期为 2 年。有效期满需继续执业的，应在期满前 30 日内办理再次注册手续。

第十五条 有下列情形之一的，不予注册：

（一）不具备完全民事行为能力的；

（二）在从事化工工程或相关业务中犯有错误，受到行政处罚或者撤职以上行政处分，自处罚、处分决定之日起至申请注册之日不满 2 年的；

（三）自受刑事处罚完毕之日起至申请注册之日不满 5 年的；

（四）国务院有关部门规定的不予注册的其他情形。

第十六条 化工专业委员会依照本规定第十五条决定不予注册的，应自决定之日起 15 个工作日内书面通知申请人。如有异议，申请人可自收到通知之日起 15 个工作日内向全国勘察设计注册工程师管理委员会提出申诉。

第十七条 注册化工工程师注册后，有下列情形之一的，由化工专业委员会撤销其注册：

（一）不具备完全民事行为能力的；

（二）受刑事处罚的；

（三）在化工工程设计和相关业务中造成工程事故，受到行政处罚或者撤职以上行政处分的；

（四）经查实有与注册规定不符的；

（五）严重违反职业道德规范的。

第十八条 被撤销注册人员对撤销注册有异议的，可自接到撤销注册通知之日起 15 个工作日内向全国勘察设计注册工程师管理委员会提出申诉。

第十九条 被撤销注册的人员在处罚期满 5 年后可依照本规定重新申请注册。

第四章 执 业

第二十条 注册化工工程师的执业范围：

（一）化工工程设计（含本专业环保工程）；

（二）化工工程技术咨询（含本专业环保工程）；

（三）化工工程设备招标、采购咨询；

（四）化工工程的项目管理业务；

（五）对本专业设计项目的施工进行指导和监督；

（六）国务院有关部门规定的其他业务。

第二十一条 注册化工工程师只能受聘于一个具有工程设计资质的单位。

第二十二条 注册化工工程师执业，由其所在单位接受委托并统一收费。

第二十三条 因化工工程设计质量事故及相关业务造成的经济损失，接受委托单位应承担赔偿责任，并有权根据合约向签章的注册化工工程师追偿。

第二十四条 注册化工工程师执业管理和处罚办法由建设部会同有关部门另行制定。

第五章 权利和义务

第二十五条 注册化工工程师有权以注册化工工程师的名义从事规定的专业活动。

第二十六条 在化工工程设计、咨询及相关业务工作中形成的主要技术文件，应当由注册化工工程师签字盖章后生效。

第二十七条 任何单位和个人修改注册化工工程师签字盖章的技术文件，须征得该注册化工工程师同意；因特殊情况不能征得其同意的，可由其他注册化工工程师签字盖章并承担责任。

第二十八条 注册化工工程师应履行下列义务：

（一）遵守法律、法规和职业道德，维护社会公众利益；

（二）保证执业工作的质量，并在其负责的技术文件上签字盖章；

（三）保守在执业中知悉的商业技术秘密；

（四）不得同时受聘于两个及以上单位执业；

（五）不得准许他人以本人名义执业。

第二十九条 注册化工工程师应按规定接受继续教育，并作为再次注册的依据条件之一。

第六章 附 则

第三十条 在实施注册化工工程师执业资格考试之前，已经达到注册化工工程师执业资格条件的，可经考核认定，获得《中华人民共和国注册化工工程师执业资格证书》。

第三十一条 经国务院有关部门同意，获准在中华人民共和国境内就业的外籍人员及港、澳、台地区的专业人员，符合本规定要求的，可按规定的程序申请参加考试、注册和执业。

第三十二条 从事化工工程设计活动的单位配备注册化工工程师的具体办法，由建设部商有关部门另行规定。

注册化工工程师签字盖章生效的技术文件种类及管理办法由化工专业委员会制定。

第三十三条 本规定自2003年5月1日起施行。

注册化工工程师执业资格考试实施办法

第一条 建设部、人事部共同负责注册化工工程师执业资格考试工作。

第二条 全国勘察设计注册工程师管理委员会负责审定考试大纲、年度试题、评分标准与合格标准。

全国勘察设计注册工程师化工专业管理委员会（以下简称化工专业委员会）负责具体组织实施考试工作。

考务工作委托人事部人事考试中心负责。各地的考试工作，由当地人事行政部门会同建设行政部门组织实施，具体职责分工由各地协商确定。

第三条 考试分为基础考试和专业考试。参加基础考试合格并按规定完成职业实践年限者，方能报名参加专业考试。专业考试合格后，方可获得《中华人民共和国注册化工工程师执业资格证书》。

第四条 符合《注册化工工程师执业资格制度暂行规定》第十条要求，并具备以下条件之一者，可申请参加基础考试：

（一）取得本专业（指化学工程与工艺、高分子材料与工程、无机非金属材料工程、制药工程、轻化工程、食品科学与工程、生物工程等，详见附件 1，下同）或相近专业（过程装备与控制工程、环境工程、安全工程等，详见附件 1，下同）大学本科及以上学历或学位。

（二）取得本专业或相近专业大学专科学历，累计从事化工工程设计工作满 1 年。

（三）取得其他工科专业大学本科及以上学历或学位，累计从事化工工程设计工作满 1 年。

第五条 基础考试合格，并具备以下条件之一者，可申请参加专业考试：

（一）取得本专业博士学位后，累计从事化工工程设计工作满 2 年；或取得相近专业博士学位后，累计从事化工工程设计工作满 3 年。

（二）取得本专业硕士学位后，累计从事化工工程设计工作满 3 年；或取得相近专业硕士学位后，累计从事化工工程设计工作满 4 年。

（三）取得含本专业在内的双学士学位或本专业研究生班毕业后，累计从事化工工程设计工作满 4 年后；或取得相近专业双学士学位或研究生班毕业后，累计从事化工工程设计工作满 5 年。

（四）取得通过本专业教育评估的大学本科学历或学位后，累计从事化工工程设计工作满 4 年；或取得未通过本专业教育评估的大学本科学历或学位后，累计从事化工工程设计工作满 5 年；或取得相近专业大学本科学历或学位，累计从事化工工程设计工作满 6 年。

（五）取得本专业大学专科学历后，累计从事化工工程设计工作满 6 年；或取得相近专业大学专科学历后，累计从事化工工程设计工作满 7 年。

（六）取得其他工科专业大学本科及以上学历或学位后，累计从事化工工程设计工作满 8 年。

第六条 截止到 2002 年 12 月 31 日前，符合下列条件之一者，可免基础考试，只需参加专业考试：

（一）取得本专业博士学位后，累计从事化工工程设计工作满 5 年；或取得相近专业博士学位后，累计从事化工工程设计工作满 6 年。

（二）取得本专业硕士学位后，累计从事化工工程设计工作满 6 年；或取得相近专业硕士学位后，累计从事化工工程设计工作满 7 年。

（三）取得含本专业在内的双学士学位或本专业研究生班毕业后，累计从事化工工程设计工作满 7 年；或取得相近专业双学士学位或研究生班毕业后，累计从事化工工程设计工作满 8 年。

（四）取得本专业大学本科学历或学位后，累计从事化工工程设计工作满 8 年；或取得相近专业大学本科学历或学位后，累计从事化工工程设计工作满 9 年。

（五）取得本专业大学专科学历后，累计从事化工工程设计工作满 9 年；或取得相近专业大学专科学历后，累计从事化工工程设计工作满 10 年。

（六）取得其他工科专业大学本科及以上学历或学位后，累计从事化工工程设计工作满 12 年。

（七）取得其他工科专业大学专科学历后，累计从事化工工程设计工作满 15 年。

（八）取得本专业中专学历后，累计从事化工工程设计工作满 25 年；或取得相近专业中专学历后，累计从事化工工程设计工作满 30 年。

第七条 参加考试由本人提出申请，所在单位审核同意，到当地考试管理机构报名。考试管理机构按规定程序和报名条件审核合格后，发给准考证。参加考试人员在准考证指定的时间、地点参加考试。

国务院各部门所属单位和中央管理的企业的专业技术人员按属地原则报名参加考试。

第八条 考点原则上设在省会城市和直辖市，如确需在其他城市设置，须经人事部和建设部批准。

第九条 坚持考试与培训分开的原则。考试工作人员要认真执行考试回避制度，参加命题及考试组织管理的人员，不得参与考试有关的培训工作和参加考试。

第十条 严格执行考试考务工作的有关规章制度，做好试卷命题、印刷、发送过程中的保密工作，严格遵守保密制度，严防泄密。

第十一条 严肃考场纪律，严禁弄虚作假，对违反考试纪律和有关规定者，要严肃处理，并追究当事人和领导责任。

注册化工工程师执业资格考核认定办法

一、考核认定条件

本办法下发之日前，长期从事化工工程设计工作，评聘为工程类高级专业技术职务，职业道德行为良好，身体健康，并符合下列条件之一的人员。

（一）中国科学院院士或中国工程院院士。

（二）全国工程设计大师。

（三）1983 年 12 月 31 日前，取得大学本科及以上学历或学位，累计从事化工工程设计工作满 15 年，并获得全国优秀工程设计项目金、银奖或有关化工工程国家级科技进步奖项目的主要技术负责人，年龄在 70 周岁（含）以下，且具备下列一项条件：

1. 在具有甲级化工工程设计资质的设计单位中，担任正、副总工程师职务满 5 年。

2. 受聘担任注册化工工程师执业资格考试大纲编写、考题设计的专家。

（四）具备下列条件 1 或条件 2，并参加专业测试成绩合格的人员。

1. 同时具备下列（1）和（2）项中的各一项条件者。

（1）学历和职业年限：

①1983 年 12 月 31 日前，取得本专业大学本科学历或学位，累计从事化工工程设计工作满 15 年；或取得相近专业大学本科学历或学位，累计从事化工工程设计工作满 20 年。

②1983 年 12 月 31 日前，取得本专业大学专科学历，累计从事化工工程设计工作满 20 年；1978 年 12 月 31 日前，取得相近专业大学专科学历，累计从事化工工程设计工作满 25 年。

③1978 年 12 月 31 日前，取得本专业中专学历，累计从事化工工程设计工作满 25 年；1973 年 12 月 31 日前，取得相近专业中专学历，累计从事化工工程设计工作满 30 年。

（2）技术业绩和资历：

①担任化工项目技术负责人，完成工程设计资质分级标准中化工工程中型项目 5 项及以上或大型项目 3 项以上的工程设计。

②在具有甲级工程设计资质的设计单位中，担任化工工程正、副总工程师职务满 5 年。

③在具有乙级工程设计资质的设计单位中，担任化工工程总工程师职务满7年。

2. 1983年以后，取得本专业大学本科及以上学历或学位之后，累计从事化工工程设计工作满15年，并获得全国优秀工程设计奖项目或本专业国家级科技进步奖项目的主要技术负责人，或获得2项及以上省部级化工优秀工程设计、科技进步一、二、三等奖项目的主要技术负责人。

二、考核认定程序

（一）符合考核认定条件的工程设计人员由所在单位向单位工商注册所在地的省、自治区、直辖市建设行政部门推荐，其中铁道部、水利部所属的甲、乙级勘察设计单位分别向铁道部、水利部主管勘察设计的部门推荐，军队系统勘察设计单位向总后基建营房部推荐。

（二）各省、自治区、直辖市建设行政部门和铁道部、水利部主管勘察设计的部门、总后基建营房部对本地区、本部门设计单位的申报人员进行审核，并经本地区、本部门人事（职改）行政部门、总政干部部复审后提出推荐名单，报全国勘察设计注册工程师化工专业管理委员会（以下简称化工专业委员会）初审。

（三）化工专业委员会负责初审通过人员的测试管理工作。各省、自治区、直辖市建设行政部门负责所辖地区初审通过人员的具体测试工作，并将测试成绩报化工专业委员会。

（四）化工专业委员会将初审结果和测试成绩汇总后上报全国勘察设计注册工程师管理委员会。全国勘察设计注册工程师管理委员会根据初审结果和测试成绩进行终审，报人事部、建设部批准后，由全国勘察设计注册工程师管理委员会公布通过考核认定获得《中华人民共和国注册化工工程师执业资格证书》人员的名单。

三、考核认定申报材料

（一）各省、自治区、直辖市建设行政部门和铁道部、水利部、总后基建营房部等主管勘察设计部门的意见函。

（二）注册化工工程师执业资格考核认定申报表（附件2）。

（三）中国科学院院士、中国工程院院士或全国设计大师应提供院士或大师证书复印件。其他人员应提供以下证明材料的复印件：学历或学位证书，高级专业技术职务证书，获奖证书，获奖项目的主要设计文件或图纸签署证明，担任正、副总工程师职务的任命文件。

（四）所在单位出具的职业道德证明和获奖单位出具的获奖项目主要技术负责人证明。

四、申报时间及要求

（一）各省、自治区、直辖市建设行政部门和人事部门、铁道部、水利部主管勘察设计和人事部门、总后基建营房部和总政干部部，应于2003年5月31日前，将审核和复核合格人员材料报化工专业委员会。

（二）通过特许或考核认定的方式取得其他专业执业资格的人员，一律不得申报注册化工工程师执业资格的考核认定。

（三）各地区和有关部门应严格按照规定的条件和程序，认真做好申报、审核和复核工作。凡不认真把关或弄虚作假的，停止该地区或部门的申报权和个人的申报资格。

（四）各地区和有关部门在审核、复核时，应核查各类证书及相关证明文件的原件。向化工专业委员会报送的各类证书及相关证明文件复印件应由所在单位人事（干部）部门负责人签署意见并加盖单位印章。

附件 1

注册化工工程师新旧专业对照表

专业划分	新专业名称	旧专业名称
本专业	化学工程与工艺	化学工程、化工工艺
		高分子化工、精细化工
		化学工程与工艺
		生物化工（部分）
		工业分析
		电化学工程
		工业催化
		石油工程
		高分子材料及化工
	高分子材料与工程	高分子材料与工程
		复合材料（部分）
		高分子材料及化工
	无机非金属材料工程	无机非金属材料
		硅酸盐工程
		复合材料（部分）
	制药工程	化学制药
		制药工程
		生物制药
		中药制药
	轻化工程	皮革工程
		制浆造纸工程
		染整工程
	食品科学与工程	制糖工程、油脂工程
		粮食工程
		食品科学与工程
		烟草工程
	生物工程	生物化工（部分）
		生物化学工程（部分）
		发酵工程
	其他	如林产化工等
相近专业	过程装备与控制工程	化工机构与设备
	环境工程	环境工程、环境监测
	安全工程	安全工程
	其他	
其他工科专业	除本专业和相近专业外的工科专业	

注：表中“新专业名称”指中华人民共和国教育部高等教育司 1998 年颁布的《普通高等学校本科专业目录》中规定的专业名称；“旧专业名称”指 1998 年《普通高等学校本科专业目录》颁布前各院校所采用的专业名称。

人事部办公厅、建设部办公厅关于工程勘察设计行业部分专业注册工程师考试有关问题的通知

（国人厅发〔2005〕20号 2005年3月7日）

各省、自治区、直辖市人事厅（局）、建设厅（建委、规委），国务院各有关部委、各直属机构人事部门：

现将工程勘察设计行业部分专业注册工程师考试有关问题通知如下：

一、按照注册化工工程师、注册电气工程师、注册公用设备工程师、注册土木工程师（港口与航道工程）资格考试实施办法的规定，上述4项资格考试均分基础考试和专业考试。基础考试分2个半天进行，各为4小时；专业考试分专业知识和专业案例两部分内容，每部分内容均分2个半天进行，每个半天均为3小时。

二、根据注册电气工程师、注册公用设备工程师执业岗位的需要，其专业考试将按专业类别进行：注册电气工程师专业考试的专业类别分为供配电工程、发输变电工程2个；注册公用设备工程师专业考试的专业类别分为给水排水工程、暖通空调工程、动力工程3个。考生在报名时，可根据实际工作需要选择其一。

三、推迟进行的2004年度注册化工工程师、注册电气工程师、注册公用设备工程师和注册土木工程师（港口与航道工程）资格考试取消，不再组织2004年度相应专业的考试。考生应按《关于2005年度专业技术人员资格考试工作计划及有关问题的通知》（国人厅发〔2004〕97号）安排，报名参加2005年10月22日、23日举行的勘察设计行业相关专业注册工程师资格的考试。

请各地、各有关部门及时将本通知有关事项向社会公布，并做好考试的相关准备工作。

人事部、建设部、国家环境保护总局关于印发《注册环保工程师制度暂行规定》、《注册环保工程师资格考试实施办法》和《注册环保工程师资格考核认定办法》的通知

（国人部发〔2005〕56号 2005年7月13日）

各省、自治区、直辖市人事厅（局）、建设厅（建委、规委）、环保局（厅），国务院各部委、各直属机构人事部门，总政干部部、总后基建营房部门，新疆生产建设兵团建设局，中央管理的企业：

根据《中华人民共和国建筑法》和《建设工程勘察设计管理条例》有关规定，我们制定了勘察设计行业《注册环保工程师制度暂行规定》、《注册环保工程师资格考试实施办法》和《注册环保工程师资格考核认定办法》，现印发给你们，请遵照执行。

附件：1. 注册环保工程师新旧专业参照表
2. 环保专业工程设计项目规模表
3. 中华人民共和国注册环保工程师资格考核认定申报表（略）

注册环保工程师制度暂行规定

第一章 总 则

第一条 为加强对环保专业工程设计人员的管理，保证环保工程质量，维护社会公共利益和人民生命财产安全，依据《中华人民共和国建筑法》、《建设工程勘察设计管理条例》等法律法规和国家有关职业资格证书制度有关规定，制定本规定。

第二条 本规定适用于从事环保专业工程（包括水污染防治、大气污染防治、固体废物处理处置和资源化、物理污染防治、污染现场修复等工程）设计及相关业务的专业技术人员。

第三条 国家对从事环保专业工程设计活动的专业技术人员，实行职业准入制度，纳入全国专业技术人员职业资格证书制度统一规划。

第四条 本规定所称注册环保工程师，是指经考试取得《中华人民共和国注册环保工程师资格证书》（以下简称资格证书），并依法注册取得《中华人民共和国注册环保工程师注册执业证书》（以下简称注册证书）和执业印章，从事环保专业工程设计及相关业务活动的专业技术人员。

注册环保工程师英文译为：Registered Environmental Protection Engineer。

第五条 建设部、人事部、国家环境保护总局（以下简称国家环保总局）共同负责注册环保工程师制度工作，并按职责分工对该制度的实施进行指导、监督和检查。

县级以上地方人民政府建设行政主管部门、环境保护行政主管部门按照职责分工对本行政区域内注册环保工程师资格的注册、执业活动实施监督管理；县级以上地方人民政府人事行政部门对本行政区域内注册环保工程师制度进行监督检查。

第二章 考 试

第六条 注册环保工程师资格实行全国统一大纲、统一命题的考试制度，原则上每年举行一次。

注册环保工程师资格考试由基础考试和专业考试两部分组成。

第七条 建设部、国家环保总局组织成立环保工程专业专家委员会，该委员会负责拟定注册环保工程师资格考试大纲和试题，建立并管理考试试题题库，组织评阅卷工作，提出评分标准和合格标准建议。

建设部、国家环保总局、人事部组织专家审定考试大纲、试题、评分标准与合格标准。

第八条 凡中华人民共和国公民，遵守国家法律、法规，恪守职业道德，并具备相应专业教育和职业实践条件者，均可申请参加注册环保工程师资格考试。

第九条 资格考试合格者，由人事部、建设部和国家环保总局委托省、自治区、直辖市人民政府人事行政部门，颁发人事部统一印制，人事部、建设部和国家环保总局用印的《中华人民共和国注册环保工程师资格证书》。

第十条 对以不正当手段取得注册环保工程师资格证书，由省、自治区、直辖市人民政府人事行政部门收回资格证书，3 年内不得再次参加注册环保工程师资格考试。

第三章 注 册

第十一条 注册环保工程师资格实行注册执业管理制度。取得资格证书的人员，必须经过注册，方可以注册环保工程师的名义执业。

第十二条 建设部、国家环保总局为注册环保工程师资格注册审批机构。省、自治区、直辖市人民政府建设行政主管部门为注册环保工程师资格注册的审查机构。

第十三条 取得资格证书并申请注册的人员，应受聘于一个具有建设工程设计资质的单位，并通过聘用单位向本单位工商注册所在地的省、自治区、直辖市人民政府建设行政主管部门提出注册申请。

第十四条 省、自治区、直辖市人民政府建设行政主管部门在收到申请人的申请材料后，对申请材料不齐全或者不符合法定形式的，应当当场或在 5 个工作日内，一次告知申请人需要补正的全部内容，逾期不告知的，自收到申请材料之日起即为受理。

对受理或者不予受理的注册申请，均应出具加盖省、自治区、直辖市人民政府建设行政主管部门专用印章和注明日期的书面凭证。

第十五条 省、自治区、直辖市人民政府建设行政主管部门自受理之日起 20 个工作日内，按规定条件和程序完成申报材料的审查工作，并将申报材料和审查意见报建设部、国家环保总局审批。

建设部、国家环保总局自受理申报人员材料之日起 45 个工作日内共同作出批准决定。对作出不予批准决定的，应当书面说明理由，并告知申请人享有依法申请行政复议或提起行政诉讼的权利。在规定的期限内不能作出批准决定的，应将延长期限的理由告知申请人。

建设部、国家环保总局应当自作出批准决定之日起 10 个工作日内，将批准决定送达经批准注册的申请人。核发统一制作和用印的注册证书和执业印章。

第十六条 注册环保工程师每一注册有效期为 3 年。注册证书和执业印章在有效期限内是注册环保工程师的执业凭证，由注册环保工程师本人保管、使用。

第十七条 初始注册者，可自取得资格证书之日起 3 年内提出注册申请。逾期未申请者，在申请初始注册时，须符合本规定继续教育要求。

初始注册需要提交下列材料：

（一）初始注册的《中华人民共和国注册环保工程师注册申请表》；

（二）《中华人民共和国注册环保工程师资格证书》；

（三）与聘用单位签订的劳动或聘用合同；

（四）逾期申请注册人员的继续教育证明材料。

第十八条 注册有效期满需继续执业的，应在届满前30 个工作日，按照本规定第十三条规定的程序申请延续注册。审批机构应当根据申请人的申请，在规定的时限内作出准予延续注册的决定；逾期未作出决定的，视为准予延续。

延续注册需要提交下列材料：

（一）《中华人民共和国注册环保工程师延续注册申请表》；

（二）与聘用单位签订的劳动或聘用合同；

（三）达到注册期内继续教育要求的证明材料。

第十九条 在注册有效期内，注册环保工程师变更执业单位，应与原聘用单位解除劳动或聘用关系，并按本规定第十三条规定的程序办理变更注册手续。变更注册后，其注册证书和执业印章在原注册有效期内继续有效。

变更注册需要提交下列材料：

（一）《中华人民共和国注册环保工程师变更注册申请表》；

（二）与新聘用单位签订的劳动或聘用合同；

（三）工作调动证明或与原聘用单位解除劳动或聘用关系的证明、退休人员的退休证明。

第二十条 注册环保工程师有下列情形之一的，其注册证书和执业印章失效：

（一）聘用单位破产的；

（二）聘用单位被吊销营业执照的；

（三）聘用单位被吊销工程设计资质证书的；

（四）与聘用单位解除劳动或聘用关系的；

（五）注册有效期满且未延续注册的；

（六）丧失行为能力、死亡或被宣告失踪的；

（七）注册失效的其他情形。

第二十一条 注册环保工程师有下列情形之一的，应由注册环保工程师本人和聘用单位及时向当地省、自治区、直辖市建设行政主管部门提出申请，由建设部会同国家环保总局审核批准后，办理注销手续，收回注册证书和执业印章。

（一）不具备完全民事行为能力的；

（二）申请注销注册的；

（三）有本规定第二十条所列情形的；

（四）不符合规定条件取得注册的；

（五）被依法撤销注册的；

（六）受到刑事处罚的；

（七）应当注销注册的其他情形。

第二十二条 注册申请人有下列情形之一的，不予注册：

（一）不具有完全民事行为能力的；

（二）刑事处罚尚未执行完毕的；

（三）因从事工程勘察、设计或相关业务受到刑事处罚，自刑事处罚执行完毕之日起至申请注册之日止不满2年的；

（四）法律、法规规定不予注册的其他情形。

第二十三条 对被注销注册或不予注册的人员，在重新具备初始注册条件，并符合本规定继续教育要求的，可按本规定第十三条规定的程序申请注册。

第二十四条 注册审批机构应及时向社会公告注册有关情况。当事人对注销注册或不予注册有异议的，可依法申请行政复议或提起行政诉讼。

第四章 执 业

第二十五条 注册环保工程师应在一个具有建设工程设计资质的单位，进行环保专业工程设计执业活动。

第二十六条 注册环保工程师的执业范围：

（一）环保专业工程设计；

（二）环保专业工程技术咨询；

（三）环保专业工程设备招标、采购咨询；

（四）环保专业工程的项目管理；

（五）对本专业设计项目的施工进行指导和监督；

（六）国务院有关部门规定的其他业务。

第二十七条 在环保专业工程设计活动中形成的设计文件，必须由注册环保工程师签字并加盖执业印章后方可生效。需注册环保工程师签字盖章的设计文件种类和办法，由建设部会同国家环保总局另行规定。

第二十八条 修改注册环保工程师签字盖章的设计文件，应由该注册环保工程师本人进行；因特殊情况，该注册环保工程师不能进行修改的，应由其他注册环保工程师修改，并签字、加盖执业印章，同时对修改部分承担相应责任。

第二十九条 注册环保工程师从事执业活动，由其所在单位接受委托并统一收费。因环保专业工程设计质量事故及相关业务造成的经济损失，接受委托单位应承担赔偿责任。接受委托的单位依法向承担设计责任的注册环保工程师追偿。

第三十条 注册环保工程师执业管理办法由建设部、国家环保总局另行制定。

第五章 继 续 教 育

第二十一条 继续教育是注册环保工程师延续注册、重新申请注册和逾期初始注册的必要条件。在每个注册期内，注册环保工程师应按规定完成本专业的继续教育。

第三十二条 注册环保工程师继续教育，分必修课和选修课，必修课和选修课均为60学时。继续教育内容及要求，由建设部会同国家环保总局确定。

第六章 权利和义务

第三十三条 注册环保工程师享有下列权利：

（一）使用注册环保工程师称谓；

（二）在规定范围内从事执业活动，并履行相应岗位职责；

（三）保管和使用本人的注册证书和执业印章；

（四）对本人在工程设计领域的活动进行解释和辩护；

（五）接受继续教育；

（六）获得与执业责任相应的劳动报酬；

（七）对侵犯本人权利的行为进行申诉。

第三十四条 注册环保工程师应当履行下列义务：

（一）遵守法律、法规和有关管理规定；

（二）执行技术标准和规范；

（三）保证执业活动成果的质量，并承担相应责任；

（四）接受继续教育，努力提高执业水准；

（五）在本人执业活动中形成的主要设计文件上签字、加盖执业印章；

（六）保守在执业活动中知悉的国家秘密和他人的商业、技术秘密；

（七）不得准许他人以本人名义执业；

（八）在本专业规定的执业范围和聘用单位业务范围内执业；

（九）协助注册管理机构完成相关工作。

第七章　附　则

第三十五条　在本规定下发之日前，对长期从事环保专业工程设计工作，并符合考核认定条件的专业技术人员，可通过考核认定，获得《中华人民共和国注册环保工程师资格证书》。

第三十六条　符合考试报名条件的香港、澳门居民，可申请参加注册环保工程师资格考试。申请人在报名时应提交本人身份证明、国务院教育行政部门认可的相应专业学历或学位证书、从事设计相关专业实践年限证明。台湾地区专业技术人员参加考试的办法另行规定。

外籍专业技术人员，申请参加注册环保工程师资格考试、申请注册和执业等管理办法另行制定。

第三十七条　从事环保专业工程设计活动的单位配备注册环保工程师的具体办法，由建设部会同国家环保总局另行规定。

第三十八条　各级相关行政部门及经批准的注册环保工程师资格考试等机构，在实施注册环保工程师制度过程中，因工作失误，使专业技术人员合法权益受到损害的，应依据《中华人民共和国国家赔偿法》给予相应赔偿，并可向有关责任人追偿。

第三十九条　各级相关行政部门及经批准的注册环保工程师资格考试等机构工作人员，有不履行工作职责，监督不力，或者谋取其他利益等违纪违规行为，并造成不良影响或严重后果的，由其上级相关行政部门责令改正，对直接负责的主管人员和其他直接责任人员依法给予行政处分；构成犯罪的，依法追究刑事责任。

第四十条　本规定自2005年9月1日起施行。

注册环保工程师资格考试实施办法

第一条　建设部、国家环保总局和人事部共同负责注册环保工程师资格考试工作，委托人事部人事考试中心承担考务工作。

各省、自治区、直辖市的考试工作，由当地人事行政部门会同建设行政主管部门组织实施，具体职责分工由各地协商确定。

第二条　考试分为基础考试和专业考试。基础考试合格并符合本办法规定的专业考试报名条件的，可参加专业考试。专业考试合格后，方可获得《中华人民共和国注册环保工程师资格证书》。

第三条　基础考试分2个半天进行，各为4个小时。专业考试分专业知识和专业案例两部分内容，每部分内容均为2个半天，每个半天均为3个小时。

第四条　符合《注册环保工程师执业资格制度暂行规定》第八条要求，并具备以下条件之一的，可申请参加基础考试：

（一）取得本专业（指环境工程、环境科学、农业建筑环境与能源工程、农业资源与环境等专业，详见附件1，下同）或相近专业（建筑环境与设备工程、给水排水工程、热能与动力工程、土木工程等专业，详见附件1，下同）大学本科及以上学历或学位。

（二）取得本专业或相近专业大学专科学历，累计从事环保专业工程设计工作满1年。

（三）取得其他专业大学本科及以上学历或学位，累计从事环保专业工程设计工作满1年。

第五条 基础考试合格，并具备下列条件之一的，可申请参加专业考试：

（一）取得本专业博士学位后，累计从事环保专业工程设计工作满2年；或取得相近专业博士学位后，累计从事环保专业工程设计工作满3年。

（二）取得本专业硕士学位后，累计从事环保专业工程设计工作满3年；或取得相近专业硕士学位后，累计从事环保专业工程设计工作满4年。

（三）取得含本专业在内的双学士学位或本专业研究生班毕业后，累计从事环保专业工程设计工作满4年；或取得含相近专业在内的双学士学位或研究生班毕业后，累计从事环保专业工程设计工作满5年。

（四）取得通过本专业教育评估的大学本科学历或学位后，累计从事环保专业工程设计工作满4年；或取得未通过本专业教育评估的大学本科学历或学位后，累计从事环保专业工程设计工作满5年；或取得相近专业大学本科学历或学位后，累计从事环保专业工程设计工作满6年。

（五）取得本专业大学专科学历后，累计从事环保专业工程设计工作满6年；或取得相近专业大学专科学历后，累计从事环保专业工程设计工作满7年。

（六）取得其他专业大学本科及以上学历或学位后，累计从事环保专业工程设计工作满8年。

第六条 截止到2002年12月31日前，符合下列条件之一的，可免基础考试，只需参加专业考试：

（一）取得本专业博士学位后，累计从事环保专业工程设计工作满5年；或取得相近专业博士学位后，累计从事环保专业工程设计工作满6年。

（二）取得本专业硕士学位后，累计从事环保专业工程设计工作满6年；或取得相近专业硕士学位后，累计从事环保专业工程设计工作满7年。

（三）取得含本专业在内的双学士学位或本专业研究生班毕业后，累计从事环保专业工程设计工作满7年；或取得含相近专业在内的双学士学位或研究生班毕业后，累计从事环保专业工程设计工作满8年。

（四）取得本专业大学本科学历或学位后，累计从事环保专业工程设计工作满8年；或取得相近专业大学本科学历或学位后，累计从事环保专业工程设计工作满9年。

（五）取得本专业大学专科学历后，累计从事环保专业工程设计工作满9年；或取得相近专业大学专科学历后，累计从事环保专业工程设计工作满10年。

（六）取得其他专业大学本科及以上学历或学位后，累计从事环保专业工程设计工作满12年。

（七）取得其他专业大学专科学历后，累计从事环保专业工程设计工作满15年。

（八）取得本专业中专学历后，累计从事环保专业工程设计工作满25年；或取得相近专业中专学历后，累计从事环保专业工程设计工作满30年。

第七条 参加考试由本人提出申请，所在单位审核同意，到当地考试管理机构报名。考试管理机构按规定程序和报名条件审核合格后，发给准考证。参加考试人员在准考证指定的时间、地点参加考试。

国务院各部门所属单位和中央管理的企业的专业技术人员按属地原则报名参加考试。

第八条 考试日期为每年第三季度。考点原则上设在直辖市和省会城市的大、中专院校或高考定点学校，如确需在其他城市设置，须经人事部、建设部和国家环保总局批准。

第九条 坚持考试与培训分开的原则。凡参与考试工作（包括试题命制与组织管理等）的人员，不得参加考试和举办与考试内容有关的培训工作。应考人员参加相关培训坚持自愿的原则。

第十条 考试考务工作应严格执行考试工作的有关规章制度，切实做好试卷命制、印刷、发送过程中的保密工作，严格遵守保密制度，严防泄密。

第十一条 考试工作人员应严格遵守考试工作纪律，认真执行考试回避制度。对违反考试纪律和有关规定行为的，按照《专业技术人员资格考试违纪违规行为处理规定》（人事部令第3号）处理。

注册环保工程师资格考核认定办法

一、考核认定条件

本办法下发之日前，在工程设计单位长期从事环保专业工程设计工作，评聘为工程类高级专业技术职务，职业道德行为良好，身体健康，并符合下列条件之一的在职、在编人员。

（一）中国科学院院士或中国工程院院士。

（二）全国工程设计大师。

（三）1983年12月31日前，取得大学本科及以上学历或学位，累计从事环保专业工程设计工作满15年，并获得全国优秀工程设计项目金、银奖或有关环保专业工程国家级科技进步奖项目的主要技术负责人，年龄在70周岁（含）以下，且具备下列一项条件：

1. 在具有甲级工程设计资质的设计单位中，担任正、副总工程师（负责环保专业技术工作）职务满5年；

2. 环保专业专家委员会成员并受聘担任注册环保工程师资格考试大纲编写及命题工作。

（四）具备下列条件1或条件2，并参加专业测试成绩合格的人员。

1. 同时具备下列（1）和（2）项中的各一项条件。

（1）学历和职业年限：

①1983年12月31日前，取得本专业大学本科及以上学历或学位，累计从事环保专

业工程设计工作满15年；或取得相近专业大学本科及以上学历或学位，累计从事环保专业工程设计工作满20年。

②1983年12月31日前，取得本专业大学专科学历，累计从事环保专业工程设计工作满20年；1979年12月31日前，取得相近专业大学专科学历，累计从事环保专业工程设计工作满25年。

③1978年12月31日前，取得本专业中专学历，累计从事环保专业工程设计工作满25年；1973年12月31日前，取得相近专业中专学历，累计从事环保专业工程设计工作满30年。

④1970年12月31日前，取得其他专业中专及以上学历，累计从事环保专业工程工作满30年。

（2）技术业绩和资历：

①担任环保专业工程项目的技术负责人或项目负责人，完成达到“环保专业工程设计项目规模表”（附件2）中的大型工程项目2项及以上，或大型工程项目1项和中型工程项目3项及以上，或中型工程项目6项及以上的环保专业工程设计。

②在具有甲级建设工程设计资质的设计单位中，担任正、副总工程师职务，负责环保专业技术工作满5年。

③在具有乙级建设工程设计资质的单位中，担任总正程师职务，负责环保专业技术工作满7年。

2．取得本专业大学本科及以上学历或学位后，累计从事环保专业工程设计工作满15年，达到本办法（2）“技术业绩和资历”中第①项规定的业绩，并获得全国优秀工程设计奖项目（环保专业）或本专业国家级科技进步奖项目的主要技术负责人，或获得2项及以上省部级环保专业优秀工程设计、本专业科技进步一、二、三等奖项目的主要技术负责人。

二、考核认定程序

（一）符合考核认定条件的工程设计人员通过聘用单位向单位工商登记注册所在地的省、自治区、直辖市建设行政主管部门或者其委托的管理机构提出考核认定申请，其中国家环保总局所属的甲、乙级建设工程设计资质单位向国家环保总局主管勘察设计的部门申请，军队系统勘察设计单位向总后基建营房部提出申请。

（二）各省、自治区、直辖市建设行政主管部门和国家环保总局主管勘察设计的部门、总后基建营房部对本地区、本部门工程设计单位的申报人员进行审查，提出审查意见，并经本地区、本部门人事行政部门、总政干部部复审后提出推荐名单，送环保工程专业专家委员会审核。

（三）环保工程专业专家委员会负责审核通过人员的测试管理工作。各省、自治区、直辖市建设行政主管部门负责所辖地区审核通过人员的具体测试工作，并将测试成绩送环保工程专业专家委员会。

（四）环保工程专业专家委员会将审核结果和测试成绩汇总后报建设部、国家环保总局和人事部。三部门对审核结果和测试成绩进行复核，将复核合格人员名单进行公示。经公示无异议后，建设部、国家环保总局和人事部向社会公告获得《中华人民共和国注册环保工程师资格证书》人员的名单。

对未通过考核认定的申请人，委托环保工程专业专家委员会向其说明不通过的理由。

三、考核认定申报材料

（一）各省、自治区、直辖市建设行政主管部门和国家环保总局主管勘察设计部门、总后基建营房部的意见函。

（二）注册环保工程师资格考核认定申报表（附件3）。

（三）中国科学院院士、中国工程院院士或全国设计大师应提供院士或大师证书复印件。其他人员应提供以下证明材料的复印件：学历或学位证书、高级专业技术职务证书，获奖证书，单位工程设计资质证书，获奖项目的主要设计文件或图纸签署证明，担任正、副总工程师职务的任命文件。

（四）获奖者应附有效证明，即奖状、个人证书或正式公布的获奖人员名单。对奖项未颁发个人证书或未正式公布获奖人员名单的，应提供符合国家规定人数的单位原始申报奖项的人员名单、获奖项目主要图纸图签的复印件，经单位负责人签字并加盖公章。

（五）所在单位出具的职业道德证明和获奖单位出具的获奖项目主要技术负责人证明。

四、申报时间及要求

（一）各省、自治区、直辖市建设行政主管部门和人事行政部门、总后基建营房部和总政干部部，应于2005年12月31日前完成审查、复审工作，签署审查、复审意见后，将全部申请人员材料送环保工程专业专家委员会。

（二）通过特许或考核认定的方式取得其他专业职（执）业资格的人员，一律不得申报注册环保工程师资格的考核认定。

（三）各地区和有关部门应严格按照规定的条件和程序，认真做好申报、审查和复审工作。凡不认真把关或弄虚作假的，停止该地区或部门的申报权和个人的申报资格。

（四）各地区和有关部门在审查、复审时，应核查各类证书及相关证明文件的原件。报送的各类证书等相关材料复印件应由所在单位人事（干部）部门负责人签署意见并加盖单位印章。

附件1

注册环保工程师新旧专业参照表

专业划分	新专业名称	旧专业名称
本专业	环境工程	环境工程 环境监测 环境规划与管理 水文地质与工程地质 农业环境保护
	环境科学	环境科学 环境学 生态学与环境生物学

续表

专业划分	新专业名称	旧专业名称
本专业	农业建筑环境与能源工程	农业建筑与环境工程 农村能源开发与利用
	农业资源与环境	土壤与农业化学
	资源环境与城乡规划管理	资源环境区划与管理
相近专业	建筑环境与设备工程	供热通风与空调工程 供热空调与燃气工程 城市燃气工程
	给水排水工程	给水排水工程
	热能与动力工程	流体机械及流体工程 热能工程与动力机械 热能工程 能源工程 工程热物理
	土木工程	土木工程 建筑工程
	水文与水资源工程	水文与水资源利用
	化学工程与工艺	化学工程与工艺 化学工程 化工工艺
	过程装备与控制工程	化工设备与机械
	安全工程	矿山通风与安全 安全工程
	机械设计制造及其自动化	机械设计及制造 流体传动及控制 设备工程与管理 机械制造工艺与设备 机械电子工程
其他专业	除本专业和相近专业外的工科专业	

注：1．表中“新专业名称”指中华人民共和国教育部高等教育司1998年颁布的《普通高等学校本科专业目录》中规定的专业名称；“旧专业名称”指1993年教育部颁布的《普通高等学校本科专业目录》中规定的专业名称。

2．申报考核认定的人员，所学专业在“参照表”中未列出的，但与本专业或相关专业相近的，请在申报相关材料时，附在校学习专业基础课和专业课的“课程设置表”（由原毕业院校出具），经所在单位核实并提出符合“本专业”、“相近专业”、“其他专业”的意见，通过所在省、自治区、直辖市建设行政部门初审后报环保工程专业专家委员会，由建设部、国家环保总局组织有关专家审查确认。

3．申请参加考试的人员，所学专业在“参照表”中未列出的，可在申报材料时，附在校学习专业基础课和专业课的“课程设置表”（由原毕业院校出具），经所在单位核实并提出符合“本专业”、“相近专业”、“其他专业”的意见后，由当地考试管理机构审核确定。

附件 2

环保专业工程设计项目规模表

环保专业工程类别		计算（量）单位	大　型	中　型	小　型
水污染防治工程	工业废水治理	废水量：吨/日	>5 000	1 000~5 000	<1 000
	城镇污水处理	污水量：万吨/日	≥10	4~10	≤4
	污（废）水回用	污（废）水量：吨/日	≥10 000	2 000~10 000	≤2 000
大气污染防治工程	工业蒸汽锅炉烟气治理	单台装机容量：蒸吨/小时	≥65	35~65	≤35
	发电锅炉烟气治理	单台装机容量：兆瓦	≥125	25~125	≤25
	工业窑炉烟气治理	废气量：万立方米/小时	≥20	6~20	≤6
	其他工业废气治理	废气量：万立方米/小时	>10	3~10	<3
固体废物处理处置与资源化工程	一般工业固体废物处理与利用	投资额：万元	≥2 000	500~2 000	≤500
	危险废物处理处置，其中医疗废物处置	处理量：吨/日	≥30 ≥15	10~30 5~15	<10 <5
	城镇生活垃圾处理： 焚烧工程 卫生填埋工程 堆肥工程	处理量：吨/日	≥300 ≥800 ≥300	100~300 300~800 100~300	≤100 ≤300 ≤100
物理污染防治工程	噪声与振动治理	投资额：万元	≥150	50~150	≤50
	电磁污染防治	投资额：万元	≥400	100~400	≤100
污染修复工程	污染水体、土壤、矿山修复等工程	投资额：万元	≥3 000	500~3 000	≤500

人事部、建设部关于印发《勘察设计注册石油天然气工程师制度暂行规定》、《勘察设计注册石油天然气工程师资格考试实施办法》和《勘察设计注册石油天然气工程师资格考核认定办法》的通知

（国人部发〔2005〕84 号 2005 年 10 月 13 日）

各省、自治区、直辖市人事厅（局）、建设厅（建委、规委），国务院各部委、各直属机构人事部门，总政干部部、总后基建营房部，新疆生产建设兵团人事局、建设局，中央管理的企业：

根据《中华人民共和国建筑法》和《建设工程勘察设计管理条例》有关规定，现将人事部和建设部共同制定的《勘察设计注册石油天然气工程师制度暂行规定》、《勘察设计注册石油天然气工程师资格考试实施办法》和《勘察设计注册石油天然气工程师资格考核认定办法》印发给你们，请遵照执行。

附件：1. 勘察设计注册石油天然气工程师新旧专业参照表
2. 中华人民共和国勘察设计注册石油天然气工程师资格考核认定申报表（略）

勘察设计注册石油天然气工程师制度暂行规定

第一章 总 则

第一条 为加强对石油天然气专业建设工程设计人员的管理，保证工程质量，维护社会公共利益和人民生命财产安全，依据《中华人民共和国建筑法》、《建设工程勘察设计管理条例》等法律法规和国家职业资格证书制度有关规定，制定本规定。

第二条 本规定适用于从事石油天然气专业建设工程（包括油气集输、油气储运、油气处理加工、注水和采出水处理等）设计及相关业务的专业技术人员。

第三条 国家对从事石油天然气专业建设工程设计活动的专业技术人员，实行职业准入制度，纳入全国专业技术人员职业资格证书制度统一规划。

第四条 本规定所称勘察设计注册石油天然气工程师，是指经考试取得《中华人民共和国勘察设计注册石油天然气工程师资格证书》，并依法注册取得《中华人民共和国勘察设计注册石油天然气工程师注册执业证书》和执业印章，从事石油天然气专业建设工程设计及相关业务的专业技术人员。

勘察设计注册石油天然气工程师英文译为：Registered Petroleum Exploration & Design Engineer。

第五条 建设部、人事部共同负责勘察设计注册石油天然气工程师制度的实施工作，并按职责分工对该制度的实施进行指导、监督和检查。

县级以上地方人民政府建设行政主管部门对本行政区域内勘察设计注册石油天然气工程师资格的注册、执业活动实施监督管理；县级以上地方人民政府人事行政部门对本行政区域内的勘察设计注册石油天然气工程师制度实施情况进行监督检查。

第二章 考 试

第六条 勘察设计注册石油天然气工程师资格实行全国统一大纲、统一命题的考试制度，原则上每年举行一次。

勘察设计注册石油天然气工程师资格考试由基础考试和专业考试两部分组成。

第七条 建设部组织成立石油天然气工程专业专家委员会，该委员会负责拟定勘察设计注册石油天然气工程师资格考试大纲和试题，建立并管理考试试题库，组织评阅卷工作，提出评分标准和合格标准建议。

建设部、人事部共同组织专家审定考试大纲、试题、评分标准与合格标准。

第八条 凡中华人民共和国公民，遵守国家法律、法规，恪守职业道德，并具备相应专业教育和职业实践条件者，均可申请参加勘察设计注册石油天然气工程师资格考试。

第九条 资格考试合格者，由人事部、建设部委托省、自治区、直辖市人民政府人事行政部门，颁发人事部统一印制，人事部和建设部用印的《中华人民共和国勘察设计注册石油天然气工程师资格证书》。

第十条 对以不正当手段取得勘察设计注册石油天然气工程师资格证书的，由省、自治区、直辖市人民政府人事行政部门收回资格证书，3年内不得再次参加勘察设计注册石油天然气工程师资格考试。

第三章 注 册

第十一条 勘察设计注册石油天然气工程师资格实行注册执业管理制度。取得资格证书的人员，必须经过注册，方可以勘察设计注册石油天然气工程师的名义执业。

第十二条 建设部为勘察设计注册石油天然气工程师资格注册审批机构。省、自治区、直辖市人民政府建设行政主管部门为勘察设计注册石油天然气工程师资格注册的审查机构。

第十三条 取得资格证书并申请注册的人员，应受聘于一个具有建设工程设计资质的单位，并通过聘用单位向本单位工商注册所在地的省、自治区、直辖市人民政府建设行政主管部门提出注册申请。

第十四条 省、自治区、直辖市人民政府建设行政主管部门在收到申请人的申请材料后，对申请材料不齐全或者不符合法定形式的，应当当场或在5个工作日内，一次告知申请人需要补正的全部内容，逾期不告知的，自收到申请材料之日起即为受理。

对受理或者不予受理的注册申请，均应出具加盖省、自治区、直辖市人民政府建设行政主管部门专用印章和注明日期的书面凭证。

第十五条 省、自治区、直辖市人民政府建设行政主管部门自受理之日起20个工作日内，按规定条件和程序完成申报材料的审查工作，并将申报材料和审查意见报建设部审批。

建设部自受理申报人员材料之日起20个工作日内作出批准决定。对作出不予批准决定的，应当书面说明理由，并告知申请人享有依法申请行政复议或提起行政诉讼的权利。在规定的期限内不能作出决定的，应将延长期限的理由告知申请人。

建设部应自作出批准决定之日起10个工作日内，将批准决定送达经批准注册的申请人。核发统一制作和用印的注册证书和执业印章。

第十六条 勘察设计注册石油天然气工程师每一注册有效期为3年。注册证书和执业印章在有效期限内是勘察设计注册石油天然气工程师的执业凭证，由勘察设计注册石油天然气工程师本人保管、使用。

第十七条 初始注册者，可自取得资格证书之日起3年内提出注册申请。逾期未申请者，在申请初始注册时，须符合本规定继续教育要求。

初始注册需要提交下列材料：

（一）《中华人民共和国勘察设计注册石油天然气工程师注册申请表》；

（二）《中华人民共和国勘察设计注册石油天然气工程师资格证书》；

（三）与聘用单位签订的劳动或聘用合同；

（四）逾期申请注册人员的继续教育证明材料。

第十八条 注册有效期届满需继续执业的，应在届满前30个工作日内，按照本规定第十三条规定的程序申请延续注册。审批机构应当根据申请人的申请，在规定的时限内作出准予延续注册的决定；逾期未作出决定的，视为准予延续。

延续注册需要提交下列材料：

（一）《中华人民共和国勘察设计注册石油天然气工程师延续注册申请表》；

（二）与聘用单位签订的劳动或聘用合同；

（三）达到注册期内继续教育要求的证明材料。

第十九条 在注册有效期内，勘察设计注册石油天然气工程师变更执业单位，应与原聘用单位解除劳动或聘用关系，并按本规定第十三条规定的程序办理变更注册手续。变更注册后，其注册证书和执业印章在原注册有效期内继续有效。

变更注册需要提交下列材料：

（一）《中华人民共和国勘察设计注册石油天然气工程师变更注册申请表》；

（二）与新聘用单位签订的劳动或聘用合同；

（三）工作调动证明或与原聘用单位解除劳动或聘用关系的证明、退休人员的退休证明。

第二十条 勘察设计注册石油天然气工程师有下列情形之一的，其注册证书和执业印章失效：

（一）聘用单位破产的；

（二）聘用单位被吊销营业执照的；

（三）聘用单位被吊销工程勘察、设计资质证书的；

（四）与聘用单位解除劳动或聘用关系的；

（五）注册有效期满且未延续注册的；

（六）丧失行为能力、死亡或被宣告失踪的；

（七）注册失效的其他情形。

第二十一条 勘察设计注册石油天然气工程师有下列情形之一的，应由勘察设计注册石油天然气工程师本人和聘用单位及时向当地省、自治区、直辖市人民政府建设行政主管部门提出申请，由建设部审核批准后，办理注销手续，收回注册证书和执业印章。

（一）不具有完全民事行为能力的；

（二）申请注销注册的；

（三）有本规定第二十条所列情形的；

（四）不符合规定条件取得注册的；

（五）被依法撤销注册的；

（六）受到刑事处罚的；

（七）应当注销注册的其他情形。

第二十二条 注册申请人有下列情形之一的，不予注册：

（一）不具有完全民事行为能力的；

（二）刑事处罚尚未执行完毕的；

（三）因从事建设工程勘察、设计或相关业务受到刑事处罚，自刑事处罚执行完毕之日起至申请注册之日止不满2年的；

（四）法律、法规规定不予注册的其他情形。

第二十三条 对被注销注册或不予注册的人员，在重新具备初始注册条件，并符合本规定继续教育要求的，可按本规定第十三条规定的程序申请注册。

第二十四条 注册审批机构应及时向社会公告注册有关情况。当事人对注销注册或不予注册有异议的，可依法申请行政复议或提起行政诉讼。

第四章 执 业

第二十五条 勘察设计注册石油天然气工程师应在一个具有建设工程勘察设计资质的单位，进行石油天然气专业建设工程设计执业活动。

第二十六条 勘察设计注册石油天然气工程师的执业范围：

（一）石油天然气专业建设工程设计；

（二）石油天然气专业建设工程技术咨询；

（三）石油天然气专业建设工程设备招标、采购咨询；

（四）石油天然气专业建设工程的项目管理；

（五）对本专业建设工程设计项目的施工进行指导和监督；

（六）国务院有关部门规定的其他业务。

第二十七条 在石油天然气专业建设工程设计活动中形成的设计文件，必须由勘察设计注册石油天然气工程师签字并加盖执业印章后方可生效。需勘察设计注册石油天然气工程师签字盖章的设计文件种类和办法由建设部另行规定。

第二十八条 修改勘察设计注册石油天然气工程师签字盖章的设计文件，应由该勘察设计注册石油天然气工程师本人进行；因特殊情况，该勘察设计注册石油天然气工程师不能进行修改的，应由其他勘察设计注册石油天然气工程师修改，并签字、加盖执业印章，同时对修改部分承担责任。

第二十九条 勘察设计注册石油天然气工程师从事执业活动，由其所在单位接受委托并统一收费。

因石油天然气专业建设工程设计质量事故及相关业务造成的经济损失，接受委托单位应承担赔偿责任。接受委托的单位依法向承担设计责任的勘察设计注册石油天然气工程师追偿。

第三十条 勘察设计注册石油天然气工程师执业管理办法由建设部另行制定。

第五章 继 续 教 育

第三十一条 继续教育是勘察设计注册石油天然气工程师延续注册、重新申请注册和逾期初始注册的必备条件。在每个注册期内，勘察设计注册石油天然气工程师应按规定完成本专业的继续教育。

第三十二条 勘察设计注册石油天然气工程师继续教育，分必修课和选修课，必修课和选修课均为60学时。继续教育内容及要求，由建设部确定。

第六章 权利和义务

第三十三条 勘察设计注册石油天然气工程师享有下列权利：

（一）使用勘察设计注册石油天然气工程师称谓；

（二）在规定范围内从事执业活动，并履行相应岗位职责；

（三）保管和使用本人的注册证书和执业印章；

（四）对本人在工程设计领域的活动进行解释和辩护；

（五）接受继续教育；

（六）获得与执业责任相应的劳动报酬；

（七）对侵犯本人权利的行为进行申诉。

第三十四条 勘察设计注册石油天然气工程师应当履行下列义务：

（一）遵守法律、法规和有关管理规定；

（二）执行技术标准和规范；

（三）保证执业活动成果的质量，并承担相应责任；

（四）接受继续教育，努力提高执业水准；

（五）在本人执业活动中完成的主要设计文件上签字、加盖执业印章；

（六）保守在执业中知悉的国家秘密和他人的商业、技术秘密；

（七）不得准许他人以本人名义执业；

（八）在本专业规定的执业范围和聘用单位业务范围内执业；

（九）协助注册管理机构完成相关工作。

第七章 附 则

第三十五条 在本规定下发之日前，对长期从事石油天然气专业建设工程设计工作，并符合考核认定条件的专业技术人员，可通过考核认定，获得《中华人民共和国勘察设计注册石油天然气工程师资格证书》。

第三十六条 符合考试报名条件的香港、澳门居民，可申请参加勘察设计注册石油天然气工程师资格考试。申请人在报名时应提交本人身份证明、国务院教育行政部门认可的相应专业学历或学位证书、从事设计相关专业实践年限证明。台湾地区专业人员参加考试的办法另行规定。

外籍专业技术人员，申请参加勘察设计注册石油天然气工程师资格考试、申请注册和执业等管理办法另行制定。

第三十七条 从事石油天然气专业建设工程设计活动的单位配备勘察设计注册石油天然气工程师的具体办法，由建设部另行规定。

第三十八条 各级相关行政部门及经批准的勘察设计注册石油天然气工程师资格考试等机构，在实施勘察设计注册石油天然气工程师制度过程中，因工作失误，使专业技术人员合法权益受到损害的，应依据《中华人民共和国国家赔偿法》给予相应赔偿，并可向有关责任人追偿。

第三十九条 各级相关行政部门及经批准的勘察设计注册石油天然气工程师资格考试等机构的工作人员，有不履行工作职责，监督不力，为本人或他人谋取私利等违纪违规行为，并造成不良影响或严重后果的，由其上级相关行政部门责令改正，对直接负责的主管人员和其他直接责任人员依法给予处分。构成犯罪的，依法追究刑事责任。

第四十条 本规定自2005年12月1日起施行。

勘察设计注册石油天然气工程师资格考试实施办法

第一条 建设部、人事部共同负责勘察设计注册石油天然气工程师资格考试工作，委托人事部人事考试中心承担考务工作。

各省、自治区、直辖市的考试工作，由当地人事行政部门会同建设行政主管部门组织实施，并协商确定具体职责分工。

第二条 资格考试分为基础考试和专业考试。基础考试合格并符合本办法规定的专业考试报名条件的，可参加专业考试。专业考试合格后方可获得《中华人民共和国勘察设计注册石油天然气工程师资格证书》。

第三条 基础考试分2个半天进行，各为4个小时。专业考试分专业知识和专业案例两部分内容，每部分内容均为2个半天，每个半天均为3个小时。

第四条 符合《勘察设计注册石油天然气工程师制度暂行规定》第八条要求，并具备下列条件之一的，可申请参加基础考试：

（一）取得本专业（指石油工程、化学工程与工艺、油气储运工程专业，详见附件1，下同）或相近专业（指高分子材料与工程、热能与动力工程、建筑环境与设备工程、金属材料工程等专业，详见附件1，下同）大学本科及以上学历或学位。

（二）取得本专业或相近专业大学专科学历，累计从事石油天然气专业建设工程设计工作满1年。

（三）取得其他专业大学本科及以上学历或学位，累计从事石油天然气专业建设工程设计工作满1年。

第五条 基础考试合格，并具备下列条件之一的，可申请参加专业考试：

（一）取得本专业博士学位后，累计从事石油天然气专业建设工程设计工作满2年；或取得相近专业博士学位后，累计从事石油天然气专业建设工程设计工作满3年。

（二）取得本专业硕士学位后，累计从事石油天然气专业建设工程设计工作满3年；或取得相近专业硕士学位后，累计从事石油天然气专业建设工程设计工作满4年。

（三）取得含本专业在内的双学士学位或本专业研究生班毕业后，累计从事石油天然气专业建设工程设计工作满4年；或取得含相近专业在内的双学士学位或研究生班毕业后，累计从事石油天然气专业建设工程设计工作满5年。

（四）取得通过本专业教育评估的大学本科学历或学位后，累计从事石油天然气专业建设工程设计工作满4年；或取得未通过本专业教育评估的大学本科学历或学位后，累计从事石油天然气专业建设工程设计工作满5年；或取得相近专业大学本科学历或学位后，累计从事石油天然气专业建设工程设计工作满6年。

（五）取得本专业大学专科学历后，累计从事石油天然气专业建设工程设计工作满6年；或取得相近专业大学专科学历后，累计从事石油天然气专业建设工程设计工作满7年。

（六）取得其他专业大学本科及以上学历或学位后，累计从事石油天然气专业建设工程设计工作满8年。

第六条 截止到2002年12月31日前，符合下列条件之一的，可免基础考试，只需参加专业考试：

（一）取得本专业博士学位后，累计从事石油天然气专业建设工程设计工作满5年；或取得相近专业博士学位后，累计从事石油天然气专业建设工程设计工作满6年。

（二）取得本专业硕士学位后，累计从事石油天然气专业建设工程设计工作满6年；或取得相近专业硕士学位后，累计从事石油天然气专业建设工程设计工作满7年。

（三）取得含本专业在内的双学士学位或研究生班毕业后，累计从事石油天然气专业建设工程设计工作满7年；或取得含相近专业在内的双学士学位或研究生班毕业后，累计从事石油天然气专业建设工程设计工作满8年。

（四）取得本专业大学本科学历或学位后，累计从事石油天然气专业建设工程设计工作满8年；或取得相近专业大学本科学历或学位后，累计从事石油天然气专业建设工程设计工作满9年。

（五）取得本专业大学专科学历后，累计从事石油天然气专业建设工程设计工作满9年；或取得相近专业大学专科学历后，累计从事石油天然气专业建设工程设计工作满10年。

（六）取得其他专业大学本科及以上学历或学位后，累计从事石油天然气专业建设工程设计工作满12年。

（七）取得其他专业大学专科学历后，累计从事石油天然气专业建设工程设计工作满15年。

（八）取得本专业中专学历后，累计从事石油天然气专业建设工程设计工作满25年；或取得相近专业中专学历后，累计从事石油天然气专业建设工程设计工作满30年。

第七条 参加考试由本人提出申请，所在单位审核同意，到当地考试管理机构报名。考试管理机构按规定程序和报名条件审核合格后，发给准考证。参加考试人员在准考证指定的时间、地点参加考试。

国务院各部门所属单位和中央管理的企业的专业技术人员按属地原则报名参加考试。

第八条 考试日期为每年第三季度。考点原则上设在直辖市和省会城市的大、中专院校或高考定点学校，如确需在其他城市设置，须经人事部和建设部批准。

第九条 坚持考试与培训分开的原则。凡参与考试工作（包括试题命制与组织管理等）的人员，不得参加考试和举办与考试内容有关的培训工作。应考人员参加相关培训坚持自愿的原则。

第十条 考试考务工作应严格执行考试工作的有关规章制度，切实做好试卷命制、印刷、发送过程中的保密工作，严格遵守保密制度，严防泄密。

第十一条 考试工作人员应严格遵守考试工作纪律，认真执行考试回避制度。对违反考试纪律和有关规定行为的，按照《专业技术人员资格考试违纪违规行为处理规定》（人事部令第3号）处理。

勘察设计注册石油天然气工程师资格考核认定办法

一、考核认定条件

本办法下发之日前，在工程设计单位长期从事石油天然气专业建设工程设计工作，评聘为工程类高级专业技术职务，职业道德行为良好，身体健康，并符合下列条件之一的在职、在编人员。

（一）中国科学院院士或中国工程院院士。

（二）全国工程设计大师。

（三）1983年12月31日前，取得大学本科及以上学历或学位，累计从事石油天然气专业建设工程设计工作满15年，并获得全国优秀工程设计项目金、银奖或有关石油天然气专业建设工程国家级科技进步奖项目的主要技术负责人，年龄在70周岁（含）以下，且具备下列一项条件：

1. 在具有甲级工程设计资质的设计单位中，担任正、副总工程师（负责石油天然气专业技术工作）职务满5年。

2. 石油天然气工程专业专家委员会成员并受聘担任勘察设计注册石油天然气工程师资格考试大纲编写及命题工作。

（四）具备下列条件1或条件2，并参加本专业测试成绩合格的人员。

1. 同时具备下列（1）和（2）项中的各一项条件。

（1）学历和职业年限：

①1983年12月31日前，取得本专业大学本科及以上学历或学位，累计从事石油天然气专业建设工程设计工作满15年；或取得相近专业大学本科及以上学历或学位，累计从事石油天然气专业建设工程设计工作满20年。

②1983年12月31日前，取得本专业大学专科学历，累计从事石油天然气专业建设工程设计工作满20年；1979年12月31日前，取得相近专业大学专科学历，累计从事石油天然气专业建设工程设计工作满25年。

③1978年12月31日前，取得本专业中专学历，累计从事石油天然气专业建设工程设计工作满25年；1973年12月31日前，取得相近专业中专学历，累计从事石油天然气专业建设工程设计工作满30年。

④1970年12月31日前，取得其他专业中专及以上学历，累计从事石油天然气专业建设工程设计工作满30年。

（2）技术业绩和资历：

①担任石油天然气专业建设工程项目的技术负责人或项目负责人，完成工程设计资

质分级标准中的大型工程项目2项及以上，或大型工程项目1项和中型工程项目3项及以上，或中型工程项目6项及以上的石油天然气专业建设工程设计。

②在具有甲级石油天然气建设工程设计资质的设计单位中，担任正、副总工程师职务，负责石油天然气专业技术工作满5年。

③在具有乙级石油天然气建设工程设计资质的设计单位中，担任总工程师职务，负责石油天然气专业技术工作满7年。

2. 取得本专业大学本科及以上学历或学位后，累计从事石油天然气专业建设工程设计工作满15年，达到本办法（2）“技术业绩和资历”中第①项规定的业绩，并获得全国优秀工程设计奖项目（石油天然气专业）或本专业国家级科技进步奖项目的主要技术负责人，或获得2项及以上省部级石油天然气专业建设工程优秀工程设计、本专业科技进步一、二、三等奖项目的主要技术负责人。

二、考核认定程序

（一）符合考核认定条件的工程设计人员应当通过聘用单位向单位工商注册所在地的省、自治区、直辖市人民政府建设行政主管部门或者其委托的管理机构提出考核认定申请，军队系统勘察设计单位向总后基建营房部提出申请。

（二）各省、自治区、直辖市建设行政主管部门和总后基建营房部对本地区、本部门工程设计单位的申报人员进行审查，提出审查意见，并经本地区人事行政部门、总政干部部复审后提出推荐名单，送石油天然气工程专业专家委员会审核。

（三）石油天然气工程专业专家委员会负责审核通过人员的测试管理工作。各省、自治区、直辖市建设行政主管部门负责所辖地区审核通过人员的具体测试工作，并将测试成绩送石油天然气工程专业专家委员会。

（四）石油天然气工程专业专家委员会将审核结果和测试成绩汇总后报建设部、人事部。两部门对审核结果和测试成绩进行复核，将复核合格人员名单进行公示。经公示无异议后，建设部、人事部向社会公告获得《中华人民共和国勘察设计注册石油天然气工程师资格证书》人员的名单。

对未通过考核认定的申请人，委托石油天然气工程专业专家委员会向其说明不通过的理由。

三、考核认定申报材料

（一）各省、自治区、直辖市建设行政主管部门和总后基建营房部的意见函。

（二）中华人民共和国勘察设计注册石油天然气工程师资格考核认定申报表（附件2）。

（三）中国科学院院士、中国工程院院士或全国设计大师应提供院士或大师证书复印件。其他人员应提供以下证明材料的复印件：学历或学位证书，高级专业技术职务证书，获奖证书，单位工程设计资质证书，获奖项目的主要设计文件或图纸签署证明，担任正、副总工程师职务的任命文件。

（四）获奖者应附有效证明，即奖状、个人证书或正式公布的获奖人名单。对奖项未颁发个人证书或未正式公布获奖人员名单的，应提供符合国家规定人数的单位申报奖项的人员名单、获奖项目主要图纸图签的复印件，经单位负责人签字并加盖公章。

（五）所在单位出具的职业道德证明和获奖单位出具的获奖项目主要技术负责人证明。

四、申报时间及要求

（一）各省、自治区、直辖市建设行政主管部门和人事行政部门、总后基建营房部和总政干部部，应于2006 年1 月31 日前完成审查、复审工作，签署审查、复审意见后，将全部申请人员材料送石油天然气工程专业专家委员会。

（二）通过特许或考核认定的方式取得其他专业职（执）业资格的人员，一律不得申报勘察设计注册石油天然气工程师资格考核认定。

（三）各地区和有关部门应严格按照规定的条件和程序，认真做好申报、审查和复审工作。凡不认真把关或弄虚作假的，停止该地区或部门的申报权和个人的申报资格，并依据相应法律法规的有关规定进行处理。

（四）各地区和有关部门在审查、复审时，应核查各类证书及相关证明的原件。报送的各类证书等相关材料复印件应由所在单位人事（干部）部门负责人签署意见并加盖单位印章。

附件 1

勘察设计注册石油天然气工程师新旧专业参照表

专业划分	新专业名称	旧专业名称
本专业	石油工程	石油工程
	化学工程与工艺	化学工程、化工工艺、高分子化工、精细化工、生物化工、工业分析、电化学工程、工业催化、化学工程与工艺、高分子材料及化工
	油气储运工程	石油天然气储运工程
相近专业	高分子材料与工程	高分子材料及化工、高分子材料与工程、复合材料
	热能与动力工程	热力发动机、流体机械及流体工程、热能工程与动力机械、热能工程、制冷与低温技术、能源工程、工程热物理、冷冻冷藏工程
	建筑环境与设备工程	供热通风与空调工程、城市燃气工程、供热空调与燃气工程
	金属材料工程	腐蚀与防护
	过程装备与控制工程	化工设备与机械
	环境工程	环境工程
	应用化学	应用化学、海洋化学
	交通工程	交通工程、总图设计与运输工程
	安全工程	安全工程
其他专业	除本专业和相近专业外的工科专业	

注：1. 表中“新专业名称”指中华人民共和国教育部高等教育司1998 年颁布的《普通高等学校本科专业目录和专业介绍》中规定的专业名称；“旧专业名称”系指1998 年《普通高等学校本科专业目录和专业介绍》颁布前各院校所采用的专业名称。

2. 申报考核认定的人员，所学专业在“参照表”中未列出的，但又与本专业或相关专业相近，在申报相关材料时，附在校学习专业基础课和专业课的“课程设置表”（由原毕业院校出具），经所在单位核实并提出符合“本专业”、“相近专业”、“其他专业”的意见，通过单位所在省级建设行政主管部门或有关部门初审后，由建设部组织有关专家审查确认。

3. 申请参加考试的人员，所学专业在“参照表”中未列出的，可在报名时提交在校学习专业基础课和专业课的“课程设置表”（由原毕业院校出具），经所在单位核实并提出符合“本专业”、“相近专业”、“其他专业”的意见后，由当地考试管理机构审核确认。

人事部、建设部关于印发《勘察设计注册冶金工程师制度暂行规定》、《勘察设计注册冶金工程师资格考试实施办法》和《勘察设计注册冶金工程师资格考核认定办法》的通知

（国人部发〔2005〕85号 2005年10月13日）

各省、自治区、直辖市人事厅（局）、建设厅（建委、规委），国务院各部委、各直属机构人事部门、总政干部部、总后基建营房部，新疆生产建设兵团人事局、建设局，中央管理的企业：

根据《中华人民共和国建筑法》和《建设工程勘察设计管理条例》有关规定，现将人事部和建设部共同制定的《勘察设计注册冶金工程师制度暂行规定》、《勘察设计注册冶金工程师资格考试实施办法》和《勘察设计注册冶金工程师资格考核认定办法》印发给你们，请遵照执行。

附件：1. 勘察设计注册冶金工程师新旧专业参照表

2. 中华人民共和国勘察设计注册冶金工程师资格考核认定申报表（略）

勘察设计注册冶金工程师制度暂行规定

第一章 总 则

第一条 为加强对冶金专业工程设计人员的管理，保证工程质量，维护社会公共利益和人民生命财产安全，依据《中华人民共和国建筑法》、《建设工程勘察设计管理条例》等法律法规和国家有关职业资格证书制度规定，制定本规定。

第二条 本规定适用于从事冶金专业工程（包括金属冶炼、金属材料、焦化和耐火材料等）设计及相关业务的专业技术人员。

第三条 国家对从事冶金专业工程设计活动的专业技术人员，实行职业准入制度，纳入全国专业技术人员职业资格证书制度统一规划。

第四条 本规定所称勘察设计注册冶金工程师，是指经考试取得《中华人民共和国勘察设计注册冶金工程师资格证书》，并依法注册取得《中华人民共和国勘察设计注册冶金工程师注册执业证书》和执业印章，从事冶金专业工程设计及相关业务的专业技术人员。

勘察设计注册冶金工程师英文名称为：Registered Metallurgical Exploration & Design Engineer。

第五条 建设部、人事部共同负责勘察设计注册冶金工程师制度工作，并按职责分

工对该制度的实施进行指导、监督和检查。

县级以上地方人民政府建设行政主管部门对本行政区域内勘察设计注册冶金工程师资格的注册、执业活动实施监督管理；县级以上地方人民政府人事行政部门对本行政区域内的勘察设计注册冶金工程师制度实施情况进行监督检查。

第二章　考　试

第六条　勘察设计注册冶金工程师资格实行全国统一大纲、统一命题的考试制度，原则上每年举行一次。

勘察设计注册冶金工程师资格考试由基础考试和专业考试两部分组成。

第七条　建设部组织成立冶金工程专业专家委员会，该委员会负责拟定勘察设计注册冶金工程师资格考试大纲和试题，建立并管理考试试题库，组织评阅卷工作，提出评分标准和合格标准建议。

建设部、人事部共同组织专家审定考试大纲、试题、评分标准与合格标准。

第八条　凡中华人民共和国公民，遵守国家法律、法规，恪守职业道德，并具备相应专业教育和职业实践条件者，均可申请参加勘察设计注册冶金工程师资格考试。

第九条　资格考试合格者，由人事部、建设部委托省、自治区、直辖市人民政府人事行政部门，颁发人事部统一印制，人事部和建设部用印的《中华人民共和国勘察设计注册冶金工程师资格证书》。

第十条　对以不正当手段取得勘察设计注册冶金工程师资格证书的，由省、自治区、直辖市人民政府人事行政部门收回资格证书，3 年内不得再次参加勘察设计注册冶金工程师资格考试。

第三章　注　册

第十一条　勘察设计注册冶金工程师资格实行注册执业管理制度。取得资格证书的人员，必须经过注册，方可以勘察设计注册冶金工程师的名义执业。

第十二条　建设部为勘察设计注册冶金工程师资格注册审批机构。省、自治区、直辖市人民政府建设行政主管部门为勘察设计注册冶金工程师资格注册的审查机构。

第十三条　取得资格证书并申请注册的人员，应受聘于一个具有建设工程设计资质的单位，并通过聘用单位向本单位工商注册所在地的省、自治区、直辖市人民政府建设行政主管部门提出注册申请。

第十四条　省、自治区、直辖市人民政府建设行政主管部门在收到申请人的申请材料后，对申请材料不齐全或者不符合法定形式的，应当当场或在 5 个工作日内，一次告知申请人需要补正的全部内容，逾期不告知的，自收到申请材料之日起即为受理。

对受理或者不予受理的注册申请，均应出具加盖省、自治区、直辖市人民政府建设行政主管部门专用印章和注明日期的书面凭证。

第十五条　省、自治区、直辖市人民政府建设行政主管部门自受理之日起 20 个工作日内，按规定条件和程序完成申报材料的审查工作，并将申报材料和审查意见报建设部审批。

建设部自受理申报人员材料之日起 20 个工作日内作出批准决定。对作出不予批准决定的，应当书面说明理由，并告知申请人享有依法申请行政复议或提起行政诉讼的权利。在规定的期限内不能作出决定的，应将延长期限的理由告知申请人。

建设部应当自作出批准决定之日起 10 个工作日内，将批准决定送达经批准注册的申请人。核发统一制作和用印的注册证书和执业印章。

第十六条 勘察设计注册冶金工程师每一注册有效期为 3 年。注册证书和执业印章在有效期限内是勘察设计注册冶金工程师的执业凭证，由勘察设计注册冶金工程师本人保管、使用。

第十七条 初始注册者，可自取得资格证书之日起 3 年内提出申请。逾期未申请者，在申请初始注册时，须符合本规定继续教育要求。

初始注册需要提交下列材料：

（一）《中华人民共和国勘察设计注册冶金工程师注册申请表》；

（二）《中华人民共和国勘察设计注册冶金工程师资格证书》；

（三）与聘用单位签订的劳动或聘用合同；

（四）逾期申请注册人员的继续教育证明材料。

第十八条 注册有效期满需继续执业的，应在届满前 30 个工作日内，按照本规定第十三条规定的程序申请延续注册。审批机构应当根据申请人的申请，在规定的时限内作出准予延续注册的决定；逾期未作出决定的，视为准予延续。

延续注册需要提交下列材料：

（一）《中华人民共和国勘察设计注册冶金工程师延续注册申请表》；

（二）与聘用单位签订的劳动或聘用合同；

（三）达到注册期内继续教育要求的证明材料。

第十九条 在注册有效期内，勘察设计注册冶金工程师变更执业单位，应与原聘用单位解除劳动或聘用关系，并按本规定第十三条规定的程序办理变更注册手续。变更注册后，其注册证书和执业印章在原注册有效期内继续有效。

变更注册需要提交下列材料：

（一）《中华人民共和国勘察设计注册冶金工程师变更注册申请表》；

（二）与新聘用单位签订的劳动或聘用合同；

（三）工作调动证明或与原聘用单位解除劳动或聘用关系的证明、退休人员的退休证明。

第二十条 勘察设计注册冶金工程师有下列情形之一的，其注册证书和执业印章失效：

（一）聘用单位破产的；

（二）聘用单位被吊销营业执照的；

（三）聘用单位被吊销工程勘察、设计资质证书的；

（四）与聘用单位解除劳动或聘用关系的；

（五）注册有效期满且未延续注册的；

（六）丧失行为能力、死亡或被宣告失踪的；

（七）注册失效的其他情形。

第二十一条 勘察设计注册冶金工程师有下列情形之一的，应由勘察设计注册冶金工程师本人和聘用单位及时向当地省、自治区、直辖市人民政府建设行政主管部门提出申请，由建设部审核批准后，办理注销手续，收回注册证书和执业印章。

（一）不具有完全民事行为能力的；
（二）申请注销注册的；
（三）有本规定第二十条所列情形的；
（四）不符合规定条件取得注册的；
（五）被依法撤销注册的；
（六）受到刑事处罚的；
（七）应当注销注册的其他情形。

第二十二条 注册申请人有下列情形之一的，不予注册：
（一）不具有完全民事行为能力的；
（二）刑事处罚尚未执行完毕的；
（三）因从事工程勘察、设计或相关业务受到刑事处罚，自刑事处罚执行完毕之日起至申请注册之日止不满 2 年的；
（四）法律、法规规定不予注册的其他情形。

第二十三条 对被注销注册或不予注册的人员，在重新具备初始注册条件，并符合本规定继续教育要求的，可按本规定第十三条规定的程序申请注册。

第二十四条 注册审批机构应及时向社会公告注册有关情况。当事人对注销注册或不予注册有异议的，可依法申请行政复议或提起行政诉讼。

第四章 执 业

第二十五条 勘察设计注册冶金工程师应在一个具有建设工程勘察、设计资质的单位，进行冶金专业相应工程设计执业活动。

第二十六条 勘察设计注册冶金工程师的执业范围：
（一）冶金专业相应工程设计；
（二）冶金专业相应工程技术咨询；
（三）冶金专业相应工程设备招标、采购咨询；
（四）冶金专业相应工程的项目管理；
（五）对本专业工程设计项目的施工进行指导和监督；
（六）国务院有关部门规定的其他业务。

第二十七条 在冶金专业相应工程设计活动中形成的设计文件，必须由本专业勘察设计注册冶金工程师签字并加盖执业印章后方可生效。需勘察设计注册冶金工程师签字盖章的设计文件种类和办法由建设部另行规定。

第二十八条 修改勘察设计注册冶金工程师签字盖章的设计文件，应由该勘察设计注册冶金工程师本人进行；因特殊情况，该勘察设计注册冶金工程师不能进行修改的，应由本专业其他勘察设计注册冶金工程师修改，并签字、加盖执业印章，同时对修改部分承担相应责任。

第二十九条 勘察设计注册冶金工程师从事执业活动，由其所在单位接受委托并统一收费。

因冶金专业工程设计质量事故及相关业务造成的经济损失，接受委托单位应承担赔偿责任。接受委托的单位依法向承担设计责任的注册冶金工程师追偿。

第三十条 勘察设计注册冶金工程师执业管理办法由建设部另行制定。

第五章 继续教育

第三十一条 继续教育是勘察设计注册冶金工程师延续注册、重新申请注册和逾期初始注册的必备条件。在每个注册期内，勘察设计注册冶金工程师应按规定完成本专业的继续教育。

第三十二条 勘察设计注册冶金工程师继续教育，分必修课和选修课，必修课和选修课均为60学时。继续教育内容及要求，由建设部确定。

第六章 权利和义务

第三十三条 勘察设计注册冶金工程师享有下列权利：

（一）使用勘察设计注册冶金工程师称谓；

（二）在规定范围内从事执业活动，并履行相应岗位职责；

（三）保管和使用本人的注册证书和执业印章；

（四）对本人在工程设计领域的活动进行解释和辩护；

（五）接受继续教育；

（六）获得与执业责任相应的劳动报酬；

（七）对侵犯本人权利的行为进行申诉。

第三十四条 勘察设计注册冶金工程师应当履行下列义务：

（一）遵守法律、法规和有关管理规定；

（二）执行技术标准和规范；

（三）保证执业活动成果的质量，并承担相应责任；

（四）接受继续教育，努力提高执业水准；

（五）在本人执业活动中完成的主要设计文件上签字、加盖执业印章；

（六）保守在执业中知悉的国家秘密和他人的商业、技术秘密；

（七）不得准许他人以本人名义执业；

（八）在本专业规定的执业范围和聘用单位业务范围内执业；

（九）协助注册管理机构完成相关工作。

第七章 附 则

第三十五条 在本规定下发之日前，对长期从事冶金专业工程设计工作，并符合考核认定条件的专业技术人员，可通过考核认定，获得《中华人民共和国勘察设计注册冶金工程师资格证书》。

第三十六条 符合考试报名条件的香港、澳门居民，可申请参加勘察设计注册冶金工程师资格考试。申请人在报名时应提交本人身份证明、国务院教育行政部门认可的相应专业学历或学位证书、从事设计相关专业实践年限证明。台湾地区专业人员参加考试的办法另行规定。

外籍专业技术人员，申请参加勘察设计注册冶金工程师资格考试、申请注册和执业等管理办法另行制定。

第三十七条 从事冶金专业工程设计活动的单位配备勘察设计注册冶金工程师的具体办法，由建设部另行规定。

第三十八条 各级相关行政部门及经批准的勘察设计注册冶金工程师资格考试等机构，在实施勘察设计注册冶金工程师制度过程中，因工作失误，使专业技术人员合法权益受到损害的，应依据《中华人民共和国国家赔偿法》给予相应赔偿，并可向有关责任人追偿。

第三十九条 各级相关行政部门及经批准的勘察设计注册冶金工程师资格考试等机构的工作人员，有不履行工作职责，监督不力，为本人或他人谋取私利等违纪违规行为，并造成不良影响或严重后果的，由其上级相关行政部门责令改正，对直接负责的主管人员和其他直接责任人员依法给予处分。构成犯罪的，依法追究刑事责任。

第四十条 本规定自2005年12月1日起施行。

勘察设计注册冶金工程师资格考试实施办法

第一条 建设部、人事部共同负责勘察设计注册冶金工程师资格考试工作，委托人事部人事考试中心承担考务工作。

各省、自治区、直辖市的考试工作，由当地人事行政部门会同建设行政主管部门组织实施，并协商确定具体职责分工。

第二条 资格考试分为基础考试和专业考试。基础考试合格并符合本办法规定的专业考试报名条件的，可参加专业考试。专业考试合格后，方可获得相应专业《中华人民共和国勘察设计注册冶金工程师资格证书》。

第三条 基础考试分2个半天进行，各为4个小时。专业考试分专业知识和专业案例两部分内容，每部分内容均为2个半天，每个半天均为3个小时。

专业考试分：金属冶炼工程、金属材料工程、焦化和耐火材料工程3个类别。考生在报名时可根据实际工作需要选择其一。

第四条 符合《勘察设计注册冶金工程师制度暂行规定》第八条要求，并具备下列条件之一的，可申请参加基础考试：

（一）取得本专业（指冶金工程、金属材料工程专业，详见附件1，下同）或相近专业（指过程装备与控制工程、材料成型及控制工程、材料物理、材料化学专业，详见附件1，下同）大学本科及以上学历或学位。

（二）取得本专业或相近专业大学专科学历，累计从事冶金专业工程设计工作满1年。

（三）取得其他专业大学本科及以上学历或学位，累计从事冶金专业工程设计工作满1年。

第五条 基础考试合格，并具备以下条件之一者，可申请参加专业考试：

（一）取得本专业博士学位后，累计从事冶金专业工程设计工作满2年；或取得相近专业博士学位后，累计从事冶金专业工程设计工作满3年。

（二）取得本专业硕士学位后，累计从事冶金专业工程设计工作满3年；或取得相近专业硕士学位后，累计从事冶金专业工程设计工作满4年。

（三）取得含本专业在内的双学士学位或本专业研究生班毕业后，累计从事冶金专业工程设计工作满4年；或取得含相近专业在内的双学士学位或研究生班毕业后，累计从事冶金专业工程设计工作满5年。

（四）取得通过本专业教育评估的大学本科学历或学位后，累计从事冶金专业工程设计工作满4年；或取得未通过本专业教育评估的大学本科学历或学位后，累计从事冶金专业工程设计工作满5年；或取得相近专业大学本科学历或学位后，累计从事冶金专业工程设计工作满6年。

（五）取得本专业大学专科学历后，累计从事冶金专业工程设计工作满6年；或取得相近专业大学专科学历后，累计从事冶金专业工程设计工作满7年。

（六）取得其他专业大学本科及以上学历或学位后，累计从事冶金专业工程设计工作满8年。

第六条　截止到2002年12月31日前，符合下列条件之一者，可免基础考试，只需参加专业考试：

（一）取得本专业博士学位后，累计从事冶金专业工程设计工作满5年；或取得相近专业博士学位后，累计从事冶金专业工程设计工作满6年。

（二）取得本专业硕士学位后，累计从事冶金专业工程设计工作满6年；或取得相近专业硕士学位后，累计从事冶金专业工程设计工作满7年。

（三）取得含本专业在内的双学士学位或本专业研究生班毕业后，累计从事冶金专业工程设计工作满7年；或取得含相近专业在内的双学士学位或研究生班毕业后，累计从事冶金专业工程设计工作满8年。

（四）取得本专业大学本科学历或学位后，累计从事冶金专业工程设计工作满8年；或取得相近专业大学本科学历或学位后，累计从事冶金专业工程设计工作满9年。

（五）取得本专业大学专科学历后，累计从事冶金专业工程设计工作满9年；或取得相近专业大学专科学历后，累计从事冶金专业工程设计工作满10年。

（六）取得其他专业大学本科及以上学历或学位后，累计从事冶金专业工程设计工作满12年。

（七）取得其他专业大学专科及以上学历后，累计从事冶金专业工程设计工作满15年。

（八）取得本专业中专学历后，累计从事冶金专业工程设计工作满25年；或取得相近专业中专学历后，累计从事冶金专业工程设计工作满30年。

第七条　参加考试由本人提出申请，经所在单位审核同意，到当地考试管理机构报名。考试管理机构按规定程序和报名条件审核合格后，发给准考证。参加考试人员在准考证指定的时间、地点参加考试。

国务院各部门所属单位和中央管理的企业的专业技术人员按属地原则报名参加考试。

第八条　考试日期为每年第三季度。考点原则上设在省会城市和直辖市的大、中专院校或高考定点学校，如确需在其他城市设置，须经人事部和建设部批准。

第九条　坚持考试与培训分开的原则。凡参与考试工作（包括试题命制与组织管理等）的人员，不得参加考试和举办与考试内容有关的培训工作。应考人员参加相关培训坚持自愿的原则。

第十条　考试考务工作应严格执行考试工作的有关规章制度，切实做好试卷命制、印刷、发送过程中的保密工作，严格遵守保密制度，严防泄密。

第十一条　考试工作人员应严格遵守考试工作纪律，认真执行考试回避制度。对违反考试纪律和有关规定行为的，按照《专业技术人员资格考试违纪违规行为处理规定》（人事部令第3号）处理。

勘察设计注册冶金工程师资格考核认定办法

一、考核认定条件

本办法下发之日前，在工程设计单位长期从事冶金专业工程设计工作，评聘为工程类高级专业技术职务，职业道德行为良好，身体健康，并符合下列条件之一的在职、在编人员。

（一）中国科学院院士或中国工程院院士。

（二）全国工程设计大师。

（三）1983年12月31日前取得大学本科以上学历或学位，累计从事冶金专业工程设计工作满15年，并获得全国优秀工程设计项目金、银奖或有关冶金专业工程国家级科技进步奖项目的主要技术负责人，年龄在70周岁（含）以下，且具备下列一项条件：

1. 在具有甲级工程设计资质的设计单位中，担任正、副总工程师（负责冶金专业技术工作）职务满5年。

2. 冶金工程专业专家委员会成员并受聘担任勘察设计注册冶金工程师资格考试大纲编写及命题工作。

（四）具备下列条件1或条件2，并参加专业测试成绩合格的人员。

1. 同时具备下列（1）和（2）项中的各一项条件。

（1）学历和职业年限：

①1983年12月31日前，取得本专业大学本科学历或学位，累计从事冶金专业工程设计工作满15年；或取得相近专业大学本科学历或学位，累计从事冶金专业工程设计工作满20年。

②1983年12月31日前，取得本专业大学专科学历，累计从事冶金专业工程设计工作满20年；1979年12月31日前，取得相近专业大学专科学历，累计从事冶金专业工程设计工作满25年。

③1978年12月31日前，取得本专业中专学历，累计从事冶金专业工程设计工作满25年；1973年12月31日前，取得相近专业中专学历，累计从事冶金专业工程设计工作满30年。

④1970年12月31日前，取得其他专业中专及以上学历，累计从事冶金专业工程设计工作满30年。

（2）技术业绩和资历：

①担任冶金专业工程项目的技术负责人或项目负责人，完成工程设计资质分级标准中的大型工程项目2项及以上，或大型工程项目1项和中型项目3项及以上，或中型项目6项及以上冶金专业工程设计工作。

②在具有甲级建设工程设计资质的设计单位中，担任正、副总工程师职务，负责冶金专业技术工作满5年。

③在具有乙级建设工程设计资质的设计单位中，担任总工程师职务，负责冶金专业

技术工作满 7 年。

2. 取得本专业大学本科及以上学历或学位后，累计从事冶金专业工程设计工作满 15 年，达到本办法（2）“技术业绩和资历”中第①项规定的业绩，并获得全国优秀工程设计奖项目（冶金专业）或本专业国家级科技进步奖项目的主要技术负责人，或获得 2 项及以上省部级冶金专业优秀工程设计、本专业科技进步一、二、三等奖项目的主要技术负责人。

二、考核认定程序

（一）符合考核认定条件的工程设计人员应当通过聘用单位向单位工商注册所在地的省、自治区、直辖市人民政府建设行政主管部门或者其委托的管理机构提出考核认定申请，军队系统勘察设计单位向总后基建营房部提出申请。

（二）各省、自治区、直辖市建设行政主管部门和总后基建营房部对本地区、本部门工程设计单位的申请人员进行审查，提出审查意见，并经本地区人事行政部门、总政干部部复审后提出推荐名单，送冶金工程专业专家委员会审核。

（三）冶金工程专业专家委员会负责审核通过人员的测试管理工作。各省、自治区、直辖市建设行政主管部门负责所辖地区审核通过人员的具体测试工作，并将测试成绩送冶金工程专业专家委员会。

（四）冶金工程专业专家委员会将审查结果和测试成绩汇总后报建设部、人事部。两部门对审核结果和测试成绩进行复核，将复核合格人员名单进行公示。经公示无异议后，建设部、人事部向社会公告获得《中华人民共和国勘察设计注册冶金工程师资格证书》人员的名单。

对未通过考核认定的申请人，委托冶金工程专业专家委员会向其说明不通过的理由。

三、考核认定申报材料

（一）各省、自治区、直辖市建设行政主管部门和总后基建营房部的意见函。

（二）中华人民共和国勘察设计注册冶金工程师资格考核认定申报表（附件 2）。

（三）中国科学院院士、中国工程院院士或全国设计大师应提供院士或大师证书复印件。其他人员应提供以下证明材料的复印件：学历或学位证书，高级专业技术职务证书，获奖证书，单位工程设计资质证书，获奖项目的主要设计文件或图纸签署证明，担任正、副总工程师职务的任命文件。

（四）获奖者应附有效证明，即奖状、个人证书或正式公布的获奖人员名单。对奖项未颁发个人证书或未正式公布获奖人员名单的，应提供符合国家规定人数的单位原始申报奖项的人员名单、获奖项目主要图纸图签的复印件，经单位负责人签字并加盖公章。

（五）所在单位出具的职业道德证明和获奖单位出具的获奖项目主要技术负责人证明。

四、申报时间及要求

（一）各省、自治区、直辖市建设行政主管部门和人事行政部门、总后基建营房部和总政干部部，应于 2006 年 1 月 31 日前完成审查、复审工作，签署审查、复审意见后将全部申请人员材料送冶金工程专业专家委员会。

（二）通过特许或考核认定的方式取得其他专业职（执）业资格的人员，一律不得申报勘察设计注册冶金工程师资格的考核认定。

（三）各地区应严格按照规定的条件和程序，认真做好申报、审查和复审工作。凡不认真把关或弄虚作假的，停止该地区的申报权和个人的申报资格。

（四）各地区在审查、复审时，应核查各类证书及相关证明文件的原件。报送的各类证书等相关材料复印件应由所在单位人事部门负责人签署意见并加盖单位印章。

附件1

勘察设计注册冶金工程师新旧专业参照表

专业划分	新专业名称	旧专业名称
本专业	冶金工程	钢铁冶金、有色金属冶金、冶金物理化学、冶金
	金属材料工程	金属材料与热处理、金属压力加工、粉末冶金、复合材料、腐蚀与防护、铸造、塑性成型工艺及设备、焊接工艺及设备
	无机非金属材料工程	硅酸盐工程
相近专业	过程装备与控制工程	化工机械与设备
	材料成型及控制工程	热加工工艺及设备
	材料物理	材料物理、矿物岩石材料
	材料化学	材料化学
其他专业	除本专业和相近专业外的工科专业	

注：1. 表中“新专业名称”指中华人民共和国教育部高等教育司1998年颁布的《普通高等学校本科专业目录和专业介绍》中规定的专业名称；“旧专业名称”系指1998年《普通高等学校本科专业目录和专业介绍》颁布前各院校所采用的专业名称。

2. 申报考核认定的人员，所学专业在“参照表”中未列出的，但又与本专业或相关专业相近，在申报相关材料时，附在校学习专业基础课和专业课的“课程设置表”（由原毕业院校出具），经所在单位核实并提出符合“本专业”、“相近专业”、“其他专业”的意见，通过单位所在省、自治区、直辖市建设行政主管部门初审后，由建设部组织有关专家审查确认。

3. 申请参加考试的人员，所学专业在“参照表”中未列出的，可在申报材料时，附在校学习专业基础课和专业课的“课程设置表”（由原毕业院校出具），经所在单位核实并提出符合“本专业”、“相近专业”、“其他专业”的意见后，由当地考试管理机构审核确认。

人事部、建设部关于印发《勘察设计注册采矿/矿物工程师制度暂行规定》、《勘察设计注册采矿/矿物工程师资格考试实施办法》和《勘察设计注册采矿/矿物工程师资格考核认定办法》的通知

（国人部发〔2005〕86号　2005年10月13日）

各省、自治区、直辖市人事厅（局）、建设厅（建委、规委），国务院各部委、各直属机构人事部门，总政干部部、总后基建营房部，新疆生产建设兵团人事局、建设局，中

央管理的企业：

根据《中华人民共和国建筑法》和《建设工程勘察设计管理条例》有关规定，现将人事部和建设部共同制定的《勘察设计注册采矿/矿物工程师制度暂行规定》、《勘察设计注册采矿/矿物工程师资格考试实施办法》和《勘察设计注册采矿/矿物工程师资格考核认定办法》印发给你们，请遵照执行。

附件：1. 勘察设计注册采矿/矿物工程师新旧专业参照表

2. 中华人民共和国勘察设计注册采矿/矿物工程师资格考核认定申报表（略）

勘察设计注册采矿/矿物工程师制度暂行规定

第一章 总 则

第一条 为加强采矿/矿物专业工程设计人员的管理，保证工程质量，维护社会公共利益和人民生命财产安全，依据《中华人民共和国建筑法》、《建设工程勘察设计管理条例》等法律法规和国家职业资格证书制度有关规定，制定本规定。

第二条 本规定适用于从事采矿、矿物加工专业工程设计及相关业务的专业技术人员。

第三条 国家对从事采矿/矿物加工专业工程设计活动的专业技术人员实行职业准入制度，纳入全国专业技术人员职业资格证书制度统一规划。

第四条 本规定所称勘察设计注册采矿/矿物工程师，是指经考试取得《中华人民共和国勘察设计注册采矿/矿物工程师资格证书》，并依法注册取得《中华人民共和国勘察设计注册采矿/矿物工程师注册执业证书》和执业印章，从事采矿/矿物专业工程设计及相关业务的专业技术人员。

勘察设计注册采矿/矿物工程师英文名称：Registered Mining/Mineral Exploration & Design Engineer。

第五条 建设部、人事部共同负责勘察设计注册采矿/矿物工程师制度实施工作，并按职责分工对该制度的实施进行指导、监督和检查。

县级以上地方人民政府建设行政主管部门对本行政区域内的勘察设计注册采矿/矿物工程师资格的注册、执业活动实施监督管理；县级以上地方人民政府人事行政部门对本行政区域内的勘察设计注册采矿/矿物工程师制度实施情况进行监督检查。

第二章 考 试

第六条 勘察设计注册采矿/矿物工程师资格实行全国统一大纲、统一命题的考试制度，原则上每年举行一次。

勘察设计注册采矿/矿物工程师资格考试由基础考试和专业考试组成。

第七条 建设部组织成立采矿/矿物工程专业专家委员会，该委员会负责拟定勘察设计注册采矿/矿物工程师资格考试大纲和试题，建立并管理考试试题库，组织评阅卷，提出评分标准和合格标准建议。

建设部、人事部共同组织专家审定考试大纲、试题、评分标准与合格标准。

第八条 凡中华人民共和国公民，遵守国家法律、法规，恪守职业道德，并具备相应专业教育和职业实践条件者，均可申请参加勘察设计注册采矿/矿物工程师资格考试。

第九条 资格考试合格者，由建设部、人事部委托省、自治区、直辖市人事行政部门颁发人事部统一印制，人事部、建设部用印的《中华人民共和国勘察设计注册采矿/矿物工程师资格证书》。

第十条 对以不正当手段取得《中华人民共和国勘察设计注册采矿/矿物工程师资格证书》的，由省、自治区、直辖市人民政府人事行政部门收回资格证书，3 年内不得再次参加勘察设计注册采矿/矿物工程师资格考试。

第三章 注 册

第十一条 勘察设计注册采矿/矿物工程师资格实行注册执业管理制度。取得资格证书的人员，必须经过注册，方可以勘察设计注册采矿/矿物工程师的名义执业。

第十二条 建设部为勘察设计注册采矿/矿物工程师资格注册审批机构。省、自治区、直辖市人民政府建设行政主管部门为勘察设计注册采矿/矿物工程师资格注册的审查机构。

第十三条 取得资格证书并申请注册的人员，应受聘于一个具有建设工程设计资质的单位，并通过聘用单位向本单位工商注册所在地的省、自治区、直辖市人民政府建设行政主管部门提出注册申请。

第十四条 省、自治区、直辖市人民政府建设行政主管部门在收到申请人的申请材料后，对申请材料不齐全或者不符合法定形式的，应当当场或在 5 个工作日内，一次告知申请人需要补正的全部内容，逾期不告知的，自收到申请材料之日起即为受理。

对受理或者不予受理的注册申请，均应出具加盖省、自治区、直辖市人民政府建设行政主管部门专用印章和注明日期的书面凭证。

第十五条 省、自治区、直辖市人民政府建设行政主管部门自受理之日起 20 个工作日内，按规定条件和程序完成申报材料的审查工作，并将申报材料和审查意见报建设部审批。

建设部自受理申报人员材料之日起 20 个工作日内作出批准决定。对作出不予批准决定的，应当书面说明理由，并告知申请人享有依法申请行政复议或提起行政诉讼的权利。在规定的期限内不能作出决定的，应将延长期限的理由告知申请人。

建设部应自作出批准决定之日起 10 个工作日内，将批准决定送达经批准注册的申请人。核发统一制作和用印的注册证书和执业印章。

第十六条 勘察设计注册采矿/矿物工程师每一注册有效期为 3 年。注册证书和执业印章在有效期限内是勘察设计注册采矿/矿物工程师的执业凭证，由勘察设计注册采矿/矿物工程师本人保管、使用。

第十七条 初始注册者，可自取得资格证书之日起 3 年内提出注册申请。逾期未申请者，在申请初始注册时，须符合本规定继续教育要求。

初始注册需要提交下列材料：

（一）《中华人民共和国勘察设计注册采矿/矿物工程师注册申请表》；

（二）《中华人民共和国勘察设计注册采矿/矿物工程师资格证书》；

第六条 截止到2002年12月31日前，符合下列条件之一者，可免基础考试，只需参加专业考试：

（一）取得本专业博士学位后，累计从事采矿/矿物专业工程设计工作满5年；或取得相近专业博士学位后，累计从事采矿/矿物专业工程设计工作满6年。

（二）取得本专业硕士学位后，累计从事采矿/矿物专业工程设计工作满6年；或取得相近专业硕士学位后，累计从事采矿/矿物专业工程设计工作满7年。

（三）取得含本专业在内的双学士学位或本专业研究生班毕业后，累计从事采矿/矿物专业工程设计工作满7年；或取得含相近专业在内的双学士学位或研究生班毕业后，累计从事采矿/矿物专业工程设计工作满8年。

（四）取得本专业大学本科学历或学位后，累计从事采矿/矿物专业工程设计工作满8年；或取得相近专业大学本科学历或学位后，累计从事采矿/矿物专业工程设计工作满9年。

（五）取得本专业大学专科学历后，累计从事采矿/矿物专业工程设计工作满9年；或取得相近专业大学专科学历后，累计从事采矿/矿物专业工程设计工作满10年。

（六）取得其他专业大学本科及以上学历或学位后，累计从事采矿/矿物专业工程设计工作满12年。

（七）取得其他专业大学专科及以上学历后，累计从事采矿/矿物专业工程设计工作满15年。

（八）取得本专业中专学历后，累计从事采矿/矿物专业工程设计工作满25年；或取得相近专业中专学历后，累计从事采矿/矿物专业工程设计工作满30年。

第七条 参加考试由本人提出申请，所在单位审核，到当地考试管理机构报名。考试管理机构按规定程序和报名条件审核合格后，发给准考证。参加考试人员在准考证指定的时间、地点参加考试。

国务院各部门所属单位和中央管理的企业的专业技术人员按属地原则报名参加考试。

第八条 考试日期为每年第三季度。考点原则上设在省会城市和直辖市的大、中专院校或高考定点学校，如确需在其他城市设置，须经建设部和人事部批准。

第九条 坚持考试与培训分开的原则。凡参与考试工作（包括试题命制与组织管理等）的人员，不得参加考试和举办与考试内容有关的培训工作。应考人员参加相关培训坚持自愿的原则。

第十条 考试考务工作应严格执行考试工作的有关规章制度，切实做好试卷命制、印刷、发送过程中的保密工作，严格遵守保密制度，严防泄密。

第十一条 考试工作人员应严格遵守考试工作纪律，认真执行考试回避制度。对违反考试纪律和有关规定行为的，按照《专业技术人员资格考试违纪违规行为处理规定》（人事部令第3号）处理。

勘察设计注册采矿/矿物工程师资格考核认定办法

一、考核认定条件

本办法下发之日前，在工程设计企业长期从事采矿/矿物专业工程设计工作，评聘为工程类高级专业技术职务，职业道德行为良好，身体健康，并符合下列条件之一的在职、在编人员。

（一）中国科学院院士或中国工程院院士。

（二）全国工程设计大师。

（三）1983年12月31日前，取得大学本科及以上学历或学位，累计从事采矿/矿物专业工程设计工作满15年，并获得全国优秀工程设计项目金、银奖或有关采矿/矿物专业国家级科技进步奖项目的主要技术负责人，年龄在70周岁（含）以下，且具备下列一项条件：

1. 在具有甲级工程设计资质的设计单位中，担任正、副总工程师（负责采矿/矿物专业技术工作）职务满5年。

2. 采矿/矿物工程专业专家委员会成员并受聘担任勘察设计注册采矿/矿物工程师资格考试大纲编写及命题工作。

（四）具备下列条件1或条件2，并参加专业测试成绩合格的人员。

1. 同时具备下列（1）和（2）项中的各一项条件者。

（1）学历和职业年限：

①1983年12月31日前，取得本专业大学本科学历或学位，累计从事采矿/矿物专业工程设计工作满15年；或取得相近专业大学本科学历或学位，累计从事采矿/矿物专业工程设计工作满20年。

②1983年12月31日前，取得本专业大学专科学历，累计从事采矿/矿物工程设计工作满20年；1979年12月31日前，取得相近专业大学专科学历，累计从事采矿/矿物专业工程设计工作满25年。

③1978年12月31日前，取得本专业中专学历，累计从事采矿/矿物专业工程设计工作满25年；1973年12月31日前，取得相近专业中专学历，累计从事采矿/矿物专业工程设计工作满30年。

④1970年12月31日前，取得其他专业中专及以上学历，累计从事采矿/矿物专业工程设计工作满30年。

（2）技术业绩和资历：

①担任采矿/矿物专业工程项目的技术负责人或项目负责人，完成工程设计资质分级标准中大型工程项目1项和中型工程项目2项及以上，或中型工程项目4项的采矿/矿物专业工程设计。

②在具有甲级工程设计资质的设计单位中，担任正、副总工程师职务，负责采矿/矿物专业技术工作满5年。

③在具有乙级工程设计资质的设计单位中，担任总工程师职务，负责采矿/矿物专业技术工作满7年。

2. 取得本专业大学本科及以上学历或学位后，累计从事采矿/矿物专业工程设计工作满15年，达到本办法（2）“技术业绩和资历”中第①项规定的业绩，并获得全国优秀工程设计奖项目（采矿/矿物专业）或有关采矿/矿物专业国家级科技进步奖项目的主要技术负责人，或获得2项及以上省部级优秀工程设计、采矿/矿物专业科技进步一、二、三等奖项目的主要技术负责人。

二、考核认定程序

（一）符合考核认定条件的工程设计人员应当通过聘用单位向单位工商注册所在地的省、自治区、直辖市人民政府建设行政主管部门或者其委托的管理机构提出考核认定申请。

（二）各省、自治区、直辖市建设行政主管部门对本地区工程设计单位的申报人员进行审查，提出审查意见，并经本地区人事行政部门复审后提出推荐名单，送采矿/矿物工程专业专家委员会审核。

（三）采矿/矿物工程专业专家委员会负责审核通过人员的测试管理工作。各省、自治区、直辖市建设行政主管部门负责所辖地区审核通过人员的具体测试工作，并将测试成绩送采矿/矿物工程专业专家委员会。

（四）采矿/矿物工程专业专家委员会将审核结果和测试成绩汇总后上报建设部、人事部。两部门对审核结果和测试成绩进行复核，将复核合格人员名单进行公示。经公示无异议后，人事部、建设部向社会公告获得《中华人民共和国勘察设计注册采矿/矿物工程师资格证书》人员的名单。

对未通过考核认定的申请人，委托采矿/矿物工程专业专家委员会向其说明不通过的理由。

三、考核认定申报材料

（一）各省、自治区、直辖市建设行政主管部门意见函。

（二）中华人民共和国勘察设计注册采矿/矿物工程师资格考核认定申报表（附件2）。

（三）中国科学院院士、中国工程院院士或全国设计大师应提供院士或大师证书复印件。其他人员应提供以下证明材料的复印件：学历或学位证书，高级专业技术职务证书，获奖证书，获奖项目的主要设计文件或图纸签署证明，单位工程设计资质证书，担任正、副总工程师职务的任命文件。

（四）获奖者应附有效证明，即奖状、个人证书或正式公布的获奖人员名单。对奖项未颁发个人证书或未正式公布的获奖人员名单者，应提供符合国家规定人数的单位申报奖项的人员名单、获奖项目主要图纸图签的复印件，经单位负责人签字并加盖公章。

（五）所在单位出具的职业道德证明和获奖单位出具的获奖项目主要技术负责人证明。

四、申报时间及要求

（一）各省、自治区、直辖市建设行政主管部门和人事部门，应于2006年1月31日前完成审查、复审工作，签署审查、复审意见后，将全部申请人员材料送采矿/矿物工程专业专家委员会。

（二）通过特许或考核认定的方式取得其他专业职（执）业资格的人员，一律不得申报勘察设计注册采矿/矿物工程师资格的考核认定。

（三）各地区和有关部门应严格按照规定的条件和程序，认真做好申报、审查和复审工作。凡不认真把关或弄虚作假的，停止该地区或部门的申报权和个人的申报资格。

（四）各地区和有关部门在审查、复审时，应核查各类证书及相关证明文件的原件。报送的各类证书及相关证明文件复印件应由所在单位人事（干部）部门负责人签署意见并加盖单位印章。

附件 1

勘察设计注册采矿/矿物工程师新旧专业参照表

专业划分	新专业名称	旧专业名称
本专业	采矿工程	采矿工程
	矿物加工工程	选矿工程、矿物加工工程
相近专业	土木工程	矿井建设、建筑工程、交通土建工程、土木工程
	资源勘查工程	地质矿产勘查、石油与天然气勘查、应用地球化学
	勘查技术与工程	水文地质与工程地质、应用地球物理、勘察工程
其他专业	除本专业和相近专业外的工科专业	

注：1. 表中“新专业名称”指中华人民共和国教育部高等教育司 1998 年颁布的《普通高等学校本科专业目录和专业介绍》中规定的专业名称；“旧专业名称”系指 1998 年《普通高等学校本科专业目录和专业介绍》颁布前各院校所采用的专业名称。

2. 申报考核认定的人员，所学专业在“参照表”中未列出的，但又与本专业或相关专业相近，在申报相关材料时，附在校学习专业基础课和专业课的“课程设置表”（由原毕业院校出具），经所在单位核实并提出符合“本专业”、“相近专业”、“其他专业”的意见，通过单位所在省、自治区、直辖市建设行政主管部门初审后，由建设部组织有关专家审查确认。

3. 申请参加考试的人员，所学专业在“参照表”中未列出的，可在报名时提交在校学习专业基础课和专业课的“课程设置表”（由原毕业院校出具），经所在单位核实并提出符合“本专业”、“相近专业”、“其他专业”的意见后，由当地考试管理机构审核确认。

人事部、建设部关于印发《勘察设计注册机械工程师制度暂行规定》、《勘察设计注册机械工程师资格考试实施办法》和《勘察设计注册机械工程师资格考核认定办法》的通知

（国人部发〔2005〕87 号　2005 年 10 月 13 日）

各省、自治区、直辖市人事厅（局）、建设厅（建委、规委），国务院各部委、各直属机构人事部门，总政干部部、总后基建营房部，新疆生产建设兵团人事局、建设局，中央管理的企业：

根据《中华人民共和国建筑法》和《建设工程勘察设计管理条例》有关规定，现将人事部和建设部共同制定的《勘察设计注册机械工程师制度暂行规定》、《勘察设计注

册机械工程师资格考试实施办法》和《勘察设计注册机械工程师资格考核认定办法》印发给你们，请遵照执行。

附件：1. 勘察设计注册机械工程师新旧专业参照表
　　　2. 中华人民共和国勘察设计注册机械工程师资格考核认定申报表（略）

勘察设计注册机械工程师制度暂行规定

第一章　总　则

第一条　为加强对机械专业建设工程设计人员的管理，保证工程质量，维护社会公共利益和人民生命财产安全，依据《中华人民共和国建筑法》、《建设工程勘察设计管理条例》等法律法规和国家职业资格证书制度有关规定，制定本规定。

第二条　本规定适用于从事机械专业建设工程设计（包括制造工艺、非标准设备、专用设备、工业窑炉、生产线、连续输送系统及设备）及相关业务的专业技术人员。

第三条　国家对从事机械专业建设工程设计活动的专业技术人员，实行职业准入制度，纳入全国专业技术人员职业资格证书制度统一规划。

第四条　本规定所称勘察设计注册机械工程师，是指经考试取得《中华人民共和国勘察设计注册机械工程师资格证书》，并依法注册取得《中华人民共和国勘察设计注册机械工程师注册执业证书》和执业印章，从事机械专业建设工程设计及相关业务的专业技术人员。

勘察设计注册机械工程师英文译为：Engineering Design Professional Mechanical Engineer。

第五条　建设部、人事部共同负责勘察设计注册机械工程师制度工作，并按职责分工对该制度的实施进行指导、监督和检查。

县级以上地方人民政府建设行政主管部门对本行政区域内勘察设计注册机械工程师资格的注册、执业活动实施监督管理；县级以上地方人民政府人事行政部门对本行政区域内的勘察设计注册机械工程师制度实施情况进行监督检查。

第二章　考　试

第六条　勘察设计注册机械工程师资格实行全国统一大纲、统一命题的考试制度，原则上每年举行一次。

勘察设计注册机械工程师资格考试由基础考试和专业考试两部分组成。

第七条　建设部组织成立机械建设工程专业专家委员会，该委员会负责拟定勘察设计注册机械工程师资格考试大纲和试题，建立并管理考试试题库，组织评阅卷工作，提出评分标准和合格标准建议。

建设部、人事部共同组织专家审定考试大纲、试题、评分标准与合格标准。

第八条　凡中华人民共和国公民，遵守国家法律、法规，恪守职业道德，并具备相应专业教育和职业实践条件者，均可申请参加勘察设计注册机械工程师资格考试。

第九条　资格考试合格者，由人事部、建设部委托省、自治区、直辖市人民政府人事行政部门，颁发人事部统一印制，人事部和建设部用印的勘察设计注册机械工程师资格证书。

第十条 对以不正当手段取得勘察设计注册机械工程师资格证书的，由省、自治区、直辖市人民政府人事行政部门收回资格证书，3 年内不得再次参加勘察设计注册机械工程师资格考试。

第三章 注 册

第十一条 勘察设计注册机械工程师资格实行注册执业管理制度。取得资格证书的人员，必须经过注册，方可以注册机械工程师的名义执业。

第十二条 建设部为勘察设计注册机械工程师资格注册审批机构。省、自治区、直辖市人民政府建设行政主管部门为勘察设计注册机械工程师资格注册的审查机构。

第十三条 取得资格证书并申请注册的人员，应受聘于一个具有建设工程设计资质的单位，并通过聘用单位向本单位工商注册所在地的省、自治区、直辖市人民政府建设行政主管部门提出注册申请。

第十四条 省、自治区、直辖市人民政府建设行政主管部门在收到申请人的申请材料后，对申请材料不齐全或者不符合法定形式的，应当当场或在 5 个工作日内，一次告知申请人需要补正的全部内容，逾期不告知的，自收到申请材料之日起即为受理。

对受理或者不予受理的注册申请，均应出具加盖省、自治区、直辖市人民政府建设行政主管部门专用印章和注明日期的书面凭证。

第十五条 省、自治区、直辖市人民政府建设行政主管部门自受理之日起 20 个工作日内，按规定条件和程序完成申报材料的审查工作，并将申报材料和审查意见一并报建设部审批。

建设部自受理申报人员材料之日起 20 个工作日内作出批准决定。对作出不予批准决定的，应当书面说明理由，并告知申请人享有依法申请行政复议或提起行政诉讼的权利。在规定的期限内不能作出决定的，应将延长期限的理由告知申请人。

建设部应自作出批准决定之日起 10 个工作日内，将批准决定送达经批准注册的申请人。核发统一制作和用印的注册证书和执业印章。

第十六条 勘察设计注册机械工程师每一注册有效期为 3 年。注册证书和执业印章在有效期限内是勘察设计注册机械工程师的执业凭证，由勘察设计注册机械工程师本人保管、使用。

第十七条 初始注册者，可自取得资格证书之日起 3 年内提出注册申请。逾期未申请者，在申请初始注册时，须符合本规定继续教育要求。

初始注册需要提交下列材料：

（一）《中华人民共和国勘察设计注册机械工程师注册申请表》；

（二）《中华人民共和国勘察设计注册机械工程师资格证书》；

（三）与聘用单位签订的劳动或聘用合同；

（四）逾期申请注册人员的继续教育证明材料。

第十八条 注册有效期届满需继续执业的，应在届满前 30 个工作日内，按照本规定第十三条规定的程序申请延续注册。审批机构应当根据申请人的申请，在规定的时限内作出准予延续注册的决定，逾期未作出决定的，视为准予延续。

延续注册需要提交下列材料：

（一）《中华人民共和国勘察设计注册机械工程师延续注册申请表》；

（二）与聘用单位签订的劳动或聘用合同；

（三）达到注册期内继续教育要求的证明材料。

第十九条 在注册有效期内，勘察设计注册机械工程师变更执业单位，应与原聘用单位解除劳动或聘用关系，并按本规定第十三条规定的程序办理变更注册手续。变更注册后，其注册证书和执业印章在原注册有效期内继续有效。

变更注册需要提交下列材料：

（一）《中华人民共和国勘察设计注册机械工程师变更注册申请表》；

（二）与新聘用单位签订的劳动或聘用合同；

（三）工作调动证明或与原聘用单位解除劳动或聘用关系的证明、退休人员的退休证明。

第二十条 勘察设计注册机械工程师有下列情形之一的，其注册证书和执业印章失效：

（一）聘用单位破产的；

（二）聘用单位被吊销营业执照的；

（三）聘用单位被吊销工程勘察设计资质证书的；

（四）与聘用单位解除劳动或聘用关系的；

（五）注册有效期满且未延续注册的；

（六）丧失行为能力、死亡或被宣告失踪的；

（七）注册失效的其他情形。

第二十一条 勘察设计注册机械工程师有下列情形之一的，应由注册机械工程师本人和聘用单位及时向当地省、自治区、直辖市人民政府建设行政主管部门提出申请，由建设部审核批准后，办理注销手续，收回注册证书和执业印章。

（一）不具备完全民事行为能力的；

（二）申请注销注册的；

（三）有本规定第二十条所列情形的；

（四）不符合规定条件取得注册的；

（五）被依法撤销注册的；

（六）受到刑事处罚的；

（七）应当注销注册的其他情形。

第二十二条 注册申请人有下列情形之一的，不予注册：

（一）不具有完全民事行为能力的；

（二）刑事处罚尚未执行完毕的；

（三）因从事建设工程勘察、设计或相关业务受到刑事处罚，自刑事处罚执行完毕之日起至申请注册之日止不满 2 年的；

（四）法律、法规规定不予注册的其他情形。

第二十三条　对被注销注册或不予注册的人员，在重新具备初始注册条件，并符合本规定继续教育要求的，可按本规定第十三条规定的程序申请注册。

第二十四条　注册审批机构应及时向社会公告注册有关情况。当事人对注销注册或不予注册有异议的，可依法申请行政复议或提起行政诉讼。

第四章　执　业

第二十五条　勘察设计注册机械工程师应在一个具有建设工程设计资质的单位，进行机械专业建设工程设计执业活动。

第二十六条　勘察设计注册机械工程师的执业范围：

（一）机械专业建设工程设计；

（二）机械专业建设工程技术咨询；

（三）机械专业建设工程设备招标、采购咨询；

（四）机械专业建设工程的项目管理；

（五）对本专业设计项目的施工进行指导和监督；

（六）国务院有关部门规定的其他业务。

第二十七条　在机械专业建设工程设计活动中形成的设计文件，必须由勘察设计注册机械工程师签字并加盖执业印章后方可生效。需勘察设计注册机械工程师签字盖章的设计文件种类和办法，由建设部另行规定。

第二十八条　修改经勘察设计注册机械工程师签字盖章的设计文件，应由该勘察设计注册机械工程师本人进行；因特殊情况，该勘察设计注册机械工程师不能进行修改的，应由其他勘察设计注册机械工程师修改，并签字、加盖执业印章，同时对修改部分承担责任。

第二十九条　勘察设计注册机械工程师从事执业活动，由其所在单位接受委托并统一收费。

因机械专业建设工程设计质量事故及相关业务造成的经济损失，接受委托单位应承担赔偿责任。接受委托的单位依法向承担设计责任的勘察设计注册机械工程师追偿。

第三十条　勘察设计注册机械工程师执业管理办法由建设部另行制定。

第五章　继 续 教 育

第三十一条　继续教育是注册机械工程师延续注册、重新申请注册和逾期初始注册的必备条件。在每个注册期内，勘察设计注册机械工程师应按规定完成本专业的继续教育。

第三十二条　勘察设计注册机械工程师继续教育，分必修课和选修课，必修课和选修课均为 60 学时。继续教育内容及要求，由建设部确定。

第六章　权利和义务

第三十三条　勘察设计注册机械工程师享有下列权利：

（一）使用勘察设计注册机械工程师称谓；

（二）在规定范围内从事执业活动，并履行相应岗位职责；

（三）保管和使用本人的注册证书和执业印章；

（四）对本人在工程设计领域的活动进行解释和辩护；

（五）接受继续教育；

（六）获得与执业责任相应的劳动报酬；

（七）对侵犯本人权利的行为进行申诉。

第三十四条 勘察设计注册机械工程师应当履行下列义务：

（一）遵守法律、法规和有关管理规定；

（二）执行技术标准和规范；

（三）保证执业活动成果和质量，并承担相应责任；

（四）接受继续教育，努力提高执业水准；

（五）在本人执业活动中完成的主要设计文件上签字、加盖执业印章；

（六）保守在执业活动中知悉的国家秘密和他人的商业、技术秘密；

（七）不得准许他人以本人名义执业；

（八）在本专业规定的执业范围和聘用单位业务范围内执业；

（九）协助注册管理机构完成相关工作。

第七章 附 则

第三十五条 在本规定下发之日前，对长期从事机械专业建设工程设计工作，并符合考核认定条件的专业技术人员，可通过考核认定，获得《中华人民共和国勘察设计注册机械工程师资格证书》。

第三十六条 符合考试报名条件的香港、澳门居民，可申请参加勘察设计注册机械工程师资格考试。申请人在报名时应提交本人身份证明、国务院教育行政部门认可的相应专业学历或学位证书、从事机械专业建设工程设计相关专业实践年限证明。台湾地区专业人员参加考试的办法另行规定。

外籍专业人员申请参加勘察设计注册机械工程师资格考试、申请注册和执业等管理办法另行制定。

第三十七条 从事机械专业建设工程设计活动的单位配备勘察设计注册机械工程师的具体办法，由建设部另行规定。

第三十八条 各级相关行政部门及经批准的勘察设计注册机械工程师资格考试等机构，在实施勘察设计注册机械工程师制度过程中，因工作失误，使专业技术人员合法权益受到损害的，应依据《中华人民共和国国家赔偿法》给予相应赔偿，并可向有关责任人追偿。

第三十九条 各级相关行政部门及经批准的勘察设计注册机械工程师资格考试等机构工作人员，有不履行工作职责，监督不力，为本人或他人谋取私利等违纪违规行为，并造成不良影响或严重后果的，由其上级相关行政部门责令改正，对直接负责的主管人员和其他直接责任人员依法给予处分。构成犯罪的，依法追究刑事责任。

第四十条 本规定自2005年12月1日起施行。

勘察设计注册机械工程师资格考试实施办法

第一条 建设部、人事部共同负责勘察设计注册机械工程师资格考试工作，委托人事部人事考试中心承担考试考务工作。

各省、自治区、直辖市的考试工作，由当地人事行政部门会同建设行政主管部门组织实施，并协商确定具体职责分工。

第二条 资格考试分为基础考试和专业考试。基础考试合格并符合本办法规定的专业考试报名条件的，可参加专业考试。专业考试合格后，方可获得《中华人民共和国勘察设计注册机械工程师资格证书》。

第三条 基础考试分 2 个半天进行，各为 4 个小时。专业考试分专业知识和专业案例两部分内容，每部分内容均为 2 个半天，每个半天均为 3 个小时。

第四条 符合《勘察设计注册机械工程师制度暂行规定》第八条要求，并具备下列条件之一的，可申请参加基础考试：

（一）取得本专业（指机械设计制造及其自动化、材料成型及控制工程、过程装备与控制工程专业，详见附件 1，下同）或相近专业（指金属材料工程、包装工程、印刷工程、纺织工程、食品科学与工程等专业，详见附件 1，下同）大学本科及以上学历或学位。

（二）取得本专业或相近专业大学专科学历，累计从事机械专业建设工程设计工作满 1 年。

（三）取得其他专业大学本科及以上学历或学位，累计从事机械专业建设工程设计工作满 1 年。

第五条 基础考试合格，并具备下列条件之一的，可申请参加专业考试：

（一）取得本专业博士学位后，累计从事机械专业建设工程设计工作满 2 年；或取得相近专业博士学位后，累计从事机械专业建设工程设计工作满 3 年。

（二）取得本专业硕士学位后，累计从事机械专业建设工程设计工作满 3 年；或取得相近专业硕士学位后，累计从事机械专业建设工程设计工作满 4 年。

（三）取得含本专业在内的双学士学位或本专业研究生班毕业后，累计从事机械专业建设工程设计工作满 4 年；或取得含相近专业在内的双学士学位或研究生班毕业后，累计从事机械专业建设工程设计工作满 5 年。

（四）取得通过本专业教育评估的大学本科学历或学位后，累计从事机械专业建设工程设计工作满 4 年；或取得未通过本专业教育评估的大学本科学历或学位后，累计从事机械专业建设工程设计工作满 5 年；或取得相近专业大学本科学历或学位后，累计从事机械专业建设工程设计工作满 6 年。

（五）取得本专业大学专科学历后，累计从事机械专业建设工程设计工作满 6 年；或取得相近专业大学专科学历后，累计从事机械专业建设工程设计工作满 7 年。

（六）取得其他专业大学本科及以上学历或学位后，累计从事机械专业建设工程设计工作满 8 年。

第六条 截止到 2002 年 12 月 31 日前，符合下列条件之一的，可免基础考试，只需参加专业考试：

（一）取得本专业博士学位后，累计从事机械专业建设工程设计工作满 5 年；或取得相近专业博士学位后，累计从事机械专业建设工程设计工作满 6 年。

（二）取得本专业硕士学位后，累计从事机械专业建设工程设计工作满 6 年；或取得相近专业硕士学位后，累计从事机械专业建设工程设计工作满7年。

（三）取得含本专业在内的双学士学位或本专业研究生班毕业后，累计从事机械专业建设工程设计工作满7年；或取得含相近专业在内的双学士学位或研究生班毕业后，累计从事机械专业建设工程设计工作满8年。

（四）取得本专业大学本科学历或学位后，累计从事机械专业建设工程设计工作满8年；或取得相近专业大学本科学历或学位后，累计从事机械专业建设工程设计工作满9年。

（五）取得本专业大学专科学历后，累计从事机械专业建设工程设计工作满9年；或取得相近专业大学专科学历后，累计从事机械专业建设工程设计工作满10年。

（六）取得其他专业大学本科及以上学历或学位后，累计从事机械专业建设工程设计工作满12年。

（七）取得其他专业大学专科学历后，累计从事机械专业建设工程设计工作满15年。

（八）取得本专业中专学历后，累计从事机械专业建设工程设计工作满25年；或取得相近专业中专学历后，累计从事机械专业建设工程设计工作满30年。

第七条 参加考试由本人提出申请，所在单位审核同意，到当地考试管理机构报名。考试管理机构按规定程序和报名条件审核合格后，发给准考证。参加考试人员在准考证指定的时间、地点参加考试。

国务院各部门所属单位和中央管理的企业的专业技术人员按属地原则报名参加考试。

第八条 考试日期为每年第三季度。考点原则上设在直辖市和省会城市的大、中专院校或高考定点学校，如确需在其他城市设置，须经人事部和建设部批准。

第九条 坚持考试与培训分开的原则。凡参与考试工作（包括试题命制与组织管理等）的人员，不得参加考试和举办与考试内容有关的培训工作。应考人员参加相关培训坚持自愿的原则。

第十条 考试考务工作应严格执行考试工作的有关规章制度，切实做好试卷命制、印刷、发送过程中的保密工作，严格遵守保密制度，严防泄密。

第十一条 考试工作人员应严格遵守考试工作纪律，认真执行考试回避制度。对违反考试纪律和有关规定行为的，按照《专业技术人员资格考试违纪违规行为处理规定》（人事部令第3号）处理。

勘察设计注册机械工程师资格考核认定办法

一、考核认定条件

本办法下发之日前，在工程设计单位长期从事机械专业建设工程设计工作，评聘为工程类高级专业技术职务，职业道德行为良好，身体健康，并符合下列条件之一的在职、在编人员。

（一）中国科学院院士或中国工程院院士。

（二）全国工程设计大师。

（三）1983年12月31日前，取得大学本科及以上学历或学位，累计从事机械专业建设工程设计工作满15年，并获得全国优秀工程设计项目金、银奖或有关机械专业建设工程国家级科技进步奖项目的主要技术负责人，年龄在70周岁（含）以下，且具备下列一项条件：

1. 在具有甲级工程设计资质的设计单位中，担任正、副总工程师职务，负责机械专业技术工作满5年。

2. 机械建设工程专业专家委员会成员并受聘担任勘察设计注册机械工程师资格考试大纲编写及命题工作。

（四）具备下列条件1或条件2，并参加本专业测试成绩合格的人员。

1. 同时具备下列（1）和（2）项中的各一项条件。

（1）学历和职业年限：

①1983年12月31日前，取得本专业大学本科及以上学历或学位，累计从事机械专业建设工程设计工作满15年；或取得相近专业大学本科及以上学历或学位，累计从事机械专业建设工程设计工作满20年。

②1983年12月31日前，取得本专业大学专科学历，累计从事机械专业建设工程设计工作满20年；1979年12月31日前，取得相近专业大学专科学历，累计从事机械专业建设工程设计工作满25年。

③1978年12月31日前，取得本专业中专学历，累计从事机械专业建设工程设计工作满25年；1973年12月31日前，取得相近专业中专学历，累计从事机械专业建设工程设计工作满30年。

④1970年12月31日前，取得其他专业中专及以上学历，累计从事机械专业建设工程设计工作满30年。

（2）技术业绩和资历：

①担任机械专业建设工程设计项目的技术负责人或项目负责人，完成工程设计资质分级标准中工程项目，具备下列一项条件的：

a. 大型工程项目或复杂的非标准、专用设备、工业炉窑及生产线3项及以上；

b. 中型工程项目或较复杂的非标准、专用设备、工业炉窑及生产线6项及以上；

c. 大型工程项目或复杂的非标准、专用设备、工业炉窑及生产线2项和中型工程项目或较复杂的非标准、专用设备、工业炉窑及生产线2项及以上；

d. 大型工程项目或复杂的非标准、专用设备、工业炉窑及生产线1项和中型工程项目或较复杂的非标准、专用设备、工业炉窑及生产线4项及以上。

②在具有甲级工程设计资质的设计单位中，担任正、副总工程师职务，负责机械专业技术工作满5年。

③在具有乙级工程设计资质的设计单位中，担任总工程师职务，负责机械专业技术工作满7年。

2. 取得本专业大学本科及以上学历或学位后，累计从事机械专业建设工程设计工作满15年，达到本办法（2）“技术业绩和资历”中第①项规定的业绩，并获得全国优秀工程设计奖项目（机械专业）或本专业国家级科技进步奖项目的主要技术负责人，或获得2项及以上省部级机械专业建设工程优秀工程设计、本专业科技进步一、二、三等奖项目的主要技术负责人。

二、考核认定程序

（一）符合考核认定条件的工程设计人员应当通过聘用单位向单位工商注册所在地的省、自治区、直辖市人民政府建设行政主管部门或者其委托的管理机构提出考核认定申请，军队系统勘察设计单位向总后基建营房部提出申请。

（二）各省、自治区、直辖市建设行政主管部门和总后基建营房部对本地区、本部门工程设计单位的申报人员进行审查，提出审查意见，并经本地区人事行政部门、总政干部部复审后，将全部申报人员名单及本人申报材料，送机械建设工程专业专家委员会审核。

（三）机械建设工程专业专家委员会负责审核通过人员的测试管理工作。各省、自治区、直辖市建设行政主管部门负责所辖地区审核通过人员的具体测试工作，并将测试成绩送机械建设工程专业专家委员会。

（四）机械建设工程专业专家委员会将审核结果和测试成绩汇总后报建设部和人事部。两部门对审核结果和测试成绩进行复核，将复核合格人员名单进行公示。经公示无异议后，人事部、建设部向社会公告获得《中华人民共和国勘察设计注册机械工程师资格证书》人员的名单。

对未通过考核认定的申请人，委托机械建设工程专业专家委员会向其说明不通过的理由。

三、考核认定申报材料

（一）各省、自治区、直辖市建设行政主管部门和总后基建营房部的意见函。

（二）中华人民共和国勘察设计注册机械工程师资格考核认定申报表（附件2）。

（三）中国科学院院士、中国工程院院士或全国设计大师应提供院士或大师证书复印件。其他人员应提供以下证明材料的复印件：学历或学位证书，高级专业技术职务证书，获奖证书，单位工程设计资质证书，获奖项目的主要设计文件或图纸签署证明，担任正、副总工程师职务的任命文件。

（四）获奖者应附有效证明，即奖状、个人证书或正式公布的获奖人名单。对奖项未颁发个人证书或未正式公布获奖人员名单的，应提供符合国家规定人数的单位原始申报奖项的人员名单、获奖项目主要图纸图签的复印件，经单位负责人签字并加盖公章。

（五）所在单位出具的职业道德证明和获奖单位出具的获奖项目主要技术负责人证明。

四、申报时间及要求

（一）各省、自治区、直辖市建设行政主管部门和人事行政部门、总后基建营房部和总政干部部，应于2006年1月31日前完成审查、复审工作，签署审查、复审意见后，将全部申请人员材料送机械建设工程专业专家委员会。

（二）通过特许或考核认定的方式取得其他专业职（执）业资格的人员，一律不得申报勘察设计注册机械工程师资格的考核认定。

（三）各地区和有关部门应严格按照规定的条件和程序，认真做好申报、审查和复审工作。凡不认真把关或弄虚作假的，停止该地区或部门的申报权和个人的申报资格。

（四）各地区和有关部门在审查、复审时，应核查各类证书及相关证明的原件。报送的各类证书等相关材料复印件应由所在单位人事（干部）部门负责人签署意见并加盖单位印章。

附件1

勘察设计注册机械工程师新旧专业参照表

专业划分	新专业名称	旧专业名称
本专业	机械设计制造及其自动化	机械制造工艺与设备、机械设计及制造、汽车与拖拉机、机车车辆工程、流体传动及控制、真空技术及设备、机械电子工程、设备工程与管理、林业与木工机械
	材料成型及控制工程	金属材料与热处理、热加工工艺及设备、铸造、塑性成型工艺及设备、焊接工艺及设备
	工业设计	工业设计
	设计过程装备与控制工程	化工设备与机械
	农业机械化及自动化	机械设计及制造、农业机械化
相近专业	金属材料工程	腐蚀与防护
	无机非金属材料	无机非金属材料（高压电瓷、电磁材料、电碳）
	电气工程及自动化	电机电器及其控制、高电压与绝缘技术
	测控技术与仪表	精密仪器、光学技术与光电仪器、检测技术及仪器仪表、检测技术及精密仪器、测控技术与仪器
	化学工程与工艺	电化学工程
	包装工程	包装工程
	印刷工程	印刷技术
	纺织工程	纺织工程
	食品科学与工程	食品科学与工程、粮食工程
其他专业	除本专业和相近专业外的工科专业	

注：1．表中“新专业名称”指中华人民共和国教育部高等教育司1998年颁布的《普通高等学校本科专业目录和专业介绍》中规定的专业名称；“旧专业名称”系指1998年《普通高等学校本科专业目录和专业介绍》颁布前各院校所采用的专业名称。

2．申报考核认定的人员，所学专业在“参照表”中未列出的，但又与本专业或相关专业相近，在申报相关材料时，附在校学习专业基础课和专业课的“课程设置表”（由原毕业院校出具），经所在单位核实并提出符合“本专业”、“相近专业”、“其他专业”的意见，通过单位所在省级建设行政主管部门或有关部门初审后，报建设部组织有关专家审查确认。

3．申请参加考试的人员，所学专业在“参照表”中未列出的，可在申报材料时，附在校学习专业基础课和专业课的“课程设置表”（由原毕业院校出具），经所在单位核实并提出符合“本专业”、“相近专业”、“其他专业”的意见后，由当地考试管理机构审核确定。

专业技术人员管理实用政策法规

（2012年）

【下　册】

人力资源和社会保障部专业技术人员管理司　编

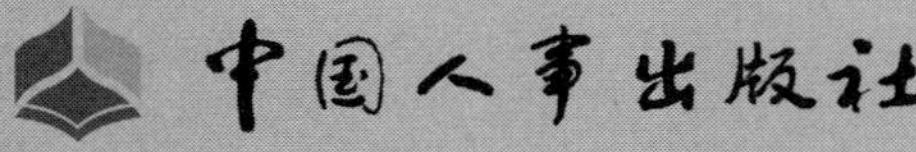

总目录 Contents

下册目录

第五篇 博 士 后 篇

第六篇　继续教育篇

第七篇　领导讲话篇

人事部、国土资源部关于印发《土地登记代理人职业资格制度暂行规定》和《土地登记代理人职业资格考试实施办法》的通知

（人发〔2002〕116号 2002年12月18日）

各省、自治区、直辖市人事厅（局）、国土资源厅（局），国务院各部委、各直属机构人事（干部）部门，中央管理理的企业：

为了发展和完善土地市场，规范土地登记代理行为，维护土地权利人的合法权益，为社会提供高效安全的代理服务，根据《中华人民共和国土地管理法》、《中华人民共和国土地管理法实施条例》的有关规定，人事部、国土资源部决定在土地登记代理行业建立土地登记代理人职业资格制度。现将《土地登记代理人职业资格制度暂行规定》和《土地登记代理人职业资格考试实施办法》印发你们，请遵照执行。

土地登记代理人职业资格制度暂行规定

第一章 总 则

第一条 为提高土地登记代理人员的业务素质，规范土地登记代理行为，促进土地市场的发展和完善，根据《中华人民共和国土地管理法》、《中华人民共和国土地管理法实施条例》以及国家职业资格证书制度的有关规定，制定本规定。

第二条 本规定适用于土地登记代理机构中从事土地登记代理业务的专业技术人员。国家对从事土地登记代理业务的专业技术人员实行职业资格制度，纳入全国专业技术人员职业资格证书制度统一规划。

第三条 本规定所称土地登记代理人是指通过全国统一考试，取得《中华人民共和国土地登记代理人职业资格证书》并经登记备案的人员。

英文名称：Land Registration Agent。

第四条 取得土地登记代理人职业资格是从事土地登记代理业务和发起设立土地登记代理机构的必备条件。

第五条 人事部、国土资源部共同负责全国土地登记代理人职业资格制度的实施工作。

第二章 考 试

第六条 土地登记代理人职业资格实行全国统一大纲、统一命题、统一组织的考试制度，原则上每年举行一次。

第七条 国土资源部负责编制考试科目、考试大纲、组织命题工作，统一规划培训等有关工作。

培训工作按照与考试分开、自愿参加的原则进行。

第八条 人事部负责审定考试科目、考试大纲和考试试题。会同国土资源部对土地

登记代理人职业资格考试进行检查、监督、指导和确定合格标准。

第九条　凡中华人民共和国公民，具备下列条件之一的，可申请参加土地登记代理人职业资格考试。

（一）取得理工、经济、法律类大学专科学历，工作满 6 年，其中从事土地登记代理相关工作满 4 年。

（二）取得理工、经济、法律类大学本科学历，工作满 4 年，其中从事土地登记代理相关工作满 2 年。

（三）取得理工、经济、法律类双学士学位或研究生班毕业，工作满 3 年，其中从事土地登记代理相关工作满 1 年。

（四）取得理工、经济、法律类硕士学位，工作满 2 年，其中从事土地登记代理相关工作满 1 年。

（五）取得理工、经济、法律类博士学位，从事土地登记代理相关工作满 1 年。

第十条　土地登记代理人职业资格考试合格，由各省、自治区、直辖市人事部门颁发人事部统一印制，人事部和国土资源部用印的《中华人民共和国土地登记代理人职业资格证书》。该证书全国范围有效。

第三章　登　记

第十一条　土地登记代理人实行定期登记制度。取得《中华人民共和国土地登记代理人职业资格证书》的人员，经登记后方可以土地登记代理人名义，按规定从事土地登记代理业务。

第十二条　国土资源部或其授权机构为土地登记代理人职业资格的登记管理机构。各省、自治区、直辖市国土资源管理部门或其授权机构为土地登记代理人职业资格登记的初审机构。

人事部和各级人事部门对土地登记代理人职业资格的登记和使用情况有检查、监督的责任。

第十三条　取得土地登记代理人职业资格证书，需要办理登记备案的人员，应由本人提出申请，经聘用单位同意后，送所在地省级土地代理登记初审机构，初审合格后，统一报国土资源部或其授权机构办理登记。准予登记的申请人，由国土资源部或其授权机构核发《中华人民共和国土地登记代理人登记证》。

第十四条　办理登记的人员必须同时具备下列条件：

（一）取得《中华人民共和国土地登记代理人职业资格证书》。

（二）恪守职业道德。

（三）身体健康，能坚持在土地登记代理人岗位上工作。

（四）经所在单位考核合格。

第十五条　土地登记代理人职业资格登记有效期为 3 年，有效期满前，持证者应按规定到指定的机构办理再次登记手续。变更职业机构者，应当及时理变更登记手续。

再次登记，除符合本规定第十四条规定外，还需提供接受继续教育和业务培训的证明。

第十六条　土地登记代理人有下列行为之一的，注销登记：

（一）不具有完全民事行为能力。

（二）脱离土地登记代理工作岗位连续 2 年以上（含 2 年）。

（三）同时在两个以上土地登记代理机构执行代理业务。

（四）允许他人以本人名义执行业务。

（五）严重违反职业道德和土地登记代理行业管理规定。

（六）违反法律、法规的其他行为。

第十七条 登记管理机构及登记初审机构应定期向社会公布土地登记代理人职业资格登记、使用及有关情况。

第四章 职 责

第十八条 土地登记代理人在土地登记代理活动中，必须严格遵守法律、法规和行业管理的各项规定，坚持公开、公平、公正的原则，恪守职业道德。

第十九条 在土地登记代理活动中，土地登记代理人应以委托人自愿委托和自愿选择为前提，独立、公正地执行业务，维护委托人合法权益。

第二十条 土地登记代理人的业务范围包括：

（一）办理土地登记申请、指界、地籍调查、领取土地证书等。

（二）收集、整理土地权属来源证明材料等与土地登记有关的资料。

（三）帮助土地权利人办理解决土地权属纠纷的相关手续。

（四）查询土地登记资料。

（五）查证土地产权。

（六）提供土地登记及地籍管理相关法律咨询。

（七）与土地登记业务相关的其他事项。

第二十一条 土地登记代理人在承担土地登记代理业务时，应获得合理佣金。

第二十二条 土地登记代理人在执行土地登记代理业务时，有权要求委托人提供与土地登记代理有关的资料，拒绝执行委托人的违法指令。

第二十三条 土地登记代理人经登记备案后，只能受聘于一个土地登记代理机构，并以机构的名义从事土地登记代理活动，不得以土地登记代理人的身份从事土地登记代理活动或在其他土地登记代理机构兼职。

第二十四条 土地登记代理人必须向委托人提供相关信息，并为委托人保守商业秘密，充分保障委托人的权益。

第二十五条 土地登记代理人应对代理业务中所出具的各类文书负责，并签字盖章，承担相应的法律责任。

第二十六条 土地登记代理人必须接受职业继续教育，不断提高业务水平。

第五章 附 则

第二十七条 本规定发布前长期从事土地登记代理工作，具有较高理论水平和丰富实践经验，并按国家规定评聘高级专业技术职务的人员，可通过考核认定取得土地登记代理人职业资格。考核认定办法由国土资源部、人事部另行规定。

第二十八条 通过全国统一考试，取得土地登记代理人职业资格证书的人员，用人单位可根据工作需要聘任经济师职务。

第二十九条 经国家有关部门同意，获准在中华人民共和国境内就业的外籍人员及港、澳、台地区的专业人员，符合本规定要求的，也可报名参加土地登记代理人职业资格考试以及申请登记。

第三十条 本规定由人事部和国土资源部按职责分工负责解释。

第三十一条 本规定自发布三十日后施行。

土地登记代理人职业资格考试实施办法

第一条 根据《土地登记代理人职业资格制度暂行规定》（以下简称《暂行规定》），制定本办法。

第二条 土地登记代理人职业资格考试在人事部、国土资源部的统一领导下进行。两部门共同成立土地登记代理人职业资格考试专家委员会和土地登记代理人职业资格考试办公室。办公室设在国土资源部，负责日常土地登记代理人职业资格考试的日常管理工作。具体考试考务工作委托人事部人事考试中心组织实施。

各地考试工作由各省、自治区、直辖市国土资源管理部门和人事（职改）部门共同负责。具体分工由各地协商确定。

第三条 土地登记代理人职业资格考试原则上每年举行一次，考试时间定于每年6月。

第四条 土地登记代理人职业资格考试设土地登记相关法律知识、土地权利理论与方法、地籍调查和土地登记代理实务等4个科目。考试分4个半天进行，每个科目的考试时间为2.5小时。

第五条 考试成绩实行两年为一个周期的滚动管理。参加全部4个科目考试的人员必须在连续两个考试年度内通过应试科目。

第六条 参加考试的人员必须符合《暂行规定》第九条规定的报名条件。

第七条 在《暂行规定》下发前，按国家统一规定已受聘担任高级专业技术职务的人员，可免试土地权利理论与方法和地籍调查2个科目，只参加土地登记相关法律知识和土地登记代理实务2个科目的考试，并在一个考试年度内通过应试科目，即可取得土地登记代理人职业资格证书。

第八条 参加考试须由本人提出申请，所在单位审核同意，按规定携带有关证明材料到当地考试管理机构报名。经考试管理机构审核合格后，领取准考证。应考人员凭准考证、身份证在指定的时间、地点参加考试。

国务院各部门及其直属单位的报考人员，按属地原则报名参加考试。

第九条 考场原则上设在省辖市以上中心城市的大、中专院校或高考定点学校。

第十条 为保证培训和继续教育工作健康有序地进行，国土资源部委托有关机构组织土地登记代理人职业资格的师资培训工作。各地要认真做好培训和继续教育工作，有计划地组织。实施培训和继续教育必须具备场地、师资、教材等条件，由当地国土资源管理部门同人事部门审核批准，报国土资源部备案。

第十一条 国土资源部授权组织编写培训、继续教育教材和有关学习资料，监督、管理培训工作，严禁任何单位和个人盗用国土资源部名义编写、发行考试教材和举办各种与土地登记代理人职业资格有关的考前培训，损害考生利益。

第十二条 坚持培训与考试分开的原则。参加考试组织工作（包括命题、审题和组织管理）的人员，不得参与考试有关的培训和参加考试。

应考人员参加与考试有关的培训坚持自愿的原则。

第十三条 土地登记代理人职业资格考试和培训等项目的收费标准，须经当地价格主管部门核准，并公布于众，接受社会监督。

第十四条 考试考务管理工作要严格执行考务工作的有关规章和纪律，切实做好试卷的命制、印刷、发送和保管过程中的保密工作，严格遵守保密制度，严防泄密。

第十五条 考试工作人员要认真执行考试回避制度，严肃考场纪律，严禁弄虚作假。对违反考试纪律和有关规定者，要严肃处理，并追究领导责任。

人事部、国土资源部关于土地登记代理人职业资格认定工作有关问题的通知

（国人部发〔2003〕17号　2003年8月19日）

各省、自治区、直辖市人事厅（局）、国土资源厅（局），国务院各部委、直属机构人事部门，中央管理的企业：

按照人事部、国土资源部《土地登记代理人职业资格制度暂行规定》（人发〔2002〕116号）要求和实际工作需要，经研究决定，对长期从事土地登记及代理业务、具有较高理论水平和丰富实践经验的专业技术人员，进行土地登记代理人职业资格认定工作。现就有关事项通知如下：

一、申报条件

本通知下发之日前，长期从事土地登记或代理业务工作，受聘担任高级专业技术职务，遵纪守法，恪守职业道德，身体健康，年龄在70周岁以下，并同时具备下列（一）、（二）项条件。

（一）具备下列3项条件之一

1. 1978年12月31日前，取得中专学历，累计从事土地登记或代理及相关业务工作满25年。

2. 1983年12月31日前，取得大学专科学历，累计从事土地登记或代理及相关业务满20年。

3. 1987年12月31日前，取得大学本科学历，累计从事土地登记或代理及相关业务满15年。

（二）同时具备下列条件中的2项条件

1. 作为主要技术负责人，起草与土地登记业务相关的规范、规则或规定1项以上，并由国家颁布施行。

2. 作为主要技术负责人，完成地市级以上初始土地登记工作1项以上。

3. 作为主要技术负责人，完成大型企业改制中土地登记代理工作10项及以上。

4. 作为主要技术负责人，取得部级土地登记项目及代理业务项目研究成果1项及以上，并应用于实际工作。

5．获得有关地籍管理专业国家级科技进步奖项目的主要技术负责人。

6．获得2项有关地籍管理专业省部级科技进步（科技成果）二等及以上奖项的主要技术负责人。

7．在有国内统一刊号（CN）的报纸、期刊上或在有国际统一刊号（ISSN）的国外报纸、期刊上发表2篇以上（每篇不少于2 000字）独立完成的土地登记或代理业务等方面的论文。

8．在正式出版社出版过有统一书号（ISBN）的地籍管理或土地登记业务专著，本人独立撰写3万字以上。

二、认定组织

人事部、国土资源部共同成立土地登记代理人职业资格认定工作领导小组（以下简称领导小组，成员名单见附件1），负责全国土地登记代理人职业资格的认定工作。领导小组下设办公室（设在国土资源部）。

三、认定程序

（一）符合申报条件的专业技术人员，可向所在单位提出申请，经单位审核同意后，由所在单位向所在省、自治区、直辖市国土资源行政部门申报。

（二）各省、自治区、直辖市国土资源行政部门对本地区申报人员资格进行初审，经同级人事行政部门核准后，将初审合格人员名单及申报材料送领导小组办公室。

（三）申报认定应提交下列材料：

1．《中华人民共和国土地登记代理人职业资格认定申报表》一式两份（见附件2）。

2．需提交复印件的证明材料：学历（学位）证书，高级专业技术职务证书，获奖证书，获奖项目的主要文件签署证明，担任相关项目技术负责人的任命文件，规范、规则、规定的封面及起草人员名单页，地市级以上初始土地登记项目工作报告，部级土地登记项目及代理业务项目研究报告，论文及专著首页。

3．需提交原件的证明材料：所在单位出具的从事土地登记或代理业务经历的职业道德证明，获奖单位出具的获奖项目主要技术负责人证明，国家颁布施行的土地登记业务规范、规则或规定的说明材料及省级国土资源行政部门证明，部级土地登记项目及代理业务项目研究成果的应用证明。

（四）领导小组办公室对各地区、各部门呈报的初审合格人员资格进行复核，提出拟认定人员名单，送领导小组会议讨论。

（五）对领导小组会议讨论通过，并经公示无异议的申报人员，报人事部、国土资源部批准后，向社会公布。

四、申报时间及要求

（一）各省、自治区、直辖市国土资源厅（局）和人事厅（局）应于2003年11月30日前，将初审合格人员名单和申报材料送领导小组办公室。

（二）国家对认定人员数额实行总量控制。应优先推荐具备申报条件且在一线从事土地登记代理业务的专业技术人员。

（三）各省、自治区、直辖市国土资源厅（局）和人事厅（局）对申报人员资格进行审核、复核时，应检查各类证书、成果等规定条件的原件。向领导小组办公室报送时，应按本通知规定，报送有关材料的原件和复印件，并由所在单位人事部门负责人对报送材料的真实性签署意见，加盖单位印章。

（四）已通过考核认定方式取得其他专业执业资格证书和在公务员岗位工作的人员，一律不得申报土地登记代理人职业资格的认定。

（五）各地要切实加强领导，坚持标准，严格要求，认真做好申报、审核和复核工作。凡不认真把关或弄虚作假的单位或个人，一经发现，取消该单位申报权或个人的申报资格。

附件：1. 土地登记代理人职业资格认定工作领导小组成员名单
2. 中华人民共和国土地登记代理人职业资格认定申报表（略）

附件1

土地登记代理人职业资格认定工作领导小组成员名单

组　长：李　元　国土资源部　副部长
副组长：刘宝英　人事部专业技术人员管理司　司长
樊志全　国土资源部地籍管理司　司长
程　烨　中国土地勘测规划院　院长、高级工程师
成　员：范　勇　人事部专业技术人员管理司　副司长
赵　龙　国土资源部地籍管理司　副司长
孙喜华　国土资源部人事教育司　助理巡视员
王卫国　中国政法大学　教授、博导
龙翼飞　中国人民大学法学院　教授、博导
孙宪忠　中国社会科学院法学研究所　研究员、博导
钱明星　北京大学法学院　教授、博导
叶剑平　中国人民大学　教授、博导
马克伟　中国土地学会　名誉理事长、高级工程师
高向军　国土资源部土地整理中心　研究员
王广华　国土资源部信息中心　高级工程师
张　瑜　北京华信房地产评估有限公司　高级经济师
王　军　国土联房地产评估中心　高级经济师
尤孝明　中地不动产评估有限公司　高级经济师
白龙吉　北京北方地产咨询评估有限责任公司　高级经济师
办公室主任：赵　龙　（兼）
办公室副主任：胡文忠　人事部专业技术人员管理司　处长
何　平　国土资源部地籍管理司　处长
杨京红　国土资源部人事教育司　调研员

人事部、国家安全生产监督管理局关于印发《注册安全工程师执业资格考试实施办法》的通知

（国人部发〔2003〕13 号　2003 年 8 月 11 日）

各省、自治区、直辖市人事厅（局）、安全生产监督管理部门，国务院各部委、各直属机构人事部门，中央管理的企业：

现将《注册安全工程师执业资格考试实施办法》印发你们，请遵照执行。

注册安全工程师执业资格考试实施办法

第一条　根据人事部、国家安全生产监督管理局《注册安全工程师执业资格制度暂行规定》（以下简称《暂行规定》），制定本办法。

第二条　注册安全工程师执业资格考试由人事部、国家安全生产监督管理局组织实施。国家安全生产监督管理局组织成立注册安全工程师执业资格考试专家委员会。两部门共同成立注册安全工程师执业资格考试办公室（办公室设在国家安全生产监督管理局），负责注册安全工程师执业资格考试的日常管理工作。具体考务工作由人事部人事考试中心负责。

各地考试工作由当地人事部门会同安全生产监督管理部门组织实施，具体职责分工由各地协商确定。

第三条　注册安全工程师执业资格考试原则上每年举行一次，考试时间定于每年的第三季度。

第四条　注册安全工程师执业资格考试科目为《安全生产法及相关法律知识》、《安全生产管理知识》、《安全生产技术》、《安全生产事故案例分析》4 个科目。

考试分 4 个半天进行。每个科目的考试时间均为 150 分钟。

第五条　符合《暂行规定》第十一条规定的人员，均可报名参加注册安全工程师执业资格考试。

第六条　凡符合注册安全工程师执业资格考试报名条件，且在《暂行规定》下发之日前已评聘高级专业技术职务，并从事安全生产相关业务工作满 10 年的专业人员，可免试《安全生产管理知识》和《安全生产技术》2 个科目，只参加《安全生产法及相关法律知识》和《安全生产事故案例分析》2 个科目的考试。

第七条　考试成绩实行 2 年为一个周期的滚动管理办法，参加全部 4 个科目考试的人员必须在连续的两个考试年度内通过全部科目；免试部分科目的人员必须在一个考试年度内通过应试科目。

第八条　参加考试须由本人提出申请，经所在单位审核同意，按规定携带有关证明材料到当地考试管理机构报名。报名时，各地人事部门会同安全生产监督管理部门对报

名人员的资格条件进行审核。审核合格后，由考试管理机构按规定程序核发准考证。考生凭准考证和有关证明在指定的时间、地点参加考试。

中央管理的单位和国务院各部门及其直属单位的人员按属地原则报名参加考试。

第九条 考点原则上设在直辖市和省会城市的大、中专院校或高考定点学校。

第十条 注册安全工程师执业资格考试大纲由国家安全生产监督管理局组织编写、出版和发行。任何单位和个人不得盗用国家安全生产监督管理局的名义编写、出版各种考试用书和复习资料。

第十一条 各省、自治区、直辖市承担注册安全工程师执业资格培训工作的机构，应当具备场地、师资、教材等条件。

第十二条 坚持考试与培训分开的原则，凡参与考试工作的人员，不得参加与考试有关的培训工作和参加考试。应当严格执行考试回避制度。

应考人员参加培训坚持自愿原则。

第十三条 注册安全工程师执业资格考试、培训及有关项目的收费标准，须经当地价格行政部门核准，并向社会公布，接受群众监督。

第十四条 考务管理工作要严格执行考务工作的有关规章和制度，切实做好试卷的命制、印刷、发送和保管过程中的保密工作，严格遵守保密制度，严防泄密。

第十五条 加强对考试工作的组织管理，严肃考试工作纪律和考场纪律。对弄虚作假等违反考试有关规定者，要依法处理，并追究当事人和有关领导的责任。

人事部、国家安全生产监督管理总局关于实施《注册安全工程师执业资格制度暂行规定》补充规定的通知

（国人部发〔2007〕121号 2007年9月23日）

各省、自治区、直辖市人事厅（局）、安全生产监督管理部门，国务院各部委、直属机构人事部门，中央管理的企业：

人事部、原国家安全生产监督管理局联合发布的《注册安全工程师执业资格制度暂行规定》（人发〔2007〕87号）是贯彻落实《中华人民共和国安全生产法》的重要举措，也是建立和完善安全生产管理制度的一项有效措施。注册安全工程师制度实施五年来，在加强安全生产管理专业人才队伍建设和促进安全生产工作等方面发挥了积极作用。为适应中小企业安全生产管理工作的实际需要，根据《国务院关于进一步加强安全生产工作的决定》有关精神，经人事部、国家安全生产监督管理总局研究决定，在注册安全工程师制度中增设助理级资格。现就有关问题通知如下：

一、级别名称与适用范围

在注册安全工程师制度中增设的助理级资格名称为“注册助理安全工程师”。

取得注册助理安全工程师资格证书并经注册人员，方可以注册助理安全工程师的名

义，在中小企业中承担安全生产管理或安全生产技术工作。注册助理安全工程师也可在大企业中协助注册安全工程师开展相关工作。

二、评价办法与科目设置

各省、自治区、直辖市人事行政部门和安全生产监督管理部门，按照全国统一的注册助理安全工程师考试大纲要求，组织命题并实施本地区考试。

注册助理安全工程师资格考试设《安全生产法律法规》和《安全生产实务与案例分析》2个科目。

三、证书效用与注册管理

注册助理安全工程师资格考试合格，颁发各省、自治区、直辖市人事行政部门和安全生产监督管理部门共同用印的《中华人民共和国注册助理安全工程师资格证书》，该证书在本行政区域内有效。

各省、自治区、直辖市安全生产监督管理部门负责注册助理安全工程师资格的注册管理工作，颁发《中华人民共和国注册助理安全工程师执业证》。每年度将注册助理安全工程师资格考试情况和持证人注册情况，报人事部和国家安全生产监督管理总局备案。

四、组织实施与有关要求

各省、自治区、直辖市人事行政部门和安全生产监督管理部门应按照本补充规定要求，参照人事部、原国家安全生产监督管理局下发的《注册安全工程师执业资格制度暂行规定》（人发〔2002〕87号）和《注册安全工程师执业资格考试实施办法》（国人部发〔2003〕13号）有关精神，结合本地区安全生产管理工作的实际情况，制定符合需要的注册助理安全工程师资格考核认定、考试、注册执业和继续教育等办法。

各省、自治区、直辖市人事行政部门和安全生产监督管理部门共同负责注册助理安全工程师资格考试工作，协商确定具体职责分工，积极协作、密切配合，保证注册助理安全工程师资格考试有序进行。

注册助理安全工程师资格考试工作应严格执行考试工作的有关规章制度，遵守保密与考试回避制度，确保考试工作的安全有序进行。对违反考试纪律和有关规定行为的，按照《专业技术人员资格考试违纪违规行为处理规定》（人事部第3号令）处理。

人事部、国家环境保护总局关于印发《注册核安全工程师执业资格考试实施办法》和《注册核安全工程师执业资格考核认定办法》的通知

（国人部发〔2003〕21号　2003年9月1日）

各省、自治区、直辖市人事厅（局）、环保局，国务院各部委、各直属机构人事部门，中央管理的企业：

根据人事部、国家环境保护总局发布的《注册核安全工程师执业资格制度暂行

规定》（人发〔2002〕106号）有关要求，现将《注册核安全工程师执业资格考试实施办法》和《注册核安全工程师执业资格考核认定办法》印发给你们，请遵照执行。

附件：1. 注册核安全工程师执业资格考核认定工作领导小组成员名单
2. 注册核安全工程师执业资格考核认定申报表（略）

注册核安全工程师执业资格考试实施办法

第一条 注册核安全工程师执业资格考试在人事部、国家环境保护总局（以下简称国家环保总局）的领导下进行。两部门成立"注册核安全工程师执业资格考试办公室"（办公室设在国家环保总局），负责考试的实施和日常管理工作。

国家环保总局成立"注册核安全工程师执业资格考试专家委员会"，负责拟定注册核安全工程师执业资格考试科目、考试大纲和考试命题，研究建立考试题库等有关工作。

第二条 注册核安全工程师执业资格考试原则上每年举行一次，考试时间为每年的第三季度。

第三条 注册核安全工程师执业资格考试科目为：《核安全相关法律法规》、《核安全综合知识》、《核安全专业实务》和《核安全案例分析》。

考试分4个半天进行，各科目的考试时间均为3小时。

第四条 凡符合《注册核安全工程师执业资格制度暂行规定》（以下简称《暂行规定》）第九条规定的专业技术人员均可申请参加考试。

第五条 截止到2002年12月31日前，在核安全相关岗位上受聘担任高级专业技术职务满3年的专业技术人员，可免试《核安全相关法律法规》和《核安全综合知识》2个科目，只参加《核安全专业实务》和《核安全案例分析》2个科目的考试。

第六条 考试成绩实行两年为一个周期的滚动管理。参加全部4个科目考试的人员必须在连续的两个考试年度内通过应试科目；免试部分科目的人员必须在一个考试年度内通过应试科目。

第七条 参加考试须由本人提出申请，所在单位审核同意，按规定携带有关证明材料到国家环保总局确定的考试管理机构报名。考试管理机构按规定程序和报名条件审查合格后，发给准考证。考生凭准考证及有关证明在指定的时间、地点参加考试。

第八条 由国家环保总局根据情况确定考点设置的区域和数量。经确定的考点原则上设在直辖市和省会城市的大、中专院校或高考定点学校。

考点设置所在地的省、自治区、直辖市人事部门负责对考试考务的实施工作进行指导、检查和监督。

第九条 注册核安全工程师执业资格考试大纲由国家环保总局组织编写、出版和发行。任何单位和个人不得盗用国家环保总局名义编写、出版各种考试用书和复习资料。

第十条 坚持考试与培训分开的原则，凡参与考试工作的人员，不得参加与考试有关的培训工作和参加考试。

应考人员参加培训坚持自愿原则。

第十一条　为保证培训工作健康有序进行，由国家环保总局统筹规划培训工作。承担注册核安全工程师执业资格培训工作的机构，应具备场地、师资、教材等条件，并报国家环保总局备案。

第十二条　注册核安全工程师执业资格考试、培训及有关项目的收费标准，须经价格行政部门核准，并向社会公布，接受群众监督。

第十三条　考务管理工作要严格执行考务工作的有关规章和制度，切实做好试卷的命制、印刷、发送和保管过程中的保密工作，遵守保密制度，严防泄密。

第十四条　加强对考试工作的组织管理，认真执行考试回避制度，严肃考试工作纪律和考场纪律。对弄虚作假等违反考试有关规定者，要依法处理，并追究当事人和有关领导的责任。

注册核安全工程师执业资格考核认定办法

一、申报条件

本办法下发之日前，长期在核安全审评、核安全监督、民用核设施操纵与运行、核质量保证、辐射防护、辐射环境监测及与核安全密切相关的专业技术岗位工作，评聘为工程类高级专业技术职务，遵守中华人民共和国宪法和各项法律、法规，恪守职业道德，身体健康，并符合下列条件（一）或条件（二）的人员：

（一）中国科学院院士或中国工程院院士。

（二）年龄在70周岁（含）以下，并同时具备下列1、2、3项条件中的各一项条件：

1. 学历和业务工作年限：

（1）1989年12月31日前，取得理工类博士学位，累计从事核安全相关工作满9年；

（2）1986年12月31日前，取得理工类硕士学位，累计从事核安全相关工作满12年；

（3）1983年12月31日前，取得理工类大学本科学历，累计从事核安全相关工作满15年；

（4）1981年12月31日前，取得理工类大学专科学历，累计从事核安全相关工作满20年；

（5）1978年12月31日前，取得理工类中专学历，累计从事核安全相关工作满25年。

2. 技术业绩和资历：

（1）担任项目主要技术负责人满3年，且完成核设施、核技术利用、铀矿和伴生放射性矿选址、设计、建造、运行、退役相关项目3项及以上。

（2）获得核安全相关专业部级科技进步（科技成果）一等奖项目的主要技术负责人（前5名）。

（3）获得2项及以上核安全相关专业部级科技进步（科技成果）二等奖项目的主

要技术负责人（前3名）。

3. 论文与专著：

（1）在有国内统一刊号（CN）的报纸、期刊上或在有国际统一书号（ISSN）的国外报纸、期刊上，作为第一作者发表核安全相关论文3篇及以上（每篇不少于2 000字）。

（2）在正式出版社出版过有统一书号（ISBN）的核安全相关专业著作，本人独立撰写的章节在5万字以上。

二、考核认定组织

人事部、国家环境保护总局（以下简称国家环保总局）共同成立"注册核安全工程师执业资格考核认定工作领导小组"（以下简称领导小组，名单见附件1），负责全国注册核安全工程师执业资格的考核认定工作。领导小组下设办公室（设在国家环保总局）。

三、考核认定程序

（一）符合上述条件的专业技术人员，可向所在单位提出申请，经单位审核同意后，由所在单位向省、自治区、直辖市环保部门推荐。

国务院有关部门所属单位和中央管理企业的专业技术人员，由本部门、本企业统一向国家环保总局推荐。

（二）各省、自治区、直辖市环保部门和国务院有关部门、中央管理企业的环保部门核安全管理机构，负责对本地区、本部门的申报人员资格进行审核，并经同级人事部门复核后，提出推荐名单送领导小组办公室。

军队系统专业技术人员的申报、推荐、审核工作，由总政干部部按照上述条件和程序进行，并提出推荐名单报领导小组办公室。

（三）领导小组办公室组织有关专家对各地区、各有关部门、军队和中央管理企业推荐人员的材料进行初审，提出拟认定人员的名单，报领导小组审核。

（四）领导小组召开会议，对经初审合格人员的材料进行审核。对领导小组审核合格的人员，经公示无异议后，报人事部、国家环保总局批准，并向社会公布。

四、申报材料

1. 各省、自治区、直辖市和国务院有关部门、中央管理企业的人事行政部门推荐意见函。

2. 填写好的《注册核安全工程师执业资格考核认定申报表》一式两份（见附件2）。

3. 中国科学院院士、中国工程院院士证书复印件。其他人员应提供以下证明材料的复印件：学历或学位证书、高级专业技术职务聘书、获奖证书、项目协议及相应项目主要技术负责人任命文件、核安全相关论文或出版专著内容说明和首页的复印件。

4. 由所在单位出具的职业道德证明和获奖单位出具的获奖项目主要技术负责人证明。

五、申报时间及要求

（一）各省、自治区、直辖市环保部门和人事部门，国务院各有关部门、中央管理企业的业务主管部门和人事部门，应于2003年11月30日前将审核合格人员材料报领导小组办公室。

（二）国家对认定人员数额实行总量控制。各地、各有关部门及中央管理企业应优先推荐具备申报条件且在第一线从事核安全及相关工作的专业技术人员。实施考试后不再进行认定工作。

（三）各地区、各有关部门和中央管理企业在审核申报人员材料时，须审核各类证书的原件；向领导小组办公室报送的各类证书复印件应由所在单位人事部门负责人签署意见并加盖单位印章。

（四）已通过特许或考核认定的方式取得其他专业技术资格证书和在公务员岗位工作的人员，一律不得申报。

（五）各地区、各有关部门和中央管理企业要切实加强领导，坚持标准，严格要求，认真按程序做好申报、审核和复核等各环节工作。凡不认真把关或弄虚作假的，一经发现，停止该地区或部门的申报权和取消个人的申报资格。

附件1

注册核安全工程师执业资格考核认定工作领导小组成员名单

组　长：王玉庆　　国家环保总局　副局长
副组长：刘宝英　　人事部专业技术人员管理司　司长
　　　　李建新　　国家环保总局行政体制与人事司　司长
　　　　李干杰　　国家环保总局核安全与辐射环境管理司　司长
成　员：范　勇　　人事部专业技术人员管理司　副司长
　　　　张　联　　国家环保总局行政体制与人事司　副司长
　　　　陈金元　　国家环保总局核安全与辐射环境管理司　副司长
　　　　赵仁恺　　中核集团公司、中国工程院和中国科学院　院士
　　　　潘自强　　中核集团公司、中国工程院　院士
　　　　阮可强　　中国原子能科学研究院、中国工程院　院士
　　　　赵亚民　　国家环保总局科技顾问委员会　高级工程师
　　　　赵成昆　　江苏核电有限公司　高级工程师
　　　　张育曼　　清华大学　教授
　　　　薛大知　　清华大学核能技术设计研究院　教授
　　　　濮继龙　　广东核电集团公司　高级工程师
　　　　马　一　　核工业第二研究设计院　高级工程师
　　　　张永兴　　中国原子能科学研究院　研究员
　　　　陈　式　　中国辐射防护研究院　研究员
　　　　李开宝　　中国疾病控制中心　研究员
　　　　郁祖盛　　国家环保总局核安全中心　高级工程师
　　　　许连义　　机械工业联合会　高级工程师

吴宗梅 国家环保总局辐射环境监测技术中心 高级工程师
马晓林 海军核安全局 高级工程师
办公室主任：陈金元 （兼）
副 主 任：胡文忠 人事部专业技术人员管理司 处长
朱焕滇 国家环保总局行政体制与人事司 处长
叶 民 国家环保总局核安全与辐射环境管理司 处长

人事部、国家质量监督检验检疫总局关于印发《注册设备监理师执业资格制度暂行规定》、《注册设备监理师执业资格考试实施办法》和《注册设备监理师执业资格考核认定办法》的通知

（国人部发〔2003〕40号 2003年10月29日）

各省、自治区、直辖市人事厅（局）、质量技术监督局，国务院各部委、各直属机构人事部门，总政干部部、总后基建营房部、总装综合计划部，中央管理的有关企业：

为了加强对建设项目设备工程质量的监督管理，保证设备工程质量，提高设备工程监理人员素质，规范设备工程监理活动，人事部、国家质量监督检验检疫总局决定在设备工程领域建立注册设备监理师制度。现将《注册设备监理师执业资格制度暂行规定》、《注册设备监理师执业资格考试实施办法》和《注册设备监理师执业资格考核认定办法》印发给你们，请遵照执行。

附件：1. 注册设备监理师执业资格认定工作领导小组成员名单
2. 中华人民共和国注册设备监理师执业资格考核认定申报表（略）

注册设备监理师执业资格制度暂行规定

第一章 总 则

第一条 为了加强建设项目设备工程质量的监督管理，提高设备工程监理专业技术人员素质，保证设备工程监理工作质量，根据《中华人民共和国产品质量法》和国务院颁布的《质量振兴纲要》及国家职业资格证书制度的有关规定，制定本规定。

第二条 本规定适用于在建设项目中对重要设备形成过程中的质量、进度等环节工作进行控制、见证、检验和审核的设备监理中介机构的专业技术人员。

本规定所称重要设备，是指国家大中型基本建设项目、限额以上技术改造项目等所需的用于满足工业生产工艺流程、形成生产能力的成套设备、重要单元设备，以及国家重点信息系统的重要硬件及支持其运行的配套软件。

第三条　本规定所称注册设备监理师是指通过全国统一考试，取得《中华人民共和国注册设备监理师执业资格证书》，并经注册后，根据设备监理合同独立执行设备工程监理业务的专业技术人员。

第四条　国家对设备监理行业实行执业资格制度，纳入全国专业技术人员职业资格证书制度的统一规划。

第五条　人事部和国家质量监督检验检疫总局（以下简称国家质检总局）共同负责全国注册设备监理师执业资格制度的实施工作。

国家质检总局会同有关部门对注册设备监理师的执业活动进行指导、监督和管理。

第二章　考　试

第六条　注册设备监理师执业资格考试实行国家统一大纲、统一命题、统一组织的考试制度。原则上每年举行一次。

第七条　国家质检总局组织成立“注册设备监理师执业资格考试专家委会员”，负责拟定考试科目、编写考试大纲、组织考试命题，研究建立考试题库；国家质检总局对考试科目、考试大纲、考试试题进行初审，统筹规划培训工作。

培训工作按照与考试分开、考生自愿参加的原则进行。

第八条　人事部组织专家审定考试科目、考试大纲、考试试题。会同国家质检总局对注册设备监理师执业资格考试进行检查、监督、指导和确定合格标准。

第九条　凡中华人民共和国公民，遵守国家法律、法规，按照《工程技术人员职务试行条例》规定评聘为工程师专业技术职务，并具备下列条件之一者，可申请参加注册设备监理执业资格考试：

（一）取得工程技术专业中专学历，累计从事设备工程专业工作满 20 年。

（二）取得工程技术专业大学专科学历，累计从事设备工程专业工作满 15 年。

（三）取得工程技术专业大学本科学历，累计从事设备工程专业工作满 10 年。

（四）取得工程技术专业硕士以上学位，累计从事设备工程专业工作满 5 年。

第十条　注册设备监理师执业资格考试合格，由各省、自治区、直辖市人事部门颁发人事部统一印制、人事部和国家质检总局用印的《中华人民共和国注册设备监理师执业资格证书》。该证书全国范围有效。

第三章　注　册

第十一条　注册设备监理师执业资格实行注册登记制度。取得《中华人民共和国注册设备监理师执业资格证书》的人员，必须经过注册登记才能以注册设备监理师名义执业。

第十二条　国家质检总局或其授权机构为注册管理机构。各省、自治区、直辖市质量监督部门或其授权机构为注册登记机构。

第十三条　人事部和各级人事行政部门对注册设备监理师执业资格注册和使用情况有检查、监督的责任。

第十四条　取得《中华人民共和国注册设备监理师执业资格证书》，需要办理注册登记的人员，由本人提出申请，经所在单位同意后，报所在地省级注册登记机构办理注册手续。

第十五条 申请注册者，必须同时具备下列条件：

（一）取得《中华人民共和国注册设备监理师执业资格证书》。

（二）遵纪守法，恪守职业道德。

（三）身体健康，能坚持在注册设备监理师岗位工作。

（四）所在单位考核合格。

第十六条 经审核合格准予注册后，由注册登记机构核发国家质检总局统一印制的《中华人民共和国注册设备监理师注册证》，并在《中华人民共和国注册设备监理师执业资格证书》注册情况栏内加盖注册专用章。

第十七条 注册设备监理师注册有效期为3年，有效期满前3个月，持证者应到所在省级注册登记机构办理再次注册手续。在注册有效期限内，变更执业单位者，应按有关规定及时办理变更手续。

再次注册者，除符合本规定第十五条规定外，还须提供接受继续教育的证明。

第十八条 经注册的注册设备监理师有下列情形之一的，由原注册登记机构注销注册：

（一）不具有完全民事行为能力的。

（二）受刑事处罚的。

（三）因过错造成设备工程重大经济损失的。

（四）严重违反职业道德的。

（五）脱离注册设备监理师岗位连续满2年的。

（六）同时在2个以上设备监理机构进行监理活动的。

第十九条 注册登记机构对注册设备监理师所受处分情况，应及时记录在其《中华人民共和国注册设备监理师执业资格证书》备注栏内。

第二十条 各省级注册登记机构应定期将注册登记及管理情况报国家质检总局备案。

国家质检总局应定期公布注册设备监理师执业资格的注册和注销情况。

第四章 职 责

第二十一条 注册设备监理师应根据所在设备监理机构规定的专业范围，依照国家法律、法规和标准，根据监理合同的要求执行相应专业设备工程的监理任务。

第二十二条 注册设备监理师的执业范围：对重要工程设备的设计、加工、制造、储运、材料采购、组装、测试等重要形成过程、关键部件的质量控制，进行见证、检验、审核，对项目进度、投资款项拨付情况进行监督和参与项目实施过程的管理。

第二十三条 注册设备监理师在受聘的设备监理机构中享有以下权利：

（一）代表设备监理机构独立执行本专业设备工程监理任务，参与重要设备形成各阶段管理。

（二）对选择设备工程设计、采购、制造、储运、组装、测试、检验等过程提出合理化建议。

（三）对项目承包合同、技术方案、法规与标准、重要和关键的工艺规程、组装与测试规程等技术文件与资料进行审核并提出修改意见。

（四）对设备形成的重要过程、关键部件等质量控制进行见证、检验和审核。

（五）对项目执行中费用拨付、追加、扣减提出建议，并对项目的进度情况进行监督。

（六）对项目执行中，有违反承包合同或国家有关法律法规要求的行为提出劝告，并向有关方面和部门报告。

第二十四条 注册设备监理师应履行以下义务：

（一）在合同期内公正、客观地履行职责，根据所在设备监理机构赋予的职责，对其负责的监理任务承担相应责任。

（二）为委托方提供合同约定的监理服务，维护委托方的合法权益。

（三）不得参与对设备监理项目有影响的经济技术活动。

（四）严格保守有关方的技术秘密和商业秘密。

（五）只在一个设备监理单位执业。

第二十五条 注册设备监理师应当按照国家有关规定，自觉接受继续教育，不断更新知识，保持较高专业技术水平。

第五章 附 则

第二十六条 取得注册设备监理师资格，是设立设备工程监理机构、担任设备工程监理机构技术负责人或代表设备监理中介机构独立执行监理业务人员的必备条件。

第二十七条 在实施注册设备监理师执业资格考试之前，对长期从事设备工程领域业务工作，具有较高理论水平和丰富实践经验，受聘担任工程技术类高级专业技术职务的人员，可通过考核认定办法，取得注册设备监理师执业资格。考核认定办法由人事部、国家质检总局另行制定。

第二十八条 执行设备工程监理业务的中介机构，其注册设备监理师专业分类和数量配备，由国家质检总局会同各有关专业主管部门确定。

第二十九条 经国务院有关部门批准在中华人民共和国境内就业的外籍人员及港、澳、台地区的专业人员，符合国家有关规定和本规定要求的，也可报名参加注册设备监理师执业资格考试并申请注册。

第三十条 本规定自 2003 年 12 月 1 日后施行。

注册设备监理师执业资格考试实施办法

第一条 注册设备监理师执业资格考试在人事部、国家质量监督检验检疫总局（以下简称国家质检总局）领导下进行，成立注册设备监理师执业资格考试专家委员会，并由两部门共同成立注册设备监理师执业资格考试办公室，办公室设在国家质检总局，负责注册设备监理师执业资格考试的日常管理工作。具体考试考务工作由人事部人事考试中心负责。

各地考试工作由当地人事部门会同质量技术监督部门组织实施，具体职责分工由各地协商确定。

第二条 注册设备监理师执业资格考试原则上每年举行 1 次，考试时间定于每年的第三季度。

第三条 注册设备监理师执业资格考试科目为《设备工程监理基础及相关知识》、《设备监理合同管理》、《质量、投资、进度控制》、《设备监理综合实务与案例分析》4个科目。

第四条 考试分4个半天进行。《设备工程监理基础及相关知识》、《设备监理合同管理》和《质量、投资、进度控制》科目的考试时间均为3小时，《设备监理综合实务与案例分析》科目的考试时间为4小时。

第五条 符合《暂行规定》第九条规定的人员，均可报名参加注册设备监理师执业资格考试。

第六条 凡符合注册设备监理师执业资格考试报名条件，并于2002年底前评聘为高级工程师专业技术职务的人员，可免试《设备工程监理基础及相关知识》和《设备监理合同管理》2个科目，只参加《质量、投资、进度控制》和《设备监理综合实务与案例分析》2个科目的考试。

第七条 考试成绩实行2年为一个周期的滚动管理办法，参加全部4个科目考试人员必须在连续的两个考试年度内通过全部科目；免试部分科目人员必须在一个考试年度内通过应试科目。

第八条 参加考试须由本人提出申请，所在单位审核同意，携带有关证明材料到当地考试管理机构报名。考试管理机构按规定程序和报名条件审查合格后，发给准考证。考生凭准考证在指定的时间、地点参加考试。

中央管理的企业和国务院各部门及其直属单位的人员按属地原则报名参加考试。

第九条 注册设备监理师执业资格考试的考点设在省会城市和直辖市的大、中专院校或高考定点学校。

第十条 注册设备监理师执业资格考试大纲由国家质检总局组织编制、出版和发行。任何单位和个人不得盗用国家质检总局的名义编写、出版发行各种考试用书和复习资料。

第十一条 国家质检总局或其授权的机构负责组织注册设备监理师执业资格考试的师资培训工作。各地要有计划、有组织地开展培训和继续教育工作。培训机构要具备场地、师资、教材等条件。

第十二条 坚持考试与培训分开的原则，参与命题及考试组织管理的人员，不得参加与考试有关的培训和参加考试。应考人员参加培训坚持自愿原则。

第十三条 注册设备监理师执业资格考试、培训及有关项目的收费标准，须经当地价格行政部门核准，并向社会公布，接受公众监督。

第十四条 考试考务管理工作要严格执行考试工作纪律，切实做好试卷的命制、印刷、发送和保管过程中的保密工作，严格遵守保密制度，严防泄密。

第十五条 考试工作人员要认真执行考试回避制度，严肃考场纪律，严禁弄虚作假。对违反考试纪律和有关规定者，要严肃处理，并追究当事人和领导责任。

注册设备监理师执业资格考核认定办法

一、考核认定申报条件

长期从事设备工程监理、设备工作设计和制造工作，业绩突出，遵守国家各项法律、法规，恪守职业道德，身体健康，2002 年底前评聘工程技术或工程经济类高级专业技术职务，现在设备工程专业技术岗位工作，同时具备下列条件（一）和（二）中各一项的专业技术人员。

（一）学历和职业年限

1. 取得工程技术专业中专学历，连续从事设备工程相应专业的设计、制造或监理工作满 25 年。

2. 取得工程技术专业大学专科学历，连续从事设备工程相应专业的设计、制造或监理工作满 20 年。

3. 取得工程技术专业大学本科学历，连续从事设备工程相应专业的设计、制造或监理工作满 10 年。

（二）业务经历

1. 担任主要技术负责人，完成 1 项国家大型基本建设项目重要设备、国家重点技术改造项目重要设备或国家重点科研项目重要设备的设计、制造、安装、检验或监理工作。

2. 担任主要技术负责人，完成 2 项国家中型基本建设项目重要设备、省部级重点技术改造项目主要设备或省部级重点科研项目中主要设备的设计、制造、安装、检验或监理工作。

3. 获得有关设备工程专业国家科技进步奖项目的主要技术负责人。

4. 获得 2 项设备工程专业省（部）级科技进步（科技成果）二等及以上奖项的主要技术负责人。

5. 获得 3 项设备工程专业省（部）级科技进步（科技成果）三等及以上奖项的主要技术负责人。

二、考核认定组织

由人事部、国家质量监督检验检疫总局（以下简称国家质检总局）共同成立“注册设备监理师执业资格认定工作领导小组”（以下简称领导小组，成员名单见附件 1），负责全国注册设备监理师执业资格认定工作。领导小组下设办公室，设在国家质检总局。

三、考核认定程序

（一）符合上述申报条件的专业技术人员，可向所在单位提出申请，经单位审核同意后，由所在单位向单位工商注册所在地的省、自治区、直辖市质量技术监督部门推荐。

国务院各部门所属单位的人员由本部门统一向国家质检总局推荐；中央管理的企业可直接向国家质检总局推荐。

（二）各省、自治区、直辖市质量技术监督部门、国务院各有关部门，负责对本地区、本部门的申报人员进行审核，并经同级人事行政部门复核后，提出推荐名单送领导小组办公室。

中央管理的企业专业人员申报，由本企业质量管理机构进行审核，并经同级人事部门复核后，提出推荐名单送领导小组办公室。

（三）领导小组办公室组织有关专家对各地区、各部门推荐人员的材料进行初审，提出拟认定人员名单，报领导小组审核。

（四）领导小组召开会议，对经初审合格人员的材料进行审核。对领导小组审核合格的人员，经公示无异议后，报人事部、国家质检总局批准，并向社会公布。

四、考核认定申报材料

（一）各省、自治区、直辖市和各有关部门、中央管理的企业人事行政部门的推荐意见函。

（二）填写好的《注册设备监理师执业资格考核认定申报表》一式两份（样表见附件2）。

（三）学历或学位证书、高级专业技术职务资格聘书、获奖证书、获奖项目主要文件签署证明的复印件。

（四）所在单位职业道德证明和获奖单位获奖项目主要技术负责人证明。

五、申报时间及要求

（一）国家对认定人员实行总量控制，实施考试后不再进行认定工作。

（二）各省、自治区、直辖市质量技术监督和人事行政部门，各有关部门、各企业质量管理机构和人事部门，应于2002年12月31日前将初审合格人员材料按名次顺序汇总后报领导小组办公室。

（三）各地区、各有关部门和企业在审核申报人员各种证明文件（学历或学位证书、高级专业技术职务聘书、获奖证书等）时，须审核原件；上报领导小组办公室时，可送复印件。

（四）已通过特许或考核认定的方式取得其他专业执业资格证书的人员，一律不得申报。

（五）各地区和有关部门要切实加强领导，坚持标准，严格按照规定条件和程序认真做好申报、审核和复核工作。凡不认真把关或弄虚作假的，一经发现，停止该地区或部门的申报权和取消个人的申报资格。

（六）各地区、各部门应优先推荐具备申报条件，并在设备工程监理机构从事设备工程监理一线工作的专业技术人员。

（七）凡申请认定设备监理工程师执业资格的均须按本办法办理。

附件1

注册设备监理师执业资格认定工作领导小组成员名单

组　长：王秦平　国家质检总局　副局长

副组长：刘宝英　人事部专业技术人员管理司　司长

于献忠　国家质检总局质量管理司　司长

汤紫德　国家发展和改革委员会重大办　特派员、高工

成　员：范　勇　人事部专业技术人员管理司　副司长

张玉宽　国家质检总局人事司　副司长
陆大明　北京起重运输机械研究所　所长、高工
商如斌　天津大学管理学院　副院长、教授
左　民　核工业第二研究设计院　常务副总工程师、高工
樊高定　中国机械工业合肥通用机械研究所　所长、教授
张传才　中原国际工程设计研究院　总经理、高工
张延丰　兰州石油机械研究所　总工程师、高工
马泉林　信息产业部第十五研究所　副所长、高工

办公室主任：张玉宽　（兼）
办公室副主任：胡文忠　人事部专业技术人员管理司　处长
瞿兆宁　国家质检总局人事司　处长
汪立昕　国家质检总局质量司　处长

人事部、国家环境保护总局关于印发《环境影响评价工程师职业资格制度暂行规定》、《环境影响评价工程师职业资格考试实施办法》和《环境影响评价工程师职业资格考核认定办法》的通知

（国人部发〔2004〕13 号　2004 年 2 月 16 日）

各省、自治区、直辖市人事厅（局）、环保局，国务院各部委、各直属机构人事部门，总政干部部、总后基建营房部，中央管理的有关企业：

为维护国家环境安全和公众利益，加强环境影响评价管理，提高环境影响评价专业技术人员素质，确保环境影响评价质量，人事部、国家环境保护总局决定在环境影响评价行业建立环境影响评价工程师职业资格制度。现将《环境影响评价工程师职业资格制度暂行规定》、《环境影响评价工程师职业资格考试实施办法》和《环境影响评价工程师职业资格考核认定办法》印发给你们，请遵照执行。

附件：1. 环境保护相关专业新旧专业对应表
2. 环境影响评价工程师职业资格考核认定工作领导小组成员名单
3. 环境影响评价工程师职业资格考核认定申报表（略）

环境影响评价工程师职业资格制度暂行规定

第一章　总　则

第一条　为加强对环境影响评价专业技术人员的管理，规范环境影响评价行为，提

高环境影响评价专业技术人员素质和业务水平，维护国家环境安全和公众利益，根据《中华人民共和国环境影响评价法》、《建设项目环境保护管理条例》及国家职业资格证书制度的有关规定，制定本规定。

第二条 本规定适用于从事规划和建设项目环境影响评价、技术评估和环境保护验收等工作的专业技术人员。

第三条 本规定所称环境影响评价工程师，是指取得《中华人民共和国环境影响评价工程师职业资格证书》，并经登记后，从事环境影响评价工作的专业技术人员。

英文名称：Environmental Impact Assessment Engineer。

第四条 国家对从事环境影响评价工作的专业技术人员实行职业资格制度，纳入全国专业技术人员职业资格证书制度统一管理。

第五条 凡从事环境影响评价、技术评估和环境保护验收的单位，应配备环境影响评价工程师。

第六条 人事部和国家环境保护总局（以下简称环保总局）共同负责环境影响评价工程师职业资格制度的实施工作。

第二章 考 试

第七条 环境影响评价工程师职业资格实行全国统一大纲、统一命题、统一组织的考试制度。原则上每年举行1次。

第八条 环保总局组织成立“环境影响评价工程师职业资格考试专家委员会”。环境影响评价工程师职业资格考试专家委员会负责拟定考试科目、编写考试大纲、组织命题，研究建立考试库等工作。环保总局组织专家对考试科目、考试大纲、考试试题进行初审，统筹规划培训工作。

培训工作按照培训与考试分开、自愿参加的原则进行。

第九条 人事部组织专家审定考试科目、考试大纲和试题。会同环保总局对考试进行监督、检查、指导和确定考试合格标准。

第十条 凡遵守国家法律、法规，恪守职业道德，并具备以下条件之一者，可申请参加环境影响评价工程师职业资格考试：

（一）取得环境保护相关专业（见附件1，下同）大专学历，从事环境影响评价工作满7年；或取得其他专业大专学历，从事环境影响评价工作满8年。

（二）取得环境保护相关专业学士学位，从事环境影响评价工作满5年；或取得其他专业学士学位，从事环境影响评价工作满6年。

（三）取得环境保护相关专业硕士学位，从事环境影响评价工作满2年；或取得其他专业硕士学位，从事环境影响评价工作满3年。

（四）取得环境保护相关专业博士学位，从事环境影响评价工作满1年；或取得其他专业博士学位，从事环境影响评价工作满2年。

第十一条 环境影响评价工程师职业资格考试合格，颁发人事部统一印制，人事部和环保总局用印的《中华人民共和国环境影响评价工程师职业资格证书》。

第三章 登 记

第十二条 环境影响评价工程师职业资格实行定期登记制度。登记有效期为3年，有效期满前，应按有关规定办理再次登记。

第十三条 环保总局或其委托机构为环境影响评价工程师职业资格登记管理机构。人事部对环境影响评价工程师职业资格的登记和从事环境影响评价业务情况进行检查、监督。

第十四条 办理登记的人员应具备下列条件：

（一）取得《中华人民共和国环境影响评价工程师职业资格证书》；

（二）职业行为良好，无犯罪记录；

（三）身体健康，能坚持在本专业岗位工作；

（四）所在单位考核合格。

再次登记者，还应提供相应专业类别的继续教育或参加业务培训的证明。

第十五条 环境影响评价工程师职业资格登记管理机构应定期向社会公布经登记人员的情况。

第四章 职 责

第十六条 环境影响评价工程师在进行环境影响评价业务活动时，必须遵守国家法律、法规和行业管理的各项规定，坚持科学、客观、公正的原则，恪守职业道德。

第十七条 环境影响评价工程师可主持进行下列工作：

（一）环境影响评价；

（二）环境影响后评价；

（三）环境影响技术评估；

（四）环境保护验收。

第十八条 环境影响评价工程师应在具有环境影响评价资质的单位中，以该单位的名义接受环境影响评价委托业务。

第十九条 环境影响评价工程师在接受环境影响评价委托业务时，应为委托人保守商务秘密。

第二十条 环境影响评价工程师对其主持完成的环境影响评价相关工作的技术文件承担相应责任。

第二十一条 环境影响评价工程师应当不断更新知识，并按规定参加继续教育。

第五章 附 则

第二十二条 通过全国统一考试，取得环境影响评价工程师职业资格证书的人员，用人单位可根据工作需要聘任工程师职务。

第二十三条 在全国实施环境影响评价工程师职业资格考试之前，对长期从事环境影响评价工作，具有较高理论水平和丰富实践经验，并受聘担任工程类高级专业技术职务的人员，可通过考核认定取得环境影响评价工程师职业资格证书。

第二十四条 环境影响评价的技术文件种类、登记管理办法及相关规定由环保总局另行制定。

第二十五条 获准在中华人民共和国境内就业的外籍人员及港、澳、台地区的专业人员，符合国家有关规定和本规定要求的，也可按照规定的程序申请参加考试、登记。

第二十六条 本规定自 2004 年 4 月 1 日起施行。

环境影响评价工程师职业资格考试实施办法

第一条 环境影响评价工程师职业资格考试在人事部、国家环境保护总局（以下简称环保总局）的领导下进行。两部门共同成立环境影响评价工程师职业资格考试办公室（以下简称考试办公室，设在环保总局），负责考试相关政策的研究及管理工作。

第二条 环境影响评价工程师职业资格考试时间定于每年的第2季度。

第三条 环境影响评价工程师考试设《环境影响评价相关法律法规》、《环境影响评价技术导则与标准》、《环境影响评价技术方法》和《环境影响评价案例分析》4个科目。

考试分4个半天进行，各科目的考试时间均为3小时，采用闭卷笔答方式。

第四条 符合《暂行规定》的报名条件者，均可报名参加环境影响评价工程师职业资格考试。

第五条 截止到2003年12月31日前，长期在环境影响评价岗位上工作，并符合下列条件之一的，可免试《环境影响评价技术导则与标准》和《环境影响评价技术方法》2个科目，只参加《环境影响评价相关法律法规》和《环境影响评价案例分析》2个科目的考试。

（一）受聘担任工程类高级专业技术职务满3年，累计从事环境影响评价相关业务工作满15年。

（二）受聘担任工程类高级专业技术职务，并取得环保总局核发的“环境影响评价上岗培训合格证书”。

第六条 考试成绩实行两年为一个周期的滚动管理办法。参加全部4个科目考试的人员必须在连续的两个考试年度内通过全部科目；免试部分科目的人员必须在一个考试年度内通过应试科目考试。

第七条 参加考试须由本人提出申请，携带所在单位出具的有关证明材料到考试办公室确定的考试管理机构报名。考试管理机构按规定程序和报名条件审查合格后，向申请人核发准考证。应考人员凭准考证及有关证明在指定的时间、地点参加考试。

第八条 环境总局根据情况确定考点设置的区域和数量。考点原则上设在省会城市和直辖市的大、中专院校或高考定点学校。

考点设置所在地的省、自治区、直辖市人事部门负责对考试考务的实施工作进行指导、检查和监督。

第九条 环境影响评价工程师职业资格考试大纲由环保总局负责组织编写、出版和发行。任何单位和个人不得盗用环保总局的名义编写、出版各种考试用书和复习资料。

第十条 坚持考试与培训分开、应考人员自愿参加培训的原则，凡参与考试工作的人员，不得参加考试和与考试有关的培训工作。

第十一条 环保总局统筹规划培训工作。承担环境影响评价工程师职业资格考试培训工作的机构，应具备场地、师资等条件。

第十二条 环境影响评价工程师职业资格考试、培训及有关项目的收费标准，须经价格主管部门批准，并向社会公布，接受群众监督。

第十三条 考务管理工作要严格执行考试工作的有关规章和制度，遵守保密制度，严防泄密，切实做好试卷命制、印刷、发送和保管过程中的保密工作。

第十四条 加强对考试工作的组织管理，认真执行考试回避制度，严肃考试工作纪律和考场纪律。对弄虚作假等违反考试有关规定者，按规定严肃处理，并追究当事人和有关领导的责任。

环境影响评价工程师职业资格考核认定办法

一、考核认定申报条件

长期从事环境影响评价、技术评估和环境保护验收等相关业务工作，业绩突出，遵守中华人民共和国宪法和各项法律、法规，恪守职业道德，身体健康，评聘为工程类高级专业技术职务，并符合下列条件（一）或条件（二）的在职在编人员。

（一）中国科学院院士或中国工程院院士。

（二）年龄在70周岁（含）以下，并同时具备下列1、2、3项条件中的各一项条件：

1. 学历和业务工作年限：

（1）1989年12月31日前，取得环境保护相关专业博士学位，累计从事环境影响评价相关业务工作满9年；

（2）1986年12月31日前，取得环境保护相关专业硕士学位，累计从事环境影响评价相关业务工作满12年；

（3）1983年12月31日前，取得环境保护相关专业大学本科学历或学位，累计从事环境影响评价相关业务工作满15年；

（4）1981年12月31日前，取得环境保护相关专业大学专科学历，累计从事环境影响评价相关业务工作满20年。

2. 技术业绩：

（1）担任项目负责人，主持编制由国家环境保护总局（以下简称环保总局）审批通过的建设项目环境影响报告书和环境保护验收报告15项及以上。

（2）担任项目负责人，主持编制由环保总局审批通过的建设项目环境影响报告书技术评估报告15项及以上。

（3）获得环境影响评价相关专业省（部）级科技进步（科技成果）一等奖项的主要技术负责人（前5名）。

（4）获得2项以上环境影响评价相关专业省（部）级科技进步（科技成果）二等奖项的主要技术负责人（前3名）。

（5）获得3项以上环境影响评价相关专业省（部）级科技进步（科技成果）三等奖项的主要技术负责人（前3名）。

3. 学术水平：

（1）在有国内统一刊号（CN）的期刊或在有国际统一书号（ISSN）的国外期刊上，作为第一作者发表过环境影响评价相关论文3篇及以上（每篇不少于2 000字）。

（2）在正式出版社出版过有统一书号（ISBN）的环境影响评价相关专业著作，本人独立撰写的章节在5万字以上。

（3）受聘担任环境影响评价工程师职业资格考试专家委员会成员并参加编写考试大纲或试题设计的专家。

二、考核认定组织

人事部、环保总局共同成立“环境影响评价工程师职业资格考核认定工作领导小组”（以下简称领导小组，名单见附件2），负责全国环境影响评价工程师职业资格的考核认定工作。领导小组下设办公室（设在环保总局）。

三、考核认定程序

（一）符合上述考核认定申报条件的环境影响评价专业技术人员，可向所在单位提出申请，经单位审核同意后，由所在单位向省、自治区、直辖市环保部门推荐。

国务院有关部门所属单位和中央管理企业的专业技术人员，由本部门、本企业统一向环保总局推荐。

（二）各省、自治区、直辖市环保部门和国务院有关部门、中央管理企业的环境保护部门，负责对本辖区、本部门的申报人员资格进行审核，经同级人事主管部门复核后，提出推荐名单送领导小组办公室。

（三）领导小组办公室组织有关专家对推荐人员的材料进行初审，提出拟认定人员的名单，报领导小组审核。

（四）领导小组召开会议，对经初审合格人员的材料进行审核。对审核合格的人员，经公示无异议后，报人事部、环保总局批准，并向社会公布。

四、申报材料

（一）填写完整的《环境影响评价工程师职业资格考核认定申报表》一式两份（见附件3）。

（二）中国科学院院士或中国工程院院士证书复印件。其他人员提供以下证明材料的复印件：学历或学位证书、高级专业技术职务聘书、获奖证书、环境影响评价相关报告书（报告）、环境影响评价相关论文或出版专著内容说明和首页。

（三）所在单位出具的职业道德证明和获奖单位出具的获奖项目主要技术负责人证明。

（四）各省、自治区、直辖市环保部门和国务院有关部门、中央管理企业的人事部门推荐意见函。

五、申报时间及要求

（一）各地、各有关部门和中央管理企业的环保业务部门、人事部门须对推荐人员材料进行认真审核、复核，并在《环境影响评价工程师职业资格考核认定申报表》相应栏目中加盖印章后，于2004年7月31日前，送领导小组办公室。

（二）凡因环境影响评价、技术评估或环境保护验收文件的质量问题，受到环保总局处罚的单位，其负有直接责任的专业技术人员不得申报。

（三）国家对考核认定人员数额实行总量控制。各地、各有关部门及中央管理企业应推荐具备申报条件且在第一线从事环境影响评价相关工作的专业技术人员。实施考试后不再进行认定工作。

（四）各地、各有关部门和中央管理企业在审核、复核申报人员材料的，须审核各类证书的原件和技术业绩材料；向领导小组报送的各类证书复印件应由所在的单位人事部门负责人签署意见并加盖单位印章。

（五）已通过特许或考核认定的方式取得其他专业职业（执业）资格证书和在公务员岗位工作的人员，一律不得申报。

（六）军队系统专业技术人员的申报、审核、推荐工作，由总政干部部和总后基建营房部按照有关规定、条件、程序和要求进行。

（七）各地、各有关部门、军队和中央管理企业要切实加强领导，坚持标准，严格要求，认真按程序做好申报、审核和复核等各环节工作。凡不认真把关或弄虚作假的，一经发现，停止该地区或部门的申报权、个人的申报资格及两年内的考试资格。

附件1

环境保护相关专业新旧专业对应表

新专业名称	旧专业名称
环境工程	环境工程
	环境监测
环境科学	环境学
	环境规划与管理
生态学	生态学
化学	化学
应用化学	应用化学
生物科学	生物学
	生物化学
	生物科学与技术
资源环境与城乡规划管理	资源环境规划与管理
	经济地理学与城乡区域规划
大气科学	气象学
	大气物理学与大气环境
	大气科学
给水排水工程	给水排水工程
水文与水资源工程	水文与水资源利用
化学工程与工艺	化学工程
	化学工程与工艺

续表

新专业名称	旧专业名称
生物工程	生物化工
	生物化学工程
农业建筑环境与能源工程	农业建筑与环境工程
	农村能源开发与利用
森林资源保护与游憩	野生植物资源开发与利用
野生动物与自然保护管理	野生动物保护与利用
	自然保护区资源管理
水土保持与荒漠化防治	水土保持
农业资源与环境	农业环境保护
土地资源管理	土地规划与利用
其他国家环境保护总局认可的环境保护相关专业	

注：本表中“新专业名称”指中华人民共和国教育部高等教育司1998颁布的《普通高等学校本科专业目录》中规定的专业名称；“旧专业名称”指1998年《普通高等学校本科专业目录》颁布前各院校采用的专业名称。

附件2

环境影响评价工程师职业资格考核认定工作领导小组成员名单

组　长：王心芳　环保总局　副局长
副组长：刘宝英　人事部专业技术人员管理司　司长
李建新　环保总局行政体制与人事司　司长
祝兴祥　环保总局环境影响评价管理司　司长
成　员：范　勇　人事部专业技术人员管理司　副司长
张　联　环保总局行政体制与人事司　副司长
吴　波　环保总局环境影响评价管理司　副司长
刘鸿亮　中国环境科学研究院、中国工程院　院士
罗国桢　环保总局科学技术顾问委员会　研究员
孟　伟　中国环境科学研究院　研究员
胡二邦　中国辐射防护研究院　研究员
吴忠勇　中国环境监测总站　研究员
井文涌　清华大学　教授
朱　坦　南开大学　教授
李海生　环保总局环境工程评估中心　高级工程师
周爱国　中国石油天然气集团公司　教授
贾玉英　国家电力公司电力规划院　高级工程师
霍　焕　北京市环境保护科学研究院　高级工程师

陈乐修　　北京化工研究院　高级工程师

办公室主任：吴　波　　（兼）

副　主　任：胡文忠　　人事部专业技术人员管理司　处长

朱焕滇　　环保总局行政体制与人事司　助理巡视员

梁　鹏　　环保总局环境影响评价管理司　调研员

人事部办公厅、国家环保总局办公厅关于调整环境影响评价工程师职业资格考试考务管理工作的通知

（国人厅发〔2006〕7号　2006年1月11日）

各省、自治区、直辖市人事厅（局）、环保局，新疆生产建设兵团人事局、环保局：

根据环境影响评价工程师职业资格考试工作需要，人事部、国家环保总局研究决定，对环境影响评价工程师职业资格考试考务管理工作进行调整。现将有关事项通知如下：

一、自2006年度起，全国环境影响评价工程师资格考试考务工作委托人事部人事考试中心承担。各省、自治区、直辖市的考试实施工作，由当地人事行政部门会同环保行政主管部门组织进行，具体职责分工自行协商确定。

二、环境影响评价工程师职业资格考试考点设在省、自治区、直辖市的大、中专院校或高考定点学校。国务院各部门所属单位和中央管理企业的专业技术人员按属地原则报名参加考试。

为保证全国环境影响评价工程师职业资格考试工作的顺利进行，请各省、自治区、直辖市人事行政部门和环保行政主管部门密切配合，通力协作，共同做好全国环境影响评价工程师职业资格考试工作。

本通知规定的内容与人事部、国家环保总局发布的《环境影响评价工程师职业资格制度暂行规定》和《环境影响评价工程师职业资格考试实施办法》（国人部发〔2004〕13号）中有关规定不一致之处，以本通知为准。

人事部、建设部关于印发《建造师执业资格制度暂行规定》的通知

（人发〔2002〕111号　2002年12月5日）

各省、自治区、直辖市人事厅（局）、建设厅（委），国务院各部委、各直属机构人事

（干部）部门，中央管理的企业：

为了加强建设工程项目总承包与施工管理，保证工程质量和施工安全，根据《中华人民共和国建筑法》和《建设工程质量管理条例》的有关规定，人事部、建设部决定对建设工程项目总承包及施工管理的专业技术人员实行建造师执业资格制度。现将《建造师执业资格制度暂行规定》印发给你们，请遵照执行。

建造师执业资格制度暂行规定

第一章 总 则

第一条 为了加强建设工程项目管理，提高工程项目总承包及施工管理专业技术人员素质，规范施工管理行为，保证工程质量和施工安全，根据《中华人民共和国建筑法》、《建设工程质量管理条例》和国家有关职业资格证书制度的规定，制定本规定。

第二条 本规定适用于从事建设工程项目总承包、施工管理的专业技术人员。

第三条 国家对建设工程项目总承包和施工管理关键岗位的专业技术人员实行执业资格制度，纳入全国专业技术人员执业资格制度统一规划。

第四条 建造师分为一级建造师和二级建造师。英文分别译为：Constructor 和 Associate Constructor。

第五条 人事部、建设部共同负责国家建造师执业资格制度的实施工作。

第二章 考 试

第六条 一级建造师执业资格实行统一大纲、统一命题、统一组织的考试制度，由人事部、建设部共同组织实施，原则上每年举行一次考试。

第七条 建设部负责编制一级建造师执业资格考试大纲和组织命题工作，统一规划建造师执业资格的培训等有关工作。

培训工作按照培训与考试分开、自愿参加的原则进行。

第八条 人事部负责审定一级建造师执业资格考试科目、考试大纲和考试试题，组织实施考务工作；会同建设部对考试考务工作进行检查、监督、指导和确定合格标准。

第九条 一级建造师执业资格考试，分综合知识与能力和专业知识与能力两个部分。其中，专业知识与能力部分的考试，按照建设工程的专业要求进行，具体专业划分由建设部另行规定。

第十条 凡遵守国家法律、法规，具备下列条件之一者，可以申请参加一级建造师执业资格考试：

（一）取得工程类或工程经济类大学专科学历，工作满 6 年，其中从事建设工程项目施工管理工作满 4 年。

（二）取得工程类或工程经济类大学本科学历，工作满 4 年，其中从事建设工程项目施工管理工作满 3 年。

（三）取得工程类或工程经济类双学士学位或研究生班毕业，工作满 3 年，其中从事建设工程项目施工管理工作满 2 年。

（四）取得工程类或工程经济类硕士学位，工作满 2 年，其中从事建设工程项目施工管理工作满 1 年。

（五）取得工程类或工程经济类博士学位，从事建设工程项目施工管理工作满 1 年。

第十一条　参加一级建造师执业资格考试合格，由各省、自治区、直辖市人事部门颁发人事部统一印制，人事部、建设部用印的《中华人民共和国一级建造师执业资格证书》。该证书在全国范围内有效。

第十二条　二级建造师执业资格实行全国统一大纲，各省、自治区、直辖市命题并组织考试的制度。

第十三条　建设部负责拟定二级建造师执业资格考试大纲，人事部负责审定考试大纲。

各省、自治区、直辖市人事厅（局）、建设厅（委）按照国家确定的考试大纲和有关规定，在本地区组织实施二级建造师执业资格考试。

第十四条　凡遵纪守法并具备工程类或工程经济类中等专科以上学历并从事建设工程项目施工管理工作满 2 年，可报名参加二级建造师执业资格考试。

第十五条　二级建造师执业资格考试合格者，由省、自治区、直辖市人事部门颁发由人事部、建设部统一格式的《中华人民共和国二级建造师执业资格证书》。该证书在所在行政区域内有效。

第三章　注　册

第十六条　取得建造师执业资格证书的人员，必须经过注册登记，方可以建造师名义执业。

第十七条　建设部或其授权的机构为一级建造师执业资格的注册管理机构。省、自治区、直辖市建设行政主管部门或其授权的机构为二级建造师执业资格的注册管理机构。

第十八条　申请注册的人员必须同时具备以下条件：

（一）取得建造师执业资格证书；

（二）无犯罪记录；

（三）身体健康，能坚持在建造师岗位上工作；

（四）经所在单位考核合格。

第十九条　一级建造师执业资格注册，由本人提出申请，由各省、自治区、直辖市建设行政主管部门或其授权的机构初审合格后，报建设部或其授权的机构注册。准予注册的申请人，由建设部或其授权的注册管理机构发放由建设部统一印制的《中华人民共和国一级建造师注册证》。

二级建造师执业资格的注册办法，由省、自治区、直辖市建设行政主管部门制定，颁发辖区内有效的《中华人民共和国二级建造师注册证》，并报建设部或其授权的注册管理机构备案。

第二十条　人事部和各级地方人事部门对建造师执业资格注册和使用情况有检查、监督的责任。

第二十一条　建造师执业资格注册有效期一般为 3 年，有效期满前 3 个月，持证者应到原注册管理机构办理再次注册手续。在注册有效期内，变更执业单位者，应当及时办理变更手续。

再次注册者，除应符合本规定第十八条规定外，还须提供接受继续教育的证明。

第二十二条　经注册的建造师有下列情况之一的，由原注册管理机构注销注册：

（一）不具有完全民事行为能力的。

（二）受刑事处罚的。

（三）因过错发生工程建设重大质量安全事故或有建筑市场违法违规行为的。

（四）脱离建设工程施工管理及其相关工作岗位连续2年（含2年）以上的。

（五）同时在2个及以上建筑业企业执业的。

（六）严重违反职业道德的。

第二十三条　建设部和省、自治区、直辖市建设行政主管部门应当定期公布建造师执业资格的注册和注销情况。

第四章　职　责

第二十四条　建造师经注册后，有权以建造师名义担任建设工程项目施工的项目经理及从事其他施工活动的管理。

第二十五条　建造师在工作中，必须严格遵守法律、法规和行业管理的各项规定，恪守职业道德。

第二十六条　建造师的执业范围：

（一）担任建设工程项目施工的项目经理。

（二）从事其他施工活动的管理工作。

（三）法律、行政法规或国务院建设行政主管部门规定的其他业务。

第二十七条　一级建造师的执业技术能力：

（一）具有一定的工程技术、工程管理理论和相关经济理论水平，并具有丰富的施工管理专业知识。

（二）能够熟练掌握和运用与施工管理业务相关的法律、法规、工程建设强制性标准和行业管理的各项规定。

（三）具有丰富的施工管理实践经验和资历，有较强的施工组织能力，能保证工程质量和安全生产。

（四）有一定的外语水平。

第二十八条　二级建造师的执业技术能力：

（一）了解工程建设的法律、法规、工程建设强制性标准及有关行业管理的规定。

（二）具有一定的施工管理专业知识。

（三）具有一定的施工管理实践经验和资历，有一定的施工组织能力，能保证工程质量和安全生产。

第二十九条　按照建设部颁布的《建筑业企业资质等级标准》，一级建造师可以担任特级、一级建筑业企业资质的建设工程项目施工的项目经理；二级建造师可以担任二级及以下建筑业企业资质的建设工程项目施工的项目经理。

第三十条　建造师必须接受继续教育，更新知识，不断提高业务水平。

第五章 附 则

第三十一条 国家在实施一级建造师执业资格考试之前，对长期在建设工程项目总承包及施工管理岗位上工作，具有较高理论水平与丰富实践经验，并受聘高级专业技术职务的人员，可通过考核认定办法取得建造师执业资格证书。考核认定办法由人事部、建设部另行制定。

第三十二条 建造师的专业划分、建设工程项目施工管理关键岗位的确定和具体执业要求由建设部另行规定。

第三十三条 二级建造师执业资格的管理，由省、自治区、直辖市人事部门、建设行政主管部门根据国家有关规定，制定具体办法，组织实施，并分别报人事部、建设部备案。

第三十四条 经国务院有关部门同意，获准在中华人民共和国境内从事建设工程项目施工管理的外籍及港、澳、台地区的专业人员，符合本规定要求的，也可报名参加建造师执业资格考试以及申请注册。

第三十五条 本规定由人事部和建设部按职责分工负责解释。

第三十六条 本规定自发布之日 30 日后施行。

人事部、建设部关于印发《建造师执业资格考试实施办法》和《建造师执业资格考核认定办法》的通知

（国人部发〔2004〕16 号 2004 年 2 月 19 日）

各省、自治区、直辖市人事厅（局）、建设厅（建委、规委），国务院各部委、各直属机构人事部门，中央管理的有关企业：

现将《建造师执业资格考试实施办法》和《建造师执业资格考核认定办法》印发给你们，请遵照执行。

附件：1. 专业对照表
2. 建造师执业资格考核认定申报表（略）
3. 一级建造师执业资格考核认定工作领导小组成员名单

建造师执业资格考试实施办法

第一条 根据《建造师执业资格制度暂行规定》（人发〔2002〕111 号，以下简称《暂行规定》），为做好建造师执业资格考试工作，制定本办法。

第二条 建设部组织成立建造师执业资格考试专家委员会，负责一级、二级建造师执业资格考试大纲的拟定和一级建造师考试的命题工作。建设部、人事部共同

成立建造师执业资格考试办公室（办公室设在建设部），负责研究建造师执业资格考试相关政策。一级建造师执业资格考试的具体考务工作由人事部人事考试中心负责。

各地考试工作由当地人事行政部门会同建设行政部门组织实施，具体职责分工由各地协商确定。

第三条 一级建造师执业资格考试时间定于每年的第三季度。

第四条 一级建造师执业资格考试设《建设工程经济》、《建设工程法规及相关知识》、《建设工程项目管理》和《专业工程管理与实务》4个科目。《专业工程管理与实务》科目分为：房屋建筑、公路、铁路、民航机场、港口与航道、水利水电、电力、矿山、冶炼、石油化工、市政公用、通信与广电、机电安装和装饰装修14个专业类别，考生在报名时可根据实际工作需要选择其一。

第五条 一级建造师执业资格考试分4个半天，以纸笔作答方式进行。《建设工程经济》科目的考试时间为2小时，《建设工程法规及相关知识》和《建设工程项目管理》科目的考试时间均为3小时，《专业工程管理与实务》科目的考试时间为4小时。

第六条 二级建造师执业资格考试设《建设工程施工管理》、《建设工程法规及相关知识》、《专业工程管理与实务》3个科目。

按照《暂行规定》有关要求，各省、自治区、直辖市人事厅（局）、建设厅（委），根据全国统一的二级建造师执业资格考试大纲，负责本地区考试命题和组织实施考试工作，人事部、建设部负责指导和监督。

第七条 符合《暂行规定》有关报名条件，于2003年12月31日前，取得建设部颁发的《建筑业企业一级项目经理资质证书》，并符合下列条件之一的人员，可免试《建设工程经济》和《建设工程项目管理》2个科目，只参加《建设工程法规及相关知识》和《专业工程管理与实务》2个科目的考试：

（一）受聘担任工程或工程经济类高级专业技术职务。

（二）具有工程类或工程经济类大学专科以上学历并从事建设项目施工管理工作满20年。

第八条 已取得一级建造师执业资格证书的人员，也可根据实际工作需要，选择《专业工程管理与实务》科目的相应专业，报名参加考试。考试合格后核发国家统一印制的相应专业合格证明。该证明作为注册时增加执业专业类别的依据。

第九条 考试成绩实行2年为一个周期的滚动管理办法，参加全部4个科目考试的人员必须在连续的两个考试年度内通过全部科目；免试部分科目的人员必须在一个考试年度内通过应试科目。

第十条 一级建造师执业资格考试的考点设在地级以上城市的大、中专院校或高考定点学校。

第十一条 参加考试由本人提出申请，携带所在单位出具的有关证明及相关材料到当地考试管理机构报名。考试管理机构按规定程序和报名条件审查合格后，发给准考证。考生凭准考证在指定的时间、地点参加考试。

中央管理的企业和国务院各部门及其所属单位的人员按属地原则报名参加考试。

第十二条 建造师执业资格考试大纲由建设部组织编制、出版和发行。任何单位和个人不得盗用建设部或以参与有关建造师工作的专家和人员的名义编写、出版、发行各种考试用书和复习资料。

第十三条 坚持考试与培训分开、应考人员自愿参加培训的原则。凡参与考试工作的人员，不得参加考试和与考试有关的培训工作。

第十四条 一级建造师执业资格考试、培训及有关项目的收费标准，须经当地价格行政部门批准，并公布于众，接受群众监督。

第十五条 考务管理工作要严格执行考试工作的有关规章和制度，遵守保密制度，严防泄密，切实做好试卷的命制、印刷、发送和保管过程中的保密工作。

第十六条 加强对考试工作的组织管理，认真执行考试回避制度，严肃考试工作纪律和考场纪律。对弄虚作假等违反考试工作规定的，要依法处理，并追究当事人和有关领导的责任。

建造师执业资格考核认定办法

根据人事部、建设部《建造师执业资格制度暂行规定》（人发〔2002〕111 号），制定本办法。

一、考核认定申报条件

长期从事建设工程总承包及施工管理工作，业绩突出，无工程质量责任事故，职业道德行为良好，身体健康，并符合下列条件的在职在编人员。

（一）一级建造师：受聘为工程或工程经济类高级专业技术职务，取得全国工程总承包项目经理岗位培训证书或建筑业企业一级项目经理资质证书，现担任工程总承包或施工项目经理，并同时具备下列条件 1 和条件 2 中的各一项条件。

1. 学历和职业年限：

（1）取得本专业（见附件 1，下同）中专学历，累计从事建设工程项目管理或施工管理工作满 25 年；或取得相近专业（见附件 1，下同）中专学历，累计从事建设工程项目管理或施工管理工作满 28 年。

（2）取得本专业大学专科学历，累计从事建设工程项目管理或施工管理工作满 20 年；或取得相近专业大学专科学历，累计从事建设工程项目管理或施工管理工作满 23 年。

（3）取得本专业大学本科学历，累计从事建设工程项目管理或施工管理工作满 15 年；或取得相近专业大学本科学历，累计从事建设工程项目管理或施工管理工作满 18 年；或取得其他专业（见附件 1）大学本科及以上学历或学位，累计从事建设工程项目管理或施工管理工作满 20 年。

2. 业绩：

（1）主持完成大型工程总承包 1 项或大型工程施工总承包 2 项及以上。

（2）主持完成大型工程施工总承包 1 项和大型工程施工承包 2 项及以上。

（3）主持完成大型工程施工承包 4 项及以上。

（4）已发布实施的国家或行业工程建设标准的主要技术负责人。

（二）二级建造师执业资格有关考核认定工作，由各省、自治区、直辖市人事和建设行政部门制定具体办法并组织实施，考核认定办法和考核认定结果报人事部、建设部备案。

二、一级建造师考核认定申报材料

（一）各省、自治区、直辖市和国务院有关部门、中央管理企业的人事部门推荐意见函。

（二）《建造师执业资格考核认定申报表》一式两份（附件2）。

（三）学历或学位证书、工程或工程经济类高级专业技术职务证书、全国工程总承包岗位培训合格证书或一级项目经理资质证书和已发布实施的国家或行业工程建设标准主要技术负责人证明的复印件。

（四）所在单位出具的职业道德证明、省级建设行政部门认可的建设工程业绩、项目经理证明。

三、考核认定组织

人事部、建设部共同成立“一级建造师执业资格考核认定工作领导小组”（以下简称领导小组，名单见附件3），负责一级建造师执业资格的考核认定工作。领导小组办公室设在建设部。

四、考核认定程序

（一）符合考核认定条件的专业技术人员，向所在单位提出申请，经单位审核同意后，由所在单位向单位工商注册所在地的省、自治区、直辖市建设行政部门推荐。

国务院有关部门管理的企业，由本部门工程业务管理单位推荐；中央管理的企业，由本企业工程业务管理部门推荐；军队所属单位由总后基建营房部推荐。

（二）各省、自治区、直辖市建设行政部门和国务院有关部门，对本地区、本部门的申报人员进行审核，经本地区、本部门人事行政部门复核后，提出推荐名单送领导小组办公室。

中央管理的企业专业技术人员的申报，由中央管理的企业工程业务管理部门审核，经同级人事部门复核后提出推荐名单送领导小组办公室。

总后基建营房部对军队系统申报人员材料进行审核，经总政干部部复核后提出推荐名单送领导小组办公室。

地方所属或中央管理企业在申报中涉及铁路、交通、水利、通信和民航专业的业绩材料，应由省级建设行政部门或建设部会同同级相应专业行政部门，提出审核意见。

（三）领导小组办公室组织有关专家对各地区、各有关部门、中央管理的企业和军队推荐人员的材料进行初审，提出拟认定人员的名单，报领导小组审核。

（四）领导小组召开会议，对经初审合格人员的材料进行审核。对领导小组审核合格的人员，经公示无异议后，报人事部、建设部批准，并向社会公布。

五、申报时间及要求

（一）各省、自治区、直辖市建设行政部门和人事行政部门，国务院有关部门工程业务管理和人事部门，总后基建营房部和总政干部部，中央管理企业工程业务管理和人事部门，应于2004年4月30日前，将推荐人员材料汇总排序后送领导小组办公室。

（二）国家对考核认定人员实行总量控制。各地、各有关部门、军队及中央管理的企业应推荐具备申报条件且在第一线从事总承包和施工管理工作的专业技术人员。实施考试后不再进行认定工作。

（三）各地区、各有关部门、军队和中央管理的企业在审核、复核工作中，须核查各类证书及相关证明材料的原件。向领导小组办公室报送的各类证书、业绩材料及相关证明材料的复印件，应由所在单位业务技术部门和人事部门负责人对其真实性签署意见并加盖单位印章。

（四）已通过特许或考核认定的方式取得其他专业执业资格证书和在公务员岗位工作的人员，一律不得申报。

（五）各地区、各有关部门、军队和中央管理的企业要切实加强领导，坚持标准，严格要求，认真按程序做好申报、审核、复核等各环节工作。凡不认真把关或弄虚作假的，一经发现，停止其申报权和取消个人申报资格，并追究当事人和领导责任。

附件1

专业对照表

分类	1998年至现在专业名称	1993—1998年专业名称	1993年前专业名称
本专业（工程、工程经济）	土木工程	矿井建设	矿井建设
		建筑工程	土建结构工程，工业与民用建筑工程，岩土工程，地下工程与隧道工程
		城镇建设	城镇建设
		交通土建工程	铁道工程，公路与城市道路工程，地下工程与隧道工程，桥梁工程
		工业设备安装工程	工业设备安装工程
		饭店工程	
		涉外建筑工程	
		土木工程	
	建筑学	建筑学	建筑学，风景园林，室内设计
	电子信息科学与技术	无线电物理学	无线电物理学，物理电子学，无线电波传播与天线
		电子学与信息系统	电子学与信息系统，生物医学与信息系统
		信息与电子科学	
	电子科学与技术	电子材料与元器件	电子材料与元器件，磁性物理与器件
		微电子技术	半导体物理与器件
		物理电子技术	物理电子技术，电光源
		光电子技术	光电子技术，红外技术，光电成像技术
		物理电子和光电子技术	

续表

<table>
<tr><th>分类</th><th>1998 年至现在专业名称</th><th>1993—1998 年专业名称</th><th>1993 年前专业名称</th></tr>
<tr><td rowspan="30">本专业（工程、工程经济）</td><td rowspan="6">计算机科学与技术</td><td>计算机及应用</td><td>计算机及应用</td></tr>
<tr><td>计算机软件</td><td>计算机软件</td></tr>
<tr><td>计算机科学教育</td><td>计算机科学教育</td></tr>
<tr><td>软件工程</td><td></td></tr>
<tr><td>计算机器件及设备</td><td></td></tr>
<tr><td>计算机科学与技术</td><td></td></tr>
<tr><td>采矿工程</td><td>采矿工程</td><td>采矿工程，露天开采，矿山工程物理</td></tr>
<tr><td rowspan="2">矿物加工工程</td><td>选矿工程</td><td>选矿工程</td></tr>
<tr><td>矿物加工工程</td><td></td></tr>
<tr><td rowspan="4">勘察技术与工程</td><td>水文地质与工程地质</td><td>水文地质与工程地质</td></tr>
<tr><td>应用地球化学</td><td>地球化学与勘察</td></tr>
<tr><td>应用地球物理</td><td>勘查地球物理，矿场地球物理</td></tr>
<tr><td>勘察工程</td><td>探矿工程</td></tr>
<tr><td rowspan="4">测绘工程</td><td>大地测量</td><td>大地测量</td></tr>
<tr><td>测量工程</td><td>测量学，工程测量，矿山测量</td></tr>
<tr><td>摄影测量与遥感</td><td>摄影测量与遥感</td></tr>
<tr><td>地图学</td><td>地图制图</td></tr>
<tr><td rowspan="3">交通工程</td><td>交通工程</td><td>交通工程，公路、道路及机场工程</td></tr>
<tr><td>总图设计与运输工程</td><td>总图设计与运输</td></tr>
<tr><td>道路交通事故防治工程</td><td></td></tr>
<tr><td rowspan="2">港口航道与海岸工程</td><td>港口航道及治河工程</td><td>港口及航道工程，河流泥沙及治河工程，港口水工建筑工程，水道及港口工程，航道（或整治）工程</td></tr>
<tr><td>海岸与海洋工程</td><td>海洋工程，港口、海岸及近岸工程，港口航道及海岸工程</td></tr>
<tr><td rowspan="2">船舶与海洋工程</td><td>船舶工程</td><td>船舶工程，造船工艺及设备</td></tr>
<tr><td>海岸与海洋工程</td><td>海洋工程</td></tr>
<tr><td rowspan="2">水利水电工程</td><td>水利水电建筑工程</td><td>水利水电工程施工，水利水电工程建筑</td></tr>
<tr><td>水利水电工程</td><td>河川枢纽及水电站建筑物，水工结构工程</td></tr>
<tr><td>水文与水资源工程</td><td>水文与水资源利用</td><td>陆地水文，海洋工程水文，水资源规划及利用</td></tr>
<tr><td rowspan="3">热能与动力工程</td><td>热力发动机</td><td>热能动力机械与装置，内燃机，热力涡轮机，军用车辆发动机，水下动力机械工程</td></tr>
<tr><td>流体机械及流体工程</td><td>流体机械，压缩机，水力机械</td></tr>
<tr><td>热能工程与动力机械</td><td></td></tr>
<tr><td></td><td></td><td>热能工程</td><td>工程热物理，热能工程，电厂热能动力工程，锅炉</td></tr>
<tr><td></td><td></td><td>制冷与低温技术</td><td>制冷设备与低温技术</td></tr>
<tr><td></td><td></td><td>能源工程</td><td></td></tr>
<tr><td></td><td></td><td>工程热物理</td><td></td></tr>
<tr><td></td><td></td><td>水利水电动力工程</td><td>水利水电动力工程</td></tr>
<tr><td></td><td></td><td>冷冻冷藏工程</td><td>制冷与冷藏技术</td></tr>
</table>

续表

分类	1998年至现在专业名称	1993—1998年专业名称	1993年前专业名称
本专业（工程、工程经济）	冶金工程	钢铁冶金	钢铁冶金
		有色金属冶金	有色金属冶金
		冶金物理化学	冶金物理化学
		冶金	
	环境工程	环境工程	环境工程
		环境监测	环境监测
		环境规划与管理	环境规划与管理
		水文地质与工程地质	水文地质与工程地质
		农业环境保护	农业环境保护
	安全工程	矿山通风与安全	矿山通风与安全
		安全工程	安全工程
	金属材料工程	金属材料与热处理	金属材料与热处理
		金属压力加工	金属压力加工
		粉末冶金	粉末冶金
		复合材料	复合材料
		腐蚀与防护	腐蚀与防护
		铸造	铸造
		塑性成形工艺及设备	锻压工艺及设备
		焊接工艺及设备	焊接工艺及设备
	无机非金属材料工程	无机非金属材料	无机非金属材料，建筑材料与制品
		硅酸盐工程	硅酸盐工程
		复合材料	复合材料
	材料成型及控制工程	金属材料与热处理	金属材料与热处理
		热加工工艺及设备	热加工工艺及设备
		铸造	铸造
		塑性成形工艺及设备	锻压工艺及设备
		焊接工艺及设备	焊接工艺及设备
	石油工程	石油工程	钻井工程，采油工程，油藏工程
	油气储运工程	石油天然气储运工程	石油储运
	化学工程与工艺	化学工程	化学工程，石油加工，工业化学，核化工
		化工工艺	无机化工，有机化工，煤化工
		高分子化工	高分子化工
		精细化工	精细化工，感光材料
		生物化工	生物化工
		工业分析	工业分析
		电化学工程	电化学生产工艺
		工业催化	工业催化
		化学工程与工艺	
		高分子材料及化工	
		生物化学工程	

续表

分类	1998年至现在专业名称	1993—1998年专业名称	1993年前专业名称
本专业（工程、工程经济）	生物工程	生物化工	生物化工
本专业（工程、工程经济）	生物工程	微生物制药	微生物制药
本专业（工程、工程经济）	生物工程	生物化学工程	
本专业（工程、工程经济）	生物工程	发酵工程	发酵工程
本专业（工程、工程经济）	制药工程	化学制药	化学制药
本专业（工程、工程经济）	制药工程	生物制药	生物制药
本专业（工程、工程经济）	制药工程	中药制药	中药制药
本专业（工程、工程经济）	制药工程	制药工程	
本专业（工程、工程经济）	给水排水工程	给水排水工程	给水排水工程
本专业（工程、工程经济）	建筑环境与设备工程	供热通风与空调工程	供热通风与空调工程
本专业（工程、工程经济）	建筑环境与设备工程	城市燃气工程	城市燃气工程
本专业（工程、工程经济）	建筑环境与设备工程	供热空调与燃气工程	
本专业（工程、工程经济）	通信工程	通信工程	通信工程，无线通信，计算机通信
本专业（工程、工程经济）	通信工程	计算机通信	
本专业（工程、工程经济）	电子信息工程	电子工程	无线电技术，广播电视工程，电子视监，电子工程，水声电子工程，船舶通信导航，大气探测技术，微电子电路与系统，水下引导电子技术
本专业（工程、工程经济）	电子信息工程	应用电子技术	应用电子技术，电子技术
本专业（工程、工程经济）	电子信息工程	信息工程	信息工程，图像传输与处理，信息处理显示与识别
本专业（工程、工程经济）	电子信息工程	电磁场与微波技术	电磁场与微波技术
本专业（工程、工程经济）	电子信息工程	广播电视工程	
本专业（工程、工程经济）	电子信息工程	电子信息工程	
本专业（工程、工程经济）	电子信息工程	无线电技术与信息系统	
本专业（工程、工程经济）	电子信息工程	电子与信息技术	
本专业（工程、工程经济）	电子信息工程	摄影测量与遥感	摄影测量与遥感
本专业（工程、工程经济）	电子信息工程	公共安全图像技术	刑事照相
本专业（工程、工程经济）	机械设计制造及其自动化	机械制造工艺与设备	机械制造工艺与设备，机械制造工程，精密机械与仪器制造，精密机械工程
本专业（工程、工程经济）	机械设计制造及其自动化	机械设计及制造	机械设计及制造，矿业机械，冶金机械，起重运输与工程机械，高分子材料加工机械，纺织机械，仪器机械，印刷机械，农业机械
本专业（工程、工程经济）	机械设计制造及其自动化	机车车辆工程	铁道车辆
本专业（工程、工程经济）	机械设计制造及其自动化	汽车与拖拉机	汽车与拖拉机
本专业（工程、工程经济）	机械设计制造及其自动化	流体传动及控制	流体传动及控制，流体控制与操纵系统
本专业（工程、工程经济）	机械设计制造及其自动化	真空技术及设备	真空技术及设备
本专业（工程、工程经济）	机械设计制造及其自动化	机械电子工程	电子精密机械，电子设备结构，机械自动化及机器人，机械制造电子控制与检测，机械电子工程
本专业（工程、工程经济）	机械设计制造及其自动化	设备工程与管理	设备工程与管理
本专业（工程、工程经济）	机械设计制造及其自动化	林业与木工机械	林业机械

续表

分类	1998年至现在专业名称	1993—1998年专业名称	1993年前专业名称
本专业（工程、工程经济）	测控技术与仪器	精密仪器	精密仪器，时间计控技术及仪器，分析仪器，科学仪器工程
		光学技术与光电仪器	应用光学，光学材料，光学工艺与测试，光学仪器
		检测技术及仪器仪表	检测技术及仪器，电磁测量及仪表，工业自动化仪表，仪表及测试系统，无损检测
		电子仪器及测量技术	电子仪器及测量技术
		几何量计量测试	几何量计量测试
		热工计量测试	热工计量测试
		力学计量测试	力学计量测试
		无线电计量测试	无线电计量测试
		检测技术与精密仪器	
		测控技术与仪器	
	过程装备与控制工程	化工设备与机械	化工设备与机械
	电气工程及其自动化	电力系统及其自动化	电力系统及其自动化，继电保护与自动远动技术
		高电压与绝缘技术	高电压技术及设备，电气绝缘与电缆，电气绝缘材料
		电气技术	电气技术，船舶电气管理，铁道电气化
		电机电器及其控制	电机，电器，微特电机及控制电器
		光源与照明	
		电气工程及其自动化	
	工程管理	管理工程	工业管理工程，建筑管理工程，邮电管理工程，物资管理工程，基本建设管理工程
		涉外建筑工程营造与管理	
		国际工程管理	
		房地产经营管理	
	工业工程	工业工程	
相近专业	航海技术	海洋船舶驾驶	海洋船舶驾驶
	轮机工程	轮机管理	轮机管理
	交通运输	交通运输	铁道运输，交通运输管理工程
		载运工具运用工程	汽车运用工程
		道路交通管理工程	

续表

分类	1998年至现在专业名称	1993—1998年专业名称	1993年前专业名称
相近专业	自动化	流体传动及控制	流体机械，压缩机，水力机械
		工业自动化	工业自动化，工业电气自动化，生产过程自动化，电力牵引与传动控制
		自动化	
		自动控制	自动控制，交通信号与控制，水下自航器自动控制
		飞行器制导与控制	飞行器自动控制，导弹制导，惯性导航与仪表
	生物医学工程	生物医学工程	生物医学工程，生物医学工程与仪器
	核工程与核技术	核技术	同位素分离，核材料，核电子学与核技术应用
		核工程	核反应堆工程，核动力装置
	工程力学	工程力学	工程力学
	园林	观赏园艺	观赏园艺
		园林	园林
		风景园林	风景园林
	工商管理	工商行政管理	工商行政管理
		企业管理	企业管理
		国际企业管理	国际企业管理
		房地产经营管理	
		工商管理	
		投资经济	投资经济管理
		技术经济	技术经济
		邮电通信管理	
		林业经济管理	林业经济管理
其他专业		除本专业和相近专业外的工科、管理或经济专业	

注：1. 本表按教育部现行《普通高等学校本科专业目录新旧专业对照表》编制，共涉及“土建类、测绘类、水利类、交通运输类、能源动力类、地矿类、材料类、电气信息类、机械类、管理科学与工程类、生物工程类、化工与制药类、工程力学类”等18类45个专业，其中本专业36个，相近专业9个。

2. 为便于考核认定条件中有关专业学历的确认，对“本专业”、“相近专业”和“其他专业”进行了划分，供申报和审核考核认定条件时参考。其他专业的具体范围由建设部、人事部确认。

附件 3

一级建造师执业资格考核认定工作领导小组成员名单

组　长：黄　卫　　建设部　副部长
副组长：刘宝英　　人事部专业技术人员管理司　司长
　　　　金德钧　　建设部　总工程师
　　　　杨忠诚　　建设部人事教育司　副司长（正司级）
成　员：范　勇　　人事部专业技术人员管理司　副司长
　　　　王早生　　建设部建筑市场管理司　副司长
　　　　丁士昭　　同济大学工程项目管理研究所　所长、教授
　　　　江见鲸　　清华大学　教授
　　　　汪诚文　　清华大学环境工程系　教授、博士
　　　　赵　云　　中国路桥（集团）总公司国内部　高级工程师
　　　　张炳国　　北京铁路局建设处　高级工程师
　　　　卓乐熙　　民航协会机场工程委员会　高级工程师
　　　　李悟洲　　中国水运建设行业协会　理事长、高级工程师
　　　　唐　涛　　水利部淮河水利委员会咨询中心　教授
　　　　孙宗诚　　国家电网公司电源建设部　高级工程师
　　　　刘天宇　　中国煤炭建设协会　副会长、高级工程师
　　　　李富兴　　中国冶金建设协会　主任、高级工程师
　　　　乌力吉图　中国石油建设协会　副理事长、高级工程师
　　　　杨　靖　　中国通信建设总公司　高级工程师
　　　　吴小莎　　中国安装协会科技委员会　高级工程师
　　　　朱希斌　　北京市建筑装饰协会　理事长、高级经济师
办公室主任：王早生　（兼）
办公室副主任：胡文忠　人事部专业技术人员管理司　处长
　　　　　　　缪长江　建设部建筑市场管理司　调研员
　　　　　　　陶建明　建设部人事教育司　处长

人事部办公厅、建设部办公厅关于 2005 年度、2006 年度一级建造师资格考试时间安排及二级建造师执业资格证书有关问题的通知

（国人厅发〔2006〕3 号 2006 年 1 月 9 日）

各省、自治区、直辖市人事厅（局）、建设厅（建委），新疆生产建设兵团人事局：

经研究，现将一级建造师资格考试时间和二级建造师执业资格证书有关问题通知如下：

一、根据《关于推迟 2005 年度一级建造师资格考试有关问题的通知》（国人厅发〔2005〕69 号）精神，经协商，2005 年度一级建造师资格考试时间确定为 2006 年 4 月 15 日、16 日举行。原定于 2006 年 9 月 16 日、17 日举行的 2006 年度一级建造师资格考试因故推迟，具体时间另行通知。

二、按照《关于印发〈建造师执业资格制度暂行规定〉的通知》（人发〔2002〕111 号）有关规定，现公布二级建造师执业资格证书格式样本（见附件）。

三、请各地及时向社会公告考试时间和相关事项，并做好考试的组织实施和资格证书印制、发放等工作。

附件：二级建造师执业资格证书格式样本

附件

二级建造师执业资格证书格式样本

国徽

中华人民共和国
二级建造师
执业资格证书

Registered Qualification Certificate
Associate Constructor
The People's Republic of China

注：本证书尺寸为：长 12.5 厘米，宽 8.6 厘米

受人事部、建设部委托，本证书由××省（自治区、直辖市）人事厅和建设厅批准颁发，它表明持证人通过××省（自治区、直辖市）考试合格，取得二级建造师执业资格。

This is to certify that the bearer has passed examination organized by the bureau of personnel and bureau of construction of ### province and has obtained qualifications for Associate Constructor.

（在此下方加盖省（自治区、直辖市）人事厅印章）

Approved & Authorized
by
bureau of personnel
###, P. R. China

（在此下方加盖省（自治区、直辖市）建设厅印章）

Approved & Authorized
by
bureau of personnel
###, P. R. China

编号：
No.

两寸
照片

持证人签名：
Signature of the bearer

____

姓名：
Full name ______________
性别：
Sex ______________
出生年月：
Date of Birth ______________
专业类别：
Professional Type ______________
批准日期：
Approval Date ______________

签发单位盖章：××省（自治区、直辖市）
人事厅印章
Issued by
签发日期： 年 月 日
Issued on

注 意 事 项

一、执业资格证书为重要证件，持证人应妥为保管，不得损毁。如证件遗失应立即向发证机关报告。

二、本证件为注册重要依据，注册有效期将满时，如需继续执业，可按有关规定向注册机关申请注册。

三、持证人应按有关规定交验执业资格证书。

Notion

Ⅰ. The Registered Qualification Certificate is an important document. The bearer should take good care of the Certificate. A report should be made immediately to the issuing office in case the Certificate is lost.

Ⅱ. The Registered Qualification Certificate is an important document for registration. The bearer should apply for re – registration to the registration office before the expiry date of the Certificate if he/she intends to engage in the same profession in accordance with relevant regulations.

Ⅲ. The bearer should hand over the Registered Qualification Certificate for examination according to relevant regulations.

人事厅防伪印花

人事部办公厅、建设部办公厅关于建造师资格考试相关科目专业类别调整有关问题的通知

（国人厅发〔2006〕213 号 2006 年 12 月 12 日）

各省、自治区、直辖市人事厅（局）、建设厅（建委、规委），国务院有关部委、直属机构人事部门、中央管理的企业：

为适应建筑市场发展需要，有利于建设工程项目与施工管理，经建设部、人事部研究，对建造师资格考试《专业工程管理与实务》科目的专业类别进行调整。现将有关问题通知如下：

一、一级建造师资格考试专业调整问题

（一）合并的专业类别

1. 将原“房屋建筑、装饰装修”合并为“建筑工程”。

2. 将原“矿山、冶炼（土木部分内容）”合并为“矿业工程”。

3. 将原“电力、石油化工、机电安装、冶炼（机电部分内容）”合并为“机电工程”。

（二）保留的专业类别

此次调整中未变动的专业类别有 7 个：公路、铁路、民航机场、港口与航道、水利水电、市政公用、通信与广电。

（三）调整后的专业类别

调整后，一级建造师资格考试《专业工程管理与实务》科目设置 10 个专业类别：建筑工程、公路工程、铁路工程、民航机场工程、港口与航道工程、水利水电工程、市政公用工程、通信与广电工程、矿业工程、机电工程。

二、二级建造师资格考试专业调整问题

二级建造师资格考试《专业工程管理与实务》科目合并的专业类别与一级建造师资格考试该科目专业类别相同，取消了港口与航道、通信与广电 2 个专业类别。调整后，二级建造师资格考试《专业工程管理与实务》科目设置 6 个专业类别：建筑工程、公路工程、水利水电工程、市政公用工程、矿业工程和机电工程。

三、一级建造师资格考试专业衔接问题

为保证一级建造师资格考试《专业工程管理与实务》科目各专业类别调整的平稳过渡，在 2007 年度考试报名时应按照如下要求进行：

（一）已按原《专业工程管理与实务》科目相关专业类别报名参加 2006 年度考试，且部分科目合格的人员，在 2007 年度继续按照原各科目考试大纲的要求，参加其他剩余科目考试。

（二）在 2007 年度首次参加一级建造师资格考试的人员，报名时应根据本人实际工

作需要，在调整后的《专业工程管理与实务》科目中选择相应专业类别。

（三）自2008年度起，一级建造师资格考试报名均应按照调整后《专业工程管理与实务》科目的专业类别进行。

四、其他有关事项

（一）各省、自治区、直辖市应根据建造师《专业工程管理与实务》科目专业调整情况，做好考试相关准备工作。

（二）本通知规定的内容与《建造师执业资格考试实施办法》（国人部发〔2004〕16号）和《关于建造师专业划分有关问题的通知》（建市〔2003〕232号）中有关规定不一致之处，以本通知为准。

人事部、国家发展和改革委员会关于印发《投资建设项目管理师职业水平认证制度暂行规定》和《投资建设项目管理师职业水平考试实施办法》的通知

（国人部发〔2004〕110号　2004年12月16日）

各省、自治区、直辖市人事厅（局）、发展改革委，国务院各部委、各直属机构人事部门，中央管理的企业：

为了适应投资建设项目管理的需要，经人事部、国家发展和改革委员会研究决定，对投资建设项目高层专业管理人员实行职业水平认证制度。现将《投资建设项目管理师职业水平认证制度暂行规定》和《投资建设项目管理师职业水平考试实施办法》印发给你们，请遵照执行。

投资建设项目管理师职业水平认证制度暂行规定

第一章　总　则

第一条　为规范投资建设项目管理，提高投资建设项目质量和投资效益，增强投资建设项目高层专业管理人员素质，根据国家职业资格证书制度的有关规定，制定本规定。

第二条　投资建设项目管理师实行职业水平认证制度，纳入全国专业技术人员职业资格证书制度统一规划。

投资建设项目管理师职业水平认证，是为社会和用人单位提供职业水平评价的服务。

第三条　投资建设项目管理师，是指通过全国统一考试取得《中华人民共和国投资建设项目管理师职业水平证书》的人员，可受聘承担投资建设项目高层专业管理工作。

第四条　人事部、国家发展和改革委员会共同指导、监督投资建设项目管理师职业

水平认证制度的实施工作。中国投资协会具体负责投资建设项目管理师职业水平认证制度的组织实施。

第二章 考 试

第五条 投资建设项目管理师职业水平考试（以下简称投资建设项目管理师考试），实行全国统一考试大纲，统一命题，统一组织。原则上每年举行1次。

第六条 中国投资协会负责投资建设项目管理师考试的组织和实施工作。组织成立全国投资建设项目管理师考试专家委员会，负责拟定考试科目、编写考试大纲、组织命题，研究建立考试试题库，统筹规划继续教育和业务培训等工作。

第七条 人事部、国家发展和改革委员会指导中国投资协会确定投资建设项目管理师考试科目、考试大纲、命题和考试合格标准，并对考试与培训等工作进行监督和检查。

第八条 遵守国家法律、法规，恪守职业道德，并具备下列条件之一的，可申请参加投资建设项目管理师考试：

（一）取得工程技术、工程经济或工程管理类专业大专学历，从事投资建设项目专业管理工作满10年。

（二）取得工程技术、工程经济或工程管理类专业大学本科学历，从事投资建设项目专业管理工作满8年。

（三）取得工程技术、工程经济或工程管理类硕士学位，从事投资建设项目专业管理工作满5年。

（四）取得工程技术、工程经济或工程管理类博士学位，从事投资建设项目专业管理工作满3年。

（五）取得非工程技术、工程经济或工程管理类专业学历或学位，其从事投资建设项目专业管理工作年限相应增加2年。

第九条 投资建设项目管理师考试合格的，由中国投资协会颁发人事部、国家发展和改革委员会监制，中国投资协会用印的《中华人民共和国投资建设项目管理师职业水平证书》。该证书在全国范围内有效。

第三章 登 记

第十条 投资建设项目管理师职业水平证书实行登记管理。

第十一条 中国投资协会负责登记的具体工作，并定期向社会公布登记情况。

第十二条 凡以不正当手段取得投资建设项目管理师职业水平证书或在投资建设项目高层专业管理工作中造成重大损失的，由中国投资协会取消登记，收回证书，2年内不得再次参加投资建设项目管理师考试。

第四章 义务与能力

第十三条 投资建设项目管理师应遵守国家法律和相关行政法规，维护国家和社会公共利益，忠于职守，恪守职业道德。

第十四条 投资建设项目管理师应当保守国家和投资建设项目的秘密。

第十五条 投资建设项目管理师应具备的相应能力如下：

（一）策划投资建设项目，参与投资机会研究。

（二）组织投资建设项目可行性研究和项目评估，对投资决策提出建议。

（三）参与研究并提出投资建设项目融资方案。

（四）制定投资建设项目管理制度和工作程序。

（五）通过招标方式，选择工程咨询、工程勘察设计、工程监理、建筑施工和设备安装、设备和材料供应单位，并依法制定合同文本和签订合同。

（六）进行投资建设项目信息管理，合同管理，质量、工期和投资管理及控制，实现投资建设项目预期的质量、工期、投资、安全、环保目标。

（七）组织生产运营准备工作和制定相关员工培训方案。

（八）组织投资建设项目竣工验收准备和建设项目竣工验收后移交生产运营的相关工作。

（九）进行投资建设项目总结评价工作。

第五章　附　则

第十六条　香港、澳门居民申请参加考试，在报名时应提交国务院教育行政部门认可的大学本科以上学历或学士以上学位证书、从事投资建设项目专业管理工作年限证明和本人身份证明。

第十七条　获准在中华人民共和国境内就业的外籍及台湾地区的专业人员，申请参加考试的具体办法另行规定。

第十八条　本规定自 2005 年 2 月 1 日起施行。

投资建设项目管理师职业水平考试实施办法

第一条　中国投资协会在人事部、国家发展和改革委员会的指导下，负责投资建设项目管理师职业水平考试（以下简称投资建设项目管理师考试）的实施和日常管理工作。人事部人事考试中心组织实施考务工作。

第二条　投资建设项目管理师考试时间定于每年的第二季度。首次考试定于 2006 年举行。

第三条　考试设置《宏观经济政策》、《投资建设项目决策》、《投资建设项目组织》和《投资建设项目实施》4 个科目。

考试分 4 个半天进行，各科目考试时间均为 3 个小时。

第四条　参加考试的人员必须在连续的两个考试年度内通过全部科目的考试，方可获得《中华人民共和国投资建设项目管理师职业水平证书》。

第五条　报名参加考试的人员，应符合《投资建设项目管理师职业水平制度暂行规定》第八条规定的报名条件。由本人提出申请，携带所在单位出具的有关证明材料，按规定时间到当地考试管理机构报名。经考试管理机构审核合格后，向申请人核发准考证，申请人凭准考证及有关证明，在指定时间、地点参加考试。

第六条　投资建设项目管理师考试的考点原则上设在直辖市和省会城市的大、中专院校或高考定点学校。

第七条　任何单位和个人不得盗用国家发展和改革委员会、中国投资协会或全国投资建设项目管理师考试专家委员会的名义编写、出版各种与投资建设项目管理师考试有关的用书和复习资料。

第八条 坚持考试与业务培训分开的原则，参与考试工作（包括试题命题与组织管理等）的人员，不得参加考试，也不得参与举办与考试有关的培训工作。应考人员参加培训坚持自愿的原则。

第九条 投资建设项目管理师考试有关项目的收费标准，须经当地价格行政部门核准，并向社会公布，接受公众监督。

第十条 考试考务管理工作要严格执行考试工作纪律，切实做好试卷的命制、印刷、发送和保管过程中的保密工作，严格遵守保密制度，严防泄密。

第十一条 考试工作人员要严格遵守考试工作纪律，认真执行考试回避制度。对违反考试纪律和有关规定的人员，要追究当事人和领导责任。

人事部关于印发《管理咨询专业人员职业水平评价暂行规定》和《管理咨询师职业水平考试实施办法》的通知

（国人部发〔2005〕71号 2005年9月23日）

各省、自治区、直辖市人事厅（局），国务院各部委、各直属机构人事部门，中央管理的企业：

为了适应企业经营管理需要，提高管理咨询专业人员素质，经研究决定，对管理咨询专业人员进行职业水平评价。现将《管理咨询专业人员职业水平评价暂行规定》和《管理咨询师职业水平考试实施办法》印发给你们，请遵照执行。

管理咨询专业人员职业水平评价暂行规定

第一章 总 则

第一条 为提高管理咨询专业人员素质，保证管理咨询项目质量，增强企业经营管理水平，根据管理咨询业市场需要和国家职业资格证书制度的有关规定，制定本规定。

第二条 管理咨询专业人员职业水平评价，纳入全国专业技术人员职业资格证书制度统一规划。

第三条 管理咨询专业人员职业水平评价分高级管理咨询师和管理咨询师两个级别。高级管理咨询师职业水平评价按照国际通用标准和程序进行，具体办法另行制定。管理咨询师职业水平评价采用考试的办法进行。

高级管理咨询师英文译为：Senior Management Consultant。

管理咨询师英文译为：Management Consultant。

第四条 管理咨询师职业水平考试，是为有志从事管理咨询专业工作的人员和管理咨询机构用人提供的评价服务。

第五条 通过考试取得《中华人民共和国管理咨询师职业水平证书》的人员，可受聘承担企业管理咨询业务工作。

第六条 人事部指导、监督管理咨询师职业水平考试的实施工作。中国企业联合会具体负责管理咨询师职业水平考试的组织实施。

第二章 考 试

第七条 管理咨询师职业水平考试（以下简称管理咨询师考试），实行全国统一考试大纲、统一命题、统一组织。原则上每年举行一次。

第八条 中国企业联合会组织成立全国管理咨询师考试专家委员会。全国管理咨询师考试专家委员会拟定考试科目、编写考试大纲、组织命题，研究建立考试题库，统筹规划继续教育和业务培训等工作。

第九条 人事部指导中国企业联合会确定管理咨询师考试科目、考试大纲、命题和考试合格标准，并对考试实施等工作进行监督和检查。

第十条 遵守国家法律、法规，恪守职业道德，并具备下列条件之一的，可申请参加管理咨询师考试：

（一）取得经济学或管理学类专业大学专科学历，从事管理咨询及相关业务工作满 6 年。

（二）取得经济学或管理学类专业大学本科学历，从事管理咨询及相关业务工作满 4 年。

（三）取得经济学或管理学类专业硕士学位，从事管理咨询及相关业务工作满 2 年。

（四）取得经济学或管理学类专业博士学位，从事管理咨询及相关业务工作满 1 年。

（五）取得非经济学或管理学类专业上述学历或学位，其从事管理咨询及相关业务工作年限相应增加 2 年。

（六）通过全国统一考试取得经济师、会计师资格证书或经济类职（执）业资格证书，从事管理咨询及相关业务工作满 1 年。

第十一条 管理咨询师考试合格，由中国企业联合会颁发人事部监制，中国企业联合会用印的《中华人民共和国管理咨询师职业水平证书》，该证书在全国范围内有效。

第十二条 凡以不正当手段取得管理咨询师职业水平证书的，由中国企业联合会收回证书，2 年内不得再次参加管理咨询师考试。

第三章 义务与职业能力

第十三条 管理咨询师应遵守国家法律和相关行政法规，忠于职守，恪守职业道德，维护国家和社会公共利益。

第十四条 管理咨询师应保守国家和客户秘密，严格按照管理咨询工作规定和程序开展咨询业务。

第十五条 管理咨询师应具备以下职业能力：

（一）能准确分析、判断、把握客户需求，为客户提供满意的管理咨询项目建议书；

（二）按照有效控制咨询项目进度和质量的要求，制定管理咨询项目工作计划；

（三）综合运用调查、统计、分析等诊断方法，确定管理咨询项目重点；
（四）根据客户需要，制定相应管理咨询项目方案，并提交管理咨询报告书；
（五）培训、指导客户实施管理咨询项目方案，并根据实际需要调整方案内容；
（六）跟踪管理咨询项目实施情况，开展效果评估，撰写管理咨询项目总结；
（七）组织开展管理咨询人员业务培训活动。

第四章 登 记

第十六条 管理咨询师职业水平证书实行登记管理。

第十七条 中国企业联合会负责登记的具体工作，定期向社会公布管理咨询师登记情况，并为用人单位提供管理咨询专业人员信息服务。

第十八条 在管理咨询业务活动中，因违反职业道德或提供管理咨询项目方案发生错误，对企业经营管理产生重大影响和造成经济损失的，由中国企业联合会取消登记，收回职业水平证书。

第五章 附 则

第十九条 通过考试取得管理咨询师职业水平证书的人员，用人单位可根据需要和本人专业背景聘任经济师或会计师专业技术职务。

第二十条 香港、澳门居民申请参加考试，在报名时应提交本人身份证明、国务院教育行政部门认可的相应专业学历或学位证书、从事本专业工作实践证明。台湾地区的专业人员参加考试的办法另行规定。

外籍人员申请参加管理咨询师考试的具体办法另行制定。

第二十一条 经批准的管理咨询人员职业水平评价等机构，在开展管理咨询人员职业水平评价过程中，因工作失误，使专业人员合法权益受到损害的，应依据国家有关规定给予相应赔偿，并可向有关责任人追偿。

第二十二条 经批准的管理咨询人员职业水平评价等机构的工作人员，有不履行工作职责，监督不力，或者谋取其他利益等违纪违规行为，并造成不良影响或严重后果的，由其主管单位责令改正，对直接负责的主管人员和其他直接责任人员给予行政处分；构成犯罪的，依法追究刑事责任。

第二十三条 本规定自2005年11月1日起施行。

管理咨询师职业水平考试实施办法

第一条 中国企业联合会负责管理咨询师职业水平考试（以下简称管理咨询师考试）的实施和日常管理工作。人事部人事考试中心指导中国企业联合会实施考试考务工作。

第二条 管理咨询师考试设置《企业管理咨询实务》和《企业管理咨询案例分析》2个科目。

考试分2个半天进行。《企业管理咨询实务》科目考试时间为3小时，《企业管理咨询案例分析》科目的考试时间为3.5小时。

第三条 参加考试的人员必须在一个考试年度内通过全部科目的考试，方可获得《中华人民共和国管理咨询师职业水平证书》。

第四条　报名参加考试的人员，应符合《管理咨询师职业水平评价暂行规定》规定的报名条件。由本人提出申请，按规定携带有关证明材料，到指定的考试管理机构报名。经考试管理机构审核合格后，向申请人核发准考证。申请人凭准考证及有关证明，在指定的时间、地点参加考试。

第五条　管理咨询师考试时间定于每年二季度。考点根据需要设在部分省会城市或直辖市的大、中专院校或高考定点学校。

第六条　坚持考试与业务培训分开的原则，凡参与考试工作（包括命题与组织管理等）的人员，不得参加考试和举办与考试内容有关的培训工作。应考人员参加相关培训坚持自愿的原则。

第七条　管理咨询师职业水平考试有关项目的收费标准，须经当地价格行政部门核准，并向社会公布，接受公众监督。

第八条　考试考务工作要严格执行考试工作的有关规章制度，切实做好试卷命制、印刷、发送过程中的保密工作，严格遵守保密制度，严防泄密。

第九条　考试工作人员要严格遵守考试工作纪律，认真执行考试回避制度。对违反考试纪律和有关规定的，按照《专业技术人员资格考试违纪违规行为处理规定》（人事部第3号令）处理。

人事部、中国地震局关于印发《地震安全性评价工程师制度暂行规定》、《地震安全性评价工程师资格考试实施办法》和《地震安全性评价工程师资格考核认定办法》的通知

（国人部发〔2005〕72号　2005年9月26日）

各省、自治区、直辖市人事厅（局）、地震局，国务院各部委、各直属机构人事部门，中央管理的企业：

根据《地震安全性评价管理条例》和《国务院对确需保留的行政审批项目设定行政许可的决定》（第412号令）有关规定，现将《地震安全性评价工程师制度暂行规定》、《地震安全性评价工程师资格考试实施办法》和《地震安全性评价工程师资格考核认定办法》印发给你们，请遵照执行。

附件：1. 一级地震安全性评价工程师资格考核认定工作领导小组成员名单

2. 中华人民共和国一级地震安全性评价工程师资格考核认定申报表（略）

地震安全性评价工程师制度暂行规定

第一章 总 则

第一条 为了加强地震安全性评价管理，提高地震安全性评价专业技术人员素质，保护人民生命和财产安全，根据《地震安全性评价管理条例》、《国务院对确需保留的行政审批项目设定行政许可的决定》（第412号令）和国家职业资格证书制度有关规定制定本规定。

第二条 本规定适用于在需要进行地震安全性评价的新建、扩建、改建建设工程中，从事地震安全性评价工作的专业技术人员。

第三条 国家对地震安全性评价专业技术人员，实行职业准入制度，纳入全国专业技术人员职业资格证书制度统一规划。

第四条 本规定所称地震安全性评价工程师，是指经考试取得相应级别地震安全性评价工程师资格证书，并依法注册后，从事规定范围地震安全性评价工作的专业技术人员。

第五条 地震安全性评价工程师分一级地震安全性评价工程师和二级地震安全性评价工程师。

英文名称为：Level 1 Seismic Hazard Assessment Engineer。

Level 2 Seismic Hazard Assessment Engineer。

第六条 人事部、中国地震局共同负责地震安全性评价工程师制度实施工作，并按职责分工对该制度的实施进行指导、监督和检查。

县级以上地方人民政府地震局对本行政区域内地震安全性评价工程师资格的注册、执业实施监督管理；县级以上人民政府人事行政部门对本行业区域内地震安全性评价工程师资格考试和注册进行监督检查。

第二章 考 试

第七条 一级地震安全性评价工程师资格实行全国统一大纲、统一命题的考试制度，原则上每年举行一次。

第八条 中国地震局负责拟定一级、二级地震安全性评价工程师资格考试科目、考试大纲，组织进行一级地震安全性评价工程师资格考试命题，研究建立考试题库，提出一级地震安全性评价工程师资格考试合格标准建议。

第九条 人事部组织专家审定一级、二级地震安全性评价工程师资格考试科目、考试大纲和一级地震安全性评价工程师资格考试试题，会同中国地震局对考试进行检查、监督、指导和确定合格标准。

第十条 二级地震安全性评价工程师资格考试由各省、自治区、直辖市地震局会同人事行政部门，按照国家确定的考试大纲和有关规定组织实施。

第十一条 凡中华人民共和国公民，遵守国家法律、法规，恪守职业道德，并具备相应级别报名条件的人员，均可申请参加相应级别地震安全性评价工程师资格考试。

第十二条 一级地震安全性评价工程师资格考试报名条件：

（一）取得地质学、地球物理学或土木工程专业博士学位，从事地震安全性评价相关工作满3年；

（二）取得地质学、地球物理学或土木工程专业硕士学位，从事地震安全性评价相关工作满5年；

（三）取得地质学、地球物理学或土木工程专业双学士学位或研究生班毕业，从事地震安全性评价相关工作满6年；

（四）取得地质学、地球物理学或土木工程专业大学本科学历或学位，从事地震安全性评价相关工作满7年；

（五）取得其他理学类或工学类专业学历、学位的人员，其从事地震安全性评价相关工作年限相应增加2年。

第十三条 二级地震安全性评价工程师资格考试报名条件：

（一）取得地质学、地球物理学或土木工程专业博士学位，从事地震安全性评价相关工作满1年；

（二）取得地质学、地球物理学或土木工程专业硕士学位，从事地震安全性评价相关工作满3年；

（三）取得地质学、地球物理学或土木工程专业双学士学位或研究生班毕业，从事地震安全性评价相关工作满4年；

（四）取得地质学、地球物理学或土木工程专业大学本科学历或学位，从事地震安全性评价相关工作满5年；

（五）取得地质学、地球物理学或土木工程专业大学专科学历，从事地震安全性评价相关工作满7年；

（六）取得其他理学类或工学类专业学历、学位的人员，其从事地震安全性评价相关工作年限相应增加2年。

第十四条 一级地震安全性评价工程师资格考试合格的，颁发人事部统一印制、人事部和中国地震局共同用印的《中华人民共和国一级地震安全性评价工程师资格证书》（以下简称《资格证书》），该证书在全国范围内有效。

二级地震安全性评价工程师资格考试合格的，颁发各省、自治区、直辖市政府人事行政部门和地震局共同用印的《中华人民共和国二级地震安全性评价工程师资格证书》，该证书在本区域内有效。

第三章 注 册

第十五条 地震安全性评价工程师资格实行注册执业管理，取得地震安全性评价工程师资格证书的人员，经过注册后方可以相应级别地震安全性评价工程师的名义执业。

第十六条 中国地震局为一级地震安全性评价工程师资格的注册审批机关。各省、自治区、直辖市地震局负责一级地震安全性评价工程师资格注册的审查工作和二级地震安全性评价工程师资格的注册与管理。

第十七条 取得资格证书并申请注册的人员，应受聘于一个具有地震安全性评价资质的单位，并通过聘用单位向本单位工商注册所在地的省、自治区、直辖市地震局提出注册申请。

第十八条 省、自治区、直辖市地震局收到一级地震安全性评价工程师资格注册的申请材料后，对申请材料不齐全或者不符合法定形式的，应当当场或在5个工作日内，一次告知申请人需要补正的全部内容，逾期不告知的，自收到申请材料之日起即为受理。

对受理或者不予受理的注册申请，均应出具加盖省、自治区、直辖市地震局专用印章和注明日期的书面凭证。

第十九条 省、自治区、直辖市地震局自受理之日起20个工作日内，按规定条件和程序完成申报材料的审查工作，并将申报材料和审查意见报注册审批机关审批。

注册审批机关自受理申报人员材料之日起20个工作日内作出批准决定。对作出不予批准决定的，应当书面说明理由，并告知申请人享有依法申请行政复议或提出行政诉讼的权利。在规定的期限内不能作出批准决定的，应将延长期限的理由告知申请人。

注册审批机关应自作出批准决定之日起10个工作日内，将批准决定送达经批准注册的申请人，并核发《中华人民共和国一级地震安全性评价工程师注册证》（以下简称《注册证》）。

第二十条 《注册证》每一注册有效期为3年。《注册证》在有效期限内是一级地震安全性评价工程师的执业凭证，由一级地震安全性评价工程师本人保管和使用。

第二十一条 初始注册者，可自取得《资格证书》之日起1年内提出注册申请。逾期未申请者，在申请初始注册时，须符合本规定继续教育要求。

初始注册需要提交下列材料：

（一）《中华人民共和国一级地震安全性评价工程师注册申请表》；

（二）《资格证书》；

（三）申请人与聘用单位签订的劳动或聘用合同；

（四）逾期申请注册人员的继续教育证明材料。

第二十二条 注册有效期届满需继续执业的，应在届满前30个工作日内，按照本规定第十七条规定的程序申请延续注册。审批机构应当根据申请人的申请，在规定的时限内作出准予延续注册的决定；逾期未作出决定的，视为准予延续。

延续注册需要提交下列材料：

（一）《中华人民共和国一级地震安全性评价工程师注册申请表》；

（二）与聘用单位签订的劳动或聘用合同；

（三）达到注册期内继续教育要求的证明材料。

第二十三条 在注册有效期内，一级地震安全性评价工程师变更执业单位，应与原聘用单位解除劳动关系，并按本规定第十六条规定的程序办理变更注册手续。变更注册后，其注册证件在原注册有效期内继续有效。

变更注册需要提交下列材料：

（一）《中华人民共和国一级地震安全性评价工程师注册申请表》；

（二）与新聘用单位签订的劳动或聘用合同；

（三）工作调动证明或与原聘用单位解除劳动或聘用关系的证明、退休人员的退休证明。

第二十四条 一级地震安全性评价工程师因丧失行为能力、死亡或被宣告失踪的，其《注册证》失效。

第二十五条 一级地震安全性评价工程师有下列情形之一的，应由一级地震安全性评价工程师本人和聘用单位及时向当地省、自治区、直辖市地震局提出申请，由注册审批机关审核批准后，办理注销手续，收回《注册证》。

（一）不具有完全民事行为能力的；

（二）申请注销注册的；

（三）聘用单位破产的；

（四）聘用单位被吊销营业执照的；

（五）聘用单位被吊销地震安全性评价资质证书的；

（六）与聘用单位解除劳动或聘用关系的；

（七）注册有效期满且未延续注册的；

（八）被依法撤销注册的；

（九）受到刑事处罚的；

（十）应当注销注册的其他情形。

第二十六条　有下列情形之一的，不予注册：

（一）不具有完全民事行为能力的；

（二）刑事处罚尚未执行完毕的；

（三）因从事评价业务活动受到刑事处罚，自刑事处罚执行完毕之日起至申请注册之日止不满 2 年的；

（四）法律、法规规定不予注册的其他情形。

第二十七条　注册申请人以不正当手段取得注册的，应予以撤销，并由注册审批机关依法给予行政处罚；当事人在 3 年内不得再次申请注册；构成犯罪的，依法追究刑事责任。

第二十八条　对被注销注册或不予注册的人员，重新具备初始注册条件，并符合本规定继续教育要求的，可按本规定第十六条规定的程序申请注册。

第二十九条　注册审批机关应定期向社会公布一级地震安全性评价工程师注册有关情况。当事人对注销注册或不予注册有异议的，可依法申请行政复议或提起行政诉讼。

第三十条　继续教育是地震安全性评价工程师延续注册、重新申请注册和逾期初始注册的必备条件。在每个注册期内，地震安全性评价工程师应按规定完成本专业的继续教育。

地震安全性评价工程师继续教育，分必修课和选修课，必修课和选修课总学时不少于 120 学时。

第三十一条　二级地震安全性评价工程师资格注册具体办法，由省、自治区、直辖市地震局制定，颁发辖区内有效的二级地震安全性评价工程师注册证，并报中国地震局备案。

第四章　执　业

第三十二条　地震安全性评价工程师应在一个具有地震安全性评价资质的单位，开展相应专业类别地震安全性评价执业活动。

第三十三条　地震安全性评价工程师执业分地震活动性评价、地震构造评价和工程场地地震影响评价 3 个专业类别。

相应级别地震安全性评价工程师只能在聘用单位的地震安全性评价资质范围内，履行本专业类别岗位职责。

第三十四条 一级地震安全性评价工程师执业范围：各类建设工程地震安全性评价和城市地震小区划工作。

二级地震安全性评价工程师执业范围：除必须由一级地震安全性评价工程师承担的建设工程地震安全性评价工作以外的建设工程评价工作。

第三十五条 地震安全性评价报告的专业结论和总结论，必须由具有《注册证》的本单位专业技术负责人或总技术负责人签章后生效，并承担相应法律责任。

第三十六条 地震安全性评价工程师承担评价业务活动，由其所在单位接受评价委托并统一收取费用。

因地震安全性评价工程师评价结果不符合国家有关法律、法规和标准造成的经济损失，由聘用单位承担赔偿责任。聘用单位可向承担相应责任的地震安全性评价工程师追偿。

第五章 权利和义务

第三十七条 地震安全性评价工程师享有下列权利：

（一）使用相应级别地震安全性评价工程师称谓；

（二）依据国家地震安全性评价相关法律、法规和规章，在规定范围内从事评价活动，履行相应岗位职责；

（三）接受继续教育；

（四）获得与执业责任相应的劳动报酬；

（五）对不符合规定的评价行为提出异议，并向上级部门或注册审批机构报告；

（六）对侵犯本人权利的行为进行申诉。

第三十八条 地震安全性评价工程师应当履行下列义务：

（一）遵守法律、法规和有关管理规定；

（二）执行地震安全性评价法律、法规、规章和标准；

（三）保证地震安全性评价工作质量，并承担相应责任；

（四）在本人完成的地震安全性评价主要文件上签字；

（五）不得准许他人以本人名义执业；

（六）接受继续教育，提高地震安全性评价水准；

（七）保守在地震安全性评价活动中知悉的国家秘密和他人的商业、技术秘密；

（八）完成地震安全性评价机构交办的相关工作。

第六章 附 则

第三十九条 在本规定下发之日前，对长期从事地震安全性评价工作，已按照中国地震局规定取得地震安全性评价甲级上岗证书，并符合考核认定条件的人员，可通过考核认定办法取得一级地震安全性评价工程师资格证书。考核认定办法由人事部、中国地震局另行制定。

第四十条 二级地震安全性评价工程师资格考试、执业注册与管理，由各省、自治区、直辖市人事行政部门、地震局根据国家有关规定，制定具体办法，组织实施，并报中国地震局备案。

第四十一条　符合考试报名条件的香港和澳门居民，可申请参加地震安全性评价工程师资格考试。申请人在报名时应提交本人身份证明、国务院教育行政部门认可的相应专业学历或学位证书、从事地震安全性评价经历证明。台湾地区专业技术人员参加考试办法另行规定。

外籍专业人员申请参加地震安全性评价工程师资格考试、申请注册和执业等管理办法另行制定。

第四十二条　一级地震安全性评价工程师执业的具体范围、需地震安全性评价工程师签字盖章的评价文件种类、继续教育内容、地震安全性评价资质单位配备相应级别地震安全性评价工程师数量和注册管理等具体办法，由中国地震局另行制定。

第四十三条　在实施地震安全性评价工程师制度过程中，相关行政部门及批准的地震安全性评价工程师资格考试等机构，因工作失误，使专业技术人员合法权益受到损害的，应依据《中华人民共和国国家赔偿法》给予相应赔偿，并可向有关责任人追偿。

第四十四条　相关行政部门及经批准的地震安全性评价工程师资格考试等机构的工作人员，有不履行工作职责，监督不力，或者谋取其他利益等违纪违规行为，并造成不良影响或严重后果的，由其上级相关行政部门责令改正，对直接负责的主管人员和其他直接责任人员依法给予行政处分；构成犯罪的，依法追究刑事责任。

第四十五条　本规定自2005年11月1日起施行。

地震安全性评价工程师资格考试实施办法

第一条　人事部、中国地震局共同成立地震安全性评价工程师资格考试办公室（以下简称考试办公室，设在中国地震局），负责考试相关政策的研究及管理工作。

中国地震局组织成立地震安全性评价工程师资格考试专家委员会，负责一级、二级地震安全性评价工程师资格考试大纲的拟定和一级地震安全性评价工程师考试的命题工作。

第二条　一级地震安全性评价工程师资格考试设《地震安全性评价法律法规及相关知识》、《地震安全性评价管理与实务》和《地震安全性评价案例分析》3个科目。《地震安全性评价管理与实务》科目分为：地震活动性评价、地震构造评价和工程场地地震影响评价3个专业类别，考生在报名时可根据实际工作需要选择其一。

一级地震安全性评价工程师资格考试分3个半天进行。各科目考试时间均为3小时，采用闭卷纸笔作答方式进行。

第三条　二级地震安全性评价工程师资格考试科目设置、科目名称、专业类别与一级地震安全性评价工程师资格考试一致。

按照《地震安全性评价工程师制度暂行规定》（以下简称《暂行规定》）有关要求，各省、自治区、直辖市人事行政部门和地震局，根据全国统一的二级地震安全性评价工程师资格考试大纲，负责本地区考试命题和考试组织实施工作，人事部、中国地震局指导、监督和检查。

第四条　截止到2004年12月31日前，长期在地震安全性评价岗位工作，评聘为高级工程师专业技术职务，并取得中国地震局颁发的“甲级地震安全性评价上岗证”的人员，可免试《地震安全性评价法律法规及相关知识》科目，只参加《地震安全性评价管理与实务》和《地震安全性评价案例分析》2个科目的考试。

第五条 参加全部3个科目考试或免试《地震安全性评价法律法规及相关知识》科目的人员，都必须在1个考试年度内通过应试科目，方可获得地震安全性评价工程师资格证书。

第六条 参加考试由本人提出申请，携带所在单位出具的有关证明材料到考试办公室确定的考试管理机构报名。考试管理机构按规定程序和报名条件审查合格后，向申请人核发准考证。参加考试人员在准考证指定的时间、地点参加考试。

国务院各部门所属单位和中央管理的企业的专业技术人员按属地原则报名参加考试。

第七条 中国地震局根据情况确定考点设置的地区和数量。考点原则上设在省会城市和直辖市的大、中专院校或高考定点学校，考试日期为每年第二季度。

考点设置所在地的省、自治区、直辖市人事行政部门负责对考试考务实施工作进行指导、监督和检查。

第八条 坚持考试与培训分开的原则。凡参与考试工作（包括命题、审题与组织管理等）的人员，不得参加考试和举办与考试内容有关的培训工作。应考人员参加相关培训坚持自愿的原则。

第九条 一级地震安全性评价工程师资格考试及有关项目收费标准，须经价格管理部门批准，并向社会公布，接受群众监督。

第十条 考试考务工作应严格执行考试工作的有关规章制度，切实做好试卷命制、印刷、发送过程中的保密工作，严格遵守保密制度，严防泄密。

第十一条 考试工作人员要严格遵守考试工作纪律，认真执行考试回避制度。对违反考试纪律和有关规定行为的，按照《专业技术人员资格考试违纪违规行为处理规定》（人事部令第3号）处理。

地震安全性评价工程师资格考核认定办法

一、考核认定申报条件

长期从事地震安全性评价工作，业绩突出，遵守中华人民共和国宪法和各项法律、法规，恪守职业道德，身体健康，并符合下列条件（一）或条件（二）的在职在编人员。

（一）一级地震安全性评价工程师

1. 中国科学院院士或中国工程师院士。

2. 1998年12月31日前，获得中国地震局颁发的甲级地震安全性评价上岗证书，评聘为工程类高级专业技术职务，年龄在70周岁（含）以下，并同时具备下列（1）、（2）、（3）项条件中的各一项条件：

（1）学历和业务工作年限：

a. 1989年12月31日前，取得地质学类、地球物理学类或土木工程类博士学位，累计从事地震安全性评价工作满9年；

b. 1986 年 12 月 31 日前，取得地质学类、地球物理学类或土木工程类硕士学位，累计从事地震安全性评价工作满 12 年；

c. 1983 年 12 月 31 日前，取得地质学类、地球物理学类或土木工程类大学本科学历或学位，累计从事地震安全性评价工作满 15 年；

d. 1981 年 12 月 31 日前，取得地质学类、地球物理学类或土木工程类大学专科学历，累计从事地震安全性评价工作满 20 年；

e. 按上述条件取得其他理学类或工学类学历、学位的人员，其从事地震安全性评价工作年限相应增加 2 年。

（2）技术业绩：

a. 担任总技术负责人，主持完成 1 项国家级重大建设工程（如：核电站、大型水库）或 5 项建设工程的地震安全性评价工作。

b. 获得地震安全性评价相关专业省（部）级科技进步（科技成果）一等奖项的主要技术负责人（前 5 名）；

c. 获得 2 项以上地震安全性评价相关专业省（部）级科技进步（科技成果）二等奖项的主要技术负责人（前 3 名）；

d. 获得 3 项以上地震安全性评价相关专业省（部）级科技进步（科技成果）三等奖项的主要技术负责人（前 3 名）。

（3）学术水平：

a. 在有国内统一刊号（CN）的期刊或在有国际统一书号（ISSN）的国外期刊上，作为第一作者发表过地震安全性评价相关论文 3 篇及以上（每篇不少于 2 000 字）；

b. 在正式出版社出版过有统一书号（ISBN）的地震安全性评价相关专业著作，本人独立撰写的章节在 5 万字以上；

c. 受聘担任地震安全性评价工程师资格考试专家委员会成员并参加编写考试大纲或试题设计的专家。

（二）二级地震安全性评价工程师资格考核认定条件和具体办法，由各省、自治区、直辖市人事行政部门和地震局制定并组织实施，考核认定办法和考核认定结果报人事部、中国地震局备案。

二、考核认定组织

人事部、中国地震局共同成立“一级地震安全性评价工程师资格考核认定工作领导小组”（以下简称领导小组，名单见附件 1），负责全国地震安全性评价工程师资格考核认定工作。领导小组办公室设在中国地震局。

三、考核认定申报材料

（一）各省、自治区、直辖市或国务院有关部门、中央管理企业人事部门的推荐意见函。

（二）《一级地震安全性评价工程师资格考核认定申报表》一式两份（样表见附件 2）。

（三）中国科学院院士或中国工程院院士证书复印件。其他人员提供以下证明材料的复印件：甲级地震安全性评价上岗证书、学历或学位证书、高级专业技术职务聘书、总技术负责人聘书、获奖证书、相关论文或专著内容说明和首页。

（四）所在单位出具的职业道德证明和获奖单位出具的获奖项目主要技术负责人证明。

四、考核认定程序

（一）符合考核认定申报条件的地震安全性评价专业技术人员，可向所在单位提出申请，经单位同意后，由所在单位向省、自治区、直辖市地震局推荐。

国务院有关部门所属单位和中央管理企业的专业技术人员，由本部门、本企业统一向中国地震局推荐。

（二）各省、自治区、直辖市地震局和国务院有关部门、中央管理企业负责地震工作的机构，对本地区、本部门地震安全性评价单位的申报人员进行审查，提出审查意见，并经本地区、本部门人事部门复审后，提出推荐名单送领导小组办公室审核。

（三）领导小组办公室组织有关专家对推荐人员的材料进行审核，并将审核结果和拟认定人员的名单，报领导小组复核。

（四）领导小组召开会议，对审核结果和申报人员的材料进行复核。对复核合格的人员，由领导小组办公室进行公示。经公示无异议，由人事部、中国地震局批准后向社会公布获得《中华人民共和国一级地震安全性评价工程师资格证书》人员的名单。

对未通过考核认定的申请人，由领导小组办公室向其说明不通过的理由。

五、申报时间及要求

（一）各地、各有关部门、中央管理企业负责地震工作的机构和人事部门，应对推荐人员材料进行认真审查，于2005年12月31日前完成审查和复审工作，签署审查和复审意见并在《地震安全性评价工程师资格考核认定申报表》相应栏目中加盖印章后，将全部申报人员的材料送领导小组办公室。

（二）凡因地震安全性评价工作质量问题，受到中国地震局处罚的单位，其负有直接责任的专业技术人员不得申报。

（三）国家对考核认定人员数额实行总量控制。实施考试后不再进行认定工作。各地、各有关部门及中央管理企业应推荐具备申报条件且在第一线从事地震安全性评价相关工作的专业技术人员。

（四）各地、各有关部门和中央管理企业在审查、复审申报人员材料时，须核查各类证书及相关证明的原件。报送的各类证书等相关材料复印件应由所在单位人事部门负责人签署意见并加盖单位印章。

（五）已通过特许或考核认定的方式取得其他专业职业（执业）资格证书和在公务员岗位工作的人员，一律不得申报。

（六）军队系统专业技术人员的申报、审查、复审、推荐工作，由总政干部部和总后基建营房部按照有关规定、条件、程序和要求进行。

（七）各地、各有关部门、军队和中央管理企业要切实加强领导，坚持标准，严格把关，认真按程序做好申报、审查和复审等各环节工作。凡不认真把关或弄虚作假的，一经发现，停止该地区或部门的申报权和个人的申报资格，并根据相应法律的有关规定进行处理。

附件 1

一级地震安全性评价工程师资格考核认定工作领导小组成员名单

组　长：刘玉辰　中国地震局　副局长

副组长：刘宝英　人事部专业技术人员管理司　司长

朱世龙　中国地震局人事教育和科技司　司长

卢寿德　中国地震局震害防御司（法规司）　司长

成　员：范　勇　人事部专业技术人员管理司　副司长

潘怀文　中国地震局人事教育和科技司　副司长

杜　玮　中国地震局震害防御司（法规司）副司长

胡聿贤　中国地震局地球物理研究所　院士

丁国瑜　中国地震局地震预测研究所　院士

陈厚群　中国水利水电科学研究院　院士

周锡元　北京工业大学建筑工程学院　院士

田胜清　核工业第二研究设计院　教授

戴联筠　国家电力公司电力规划设计总院　教授

冯启民　青岛海洋大学工程学院　教授

金　严　中国地震局地球物理研究所　研究员

张裕明　中国地震局地质研究所　研究员

刘光勋　中国地震局地壳应力研究所　研究员

办公室主任：杜　玮　（兼）

副　主　任：胡文忠　人事部专业技术人员管理司　处长

杨心萍　中国地震局人事教育和科技司　处长

陶裕录　中国地震局震害防御司（法规司）　处长

人事部、建设部关于印发《物业管理师制度暂行规定》、《物业管理师资格考试实施办法》和《物业管理师资格认定考试办法》的通知

（国人部发〔2005〕95 号　2005 年 11 月 16 日）

各省、自治区、直辖市人事厅（局）、建设厅（建委、房地产管理局），国务院各部委、各直属机构人事部门，中央管理的企业：

根据《物业管理条例》有关规定，为规范物业管理行为，现将《物业管理师制度暂行规定》、《物业管理师资格考试实施办法》和《物业管理师资格认定考试办法》印发

给你们，请遵照执行。

附件：1. 物业管理师资格认定考试申报表（略）

2. 物业管理师资格认定考试合格人员情况汇总表（略）

物业管理师制度暂行规定

第一章 总 则

第一条 为了规范物业管理行为，提高物业管理专业管理人员素质，维护房屋所有权人及使用人的利益，根据《物业管理条例》及国家职业资格证书制度有关规定，制定本规定。

第二条 本规定适用于在物业管理企业中，从事物业管理工作的专业管理人员。

第三条 本规定所称物业管理师，是指经全国统一考试，取得《中华人民共和国物业管理师资格证书》（以下简称《资格证书》），并依法注册取得《中华人民共和国物业管理师注册证》（以下简称《注册证》），从事物业管理工作的专业管理人员。

物业管理师英文译为：Certified Property Manager。

第四条 国家对从事物业管理工作的专业管理人员，实行职业准入制度，纳入全国专业技术人员职业资格证书制度统一规划。

第五条 建设部、人事部共同负责全国物业管理师职业准入制度的实施工作，并按职责分工对该制度的实施进行指导、监督和检查。

县级以上地方人民政府房地产主管部门和人事行政部门按职责分工实施物业管理师职业准入制度。

第二章 考 试

第六条 物业管理师资格实行全国统一大纲、统一命题的考试制度，原则上每年举行一次。

第七条 建设部组织成立物业管理师资格考试专家委员会，负责拟定考试科目、考试大纲，组织命题，建立并管理考试试题库等工作。

第八条 人事部组织专家审定考试科目、考试大纲、考试试题，组织实施考试工作；会同建设部研究确定合格标准，并对考试考务工作进行指导、监督和检查。

第九条 凡中华人民共和国公民，遵守国家法律、法规，恪守职业道德，并具备下列条件之一的，可以申请参加物业管理师资格考试：

（一）取得经济学、管理科学与工程或土建类中专学历，工作满10年，其中从事物业管理工作满8年。

（二）取得经济学、管理科学与工程或土建类大专学历，工作满6年，其中从事物业管理工作满4年。

（三）取得经济学、管理科学与工程或土建类大学本科学历，工作满4年，其中从事物业管理工作满3年。

（四）取得经济学、管理科学与工程或土建类双学士学位或研究生班毕业，工作满3年，其中从事物业管理工作满2年。

（五）取得经济学、管理科学与工程或土建类硕士学位，从事物业管理工作满2年。

（六）取得经济学、管理科学与工程或土建类博士学位，从事物业管理工作满1年。

（七）取得其他专业相应学历、学位的，工作年限及从事物业管理工作年限均增加2年。

第十条 物业管理师资格考试合格，由人事部、建设部委托省、自治区、直辖市人民政府人事行政部门，颁发人事部统一印制，人事部、建设部用印的《资格证书》。该证书在全国范围内有效。

第十一条 以不正当手段取得《资格证书》的，由省、自治区、直辖市人民政府人事行政部门收回《资格证书》。自收回《资格证书》之日起，3年内不得再次参加物业管理师资格考试。

第三章 注 册

第十二条 取得《资格证书》的人员，经注册后方可以物业管理师的名义执业。

第十三条 建设部为物业管理师资格注册审批机构。省、自治区、直辖市人民政府房地产主管部门为物业管理师资格注册审查机构。

第十四条 取得《资格证书》并申请注册的人员，应当受聘于一个具有物业管理资质的企业，并通过聘用企业向本企业工商注册所在省的注册审查机构提出注册申请。

第十五条 注册审查机构在收到申请人的注册申请材料后，对申请材料不齐全或者不符合法定形式的，应当当场或者在5个工作日内，一次告知申请人需要补正的全部内容，逾期不告知的，自收到申请材料之日起即为受理。

对受理或者不予受理的注册申请，均应出具加盖注册审查机构专用印章和注明日期的书面凭证。

第十六条 注册审查机构自受理注册申请之日起20个工作日内，按规定条件和程序完成申请材料的审查工作，并将注册申请人员材料和审查意见报注册审批机构审批。

注册审批机构自受理注册申请人员材料之日起20个工作日内作出决定。在规定的期限内不能作出决定的，应当将延长期限的理由告知申请人。

对作出批准决定的，应当自决定批准之日起10个工作日内，将批准决定送达注册申请人，并核发《注册证》。对作出不予批准决定的，应当书面说明理由，并告知申请人享有依法申请行政复议或者提起行政诉讼的权力。

第十七条 物业管理师资格注册有效期为3年。《注册证》在有效期限内是物业管理师的执业凭证，由持证人保管和使用。

第十八条 初始注册者，可以自取得《资格证书》之日起1年内提出注册申请。逾期未申请者，在申请初始注册时，必须符合本规定继续教育的要求。

初始注册时需要提交下列材料：

（一）《中华人民共和国物业管理师初始注册申请表》；

（二）《资格证书》；

（三）与聘用单位签订的劳动合同；

（四）逾期申请初始注册人员的继续教育证明材料。

第十九条 注册有效期届满需要继续执业的，应当在有效期届满前30个工作日内，按照本规定第十四条规定的程序申请延续注册。注册审批机构应当根据申请人的申请，在规定的时限内作出延续注册的决定；逾期未作出决定的，视为准予延续注册。

延续注册时需要提交下列材料：

（一）《中华人民共和国物业管理师延续注册申请表》；

（二）与聘用单位签订的劳动合同；

（三）达到注册期内继续教育要求的证明材料。

第二十条 在注册有效期内，物业管理师变更执业单位，应按照本规定第十四条规定的程序办理变更注册手续。变更注册后，其《注册证》在原注册有效期内继续有效。

变更注册时需要提交下列材料：

（一）《中华人民共和国物业管理师变更注册申请表》；

（二）与新聘用单位签订的劳动合同；

（三）工作调动证明或者与原聘用单位解除劳动合同的证明，退休人员的退休证明。

第二十一条 物业管理师因丧失行为能力、死亡或者被宣告失踪的，其《注册证》失效。

第二十二条 注册申请人有下列情形之一的，注册审批机构不予注册：

（一）不具有完全民事行为能力的；

（二）刑事处罚尚未执行完毕的；

（三）在物业管理活动中受到刑事处罚，自刑事处罚执行完毕之日起至申请注册之日止不满2年的；

（四）法律、法规规定不予注册的其他情形。

第二十三条 物业管理师或者聘用单位有下列情形之一的，应由本人或聘用单位按规定的程序向当地注册审查机构提出申请，由注册审批机构核准后，办理注销手续，收回《注册证》。

（一）不具有完全民事行为能力的；

（二）申请注销注册的；

（三）与聘用单位解除劳动关系的；

（四）注册有效期满且未延续注册的；

（五）被依法撤销注册的；

（六）造成物业管理项目重大责任事故或者受到刑事处罚的；

（七）聘用单位被吊销营业执照的；

（八）聘用单位被吊销物业管理资质证书的；

（九）聘用单位破产的；

（十）应当注销注册的其他情形。

第二十四条 注册申请人以不正当手段取得注册的，注册审批机构应当撤销注册，并依法给予行政处罚；当事人在3年内不得再次申请注册；构成犯罪的，依法追究刑事责任。

第二十五条 被注销注册或者不予注册的人员，重新具备初始注册条件，并符合本规定继续教育要求的，可按照本规定第十四条规定的程序申请注册。

第二十六条 注册审批机构应当定期公布注册有关情况。当事人对注销注册、不予注册或者撤销注册有异议的，可依法申请行政复议或者提起行政诉讼。

第四章 执 业

第二十七条 物业管理师依据《物业管理条例》和相关法律、法规及规章开展执业活动。

第二十八条　物业管理项目负责人应当由物业管理师担任。物业管理师只能在一个具有物业管理资质的企业负责物业管理项目的管理工作。

第二十九条　物业管理师应当具备的执业能力：

（一）掌握物业管理、建筑工程、房地产开发与经营等专业知识；

（二）具有一定的经济学、管理学、社会学、心理学等相关学科的知识；

（三）能够熟练运用物业管理相关法律、法规和有关规定；

（四）具有丰富的物业管理实践经验。

第三十条　物业管理师的执业范围：

（一）制定并组织实施物业管理方案；

（二）审定并监督执行物业管理财务预算；

（三）查验物业共用部位、共用设施设备和有关资料；

（四）负责房屋及配套设施设备和相关场地的维修、养护与管理；

（五）维护物业管理区域内环境卫生和秩序；

（六）法律、法规规定和《物业管理合同》约定的其他事项。

第三十一条　物业管理项目管理中的关键性文件，必须由物业管理师签字后实施，并承担相应法律责任。

第三十二条　物业管理师应当妥善处理物业管理活动中出现的问题，按照物业服务合同的约定，诚实守信，为业主提供质价相符的物业管理服务。

第三十三条　物业管理师应当接受继续教育，更新知识，不断提高业务水平。每年接受继续教育时间应当不少于40学时。

第五章　附　则

第三十四条　对在本规定发布之日前，长期从事物业管理工作，具有丰富物业管理实践经验，并符合考试认定条件的专业管理人员，可通过考试认定办法取得物业管理师资格。

第三十五条　取得《资格证书》的人员，用人单位可以根据工作需要聘任经济师职务。

第三十六条　符合考试报名条件的香港、澳门居民，可以申请参加物业管理师资格考试。申请人在报名时应提交本人身份证明、国务院教育行政部门认可的相应专业学历或者学位证书、从事工作及物业管理相关实践年限证明。台湾地区专业技术人员参加考试的办法另行规定。

外籍专业人员申请参加物业管理师资格考试、注册和执业等管理办法另行制定。

第三十七条　物业管理师继续教育内容、物业管理企业配备物业管理师数量和注册管理等具体办法，由建设部另行规定。

第三十八条　各级人事行政部门和房地产主管部门及物业管理师资格考试等机构，在实施物业管理师制度过程中，因工作失误，使专业管理人员合法权益受到损害的，应当依据国家有关规定给予相应赔偿，并可向有关责任人追偿。

第三十九条　各级人事行政部门和房地产主管部门及物业管理师资格考试等机构的工作人员，有不履行工作职责，监督不力，为本人或他人谋取私利等违法违纪行为的，视情节轻重，给予行政处分。构成犯罪的，依法追究刑事责任。

第四十条 本规定自2005年12月1日起施行。

物业管理师资格考试实施办法

第一条 人事部、建设部共同成立物业管理师资格考试办公室（以下简称考试办公室，设在建设部），负责考试相关政策的研究及管理工作。具体考务工作委托人事部考试中心负责。

各省、自治区、直辖市的考试工作由当地人事行政部门会同房地产主管部门组织实施，并协商确定具体职责分工。

第二条 物业管理师资格考试科目为《物业管理基本制度与政策》、《物业管理实务》、《物业管理综合能力》和《物业经营管理》。

第三条 资格考试分4个半天进行。《物业管理基本制度与政策》、《物业经营管理》、《物业管理综合能力》3个科目的考试均为2.5小时，《物业管理实务》科目考试时间为3个小时。

第四条 符合《物业管理师制度暂行规定》（以下简称《暂行规定》）有关报名条件的人员，均可报名参加物业管理师资格考试。

第五条 符合《暂行规定》有关报名条件，并于2004年12月31日前，评聘工程类或经济类高级专业技术职务，且从事物业管理工作满10年的人员，可免试《物业管理基本制度与政策》、《物业经营管理》2个科目，只参加《物业管理实务》、《物业管理综合能力》2个科目的考试。

第六条 考试成绩实行2年为一个周期的滚动管理办法，参加全部4个科目考试的人员必须在连续两个考试年度内通过全部科目；免试部分科目的人员必须在一个考试年度内通过应试科目。

第七条 参加考试由本人提出申请，携带所在单位出具的有关证明及相关材料到当地考试管理机构报名。考试管理机构按规定的程序和报名条件审查合格后，发给准考证。参加考试人员凭准考证在指定的时间、地点参加考试。

国务院各部门所属单位和中央管理企业的专业管理人员按属地原则报名参加考试。

第八条 考试日期为每年第三季度。考点原则上设在省会城市和直辖市的大、中专院校或高考定点学校，如确需在其他城市设置，须经建设部和人事部批准。

第九条 物业管理师资格考试及有关项目的收费标准，须经当地价格行政部门批准，并公布于众，接受群众监督。

第十条 坚持考试与培训分开的原则。凡参与考试工作（包括命、审题与组织管理）的人员，不得参加考试和举办与考试内容有关的培训工作。应考人员参加相关培训坚持自愿的原则。

第十一条 考试考务工作应严格执行考试工作的有关规章制度，切实做好试卷命制、印刷、发送过程中的保密工作，严格遵守保密制度，严防泄密。

第十二条 考试工作人员应严格遵守考试工作纪律，认真执行考试回避制度。对违反考试纪律和有关规定行为的，按照《专业技术人员资格考试违纪违规行为处理规定》（人事部令第3号）处理。

物业管理师资格认定考试办法

一、认定考试申报条件

遵守中华人民共和国宪法和各项法律、法规，恪守职业道德，身体健康，评聘为中级及以上专业技术职务，担任物业管理项目经理或物业管理项目管理处主任及以上职务满5年，管理过2个以上物业管理项目，管理面积达到20万平方米，管理业绩良好，取得建设部颁发的物业管理经理岗位培训合格证书，并同时具备下列条件（一）和（二）中各一项的在职在编人员，可报名参加物业管理师资格认定考试。

（一）学历与工作经历

1. 具有大学本科以上学历或学位，从事物业管理工作满5年。

2. 具有大学专科学历，从事物业管理工作满10年。

3. 具有中专学历，从事物业管理工作满15年。

（二）专业水平与业绩

1. 在有国内统一刊号（CN）或国际刊号（ISSN）的期刊上，作为第一作者发表过物业管理专业论文2篇及以上（每篇不少于2 000字）；

2. 出版有统一书号（ISBN）的物业管理相关专业著作（本人独立撰写章节在30 000字以上）。

3. 获得物业管理相关专业省部级以上科技成果奖项目的主要技术负责人（前5名）。

二、认定考试组织

物业管理师资格认定考试由人事部、建设部共同负责，并成立"全国物业管理师认定考试办公室"（以下简称全国认定考试办公室），负责认定考试的管理工作。

各省、自治区人事厅、建设厅和直辖市人事局、房地产管理局按职责分工负责本地区认定考试管理工作。

三、认定考试方式

（一）认定考试采取全国统一组织、闭卷笔答方式进行。

（二）认定考试科目为《物业管理实务》。考试主要考察物业管理专业工作的实际能力。

（三）认定考试合格标准由人事部、建设部共同研究确定。

四、认定考试申报材料

（一）《物业管理师资格认定考试申报表》（附件1）一式两份；

（二）学历或学位证书、评聘专业技术职务证书、物业管理企业资质证书、物业管理企业经理岗位培训合格证书、获奖证书、担任项目负责人任命文件和论文、专著封面及内容说明的复印件。

（三）所在单位出具的职业道德和管理业绩证明，获奖单位出具的获奖项目主要技术负责人证明。

（四）本人近期1寸免冠相片3张。

五、认定考试程序

（一）符合认定考试条件的人员，通过聘用单位向单位工商登记注册所在地省、自治区、直辖市房地产主管部门报送申请材料。

（二）各省、自治区、直辖市房地产主管部门对申报人员材料进行审查，提出审查意见，并经当地人事行政部门复审合格后，由物业管理师资格认定考试考务机构向申请人核发准考证。

（三）参加认定考试人员按照有关规定，携带相关证件，在准考证指定的时间和地点参加考试。

（四）认定考试结束后，各省、自治区、直辖市物业管理师资格认定考试管理部门将认定考试人员申报材料、考试信息软盘和《物业管理师资格认定考试合格人员情况汇总表》（附件2）一并报全国认定考试办公室。

（五）全国认定考试办公室组织有关专家对各地报送的申报人员材料和考试人员成绩进行审核，将审核合格人员名单进行公示。经公示无异议后，由建设部、人事部审批后向社会公告获得《中华人民共和国物业管理师资格证书》人员的名单。

对未通过认定考试的申请人，委托各省、自治区、直辖市物业管理师资格认定考试管理部门向其说明不通过的理由。

六、认定考试有关要求

（一）各地应及时将本通知精神向社会公告。认定考试申请材料上报和考试时间及各环节工作另行通知。

（二）各地区应严格按照规定的条件和程序，认真做好申报、审查和复审工作。凡不认真把关和弄虚作假的，按照《行政许可法》有关规定处理。

（三）各地区在审查、复审时，应核查各类证书及相关证明文件的原件。报送的各类证书等相关证明文件的复印件应由所在单位人事部门负责人签署意见、加盖单位印章，并承担相关责任。

（四）物业管理师资格认定考试考务各环节工作，应按照《物业管理师资格考试实施办法》有关要求进行。对违反考试纪律和有关规定行为的，按照《专业技术人员资格考试违纪违规行为处理规定》处理。

（五）全国认定考试办公室公示网站为：中国住宅与房地产信息网站（http://www.realestate.gov.cn）、中国物业管理协会网站（http://www.ecpmi.org.cn）。

人事部、信息产业部关于印发《通信专业技术人员职业水平评价暂行规定》、《通信专业技术人员初级、中级职业水平考试实施办法》的通知

（国人部发〔2006〕10号　2006年1月27日）

各省、自治区、直辖市人事厅（局）、通信管理局，国务院各部委、各直属机构人事部门，中央管理的企业：

为加强通信专业技术人才队伍建设，提高通信专业技术人员素质，经研究决定，在通信运营领域建立通信专业技术人员职业水平评价制度。现将《通信专业技术人员职业水平评价暂行规定》和《通信专业技术人员初级、中级职业水平考试实施办法》印发给你们，请遵照执行。

通信专业技术人员职业水平评价暂行规定

第一章　总　则

第一条　为适应国家通信现代化建设需要，加强通信专业技术人才队伍建设，提高通信质量和服务水平，根据《中华人民共和国电信条例》和国家职业资格证书制度有关规定，制定本暂行规定。

第二条　本规定适用于从事通信工作的专业技术人员。

第三条　通信专业技术人员职业水平评价，纳入全国专业技术人员职业资格证书制度统一规划。

第四条　通信专业技术人员职业水平评价分初级、中级和高级三个级别层次。初级、中级职业水平采用考试的方式评价。高级职业水平实行考试与评审相结合的方式评价，具体办法另行制定。

第五条　参加通信专业技术人员初级、中级职业水平考试，并取得相应级别职业水平证书的人员，表明其已具备相应专业技术岗位工作的水平和能力。

第六条　人事部、信息产业部按照职责分工负责对通信专业技术人员初级、中级职业水平考试工作进行指导、监督和检查。

第二章　考　试

第七条　通信专业技术人员初级、中级职业水平评价，采用全国统一大纲、统一命题、统一组织的考试方式，原则上每年举行一次。

第八条　信息产业部负责制定考试科目、考试大纲和组织命题，建立考试试题库，实施考试考务等有关工作。

通信专业技术人员初级职业水平考试不分专业；中级职业水平考试为：交换技术、传输与接入、终端与业务、互联网技术、设备环境5个专业。

第九条　人事部组织专家审定考试科目、考试大纲和试题，会同信息产业部确定合格标准，并对考试进行检查、监督和指导。

第十条　报名参加通信专业技术人员初级、中级职业水平考试的人员，必须遵守《中华人民共和国宪法》、《中华人民共和国电信条例》和国家有关电信工作规章制度，恪守职业道德。

第十一条　报名参加通信专业初级水平考试的人员，除具备第十条所列基本条件外，还应符合下列条件之一：

（一）取得中专及以上学历或学位的；

（二）高等院校通信工程专业应届毕业生。

第十二条　报名参加通信专业中级水平考试的人员，除具备第十条所列基本条件外，还应符合下列条件之一：

（一）取得通信工程大学专科学历，从事通信专业工作满5年；

（二）取得通信工程大学本科学历，从事通信专业工作满4年；

（三）取得通信工程双学士学位或研究生班毕业，从事通信专业工作满2年；

（四）取得通信工程硕士学位，从事通信专业工作满1年；

（五）取得通信工程博士学位；

（六）取得其他工程类专业上述学历或学位，其从事通信工程专业工作年限相应增加2年。

第十三条 通信专业初级、中级职业水平考试合格，由各省、自治区、直辖市人事部门颁发人事部统一印制，人事部、信息产业部共同用印的《中华人民共和国通信专业技术人员职业水平证书》。该证书在全国范围有效。

第十四条 凡以不正当手段取得通信专业相应级别职业水平证书的，由发证机关收回证书，2年内不得再次参加通信专业水平考试。

第三章 职 业 能 力

第十五条 取得通信专业初级职业水平证书的人员，应具备以下职业能力：

（一）了解国家电信管理的法律法规和通信行业管理各项规定；

（二）具有一定的通信专业知识和工作能力，掌握本专业一般性操作技术；

（三）能够解决通信专业工作中的一般性技术问题；

（四）掌握计算机应用技术，并熟练使用计算机。

第十六条 取得通信专业中级职业水平证书的人员，应具备的基本能力：

（一）熟悉国内外电信管理的法律法规以及通信行业管理的各项规定，有较丰富的通信专业工作经验；

（二）了解国内外通信市场本专业的发展趋势，有较强的开拓创新精神，能够独立解决本专业比较复杂或疑难的技术问题；

（三）具有较强的计算机应用和网络维护能力，能够解决计算机应用和计算机网络维护中的技术故障；

（四）能够指导本专业初级技术人员和协助高级技术人员工作，具有处理与本专业相关的一般性技术问题的能力；

（五）具有一定的外语水平。

第十七条 取得通信专业中级职业水平证书的人员，除具备本规定第十六条规定的基本条件外，还应分别具备本专业的职业能力：

（一）交换技术专业

1. 熟悉电话交换网、信令网、智能网、语音服务系统的原理和技术特点，掌握各系统的运行维护指标与验收标准，对网络进行管理；

2. 熟练使用各种命令修改相应用户数据，使用各种指令检查、修改局数据；能够迅速判断和处理交换系统各种紧急故障，提出改进维护的技术措施；

3. 能够对交换网的规划设计、扩容系统及集成、交换设备改造等，提出改进措施和解决方案，并能提供技术支持。

（二）传输与接入专业

1. 熟练掌握数字配线架（DDF）、光纤配线架（ODF）电缆与光纤的连接技术；能够指导系统设备的设备安装、调测工作，并对竣工工程进行验收；

2. 掌握电信接入网系统、监控系统、同步网系统的标准、设计标准、技术规范、维护规程；

3. 能够利用网管和本地终端进行电路链接和性能监测，依据其告警信息准确判断网络故障并进行处理，组织实施电路应急调度及时恢复业务。

（三）终端与业务专业

1. 熟悉6P’S 营销组合因素及其在电信产品中的应用，能够灵活运用通信产品的差异化策略；

2. 掌握电信业务的不同市场信息和运用消费者电信消费行为分析方法，制定开拓电信业务的市场开发策略与方案；

3. 熟练运用网络终端系统及网络管理支撑系统，为通信业务的科研开发、业务设计提供技术支持，为客户提供终端与业务的服务。

（四）互联网技术专业

1. 熟悉互联网和数据网技术规范、标准、网络设计、网络优化、计费系统，掌握网络与信息安全技术；

2. 熟悉所维护的互联网和数据网设备的工作原理，掌握其使用、维护和检修技术，能处理各种网络的技术故障；

3. 能够维护区域内的网络拓扑结构及网络组织，跟踪各种网络发展新技术，及时提出更新措施与实施方案。

（五）设备环境专业

1. 熟悉通信设备环境专业的技术标准、规范和安全操作规程；掌握集中监控系统的网络技术、网络互联和系统组网技术；

2. 能根据现场采集数据，分析电源、空调设备运行状态，及时发现问题排除故障；能对监控系统进行遥信遥控检测，掌握系统冗余技术，能进行软件容错与诊断设计；

3. 解决发电机组及大容量不间断电源（UPS）的疑难技术故障，处理机房空调系统、供电系统、监控系统的复杂技术问题。

第十八条　取得通信专业各级别职业水平证书的人员，应当接受继续教育，更新知识，不断提高职业素质和本专业工作能力。

第四章　登　记

第十九条　通信专业各级别职业水平证书，实行登记服务制度。

第二十条　信息产业部委托相应机构定期向社会公布通信专业各级别职业水平证书登记情况，并为用人单位提供取得通信专业职业水平证书人员的信息服务。

第二十一条　在通信专业活动中，因违反法律、法规、各项规章制度或职业道德，对通信专业工作产生重大影响或造成经济损失的，由信息产业部委托的机构取消登记，并由发证机关收回职业水平证书。

第五章　附　则

第二十二条　用人单位可根据《工程技术人员职务试行条例》有关规定和相应专业岗位工作需要，从获得相应级别、类别职业水平证书的人员中择优聘任。

取得初级水平证书，可聘任技术员或助理工程师职务；取得中级水平证书，可聘任工程师职务。

第二十三条 通信专业技术人员初级、中级职业水平考试在全国实施后，各地区、各部门不再进行通信工程相应专业和级别任职资格的评审工作。

第二十四条 香港、澳门居民申请参加通信专业各级别职业水平考试，在报名时应提交本人身份证明、国务院教育行政部门认可的相应专业学历或学位证书、从事本专业工作实践证明。台湾地区的专业人员参加考试的办法另行规定。

外籍专业技术人员申请参加通信专业各级别职业水平考试的具体办法另行规定。

第二十五条 通信专业技术人员职业水平评价等机构，在开展通信专业人员职业水平评价过程中，因工作失误，使专业技术人员合法权益受到损害的，应依据国家有关规定给予相应赔偿，并可向有关责任人追偿。

第二十六条 通信专业人员职业水平评价等机构的工作人员，有不履行工作职责，监督不力，或者谋取其他利益等违纪违规行为，并造成不良影响或严重后果的，由其主管单位责令改正，对直接负责的主管人员和其他直接责任人员给予行政处分；构成犯罪的，依法追究刑事责任。

第二十七条 本规定自2006年3月1日起施行。

通信专业技术人员初级、中级职业水平考试实施办法

第一条 通信专业技术人员初级、中级职业水平考试在人事部、信息产业部的统一指导下进行。两部门共同成立通信专业水平考试办公室（办公室设在信息产业部），负责研究通信专业技术人员职业水平评价相关政策。

第二条 信息产业部组织成立通信专业水平评价专家委员会，该委员会负责编写考试大纲、命题，研究建立考试题库。

第三条 人事部、信息产业部委托信息产业部邮电人才交流中心，承担通信专业各级别职业水平考试的考务工作。

各省、自治区、直辖市的考试工作，由当地通信管理部门会同人事行政部门共同负责，具体职责分工由各地协商确定。

第四条 通信专业初级、中级职业水平考试均设《通信专业综合能力》和《通信专业实务》2个科目。中级考试《通信专业实务》科目分：交换技术、传输与接入技术、终端与业务、互联网技术和设备环境5个专业类别，考生在报名时可根据实际工作岗位需要选择其一。

第五条 通信专业初级、中级职业水平考试均分2个半天进行。《通信专业综合能力》科目的考试时间均为2小时；《通信专业实务》科目考试时间均为3小时。

在一个考试年度内，通过《通信专业综合能力》和《通信专业实务》2个科目的考试，方可取得通信专业相应级别、类别职业水平证书。

第六条 报名参加通信专业各级别职业水平考试的人员，应符合《通信专业技术人员职业水平评价暂行规定》规定的报名条件。由本人提出申请，按规定携带有关证明材料，到指定的考试管理机构报名。经考试管理机构审核合格后，向申请人核发准考证。

申请人凭准考证及有关证明，在指定的时间、地点参加考试。

国务院各部门所属单位和中央管理企业的专业技术人员，按属地原则报名参加考试。

第七条　参加通信专业初级职业水平考试的高等院校应届毕业生，在报名时应提交能够证明其在考试年度可毕业的有效证件（如学生证等）和所在学校出具的应届毕业生证明。

第八条　通信专业各级别职业水平考试日期定为每年 9 月。考点原则上设在直辖市和省会城市的大、中专院校或高考定点学校，如确需在其他城市设置考点，须经人事部、信息产业部批准。

第九条　通信专业各级别职业水平考试有关项目的收费标准，须经当地价格行政部门核准，并向社会公布，接受公众监督。

第十条　坚持考试与业务培训分开的原则。凡参与考试工作（包括命题与组织管理等）的人员，不得参加考试和举办与考试内容有关的培训工作。应考人员参加相关培训坚持自愿的原则。

第十一条　考试考务工作要严格执行考试工作的有关规章制度，切实做好试卷命制、印刷、发送过程中的保密工作，严格遵守保密制度，严防泄密。

第十二条　考试工作人员要严格遵守考试工作纪律，认真执行考试回避制度。对违反考试纪律和有关规定的，按照《专业技术人员资格考试违纪违规行为处理规定》（人事部第 3 号令）处理。

人事部、国家质量监督检验检疫总局关于印发《注册计量师制度暂行规定》、《注册计量师资格考试实施办法》和《注册计量师资格考核认定办法》的通知

（国人部发〔2006〕40 号　2006 年 4 月 26 日）

各省、自治区、直辖市人事厅（局）、质量技术监督局，国务院各部委、各直属机构人事部门，中央管理的企业：

根据《中华人民共和国计量法》有关规定，现将《注册计量师制度暂行规定》、《注册计量师资格考试实施办法》和《注册计量师资格考核认定办法》印发给你们，请遵照执行。

附件：1. 一级注册计量师资格考核认定工作领导小组成员名单

2. 中华人民共和国一级注册计量师资格考核认定申报表（略）

注册计量师制度暂行规定

第一章　总　则

第一条　为加强计量专业技术人员管理，提高计量专业技术人员素质，保障国家量

值传递的准确可靠，根据《中华人民共和国计量法》和国家职业资格证书制度有关规定，制定本规定。

第二条　本规定适用于依据计量法律、法规有关规定，从事计量检定、校准、检验、测试等计量技术工作（以下简称计量技术工作）的专业技术人员。

第三条　国家对从事计量技术工作的专业技术人员，实行职业准入制度，纳入全国专业技术人员职业资格证书制度统一规划。

第四条　本规定所称注册计量师，是指经考试取得相应级别注册计量师资格证书，并依法注册后，从事规定范围计量技术工作的专业技术人员。

第五条　注册计量师分一级注册计量师和二级注册计量师。

英文分别译为：Level 1 Certified Metrology Engineer。

Level 2 Certified Metrology Engineer。

第六条　人事部、国家质量监督检验检疫总局（以下简称质检总局）共同负责注册计量师制度实施工作，并按职责分工对该制度的实施进行指导、监督和检查。

各省、自治区、直辖市人事行政部门、质量技术监督部门，按照职责分工负责本行政区域内注册计量师制度的实施与监督管理。

第二章　考　试

第七条　注册计量师资格实行全国统一大纲、统一命题的考试制度，原则上每年举行一次。

第八条　质检总局负责拟定注册计量师资格考试科目、考试大纲、考试试题，研究建立考试试题库，提出考试合格标准的建议。

第九条　人事部组织专家审定注册计量师资格考试科目、考试大纲和考试试题，会同质检总局对考试进行检查、监督、指导和确定合格标准。

第十条　凡中华人民共和国公民，遵守国家法律、法规，恪守职业道德，并符合注册计量师资格考试相应报名条件的人员，均可申请参加相应级别注册计量师的考试。

第十一条　一级注册计量师资格考试报名条件：

（一）取得理学类或工学类专业大学专科学历，工作满6年，其中从事计量技术工作满4年；

（二）取得理学类或工学类专业大学本科学历，工作满4年，其中从事计量技术工作满3年；

（三）取得理学类或工学类专业双学士学位或研究生班毕业，工作满3年，其中从事计量技术工作满2年；

（四）取得理学类或工学类专业硕士学位，工作满2年，其中从事计量技术工作满1年；

（五）取得理学类或工学类专业博士学位，从事计量技术工作满1年；

（六）取得其他类专业相应学历、学位的人员，其工作年限和从事计量技术工作年限相应增加2年。

第十二条　二级注册计量师资格考试报名条件：

（一）取得工学类中专学历后，从事计量技术工作满2年；

（二）取得理学类或工学类专业大学专科及以上学历或学位，从事计量技术工作满1 年。

第十三条 一级注册计量师资格考试合格，颁发人事部统一印制，人事部、质检总局共同用印的《中华人民共和国一级注册计量师资格证书》，该证书在全国范围内有效。

二级注册计量师资格考试合格，由相应省、自治区、直辖市人事行政部门颁发人事行政部门和质量技术监督部门共同用印的《中华人民共和国二级注册计量师资格证书》。

第十四条 以不正当手段取得注册计量师资格证书的，由发证机关收回。自收回注册计量师资格证书之日起，当事人 3 年内不得再次参加注册计量师资格考试。

第三章 注 册

第十五条 国家对注册计量师资格实行注册执业管理，取得注册计量师资格证书的人员，经过注册后方可以相应级别注册计量师名义执业。

第十六条 质检总局为一级注册计量师资格的注册审批机关。各省、自治区、直辖市质量技术监督部门（以下简称省级质量技术监督部门）为二级注册计量师资格的注册审批机关，并负责一级注册计量师资格的注册审查工作。

第十七条 取得注册计量师资格证书并申请注册的人员，应当受聘于一个经批准或授权的计量技术机构，并通过聘用单位报本单位所在地（聘用单位属企业的通过本单位工商注册所在地）的质量技术监督部门，向省级质量技术监督部门提出注册申请。

第十八条 省级质量技术监督部门收到注册计量师资格注册的申请材料后，对申请材料不齐全或者不符合法定形式的，应当当场或在 5 个工作日内，一次告知申请人需要补正的全部内容。逾期不告知的，自收到申请材料之日起即为受理。

对受理或者不予受理的注册申请，均应当出具加盖省级质量技术监督部门注册专用印章和注明日期的书面凭证。

第十九条 省级质量技术监督部门自受理之日起 20 个工作日内，按规定条件、程序完成一级注册计量师资格申报材料的审查和二级注册计量师资格注册的审批工作。并在规定的时限内，将一级注册计量师资格注册申报材料和审查意见报注册审批机关审批。

各级注册审批机关自受理相应级别申报人员材料之日起 20 个工作日内作出是否批准的决定。对作出不予批准决定的，应当书面说明理由，并告知申请人享有依法申请行政复议或提起行政诉讼的权利。在规定的期限内不能作出批准决定的，应当将延长期限的理由告知申请人。

各级注册审批机关应当自作出相关批准决定之日起 10 个工作日内，将批准决定送达经批准注册的申请人，并核发相应级别《中华人民共和国注册计量师注册证》（以下简称《注册证》）。

第二十条 《注册证》每一注册有效期为 3 年。《注册证》在有效期限内是注册计量师的执业凭证，由注册计量师本人保管和使用。

第二十一条 初始注册者，可自取得注册计量师资格证书之日起 1 年内提出注册申请。逾期未申请者，在申请初始注册时，须符合本规定继续教育要求。

初始注册需要提交下列材料：

（一）相应级别注册计量师注册申请表；

（二）相应级别注册计量师资格证书；

（三）申请人与聘用单位签订的劳动或聘用合同；

（四）逾期申请注册人员的继续教育证明材料；

（五）计量专业项目考核合格证明或《中华人民共和国计量法》规定的《计量检定员证》；

（六）相应注册审批机构规定的其他条件。

第二十二条　注册有效期届满需继续执业的，应当在届满前30个工作日内，按照本规定第十七条规定的程序申请延续注册。注册审批机构应当根据申请人的申请，在规定的时限内作出是否准予延续注册的决定；逾期未作出决定的，视为准予延续。

延续注册需要提交下列材料：

（一）相应级别注册计量师延续注册的申请表；

（二）相应级别注册计量师资格证书；

（三）与聘用单位签订的劳动或聘用合同；

（四）按规定完成继续教育的证明和聘用单位考核合格证明；

（五）相应注册审批机构规定的其他条件。

第二十三条　在注册有效期内，注册计量师变更专业类别或执业单位的，应当按本规定第十七条规定的程序办理变更注册手续。变更注册后，其注册证件在原注册有效期内继续有效。

变更注册需要提交下列相应材料：

（一）相应级别注册计量师变更注册的申请表；

（二）与变更后的专业类别一致的计量专业项目考核合格证明；

（三）聘用单位同意变更专业的证明；

（四）与新聘用单位签订的劳动或聘用合同；

（五）工作调动证明、与原聘用单位解除劳动或聘用关系证明。

第二十四条　注册计量师因丧失行为能力、死亡或被宣告失踪的，其《注册证》失效。

第二十五条　注册计量师有下列情形之一的，应当由注册计量师本人或聘用单位及时向当地省级质量技术监督部门提出申请，由相应注册审批机关审核批准后，办理注销手续，收回《注册证》：

（一）不具有完全民事行为能力的；

（二）申请注销注册的；

（三）注册有效期满且未延续注册的；

（四）被依法撤销注册的；

（五）受到刑事处罚的；

（六）与聘用单位解除劳动或聘用关系的；

（七）聘用单位被依法取消计量技术工作资质的；

（八）因本人过失造成利害关系人重大经济损失的；

（九）应当注销注册的其他情形。

第二十六条 有下列情形之一的，不予注册：

（一）不具有完全民事行为能力的；

（二）刑事处罚尚未执行完毕的；

（三）因在计量技术工作中受到刑事处罚，自刑事处罚执行完毕之日起至申请注册之日止不满 2 年的；

（四）法律、法规规定不予注册的其他情形。

第二十七条 注册申请人以不正当手段取得注册的，应当予以撤销，并由注册审批机关依法给予行政处罚；当事人在 3 年内不得再次申请注册；构成犯罪的，依法追究刑事责任。

第二十八条 对被注销注册或不予注册的人员，重新具备初始注册条件，并符合本规定继续教育要求的，可按本规定第十七条规定的程序申请注册。

第二十九条 注册审批机关应当定期向社会公布相应级别注册计量师注册有关情况。当事人对注销注册或不予注册有异议的，可依法申请行政复议或提起行政诉讼。

第三十条 继续教育是注册计量师延续、重新申请注册和逾期初始注册的必备条件。在每个注册期内，注册计量师应当按规定完成本专业的继续教育。

第四章 执 业

第三十一条 注册计量师依据国家计量法律、法规的规定，开展相应专业的执业活动。

第三十二条 各级注册计量师只能在聘用单位计量技术工作资质规定的业务范围和本人注册的专业范围内，履行相应岗位职责。

第三十三条 一级注册计量师执业范围：进行计量基准、计量标准器具的校准，以及其他计量技术工作，出具计量技术报告；指导、检查同一专业项目二级注册计量师开展工作。

二级注册计量师执业范围：除计量基准、计量标准器具校准之外的其他计量技术工作，出具相应计量技术报告。

第三十四条 一级注册计量师应当具备下列执业能力：

（一）熟悉国家计量法律、法规、规章及相关法律规定，有较丰富的计量技术工作经验；

（二）了解国际相关标准或技术规范，掌握计量技术发展前沿情况，具有独立解决本专业复杂、疑难技术问题的能力；

（三）熟练运用本专业计量技术法规，使用相关计量基准、计量标准，完成量值传递等技术工作，正确进行测量不确定度分析与评定，出具的计量技术报告准确无误；

（四）具有较强的本专业计量技术课题研究能力，能够应用新技术成果，指导本专业二级注册计量师工作。

第三十五条 二级注册计量师应当具备下列执业能力：

（一）熟悉国家计量法律、法规、规章及相关法律规定，有一定的计量技术工作经验；

（二）熟练运用本专业计量技术法规和使用相关计量基准、计量标准，较好地完成本专业量值传递（计量基准、计量标准器具校准除外）等技术工作；

（三）能正确出具本专业计量技术报告（计量基准、计量标准器具校准除外）。

第三十六条 在计量技术工作中形成的计量技术报告，应当由相应级别注册计量师签字盖章后方可生效，并承担相关法律责任。

第三十七条 因注册计量师出具的计量技术报告不符合国家有关法律、法规、规章和技术规范造成经济损失的，由聘用单位承担赔偿责任。聘用单位可向承担相应责任的注册计量师追偿。

第五章 权利和义务

第三十八条 注册计量师享有下列权利：

（一）使用本专业相应级别注册计量师称谓；

（二）依据国家计量技术法律、法规和规章，在规定范围内从事计量技术工作，履行相应岗位职责；

（三）接受继续教育；

（四）获得与执业责任相应的劳动报酬；

（五）对不符合规定的计量技术行为提出异议，并向上级部门或注册审批机构报告；

（六）对侵犯本人权利的行为进行申诉。

第三十九条 注册计量师应当履行下列义务：

（一）遵守法律、法规和有关管理规定，恪守职业道德；

（二）执行计量法律、法规、规章及有关技术规范；

（三）保证计量技术工作的真实、可靠，以及原始数据和有关资料的准确、完整，并承担相应责任；

（四）在本人完成的计量技术工作相关文件上签字；

（五）不得准许他人以本人名义执业；

（六）严格保守在计量技术工作中知悉的国家秘密和他人的商业、技术秘密；

（七）接受继续教育，提高计量技术工作水准。

第六章 附 则

第四十条 在本规定施行之日前，对长期在计量技术机构中从事计量技术工作，按国家有关规定评聘工程类或研究类相应级别专业技术职务，并符合考核认定条件的人员，可通过考核认定办法取得注册计量师资格证书。考核认定具体办法由人事部、质检总局另行制定。

第四十一条 符合考试报名条件的香港和澳门居民，可申请参加注册计量师资格考试。申请人在报名时应当提交本人身份证明、国务院教育行政部门认可的相应专业学历或学位证书、从事计量专业技术工作经历证明。台湾地区专业技术人员参加考试办法另行规定。

外籍专业人员申请参加注册计量师资格考试、申请注册和执业等管理办法另行制定。

第四十二条 取得注册计量师资格证书，并符合《工程技术人员职务试行条例》中工程师、助理工程师、工程技术员专业技术职务任职条件的人员，用人单位可根据工作需要择优聘任相应专业技术职务。其中，取得一级注册计量师资格证书，可聘任工程师职务；取得二级注册计量师资格证书，可聘任助理工程师职务或工程技术员职务。

第四十三条 注册计量师执业的具体范围、专业划分、需注册计量师签字盖章的文件种类、继续教育内容、计量技术机构配备各级别注册计量师数量和注册执业等具体办法，由质检总局另行制定。

二级注册计量师资格注册执业，由各省、自治区、直辖市质量技术监督部门根据本规定要求，制定具体办法，组织实施，并将注册管理有关情况报质检总局备案。

第四十四条 在实施注册计量师制度过程中，相关行政部门或相关机构，因工作失误，使专业技术人员合法权益受到损害的，应当依据《中华人民共和国国家赔偿法》给予相应赔偿，并可向有关责任人追偿。

第四十五条 相关行政部门或相关机构的工作人员，有不履行工作职责，监督不力，或者谋取私利等违纪违规行为，并造成不良影响或严重后果的，由其上级相关行政部门责令改正，对直接负责的主管人员和其他直接责任人员依法给予行政处分；构成犯罪的，依法追究刑事责任。

第四十六条 本规定自2006年6月1日起施行。

注册计量师资格考试实施办法

第一条 人事部、国家质量监督检验检疫总局（以下简称质检总局）共同成立注册计量师资格考试办公室（以下简称考试办公室，设在质检总局），负责考试相关政策的研究及管理工作。

一级注册计量师资格考试的具体考务工作委托人事部人事考试中心负责。各省、自治区、直辖市质量技术监督部门和人事行政部门共同负责本地区考试工作，具体职责分工由各地协商确定。

二级注册计量师资格考试由各省、自治区、直辖市质量技术监督部门和人事行政部门，按照《注册计量师制度暂行规定》和本办法有关要求组织实施。质检总局、人事部负责指导、监督和检查。

第二条 质检总局组织成立注册计量师资格考试专家委员会，负责一级、二级注册计量师资格考试大纲编写和命题工作，研究建立考试试题库。

第三条 一级注册计量师资格考试设《计量法律法规及综合知识》、《测量数据处理与计量专业实务》和《计量专业案例分析》3个科目。

考试分3个半天进行。《计量法律法规及综合知识》和《测量数据处理与计量专业实务》科目的考试时间均为2.5小时，《计量专业案例分析》科目的考试时间为3小时。

第四条 报名参加一级注册计量师资格考试的人员，截止到2004年12月31日前，已评聘工程类或研究类高级专业技术职务，可免试《计量法律法规及综合知识》科目，只参加《测量数据处理与计量专业实务》和《计量专业案例分析》2个科目的考试。

第五条 二级注册计量师资格考试设《计量法律法规及综合知识》和《计量专业实务与案例分析》2个科目。各科目考试时间均为2.5个小时，分2个半天进行。

第六条 参加注册计量师资格各科目考试的人员，必须在1个考试年度内通过全部应试科目，方可获得相应级别资格证书。

第七条 参加考试由本人提出申请，携带所在单位出具的有关证明材料到当地考试管理机构报名。考试管理机构按规定程序和报名条件审查合格后，向申请人核发准考证。参加考试人员在准考证指定的时间、地点参加考试。

国务院各部门所属单位和中央管理的企业的专业技术人员按属地原则报名参加考试。

第八条 注册计量师资格考试日期为每年第三季度。考点原则上设在省会城市和直辖市的大、中专院校或高考定点学校，如确需在其他城市设置考点，须经人事部、质检总局批准。

第九条 注册计量师资格考试及有关项目收费标准，须经价格管理部门批准，并向社会公布，接受公众监督。

第十条 坚持考试与培训分开的原则。凡参与考试工作（包括试卷的命题、审题与考试的组织管理等）的人员，不得参加考试和举办与考试内容有关的培训。应考人员参加相关培训坚持自愿的原则。

第十一条 考试考务工作应当严格执行考试工作的有关规章制度，切实做好试卷命制、印刷、发送过程中的保密工作，严格遵守保密制度，严防泄密。

第十二条 考试工作人员要严格遵守考试工作纪律，认真执行考试回避制度。对违反考试纪律和有关规定的，按照《专业技术人员资格考试违纪违规行为处理规定》（人事部令第3号）处理。

注册计量师资格考核认定办法

一、考核认定申报条件

长期在计量技术机构中从事计量技术工作，业绩突出，遵守国家各项法律、法规，恪守职业道德，身体健康，并符合下列条件（一）或条件（二）的在编在岗人员。

（一）一级注册计量师

1. 中国科学院院士或中国工程院院士。

2. 2004年12月31日前，按照国家有关规定评聘为工程类或工程研究类高级专业技术职务，并同时具备下列条件（1）、（2）、（3）项中各一项条件：

（1）学历和业务工作年限：

①取得理学类、工学类专业大学专科学历后，累计从事计量技术工作满15年。

②取得理学类、工学类专业大学本科学历后，累计从事计量技术工作满12年。

③取得理学类、工学类专业硕士学位，累计从事计量技术工作满10年。

④取得理学类、工学类专业博士学位，累计从事计量技术工作满7年。

（2）技术业绩：

①担任主要技术负责人（排名前3名），主持完成1项以上计量基准或计量标准的

研制工作，其研究成果已作为国家计量基准、计量标准投入使用。

②获得与计量专业相关的国家科技进步奖项的主要技术负责人（排名前5名）。

③获得与计量专业相关的省（部）级科技进步（科技成果）一等奖项的主要技术负责人（排名前3名）。

④获得2项以上与计量专业相关的省（部）级科技进步（科技成果）二等奖项的主要技术负责人（排名前3名）。

⑤获得3项以上与计量专业相关的省（部）级科技进步（科技成果）三等奖项的主要技术负责人（排名前3名）。

（3）学术水平：

①作为主要负责人（排名前3名），完成1项以上已颁布实施的国家计量技术法规制订工作（见中华人民共和国国家计量技术法规目录）。

②在有国内统一刊号（CN）的期刊或在有国际统一书号（ISSN）的国外期刊上，作为第一作者发表过计量技术相关论文3篇及以上（每篇不少于2 000字）。

③在正式出版社出版过有统一书号（ISBN）的计量技术相关专业著作，本人独立撰写的章节在5万字以上。

（二）二级注册计量师

2004年12月31日前，按照国家有关规定评聘为工程类或工程研究类中级专业技术职务，并同时具备下列条件1和条件2中各一项条件的人员。

1. 学历和业务工作年限：

（1）取得中专学历后，累计从事计量技术工作满25年。

（2）取得理学类、工学类专业大学专科学历后，累计从事计量技术工作满20年。

（3）取得理学类、工学类专业大学本科学历后，累计从事计量技术工作满15年。

（4）取得理学类、工学类专业硕士及以上学历或学位，累计从事计量技术工作满10年。

2. 技术业绩：

（1）担任主要技术负责人（排名前3名），主持完成1项以上计量标准的研制工作，其研究成果已投入使用；

（2）获得与计量专业相关的省（部）级科技进步（科技成果）奖项的主要技术负责人（排名前3名）；

（3）作为主要负责人（排名前3名），完成1项以上已颁布实施的国家计量技术法规制订工作（见中华人民共和国国家计量技术法规目录）。

（4）在有国内统一刊号（CN）的期刊或在有国际统一书号（ISSN）的国外期刊上，作为第一作者发表过计量技术相关论文2篇及以上（每篇不少于2 000字）；

（5）在正式出版社出版过有统一书号（ISBN）的计量技术相关专业著作，本人独立撰写的章节在3万字以上。

二、考核认定组织

人事部、质检总局共同成立“一级注册计量师资格考核认定工作领导小组”（以下简称领导小组，成员名单见附件1），负责注册计量师资格考核认定工作。领导小组下设办公室，设在质检总局。

二级注册计量师考核认定工作，由各省、自治区、直辖市质量技术监督部门和人事行政部门按照《注册计量师制度暂行规定》和本办法的要求组织实施，并将考核认定结果报质检总局备案。

三、考核认定申报材料

（一）各省、自治区、直辖市或国务院有关部门、中央管理企业人事部门的推荐意见函。

（二）《一级注册计量师资格考核认定申报表》一式两份（样表见附件2）。

（三）中国科学院院士或中国工程院院士证书复印件。其他人员应当提供以下证明材料的复印件：质检总局颁发的《计量检定员证》、学历或学位证书、专业技术职务聘书、技术负责人聘书、获奖证书、国家计量基准或计量标准研究成果证书、主持完成国家计量技术法规、相关论文或专著内容说明和首页。

（四）所在单位出具的职业道德证明、获奖单位出具的获奖项目主要技术负责人证明、已投入使用的国家计量基准或计量标准主要技术负责人证明、已实施的相关计量技术法规主要负责人证明。

四、考核认定程序

（一）符合考核认定条件的计量技术专业人员，可向聘用单位提出申请，经单位审核同意后，由聘用单位向本单位所在地省、自治区、直辖市质量技术监督部门推荐。

国务院有关部门所属单位和中央管理的企业所属单位的计量技术专业人员，由本部门、本企业统一向质检总局推荐。

（二）各省、自治区、直辖市质量技术监督部门、国务院有关部门计量业务管理部门、中央管理企业的计量业务管理部门，对本地区、本部门、本企业的申报人员进行审查，提出审查意见，并经本地区、本部门、本企业人事部门复审后，提出推荐人员名单送领导小组办公室审核。

（三）领导小组办公室组织有关专家对推荐人员的材料进行审核，并将审核结果和拟认定人员的名单，报领导小组复核。

（四）领导小组召开会议，对领导小组办公室的审核结果和申报人员的材料进行复核。对复核合格的人员，由领导小组办公室进行公示。经公示无异议，由人事部、质检总局批准后向社会公布获得《中华人民共和国一级注册计量师资格证书》人员的名单。

对未通过考核认定的申请人，由领导小组办公室向其说明不通过的理由。

五、申报时间及要求

（一）各省、自治区、直辖市质量技术监督部门和人事行政部门，国务院有关部门、中央管理企业负责计量技术工作的机构和人事行政部门，应当对推荐人员材料进行认真审查，于2006年10月31日前完成审查和复审工作，签署审查和复审意见，并在《一级注册计量师资格考核认定申报表》相应栏目中加盖印章后，将全部申报人员材料送领导小组办公室。

（二）国家对考核认定人员数额实行总量控制，在符合申报条件的人员中择优遴选，实施资格考试后不再进行考核认定工作。各地区、各有关部门、中央管理的企业应当优先推荐符合申报条件、能力业绩突出、业内认可且在计量技术工作一线的人员。

（三）各地区、各有关部门、中央管理的企业在审查、复审申报人员材料时，须核查各类证书及相关证明的原件。报送的各类证书等相关材料复印件，应当由所在单位人事部门负责人签署意见并加盖单位印章。

（四）凡因计量技术工作中违法违纪或发生重大失误，受到刑事处罚或行政处罚的人员不得申报。

（五）已通过特许或考核认定的方式取得其他专业职业（执业）资格证书、现在公务员岗位工作、正在申报其他专业职业（执业）资格考核认定或已办理离退休手续的人员，不属于申报范围。

（六）各地、各有关部门、中央管理企业要切实加强领导，坚持标准，严格把关，认真按程序做好申报、审查和复审等各环节工作。凡不认真把关或弄虚作假的，一经发现，停止该地区或部门、单位的申报权和取消个人的申报资格，并依据相应的法律和有关规定进行处理。

附件 1

一级注册计量师资格考核认定工作领导小组成员名单

组　长：蒲长城　　质检总局　副局长

副组长：刘宝英　　人事部专业技术人员管理司　司长

　　　　张沁荣　　质检总局人事司　司长

　　　　宣　湘　　质检总局计量司　司长

成　员：范　勇　　人事部专业技术人员管理司　副司长

　　　　王步步　　质检总局人事司　副司长

　　　　宋　伟　　质检总局计量司　副司长

　　　　张钟华　　中国计量科学研究院　中国工程院　院士

　　　　高　洁　　中国测试技术研究院　中国工程院　院士

　　　　童光球　　中国计量科学研究院　研究员

　　　　吴方迪　　新疆质量技术监督局　研究员

　　　　张　力　　航空工业第一集团公司 304 所　总工、研究员

　　　　杨春涛　　航天科工集团二院 203 所　研究员

　　　　郭　恒　　信息产业部通信计量中心　高级工程师

　　　　王子钢　　北京计量检测研究院　高级工程师

　　　　陈明华　　广东省计量科学研究院　高级工程师

　　　　张利民　　上海市计量测试技术研究院　高级工程师

办公室主任：王步步　　（兼）

副　主　任：胡文忠　　人事部专业技术人员管理司　处长

　　　　　　瞿兆宁　　质检总局人事司　处长

　　　　　　王建平　　质检总局计量司　处长

人事部办公厅、国家质量监督检验检疫总局办公厅关于二级注册计量师资格考试有关问题的通知

（国人厅发〔2006〕197号 2006年11月23日）

各省、自治区、直辖市人事厅（局）、质量技术监督局：

根据人事部、国家质量监督检验检疫总局《注册计量师制度暂行规定》和《注册计量师资格考试实施办法》（国人部发〔2006〕40号）有关规定，为方便各地考试机构组织实施二级注册计量师资格考试工作，现将有关问题明确如下：

一、委托人事部人事考试中心承担二级注册计量师资格考试试卷印制与发送工作。各省、自治区、直辖市质量技术监督部门和人事行政部门按职责分工负责本地区的考试实施工作。

二、各省、自治区、直辖市质量技术监督部门和人事行政部门，根据计量工作实际需要确定的二级注册计量师资格考试各科目合格标准应不低于50分（试卷满分100分）。各科目均达到合格标准的人员，方可取得《中华人民共和国二级注册计量师资格证书》，该证书在全国范围有效。

二级注册计量师资格考试各年度统计数据和各地区确定的考试合格标准，均应报国家质量监督检验检疫总局有关部门和人事部人事考试中心备案。

三、《中华人民共和国二级注册计量师资格证书》格式样本见附件。

请各省、自治区、直辖市质量技术监督部门和人事行政部门认真做好二级注册计量师资格考试实施等有关工作。

附件：《中华人民共和国二级注册计量师资格证书》格式样本（略）

人事部、交通部关于印发《机动车检测维修专业技术人员职业水平评价暂行规定》和《机动车检测维修专业技术人员职业水平考试实施办法》的通知

（国人部发〔2006〕51号 2006年5月19日）

各省、自治区、直辖市人事厅（局）、交通厅（局、委），国务院各部委、各直属机构人事部门，中央管理的企业：

为加强机动车检测维修专业技术人才队伍建设，规范机动车检测维修专业技术人员职业行为，根据《中华人民共和国道路运输条例》有关规定，现将《机动车检测维修专

业技术人员职业水平评价暂行规定》和《机动车检测维修专业技术人员职业水平考试实施办法》印发给你们，请遵照执行。

机动车检测维修专业技术人员职业水平评价暂行规定

第一章 总 则

第一条 为规范机动车检测维修行业管理，提高机动车检测维修专业技术人员素质，确保机动车检测维修质量和车辆安全运行，根据《中华人民共和国道路运输条例》和国家职业资格证书制度有关规定，制定本规定。

第二条 本规定适用于从事机动车维修、检测、评估、运用等相关业务的专业技术人员。

第三条 国家对机动车检测维修专业技术人员实行职业水平评价制度，纳入全国专业技术人员职业资格证书制度统一规划。

第四条 各类机动车检测维修专业技术人员职业水平评价分为机动车检测维修士、机动车检测维修工程师和机动车检测维修高级工程师三个级别。机动车检测维修高级工程师职业水平评价办法另行制定。

机动车检测维修士、机动车检测维修工程师的英文分别译为：

Motor Vehicle Test and Maintenance Technician。

Motor Vehicle Test and Maintenance Engineer。

第五条 通过职业水平评价，取得机动车检测维修士或机动车检测维修工程师职业水平证书的人员，表明其已具备相应专业技术岗位工作水平和能力。

第六条 人事部、交通部共同负责机动车检测维修专业技术人员职业水平评价工作，并按职责分工对各省、自治区、直辖市实施机动车检测维修专业技术人员职业水平考试进行指导、监督和检查。

第二章 考 试

第七条 机动车检测维修专业技术人员职业水平评价实行全国统一大纲、统一命题的考试制度，原则上每年举行一次。

第八条 交通部负责拟定考试科目、考试大纲，组织命题，研究建立考试试题库，提出考试合格标准建议。机动车检测维修专业技术人员职业水平考试的组织实施，由交通部职业资格管理机构具体负责。

第九条 人事部组织专家审定考试科目、考试大纲和试题，会同交通部确定合格标准，并对考试考务工作进行监督、检查和指导。

第十条 报名参加机动车检测维修专业技术人员职业水平考试的人员，必须遵守《中华人民共和国宪法》、《中华人民共和国道路运输条例》和国家有关道路交通的规章制度，恪守职业道德。

第十一条 报名参加机动车检测维修士考试的人员，除符合第十条所列基本条件外，还应符合下列条件之一：

（一）取得中等教育及以上学历或学位；

（二）高等院校交通运输专业应届毕业生。

第十二条　报名参加机动车检测维修工程师考试的人员，除符合第十条所列基本条件外，还应符合下列条件之一：

（一）取得机动车检测维修士证书后，从事机动车检测维修工作满 6 年；

（二）取得交通运输专业大专学历，从事机动车检测维修工作满 5 年；

（三）取得交通运输专业大学本科学历，从事机动车检测维修工作满 4 年；

（四）取得交通运输专业双学士学位或研究生班毕业，从事机动车检测维修工作满 2 年；

（五）取得交通运输专业硕士学位，从事机动车检测维修工作满 1 年；

（六）取得交通运输专业博士学位；

（七）取得其他工学类专业上述学历或学位，其从事机动车检测维修工作年限相应增加 2 年。

第十三条　机动车检测维修专业技术人员职业水平考试合格，颁发人事部统一印制，人事部、交通部共同用印的《中华人民共和国机动车检测维修专业技术人员职业水平证书》。该证书在全国范围有效。

第十四条　凡以不正当手段取得机动车检测维修专业技术人员职业水平证书的，由发证机关收回证书，2 年内不得再次参加机动车检测维修专业职业水平考试。

第三章　义务与职业能力

第十五条　取得机动车检测维修专业技术人员职业水平证书的人员，应当恪守职业道德，接受继续教育，更新知识，不断提高职业素质和本专业工作能力。

第十六条　在进行机动车检测维修工作时，应当严格执行相关法律、法规、规章和标准，保证检测维修工作质量，并承担相应责任。

第十七条　取得机动车检测维修士水平证书的人员，应当具备相应岗位的以下职业能力：

（一）了解国家机动车检测维修管理方面的法律、法规和与机动车检测维修相关行业管理规定；

（二）具有一定的交通运输专业知识和工作经验，掌握机动车检测维修一般操作技术，能够解决机动车检测维修工作中较常见的技术问题。

第十八条　取得机动车检测维修工程师水平证书的人员，应当具备相应岗位的以下职业能力：

（一）熟悉国家交通运输方面的法律、法规和与机动车检测维修相关行业管理规定，有较丰富的机动车检测维修专业工作经验；

（二）具有较强的机动车检测维修专业能力，熟练掌握机动车检测维修操作技术，能够准确判断机动车故障并提出解决方案；

（三）能够独立处理机动车检测维修过程中较复杂的技术问题，指导机动车检测维修人员工作，具有处理与本专业相关技术问题的能力；

（四）了解国内外机动车检测维修专业的发展趋势，有较强的技术创新精神；

（五）具有一定的外语水平。

第四章　登　记

第十九条　机动车检测维修各级别职业水平证书，实行登记服务制度，具体工作由交通部职业资格管理机构负责。

第二十条　交通部职业资格管理机构定期向社会公布机动车检测维修专业技术人员职业水平证书登记情况，并为用人单位提供查询取得机动车检测维修专业职业水平证书人员的信息服务。

第二十一条　在机动车检测维修活动中，因违反有关法律、法规、规章制度或职业道德，对机动车检测维修工作产生重大影响或者造成一定损失的，由交通部职业资格管理机构取消登记，并由发证机关收回相应级别职业水平证书。

第五章　附　则

第二十二条　取得机动车检测维修专业技术人员职业水平证书，并符合《工程技术人员职务试行条例》中工程师、助理工程师、工程技术员专业职务任职条件的人员，用人单位可根据工作需要择优聘任相应专业技术职务。

取得机动车检测维修士职业水平证书，可聘任技术员或者助理工程师职务；取得机动车检测维修工程师职业水平证书，可聘任工程师职务。

第二十三条　机动车检测维修专业技术人员职业水平考试统一在全国范围实施后，各地区、各部门不再进行工程系列机动车检测维修专业相应级别职务任职资格的评审工作。

第二十四条　香港、澳门地区居民申请参加机动车检测维修专业人员职业水平考试的，在报名时应提交本人身份证明、国务院教育行政部门认可的专业学历或学位证书、从事本专业工作实践证明。台湾地区的专业技术人员参加考试的办法另行规定。

外籍专业技术人员申请参加机动车检测维修职业水平考试的具体办法另行规定。

第二十五条　机动车检测维修专业技术人员职业水平评价等机构，在开展机动车检测维修专业人员职业水平评价等工作中，因工作失误，使专业技术人员合法权益受到损害的，应依据国家有关规定给予相应赔偿，并可向有关责任人追偿。

第二十六条　机动车检测维修专业技术人员职业水平评价等机构的工作人员，不履行工作职责，监督不力，借机为自己或他人谋取利益，以及有其他违规违纪行为的，由其主管部门责令改正；造成不良影响或者严重后果，或者拒不改正的，对直接负责的主管人员和直接责任人员给予相应处分；构成犯罪的，依法追究刑事责任。

第二十七条　本规定自2006年6月1日起施行。

机动车检测维修专业技术人员职业水平考试实施办法

第一条　机动车检测维修专业技术人员职业水平考试在人事部、交通部的统一指导下进行。两部门共同成立机动车检测维修职业水平考试办公室（设在交通部），负责研究机动车检测维修专业技术人员职业水平评价相关政策。

第二条　交通部组织成立机动车检测维修专业技术人员职业水平考试专家委员会，负责编写考试大纲、命题，研究建立考试题库。

第三条　人事部、交通部委托交通部交通专业人员资格评价中心，承担机动车检测维修专业技术人员职业水平考试的考务工作。

各省、自治区、直辖市的考试工作，由当地交通行政部门会同人事行政部门共同负责，具体职责分工由各地协商确定。

第四条 机动车检测维修士考试设:《机动车检测维修法规与技术》和《机动车检测维修实务》2个科目。其中，《机动车检测维修法规与技术》科目考试时间为3小时，采用纸笔作答方式进行;《机动车检测维修实务》科目考试时间为2小时，采用现场实际操作的方式进行。

参加机动车检测维修士考试的人员，须在一个考试年度内，通过上述2个科目的考试，方可获得机动车检测维修士职业水平证书。

第五条 机动车检测维修工程师考试设:《机动车检测维修法规与技术》、《机动车检测维修实务》和《机动车检测维修案例分析》3个科目。其中，《机动车检测维修法规与技术》和《机动车检测维修案例分析》科目考试时间均为3小时，均采用纸笔作答方式进行;《机动车检测维修实务》科目考试时间为2小时，采用现场实际操作的方式进行。

机动车检测维修工程师考试成绩实行2年为一个周期的管理办法，参加上述3个科目考试的人员，必须在连续2个考试年度内通过全部科目考试，方可获得机动车检测维修工程师职业水平证书。

第六条 2005年12月31日前，按照国家有关规定评聘为机动车检测维修专业助理工程师或工程师职务的人员，可免试本级别《机动车检测维修实务》科目。

评聘为助理工程师职务的人员，只需参加机动车检测维修士《机动车检测维修法规与技术》1个科目的考试；评聘为工程师职务的人员，只需参加机动车检测维修工程师《机动车检测维修法规与技术》和《机动车检测维修案例分析》2个科目的考试。

免试部分科目的人员必须在一个考试年度内通过应试科目，方可取得相应级别职业水平证书。

第七条 报名参加各级别职业水平考试的人员，应当符合《机动车检测维修专业技术人员职业水平评价暂行规定》规定的报名条件。由本人提出申请，按规定携带有关证明材料，到指定的考试管理机构报名。经考试管理机构审核合格后，向申请人核发准考证，申请人凭准考证及有关证明，在指定的时间、地点参加考试。

国务院各部门所属单位和中央管理企业的专业技术人员，按属地原则报名参加考试。

第八条 参加机动车检测维修士考试的高等院校应届毕业生，在报名时应提交能够证明其在考试年度可毕业的有效证件（如学生证等）和所在学校出具的应届毕业生证明。

第九条 机动车检测维修专业技术人员职业水平考试日期定为每年10月。考点原则上设在直辖市和省会城市的大、中专院校或高考定点学校。如确需在其他城市设置考点，须经人事部、交通部批准。

机动车检测维修实际操作考试的考点，必须符合考试所需的场地、仪器、设备等相关条件，实际操作考试考点确定的具体办法，由交通部交通专业人员资格评价中心另行规定。

第十条 机动车检测维修专业技术人员职业水平考试有关项目的收费标准，须经当地价格行政部门核准，并向社会公布，接受公众监督。

第十一条 坚持考试与业务培训分开的原则。凡参与考试工作（包括命题与组织管理等）的人员，不得参加考试和举办与考试内容有关的培训工作。应考人员参加相关培训坚持自愿的原则。

第十二条 考试考务工作要严格执行考试工作的有关规章制度，切实做好试卷命制、印刷、发送和保管过程中的保密工作，严格遵守国家保密法及相关规章制度，严防泄密。

第十三条 考试工作人员要严格遵守考试工作纪律，认真执行考试回避制度。对违反考试纪律和有关规定的，按照《专业技术人员资格考试违纪违规行为处理规定》（人事部2004 年第3 号令）处理。

人事部办公厅、交通部办公厅关于机动车检测维修专业技术人员职业水平考试专业设置有关问题补充规定的通知

（国人厅发〔2008〕10 号　2008 年1 月18 日）

各省、自治区、直辖市人事厅（局）、交通厅（委），国务院各部委、各直属机构人事部门，中央管理的企业：

2006 年5 月，人事部、交通部联合印发了《关于印发〈机动车检测维修专业技术人员职业水平评价暂行规定〉和〈机动车检测维修专业技术人员职业水平考试实施办法〉的通知》（国人部发〔2006〕51 号）。根据机动车检测维修专业技术岗位需要，现对机动车检测维修专业技术人员职业水平考试专业设置有关问题补充规定如下：

一、机动车检测维修专业技术人员职业水平考试分为机动车机电维修技术、机动车整形技术和机动车检测评估与运用技术3 个专业。

二、从事机动车检测维修及相关业务工作的专业技术人员，报名参加考试时，应根据本人所从事的专业技术岗位选择其中一个专业，并在填写相应表格时注明其专业名称。

人事部、交通部、农业部关于印发《注册验船师制度暂行规定》的通知

（国人部发〔2006〕8 号　2006 年1 月26 日）

各省、自治区、直辖市人事厅（局）、交通厅（局）、农业（渔业主管）厅（局），国务

院各部委、各直属机构人事部门，中央管理的企业：

根据《中华人民共和国船舶和海上设施检验条例》和《中华人民共和国渔业船舶检验条例》的有关规定，我们制定了《注册验船师制度暂行规定》。现印发给你们，请遵照执行。

注册验船师制度暂行规定

第一章 总 则

第一条 为了加强船舶检验专业技术人员管理，提高船舶检验专业技术人员素质，保证船舶检验质量，防止水域环境污染，根据《中华人民共和国船舶和海上设施检验条例》、《中华人民共和国渔业船舶检验条例》和国家职业资格证书制度有关规定，制定本规定。

第二条 本规定适用于在经批准设立的船舶检验机构中从事船舶检验工作的专业技术人员。

船舶检验工作包括：船舶和海上设施（含船运货物集装箱）检验、渔业船舶检验，相关设计图纸、技术文件审查。

第三条 国家对从事船舶检验工作的专业技术人员，实行职业准入制度，纳入全国专业技术人员职业资格证书制度统一规划。

第四条 本规定所称注册验船师，是指经考试取得《中华人民共和国注册验船师资格证书》（以下均简称资格证书），并依法注册后从事船舶检验工作的专业技术人员。

第五条 人事部、交通部、农业部共同负责注册验船师制度实施工作，并按职责分工对该制度的实施进行指导、监督和检查。

省级人民政府人事行政部门对本行政区域内注册验船师资格考试、注册进行监督、检查。

第二章 考 试

第六条 注册验船师资格实行全国统一大纲、统一命题的考试制度，原则上每年举行一次。

第七条 注册验船师资格考试设船舶和海上设施、渔业船舶两个类别，每个类别分4个级别。专业技术人员可根据实际工作需要，报名参加相应类别、级别的考试。

级别＼类别	船舶和海上设施	渔业船舶
A	国际航行船舶、海上设施、国际航行的渔业辅助船舶	远洋渔业船舶
B	国内海上船舶	国内海上渔业船舶
C	内河船舶	国内海上小型渔业船舶、内河渔业船舶
D	内河小船	内河小型渔业船舶

第八条 交通部、农业部分别组织成立相应类别考试专家委员会，负责拟定考试科目、编写考试大纲、建立考试试题库，组织考试命题，并对相关类别考试提出合格标准的建议。

第九条　人事部分别会同交通部、农业部审定相应类别考试科目、考试大纲、考试试题，对考试工作进行检查、监督、指导和确定合格标准。

第十条　凡中华人民共和国公民，遵守国家法律、法规，恪守职业道德，身体健康，并符合相应考试报名条件的人员，均可申请参加相应类别、级别的考试。考试实施办法由人事部分别会同交通部、农业部另行制定。

第十一条　考试合格者，颁发人事部统一印制，人事部分别与交通部、农业部用印的相应类别、级别资格证书。该证书在全国范围内有效。

第十二条　凡以不正当手段取得注册验船师资格证书的，由发证机关收回资格证书，3 年内不得再次参加注册验船师资格考试。

第三章　注　册

第十三条　注册验船师资格实行注册管理制度。取得资格证书的人员，必须经过注册，方可从事规定范围的船舶检验工作。

第十四条　交通部、农业部分别为相应类别注册验船师资格的注册审批机构。交通部直属的具有船舶检验管理职能的海事局为注册验船师（船舶和海上设施类）资格的注册审查机构；各省、自治区、直辖市渔业行政主管部门为注册验船师（渔业船舶类）资格的注册审查机构。

第十五条　取得资格证书并申请注册的人员，应受聘于一个具有船舶检验资质的检验机构，并通过聘用单位向相应类别注册审查机构提出注册申请。

第十六条　注册审查机构在收到申请人的申请材料后，对申请材料不齐全或者不符合法定形式的，应当当场或在 5 个工作日内，一次告知申请人需要补正的全部内容，逾期不告知的，自收到申请材料之日起即视为受理。

对受理或者不予受理的注册申请，均应出具加盖注册审查机构专用印章和注明日期的书面凭证。

第十七条　注册审查机构自受理之日起 20 个工作日内，按规定条件和程序完成申报材料的审查工作，并将申报材料和审查意见报相应注册审批机构审批。

注册审批机构自受理申报人员材料之日起 20 个工作日内作出批准决定。对作出不予批准决定的，应当书面说明理由，并告知申请人享有依法申请行政复议或提起行政诉讼的权利。在规定的期限内不能作出批准决定的，应将延长期限的理由告知申请人。

注册审批机构应自作出批准决定之日起 10 个工作日内，将批准决定送达经批准注册的申请人，并核发相应类别、级别《中华人民共和国注册验船师注册证》（以下简称《注册证》）。

第十八条　《注册证》每一注册有效期为 3 年。注册在有效期限内是注册验船师的执业凭证。

第十九条　申请注册人员应同时提交下列材料：

（一）《中华人民共和国注册验船师注册申请表》；

（二）相应类别、级别的《资格证书》；

（三）聘用单位对业务培训、工作经历和检验能力考核合格的证明；

（四）与聘用单位签订的劳动或聘用合同；

（五）注册审批机构规定的其他条件。

第二十条 初始注册者，可自取得资格证书之日起1年内提出注册申请。逾期未申请者，在申请初始注册时，须符合本规定继续教育要求。

第二十一条 注册有效期届满需继续执业的，应在届满前30个工作日内，按照本规定第十五条规定的程序申请延续注册。注册审批机构应当根据申请人的申请，在规定的时限内作出准予延续注册的决定；逾期未作出决定的，视为准予延续。

延续注册需要提交下列材料：

（一）延续注册的《中华人民共和国注册验船师注册申请表》；

（二）相应类别、级别的资格证书；

（三）与聘用单位签订的劳动或聘用合同；

（四）注册期内聘用单位考核合格和完成继续教育的证明材料。

第二十二条 在注册有效期内，注册验船师变更执业单位，应与原聘用单位解除劳动或聘用关系，并按本规定第十五条规定的程序办理变更注册手续。变更注册后，其注册证书在原注册有效期内继续有效。

变更注册需要提交下列材料：

（一）变更注册的《中华人民共和国注册验船师注册申请表》；

（二）相应类别、级别的《资格证书》；

（三）与新聘用单位签订的劳动或聘用合同；

（四）工作调动证明，或与原聘用单位解除劳动或聘用关系的相应证明，或退休证明。

第二十三条 注册验船师因丧失行为能力、死亡或被宣告失踪的，其注册证书失效。

第二十四条 注册验船师有下列情形之一的，应由注册验船师本人或聘用单位及时向相应注册审查机构提出申请，由相应注册审批机构审核批准后，办理注销手续，收回《注册证》。

（一）不具有完全民事行为能力的；

（二）申请注销注册的；

（三）聘用单位被吊销营业执照的；

（四）聘用单位被吊销船舶检验资质证书的；

（五）与聘用单位解除劳动或聘用关系的；

（六）注册有效期满且未延续注册的；

（七）同时受聘于2个及以上船舶检验机构的；

（八）被依法撤销注册的；

（九）受到刑事处罚的；

（十）应当注销注册的其他情形。

第二十五条 有下列情形之一的，不予注册：

（一）不具有完全民事行为能力的；

（二）刑事处罚尚未执行完毕的；

（三）因在船舶检验工作中有违法违纪行为受到刑事处罚，自刑事处罚执行完毕之日起至申请注册之日止不满2年的；

（四）法律、法规规定不予注册的其他情形。

第二十六条 注册申请人以不正当手段取得注册的，应予以撤销，并由注册审批机构依法给予行政处罚，当事人在3年内不得再次申请注册；构成犯罪的，依法追究刑事责任。

第二十七条 对被注销注册或不予注册的人员，在重新具备初始注册条件，并符合本规定继续教育要求的，可按本规定第十五条规定的程序申请注册。

第二十八条 注册审批机构应定期公布注册验船师注册有关情况。当事人对注销注册或不予注册有异议的，可依法申请行政复议或提起行政诉讼。

第二十九条 继续教育是注册验船师延续注册、重新申请注册和逾期初始注册的必备条件。在每个注册期内，注册验船师应按规定完成本专业的继续教育。

注册验船师继续教育，分必修课和选修课，必修课和选修课总学时不少于120学时。

第四章 执 业

第三十条 注册验船师应在一个具有船舶检验资质的单位进行船舶检验执业活动。

第三十一条 注册验船师的执业范围按照国家船舶检验相关法律、法规及规章进行。

第三十二条 在船舶检验工作中形成的检验报告，必须由注册验船师签字盖章后方可生效，并承担相关法律责任。

第三十三条 注册验船师从事相关检验活动，由其所在单位接受检验申请并统一收费。

因注册验船师检验质量事故或相关检验结果不符合国家有关法律、法规和标准造成的经济损失，接受检验申请单位和执行检验任务的注册验船师应依法承担相应责任。

第五章 权利和义务

第三十四条 注册验船师享有下列权利：

（一）使用注册验船师称谓；

（二）依据国家船舶检验相关法律、法规和规章，在规定范围内从事船舶检验活动，履行相应的岗位职责；

（三）接受继续教育；

（四）获得与执业责任相应的劳动报酬；

（五）对不符合规定的检验、发证行为提出异议，并向上级检验机构或注册审批机构报告；

（六）对侵犯本人权利的行为进行申诉。

第三十五条 注册验船师应当履行下列义务：

（一）遵守法律、法规和有关管理规定；

（二）执行检验法律、法规、规章和标准；

（三）保证检验工作质量，并承担相应责任；

（四）在本人检验活动中完成的相应文件上签字；

（五）不得准许他人以本人名义执业；

（六）接受继续教育，提高检验水准；

（七）保守在检验活动中知悉的国家秘密和他人的商业、技术秘密；

（八）完成船舶检验机构交给的其他相关工作。

第六章 附 则

第三十六条 在本规定下发之日前，对长期从事船舶检验工作，已通过交通部、农业部组织的相应考试，取得相应适任证书、船舶专业技术资格证书，并符合考试认定条件的人员，可通过考试认定办法取得相应类别级别注册验船师资格证书。考试认定办法由人事部分别会同交通部、农业部另行制定。

第三十七条 取得相应类别、级别资格证书，并符合《工程技术人员职务试行条例》中工程师、助理工程师、工程技术员专业职务任职条件的人员，用人单位可根据工作需要择优聘任相应专业技术职务。其中，取得A级资格证书可聘任工程师职务；取得B级资格证书可聘任工程师或助理工程师职务；取得C级资格证书可聘任助理工程师职务；取得D级资格证书可聘任助理工程师或工程技术员职务。

第三十八条 符合考试报名条件的香港、澳门居民，可申请参加注册验船师资格考试。申请人在报名时应提交本人身份证明、国务院教育行政部门认可的相应专业学历或学位证书、从事检验经历的证明。台湾地区专业人员参加考试的办法另行规定。

外籍专业人员申请参加注册验船师资格考试、申请注册和执业等管理办法另行制定。

第三十九条 需注册验船师签字盖章的检验文件种类和办法，从事船舶检验工作单位配备注册验船师数量，注册管理和继续教育等具体办法，均由交通部、农业部分别制定。

第四十条 在实施注册验船师制度过程中，相关行政主管部门及其相关机构因工作失误，使专业技术人员合法权益受到损害的，应依据《中华人民共和国国家赔偿法》给予相应赔偿，并可向有关责任人追偿。

第四十一条 相关行政主管部门或相关机构的工作人员，有不履行工作职责，监督不力，或者谋取私利等违纪违规行为，并造成不良影响或严重后果的，分别由其行政主管部门责令改正，对直接负责的主管人员和其他直接责任人员依法给予行政处分；构成犯罪的，依法追究刑事责任。

第四十二条 从事军用舰艇、公安船艇和体育运动船艇检验工作的人员按照国家有关规定执行。

第四十三条 本规定自2006年3月1日起施行。

人事部、交通部、农业部关于印发《注册验船师资格考试实施办法》的通知

（国人部发〔2007〕93号 2007年6月22日）

各省、自治区、直辖市人事厅（局）、交通厅（局、委）、农业（渔业主管）厅（局），国务院各部委、各直属机构人事部门，中央管理的企业：

为贯彻实施《注册验船师制度暂行规定》（国人部发〔2006〕8号），人事部、交通部、农业部研究制定了《注册验船师资格考试实施办法》。现印发给你们，请遵照执行。

注册验船师资格考试实施办法

第一条　根据《注册验船师制度暂行规定》（以下简称《暂行规定》），制定本实施办法。

第二条　人事部与交通部、农业部成立注册验船师资格（船舶和海上设施类、渔业船舶类）考试办公室，分别设在交通部和农业部，负责相应类别注册验船师资格考试政策的研究及管理工作。有关各类别注册验船师资格考试的具体考务工作，分别委托交通部中国海事服务中心（船员考试中心）和农业部人力资源开发中心负责。

各省、自治区、直辖市的考试工作由当地人事行政部门分别会同交通部直属的具有船舶检验管理职能的海事局和渔业行政主管部门对本行政（或管辖）区域内的考试工作进行监督、检查。

第三条　交通部、农业部分别成立相应类别注册验船师资格考试专家委员会。考试专家委员会负责编写本类别考试大纲、组织命题、研究建立考试题库，提出本类别考试合格标准的建议。

第四条　符合《暂行规定》第十条规定的基本要求，并具备相应级别报名条件的人员，均可参加相应类别注册验船师资格的考试。

（一）A 级

1. 取得工学类、理学类专业大学本科学历或学位，从事船舶检验及其相关工作（船舶和海上设施、集装箱或渔业船舶检验，相关设计图纸、技术文件的审查，船舶设计，船舶修造，船用产品生产、检测，海事管理，渔政渔港船检管理，船舶驾驶，轮机管理，电气管理，消防检测，无损探测，测厚，下同）满 3 年。

2. 取得工学类、理学类专业硕士学位，从事船舶检验及其相关工作满 2 年。

3. 取得工学类、理学类专业博士学位，从事船舶检验及其相关工作满 1 年。

（二）B 级

1. 取得工学类、理学类专业大学专科学历，从事船舶检验及其相关工作满 3 年。

2. 取得工学类、理学类专业大学本科学历或学位，从事船舶检验及其相关工作满 2 年。

3. 取得工学类、理学类专业硕士学位，从事船舶检验及其相关工作满 1 年。

4. 取得工学类、理学类专业博士学位。

（三）C 级

1. 取得工学类、理学类专业中专学历，从事船舶检验及其相关工作满 3 年。

2. 取得工学类、理学类专业大学专科学历，从事船舶检验及其相关工作满 2 年。

3. 取得工学类、理学类专业本科学历，从事船舶检验及其相关工作满 1 年。

（四）D 级

取得工学类、理学类专业中专及以上学历，从事船舶检验及其相关工作满 1 年。

取得其他类专业上述学历或学位，申请参加 A 级、B 级、C 级或 D 级考试的人员，其从事船舶检验及其相关工作相关的年限相应增加 2 年。

第五条 注册验船师资格各类别、各级别考试均设《船舶检验专业法律法规》、《船舶检验专业实务》、《船舶检验专业综合能力》、《船舶检验专业案例分析》4 个科目。在 A 级《船舶检验专业案例分析》科目考试的试卷中，有用英文作答的内容。

各类别考试均分 4 个半天进行。《船舶检验专业法律法规》、《船舶检验专业实务》和《船舶检验专业综合能力》3 个科目的考试时间均为 150 分钟；《船舶检验专业案例分析》科目的考试时间为 210 分钟。

第六条 2006 年 12 月 31 日前，在经批准设立的船舶检验机构工作，符合本办法第四条规定的相应级别报名条件，具备下列条件（一）、（二）、（三）或（四）中一项条件的专业技术人员，可免试本类别该级别《船舶检验专业实务》和《船舶检验专业综合能力》2 个科目，只参加本类别相应级别《船舶检验专业法律法规》和《船舶检验专业案例分析》2 个科目的考试。

（一）A 级、B 级、C 级或 D 级

取得交通部颁发的相应级别《中华人民共和国验船人员适任证书》后，或取得农业部颁发的相应级别《中华人民共和国验船师资格证书》后，从事本级别船舶检验工作（船舶和海上设施、集装箱或渔业船舶检验，相关设计图纸、技术文件的审查，下同）满 4 年。

（二）A 级

1. 在海事管理机构或渔业船舶检验管理机构中，连续从事船舶检验工作满 10 年。

2. 评聘为工程类或工程研究类高级专业技术职务，累计从事船舶检验工作满 8 年。

3. 被外国驻华船舶检验机构聘为该机构验船师后，从事船舶检验工作满 5 年。

（三）B 级

1. 在海事管理机构或渔业船舶检验管理机构中，连续从事船舶检验工作满 8 年。

2. 评聘为工程类或工程研究类中级专业技术职务，或取得交通部或农业部统一组织的全国船舶专业技术资格考试中级资格证书，累计从事船舶检验工作满 6 年。

（四）C 级

1. 在海事管理机构或渔业船舶检验管理机构中，连续从事船舶检验工作满 6 年。

2. 评聘为工程类或工程研究类初级专业技术职务，或取得交通部或农业部统一组织的全国船舶专业技术资格考试初级资格证书，累计从事船舶检验工作满 4 年。

第七条 考试成绩实行 2 年为一个周期的滚动管理办法，参加全部 4 个科目考试的人员，必须在连续两个考试年度内通过全部科目的考试；免试部分科目的人员，必须在一个考试年度内通过应试科目。

第八条 参加考试由本人提出申请，携带所在单位出具的有关证明材料，到指定的考试管理机构报名。经考试管理机构审查合格后，向申请人核发准考证。申请人凭准考证及有关证明，在指定的时间、地点参加考试。

国务院各部门所属单位和中央管理的企业的专业技术人员按属地原则报名参加考试。

第九条 注册验船师资格考试日期定为每年第三季度。考点原则上设在省会城市和直辖市的大、中专院校或高考定点学校，如确需在其他城市设置考点，须经人事部和交通部、农业部批准。

第十条 注册验船师各类别资格考试有关项目的收费标准须经当地价格行政部门核准，并向社会公布接受公众监督。

第十一条 坚持考试与培训分开的原则。凡参与考试工作（包括试题命制与组织管理等）的人员，不得参加考试，不得参与或举办与考试内容有关的培训工作。应考人员参加相关培训坚持自愿的原则。

第十二条 考试考务工作要严格执行考试工作的有关规章制度，切实做好试卷命制、印刷、发送过程中的保密工作，遵守保密制度，严防泄密。

第十三条 考试工作人员要严格遵守考试工作纪律，认真执行考试回避制度。对违反考试纪律和有关规定的，按照《专业技术人员资格考试违纪违规行为处理规定》（人事部令第3号）处理。

人力资源和社会保障部、交通运输部关于印发《注册验船师（船舶和海上设施类）资格考试认定办法》的通知

（人社部发〔2008〕56号 2008年7月2日）

各省、自治区、直辖市人事厅（局）、劳动保障厅（局）、交通厅（局），国务院各部委、各直属机构人事部门，有关部委劳动保障工作机构，中央管理的企业：

为实施《注册验船师制度暂行规定》（国人部发〔2006〕8号），人力资源和社会保障部、交通运输部研究制定了《注册验船师（船舶和海上设施类）资格考试认定办法》。现印发给你们，请遵照执行。

附件：1. 中华人民共和国注册验船师（船舶和海上设施类）资格考试认定申报表（略）

2. 注册验船师（船舶和海上设施类）资格考试认定人员情况汇总表

注册验船师（船舶和海上设施类）资格考试认定办法

根据原人事部、原交通部、农业部《注册验船师制度暂行规定》（国人部发〔2006〕8号）第三十六条规定，制定本办法。

一、考试认定申报条件

长期从事船舶检验工作，遵守中华人民共和国宪法和各项法律、法规，恪守职业道德，身体健康，符合以下基本条件，并具备相应级别条件的人员，可申请参加本级别注册验船师（船舶和海上设施类）资格考试认定。

（一）基本条件

2006年3月1日前，在经批准设立的船舶检验机构工作的在编、在岗人员。从事船舶检验工作（指船舶和海上设施、集装箱和渔业船舶的检验，相关设计图纸和技术文件的审查，下同）及相关工作（指船舶制造、海事管理、航运），累计满4年。

（二）级别条件

申请参加相应级别注册验船师（船舶和海上设施类）资格考试认定的人员，须同时具备本级别（1）和（2）的条件。

1. A级

（1）取得《中华人民共和国验船人员适任证书》（国际航行船舶、海上设施或国际航行的渔业辅助船舶类）；或取得船舶系列高级专业技术资格证书；或取得符合国际海事组织《被认可组织代表主管机关执行检验和发证的细则》A.789（19）决议规定的相应资格证明。

（2）担任国际航行船舶、海上设施或国际航行的渔业辅助船舶检验项目技术负责人，主持完成公约船舶检验项目或入级船舶检验项目不少于5项；或独立完成不少于规定数量的公约船舶检验项目或入级船舶检验项目（2个审图项目，或2艘新造船舶检验项目，或20艘营运船舶检验项目，或20批船用产品检验项目，或1个海上设施检验项目）；或被原交通部评为优秀验船师；或作为注册验船师（船舶和海上设施类）资格考试专家委员会成员受聘担任考试大纲编写和首次全国统一考试的命题工作。

2. B级

（1）取得《中华人民共和国验船人员适任证书》（国内海上船舶或以上级别）；或取得船舶系列中级及以上级别专业技术资格证书。

（2）担任国内海上船舶检验项目技术负责人，主持完成国内海上船舶检验项目不少于5项；或独立完成不少于规定数量的国内海上船舶检验项目（同A级，无海上设施项目）；或被原交通部评为优秀验船师；或作为注册验船师（船舶和海上设施类）资格考试专家委员会成员受聘担任本级别或下一级别资格考试大纲编写和首次全国统一考试的命题工作。

3. C级

（1）取得《中华人民共和国验船人员适任证书》（内河船舶或以上级别）；或取得船舶系列初级或以上级别专业技术资格证书。

（2）担任内河船舶检验项目技术负责人，主持完成内河船舶检验项目不少于5项；或独立完成不少于规定数量的内河船舶检验项目（5个审图项目，或5艘新造船舶检验项目，或20艘营运船舶检验项目，或20批船用产品检验项目）；或被原交通部评为优秀验船师；或作为注册验船师（船舶和海上设施类）资格考试专家委员会成员受聘担任本级别或下一级别资格考试大纲编写和首次全国统一考试的命题工作。

4. D级

（1）取得《中华人民共和国验船人员适任证书》（内河小船或以上级别）；或取得

船舶系列初级或以上级别专业技术资格证书。

（2）担任内河小船检验项目的技术负责人，主持完成内河小船检验项目不少于 5 项；或独立完成不少于规定数量的内河小船检验项目（同 C 级）；或被原交通部评为优秀验船师；或作为注册验船师（船舶和海上设施类）资格考试专家委员会成员受聘担任本级别资格考试大纲编写和首次全国统一考试的命题工作。

二、考试认定组织

注册验船师（船舶和海上设施类）资格考试认定工作由人力资源和社会保障部、交通运输部共同负责，成立"全国注册验船师（船舶和海上设施类）考试认定办公室"（以下简称全国考试认定办公室），负责全国考试认定管理工作。

注册验船师（船舶和海上设施类）资格考试认定具体工作由中华人民共和国海事局承担，各区域注册验船师（船舶和海上设施类）资格考试认定管理机构负责具体实施工作。各省、自治区、直辖市人事、交通行政主管部门按职责分工负责本行政区域内的考试认定相关工作。

三、考试认定申报材料

（一）《中华人民共和国注册验船师（船舶和海上设施类）资格考试认定申报表》（附件 1）一式两份；

（二）相应类别验船师适任证书、船舶系列相应级别专业技术资格证书、符合国际海事组织规定的相应资格证明、担任项目技术负责人的任命（或证明）文件、获奖证书等申报材料的复印件。

（三）所在单位出具的职业道德和船舶检验经历、业绩及船舶检验能力的证明。

（四）本人近期 1 寸免冠（彩色）相片 3 张。

四、考试认定的考试工作

（一）考试实行全国统一组织、分两批进行的办法。申请参加考试的人员，可根据工作安排自行选择时间。

（二）各级别考试的科目均为《船舶检验专业案例分析》，主要考察相应级别船舶检验专业人员分析判断和处理解决船舶检验问题的实际能力。考试采用开卷笔答方式进行。

（三）考点原则上设在各直属海事局船员考试中心或省会城市、直辖市的高等院校。

（四）考试合格标准由全国考试认定办公室研究确定。

五、考试认定程序

（一）各省、自治区、直辖市所属船舶检验人员的申报材料，通过聘用单位向单位所在地的省、自治区、直辖市交通行政管理部门报送；中国船级社和经批准在中国境内设立的外国船舶检验机构或代表处的船舶检验人员的申报材料，由相应机构统一向区域注册验船师（船舶和海上设施类）资格考试认定管理机构报送。

（二）各省、自治区、直辖市交通行政管理部门或中国船级社的船检业务部门对申报人员材料进行审核，提出审核意见；并经交通行政管理部门或中国船级社的人事部门复核合格后，报本区域注册验船师（船舶和海上设施类）资格考试认定管理机构。经区域注册验船师（船舶和海上设施类）资格考试认定管理机构审查合格后，向申请人核发准考证。

经批准在中国境内设立的外国船舶检验机构或代表处对本单位申报人员材料的审核、复核程序，参照本条第一款。

（三）中国船级社和经批准在中国境内设立的外国船舶检验机构或代表处的申报人员，按照属地原则参加考试。

中国船级社驻外机构的船舶检验人员的考试认定工作由中华人民共和国海事局统一安排。

（四）参加考试人员按照有关规定，携带相关证件，在准考证指定的地点和时间参加考试。

（五）考试工作完成后，各区域注册验船师（船舶和海上设施类）资格考试认定管理机构，应将考试认定人员的申报材料、考试电子信息和《注册验船师（船舶和海上设施类）资格考试认定合格人员情况汇总表》（样表见附件2）一并送全国考试认定办公室。

（六）全国考试认定办公室组织有关专家对各地报送的申报人员材料和考试人员成绩进行复审，并将复审合格人员名单进行公示。经公示无异议，由人力资源和社会保障部、交通运输部审批后，向社会公告获得《中华人民共和国注册验船师（船舶和海上设施类）资格证书》人员的名单。

对未通过考试认定的申请人，委托区域注册验船师（船舶和海上设施类）资格考试认定管理机构向其说明不通过的理由。

六、考试认定工作有关要求

（一）各省、自治区、直辖市交通行政主管部门和相关机构，应及时将本通知精神向社会公告。考试认定人员申请材料上报和考试日期等具体工作安排，由中华人民共和国海事局另行通知。

（二）2006年3月1日前，已办理离、退休手续或已调离船舶检验机构的人员，不在注册验船师（船舶和海上设施类）资格考试认定的申报范围。

（三）各级别考试认定条件中有关船舶系列专业技术资格证书要求是指，按照国家统一规定评定的高级专业技术资格，或按照原人事部和原交通部有关规定通过全国统一举行的船舶专业技术资格考试取得的初、中级专业技术资格证书。

（四）公约船舶检验项目是指，按照国际公约规定的船舶必须进行的检验项目；入级船舶检验项目是指，履行国际船级社协会规定的入级船舶必须检验的项目。

（五）各省、自治区、直辖市交通行政主管部门和相关机构，在审核、复核时，应核查各类证书及相关证明文件的原件。报送的各类证书等相关证明文件的复印件应由所在单位人事部门负责人签署意见、加盖单位印章，并承担相关责任。

（六）各省、自治区、直辖市交通行政主管部门和相关机构，应严格按照规定的条件和程序，认真做好考试认定的申报、审核和复核工作。凡不认真把关和弄虚作假的，按照《行政许可法》有关规定处理。

（七）注册验船师（船舶和海上设施类）资格考试认定的考试各环节工作，应遵守《注册验船师资格考试实施办法》有关要求。对违反考试纪律和相关规定行为的，按照《专业技术人员资格考试违纪违规行为处理规定》处理。

附件 2

注册验船师（船舶和海上设施类）资格考试认定人员情况汇总表

序号	姓名	性别	身份证号	出生年月	工作单位	现任职务	最高学历及取得时间	现职称及取得时间	现持最高验船人员适任证书等级及取得时间	船舶系列专业技术资格等级及取得时间	船舶检验工作类别	侧重专业	考试成绩	备注

人事部、民政部关于印发《社会工作者职业水平评价暂行规定》和《助理社会工作师、社会工作师职业水平考试实施办法》的通知

（国人部发〔2006〕71号 2006年7月20日）

各省、自治区、直辖市人事厅（局）、民政厅（局），国务院各部委、各直属机构人事部门，中央管理的企业：

为加强社会工作专业技术人员队伍建设，规范社会工作专业技术人员职业行为，提高社会工作专业技术人员素质，现将《社会工作者职业水平评价暂行规定》和《助理社会工作师、社会工作师职业水平考试实施办法》印发给你们，请遵照执行。

社会工作者职业水平评价暂行规定

第一章 总 则

第一条 为规范社会工作者职业行为，提高社会工作者专业能力，加强社会工作者队伍建设，根据国家职业资格证书制度的有关规定，制定本规定。

第二条 本规定适用于在社会福利、社会救助、社会慈善、残障康复、优抚安置、卫生服务、青少年服务、司法矫治等社会服务机构中，从事专门性社会服务工作的专业技术人员。

第三条 国家建立社会工作者职业水平评价制度，纳入全国专业技术人员职业资格证书制度统一规划。

第四条 社会工作者职业水平评价分为助理社会工作师、社会工作师和高级社会工作师三个级别。高级社会工作师职业水平评价办法另行制定。

助理社会工作师、社会工作师英文分别译为：

Junior Social Worker

Social Worker

第五条 通过职业水平评价，取得社会工作者职业水平证书的人员，表明其已具备相应专业技术岗位工作的水平和能力。

第六条 人事部、民政部共同负责社会工作者职业水平评价制度的组织实施工作，并按职责分工对该制度的实施进行指导、监督和检查。

第二章 考 试

第七条 助理社会工作师、社会工作师职业水平评价实行全国统一大纲、统一命题、统一时间、统一组织的考试制度，原则上每年举行一次。

第八条 民政部负责组织专家拟定考试科目、考试大纲，组织命题，研究建立考试试题库，提出考试合格标准建议。

第九条 人事部负责组织专家审定考试科目、考试大纲和试题，会同民政部确定考试合格标准，并对考试实施等工作进行指导、监督和检查。

第十条 凡中华人民共和国公民，遵守国家法律、法规，恪守职业道德，并符合助理社会工作师或社会工作师报名条件的人员，均可申请参加相应级别的考试。

第十一条 助理社会工作师考试报名条件：

（一）取得高中或者中专学历，从事社会工作满4年；

（二）取得社会工作专业大专学历，从事社会工作满2年；

（三）社会工作专业本科应届毕业生；

（四）取得其他专业大专学历，从事社会工作满4年；

（五）取得其他专业本科及以上学历，从事社会工作满2年。

第十二条 社会工作师考试报名条件：

（一）取得高中或者中专学历，并取得助理社会工作师职业水平证书后，从事社会工作满6年；

（二）取得社会工作专业大专及以上学历或学位，从事社会工作满4年；

（三）取得社会工作专业大学本科学历，从事社会工作满3年；

（四）取得社会工作专业硕士学位，从事社会工作满1年；

（五）取得社会工作专业博士学位；

（六）取得其他专业大专及以上学历或学位，其从事社会工作年限相应增加2年。

第十三条 助理社会工作师、社会工作师职业水平考试合格，颁发人事部统一印制、人事部和民政部共同用印的《中华人民共和国社会工作者职业水平证书》。该证书在全国范围有效。

第十四条 凡以不正当手段取得社会工作者职业水平证书的，由发证机关收回证书，2年内不得再次参加社会工作者职业水平考试。

第三章 义务与职业能力

第十五条 社会工作者应严格遵守国家法律法规和社会工作职业守则。

第十六条 社会工作者在社会服务工作中，应当与服务对象建立良好平等的沟通关系，维护服务对象权益，倾听服务对象诉求，尊重服务对象选择，保守服务对象隐私。

第十七条 助理社会工作师应具备以下职业能力：

（一）熟悉与社会工作业务相关的法律、法规、政策和行业管理规定，掌握基本的社会工作专业知识；

（二）能够与各类服务对象建立专业服务关系，对服务对象的问题作出预估，制定服务计划和服务协议，独立接案、结案并提供跟进服务；

（三）能够根据服务计划，运用专业方法和技术协助服务对象解决问题。

第十八条 社会工作师应具备以下职业能力：

（一）能够熟练运用社会工作业务相关的法律、法规、政策和行业管理规定，具备较丰富的社会工作专业经验；

（二）能够综合运用各种社会工作方法，为服务对象提供专业服务，处理各类复杂问题，并对所提供的专业服务质量与效果进行评估；

（三）能够指导助理社会工作师开展专业工作，帮助其提高专业工作水平和能力；

（四）能够制定科学合理的工作方案和发展规划，整合、运用相关社会服务资源，拓展服务领域，保证服务质量。

第十九条　取得社会工作者职业水平证书的人员，应当接受继续教育，更新知识，不断提高职业素质和本专业工作能力。

第四章　登　记

第二十条　社会工作者职业水平证书实行登记服务制度。具体工作由民政部或其委托的机构负责。

第二十一条　民政部或其委托的机构定期向社会公布社会工作者职业水平证书登记情况，并为用人单位提供查询取得社会工作者职业水平证书人员的信息服务。

第二十二条　在社会工作职业活动中，违反有关法律、法规、规章制度或职业道德，造成不良影响的，由登记机关取消登记，并由发证机关收回职业水平证书。

第五章　附　则

第二十三条　通过考试取得社会工作者职业水平证书的人员，用人单位可根据工作需要聘任相应级别专业技术职务。具体办法另行规定。

第二十四条　香港、澳门居民申请参加社会工作者职业水平考试的，报名时应提交本人身份证明、国务院教育行政部门认可的学历或学位证书、从事本专业工作实践证明。台湾地区的专业技术人员参加考试的办法另行规定。

外籍人员申请参加社会工作者职业水平考试的具体办法另行规定。

第二十五条　社会工作者职业水平评价有关机构，在开展社会工作者职业水平评价等工作中，因工作失误，使专业技术人员合法权益受到损害的，应依据国家有关规定给予相应赔偿，并向有关责任人追偿。

第二十六条　社会工作者职业水平评价有关机构的工作人员，不履行工作职责、监督不力、借机为自己或他人谋取利益，以及有其他违法违规行为的，由其主管部门责令改正，造成不良影响或者严重后果的，对直接负责的主管人员和直接责任人员给予相应处分；构成犯罪的，依法追究刑事责任。

第二十七条　本规定自2006年9月1日起施行。

助理社会工作师、社会工作师职业水平考试实施办法

第一条　人事部、民政部共同成立“社会工作者职业水平评价办公室”，办公室设在民政部，负责研究社会工作者职业水平考试相关政策和考试日常管理工作。具体考试考务工作委托人事部人事考试中心组织实施。

各省、自治区、直辖市的考试工作，由当地人事部门会同民政部门共同负责，具体职责分工由各地协商确定。

第二条　民政部组织成立社会工作者职业水平评价专家委员会，负责编写考试大纲、命题，研究建立考试试题库。

第三条　助理社会工作师考试科目为《社会工作综合能力（初级）》、《社会工作实务（初级）》。社会工作师职业水平考试科目为《社会工作综合能力（中级）》、《社会工作实务（中级）》和《社会工作法规与政策》。

第四条 参加助理社会工作师考试的人员，应在一个考试年度内通过全部科目的考试。

社会工作师考试成绩实行两年为一个周期的滚动管理办法，参加考试的人员应在连续两个考试年度内通过全部科目的考试。

第五条 报名参加助理社会工作师、社会工作师职业水平考试的人员，应符合《社会工作者职业水平评价暂行规定》中规定的相应报名条件。由本人提出申请，按规定携带有关证明材料，到指定的考试管理机构报名。经考试管理机构审查合格后，向申请人核发准考证。申请人凭准考证及有关身份证明，在指定时间、地点参加考试。

第六条 参加助理社会工作师考试的本科应届毕业生，在报名时应提交能够证明其在考试年度可毕业的有效证件（如学生证等）和所在学校出具的应届毕业生证明。

第七条 助理社会工作师、社会工作师职业水平考试原则上每年举行一次。考点设在省会城市和直辖市的大、中专院校或高考定点学校。如确需在其他城市设置考点，应经人事部、民政部批准。

第八条 坚持考试与培训分开原则。凡参与考试工作（包括命题和组织管理等）的人员，不得参加考试和参与或举办与考试内容有关的培训工作。应考人员参加相关培训实行自愿原则。

第九条 助理社会工作师、社会工作师考试有关项目的收费标准，应经当地价格主管部门核准，并向社会公布，接受公众监督。

第十条 考试考务工作要严格执行考试工作的有关规章制度，切实做好试卷命制、印刷、发送过程中的保密工作，遵守保密制度，严防泄密。

第十一条 考试工作人员要严格遵守考试工作纪律，认真执行考试回避制度。对违反考试纪律和有关规定的，按照《专业技术人员资格考试违纪违规行为处理规定》处理。

人事部、国家测绘局关于印发《注册测绘师制度暂行规定》、《注册测绘师资格考试实施办法》和《注册测绘师资格考核认定办法》的通知

（国人部发〔2007〕14号　2007年1月24日）

各省、自治区、直辖市人事厅（局）、测绘行政主管部门，国务院各部委、各直属机构人事部门，中央管理的企业：

为了加强测绘行业管理，提高测绘专业人员素质，规范测绘行为，保证测绘成果质量，人事部、国家测绘局依据《中华人民共和国测绘法》要求，决定在测绘行业建立注册测绘师制度。现将《注册测绘师制度暂行规定》、《注册测绘师资格考试实施办法》

和《注册测绘师资格考核认定办法》印发给你们，请遵照执行。

附件：1. 注册测绘师资格考核认定工作领导小组成员名单
2. 中华人民共和国注册测绘师资格考核认定申报表（略）

注册测绘师制度暂行规定

第一章 总 则

第一条 为了提高测绘专业技术人员素质，保证测绘成果质量，维护国家和公众利益，依据《中华人民共和国测绘法》和国家职业资格证书制度有关规定，制定本规定。

第二条 本规定适用于在具有测绘资质的机构中，从事测绘活动的专业技术人员。

第三条 国家对从事测绘活动的专业技术人员，实行职业准入制度，纳入全国专业技术人员职业资格证书制度统一规划。

第四条 本规定所称注册测绘师，是指经考试取得《中华人民共和国注册测绘师资格证书》，并依法注册后，从事测绘活动的专业技术人员。

注册测绘师英文译为：Registered Surveyor。

第五条 人事部、国家测绘局共同负责注册测绘师制度工作，并按职责分工对该制度的实施进行指导、监督和检查。

各省、自治区、直辖市人事行政部门、测绘行政主管部门按职责分工，负责本行政区域内注册测绘师制度的实施与监督管理。

第二章 考 试

第六条 注册测绘师资格实行全国统一大纲、统一命题的考试制度，原则上每年举行一次。

第七条 国家测绘局负责拟定考试科目、考试大纲、考试试题，研究建立并管理考试题库，提出考试合格标准建议。

第八条 人事部组织专家审定考试科目、考试大纲和考试试题，会同国家测绘局确定考试合格标准和对考试工作进行指导、监督、检查。

第九条 凡中华人民共和国公民，遵守国家法律、法规，恪守职业道德，并具备下列条件之一的，可申请参加注册测绘师资格考试：

（一）取得测绘类专业大学专科学历，从事测绘业务工作满6年。

（二）取得测绘类专业大学本科学历，从事测绘业务工作满4年。

（三）取得含测绘类专业在内的双学士学位或者测绘类专业研究生班毕业，从事测绘业务工作满3年。

（四）取得测绘类专业硕士学位，从事测绘业务工作满2年。

（五）取得测绘类专业博士学位，从事测绘业务工作满1年。

（六）取得其他理学类或者工学类专业学历或者学位的人员，其从事测绘业务工作年限相应增加2年。

第十条 注册测绘师资格考试合格，颁发人事部统一印制，人事部、国家测绘局共同用印的《中华人民共和国注册测绘师资格证书》，该证书在全国范围有效。

第十一条　对以不正当手段取得《中华人民共和国注册测绘师资格证书》的，由发证机关收回。自收回该证书之日起，当事人 3 年内不得再次参加注册测绘师资格考试。

第三章　注　册

第十二条　国家对注册测绘师资格实行注册执业管理，取得《中华人民共和国注册测绘师资格证书》的人员，经过注册后方可以注册测绘师的名义执业。

第十三条　国家测绘局为注册测绘师资格的注册审批机构。各省、自治区、直辖市人民政府测绘行政主管部门负责注册测绘师资格的注册审查工作。

第十四条　申请注册测绘师资格注册的人员，应受聘于一个具有测绘资质的单位，并通过聘用单位所在地（聘用单位属企业的通过本单位工商注册所在地）的测绘行政主管部门，向省、自治区、直辖市人民政府测绘行政主管部门提出注册申请。

第十五条　省、自治区、直辖市人民政府测绘行政主管部门在收到注册测绘师资格注册的申请材料后，对申请材料不齐全或者不符合法定形式的，应当当场或者在 5 个工作日内，一次告知申请人需要补正的全部内容，逾期不告知的，自收到申请材料之日起即为受理。

对受理或者不予受理的注册申请，均应出具加盖省、自治区、直辖市人民政府测绘行政主管部门专用印章和注明日期的书面凭证。

第十六条　省、自治区、直辖市人民政府测绘行政主管部门自受理注册申请之日起 20 个工作日内，按规定条件和程序完成申报材料的审查工作，并将申报材料和审查意见报国家测绘局审批。

国家测绘局自受理申报人员材料之日起 20 个工作日内作出审批决定。在规定的期限内不能作出审批决定的，应将延长的期限和理由告知申请人。

国家测绘局自作出批准决定之日起 10 个工作日内，将批准决定送达经批准注册的申请人，并核发统一制作的《中华人民共和国注册测绘师注册证》和执业印章。对作出不予批准的决定，应当书面说明理由，并告知申请人享有依法申请行政复议或者提起行政诉讼的权利。

第十七条　《中华人民共和国注册测绘师注册证》每一注册有效期为 3 年。《中华人民共和国注册测绘师注册证》和执业印章在有效期限内是注册测绘师的执业凭证，由注册测绘师本人保管、使用。

第十八条　初始注册者，可自取得《中华人民共和国注册测绘师资格证书》之日起 1 年内提出注册申请。逾期未申请者，在申请初始注册时，须符合本规定继续教育要求。

初始注册需要提交下列材料：

（一）《中华人民共和国注册测绘师初始注册申请表》；

（二）《中华人民共和国注册测绘师资格证书》；

（三）与聘用单位签订的劳动或者聘用合同；

（四）逾期申请注册的人员的继续教育证明材料。

第十九条　注册有效期届满需继续执业的，应在届满前 30 个工作日内，按照本规定第十四条规定的程序申请延续注册。审批机构应当根据申请人的申请，在规定的时限内作出是否准予延续注册的决定；逾期未作出决定的，视为准予延续。

延续注册需要提交下列材料：

（一）《中华人民共和国注册测绘师延续注册申请表》；

（二）与聘用单位签订的劳动或者聘用合同；

（三）达到注册期内继续教育要求的证明材料。

第二十条 在注册有效期内，注册测绘师变更执业单位，应与原聘用单位解除劳动关系，并按本规定第十四条规定的程序办理变更注册手续。变更注册后，其《中华人民共和国注册测绘师注册证》和执业印章在原注册有效期内继续有效。

变更注册需要提交下列材料：

（一）《中华人民共和国注册测绘师变更注册申请表》；

（二）与新聘用单位签订的劳动或者聘用合同；

（三）工作调动证明或者与原聘用单位解除劳动或者聘用合同的证明、退休人员的退休证明。

第二十一条 注册测绘师因丧失行为能力、死亡或者被宣告失踪的，其《中华人民共和国注册测绘师注册证》和执业印章失效。

第二十二条 注册申请人有下列情形之一的，应由注册测绘师本人或者聘用单位及时向当地省、自治区、直辖市人民政府测绘行政主管部门提出申请，由国家测绘局审核批准后，办理注销手续，收回《中华人民共和国注册测绘师注册证》和执业印章：

（一）不具有完全民事行为能力的；

（二）申请注销注册的；

（三）注册有效期满且未延续注册的；

（四）被依法撤销注册的；

（五）受到刑事处罚的；

（六）与聘用单位解除劳动或者聘用关系的；

（七）聘用单位被依法取消测绘资质证书的；

（八）聘用单位被吊销营业执照的；

（九）因本人过失造成利害关系人重大经济损失的；

（十）应当注销注册的其他情形。

第二十三条 注册申请人有下列情形之一的，不予注册：

（一）不具有完全民事行为能力的；

（二）刑事处罚尚未执行完毕的；

（三）因在测绘活动中受到刑事处罚，自刑事处罚执行完毕之日起至申请注册之日止不满3年的；

（四）法律、法规规定不予注册的其他情形。

第二十四条 注册申请人以不正当手段取得注册的，应当予以撤销，并由国家测绘局依法给予行政处罚；当事人在3年内不得再次申请注册；构成犯罪的，依法追究刑事责任。

第二十五条 被注销注册或者不予注册的人员，重新具备初始注册条件，并符合本规定继续教育要求的，可按本规定第十四条规定的程序申请注册。

第二十六条 国家测绘局应及时向社会公告注册测绘师注册有关情况。当事人对注销注册或者不予注册有异议的，可依法申请行政复议或者提起行政诉讼。

第二十七条 继续教育是注册测绘师延续注册、重新申请注册和逾期初始注册的必备条件。在每个注册期内，注册测绘师应按规定完成本专业的继续教育。

注册测绘师继续教育，分必修课和选修课，在一个注册期内必修课和选修课均为60学时。

第四章 执 业

第二十八条 注册测绘师应在一个具有测绘资质的单位，开展与该单位测绘资质等级和业务许可范围相应的测绘执业活动。

第二十九条 注册测绘师的执业范围：

（一）测绘项目技术设计；

（二）测绘项目技术咨询和技术评估；

（三）测绘项目技术管理、指导与监督；

（四）测绘成果质量检验、审查、鉴定；

（五）国务院有关部门规定的其他测绘业务。

第三十条 注册测绘师的执业能力：

（一）熟悉并掌握国家测绘及相关法律、法规和规章；

（二）了解国际、国内测绘技术发展状况，具有较丰富的专业知识和技术工作经验，能够处理较复杂的技术问题；

（三）熟练运用测绘相关标准、规范、技术手段，完成测绘项目技术设计、咨询、评估及测绘成果质量检验管理；

（四）具有组织实施测绘项目的能力。

第三十一条 在测绘活动中形成的技术设计和测绘成果质量文件，必须由注册测绘师签字并加盖执业印章后方可生效。

第三十二条 修改经注册测绘师签字盖章的测绘文件，应由该注册测绘师本人进行；因特殊情况，该注册测绘师不能进行修改的，应由其他注册测绘师修改，并签字、加盖印章，同时对修改部分承担责任。

第三十三条 注册测绘师从事执业活动，由其所在单位接受委托并统一收费。因测绘成果质量问题造成的经济损失，接受委托的单位应承担赔偿责任。接受委托的单位依法向承担测绘业务的注册测绘师追偿。

第五章 权利、义务

第三十四条 注册测绘师享有下列权利：

（一）使用注册测绘师称谓；

（二）保管和使用本人的《中华人民共和国注册测绘师注册证》和执业印章；

（三）在规定的范围内从事测绘执业活动；

（四）接受继续教育；

（五）对违反法律、法规和有关技术规范的行为提出劝告，并向上级测绘行政主管部门报告；

（六）获得与执业责任相应的劳动报酬；

（七）对侵犯本人执业权利的行为进行申诉。

第三十五条 注册测绘师应履行下列义务：

（一）遵守法律、行政法规和有关管理规定，恪守职业道德；

（二）执行测绘技术标准和规范；

（三）履行岗位职责，保证执业活动成果质量，并承担相应责任；

（四）保守知悉的国家秘密和委托单位的商业、技术秘密；

（五）只受聘于一个有测绘资质的单位执业；

（六）不准他人以本人名义执业；

（七）更新专业知识，提高专业技术水平；

（八）完成注册管理机构交办的相关工作。

第六章 附 则

第三十六条 对本规定印发之日前，长期从事测绘专业工作，并符合考核认定条件的专业技术人员，可通过考核认定，获得《中华人民共和国注册测绘师资格证书》。

第三十七条 通过考试取得《中华人民共和国注册测绘师资格证书》，并符合《工程技术人员职务试行条例》工程师专业技术职务任职条件的人员，用人单位可根据工作需要优先聘任工程师专业技术职务。

第三十八条 需注册测绘师签字盖章的文件种类和办法、继续教育的内容、测绘单位配备注册测绘师数量、注册执业管理等工作的具体办法，由国家测绘局另行规定。

第三十九条 符合考试报名条件的香港和澳门居民，可申请参加注册测绘师资格考试。申请人在报名时应提交本人身份证明、国务院教育行政部门认可的相应专业学历或者学位证书、从事测绘相关专业实践年限证明。台湾地区专业技术人员考试办法另行规定。

外籍专业人员申请参加注册测绘师资格考试、申请注册和执业等管理办法另行制定。

第四十条 在实施注册测绘师制度过程中，相关行政部门和相关机构，因工作失误，使专业技术人员合法权益受到损害的，应当依据《中华人民共和国国家赔偿法》给予相应赔偿，并可向有关责任人追偿。

第四十一条 实施注册测绘师制度的相关行政部门和相关机构的工作人员，有不履行工作职责，监督不力，或者谋取其他利益等违纪违规行为，并造成不良影响或者严重后果的，由其上级相关行政部门责令改正，对直接负责的主管人员和其他直接责任人员依法给予行政处分；构成犯罪的，依法追究刑事责任。

第四十二条 本规定自2007年3月1日起施行。

注册测绘师资格考试实施办法

第一条 人事部、国家测绘局共同成立注册测绘师资格考试办公室（以下简称考试办公室，设在国家测绘局），负责考试相关政策研究及考试管理工作。具体考务工作委托人事部人事考试中心负责。

各省、自治区、直辖市人事行政部门和测绘行政主管部门共同负责本地区考试工作，并协商确定具体工作的职责分工。

第二条 国家测绘局成立注册测绘师资格考试专家委员会，负责注册测绘师资格考试大纲的编写和命题工作，研究建立考试试题库。

第三条　注册测绘师资格考试设《测绘综合能力》、《测绘管理与法律法规》、《测绘案例分析》3 个科目。

考试分 3 个半天进行。《测绘综合能力》、《测绘管理与法律法规》2 个科目的考试时间均为 2. 5 小时，《测绘案例分析》科目的考试时间为 3 小时。

第四条　参加注册测绘师资格全部（3 个）科目考试的人员，必须在一个考试年度内参加全部（3 个）科目的考试并合格，方可获得注册测绘师资格证书。

第五条　对符合注册测绘师资格考试报名条件，并于 2005 年 12 月 31 日前评聘为高级工程师专业技术职务的人员，可免试《测绘综合能力》科目，只参加《测绘管理与法律法规》、《测绘案例分析》2 个科目的考试。在一个考试年度内，参加前述 2 个科目考试并合格的人员，方可获得注册测绘师资格证书。

第六条　参加考试由本人提出申请，携带所在单位证明及相关材料，到当地考试管理机构报名。考试管理机构按规定程序和报名条件审核合格后，发给准考证。参加考试人员在准考证指定的时间、地点参加考试。

国务院各部门所属单位和中央管理企业的专业技术人员按属地原则报名参加考试。

第七条　注册测绘师资格考试考点原则上设在直辖市和省会城市的大、中专院校或者高考定点学校，如确需在其他城市设置，须经人事部和国家测绘局批准。考试日期为每年第三季度。

第八条　坚持考试与培训分开的原则。凡参与考试工作（包括试题命制与组织管理等）的人员，不得参加考试和参与或者举办与考试内容有关的培训工作。应考人员参加相关培训按照自愿的原则。

第九条　注册测绘师资格考试及有关项目的收费标准，须经当地价格行政部门核准，并向社会公布，接受公众监督。

第十条　考试考务工作应严格执行考试工作的有关规章制度，切实做好试卷命制、印刷、发送过程中的保密工作，遵守保密制度，严防泄密。

第十一条　考试工作人员要严格遵守考试工作纪律，认真执行考试回避制度。对违反考试纪律和有关规定的，按照《专业技术人员资格考试违纪违规行为处理规定》处理。

注册测绘师资格考核认定办法

一、考核认定申报条件

长期在测绘岗位从事测绘专业工作，业绩突出，遵守中华人民共和国宪法和各项法律、法规，恪守职业道德，身体健康，并符合下列条件（一）或者条件（二）的在职在编人员。

（一）中国科学院院士或者中国工程院院士。

（二）评聘为高级工程师专业技术职务，年龄在 70 周岁（含）以下，并同时具备下列条件 1、2、3 中各一项条件的人员。

1. 学历和职业年限：

(1) 1980年12月31日前取得测绘类专业中专学历，累计从事测绘业务工作满20年。

(2) 1985年12月31日前取得测绘类专业大学专科学历，累计从事测绘业务工作满15年。

(3) 1990年12月31日前取得测绘类专业大学本科及以上学历或者学位，累计从事测绘专业工作满10年。

(4) 在上述规定的日期前取得其他理学类或者工学类专业学历或者学位的人员，其从事测绘业务工作年限相应增加5年。

2. 专业水平与业绩成果：

(1) 在有甲级测绘资质的单位中，担任正、副总工程师职务（负责测绘专业技术工作）满5年。

(2) 在有测绘资质的单位中，担任测绘项目主要技术负责人，完成1项国家级重大项目（测绘业务），或者国家级测绘重点科研项目。

(3) 在有测绘资质的单位中，担任测绘项目主要技术负责人，完成2项省（部）级重大测绘生产项目，或者省（部）级重点测绘科研项目。

(4) 获得与测绘专业相关的国家级科技进步奖（科技成果奖）的主要技术负责人（前5名）。

(5) 获得测绘专业省（部）级科技进步（科技成果）一等奖项的主要技术负责人（前5名）；或者获得部级优秀测绘工程金奖、优秀地图作品奖的主要技术负责人（前3名）。

(6) 获得2项测绘专业省（部）级科技进步（科技成果）二等以上奖项的主要技术负责人（前3名）；或者获得2项部级优秀测绘工程银奖的主要技术负责人（前3名）。

(7) 获得3项测绘专业省（部）级科技进步（科技成果）三等以上奖项的主要技术负责人（前3名）。

3. 学术水平：

(1) 在有国内统一刊号（CN）的期刊或者在有国际统一书号（ISSN）的国外期刊上，作为第一作者发表过测绘专业论文不少于3篇（每篇不少于2 000字）。

(2) 在正式出版社出版过统一书号（ISBN）的测绘专业著作，本人独立撰写的章节不少于3万字。

(3) 受聘担任注册测绘师资格考试专家委员会成员，并参加编写考试大纲或者承担首次考试试题设计任务的专家。

二、考核认定组织

人事部、国家测绘局共同成立“注册测绘师资格考核认定工作领导小组”（以下简称领导小组，名单见附件1），负责全国注册测绘师资格考核认定工作。领导小组办公室设在国家测绘局。

三、考核认定申报材料

（一）各省、自治区、直辖市或者国务院有关部门、中央管理企业、军队人事部门推荐意见函。

（二）《中华人民共和国注册测绘师资格考核认定申报表》一式两份（见附件2）。

（三）中国科学院院士或者中国工程院院士证书复印件。其他人员应提供以下证明材料的复印件：学历或者学位证书、高级工程师专业技术职务聘书、获奖证书、生产项目和研究项目成果证书、单位测绘资质证书、获奖项目的主要文件和签署证明、主要技术负责人的任命文件（或者聘书）。

（四）获奖者应附有效证明，即奖状、个人证书或者正式公布的获奖人名单。对奖项未颁发个人证书或者未正式公布获奖人员名单的，应提供符合国家规定人数的单位申报奖项的人员名单、获奖项目主要文件的复印件，经单位负责人签字并加盖公章。

（五）所在单位出具的职业道德证明、省级测绘行政主管部门认可的测绘业务业绩证明。

四、考核认定程序

（一）符合考核认定条件的测绘专业技术人员，可向所在单位提出申请，经单位审核同意后，由所在单位向单位所在地（聘用单位属企业的向本单位工商注册所在地）的省、自治区、直辖市测绘行政主管部门推荐。

国务院有关部门所属单位和中央管理企业的人员，由本部门、本企业负责测绘业务工作管理机构统一向国家测绘局推荐。

（二）各省、自治区、直辖市测绘行政主管部门，国务院有关部门和中央管理企业负责测绘业务工作的机构，对本地区、本部门、本企业申报人员的材料进行审查，提出审查意见，并经本地区、本部门、本企业人事部门复审后，提出推荐名单送领导小组办公室审核。

军队测绘专业人员的申报，由总政干部部门按照本办法规定的程序和要求，提出推荐名单送领导小组办公室。

（三）领导小组办公室组织有关专家对推荐人员的材料进行审核，并将审核结果和拟认定人员材料，报领导小组复核。

（四）领导小组召开会议，对领导小组办公室的审核结果和申报人员材料进行复核。对复核合格的人员，由领导小组办公室进行公示。经公示无异议，由人事部、国家测绘局批准后，向社会公布获得《中华人民共和国注册测绘师资格证书》人员的名单。

对未通过考核认定的申请人，由领导小组办公室向其说明不通过的理由。

五、申报时间及要求

（一）各省、自治区、直辖市测绘行政主管部门和人事行政部门，国务院有关部门、中央管理企业负责测绘业务的机构和人事部门，应当对推荐人员材料进行认真审查和复审。于2007年8月1日前完成审查和复审工作，签署审查和复审意见，并在《中华人民共和国注册测绘师资格考核认定申报表》相应栏目中加盖印章后，将全部申报人员的材料送领导小组办公室。

（二）国家对考核认定人员数额实行总量控制。考核认定工作须在国家统一考试前完成，实施资格考试后不再进行。

（三）各省、自治区、直辖市和国务院有关部门、中央管理的企业及军队，应推荐具备申报条件、能力业绩突出、业内认可且仍在岗从事测绘业务工作的专业技术人员。

（四）各省、自治区、直辖市和国务院有关部门、中央管理的企业及军队，在审查、复审申报人员材料时，均须核查各类证书、相关证明及有关材料的原件。向领导小组办公室报送的各类证书等相关材料的复印件，应由所在单位测绘业务机构和人事部门负责人，对其真实性签署意见并加盖单位印章。

（五）已通过特许或者考核认定的方式取得其他专业职业（执业）资格证书、现在公务员岗位工作、正在申报其他专业职业（执业）资格考核认定和已办理离、退休手续的人员，均不在申报范围。凡因测绘业务工作中违法违纪或者发生重大失误，受到刑事处罚或者行政处罚的人员，一律不得申报。

（六）各省、自治区、直辖市和国务院有关部门、中央管理的企业及军队，要切实加强领导，坚持标准，严格要求，认真按程序做好申报、审查、复审等各环节工作。凡不认真把关或者弄虚作假的，一经发现，停止该地区或者部门、单位的申报权和取消个人申报的资格，并依据相应法律和有关规定，对直接负责的主管人员和其他直接责任人员进行处理。

附件1

注册测绘师资格考核认定工作领导小组成员名单

组　长：谢经荣　国家测绘局　副局长

副组长：侯福兴　人事部专业技术人员管理司　司长

李永春　国家测绘局人事司　司长

成　员：范　勇　人事部专业技术人员管理司　巡视员

韩力援　国家测绘局人事司　副司长

陈俊勇　国家测绘局　院士

刘先林　中国测绘科学研究院　院士

宁津生　武汉大学　院士

杨　凯　中国测绘学会　教授

陈　军　国家基础地理信息中心　教授

洪立波　北京市测绘设计研究院　高级工程师

周　社　国家测绘局重庆测绘院　高级工程师

陆用森　中国地图出版社（测绘出版社）　编审

王　丹　建设综合勘察研究设计院　研究员

张燕妮　中国土地勘测规划院　高级工程师

吕永江　国家测绘局测绘标准化研究所　高级工程师

张铁军　天津海事局　高级工程师

办公室主任：韩力援　（兼）

副　主　任：胡文忠　人事部专业技术人员管理司　处长

张文晖　国家测绘局人事司　处长

人事部、国家发展改革委关于印发《招标采购专业技术人员职业水平评价暂行规定》和《招标师职业水平考试实施办法》的通知

（国人部发〔2007〕63 号　2007 年 4 月 30 日）

各省、自治区、直辖市人事厅（局）、发展改革委，国务院各部委、各直属机构人事部门，中央管理的企业：

为加强招标采购专业技术人员队伍建设，规范招标采购专业技术人员职业行为，提高招标采购专业技术人员素质，经研究决定，对招标采购专业技术人员实行职业水平评价制度。现将《招标采购专业技术人员职业水平评价暂行规定》和《招标师职业水平考试实施办法》印发给你们，请遵照执行。

招标采购专业技术人员职业水平评价暂行规定

第一章　总　则

第一条　为规范招标采购专业技术人员职业行为，提高招标采购专业技术人员素质，维护国家利益、社会公共利益和当事人合法权益，根据《中华人民共和国招标投标法》和国家职业资格证书制度的有关规定，制定本规定。

第二条　本规定适用于自行办理招标事宜的单位和在依法设立的招标代理机构中专门从事招标活动的专业技术人员。

第三条　国家建立招标采购专业技术人员职业水平评价制度，纳入全国专业技术人员职业资格证书制度统一规划。

第四条　招标采购专业技术人员职业水平评价分为招标师和高级招标师两个级别。招标师职业水平评价采用考试的方式进行；高级招标师职业水平评价实行考试与评审相结合的方式进行，具体办法另行规定。

招标师英文译为：Tenderer。

高级招标师英文译为：Senior Tenderer。

第五条　通过职业水平评价，取得招标采购专业技术人员职业水平证书的人员，表明其已具备招标采购专业技术岗位工作的水平和能力。

第六条　人事部、国家发展改革委按照职责分工对招标采购专业技术人员职业水平评价工作进行指导、监督和检查。

第二章　考　试

第七条　招标师职业水平评价实行全国统一大纲、统一命题、统一组织的考试方式。原则上每年举行一次。

第八条　国家发展改革委负责拟定考试科目、考试大纲、试题，建立考试试题库，

提出考试合格标准建议。具体工作委托中国招标投标协会承担。

第九条 人事部负责组织专家审定考试科目、考试大纲和试题，会同国家发展改革委确定考试合格标准，并对考试实施等工作进行指导、监督和检查。

第十条 凡中华人民共和国公民，遵守国家法律、法规，恪守职业道德，并符合下列条件之一的，可申请参加招标师职业水平考试：

（一）取得经济学、工学、法学或管理学类专业大学专科学历，工作满6年，其中从事招标采购专业工作满4年；

（二）取得经济学、工学、法学或管理学类专业大学本科学历，工作满4年，其中从事招标采购专业工作满3年；

（三）取得含经济学、工学、法学或管理学类专业在内的双学士学位或者研究生班毕业，工作满3年，其中从事招标采购专业工作满2年；

（四）取得经济学、工学、法学或管理学类专业硕士学位，工作满2年，其中从事招标采购专业工作满1年；

（五）取得经济学、工学、法学或管理学类专业博士学位，从事招标采购专业工作满1年；

（六）取得其他学科门类上述学历或者学位的，其从事招标采购专业工作的年限相应增加2年。

第十一条 招标师职业水平考试合格的，颁发人事部、国家发展改革委监制，中国招标投标协会用印的《中华人民共和国招标师职业水平证书》（以下简称招标师职业水平证书）。该证书在全国范围内有效。

第十二条 凡是以不正当手段取得招标师职业水平证书的，由发证机关收回证书，2年内不得再次参加招标师职业水平考试。

第三章 义务与职业能力

第十三条 招标师应当履行的义务：

（一）严格遵守国家法律、法规，执行国家标准和规范，维护国家、社会公共利益和服务主体的合法权益，恪守职业道德；

（二）保守在招标采购专业技术工作中知悉的国家秘密、商业和技术秘密，以及招标活动中应当保密的事项；

（三）在招标采购活动中，发现违反国家有关法律、法规的行为，应及时向相关行政管理部门或行业协会如实反映情况；

（四）接受教育，更新知识，不断提高职业素质和招标采购专业技术工作能力。

第十四条 招标师应当具备的职业能力：

（一）熟悉招标采购方面的法律、法规、规章和行业管理规定，具有较丰富的招标采购专业技术工作经验；

（二）编制、审查招标采购工作计划、招标采购文件、招标采购合同文本、资格预审文件和招标采购公告，组织进行项目招标采购活动；

（三）组织进行投标资格审查、开标和评标活动；

（四）主持招标采购合同、中标合同的谈判，参与签订招标采购相应合同；

（五）开展询价采购工作，组织进行现场勘查、招标采购合同的结算和验收工作；

（六）妥善解决招标活动、合同履行等工作中的争议纠纷。

第四章　登　记

第十五条　招标师职业水平证书实行登记服务制度。登记服务的具体工作委托中国招标投标协会负责。

第十六条　中国招标投标协会定期向社会公布招标师职业水平证书的登记情况，建立招标师信用档案，并为用人单位提供取得招标师职业水平证书人员信息查询的服务。

第十七条　取得招标师职业水平证书的人员，在招标采购活动中，违反相关法律、法规、规章或职业道德，造成不良影响的，由中国招标投标协会取消登记，并由发证机构收回其招标师职业水平证书。

第五章　附　则

第十八条　通过考试取得招标师职业水平证书、符合《经济专业人员职务试行条例》有关规定的人员，用人单位可根据工作需要，从获得招标师职业水平证书的人员中择优聘任其经济师专业技术职务。

第十九条　香港、澳门地区居民申请参加招标师职业水平考试的，报名时应当出具本人身份证明、国家教育行政部门认可的学历或者学位证书、从事本专业工作实践证明。台湾地区的专业技术人员参加考试的办法另行规定。

外籍人员申请参加招标师职业水平考试的具体办法另行规定。

第二十条　各级相关行政部门或招标采购专业技术人员职业水平评价等机构，因工作失误，使专业技术人员的合法权益受到损害的，应依据《中华人民共和国国家赔偿法》给予相应赔偿，并可向有关责任人追偿。

第二十一条　各级相关行政部门或招标采购专业技术人员职业水平评价等机构的工作人员，不履行工作职责，监督不力，借机为自己或他人谋取不正当利益以及有其他违法违规行为的，由其主管部门责令改正；造成不良影响或者严重后果的，对直接负责的主管人员和其他直接责任人员给予相应处分；构成犯罪的，依法追究刑事责任。

第二十二条　本规定自 2007 年 7 月 1 日起施行。

招标师职业水平考试实施办法

第一条　人事部、国家发展改革委共同成立招标采购专业技术人员职业水平评价办公室，办公室设在国家发展改革委，负责研究招标采购专业技术人员职业水平评价政策和考试管理工作。

第二条　招标师职业水平考试考务具体工作分别委托人事部人事考试中心和中国招标投标协会按照职责分工进行。

各省、自治区、直辖市的考试工作，由当地人事部门会同发展改革部门共同负责，具体职责分工由各地协商确定。

第三条　国家发展改革委委托中国招标投标协会成立招标采购专业技术人员职业水平评价专家委员会。该委员会负责编写考试大纲、命题，研究建立考试题库等工作。

第四条 招标师职业水平考试科目为《招标采购法律法规与政策》、《项目管理与招标采购》、《招标采购专业实务》和《招标采购案例分析》4个科目。

第五条 招标师职业水平考试分4个半天进行。《招标采购法律法规与政策》、《项目管理与招标采购》和《招标采购专业实务》3个科目的考试时间均为2.5小时；《招标采购案例分析》科目的考试时间为3小时。

第六条 符合《招标采购专业技术人员职业水平评价暂行规定》（以下简称《暂行规定》）有关报名条件的人员，均可报名参加招标师职业水平考试。

第七条 考试成绩实行2年为一个周期的滚动管理办法，参加考试的人员必须在连续的两个考试年度内通过全部4个科目的考试。

第八条 参加招标师职业水平考试由本人提出申请，携带所在单位出具的有关证明及相关材料，到当地考试管理机构报名。考试管理机构按照规定的程序和报名条件审查合格后，核发准考证。参加考试人员凭准考证在指定的时间、地点参加考试。

国务院各部门所属单位和中央管理企业的专业技术人员按属地原则报名参加考试。

第九条 考点原则上设在省会城市和直辖市的高、中等学校或者高考定点学校。如确需在其他城市设置考点，须经人事部和国家发展改革委批准。招标师职业水平考试日期定于每年第二季度。

第十条 坚持考试与培训分开的原则。凡参与考试工作（包括试题命制与组织管理等）的人员，不得参加考试，不得参与或举办与考试内容有关的培训工作。应考人员参加相关培训坚持自愿的原则。

第十一条 招标师职业水平考试有关项目的收费标准，须经当地价格主管部门核准，并向社会公布，接受公众监督。

第十二条 考试考务工作要严格执行考试工作的有关规章制度，切实做好试卷命制、印刷、发送过程中的保密工作，遵守保密制度，严防泄密。

第十三条 考试工作人员要严格遵守考试工作纪律，认真执行考试回避制度。对违反考试纪律和有关规定的，按照《专业技术人员资格考试违纪违规行为处理规定》（人事部第3号令）处理。

人事部、国家工商总局关于印发《广告专业技术人员职业水平评价暂行规定》和《助理广告师、广告师职业水平考试实施办法》的通知

（国人部发〔2007〕116号 2007年8月30日）

各省、自治区、直辖市人事厅（局）、工商行政管理局，国务院各部委、各直属机构人事部门，中央管理的企业：

为加强广告专业技术人才队伍建设，提高广告专业技术人员素质，适应广告业发展

需要，经研究决定，对广告专业技术人员实行职业水平评价制度。现将《广告专业技术人员职业水平评价暂行规定》和《助理广告师、广告师职业水平考试实施办法》印发给你们，请遵照执行。

广告专业技术人员职业水平评价暂行规定

第一章 总 则

第一条 为加强广告专业技术人才队伍建设，适应广告业发展需要，根据《中华人民共和国广告法》和国家职业资格证书制度的有关规定，制定本规定。

第二条 本规定适用于广告主、广告经营者、广告发布者等机构或者其他经济组织中从事广告活动的专业技术人员。

第三条 国家对广告专业技术人员实行职业水平评价制度，纳入全国专业技术人员职业资格证书制度统一规划。

第四条 广告专业技术人员职业水平评价分为助理广告师、广告师和高级广告师三个级别。助理广告师、广告师职业水平实行考试评价的方式；高级广告师职业水平实行考试与评审相结合的评价方式，具体办法另行规定。

第五条 通过助理广告师、广告师职业水平考试，取得相应职业水平证书的人员，表明其已具备相应技术水平和专业能力。

第六条 人事部、国家工商行政管理总局按职责分工对该制度的实施进行指导、监督和检查。

第二章 考 试

第七条 助理广告师、广告师职业水平评价实行全国统一大纲、统一命题、统一组织的考试制度，原则上每年举行 1 次。

第八条 中国广告协会负责助理广告师、广告师职业水平考试的组织管理工作。成立广告专业技术人员职业水平评价专家委员会，拟定考试科目、考试大纲，组织命题，研究建立考试试题库，提出考试合格标准建议。

人事部人事考试中心和中国广告协会按职责分工组织实施考务工作。

第九条 人事部、国家工商行政管理总局指导中国广告协会确定考试科目、考试大纲、考试试题和考试合格标准，并对考试管理与组织实施等工作进行指导、监督和检查。

第十条 遵守国家法律、法规，恪守职业道德，并符合助理广告师、广告师报名条件的人员，均可申请参加相应级别的考试。

第十一条 助理广告师考试报名条件：

（一）取得广告学专业中专学历，从事广告专业工作满 4 年；

（二）取得广告学专业大专学历，从事广告专业工作满 2 年；

（三）广告学专业大学本科应届毕业生；

（四）取得广告学专业大学本科及以上学历或者学位。

取得其他专业中专及以上学历，其从事广告专业工作相应增加 2 年。

第十二条 广告师考试报名条件：

（一）取得广告学专业大专学历，从事广告专业工作满6年；

（二）取得广告学专业本科学历，从事广告专业工作满4年；

（三）取得含广告学专业在内的双学士学位或者广告学专业研究生班毕业，从事广告专业工作满2年；

（四）取得广告学专业硕士学位，从事广告专业工作满1年；

（五）取得广告学专业博士学位。

取得其他专业上述学历或者学位，其从事广告专业工作年限相应增加2年。

第十三条 广告专业技术人员职业水平考试合格，颁发人事部、国家工商行政管理总局监制，中国广告协会用印的相应级别、专业《中华人民共和国广告专业技术人员职业水平证书》。该证书在全国范围有效。

第十四条 凡以不正当手段取得广告专业技术人员职业水平证书的，按照《专业技术人员资格考试违纪违规行为处理规定》（人事部第3号令）处理。

第三章 职 业 能 力

第十五条 取得广告专业技术人员职业水平证书的人员，应遵守国家法律和相关法规，维护国家和社会公共利益，恪守职业道德。

第十六条 取得助理广告师职业水平证书的人员，应当具备的职业能力：

（一）了解与广告管理相关的法律法规和各项规章制度，遵守广告行业管理的各项规定；

（二）有一定的广告专业知识和工作能力，能够解决本专业一般性专业技术问题；

（三）具有独立完成一般性广告专业技术工作的能力。

第十七条 取得广告师职业水平证书的人员，应当具备的基本能力：

（一）熟悉国内外广告行业的法律法规以及广告行业管理规定，有较丰富的广告专业工作经验；

（二）了解国内外广告市场本专业的发展趋势，有较强的开拓创新能力，具有完成本专业较为复杂的技术工作和独立解决本专业重大疑难问题的能力；

（三）能够指导助理广告师和协助高级广告师工作。

第十八条 取得广告师相应专业职业水平证书的人员，除具备本规定第十七条规定的基本能力外，还应分别具备本专业的职业能力：

（一）广告策划专业

熟悉和掌握市场营销与广告运作的基本规则，有较强的品牌战略意识和市场推广理念；能够根据营销计划进行市场分析，准确描述目标消费者；能够运用提案沟通能力确定广告策略，制定适应客户需求、市场竞争力强的广告策划方案。

（二）广告文案专业

熟悉和掌握各种广告的表现方式及其特点，有较强的逻辑思维和语言文字表达能力；能够准确理解广告策划方案，充分体现客户意图和创意概念；能够综合运用理性诉求和感性诉求的手法，创作符合营销策略、适应消费者心理的广告文案。

（三）广告设计专业

熟悉和掌握各种平面及相关媒体广告的设计方式和制作执行规程，有较强的构图、色彩、图像和版式设计能力；能够使用各种美术方法，完成创意执行；能够运用各种技术手段，制作艺术水平较高、视觉表现较好的平面及相关媒体广告作品。

（四）影视广告专业

熟悉和掌握广播影视广告的表现方式及制作执行规程，有较强的广播影视广告创作执行能力；能够运用广播影视广告及相关媒体语言，准确表达广告意图；能够综合运用各种制作手段，制作影响力较强、市场效果较好的广播影视广告作品。

第十九条 取得广告专业各级别职业水平证书的人员，应当接受继续教育，更新专业知识，不断提高职业素质和本专业工作能力。

第四章 登 记

第二十条 广告专业技术人员职业水平证书实行登记服务制度。具体工作由国家工商行政管理总局委托中国广告协会负责。

第二十一条 中国广告协会定期向社会公布广告专业技术人员职业水平证书登记情况，建立广告专业职业人员信用档案，并为用人单位提供取得证书人员的信息查询服务。

第二十二条 凡在广告职业活动中，违反有关法律、法规、规章或职业道德，造成不良影响的，由发证机构取消登记，并收回广告专业技术人员职业水平证书。

第五章 附 则

第二十三条 通过考试取得助理广告师、广告师职业水平证书的人员，用人单位可根据《经济专业职务试行条例》有关规定和本单位工作需要聘任其助理经济师、经济师专业技术职务。

第二十四条 香港、澳门居民申请参加助理广告师、广告师职业水平考试的，报名时应提交本人身份证明、国务院教育行政部门认可的学历或学位证书、从事广告工作年限证明。台湾地区的专业人员参加考试的办法另行规定。

外籍人员申请参加助理广告师、广告师职业水平考试的具体办法另行规定。

第二十五条 在实施广告专业技术人员职业水平评价工作过程中，相关行政部门和相关机构，因工作失误，使专业技术人员的合法权益受到损害的，应依据《中华人民共和国国家赔偿法》给予相应赔偿，并可向有关责任人追偿。

第二十六条 负责广告专业技术人员职业水平评价工作的相关部门或者相关机构的工作人员，不履行工作职责，借机为自己或者他人谋取利益，以及有其他违法违规行为的，由其主管部门责令改正；造成不良影响或者严重后果的，对直接负责的主管人员和直接责任人员给予相应处分；构成犯罪的，依法追究刑事责任。

第二十七条 本规定自2007年11月1日起施行。

助理广告师、广告师职业水平考试实施办法

第一条 人事部、国家工商行政管理总局共同成立“广告专业技术人员职业水平评价办公室”，办公室设在国家工商行政管理总局，负责研究广告专业技术人员职业水平评价政策和指导考试工作。

第二条 助理广告师、广告师职业水平考试的考务工作，分别由人事部人事考试中

心和中国广告协会按职责分工组织进行。

各省、自治区、直辖市的考试工作，由当地人事部门会同工商行政管理部门共同负责，具体职责分工由各地协商确定。

第三条 助理广告师职业水平考试设《广告专业综合能力与法律法规》和《广告专业实务》2个科目。

广告师职业水平考试设《广告专业综合能力与法律法规》、《广告专业实务》和《广告专业案例分析》3个科目。其中《广告专业实务》科目和《广告专业案例分析》科目均分：广告策划、广告文案、广告设计、影视广告4个专业类别，考生在报名时应根据本专业岗位工作需要选择相同的专业类别。

第四条 助理广告师职业水平考试分2个半天、采用闭卷纸笔作答方式进行。《广告专业综合能力与法律法规》科目和《广告专业实务》科目的考试时间均为150分钟。

广告师职业水平考试分3个半天进行。其中《广告专业综合能力与法律法规》科目和《广告专业实务》科目考试采用闭卷纸笔作答方式进行，时间均为150分钟；《广告专业案例分析》科目考试采用开卷纸笔作答方式进行，时间为180分钟。

第五条 参加助理广告师和广告师职业水平考试的人员，均须在一个考试年度内通过相应级别全部科目的考试，方可获得本级别职业水平证书。

第六条 符合《广告专业技术人员职业水平评价暂行规定》有关助理广告师、广告师报名条件的人员，均可参加相应级别职业水平考试。

第七条 参加助理广告师、广告师职业水平考试，由本人提出申请，携带所在单位出具的有关证明材料，到当地考试管理机构报名。考试管理机构按照规定的程序和报名条件审查合格后，核发准考证。参加考试人员凭准考证在指定的时间、地点参加考试。

国务院各部门所属单位和中央管理企业的专业技术人员按属地原则报名参加考试。

第八条 申请参加助理广告师职业水平考试的广告学专业大学本科应届毕业生，在报名时应提交能够证明其在考试年度可毕业的有效证件（如学生证）和所在学校出具的广告学专业大学本科应届毕业生证明。

第九条 助理广告师、广告师职业水平考试的考点，原则上设在直辖市和省会城市的中、高等学校或者高考定点学校。如确需在其他城市设置考点，须经人事部和国家工商行政管理总局批准。考试日期为每年第二季度。

第十条 助理广告师、广告师职业水平考试有关项目的收费标准，须经当地价格主管部门核准，并向社会公布，接受公众监督。

第十一条 坚持考试与培训分开的原则。凡参与考试工作（包括试题命制与组织管理等）的人员，不得参加考试和参与或举办与考试内容有关的培训工作。应考人员参加相关培训坚持自愿的原则。

第十二条 考试考务工作要严格执行考试工作的有关规章制度，切实做好试卷命制、印刷、发送过程中的保密工作，遵守保密制度，严防泄密。

第十三条 考试工作人员要严格遵守考试工作纪律，认真执行考试回避制度。对违反考试纪律和有关规定的，按照《专业技术人员资格考试违纪违规行为处理规定》（人事部第3号令）处理。

（四）与聘任专业技术职务有关的专项考试

人事部关于在专业技术职务评聘工作中严格掌握外语条件的通知

（人职发〔1991〕4 号　1991 年 3 月 28 日）

各省、自治区、直辖市及计划单列市人事（劳动人事）厅（局）、职改工作部门，国务院各部委、各直属机构人事（干部）部门：

为贯彻落实《企事业评聘专业技术职务若干问题暂行规定》（人职发〔1990〕4 号），认真做好 1991 年专业技术职务评聘工作，现就专业技术职务评聘工作中，严格掌握外语条件的有关问题通知如下：

一、评聘专业技术职务，必须按照专业技术职务试行条例有关规定，严格掌握外语条件。这是提高专业技术人员业务素质，确保专业技术职务评聘质量，提高专业技术工作水平的必要措施。对于贯彻执行改革开放政策，扩大对外交流与合作，学习、吸收国外先进科学技术和管理经验，推动我国各项事业的发展有着重要的意义。各地区、各部门在评聘专业技术职务转入经常化工作中，要统一思想，提高认识，加强组织领导，认真做好这项工作。

二、评聘专业技术职务工作中，对外语条件要坚持从严要求，原则是可采用考试和考核的办法。考试工作要采取措施，严密组织，严格纪律，不得事先明确考试内容或范围，对于确实具有较高外语水平予以免试的人员，要进行认真的考核，考核要有具体标准和方法，加强民主监督，坚决杜绝一切形式主义、弄虚作假的行为。凡发现有弄虚作假、徇私舞弊的单位和个人，立即停止该单位的专业技术职务评聘工作或取消本人申报评审的资格。

三、评聘专业技术职务工作中，对外语条件既要严格要求，又要实事求是，区别对待。各地区、各部门要针对各专业技术系列和职务层次对外语的不同需要，适当考虑长期坚持基层工作和老年专业技术人员外语水平的现状，制定必须要求达到的标准和切实可行的考试、考核方法。总的原则是，有些应该有较高要求，有些应该有一般要求，也有一些可以不做要求。

四、外语考试或考核是评聘专业技术职务的一项经常性工作。各地区、各部门在组织实施过程中，要积极引导专业技术人员正确处理工作和外语学习的关系，坚决防止冲击、干扰各项生产、工作的正常进行。任何个人不得以此为由要求脱产学习或影响本职工作，各单位也不得举行考前突击培训。提高专业技术人员外语水平，是一项长期的任务，应从实际出发，有计划、有组织地进行。对在评聘专业技术职务工作中，因准备外语考试不坚持正常履行岗位职责的人员，各单位应给予批评教育，直至取消其参加当年的评审资格。

各地区、各部门应根据上述精神，制定评聘专业技术职务外语考试和考核工作的具体规定和办法，并报我部职位职称司备案。各级职改部门要对所属单位贯彻落实情况进行监督、检查，并认真总结经验。

国务院职称改革领导小组办公室关于对实行专业技术资格考试的系列外语水平要求的通知

（国职办〔1992〕12号 1992年10月29日）

各省、自治区、直辖市及计划单列市人事（劳动人事）厅（局）、职改工作部门，国务院各部委、各直属机构人事（干部）部门：

关于由国家统一组织的资格考试的系列对外语水平要求的问题，仍须按有关系列试行条例的规定和人职发〔1990〕4号文件的要求以及《关于在专业技术职务评聘工作中严格掌握外语条件的通知》（人职发〔1991〕4号）对专业技术资格考试合格者进行必要的外语水平考试或考核。具体办法由各省、自治区、直辖市职改部门作出规定。

人事部专业技术人员职称司关于在评审专业技术职务工作中有关掌握外语条件的补充通知

（人职司函〔1993〕8号 1993年8月2日）

各省、自治区、直辖市及计划单列市人事（劳动人事）厅（局）、职改工作部门，国务院各部委、各直属机构人事（干部）部门：

在专业技术职务评审工作中，严格掌握外语条件，对提高专业技术队伍素质，贯彻改革开放政策，扩大对外交流与合作，及时学习、吸收国外先进技术和管理经验有着重要的意义。各地区、各部门按照人职发〔1991〕4号文件的要求，在评聘专业技术职务工作中做好掌握外语条件方面做了大量工作，是很有成绩的。但个别地方也存在着形式主义和不区别情况“一刀切”的状况，需要加以改进。

从目前全国总的情况看，逐步提高专业技术人员外语水平，是一项长期的、艰巨的任务，在坚持严格要求的原则下，应从实际出发区别对待。按照国务院领导同志提出的对外语有的要有要求，有的还要有较高的要求，有的则不应要求的精神，对长期在贫困落后地区或县以下的中小单位工作的专业技术人员，以及在专业技术工作中成绩突出，业务水平很高的中老年专业技术人员，在评聘他们担任中、高级专业技术职务时应以工作业绩为主，不宜将外语水平作为不予推荐评审的否决条件。此外，不同系列不同层次对外语要求均应有所区别。各地区、各部门可按此精神，结合当地实际情况制定具体办法。

人事部关于专业技术人员职称外语等级统一考试的通知

（人发〔1998〕54号　1998年7月28日）

各省、自治区、直辖市人事（人事劳动）厅（局）、职改办，国务院有关部委、直属机构人事（干部）部门：

为加强专业技术人员外语学习，提高专业技术人员队伍的整体素质，增强专业技术人员在国际经济技术合作中的竞争能力，促进经济、社会发展和科技进步，人事部在总结近年来职称外语等级考试试点经验的基础上，决定从1999年开始，实行全国专业技术人员职称外语等级统一考试（简称职称外语统一考试）。现就有关事项通知如下：

一、职称外语统一考试贯彻严格要求，实事求是，区别对待，逐步提高的原则，实行全国统一大纲、统一命题、统一组织的考试制度。考试成绩作为衡量专业技术人员业务水平和晋升专业技术职务的条件之一。专业技术人员担任或晋升相应专业技术职务，须取得相应职称外语统一考试合格证书。

二、职称外语统一考试的标准，依据有关专业技术职务试行条例对担任相应专业技术职务外语水平的要求确定。凡专业技术职务试行条例中规定专业技术人员需具备一定外语水平的，今后在晋升专业技术职务时应参加职称外语统一考试。考试等级划分和适用范围如下表：

考试等级	A	B	C
适用范围	1. 高教、科研、卫生、工程系列中申报高级专业技术职务或其他系列中申报正高级专业技术职务者。 2. 申报高级国际商务师者。	1. 卫生、工程系列中在县及县以下所属单位工作的人员申报高级专业技术职务者。 2. 高教、科研、卫生、工程系列中申报中级专业技术职务者。 3. 翻译系列中申报高级专业技术职务者（限第二外语）。 4. 高级专业技术职务未分正副的系列（工程系列除外）申报高级专业技术职务或其他系列中申报副高级专业技术职务者。	1. 翻译系列中申报中级专业技术职务（第二外语）或其他系列申报高级专业技术职务（第二外语）者。 2. 卫生、工程系列中在县及县以下所属单位工作的人员申报中级专业技术职务或其他系列申报中级专业技术职务者。

三、职称外语统一考试的语种为英语、日语、俄语、德语、法语、西班牙语。其中，英语划分为综合与人文、理工、卫生、财经4个专业类别，其他语种不分专业类别。试题主要测试参考人员阅读理解外文专业基础文献的能力。考生可根据自己所从事的专业工作，任选一种语言及类别应试。

四、考试时间定于每年4月的第3个星期六上午。

五、对参加职称外语统一考试合格者，发给由人事部统一印制的《专业技术人员职称外语等级统一考试合格证书》，证书在全国范围内有效，其中A级证书有效期为4年（自考试之日起计算有效期，下同），B、C级证书有效期为3年。

六、各省、自治区、直辖市人事（人事劳动）厅（局）和国务院有关部门人事（干部）部门可按照职称外语统一考试的合格标准，根据实际情况，确定本地、本部门聘任专业技术职务的外语成绩要求（当年有效），并报我部备案。国务院有关部门所属单位的专业技术人员按属地原则参加职称外语统一考试，各省、自治区、直辖市人事（人事劳动）厅（局）要做好驻本地区的中央部门所属单位专业技术人员参加考试的组织工作及考务工作。

七、职称外语统一考试由人事部统筹规划、指导并确定合格标准。考试考务工作的组织与实施由人事部人事考试中心负责。有关专家组织受委托负责各语种考试大纲和教材的编写及考试命题等工作。

八、考前培训工作由各地人事部门负责组织。应试人员遵循自愿原则参加培训。

九、自1999年1月1日起，各地、各部门组织的职称外语考试即行停止。各地、各部门在1998年底前组织的职称外语考试在原有效期内继续有效。

十、职称外语统一考试是提高专业技术人员职称评聘质量的一项重要措施。各地区、各部门要加强对职称外语统一考试工作的组织领导，提高广大专业技术人员对职称外语统一考试工作的认识，引导广大专业技术人员努力学习外语，提高自身素质。要切实做好各项准备工作，保证职称外语统一考试的顺利进行。各地区、各部门在实施中有何意见和建议，请及时与我部联系。

人事部关于全国专业技术人员计算机应用能力考试的通知

（人发〔2001〕124号　2001年12月12日）

各省、自治区、直辖市、新疆生产建设兵团人事厅（局），国务院各部委、各直属机构人事（干部）部门：

为贯彻党的十五届五中全会提出的“要在全社会广泛应用信息技术，提高计算机和网络的普及应用程度，加强信息资源的开发和利用”的精神，落实国家加快信息化建设的要求，引导专业技术人员学习掌握计算机知识，提高计算机的应用能力，人事部在总结近两年来在计算机应用能力考试试点经验的基础上，决定从2002年开始，推行全国专业技术人员计算机应用能力考试。现就有关问题通知如下：

一、专业技术人员计算机应用能力考试坚持“实事求是，区别对待，逐步提高”的原则，实行全国统一大纲、建立题库、制定考试标准，由各地自行确定考试时间和年度考试次数的考试组织办法。考试内容主要是测试参考人员在计算机与网络方面的基本应用能力，考试成绩作为评聘专业技术职务的条件之一。

二、人事部负责制定考试大纲，确定考试科目，建立考试题库和考试信息管理系统，确定合格标准。具体考务管理工作由我部人事考试中心负责。自2002年4月1日起，我部人事考试中心即向全国提供计算机应用能力考试的服务工作。

三、专业技术人员计算机应用能力考试采取科目模块化设计，每一科目（模块）单独考试，考试科目（模块）暂定为13类（见附件）。

专业技术人员计算机应用能力考试采用上机操作的方式。每个科目（模块）考试合格的人员，可获得人事部统一印制的全国专业技术人员计算机应用能力考试科目（模块）合格证。

四、各省、自治区、直辖市人事厅（局）和国务院有关部门干部（人事）部门可结合本地区、本部门的实际情况，确定本地区、本部门评聘专业技术职务应参加计算机应用能力考试的职务系列范围、职务级别（包括高、中、初三级）和相应级别应考科目（模块）数量，对不同专业、不同地域和不同年龄结构的专业技术人员，要区别对待，并应有切合实际的能力要求。

为加快培养和提高应试者的计算机应用能力水平，考试者可不受学历和资历的限制。同时，也可为社会其他人员提供考试服务。

五、各省、自治区、直辖市人事厅（局）负责本地区专业技术人员计算机应用能力考试组织和管理工作。国务院有关部门所属单位的专业技术人员原则上按属地参加所在地组织的全国专业技术人员计算机应用能力考试。

考前培训工作由各地人事部门负责组织。应试人员根据自愿原则参加培训。

六、专业技术人员计算机应用能力考试是提高专业技术人员队伍整体素质的一项重要措施，同时由于此项考试采用完全计算机化考试方式，考试组织工作难度大，采用信息管理系统复杂，对硬件、软件和管理人员的要求高，因此，各地要加强领导，制订切实有效的实施办法，精心组织，保证考试工作的顺利实施。

各地职称管理部门和考试中心在实施过程中有何情况、意见和建议，请及时与我部专业技术人员管理司和人事考试中心联系。

附件：全国专业技术人员计算机应用能力考试科目（模块）类别

附件

全国专业技术人员计算机应用能力考试科目（模块）类别

1. 中文 Windows 98 操作系统；
2. Word 97 中文字处理；
3. Excel 97 中文电子表格；
4. PowerPoint 97 中文演示文稿：
5. 计算机网络应用基础；
6. Visual FoxPro 5.0 数据库管理系统；
7. CAD 制图软件；
8. PhotoShop 6.0 图像处理；
9. WPS Office 办公组合中文字处理；
10. Access 2000 数据库管理系统；
11. Project 2000 项目管理；
12. FrontPage 2000 网页制作；
13. 用友财务软件。

人事部办公厅关于全国专业技术人员计算机应用能力考试扩充科目有关问题的通知

（国人厅发〔2005〕96 号 2005 年 9 月 6 日）

各省、自治区、直辖市、新疆生产建设兵团人事厅（局），部分副省级市人事局，国务院各部委、各直属机构人事部门：

为进一步完善全国专业技术人员计算机应用能力考试，更好地为各类专业技术人员提供计算机应用能力的评价服务，根据《人事部关于全国专业技术人员计算机应用能力考试的通知》（人发〔2001〕124 号）精神，经研究，决定将原有考试科目（模块）进行扩充（详见附件）。

自 2005 年 11 月 1 日起，我部人事考试中心将按照扩充的考试科目（模块）提供有关考试服务，请各地各部门按照《人事部关于全国专业技术人员计算机应用能力考试的通知》要求，积极做好各项相应的准备工作，确保考试顺利实施，实施过程中有何情况、意见和建议，请及时与我部专业技术人员管理司和人事考试中心联系。

附件：全国专业技术人员计算机应用能力考试科目（模块）类别（2005）

附件

全国专业技术人员计算机应用能力考试科目（模块）类别（2005）

序号	科 目	备 注
1	中文 Windows 98 操作系统	考生任选其一
	中文 Windows XP 操作系统	
2	Word 97 中文字处理	考生任选其一
	Word 2003 中文字处理	
	WPS Office 办公组合中文字处理	
	金山文字 2005	
3	Excel 97 中文电子表格	考生任选其一
	Excel 2003 中文电子表格	
	金山表格 2005	
4	PowerPoint 97 中文演示文稿	考生任选其一
	PowerPoint 2003 中文演示文稿	
	金山演示 2005	

续表

序号	科 目	备 注
5	计算机网络应用基础	考生任选其一
	Internet 应用	
6	FrontPage 2000 网页制作	考生任选其一
	Dreamweaver MX 网页制作	
7	Visual FoxPro 5.0 数据库管理系统	
8	Access 2000 数据库管理系统	
9	AutoCAD（R14）制图软件	考生任选其一
	AutoCAD 2004 制图软件	
10	PhotoShop 6.0 图像处理	
11	Flash 7.0 动画制作	
12	Authorware 7.0 多媒体制作	
13	Project 2000 项目管理	
14	用友财务（U8）软件	

人事部关于完善职称外语考试有关问题的通知

（国人部发〔2007〕37号 2007年3月20日）

各省、自治区、直辖市人事厅（局），新疆生产建设兵团人事局，部分副省级市人事局，国务院各部委、各直属机构和中央管理的企业人事部门：

外语是专业技术人员学习国外先进知识和技术，开展对外学术技术交流的重要工具。随着科教兴国和人才强国战略的深入实施，我国专业技术人才队伍规模不断扩大，行业分布更为广泛，整体素质不断增强，外语能力也得到明显提高，但逐步提高专业技术人员外语水平仍是一项长期任务。按照严格要求、实事求是、区别对待、逐步提高的原则，在总结各地区各部门职称外语考试工作的基础上，现就完善职称外语考试有关问题通知如下：

一、坚持严格要求，不断加强专业技术人员外语能力建设

在科技飞速发展和经济全球化的新形势下，国际交流日益频繁，我国与世界的联系更加密切，外语越来越成为专业技术人员能力建设的重要方面。在专业技术人才队伍建设中，要按照各专业技术职务试行条例的规定，继续坚持对职称外语的严格要求，引导广大专业技术人员不断提高外语能力，更好地学习国外先进知识和技术，加强对外学术技术交流。

人事部将会同有关部门不断改革完善外语测试办法，改进测试方式，为专业技术人员提供更加科学、客观、便捷的外语应用能力评价服务，为用人单位合理使用人才服务。

二、坚持从实际出发，区别对待，防止职称外语考试“一刀切”和形式主义

（一）对经证明具有较高外语能力的专业技术人员，可不参加职称外语考试

1. 具有国家认定的相应留学经历的；

2. 申报副高级职称时职称外语考试成绩达到要求，申报正高级职称需再次参加同一级别考试的；

3. 出版过外文专著、译著或以其他方式证明具备较高外语水平，并经一定程序确认的。

（二）符合下列条件之一的专业技术人员，可放宽外语成绩要求或不参加职称外语考试

1. 经审核确认，能力业绩突出、在本行业本地区作出重要贡献的；

2. 在乡镇以下基层单位（经省级政府人事部门批准，可放宽至县级以下基层单位）从事专业技术工作的；

3. 在地市以下单位，长期在野外从事农业、林业、水利、采矿、测绘、勘探、铁路施工、公路施工等专业技术工作的；

4. 年龄较大并长期从事专业技术工作的。

（三）符合下列条件之一的专业技术人员，可不参加职称外语考试

1. 从事具有中国特色、民族传统的临床中医药、民族医药、工艺美术、古籍整理、历史时期考古等专业技术工作的；

2. 取得外语专业大专以上学历并从事本专业工作，申报职称有第二外语要求的；

3. 申报各系列初级职称的。

三、分级确定全国职称外语考试成绩使用办法

根据当年全国职称外语考试命题和考试情况，人事部确定各语种、级别、类别的全国通用标准。各省、自治区、直辖市人事厅（局），国务院各部委、各直属机构和中央管理的企业人事部门结合全国通用标准，按照管理权限确定本地区、本部门职称外语考试成绩使用办法和有效期。

各省、自治区、直辖市人事厅（局），国务院各部委、各直属机构和中央管理的企业人事部门应按照本通知精神，结合本地区、本部门专业技术人才队伍实际情况，制定具体的配套政策，于2007年4月30日前报人事部专业技术人员管理司备案，并认真做好全国职称外语考试工作。

人力资源和社会保障部办公厅、总政治部干部部关于继续进行军队人员参加全国职称外语等级统一考试和计算机应用能力考试试点工作的通知

（人社厅发〔2008〕106号 2008年12月29日）

天津市、吉林省、江苏省、河南省、广西壮族自治区、贵州省、甘肃省人事厅（局）、劳动保障厅（局），驻天津市、吉林省、江苏省、河南省、广西壮族自治区、贵州省、甘肃省的军队单位：

为利用国家和社会资源为军队专业技术人员的评价提供服务，在总结甘肃、江苏两省试点经验的基础上，人力资源社会保障部、总政干部部决定，2009年扩大军队专业技

术人员参加全国统一组织的职称外语等级考试（以下简称外语考试）和计算机应用能力考试（以下简称计算机考试）试点工作。现就试点工作有关事项通知如下：

一、试点地区和人员

（一）试点地区

这次军队专业技术人员参加全国统一组织的外语考试和计算机考试试点地区为：天津市、吉林省、江苏省、河南省、广西壮族自治区、贵州省、甘肃省（以下简称试点地区）。

（二）参加人员

按照《军队专业技术干部考试工作实施细则》（政干发〔2006〕163号）和《关于做好2007年专业技术职务评任工作的通知》（政干发〔2007〕175号）有关要求，参加全国统一组织的外语考试和计算机考试人员为：需要具有外语和计算机应用能力的军队专业技术人员。

二、考试内容

（一）外语考试

外语考试按照《人事部关于专业技术人员职称外语等级统一考试的通知》（人发〔1998〕54号）和《人事部办公厅关于2002年度专业技术人员职称外语等级考试工作有关问题的通知》（人办发〔2001〕71号）规定的语种、类别、级别及有关要求进行。外语考试未设置的语种、级别和类别，仍由军队按照相关规定组织进行。

（二）计算机考试

计算机考试按照《军队专业技术干部考试工作实施细则》（政干发〔2006〕163号）有关考试的科目（模块）数量和类别要求进行。

三、考试实施与管理

驻试点地区军队专业技术人员按照属地原则，分别参加全国统一组织的外语考试和计算机考试。有关外语考试和计算机考试考务工作的具体安排，由人力资源社会保障部人事考试中心另行通知。

在外语考试和计算机考试中有违纪违规行为的人员，按照《专业技术人员资格考试违纪违规行为处理规定》（原人事部令第3号）有关规定处理。

试点地区有关部门和单位要切实加强对考试工作的领导，周密组织实施，保证军队专业技术人员参加考试工作的安全顺利进行，并认真做好试点工作总结。

人力资源和社会保障部办公厅关于全国专业技术人员计算机应用能力考试科目更新有关问题的通知

（人社厅发〔2010〕19号　2010年2月25日）

各省、自治区、直辖市人力资源社会保障（人事、劳动保障）厅（局），新疆生产建设兵团人事局、劳动保障局，部分副省级市人力资源社会保障（人事、劳动保障）局，国务院各部委、各直属机构人事部门：

为适应信息技术的发展进步，推动全国专业技术人员计算机应用能力考试科学发展，更好地为各类专业技术人员提供计算机应用能力的评价服务，根据《人事部关于全国专业技术人员计算机应用能力考试的通知》（人发〔2001〕124 号）精神，经研究论证，决定对原有考试科目（模块）进行更新（详见附件）。

自 2010 年 7 月 1 日起，我部人事考试中心将按照更新后的考试科目（模块）提供有关考试服务。请各地各部门按照《人事部关于全国专业技术人员计算机应用能力考试的通知》（人发〔2001〕124 号）要求，积极做好相应的各项准备工作，确保考试顺利实施。实施过程中有何情况、意见和建议，请及时与我部专业技术人员管理司和人事考试中心联系。

附件：全国专业技术人员计算机应用能力考试科目（模块）类别（2010）

附件

全国专业技术人员计算机应用能力考试科目（模块）类别（2010）

序号	科 目	备 注
1	中文 Windows XP 操作系统	
2	Word 2003 中文字处理	考生任选其一
	WPS Office 办公组合中文字处理	
	金山文字 2005	
3	Excel 2003 中文电子表格	考生任选其一
	金山表格 2005	
4	PowerPoint 2003 中文演示文稿	考生任选其一
	金山演示 2005	
5	Internet 应用	
6	FrontPage 2000 网页制作	考生任选其一
	FrontPage 2003 网页设计与制作	
	Dreamweaver MX 网页制作	
7	Visual FoxPro 5.0 数据库管理系统	
8	Access 2000 数据库管理系统	
9	AutoCAD 2004 制图软件	
10	Photoshop 6.0 图像处理	考生任选其一
	Photoshop CS4 图像处理	
11	Flash 7.0 动画制作	
12	Authorware 7.0 多媒体制作	
13	Project 2000 项目管理	
14	用友财务（U8）软件	考生任选其一
	用友（T3）会计信息化软件	

第四篇　留学回国篇

Disipian Liuxuehuiguopian

国务院关于引进国外人才工作的暂行规定

（国发〔1983〕152 号 1983 年 9 月 26 日）

根据中共中央、国务院《关于引进国外智力以利四化建设的决定》，为了做好引进人才的工作，特制定本规定。

一、引进的范围和重点

（一）引进人才是指聘请国外专家来华短期或长期参加我国的各项建设，以及安排来华定居的华侨或外籍专家参加我国建设。我国各生产、建设、科学、教育、文化、商业、金融、外贸、政法等部门都可以引进人才，当前最迫切需要引进的，则是有助于尽快提高我国生产技术和经营管理水平的各种专家和高级技工。他们可以是在职的人员，也可以是已经退休，但精力尚好，富有学识和经验的人员，重点是华侨和外籍华人，也要引进其他外籍人。对急需的人才要主动邀聘；对学有专长，自愿来华工作的人员，也应热忱欢迎。但所有引进的人才，都必须保证质量，并要求身体健康，对我友好。

（二）引进人才要从我国现代化建设需要出发，当前应当集中力量，围绕国家重点建设工程项目、重点企业技术改造项目、重大技术引进项目、重大科技攻关项目和某些缺门学科以及亟待开发的新兴科技领域，分批进行。

（三）来华定居的专家，不论是华侨、外籍华人还是其他外籍人，均应尊重他们的意愿，一律来去自由。对来华定居专家的审批、工作安排、生活接待、经费开支、对外联系等各项工作，仍由劳动人事部负责办理。

（四）引进人才的单位，应是领导班子较强，知识分子政策落实较好，具备必要的工作条件，能够发挥人才作用的单位。

各主管部门要建立督促检查制度，经常对引进人才的工作进行督促检查。国家科委、国务院办公厅外国专家局（以下简称外国专家局）、劳动人事部负责对归口范围内的引进人才工作进行督促检查，定期总结工作，组织交流经验。

二、计划管理

（五）属于国家重点项目的引进人才计划，由国务院各综合部委组织编制，经国务院科技领导小组办公室汇总、协调后，报中央引进国外人才领导小组批准。其中：

国家重点建设项目需要引进的人才，由国家计委负责提出；

重点企业技术改造项目和掌握消化重大引进技术需要引进的人才，由国家经委负责提出；

重大科技攻关项目需要引进的人才，由国家科委和国家经委共同提出；

缺门学科和新兴科技领域需要引进的人才，由国家科委向中国科学院和教育部提出；

国防科技项目需要引进的人才，由国防科工委负责提出。

（六）国务院各部门和各省、市、自治区主管的项目，需要引进人才的，其计划由各部门和各省、市、自治区组织编制、审批。

各基层企事业单位要求引进的其他人才，由各单位提出计划，报国务院主管部或省、市、自治区政府审批。

（七）引进人才计划经批准后，应统一通知我有关使领馆。其中，属于科技、管理方面的人才，由国家科委统一汇总协调后通知，属于文化、语言、金融、贸易、政法等方面的人才，由外国专家局统一汇总协调后通知；属于定居的，由劳动人事部汇总后通知。

三、对外联系

（八）对外联系渠道应当统一协调，防止多头联系。其中，需要我驻外使领馆去物色、邀聘的，统一由国家科委或外国专家局通知有关使领馆进行；引进人才的方式，可以是直接聘请，也可以采取双方认为方便的其他方式。聘请敏感技术和管理等方面的高级人才，由国家科委协调对外联系渠道和方式。具体办法，由国家科委会同有关部门拟定。

（九）引用人才，要善于利用民间往来的渠道，充分发挥群众团体的作用。可以通过各种学会、协会和校友会等团体或以专家、学者个人名义，对外联系人选。

（十）我驻外使领馆应将引进人才作为一项重要任务列入议事日程，负责调研驻在国家和地区管理人才的政策、办法和可供我引进的人才资源，疏通引进人才的各种渠道，注意发挥友好华人团体的作用，加强个别接触，根据我国引进人才的政策和具体计划，积极做好物色、推荐、争取和引进人才的工作。

（十一）国务院各部门、中国科协和其他有关群众团体，各省、市、自治区，都应通过对外考察、访问、科技交流、科技合作、商务谈判和国际会议等活动，以及与国外有交往的人士，收集本行业、本系统国外专门人才的资料，特别是我国计划引进的那部分专门人才的线索，了解他们是否有来华工作的意愿等情况，建立专门档案。但不要为此专门组团出国调查。

（十二）国家科委“中国科技交流中心”和外国专家局要建立国家一级的国外人才资源总库，集中保管国外可引进人才的资料，向各用人单位开展咨询服务、推荐人选工作。各驻外使领馆、各部门、各省、市、自治区应将收集到的有关可引进人才的资料和线索，及时抄送中国科技交流中心和外国专家局。具体办法由国家科委、外国专家局会同有关部门制定。

四、确定人选工作程序

（十三）用人单位根据批准的引进计划，负责物色人选。对每个聘请对象，用人单位都要通过对外联系渠道和知情的同行专家，确切了解其专长、水平、经历、能否胜任将担任的任务、愿否来华工作、索取待遇报酬和健康等情况，择优确定人选。然后将聘请专家的名单、聘期、拟任职务和工资待遇等报请国务院主管部门或省、市、自治区政府审批。

（十四）经批准聘请的专家，凡引进计划已告我驻外使领馆的，由国务院主管部门或省、市、自治区政府直接通知有关使领馆办理签证。属于计划外追加项目的人选，仍需由国家科委或外国专家局通知驻外使领馆。同时，由用人单位向专家本人发出聘书。对方接受后即可办理各项来华手续。待工作一段时间，双方满意，再签订正式聘用合同。

专家到职后，用人单位应及时向国务院各主管部或省、市、自治区政府报送到职通知书，同时抄送国家科委、外国专家局、公安部、海关总署。

五、经费

（十五）为了给引进人才创造必要的条件，由国家财政逐年拨出一笔引进国外人才专项费用，主要用作人才引进工作的活动经费、重点资助费、突出贡献奖励费和特殊性开支等。这项费用的具体使用范围和管理办法，由国务院科技领导小组办公室会同财政部及有关部门另行制定。

（十六）聘请人才所需的费用，原则上由用人单位支付。根据项目需要聘请的人才，从有关项目费用中开支。其他人才，企业单位聘请的，从企业管理费中开支；行政、事业单位聘请的，有外事费的，在外事费中开支，无外事费的，在行政、事业费中开支。需要使用外汇的，可按现行办法编报用汇计划。

（十七）各驻外使领馆为引进人才开展工作所需的正常费用，在使领馆经费中开支。特殊用途的经费，可提出申请，从引进人才专项费用中予以资助。

六、充分发挥来华专家的作用

（十八）对引进来华的专家，各用人单位要同他们积极合作，认真发挥他们的专长。对应聘来华定期工作的，要建立明确的责任制，严格执行聘用合同。对担任实职工作的，要使他们有职、有责、有权；担任顾问工作的，要充分发挥他们的咨询作用。根据工作需要，可以让他们参加有关问题的决策。

应尊重专家的意见和建议。凡合理的，都应采纳；能办到的，及时办理；不合理的或暂时办不到的，要及时说明情况，取得他们谅解。对能够解决而不予解决，以致造成不良后果的，要追究领导责任。

对在工作中有突出贡献的专家，应给予精神的和物质的奖励。

（十九）虚心向来华专家学习，注意团结友好。用人单位要有目的地组织有才干的专业人员学习和钻研专家的技术专长或管理方法。对专家传授的知识，要注意组织好消化吸收工作。科技成果应及时整理、应用和推广，扩大受益面。

各用人单位要组织和专家一起工作的专业人员，根据专家的具体情况，宣传解释我国有关方针政策，帮助他们正确地了解中国。但要贯彻自愿的原则，不要强加于人；要讲求实效，不搞形式主义。

（二十）各用人单位必须加强思想政治工作，教育广大职工，深刻认识引进国外人才的重要意义，以主人翁态度，热情欢迎专家来华参加四化建设，不允许排斥、歧视他们。对那些不顾大局、不考虑影响，刁难、排斥、打击来华专家造成不良后果的，应严肃处理。

七、生活待遇

（二十一）对应聘来华工作的专家和高级技工的生活待遇，要根据不同情况，区别对待，原则上使他们的实际收入不低于其本人在国外的水平，并要按照他们来华后的实际贡献进行必要调整。对起关键作用的急用人才，可用重金聘请。关于生活待遇和礼遇的具体办法，由外国专家局商同有关部门拟定，报请国务院审批。

对应聘回国定居的专家，根据其实际业务水平，参考学历和职称，评定工资级别。并可参照其国外的收入和生活水平，给予适当的生活津贴。具体办法，由劳动人事部修订。

对聘请国外退休的专家和高级技工，在华期间的食、住、医疗、交通和国际往返旅费，原则上由用人单位负担，并按月付给一定的生活补助。他们的家属要求自费随同来华的，要给予方便，也可酌情给予补助。

（二十二）努力改善来华专家的住房条件，认真做好专家的生活接待工作。他们的住房，原则上由用人单位负责解决，可以利用现有条件较好的房舍加以改建和修缮。也可以利用条件较好的宾馆、饭店接待来华的专家。

（二十三）对来华专家请保姆、幼儿入托、子女入学，其所在单位和当地教育、劳动人事部门要优先照顾，妥善解决。

八、保密和安全

（二十四）从国外引进人才，注意不要违反所在国的法律，尽量采用合法的形式。工作要踏踏实实，不可张扬，更不要公开宣传。他们在华工作期间，不要让他们在公开场合陈述自己的重要建议，尽量采取有利于他们安全的方式征询他们的意见，切勿使他们由于为我积极工作而在国外的权益蒙受伤害和损失。

（二十五）对聘请来华工作的专家，不要因保密问题影响对他们的使用。在他们工作范围内，除国家核心机密和技术诀窍外，其他保密范围均应放宽，同时要求他们对外为我方保守机密。具体办法由国家安全部会同有关部门拟订，报国务院审批。

（二十六）引进国外人才的计划、工作部署、引进渠道和各类人才的资料，属于内部机密，不得对外泄露。

九、出入境手续

（二十七）对引进来华的国外专家，主管部门应事先通知海关，以便在他们进出海关时给予方便。他们携带的行李物品，经申报清楚的，一般不要开箱查验。对于来华定居和工作一年以上的专家，携带的安家物品，包括家具、家用电器以及自用小轿车一辆，均可免税放行。具体办法，由海关部署制定。

（二十八）对引进来华专家的出入境签证和旅行管理，应予放宽条件，简化手续。对在华工作一年以上的外籍专家，国内居留证的一次有效期限可以适当延长，有些人可以给予永久居留权。对经常来华的专家，可以办理长期有效的多次出入境签证，为他们出入我国提供方便。具体办法，由公安部制定。

十、其他

（二十九）关于国防、军工项目引进人才的一些特殊要求问题，由国务院科技领导小组办公室和国防科工委另行制定补充规定。

中共中央、国务院关于改进和加强出国留学人员工作若干问题的通知

（中发〔1986〕11 号　1986 年 5 月 4 日）

党的十一届三中全会以来，国家先后派出（即公派）3 万余人出国留学，还有一批人员自费出国留学。根据派遣计划和要求，目前已有 1.6 万余名公派留学人员学成回国。这几年派遣出国留学人员的工作取得了很大的成绩，在吸收国外先进的科学技术和经营管理经验，培养高级专门人才，提高人才素质等方面都发挥了积极的作用。绝大多数出国留学人员在国外学习期间表现是好的。他们热爱社会主义祖国，学习刻苦，成绩

优良，不少人在科研工作中还有所创新和突破，受到了国内外的好评，为祖国赢得了荣誉。学成回国的留学人员，在科研、教育、生产等岗位上努力工作，成绩显著，越来越多的人成为各个行业的骨干力量，为四化建设作出了积极的贡献。中央认为，几年来的实践证明，通过各种形式派遣出国留学人员完全符合对外开放的长期方针，今后必须坚定不移地坚持下去。为此，必须正视目前在出国留学人员的派遣和管理工作上存在的问题，主要是派遣计划紧密结合国家建设的需要不够，学用脱节，思想政治工作薄弱，有些留学人员回国后未能充分发挥作用。对这些问题必须高度注意，并本着总结经验、引导教育、兴利除弊的原则，切实加以解决。

一、进一步明确出国留学人员工作的方针

派遣出国留学人员要从我国四化建设的实际出发，密切结合我国生产建设、科学研究和人才培养的需要，以解决科研、生产中的问题和增强培养高级人才的能力。出国留学人员工作要做到：按需派遣，保证质量，学用一致；加强对出国留学人员的管理和教育；努力创造条件，使留学人员回国后学以致用，心情舒畅地发挥作用，为祖国建设作出贡献。

二、改进公派留学人员的选派计划

在“七五”期间，我国公派留学人员的总数大体保持现有的水平。鉴于国内高等教育事业已有较大的发展，教学与科研水平都有较大的提高，今后培养研究生应立足于国内，以国内培养为主。因此，公派出国留学人员应在保证质量的前提下，着重派出进修人员、访问学者；除学习语言和个别特殊学科外，一般不派大学本科生；要适当减少攻读硕士学位的研究生，增加攻读博士学位的研究生，并积极开辟中外合作进行科学研究和培养博士的途径。

适当调整公派留学人员的学科比例。派出人员应以学习应用学科为重点；在外语、基础理论科学等方面，也要有计划地派出适当数量的留学人员。

适当调整公派留学人员去往国家的分布比例。派人出国留学要符合我国独立自主的和平外交政策，博采各国所长，为我所用。

对公派出国留学人员的选拔，要注意政治条件、业务条件和必要的外语能力；要选派那些热爱祖国，热爱社会主义，思想品德好，在实际工作中表现突出的人员出国学习。今后对出国留学人员，除已有协议者外，应根据不同学科的特点，规定出国前参加实际工作的年限。

要改革公派出国研究生的招生办法。为了便于对出国留学人选的思想品德和业务水平进行全面考核，并使他们到国外选学的专业和课题符合国内需要，从 1986 年起，逐步实行将大部分公派出国研究生名额分配到用人单位（包括高校、研究单位和其他用人单位），小部分由国家统一掌握，并指定代管单位；采取考试、考核与推荐相结合的选拔方式。在国外学习期间，由用人单位、代管单位和我驻外使、领馆互相配合，同留学人员保持联系，给予必要的指导和帮助。

要建立公派出国留学人员奖学金制度、贷款制度和由公派出国留学人员与派出单位签订协议书的制度，明确出国留学人员和派出单位的责任、义务和权利。

公派出国留学人员，除包括国家、地方和单位公费派出和与国外交换的留学人员外，还包括国家、地方、单位以及个人经本单位同意，通过取得各种奖学金、贷学金、资助等多种渠道而出国的留学人员。后一类留学人员的派出也要纳入国家培养人才的计划，按照上述精神加强管理。

三、加强对出国留学人员的管理、教育和服务工作

出国留学人员应该做到有理想、有道德、有文化、有纪律，成为社会主义现代化事业的专门人才。对出国留学人员必须加强思想政治工作，加强爱国主义和共产主义道德品质教育，使他们树立艰苦创业、振兴中华的思想，勤奋学习，学成及时回国，参加国家建设工作。对他们的思想政治工作，必须结合国外的特点，坚持正面教育，方式、方法灵活多样。留学人员管理部门、驻外使领馆应满腔热情地关心和帮助留学人员解决遇到的各种困难和问题，帮助他们及时了解祖国的发展和需要，做好为他们服务的工作。

各类公派出国留学人员，都应按计划努力完成学习任务，及时回国工作。对于要求变更所学专业方向、学习目标及延长期限的，要经过审批，根据不同情况区别对待。对于申请做“博士后”研究的，其研究工作对我国科学事业的发展有益并经派出单位同意的，可予以支持。

为了有利于出国留学人员的学习和研究，并保证国内有关单位的工作秩序，今后，对公派出国进修人员、访问学者不再鼓励配偶、子女出国探亲。对在国外学习时间较长的公派出国研究生，可按国家对留学人员的探亲规定，回国探亲，或由其配偶按照《中华人民共和国出境入境管理法》的规定，申请短期出国探亲。

公派出国留学人员，除经国家教委特殊批准者外，不得改变身份受雇于外国机关、学校、企业等单位。

四、加强对自费留学人员的指导与管理

由亲友资助出国自费留学也是培养人才的一条渠道，应继续予以积极支持。自费出国留学也应保证一定质量，并参照国家对公派留学人员的管理办法积极加以指导。国家对于自费出国留学人员，要像对待公派留学人员那样给以关心和爱护。国内各主管部门和驻外使领馆要加强与自费留学人员的联系，帮助他们解决遇到的困难和问题，鼓励他们学成回国，为祖国社会主义现代化建设事业服务。对获得学士学位以上的回国自费留学人员，国家在回国旅费和国内安家费等方面给予帮助。在分配和使用上，应与公派出国留学人员一样对待，量才录用，发挥他们的专长。

要改进自费出国留学的管理和审批工作。国内研究生在学习期间应努力完成培养单位规定的学习和研究计划，一般不应自费出国；应届大学毕业生已列入国家分配计划，要求自费出国留学的，要报请主管部门批准；在职人员，在聘任期内要求自费出国留学的，要征得聘任单位同意，由主管部门审批。

五、努力创造条件，充分发挥回国留学人员的作用

安排好留学人员回国后的工作，以充分发挥回国留学人员的作用是整个出国留学人员工作的重要环节，也是我国落实知识分子政策的重要方面，必须引起各有关方面的重视。今后留学人员回国后，应按学以致用的原则分配和使用。对于确属学非所用的，应该及时在本系统内，甚至跨系统进行调整。各单位在选派出国留学人员时，就要认真地细致地考虑他们回国后的工作和使用，及时准备必要的工作条件和生活条件。

广大留学回国人员要学习老一辈留学回国人员艰苦创业的精神，以主人翁的态度，与所在单位共同努力，创造条件，开展工作。

六、改进管理体制，加强统一领导

对出国留学人员的工作，应该统一政策，加强管理。国务院各有关部门要明确分工：

国家教委归口管理全国出国留学人员的工作。全国所有单位派出的留学人员，在国外学习期间，由国家教委的驻外机构统一负责管理。全国出国留学人员的选派工作，也由国家教委负责。

国家教委负责制定教育系统公派出国留学人员（包括进修人员、研究生和大学本科生）的派出计划和回国后的工作分配。国家科委会同国家经委负责制定高等学校以外公派出国留学人员派出计划和回国后的工作分配。国家科委负责跨系统的调配和协调工作。

凡属由工商、交通、农业、卫生、金融等企业派往国外对口单位进行实习培训人员的计划、选派及国外管理工作，仍由中国国际人才交流协会负责管理和协调。

国家教委应根据本通知精神制定出国留学人员工作的具体实施办法。

国务院批转国家教育委员会《关于出国留学人员工作的若干暂行规定》的通知

（国发〔1986〕107号　1986年12月13日）

各省、自治区、直辖市人民政府，国务院各部委、各直属机构，驻外各使、领馆：

国务院同意国家教育委员会《关于出国留学人员工作的若干暂行规定》，现转发给你们，请按此执行。

关于出国留学人员工作的若干暂行规定

一、出国留学工作的指导原则

（一）我国公民通过各种渠道和方式，到世界各国和地区的高等学校和研究机构等留学，是我国对外开放政策的组成部分，是吸收国外先进的科学技术、适用的经济行政管理经验及其他有益的文化，加强我国高级专门人才培养的重要途径，有益于发展我国人民同各国人民的友谊和交流。为此，根据我国社会主义物质文明和精神文明建设的需要，有计划地发展各种形式的出国留学，必须长期坚持。

（二）出国留学工作应从我国社会主义现代化建设的实际出发，密切结合国内生产建设、科学研究和人才培养的需要，以解决科研、生产中的重要问题和增强我国培养高级人才的能力。

（三）出国留学工作应坚持博采各国之长的原则。留学的学科应兼顾基础学科和应用学科，当前以应用学科为重点，并注意发展我国职业技术教育的需要。

（四）出国留学工作的方针是：按需派遣，保证质量，学用一致，加强对出国留学人员的管理和教育，努力创造条件使留学人员回国能学以致用，在社会主义现代化建设中发挥积极作用。

（五）出国留学人员在留学期间必须遵守我国的有关法律、法规和规定，遵守留学所在国的有关法律，尊重当地人民的风俗习惯和宗教信仰。

二、出国留学工作的组织管理

（一）国家教育委员会在国务院领导下，按照国家派遣留学人员的方针、政策，归口管理全国出国留学人员工作，包括出国留学人员的计划、选派、国外管理和回国后的分配工作。非教育系统的出国留学人员的派出计划和回国后的工作分配，按照统一的方针、政策，由国家科学技术委员会会同国家经济委员会负责。

（二）根据简政放权的原则，国家公派出国留学人员的名额，除国家统一掌握的部分外，实行分配到用人单位的办法，并经过试点，逐步实行出国留学人员的经费包干使用的办法，由派出单位掌握。

（三）出国留学人员的派出单位应指定或委托专门的机构人员与留学人员保持联系，指导他们在国外的学习，积极配合和协助驻外使、领馆做好出国留学人员的管理工作。

（四）做好出国留学人员工作是驻外使、领馆的一项重要任务。国家教育委员会派出的驻外使、领馆教育处（组）或使、领馆指定的负责出国留学人员工作的干部，在使、领馆领导下，负责出国留学人员在国外期间的具体管理工作。

（五）驻外使、领馆教育处（组）或负责出国留学人员工作的干部以及国内派出部门和单位应关心和帮助出国留学人员解决遇到的困难和问题，帮助他们及时了解国家的发展和需要，热情地为他们服务。驻外使、领馆应在出国留学人员中开展爱国主义教育、集体主义教育、社会主义思想道德的教育，帮助他们增强艰苦创业、振兴中华的信念。

（六）出国留学人员在国外学习期间成立的“学生会”、“联谊会”等社团是留学人员进行自我教育、自我管理、自我服务的群众组织。

（七）国内留学人员管理部门、派出部门和单位，应及时做好出国留学人员回国后的工作安排，充分发挥他们的作用。

三、公派出国留学人员的选派

（一）公派出国留学人员是指根据国家建设需要，得到国家以及有关部门、地方、单位全部或部分资助，通过各种渠道和方式，有计划派出的留学人员。

按国家统一计划，面向全国招生，统一选拔、派出，执行统一经费开支规定的出国留学人员，为国家公派出国留学人员（简称国家公派）；按部门、地方、单位经费开支规定的出国留学人员（包括个人经本单位同意和支持，通过取得各种奖学金、贷学金、资助等并纳入派出计划的留学人员），为部门、地方、单位的公派出国留学人员（简称单位公派）。

（二）公派出国留学人员分为大学生、研究生、进修人员和访问学者。

（三）出国攻读大学本科、专科和研究生的留学人员在国外的学习年限一般按对方国家的学制，由派出单位确定。出国进修人员和访问学者在国外的期限，根据进修和研究课题的实际需要，一般为3 个月至1 年，特殊情况为一年半，均由派出单位按派遣计划确定。

（四）派出单位要帮助和指导公派出国留学人员选好在国外学习、进修、实习或从事研究的单位。这些单位应具有较高水平或专业方面特长。

（五）公派出国留学人员的条件

1．政治条件。热爱祖国，热爱社会主义，思想品德优良，在实际工作和学习中表现突出，积极为社会主义现代化建设服务。

2．业务条件。出国大学生应是高中毕业、成绩优秀的人员。出国研究生应是具有大学毕业及以上水平的成绩优秀的人员，并应根据不同学科的特点，规定出国前参加实际工作的年限。出国进修人员和访问学者应是教学、科研、生产的业务骨干，具有大学毕业及以上水平，并在高等学校、科研单位及工矿企业等部门中从事本专业工作5年以上（特殊优秀者或因工作需要者可适当缩短），或获得硕士学位后，从事本专业工作2年以上，或从事职业技术教育专业工作2年以上的人员。出国进修人员和访问学者的年龄，应根据出国留学的不同种类确定，一般不得超过50岁。副教授、副研究员以上的短期（3至6个月）出国访问学者，年龄可适当放宽。

3．外语条件。各类出国留学人员都应掌握相应国家的语言文字，能够比较熟练地运用外文阅读专业书刊，有一定的听、说、写能力，经过短期培训即能用外语进行有关学科的学术交流。出国大学生和研究生的外语能力必须达到能听课的水平。

4．身体条件。各类公派出国留学人员的健康状况，必须符合出国留学的规定标准，经过省、市一级医院检查并得到健康合格证明书（证书有效期为1年）。

（六）公派出国留学人员的选拔

1．国家公派出国的各类留学人员名额、种类、国别比例、学科比例的确定，选拔工作的组织，由国家教委组织安排。部门、地方、单位公派出国留学人员的名额、种类、国别比例、学科比例的确定和选拔工作，由选派的部门、地方、单位根据国家教育委员会总的指导原则和各单位的实际需要安排，并按隶属关系，经主管部门报国家教育委员会备案。

2．公派出国进修人员和访问学者的选拔，实行单位推荐，学术组织、技术部门评议（考核），人事部门审核，领导批准的办法。

3．公派出国大学生、研究生的选拔办法，实行考试与德、智、体全面考核相结合的办法。

（七）签订“出国留学协议书”

1．公派出国留学人员办理出国手续前，要与选派单位签订“出国留学协议书”。协议书由选派单位和公派出国留学人员双方签字，并经公证机关公证后生效。

2．“出国留学协议书”的内容，包括国家和单位对公派出国留学人员规定的留学目标、内容、期限、回国服务的要求、向留学人员提供经费的规定，以及派出单位和出国留学人员双方的其他权利、义务和责任等。

（八）公派出国留学人员出国前的准备和集中学习

公派出国留学人员出国前，各派出单位要采取各种有效形式组织短期集中学习，帮助出国留学人员做好思想准备。集中学习的主要内容包括：有关对外工作的方针政策、出国留学人员的规章制度、外事纪律，介绍有关国家的情况及其他有关注意事项等。

（九）公派出国留学人员的工资、工龄和有关经费的管理办法

1．出国进修人员和访问学者，在批准出国留学的期限内，国内工资由原单位照发，国内计算工龄。公派出国攻读博士学位的研究生获得博士学位后，在批准的攻读博士学位期限内，国内计算工龄。公派出国攻读学位的在职人员，在学习期限内的国内工资待

遇按国内对同类人员的有关规定办理。

2. 国家公派出国留学人员的出国置装费、出国旅费、在国外学习期间的学习和生活费、研究生和大学生中途回国休假的往返国际旅费等，按国家的统一规定办理。

3. 单位公派出国留学人员的出国置装费、出国旅费、在国外学习期间的学习和生活费、研究生和大学生中途回国休假的往返旅费等，按派出部门、地方、单位参照国家统一规定结合选派单位具体情况制定的有关规定办理。

（十）公派留学人员应按照计划努力学习，按期回国服务。留学期间或留学期满后，一般不得改变留学身份。需要延期者，应提前提出申请，报原派出单位审批。凡是由原单位发放工资的，其在批准的国外延长学习期间的国内工资照发。未经批准逾期不归的，一年内停薪留职，一年后是否保留公职，视不同情况由派出单位决定。

（十一）国家教育委员会负责管理国家公派出国留学的经费，并对部门、地方、单位公派出国留学的经费开支规定和管理工作进行指导。国家公派出国留学人员国外经费的具体管理，由驻外使、领馆教育处（组）专人负责或由使、领馆财务部门代管。

四、从事国外的“博士后”研究或实习

（一）申请从事国外的“博士后”研究或实习的，其研究或实习工作应有益于我国科学技术的发展。

（二）从事国外的“博士后”研究分如下两种情况：一种是已获得博士学位的国内在职人员，申请去国外从事“博士后”研究；另一种是出国研究生在国外获得博士学位后，申请直接在国外从事“博士后”研究。

在国外实习是指我在国外研究生，获得硕士或博士学位后，不改变留学身份进入公司、企业进行短期实习。

（三）国内在职人员申请去国外从事“博士后”研究或实习的审批办法

1. 由申请人向所在单位提出申请报告，说明拟从事“博士后”研究或实习的理由、内容和期限。

2. 所在单位组织专家、教授对所提“博士后”的研究方向或实习的业务范围进行评议并签署意见，由该单位领导批准后，按隶属关系报部委或省、自治区、直辖市主管部门办理出国审批手续。

3. 去国外从事“博士后”研究或实习所需经费，一般由派出单位解决。

4. 获准者，其在国外从事“博士后”研究或实习期间，国内工资照发。

（四）出国研究生在国外获得博士学位后，申请在国外从事“博士后”研究或实习的审批办法

1. 由申请者提前向其国内派出单位和我驻外使、领馆提出申请报告，说明拟从事“博士后”研究或实习的理由、内容和期限。

2. 国内派出单位收到申请后，须在3个月以内组织有关专家、教授评议并签署意见，由单位领导审批后，通过有关驻外使、领馆通知申请者。3个月后得不到派出单位答复的，即由我驻外使、领馆审定。

3. 申请者联系妥在国外从事“博士后”研究或实习的单位，并收到聘书后，本人将从事“博士后”研究方向或实习业务范围、单位和期限等报告国内派出单位和驻外使、领馆。其研究课题或实习的业务范围与原申请不符的，应重新报请审批。

4. 在国外从事“博士后”研究或实习所需一切费用，包括做“博士后”研究或实习结束后的回国旅费，均由本人自理。

（五）研究生在国外获得博士学位后，要求转到第三国从事“博士后”研究或实习，一般应先回国工作一段时间后，再提出申请。因特殊需要由国外直接转第三国的，应提前半年提出申请，按隶属关系报部委或省、自治区、直辖市主管部门批准。

（六）从事国外的“博士后”研究或实习的期限一般为一年至一年半。

五、公派出国留学人员回国休假及其配偶出国探亲

（一）公派出国留学人员回国休假及其配偶出国探亲的办法要有利于出国留学人员了解国家建设的发展和需要，要合理照顾出国留学人员的学习和生活，又要考虑国内有关单位的工作秩序。

（二）对公派出国大学生、出国攻读博士学位的研究生，在国外留学规定期限在3年以上的，满2年（其间出国攻读博士学位的研究生须获得攻读博士学位资格）后，享受公费回国休假一次。

（三）公费回国休假由本人按规定向我驻外使、领馆申请，并按规定的路线回国。

（四）公派大学生、研究生自费回国休假、探亲，以不影响学习为前提，由驻外使、领馆审批。

（五）公派大学生、研究生，在国外享受国家或单位公费留学期间，公费或自费回国休假、探亲，国外费用停发，国内生活费，凭我驻外使、领馆证明，由派出单位按国家统一规定办理。

（六）公派大学生、研究生回国休假的时间根据所在国学校假期长短确定。

（七）公派出国研究生在国外时间较长，其在国内的配偶申请自费出国探亲，按照《中华人民共和国公民出境入境管理法》的规定办理。公派出国研究生的配偶如系在职职工，应按规定向所在单位申请探亲假。经单位批准后，出国探亲假一般为3个月，最多不得超过6个月。前3个月国内工资照发，从第4个月起，停薪留职，研究生配偶在探亲期间，联系到国外奖学金、资助金，申请留学的，在探亲假期内报经国内工作单位批准，可以按规定办理有关手续转为公派或自费留学。从第7个月起，是否保留公职，视情况由其所在单位决定。

（八）对于公派出国研究生的配偶，如系国内高等学校应届毕业班的学生和在学研究生，为了不影响完成学业和研究计划，一般不批准请假出国探亲。

（九）公派出国进修人员、访问学者在国外时间较短，按规定不享受回国休假的待遇。他们在国内的配偶，属在职职工的，一般也不给予出国探亲的假期。

六、自费出国留学

（一）自费出国留学，是为国家建设培养人才的一条渠道，应予支持。对自费出国留学人员，要像对待公派出国留学人员那样，在政治上一视同仁，给以关心和爱护，鼓励他们早日学成回国，为祖国的社会主义现代化建设事业服务。

（二）自费出国留学人员是指我国公民提供可靠证明，由其定居外国及香港、澳门、台湾地区亲友资助，或使用本人、亲友在国内的外汇资金，到国外高等学校、科研机构学习或进修。

（三）非在职人员，在高等院校学习的应届毕业班的学生和归国华侨及其眷属，国外华侨，香港、澳门、台湾同胞和外籍华人在内地的眷属，符合第二条规定并取得国外入学许可证件和经济担保证书的，均可申请自费出国留学。

（四）为了保证国内高等学校、科研机构等单位的工作秩序，在职职工要求离职自费出国留学，应事先经所在单位批准。

高等学校应届毕业班的学生，已经列入国家分配计划，应服从分配，为国家服务。

国内在学研究生，在学习期间应按学籍规定努力完成学习和研究计划，一般不得中断学习，自费出国留学。

（五）专业技术骨干人员，包括助理研究员、讲师、工程师、主治医师及以上的人员，毕业研究生以及优秀文艺骨干、优秀运动员、机关工作业务骨干和具有特殊技艺的人才等，申请自费出国留学，应尽量纳入公派范围，他们在国外留学期间的管理和国内待遇按公派出国留学办法办理。

（六）高等学校在校学生获准自费出国留学的，可保留学籍一年。在职人员获准自费出国留学的，从出境的下一个月起停发工资，保留公职一年。

（七）在职人员自费出国留学回国工作后，出国前工龄可以保留，并与回国后的工作时间合并计算工龄。获得博士学位回国参加工作的，其在国外攻读博士学位的年限，国内计算工龄，工龄计算办法与公派留学人员相同。

（八）自费出国留学人员出国前，所在单位和部委、省、自治区、直辖市的教育主管部门应向他们介绍有关出国留学的规定以及国内外有关情况，对他们出国留学的安排给予指导。

（九）自费留学人员出国后应向我驻外使、领馆报到、联系。驻外使、领馆和国内有关部门也应主动与自费留学人员保持联系，保护他们的合法权益，鼓励他们努力学习，关心他们在国外的生活和学习。

（十）对学成回国工作的自费出国留学人员，凡获得学士以上学位者，其回国国际旅费，由国家或用人单位提供，其国内安家费由用人单位按不同情况给予补助。

（十一）自费留学的毕业研究生，大学本科、专科毕业生，要求国家分配工作的，可于毕业前半年与我驻外使、领馆联系，办理有关登记手续，由国家教育委员会负责安排并分配工作；或在回国后向国家教育委员会登记，按同类公派留学人员分配办法及工资待遇的规定办理。

凡过去发布的有关出国留学工作的规定与本规定相抵触的，以本规定为准。本规定自公布之日起施行。

国家教委、国家科委关于印发《回国留学人员工作安排暂行办法》的通知

（〔87〕教学字025号　1987年10月7日）

各省、自治区、直辖市人民政府，国务院各部委，各驻外使领馆：

根据中共中央、国务院关于改进和加强出国留学人员工作的指示精神和国务院批转国家教委《关于出国留学人员工作的若干暂行规定》的通知（国发〔1986〕107号）中的有关规定，我们制定了《回国留学人员工作安排暂行办法》。现印发给你们，请参照执行。

回国留学人员工作安排暂行办法

根据国务院批转国家教育委员会《关于出国留学人员工作的若干暂行规定》，为了做好回国留学人员的工作安排，特制定本办法。

一、工作安排原则

1. 国家公派出国的研究生、大学生学成回国后，除派出时已明确工作单位的人员外，由国家安排工作。

2. 回国留学人员的工作安排，要在国家建设需要的前提下，贯彻学用一致，人尽其才的原则。

3. 回国留学人员要树立勤俭建国、艰苦创业的思想，正确处理个人利益与国家利益的关系，自觉到国家最需要的地方去工作，为祖国现代化建设贡献力量。

4. 用人单位要珍惜人才，努力为回国留学人员创造工作条件，充分发挥他们的作用。

5. 获得大专以上学历的自费留学人员学成回国后，本人愿意由国家安排工作的，与国家公派留学人员同等对待。

6. 出国前已明确工作单位的公派留学人员（包括进修期间攻读学位的人员）回国后，原则上回原选派单位，不再另行安排工作。对于回原选派单位不能学以致用的，可向原选派单位及其上级主管部门申请调整工作。

二、有关部门的职责分工

7. 国家教育委员会外事局牵头协调出国留学人员工作，国家教育委员会高等学校学生管理司（以下简称国家教委学生司）会同国家教育委员会教师管理办公室（以下简称国家教委教师办）、国家科学技术委员会科技干部局（以下简称国家科委科干局）负责拟定有关回国留学人员工作安排的具体政策和办法。国家教委学生司会同有关部门负责掌握和汇总国内需要留学人员的情况，向留学人员提供这方面信息，以便他们回国择业时参考。

8. 各驻外使领馆要了解、掌握留学人员情况，并及时将他们工作安排的有关材料寄送国家教委学生司。

9. 要求到教育系统工作的公派和自费回国留学人员，由国家教委教师办负责安排；要求到非教育系统工作的公派留学人员，由国家科委科干局负责安排；要求到非教育系统工作的自费留学人员，由国家教委学生司负责安排。

三、工作安排具体方式

10. 国家教委学生司要及时将留学人员资源情况分别转给国家教委教师办和国家科委科干局，并会同他们采取各种方式，指导回国留学人员与用人单位双方的择业和聘用活动。

11. 回国留学人员可通过下列方式落实工作单位：

（1）在留学期间，留学人员可直接与国内用人单位联系，也可请国内有关主管部门与用人单位联系。

（2）回国探亲、休假或学成回国后，留学人员可与用人单位直接面谈。

（3）国家教委会同国家科委在国内不定期召开回国留学人员与用人单位见面会，在会上落实工作单位。

12. 回国留学人员工作单位落实后，可与用人单位签订合同或协议书，明确双方的权利、责任和义务（包括服务期限和待遇等）。

四、派遣和接收

13. 回国留学人员到接收单位报到后，接收单位要热情接待，安排好工作和生活。

14. 各地公安和粮油部门应根据留学人员工作分配的主管部门出具的介绍信，及时给回国留学人员办理入户和粮油供应事宜。

15. 回国留学人员派遣费，参照国家教委、财政部联合发出的〔87〕教学字019号文执行。

16. 回国留学人员报到后的工资标准，按国务院工资制度改革小组、劳动人事部劳人薪〔85〕19号和劳人薪〔85〕84号文执行。

17. 获得博士学位的留学人员，在批准攻读博士学位期限内，国内计算工龄；获得博士以下学位的留学人员的工龄，从报到之日算起，出国前已有工龄的，从报到之日起计算连续工龄。

18. 自费留学人员的回国旅费和安家补助费，按国家有关规定办理。

19. 确属安排、使用不当的回国留学人员，可向用人单位的主管部门提出调整，经主管部门审定同意后，用人单位不得阻挡。需要跨部门、跨地区调整的，由国家科委科干局负责调配和协调工作。

20. 公派留学人员回国后，因病不能坚持正常工作的，暂不安排工作，让其休养；在休养期间可享受公费医疗一年，生活补助费按国内有关规定发给；一年之内经指定县级以上医院体检证明能够坚持正常工作的，再安排工作；一年以后仍未病愈的，由家庭负责供养，户粮关系转至家庭所在地，病愈后，由所在省、自治区、直辖市主管毕业生调配部门酌情安排工作。出国前是国家职工的，介绍回原单位，按在职人员病假期间的有关规定办理。

国家教委、劳动部、人事部关于博士生和在职人员考取硕士生学习期间工龄计算问题的通知

（教高〔1990〕001号　1990年1月19日）

国务院各部委，各省、自治区、直辖市教委、高教（教育）厅（局）、人事、劳动厅（局）：

近年来，一些地区和部门对博士生和在职人员考取硕士生，在学习期间的工龄计算提出一些问题。经研究，现通知如下：

一、国内博士生学习期间计算工龄。出国攻读博士学位研究生工龄计算问题，仍按《国务院批转国家教育委员会〈关于出国留学人员工作的若干暂行规定〉的通知》（国发〔1986〕107号）有关规定办理。

二、在职人员考取国内硕士生，学习期间计算工龄。在职人员出国攻读硕士学位研究生，获得硕士学位回国工作后，在规定的学习年限内也计算工龄。

三、本通知自发出之日起执行。过去与工龄有关的工资、保险、福利等待遇，不予追补。

人事部关于调整使用不当、不能充分发挥专长的留学回国人员工作的办法

（人调发〔1990〕8号　1990年4月14日）

第一条　为了逐步解决部分留学回国人员使用不当，不能充分发挥专长的问题，更好地发挥留学回国人员在祖国建设中的作用，特制定本办法。

第二条　本办法适用于用非所学、用非所长、缺少开展工作必需的基本条件等原因，在原工作单位不能充分发挥专长的留学回国人员。

第三条　调整工作一般在本省、自治区、直辖市区域或国务院各部委、各直属机构系统内进行。在本地区、本系统确实难以调整的，可以跨地区、跨系统调整。

第四条　调整工作按照“自主择业，双向选择”的原则，由组织或本人联系落实单位，调出、调入单位协商，所在地区（部门）人事部门审核、批准并办理调整手续。调整工作发生争议，可以向当地人才流动争议仲裁机构申请仲裁。

第五条　跨地区、跨系统调整的留学回国人员，应持调入地市、县以上人事部门批准调入证明，到当地户口登记机关申报入户。其配偶及子女的随迁，按有关户口迁移规定办理。

第六条　对于确因特殊需要，必须调整进京到中央国家机关及其所属单位工作的，按有关规定由接收单位的主管部委报人事部审批。

第七条　国家公派、单位公派的留学回国人员在调整工作时，个人与单位签订了协议（合同）的，培训费按协议（合同）规定办理。未签订协议（合同）的，国家公派的，所在单位不得收取培训费；单位公派的，所在单位可以适当收取培训费。收取标准，按回单位服务的年限，以每年递减总培训费20%的比例计算。

第八条　各省、自治区、直辖市和国务院各部委、各直属机构可根据本办法，结合本地本系统的实际情况制定实施细则，报人事部备案。

第九条　本办法自颁布之日起施行。

人事部、公安部、商业部关于出国留学人员工作单位调整有关问题的通知

（人调发〔1992〕23 号　1992 年 12 月 24 日）

各省、自治区、直辖市及计划单列市人事（劳动人事）厅（局）、科技干部局（处）、公安厅（局）、粮食厅（局），国务院各部委、各直属机构人事（干部）部门：

为贯彻落实《国务院办公厅关于在外留学人员有关问题的通知》国办发〔1992〕44 号精神，妥善安排、合理使用出国留学人员，充分发挥他们在我国社会主义现代化建设中的作用，现就出国留学人员工作单位调整问题通知如下：

一、已明确工作单位的出国留学人员（含本科生、研究生、进修人员和访问学者），原工作单位应加强与他们的联系，积极采取措施，妥善安排他们回国后的工作和生活。对于因某种实际困难或其他原因要求调整工作单位的，人事部门应积极协调，予以调整。各有关部门应给予支持。

二、要求调整工作单位的出国留学人员，可根据国家建设的急需，到承担国家重点项目的单位、国有大中型企业及亟待开发建设的边远艰苦地区去工作；也可以应聘去三资企业、乡镇企业、民办科研机构或直接到国际组织和我国驻外公司工作；或者以个人或集体的名义，根据国家的有关规定，创办独立的研究机构、技术开发和咨询公司或技工贸一体的企业公司。

三、对于调整到承担国家重点项目的单位和国有大中型企业及边远、艰苦地区工作的留学人员，允许其配偶随调，未成年子女随迁。

四、各单位对在国外获得博士学位的中青年留学人员，只要专业对口，工作需要，可根据《国务院办公厅转发人事部关于加强专业技术队伍建设促进中青年专业技术人才迅速成长意见的通知》（国办发〔1991〕14 号）的规定，不受地区、行业限制予以接收，需要追加编制、劳动工资计划、专业技术职务指标的，可由单位提出申请，报请有关部门审批，并允许其配偶随调，未成年子女随迁。

五、凡符合本通知规定的出国留学人员，均可通过我驻外使（领）馆教育处（组），向国内有关人事（科技干部）部门提出调整工作单位的申请，并填写《出国留学人员工作单位调整登记表》。留学人员与国内有关单位可通过双向选择的办法，落实接收单位，并由接收单位填写《申请接收留学人员单位情况登记表》。

六、在省、自治区、直辖市、计划单列市区域内的调整，由留学人员所在省、自治区、直辖市、计划单列市人事（科技干部）厅（局）负责办理。跨省市、跨部门的调整，由留学人员接收单位和原工作单位所在省市（部门）人事（科技干部）厅（局）协商办理；发生争议的，由留学人员接收单位所在省市（部门）人事（科技干部）厅（局）报人事部协调、审批。

七、经人事部审核批准调整工作单位的留学人员，由人事部办理调整手续。有关单

位应在接到人事部调整工作通知的一个月内，将被调整留学人员的组织关系及档案材料转到接收单位。原工作单位所在地区公安、粮食部门凭人事部开具的《出国留学人员工作单位调整通知》和出国护照办理恢复户口、粮食关系及户口、粮食关系迁移手续。接收单位所在地区公安、粮食部门凭人事部开具的《出国留学人员工作单位调整通知》和户口、粮食关系迁移证件，办理落户、粮食供应手续。

八、留学人员随调配偶如系国家正式职工，其工作单位应由本人联系落实，留学人员接收单位积极协助。

九、留学人员调整工作单位后，其工资标准及工龄计算，按现行有关规定办理。

十、各省、自治区、直辖市、计划单列市人事（科技干部）厅（局），可根据本通知精神，制定实施办法。

十一、本通知由人事部负责解释，自颁布之日起施行。

国务院办公厅转发人事部、财政部关于来华定居工作专家工作安排及待遇等问题规定的通知

（国办发〔1994〕102号　1994年11月21日）

各省、自治区、直辖市人民政府，国务院各部委、各直属机构：

人事部、财政部《关于来华定居工作专家工作安排及待遇等问题的规定》已经国务院同意，现转发你们，请遵照执行。

关于来华定居工作专家工作安排及待遇等问题的规定

人事部　财政部

（1994年10月14日）

为适应改革开放和经济与社会发展的要求，进一步做好吸引海外专家和学者（以下简称专家）来华定居，为我国社会主义建设事业服务的工作，根据《国务院关于引进国外人才工作的暂行规定》（国发〔1983〕152号）和中央领导同志的有关指示精神，现对来华定居工作专家的工作安排及待遇等问题做如下规定：

一、工作安排

（一）来华定居专家从事某项工作，一般应通过半年工作考核，然后根据其实际业务水平并参考学历、经历，按照我国有关规定聘任相应的专业技术职务。半年内未能充分表现其才能的，可适当延长考核时间，一般不超过1年。

（二）来华定居专家原在国外取得的学位和职称，由人事部专业技术人员管理司验证确认并通知用人单位，作为聘任专业技术职务的参考或依据。在专业技术职务评聘中，一般不降低他们原有的专业技术职务。

（三）为使有成就的专家集中精力从事业务工作，充分发挥其专长，应为他们选配得力助手，尽量减少他们的事务性工作。

（四）对从事重点建设工程项目、重点企业技术改造项目、重大技术引进项目、重大科技攻关项目和某些缺门学科及开创性课题研究等工作的专家，有关部门应在人员、仪器设备的配备和经费等方面从优安排，保证其工作顺利开展。

（五）为充分发挥他们的作用，可允许其根据我国有关法律法规和政策，自办或与国内外有关单位合资开办公司、企业、研究所，也可建立其他形式的合作关系，进行技术开发性研究。有关部门应在国家法律法规和政策允许的范围内，予以支持。

（六）为有利于他们更新知识、掌握新技术，每 3 年可安排 1 次去 1 个国家或地区参加国际学术会议（时间一般不超过 15 天，如有特殊需要，经批准后可适当延长）。所需费用，按国内工作人员临时出国标准由用人单位支付，有探亲假的，可结合探亲进行。参加国际学术会议的专家，必须有该会议同意发表的论文和正式邀请，有我国有关学术机构的审查意见并经主管部门批准。

二、工资和生活津贴

（一）在工作考核期间发给临时工资，由用人单位按照以下标准提出意见，报主管部门批准后执行：大学本科毕业生每月 225 元；获得双学士学位的大学本科毕业生（含学制为 6 年以上的大学本科毕业生），研究生班毕业和未获得硕士学位的研究生每月 245 元；获得硕士学位的研究生每月 265 元；获得博士学位的研究生每月 305 元；具有副教授及相应职务（职称）的每月 335 元；具有教授及相应职务（职称）的每月 430 元。

（二）经工作考核后，由用人单位根据其聘任的专业技术职务提出与国内同类人员相应的工资等级的意见，报主管部门批准后执行。其工资低于临时工资的，仍按临时工资执行。以后晋升和调整工资，应同国内其他人员一样按照有关政策规定执行。

（三）为保持他们一定的生活水平，每月按其工资或临时工资（不含工资构成中的津贴和奖金）120% 的比例发给生活津贴。

（四）在国外享有较高知名度并为我国现代化建设所急需的高级专家和为我国作出重大贡献的专家，其工资或临时工资和生活津贴可不受上述标准限制，具体数额由人事部与有关部门商定。

（五）来华定居专家在企业工作的，其工资或临时工资和生活津贴，由企业参照上述标准和原则确定。

（六）国外有供养关系（父母、配偶、未成年子女）的，其工资或临时工资和生活津贴可支付 50% 的外汇。所需外汇数额，由各地区、各部门批准后，到经外汇管理局授权的外汇指定银行按当日外汇牌价兑换。

三、来华旅费和其他补助费

（一）来华旅费先由本人垫付，报到后由人事部专家管理司折算人民币报销。如本人垫付确有困难，可由我驻外使（领）馆借支。

（二）安家补助费由人事部专家管理司负责发至用人单位，由用人单位为专家配备必要的安家生活用品。购置物品时，应尽可能征求专家本人的意见。

安家补助费的标准：大学本科毕业生在国外连续从事本专业或相关专业工作未满5年的为3 000元；获得硕士学位的研究生和在国外连续从事本专业或相关专业工作5年以上的大学本科毕业生为4 000元；获得博士学位的研究生和在国外连续从事本专业或相关专业工作5年以上的获得硕士学位的研究生为5 000元；具有副教授或相应职务（职称）并连续任职5年以上的为6 000元；具有教授或相应职务（职称）并连续任职5年以上的为7 000元。

（三）每人每年发给相当于本人1个月工资或临时工资和生活津贴总额的交际、接待补助费。

（四）生活确有困难或遇有特殊情况的，由用人单位或上级主管部门酌情予以补助。

四、出境及出境期间的待遇

（一）对来华定居后申请到其他国家定居的，应予同意。在华工作几年后要求去境外工作一段时间再返回的，可以停薪留职。

（二）对在华工作满3年的，可同意其申请自费去境外学习、进修，半年内工资照发，超过半年可停薪留职，停薪留职期限由本人同所在单位商定。

（三）对申请自费出境参加国际学术会议或其他短期学术活动的，在安排好现职工作的条件下应予批准，工资照发。

五、探亲和休假

（一）凡在国外有直系亲属（父母、配偶、子女，下同）的，可享受探亲假。探望配偶，每年1次，假期30天（合理旅程时间除外，下同）；探望父母、子女，每两年1次，假期45天。探亲时，凡有中国民航国际航线班机的，应乘坐中国民航国际航线班机，交通费由用人单位按合理路线予以报销。

（二）属于工作离不开等原因，本人希望境外的直系亲属来华团聚的，可由用人单位按合理路线报销1人的往返交通费（先由本人或亲属垫付，来华后折算人民币报销）。

（三）每年可享受15天的休假（有寒暑假的除外）。如组织在国内休养或参观、旅游的，费用由主办单位报销；个别申请利用假期在国内进行学术活动的，由用人单位报销1次往返1个地点的旅费。

六、医疗和交通、住宿、购物等

（一）凭人事部专家管理司证明向当地卫生部门领取统一印制的保健医疗证，享受保健医疗待遇，到指定医院就医。保健医疗类别、指定就医医院及医疗费用等由各主管部门与当地卫生部门商定。

（二）由人事部发给《来华定居专家证》。专家偕同配偶及子女凭此证可在国内按我国工作人员同样价格乘坐飞机、火车和住宿、购物等。

七、住房

（一）由用人单位按以下标准或原则分配住房：单身一般不少于两居室1套；2至3口人的家庭，不少于三居室1套；4口人以上家庭，根据其人口和单位实际等情况从优分配适当面积（居室）住房。住房应备有较完善的卫生设备。

（二）愿意在我国购买住房的，可按照国家有关规定，比照国内同等人员的条件购买。

八、子女上学、就业

对来华定居专家子女上学、就业应给予照顾。上中、小学的，可根据实际情况安排在条件较好的学校就读；升大学的，可适当降低录取分数；需要就业的，优先予以安排。

九、退休

（一）凡达到我国规定的同类人员退休年龄的，应办理退休。退休金标准按国内有关规定执行，生活津贴按在职时的 85% 发给，其他待遇按有关规定执行。

（二）在新的养老保险制度建立前，他们退休后由用人单位负责管理。

十、本规定的适用范围

（一）《国务院关于引进国外人才工作的暂行规定》发布后，由国务院人事（科技干部）主管部门批准来华定居工作的外籍华人专家及其他外籍专家。

（二）1966 年以来，经党中央、国务院有关部门或省、自治区、直辖市批准来华定居工作，并经国务院人事（科技干部）主管部门认可的外籍华人专家及其他外籍专家。

（三）有来华定居工作的愿望，但本人或用人单位希望先工作 1 至 2 年，然后再决定定居工作的专家。

回国定居工作的华侨专家和回大陆（内地）定居工作的港澳台地区专家，也适用本规定。

本规定自 1995 年 1 月 1 日起施行。《国务院办公厅转发国家科委、财政部、国家外汇管理局关于来华定居专家工作待遇等若干问题规定的通知》（国办发〔1988〕6 号）和《国务院办公厅关于对来华定居专家工作待遇等若干问题规定的补充通知》（国办发〔1988〕47 号）同时废止。

本规定由人事部负责解释。

人事部、铁道部、交通部、国家民航总局、国家旅游局关于《来华定居专家证》使用办法的通知

（人专发〔1995〕19 号　1995 年 2 月 24 日）

全国各铁路局、民航管理局、交通厅（局）、旅游局：

根据国务院办公厅转发人事部、财政部《关于来华定居工作专家工作安排及待遇等问题的规定》（国办发〔1994〕102 号）精神，人事部决定为来华定居专家颁发《来华定居专家证》。现将《来华定居专家证》的使用办法通知如下：

1. 购买国内飞机票、火车票、轮船票等与中国公民同价；

2. 购买旅游参观点门票与中国公民同等待遇，可在甲、乙种票价中自由选购；

3. 住宿国有涉外宾馆饭店应按门市价给予优惠，折扣幅度由饭店掌握。

请遵照执行。

附件：《来华定居专家证》式样（略）

人事部、国家教委、外交部关于回国（来华）定居专家工作有关问题的通知

（人专发〔1995〕36号 1995年3月27日）

各驻外使、领馆、团、处：

党的十一届三中全会以来，旅居国外的华侨、华人和台湾、港澳同胞中的一些科技专家陆续回国（来华）定居工作。这些专家多数在欧美等经济发达国家学习并取得博士或硕士学位，他们回来后大部分安排在高教或科研岗位工作，许多人已成为本单位学术、技术带头人，不少人作出了突出贡献。这些专家知识新、年纪轻，他们回国（来华）定居工作，带动了我国一些新学科领域的发展，有的还填补了国内空白。1992年，3位回国定居工作的专家被增选为中国科学院院士，还有不少作出突出贡献的回国（来华）定居工作专家先后享受到政府特殊津贴。

党中央、国务院十分重视科技专家回国（来华）定居工作。国内有关部门和驻外使、领馆的领事、教育、科技、文化部门为推荐、引进科技专家回祖国服务也做了许多细致的工作。最近，国务院办公厅转发了人事部、财政部《关于来华定居工作专家工作安排及待遇等问题的规定》（国办发〔1994〕102号），适当提高了来华定居工作专家的生活待遇。为贯彻落实文件精神，进一步做好吸引海外专家、学者回国（来华）定居，为祖国社会主义建设事业服务的工作，现将有关问题通知如下：

一、旅居国外的华侨、华人和台湾、港澳同胞中的科技专家回祖国大陆或来华定居工作，由人事部审批，具体工作由人事部专家司负责。

二、回国（来华）定居工作的科技专家是指：具有大学本科毕业以上学历，并对某一门学科有专门研究或擅长某项技术的人才。为适应我国科技和经济事业的发展，我们的工作对象重点是那些在科学技术或其他领域做出显著成绩、学有专长、有真才实学的优秀人才，以及其研究和工作领域处于国际领先地位、有发展前途的、我国急需的青年尖子人才。请各驻外使、领馆有针对性地物色一批国内急需的微电子、信息、生物、新材料、航空航天、自动化、新能源、激光和海洋等高新技术领域或经济、金融、贸易、法律等社会科学方面的人才，并及时向国内推荐。

三、旅居国外的华侨、华人和台湾、港澳同胞中的科技专家申请回国（来华）定居工作，具体程序为：先由本人填写《回国（来华）定居工作申请表》（表样见附件），再由受理的驻外使、领馆审核提出意见，并将《申请表》和能反映其学历、经历、专长等有关材料及近期身体健康检查证明，一并报送人事部专家司；待国内为其安排好工作和生活等事项，并经批准后再通知申请人。对申请回国（来华）定居工作的专家，应热情地向他们介绍国内改革、开放和经济建设的形势及国内对人才的需要情况，同时也要把各种困难充分地向他们讲清楚，请他们认真考虑；要详细了解他们的要求、业务水平及身体健康状况；对有条件的，可建议他们先自费前来对国内的工作和生活情况做些了

解，以便为定居工作做好必要的准备。

四、对新中国成立以后，特别是1966年以来，从中国大陆去国（境）外留学（包括公费、自费）、现留居国（境）外已取得居住证件或加入外国国籍的科技专家，对其中我国急需的优秀人才，我们要积极争取和吸引他们回国（来华）服务。如其愿意回国（来华）定居工作，可参照上述做法按规定程序由驻外使馆教育处确认为优秀拔尖人才并签署意见，经国家教委外事司审核后，报人事部专家司。凡经批准回国（来华）定居工作的，享受国办发〔1994〕102号文件所规定的回国（来华）定居工作专家待遇。

请各有关驻外使、领馆与国内有关部门密切配合，共同做好此项工作。工作中有何情况和问题，请及时函告人事部专家司。

附件：回国（来华）定居工作申请表（略）

国家留学基金资助人员派出和管理若干问题的规定（试行）

（教外留〔1996〕470号 1996年12月23日国家教育委员会发布）

根据国家公费出国留学工作改革新办法，为进一步完善留学人员的派出和国外管理办法，现就若干问题规定如下：

一、本规定所称“留学人员”是指国家公费出国留学工作实行改革新办法后，按国家留学基金资助方式派出的留学人员。主要包括由国家提供全额资助、享受政府间互惠奖学金以及由国家安排并提供部分资助的享受国外奖学金的各类留学人员，即高级访问学者、访问学者、进修人员、博士后人员、研究生等。

二、根据资助情况和方式不同，留学人员出国前与国家留学基金管理委员会（以下简称基金委）签订《资助出国留学协议书》（以下简称协议书，见附件1），并经公证生效。

三、协议书规定签约各方的权利、义务和责任。驻外使领馆受委托代表基金委（即协议书的甲方）履行有关管理留学人员（即协议书的乙方）的责任（已在协议书中明确）。

四、留学人员应自抵达留学目的地后10日内向所属使领馆报到（《报到证》式样见附件4），并每3个月填写《CSC出国留学人员学习/研修情况报告表》（附件5，以下简称《报告表》）向使领馆报告一个季度的学习/研修情况。

五、使领馆应确定专人与留学人员的导师或研究合作者建立一定的联系，随时了解留学人员的学习和工作情况，并在《报告表》中认真填写意见。《报告表》一般每半年由使领馆集中报送基金委复核备案，特殊情况随时报回。

六、留学人员在外留学期间一般不得改变留学单位和留学计划。如需要变更，应事先向所属使领馆提出申请，使领馆批准同意后报基金委备案。留学人员变更留学国别、身份和延长留学期限的审批权在基金委。

七、变更留学单位者，抵达新的留学单位后，应于10日内向现所属有关使领馆报告。原所属使领馆应将有关情况和材料转告现所属使领馆。

八、留学人员若干违约情况的处理：

1. 留学人员抵达留学国和变更留学单位，如未能按规定于10日内向所属使领馆及时报到，应阐明理由。无充足理由者，使领馆给予警告。超过1个月未报到者，授权使领馆不发资助经费，取消其公费留学资格，并报基金委备案。本人或保证人承担相应的违约责任。

2. 对未按时向使领馆提交《报告表》者，授权使领馆停发下一季度资助经费；对超过6个月未交《报告表》者，使领馆应提出警告；仍不补交《报告表》者，其公费留学资格取消，由使领馆报基金委备案。本人或保证人承担相应的违约责任。

3. 对"从事协议规定以外的工作"的留学人员，一般先予批评教育，令其改正。对不改正者，按违约处理，视其情节，授权使领馆决定缓发或停发资助经费，并报基金委备案。对停发资助经费者，本人或保证人承担相应的违约责任。

4. 凡未经所属使领馆同意擅自变更留学单位或留学计划者，均按违约处理。授权使领馆停发资助经费，取消其公费留学资格，并报基金委备案。本人或保证人承担相应的违约责任。

5. 留学人员不得变更留学国别和留学身份。凡擅自变更者，均按违约处理，取消其公费留学资格（对仍在留学期间者，授权使领馆停发资助经费），并报基金委备案。本人或保证人承担相应的违约责任。

6. 留学人员不得延长留学期限。凡未按规定留学期限回国者，均按违约处理。因航班等特殊原因超出规定留学期限1个月以内抵达国内的，不作违约处理。

九、使领馆对违约人员应进行批评教育并以《CSC出国留学人员违约情况表》（见附件6）及时通知基金委。同时，协助基金委做好依法追究其经济或法律责任的有关事宜。

十、基金委法律事务部，根据国家的法律规定和《协议书》的有关条款，对违约人员进行履约追究的做法是：

1. 如违约人员按《协议书》规定承担了相应的违约责任，如数作了经济赔偿，不再追究其法律责任。

2. 如违约人员未按《协议书》规定承担相应的违约责任，作出经济赔偿，将要求其国内保证人（即协议书的丙方）承担经济责任。

3. 如违约人员及其保证人均不承担约定的经济责任，将在国内通过法律程序解决。

4. 对违约事件，特别是对不按基金委要求进行经济赔偿的违约人员，除通过法律程序解决外，必要时，还将采取其他辅助手段，如，在使领馆的协助下，以基金委名义将留学人员的违约事实通报国外有关方面；在国内将违约人员名单登报公布、通报本人原所在国内单位等。

十一、违约人员向甲方完成经济赔偿后，即了结了与甲方所签订协议的约束。协议了结情况由基金委通报相关使领馆和本人所在国内单位。

十二、对违约人员应正确对待，如同对所有留学人员一样，执行国家的有关政策，体现关心和爱护。

十三、按期回国的留学人员应填写《CSC出国留学人员回国工作证明表》（见附件7，以下简称《证明表》），由使领馆签署意见后交本人带回国内，并由本人的工作单位在相应的栏目中签署意见。

十四、留学人员应自回国入境之日起的1个月内向基金委报到（京外人员可以书面、传真方式报到），递交书面的留学总结、学术成果报告、《证明表》和护照上边防入境印章的复印件。基金委在审核上述材料后的2个月内，通知指定的金融机构将留学人员出国前按协议书规定交存的保证金本金和利息返还留学人员本人。

十五、本《规定》自下发之日起试行。

附件：1. 资助出国留学协议书（略）

2. 资助出国留学协议书（B类）（略）

3. 资助出国留学协议书（C类）（略）

4. 国家教委出国留学人员报到证（式样）（略）

5. CSC出国留学人员学习/研修情况报告表（略）

6. CSC出国留学人员违约情况表（略）

7. CSC出国留学人员回国工作证明表（略）

人事部关于印发《留学人员创业园管理办法》的通知

（人发〔2001〕7号　2001年1月15日）

各省、自治区、直辖市、副省级市人事（人事劳动）厅（局），国务院各部委、各直属机构人事（干部）部门：

现将《留学人员创业园管理办法》印发给你们，请遵照执行。

留学人员创业园管理办法

人事部在1996年制定下发的“九五”留学人员回国工作计划中，提出要加快建立发展留学人员创业园。近几年各级政府高度重视，加强了对留学人员创业园的领导，在政府统一协调、人事部门牵头与有关部门的共同努力下，留学人员创业园得到较快发展，目前全国已建成创业园40多个，入园留学人员企业1 500多家，形成了一批留学人员创业群体。留学人员创业园的建立，对开发留学人员资源，吸引海外留学人员回国创业，促进高新技术产业化，推动科技经济发展发挥了积极作用。为了进一步发挥留学人员创业园作用，提高科学化管理水平，推动创业园建设的进一步发展，特制定本办法。

一、留学人员创业园的建设和管理，要始终坚持以吸引和扶持留学人员创业，培育具有创新能力与国际竞争力的高新技术企业和科技企业家为重点，促进高新技术的发展和科技成果转化。创业园的运作要兼顾国家、地方和留学人员的利益，做到科学管理，注重实效，优势互补，互惠互利，共同发展。

二、留学人员创业园一般建在具有良好创业环境的高新技术开发区或经济技术开发区内。建立创业园由当地政府按有关规定和程序审批，报人事部备案，经评审符合条件的创业园，可由地方政府与人事部共建。

建立留学人员创业园必须具备以下条件：政府重视和支持，制定有配套优惠政策；留学人员相对集中，入园创业的留学人员带有资金、技术或项目；所在地区具有较密集的智力资源和较强的科技实力，对外开放程度较好，经济较为发达；具有一定规模的场地和相应的配套设施；服务功能较完善，能为企业提供商务、信息、培训、融资、研发、市场营销、国际合作等服务；具有支持留学人员创业的启动资金投入；有一支素质较高和业务水平强的管理服务队伍和一套科学管理的规章制度。

三、建立和办好国家留学人员创业园。确立为国家留学人员创业园示范建设试点的创业园，国家和地方要加强工作指导，在人才、技术引进等方面加大投入，扶持建园。按照市场经济运行机制摸索总结创业园在技术创新、制度创新、管理创新方面的建园经验，引导创业园有序发展。

四、留学人员创业园享受高新技术开发区和经济技术开发区内孵化机构的优惠政策。允许引进和建立若干专业化风险资金或创业基金；支持有条件的创业园尽快建立旨在为留学人员提供创业资本支持和融资担保的种子资金和担保资金；为创业园内企业在吸引国际创业投资和争取上市等方面创造条件。

五、留学人员资格由各级人事部门按有关规定认定。建立创业园高新技术项目的评估机制，组织专家组对入园项目进行评估。要选择技术含量高的企业进入创业园，使其真正成为孵化高新技术企业的基地。创业园要协助海外留学人员按程序申报各类国家科技项目。

六、切实加强对留学人员创业园的领导和管理。留学人员创业园要面向市场，实行企业化管理。在政府的领导下，建立具有竞争机制的创业园管理制度，建设一支高素质的管理队伍。要熟悉了解留学人员特点，更新观念，创新工作方法，不断提高工作效率和服务水平，适应创业园发展需要。要坚持因地制宜，发挥优势，办出特点。吸引适时对路的科技项目，创办有利于形成创业优势的各具特色的创业园。努力把创业园办成促进高新技术产业发展、培养引进高素质人才的重要基地。

七、本办法由人事部负责解释。

人事部关于印发《留学人员科技活动项目择优资助经费申请与管理办法》的通知

（人发〔2001〕33号 2001年4月6日）

各省、自治区、直辖市人事厅（局），国务院各部委、直属机构人事（科技）部门：

为适应留学人员回国工作发展需要，鼓励留学人员回国工作或为国服务，发挥他们在经济社会发展和科技创新中的重要作用，现将《留学人员科技活动项目择优资助经费申请与管理办法》印发给你们，请遵照执行。

留学人员科技活动项目择优资助经费申请与管理办法

第一章 总 则

第一条 为规范留学人员科技活动项目择优资助经费（以下简称资助经费）的申请与管理，提高资助经费在鼓励留学人员回国工作或为国服务、开展科技创新方面的效益，特制定本办法。

第二条 本办法适用于各类留学人员，重点是回国的留学人员。申请资助经费必须具备以下条件：

（一）在外留学一年以上，学有所成，取得硕士以上学位或获得中级以上专业技术职称；

（二）能独立主持研究开发工作，有培养发展前途；

（三）申报项目属于领先水平，具有应用开发前景，可产生良好经济效益。

第二章 经 费 分 类

第三条 资助经费分以下五类：

（一）重点项目资助，额度为 10～20 万元人民币。资助回国留学人员从事国家重点攻关项目、重大技术改造项目、具有广泛应用前景的新技术研究开发等项目。

（二）优秀项目资助，额度为 5～10 万元人民币。资助回国留学人员主持省部级重点科技攻关或技术改造项目，或某一学科领域具有领先水平的研究开发项目。

（三）项目启动资助，额度为 2～5 万元人民币。资助新近回国或即将回国的留学人员，从事某一学科或技术领域的研究。研究课题学术思想新颖，具有重要科学价值或较好应用开发前景。

（四）为国服务活动资助，额度视项目情况确定。资助海外留学人员短期回国开展合作研究、学术技术交流、考察、讲学等活动。

（五）小额资助，额度视项目情况确定。资助留学回国人员出国参加国际学术会议、购买科研必需的仪器零部件、化学试剂、药品、耗材和图书资料等。

第三章 经费的申请、审批

第四条 申请重点项目、优秀项目或项目启动资助经费，须由本人填写《留学人员科技活动项目择优资助经费申请表》（见附件 1，本书略）；申请为国服务资助经费，须由国内合作单位填写《留学人员短期回国服务资助经费申请表》（见附件 2，本书略）。所在单位或国内合作单位签署意见后，将申请表一式三份报省、自治区、直辖市及副省级市人事部门或部委主管部门（简称有关地区和部门）审核。有关地区和部门在对申报的项目进行筛选把关后，将审核通过的项目申请表（一式三份）、项目软盘（一张）及书面报告一并报人事部。

第五条 根据工作需要，有关地区和部门可向人事部申请小额资助经费，申请时，应提交地方财政或部门财务同意按照至少 1∶2 比例匹配相应经费的函。

留学人员申请小额资助的具体办法由有关地区和部门自行制定。留学人员申请出国参加会议国际旅费资助，一般在小额资助中列支，需要向人事部直接申请国际会议旅费资助的，有关地区和部门应在会议前两个月将申请人填写并经审核同意的《留学人员出国参加国际会议资助经费申请表》（见附件3，本书略）、国外邀请函以及书面报告一并报人事部。

第六条　人事部设立留学人员资助经费专家评审委员会，评审委员会根据上报的申请者的资格条件、学术水平、科研能力、专业方向，及申请项目在国内的需要程度、先进性等进行评审，提出拟资助项目和经费额度。人事部在综合专家意见基础上审批确定。

重点项目、优秀项目和项目启动经费资助一般每年审批两次，批准有效期为一年。

为国服务经费和小额资助经费由人事部分别根据申请者具体情况及有关地区和部门留学工作开展的情况确定资助额度。

第四章　经费的划拨

第七条　重点项目、优秀项目和项目启动资助经费经评审确定后，由人事部全额下拨至有关地区和部门，并由地区和部门将款项一次性拨付给受助者所在单位。

第八条　小额资助经费由人事部按年度下拨给有关地区和部门，由地区和部门根据评审结果，将资助经费拨付受助者所在单位。

第九条　为国服务经费和需要人事部支持的部分留学回国人员参加国际学术会议国际旅费，由人事部审批后按照实际需要额度办理支付手续。

第五章　经费使用与管理

第十条　人事部对留学人员科技活动择优资助经费实行统一管理，跟踪监督；各有关地区和部门具体负责管理资助经费的使用，对资助项目开展进行督促检查，并在每年年终向人事部编报本地区、本部门资助项目年度执行情况，同时注意协助做好资助项目科研成果的登记、鉴定、推广和产业化工作。

各有关地区和部门再次分配的小额资助经费，在经费分配下达2个月内，将分配情况报人事部。小额资助经费不得提取管理费。

第十一条　获重点类和优秀类项目资助的留学人员，须在每年年终向所在单位和上级主管部门报告资助项目进展和经费使用情况；资助项目完成后3个月内，须向所在单位和上级主管部门报送资助项目工作总结、科研成果登记和经费决算情况，并抄报人事部。

第十二条　受助者因各种原因不能参加资助项目研究工作的，按中途停止和撤销资助处理，收回资助经费。如所在单位有能力继续完成资助项目，应当向上级主管部门提出申请说明情况，报经经费审批部门批准后，可以继续使用资助经费。

第十三条　受助者在调动工作时，需要把资助项目带到新单位继续研究的，必须写出书面报告，商得调出、调入单位同意并签署意见，报请经费审批部门批准后，可以将节余经费划拨到新单位继续使用。

第十四条　受助者接到拨款后应及时开展活动。对活动不能正常开展或经费使用不当，并有下列行为之一者，人事部将视情况分别给予收回原资助经费，或1至3年内不允许申报新项目等处罚：

（一）擅自变更资助项目的内容；

（二）挪用资助项目经费；

（三）用资助项目发放工资、奖金、福利的；

（四）经费不能及时拨到使用单位的。

第六章　附　则

第十五条　本办法自颁布之日起施行，人事部原《关于非教育系统留学回国人员科技活动择优资助经费管理的暂行办法》（人调发〔1990〕6号）、《非教育系统留学回国人员择优资助经费有偿使用暂行办法》（人调发〔1992〕12号）、《资助留学人员短期回国到非教育系统工作暂行办法》（人调发〔1994〕10号）、《关于重点资助优秀留学回国人员开展科技活动的通知》（人调发〔1995〕114号）同时废止。

第十六条　本办法由人事部负责解释。

人事部、教育部、科技部、公安部、财政部关于印发《关于鼓励海外留学人员以多种形式为国服务的若干意见》的通知

（人发〔2001〕49号　2001年5月14日）

各省、自治区、直辖市及副省级市人事厅（局）、教育厅（教委）、科技厅（局）、公安厅（局）、财政厅（局），国务院各部委、各直属机构人事（干部）部门：

为贯彻落实党的十五大提出的“鼓励海外留学人员回国工作或以适当方式为祖国服务”的精神，我们制定了《关于鼓励海外留学人员以多种形式为国服务的若干意见》，现印发你们，请遵照执行。

关于鼓励海外留学人员以多种形式为国服务的若干意见

海外留学人员关心国家的社会主义现代化建设和民族的振兴，具有强烈的爱国热情和为国服务的愿望。新中国成立以来，一批批学有成就的留学人员回国工作，成为我国科教文卫等各条战线的骨干力量和学术技术带头人；同时在海外学习和工作的留学人员以他们掌握的先进科技和管理知识，通过多种方式为国服务，为我国经济社会发展作出了贡献。随着科教兴国和人才战略的实施，国家产业结构的调整，科技创新的加快和国内经济建设的快速发展，给海外留学人员回国工作和为国服务提供了广阔的空间和领域。近年来，国家和地方相继制定了一系列关于鼓励海外留学人员回国工作的政策措施，吸引了大批留学人员回国工作，促进了我国经济、科技等各项事业的发展。为充分开发海外留学人才资源，鼓励在海外学习和工作的留学人员以多种方式为祖国服务，特提出如下意见：

一、海外留学人员为国服务是指我在海外学习或完成学业后在国外工作的留学人员及海外留学人员专业团体，以自己的专业和专业团体的优势，通过在国内兼职，接受委托在国内外开展合作研究，回国讲学、进行学术技术交流，在国内创办企业，从事考察

咨询活动，开展中介服务等形式，为促进国家经济社会发展而开展的各种活动。

二、国家鼓励海外留学人员采取多种方式为国服务

（1）鼓励海外留学人员在国内高校、科研院所、国家重点（开放）实验室、工程技术研究中心及各类企业、事业单位受聘兼任专业技术职务、顾问或名誉职务。取得博士学位的海外留学人员可以到国内博士后科研流动站、博士后科研工作站做博士后。

（2）鼓励海外留学人员利用先进科学技术、设备和资金等条件，与国内高等学校、科研院所、企业单位进行合作研究。合作研究可以采取个人与单位、个人与个人或单位与单位的合作形式进行。研究工作可以在国外，也可长期或短期回国内进行，国家鼓励留学人员与国内企事业单位合作，在国内或国外建立合作研究开发基地。

（3）鼓励海外留学人员接受国内委托的科研项目，在国外开展研究、开发活动；也可委托国内有关研究单位、团体，开展接受国外科研项目的研究开发工作。

（4）鼓励海外留学人员以专利、专有技术、科研成果等在国内进行转化、入股，创办企业；或以专有知识、技能、信息等开办专业性咨询公司；可以自有资金或引进资金在国内投资。

（5）鼓励海外留学人员依托海外的科研、教育、培训机构等条件，与国内有关单位合作或接受委托，帮助国内用人单位培养人才。

（6）鼓励海外留学人员到西部地区从事技术引进、科技考察、咨询服务，开展各种学术、技术交流活动，国家按有关规定予以资金支持。

（7）鼓励海外留学人员在国内注册中介机构，为国内引进外资、技术、项目等提供中介服务；联系外国专家来中国举办各种学术技术交流活动，建立与国外学术技术团体的联系，开展科技经济方面的国际交流与合作；在国外建立从事为国内产品开拓国际市场推介营销等中介服务。

除上述方式外，鼓励留学人员在服务实践中创造更多的方式为国服务。鼓励海外留学人员专业团体、学术技术协会、联谊会等社团组织发挥集体优势，开展为国服务的各种活动。

三、国家为海外留学人员为国服务活动提供政策保障

（1）国家在各学科和技术领域为海外留学人员为国服务提供方便。对在某些学科和专业处于世界领先水平，具有国际竞争力的合作研究开发项目，可按国家现行规定渠道获得经费支持。

（2）按照国际惯例，海外留学人员为国服务的合作单位要给付合理报酬。对短期聘用的留学人员，单位可根据其业绩大小，经双方协商确定协议报酬。对从事中介活动的，可收取中介费或佣金。对合作研究、合资创办企业的，留学人员可以专利、发明、专有技术、管理等要素参与分配。

（3）各地区、各部门和用人单位根据人才需要和财力可能，适当拨出专款对留学人员为国服务活动给予一定的经费支持。对从事国家重点研究项目和短期回国服务的留学人员，根据承担的项目和任务，经申请批准，国家或地方政府及用人单位给予适当经费投入。

（4）保护海外留学人员的知识产权。保障留学人员在专有知识、技术专利、科研成果或合作和委托研究开发的科研成果等方面享有的知识权益。个人科研成果在知识产权

收入分配中所占份额预先与合作单位商定，留学人员按有关规定分享。所得税后收入可兑换成外汇汇出境外。

（5）国家支持各地区、各部门和用人单位为海外留学人员为国服务创造良好工作和生活条件。鼓励到国内各经济开发区、高新技术开发区、留学人员创业园进行科技开发和科研成果转化，享受优惠政策。在国内创办企业的，各有关部门给予必要支持，在企业注册、土地使用、工商、税务、商检等方面，简化手续，减少环节，提供服务。

（6）对在华任职的留学归来人员中的外籍高科技、高层次管理人才可以提供入出境便利。对需多次临时入境人员，可根据实际需要发给有效期一年以上，最长不超过五年的多次入境有效“F”签证，对需在华常住人员，可根据实际需要发给一年以上，最长不超过五年的外国人居留证，对需要多次出入境的，同时发给与外国人居留证相同期限的多次返回“Z”签证；对申请在华定居（包括其配偶、未成年子女），可批准同意发给永久有效的外国人居留证。上述人员需提供教育部国际交流与合作司或人事部专业技术人员管理司或各地厅局级人事部门的证明文件。对取得国外长期居留权的，可凭中国护照、副省级市以上政府人事部门证明，在购买住房、子女入学入托及就业等方面享受当地居民待遇。

（7）海外留学人员在国内创办企业、建立合作研究开发基地等，根据需要招聘大学本科以上工作人员，各地人事部门要按照有关政策积极支持帮助，并提供人事代理服务。

四、海外留学人员在为国服务中作出突出贡献的，在尊重本人意愿的情况下进行宣传表彰。对在为国服务活动中作出杰出贡献的海外留学人员及在鼓励、支持海外留学人员为国服务工作中做出卓有成效的单位和个人，根据国家有关规定给予表彰奖励。

五、各地区、各部门要加强对海外留学人员为国服务工作的领导。研究制定适合本地区、本部门特点的有关政策，保证兑现落实。要及时研究解决海外留学人员为国服务中出现的新情况新问题，认真总结交流开展海外留学人员为国服务工作的经验。各级人事、教育、科技、公安、财政等部门要加强与有关部门的合作，互相配合，形成合力，把海外留学人员为国服务工作切实做好。

国家计生委关于印发《出国留学人员生育问题规定》的通知

（国计生发〔2002〕34 号　2002 年 4 月 24 日）

各省、自治区、直辖市计生委，计划单列市、新疆生产建设兵团计生委，中直机关、中央国家机关计生委，解放军、武警部队计生领导小组办公室：

现将《出国留学人员生育问题规定》印发给你们，请遵照执行。

出国留学人员生育问题规定

为适应我国扩大对外开放的新形势，做好出国留学人员的计划生育工作，经商教育部同意，现对出国留学人员生育问题规定如下：

一、出国留学的中国内地居民（以下简称留学人员），在国外留学期间应自觉遵守《中华人民共和国人口与计划生育法》及有关的法律、法规。

中国内地有关单位在办理有关手续时，应向留学人员做好宣传教育工作。

二、夫妻双方在国外连续居住一年以上的留学人员，不符合国家有关计划生育法律、法规的规定，在国外生育或者怀孕后回中国内地生育第二个子女的，回中国内地后不予处理。

三、留学人员在国外生育的子女不回中国内地定居的，在执行国家有关生育政策的规定时，不计算该子女数。

四、留学人员在国外留学期间生育或者怀孕后回中国内地生育，不纳入中国内地各级各部门和有关单位人口与计划生育工作考核。

国务院办公厅转发公安部、外交部等部门关于为外国籍高层次人才和投资者提供入境及居留便利规定的通知

（国办发〔2002〕32号　2002年4月29日）

各省、自治区、直辖市人民政府，国务院各部委、各直属机构：

吸引外国籍高层次人才和投资者来中国服务和投资是我国一项长期而重要的政策。近年来，国务院有关部门在为外国籍高层次人才和投资者提供入境及居留便利方面制定了一些政策，这对吸引他们来中国服务和投资，促进我国与有关国家的关系，发挥了重要作用。为进一步明确和规范有关政策，经国务院批准，公安部、外交部、教育部、科技部、人事部、劳动保障部、外经贸部、国务院侨办、国家外国专家局联合制定了《关于为外国籍高层次人才和投资者提供入境及居留便利的规定》，请各地区、各部门认真贯彻执行。

各地区、各部门要站在战略高度，从国家大局出发，进一步解放思想，转变观念，加大吸引外国籍高层次人才和投资者来我国服务和投资工作的力度。各有关部门要密切配合，增强服务意识，改进工作方式，简化工作程序，提高工作效率，切实把有关政策落到实处。

关于为外国籍高层次人才和投资者提供入境及居留便利的规定

公安部　外交部　教育部　科技部　人事部　劳动保障部
外经贸部　国务院侨办　国家外国专家局
（2002年3月26日）

为更好地吸引外国籍高层次人才和投资者来我国服务和投资，依据《中华人民共和

国外国人入境出境管理法》及有关规定，现就进一步为外国籍高层次人才和投资者提供入境及居留便利问题作如下规定：

一、提供入境及居留便利的对象

凡符合下列条件之一的外国籍人士，可以为其提供入境及居留便利。

（一）省（部）级国家机关邀（聘）请的高级顾问以及执行中央或地方政府与外国签署的国家级和省（部）级科技合作项目、重点工程协议、人才交流项目的高科技、高层次管理人员；

（二）对国家及社会等有重大或突出贡献的人员以及执行政府间无偿援助协议的人员；

（三）国家和省（部）级科研机构、重点高等院校聘用的学术、科研带头人以及有关单位聘用的具有副教授、副研究员以上职称或享受同等待遇的学术、科研骨干；

（四）在企业、事业单位中担任副总经理以上职务或享受同等待遇的高级管理人员和重要专业技术人员；

（五）在西部地区或中部地区国家扶贫开发工作重点县投资 100 万美元以上，在其他地区投资 300 万美元以上的人员以及符合上述条件的外国企业或其他经济组织派遣来中国的管理人员和专业技术人员；

（六）国际重要科学奖项的外国籍华人获得者和其他杰出、重要外国籍华人；

上述人员的配偶和不满 18 周岁的子女。

二、提供入境及居留便利的措施

（一）对需多次临时入境的外国籍人士，可办理 2—5 年多次入境有效、每次停留不超过 1 年的 F 字（访问类）签证（以下简称长期多次 F 字签证）。

（二）对需在中国工作并长期居留的外国籍人士，可办理 2—5 年有效的外国人居留证件以及相同期限的多次返回 Z 字（工作类）签证。

（三）持 L 字（旅游类）签证、F 字签证以及 X 字（学习类）签证入境的外国籍人士，可根据实际需要将所持签证变更为 Z 字签证，办理 2—5 年有效的外国人居留证件以及相同期限的多次返回 Z 字签证；持 L、X 字签证入境的外国籍人士，可将所持签证变更为长期多次 F 字签证。

三、办理入境及居留便利事宜的程序

（一）符合办理长期多次 F 字签证的外国籍人士可在境外径向中国驻外使领馆申请办理，或入境后，向中国公安出入境管理部门申请办理。中国国内有关单位也可代外国籍人士申请办理。

各驻外使领馆收到外国籍人士办理长期多次 F 字签证的申请后，要及时进行审核，并根据情况报国内相关部门（单位）或省级人民政府的外事管理部门等一类被授权单位（以下简称一类被授权单位）审批。一类被授权单位要及时将审批意见函告外交部，由外交部函告我驻外使领馆。经审批同意的，我驻外使领馆即为申请人颁发签证。中国国内单位代外国籍人士办理长期多次 F 字签证的，由中国国内单位报相关的一类被授权单位审批。一类被授权单位要及时将审批意见函告外交部，由外交部通知我驻外使领馆为申请人颁发签证。

持L、X字签证入境的外国籍人士办理长期多次F字签证的，可由本人或中国有关单位持一类被授权单位出具的公函或外商投资企业批准证书、营业执照等有关证明文件，向所在地公安出入境管理部门申请。

（二）符合办理2—5年有效的外国人居留证件以及相同期限的多次返回Z字签证的外国籍人士，可在入境后由本人或中国有关单位向中国公安出入境管理部门申请办理。

持Z字签证入境的外国籍人士，可由本人或中国有关单位持一类被授权单位出具的公函以及《外国专家证》或《外国人就业证》等有关证明文件，向居住地公安出入境管理部门申请。

持L、F、X字签证入境的外国籍人士，可由本人或中国有关单位持一类被授权单位出具的公函以及《外国专家证》或《外国人就业证》等有关证明文件，外国投资者可持外商投资企业批准证书、营业执照等有关证明文件，向居住地公安出入境管理部门申请。

四、其他事项

（一）对重要友好华人社团的主要负责人及随其来华的配偶、不满18周岁的子女，可以按照前述规定为其提供入境、居留便利。驻外使领馆可根据有关规定自行审批此类签证申请。

（二）长期多次签证费按一年多次签证费标准收取，免收加急费。

人事部关于人事部与地方人民政府共建留学人员创业园的意见

（人发〔2002〕84号　2002年8月26日）

各省、自治区、直辖市及副省级市人事厅（局）：

与地方人民政府共建留学人员创业园，对加快开发留学人才资源，促进我国高新技术产业发展，推动我国留学人员创业园建设，具有重要意义。为进一步完善与地方共建留学人员创业园工作，在总结经验的基础上，现提出人事部与地方人民政府共建留学人员创业园意见。

一、共建留学人员创业园的目标和原则

人事部与地方人民政府共建留学人员创业园的目标是：贯彻落实“支持留学，鼓励回国，来去自由”和鼓励留学人员回国工作或以适当方式为国服务的方针，按照发展高科技实现产业化的要求，积极构筑留学人员创业园服务体系，提高创业园管理水平，盘活各方有效资源，形成一批规模较大、管理科学、服务完善的骨干创业园，充分发挥其示范、导向、带动作用，进一步推进全国留学人员创业园发展。

共建留学人员创业园应坚持以下原则：

——统筹布局，稳步发展。根据各地留学人员回国创业情况和发展需要，统筹考虑，合理布局，逐步在全国范围内共建一批留学人员创业园，努力形成运作科学、信息畅通、服务完善、园区间优势互补的留学人员创业园群体，带动全国留学人员创业园发展。

——分类指导，整体推进。共建工作以共建综合园为主，适当考虑共建专业园（如软件园、生物园等）；既与发展较快、相对完善的创业园共建，也与起步较晚，但有基础、有特色、发展前景好、地方积极性高的创业园共建；创业园共建工作，向西部地区提供支持和帮助。

——科学管理，注重实效。共建创业园坚持制度创新和管理创新，积极吸收和借鉴国际先进管理理念、方法和运作经验，努力探索符合市场经济要求的新的运作和管理模式，提倡方便、快捷、有效的服务，提供人才、项目、资金、信息等服务形式，完善孵化功能，通过共建逐步增强创业园培育产业和高新技术企业的能力。

二、申请共建的留学人员创业园应具备的基本条件

申请与人事部共建的留学人员创业园，应具备以下基本条件：

（一）创业园所在的省、自治区、直辖市及副省级市人民政府高度重视留学人员回国创业工作，对创业园有一定投入。在创业园建设中，政府人事部门有切实措施，工作基础扎实。

（二）创业园所在周边地区有较密集的智力资源和较强的科技实力，对外开放程度较好，经济较为发达。

（三）有一定规模的孵化场地和一定数量的留学人员入园企业。留学人员企业以高新技术研发和产业化为主，具有较好的市场发展前景。

（四）创业园具有留学人员创业的良好氛围，较为完善的管理机构，精干的管理队伍和一套科学管理的规章制度，制定有专门的促进留学人员创业的优惠政策。

（五）具备功能较为齐全的服务体系，能为留学人员企业提供商务、信息、培训、融资、研发、企业注册、市场营销、国际合作等服务，切实解决留学人员回国创业的后顾之忧。

三、申请共建留学人员创业园程序

（一）省级（含副省级市）人民政府在对本地区的留学人员创业园进行综合评估考察后，向人事部提交创业园发展状况报告，提出共建意向。

（二）人事部分期、分批对提出共建的创业园进行考察了解、综合评估，对符合共建条件的，经人事部研究批准后，即与有关地区人民政府开展留学人员创业园共建工作。

（三）对批准共建的留学人员创业园，人事部有关职能部门与有关地方人民政府人事部门以及留学人员创业园，共同协商创业园共建的具体内容、方式和运作模式，并通过签订协议等方式予以确认。

四、共建留学人员创业园的运作与管理

留学人员创业园共建工作，由人事部与地方人民政府共同负责，以地方人民政府为主。共建双方发挥各自比较优势，共同推动创业园发展。人事部主要在宏观规划、指导协调、政策扶持、信息咨询、人才项目推介等方面，发挥职能优势，不参与创业园的日常管理，不分享任何利益。地方人民政府负责共建创业园的各项管理和具体运作工作。

为充分发挥共建创业园的示范、导向、带动作用，人事部将组织有关专家，定期对共建创业园进行考察评估。评估内容主要包括创业园的基础建设、政策环境、服务体系、发展潜力和效益等情况，重点评估高新技术成果研发和企业培育情况。通过考察评估，进一步规范创业园建设，创新服务手段，提高管理水平，促进留学人员创业园健康发展。

国务院办公厅关于转发人事部、教育部、科技部、财政部等部门留学人员回国服务工作部际联席会议制度的通知

（国办发〔2003〕11 号　2003 年 2 月 27 日）

各省、自治区、直辖市人民政府，国务院各部委、各直属机构：

人事部、教育部、科技部、财政部、外交部、国家计委、国家经贸委、公安部、外经贸部、中国人民银行、中国科学院和国家外国专家局联合制订的《留学人员回国服务工作部际联席会议制度》已经国务院同意，现转发给你们，请认真贯彻执行。

留学人员回国服务工作部际联席会议制度

人事部　教育部　科技部　财政部　外交部　国家计委　国家经贸委
公安部　外经贸部　中国人民银行　中国科学院　国家外国专家局
（2003 年 2 月 19 日）

吸引海外留学人员回国服务工作是我国实施科教兴国战略和人才战略的重要内容。近年来，各地区、各部门认真贯彻落实中央留学回国工作方针，密切配合，共同努力，吸引了一批留学人员回国服务，将所掌握的先进的科学技术和经营管理经验用于祖国的现代化建设，加快了经济社会各方面的发展。在加入世界贸易组织的新形势下，我国对人才特别是海外人才的需求更为迫切，吸引海外留学人员回国工作或以适当方式为国服务面临新的机遇和挑战。为建立有效的吸引留学人员回国服务工作机制，加强各有关部门的协调配合，提高效率，更好地开展工作，经国务院同意，建立留学人员回国服务工作部际联席会议（以下简称联席会议）制度。

一、联席会议的职责

学习贯彻党中央、国务院关于留学人员回国工作和为国服务的方针、政策；了解掌握全国留学人员回国服务情况；就留学人员回国工作和为国服务的相关政策性问题提出建议；加强部际沟通协作；指导各地区、各部门留学人员回国和为国服务工作。

二、联席会议的成员单位

人事部、教育部、科技部、财政部、外交部、公安部、国家计委、国家经贸委、外经贸部、中国人民银行、中国科学院、国家外国专家局等 12 个部门。

人事部为联席会议组长单位，联席会议组长由人事部领导同志担任；副组长单位为

教育部、科技部、财政部，副组长由教育部、科技部、财政部领导同志担任；联席会议成员为各部门负责留学人员工作的有关司局领导同志。

三、联席会议工作规则

联席会议原则上每半年召开一次例会。根据工作需要，或按照领导同志指示，可以临时召集会议。出席会议人员根据会议议题确定。

联席会议的议题主要包括：传达、贯彻党中央、国务院领导关于留学人员回国工作或为国服务的指示精神；研究留学回国工作的新情况、新问题；讨论需要沟通的政策规定及有关重点工作；交流通报留学回国工作情况；就有关工作进行协商并提出落实办法。

对有关留学回国工作的重大问题，经联席会议研究后，以联席会议名义报国务院审定。各成员单位在各自的职责范围内开展工作。

四、联席会议的工作要求

（一）各成员单位在联席会议召开前提出会议议题，经人事部会同教育部等有关部门研究后，提交联席会议讨论。

（二）联席会议结束后，就会议主要内容形成文字纪要，经与会单位同意后，印发联席会议各成员单位贯彻落实。

（三）会议作出的决定，按照部门职能，分工负责，具体落实。

（四）各成员单位要积极支持，相互配合，形成合力，充分发挥好联席会议的作用。

中共中央组织部、中共中央宣传部、中共中央统战部、人事部、教育部、科学技术部关于表彰全国留学回国人员先进个人和先进工作单位的决定

（国人部发〔2003〕25号　2003年9月23日）

各省、自治区、直辖市党委组织部、宣传部、统战部和人民政府人事、教育、科技厅（局），中央和国家机关各部委干部（人事）司（局），各人民团体干部（人事）部门，解放军总政治部，部分国有重要骨干企业干部（人事）部门：

改革开放以来，广大留学回国人员在邓小平理论和“三个代表”重要思想的指引下，以实现中华民族的伟大复兴为己任，发扬爱国、奉献、拼搏、进取的精神，在促进科技进步和社会经济发展中，取得了显著成绩，涌现出一大批先进个人和先进工作单位。

为宣传表彰在各项工作中作出突出贡献的留学回国人员和工作单位，全面营造尊重劳动、尊重知识、尊重人才、尊重创造的社会环境，推进人才强国战略的实施，进一步加强知识分子工作和人才队伍建设，经党中央、国务院批准，中央组织部、中央宣传部、中央统战部、人事部、教育部、科学技术部决定授予邓中翰等311名同志“留学回国人员先进个人”荣誉称号，授予北京市留学人员服务中心等22个集体“留学回国人员先进工作单位”荣誉称号，并分别颁发“留学回国人员成就奖”和“留学回国人员先进工作单位奖”。

受表彰的先进个人是新时期留学回国人员中的优秀代表，他们的共同特点是：热爱祖国、积极奉献，艰苦创业、顽强拼搏，锐意进取、勇攀高峰，展现了新时期知识分子的时代风貌。受表彰的先进工作单位，自觉实践“三个代表”重要思想，认真贯彻党和国家留学工作的方针，在吸引、培养和发挥留学人员作用方面，取得了突出成绩。广大留学人员和从事留学工作的同志要以他们为榜样，学习他们的先进事迹和先进经验，开拓进取，奋发向上，为建设富强民主文明的社会主义国家作出新的更大的贡献。

当前，我国正处在全面建设小康社会，加快推进社会主义现代化的新阶段。面对新形势新任务，受表彰的先进个人和先进工作单位要再接再厉，继续深入学习贯彻“三个代表”重要思想，紧紧围绕党的十六大确定的各项目标和任务，勤奋工作，不断创新，为实现中华民族的伟大复兴创造新的业绩。

附件：1. 留学回国人员先进个人名单（311 人）
2. 留学回国人员先进工作单位名单（22 个）

附件 1

留学回国人员先进个人名单

（311 人）

邓中翰	北京中星微电子有限公司
韩德民	首都医科大学附属北京同仁医院
韩庚辰	北京奥瑞金种子科技开发有限公司
蒋毅坚	北京工业大学研究生部
钱　凯	首钢技术研究院
钱　渊（女）	首都儿科研究所
闫傲霜（女）	北京市科学技术研究院
严望佳（女）	北京启明星辰信息技术公司
张凤兰（女）	北京市农林科学院蔬菜研究中心
张文中	北京物美商业集团
洪　浩	天津凯莱英医药化学有限公司
郭治昕	天津天士力集团研究院
陆　敏	天津协和干细胞基因工程有限公司
沈中阳	天津市第一中心医院
魏大鹏	天津科技大学
赵海山	天津市科学技术委员会
刁现民	河北省农林科学院谷子研究所
高　峰	河北工业大学
刘大群	河北农业大学
温进坤	河北医科大学

张建新	河北省疾病预防控制中心
王晓荣	山西华溢卫星导航科技公司
卫小春	山西医科大学第二医院
张天才	山西大学光电研究所
侯先志	内蒙古农业大学
林　莉（女）	内蒙古自治区科学技术厅
徐永平	大连赛姆生物工程技术有限公司
李海涛	辽宁省农业科学院
李占全	辽宁省人民医院
李荣德	沈阳工业大学
张　放	辽宁省退耕还林工程中心
刘叶冰	沈阳西东控制技术有限公司
崔维力	吉大正元信息技术股份有限公司
金　磊	长春金赛药业有限责任公司
张会轩	长春工业大学
衣俊卿	黑龙江大学
姜洪池	哈尔滨医科大学
杨增明	东北农业大学生命科学学院
杜　斌	上海宝钢研究院自动化研究所
何勤华	华东政法学院
倪　健	上海富纯中南生物技术有限公司
沈晓明	上海第二医科大学
孙宝贵	上海市第一人民医院
谭　琦（女）	上海市农业科学院食用菌研究所
祝伟敏	上海科学院
刘武君	上海申通集团有限公司
曹谊林	上海第二医科大学附属第九人民医院
王　振	上海社会科学院
曹克将	南京医科大学第一附属医院心内科
柴新建	无锡小天鹅股份有限公司
陈林森	苏州大学信息光学工程研究所
谷　光	苏州市高新区外商投资服务中心
施正荣	无锡尚德太阳能电力有限公司
余世袁	南京林业大学
陈剑平	浙江省农业科学院
郭　辉	宁波爱洁世精密模具有限公司
贺贤汉	杭州大和热磁电子有限公司
胡赓熙	湖州数康生物科技有限公司
陆征一	温州师范学院

张立彬	浙江工业大学机电一体化研究所
金会庆	安徽省三联集团
陆晓明	科大创新股份有限公司
杨剑波	安徽省农业科学院
付贤智	福州大学
孙大海	厦门国家留学人员创业园
黄汉升	福建师范大学
严延生	福建省疾病预防控制中心
郑　卫	国家食品药品监督管理局福建省微生物所
严　武	江西财经大学金融学院
印培民	江西省科学院微生物研究所
许　杨（女）	江西中德联合研究院
王晶珊（女）	山东莱阳农学院
于金明	山东省肿瘤防治研究院
罗永章	烟台麦得津生物工程股份有限公司
徐丙垠	山东科汇电气股份有限公司
王　革	山东元隆生物技术有限公司
陈子江（女）	山东省立医院
王复明	郑州大学环境与水利工程学院
王裕昌	河南黄河旋风股份有限公司
徐存拴	河南师范大学
张新友	河南省农业科学院
张永振	河南科技大学
金　海	华中科技大学
胡文宝	江汉石油学院
孔建益	武汉科技大学
吴传喜	湖北大学
苏笑海	武汉远东绿世界集团有限公司
肖浪涛	湖南农业大学实验室管理中心
王飞宇	株洲时代铁路机电有限公司
杨毅夫	湖南神舟科技股份有限公司
孙国萍（女）	广东省微生物研究所
程　萍（女）	珠海市农业科学研究中心珠海市农业局
王文明	广州荷力泰蜂窝技术公司
邓国顺	深圳市朗科科技有限公司
王小菁（女）	华南师范大学生命科学学院
刘耀光	华南农业大学生命科学院
陈蔚文	广州中医药大学
过建春（女）	华南热带农业大学经贸学院

王　翔	海南大学社会科学研究中心
王志伟	海南禾仑高新科技有限公司
李　力	广西医科大学附属肿瘤医院
黄日波	广西科学院
唐纪良	广西大学
蒋小松	四川省畜牧科学研究院
钟娅玲（女）	四川亚联高科技有限责任公司
文心田	四川农业大学
任　红	重庆医科大学附属第二医院
唐伯明	重庆市交通委员会
陈泽辉	贵州省农科院
朱有勇	云南农业大学
尼玛扎西	西藏自治区农科院
徐德龙	西安建筑科技大学
姜寿山	西安工程科技学院
陈　健	西安恩科网络技术有限公司
董　锋	甘肃省九甸峡水利枢纽有限责任公司
李　星	宁夏大学
王作全	青海民族学院
哈木拉提·吾甫尔	新疆医科大学
柴方国	中央编译局马列部
何增科	中央编译局当代马克思主义研究所
金　雁（女）	中央编译局世界社会主义研究所
张文军	上海交通大学
程崇庆	南京大学研究生院
饶云江	重庆大学
田　禾	华东理工大学
万　钢	同济大学
高德利	石油大学
周仲荣	西南交通大学
谢建新	北京科技大学
左　良	东北大学
王志功	东南大学
顾元宪	大连理工大学
黄　田	天津大学
王向荣	北京林业大学
杨善林	合肥工业大学
段宝岩	西安电子科技大学
汪越胜	北方交通大学

赵修建 武汉理工大学
鞠 平 河海大学
左 禹 北京化工大学
张树人 电子科技大学
张伟平 南开大学
王 宪（女） 北京大学
冯守华 吉林大学
曹卫星 南京农业大学
杨玉良 复旦大学
王柯敏 湖南大学
李有泉 浙江大学
许宁生 中山大学
程 京 清华大学
魏于全 四川大学
史宁中 东北师范大学
林畅松 中国地质大学
李文鑫 武汉大学
陈 坚 江南大学
吴晓明 中国药科大学
王建磐 华东师范大学
王卫国 中国政法大学
马 敏 华中师范大学
何家弘 中国人民大学
徐明稚 东华大学
黄蓉生（女） 西南师范大学
卓 志 西南财经大学
李 新 上海财经大学
邱 鸣 北京语言大学
张伯瑜 中央音乐学院
黄伯云 中南大学
张启发 华中农业大学
李培根 华中科技大学
郑南宁 西安交通大学
郑兰荪 厦门大学
马 军 哈尔滨工业大学
张新国 中国航空工业第一集团公司第六一八研究所
殷兴良 中国航天科工集团公司
王中原 南京理工大学动力工程学院
杨孟飞 中国航天科技集团公司第五研究院502所

柳卫平	中国原子能科学研究院核物理研究所
刘思峰	南京航空航天大学
魏炳波	西北工业大学应用物理系
力提甫·托乎提	中央民族大学
陈惠民	公安部第一研究所
刘　慧（女）	国际关系学院
郭建安	司法部预防犯罪研究所
杨经绥	中国地质科学院地质研究所
孙黎明（女）	铁道部北京铁路总医院
张剑飞	交通部规划研究院
杨泽民	信息产业部电信研究院
肖志松	中国电子信息产业发展研究院
矫　勇	水利部规划计划司
张建云	水利部水利信息中心
屈冬玉	中国农业科学院
张维理（女）	中国农科院土壤肥料研究所
童光志	中国农科院哈尔滨兽医研究所
王衍亮	中国水产科学研究所
夏敬源	农业部农技推广服务中心
查明哲	国家话剧院
董小平	中国疾病预防控制中心病毒病预防控制所
李凤琴（女）	中国疾病预防控制中心营养与食品安全所
李　平（女）	中日友好临床医学研究所
李太生	北京协和医院内科感染性疾病专科
刘德培	中国医学科学院
王大明	北京医院神经外科
吴尊友	中国疾控中心性艾中心
赵　平	中国医学科学院肿瘤医院肿瘤研究所
陈　钢	国家质检总局锅炉压力容器检测研究中心
段　宁	中国环境科学研究院
夏吉宣	中国国际广播电台
谢锦辉	国家广电总局广播科学研究院
任　海	国家体育总局体育科学研究所
林瑞超	中国药品生物制品检定所
储富祥	中国林业科学研究院林产化学工业研究所
刘　江	新华通讯社
裴　钢	中国科学院上海生命科学研究院
曹健林	中国科学院长春光学精密机械与物理研究所
郭　雷	中国科学院数学与系统科学研究院

胡志红（女）	中国科学院武汉病毒研究所
李家洋	中国科学院遗传与发育研究所
李静海	中国科学院过程工程研究所
卢　柯	中国科学院金属研究所
谭铁牛	中国科学院自动化研究所
陈　杰	中国科学院微电子中心
陈　勇	中国科学院广州能源研究所
麻生明	中国科学院上海有机化学研究所
李　灿	中国科学院大连化学物理研究所
王　赤	中国科学院空间科学与应用研究中心
王梅祥	中国科学院化学研究所
王恩哥	中国科学院物理研究所
凌立成	中国科学院山西煤炭化学研究所
景益鹏	中国科学院上海天文台
侯建国	中国科学院中国科学技术大学
邹冰松	中国科学院高能物理研究所
龚新高	中国科学院合肥物质科学研究院
吴岳良	中国科学院理论物理研究所
卢灿忠	中国科学院福建物质结构研究所
韩　斌	中国科学院国家基因研究中心
曹坤芳	中国科学院西双版纳热带植物园
孙青原	中国科学院动物研究所
吴　宁	中国科学院成都生物研究所
周忠和	中国科学院古脊椎动物与古人类研究所
黄季焜	中国科学院地理科学与资源研究所
朱　江	中国科学院大气物理研究所
陈　鸣	中国科学院广州地球化学研究所
俞志明	中国科学院海洋研究所
吴金水	中国科学院长沙农业现代化研究所
沈树忠	中国科学院南京地质古生物研究所
俞汉青	中国科学院中国科学技术大学
朱永官	中国科学院生态环境研究中心
江小涓（女）	中国社会科学院财政与贸易经济研究所
袁　靖	中国社会科学院考古研究所
夏　勇	中国社会科学院法学研究所
蔡　昉	中国社会科学院人口与劳动经济研究所
余永定	中国社会科学院世界经济与政治研究所
张昕竹	中国社会科学院数量经济与技术经济研究所
周云帆（女）	中国社会科学院国际合作局

陈众议	中国社会科学院外文所
李培林	中国社会科学院社会学所
卓新平	中国社会科学院宗教研究所
张培震	中国地震局地质研究所
陈德辉	中国气象科学研究院
姚　刚	中国证监会
陈东辉	中国人民财产保险股份有限公司
赵　军	中国人民财产保险股份有限公司
傅　助	中国人民财产保险股份有限公司
杨惠根	中国极地研究中心
陈　军	国家基础地理信息中心
巢志茂	中国中医研究院中药研究所
刘仓理	中国工程物理研究院流体力学研究所
张维岩	中国工程物理研究院
于　全	总参某研究所
段洣毅	总参某研究所
樊代明	第四军医大学第一附属医院
夏照帆（女）	第二军医大学
朱　胜	装甲兵工程学院
何　友	海军航空工程学院
毕笃彦	空军工程大学
陈晓峰	第二炮兵第二研究所
唐永胜	国防大学
曾新吾	国防科学技术大学
阿去克	中国大百科全书出版社
白庚胜	中国民间文艺家协会
丁　健	亚信科技（中国）有限公司
黄锦辉	利安达信隆会计师事务所
边　巴	西藏珠穆朗玛律师事务所
陈索斌	青岛金王集团有限公司
刘积仁	东北大学
王小耘	上海市小耘律师事务所
徐小平	新东方教育集团
许并社	太原理工大学山西至诚科技有限公司
包亦望	中国建筑材料科学研究院
蒋开喜	北京矿冶研究总院
金之钧	中国石化石油勘探开发研究院
李明星	国资委研究中心
李玉华（女）	中国生物制品总公司成都生物制品研究所

田溯宁	中国网络通信（控股）有限公司
杨　壮	烽火通信科技股份有限公司
袁士义	中国石油勘探开发研究院
张西平	北京矿产地质研究所
魏少军	大唐电信科技股份有限公司
周桂峰	武汉钢铁集团公司技术中心
俞孔坚	北京土人景观规划设计研究所
王　杰	迪普干冰制造（大连）有限公司
袁怡宝	哈尔滨海太精密电子有限公司
孔庆忠	山东蓝金生物工程有限公司
马　疆	沈阳新纪化学有限公司
谢卫国	苏州市华芯微电子有限公司
宋建忠	西安爱德华测量设备有限公司
曾　强	北京实华开电子商务有限公司
张　龙	中国建设银行
王　军	中国银行
张　颖	深圳证券交易所
郭晓利	大连商品交易所

附件 2

留学回国人员先进工作单位名单

（22 个）

北京市留学人员服务中心	北京
天津新技术产业园区海外留学生创业园	天津
河北医科大学	河北
大连留学人员创业园	辽宁
上海市留学人员联谊会	上海
苏州留学人员创业园（含昆山留学人员创业园）	江苏
杭州高新区留学人员创业园	浙江
福建留学人员创业园	福建
烟台留学人员创业园	山东
郑州大学	河南
武汉留学生创业园	湖北
四川农业大学	四川
华南农业大学	广东
西安留学人员创业园	陕西
欧美同学会	中央统战部

北京大学	教育部
教育部（中国）留学服务中心	教育部
中山大学	教育部
中国农业科学院	农业部
中国医学科学院	卫生部
中国科学院人事教育局	中科院
国防科学技术大学	解放军总政治部

人事部关于印发《开展高层次留学人才回国资助试点工作的意见》的通知

（国人部发〔2003〕45 号　2003 年 11 月 3 日）

为贯彻党的十六大精神，进一步落实《2002—2005 年全国人才队伍建设规划纲要》和《关于鼓励海外高层次留学人才回国工作的意见》（人发〔2000〕63 号）精神，深入实施人才强国战略，推进我国高层次留学人才引进工作，经研究决定，在部分地区和部门开展高层次留学人才回国资助试点工作。现将《开展高层次留学人才回国资助试点工作的意见》印发给你们，请遵照执行。

参加今年试点的每个地区和部门，按照本意见要求推荐 1 ~ 2 位候选人，并于 12 月 20 日前将人选材料报我部专业技术人员管理司。

附件：高层次留学人才回国工作资助申请表（略）

关于开展高层次留学人才回国资助试点工作的意见

留学人员是我国人才资源的重要组成部分。采取积极措施，吸引他们回国服务，对落实中央关于人才工作的重要部署，深入实施人才强国战略具有重要意义。近年来，在党中央、国务院的重视关怀下，一些地区和部门通过实施各类人才引进计划，不断加大投入，吸引了一批高层次留学人才回国服务，有效增强了我国相关领域科技创新能力和竞争力。为贯彻落实经党中央、国务院同意的《2002—2005 年全国人才队伍建设规则纲要》（以下简称《纲要》）精神和《关于鼓励海外高层次留学人才回国工作的意见》（人发〔2000〕63 号，以下简称《意见》）要求，进一步推进我国高层次留学人才引进工作，现对开展高层次留学人才回国资助试点工作提出如下意见。

一、主要目标和原则

高层次留学人才回国资助试点工作，以“三个代表”重要思想和党的十六大精神为指导，全面贯彻落实《纲要》精神和《意见》要求，围绕国家重点发展领域和行业，通过试点工作，逐步探索建立急需的海外高层次杰出人才引进制度，形成多方共同支持的人才引进机制，进一步推动高层次人才队伍建设，为提高我国科技创新能力和国家竞争力提供人才支持。

这次试点坚持突出重点，优先支持的原则，重点资助我国急需发展的信息科学、生命科学、新材料、新能源、先进制造业、航空航天等领域，以及关系国计民生或有重要影响的行业引进高级专家或高级管理人才。

二、试点范围和资助额度

根据《意见》精神和财政预算安排，高层次留学人才回国资助试点工作在部分地区和部门的科研院所中进行。列入2003年高层次留学人才回国工作资助试点的地区和部门是：北京、上海、天津、黑龙江、辽宁、河南、山东、江苏、浙江、福建、陕西、四川、广东等13个省、直辖市，以及国防科工委、信息产业部、农业部、卫生部、国家环保总局、国家地震局、中国气象局等7个部门。

高层次留学人才回国工作资助金额度暂定为每人30万元，资助人选从试点地区或部门推荐的人选中择优产生。

三、申请人员条件

申请高层次留学人才回国工作资助金的人员须同时具备以下条件：

（一）具有中国国籍；

（二）在海外（国外、境外）获得博士学位；

（三）在国外跨国公司、国际组织、著名高校、科研院所等主持过重要科研项目、取得过重要科研成果、主管过重要高新技术工程、担任过高级管理职务或相当于副教授（副研究员）以上专业职务，具有显著成绩或拥有较好产业化开发前景的专利、发明或专有技术；

（四）国家急需并能在国内每年稳定工作9个月以上；

（五）新近回国工作不到一年；

（六）年龄一般在50周岁以下。

四、申请与审批程序

申请高层次留学人才回国工作资助金，采取条件控制、数量控制和程序控制相结合，由各有关部委或省、自治区、直辖市政府人事部门组织实施。

（一）申请人填写《高层次留学人才回国工作资助申请表》一式三份（见附件）。所在单位签署意见后，按照隶属关系将申请表报省、直辖市或有关部委人事部门，由人事部门组织专家对申请人进行审核把关，并将审核通过的人员申请表（一式三份）及有关书面报告一并报人事部。

（二）人事部设立高层次留学人才回国工作资助专家评审组，由各相关领域同行知名专家组成。评审组对各有关地区和部门推荐的申请人的资格条件、学校技术水平、工作业绩和综合能力等进行综合评估，提出拟资助人员的书面意见，报人事部审批。

（三）经人事部审批确定的申请人，人事部将一次性提供高层次留学人才回国工作资助金30万元。

（四）为鼓励地方或部门加大吸引高层次留学人才工作力度，使留学人员回国后能够顺利开展工作，各有关地区或部门，要按照人事部提供的资助金进行至少1∶1比例的资金配套，并提交配套支持的证明。

五、资助金的划拨、使用和管理

（一）高层次留学人才回国工作资助金，由人事部根据审批结果下拨至有关地区和部门。地区和部门应在收到拨款一个月内，与配套经费捆绑后一起拨付给引进人才单位。

（二）高层次留学人才回国工作资助金用于对所引进的人才的支持，由受资助本人在规定的范围按照预算自主使用。根据《关于鼓励海外高层次留学人才回国工作的意见》，资助金除主要用于其回国开展高水平学术技术研究活动外，少部分（暂定为捆绑后经费的20%）可用于本人住房补助、医疗保险，家属仍在国外的，还可用于其出国或配偶子女回国（来华）探亲国际旅费补助。

用资助金开展的项目应在3年内完成并通过专家考核评估。

（三）人事部对高层次留学人才回国工作资助金实行统一管理，对资助金使用情况实施定期检查、财务审计，并根据检查和审计结果提出意见。

（四）各有关地区和部门具体负责资助金执行情况的督促和管理。要制定有效的资助金管理办法，并把资助金使用情况纳入工作业绩考核目标，确保有限的资助金发挥尽可能大的人才效益和社会经济效益。要及时编写资助金执行情况报告，在每年年终以及资助金执行完后，连同工作考核结果一并报人事部。

（五）各用人单位要认真执行国家有关专项经费的管理规定，制定资助金管理细则，确保资助金专款、专人、专用。对在资助金执行期间出现的问题，要及时向所在地区（部门）人事部门反映。由于资助金使用不当、给工作带来不利影响的，有关地区或部门应及时采取措施予以纠正。

开展高层次留学人才回国资助试点工作，是贯彻落实中央关于人才工作重要部署的具体措施，也是一项新的尝试。各有关地区和部门要充分认识这项工作的重要意义，并以此为契机，认真总结高层次留学人才引进工作的经验，进一步完善吸引人才的政策、机制和措施，营造良好环境，吸引和鼓励广大留学人员为我国现代化建设作出新的贡献。

人事部、教育部、科技部、财政部关于印发《关于在留学人才引进工作中界定海外高层次留学人才的指导意见》的通知

（国人部发〔2005〕25号　2005年3月22日）

各省、自治区、直辖市人事厅（局）、教育厅（教委）、科技厅（局）、财政厅（局），副省级市人事局、教委、科技局、财政局，国务院各部委、各直属机构人事部门：

为贯彻落实党中央、国务院“支持留学，鼓励回国，来去自由”的方针和“拓宽留学渠道、吸引人才回国、支持创新创业、鼓励为国服务”的要求，进一步做好留学人员回国服务工作，提高留学人才引进工作的针对性、实效性，人事部、教育部、科技部、财政部会同全国留学人员回国服务工作部际联席会议成员单位共同制定了《关于在留学

人才引进工作中界定海外高层次留学人才的指导意见》。现发给你们，请结合本地区、本部门实际，认真贯彻落实。

关于在留学人才引进工作中界定海外高层次留学人才的指导意见

为进一步落实党中央、国务院批准下发的《关于鼓励海外高层次留学人才回国工作的意见》（人发〔2000〕63号），提高留学人才引进工作的针对性、实效性，现对引进工作中关于海外高层次留学人才界定的有关问题提出如下指导意见：

一、界定海外高层次留学人才是积极引进留学人才的基础性工作

留学人才是国家的宝贵财富，是我国人才资源的重要组成部分。中共中央、国务院《关于进一步加强人才工作的决定》（简称《决定》）指出，要完善留学人才的评价认定制度，重点吸引高层次人才和紧缺人才。做好海外高层次留学人才界定工作，是落实《决定》要求，加强和改进留学人才引进工作的重要措施，是突出重点，有计划、有针对性地主动引进海外高层次留学人才的基础性工作，对进一步加强我国人才队伍建设，做好留学人才引进工作具有重要意义。

二、海外高层次留学人才的范围

根据《关于鼓励海外高层次留学人才回国工作的意见》的有关规定，引进海外高层次留学人才一般是指：我公派或自费出国留学，学成后在海外从事科研、教学、工程技术、金融、管理等工作并取得显著成绩，为国内急需的高级管理人才、高级专业技术人才、学术技术带头人，以及拥有较好产业化开发前景的专利、发明或专有技术的人才。

三、海外高层次留学人才界定的主要原则

在留学人才引进工作中做好高层次留学人才界定工作，要注意把握好以下主要原则：

——坚持以科学的人才观为指导；

——坚持德才兼备原则，把品德、知识、能力和业绩作为衡量人才的主要标准；

——尊重人才成长规律，把人才的学识、业绩和贡献与其发展潜能相结合；

——通过实践检验人才，注重业内认可；

——坚持尊重人才的多样性、层次性和相对性。

四、海外高层次留学人才界定的条件

海外高层次留学人才应热爱祖国，愿意为祖国发展和现代化建设贡献力量；具有良好的专业素养，具备较强的创新意识和创新精神；在本行业或本领域有所作为、有所建树。界定条件如下：

1. 在国际学术技术界享有一定声望，是某一领域的开拓人、奠基人或对某一领域的发展有过重大贡献的著名科学家；

2. 在国外著名高校、科研院所担任相当于副教授、副研究员及以上职务的专家、学者；

3. 在世界五百强企业中担任高级管理职务的经营管理专家，或在著名跨国公司、金融机构担任高级技术职务，在知名律师（会计、审计）事务所担任高级技术职务，熟悉相关领域业务和国际规则，有较丰富实践经验的管理人员或技术人员；

4. 在国外政府机构、政府间国际组织、著名非政府机构中担任中高层管理职务的专家、学者；

5. 学术造诣高深，对某一专业或领域的发展有过重大贡献，在国家著名的学术刊物发表过有影响的学术论文，或获得过有国际影响的学术奖励，其成果处于本行业或本领域学术前沿，为业内普遍认可的专家、学者；

6. 主持过国际大型科研或工程项目，有较丰富的科研、工程技术经验的专家、学者、技术人员；

7. 拥有重大技术发明、专利等自主知识产权或专有技术的专业技术人员；

8. 具有特殊专长并为国内急需的特殊人才。

在留学人才引进工作中，做好海外高层次留学人才的界定工作，政策性强，影响面大。各地区、各部门要充分认识做好海外高层次留学人才界定工作的重要意义，根据本意见的精神，认真掌握原则，严格把握条件，突出引进重点，根据本地区、本部门高层次人才队伍的状况和需求，因地制宜，主动、积极地吸引海外高层次留学人才回国工作或为国服务。

人事部关于印发《留学人员回国工作“十一五”规划》的通知

（国人部发〔2006〕123 号 2006 年 11 月 15 日）

各省、自治区、直辖市人事厅（局），国务院各部委、各直属机构人事（干部）部门，新疆生产建设兵团人事局：

为贯彻落实《中华人民共和国国民经济和社会发展第十一个五年规划纲要》，全面实施科教兴国和人才强国战略，加大留学人才资源开发力度，进一步做好“十一五”期间留学人员回国工作，根据《中组部、人事部关于贯彻落实“十一五”规划纲要，加强人才队伍建设的实施意见》，制定《留学人员回国工作“十一五”规划》。现印发你们，请结合本地区、本部门实际情况，研究制定具体计划，并认真抓好落实。

留学人员回国工作“十一五”规划

为深入实施科教兴国和人才强国战略，加快人才资源开发，加大吸引海外留学人才的工作力度，根据《中华人民共和国国民经济和社会发展第十一个五年规划纲要》、《中共中央、国务院关于进一步加强人才工作的决定》和《中组部、人事部关于贯彻落实“十一五”规划纲要，加强人才队伍建设的实施意见》，制定本规划。

一、留学人员回国工作面临的形势

留学人员是我国人才资源的重要组成部分，是国家的宝贵财富。党和国家历来高度重视留学人员工作，制定了“支持留学，鼓励回国，来去自由”的工作方针，提出了“拓宽留学渠道，吸引人才回国，支持创新创业，鼓励为国服务”的工作要求。在党中央、国务院的领导下，各地区、各部门结合实际，发挥各自职能优势，先后制定下发了一系列有关留学人员工作的政策措施，做了大量具体工作，推动全国留学人员回国工作持续发展。据统计，截至2005年年底，我国出国留学人员总数已达93.3万人，留学回国人员总数已达23.3万人，建立留学人员创业园110家，入园企业6 000多家，人事部与各省、市人民政府共建留学人员创业园29家。广大留学人员发扬爱国、奉献、拼搏、进取的精神，在各条战线上发挥了重要作用，为我国现代化建设事业作出了突出贡献。

但是，随着新技术革命迅猛发展，经济全球化趋势不断增强，人才国际竞争越来越激烈，留学人员回国工作还无法完全适应提高自主创新能力和全面建设小康社会的要求。海外高层次留学人才资源还没有得到充分开发和利用，特别是吸引顶尖人才回国工作力度不够；有些政策落实还不到位，经费支持力度还需加大；留学人员服务机构和服务手段有待完善和提高。留学人员回国工作面临的任务还十分艰巨。

“十一五”时期是我国全面建设小康社会的关键时期，也是贯彻落实科学发展观的关键时期。要实现“十一五”规划的目标任务，建设创新型国家，关键在人才。广大留学人员热爱祖国，眼界开阔，具有多元化的教育文化背景，是建设创新型国家的一支重要力量。采取积极措施吸引留学人才特别是高层次留学人才回国工作，是实施人才强国战略的重要内容，是迎接知识经济挑战，积极应对国际人才竞争的客观需要，也是建设创新型国家，增强我国自主创新能力的必然要求。

二、留学人员回国工作的指导思想、基本原则和目标任务

（一）指导思想。坚持以邓小平理论和“三个代表”重要思想为指导，坚持以科学发展观为统领，深入实施人才强国战略，坚持党管人才原则，继续贯彻支持留学、鼓励回国、来去自由的方针，按照拓宽留学渠道、吸引人才回国、支持创新创业、鼓励为国服务的要求，完善政策措施，创新工作机制，提高服务水平，以高层次创新人才为重点，以团队引进、核心人才带动引进、高新技术项目开发引进等为主要方式，加大高层次留学人才引进工作力度，为全面建设小康社会和构建和谐社会提供坚实的人才保障。

（二）基本原则。坚持开发利用国际国内两个人才市场、两种人才资源，加大留学人才资源开发力度，坚持回国工作与为国服务相结合，全面吸引与重点引进相结合，政策支持与市场配置相结合，政府主导与社会参与相结合，加强引进与培养使用相结合，进一步健全政府主导、市场配置、重点突出、服务完善的留学人员回国工作新格局。

（三）目标任务。根据今后五年国民经济建设和社会发展的需要，创新政策，完善措施，进一步完善留学人员回国政策体系，健全留学人员回国服务体系，构建全方位、多渠道、多层次、符合留学人员特点的引才机制，健全协调、高效的留学人员回国工作机制，建设一支具有高度责任感和事业心，有较高业务能力和服务水平的留学人员回国工作队伍，为新时期开展好留学人员回国工作奠定坚实的基础。“十一五”期间，使留学回国人员新增人数达到15万~20万人。

三、实施留学人才回归计划，建立海外高层次留学人才回国工作绿色通道

（一）实施高层次留学人才集聚计划。引进高层次留学人才是提高我国国际竞争力和科技创新水平的重要着力点和突破口，要围绕全面建设小康社会的发展重点和提高自主创新能力的特殊需要，下大力气引进一批掌握核心技术、具有自主创新能力的学术技术领军人才，引进一批熟悉国际惯例、具有国际运作能力的高级经营管理人才，引进一批具有特定专业技能、为我国经济建设和社会发展急需紧缺的专门人才。

主动适应人才流动日益国际化的趋势，鼓励国家重点实验室负责人，高等院校、科研机构学术带头人以及其他高级科研岗位面向海内外公开招聘，集中力量重点引进一批世界一流的科技领军人物和战略科学家；充分发挥重大项目集聚人才的作用，结合国家重大科技专项和重点创新项目，积极引进海外高层次留学人才和科研团队；结合国家自主创新战略，围绕能源、水和矿产资源、环境、农业等国家重点发展领域和生物技术、新材料、先进制造等前沿技术，重点引进拥有自主知识产权、具有较好发展潜力的创新人才；抓住新一轮全球生产要素优化重组和产业转移的重大机遇，结合我国利用外资和产业结构升级需要，积极引进一大批金融、法律、贸易等领域高级经营管理人才。国家研究实施战略性顶尖人才的专项引进计划，采取特殊办法，特事特办，积极引进国家急需的战略性顶尖人才，推动我国国民经济和社会发展的重点领域、重大专项、重大关键技术等实现跨越式发展。

（二）实施留学人才创业计划。支持留学人员回国创业是跟踪世界最新科技成果、实现科技成果转化的重要渠道。要围绕我国加快高新技术产业发展的需要，不断创新政策，完善体制，积极构建企业为主体、市场为导向、产学研相结合的留学人员创新创业体系，逐步发展一批具有核心竞争力的留学人员高新技术企业、一批集聚效应突出的留学人员创业基地。“十一五”期间，要着力提高孵化能力，提升办园质量，优化创业环境，力争全国各级各类留学人员创业园达到 150 家左右，人事部与地方人民政府共建留学人员创业园达到 40 ~ 50 家，留学人员入园企业达到 10 000 家。

研究制定鼓励留学人员创办企业的政策措施，支持他们以专利、专有技术、科研成果等在国内进行转化、入股，创办企业，对留学人员创办的高新技术企业在税收、融资、劳动人事等方面提供便利；建立健全回国创业或从事高新技术转化需要的投融资机制，探索建立国家留学人员回国创业基金，鼓励和支持有条件的创业园引进或设立专业化的风险投资基金或创业基金，为留学人员回国创业提供资金支持或融资担保；加强对留学人员创业园的引导和管理，探索建立国家留学人员创业园评估体系，加强创业园管理人员培训力度，提升办园质量，提高服务水平；继续开展与地方人民政府共建留学人员创业园工作，鼓励创业园协助留学人员按程序申报各类政府资助项目，支持创业园面向海内外公开招聘高级人才和实施项目对接。

（三）实施智力报国计划。支持海外留学人员智力报国是加强国际交流，引进国外资金、技术、管理经验的重要桥梁和纽带。要紧紧围绕我国开放战略，努力做到不求所在，但求所用，在更大范围、更广领域、更高层次上吸引海外留学人员及留学人员团体通过兼职、开展合作研究、回国讲学、进行学术技术交流、从事考察咨询活动、开展中介服务等各种适当形式参与祖国建设，为促进国内改革与发展服务。“十一五”期间，争取吸引留学人员为国服务达 20 万人/次。

不断创新服务形式，积极探索任期聘任、项目承包等符合留学人员特点的为国服务新形式，逐步建立留学人员以知识、技术、管理等生产要素参与分配的激励模式；不断健全留学人员为国服务工作新机制，鼓励海外留学人员组织回国建立为国服务基地，支持他们结合国内重点领域、行业的需要开展专项为国服务活动；继续办好多种形式的留学人才、项目交流会、留学人员为国服务团等，搭建交流平台，拓宽服务领域，畅通服务渠道。

（四）建立海外高层次留学人才回国工作绿色通道。高层次留学人才是留学人才群体的核心和骨干，有计划、有重点、有针对性地开展高层次留学人才引进工作，是我国建设创新型国家，实现经济社会跨越式发展的战略重点。要根据少而精的原则，采取灵活多样的方式和特事特办的方法，为海外高层次留学人才回国工作开辟绿色通道。

要突出重点，围绕建设创新型国家、实施国家中长期科学和技术发展规划的需要，以提高自主创新能力为中心，重点引进我国重点发展领域和行业、重点项目和关键技术等急需的紧缺人才；要畅通渠道，针对高层次留学人才需要，为他们回国工作、创业或为国服务创造良好条件，在申报项目、职称评定、激励表彰、家属就业、子女入学、入出境等方面提供便利；要创新工作方式，针对高层次留学人才的特点，重点引进，重点联系，重点服务。

四、健全留学人员回国工作体制机制

（一）完善政策体系。完善吸引留学人员回国工作和为国服务的政策措施，为留学人员按照公开、平等、竞争、择优的原则参加国家公务员考试创造条件。加快培育和发展留学人员创业园，研究制定鼓励和支持留学人员回国创业的政策措施。完善回国（来华）专家配套政策，鼓励海外高层次人才在华长期居留或永久居留，完善他们回国定居工作的相关政策。完善留学人员回国工作安置、调整政策措施，加大留学人员回国就业服务工作力度。

（二）健全工作机制。充分发挥留学人员回国服务工作部际联席会议的作用，探索建立联席会议年会制度，充分发挥各部门的职能优势，共同引导推进留学人员回国服务工作整体发展。各省（区、市）有关部门可根据本地的实际情况建立留学人员回国服务工作联席会议制度，综合协调当地留学人员工作。研究建立全国留学人员回国工作定期交流制度，进一步加强对全国留学工作宏观指导，加大地区、部门、行业间交流合作，盘活全国留学人才资源，不断开创留学人员回国服务工作新格局。

（三）健全服务体系。完善服务政策，研究制定留学人员服务机构工作章程和相关制度，规范办事程序，提高服务效率，建立健全无障碍、一站式、个性化、全方位的服务工作机制；壮大服务机构，加强各级留学人员服务中心、留学人员工作站建设，开发服务功能，提高服务水平；构建服务网络，以各级留学人员服务机构为主体，发挥海内、外各类留学人员组织、社会团体的积极作用，探索建立海内外留学人员组织合作机制，实现资源共享，形成服务合力；搭建服务平台，加大信息网络建设和留学人才信息库建设，建立全国统一的留学人才信息系统，促进留学人才、项目、资金、信息等资源共享；开发服务产品，根据留学人员特点和要求，不断创新服务项目，构建包括咨询热线、网络平台、指导手册、媒体宣传等多种形式在内的立体化服务产品体系，为广大留学人员提供便捷服务。

（四）营造良好环境。要加大政策宣传和督导工作力度，积极宣传国家留学人员回国工作方针政策，加强留学人员回国工作执法检查力度，促进各项方针政策贯彻落实。要加大留学回国人员宣传表彰力度，大力宣传留学人员先进事迹，通过树立典型、学习先进，弘扬广大留学人员爱国奉献、拼搏进取的精神风貌，进一步在全社会营造“尊重劳动、尊重知识、尊重人才、尊重创造”的良好氛围，用良好的工作环境、和谐融洽的人际环境、民主活泼的学术环境和尊重理解的社会环境，吸引和感召更多的留学人员回国工作。

五、切实加强对留学人员回国工作的组织领导

留学人才开发是一项长期的战略任务，各级人事部门要从战略和全局的高度充分认识这项工作的重要性和紧迫性，把留学人员回国工作作为实施人才强国战略的重要内容，作为加强人才队伍建设的重要措施，摆上议事日程，积极推进“十一五”期间留学人员回国工作实现新的发展。

要坚决贯彻执行党和国家留学工作方针政策，充分发挥人事部门综合职能优势和留学人员回国工作联席会议作用，统筹协调，加强沟通，与各部门密切合作，相互支持，有效发挥各部门积极性，充分发挥驻外使领馆的作用，形成工作合力，共同推动这项工作取得好的成绩。

要加强留学人员回国工作队伍建设，加大培训工作力度，创新工作理念，强化服务意识，切实把党和国家的各项政策措施落到实处，转变工作方式，创新工作方法，积极借鉴国际人才资源开发的先进经验，不断提高工作效率和服务水平，培养建设一支具有高度责任感和事业心，有较高业务能力和服务水平的留学人员工作队伍，推动留学人员回国工作更好、更快地发展。

各级人事部门要根据本规划精神，结合实际情况，因地制宜，突出重点，抓紧制定本地本部门“十一五”留学人员回国工作的具体规划，加大调查研究力度，完善政策措施，及时研究解决实施中出现的新情况、新问题，不断总结经验，狠抓各项政策措施的落实，确保规划的顺利实施。

中华人民共和国海关对高层次留学人才回国和海外科技专家来华工作进出境物品管理办法

（海关总署令第154号　2006年12月26日）

第一条　为了鼓励高层次留学人才回国和海外科技专家来华工作，推动国家科学、技术进步，根据《中华人民共和国海关法》和国家有关法律、行政法规及其他有关规定，制定本办法。

第二条　由人事部、教育部或者其授权部门认定的高层次留学人才和海外科技专家（以下统称高层次人才），以随身携带、分离运输、邮递、快递等方式进出境科研、教学和自用物品，适用本办法。

第三条　回国定居或者来华工作连续1年以上（含1年，下同）的高层次人才进境本办法所附清单（见附件1）范围内合理数量的科研、教学物品，海关依据有关规定予以免税验放。

第四条　回国定居或者来华工作连续1年以上的高层次人才进境本办法所附清单

（见附件2）范围内合理数量的自用物品，海关依据有关规定予以免税验放。

上述人员可以依据有关规定申请从境外运进自用机动车辆1辆（限小轿车、越野车、9座及以下的小客车），海关依据有关规定予以征税验放。

第五条　高层次人才进境本办法第三条、第四条所列物品，除应当向海关提交人事部、教育部或者其授权部门出具的高层次人才身份证明外，还应当按照下列规定办理海关手续：

（一）以随身携带、分离运输方式进境科研、教学物品的，应当如实向海关书面申报，并提交本人有效入出境身份证件；

（二）以邮递、快递方式进境科研、教学用品的，应当如实向海关申报，并提交本人有效入出境身份证件；

（三）回国定居或者来华工作连续1年以上的高层次人才进境自用物品的，应当填写《中华人民共和国海关进出境自用物品申请表》，并提交本人有效入出境身份证件、境内长期居留证件或者《回国（来华）定居专家证》，由本人或者委托他人向主管海关提出书面申请。

经主管海关审核批准后，进境地海关凭主管海关的审批单证和其他相关单证对上述物品予以验放。

第六条　高层次人才回国、来华后，因工作需要从境外运进少量消耗性的试剂、原料、配件等，应当由其所在单位按照《科学研究和教学用品免征进口税收暂行规定》办理有关手续。

上述人员因工作需要从境外临时运进少量非消耗性科研、教学物品的，可以由其所在单位向海关出具保函，海关按照暂时进境物品办理有关手续，并监管其按期复运出境。

第七条　已获人事部、教育部或者其授权部门批准回国定居或者来华工作连续1年以上，但尚未取得境内长期居留证件或者《回国（来华）定居专家证》的高层次人才，对其已经运抵口岸的自用物品，海关可以凭人事部、教育部或者其授权部门出具的书面说明文件先予放行。

上述高层次人才应当在物品进境之日起6个月内补办有关海关手续。

第八条　高层次人才依据有关规定从境外运进的自用机动车辆，属于海关监管车辆，依法接受海关监管。

自海关放行之日起1年后，高层次人才可以向主管海关申请解除监管。

对高层次人才进境自用机动车辆的其他监管事项，按照《中华人民共和国海关对非居民长期旅客进出境自用物品监管办法》有关规定办理。

第九条　高层次人才在华工作完毕返回境外时，以随身携带、分离运输、邮递、快递等方式出境原进境物品的，应当按照规定办理相关海关手续。

第十条　高层次人才因出境参加各种学术交流等活动需要，以随身携带、分离运输、邮递、快递等方式出境合理数量的科研、教学物品，除国家禁止出境的物品外，海关按照暂时出境物品办理有关手续。

第十一条　高层次人才进出境时，海关给予通关便利。对其随身携带的进出境物品，除特殊情况外，海关可以不予开箱查验。

海关在办理高层次人才进出境物品审批、验放等手续时，应当由指定的专门机构和专人及时办理。对在节假日或者非正常工作时间内以分离运输、邮递或者快递方式进出境的物品，有特殊情况需要及时验放的，海关可以预约加班，在约定的时间内为其办理物品通关手续。

第十二条　违反本办法，构成走私或者违反海关监管规定行为的，由海关依照《中华人民共和国海关法》和《中华人民共和国海关行政处罚实施条例》的有关规定予以处理；构成犯罪的，依法追究刑事责任。

第十三条　本办法由海关总署负责解释。

第十四条　本办法自 2007 年 1 月 1 日起施行。

附件 1

免税科研、教学物品清单

一、科学研究、科学试验和教学用的少量的小型检测、分析、测量、检查、计量、观测、发生信号的仪器、仪表及其附件；

二、为科学研究和教学提供必要条件的少量的小型实验设备；

三、各种载体形式的图书、报刊、讲稿、计算机软件；

四、标本、模型；

五、教学用幻灯片；

六、实验用材料。

附件 2

免税自用物品清单

一、首次进境的个人生活、工作自用的家用摄像机、照相机、便携式收录机、便携式激光唱机、便携式计算机每种 1 件；

二、日常生活用品（衣物、床上用品、厨房用品等）；

三、其他自用物品（国家规定应当征税的 20 种商品除外）。

海关总署关于实施《中华人民共和国海关对高层次留学人才回国和海外科技专家来华工作进出境物品管理办法》有关问题的通知

（署监发〔2006〕622 号　2006 年 12 月 31 日）

广东分署，天津、上海特派办，各直属海关、院校：

为促进国家经济、科学、技术的发展，今年，国务院制订了《国家中长期科学和技术发展规划纲要（2006—2020年）》（以下简称《规划纲要》），并下发了实施《规划纲要》若干配套政策的通知。为了贯彻和实施《规划纲要》，鼓励高层次留学人才和海外科技专家（以下简称高层次人才）回国（来华）工作，方便高层次人才携运教学、科研物品以及生活自用物品进出境，简化通关手续，经报国务院办公厅同意，总署制订并发布了《中华人民共和国海关对高层次留学人才回国和海外科技专家来华工作进出境物品管理办法》（海关总署令第154号，以下简称《管理办法》），自2007年1月1日起施行。现就执行中的有关问题明确如下：

一、关于《管理办法》适用范围问题

考虑到高层次人才的实际需要，《管理办法》除适用高层次人才以随身携带、分离运输行李、邮递、快递等非贸易渠道方式进出境工作用科研、教学物品外，也适用于其进出境生活自用物品。

二、关于对高层次人才身份确认和主管部门问题

《管理办法》第二条明确，高层次人才的身份一律由人事部、教育部或其授权部门认定，具体是指人事部专业技术人员管理司、教育部国际交流合作司以及各省、自治区和直辖市人民政府人事、教育主管部门。

三、关于高层次人才进出境教学、科研用品征免税问题

《管理办法》第三、四条分别明确，高层次人才进境工作和生活需要合理数量的科研、教学物品和个人生活用品，除机动车辆和国家规定应当征税的品种外，海关均予以免税验放。

为便于各关操作和对外执行，《管理办法》对高层次人才免税进境科研、教学用品和自用物品的范围作出了明确界定和细化，并采取具体列名方式，作为《管理办法》的附件予以下发。

四、关于高层次人才简化通关手续问题

为充分体现国家对高层次人才回国（来华）工作的鼓励，《管理办法》对高层次人才进境物品的通关手续进行了简化，主要包括以下几个方面：

（一）进境工作所需科研、教学物品方面。对高层次人才进境科研、教学物品，《管理办法》简化了相关手续，对其携运的上述物品，海关一律验凭人事部、教育部或者其授权部门出具的身份证明和高层次人才填写的《旅客申报单》当场放行。

（二）进境个人自用物品方面。对来华长期工作的高层次人才运进个人生活用物品，海关不限制次数，每次进境均按照规定办理征、免税审批、验放手续。

（三）查验方面。为方便高层次人才进出境，简化手续，《管理办法》明确对其进出境一律给予通关便利，对其所携物品，情况正常的，海关均不予以开箱查验。

五、关于加强对管理相对人的宣传问题

各关要充分认识到我国引进高层次人才战略的重要意义，认真做好有关宣传和解释工作，特别是对科研机构的宣传工作，要积极做好对管理相对人有关询问的解释工作，以便管理相对人能够了解海关规定。

以上请遵照执行，执行中如有问题请及时报告总署。

人事部、教育部、科技部、财政部、外交部、国家发展改革委、公安部、商务部、人民银行、国资委、国务院侨办、中科院、国家外专局、海关总署、税务总局、工商总局关于印发《关于建立海外高层次留学人才回国工作绿色通道的意见》的通知

（国人部发〔2007〕26号　2007年2月15日）

各省、自治区、直辖市及副省级市人事、教育、科技、财政、外事、发展改革、公安、商务、人民银行、国资、侨务、外专、海关（广东分署，天津、上海特派办，各直属海关、院校）、税务、工商部门，新疆生产建设兵团人事局，国务院各部委、各直属机构人事部门：

为深入实施科教兴国战略和人才强国战略，积极引进海外高层次留学人才，人事部、教育部、科技部、财政部、外交部、国家发展改革委、公安部、商务部、人民银行、国资委、国务院侨办、中科院、国家外专局、海关总署、税务总局、工商总局等留学人员回国服务工作部际联席会议成员单位及有关部门，共同制定了《关于建立海外高层次留学人才回国工作绿色通道的意见》，现印发你们，请遵照执行。

关于建立海外高层次留学人才回国工作绿色通道的意见

留学人才是我国人才资源的重要组成部分，高层次留学人才是留学人才群体的核心和骨干，是我国建设创新型国家，实现经济社会跨越式发展急需的紧缺人才。采取有效政策措施，积极引进海外高层次留学人才回国工作，是应对国际人才竞争，提高我国自主创新能力，加强人才队伍建设的需要。为贯彻落实科学发展观，深入实施科教兴国和人才强国战略，开辟绿色通道，进一步加大高层次留学人才引进工作力度，现提出如下意见：

一、高度重视吸引海外高层次留学人才工作

1. 要把吸引海外高层次留学人才作为开展留学人员回国服务工作的重点，坚持“支持留学、鼓励回国、来去自由”的方针，按照“拓宽留学渠道，吸引人才回国，支持创新创业，鼓励为国服务”的要求，根据少而精的原则，采取灵活多样的方式和特事特办的方法，开辟绿色通道，完善服务措施，围绕建设创新型国家的目标，围绕我国重点发展领域和行业的需要，围绕西部大开发、振兴东北地区等老工业基地、促进中部地区崛起等国家发展战略，有计划、有重点、有针对性地做好高层次留学人才引进工作。

2. 海外高层次留学人才一般是指：我国公派或自费出国留学，学成后在海外从事科研、教学、工程技术、金融、管理等工作并取得显著成绩，为国内急需的高级管理人才、高级专业技术人才、学术技术带头人，以及拥有较好产业化开发前景的专利、发明或专有技术等人才。具体界定条件参见人事部、教育部、科技部、财政部下发的《关于在留学人才引进工作中界定海外高层次留学人才的指导意见》（国人部发〔2005〕25号）。

3. 增强高层次留学人才引进工作的主动性，根据实际情况不断创新引进方式。要积极吸引海外高层次留学人才回国到企事业单位工作，也要大力支持他们发挥自身优势，引进国外先进技术和资金，创办高新技术企业。要发挥顶尖人才集聚效应，采取团队引进、核心人才带动引进等多种方式积极引进海外高层次留学人才和留学人才团队。对暂时无法回国的海外高层次留学人才，鼓励他们通过兼职、开展合作研究等各种适当方式为祖国服务，做到不求所在，但求所用。

4. 研究实施战略性顶尖人才专项引进计划。围绕我国经济社会发展和实施《国家中长期科学技术发展规划纲要》的重点领域、重大专项、重大关键技术等战略重点，有计划、有针对性地引进一批世界级的顶尖人才。对高层次留学人才中极少数国家急需的处于国际科技前沿的战略科学家、技术专家等世界级顶尖人才，要针对每个人的具体情况采取特殊办法，特事特办，重点引进。具体办法另行制定。

二、积极为海外高层次留学人才回国创造良好条件

5. 海外高层次留学人才回国工作，经有关主管部门批准，可不受编制数额、增人指标、工资总额和出国前户口所在地的限制。回国工作的高层次留学人才每年在国内全时工作的时间一般应在9个月以上。

6. 回国工作的高层次留学人才的报酬应与其本人能力、业绩、贡献挂钩。由事业单位聘用的，按照国家有关规定，经批准可实行协议工资、项目工资等灵活多样的分配方法；由国内企业聘用的，经双方协商确定工资待遇；对到企业从事技术开发或以技术入股取得明显经济效益的，可按合同规定给予一定比例提成；以本人的专利、专有技术等无形资产参股的，经投资各方约定，可适当提高技术入股分红比例。

7. 国家重大科研项目、重点建设工程和重点基地建设要特别重视吸引高层次留学人才。国家自然科学基金、863、973等重大科技计划和专项基金要面向回国工作的高层次留学人才平等开放，鼓励和支持他们公开、公平、公正地申报各级各类科技计划和科研基金项目。各地区、部门要积极营造宽松良好的科研环境，在高层次留学人才科研项目经费等方面给予支持。特别优秀、国内急需的高层次留学人才回国工作，人事部会同有关部门资助专项经费。

8. 高层次留学人才回国工作，按照人事管理权限，经主管部门审核确认后，可参照其学历、学术或专业技术水平直接聘任相应等级的专业技术职称，不受本人任职年限、单位专业技术岗位结构比例等限制；回国工作后，符合条件的高层次留学人才可按相关规定取得相应的职业资格。

9. 要充分发挥回国工作的高层次留学人才的作用，支持他们在高起点上出成果、出效益。积极鼓励并推荐高层次留学人才将其发明专利或科研成果参评国家和省级有关科技奖项。回国工作作出突出贡献的高层次留学人才，可按规定申报国家有突出贡献中青年专家、国务院政府特殊津贴专家。

10．高层次留学人才回国创办企业，按照国家的产业和区域税收政策享受相应的税收优惠。其中，创办高新技术企业的，享受国家高新技术企业优惠政策。对我国经济科技发展具有战略意义的重点项目，经有关部门审批，可专门立项，按照有关规定给予支持。

11．留学人员创业园区要大力引进海外高层次留学人才回国创业，配备专门人员，为高层次留学人才创业提供服务，简化审批手续，提供厂房、设备和配套设施，并在房租等方面给予优惠；建立健全包括政府资助、银行贷款、创业投资、技术产权交易等在内的投融资机制，帮助他们解决资金困难；发挥国家级留学人员创业园的示范引导作用，不断探索在政策、人才、信息、培训、资助等方面对海外高层次留学人才创业提供支持的新途径。

12．依法保护高层次留学人才的知识产权。鼓励高层次留学人才将在国内取得的成果申请国内外专利，支持他们通过专利转让、技术入股等形式，加快高新技术成果产业化。高层次留学人才职务发明成果转让后的收益分成，经与单位协商同意，可高于国家规定的比例获得奖励。

13．妥善安排回国工作的高层次留学人才的配偶和子女。随迁配偶就业，采取个人联系和组织推荐相结合的方法，用人单位有接收条件的，要优先安排，确有困难的，当地人事部门要积极帮助推荐就业。随迁子女入托及义务教育阶段入学，由其居住地教育行政部门按照就近入学的原则优先办理入、转学手续，不收取国家规定以外费用；参加高中升学考试和高考的，同等条件下可优先录取。

14．已加入外国国籍或取得国外长期、永久居留权的高层次留学人才回国工作，可按国家规定申请《回国（来华）定居专家证》或《外国专家证》，并享受有关待遇。

三、积极为高层次留学人才提供入出境及居留便利

15．已加入外国籍回国工作的高层次留学人才及其随任家属在我驻外使领馆办妥“Z”字签证来华后，需长期居留的，可申请办理 2 至 5 年的《外国人居留许可》；需多次临时入境的，可申请办理 2 至 5 年长期多次“F”字签证。上述人员须提交人事部专业技术人员管理司、教育部国际合作与交流司或各省级政府人事部门等一类授权单位公函以及《回国（来华）定居专家证》等证明文件。上述人员的外国籍配偶及未满 18 周岁的子女可享受同等条件的入出境便利。

16．已加入外国籍回国工作的高层次留学人才，符合《外国人在中国永久居留审批管理办法》要求的，可凭人事部出具的推荐函或身份确认函以及《回国（来华）定居专家证》，按有关规定办理《外国人永久居留证》。上述人员的外国籍配偶及未满 18 周岁的子女可享受同等条件的入出境便利。

17．对回国工作的高层次留学人才回国时的国际旅费、仪器设备托运费及安家费等给予补贴，所需资金从现行经费渠道解决。

18．已取得外国长期或永久居留权回国工作的高层次留学人才，回国时携运进境的自用物品，按照海关对非居民长期旅客进出境自用物品监管有关规定办理手续。

19．回国工作的高层次留学人才，回国后因工作需要确需从国（境）外进口少量试剂、原料、配件，可由其所在单位按照科学研究和教学用品以及科技开发用品税收优惠政策的规定办理有关手续。

20．回国工作的高层次留学人才申请再出国（出境）进修、考察、参加学术会议的，有关部门、单位应积极提供支持。

四、加强对吸引高层次留学人才工作的组织领导

21．各级政府有关部门要充分认识吸引高层次留学人才回国工作的重要意义，按照党管人才的原则，加强对高层次留学人才回国工作的政策研究、宏观指导和组织协调。要进一步发挥留学人员回国服务工作部际联席会议的积极作用，人事部门要发挥牵头作用，各有关部门要相互支持，密切配合，形成合力，共同做好吸引高层次留学人才工作。

22．要突出工作重点，把工作重点放在高层次留学人才引进上。要根据本地区经济社会发展需要制定专门的高层次人才引进计划，集中优势力量，加大投入力度，力争在引进一批具有核心竞争力的学科带头人、科技领军人才和战略科学家方面有所突破。要加大宣传表彰力度，积极弘扬高层次留学人才爱国奉献、拼搏进取的精神风貌。要积极营造高层次留学人才愿意回国、乐意回国、学成回国、带头回国的良好环境。

23．各地区、各部门留学人员服务中心、留学人员创业园、留学人员工作站等，要把高层次留学人才作为重点服务对象，全方位搞好各种服务。要建立健全海外高层次留学人才信息库，及时公布国内高层次人才引进重点领域、行业，增强高层次留学人才引进工作的主动性、针对性和实效性，为高层次留学人才与国内单位合作牵线搭桥。

24．各驻外使领馆和有关驻外机构要高度重视海外高层次留学人才的吸引工作，对掌握核心技术、具有自主创新能力的学术技术领军人才，对熟悉国际市场运作，懂经营，善管理的高级经营管理人才和具有特定专业技能的紧缺急需人才，要重点了解联系并及时向国内推荐。

25．各类留学人员团体、留学人员联谊会等要发挥自身的特点和优势，与高层次留学人才建立重点联系，及时了解他们在工作、生活等方面遇到的问题，反映他们的愿望和要求，切实加强对引进的高层次留学人才的跟踪服务。

教育部、财政部关于印发《国家公派出国留学研究生管理规定（试行）》的通知

（教外留〔2007〕46 号　2007 年 7 月 16 日）

各省、自治区、直辖市教育厅（教委），新疆生产建设兵团教育局，有关高等学校，有关驻外使（领）馆教育（文化）处（组），国家留学基金管理委员会、教育部留学服务

中心、教育部出国留学人员上海集训部、广州留学人员服务管理中心：

为加快高层次人才培养，进一步规范国家公派出国留学研究生派出和管理工作，提高国家公派出国留学效益，现将《国家公派出国留学研究生管理规定（试行）》印发给你们，请遵照执行。

国家公派出国留学研究生管理规定（试行）

第一章　总　则

第一条　为实施国家科教兴国和人才强国战略，加快高层次人才培养，规范国家公派出国留学研究生（以下简称公派研究生）派出管理工作，提高国家公派出国留学效益，制定本规定。

第二条　本规定所称公派研究生是指按照国家留学基金资助方式选派到国外攻读硕士、博士学位的研究生，以及在国内攻读博士学位期间赴国外从事课题研究的联合培养博士研究生。

第三条　公派研究生选拔、派出和管理部门的职责是：

1. 国家留学基金管理委员会（以下简称留学基金委）在教育部领导下，按照国家公派出国留学方针政策，负责公派研究生的选拔和管理等工作。

2. 我驻外使（领）馆教育（文化）处（组）（以下简称使领馆）负责公派研究生在国外留学期间的管理工作。

3. 教育部留学服务中心、教育部出国留学人员上海集训部、广州留学人员服务管理中心等部门（以下简称留学服务机构）负责为公派研究生出国留学办理签证、购买出国机票等提供服务。

4. 公派研究生推选单位根据国家留学基金重点资助领域，结合本单位学科建设规划和人才培养计划，负责向留学基金委推荐品学兼优的人选，指导联系国外高水平学校，对公派研究生在国外留学期间的业务学习进行必要指导。

推选单位应对推选的公派研究生切实负起管理责任，与留学基金委和使领馆共同做好公派研究生管理工作。

第二章　选拔与派出

第四条　公派研究生选拔按照“个人申请，单位推荐，专家评审，择优录取”方式进行。具体办法另行制定。

第五条　留学基金委完成公派研究生选拔录取工作后应及时将录取文件与名单通知推选单位、留学服务机构和有关使领馆。

第六条　国家对公派研究生实行“签约派出，违约赔偿”的管理办法。公派研究生出国前应与留学基金委签订《资助出国留学协议书》（见附件1，以下简称《协议书》，本书略）、交纳出国留学保证金。《协议书》须经公证生效。

经公证的《协议书》应交存推选单位一份备案。

第七条　公派研究生（在职人员除外）原则上应与推选单位签订意（定）向就业协议后派出。

第八条　出国前系在校学生的公派研究生出国留学，应及时办理学籍和离校等有关手续。推选单位应在国家规定的留学期限内保存档案和户籍。

在校生超过规定留学期限未归，其档案和户籍由推选单位按照有关规定办理。

第九条　出国前系应届毕业生的公派研究生出国留学，推选单位应在国家规定的留学期限内保存档案和户籍。

应届毕业生超过规定留学期限未归，推选单位可将其档案和户籍迁转回生源所在地。

第十条　推选单位应设置专门机构和人员，归口负责公派研究生管理工作，建立专门的公派研究生管理档案；对本单位公派研究生统一进行出国前的思想教育和培训，组织学习国家公派留学有关政策和管理规定，对办理出国手续进行指导和帮助；为公派研究生指定专门的指导教师或联系人。

指定教师或联系人应与公派研究生保持经常联系，对其专业学习进行指导，发现问题，及时解决。

第十一条　留学服务机构依据留学基金委提供的录取文件和公派研究生本人所持《国家留学基金资助出国留学资格证书》（见附件2，本书略），代为验收公派研究生的《协议书》和查验“出国留学保证金交存证明”后，按有关规定办理出国手续，开具《国家公派留学人员报到证明》（见附件3，本书略）等。

第十二条　留学服务机构为公派研究生办理出国手续后，应及时准确地将出国信息和有关材料报送我有关使领馆和留学基金委，保证国内外管理工作有效衔接。

第三章　国外管理与联系

第十三条　公派研究生应在抵达留学目的地10日内凭《国家留学基金资助出国留学资格证书》和《国家公派留学人员报到证明》向所属使领馆报到（本人到场或邮寄等适当方式），并按使领馆要求办理报到或网上注册等手续。

第十四条　公派研究生应与使领馆和推选单位保持经常联系，每学期末向使领馆和国内推选单位报送《国家公派出国留学人员学习/研修情况报告表》（见附件4，本书略）。

第十五条　公派研究生在留学期间应自觉维护祖国荣誉，遵守我国和留学所在国法律，尊重当地人民的风俗习惯，与当地人民友好交往。

第十六条　使领馆应高度重视，积极关心公派研究生在外学习期间思想和学习情况，建立定期联系、随访制度，认真及时做好对公派研究生的经费发放工作。每学年向教育部、留学基金委报告公派研究生在外管理情况。

第十七条　推选单位应积极配合留学基金委和使领馆处理管理过程中出现的有关问题。对公派研究生留学期间申请延长留学期限、提前回国、从事博士后研究等问题，应及时向留学基金委提出明确意见，并采取有效措施确保本单位推选的公派研究生学有所成、回国服务。

第十八条　国家留学基金为公派研究生提供的奖学金中包含伙食费、住宿费、交通费、电话费、书籍资料费、医疗保险费、交际费、一次性安置费和零用费等。公派研究生抵达留学所在国后，应从留学所在国实际情况出发，并按照留学所在国政府或留学院校（研究机构）要求及时购买医疗保险。

第十九条　公派研究生应勤奋学习，提高效率，在规定留学期限内完成学业并按期回国服务。未经留学基金委批准同意，留学期间不得擅自改变留学身份、留学期限、留学国家和留学院校（研究机构）。

提前取得学位回国视为提前完成留学计划、按期回国。

公派研究生不得申请办理有关移民国家的豁免。

第二十条 公派研究生一般应在被录取留学院校（研究机构）完成学业。在规定的留学期限内确因学业或研究需要变更留学单位，应履行下列手续：

在所留学院校（研究机构）内部变更院系或专业，应出示推选单位和国外导师（合作者）的同意函，报使领馆备案；

变更留学院校（研究机构），应提前两个月向使领馆提出申请，出具推选单位意见函、原留学院校或导师（合作者）意见函和新接受留学院校或导师（合作者）的同意接受函，由使领馆报留学基金委审批。

留学单位的变更只限于在原留学所在国内。

经批准变更留学院校的公派研究生抵达新的留学院校后，应于10日内向现所属使领馆报到。原所属使领馆应将有关情况和材料及时转交（告）现所属使领馆，共同做好管理上的衔接工作。

第二十一条 公派研究生因故不能继续学习、确需提前回国者，应向使领馆提出申请，出具推选单位和国外留学院校或导师（合作者）意见以及相关证明，由使领馆报留学基金委审批。

公派研究生一经批准提前回国，当次国家公派留学资格即终止。

经留学基金委批准提前回国的公派研究生中，推选单位按照学校（籍）管理规定可以为其恢复国内学业（籍）者，由推选单位按规定办理复学手续；在职人员回原人事关系所在单位；应届毕业生按已有毕业学历自谋职业。

对未经批准擅自提前回国者，留学基金委根据有关规定处理。

第二十二条 公派研究生留学期间可利用留学所在国留学院校（研究机构）假期回国休假或收集资料。回国休假或收集资料应征得留学院校或导师（合作者）同意，报使领馆审批。

公派研究生在规定的留学期限内可以回国休假：留学期限在12个月至24个月（含）之间的，回国时间不超过1个月，奖学金照发；留学期限在24个月（不含）以上的，回国时间不超过2个月或每年一次不超过1个月，奖学金照发，回国旅费自理；回国时间超过以上次数和时间，自超出之日起停发奖学金。

在规定的留学期限内赴留学所在国以外国家休假或考察，费用自理，在同一年度内，公派研究生回国休假或赴留学所在国以外国家休假或考察只能选择一项，不能同时享受。赴留学所在国以外国家休假或考察，一次不超过15天的，奖学金照发；超过以上次数和时间的，自超出之日起停发奖学金。

第二十三条 公派研究生因病不能坚持学习中途休学回国，应征得留学院校导师（合作者）同意，办理或补办国外留学院校学籍保留手续，使领馆应及时将有关情况报留学基金委审批。

公派研究生因病中途休学回国一般以一学期为限；期满未康复可申请继续休学，累计不应超过一年（含）。在此期间经治疗康复，应向留学基金委提交国内医疗机构体检合格证明、推选单位意见和国外留学院校学籍保留及同意接收函等相关材料，留学基金委征求使领馆意见后决定其是否返回留学国继续完成学业；经治疗仍无法返回留学国进行正常学习者，按第二十一条作为提前回国办理。

公派研究生因病中途休学回国时间累计超过一年，国家公派留学资格自动取消。推选单位按照学校（籍）管理规定可以为其恢复国内学业（籍）者，由推选单位按学校（籍）管理规定办理复学手续；在职人员回原人事关系所在单位；应届毕业生按已有毕业学历自谋职业。

公派研究生因病中途休学回国期间，国外奖学金生活费停发；出国前系在职（校）人员者，因病中途休学回国期间的国内医疗费由推选单位按本单位规定负担；出国前系非在职（校）人员者，国内医疗费由个人负担。

第二十四条　公派研究生在留学期间参加国际学术会议或进行短期学术考察，应征得留学院校导师（合作者）同意并向使领馆报告。

参加国际学术会议或短期学术考察的费用自理。

第二十五条　公派研究生在规定留学期限内未能获得学位者，如因学业问题确需延长学习时间且留学院校导师证明可在延长时间内获得学位，由本人提前2个月向使领馆提交书面申请，出具留学院校导师和推选单位意见函，由使领馆根据其日常学习表现提出明确意见，报留学基金委审批。

经批准延长期限者应与留学基金委办理续签《协议书》等有关手续。

批准延长期限内费用自理。

第二十六条　公派研究生在规定留学期限内虽经努力但仍无法获得学位者，使领馆应将其学习态度、日常表现和所在国留学院校实际情况报告留学基金委，经批准后开具有关证明，办理结（肄）业手续回国。

第二十七条　对于国家急需专业领域的、在国外获得博士学位的公派研究生，在留学所在国签证政策允许前提下，经推选单位同意、留学基金委批准并办理续签《协议书》手续，可继续从事不超过两年的博士后研究。

1. 公派研究生本人应提前2个月向使领馆提出申请，出具推选单位和国外留学院校或导师（合作者）意见函，由使领馆提出明确意见报留学基金委审批。

2. 留学基金委根据博士后研究课题与国家科学技术、经济发展结合情况进行审批，必要时组织专家进行评议和评审。博士后研究结束回国，应向留学基金委提交研究成果报告。

3. 从事博士后研究期间一切费用自理。

第二十八条　对纪律涣散、从事与学业无关的活动严重影响学习、留学院校和导师（合作者）反映其表现恶劣者，使领馆一经发现应给予批评教育；对仍不改正者，要及时报告留学基金委，留学基金委按照有关规定处理。

第二十九条　公派研究生学习期满回国，由使领馆按国家规定选定回国路线、提供国际旅费，乘坐中国民航班机回国；无中国民航班机，购买外国航班机票应以安全、经济为原则。

第三十条　公派研究生一经签约派出，其在外期间的国家公派留学身份不因经费资助来源或待遇变化而改变。如获其他奖学金，应经留学基金委同意并签订补充协议，且始终应遵守国家公派留学有关规定，履行按期回国服务等相关义务。

如自行放弃国家留学基金资助和国家公派留学身份、单方面终止协议，留学基金委按照有关规定处理。

第三十一条 公派研究生留学期间改变国籍，视为放弃国家公派留学身份，留学基金委按照有关规定处理。

第四章　回国与服务

第三十二条 公派研究生应按期回国，填写《国家公派出国留学人员回国报到提取保证金证明表》（见附件 5，本书略），由推选单位在相应栏目中签署意见，尽快向留学基金委报到（京外人员可通过信函、传真或电子邮件方式报到），按要求递交书面材料。留学基金委审核上述材料后，通知有关金融机构将出国前交存的保证金返还公派研究生本人。

第三十三条 公派研究生（不含在职人员）学成回国，按照国家有关就业政策和规定以及与国内有关单位的定（意）向协议就业。

第三十四条 推选单位要把公派研究生的回国工作纳入本单位人才培养总体规划，对学成回国研究生的就业、创业等问题积极加以引导，为其回国工作和创业创造有利条件。

第三十五条 教育部留学服务中心应按照国家规定，为在国外取得学位回国、落实工作单位的公派研究生办理回国工作的相关手续，为其回国工作和创业提供必要的服务。

公派研究生出国前与推选单位签有回国定向就业协议的，推选单位应及时将该名单报教育部留学服务中心备案。

联合培养博士研究生回国后应回推选单位办理以上有关手续。

第三十六条 公派研究生按期回国后应在国内连续服务至少两年。

第五章　违约追偿

第三十七条 在留学期间擅自变更留学国别和留学身份、自行放弃国家留学基金资助和国家公派留学身份、单方面终止协议、未完成留学计划擅自提前回国、从事与学业无关活动严重影响学习、表现极为恶劣以及未按规定留学期限回国逾期 3 个月（不含）以上、未完成回国服务期等违反《协议书》约定的行为，构成全部违约。违约人员应赔偿全部留学基金资助费用并支付全部留学基金资助费用 30% 的违约金。

未按规定留学期限回国逾期 3 个月（含）以内的行为，构成部分违约。违约人员应赔偿全部留学基金资助费用 20% 的违约金。经使领馆批准，仍可提供回国机票。

因航班等特殊原因超出规定留学期限 1 个月（含）以内抵达国内的，不作违约处理。

第三十八条 出国前尚未还清国家助学贷款的留学人员，出国期间应按国家助学贷款有关规定偿还贷款，确有偿还困难的应办理相应延期手续；对逾期不归违约人员，应按《协议书》和国家助学贷款有关规定履行相关义务。

第三十九条 使领馆应及时将公派研究生违约情况和为其资助留学经费情况报告留学基金委，协助留学基金委做好违约追偿工作。

第四十条　推选单位应及时向留学基金委提供所掌握的本单位违约人员的有关情况和信息，协助留学基金委开展违约追偿工作。

第四十一条　对违反《协议书》约定的违约行为，留学基金委根据国家法律规定和《协议书》有关条款对违约人进行违约追偿。违约人本人或其保证人（即协议书丙方）应承担相应违约责任。

1．如违约人员按《协议书》规定承担相应违约责任，如数予以经济赔偿，不再追究其法律责任。如违约人员未按《协议书》规定承担违约责任作出赔偿，则将要求其国内保证人承担经济责任。如违约人员及其保证人均不承担约定的经济赔偿责任，则将在国内通过法律途径解决。

2．对违约事件，特别是对不按《协议书》约定履行经济赔偿责任者，除通过法律途径解决外，必要时还将采取其他辅助手段，如以留学基金委名义向国外有关方面通报违约事实；将违约名单予以公布等。

3．违约人员完成经济赔偿后，即了结了与留学基金委所签《协议书》的义务，但国家公派留学人员的身份不变。协议了结情况由留学基金委通报使领馆、违约人员本人和推选单位。

第六章　评　估

第四十二条　教育部建立评估体系和激励机制，对公派研究生出国留学的总体效益和有关项目的实施情况进行评估，特别对各推选单位派出人员的质量、留学效果和按期回国等情况进行综合评估，并根据评估结果调整各推选单位的选派计划和选派规模，以保证国家留学基金的使用效益和国家人才培养目标的实现。

该评估也将作为对有关使领馆和留学服务机构留学管理与服务工作绩效评估的一部分，以促进留学管理工作的加强与提高。

第七章　附　则

第四十三条　本规定由教育部、财政部负责解释。

第四十四条　本规定自印发之日起施行。此前已印发的有关规定与本规定相抵触的，以本规定为准。

人力资源和社会保障部关于实施海外赤子为国服务行动计划的通知

（人社部发〔2009〕103 号　2009 年 8 月 27 日）

各省、自治区、直辖市人力资源社会保障（人事、劳动保障）厅（局），新疆生产建设兵团人事局，各副省级市人事局、劳动保障局，国务院各部委、各直属机构人事部门，中国侨联、中国科协、团中央、欧美同学会人事部门：

为贯彻落实《留学人员回国工作“十一五”规划》（国人部发〔2006〕123 号）实施智力报国计划的总体要求，做好留学人员为国服务工作，经研究，人力资源社会保障部决定实施“海外赤子为国服务行动计划”，现将有关问题通知如下：

一、充分认识实施“海外赤子为国服务行动计划”的重要意义

留学人才是我国人才资源的重要组成部分，是国家的宝贵财富。在人才国际化进程不断加快，国际人才竞争日趋激烈的新形势下，按照“拓宽留学渠道，吸引人才回国，支持创新创业，鼓励为国服务”的留学工作新要求，在做好吸引一大批海外高层次人才回国工作的同时，积极顺应人才国际化的新形势，不断适应留学回国工作的新情况，抓住有利时机，鼓励在海外学习和工作的暂时不能回国的留学人员以其掌握的先进科技和管理知识，通过多种方式为祖国建设服务，是当前一项十分重要和迫切任务。

近年来，作为政府留学人员回国工作的综合管理部门，人力资源社会保障部通过组织留学人员和留学回国专家为国服务团、参与主办各地留学人才项目交流活动、资助有关部门和国外留学人员团体开展为国服务活动等多种形式鼓励广大留学人员为国服务、智力报国，并通过印发《关于鼓励海外留学人员以多种形式为国服务的若干意见》（人发〔2001〕49 号，下同）等文件对留学人员为国服务提供了各项政策保障。各地各部门也通过各种形式，积极组织开展海外留学人员为国服务活动，并取得了明显成效。深入贯彻落实《留学人员回国工作“十一五”规划》提出的“在更大范围、更广领域、更高层次上吸引海外留学人员及留学人员团体通过各种适当形式参与祖国建设”的要求，全面实施“海外赤子为国服务行动计划”，有利于对各项留学人员为国服务活动进行统筹协调，规范管理，形成合力，从而吸引更多的留学人员通过多种形式智力报国。同时，对统筹布局留学人员回国工作、回国创业和为国服务等各项留学回国工作都具有重要的现实意义。

二、“海外赤子为国服务行动计划”的主要内容

“海外赤子为国服务行动计划”具体包括以下六类：

（一）人力资源社会保障部组织的示范性留学人员为国服务活动；

（二）人力资源社会保障部留学人员和专家服务中心组织的留学人员为国服务活动；

（三）人力资源社会保障部与各地方人民政府联合主办大型留学人员人才项目交流及为国服务活动；

（四）人力资源社会保障部资助支持由地方人力资源社会保障部门具体组织的留学人员为国服务活动；

（五）人力资源社会保障部资助支持由有关部门具体组织的留学人员为国服务活动；

（六）人力资源社会保障部资助支持由海外留学人员团体具体组织的为国服务活动。

三、“海外赤子为国服务行动计划”的遴选程序

“海外赤子为国服务行动计划”的申报、遴选和组织实施按照以下程序进行：

（一）各地各部门于每年 2 月底前将当年拟组织的留学人员为国服务活动计划报送人力资源社会保障部；

（二）人力资源社会保障部根据当年为国服务活动的整体安排和重点资助方

向，经过评估后，按照不同类型和规模，遴选纳入当年“海外赤子为国服务行动计划”；

（三）人力资源社会保障部于每年3、4月份下发当年开展“海外赤子为国服务行动计划”的通知，统一规划当年的为国服务活动，由各地各部门分别组织实施；

（四）各地各部门于年底前对各自组织的为国服务活动进行总结，分析情况，总结经验，并向人力资源社会保障部报送入选“海外赤子为国服务行动计划”的为国服务活动实施情况的总结报告。

四、对开展“海外赤子为国服务行动计划”活动的支持形式

人力资源社会保障部将根据各地各部门开展“海外赤子为国服务行动计划”各项活动的不同情况，分别给予不同形式的支持。

（一）提供政策支持。根据《关于鼓励海外留学人员以多种形式为国服务的若干意见》等文件精神，人力资源社会保障部对列入“海外赤子为国服务行动计划”的为国服务活动将给予宏观指导、政策倾斜、部门协调、宣传表彰等各项政策性支持。

（二）提供资金支持。人力资源社会保障部将设立专项基金，对各地各部门列入“海外赤子为国服务行动计划”的为国服务活动给予不同程度的资金支持。根据为国服务活动的类型、规模、举办形式以及当年确定的“海外赤子为国服务行动计划”重点资助方向，资金支持分为全额资助、部分资助和国际旅费资助等不同形式。

（三）提供人才服务。人力资源社会保障部对列入“海外赤子为国服务行动计划”的为国服务活动还将给予信息交流、专家推荐、提供人才项目网络交流平台、为高层次留学人才提供入出境便利等各项人才服务，共同把为国服务活动做大做好。

五、认真做好“海外赤子为国服务行动计划”的实施工作

实施“海外赤子为国服务行动计划”是贯彻落实党和国家留学工作方针和要求，加强留学人员回国服务工作的重要措施，是落实《留学人员回国工作“十一五”规划》关于实施智力报国计划的具体手段，各地各部门要认真做好实施工作。

一要坚持开拓创新。要继续解放思想，用世界眼光，从国际竞争的发展趋势审视留学人才的独特作用，把握留学人才的流动规律，树立人才资本理念，根据留学人员为国服务的新情况和新变化，以更宽的眼界、更宽的思路和更宽的胸襟，创造性地做好“海外赤子为国服务行动计划”的实施工作。

二要坚持形式多样。要鼓励海外留学人员通过在国内兼职、创办企业、回国讲学、开展合作研究、学术技术交流、从事中介服务等多种方式为国服务。各地各部门要注重平台建设，为留学人员提供良好的人才项目交流与合作平台，使他们创业有机会、干事有舞台、发展有空间、合作有氛围。

三要坚持注重实效。要引导广大留学人员自觉围绕当地党和政府关注的重大问题、改革发展稳定中的热点难题、改善民生中的突出问题，结合当地产业优势和经济发展特色，踊跃投身经济建设和社会建设主战场，为当地经济社会发展作出实际贡献。

四要坚持以人为本。要不断强化服务意识、增强服务能力、拓宽服务渠道、创新服务方式、提高服务水平，积极创造条件，营造社会氛围，争取吸引一大批思想观念新、知识层次高、专业素质强，活跃在国际科技前沿和产业发展高端，具有国际视野，熟悉国际惯例和国际运作模式的留学人员智力报国，为国服务。

各地各部门要充分认识做好“海外赤子为国服务行动计划”实施工作的重要性和紧迫性，提高工作的主动性和积极性，及时研究解决实施过程中出现的新情况、新问题，大力吸引广大留学人员智力报国，加强国际交流，积极引进国外资金、先进技术和管理经验，为促进国内改革与发展服务。

人力资源和社会保障部关于印发实施中国留学人员回国创业启动支持计划意见的通知

（人社部发〔2009〕112号 2009年9月21日）

各省、自治区、直辖市人力资源社会保障（人事、劳动保障）厅（局），新疆生产建设兵团人事局、劳动保障局，各副省级市人事局、劳动保障局：

为更好实施人才强国战略，加大吸引留学人员回国创业的工作力度，根据《留学人员回国工作“十一五”规划》（国人部发〔2006〕123号）精神，人力资源社会保障部决定实施中国留学人员回国创业启动支持计划，现将《关于实施中国留学人员回国创业启动支持计划的意见》印发你们，请认真贯彻执行。

参加今年计划申报的地区，按照本意见要求推荐1~2位候选人，并于10月25日前将人选材料报送我部专业技术人员管理司。

关于实施中国留学人员回国创业启动支持计划的意见

留学人员是我国人才资源的重要组成部分，是国家的宝贵财富。鼓励留学人员回国创办高新技术企业，对于更好实施人才强国战略，建设创新型国家具有重要意义。近年来，在党中央、国务院的重视关怀下，各地区和有关部门积极完善政策，实施专项计划，不断加大投入，营造良好环境，支持留学人员回国创业，有力推动了地方经济发展和产业结构调整。为进一步加大对留学人员回国创业的支持力度，按照党中央、国务院要求，根据《留学人员回国工作“十一五”规划》（国人部发〔2006〕123号），人力资源社会保障部决定实施中国留学人员回国创业启动支持计划，即每年在全国范围内遴选一批创新能力强、发展潜力大、市场前景好的留学回国人员创办的企业，在创办初始启动阶段予以重点支持，以加快其科技成果转化，实现企业快速发展。

一、指导思想、原则和目标

留学人员回国创业启动支持计划的实施坚持以科学发展观为指导，落实人才强国战略，贯彻留学回国工作的方针和要求；坚持优先支持我国急需发展的电子信息制造、生物医药、新材料与新能源等高技术产业以及金融、物流、信息和商务等现代服务产业；坚持政府投入与社会参与相结合，以政府投入带动社会投入，营造留学回国创业的良好环境。通过支持留学回国人员创业，推动产业结构优化，提高整体自主创新能力，逐步发展一批具有核心竞争力的留学人员高新技术企业，培养一批专业素质高、技术前景好、海外联系广、熟悉国际运作规则的现代企业经营管理人才。

二、申请条件

申报留学人员回国创业启动支持计划需同时具备以下条件：

（一）企业法定代表人应为留学回国人员，一般应获得硕士以上学位；

（二）拥有自主知识产权或发明专利，技术创新性强，具有市场潜力；

（三）熟悉相关领域和国际规则，有经营管理能力，如有海外自主创业经验者可优先考虑；

（四）企业注册时间不超过3年；

（五）企业注册资金现金资产不低于50万元人民币，留学人员出资额占企业注册资本的50%以上；

（六）企业法人诚信守法，无违法犯罪记录。

三、申报和遴选评估程序

各省级（含副省级市，下同）人民政府人力资源社会保障部门负责组织符合条件的企业进行申报，人力资源社会保障部对申报企业进行遴选。

（一）申请人填写《中国留学人员回国创业启动支持计划申请表》一式三份（见附件），按照隶属关系将申请表报送省级人民政府人力资源社会保障部门。

（二）各省级人民政府人力资源社会保障部门负责对申请人、创业项目和其他材料进行审核把关，确保各项申报材料真实可靠，并将审核通过的创业项目报人力资源社会保障部。

（三）人力资源社会保障部负责组织设立包括科学技术、风险投资和企业管理等不同领域的专家在内的专家评审组，采用集中评审、答辩和专家咨询等方式，对各地上报创业项目的技术水平、市场前景、风险水平以及申报人和团队的创新能力、经营管理能力等进行综合评估，根据评估结果确定支持的重点创业项目和优秀创业项目名单。

（四）对经人力资源社会保障部批准的重点创业项目和优秀创业项目以无偿资助的形式予以资金支持。

四、经费划拨、使用与管理

“留学人员回国创业启动支持资金”项目经费作为人力资源社会保障部项目支出管理，专门用于支持遴选出的留学回国人员创办的企业，要充分发挥各方面的积极性，增强资金的使用效果。

（一）对于经人力资源社会保障部审批确定的重点创业项目，一次性给予创业支持资金50万元；对于确定的优秀创业项目，一次性给予创业支持资金20万元。相关地方应给予相应配套资金支持。

（二）创业支持资金由人力资源社会保障部根据审批结果下拨至有关地区人力资源社会保障部门，各地应在收到拨款一个月内，全额拨付给相关留学人员企业。

（三）创业启动支持资金一般用于留学人员企业科研创新和市场开拓以及贷款贴息、人员安置、团队建设等方面。

（四）人力资源社会保障部将定期或不定期地对受支持企业使用资金的情况进行检查、审计，如发现违规使用情况，将责令其整改，情节严重的，要返还中央支持资金。

（五）各地人力资源社会保障部门具体负责对创业支持资金执行情况的督促和管理，鼓励留学人员创业园以开展创业辅导、组织投融资推介等方式对受支持的企业给予扶持，并定期将受支持企业的资金执行及企业发展情况报当地人力资源社会保障部门。

（六）受支持的留学人员企业要认真执行国家有关专项经费的管理规定，制定资金管理细则，确保专款专用。对支持资金在执行期间出现的问题，要及时向省级人民政府人力资源社会保障部门反映。

实施留学人员回国创业启动支持计划是落实中央关于留学回国工作的新要求和支持广大留学人员回国创业的重要措施，各地人力资源社会保障部门要加强组织领导，完善政策措施，加强留学人员创业园建设，构建有利于留学人员回国创业的服务体系，加大对留学人员回国创业的支持力度，吸引更多优秀留学人员回国创业。

附件：中国留学人员回国创业启动支持计划申请表（略）

人力资源和社会保障部、公安部、海关总署关于海外高层次留学人才回国工作绿色通道有关入出境及居留便利问题的通知

（人社部发〔2009〕113号　2009年9月9日）

各省、自治区、直辖市人力资源社会保障（人事）厅（局）、公安厅（局）、海关（广东分署，天津、上海特派办，各直属海关）部门，新疆生产建设兵团人事局、公安局，各副省级市人事局、公安局，国务院各部委、各直属机构、各中央企业人事部门：

为进一步加大高层次留学人才引进工作力度，2007年，原人事部会同教育、科技、财政、公安、海关等16个部门印发了《关于建立海外高层次留学人才回国工作绿色通道的意见》（国人部发〔2007〕26号），开辟绿色通道，提供便利条件，积极引进海外高层次留学人才。为更好落实文件要求，现就入出境及居留便利等有关问题通知如下：

一、关于为已加入外国籍来华工作的高层次留学人才和来华定居专家办理永久居留手续问题

各地、各部门已加入外国籍来华工作的高层次留学人才符合《外国人在中国永久居留审批管理办法》要求的，由用人单位填写《海外高层次留学人才登记表》（附件1），按程序报各省级人民政府人力资源社会保障部门或国务院各部委、各直属机构、各中央企业组织人事部门审核后，报人力资源社会保障部（已经人力资源社会保障部批准的来华定居专家不再单独申报）；人力资源社会保障部按照《关于在留学人才引进工作中界定海外高层次留学人才的指导意见》（国人部发〔2005〕25号）等文件规定的相关条件审核后，向公安部出具为来华工作的外籍高层次留学人才或来华定居专家办理永久居留手续的推荐函（附件2），并抄送相关公安厅（局）；公安机关按照《外国人在中国永久居留审批管理办法》（公安部、外交部第74号部长令）中“对中国有重大、突出贡献以及国家特别需要的”相关规定，对其个人及其外籍配偶、未满18周岁未婚子女受理审批签发《外国人永久居留证》。

二、关于为已加入外国籍来华工作的高层次留学人才和来华定居专家办理居留许可和多次签证问题

国务院各部委、各直属机构、各中央企业已加入外国籍来华工作的高层次留学人才需办理2—5年居留许可或多次F签证的，由用人单位填写《海外高层次留学人才登记表》（附件1），经各部委、各直属机构、各中央企业组织人事部门审核后报人力资源社会保障部专业技术人员管理司（已经人力资源社会保障部批准的来华定居专家不再单独申报）；人力资源社会保障部专业技术人员管理司按照有关规定审核后，向相关地方公安机关出具海外高层次留学人才身份证明（附件3）。

各省、自治区、直辖市已加入外国籍来华工作的高层次留学人才，可向各省级人民政府人力资源社会保障部门申请，由各省级人民政府人力资源社会保障部门向当地公安机关出具高层次留学人才身份证明公函。

已加入外国籍来华工作的高层次留学人才向教育部国际合作与交流司等部门申请办理身份证明的，按现行规定办理。

当地公安机关出入境管理部门对持有人力资源社会保障部专业技术人员管理司出具的海外高层次留学人才身份证明，或教育部国际合作与交流司、各省级政府人力资源社会保障部门等一类授权单位公函的高层次留学人才，按规定对其个人及其外籍配偶、未满18周岁子女受理审批签发2—5年外国人居留许可或多次F签证。

三、关于为回国（来华）工作的高层次留学人才和海外科技专家办理进出境物品通关免税手续问题

国务院各部委、各直属机构、各中央企业回国（来华）工作的高层次留学人才需办理进出境物品通关免税手续的，由用人单位填写《海外高层次留学人才登记表》（附件1），经各部委、各直属机构、各中央企业组织人事部门审核后报人力资源社会保障部专业技术人员管理司［已经人力资源社会保障部批准的回国（来华）定居专家不再单独申报］；人力资源社会保障部专业技术人员管理司按照有关规定审核后，向相关地方海关出具统一格式的海外高层次留学人才身份证明（附件4），各海关按照规定为其办理进出境物品通关免税手续。

各省、自治区、直辖市回国（来华）工作的高层次留学人才和海外科技专家需办理进出境物品通关免税手续的，由各省级人民政府人力资源社会保障部门向当地海关出具统一格式的海外高层次留学人才身份证明（附件 5），各海关按照规定为其办理相关手续。

为高层次留学人才提供入出境及居留便利是吸引他们回国（来华）工作的重要政策，是营造高层次留学人才愿意回国、乐意回国、安心回国良好环境的重要手段，各地人力资源社会保障、公安、海关部门要充分认识这项工作的重要意义，高度重视海外高层次留学人才的吸引工作，不断改进和完善服务方式，提高服务质量，增强服务的积极性、主动性和实效性，争取吸引更多海外高层次留学人才回国建功立业。

附件：1. 海外高层次留学人才登记表（略）
2. 为海外高层次留学人才办理永久居留手续的推荐函
3. 为海外高层次留学人才办理居留签证手续的证明
4. 为中央单位海外高层次留学人才办理入出境物品免税手续的证明
5. 为地方海外高层次留学人才办理入出境物品免税手续的证明

附件 2

关于为××××申请办理在中国永久居留手续的推荐函

公安部：

根据《外国人在中国永久居留审批管理办法》（公安部、外交部第 74 号令）和《关于建立海外高层次留学人才回国工作绿色通道的意见》（国人部发〔2007〕26 号）有关规定，现特向你部推荐×××在中国永久居留。有关情况如下：

××（包括被推荐人个人基本信息、所取得的成就和对中国的贡献，以及为其办理永久居留的必要性等内容）

鉴此，希望予以大力支持，批准××××在中国永久居留的申请。

人力资源社会保障部

二〇〇　年　月　日

附件 3

海外高层次留学人才证明（存根）

人专留签〔　　　〕　号

________（单位）________国籍________（先生/女士）系来华工作的海外高层次留学人才，前往________公安局办理外籍人居留签证手续。

年　月　日

海外高层次留学人才证明

人专留签〔　　　〕　号

________公安局：

按照《关于在留学人才引进工作中界定海外高层次留学人才的指导意见》（国人部发〔2005〕25 号）的条件，经驻外使（领）馆和国内用人单位推荐，________先生（女士）系来华工作的海外高层次留学人才。请按照《关于建立海外高层次留学人才回国工作绿色通道的意见》（国人部发〔2007〕26 号）和《关于落实〈关于建立海外高层次留学人才回国工作绿色通道的意见〉有关入出境及居留便利问题的通知》（人社部发〔2009〕113 号）等文件规定，予以办理外籍人居留签证手续。

姓　名	性　别	关　系	出生日期	工作单位	国　籍	护照号码	备　注

人力资源社会保障部

专业技术人员管理司

年　月　日

附件 4

海外高层次留学人才证明（存根）

人专留关〔　　　〕　号

____________（单位）________国籍________（先生/女士）系来华（回国）工作的（海外高层次留学人才/科技专家），前往__________海关办理携运物品进境手续。

年　月　日

海外高层次留学人才证明

人专留关〔　　　〕　号

____________海关：

按照《关于在留学人才引进工作中界定海外高层次留学人才的指导意见》（国人部发〔2005〕25 号）和《关于回国（来华）专家工作有关问题的通知》（人专发〔1995〕36 号）文件规定，经驻外使（领）馆和国内用人单位推荐，____________先生（女士）系来华（回国）工作的（海外高层次留学人才/科技专家），护照号码：____________。请按照规定，对其携运物品予以办理进境手续。

人力资源社会保障部

专业技术人员管理司

年　月　日

附件 5

海外高层次留学人才证明（存根）

×××〔　　　　〕　号

________________（单位）________国籍________（先生/女士）系来华（回国）工作的（海外高层次留学人才/科技专家），前往____________海关办理携运物品进境手续。

年　月　日

海外高层次留学人才证明

×××〔　　　　〕　号

________________海关：

按照《关于在留学人才引进工作中界定海外高层次留学人才的指导意见》（国人部发〔2005〕25 号）和《关于回国（来华）专家工作有关问题的通知》（人专发〔1995〕36 号）文件规定，经驻外使（领）馆和国内用人单位推荐，____________先生（女士）系来华（回国）工作的（海外高层次留学人才/科技专家），护照号码：____________。请按照规定，对其携运物品予以办理进境手续。

××省（市）人力资源和社会保障厅（局）

年　月　日

教育部办公厅关于印发《国家建设高水平大学公派研究生项目学费资助办法（试行）》的通知

（教财厅〔2009〕4 号　2009 年 10 月 22 日）

有关高等学校，各驻外使（领）馆教育处（组）：

为进一步做好“国家建设高水平大学公派研究生项目”的实施工作，提高国家公派出国留学效益，对少数前往国外一流大学、专业，师从一流导师的优秀学生，可由国家留学基金委提供学费资助。现将《国家建设高水平大学公派研究生项目学费资助办法（试行）》印发给你们，请遵照执行。

国家建设高水平大学公派研究生项目学费资助办法（试行）

第一章　总　则

第一条　为进一步做好“国家建设高水平大学公派研究生项目”，选派优秀学生到国外一流高校、专业，师从一流的导师学习深造，提高选派质量和国家公派出国留学效益，特制定本办法。

第二条　本办法资助学费的对象是“国家建设高水平大学公派研究生项目”赴国外攻读博士学位或硕博连读的留学人员。

联合培养博士或联合培养博士在外转为攻读博士学位的留学人员，不属于本办法规定的资助范围。

第三条　资助学费的留学人员总额不超过“国家建设高水平大学公派研究生项目”选派计划的 5%。

第四条　学费的资助标准为：每名留学人员每学年最高不超过 3 万美元；如特殊选派需要资助标准高于 3 万美元的须报教育部审批。

第五条　学费资助期限：不超过留学人员的奖学金资助期限；如确需延长资助期限的须报教育部审批。

第二章　资 助 对 象

第六条　向赴国外一流高校，一流专业从事国家中长期科学和技术发展规划纲要中的重点领域及其优先主题、重大专项、前沿技术、基础研究学习的留学人员提供学费资助。

第七条　向赴国外一流高校，一流专业从事人文及应用社会科学且难以获得学费资助的留学人员资助学费。

第三章　申请及审批办法

第八条　留学人员学费资助采取学生申请、学校推荐、专家评审的方式。申请资助学费的人员须获得国外正式入学通知，外语须达到国外接受高校的入学要求。

第九条　“国家建设高水平大学公派研究生项目”实施高校应在校内专家评审的基础上推荐申请学费资助的留学候选人。学校推荐申请资助学费的人数不得超过留学候选总人数的5%。

第十条　国家留学基金管理委员会组织专家对上述学校推荐的申请资助学费的留学候选人进行评审后，确定拟资助学费人员名单及资助期限，报教育部国际司、财务司审批。

第四章　资助方式

第十一条　驻外使（领）馆教育处（组）根据教育部财务司有关通知及留学人员提交的有关申请材料审核并向留学人员所在国外留学院校支付学费。学费可根据留学人员所在国外留学院校的学费管理规定，按学期或学年分期支付。

第十二条　留学人员须执国家留学基金资助出国留学资格证书原件、国外留学院校开具的正式入学通知书原件和国外留学院校开具的收取学费凭证原件，向驻外使（领）馆教育处（组）申领首次学费，由驻外使（领）馆教育处（组）审核后予以支付。

第十三条　后续学期或学年度的学费，由留学人员执国外留学院校开具的上一学期或学年度成绩单原件、留学人员导师或所在院系主管教学负责人出具并签字的学习情况说明原件和国外留学院校开具的收取学费凭证原件申请，由驻外使（领）馆教育处（组）审核确定是否继续为其支付后续学期或学年度的学费并报教育部财务司、国家留学基金管理委员会备案。审核的主要内容包括：

1. 留学人员学费资助的期限和标准。留学人员的学费资助期限以教育部财务司通知中明确的资助期限为准，学费标准原则上不得超过本办法第四条规定的标准。如有特殊情况需延长资助期限或提高资助标准，应由留学人员本人提出申请，经驻外使（领）馆教育处（组）审核同意后按规定报国内审批。

2. 留学人员的学习成绩和表现。

3. 留学人员在学期间是否从国外留学院校获得了学费或其他奖学金资助及额度。如已获资助可以支付其后续学习期间的学费，则驻外使（领）馆教育处（组）不再为其支付学费。如已获资助未达到国外留学院校确定的学费标准，不足部分由驻外使（领）馆教育处（组）审核后予以支付。

4. 驻外使（领）馆教育处（组）根据所辖馆区实际情况规定的其他条件。

第十四条　如驻外使（领）馆教育处（组）确认接受学费资助的留学人员确实无法完成既定学业，应及时报请国内有关部门同意后停止提供学费资助。如构成违约，已资助的学费亦应退还。

第十五条　各驻外使（领）馆教育处（组）可根据所在国实际情况制订具体实施细则。

第五章　附　则

第十六条　学费资助金额纳入国家留学基金资助费用，获得学费资助的留学人员构成违约的，应按国家公派出国留学研究生管理规定承担违约责任。

第十七条　本办法自印发之日起施行。

人力资源和社会保障部关于增加人口计生委等5部门为留学人员回国服务工作部际联席会议正式成员单位的通知

（人社部函〔2010〕102 号　2010 年 4 月 2 日）

外交部、发展改革委、教育部、科技部、公安部、财政部、商务部、人口计生委、人民银行、国资委、海关总署、税务总局、工商总局、侨办、中国科学院、外专局、外汇局、中国侨联、中国科协、团中央、欧美同学会：

根据《国务院办公厅关于转发人事部、教育部、科技部、财政部等部门留学人员回国服务工作部际联席会议制度的通知》（国办发〔2003〕11 号）精神，2003 年由原人事部、教育部、科技部、财政部等 12 个成员单位（后增补为 13 个）共同成立了留学人员回国服务工作部际联席会议。自联席会议成立以来，人口计生委、海关总署、税务总局、工商总局、外汇局作为列席成员单位，对留学人员回国服务工作给予了大力支持。为进一步加强联席会议平台建设，推进留学人员回国服务工作全面发展，报经国务院领导同志同意，现增加人口计生委、海关总署、税务总局、工商总局、外汇局为留学人员回国服务工作部际联席会议正式成员单位。在以后的工作中，希望各成员单位充分发挥好各自职能作用，进一步加强沟通、协调配合、形成合力，共同实现留学人员回国服务工作的新发展。

公安部、人力资源和社会保障部关于规范留学回国人员落户工作有关政策的通知

（公通字〔2010〕19 号　2010 年 4 月 15 日）

各省、自治区、直辖市公安厅、局，人力资源社会保障（人事、劳动保障）厅（局），新疆生产建设兵团公安局、人事局、劳动保障局：

近年来，随着我国经济社会的快速发展，大量留学人员学成回国。为切实做好这部分人员的落户工作，妥善解决以往出国（境）前已注销常住户口、且未在国（境）处入籍、定居的留学人员回国落户问题，现重申和明确有关政策如下：

一、对于回国后欲在原户口注销地恢复户口的留学人员，辖区派出所可以凭回国留学人员最后一次回国时持用的中国护照，依据原户口注销登记直接办理恢复户口手续；理由正当，需要在本市、县内其他派出所辖区登记户口的，落户地派出所可以凭回国留学人员最后一次回国时持用的中国护照及原户口所在地派出所出具的户口注销证明（证

明中应载明户口注销前户口登记的详细内容），办理落户手续。在具体程序上，对于已在当地取得具有产权住房的，可在原住房所在辖区派出所恢复户口；对于没有产权住房的，可以根据其本人在当地按直系亲属、旁系亲属、朋友以及原工作单位的先后次序，凭有关当事人或单位出具的同意该申请人迁入本户的书面证（声）明材料以及申请人的相关材料恢复户口；对于不具备上述条件的申请人，准予其凭上述证明在当地保存其档案的人才中心落户。

二、对于回国后欲在原籍户口所在地落户的留学人员，各地公安机关应准予其凭最后一次回国时持用的中国护照申报恢复户口，原籍户口所在地公安机关经核实后为其办理落户手续。

三、对于回国后欲在就业地落户的留学人员，原则上除北京、上海以外的各地公安机关应准予其凭最后一次回国时持用的中国护照、就业单位以及当地人力资源和社会保障部门出具的证明，办理在当地的落户手续；北京、上海等特大城市也应结合本地经济社会发展和综合承受能力，适当放宽相关政策。

四、公安机关在受理留学人员回国恢复户口或落户申请时，如发现申请人原户口注销记录或申报的户口登记项目的内容与其回国所持护照以及其他相关证件（明）内容不一致、需要进行更正的，应本着便民利民的原则，在调查核实的基础上，依据有关程序规定，及时一并予以办理。

工作中遇有新问题、新情况，请及时报公安部、人力资源和社会保障部。

人力资源和社会保障部办公厅关于成立中国留学人员回国创业专家指导委员会的通知

（人社厅发〔2011〕1号　2011年1月4日）

各省、自治区、直辖市人力资源社会保障厅（局），福建省公务员局，新疆生产建设兵团人事局、劳动保障局，各副省级市人力资源社会保障（人事、劳动保障）局：

近年来，留学人员回国创业渐成潮流，成为留学人员报效祖国、为国家经济建设服务的一种重要形式。回国创业的留学人员有技术、有专利、有项目，孵化成长了一批优秀留学人员企业。留学人员企业具有技术起点高、市场前景好、海外联系广等优势，正日渐成为推动我国经济发展和科技进步、提高我国自主创新能力、建设创新型国家的重要力量。同时，回国创业的留学人员普遍面临着对国内市场不熟悉、缺乏企业经营管理经验、对国内管理法规不了解等方面的突出问题，特别是创业初期在融资、市场开发、企业管理等方面压力更为明显，迫切需要提供必要的创业辅导支持，使回国创业的留学人员成功实现从“科学家”向“科技企业家”的转变。

为完善留学人员回国创业服务体系，配合实施国家“千人计划”和中国留学人员回国创业启动支持计划，进一步加大对留学人员回国创业的支持力度，人力资源社会保障部决定会同欧美同学会成立中国留学人员回国创业专家指导委员会（以下简称专家委员会）。现就有关事项通知如下：

一、专家委员会的组织形式

中国留学人员回国创业专家指导委员会由人力资源社会保障部会同欧美同学会建立，人力资源社会保障部专业技术人员管理司、留学人员和专家服务中心、欧美同学会建言献策委员会负责组织实施相关工作。

专家委员会主任由人力资源社会保障部分管部领导担任，副主任由人力资源社会保障部专业技术人员管理司司长、欧美同学会分管副会长、人力资源社会保障部留学人员和专家服务中心主任担任。

专家委员会成员由下列人员担任：风险投资专家，市场营销专家，世界五百强企业以及著名跨国企业的高管，创业成功的留学人员企业家，全国省部共建国家级留学人员创业园负责人，从事企业咨询、人力资源管理以及会计师事务所、律师事务所等可为海归创业提供服务与咨询的相关领域专家。

专家委员会专家的选拔依据个人申请、专家推荐、专家委员会评议、人力资源社会保障部聘用等程序进行。入选专家委员会的专家由人力资源社会保障部颁发“中国留学人员回国创业专家指导委员会创业导师”聘书，聘期 2 年。专家委员会实行动态管理，根据实际需要不断充实专家队伍，以提高对留学人员回国创业的指导与服务质量。

专家委员会下设秘书处，负责具体日常工作，秘书处设在人力资源社会保障部留学人员和专家服务中心。

二、专家委员会提供服务方式

专家委员会的服务对象主要为“千人计划”创业人才入选者、中国留学人员回国创业启动支持计划入选者、各地及留学人员创业园推荐的具有发展潜力的重点留学人员企业等。

专家委员会通过以下形式为留学人员企业提供创业指导与服务。

（一）创业培训

举办留学人员回国创业培训班，邀请专家委员会成员以及其他国内外优秀的企业家、知名专家学者、金融领域的知名专家，对回国创业的留学人员进行创业培训与辅导。

（二）创业咨询

组织专家委员会相关专家到留学人员创业园对企业开展创业咨询服务，现场调研，现场诊断，现场解决问题，传授成功经验，进行针对性辅导，提供个性化服务。

（三）创业指导

由各地或省部共建留学人员创业园推荐具有发展潜力并有创业服务需求的留学人员企业提交专家委员会，各位专家根据不同产业方向和市场前景以及创业者的需求，选择 1 至 3 家创业企业进行对接服务，给予企业全面创业指导，协助解决问题，推动企业发展。

（四）深度合作

鼓励专家委员会专家与留学人员企业开展投资、入股、贸易、技术交流、合作开发等不同形式的深度合作，做到优势互补，加快国际先进技术与国内市场运作的交流，加大上下游产品的相互促进，加快技术和产品的转化。

（五）企业推介

每年由专家委员会根据创业指导情况，推选一批最具成长潜力的留学人员企业，为留学人员企业创造良好的环境，助推留学人员企业快速成长。

三、工作要求

专家委员会的创业服务与指导要坚持公益性质。必要支出的成本费用由双方协商解决，经济合作按照市场规律和法律规定签订相关合同，服务过程中不得泄露留学人员企业的相关技术和商业秘密。

专家委员会成立后，及时制定章程，依据章程开展工作。专家委员会成员不得利用专家委员会名义牟取私利，未经专家委员会同意，不得以专家委员会成员的名义公开发表言论。

各地和有关部门要充分认识成立中国留学人员回国创业专家指导委员会的重要意义，及时向本地留学人员企业传达通知精神，认真组织做好相关创业指导和服务工作，促进留学人员回国创业。

附件：中国留学人员回国创业专家指导委员会第一批专家人选名单

附件

中国留学人员回国创业专家指导委员会 第一批专家人选名单

1. 王辉耀　欧美同学会副会长兼商会会长，建言献策委员会主任
2. 田溯宁　欧美同学会商会副会长，中国宽带资本基金董事长
3. 陶庆华　欧美同学会青年委员会会长，中国与全球化研究中心副主任
4. 汤　敏　欧美同学会建言献策委员会副主任，中国改革发展基金会副秘书长
5. 夏颖奇　中关村管委会原副主任
6. 刘啸东　上海证券交易所副总经理
7. 陈　宏　汉能投资集团董事长兼首席执行官
8. 沈南鹏　红杉资本中国基金创始及执行合伙人
9. 邓　锋　北极光创投创始合伙人
10. 唐　越　蓝山资本合伙人
11. 周广文　银杏资本管理有限公司董事长
12. 丁　健　金沙江创业投资董事总经理
13. 邓中翰　中星微电子有限公司董事长
14. 严望佳　北京启明星辰信息技术有限公司 CEO
15. 施正荣　无锡尚德电力控股有限公司董事长兼 CEO
16. 韩庚辰　北京奥瑞金种业股份有限公司董事长
17. 莫天全　搜房控股有限公司董事长兼 CEO

18. 石　磊　　中国国际技术智力合作公司副总经理
19. 葛　明　　安永华明会计师事务所董事长
20. 王春岩　　阿尔斯通能源管理中国区总经理
21. 李　一　　瑞士银行（UBS）中国区主席兼总裁
22. 李　雷　　美国欧文斯科宁公司大中国区总经理
23. 徐小平　　新东方教育集团文化发展研究院院长
24. 杨　劲　　摩托罗拉前沿应用研究中心总监
25. 付向东　　安捷伦科技（中国）有限公司副总裁

中共中央组织部、人力资源和社会保障部印发《关于支持留学人员回国创业的意见》的通知

（人社部发〔2011〕23 号　2011 年 2 月 23 日）

各省、自治区、直辖市党委组织部、人力资源社会保障厅（局），新疆生产建设兵团党委组织部、人事局，国务院各部委、各直属机构人事部门：

为贯彻落实《国家中长期人才发展规划纲要（2010—2020 年）》，加大海外留学人才引进工作力度，加强对留学人员回国创业的支持，中央组织部、人力资源社会保障部会同教育部、科技部、财政部、外交部、发展改革委、公安部、国土资源部、商务部、人口计生委、人民银行、国资委、海关总署、税务总局、工商总局、侨办、中科院、外专局、外汇局等有关部门研究制定了《关于支持留学人员回国创业的意见》，经中央人才工作协调小组同意，现印发给你们，请结合本地区、本部门的实际情况贯彻落实。

关于支持留学人员回国创业的意见

留学人员是我国人才资源的重要组成部分。吸引广大留学人员回国工作、创业或为国服务，是我国加强人才队伍建设、建设创新型国家的重要途径，也是新形势下实施科教兴国战略和人才强国战略的重要内容。近年来，回国创业逐渐成为留学人员报效祖国、服务国家经济社会发展的重要方式。支持广大留学人员回国创办企业，参与创新型国家建设，有利于学习国外先进的科学技术、促进科技成果转化，有利于推动我国企业自主创新、提高我国自主创新能力，有利于以创业带动就业，对于推动我国现代化建设事业具有重要意义。为贯彻落实《国家中长期人才发展规划纲要（2010—2020 年）》精神，按照中央人才工作协调小组的要求，结合新时期留学人员回国创业的特点，现提出如下意见：

一、大力支持留学人员回国创业

1. 留学人员回国创业是指海外留学人员以专利、科研成果、专有技术等回国创办

企业。留学人员企业一般要由留学人员担任企业法人代表，或者留学人员自有资金（含技术入股）及海内外跟进的风险投资占企业总投资的30%以上。

2. 支持留学人员回国创业要全面贯彻落实科学发展观，坚持以科学人才观为指导，认真贯彻“支持留学、鼓励回国、来去自由”的工作方针，按照“拓宽留学渠道，吸引人才回国，支持创新创业，鼓励为国服务”的工作要求，围绕西部大开发、东北地区等老工业基地振兴、中部崛起、东部地区率先发展和行业振兴等战略规划，创造和利用更多支持条件，全方位、多渠道、多层次为留学人员回国创业予以扶持。通过支持留学人员回国创业，努力实现推动创新型国家建设、提高整体自主创新能力、优化产业结构调整的目标，为全面建设小康社会提供人才支持。

3. 支持留学人员回国创业要坚持经济效益与社会效益、人才效益相结合，对关系经济社会发展全局的项目要大力支持，并通过企业发展培养出一批掌握尖端科技的创新型人才和善于经营管理的领军型人才；坚持国家战略与区域规划相结合，优先支持我国急需发展的高新技术产业以及地方振兴进程中的重点产业项目；坚持政府投入与社会投入相结合，以政府投入引导、带动社会投入支持留学人员创业；坚持优化环境与市场调节相结合，在提供优惠政策的同时，进一步完善市场机制，充分发挥市场的基础性作用；坚持个人素质与创业前景相结合，在考虑企业科技成果创新性的同时，注重留学回国人员的诚信记录和能力水平的综合评价。

4. 支持留学人员回国创业必须营造有利于创业的良好环境。要不断创新政策、完善体制、强化服务、优化环境，为留学人员回国创办企业提供优惠的政策支持、良好的生活保障和优良的服务环境，积极构建以企业为主体、市场为导向、产学研相结合的留学人员创新创业体系，逐步发展一批具有自主知识产权的留学人员高新技术企业，培养一批专业素质高、技术前景好、海外联系广、熟悉国际运作规则的现代企业经营管理人才。

二、积极为留学人员回国创业提供政策支持

5. 要结合经济社会发展和产业结构调整的需要，研究制订专项创业支持计划，有针对性地重点引进一批本地区发展急需和紧缺的留学人员回国创业。各地区要积极加强创业载体建设，依托当地经济技术开发区、高新技术产业开发区、留学人员创业园、大学科技园、农业科技园区等创业载体，大力吸引留学人员回国创业。

6. 国家实施留学人员回国创业启动支持计划，对创新能力强、发展潜力大、市场前景好的留学人员企业，在创办初始启动阶段予以重点支持。有条件的地区可为留学人员回国创办企业提供一定数量的创业启动资金，并为领军型回国创业留学人员及其创业团队成员提供一定数额的安家费或租房补贴。

7. 有条件的地方可以设立政府创业投资引导基金，引导和鼓励国有企业、私营企业、外资企业、社会团体、自然人等各类社会资本参与创业投资事业，为留学人员回国创业拓宽融资渠道。

8. 进一步改进和完善创业贷款管理，推进金融产品和服务方式创新，研究探索“银行 + 担保 + 额外风险补偿机制”的贷款模式，加强对留学人员回国创业的金融服务。鼓励担保机构和再担保机构为留学人员回国创办企业提供贷款担保和再担保服务。

9. 符合条件的留学人员企业可以按规定参与国家和省级科技计划项目、科研项目等，对进入各类园区孵化或转化的科研项目给予减免场地租金等优惠。

10. 留学人员回国创办企业的，按有关规定享受相应的税收优惠政策。其中，属于国家需要重点扶持的高新技术企业，减按 15% 的税率征收企业所得税；企业开发新技术、新产品、新工艺发生的研究开发费用，可按实际发生额的 150% 在计算应纳税所得额时加计扣除；企业从事农、林、牧、渔业项目的所得，从事国家重点扶持的公共基础设施项目投资经营的所得，从事符合条件的环境保护、节能节水项目的所得，可以免征、减征企业所得税；企业以《资源综合利用企业所得税优惠目录》规定的资源作为主要原材料，生产国家非限制和禁止并符合国家和行业相关标准的产品取得的收入，可以在计算应纳税所得额时减计收入。

11. 外籍或取得海外永久居留权的回国创业留学人员在国内取得的合法收入，依法纳税并持有税务部门出具的对外支付税务证明后，可全部兑换外汇汇出境外。在售付汇管理上，根据收入的性质，按照相关外汇管理规定办理。

12. 回国创业留学人员以租赁方式使用国有土地进行创业，可享受各地政府优先供应土地等政策。留学回国人员可依照土地管理法律法规和土地利用总体规划，利用荒山、滩涂等特殊土地开发农业、林业项目，但不能抵押、转让、转租土地，不得改变用地性质。

13. 留学人员企业参加政府采购公开招标，按有关政策规定予以支持。

14. 鼓励留学人员企业申请专利，形成企业自主知识产权与核心技术的专利保护，加大对留学人员企业专利申请的支持力度。回国创业留学人员的技术成果可按国家有关规定作价入股投资。

15. 积极鼓励留学人员企业申报设立博士后科研工作站，鼓励博士后科研工作站招收海外博士后进站开展科研活动，并对进站的海外博士后给予经费资助。

三、积极为留学人员回国创业营造良好环境

16. 对回国创业留学人员坚持来去自由的原则，回国创业留学人员出国学习、考察，参加有关学术活动等正常业务活动，有关部门要简化手续，优先办理。

17. 回国创业留学人员本人及其随行配偶、未成年子女，经本地人力资源社会保障部门和公安部门审核后，可在创业地或其本人原籍户口所在地落户，也可在其本人原户口注销地恢复户口。其中，北京市、上海市应当结合本地对人才的需求以及经济社会发展水平和综合承受能力，制定对非在本地注销户口或原籍不在本地的回国创业留学人员的户口迁移政策。

夫妻双方在国外连续居住 1 年以上的持中国护照的留学人员，按政策生育或在国外期间生育及在国外怀孕后回中国内地生育第二个子女的，要按照国家及本地区有关规定在计划生育服务管理等方面给予适当照顾；其子女回国，可按照国家及本地区的有关法律政策规定，随父母在当地落户。

18. 回国创业留学人员按照国家有关规定参加中国境内各项社会保险（有社会保险双边或多边互免协议的除外），包括基本养老、基本医疗、失业和工伤保险等，缴费年限以实际缴纳各项社会保险费的年限为准。

回国创业留学人员可凭劳动、聘用等有效合同和各地人力资源社会保障部门的证明在当地建立个人住房公积金账户。非本地户籍的回国创业留学人员可以按规定，在当地缴存和使用住房公积金，离开该地区时，可以按规定办理住房公积金的提取或转移手续。

已加入外国籍的回国创业留学人员在中国境内跨统筹地区流动，按照中国有关规定，办理社会保险关系转移接续，享受各项社会保险待遇的办法和个人住房公积金时，在缴费标准、转移办法和享受待遇等方面，与中国公民有相同的权利和义务。

19. 回国创业留学人员在国内首次申报职称时，可比照国内同等资历人员申报相应级别专业技术职务任职资格的评审，免试外语和计算机。对其在国外取得的与国内相对应的技术职务或执业资格，经验证后，在各地人力资源社会保障部门办理确认手续。

20. 已加入外籍的回国创业留学人员初次申领机动车驾驶证，符合驾驶证申领条件的，可凭其入境时所持有的护照或者其他旅行证件、有效签证或者居留许可，以及公安机关出具的住宿登记证明和身体条件证明，经考试合格后，由公安机关核发《中华人民共和国机动车驾驶证》。

持境外机动车驾驶证的回国创业留学人员，符合驾驶证申领条件的，可凭境外机动车驾驶证、身份证明和身体条件证明，经考试合格后，由公安机关核发《中华人民共和国机动车驾驶证》。

回国创业留学人员可以凭身份证明及机动车相关证明、凭证，到公安部门申请办理机动车注册登记。

21. 妥善安排回国创业留学人员的配偶工作和子女就学。随迁配偶就业，采取个人联系和组织推荐相结合的方法，用人单位有接收条件的，要优先安排，确有困难的，当地人力资源社会保障部门要积极帮助推荐就业。

随迁子女入托及义务教育阶段入学，由其居住地教育行政部门按照就近入学的原则优先办理入、转学手续，不收取国家规定以外费用。

22. 鼓励留学人员企业申报各级各类科技计划和科研基金项目，开展科研活动。同等条件下，对研究开发水平高、具有良好产业化前景的留学人员企业科研项目予以优先支持。进一步发挥留学人员独特优势，鼓励他们创造更多成果和效益。

23. 鼓励各高等院校及科研机构实验室向留学人员企业开放，支持留学人员企业建立企业技术中心或与高等院校、科研院所联合组建工程技术研究中心，并享受相关优惠政策。鼓励有发明专利或科研成果的回国创业留学人员申报国家和省部级有关科技奖项。

24. 各地人力资源社会保障等部门要主动为留学人员创办企业及留学人员创业园提供支持和帮助。建立留学人员回国创业信息平台，加大信息网络建设力度，宣传引才和创业政策，提供项目需求信息等，促进资源共享。积极为留学人员回国创业搭建交流平台，鼓励和支持各地区开展多种形式的留学人员智力交流活动。建立创业投资综合性服务平台，实现留学人员回国创办企业和创业投资企业的信息互动交流。建立技术产权服务平台，为留学人员回国创业提供中外技术专利信息数据库检索、国家重点行业数据库检索和技术产权网上交易等服务。

四、加强对留学人员回国创业工作的组织领导

25. 高度重视。各地区要充分认识支持留学人员回国创业工作的重要意义，要把支持留学人员回国创业工作摆上重要议事日程，按照党管人才的原则，加强对留学人员回国创业工作的政策研究、宏观指导和组织协调，进一步发挥留学人员回国服务工作部际联席会议的积极作用。在各地人才工作领导小组的统一领导下，人力资源社会保障部门要充分发挥政府留学人员回国工作综合管理职能作用，加强与有关部门的沟通协调，指定专门机构，负责本地区的留学人员回国创业工作。各有关部门要相互支持，密切配合，形成合力，共同做好支持留学人员回国创业工作。

26. 加强协调。各地区要根据本地区的实际情况建立留学人员回国创业服务工作协调机制，综合协调当地留学人员回国创业工作。各部门要加强沟通协调，进一步加强对留学人员回国创业工作的宏观指导。建立留学人员回国创业工作定期交流制度，加大地区、部门、行业间交流合作，盘活留学人员资源，探索建立海内外留学人员组织合作机制，以留学人员服务机构为主体，发挥海内外各类留学人员组织、社会团体的积极作用，不断开创留学人员回国创业服务工作新格局。

27. 突出重点。各地区要进一步完善鼓励和支持留学人员回国创业工作的政策措施，加快培育和发展留学人员创业园，为留学人员回国创业提供专业服务，充分发挥各地国家级留学人员创业园的示范、引领和推广作用，要根据本地区经济社会发展制定专门的支持留学人员创业工作计划，把工作重点放在支持高层次留学人员回国创业工作上。集中优势力量，加大投入力度，力争在引进一批具有核心竞争力的留学人员回国创业企业方面有所突破。

28. 强化服务。各地区要将回国创业留学人员纳入当地重点人才服务对象的范围，建立服务机制。要研究制定留学人员回国创业服务机构工作章程和制度，明确专门服务机构，设立专门服务窗口，为留学人员回国创业提供无障碍、一站式、个性化、全方位的服务。有条件的地区要根据留学人员回国创业的特点和要求，开发特色服务项目，构建多元化、立体化服务产品体系，支持广大留学人员回国创业。要积极构建以企业为主体、市场为导向、产学研相结合的留学人员创新创业体系，进一步加大留学人员回国创业服务工作力度。对作出重大贡献的回国创业留学人员，要以适当方式进行宣传和表彰，营造留学人员回国创业良好氛围。要通过完善留学人员创业信息库，增强留学人员回国创业工作的针对性和时效性。要建立与海外留学人员联系的有效渠道，充分发挥各类社会团体机构的联络作用，加强与海外留学人员的联系，为他们回国创业牵线搭桥，提供服务。

人力资源和社会保障部关于加强留学人员回国服务体系建设的意见

（人社部发〔2011〕46号　2011年4月19日）

各省、自治区、直辖市人力资源社会保障厅（局），福建省公务员局，新疆生产建设兵团人事局，各副省级市人力资源社会保障（人事）局，国务院各部委、各直属机构人事部门，中国侨联、中国科协、共青团中央、欧美同学会人事部门：

留学人员是我国人才资源的重要组成部分，是现代化建设的特需人才资源。做好留学人员回国服务工作，对于解决留学人员回国工作、生活的后顾之忧，营造良好环境，吸引更多留学人才回国（来华）参与现代化建设具有重要意义。近年来，随着留学回国人数逐年增加，各地各部门不断加大留学人员回国服务工作力度，逐步形成了以留学人员服务中心、留学人员创业园、留学人员工作站为主体的一批服务机构。同时，有关群团组织、社会团体和中介服务机构，以及海外华人华侨、留学人员团体相互联系、密切配合，为留学人员回国工作、为国服务、回国创业提供服务和支持。但是，现有服务工作仍然存在着资源分散、渠道不畅、水平不高、手段单一、产品缺乏等突出问题。针对留学人员回国工作的新形势，根据《国家中长期人才发展规划纲要（2010—2020年）》的要求，为加大吸引海外留学人员回国工作力度，更好地为广大留学回国人员服务，经中央人才工作协调小组备案同意，现就加强留学人员回国服务体系建设提出以下意见。

一、指导思想和目标任务

加强留学人员回国服务体系建设的指导思想是：坚持以邓小平理论和“三个代表”重要思想为指导，深入贯彻落实科学发展观，更好实施人才强国战略，坚持“支持留学、鼓励回国、来去自由”的方针，按照“拓宽留学渠道、吸引人才回国、支持创新创业、鼓励为国服务”的要求，以方便广大留学人员为基础，以服务高层次留学人才为重点，以推动留学人员回国服务政策的全面落实为着力点，为留学人员回国工作、为国服务和回国创业提供高效便捷的公共服务，鼓励和支持更多优秀留学人才为祖国的现代化建设贡献力量。

加强留学人员回国服务体系建设的目标任务是：把留学人员回国服务体系作为人才公共服务体系的重要组成部分，以统筹资源、提高效率、方便个人、服务社会为宗旨，按照政府推动、市场运作、资源共享、互惠互利的原则，不断完善服务政策，壮大服务机构，构建服务网络，搭建服务平台，开发服务产品，逐步形成理念先进、政策完善、信息通畅、功能齐全、质量过硬、环境优良，面向广大留学人员的服务网络，为吸引留学人员提供服务支持。

二、主要措施

（一）完善留学人员回国服务政策。积极创新有关服务政策，着力在入出境、居留、户籍管理、社会保险、计划生育、配偶就业、子女上学等生活待遇，以及职业资格、项目申请、经费资助、收入分配、税收、表彰奖励、知识产权保护、创办企业、投融资等工作条件方面创新完善有关优惠政策，不断完善“回国工作、回国创业、为国服务”三位一体的留学人员回国服务工作政策体系。各级留学人员回国工作部门要根据中央政策精神，结合本地本部门实际，进一步完善相关领域配套政策措施，努力为吸引留学人员回国工作、创业和为国服务营造良好政策环境。

（二）推进留学人员回国服务网络建设。以各地区各部门留学人员服务机构为主体，充分发挥国内外各类留学人员组织、社会团体的作用，形成政府主导、社会参与、相互配合、上下互动的留学人员回国服务网络，统筹服务资源，实现资源共享，形成服务合力。

建立留学人员回国服务联盟。按照协商自愿的原则，以有关留学人员服务机构或留学人员组织共同倡议、签署合作协议的方式，建立包括留学人员服务中心、留学人员工作站、留学人员创业园、留学人员联谊会以及其他为留学人员提供服务的社会中介服务机构或群团组织在内的留学人员回国服务联盟。服务联盟作为一个开放性的协作组织，各成员单位以合作协议为纽带，发挥各自优势，互相配合开展服务工作。

充分发挥海外有关团体组织的作用。服务联盟成员单位采取灵活多样的方式，加强与海外中国留学生组织和留学人员、华人华侨专业团体的联系与沟通，支持他们向海外留学人员提供信息和咨询，为留学人员回国服务牵线搭桥。根据需要和条件在留学人员相对集中的国家和地区设立海外留学人员回国服务工作站，加强与留学人员的联系。

（三）*加强留学人员回国服务信息平台建设。*在现有基础上，充分利用先进网络技术加强留学人才信息系统建设。不断完善留学人才统计、调查机制，畅通发布和反馈的渠道，鼓励各方面建立留学人员信息库、留学人员科研项目库、人才需求库、回国（来华）专家库等各类数据库并联网，按照分级分类、动态管理、定期更新的原则，实现数据库共建共享。以中国留学人才信息网为依托，与各地区各部门留学信息网相互贯通，充分利用互联网便捷高效的特点，构建面向社会和广大海外留学人员的留学回国工作信息平台，促进留学人才、项目、政策、资金等信息资源的交流和共享，逐步将中国留学人才信息网打造成联系和服务海内外广大留学人员的重要窗口和桥梁。

（四）*建立完善留学人员回国服务体系运行机制。*完善留学人才回国服务的市场运行机制。积极畅通留学人才供需渠道，规范留学人才人事代理办法，开展面向留学人才的专项中介服务，促进人才、项目和资金相结合，形成以市场配置为主体的留学人才配置机制。鼓励和支持高水平的人才市场、人才中介机构共同参与开发留学人才市场。

强化留学人员回国服务机构的合作机制。以留学人员回国服务联盟为依托，加强各地区各部门留学人员回国服务机构的协调合作，建立分工合作、资源共享、优势互补、互利互惠的合作机制，实现留学人员回国服务体系运转协调、服务周到、快捷高效的目标。

健全留学人员回国服务工作部门间协调机制。充分发挥各级留学人员回国服务工作联席会议的作用，加强人力资源社会保障部门与教育、科技、财政、外交、发展改革、公安、商务、人口计生、人民银行、国资、海关、税务、工商、侨务、外专、外汇等留学人员回国服务工作相关职能部门的沟通协调，切实落实政策、加强服务。

三、服务内容

（一）*落实回国政策。*建立“千人计划”专门服务窗口，负责落实“千人计划”等专项计划引进人才的各项优惠政策。对引进的高层次顶尖人才和急需紧缺人才，要按照特事特办、一事一议的原则，提供全程专门服务。要研究探索将“千人计划”服务方式逐步拓展到其他各类高层次留学回国人员，建立常态化的高层次留学人员回国服务机制。同时要切实落实面向广大留学人员的回国安置、经费资助、入出境和居留便利、行李物品检验通关、配偶就业、子女上学、工龄计算、职称评定、户籍管理、知识产权保护、社会保险、计划生育等各方面政策，为他们回国工作、创业和为国服务提供便利和支持。要加强各项政策落实情况的检查评估与监测，不断研究解决政策执行中的新情况、新问题，解决好各项政策间的衔接与配套。在政策落实过程中，要特别注意听取留学回国人员的意见和建议，反映他们的愿望和要求，主动帮助他们解决工作和生活中遇到的困难和问题，解除他们的后顾之忧。

（二）开展就业指导。充分发挥市场的基础性配置作用，开展面向留学人员的就业中介服务。通过搭建交流平台，举办专场活动、向用人单位推荐等方式，有计划、有重点地组织开展各种留学人才科技示范交流，畅通留学人员与用人单位交流渠道。利用留学人才信息网、留学人员回国指南、语音热线、新闻媒体等多种方式，为留学人员提供个性化、专业化就业信息服务。加强对广大新回国留学人员的就业指导，通过组织留学人员开展形式多样的联谊、座谈、交流等活动，联络感情、交流信息、介绍政策、展示成果，帮助留学人员熟悉国情，加深对国内单位的了解，帮助解决就业中遇到的困难和问题，实现充分就业。

（三）支持回国创业。积极吸引回国创业的留学人员进入留学人员创业园从事新技术、新产品开发，科技成果转化等活动。鼓励各地和留学人员创业园加强包含法律、金融、人才项目中介、市场开拓、公共技术服务（公共中试平台、样品检验平台等）等内容的创业平台建设，落实各项鼓励留学人员回国创业措施，为留学人员创新创业提供便捷服务。鼓励支持留学人员公开、公平、公正地申报各类政府资助项目和科技计划。探索建立政府资助、银行贷款、创业投资、技术产权交易等在内的投融资机制，帮助留学人员解决资金困难，促进其科研成果产业化、商品化。对优秀的科研或创业启动项目，人力资源社会保障部通过留学人员科技活动项目择优资助、留学人员回国创业启动支持计划、高层次留学人员回国资助等项目给予支持，各相关部门和地区通过多种渠道给予经费资助和配套支持。人力资源社会保障部建立中国留学人员回国创业专家指导委员会，为留学人员回国创业提供必要的创业辅导支持，帮助他们成功实现从“科学家”向“科技企业家”的转变。

（四）吸引为国服务。组织办好多种形式的留学人才和项目交流会、成果展示会、留学人员为国服务团等活动。支持鼓励在更大范围、更广领域、更高层次上吸引海外留学人员及留学人员团体通过兼职、合作研究、回国讲学、学术技术交流、考察咨询、开展中介服务等各种适当形式参与祖国建设。经人力资源社会保障部审批的服务项目，列入“海外赤子为国服务行动计划”予以支持。

四、切实保障留学人员回国服务体系建设的顺利实施

留学人员回国服务体系建设是一项长期、艰巨的任务。各级人力资源社会保障部门要坚持党管人才原则，加大工作力度，全面推进留学人员回国服务体系建设。

（一）深化思想认识，加强组织领导。各级人力资源社会保障部门要从战略和全局的高度充分认识构建留学人员回国服务体系的重要性和紧迫性，把其作为深入贯彻落实科学发展观，更好实施人才强国战略的重要内容，作为加强人才队伍建设的重要措施和建设人才公共服务体系的重要组成部分，切实抓紧抓好。进一步加强组织领导，统筹考虑，统一规划，同步推进，充分发挥人力资源社会保障部门职能和各级留学人员回国服务工作联席会议的作用，加强部门间的沟通协调，形成工作合力。

（二）加强制度建设，提高服务水平。探索建立各级留学人员服务机构的评估考核体系及管理办法，提高他们的服务能力和水平。各级留学人员服务机构要结合留学回国工作发展，不断充实壮大服务机构，加大培训力度，增强服务功能，完善服务政策，健全规章制度，研究制定配套服务措施，进一步规范办事程序，不断提高服务水平和效率。要坚持以人为本，积极开发满足留学人员需要的服务产品，提供无障碍、一站式、个性化、全方位的服务。

（三）加强宣传表彰，营造良好环境。通过媒体广泛宣传报道留学人员的先进事迹，大力弘扬广大留学人员爱国奉献、拼搏进取的精神风貌。同时，对在回国工作、创业和为国服务中作出突出成绩的留学人员、留学人员回国服务先进单位和工作人员及时按国家有关规定给予表彰和奖励，努力营造留学人员回国服务工作的良好环境，不断推进留学人员服务体系建设，为吸引留学人员回国工作提供优质的服务和保障。

人力资源和社会保障部关于印发《留学人员回国工作“十二五”规划》的通知

（人社部发〔2011〕80号 2011年7月22日）

各省、自治区、直辖市人力资源社会保障厅（局），福建省公务员局，新疆生产建设兵团人事局，各副省级市人力资源社会保障（人事）局，国务院各部委、各直属机构人事部门：

为深入实施科教兴国战略和人才强国战略，加快建设创新型国家，加大留学人才资源开发力度，进一步做好“十二五”期间留学人员回国工作，根据《中华人民共和国国民经济和社会发展第十二个五年规划纲要》、《国家中长期人才发展规划纲要（2010—2020年）》、《人力资源和社会保障事业发展“十二五”规划纲要》和《专业技术人才队伍建设中长期规划（2010—2020年）》，我部制定了《留学人员回国工作“十二五”规划》。经留学人员回国服务工作部际联席会议同意，现印发给你们，请结合本地区、本部门实际情况，研究制定具体规划，认真贯彻执行。

留学人员回国工作“十二五”规划

为深入实施科教兴国战略和人才强国战略，加快建设创新型国家，加大吸引海外留学人才的工作力度，根据《中华人民共和国国民经济和社会发展第十二个五年规划纲要》、《国家中长期人才发展规划纲要（2010—2020年）》、《人力资源和社会保障事业发展“十二五”规划纲要》和《专业技术人才队伍建设中长期规划（2010—2020年）》，制定本规划。

一、规划背景

留学人员是我国人才资源的重要组成部分，是国家的宝贵财富。党和国家历来高度重视留学人员工作，制定了“支持留学，鼓励回国，来去自由”的工作方针，提出了“拓宽留学渠道，吸引人才回国，支持创新创业，鼓励为国服务”的工作要求。“十一五”期间，在党中央、国务院的领导下，各地区、各部门结合实际，充分发挥各自职能优势，不断加大工作力度，初步构建起留学人员回国服务工作的政策框架体系和综合服务体系，大力引进海外高层次人才，支持留学人员回国工作、回国创业、为国服务，使得我国留学人员回国工作取得了较大的突破。截止到2010年年底，我国出国留学人员总数达190.54万人，留学回国人员总数已达63.22万人，“十一五”期间留学人员回国新增人数达到39.93万人。通过实施“海外高层次人才引进计划”（即“千人计划”）已分5批共引进1 000余名海外高层次创新创业人才，建立海外高层次创新创业基地67个。建成各级、各类留学人员创业园150多家，入园企业8 000多家，2万余名留学人员在园内创业，人力资源社会保障部与地方人民政府共建留学人员创业园38家。广大留学人员在我国现代化建设中发挥了重要作用，作出了突出贡献。

当今世界经济全球化深入发展，科技进步日新月异，知识经济方兴未艾。世界各国对人才的开发空前重视，人才竞争特别是高层次人才的竞争愈演愈烈。目前我国留学人员回国工作还无法完全适应激烈国际竞争的形势，与我国经济社会发展的需求还有一定的差距，主要表现在：海外顶尖人才回国偏少，高层次留学人才引进力度不够；有些政策落实还不到位，经费支持力度还需加大；人才引进方式不够灵活，服务工作还存在资源分散、水平不高、手段单一、产品缺乏等问题。留学人员回国工作面临的任务还十分艰巨。“十二五”期间是我国全面建设小康社会的关键时期，是深化改革开放、加快转变经济发展方式的攻坚时期，也是可以大有作为的重要战略机遇期。实现“十二五”规划的目标任务，关键在人才。广大留学人员热爱祖国、学有所成，许多人掌握了先进科学技术知识，是我国现代化建设的特需人才资源。实施更加开放的人才政策，加大留学人员回国工作力度，积极吸引和用好海外留学人才，既是在激烈的国际竞争中赢得主动的重大选择，也是加快转变经济发展方式、开创科学发展新局面的必然要求。

二、指导思想、基本原则和发展目标

（一）指导思想

坚持以邓小平理论和“三个代表”重要思想为指导，深入贯彻落实科学发展观，紧紧围绕加快转变经济发展方式这条主线，更好实施人才强国战略，继续贯彻“支持留学，鼓励回国，来去自由”的方针，按照“拓宽留学渠道，吸引人才回国，支持创新创业，鼓励为国服务”的要求，以高层次创新创业人才为重点，以提高留学人员回国工作的服务能力为基础，加强制度建设，完善政策体系，创新体制机制，加大投入力度，大力吸引海外高层次留学人才，充分发挥他们在经济社会发展和人才队伍建设中的独特作用，促进留学人员回国工作、回国创业和为国服务的整体推进，为全面建设小康社会提供坚实的人才保障。

（二）基本原则

——坚持突出重点与整体推进相结合。在稳步扩大吸引规模的同时，不断优化人才引进结构，提升人才引进质量，重点引进海外高层次人才和急需紧缺人才，着力引进一批站在世界科技前沿和产业高端的一流人才，以及具有广阔发展潜力的青年拔尖人才，带动留学人员回国工作的整体推进。

——坚持回国工作与为国服务相结合。拓宽吸引渠道，创新引才方式，将回国工作、回国创业与为国服务结合起来，形成留学人才全职回国与短期合作互相促进的引才机制，鼓励用人单位不拘一格吸引人才，留学人才灵活多样为国家作贡献。

——坚持引进与培养使用相结合。紧密围绕国家“十二五”经济社会发展需求引进人才，注重在重要岗位、重点项目、重大实践中培养锻炼和使用留学回国人员，为他们充分发挥作用创造良好的政策环境和工作生活条件。统筹海外人才与国内人才，形成有利于各类优秀人才脱颖而出的育才、用才机制，促进人才自主培养、内生发展。

——坚持市场配置与政府引导相结合。充分发挥市场配置人才资源的基础性作用，提高人才开发的效率和效益。强化政府在政策引导、项目示范、公共服务等方面的职能，形成政府推动、市场调节、资源共享、互惠互利的运行机制。

（三）发展目标

总体目标：根据今后五年国民经济建设和社会发展的需要，进一步完善留学人员回国政策体系，健全留学人员回国服务体系，构建全方位、多渠道、多层次、符合留学人员特点的引才机制和高效的留学人员回国工作机制，统筹协调人才引进、培养和使用等各个方面和环节，建设一支高素质、服务型的留学人员回国工作队伍和一批高水平、专业化的服务机构，在经济社会重点领域引进并集聚一批高层次创新型科技人才和急需紧缺人才，为留学回国人员充分发挥作用进一步营造良好的环境和条件。

具体目标："十二五"期间，留学回国人员新增人数达到 50 万人以上，吸引留学人员为国服务 30 万人次；新建各级、各类留学人员创业园 50 个，全国总量达到 200 个，其中人力资源社会保障部与地方人民政府共建留学人员创业园达到 50 个以上，留学人员入园企业总量达到 15 000 家。

专栏 1："十二五"时期主要指标

指　标	2010 年基数	2015 年目标	属　性
新增留学回国人员数（万人）	〔40〕	〔50〕	预期性
吸引留学人员为国服务（万人次）	〔15〕	〔30〕	预期性
留学人员创业园（个）	150	200	预期性
与地方共建留学人员创业园（个）	38	50	预期性
留学人员入园企业（家）	8 000	15 000	预期性
注：〔　〕表示五年累计数。			

三、重点引进领域

"十二五"期间，留学人员回国工作紧密围绕国民经济和社会发展的现实需求，以高层次创新型科技人才和经济社会重点领域急需紧缺人才为重点，大力吸引海外留学人才，为发展现代产业体系和构建社会主义和谐社会提供有力人才保障。

（一）坚持围绕创新型国家建设的需要，大力引进海外顶尖人才和高层次创新型科技人才，提升自主创新能力

根据建设创新型国家对人才的需求，加大海外顶尖人才和高层次创新型科技人才引进力度，依托国家重大科研项目和重大工程、重点学科和重点科研基地、国家自主创新示范区、国际学术交流合作项目，加强人才—项目—基地一体化建设，引进并有重点地支持一批能够突破关键技术、发展高新产业、带动新兴学科的战略科学家和领军人才回国创新创业。

（二）坚持围绕发展现代产业体系的需要，大力引进产业领军人才和经济发展重点领域急需紧缺人才，提高产业核心竞争力

根据发展现代产业体系、加快产业调整对人才的需求，将产业发展与海外人才引进

有机结合，在装备制造、信息、生物技术、新材料、航空航天、海洋、金融财会、国际商务、生态环境保护、能源资源、现代交通运输、农业科技等经济重点领域大力引进产业领军人才和急需紧缺人才，加快改造提升制造业，培育发展战略性新兴产业，大力推进高新技术产业化，发展结构优化、技术先进、清洁安全、附加值高、吸纳就业能力强的现代产业体系。

（三）坚持围绕社会主义新农村建设的需要，大力引进农业科技领军人才和急需紧缺人才，进一步推进农业现代化

根据转变农业发展方式对人才的需求，大力引进农业科技领军人才和急需紧缺人才，切实推进农业科技创新，完善现代农业产业体系，带动并促进农村实用人才队伍建设，提高农业现代化水平和农民生活水平，为社会主义新农村建设提供有力的人才保障。

（四）坚持围绕推进经济结构和产业结构调整的需要，大力引进现代服务业急需紧缺人才，推动服务业的快速发展

根据经济社会全面协调可持续发展、加大现代服务业发展对人才的需求，大力引进现代服务业急需紧缺人才，加大现代物流、电子商务、法律、咨询、会计、工业设计、知识产权、食品安全、旅游等现代服务业高端人才引进力度，大力发展生产性服务业和生活性服务业，拓展新领域、发展新业态、培育新热点，不断提高服务业比重和水平。

（五）坚持围绕构建社会主义和谐社会的需要，大力引进社会发展重点领域急需紧缺人才，提高人民生活水平、促进社会事业发展

根据构建社会主义和谐社会对人才的需求，加大引进海外高层次社会工作人才力度，在教育、政法、宣传思想文化、医药卫生、防灾减灾等社会发展重点领域大力引进急需紧缺人才，带动并促进社会工作从业人员专业能力和素质的整体提高，加强社会管理能力建设，切实维护社会和谐稳定。

四、重点举措

“十二五”期间，以健全“一个机制”、建设“两个体系”、实施“三项计划”为抓手，加强制度建设，创新体制机制，提高服务能力，形成留学人员“回国工作、回国创业、为国服务”三位一体、共同推进的工作格局，全面推进留学人员回国工作的深入开展。

（一）健全留学人员回国工作机制

充分发挥留学人员回国服务工作部际联席会议以及各省（区、市）留学人员回国服务工作联席会议的作用。加强政策实施的动态监控，建立政策评估与动态调整机制。在充分发挥各部门职能优势的基础上，加强留学人员回国工作的沟通协调，加大地区、部门、行业间的交流合作，探索定期交流制度，及时推广留学人员回国工作的典型经验，共同引导推进留学人员回国工作的整体发展。

（二）完善留学人员回国政策体系

不断完善“回国工作、回国创业、为国服务”三位一体的留学人员回国服务工作政策体系。继续完善海外高层次人才引进、回国创业、为国服务的各项政策措施，加强留学人员回国工作的政策配套、衔接，研究制定留学人员回国工作政策评估的具体措施。继续加强海外高层次留学人才回国工作绿色通道建设，不断完善海外高层次人才入出

境、户籍管理、税收、医疗待遇、社会保险、计划生育、子女入学、配偶就业、项目申请、经费资助、投融资等方面政策措施，研究制定为加入外籍的海外高层次人才办理入出境、长期居留、永久居留（“绿卡”）提供便利的政策，完善“绿卡”待遇，制定健全留学人员回国工作服务体系的政策措施。

（三）健全留学人员回国服务体系

全面推进留学人员回国服务体系建设。以各地区、各部门留学人员服务机构为主体，充分发挥国内外各类留学人员组织、社会团体的作用，搭建服务平台，形成政府主导、社会参与、相互配合、上下互动的留学人员回国服务网络。建立留学人员回国服务联盟。鼓励各方面建立留学人员信息库、留学人员科研项目库、人才需求库、回国（来华）专家库等各类数据库，按照分级分类、动态管理的原则，实现数据库共建共享，构建面向社会和广大留学人员的留学回国工作信息平台。不断充实壮大服务机构、增强服务功能，完善服务政策，建立健全规章制度，规范办事程序，提高服务效率和质量，提升服务能力和水平。拓宽海外高层次留学人才回国绿色通道，探索在海外设立留学人员回国服务工作站，为留学人员提供全方位的服务。

专栏 2：留学人员回国服务联盟

按照协商自愿的原则，以有关留学人员服务机构或留学人员组织共同倡议、签署合作协议的方式建立的非法人行业联盟组织。成员主要包括留学人员服务中心、留学人员工作站、留学人员创业园、留学人员联谊会以及其他为留学人员提供服务的社会中介服务机构或群团组织。服务联盟以政府推动、市场运作、资源共享、互利互惠为原则，通过完善服务政策、壮大服务机构、构建服务网络、搭建服务平台、开发服务产品，建立便捷高效的留学回国人员公共服务体系。

（四）加强海外高层次人才引进工作

以配合实施“千人计划”为龙头，依托国家重点创新项目、重点学科和重点实验室、中央企业和国有商业金融机构、高新技术产业开发区、留学人员创业园等平台，加大海外高层次人才的引进力度，大力引进重点领域急需紧缺专门人才。鼓励国有机构开放高级专业技术岗位、学术领导岗位面向海内外招聘优秀人才。进一步完善并实施“长江学者奖励计划”、“百人计划”等人才引进计划，推动地方的创新人才引进计划，形成海外高层次人才引进工作体系。加大高层次留学人才回国资助的力度，做好留学人员科技活动项目择优资助工作。继续做好回国（来华）定居专家工作，提高服务水平和能力。发挥好“千人计划”专门服务窗口的作用，落实引进人才的各项优惠政策，按照特事特办、一事一议的原则，提供全程专门服务。引导用人单位强化主体意识，做好选拔引进人选、搭建工作平台、提供服务保障等工作。

专栏 3：海外高层次人才引进计划（千人计划）

由中央组织部、人力资源社会保障部会同教育部、科技部、人民银行、国资委、中科院和有关主管部门组织实施。从 2008 年开始，用 5—10 年时间，在国家重点创新项目、重点学科和重点实验室、企业和国有商业金融机构、以高新技术产业开发区为主的各类园区等，引进并有重点地支持一批海外高层次人才回国（来华）创新创业。入选者由中央组织部、人力资源社会保障部授予“国家特聘专家”称号，中央财政给予每人 100 万元人民币的一次性补助，有关地方或部门给予配套支持。

专栏4：高层次留学人才回国资助

探索建立急需紧缺海外高层次人才引进制度，形成多方共同支持的人才引进机制，重点资助我国急需发展的信息科学、生命科学、新材料、新能源、先进制造业、航空航天等领域，以及关系国计民生或有重要影响的行业引进高级专家或高级管理人才。中央财政一次性提供工作资助金30万元人民币，各有关地区和部门提供至少1:1比例的配套资金。

专栏5：留学人员科技活动项目择优资助

中央财政对留学回国人员从事国家或省部级重点攻关项目、重大技术改造项目、具有广泛应用前景的新技术研究开发等项目进行资助，分为三档：重点项目资助，额度为10万~20万元人民币；优秀项目资助，额度为5万~10万元人民币；项目启动资助，额度为2万~5万元人民币。

（五）促进留学人员回国创业

以实施“中国留学人员回国创业启动支持计划”为支撑，大力支持留学人员回国创业。进一步完善留学人员回国创业支持政策，优化创业环境，加大财政支持力度，建立国家留学人员回国创业启动支持资金和创业基金，引导、吸引重点领域、行业急需紧缺专门人才回国创业。创新金融服务方式，完善对留学人员回国创业的金融支持，推进建立留学人员创业信用担保机构。加强留学人员创业园和科技创业孵化器、加速器建设，以建立留学人员回国创业专家指导委员会、举办留学人员回国创业培训班等方式加强创业辅导工作。加强对留学人员创业园的引导和管理，建立国家留学人员创业园评估体系，开展留学人员创业园规范化建设。

专栏6：中国留学人员回国创业启动支持计划

人力资源社会保障部每年在全国范围内遴选一批创新能力强、发展潜力大、市场前景好的留学回国人员创办的企业，在创办初始启动阶段予以重点支持，以加快其科技成果转化，实现企业快速发展。重点创业项目一次性给予创业支持资金50万元人民币，优秀创业项目，一次性给予创业支持资金20万元人民币。相关地方给予相应配套资金支持。

专栏7：留学人员回国创业专家指导委员会

由人力资源社会保障部会同欧美同学会共同成立。专家委员会成员由风险投资、市场营销、企业管理等方面的专家以及创业成功的留学人员企业家、留学人员创业园负责人等组成。主要通过创业培训、创业咨询、创业指导、开展深度合作、推介优秀企业等形式为留学人员企业提供创业指导与服务，助推留学人员企业快速成长。

（六）鼓励海外人才以多种形式为国服务

以实施“海外赤子为国服务行动计划”为基础，整合各项为国服务活动再上新台阶。统筹协调各地区、各部门留学人员为国服务活动，加大政策、资金和人才支持力度，制定各种有针对性的人才计划吸引海外人才为国服务。鼓励服务形式创新，继续办好多种形式的留学人才、项目交流会、留学人员为国服务团等活动。鼓励科研机构和高校设立短期流动岗位，聘用海外高层次创新人才回国开展合作研究、兼职、学术交流或讲学。进一步实施“春晖计划”等项目，鼓励海外留学人才以个人或团队的形式为国服务。鼓励海外留学人员组织回国建立为国服务基地，支持他们结合国内重点领域、行业的需要开展专项为国服务活动。

专栏 8：海外赤子为国服务行动计划

为鼓励广大留学人员以多种方式为国服务、智力报国，人力资源社会保障部对有关部门、地方组织的规模较大、比较有代表性的留学人员为国服务活动提供政策支持、信息支持和资金支持，加大服务保障力度。资助共三类：一是特别资助，每项给予 20 万元人民币；二是重点资助，每项给予 15 万元人民币；三是一般资助，每项给予 10 万元人民币。

五、组织实施

（一）提高认识，加强领导

各级人力资源社会保障部门要坚持党管人才原则，认真贯彻执行党和国家留学人员回国工作方针政策，充分发挥政府人才工作综合管理部门的职能作用，从战略和全局的高度充分认识开发海外留学人才的重要性和紧迫性，增强责任感和使命感，把留学人员回国工作作为实施人才强国战略的重要内容，提上重要议事日程，积极推动留学人员回国工作取得新的进展。

（二）完善政策，强化服务

进一步完善吸引留学人员回国工作、为国服务的政策措施，着力加强政策的配套和落实。不断加强留学人员回国工作队伍和机构的自身建设，加大培训力度，提升能力素质，健全规章制度，规范办事程序，进一步提高服务的质量和水平，为广大留学人员提供便捷高效的服务。

（三）突出重点，统筹协调

充分发挥留学人员回国服务工作部际联席会议作用，统筹协调，加强沟通，形成统分结合、上下联动、协调高效、整体推进的留学人员回国工作机制。进一步发挥政府留学人员回国工作综合管理部门的职能作用，明确各有关部门的工作分工，调动有关人民团体、社会组织的积极性，充分发挥企事业等用人单位的主体作用，发动全社会力量做好海外人才引进工作，形成工作合力，营造有利于吸引海外人才的社会共识和良好氛围，共同推动留学人员回国工作的可持续发展。

（四）开放合作，扩大交流

实施更加开放的人才政策，探索建立与国际接轨的人才培养开发、评价发现、选拔任用、流动配置、激励保障等机制。加强与国际高水平人力资源机构、行业组织的交流与合作，积极开展地区、行业人才引进工作的经验交流，不断创新工作方法，推动留学回国工作更好地开展。

（五）狠抓落实，加强督查

各级人力资源社会保障部门要根据本规划精神，结合实际情况，因地制宜，突出重点，抓紧制定本地区、本部门“十二五”留学人员回国工作的具体规划，加强规划实施的跟踪监控和督促检查，不断总结经验，及时研究解决实施中出现的新情况、新问题，适时进行动态调整，确保规划的顺利实施。

第五篇　博士后篇

Diwupian Boshihoupian

国务院批转国家科委、教育部、中国科学院关于试办博士后科研流动站的报告的通知

（国发〔1985〕88 号 1985 年 7 月 5 日）

各省、自治区、直辖市人民政府，国务院各部委，各直属机构：

国务院同意国家科委、原教育部、中国科学院《关于试办博士后科研流动站的报告》，现转发给你们，请贯彻执行。

试办博士后科研流动站，试行博士后研究制度，是人才开发的一项重要措施，对于加快培养社会主义现代化建设需要的高级专门人才，加强学术交流，增强科研、教学队伍的活力，具有积极意义。这项工作在我国尚属初创阶段，缺乏经验，望各地区、各部门积极支持，密切配合，及时解决工作中出现的问题，共同把这项工作做好。

关于试办博士后科研流动站的报告

国务院：

为了贯彻落实中央、国务院领导同志 1984 年 5 月对李政道教授《如何安排“博士后”科技青年的一些建议》的指示精神，国家科委、教育部和中国科学院征求了一些部门和地方的意见，吸收了某些专家和留学回国博士的建议，并同财政部、国家计委、公安部、劳动人事部、商业部等有关部门反复研商，提出了在我国试办博士后科研流动站的初步意见。现将主要情况和意见报告如下：

一、建立博士后科研流动站，试行博士后研究制度十分必要。

博士后研究制度是第二次世界大战后在一些发达国家逐渐形成的一种造就优秀专业人才的制度。实行这种制度的办法和目的是，在高等学校和研究机构设置一些不固定的职位，挑选一些获得博士学位的人员在这里从事一个阶段的研究工作，以拓宽知识面，进一步培养独立工作的能力，使之成为具有较高水平的科研、教学人员。

我国自 1981 年以来，在国内招收攻读博士学位的研究生已近千名。从 1978 年开始，选派出国的研究生累计已有三千余名，目前已陆续有人获得博士学位，回国工作。李政道教授建议，在国内某些学术水平较高、科研条件较好的高等学校和研究机构，建立“博士后科研流动站”，选拔一些在国内外取得博士学位的优秀青年，到这里从事一定时期的科研工作，不属于这些单位编制内的正式职工，在其获得固定工作岗位之前处于流动状态。我们认为，这样做有利于造就适应现代化建设和当代科学发展的高水平科研人才；有利于促进人才流动，使科研、教学队伍始终保持朝气蓬勃的活力；有利于学术交流，博采众长，避免在学术上出现“近亲繁殖”的现象；有利于取得博士学位的人员和用人单位都有更多的机会相互挑选，以使人尽其才，才尽其用。这应作为智力开发的一

项重要措施，尽快予以实施。

二、为贯彻“经济建设必须依靠科学技术，科学技术必须面向经济建设”的方针，博士后科研流动站的建立应包括基础科学和应用科学的有关领域。

建立博士后科研流动站是一项新的工作，必须经过试点，取得经验后再逐步推广。1985 和 1986 两年拟招收博士后研究人员 250 人。

三、建立博士后科研流动站的单位必须具备以下条件：

（一）有博士学位授予权，有高水平的博士导师；

（二）学术气氛浓厚而活跃，科研工作在国内处于领先地位；

（三）有必需的实验设备，科研后勤条件良好；

（四）单位领导积极热心。

四、博士后科研流动站的规模，在试办期间不宜过大，每一站招收的博士后研究人员以三至五人，最多不超过十人为宜。

五、设立博士后科学基金，主要用以鼓励和支持博士后研究人员中有科研潜力和杰出才能的年轻优秀人才，使他们在某些方面得到优厚的条件，以便顺利开展科研工作，迅速成长为高水平的研究人才。

六、成立博士后科研流动站管理协调委员会。其任务是：

（一）组织高水平的专家对申请建站单位进行评审，确定建站单位和所招收的博士后研究人员名额；

（二）审议和批准获得博士后科学基金的人选、资助金额；

（三）对各站工作进行调查了解和督促检查；

（四）其他管理协调工作。

委员会由七人组成（教育部二人、中国科学院二人、国家科委一人、有关工业部一人、地方科委一人），主任由国家科委选派适当人选担任。委员会下设若干专家组，在委员会领导下，负责具体的审议、咨询工作。委员会设秘书长一人，负责联系和处理重大事务。

委员会的办事机构设在国家科委科技干部局。

七、国务院已批准由国家拨二千万元人民币（含 10% 的外汇）专款，用来建立博士后科研流动站。请财政部即行安排，将此专款一次性拨给国家科委科技干部局管理使用。经研究，拟以其中的一千万元（含 20% 的外汇）用来设立博士后科学基金，存入中国国际信托投资公司，以每年的利息作为当年博士后工作的活动经费和博士后科学基金的资助金额，不得挪作他用。

另外一千万元用于建立博士后科研流动站和博士后研究人员专用公寓的补助费用，在若干城市建造一些博士后研究人员的专用公寓。根据博士后科研流动站管理协调委员会提出的建站计划，各有关部门和地方应当在土地、投资和建房等方面给予配合和支持，纳入基建计划。建站单位要按统一标准进行建设和管理。专用公寓将长期周转使用，采用高房租、高补贴办法，防止非博士后人员占用或博士后研究人员离站后不及时迁出。

八、博士后研究人员在一个流动站工作的期限一般为两年。工作期满后，必须流动出站或转到下一个站去。在不同流动站工作的总期限不得超过四年。不再继续流动的博士后研究人员，可以根据用人单位的招聘条件竞争到固定职位，也可由国家科委科技干部局根据需要，结合本人志愿安排工作。

九、博士后研究人员在流动站工作期间，计算工龄，一切按国家正式工作人员对待，并暂按工资改革后讲师（助理研究员）工资的最低标准发给工资，按照规定享受生活困难补助、奖金、公费医疗等福利待遇，流动期满安排固定工作并明确职务后，再发给相应的职务工资。博士后研究人员日常所需科研经费加上生活费用每年至少需要8 000元（注）。鉴于目前博士后人数尚少，可暂从博士后专款中支付。随着博士后人数的增加，专款不敷使用时，再由财政部另拨。

十、博士后研究人员流动期间，其配偶及其未成年的子女可以随本人流动。配偶如属国家正式职工，则由建站单位按借调人员安排适当工作，并照原工资标准发给工资。建站单位所在地的公安部门对博士后研究人员本人常住户口应准予落在建站单位，其配偶和未成年子女则落暂住户口；博士后研究人员流动期满安排固定工作后，接受单位所在地的公安部门，应准许博士后研究人员的配偶和未成年子女（包括农村户口）落常住户口。配偶的工作由用人单位负责安置，如有困难，由当地劳动人事部门协助安排。

在试办期间，为简化手续，各地公安部门可凭国家科委科技干部局的介绍信办理落户事宜。

博士后研究人员流动期间，随其一起流动的配偶、子女所需定量供应的商品，由当地商业部门按常住户口的同类人员标准予以解决。子女上学问题，当地教育部门应按常住户口同样对待。

十一、关于建立博士后科研流动站的具体方案和博士后科学基金实施细则，将由博士后科研流动站管理协调委员会另行制订。

以上报告如无不妥，请批转各部门和地区贯彻执行。

注：经中央领导同志1985年7月16日批准，博士后研究人员日常所需科研经费加上生活费由每年8 000元增至12 000元，并按每年在站人数由财政部另拨。

国家科委关于试办博士后科研流动站申请办法的通知

（〔85〕国科发干字第784号　1985年8月14日）

国务院各有关部委、直属机构，各省、自治区、直辖市科技干部局（处），三峡省筹备组教科文卫办：

按照《国务院批转国家科委、教育部、中国科学院关于试办博士后科研流动站报告的通知》（国发〔1985〕88号）精神，经与国家教委、中国科学院等有关部门协商，现将试办博士后科研流动站的申请办法及有关问题通知如下：

一、申请试办博士后科研流动站的学科包括基础科学和应用科学的有关领域。经博士后科研流动站管理协调委员会第一次会议研究，1985和1986两年拟招收博士后研究人员250名，按学科领域分配比例为：物理学30%；化学15%；生物学（含农、医方面的基础研究）15%；地学 12%；数学和天文学 8%；技术科学 20%。

二、申请试办博士后科研流动站（指研究所或高等院校的系、所），必须按规定同时具备下列条件：

（一）有博士学位授予权，有高水平的博士导师；

（二）学术气氛浓厚而活跃，科研工作在国内处于领先地位；

（三）有必需的实验设备，科研后勤条件良好；

（四）单位领导积极热心。

此外，还必须考虑三个因素，即（1）预计本学科领域内近两年能有相当数量的获得国内外博士学位人员可申请到站做研究工作；（2）在博士后专用公寓未建成以前，能妥善解决博士后研究人员的住房（带家具的家属宿舍或招待所）；（3）已招收过博士生。目前尚未招收博士生的有权授予博士学位的学科、专业，这次一般不申报。

三、试办博士后科研流动站是在有博士学位授予权的单位，按一级学科设站，按有权授予博士学位的学科、专业（即二级学科）进行申报和评审。

四、为了促进学术交流和人才交流，避免在学术上的“近亲繁殖”，同学科的站应设两个以上，保证流动。本单位培养的博士生不得进本单位的流动站，但可在流动后回本单位工作。

五、建站单位申请报批程序：

（一）在接此通知后，请立即会商本系统科技、教育部门，根据上述要求，布置有条件并热心建站的单位学习国发〔1985〕88 号文件，认真填写《申请试办博士后科研流动站报批表》（见附件）。

（二）由于当前博士后科研流动站试点规模和招收博士后研究人员的人数都十分有限，所以只能在少数部门和个别地方试办。因而，各部门和地方对本系统申请建站单位《报批表》要严格审核把关。如无合适单位，就不必申报。

（三）各申请单位的《报批表》一式七份（必含原件）经上级主管部门审核后，必须在今年 9 月 15 日以前寄到我委科技干部局。

在地方的部属高等院校和研究机构的申报工作，由有关部委、直属机构负责，地方给予协助。

凡属国务院有关部委、直属机构，及各省、自治区、直辖市主管的高等院校的《报批表》还需同时报国家教育委员会一份。

（四）9 月 15 日至 30 日，由博士后科研流动站管理协调委员会组织专家进行评审。

（五）经综合平衡后，管理协调委员会于 10 月上旬开会确定建站单位和所招收的博士后研究人员名额。

由于时间紧迫，望你们抓紧部署，按规定期限报送《申请试办博士后科研流动站报批表》，逾期不予受理。

附件：申请试办博士后科研流动站报批表（略）

国家科委、公安部关于博士后研究人员及其配偶、子女落户等问题的通知

（〔86〕国科发干字0398号 1986年6月17日）

各省、自治区、直辖市公安厅（局），科技干部局（处）：

按照1985年7月5日《国务院批转国家科委、教育部、中国科学院关于试办博士后科研流动站报告的通知》（国发〔1985〕88号）精神，现将博士后研究人员（以下简称博士后）及其配偶和未成年子女（包括农村户口，以及城市户口的未就业子女，以下同）落户等有关事项通知如下：

一、博士后流动期间，在博士后科研流动站（以下简称站）建站单位落常住户口。各地公安部门凭国家科委科技干部局介绍信（附件1、2，本书略），为博士后办理户口迁出和落户手续。

博士后如系刚毕业的留学生，则凭国家科委科技干部局的介绍信（附件2）办理落户手续。

二、博士后流动期间，其配偶及未成年子女可以随博士后一起流动。建站单位所在地的公安部门凭各有关省、自治区、直辖市科技干部局（处）的介绍信，办理暂住户口手续。同时，建站单位应向博士后配偶和子女原户口所在地的公安部门出具证明，说明情况。

三、博士后在第一个站工作期满，流动到第二个站时，本人及配偶和子女的户口手续仍按第一条和第二条的规定办理。

四、博士后流动期满安排固定工作后，当地公安部门凭国家科委科技干部局的介绍信（附件3、4，本书略），为其本人及配偶和未成年子女办理户口迁出和落城镇常住户口手续。

五、博士后流动到第二个站或流动期满安排固定工作后，博士后及其配偶、子女应及时到原户口登记机关办理户口迁出手续和注销暂住户口。

国家科委、国家教委关于博士后研究人员子女上学问题的通知

（〔86〕国科发干字0751号 1986年10月27日）

各省、自治区、直辖市及计划单列城市科技干部局、高教（教育）厅（局）：

国务院国发〔1985〕88号文件规定，博士后研究人员流动期间，其配偶及未成年子女可随本人流动并在当地落暂住户口，“子女上学问题，当地教育部门应按常住户口同样对

待”。为妥善解决博士后研究人员子女入幼、上学问题，现将具体解决办法通知如下：

一、各地中小学和幼儿园应准予本地区博士后研究人员子女就近上学和入园。同时，不应以暂住户口为由收取额外的费用。

二、博士后研究人员子女可在暂住户口所在地报考重点中学和普通中学。如他们原在重点中学上学，经过考核合格后，可转入对等重点中学。

三、博士后研究人员子女系高中或初中毕业生，可在暂住户口所在地报考高等院校或中等专业学校。

四、博士后研究人员子女入幼儿园、上小学、报考（转入）中学以及报考高等院校或中等专业学校等，均凭所在省、自治区、直辖市及计划单列城市科技干部局（北京地区凭国家科委科技干部局）介绍信（式样附后）到当地教育部门办理有关手续。

附件：介绍信式样（略）

国家科委关于印发《国家博士后科学基金试行条例》的通知

（〔86〕国科发干字 0802 号　1986 年 11 月 12 日）

各有关省、自治区、直辖市科技干部局（处），国务院各有关部委、直属机构，各博士后科研流动站建站单位：

《国家博士后科学基金试行条例》已于 1986 年 10 月 11 日经全国博士后科研流动站管理协调委员会第四次会议讨论通过，现印发给你们试行。

各建站单位在接到本通知后，应及时向所有进站的博士后研究人员传达《国家博士后科学基金试行条例》。1986 年 8 月底以前进站的符合规定条件的博士后研究人员申请资助金时，须填写《申请国家博士后科学基金报批表》（见附件），经建站单位评审并提出意见后，于 1986 年 12 月 31 日前，将《报批表》一式十份（必含原件）寄到我委科技干部局，逾期不予受理。

附件：申请国家博士后科学基金报批表（略）

国家博士后科学基金试行条例

第一章　总　则

第一条　根据国发〔1985〕88 号文件《国务院批转国家科委、教育部、中国科学院关于试办博士后科研流动站报告的通知》精神，制定本试行条例。

第二条　设立国家博士后科学基金的目的是，鼓励和支持博士后研究人员中有科研潜力和杰出才能的年轻优秀人才，为他们提供比较优厚的条件，以便顺利开展科研工作，使其迅速成长为高水平的专业人才，为四化建设作出贡献。

第二章 基金来源及资助金额

第三条 基金来源：

1. 国家专项拨款；

2. 国内外各种机构、团体、单位或个人的捐赠；

3. 各级政府资助；

4. 其他收入。

第四条 将基金存入国内的金融机构，从每年的利息中提取当年度对博士后研究人员的资助金。

第五条 资助金额分为两个等级：

A. 人民币一万元和外汇两千美元；

B. 人民币五千元和外汇一千美元。

有特殊需要者，资助金额可适当提高。

第三章 申请办法和审批程序

第六条 申请博士后科学基金的博士后研究人员应具备以下条件：

1. 品学兼优，在研究工作中作出过优异成绩；

2. 进博士后科研流动站工作超过半年，工作进展顺利；

3. 年龄在35岁以下。近两年内（1988年10月底以前），东北、西北和西南地区的申请者年龄可放宽到43岁，其他地区放宽到40岁。

第七条 申请者应提供如下书面材料：

1. 申请书，内容包括个人获得学位情况；过去已取得的科研成果及国内外的评价；目前所从事研究项目的内容、意义、进度、预期结果及国内外在这方面的研究水平；现有科研条件；申请资助金额和用途等；

2. 两位教授（研究员或其他相当职称人员）的推荐信。

第八条 建站单位要对申请者的科研能力、学术水平、工作表现、科研成果及申请资助金的必要性等进行评议，提出意见后将有关材料报送全国博士后科研流动站管理协调委员会办公室（设在国家科委科技干部局，以下简称管委会办公室）。

第九条 管委会办公室将所收到的申请材料在限期内分送给各有关学科专家组，由专家组邀请与申请者同行的三位专家，用通讯方式征集意见，然后由专家组对申请者是否资助以及资助金额提出评审意见。评审工作每年2月和8月进行两次，申请者必须在每年6月底和12月底以前将各项材料送到管委会办公室。

第十条 全国博士后科研流动站管理协调委员会根据各专家组的评审意见，审查和批准获得资助金的人选及其资助金额。

第十一条 资助金获得者中特别优秀的，由于研究工作的需要，要求继续得到本基金资助的可以在得到资助金一年后再申请一次，申请办法和审批程序同上。

第四章 使用办法

第十二条 博士后研究人员所获得的资助金，只能用于添置研究工作所需要的仪器设备、实验材料、图书资料；改装实验室；聘用助手以及参加国内外有关学术会议等，不能作为个人的生活费用。

第十三条 资助金获得者在研究工作中有支配资助金的自主权，允许将未用完的部分从第一站带到第二站，流动期满还可以带到工作单位继续使用。

用资助金购置的仪器设备、实验材料、图书资料等物品都属于国家财产。博士后研究人员流动到第二站或流动期满安排固定工作后，凡属其研究工作必需的上述物品，均可由博士后研究人员带到新的站或工作单位，其余的可留给建站单位。物品交接时应办好登记手续。

第五章 管 理

第十四条 管委会办公室对博士后科学基金进行统一管理，办理资助金的拨款手续，并对资助金的使用情况进行监督和检查。对违反第十二条规定、使用不当的有权追回。

第十五条 资助金获得者每年须向建站单位提交资助金的使用情况和取得效益的书面报告。每笔资助金使用完毕，必须向建站单位和管委会办公室提交研究工作和使用资助金的全面总结。

第十六条 资助金由博士后研究人员所在建站单位的财务部门单独立账，代为经管和监督。

第六章 附 则

第十七条 本试行条例经全国博士后科研流动站管理协调委员会讨论通过后施行，解释权归管委会办公室。

国家科委关于印发《博士后经费管理使用暂行规定》的通知

（〔87〕国科发干字 0270 号 1987 年 4 月 28 日）

各有关省、自治区、直辖市科技干部局（处），国务院各有关部委、直属机构主管部门，各博士后科研流动站建站单位：

《博士后经费管理使用暂行规定》已于 1987 年 3 月 27 日经全国博士后科研流动站管理协调委员会第五次会议讨论通过，现发给你们试行。试行中有何意见和建议请及时告诉全国博士后科研流动站管理协调委员会办公室（我委科技干部局），以便今后修改补充。

博士后经费管理使用暂行规定

第一章 总 则

第一条 为促进我国试办博士后科研流动站、试行博士后研究制度工作的顺利发展，加强对博士后经费的管理，特制定本暂行规定。

第二条 博士后经费是由财政部划拨的专项事业经费。使用计划由博士后科研流动站管理协调委员会（以下简称管委会）审定，由管委会办公室具体管理使用。管委会进行检查和监督。

第三条　博士后经费主要用于支付博士后研究人员日常经费、博士后科学基金、博士后管理工作活动经费等项开支。

第四条　管委会办公室、各博士后科研流动站建站单位均应严格执行本暂行规定。

第二章　经费来源

第五条　根据国发〔1985〕88号文件《国务院批转国家科委、教育部、中国科学院关于试办博士后科研流动站报告的通知》规定，财政部已拨款2千万元人民币（内含2百万美元的外汇），用来建立博士后科研流动站，管委会办公室已将此款存入了中国国际信托投资公司和中国新技术创业投资公司，并以每年的利息作为当年博士后科学基金的资助金额和博士后工作的活动经费。

第六条　财政部根据每年在站实际人数和新招收的计划人数，按规定标准划拨博士后研究人员（以下简称博士后）日常经费。

第七条　国内外各种机构、团体、单位或个人的捐赠、赞助及各级政府的资助。

第八条　随着博士后事业的发展国家另拨的其他各项专款等。

第三章　博士后研究人员日常经费的管理和使用

第九条　博士后的日常经费系博士后日常所需的科研经费和生活费用，由管委会办公室从博士后批准正式进站的当月起按年度划拨给建站单位，直至2年期满或博士后出站时为止。各建站单位在收到此款后，应及时将收据送管委会办公室。

第十条　博士后日常经费标准一般为每人每年1万2千元，在近两年内（从1986年10月起至1988年10月底止），对东北地区（沈阳、大连、长春、哈尔滨）、西北地区（西安、兰州）、西南地区（成都、贵阳）的博士后日常经费标准提高为每人每年1万5千元。

第十一条　博士后日常经费中用于补助研究工作的经费一般不得低于75%。由建站单位根据研究工作进展情况统一掌握使用，博士后本人也可根据工作需要随时向建站单位提出使用意见。研究经费主要用于添置小型必备的仪器、设备、实验材料、试剂、图书资料及计算费用等。可以零星使用，也可集中使用。具体审批手续按各建站单位财务的有关规定办理。

第十二条　博士后日常经费中用于生活福利的费用一般不超过25%。由建站单位按规定标准发给工资（含工龄津贴）、奖金、生活补贴以及按规定享受与建站单位正式职工同等的公费医疗、困难补助、探亲等福利待遇。

1. 工资：在第一站工作期间暂按工资改革后讲师（助理研究员）工资的最低标准发给，并发给工龄津贴；

2. 奖金：按建站单位正式职工的平均标准发给；

3. 生活补贴：每人每月100元，用以购买书籍、资料及交纳博士后公寓的房租。

第十三条　博士后日常经费由各建站单位财务部门单独立账，专款专用，并要求于每年1月上旬向管委会办公室报送上一年度日常经费支出明细表（表式见附件1，本书略），待管委会办公室核准后划拨下一年度的经费。

第十四条　博士后研究工作期满或因故提前离站，建站单位财务部门应及时将经费使用情况报管委会办公室，提前离站的应将剩余的经费退回。

第四章　博士后科学基金的管理和使用

第十五条　博士后科学基金的管理和使用除按《国家博士后科学基金试行条例》（附件 2，本书略）执行外，补充规定如下：

1. 博士后科学基金资助金额按条例规定分为两个等级，如有特殊需要者，资助金额可适当提高，但提高部分不得超过 A 等资助的 50%。

2. 资助金的外汇金额，严格按照国家外汇管理制度，由管委会办公室统一管理。在使用时，须由资助金获得者提出使用计划，并办妥有关手续，报管委会办公室批准后再发给本人使用。外汇使用者应直接向管委会办公室结算，并将剩余外汇退回，以便今后继续使用。

3. 资助金的外汇部分在博士后工作期满分配固定工作后可保留使用权一年。

第五章　博士后专用公寓的收费及管理

第十六条　由管委会根据国家计委划拨的基建经费在北京、上海、天津、长春集中投资兴建的博士后专用公寓，每套住房收费标准为 50 至 60 元。其他地区，博士后住房由建站单位自行解决。确有困难的，可酌情予以补助。

第十七条　对暂时没有博士后进住的房间，可由国家科委科技干部局和委托建房单位安排短期出差的专家、学者居住，并收取住房费用（标准由双方共同研究确定）。

第十八条　博士后专用公寓房屋设施的维护和修理，所需费用按以租养房的原则解决，即从上述第十六条和第十七条中规定所收取的房费中开支。

第十九条　博士后专用公寓所收取的房费，由建房单位代管。扣除房屋与设备维修、招聘服务人员和管理等项费用，剩余部分由管委会办公室和委托建房单位各得 50%，每年一、七月结算两次。双方所得收入均要用于博士后事业。

第二十条　各建站单位自行提供的博士后住房，其房费标准及管理办法，可参照上述的有关规定由各建站单位自行确定。

第六章　博士后工作活动经费的管理和使用

第二十一条　博士后工作活动经费由管委会办公室统一掌握和使用。

第二十二条　博士后工作活动经费主要用于开展各项业务活动所购置必需的设备和办公用品、会议费、差旅费以及其他图书资料、宣传印刷等项费用的开支（经费开支范围见附件 3，本书略）。

第二十三条　博士后工作活动经费有关费用开支标准，按国家行政事业费开支的有关规定执行，由管委会办公室主管领导审批后使用。对于重大或特殊的费用开支应报请管委会主任或秘书长审批。

第七章　附　则

第二十四条　本暂行规定经全国博士后科研流动站管理协调委员会讨论通过后执行。

第二十五条　管委会办公室对各建站单位有关博士后经费的使用情况应经常进行监督和检查。对严重违反规定、使用不当的，有权追回各项拨款。

中央职称改革工作领导小组转发全国博士后科研流动站管理协调委员会《关于博士后研究人员专业技术职务评审和任职的原则意见》的通知

（职改字〔1987〕33号 1987年8月18日）

各省、自治区、直辖市人民政府，中央和国家机关各部委，总政治部，中国科学院：

经研究，同意全国博士后科研流动站管理协调委员会《关于博士后研究人员专业技术职务评审和任职的原则意见》，现发给你们，请按照执行。

关于博士后研究人员专业技术职务评审和任职的原则意见

为促进我国试办博士后科研流动站，试行博士后研究制度工作的顺利开展，激励博士后研究人员（以下简称博士后）努力提高研究工作能力和学术水平，迅速成长为高水平的研究人才，促进人才合理流动，现对博士后专业技术职务的评审和任职，提出如下原则意见。

一、博士后是从事科学技术研究的中、高级科技工作者，属国家正式职工，但又不列入建站单位的编制。鉴于这种特殊情况，必须对他们的专业技术职务问题采取适当的办法加以解决，即由建站单位评定任职资格，流动期满分配工作后，由接受单位根据工作需要，并参照其任职资格聘任正式职务。

二、对申请评定专业技术职务任职资格的博士后，应根据《自然科学研究人员职务试行条例》或《高等学校教师职务试行条例》、《工程技术人员职务试行条例》进行评审，并按如下原则掌握：

1. 根据职务试行条例对获得博士学位，经考察表明能胜任和履行相应职责的人员，即可确定为中级专业技术职务的原则，凡申请做第一期博士后研究工作的人员，经博士后科研流动站建站单位的学术机构对其科研能力、学术水平和已取得的科研成果进行评审，并被批准进站工作后，即认定其具有助理研究员（讲师、工程师）任职资格。

2. 博士后在第一期或第二期博士后科研流动站工作期间，能创造性地进行博士后研究工作，较好地完成博士后研究课题，并取得较大成绩，可不受资历的限制，在离站前申请评定高级专业技术职务任职资格。

三、对博士后高级专业技术职务任职资格的评审，由博士后所在建站单位的专业技术职务评审委员会负责，在博士后离站前进行。博士后应按照建站单位的要求，递交代表本人学术水平和工作能力的论著、研究报告及博士后工作总结等材料。评审委员会根据其德才表现进行评议，提出是否符合副研究员（研究员）或副教授（教授）、高级工程师任职资格的意见，并按审批权限审定。评审结果，须报建站单位上级主管部门和博士后科研流动站管理协调委员会办公室备案。

全国博士后管委会关于做好博士后研究人员工作期满成果评定、专业技术职务任职资格评审及工作分配的通知

（〔1987〕博管发字 002 号　1987 年 9 月 29 日）

各博士后科研流动站建站单位：

从 1987 年年底开始，即将有博士后研究人员结束第一期博士后研究工作，离站分配工作或转入第二站工作。为了考核评定博士后研究人员的学术水平、业务能力及研究成果，评审高级专业技术职务任职资格和妥善安排工作单位，现将有关事项通知如下：

一、关于学术水平、业务能力及研究成果的考核评定

博士后研究人员在站工作期间应完成进站前与建站单位签订的协议书所规定或商定的研究课题。按照《博士后研究人员管理工作暂行规定》，博士后工作期满离站时，建站单位应对他们的学术水平、业务能力及科研成果进行全面考核、评定，并提出使用意见。因此，各建站单位在进行考核、评定时，应要求博士后研究人员提交研究工作总结，研究成果报告和发表论文情况（包括发表时间、刊登论文的刊物名称）等书面材料，并按各有关部门和单位的有关规定办理。考核评定工作结束后，应将上述材料的复印件送管委会办公室备案。

二、关于专业技术职务任职资格的评审

博士后专业技术职务任职资格的评审，应按照中央职称改革工作领导小组职改字〔1987〕33 号文件的有关规定办理。凡申请高级专业技术职务任职资格的博士后研究人员，须填写《博士后研究人员专业技术职务任职资格申报表》（附件 1）。由于博士后科研流动站涉及的部门、单位比较多，对博士后研究人员专业技术职务任职资格的评审工作均按所在建站单位正式职工专业技术职务评审办法和审批程序办理。如《申报表》中的内容未能体现，请各建站单位另附表格补充。

三、关于工作分配或转入第二站工作

1. 博士后研究人员流动期满要求分配固定工作的，须填写《博士后研究人员工作期满分配工作登记表》（附件 2）一式四份，经建站单位签署意见后均送管委会办公室（设在国家科委科技干部局）。他们的工作可以由本人自行联系，也可以由建站单位向有关单位（含本单位）进行推荐，也可以由国家科委科技干部局协助联系。经博士后研究人员和接收单位双方同意，并由接收单位的上级主管部门向国家科委科技干部局行文后，即可办理分配手续。一旦分配单位确定后，管委会办公室将上述登记表分送建站单位和接收单位。

2. 凡要求到第二站工作的博士后研究人员，可按照第一站工作的申请办法在期满前三个月向其他建站单位申请。

上述各项工作是博士后工作的重要环节，有关材料均需归入博士后研究人员的档案。因此希望各建站单位认真做好以上工作，不断总结经验，对出现的问题应及时向管委会反映，以便共同研究解决。

附件：1. 博士后研究人员专业技术职务任职资格申报表（略）
2. 博士后研究人员工作期满分配工作登记表（略）

全国博士后管委会关于进一步明确博士后研究人员身份等问题的通知

（〔1987〕博管发字044号 1987年9月29日）

各博士后科研流动站建站单位：

最近，有些建站单位反映，感到博士后研究人员的身份还不太明确，因此，对他们是否发正式工作证和以何身份参加国内外学术交流活动等问题不知如何处理。

根据国务院国发〔1985〕88号文件的精神，现将有关问题进一步明确如下：

博士后研究人员系国家正式职工，其行政、工资、组织等各类关系均在建站单位。所以，他们虽不被列入建站单位的正式编制，但却属于各建站单位经国家批准的流动编制内的工作人员，一切待遇应按建站单位正式职工对待。

（一）博士后研究人员进站后，各建站单位应发给他们正式工作证、医疗证、图书借阅证等各类证件，职务（职称）一栏，请填写“博士后”。

（二）按中央职称改革工作领导小组职改字〔1987〕33号文件规定，已被确认或评定了专业技术职务任职资格的博士后研究人员，在对外联系工作或在国内外进行学术交流活动时，可以此专业技术职务的身份对外。

（三）博士后研究人员按规定享受建站单位同职级正式职工同等的福利待遇，各建站单位不应以博士后研究人员已享受了国家特殊规定的生活补贴为由，而把他们排除在外。上述福利待遇所需经费，凡有正常开支渠道的，不要在国家拨给的博士后研究人员日常经费中列支，以保证博士后研究人员有更多的经费用于研究工作。

特此通知。

全国博士后管委会关于当前博士后工作若干问题的通知

（〔1988〕博管发字1号 1988年1月20日）

各有关省、自治区、直辖市科技干部局（处），国务院各有关部委、直属机构，中国科学院，中国人民解放军总政治部，各博士后科研流动站建站单位：

两年多来，我国试办博士后科研流动站，试行博士后研究制度已取得很大进展。管委会会同有关部门制定出一系列的政策性文件，有关制度规定、办法基本配套并不断完善；申请做博士后的人数正在逐渐增多，截止到 1987 年年底，全国已有 154 名博士后研究人员进站工作；他们已成为我国科技战线上一支年轻而有生气的重要力量，绝大多数人的研究工作进展顺利，有些已取得可喜的成绩；一些部门、地区和单位对博士后工作的认识逐步深化，试办博士后科研流动站的积极性越来越高。从全国总的情况来看，发展趋势是正常的，这项新开创的工作已在国内外产生了很大的影响。

根据有关方面提供的信息，预计 1988 年起，申请做博士后的人数将有较大幅度的增加。针对这种情况，经全国博士后管委会 1987 年 12 月 3 日第六次会议研究确定，今后博士后工作必须进一步贯彻改革、开放、搞活的精神，适当扩大招收博士后研究人员的规模，对原有规定、办法中不适应形势发展需要的部分进行修改。现将管委会讨论决定的几个问题通知如下。

一、关于修改新建博士后科研流动站的申请条件问题

国家科委 1985 年 11 月 23 日〔85〕国科发干字 1187 号文件曾规定：凡未被批准建站的单位，如果有两名以上在国外留学获得博士学位者愿到该单位做博士后研究人员，可随时按申请办法向国家科委科技干部局申请建站。但在实际执行过程中，由于要求有两名同专业的留学博士几乎同时获得学位和回国，并同时向同一个单位申请做博士后研究人员，实有困难。因此决定改为：凡具备建站条件的单位，如有两名新近获得博士学位者（其中必含一名留学博士）愿到该单位做博士后，可按照国家科委〔85〕国科发干字 784 号文件规定的申请办法向管委会办公室报送申请材料，经有关学科专家组评审和管委会批准后建立博士后科研流动站。

对于承担国家高技术发展计划研究项目或设有国家重点实验室的单位，凡具备建站基本条件的，则不受上述必须有博士后人选的限制，可先申请建立博士后科研流动站。具体申请和审批办法待与有关部门商定后另行下达执行。

二、关于扩大设站专业覆盖面的问题

为了给各建站单位以更大的调节自由度，使有些优秀博士得以进站做博士后，今后在各流动站招收博士后总名额不变的情况下，除已被批准的设站专业外，允许本流动站内其他有博士授予权的二级学科（专业）招收博士后。

三、关于自筹经费招收博士后的问题

鉴于我们国家财力有限，因此设立博士后科研流动站的规模和招收博士后的数量不可能无限制的扩大。为了发挥各部门、地方及各单位的积极性，允许各博士后科研流动站在完成国家批准的招收名额后，自筹经费招收博士后。除经费、住房由各建站单位自行解决外，做博士后的条件和其他有关待遇按国家对博士后的有关规定执行。各建站单位利用自筹经费招收博士后时，均需将《博士后研究人员登记表》、两名本学科领域导师推荐信、博士学位证书（或其他有关证明文件）的复印件报送管委会办公室备案。

四、关于外国人进流动站做博士后的问题

为了促进国际间学术交流，提高我国实行博士后研究制度的地位，并扩大其影响，允许少数条件具备的建站单位在原批准的名额内招收少量外国籍博士进站做博士后。全国招收外国籍博士后的人数控制在博士后总名额的5%以内。

凡申请招收外国人进站做博士后的建站单位，均应将有关申请者材料分别报送其上级主管部门，经审核同意后再报管委会办公室，由管委会批准后方能接收外国人进站做博士后。

管委会办公室对经批准接收外国籍博士后的建站单位，仍按国内博士后的标准拨给日常经费，不足部分由建站单位或其主管部门解决。建站单位发给外国籍博士后的个人生活费可在每月350元至500元的范围内掌握。

五、关于博士后申请到国外继续做博士后或进修的问题

为了保证我国试办博士后科研流动站工作得以顺利开展，博士后在站期间，不能申请到国外做博士后或进修。但根据需要，建站单位可安排他们出国参加国际学术会议或交流活动，也可以短期出国进行与博士后研究课题直接有关的合作研究或实验工作，期限一般不超过三个月。

博士后流动期满要求到国外做博士后或进修，原则上应先分配工作，然后由接收单位按照国家有关规定审批并办理出国手续。考虑到博士后已是从事一定年限研究工作的高层次科技人员，各接受单位在可能条件下应尽量优先安排他们出国学习或进行合作研究。

各建站单位应努力贯彻落实管委会制定的一系列文件精神，积极物色博士后人选，按规定名额尽早完成招收计划；要进一步改善博士后研究人员的工作和生活条件，使他们能够专心致志地从事研究工作并尽快作出成果；当前，对有些建站单位来讲，特别要做好即将流动期满博士后的科研成果评定，专业技术职务任职资格评审以及分配工作单位等项工作。

人事部、国家科委关于国家科委科技干部局划转人事部的通知

（人字〔1988〕43号 1988年5月21日）

各省、自治区、直辖市人民政府，国务院各部委、各直属机构：

根据国务院机构改革的决定，经人事部和国家科委领导具体商定，国家科委科技干部局的职责任务（除星火计划培训、科技管理干部培训及赴波兰短期进修人员的选派工作，仍留科委外）于1988年5月11日整建制正式划转人事部。为保证各地、各部门科技干部管理工作的正常开展，现将有关事项通知如下：

一、从1988年5月11日起国家科委科技干部局的印章停止使用。一些需要继续办理的工作，在人事部各司印章尚未启用前，暂用人事部办公厅印章代；

二、鉴于科技干部局的任务已划转人事部，今后，各地、各部门凡需要与科技干部局联系的工作，可同人事部联系。

人事部关于进一步做好博士后工作的通知

（人专发〔1989〕14 号　1989 年 10 月 30 日）

各有关省、自治区、直辖市人事（劳动人事）厅（局）、科技干部局（处）：

自 1985 年我国试行博士后制度以来，先后在全国 93 个高等学校和科研单位设立博士后流动站 159 个。这些博士后流动站分布在全国 18 个省、直辖市。为充分发挥地方的作用，共同做好这项工作，现将有关问题通知如下：

一、地方人事厅（局）或科技干部局（处）在博士后工作方面的主要任务是：负责调查了解、检查督促本地区各设站单位贯彻执行博士后工作的方针政策、规章制度情况；组织交流工作经验；牵头协调本地区各有关部门解决博士后研究人员的工作和生活中遇到的各种问题；协助解决博士后研究人员出站后本人和配偶在工作安排上遇到的困难等。

二、加强对国家投资建造的博士后公寓的管理工作。凡已建成并投入使用的博士后公寓，要制定具体管理使用办法。目前正在建设的，要千方百计解决施工中遇到的各种问题，加快进度，使公寓早日建成投入使用。对过去委托其他单位建设和管理使用的博士后公寓，有关地方人事或科技干部管理部门要主动帮助解决施工或管理使用中遇到的问题。并会同这些单位研究提出今后改进公寓协调管理的意见。

三、为促进学术交流，增强博士后研究人员之间的联系和友谊，经全国博士后管委会同意，一些地方相继成立了博士后联谊会。有关地区的人事或科技干部管理部门要关心和指导博士后联谊会的工作，帮助解决具体活动中遇到的困难和问题。

四、对博士后研究人员流动期满分配固定工作单位后，其配偶的工作安置和户口迁移问题，《国务院批转国家科委、教育部、中国科学院关于试办博士后科研流动站报告的通知》（国发〔1985〕88 号），国家科委、公安部《关于博士后研究人员及其配偶、子女落户等问题的通知》（〔86〕国科发干字 0398 号），人事部、公安部《关于变更博士后研究人员及其配偶、子女户口迁移介绍信的通知》（人专发〔1988〕1 号）作了特殊规定，与通常的人事调动程序有很大不同。一段时间以来，一些博士后研究人员的配偶在具体办理工作调动和户口迁移手续的过程中遇到了一些困难。对此，有关省市人事厅（局）要主动协调、督促，按照国家政策规定，妥善解决。

试行博士后制度是一项全新的工作，各有关地方的人事厅（局）或科技干部局（处）要对博士后工作进行一次全面的调查研究，并提出进一步搞好这项工作的建议，于今年 12 月底以前寄送我部专家司。

附件：博士后流动站分布情况表（略）

人事部关于博士后研究人员期满出站后分配工作若干问题的通知

（人专发〔1989〕17号 1989年12月27日）

各省、自治区、直辖市及计划单列市人事（劳动人事）厅（局）、编制委员会、科技干部局（处），国务院各有关部委、直属机构，中国科学院，中国社会科学院，各博士后流动站设站单位：

自从我国设立博士后流动站，试行博士后制度以来，已有570多名在国内外获得博士学位的年轻优秀人才陆续进入博士后流动站从事科研工作，其中近百名博士后研究人员已完成博士后阶段的科研任务，被分配到固定单位工作。但据设站单位和博士后研究人员反映，在联系工作单位的过程中，由于受到增干指标、人员编制、高级专业技术职务名额和比例等方面的限制，期满出站的博士后研究人员的工作分配越来越困难。为妥善解决这些问题，特作如下通知。

一、关于增干指标问题

今后，各有关高等学校和科研单位在接受期满出站的博士后研究人员时，如当年度没有增干指标或指标已用完，可以先接受，然后再由接受单位的上级主管部门报我部综合计划司追加指标。

二、关于编制问题

允许人员编制已满（包括已经超编）的高等学校和科研单位，继续接受一定数量的期满出站的博士后研究人员，并按有关规定报批，即由接受单位的上级主管部门按隶属关系，分别报国家或地方主管编制的部门（国务院各部委、直属机构、事业单位直属的高等学校和科研单位报我部中央国家机关机构编制管理司；各省、自治区、直辖市及计划单列市所属的高等学校和科研单位则报本地区主管编制的部门）审批。

三、关于专业技术职务聘任问题

凡在博士后流动站工作期间已确认或评定了专业技术职务任职资格的博士后研究人员，其所学和所从事的专业确为接受单位所急需，由接受单位根据专业对口的原则，参照博士后研究人员所获得的任职资格，聘任合适的专业技术职务，经其上级主管部门同意，可不受该单位专业技术职务名额的限制。

四、关于工资指标问题

已实行工资总额包干的单位，接受博士后研究人员可相应增加该单位工资总额包干基数。接受博士后研究人员所需工资总额计划，由接受单位的主管部门到人事计划部门办理审批手续。

为防止北京、上海、天津地区一些单位过量地接受博士后研究人员，造成编制、职称等项管理工作失控，这些地区各有关单位每年接受博士后研究人员的最多人数限定为一般不超过该单位现有专业技术人员总数的3%。其他地区不受此限制。

请各有关部门、地区和单位，按照本通知的各项规定，进一步做好博士后研究人员期满出站后的分配工作。

人事部、全国博士后管委会关于在吉林省进行博士后工作管理体制改革试点的通知

（人专发〔1990〕7 号　1990 年 10 月 30 日）

吉林省人事厅、吉林省各博士后流动站设站单位：

在我国设立博士后流动站，试行博士后制度初期，由于博士后流动站规模较小，博士后研究人员招收人数亦较少，加上其他客观原因，许多管理工作直接由全国博士后管委会办公室承担。随着博士后流动站和博士后研究人员的不断增加，上述管理体制中一些原来不很突出的矛盾和问题日益显露出来，如博士后研究人员的住房、出站后的工作分配、配偶的借调和工作安排、子女上学等需要地方政府主动或协助解决的问题越来越多。为充分发挥地方人事或科技干部管理部门的作用，更好地解决博士后管理工作存在的问题，提高工作效率，促进博士后工作的顺利发展，经与吉林省人事厅研究，决定在吉林省进行博士后工作管理体制改革的试点工作。现将有关问题通知如下：

一、吉林省所有博士后流动站和博士后研究人员的有关管理工作，统一归口由吉林省人事厅负责，其主要任务和职责是：

（一）调查了解吉林省各设站单位贯彻执行博士后工作的方针政策和规章制度的情况，并结合吉林省的情况，制定一些具体管理细则。对各设站单位的博士后工作进行督促和指导，组织交流工作经验，充分发挥各设站单位试行博士后制度、做好博士后工作的主观能动作用。

（二）牵头协调吉林省各有关部门解决博士后研究人员在工作和生活中遇到的各种问题。

（三）受理吉林省各单位（包括省属单位和中央直属单位）设立博士后流动站的申请，会同本省有关高教或科研部门提出初审意见，并送各申请单位的上级主管部门。申请单位的上级主管部门审核后报送全国博士后管委会审批。

（四）负责吉林省地区招收博士后研究人员计划方案的制定和综合平衡。吉林省各设站单位于每年 10 月底前向吉林省人事厅报送下一年度招收博士后研究人员的计划。吉林省人事厅根据各设站单位近年来博士后工作的状况，解决博士后研究人员科研经费和住房问题的能力以及人选来源等，对各单位的计划提出审查意见，并制定出吉林省招收博士后研究人员的计划方案，于每年 11 月底前报送全国博士后管委会。经全国博士后管委会审批后，向吉林省人事厅下达总的计划招收名额。在总的计划名额范围内，吉林省人事厅直接向各设站单位正式下达招收博士后研究人员的计划。

（五）负责博士后日常经费的划拨和管理。全国博士后管委会办公室根据吉林省招

收博士后研究人员的年度计划以及上年度实际在站人数每年分批向吉林省人事厅划拨博士后日常经费，再由吉林省人事厅根据各设站单位的实际在站人数向各单位下拨此项经费，并按照博士后日常经费管理使用的有关规定，对各设站单位和博士后研究人员使用该项经费的情况进行监督和检查，发现问题，及时纠正，如有挪作他用的，要坚决追回。每年年终，各设站单位应将博士后日常经费的使用明细表和总结报吉林省人事厅，经吉林省人事厅汇总后，将全省年终结算报告报送全国博士后管委会办公室。如有余额，应退回全国博士后管委会办公室或转作下一年度的经费使用，不得挪作他用。

（六）负责博士后研究人员进站的审核工作。吉林省各设站单位在招收博士后研究人员时，要将《博士后研究人员登记表》、两名导师推荐信和学位证书（或有关证明材料）的复印件一式两份报送吉林省人事厅。吉林省人事厅按照博士后研究人员应具备的基本条件和有关规定进行审核，并将审核结果及时通知有关设站单位，同时报送全国博士后管委会办公室备案。

（七）办理进出站的博士后研究人员及其配偶子女的户口迁移、商品供应、子女入托上学、出站工作分配等手续，其中博士后研究人员出站分配工作的有关审批材料需报全国博士后管委会办公室备案。吉林省人事厅应尽快与省公安、商业、教育等部门共同协商制定相应的政策规定。涉及外省市需由人事部专家司审批和出具介绍信的具体办法另行商定。

（八）审批设站单位提出的博士后研究人员因工作需要延期出站的申请，并报送全国博士后管委会办公室备案。

（九）协助解决博士后研究人员出站后本人和配偶在工作安排上遇到的困难和问题。

（十）加强对长春博士后公寓的管理，制定相应的管理使用办法，为博士后研究人员的生活提供便利条件。

（十一）关心和指导长春博士后联谊会的工作，帮助解决具体活动中遇到的困难和问题。

二、吉林省人事厅要抓紧进行试点前的各项准备工作，特别是在组织领导、人员力量、工作条件等方面要采取必要的措施，以保证试点工作顺利进行。准备工作力争在今年年底前完成，从1991年1月1日起正式试点。

三、博士后工作管理体制改革试点过程中会遇到许多新的情况和问题，吉林省人事厅和吉林省各设站单位要密切配合，积极争取有关方面的支持，切实加以研究解决。对带有全国性并需统一研究解决的问题，请吉林省人事厅汇总后及时报人事部专家司或全国博士后管委会办公室。

人事部关于博士后研究人员配偶借调有关问题的通知

（人专发〔1992〕11号　1992年8月5日）

各省、自治区、直辖市及计划单列市人事（劳动人事）厅（局）、科技干部局（处），国务院各部委、各直属机构人事（干部）部门：

博士后研究人员在博士后流动站工作期间，允许其配偶及未成年子女随本人流动；配偶如系国家正式职工，则由设站单位按借调人员安排适当工作。这是博士后工作的一项重要政策规定。但在执行过程中，一些部门、单位和有关人员对某些问题的规定仍感到不明确。为了顺利解决博士后研究人员配偶借调问题，进一步完善这项政策规定，现作如下通知：

一、凡博士后研究人员配偶提出要求随博士后研究人员流动，其原工作单位应予支持，不要以任何方式加以阻拦（与原工作单位另有协议的除外）。

二、博士后研究人员配偶如系国家正式职工，应由设站单位按借调人员安排适当工作，并按照原工资等级标准发给工资，生活福利及奖金等享受设站单位职工的同等待遇。

三、博士后研究人员配偶在借调期间，其工资晋升、职称评定等问题仍由原工作单位负责解决，并将工资晋升、职称评定的结果书面通知借调单位。

四、凡博士后研究人员配偶不随博士后研究人员流动，博士后研究人员每月可以享受50元两地分居生活补贴，其费用从博士后日常经费中支出。

人事部、全国博士后管委会关于在部分省市进行博士后工作管理体制改革试点的通知

（人专发〔1992〕15号　1992年9月10日）

辽宁、黑龙江、湖北省人事厅，上海市人事局、广东省科技干部局：

为了充分发挥地方人事和科技干部管理部门的作用，理顺博士后工作管理体制方面的各种关系，进一步提高工作效率，更好地解决博士后管理工作中存在的问题，促进博士后工作的顺利发展，人事部和全国博士后管委会于1990年10月30日决定，首先在吉林省进行博士后工作管理体制改革的试点工作。两年来的实践证明，这种改革适应博士后工作发展的需要，效果比较显著。根据有关省市人事厅（局）或科技干部局的要求，经研究，决定扩大试点范围，从现在起在辽宁、黑龙江、上海、广东、湖北五省市同时进行博士后工作管理体制改革的试点工作。

在总结吉林省试点工作经验的基础上，根据当前博士后工作的实际情况，制定了《博士后工作管理体制改革试点暂行办法》。现将《暂行办法》发给你们，请根据本省（市）的实际情况，制订出具体的实施细则，报全国博士后管委会办公室备案。同时抓紧进行试点前的各项准备工作，特别是组织领导、人员力量、工作条件等方面要采取必要的措施，以保证试点工作顺利进行。准备工作力争在今年年底前完成，从1993年1月1日起正式试点。

附件：博士后工作管理体制改革试点暂行办法

附件

博士后工作管理体制改革试点暂行办法

第一条　各试点省（市）所有博士后流动站和博士后研究人员的有关管理工作，统

一归口由该省（市）人事厅（局）或科技干部局负责。

第二条 各试点省（市）人事厅（局）或科技干部局在博士后管理工作方面接受全国博士后管委会办公室业务指导。

第三条 各试点省（市）人事厅（局）或科技干部局在博士后工作方面的主要任务和职责是：

（一）调查了解本省（市）各设站单位贯彻执行博士后工作的方针政策和规章制度的情况，并结合本省（市）的实际情况，制订一些具体管理细则。对各设站单位的博士后工作进行督促和指导，组织交流工作经验，充分发挥各设站单位实行博士后制度、做好博士后工作的主观能动作用。

（二）牵头协调本省（市）各有关部门解决博士后研究人员在工作和生活中遇到的各种问题。

（三）在全国博士后管委会统一部署新（增）设博士后流动站时，受理本省（市）各单位（包括本地区所属单位和中央直属单位）设立博士后流动站的申请，会同本省（市）有关高教和科研部门提出初审意见，并送各申请单位上级主管部门。申请单位的上级主管部门审核后报送全国博士后管委会审批。

（四）负责本省（市）招收博士后研究人员计划方案的制定和综合平衡。试点省（市）各设站单位于每年10月底前向本省（市）人事厅（局）或科技干部局报送下一年度招收博士后研究人员的计划。各试点省（市）人事厅（局）或科技干部局根据各设站单位近年来博士后工作的状况，解决博士后研究人员科研经费和住房问题的能力以及人选来源等，对各设站单位的计划提出审查意见，并制定出本省（市）招收博士后研究人员的计划方案，于每年11月底前报送全国博士后管委会办公室。经全国博士后管委会综合平衡和审批后，向各试点省（市）下达该省（市）招收博士后研究人员的总计划名额。各试点省（市）人事厅（局）或科技干部局在经批准下达的本省（市）总的计划名额范围内，可经再次综合平衡后，直接向各设站单位正式下达招收博士后研究人员的计划。还可以根据本省（市）各设站单位本年度招收博士后研究人员的实际情况，对单位招收名额进行相互调剂。

（五）负责博士后日常经费的拨款和管理。全国博士后管委会办公室将博士后日常经费下拨给有关试点省（市）人事厅（局）或科技干部局（每次拨款数额根据全国博士后管委会办公室的经费情况确定），再由该省（市）人事厅（局）或科技干部局转拨给设站单位。各试点省（市）人事厅（局）或科技干部局要按照博士后日常经费管理使用的有关规定，对本省（市）各设站单位和博士后研究人员使用该项经费的情况进行监督和检查，发现问题，及时纠正，如有挪作他用的，要坚决追回。每年年终，各试点省（市）的设站单位应将博士后日常经费的使用明细表和总结报本省（市）人事厅（局）或科技干部局。各试点省（市）人事厅（局）或科技干部局汇总后，将本省（市）年终结算报告全国博士后管委会办公室。

（六）负责博士后研究人员（包括自筹经费招收的博士后研究人员）进站的审核工作。试点省（市）的各设站单位在招收博士后研究人员时，要将《博士后研究人员登记表》、两名导师推荐信和学位证书（或有关证明材料）的复印件一式两份报送本省（市）人事厅（局）或科技干部局。试点省（市）人事厅（局）或科技干部局按照博士后研究人员应具备的基本条件和有关规定进行复审，将复审结果及时通知有关设站单位，并报送全国博士后管委会办公室备案。

（七）办理进出站的博士后研究人员及其配偶、子女的户口迁移、商品供应、子女入托上学、出站工作分配等手续，其中博士后研究人员出站分配工作的有关审批材料需报全国博士后管委会办公室备案。各试点省（市）应尽快与本省（市）公安、商业、教育等部门共同协商制定相应的政策规定。涉及外省市需由人事部专家司审批和出具介绍信的，仍按原来有关规定办理。

（八）协助解决博士后研究人员出站后本人和配偶在工作安排上遇到的困难和问题。

（九）加强对本省（市）博士后公寓的管理，制定相应的管理使用办法，为博士后研究人员的生活提供便利条件。

（十）关心和指导本省（市）博士后联谊会的工作，帮助解决具体活动中遇到的困难和问题。

第四条 博士后工作管理体制改革试点过程中会遇到许多新的情况和问题，各试点省（市）人事厅（局）或科技干部局和本省（市）设站单位要密切配合，积极争取有关方面的支持，切实加以研究解决。对具有全国性并需统一研究解决的问题，请各试点省（市）人事厅（局）或科技干部局及时报全国博士后管委会办公室。

第五条 本暂行办法由全国博士后管委会办公室负责解释。

人事部、全国博士后管委会关于博士后招收对象问题的通知

（人专发〔1992〕23 号　1992 年 12 月 30 日）

各省、自治区、直辖市及计划单列市人事（劳动人事）厅（局）、科技干部局（处），国务院各部委、各直属机构，中国科学院，中国社会科学院，各博士后流动站设站单位：

为适应我国博士后制度不断发展，使更多的优秀青年博士有机会从事博士后研究，鼓励和支持留学人员回国工作，同时又考虑到部分申请做博士后的人员原工作单位的实际情况，经全国博士后管委会第十三次会议研究决定，对博士后招收对象问题通知如下：

一、凡是新近在国内外获得博士学位，符合品学兼优、身体健康、年龄在 40 岁以下等要求者，均有资格申请做博士后。

二、在国内，凡属纳入国家统一分配计划的博士研究生以及由国家提供经费攻读学位的在职博士研究生（与原工作单位有定向协议和现役军人除外），获得博士学位后尚未正式安排固定工作单位或未到工作单位报到，他们申请进博士后流动站做博士后，任何部门和单位不应以任何理由加以阻拦和干涉。

三、对国内委托代培、定向培养和具有现役军人身份的博士研究生，获得博士学位后申请做博士后，各委托单位、定向单位或部队原工作单位应尽量给予支持，并根据实际情况进行审批。凡经单位同意申请做博士后的人员，在向有关设站单位申请时，须提

交委托单位、定向单位或部队原工作单位同意的书面材料。

四、各类留学人员（含国家公派、单位公派、自费等）申请回国做博士后，国内各有关单位应顾全大局，支持他们回国到适合他们发挥才能的博士后流动站或具备博士后研究条件的非设站单位做博士后，不应以任何理由加以阻拦。他们被批准到国内有关单位做博士后，其原属单位在接到人事部专家司开具的调档通知后，应在一个月内将该留学人员的人事关系和档案材料等转到国家教委留学服务中心或接受博士后的单位。

五、以前下发的有关文件，凡与本通知相矛盾的一律以本通知有关规定为准。

全国博士后管委会办公室关于自筹经费招收博士后问题的通知

（博管办〔1993〕1号 1993年3月10日）

各博士后流动站设站单位：

为充分发挥有关部门、省（市）和设站单位的积极性，全国博士后管委会曾在《关于当前博士后工作若干问题的通知》（〔1988〕博管发字1号）中规定，允许各博士后流动站自筹经费招收博士后。近几年来，自筹经费招收的博士后人数逐年增多，对加快高层次青年科技人才培养，促进博士工作稳步发展，发挥了积极的作用。为进一步做好这项工作，现就有关问题重申并补充通知如下。

一、凡经全国博士后管委会办公室或试点省（市）人事厅（局）、科技干部局核准，由各博士后流动站自筹经费［包括其上级主管部门、省（市）提供或其他渠道筹集］招收的博士后，均是国家统一招收的博士后研究人员，不能把他们称作“部门博士后”、“地方博士后”等。他们享受国家规定的有关博士后人员的工资、福利、家属随其流动及申请博士后科学基金资助等一切待遇。

二、自筹经费招收博士后不具体列入全国博士后管委会每年下达的招收博士后人员计划名额分配方案，各设站单位可根据经费来源及研究工作和学科建设的需要随时向全国博士后管委会办公室或试点省（市）人事厅（局）、科技干部局提出申请，经批准后，为他们办理进站手续。当前，全国每年自筹经费招收博士后的总规模，将控制在该年度招收博士后总计划数的25%左右。

三、各设站单位应严格按照招收博士后的有关规定，保证自筹经费招收博士后的质量。要根据经费来源渠道，采取有效措施，确保为他们每人每年提供15 000元人民币的日常经费和其他必需的科研经费。同时，还必须提供与本单位其他博士后相同条件的住房。各设站单位在向全国博士后管委会办公室或试点省（市）人事厅（局）、科技干部局报送有关审批材料时，应包括经费来源和住房安排等情况的说明。请各设站单位严格按照上述有关规定和要求，做好自筹经费招收博士后的工作。否则，我们将视情况暂停其自筹经费招收博士后甚至减少其计划招收博士后的名额。

国务院军队转业干部安置工作小组、公安部、人事部、总政治部关于军队博士后流动站和现役军人博士后研究人员管理工作有关问题的通知

（〔1993〕政联字第4号 1993年9月29日）

各省、自治区、直辖市及计划单列市军队转业干部安置工作小组、公安厅（局）、人事（劳动人事）厅（局）、科技干部局（处），国务院各有关部委、直属机构人事（干部）部门，中国科学院，中国社会科学院，各军区、各军兵种、各总部、国防科工委、军事科学院、国防大学政治部：

1985年以来，国家批准设立博士后流动站，试行博士后制度。实践证明，这对于培养国家和军队现代化建设需要的高级专业人才，增强专业技术干部队伍的活力，促进科学技术的发展，具有重要意义。为加强军队博士后流动站和现役军人（现役军官、文职干部和具有军籍的院校毕业学员，下同）博士后研究人员以及在军队博士后流动站的地方博士后研究人员的管理，现将有关问题通知如下：

一、管理分工

军队各级干部部门和有关业务部门，是党委和机关负责博士后流动站和在站博士后研究人员管理工作的主管部门，由干部部门牵头。总政治部干部部和总部有关业务部门，根据国家关于博士后工作的方针政策，负责制定军队博士后工作的管理办法，检查了解情况，协调各方面工作；设站单位的其余上级主管部门，负责设站单位业务指导和经费使用的检查监督，及时解决有关问题；各设站单位主要负责博士后的招收、研究课题的确定、科研工作的指导和博士后日常管理等项工作。各级党委和机关要认真做好在站博士后研究人员的政治思想工作，为他们创造良好的工作、学习和生活条件。

二、设站程序和博士后招收

在全国博士后管委会统一部署设立博士后流动站时，军队各单位设立博士后流动站，按以下程序办理：填写《申请设立博士后流动站报批表》，按业务系统报总部或军兵种、国防科工委业务部门审核，大军区级单位政治机关签署意见后报全国博士后管委会办公室，并抄送总政治部干部部。

军队博士后流动站招收对象为新近获得博士学位、未正式安排工作或经原在单位同意未回原单位报到的人员。其基本条件是：拥护党的基本路线，热爱社会主义祖国，热爱军队；品学兼优，身体健康，年龄在40周岁以下。对于留学回国的博士，按人事部和国家教委的有关规定招收。

招收博士后研究人员须办理以下手续：本人提交书面申请，填写《博士后研究人员登记表》并由所在设有政治机关的单位签署意见，附本学科领域两位以上博士生导师的推荐信、学位证书或有关学位证明材料；设站单位组织学术机构对申请人进行全面评

议，由首长办公会议研究批准并通知其所在单位和本人；将有关材料的复印件报全国博士后管委会办公室。

符合博士后基本条件的现役军人，可以向军队和地方博士后流动站申请做博士后，其原工作或管理单位应给予支持。

申请入地方博士后流动站的，要根据军队现代化建设的需要选择学科专业。如个别研究方向和课题在军队确实没有相关学科专业，且属于国家急需的，可在被地方设站单位录取后，本人向原单位和建站单位提出转业申请，设站单位的上级主管部门征得总政治部同意，报国务院军队转业干部安置工作小组审批，经军队按规定权限批准后，博士后本人持人事部专家司和国务院军转办的介绍信，到设站单位所在地方公安部门办理落户。

三、在站博士后的待遇和管理

博士后在一个站工作的期限一般为两年。在站的现役军人博士后研究人员，其原职级待遇高于博士学位获得者待遇的，享受原职级待遇；低于博士学位获得者或尚未确定职级待遇的，按博士学位获得者待遇确定。在站工作期间，还可享受每月按全国博士后管委会有关规定发放的生活津贴，以及与设站单位干部相同的福利待遇。军队设站单位的地方博士后研究人员的工资待遇，按全国博士后管委会的有关规定执行。

军队设站单位对招收的博士后研究人员，在入站时要与其签订协议书，规定双方的责任、权利和其他应遵守的事项，具体内容由设站单位拟定。其中，对博士后在站期间获得的科研成果（含科技成果奖、专利、著作、论文等），是由单方享有还是双方共享，须事先达成明确的协议。博士后科研工作中涉及军队保密技术或资料时，要从严掌握，按国家和军队有关保密规定执行。

对在站现役军人博士后研究人员，依照有关规定分别按现役军官、文职干部和学员管理办法实施管理。其原工作或管理单位，要与博士后及其所在流动站建立联系制度，加强对博士后的考察了解，协助设站单位搞好对他们的管理，尽量帮助解决其实际困难。

军队设站单位的地方博士后研究人员，要自觉遵守军队的规章制度。服从设站单位的领导。设站单位要严格要求，同时注意听取他们的意见。

四、在站博士后配偶的随调

在站的现役军人和地方博士后研究人员，与配偶分居两地，其配偶为军队干部的，可按组织系统报经总政治部批准，将其配偶借调到设站单位所在驻军单位工作，借调期与博士后在站期相同，不占该单位编制名额。博士后出站后，其配偶须回原单位工作或另行安排。

五、在站博士后出国

现役军人博士后在站期间出国参加国际学术会议，进行学术交流，以及短期（一般不超过三个月）进行与其研究课题直接相关的合作研究或实验工作，可由设站单位征得博士后原所在大军区级单位政治机关同意后，按设站单位有关权限审批。所需经费由设站单位负责解决。

军队设站单位的博士后和在地方站的现役军人博士后出国逾期不归，时间超过半年的，暂按自动退站处理。应及时通知其原工作或管理单位，报告总政治部干部部和全国博士后管委会办公室。其配偶无论是借调在地方还是在军队单位工作，一律退回原单位，设站单位应协助办理退回的各种手续，并督促他们搬出博士后公寓等住房。

六、博士后出站到军队单位的安排

博士后研究人员在一个站工作期满时必须离站。对离站回军队的现役军人博士后，要确保安排专业对口的工作，本单位对口安排困难的，应在大军区级单位或全军范围内调整安排。有任免权的单位应根据设站单位评审的专业技术职务任职资格，经认真考核，直接任命其相应的专业技术职务，不占本单位当年专业技术职务晋升指标。并根据其德才表现，与相同职务、同等条件的干部统一衡量，确定专业技术等级，对德才特别优秀、成绩非常显著的，可高定一至二级专业技术等级。

军队设站单位的地方博士后研究人员，在站期间不办理入伍手续。其出站时如军队单位提出留用，应由军级以上单位对其进行认真考核，征得全国博士后管委会同意，报经大军区级单位政治机关批准特招入伍。

人事部、劳动部、公安部关于解决博士后研究人员配偶流动期间工作安置等问题的通知

（人专发〔1994〕22号　1994年12月21日）

各省、自治区、直辖市及计划单列市人事（人事劳动）厅（局）、科技干部局、劳动厅（局）、公安厅（局），国务院各有关部委、直属机构，中国科学院，中国社会科学院，各博士后流动站设站单位：

《国务院批转国家科委、教育部、中国科学院关于试办博士后科研流动站报告的通知》（国发〔1985〕88号）中规定，博士后研究人员在站期间，其配偶及其未成年的子女可以随本人流动，配偶由设站单位按借调人员安排适当工作。这个规定是我国博士后制度的一项重要的政策，几年来为促进人才流动，推动博士后事业的顺利发展起到了积极的作用。但是，随着我国人事制度和劳动用工制度的改革发展，利用借调工作方式解决博士后研究人员配偶流动遇到了越来越多的困难和问题。为了适应我国人才市场的建立及人员流动变化情况，进一步妥善解决博士后研究人员配偶流动问题，特作如下规定。

一、博士后研究人员在站期间，如其配偶申请随其流动，博士后研究人员配偶可凭人事部专家司或博士后管理工作改革试点省市（目前有上海、辽宁、吉林、黑龙江、湖北、广东六省市）人事厅（局）的《博士后研究人员配偶流动证明》（式样附后）和博士后研究人员所在单位开具的介绍信，到其所在工作单位办理借调工作和停薪留职手续，各有关部门、单位均应积极支持和协助。如所在单位对办理借调工作或停薪留职手续确有困难，应允许博士后研究人员配偶将其人事档案关系转至当地的人才交流中心，或根据劳动合同管理的有关规定，在解除劳动关系后，按《企业职工档

案管理工作规定》将档案转至其常住户口所在地的街道劳动（人事、组织）部门。如博士后研究人员配偶系现役军人，可按国务院军转办公室、公安部、人事部、总政治部〔1993〕政联字第4号文件的规定，报经总政治部批准，将其借调到设站单位所在地驻军单位工作。

二、随博士后研究人员流动的博士后研究人员配偶可在设站单位所在地申报暂住户口、办理暂住证，待博士后研究人员工作期满出站分配工作后，依照户籍管理的有关规定，随其办理常住户口落户手续。

各设站单位应积极地为博士后研究人员的配偶安排临时工作，如果在本单位找不到合适的工作位置，可推荐他们或由他们自己应聘到其他单位工作。

博士后研究人员配偶凭人事部专家司或博士后管理体制改革试点省市人事厅（局）的《博士后研究人员配偶流动证明》和公安部门开具的暂住证，在寻找和应聘工作时享受当地居民的同等权利。博士后所在地的人才交流中心为他们介绍工作或用人单位在招聘博士后研究人员配偶时，可向博士后研究人员配偶原工作单位或其常住户口所在地的人才交流中心或街道的劳动（人事、组织）部门了解其本人情况，必要时可调档了解情况。

三、如博士后研究人员配偶以借调工作或停薪留职方式随博士后研究人员流动，在此期间的职称、调资、医疗等由原工作单位按国家和当地有关规定负责办理，需由双方协商解决的，由双方协商确定；如将人事档案关系转至当地人才交流中心，其在此期间的职称、调资等，则由人才交流中心按国家和当地有关规定办理。

四、各设站单位在接到博士后研究人员入站申请时，应与申请者本人协商博士后研究人员配偶的安置问题，并明确具体的解决办法。

各设站单位在安置博士后研究人员配偶工作时，如有经费困难，可从博士后研究人员日常经费中每月提取不超过200元，作为安置博士后研究人员配偶工作的补贴；如果设站单位没有条件安置博士后研究人员配偶的工作，或其配偶（属大中专学生、研究生、出国人员除外）由于某种原因不随博士后研究人员流动，设站单位可将上述每月不超过200元用作安置博士后研究人员配偶工作的补贴，酌情发给该博士后研究人员及其配偶，作为对他们的生活补贴。

附件：博士后研究人员配偶流动证明（略）

中国博士后科学基金会关于印发《中国博士后科学基金资助条例》的通知

（中博基〔1996〕5号 1996年12月10日）

各博士后流动站设站单位：

重新修改的《中国博士后科学基金资助条例》，已经1996年11月12日中国博士后科学基金会第三届理事会第一次会议讨论通过。现将该《条例》以及有关申请、评审和管理使用方面的表格印发给你们，从即日起开始执行。

各设站单位接到本通知后，应及时向全体博士后研究人员传达，并按照新《条例》做好博士后科学基金资助金的申报工作。

各设站单位需用《中国博士后科学基金资助条例》以及有关的表格时，可以按照我们印发给你们的标准样本自行复制，也可以来函订购，或直接到我会购买。

中国博士后科学基金资助条例

第一章　总　则

第一条　根据《国务院批转国家科委、教育部、中国科学院关于试办博士后科研流动站报告的通知》（国发〔1985〕88 号）精神和中国博士后科学基金会（以下简称基金会）章程，制定本条例。

第二条　设立中国博士后科学基金，旨在资助博士后研究人员中的优秀者，以利于他们完成科研工作任务，并迅速成长为各类高水平专业人才，为我国科技、教育和经济的发展以及国防建设作出贡献。

第三条　中国博士后科学基金资助金是一种带有补助性质的科研工作经费，根据申请者所应具备的条件，按规定的评审程序，择优分等级资助。

第二章　资助金等级与金额

第四条　资助金共分为二个等级：

一等　20 000 元人民币；

二等　10 000 元人民币。

第三章　申　请

第五条　申请资助的博士后研究人员应同时具备以下条件：

1．具有良好的思想品德、较高的学术水平和较强的科研能力，在研究工作中作出过优秀成绩；

2．申请资助项目应具有重要科学意义或应用价值，具有创新性和前沿性；

3．具备完成申请资助项目的基本工作条件。

第六条　博士后研究人员到设站单位（含经批准招收博士后的非设站单位，下同）报到后，即可根据科研工作需要提出资助申请。

第七条　申请者须认真填写《中国博士后科学基金资助金申请表》，内容包括个人获得学位情况；过去已取得的科研成果；申请资助项目的内容、意义、目标、创新和特色、进度、预期结果及国内外在这方面的研究水平；现有科研条件；申请资助金等级、金额和用途等，并由本学科领域内两位教授（研究员或其他相当职称人员）填写推荐意见，按规定数量复制后，送交所在设站单位审核。

第八条　属于下列情况的博士后研究人员不能申请资助：

1．在本期博士后工作期间已经获得过一次资助金的；

2．在本期博士后工作期间曾申请过两次但均未获批准的；

3．将在六个月内（按规定的申报截止日期起计算）期满出站的。

第四章 申报和评审

第九条 申报和评审工作每年进行两次。

第十条 设站单位负责组织本单位申请者的申报工作。

1. 设站单位对申请者的科研能力、学术水平、工作表现、科研成果、申请资助项目的重要性及申请资助金的必要性等进行审核，签署意见。

2. 设站单位应于每年3月10日至3月31日或9月10日至9月30日期间将本单位所有申请者的《中国博士后科学基金资助金申请表》（一式六份，必含原件）集中报送基金会。

第十一条 评审工作由基金会负责组织。

1. 基金会将所收到的申请材料按学科专业领域进行归类分组，以通信方式将各组申请材料分别寄送五位相关学科同行专家，由专家根据择优的原则对申请者进行综合评审，并将评审结果寄回基金会。

2. 基金会根据专家评审结果，按规定的中选比例，确定获得资助金的人选及其资助金额，并予以公布。

第五章 资助金的使用和管理

第十二条 博士后研究人员所获得的资助金只能作为科学研究经费使用，如：添置必需的仪器设备、实验材料、图书资料；聘用临时辅助人员以及参加国内外有关学术会议等，不能用作本人的生活费用。

第十三条 资助金主要用于获得者在站期间的研究工作。资助金获得者应根据研究工作计划和实际需要，自主支配并合理使用资助金。设站单位应对资助金的使用情况进行检查和监督。

第十四条 用资助金购买的仪器设备、实验材料、图书资料等物品都属于国家财产。

资助金获得者期满出站做第二期博士后或被分配到其他单位工作的，如继续从事科研工作，经商得设站单位同意，可将其当时研究工作所必需的上述物品和剩余资助金，带到新站或工作单位继续使用。物品交接和经费转拨，必须由单位之间办好有关手续。

第十五条 如遇到下列情况，资助金获得者不能带走用资助金购买的物品；其未用完的资助金，亦留给设站单位用于该单位的博士后工作。

1. 资助金获得者期满出站后不再继续从事科研工作的；
2. 资助金获得者中途退站或被设站单位除名的；
3. 资助金获得者在站期间不按实际需要使用资助金，有意留到出站后使用的；
4. 上述物品是用资助金和其他经费合在一起购买的；
5. 用资助金购买的仪器设备、计算机软件等属整个装置的配套部分的。

第十六条 基金会对博士后科学基金进行统一管理，办理资助金的拨款手续，并对资助金的使用情况进行监督和检查。对于违反本条例有关规定、使用不当者、基金会有权追回其部分或全部资助金。

第十七条 资助金由资助金获得者所在设站单位的财务部门单独立账，代为管理和监督。设站单位各级财务部门均不得直接或变相收取管理费。

第十八条　资助金获得者在站期间利用资助金短期（3 个月内）出国参加国际学术会议或其他学术交流活动时，如果设站单位确实无法解决其出国所需外汇，可向基金会申请，由基金会负责将人民币资助金调换成外汇。

第十九条　资助金获得者申请调换外汇时，必须认真填写《博士后科学基金资助金获得者使用外汇申请表》，并按表中所附的《申请和使用外汇须知》办理有关手续。

第六章　成 果 管 理

第二十条　基金资助项目所获成果符合鉴定条件的，由资助金获得者和所在设站单位按照国家有关部门规定的程序申请鉴定，并将鉴定结果书面报告基金会。

第二十一条　基金会对资助金获得者取得的科研成果享有相应的权益。资助金获得者在国内外发表有关论著时，应根据项目资助的不同情况，标注“中国博士后科学基金资助项目（This project was supported by China Postdoctoral Science Foundation）”或“获得中国博士后科学基金资助项目（This Project was granted financial support from China Postdoctoral Science Foundation）”字样；获得特殊冠名的博士后科学基金资助的博士后研究人员，在国内外发表论著时，亦应标明所冠名的博士后科学基金资助字样。

资助金获得者所取得的科研成果，如属产品并取得经济效益，或者资助金获得者直接对成果进行转让时，基金会按资助金在项目总投入中所占的比例回收相应的报酬。

第二十二条　资助金获得者期满出站前，须向设站单位提交《中国博士后科学基金资助项目总结报告》，内容包括资助金的使用情况和所起到的作用；资助项目是否达到预期研究目标；取得哪些重要研究成果，其科学意义、应用前景、推广开发价值以及经济和社会效益如何；今后进一步研究和将成果转化为生产力、转化为产品或与市场接轨的意见等，由设站单位审核并签署意见。

到全国博士后管委会办公室或有关省市人事部门办理出站分配手续的资助金获得者，在提交有关出站登记材料时，应一并将上述总结报告交给全国博士后管委会办公室或有关省市人事部门。

各有关省市人事部门于每年 12 月底，将所收到的资助金获得者的总结报告转交基金会。

第七章　附　则

第二十三条　本条例经基金会理事会通过后实施，解释权归基金会办公室。

第二十四条　在本条例实施过程中，如遇到新情况和新问题，可由基金会办公室提出解决办法，报正、副理事长批准后执行。

第二十五条　本条例实施后，《国家博士后科学基金试行条例》（1986 年 10 月 11 日全国博士后科研流动站管理协调委员会第四次会议通过）和以前其他文件中有关博士后科学基金资助金评审和管理使用方面的规定，以及 1993 年 6 月 4 日中国博士后科学基金会第二届理事会第一次会议通过的《中国博士后科学基金资助条例》即行废止。

人事部、全国博士后管委会关于对博士后工作和博士后流动站进行检查评估的通知

（博管发〔1997〕4号　1997年5月12日）

各有关省、市人事厅（局）、科技干部局，国务院有关部委、直属机构，中国人民解放军总政治部、总参谋部、总后勤部，博士后流动站设站单位：

为全面考查、了解博士后工作情况，引入竞争机制，择优扶持工作成绩优异的设站单位和流动站，不断总结经验，改进工作，推动博士后事业健康发展，经全国博士后管委会第十六次会议研究决定，今年将对设站单位和博士后流动站进行一次普遍的检查和评估。现将此次检查评估的有关事项通知如下：

一、检查评估工作须遵循公正合理、简便易行、注重实效的原则，由全国博士后管委会办公室组织实施。

二、全国博士后管委会办公室应根据博士后工作特点，认真研究、制定检查评估指标体系，周密部署和实施检查评估工作。检查方式采取自查与抽查相结合，定性与定量考评相结合，社会化评估与专项检查相结合，既要注意博士后工作的发展速度和规模，更要重视工作质量和效率。

三、对于今后一段时期各单位的博士后工作，可根据此次考评结果采取必要的鼓励或限改措施，如：优先增加或减少国家资助招收博士后名额；一般不再限定或严格限定自筹经费招收博士后的规模；在申报设立新的博士后流动站时给予适当的倾斜或暂停，直至取消已设流动站招收博士后的资格；以适当形式进行表彰或批评并限期改进等等。

此次检查评估是我国实行博士后制度以来的第一次，各设站单位应高度重视，切实做好这一工作，并利用此次机会认真检查工作情况、总结工作经验。有关具体实施办法由全国博士后管委会办公室另行通知。

人事部、国家经济贸易委员会、全国博士后管委会关于扩大企业博士后工作试点的通知

（人发〔1997〕86号　1997年9月23日）

各省、自治区、直辖市人事（人事劳动）厅（局）、科技干部局、经贸委（经委、计经委），国务院有关部委、直属机构人事（干部）部门、科技部门，总参谋部、总政治部、总后勤部，有关企业：

为推动博士后工作更好地为国有企业发展和国家经济建设服务，经研究，决定在前

两年试点工作的基础上，再扩大试点，逐步在有条件的企业增建企业博士后科研工作站，进一步开展联合招收和培养博士后研究人员的工作。现将有关事宜通知如下：

一、开展企业博士后工作的主要目的

开展企业博士后工作的主要目的是：充分发挥博士后制度在科学技术研究、人才培养和使用及人才流动等方面的优势，逐步形成企业与设立流动站单位的合作机制，促进产、学、研结合，培养和造就适应国民经济和企业发展需要的高级科技和管理人才；为企业引进和培养高水平人才，提高企业的技术创新能力，推进企业的技术进步；推动高等学校和科研院所面向企业，加快科技成果转化为生产力。

二、企业博士后工作的指导原则

开展企业博士后工作除应遵照国家有关博士后工作的基本方针、政策外，还必须坚持以下原则：

1. 联合招收，优势互补。要通过企业与设立流动站单位联合招收、共同培养和使用博士后研究人员，充分发挥设立流动站单位研究条件好、学术力量强、科研资料全和信息畅通，以及企业研究项目与实际结合紧密、资金雄厚、实地培养和锻炼条件好等优势，促进企业和设立流动站单位之间的联合，进一步做到培养与使用相结合，在使用中培养，在培养和使用中发现一批高素质的复合型高级人才。

2. 依托项目，保证质量。企业博士后工作必须要有高水平的研究项目作依托，要根据国民经济和企业发展的需要，认真研究提出博士后研究项目，所选项目既要具有较好的市场前景，也要具有较高的学术技术水平，以保证企业博士后研究人员的培养质量。

3. 互惠互利，共同发展。企业博士后工作既要有利于企业高层次人才的引进和技术创新能力的提高，也要有利于设立流动站单位学科发展、科研队伍建设和科研成果的转化。在合作中要按照社会主义市场经济规律和国家的有关法律、法规，正确、合理地确定各有关方面的技术和经济权益。

三、试点企业应具备的基本条件

1. 应是国家重点国有企业、国家试点企业集团或特大型、大型企业、高新技术企业；

2. 建有国家认定的企业技术中心或健全的研究与开发机构，具有一支研究水平较高的科技人员队伍和较好的研究开发条件；

3. 能提出具有较好市场前景和较高学术技术水平的研究项目，项目不仅有利于企业的技术进步和发展，同时有利于培养和造就高层次的科技和管理人才；

4. 企业经营管理状况良好，有较好的经济效益，能为博士后研究人员提供必要的科研、生活条件及其他后勤保障；

5. 企业领导及所属部门对开展企业博士后工作高度重视、大力支持。

四、试点企业的审批及管理

按照“稳步发展，逐步扩大”的方针，试点工作优先在机械、冶金、电子通信、石油化工、医药工程、航空航天、能源、交通等行业中开展。所有申请开展企业博士后工作试点的企业必须履行审批手续。今年，将集中进行一次企业博士后试点的申报和审批，审批及管理办法为：

1. 申请试点的企业需填写《申请开展企业博士后工作试点报批表》（见附件）一

式三份，经企业所在省市人事厅（局）或科技干部局和经贸委审核后，于11月25日前报全国博士后管委会办公室（人事部专家司）。

2. 全国博士后管委会办公室对申请试点的企业进行调查、论证，在充分征求有关部门和专家意见的基础上，商国家经贸委审批试点企业（即在该企业建立企业博士后科研工作站）。

3. 全国博士后管委会将根据国家有关政策、规定和企业博士后工作的特点，制定《企业博士后工作暂行规定》，经批准的试点企业和设立流动站单位应按照规定开展工作。

4. 国家经贸委将对试点企业的博士后科研工作给予支持。

5. 全国博士后管委会办公室会同国家经贸委每2—3年对试点企业的博士后工作情况和成效进行检查，对工作成效不大的，将取消其开展企业博士后工作的资格。

企业博士后工作是我国博士后工作面向经济建设的新举措，也是人事工作为国民经济建设服务的一个重要方面。请各有关部门、地区和单位积极关心和支持这项工作，广泛宣传并认真做好试点的申报和组织工作，提供必要的政策和经费支持，推动本部门、本地区企业博士后工作的开展。有关企业和设立流动站单位应积极参与，密切配合，及时解决工作中出现的问题，共同把这项工作做好。

本通知下发后，已开展试点的企业和个别城市，应根据本通知的精神和有关部署，继续做好试点工作。

附件：申请开展企业博士后工作试点报批表（略）

全国博士后管委会关于印发《企业博士后工作管理暂行规定》的通知

（博管发〔1997〕5号　1997年10月8日）

博士后工作试点企业、试点城市，设立博士后流动站单位：

根据人事部、国家经贸委和全国博士后管委会《关于扩大企业博士后工作试点的通知》（人发〔1997〕86号）的要求和国家有关博士后工作的政策、规定，为使企业博士后工作顺利开展并逐步规范化、制度化，我们结合这项工作的特点，制定了《企业博士后工作管理暂行规定》。现将此《暂行规定》印发给你们，请遵照执行。

企业博士后工作管理暂行规定

第一章　总　则

第一条　为了促进产、学、研结合，培养和造就适应国民经济发展的高层次科技和管理人才，推动我国博士后工作为经济建设服务，国家人事部、国家经济贸易委员会和全国博士后管委会决定，在以前试点的基础上，扩大企业博士后工作的试点。为使这项工作顺利开展并逐步规范化、制度化，根据国家有关博士后工作的政策、规定和企业博士后工作的特点，制定本暂行规定。

第二条 企业博士后工作即指一些经济实力较强、技术水平先进、科研条件较好的国家重点国有企业、国家试点企业集团或特大型、大型企业、高新技术企业，与设立博士后科研流动站的单位（以下简称设立流动站单位）联合招收和培养博士后研究人员（以下简称企业博士后研究人员）。

第三条 全国博士后管委会办公室根据《关于扩大企业博士后工作试点的通知》（人发〔1997〕86 号）的要求和全国企业博士后工作的发展，商国家经济贸易委员会有关部门审批试点企业，在该企业建立企业博士后科研工作站。

第四条 全国博士后管委会办公室统一指导和具体管理全国企业博士后工作。根据实际需要，全国博士后管委会办公室可委托一些部委或省市的有关部门承担企业博士后工作的某些具体工作。

第二章 试点企业与设立流动站单位的合作

第五条 试点企业和设立流动站单位之间应积极主动地相互联系、沟通，根据双方各自学科专业和工作特点，建立长期或单项的合作关系。

第六条 试点企业和设立流动站单位双方应以高水平的研究项目为合作基础，相互支持，分工合作，共同做好企业博士后研究人员的招收、管理等工作，保证企业博士后研究人员的培养质量。

第三章 研究项目与招收计划的确立

第七条 试点企业须根据本企业的发展和人才需求，提出具有较高研究水平和较好市场前景的博士后研究项目。为保证研究项目适合招收博士后研究人员，在研究项目确立的过程中，试点企业可主动与设立流动站单位联系，交换对研究项目的意见。试点企业需填写《企业博士后研究项目立项表》（表样略），由企业领导审定立项。

第八条 试点企业每年须根据拟开展的博士后研究项目，制定招收博士后研究人员的计划，报全国博士后管委会办公室核批后实施。

第九条 试点企业可将《企业博士后研究项目立项表》送交全国博士后管委会办公室或有关部委和省市管理博士后的部门，由其根据试点企业的要求，通过适当方式将企业博士后研究项目向设立流动站单位推荐。

第四章 企业博士后研究人员的招收

第十条 符合国家规定博士后招收条件的博士，如希望从事企业博士后研究工作，可向设立流动站单位或试点企业任何一方提出申请。允许设立流动站单位与试点企业联合招收在本单位获得博士学位的博士从事企业博士后研究工作。

第十一条 试点企业与设立流动站单位应共同协商确定招收博士后研究人员的人选。同时，应分别明确本单位的相关专家，组成共同的专家小组，指导企业博士后研究人员的研究工作。

第十二条 试点企业和设立流动站单位应签订《联合培养博士后研究人员协议书》，明确双方的责任、权利和义务，并须将协议书报企业所在的博士后工作体制改革试点省市博士后管理部门备案。企业博士后研究人员应按照博士后管理有关规定和《联合培养博士后研究人员协议书》中的有关条款，与试点企业和设立流动站单位签订协议。

第十三条 招收人选确定后，由设立流动站单位将有关材料汇总报全国博士后管委会办公室或博士后工作体制改革试点省市博士后管理部门复核，并办理进站及户口迁移等有关手续。

设立流动站单位除按规定报送《博士后研究人员申请表》等材料外，还应附送下列材料：

(1)《企业博士后研究项目立项表》(复印件)；

(2)《企业博士后研究人员审查意见表》(表样略)；

(3)《联合培养博士后研究人员协议书》(复印件)。

第五章 企业博士后研究人员的管理

第十四条 企业博士后研究人员应遵守试点企业和设立流动站单位的各项规章制度，享受国家规定的博士后研究人员的一切待遇，也履行相应的义务。

第十五条 试点企业和设立流动站单位双方应按照国家和单位的有关规定，对企业博士后研究人员的科研工作及其他方面进行中期考核，考核结果存入博士后个人档案。

第十六条 企业博士后研究人员在站工作期限为两年，主要在企业工作，也须有一定时间在设立流动站单位工作（具体方式和时间长短由试点企业和设立流动站单位商定)。确因研究工作需要延长工作期限的，经试点企业与设立流动站单位双方协商同意，可适当延长，但延长期限最多不超过一年，并须报全国博士后管委会办公室或企业所在的博士后工作体制改革试点省市博士后管理部门备案。

第十七条 企业博士后研究人员的户口，根据工作需要由试点企业与设立流动站单位商定，落在试点企业所在地或设立流动站单位所在地。

第六章 经费和工资福利待遇

第十八条 试点企业应提供充足的研究项目经费，经费由企业负责管理。如工作需要，经协商，也可以划出部分经费由设立流动站单位负责管理。企业博士后研究人员如需使用设立流动站单位的仪器设备等，其费用从项目经费中列支。

第十九条 试点企业应提供不低于国家规定标准的博士后日常经费，具体数额由双方商定，主要用于支付国家规定的博士后研究人员的工资、补贴和在流动站工作时的必要的福利开支以及设立流动站单位的行政管理和专家的指导费用等（行政管理和专家的指导费用的具体数额应在《联合培养博士后研究人员协议书》中明确)。试点企业应将该经费在博士后研究人员进站时拨到设立流动站单位，由设立流动站单位负责管理。如博士后研究工作确需延长，试点企业还应提供延长期间的日常经费。

第二十条 企业博士后研究人员的工资、补贴由设立流动站单位按国家有关博士后工作的规定标准发放。博士后研究人员在企业工作期间，试点企业应参照企业同岗位、同资历工作人员的收入和企业博士后研究工作的进展、博士后研究人员的工作表现等情况，对博士后研究人员给予必要的收入补助。

第二十一条 试点企业应为企业博士后研究人员提供必要的住房等后勤保障。博士后研究人员的配偶、子女随其流动等问题，应按照国家博士后工作有关规定由试点企业和设立流动站单位协商解决。

第七章 博士后工作期满管理

第二十二条 企业博士后研究人员工作期满时，试点企业与设立流动站单位双方应结合与其签订的协议，组织有关专家对其进行认真考评，考评的主要内容为：

1. 研究成果的学术水平。

2. 研究成果的社会效益和经济效益。

3. 工作表现和解决实际问题及组织管理的能力。

以上三个方面可根据研究项目、工作性质和工作环境等情况的差异有所侧重。

第二十三条　企业博士后研究人员工作期满分配工作，按照国家博士后工作有关规定办理。试点企业应填写《企业博士后研究人员期满分配工作意见表》（表样略），由设立流动站单位将有关材料汇总，报全国博士后管委会办公室或博士后工作体制改革试点省市博士后管理部门，办理工作分配和本人及其配偶子女户口迁移等有关手续。

第二十四条　设立流动站单位可根据企业博士后研究人员的申请，按照国家评聘专业技术职务和博士后工作的有关规定，受理其高级专业技术职务任职资格评审。

第八章　企业博士后研究成果

第二十五条　企业博士后研究成果应按照国家知识产权法和国家有关规定，公正、合理地处理其权益归属。

1. 企业博士后研究工作一般由试点企业提出研究项目、提供项目经费和日常经费，企业博士后研究人员主要在试点企业完成研究工作，其研究成果的知识产权原则上归试点企业。

试点企业和设立流动站单位如共同合作完成企业博士后研究项目，或设立流动站单位有阶段性成果转让，则双方应预先明确企业博士后研究成果的归属和分享办法。

2. 企业博士后研究成果为职务研究成果，企业博士后研究人员按有关规定享受应有的权益。

第二十六条　企业博士后研究人员应按照国家规定和试点企业的有关要求对博士后研究成果中的技术秘密予以保密，违者按有关规定追究其责任。

第九章　附　则

第二十七条　试点企业应根据本暂行规定和实际情况制定具体的管理细则，并报本企业所在的博士后工作体制改革试点省市博士后管理部门和全国博士后管委会办公室备案。

第二十八条　本暂行规定自下发之日起执行。本暂行规定由全国博士后管委会办公室负责解释。

全国博士后管委会办公室关于加强对博士后研究人员思想品德素质进行考察的通知

（博管办〔1998〕2 号　1998 年 2 月 19 日）

各博士后流动站设站单位、博士后工作管理体制改革试点省市：

我国博士后事业近年来以较快的速度向前发展，博士后队伍不断壮大。如何将博士后研究人员培养成为学术水平高，思想品德优秀的科技骨干群体成为人们关注的重要问题。最近我们发现个别博士后申请人伪造单位公函，弄虚作假，谋取私利；也有个别博士后研究人员违反社会公德、严重侵害他人权益。针对以上存在的这些问题，为严格管理制度，确保博士后的培养质量，特通知如下：

一、各博士后招收单位必须认真贯彻执行《关于进一步加强博士后管理工作的通知》和《关于博士后进出站管理问题的通知》。在招收、培养博士后的工作中，不仅要考核博士后申请人和博士后人员的学术、科研水平，同时必须认真考察他们的思想品德、敬业精神和团结协作意识等各项素质，并作为对博士后考核的重要内容。

二、加强对博士后研究人员进出站的管理。各博士后招收单位在办理进、出站和配偶、子女落户等手续时，要认真审核申请人的各类登记表、证明材料（包括结婚证、居民身份证和子女出生证或独生子女证，以下简称三证）及其思想品德表现。同时，从文件发布之日起，全国博管办和各试点省市办理进站和出站手续也必须核对申请人的“三证”（原件），无“三证”者，不予办理。对弄虚作假的人要严肃处理，取消其博士后的资格并报告全国博士后管委会办公室，同时抄送各试点省市。

三、进一步加强对在站博士后研究人员的思想品德教育，弘扬社会公德和职业道德。对克己奉公、品学兼优的博士后研究人员要大力表彰；对弄虚作假、思想品德败坏的要给予通报并坚决予以清退，情节严重者给予相应的纪律处分并将处理结果存本人档案。

人事部、全国博士后管委会关于同意由我部承接并实施中韩青年科学家交流计划的复函

（人函〔1998〕78号 1998年5月4日）

科学技术部：

《关于请人事部负责实施中韩青年科学家交流计划的函》（国科函外字〔1998〕005号）收悉。我部同意自1998年起承接中韩博士后交流计划，并拟同韩方交换意见，商定今后开展有关工作事宜。

由于国内博士后经费和住房紧张，请你部按函中规定为接收来华韩国博士后每人每年提供5 000元住房补贴，并望在实施过程中加强两部间的沟通和合作。

特此函告。

人事部、全国博士后管委会关于印发《中国优秀博士后奖励规定》的通知

（人发〔1999〕107 号　1999 年 9 月 16 日）

各省、自治区、直辖市人事（人事劳动）厅（局）、科技干部局，国务院各部委、各直属机构人事（干部）部门，中国科学院，中国社会科学院，总政治部，各博士后流动站设站单位、博士后工作试点企业：

为表彰和奖励作出突出贡献的博士后研究人员，促进我国博士后研究制度的完善，推动高层次创新人才的培养和科技创新的发展，人事部、全国博士后管委会决定，设立中国优秀博士后奖。

近几年来，“国氏”博士后奖励基金评奖工作在奖励优秀博士后研究人员方面，发挥了很好的作用。为进一步健全和完善博士后奖励制度，我们制定了《中国优秀博士后奖励规定》，现印发给你们，请认真遵照执行。

中国优秀博士后奖励规定

第一章　总　则

第一条　为加强高层次人才队伍建设，进一步健全博士后管理制度，奖励在科学技术、教育事业和经济建设中有创新思维、创新能力并作出突出贡献的博士后研究人员，制定本规定。

第二条　人事部和全国博士后科研流动站管理协调委员会（以下简称全国博士后管委会）设立中国优秀博士后奖。

第三条　中国优秀博士后奖贯彻尊重知识、尊重人才的方针，坚持公平竞争、择优施奖的原则。

第四条　人事部、全国博士后管委会设立中国优秀博士后奖励委员会，负责确定中国优秀博士后奖的获奖人员，决定有关奖励的其他重大事项。

中国博士后科学基金会办公室负责中国优秀博士后奖的评选、奖励等具体组织工作。

第二章　奖 励 条 件

第五条　中国优秀博士后奖授予下列人员：

（一）正在国内博士后科研流动站、博士后科研工作站（含接受留学博士回国做博士后或招收项目博士后的非设站单位）做博士后的人员；

（二）期满出站不超过六年的原博士后研究人员。

第六条　具备下列条件之一的，可以申请中国优秀博士后奖：

（一）在基础研究和应用基础研究中取得创造性的成果，具有重大科学价值或应用

前景的。

（二）运用科学技术知识在产品、工艺、材料及其系统等方面作出重大技术发明，具有先进性和创新性，经实施已获得显著经济效益或社会效益的。

（三）在实施技术开发项目中，完成重大科学技术创新，科学技术成果转化，创造出显著经济效益的。

（四）在实施社会公益项目中，长时间从事科学技术基础性工作和社会公益性科学技术事业，经过实践检验，创造出显著社会效益的。

（五）在实施国家安全项目中，为推进国防现代化建设、保障国家安全作出重大科学技术贡献的。

（六）在社会科学领域中阐明现象和发展规律，对经济建设或社会发展作出突出贡献，取得显著社会效益的。

（七）有较高的学术造诣和突出的研究才能，已成为某一学科领域新的学术带头人或开辟了新的学科领域，对学科建设和发展以及人才培养作出了重大贡献的。

第三章 评选程序

第七条 博士后研究人员所在设站单位或者现工作单位负责推荐中国优秀博士后获奖人选。

第八条 推荐单位应当详细填写《中国优秀博士后获奖人选推荐书》（一式十份，含原件），提供获奖人选获得的其他奖励证明材料（获奖证明书，荣誉证书等）、科技成果鉴定材料以及国内外对获奖人选所作出贡献的评价材料（均为复印件，各一式十份）。

前款所列申请奖励材料应当于每年9月15日至10月15日期间报送中国博士后科学基金会办公室。

第九条 中国博士后科学基金会办公室负责对各单位报送的申请奖励材料进行审查。有下列情况之一的不予评审：

（一）推荐书及其附件字迹不清或未按要求填写的。

（二）规定的附件不齐全的。

（三）不符合中国优秀博士后奖励范围的。

（四）存在知识产权争议的。

第十条 中国博士后科学基金会办公室按下列步骤组织评选。

（一）将符合要求的申请奖励材料按学科专业以通讯方式分送同行专家进行第一轮评选，并按规定比例选出进入第二轮评选的候选人。

（二）将进入第二轮评选的候选人的有关材料，再以通讯方式分送全国博士后管委会专家组成员进行第二轮评选，并按规定比例选出获奖候选人。

（三）汇总各专家组成员的评选结果，综合考虑各种因素，初步确定获奖人员名单。

第十一条 中国优秀博士后奖励委员会，审核评选结果并最后确定获奖人员。

第四章 授奖

第十二条 中国优秀博士后奖每年评选一次，每次奖励十人。

第十三条 中国优秀博士后奖由人事部、全国博士后管委会颁发奖励证书和奖金。

奖金为每人两万元人民币。

人事部、全国博士后管委会根据实际情况，采取不同形式对获奖者进行表彰。

第五章 奖励经费

第十四条 中国优秀博士后奖励经费主要有以下来源：

（一）中国博士后科学基金本金的运作收益；

（二）海内外有关方面特别是国内设立博士后科研工作站的企业的赞助。

中国博士后科学基金会和有关企业可以共同设立“中国优秀博士后奖励基金”。

第十五条 中国优秀博士后奖励经费主要用于颁发奖金、专家评审、宣传、表彰等方面的开支。

第六章 罚 则

第十六条 弄虚作假、剽窃他人成果，或者以其他不正当手段骗取中国优秀博士后奖的，由中国博士后科学基金会办公室撤销奖励，追回奖金，并建议有关部门和单位根据情节轻重给予批评教育或者行政处分。

第十七条 参与中国优秀博士后奖评选活动和有关工作的人员在评选活动中营私舞弊，弄虚作假的，有关单位和部门应当根据情节轻重，严肃处理。

第七章 附 则

第十八条 本规定由人事部负责解释。

第十九条 本规定自1999年9月16日起施行。

人事部、全国博士后管委会关于印发《关于积极开展企业博士后工作的意见》的通知

（人发〔1999〕127号 1999年11月1日）

各省、自治区、直辖市人事（人事劳动）厅（局）、科技干部局，国务院各部委、直属机构人事（干部）部门，中国科学院，中国社会科学院，企业集团及总公司，中国人民解放军总政治部：

为贯彻落实《中共中央关于国有企业改革和发展若干问题的决定》，推动博士后研究工作深入发展，促进博士后工作更好地服务于经济建设，为企业引进和培养高层次科技和管理人才、增强企业科研开发和技术创新能力，加快产学研结合和科研成果转化，决定在目前企业博士后试点工作的基础上，加大工作力度，积极开展企业博士后工作。现将《关于积极开展企业博士后工作的意见》印发给你们，望认真贯彻执行。

关于积极开展企业博士后工作的意见

企业博士后工作经过几年试点，在为企业培养高层次急需科技和管理人才，加速

产、学、研结合方面，显示出强大的生命力，呈现出良好的发展前景。

为推动博士后研究制度深入发展，加大博士后工作为经济建设服务的力度，适应市场经济条件下企业建立技术创新机制和对高层次科技与管理人才的需要，现就积极开展企业博士后工作提出如下意见。

一、充分认识企业博士后工作的重要意义

企业博士后工作是博士后制度的重要组成部分，企业博士后科研工作站已逐渐成为高等学校和科研院所科技成果转化的中介站和企业技术创新的一种重要手段，大力开展企业博士后科研工作逐渐成为培养企业高层次科技人才与管理人才的重要措施，企业博士后工作越来越受到各类企业和高等院校、科研院所的欢迎和支持，得到各级政府的重视和关注。实践证明企业博士后工作是我国博士后制度的一个重要发展方向。要充分认识企业博士后工作在科研、教学和企业间的桥梁和纽带作用。提高我国科学技术水平，推动经济和社会发展，迫切需要企业与高等学校、科研院所加强联系，进行人才信息交流，在人才培养和科技攻关上形成合力。积极深入地开展企业博士后工作可以密切企业与设站高等院校和科研院所的协作，逐步形成培养高层次人才的良好合作机制，加快产、学、研结合的步伐。

要充分认识企业博士后工作在提高企业技术开发和技术创新能力，推动科研成果转化方面的重要作用。科研与生产脱节，科研成果转化率低，是长期困扰我国经济与科技发展的重要问题，企业博士后工作为解决这个问题提供了一个渠道。企业通过建立博士后科研工作站，密切生产与科研的关系，既有利于企业技术开发和技术创新能力的提高，也有利于促进高等学校和科研院所的科研成果转化。

要充分认识企业博士后工作在培养高层次科技和管理人才方面的重要作用。企业通过设立博士后科研工作站，招收博士后研究人员，能够为企业的科研开发和经营管理引进高层次人才开辟新的渠道。同时，通过博士后的研究工作，还可以为企业带出一支高水平的技术人才队伍，培养和造就出适应国民经济发展和企业创新所需要的新型科技人才与管理人才。

二、坚持正确方向，明确工作重点

企业博士后工作要把提高企业技术创新能力，提高企业经营管理水平，培养高层次、复合型科技和管理人才作为企业博士后工作的发展方向。要在对国民经济发展起重要作用的基础产业、支柱产业和高新技术产业中优先开展企业博士后工作，为产业结构调整和产品升级换代提供人才服务。同时，要积极利用企业博士后工作为高科技农业示范基地和高技术农业企业服务，为高产、高效、优质农业发展服务。

要在保证博士后培养质量的前提下，每年优先选择60家左右建有国家认定的技术中心、具有较好研究开发条件的重点企业和高新技术企业，开展企业博士后工作，逐步使其成为培养、引进和使用高层次人才的重要途径和措施。

三、发挥各方优势，形成工作合力

开展企业博士后工作，要充分发挥高等学校、科研院所与企业两方面的积极性。高等院校、科研院所和企业都有自己的优势，在合作培养博士后研究人员过程中，既要充分发挥企业科技开发经费充足、研究课题与生产经营实际结合紧密、易于出成果、出效益的优势，又要充分发挥高等学校和科研院所具有高水平的教学、科研人才和先进的科学实验设备，科研资料齐全，信息灵敏的优势。要积极促进双方密切合作，使之相互渗透和融合，在人才培养、科研开发、科技进步上成为一个有机的整体，实现资源共享、优势互补、互惠互利、共同发展。企业与高校、科研院所之间应主动联系，互相沟通，建立长期或短期的合作关系，双方应以高水平的研究项目为合作基础，发挥优势，分工合作，共同做好企业博士后工作。

四、探索发展模式，完善运作机制

企业博士后工作要坚持政府推动，政策引导，逐渐走向市场化的运作模式。

要解放思想，积极创新，不断拓宽企业博士后工作的领域。在建立、完善企业博士后科研工作站模式的基础上，积极探索在大型企业和高新技术企业密集的地区，依托当地高科技创业园区、高新技术开发区等集中设立综合服务性的博士后科研工作站，沟通高等学校、科研院所与当地企业在技术开发进步方面的相互联系，成为当地企业发展的“智囊团”和提高企业科技含量的服务站。

要从发展社会主义市场经济需要和有利于出人才、出成果出发，积极探索企业博士后工作的各种具体办法措施。要引导博士后研究人员到经济建设的第一线，开展成果转化、技术咨询等多种形式的服务，积极支持各具特色的创业基地，使其成为博士后研究人员高新技术成果的“孵化器”。

要进一步完善企业博士后工作的运作机制，及时研究制定相应的政策措施，合理调整企业、高等学校和科研院所、博士后研究人员三方面的利益关系。要按照国家知识产权法和有关规定，公正、合理地处理企业博士后研究成果的权益归属。

五、加强工作指导，促进企业博士后工作健康发展

企业博士后工作是一项新生事物，正处在发展完善过程中，各级政府人事部门要高度重视，加强指导，使企业博士后工作积极稳步地开展起来。根据国家经济和社会发展的需要，企业博士后工作要继续贯彻“择优评选、保证质量、稳步发展”的方针。副省级以上政府人事部门要有博士后工作专职管理人员，负责对本地区企业博士后管理工作的指导和协调，逐步形成工作管理体系。各地要把企业博士后工作作为整个博士后工作的一项重要内容，结合实际情况和具体特点，抓紧制定有关规章制度，规范企业博士后工作的管理和服务行为，确保企业博士后工作有序进行，取得实效。

要重视对企业博士后工作的评估工作，全面检查工作站的运作情况。要定期或不定期地组织企业博士后工作经验交流，对搞得好的企业博士后科研工作站要予以表彰，推广他们的先进经验；对工作开展不力的要找出原因，及时帮助改进；对设站后两年内未有进站人员的企业博士后科研工作站，要撤销其设站资格。要充分发挥企业博士后工作站的作用，切实加强对工作站的领导和指导工作，确保这项新的事业稳步、健康、顺利发展。

人事部关于印发《中国博士后科学基金会财务管理办法》的通知

（人发〔2000〕44号 2000年5月10日）

中国博士后科学基金会：

为了加强博士后科学基金会财务管理，促进博士后科研事业的发展，现将《中国博士后科学基金会财务管理办法》印发给你们，请遵照执行。原《中国博士后科学基金会经费管理暂行规定》（博管发〔1991〕2号）同时废止。

中国博士后科学基金会财务管理办法

一、总 则

第一条 为加强博士后科学基金会财务管理，促进博士后科研事业发展，根据《事业单位财务规则》和中国博士后科学基金会章程，结合博士后工作特点，制定本办法。

第二条 中国博士后科学基金会（以下简称基金会）是经中国人民银行批准，在民政部注册，负责博士后基金管理和资助博士后科研工作的社会团体。

第三条 中国博士后科学基金会办公室负责博士后科学基金财务管理工作。其主要职责是：

（一）执行国家财务规章制度，拟定基金会内部财务管理办法，对基金会各项财务活动进行管理和监督。

（二）负责基金预、决算管理，如实反映基金会财务收支情况，保证基金会各项工作的顺利进行。

（三）按照国家法律和政策规定，做好基金运筹增值工作，扩大基金来源，提高资金使用效益。

（四）负责基金会资产管理，确保各项资产的安全与完整，防止国有资产流失。

第四条 基金会的财务管理工作，接受国家财政、审计及上级有关主管部门的指导和监督。

二、基金本金管理

第五条 博士后基金本金来源主要由财政拨款、各类捐款和利息回存等组成。

第六条 博士后基金本金不得直接列支使用，每年资助金、管理费等各项开支按规定由基金本金利息等收入支付。

第七条 由财政拨款形成的基金本金（含由利息回存本金部分）必须存入国家银行或以购买国库券等无风险方式运作，确保基金本金的安全。

由非财政拨款形成的基金本金（含由利息回存本金部分）可以在保证资金安全的前提下，依法采取适当运作形式，获取较大收益。但不得用于购买股票、风险债券及其他风险性投资。

对于有指定用途的捐赠收入可以按出资方指定的方式依法使用资金。

第八条 严格基金本金运作项目的审批制度。使用基金本金进行存款、购买国库券等须由基金会会秘书长审批；数额在100万元以上（含100万元）的非财政拨款形成的基金本金运作，须经专家论证后报博士后管委会主任和主管副部长审批后执行。

第九条 基金本金在“专用基金—其他基金”会计科目中核算，并可设立明细科目，以核算不同性质的基金本金。

第十条 基金会须定期按照主管部门规定的统一格式和要求将基金户和管理费户合并编制财务报告。

三、预算管理

第十一条 基金会年度预算由收入预算和支出预算组成。

第十二条 编制收支预算必须按照以收定支、收支平衡、统筹兼顾。保证重点的原则，不得编制赤字预算。

第十三条 收入预算以当年基金本金运作形成的利息等收入为限测算编制；支出预算根据博士后事业发展计划、管理需要和财力可能测算编制。

第十四条 基金会年度预算报人事部审核汇总后，由人事部报科技部、财政部审核后执行。

第十五条 基金会年度预算一经批准，一般不得调整。如确需调整，需按国家规定的程序报批，经批准后方可调整预算。

四、收入管理

第十六条 基金会的收入包括：

（一）财政补助收入，即从财政部门取得的财政资金，包括用于增加基金本金的资金和直接列支用于补助资助金开支的资金。

（二）上级补助收入，即从上级主管部门取得的具有指定用途的非财政补助收入，包括用于增加基金本金的资金和用于其他开支的资金。

（三）事业收入，即通过依法开展业务活动取得的收入。

（四）利息收入，即基金本金银行存款、购买国库券等产生的利息收入。

（五）捐赠收入，即接受国内外各种机构或个人捐赠用于增加基金本金及有指定用途的资金。

（六）经营收入，即事业单位在专业业务活动及辅助活动之外开展非独立核算经营活动取得的收入。

（七）其他收入，即上述规定范围以外的各项收入。

第十七条 基金会组织收入要严格遵守国家政策法规和财务制度规定，各项收入的来源应当合法，有关收入要按规定使用财政部门或税务部门统一印制的票据。

第十八条 基金会分别设立外汇和人民币基本结算账户，各项收入要及时入账，全部纳入单位预算，统一管理，分项核算。

五、支出管理

第十九条 基金会的支出包括：

（一）资助金支出，即按规定用于资助博士后研究人员开展科研工作的支出。

（二）管理费支出，即基金会为管理基金所发生的支出。

（三）大型活动支出，即围绕博士后工作开展的大型宣传、展览、表彰、会议等的支出。

（四）经营支出，即事业单位在专业业务活动及其辅助活动之外开展非独立核算经营活动发生的各项支出。

（五）其他支出，即上述规定范围以外的各项支出。

第二十条 资助金支出管理

（一）资助金的开支范围、资助等级以及使用与管理，按照《中国博士后科学基金资助条例》执行。对于捐赠的资助金，捐赠方有限定条件的，可以按照其要求办理。

（二）基金会应加强对资助金使用情况的监督检查，对违反国家有关规定的，可以采取取消资助资格，收回资助金等办法。

第二十一条 管理费支出管理

（一）管理费支出采取逐年核定、超支不补、结余留用的办法，具体额度由科技部、财政部核定。管理费按季以拨款形式从基金户转出，单独设账，单独核算。

（二）管理费的开支范围主要包括人员经费和公用经费。人员经费主要用于基金会正式在编职工的基本工资、补助工资、其他工资、职工福利费和社会保障费支出；公用经费主要用于公务费、业务费、设备购置费、修缮费和其他费用支出。

基金会医疗基金，按照基金会所在地财政部门规定的公费医疗标准在管理费中的社会保障费中列支，并参照国家公费医疗制度的有关规定用于职工公费医疗开支。

（三）管理费支出由基金会秘书长或秘书长指定的专人审批。各项开支均应严格执行国家统一规定的开支范围及标准，不得擅自违反。

六、结余分配管理

第二十二条 结余是博士后基金会年度收入与支出相抵后的余额。

第二十三条 预算年度增加基金本金的资金及利息收入，年末应如数转入“专用基金—其他基金”科目，不参与结余分配。

第二十四条 专项捐赠的收支结余应单独反映，不进行分配。

第二十五条 年度管理费收支结余，可按40%提取职工福利基金，剩余部分作为事业基金，用于弥补以后年度管理费收支差额。

七、资产与负债管理

第二十六条 资产是博士后基金会占用或使用的能以货币计量的经济资源，包括财产、债权和其他权利。

（一）基金会的财产包括流动资产、固定资产、无形资产和对外投资。

（二）流动资产是指基金会可以在一年以内变现或者耗用的资产。包括现金、各种存款，应收及预付款项等。基金会应加强对流动资产的管理，建立健全对现金及各种存款和基金本金的内部管理制度。

（三）固定资产是指一般设备单价在500元以上，专用设备单价在800元以上，使用期限在一年以上，并在使用过程中基本保持原有物质形态的资产。单位价值虽未达到规定标准，但是耐用时间在一年以上的大批同类物资，作为固定资产管理。固定资产的分类按照《事业单位财务规则》的规定执行；固定资产的处置按《人事部事业单位国有资产处置管理暂行办法》办理。

（四）无形资产是指基金会拥有的、不具有实物形态而能为单位提供某种权利的资产，包括专利权、著作权、土地使用权和其他财产权利。基金会转让或取得无形资产的所有权或者使用权，按照国家有关规定办理。

（五）对外投资是指基金会用货币资金、实物、无形资产等向其他单位的投资。基金会对外投资应按本办法第七条规定办理。

第二十七条 基金会日常办公设备、图书、其他固定资产纳入基金会管理费账户进行核算管理。

第二十八条 负债是基金会所承担的能以货币计量，需要以资产或者劳务偿还的债务。包括：

（一）借入款项，即基金会开展各项工作向上级单位、金融机构以及其他单位借入的款项。

（二）应付款项，即基金会按照国家有关规定，应付而暂时未付的各项款项。

（三）暂存款项，即基金会从其他单位或者个人收到的代为保管或者暂时尚未确定性质的款项。

（四）应缴款项，即基金会按照规定应上缴而未缴的款项。

八、附　则

第二十九条 本办法由人事部负责解释。

第三十条 本办法自发布之日起实施。

人事部、全国博士后管委会关于印发《博士后公寓建设立项管理办法》的通知

（人发〔2000〕125号　2000年12月26日）

各有关省、直辖市人事厅（局），各有关博士后流动站设站单位：

为进一步推动我国博士后事业的发展，解决博士后研究人员住房紧张问题，加强博士后公寓建设的管理，根据国家计委的有关要求，我们制定了《博士后公寓建设立项管理办法》。现印发给你们，请认真贯彻执行。

附件：博士后公寓建设协议书

博士后公寓建设立项管理办法

为进一步推动我国博士后事业的发展，解决博士后研究人员住房紧张问题，国家计委同意由人事部组织建造2 000套博士后公寓，其中国家计委安排20 000万元，其余经费由地方或设站单位配套解决。为加强博士后公寓建设立项的管理，特制定本办法。

一、原 则

第一条 统筹规划。根据全国博士后流动站和在站博士后的数量统筹安排，充分发挥国家投资的效益。

第二条 合理布局。要兼顾中央、部门、省市的设站单位，充分发挥公寓的功能。

第三条 集中建设。在博士后流动站和在站博士后人数较多的城市集中建造博士后公寓，不再采取分散、补贴的方法。

第四条 便于使用。博士后公寓结构和功能要充分考虑博士后研究人员工作和生活特点，具有前瞻性、智能化等特点，便于博士后研究人员使用。

第五条 产权明确。按照国家、省市、使用单位的经费投入比例明确产权归属，并严格保证博士后公寓只解决在站博士后研究人员使用。

二、立 项 条 件

第六条 各有关省市必须按照人事部下达的博士后公寓建设面积、投资数量、竣工期限等项要求制定可行的建设方案。

第七条 各有关省市必须遵循“三个一部分”的原则。即国家投入一部分，地方或部门投入一部分，设站单位投入一部分，落实博士后公寓建设配套经费。

第八条 有关省市和各设站单位领导必须高度重视，成立专门的管理机构，有专门人员负责。

第九条 各有关省市必须有完整的基建立项和建设的有关报批手续。如计委基建立项批复、建设用地批准书、土地使用证、建设工程规划许可证等。

第十条 博士后公寓必须设在博士后流动站设站数量相对集中、博士后研究人员进站数量较多的地区。

三、审 批 程 序

第十一条 各有关设站单位根据各自特点制订切实可行的方案，提出博士后公寓基建立项申请。

第十二条 博士后公寓基建立项申请报所在省市人事部门审核。

第十三条 立项申请经所在省市人事部门审核后，报人事部专业技术人员管理司（全国博士后管委会办公室）。

第十四条 为确保博士后公寓项目保质保量并能按期投入使用，成立项目评审小组。评审小组由全国博士后管委会办公室会同部规划财务管理部门及有关专家组成。

第十五条 博士后公寓基建立项经评审小组评审并提供可行性报告，报人事部和全国博士后管委会审批。

第十六条 由人事部、全国博士后管委会批准立项。

四、签 订 协 议

第十七条 经人事部和全国博士后管委会批准立项后，由全国博士后管委会办公室和各有关省市签订博士后公寓建设协议。

第十八条 在协议条款中明确建设地点、建设规模、投资概算、双方职责、产权归属、竣工期限等。协议中未尽事宜，经双方确定后作为本协议的附件（协议内容见附件）。

五、监督检查

第十九条 博士后公寓基建项目立项后，要及时向全国博士后管委会办公室报项目建设进度计划。

第二十条 各基建单位必须按有关规定公开招标。

第二十一条 各基建单位必须聘请监理工程师对工程全过程进行监理，确保工程质量。

第二十二条 博士后公寓建设过程中，全国博士后管委会办公室对各基建项目进行阶段性检查，必要时可进行实地核查。

第二十三条 各基建单位必须严格遵守协议条款，如不履行协议条款，全国博士后管委会办公室将予以警告，直到取消其建设项目。

第二十四条 全国博士后管委会办公室负责组织对博士后公寓进行竣工验收。

六、附则

第二十五条 本办法由人事部负责解释。

第二十六条 本办法自发布之日起施行。

附件

博士后公寓建设协议书

全国博士后管委会办公室（以下简称甲方）和____________（以下简称乙方）和____________（以下简称丙方）三方代表，经过充分协商，同意按下列条款签订本协议。

第一条 根据________精神，为解决________博士后科研流动站设站单位的博士后研究人员住房，甲乙双方同意在________合作建造博士后公寓共________套。

第二条 博士后公寓总投资概算____________万元（包括土地、拆迁、土建、室外工程及家具费用等），其中甲方投资____________万元（含基建投资和材料费），投资将根据拨款计划和工程进度逐步下拨。乙方投资____________万元，丙方投资____________万元。如确因施工中无法预测的原因而造成的基建费用超出了概算，超出部分由乙方和丙方追加投资解决。

第三条 乙方和丙方负责博士后公寓的设计、建设（包括供暖、供水、供电、供气等设施）。

第四条 博士后公寓建成后，____________平方米住房中，____________平方米产权归甲方，____________平方米产权归乙方，____________平方米产权归丙方。

第五条 博士后公寓应争取在____________年竣工，并按此期限安排施工；竣工后经三方验收合格后交付使用。

第六条 房屋规格和设施

1. 博士后公寓为____________套两室一厅的多层建筑，建筑标准为三类住宅标准。具体建筑方案设计完成后，要由甲乙丙三方审核同意，并作为本协议的附件。

2. 每套住房需具备厨房、厕所、卫生洁具、厨具、煤气、电、上下水等设施。

3. 每套住房需配备基本的生活设施，所配家具费用标准不低于三千元。

第七条 使用和管理

1. 博士后公寓用作＿＿＿＿＿＿博士后流动站设站单位中由国家批准进站的博士后研究人员住房。

2. 博士后公寓按照乙丙双方的协商管理办法，经甲方同意后执行，具体管理办法作为本协议附件。

第八条 附则

1. 在签订协议前，乙、丙方应提供：

(1) 博士后公寓投资概算书。

(2) 博士后公寓总图、标准层平面图及设计说明。

(3)《博士后公寓管理规定》。

2. 本协议未尽事宜，三方可根据具体情况结合有关规定议定附款，经三方确定后作为本协议的附件。

3. 本协议所有附件均属于本协议不可分割的部分，具有同等法律效力。

4. 本协议一式三份，甲乙丙三方各执一份，均具有同等效力。

5. 本协议自甲乙丙三方签字之日起生效。

甲　方：全国博士后管委会办公室

负责人：　＿＿＿＿＿＿（签字）

＿＿＿年＿＿＿月＿＿＿日

乙　方：

负责人：　＿＿＿＿＿＿（签字）

＿＿＿年＿＿＿月＿＿＿日

丙　方：

负责人：　＿＿＿＿＿＿（签字）

＿＿＿年＿＿＿月＿＿＿日

人事部办公厅关于印发《人事部北京地区博士后公寓管理暂行办法》的通知

（国人厅发〔2004〕32号　2004年3月26日）

国务院有关部委、直属机构人事部门，北京地区博士后科研流动站设站单位：

为加强人事部在北京地区的博士后公寓管理，现将《人事部北京地区博士后公寓管理暂行办法》印发给你们，请认真执行。

人事部北京地区博士后公寓管理暂行办法

第一章　总　则

第一条　为加强人事部在北京地区博士后公寓的管理，特制定本办法。

第二条　人事部北京地区博士后公寓是专供北京地区在站博士后研究人员居住的房产，包括中关村博士后公寓（北京中关村934楼）、富润家园博士后公寓（北京海淀区学院路14号富润家园1号楼）和北京科技大学博士后公寓（北京海淀区学院路30号），由人事部负责安排使用。

第三条　人事部专业技术人员管理司对公寓管理工作进行指导和监督；人事部规划财务司对公寓财务管理进行监督检查；人事部留学人员和专家服务中心（以下简称服务中心）成立专门的公寓管理机构，负责公寓房产管理和物业管理服务工作。

第二章　管理与服务

第四条　服务中心管理与服务工作的主要内容是：确保博士后研究人员在规定期限内的合理居住使用；确保公寓的水、电、暖、气、通信、消防等设备正常运行；确保建立职责明确，运转协调的物业服务体制，为博士后研究人员提供整洁、文明、方便、舒适的居住环境和优质服务。

第五条　加强安全防范工作。各博士后公寓要配置必需的安全、消防设施，定期定时检查维护。要制定防范突发性事件的预案。

第六条　为加强博士后公寓的管理和服务工作，服务中心在各个公寓配置专门人员承担公寓的具体管理与服务工作。

第七条　根据北京地区各博士后公寓的不同情况，对博士后公寓物业进行分类管理。中关村博士后公寓由服务中心负责全部物业管理工作；富润家园博士后公寓由服务中心负责公寓内部物业管理工作；北京科技大学博士后公寓物业管理工作由服务中心和北京科技大学共同承担。

第八条　坚持公寓入住条件，非在站博士后不得进住和占据公寓。入住公寓时，须凭使用单位开具的博士后公寓入住介绍信和使用人博士后身份证明，办理入住手续并签订《公寓入住协议书》。使用人员有义务严格遵守《公寓入住协议书》的各项条款。

第九条　公寓管理和日常维修要实行以房养房，按照国家和北京市规定的有关收费项目和收费标准收取各种费用，用于公寓的日常维护和管理支出。博士后公寓使用单位和个人须按规定标准及时足额缴纳相关费用。使用单位缴纳的费用包括：住房维修基金、物业管理费、供暖费；使用人交纳的费用包括：房租、水电气费、闭路电视和卫生费及家具、热水器、灶具、油烟机等设备的折旧和使用费。

第三章　公寓大型维修

第十条　公寓大型维修是指日常维修养护范围以外的房屋大型修缮和设备的更新、大修，包括土建部分的大修改造；电力增容，线路改造，上下水管线和暖气管线及设备的更换改造；电梯和水泵大修或更换。本办法中所指公寓大修，不含富润家园博士后公寓。

第十一条　建立公寓大型维修基金，以保证公寓大型维修的需要。大型维修基金的来源主要是国家“九五”期间公寓建设一次性拨款。

第十二条 公寓的大型维修，由服务中心提出计划和经费预算，专业技术人员管理司和规划财务司审核，报部领导批准后由服务中心组织实施。

第四章 经费财务管理

第十三条 公寓财务管理实行独立核算，专款专用，由服务中心财务统一管理。

第十四条 公寓经费实行年度预决算制度，服务中心根据实际情况编制年度收支计划。规划财务司负责对公寓收支情况进行监督检查。

第十五条 建立公寓财务管理制度，完善管理资金支出审批制度，合理安排节约使用资金。

第十六条 建立资产管理制度，设立固定资产明细台账和房产档案，防止国有资产流失。

第五章 附 则

第十七条 根据本办法，服务中心负责制定公寓的各项具体管理规定和实施细则。

第十八条 本办法自公布之日起执行。

人事部、财政部关于调整博士后日常经费标准的通知

（国人部发〔2006〕112号 2006年11月14日）

各省、自治区、直辖市人事厅（局）、财政厅（局），新疆生产建设兵团人事局，国务院有关部委、直属机构人事部门，解放军总政治部干部部，各博士后设站单位：

在党和国家的关心和重视下，二十多年来，我国博士后制度不断创新发展，取得了十分显著的成绩，已经成为具有中国特色的培养和使用年轻优秀高层次人才的重要制度。为了进一步发挥博士后制度在培养高层次创新人才方面的重要作用，根据当前国家经济发展情况和博士后研究人员工作、生活需要，经研究决定，提高博士后日常经费标准。现将有关事宜通知如下：

一、自2006年1月1日起，博士后日常经费标准由原来的每人每年3万元提高到每人每年5万元。鉴于2006年的博士后日常经费已按原标准拨付各设站单位，国家将根据新的标准向设站单位补发差额部分，对已于2006年9月30日前期满出站的博士后研究人员不再补发。

二、博士后日常经费的开支结构，由原来的科研工作补助经费和生活福利费用调整为生活费用和日常公用经费，科研工作补助经费纳入博士后科研基金资助范围。博士后日常经费中，生活费用开支占80%，主要用于工资、奖金、生活补贴等；日常公用经费主要用于参加学术会议和学术交流活动。

三、博士后研究人员应与设站单位职工享受同等的医疗保障待遇，所需资金的筹集应当执行设站单位职工医疗保障资金的筹集办法。

四、各地区、各部门和各设站单位自筹经费招收的博士后研究人员，其日常经费标准参照国家规定的博士后日常经费标准。

五、要严格执行日常经费标准，切实加强经费管理，提高资金使用效益。

六、各地区、各部门要充分认识博士后工作在深入实施人才强国战略，建立创新型国家中的重要作用，加大对博士后工作的资金投入，建立与国家投入相匹配、与地方经济社会发展和部门发展规划相适应的博士后工作投入机制。

人事部、全国博士后管委会关于印发《博士后工作“十一五”规划》的通知

（国人部发〔2006〕114 号　2006 年 10 月 30 日）

各省、自治区、直辖市人事厅（局），新疆生产建设兵团人事局，国务院有关部委、直属机构人事（干部）部门，解放军总政治部干部部，各博士后设站单位：

为贯彻落实《中华人民共和国国民经济和社会发展第十一个五年规划纲要》，全面实施科教兴国和人才强国战略，推动博士后事业的进一步发展，根据全国优秀博士后表彰暨博士后工作会议精神，制定了《博士后工作“十一五”规划》。现印发给你们，请结合本地区、本部门和各设站单位的实际情况，认真贯彻执行。

博士后工作“十一五”规划

为了贯彻落实《中华人民共和国国民经济和社会发展第十一个五年规划纲要》精神，根据《关于贯彻落实“十一五”规划纲要加强人才队伍建设的实施意见》的要求，改进和完善博士后制度，充分发挥博士后工作在加强高层次专业技术人才队伍建设中的重要作用，制定本规划。

一、取得的成绩和面临的形势

我国博士后制度建立二十多年来，在党中央、国务院的领导下，在各地区、各有关部门的高度重视和大力支持下，博士后工作认真贯彻落实邓小平同志关于“培养和使用相结合，在使用中培养，培养和使用中发现更高级的人才”的指示精神，坚持从我国具体国情出发，学习借鉴国外有益经验，在改革中创新，在创新中发展，取得了显著的成绩。建立了一套符合中国国情的比较完备的博士后管理制度和灵活的运行机制，形成了学科专业齐全、部门和地区分布广泛、产学研结合日益紧密的博士后工作体系。目前，已在全国高等学校和科研院所中设立博士后科研流动站 1 363 个，在企业等单位中设立博士后科研工作站 1 318 个；累计招收博士后研究人员 37 000 多人，其中研究工作期满出站的达 23 000 多人，造就了一支年轻、富有活力的博士后人才群体，取得了一批高水平的研究成果，促进了学术交流和相关学科、交叉学科、前沿学科的发展。实践证明，我国博士后制度是一项具有中国特色、有计划、有目的培养高层次人才的重要制度，是一条有利于青年人才快速成长、脱颖而出的重要途径，在我国经济社会特别是科技教育事业发展中，发挥着越来越明显的作用。

当前，我国博士后工作还存在着亟待解决的问题，面临着新的机遇和挑战。经济社会持续较快发展迫切需要我们培养出大批高层次人才，特别是加快对跨学科、复合型、战略型、创新型人才的培养；日趋激烈的综合国力竞争特别是人才竞争需要我们创造更加良好的人才培养和使用环境；提高国家自主创新能力需要增强人才的创新能力和开拓精神；教育、科技体制和人事制度改革的不断深化对博士后工作提出了更高的要求。我们要顺应新的形势，不断创新博士后工作，激发新的活力，努力把博士后事业推向一个新的发展阶段。

二、指导思想、基本原则和主要目标

（一）指导思想

“十一五”期间，博士后工作要始终坚持以邓小平理论和“三个代表”重要思想为指导，坚持科学发展观，全面贯彻落实科教兴国和人才强国战略，创新完善制度，稳步扩大规模，注重提高质量，造就创新人才，加快培养造就一支适应社会主义现代化建设需要，具有自主创新能力的跨学科、复合型和战略型博士后人才队伍，为建设创新型国家，实现全面建设小康社会的宏伟目标提供人才支持。

（二）基本原则

——坚持博士后工作服务于经济社会发展的需要。紧密围绕国家“十一五”经济社会发展和中长期科技发展规划对人才的需求，有计划有目的地做好博士后科研流动站、博士后科研工作站的建设工作，着力提高博士后研究人员的培养、使用质量。要突出重点，协调推进，特别要注重跨学科、复合型、战略型和创新型人才的培养，更好地为研究重大基础理论、重点公益性课题研究和涉及国家战略安全的重大项目服务。

——坚持培养和使用相结合。坚持“以人为本”的原则，树立“人才培养优先”的理念，遵循人才成长规律，坚持在使用中培养，在培养中使用，把培养和使用相结合贯穿于博士后工作的始终。积极探索并采取符合博士后特点的各项措施，形成有利于优秀人才脱颖而出的育才、用才机制。

——坚持产学研相结合。进一步完善企业与高校、科研院所的合作机制，把人才培养、科技开发和科技成果转化有机地结合起来，加快科技成果的产业化进程，不断提高企业科技进步和自主创新能力。

——坚持政府主导与充分发挥设站单位作用相结合。政府人事部门要把博士后工作纳入人才工作总体规划，完善政策措施，加强宏观指导和管理，加大支持力度。各设站单位要充分发挥积极性、主动性和创造性，加大对博士后研究人员的培养和使用力度，努力造就符合社会需要的各类高层次人才。

（三）主要目标

——完善与社会主义市场经济相适应的博士后管理体制。健全完善国家、地方博士后管理部门和设站单位三级管理体制，形成由人事部门牵头、各有关部门协调合作、各设站单位发挥人才培养使用主体作用的工作格局。加强服务体系建设，改进博士后研究人员的培养和资助方式，逐步研究解决博士后研究人员的社会保障问题，实现博士后管理工作的制度化、规范化。

——提高培养质量，稳步扩大设站规模和招收数量。建立更加科学、有效的博士后工作质量评估体系和激励机制，提高博士后培养质量，促进博士后站稳步健康发展。到2010 年，博士后科研流动站总数比 2005 年年底增长 30% 左右；科研工作站总数比 2005 年年底增长 50% 左右；年招收博士后研究人员预计达到 8 000 人左右。新增设的流动站、工作站主要向新兴学科、重点学科和国家重点发展的行业倾斜。

——提高博士后研究人员整体素质。着力提升博士后研究人员的自主创新能力，人均成果率高于国内同等资历人员的平均水平，其中重大科研成果、自主创新成果和科研成果转化率要有较大提高，努力造就跨学科、复合型、战略型、创新型的德才兼备的高层次人才群体。

——健全完善多层次、多元化的投入机制，加大对博士后事业的投入。“十一五”期间，国家对博士后事业的总投入将超过 15 亿元，是“十五”期间的 3 倍。其中博士后日常经费的投入达到 10 亿元，博士后科学基金资助总额达到 5 亿元。地区、部门和设站单位也要相应加大对博士后事业的投入，并积极鼓励引导社会资金投入博士后事业。

三、政策措施

（一）*改革完善博士后管理制度*

进一步改革博士后管理体制。国家主要负责总体规划与政策制定，流动站和工作站的审批、评估、表彰和培训以及需在全国范围内实施的服务工作项目；各省、自治区、直辖市负责贯彻落实国家相关规定，研究制定符合本地区特点的发展规划和配套政策、措施，加强对本地区博士后工作的管理、指导和监督；博士后设站单位主要负责贯彻落实国家和地方博士后管理部门有关政策，决定博士后招收与管理的具体事项，重点做好博士后的培养、使用、管理和服务等工作。

改革博士后研究人员招收管理制度。修订博士后研究人员招收与管理规定。各设站单位应依据岗位需要和研究工作特点，按照企事业单位人事制度改革的要求，将博士后研究人员纳入本单位人事管理范围，进一步加强对博士后研究人员的培养、使用和管理。

改进工作站与流动站联合招收博士后研究人员的方式和方法。发挥工作站在联合招收中的主导地位和流动站的支撑作用，保障各方权益。联合招收的博士后研究人员可在工作站或流动站所在省（区、市）办理博士后研究人员进出站手续。部分符合条件的工作站经批准后可以独立招收博士后研究人员。

（二）*加大投入力度，实施特别资助计划*

根据经济社会发展、国家财政增长和博士后事业发展的需要，不断完善博士后日常经费资助办法，提高博士后日常经费标准。从 2006 年起，博士后日常经费标准从原来的每人每两年 6 万元提高到每人每两年 10 万元。

制定并实施博士后特别资助计划，对具有较大创新潜力和取得突出科研成果的博士后研究人员给予特别资助。有关地区、部门和设站单位应为获得特别资助的博士后研究人员提供相应的支持，对获得特别资助的博士后研究人员，其在站时间可以根据项目研究的需要适当延长。

增强中国博士后科学基金对博士后研究人员从事原始创新、集成创新、引进消化吸收再创新研究工作的择优资助力度。

支持西部地区、东北等老工业基地和中部地区博士后事业的发展，在日常经费资助，博士后科学基金择优资助等方面给予倾斜，鼓励博士到这些地区，特别是边远地区从事博士后研究工作。

（三）加强博士后科研流动站和科研工作站建设

博士后科研流动站、工作站在博士后培养中具有基础性、决定性的作用，要把加强流动站和工作站的建设放到博士后工作的突出位置，增强培养创新型人才、创造创新成果的能力。

各设站单位要不断提高对博士后工作重要性的认识，按照博士后工作的方针、政策，切实做到组织落实、制度落实、计划落实、经费落实、保障落实。

各级博士后管理部门要加强对企业博士后工作的指导和支持。组织和协调有关高等学校、科研院所，发挥其学科、人才、信息优势以及对企业技术创新、成果转化、人才培养等方面的支持作用，对口帮助企业合理确定博士后研发项目和招聘博士后研究人员的计划，完善站内各项管理制度，为企业博士后工作提供各类服务。

（四）健全完善博士后工作质量保证机制

要从各个环节入手，确保培养质量的落实。要严格博士后科研流动站、工作站设站条件和评审程序，流动站、工作站每两年增设一次。完善博士后科研流动站和工作站的评估制度和评估指标体系，定期实行严格评估。对管理不善、评估不合格、不具备设站条件的视情况予以警告、限期整改，直至撤销，并向社会公布。

完善博士后研究人员管理制度，规范博士后研究人员的评价标准，严格进站遴选、中期考核和出站考核，改进对博士后研究人员目标管理、绩效评估、纪律约束、择优汰劣等管理工作。加强博士后经费管理和审计。

积极组织各种有益的学术交流和社会实践活动，通过行之有效的方式方法，加强博士后研究人员的爱国主义教育和职业道德建设。鼓励和引导他们立足本职、胸怀全局、学风严谨、团结协作、勤奋工作、勇攀高峰，为社会主义现代化建设作出积极贡献。

（五）完善博士后服务与保障

构建高效、开放的服务体系。建设多功能的综合服务平台，实现博士后供求信息发布、博士后进出站管理、博士后学术技术交流、博士后工作经验交流、博士后科研成果转化、出站人员跟踪等服务工作的信息化，不断提高服务工作效能。

根据社会保障制度改革的进程，积极研究推进博士后保障制度改革，逐步解决博士后医疗保障等社会保障问题，解除他们的后顾之忧。

（六）扩大博士后工作的国际交流与合作

积极吸引海外留学博士回国和优秀外籍博士来华从事博士后研究工作；扩大博士后工作的国际交流途径和合作渠道，鼓励和支持设站单位与国外研究机构加强学术联系和研究合作；支持博士后研究人员开展与项目相关的出国短期学术交流与合作，提高博士后研究人员的学术技术水平和国际交流能力。

“十一五”期间，是我国博士后事业发展的重要机遇期。为全面实现规划提出的目标任务，各级博士后管理部门要充分认识博士后工作在深入实施人才强国战略，加强高层次人才队伍建设中的重要作用，切实加强领导，采取有力措施，保证规划的落实，为全面实现“十一五”期间博士后事业发展的目标任务而奋斗。

人事部、全国博士后管委会关于印发《博士后管理工作规定》的通知

（国人部发〔2006〕149号 2006年12月29日）

各省、自治区、直辖市人事厅（局），新疆生产建设兵团人事局，国务院有关部委、直属机构人事（干部）部门，解放军总政治部干部部，各博士后设站单位：

为贯彻落实《国家中长期科学和技术发展规划纲要》和《博士后工作“十一五”规划》，进一步加强和规范博士后管理工作，现将人事部、全国博士后管委会重新修订的《博士后管理工作规定》印发给你们，请认真贯彻执行。

博士后管理工作规定

第一章 总 则

第一条 为保证博士后事业持续健康发展，加强博士后管理工作，制定本规定。

第二条 博士后制度是指在高等院校、科研院所和企业等单位设立博士后科研流动站（以下简称流动站）或博士后科研工作站（以下简称工作站），招收获得博士学位的优秀青年，在站内从事一定时期科学研究工作的制度。

国家建立博士后制度，旨在吸引、培养和使用高层次特别是创新型优秀人才，建立有利于人才流动的灵活机制，促进产学研结合。

第三条 本规定所称流动站是指在高等院校或科研院所具有博士授予权的一级学科内，经批准可以招收博士后研究人员的组织。

本规定所称工作站是指在具备独立法人资格的企业等机构内，经批准可以招收博士后研究人员的组织。

在流动站或工作站从事研究工作的人员称为博士后研究人员（以下简称博士后人员）。

第四条 博士后管理工作坚持政府主导与社会参与相结合的原则，坚持公开、平等、竞争、择优的原则，注重提高质量，稳步扩大规模，健全完善制度。

第二章 管 理 机 构

第五条 人事部是全国博士后工作综合管理部门，负责制定博士后工作的政策、规章、规划，并组织实施。

全国博士后管理委员会由国务院人事、科技、教育、财政等有关部门的负责人和有关专家组成，负责对全国博士后工作中的重大问题进行研究和协调。全国博士后管理委员会办公室设在人事部专业技术人员管理司。

第六条 省、自治区、直辖市政府人事部门管理本地区博士后工作，建立由人事部门牵头，有关单位和专家组成的博士后管理协调机制，结合本地区的实际情况，研究制定符合本地区特点的博士后发展规划和配套政策、措施。经人事部批准，省、自治区、

直辖市博士后管理部门可承担本地区的博士后设站申报、博士后工作评估、博士后人员进出站手续办理，并向人事部登记注册等事宜。

国务院有关部委及直属事业单位的人事部门可按有关规定制定配套政策、措施，负责本部委及直属机构博士后工作的指导、协调和监督。

第七条 设有流动站、工作站的单位（以下简称设站单位），制定博士后具体管理办法，配备专门的管理人员，负责本单位博士后管理工作。

第三章 流动站和工作站的设立

第八条 根据国家经济社会发展需要和博士后工作发展规划，开展增设流动站、工作站工作，一般每两年开展一次。

第九条 高等院校和科研院所申请设立流动站，应当具备以下基本条件：

1. 具有相应学科的博士学位授予权，并已培养出一届以上的博士毕业生；
2. 具有一定数量的博士生指导教师；
3. 具有较强的科研实力和较高的学术水平，承担国家重大研究项目，科研工作处于国内前列，博士后研究项目具有理论或技术创新性；
4. 具有必需的科研条件和科研经费，并能为博士后人员提供必要的生活条件。

具有博士学位一级学科授予权、建有国家重点实验室的学科和国家重点学科可优先设立流动站。

第十条 企业、从事科学研究和技术开发的事业单位、省级以上高新技术开发区、经济技术开发区和留学人员创业园区申请设立工作站，应当具备以下基本条件：

1. 具备独立法人资格，经营或运行状况良好；
2. 具有一定规模，并具有专门的研究与开发机构；
3. 拥有高水平的研究队伍，具有创新理论和创新技术的博士后科研项目；
4. 能为博士后人员提供较好的科研条件和必要的生活条件。

建有省级以上研发和技术中心，承担国家重大项目的单位可优先设立工作站。

第十一条 流动站的设立，由拟设站单位提出申请，各省、自治区、直辖市人事部门或国务院有关部委及直属机构人事部门审核汇总后报人事部。经专家评审委员会评审，由人事部和全国博士后管理委员会审核批准。

第十二条 工作站的设立，由拟设站单位提出申请，各省、自治区、直辖市人事部门或国务院有关部委及直属机构人事部门组织初评后报人事部。经专家评议，由人事部审核批准。

第四章 博士后人员的招收

第十三条 具有博士学位，品学兼优，身体健康，年龄一般在四十岁以下的人员，可申请进站从事博士后研究工作。

第十四条 申请从事博士后研究工作的人员，应当向设站单位提出书面申请，提交证明材料。委托培养、定向培养、在职工作以及具有现役军人身份的人员申请从事博士后研究工作，应当向设站单位提交其委托单位、定向培养单位、工作单位或者所在部队同意其脱产从事博士后研究工作的证明材料。

在职人员不得兼职从事博士后研究工作。

第十五条 设站单位应面向社会公开招收博士后人员，要对申请者的科研能力、学术水平和已取得的科研成果进行严格审核，采用考核、考试、答辩等形式择优招收。

设站单位应与博士后人员签订协议，明确双方的权利、义务以及工作目标、课题要求、在站工作期限、产权成果归属、违约处罚等。

第十六条 设站单位按有关规定在人事部博士后管理部门或有关省、自治区、直辖市人事部门办理博士后人员进站和户口迁落等有关手续。

申请到军队设站单位从事博士后研究工作的人员凭军队博士后管理机构的审批通知，按上述程序办理。

第十七条 除经人事部博士后管理部门批准的特殊情况外，申请人不得进入授予其博士学位的单位同一个一级学科流动站从事博士后研究工作。

第十八条 对承担国家重大科研项目的非设站单位或已设站单位的非设站学科，经人事部博士后管理部门批准可以依托国家重大科研项目，招收项目博士后人员。

第十九条 工作站应与流动站联合招收、培养博士后人员，合作双方应当按照优势互补、互惠互利、保证质量、共同受益的原则签订协议书，明确双方及相关博士后人员的权利和义务。流动站应向工作站提供科研支持和专家指导，帮助工作站做好确定博士后研究项目、招收博士后人员等联合招收工作。以工作站为主做好联合招收博士后研究人员工作，并视导师指导和设备试验等情况向流动站支付一定费用，费用数额由双方协商确定。联合招收的博士后人员在工作站所在省、自治区和直辖市办理博士后研究人员进出站手续。

学术、技术实力强，具备独立培养博士后人员能力的工作站，经人事部博士后管理部门批准可以单独招收博士后人员。

第五章 博士后人员的管理

第二十条 各设站单位应建立在站博士后人员的考核指标体系，以及博士后人员进站招收、中期考核和出站考核制度。制定对博士后人员目标管理、绩效评价、奖励惩处等具体管理办法，对博士后人员进行定期考核。对研究成果突出、表现优秀的博士后人员，应当给予适当的表彰和奖励；对中期考核不合格的博士后人员予以劝退和解约。

第二十一条 各设站单位应将博士后人员纳入本单位人事管理范围，其人事、组织关系、福利待遇等比照本单位同等人员对待，或按协议执行。博士后人员实行岗位绩效工资制度。

第二十二条 博士后人员应与设站单位职工享受同等的医疗保障待遇，所需资金的筹集应当执行设站单位职工医疗保障资金的筹集办法。

第二十三条 博士后人员进站报到后，可在设站单位所在地落常住户口，凭人事部博士后管理部门或有关省、自治区、直辖市人事部门介绍信和其他有效证明材料，到公安户政管理部门办理户口迁出和落户手续，其配偶及未成年子女可以随其流动，按有关规定到当地公安派出所办理暂住手续。

第二十四条 博士后人员在站期间，可以凭人事部博士后管理部门或有关省、自治区、直辖市人事部门的介绍信，在其子女暂住户口所在地办理入幼儿园、上小学和初中，报考（转入）高中以及报考高等院校或中等专业学校等事宜，享受当地常住户口居民的同等待遇。

第二十五条 博士后人员在站工作时间为两年，一般不超过三年。承担国家重大项目，获得国家自然科学基金、国家社会科学基金等国家基金资助项目或中国博士后科学基金特别资助项目的博士后人员，如需延长在站时间，经设站单位批准后，可根据项目和课题研究的需要适当延长。

博士后人员工作期满后应按时出站，确有需要可转到另一个流动站或工作站从事博士后研究工作。博士后人员从事博士后研究工作最长不超过六年。

第二十六条 博士后人员在站期间，根据研究项目需要，经设站单位批准，可以到国外开展合作研究、参加国际学术会议或进行短期学术交流，时间一般不超过三个月。经设站单位批准，可根据项目情况适当延长。

第二十七条 博士后人员的研究成果归属，依照国家有关知识产权的法律、法规办理。

第二十八条 博士后人员期满出站前，设站单位可以根据其在站期间的科研能力、学术水平、工作成果，对其提出专业技术职称评定意见或建议。

第二十九条 博士后人员工作期满，须向设站单位提交博士后研究报告（以下简称报告）和博士后工作总结等书面材料，报告要严格按照格式编写。设站单位应将报告报送国家图书馆。博士后人员出站时，设站单位要及时组织有关专家对其科研工作、个人表现等进行评定，形成书面材料归入其个人档案。

第三十条 对出站考核合格的博士后人员，由人事部和全国博士后管理委员会颁发博士后证书。

第三十一条 博士后人员期满出站，到人事部博士后管理部门或有关省、自治区、直辖市办理出站手续。凭人事部博士后管理部门或有关省、自治区、直辖市人事部门的介绍信和其他有效证明材料，到当地公安户政管理部门办理本人及配偶和未成年子女的户口迁出和落户手续。

第三十二条 博士后人员工作期满出站，除有协议的以外，其就业实行双向选择、自主择业。各级政府人事部门和设站单位要为出站博士后人员的合理使用创造条件，做好出站博士后人员的就业引荐等服务工作。

第三十三条 博士后人员在站期间，有下列情形之一者，应予退站：

1. 考核不合格的；
2. 在学术上弄虚作假，影响恶劣的；
3. 受警告以上行政处分的；
4. 无故旷工连续15天或一年内累计旷工30天以上的；
5. 因患病等原因难以完成研究工作的；
6. 出国逾期不归超过30天的；
7. 其他情况应予退站的。

第三十四条 退站的博士后人员，不享受国家对期满出站博士后人员规定的相关政策，其户口迁落和有关人事关系手续由人事部博士后管理部门或有关省、自治区、直辖市人事部门办理。

第三十五条 加强对博士后工作管理人员进行业务培训，以做好博士后管理工作。

第六章 博士后日常经费和公寓管理

第三十六条 博士后日常经费是用于博士后人员日常生活和日常公用的专项经费，主要来源于中央财政拨款、地方财政拨款和设站单位筹资。

第三十七条 人事部和财政部确定国家资助博士后日常经费标准，制定国家日常经费资助年度计划。各省、自治区、直辖市和设站单位资助招收博士后人员，其日常经费标准参照国家规定的博士后日常经费标准。

第三十八条　留学博士回国从事博士后研究工作，国家按照博士后日常经费标准给予专门资助。

第三十九条　博士后日常经费由设站单位统一管理，单独立账，专款专用。对国家下拨的博士后日常经费，设站单位博士后工作主管部门可以提取不高于博士后日常经费总额的3%，作为博士后管理工作经费。

第四十条　人事部和各省、自治区、直辖市人事部门负责对其下拨的博士后日常经费的管理、使用情况进行检查和监督，对违反规定使用不当的，按照有关财务规定处理。

第四十一条　国家、地方和设站单位共同出资，在设站单位和在站博士后人员数量较多的城市集中建造博士后公寓。有条件的设站单位也可自筹经费建造博士后公寓。

第四十二条　有关省、自治区、直辖市和设站单位应根据当地的实际情况制定博士后公寓管理办法。博士后公寓是在站博士后人员居住的专门住房，不得挪作他用。博士后出站时，应及时从博士后公寓中迁出。

第七章　评估和表彰

第四十三条　人事部和全国博士后管理委员会统一组织全国博士后工作评估。评估工作一般每三年进行一次。

第四十四条　人事部和全国博士后管理委员会负责制定评估办法和评估指标体系，各省、自治区、直辖市和国务院有关部委、直属机构人事部门按照人事部和全国博士后管理委员会的要求，负责组织实施本地区、本部门博士后工作评估，并将评估情况报人事部。

第四十五条　人事部、全国博士后管理委员会根据评估结果，划分评估等级并予以公布。对管理工作优秀的流动站和工作站进行表彰；对管理不善、评估不合格、不具备设站条件的流动站和工作站视情况予以警告、限期整改直至撤销，并向社会公布。

第四十六条　人事部博士后管理部门或有关省、自治区、直辖市人事部门对受到警告并限期整改的设站单位在制度建设、组织机构、博士后人员在站管理等方面进行专门的指导和帮助，并在整改期满时组织考核，将考核结果报人事部。人事部和全国博士后管理委员会根据考核结果作出撤销警告或撤销设站资格的决定，并向社会公布。

撤销的流动站和工作站三年后方可重新申请设立流动站和工作站。申报程序见本规定第九条、第十条。

第四十七条　对在科学技术、教育事业和经济建设中作出突出贡献的优秀博士后人员，人事部和全国博士后管委会通过组织开展全国优秀博士后评选活动进行表彰。

第四十八条　各省、自治区、直辖市人事部门应加强日常管理，做好评估和表彰工作，对优秀的流动站和工作站给予奖励，对存在问题的设站单位及时给予指导和帮助。各设站单位应结合本单位实际情况，建立必要的日常管理和检查制度。

第八章　科 研 资 助

第四十九条　国家设立中国博士后科学基金，为博士后人员开展科研工作提供资助。基金主要来源于中央财政拨款，同时接受国内外各种机构、团体、单位或个人的捐赠。

第五十条　博士后科学基金设普通资助和特别资助两种方式。普通资助是对博士后人员从事自主创新研究的科研启动或补充经费；特别资助是为鼓励博士后人员增强创新能力，对在站期间取得重大科研成果和研究能力突出的博士后人员的资助。

第五十一条 中国博士后科学基金资助按照《中国博士后科学基金资助条例》和配套办法执行。

第五十二条 各地方政府和中央有关部门的人事（干部）部门，以及博士后设站单位应对获得中国博士后科学基金资助的博士后人员给予配套资助。

第九章 职业道德建设

第五十三条 加强对博士后人员的爱国主义教育，引导他们树立良好的职业道德，淡泊名利，潜心钻研，自由探索，锐意创新。

第五十四条 加强对博士后人员知识产权保护法律意识的培养，严格遵守知识产权保护的法律法规，尊重他人的研究成果和权益。创造尊重和保护知识产权的法治环境，依法申报知识产权，促进科技成果转化。

第五十五条 各设站单位应为博士后人员营造尊重个性、学术民主、鼓励探索、支持创新、容许失败的宽松和谐环境，形成有利于优秀青年人才脱颖而出的机制。

第五十六条 博士后人员应坚持实事求是的科学精神和严谨求实的治学态度，加强学术道德自律，反对学术上弄虚作假的浮躁浮夸作风，坚决抵制学术腐败和欺骗行为。

第十章 附 则

第五十七条 各省、自治区、直辖市人事部门，国务院有关部委、直属机构人事部门以及设站单位应结合本地区、本部门实际情况，并按照本规定制定具体实施办法。

第五十八条 本规定由人事部负责解释。

第五十九条 本规定自2007年1月1日起施行。2002年2月1日施行的《博士后管理工作规定》同时废止。此前有关规定凡与本规定不一致的，按本规定执行。

全国博士后管委会办公室关于军队设站单位招收博士后研究人员办理进出站手续问题的通知

（博管办〔2007〕28号 2007年10月15日）

各省、自治区、直辖市人事部门，解放军总政治部干部部，各有关设站单位：

根据《博士后管理工作规定》（国人部发〔2006〕149号）第四章第十六条规定，即“设站单位按有关规定在人事部博士后管理部门或有关省、自治区、直辖市人事部门办理博士后人员进站和户口迁落等有关手续。申请到军队设站单位从事博士后研究工作的人员凭借军队博士后管理机构的审批通知，按上述程序办理”，为进一步推动军队博士后工作的科学化和规范化建设，有效解决军队博士后研究人员招收工作中的保密安全等问题，申请到军队所属的博士后设站单位做博士后研究工作的人员，按如下程序办理进出站手续。

（一）申请进入博士后设站单位做博士后研究工作的人员按有关规定填写进站申请材料，提供相关材料，报送设站单位博士后管理部门。经设站单位审核通过后，报送中国人民解放军博士后管理信息中心。

博士后研究人员工作期满出站，按照有关规定填写出站申请材料，提供相关材料，报送设站单位博士后管理部门。设站单位考核通过后，报送中国人民解放军博士后管理信息中心。

（二）中国人民解放军博士后管理信息中心按照有关规定对设站单位申报材料进行审核。审核通过后，由中国人民解放军博士后管理信息中心开具《关于博士后研究人员进（出）站的函》和《关于为博士后研究人员办理户口迁落手续的函》。

（三）设站单位凭中国人民解放军博士后管理信息中心开具的函办理进出站和户口迁落手续。天津市、辽宁省、吉林省、黑龙江省、上海市、江苏省、浙江省、山东省、湖北省、湖南省、广东省、重庆市、四川省、陕西省地域内的军队设站单位可到当地的人事厅（局）办理进（出）站和户口迁落手续。其他省市的军队设站单位暂时到人事部博士后管理部门办理进（出）站和户口迁落手续，变化后另外通知。

（四）根据《博士后管理工作规定》，需要办理退站手续的博士后研究人员，由设站单位博士后管理部门将有关材料报送中国人民解放军博士后管理信息中心，中国人民解放军博士后管理信息中心批准后，开具《关于博士后研究人员退站的函》。设站单位凭函到有关省、市人事厅（局）或人事部博士后管理部门办理退站和户口迁落手续。

附件：1. 关于博士后研究人员进站的函
　　　2. 关于博士后研究人员出站的函
　　　3. 关于为博士后办理户口迁落手续的函
　　　4. 关于博士后研究人员退站的函

附件 1

〔200 __〕第____号

关于博士后研究人员进站的函

____________：

经审核，____________同志符合博士后进站条件，同意到你单位____________从事博士后研究工作。该同志编号为____________。

中国人民解放军博士后管理信息中心

二〇〇____年____月____日

附件 2

〔200 __〕第____号

关于博士后研究人员出站的函

____________：

经审核，____________同志于____________年至____________年在你单位完成了博

士后研究工作，同意出站。该同志编号为＿＿＿＿＿＿。

中国人民解放军博士后管理信息中心
二〇〇＿＿年＿＿月＿＿日

附件3

〔200＿〕第＿＿号

关于为博士后办理户口迁落手续的函

＿＿＿＿＿：

＿＿＿＿＿＿，性别＿＿＿＿＿＿，＿＿＿＿＿＿年＿＿＿＿＿＿月＿＿＿＿＿＿日出生，申请到＿＿＿＿＿＿博士后科研流动站（工作站）从事＿＿＿＿＿＿研究工作，经审查，该同志符合进（出、退）站条件，同意进（出、退）站，请为其办理户口迁落等有关手续。该同志编号为＿＿＿＿＿＿。

中国人民解放军博士后管理信息中心
二〇〇＿＿年＿＿月＿＿日

附件4

〔200＿〕第＿＿号

关于博士后研究人员退站的函

＿＿＿＿＿：

经审核，在＿＿＿＿＿＿博士后科研流动站（工作站），从事博士后研究工作的＿＿＿＿＿＿同志因为＿＿＿＿＿＿不能按时完成博士后研究工作，予以退站。请为其办理户口迁落等有关手续。

该同志编号为＿＿＿＿＿＿。

中国人民解放军博士后管理信息中心
二〇〇＿＿年＿＿月＿＿日

全国博士后管委会办公室关于军队设站单位招收博士后研究人员办理进出站手续问题的补充通知

（博管办〔2008〕1号　2008年1月29日）

各省、自治区、直辖市人事厅（局），解放军总政治部干部部科技文职干部局，各有关设站单位：

为全面推进军队博士后工作的科学化和规范化建设，进一步做好军队博士后工作中的安全保密工作，提高工作效率，根据《博士后管理工作规定》（国人部发〔2006〕149号）等有关文件精神，现就军队博士后设站单位招收博士后研究人员进出站手续办理程序等具体问题补充通知如下：

从2008年2月29日起，到军队博士后设站单位做博士后研究人员的进（出、退）站申报材料经设站单位审核通过后，报中国人民解放军博士后管理信息中心（以下简称中心）按有关规定进行统一审核。审核通过后，由中心出具同意博士后研究人员进站工作的批复或出（退）站分配工作介绍信，并根据需要按有关规定开具博士后研究人员及其配偶、子女办理户口迁落等相关手续的函。设站单位持中心开具的函和《博士后研究人员及其家属基本情况一览表》，到相关省市人事厅（局）或人事部博士后管理部门办理户口迁落等相关手续。

博士后科研工作站与流动站联合招收博士后研究人员，工作站是军队博士后设站单位的，联合培养单位不论是地方博士后流动站设站单位还是军队博士后流动站设站单位，博士后研究人员的进（出、退）站手续一律按军队博士后工作管理要求办理；工作站是地方博士后设站单位，联合培养单位是军队博士后流动站设站单位的，博士后研究人员的进（出、退）站手续由工作站设站单位所在省市人事厅（局）或人事部博士后管理部门办理。联合培养单位审核联合招收博士后研究人员的进（出、退）站申请材料时，在通过审核的申请材料上加盖公章，无需通过网上办公进行审核。

军队博士后设站单位办理博士后研究人员进（出、退）站手续工作依托军队内部网络进行。中心定期向人事部博士后管理部门报告博士后进出站手续办理情况，将进（出、退）站的纸质和电子申报材料报送人事部博士后管理部门备案、注册，并接受人事部博士后管理部门的监督和检查。

特此通知。

人力资源和社会保障部、全国博士后管委会关于印发《博士后科研流动站和工作站评估办法》的通知

（人社部发〔2008〕115号 2008年12月16日）

各省、自治区、直辖市人事厅（局）、劳动保障厅（局），新疆生产建设兵团人事局、劳动保障局，国务院有关部委、直属机构人力资源部门，解放军总政治部干部部，各博士后设站单位：

根据《博士后工作“十一五”规划》和《博士后管理工作规定》，为健全博士后工作质量保证机制，推进博士后工作持续、健康发展，人力资源社会保障部、全国博士后管理委员会制定了《博士后科研流动站和工作站评估办法》，现印发给你们，请认真贯彻执行。

附件：1. 博士后科研流动站评估指标体系
　　　2. 博士后科研工作站评估指标体系

博士后科研流动站和工作站评估办法

第一章 总 则

第一条 为规范博士后科研流动站（以下简称流动站）、博士后科研工作站（以下简称工作站）管理工作，根据《博士后管理工作规定》，制定本办法。

第二条 由人力资源社会保障部、全国博士后管理委员会（以下简称全国博士后工作管理部门）批准设立的流动站、工作站评估适用本办法。

第三条 流动站、工作站评估（以下简称评估工作）旨在加强流动站、工作站建设，建立竞争机制，优胜劣汰，以评促进，提高博士后工作质量，推动博士后事业健康发展。

第四条 评估工作遵循“客观、公正、科学、简便”的原则，依照规范的标准、程序、方法进行考核和评价。

第二章 组织管理

第五条 全国博士后工作管理部门负责评估工作的组织、管理、指导、协调和监督。其主要职责是：

（一）制定评估工作指标体系，定期组织开展评估培训；

（二）负责对各省、自治区、直辖市、有关部门和设站单位评估工作的组织协调和宏观指导；

（三）组织评估工作检查小组，对设站单位开展评估工作抽查；

（四）负责对评估结果进行汇总评分；

（五）负责对评估结果进行处理。

第六条 各省、自治区、直辖市博士后工作管理部门负责本地区评估工作的具体组

织实施。其主要职责是：

（一）按照全国博士后工作管理部门的统一部署制定本地区评估工作计划、工作细则并组织实施；

（二）承担本地区评估工作的培训指导、数据材料的审核、报送和评价意见的签署；

（三）承担本地区的评估检查工作，主动配合并协助全国博士后工作管理部门做好对本地区设站单位评估工作的检查；

（四）负责本地区评估工作的总结、评估结果的反馈以及整改工作的落实；

（五）按照全国博士后工作管理部门的统一部署承担新设站评估的数据汇总、评分工作。

军队系统的评估工作由中国人民解放军总政治部干部部具体组织。

北京地区的中央所属单位流动站评估工作由全国博士后工作管理部门具体组织。

第七条　各博士后设站单位组织本单位评估工作，负责数据填报、核查等具体工作。

第三章　评 估 方 式

第八条　评估工作按照评估范围分为综合评估和新设站评估两类，根据流动站、工作站的不同特点，专业和行业的不同特征实行分类评估。

第九条　国家建立健全博士后工作评估指标体系。评估工作按照《博士后科研流动站评估指标体系》、《博士后科研工作站评估指标体系》（附件 1、2）组织实施。评估指标体系根据情况变化适时进行修订。

第十条　综合评估每五年组织开展一次，评估对象为所有设立三年以上（含三年）的流动站、工作站；新设站评估每年组织开展一次，评估对象为设站时间满三年的流动站和工作站。特殊情况下，综合评估和新设站评估可以合并开展。

第十一条　综合评估主要考察流动站、工作站建设情况，包括博士后研究人员招收情况、科研情况、研究成果、产生的经济社会效益等。

新设站评估侧重考察流动站、工作站博士后工作的制度建设、工作环境以及博士后研究人员招收和科研工作情况。

第十二条　评估以流动站、工作站为统计和评价对象。

流动站按照学科门类进行评估，对不同学科门类评价的侧重点有所不同。

工作站划分为科研事业性和生产经营性两类。科研事业性工作站按照学科门类进行评估，生产经营性工作站按照行业类别进行评估。对不同类型（不同学科门类、不同行业类别）的工作站评价的侧重点有所不同。

第十三条　评估采用专门数据采集和日常数据采集两种数据采集方式，依据各参评流动站、工作站填报数据、社会调查和博士后信息管理系统采集的数据进行评价。

第四章　评 估 程 序

第十四条　评估工作按照工作准备、数据采集与自查、数据整理与核查、数据统计与评定四个阶段进行。

第十五条　在工作准备阶段，全国博士后工作管理部门要根据本办法的规定，每五年下发一次综合评估通知和评估指标体系，部署评估工作并组织培训；每年下发一次新设站评估通知，包括各地区参加评估流动站、工作站名单和评估指标体系。

省、自治区、直辖市和有关部门博士后管理部门（以下简称地方和部门博士后工作管理部门）要按照全国博士后工作管理部门的部署，制定评估工作计划，对本地区、系统内参评单位的评估工作进行动员部署并组织培训。

第十六条 在数据采集与自查阶段，参加评估的设站单位组织流动站、工作站要填写评估表和博士后合作导师、博士后研究人员调查问卷等评估报表，并进行评估数据的自查工作。

综合评估工作中，博士后工作日常数据和公共数据的采集工作由全国博士后工作管理部门负责。

新设站评估工作中，博士后工作日常数据和公共数据的采集工作由地方和部门博士后工作管理部门负责。

第十七条 在数据整理与核查阶段，综合评估工作中，地方和部门博士后工作管理部门负责对参评流动站、工作站的评估数据和材料进行核实，签署评价意见，上报全国博士后工作管理部门。全国博士后工作管理部门组织对参加评估的流动站、工作站进行实地检查。

新设站评估工作中，地方和部门博士后工作管理部门负责对参评流动站、工作站的评估数据和材料进行核实，并组织对参加评估的流动站、工作站进行实地检查。

第十八条 在数据统计与评定阶段，综合评估工作中，全国博士后工作管理部门负责对评估数据进行整理、汇总、统计和计分。

新设站评估工作中，地方和部门博士后工作管理部门负责对评估数据进行整理、汇总、统计和计分，并将评估数据及结果上报全国博士后工作管理部门。全国博士后工作管理部门组织对参加评估的流动站、工作站进行实地检查。

第五章 结 果 处 理

第十九条 综合评估结果分为优秀、良好、合格、不合格 4 个等级。

新设站评估结果分为合格、不合格 2 个等级。

第二十条 全国博士后工作管理部门根据评估数据的统计结果确定评估等级。

第二十一条 全国博士后工作管理部门将评估结果和评估等级反馈至地方和部门博士后工作管理部门，地方和部门博士后工作管理部门将评估结果反馈至各参评流动站、工作站。

第二十二条 参评流动站、工作站对评估结果有异议的，可以自收到反馈结果之日起十五日内向全国博士后工作管理部门申请复核。全国博士后工作管理部门应当自收到复核申请之日起三十日内作出裁定，并下达裁定通知书。

第二十三条 评估结果是对流动站、工作站评价的依据。全国博士后工作管理部门对管理工作优秀的流动站和工作站进行表彰；对管理不善、评估不合格、不具备设站条件的流动站和工作站视情况予以警告、责令限期整改直至撤销设站资格，并向社会公布。

第二十四条 地方和部门博士后工作管理部门负责在整改期间，对受到警告并限期整改的流动站、工作站进行专门指导和帮助，并在整改期满时组织对其进行考核后，将整改、考核情况上报全国博士后工作管理部门。

全国博士后工作管理部门组织对受到警告并限期整改的流动站、工作站进行实地抽查，根据考核情况和抽查情况作出撤销警告或撤销设站资格的决定，并向社会公布。

第二十五条 撤销的流动站和工作站三年后方可重新申请设立流动站和工作站，具体程序按照《博士后管理工作规定》的有关规定执行。

第二十六条 因单位合并、撤销登记等原因造成流动站、工作站无法正常运行的，由有关地方和部门博士后工作管理部门核实并报全国博士后工作管理部门批准后，予以注销设站资格，并向社会公布。

第六章 纪律要求

第二十七条 流动站、工作站在参加评估工作时，如果提供虚假数据和资料，致使评估结果失实，经查实后，全国博士后工作管理部门可以宣布评估结果无效，并根据情节轻重，对其单处或并处下列处罚：

（一）降低评估等级；

（二）通报批评；

（三）撤销设站资格。

第二十八条 地方和部门博士后工作管理部门要按照本办法规定的职责、程序和要求开展评估工作，保证评估工作规范、有序进行，同时加强博士后工作日常数据积累，切实履行相应职责，保证评估数据的真实和准确。

第二十九条 未经许可，不得将评估数据、资料或结果提供给他人或公开发布。评估工作中的涉密内容和数据，按照国家有关保密规定处理。

第七章 附则

第三十条 本办法由人力资源社会保障部负责解释。

第三十一条 本办法自 2008 年 12 月 16 日起施行。

附件 1

博士后科研流动站评估指标体系

一级指标	二级指标	三级指标
1. 流动站建设情况	1－1 工作措施及制度建设	①博士后工作促进本单位人才队伍建设、学科发展和科研工作的措施及发挥作用情况
		②博士后人员招收、考核、日常经费、住房、科研项目管理和奖惩管理制度的建设情况
		③期满出站博士后人员中选留职工的人数与录用职工人数比
	1－2 学术环境营造	①博士后人员创新能力的培养情况
		②合作导师培养、使用博士后人员的情况
		③信息化建设情况
		④组织博士后人员参加学术交流活动的情况
		⑤组织博士后人员参与国外科研合作的情况
		⑥为博士后人员提供的综合能力培训情况
	1－3 流动站管理水平	①专门工作人员配备情况
		②设站单位对其各站管理人员的培训情况
		③规章制度的宣传、执行情况
		④有关政策的熟悉程度和解答情况
		⑤管理人员的工作态度及效率情况
		⑥科研及生活条件保障情况
		⑦流动站在联合招收博士后工作中的合作情况

续表

<table>
<tr><th>一级指标</th><th>二级指标</th><th>三级指标</th></tr>
<tr><td rowspan="9">2. 博士后人员招收情况</td><td>2-1 招收数量</td><td>①博士后人员招收人数</td></tr>
<tr><td rowspan="8">2-2 招收结构</td><td>①博士后人员招收人数与博士生招收人数比</td></tr>
<tr><td>②博士后人员在站人数与副高级以上专业技术人员人数比</td></tr>
<tr><td>③国家资助名额与博士后人员招收人数比</td></tr>
<tr><td>④联合招收博士后人员人数与博士后人员招收人数比</td></tr>
<tr><td>⑤留学回国类型博士后人员人数与博士后人员招收人数比</td></tr>
<tr><td>⑥外单位人员做博士后人数与博士后人员招收人数比</td></tr>
<tr><td>⑦跨学科博士后人员人数与博士后人员招收人数比</td></tr>
<tr><td>⑧外籍博士后人员人数与博士后人员招收人数比</td></tr>
<tr><td rowspan="7">3. 博士后人员科研项目</td><td rowspan="2">3-1 项目数量</td><td>①博士后人员人均参与省部级项目数量</td></tr>
<tr><td>②博士后人员人均参与国家级项目数量</td></tr>
<tr><td rowspan="2">3-2 经费数额</td><td>①博士后人员人均参与省部级项目的科研经费数额</td></tr>
<tr><td>②博士后人员人均参与国家级项目的科研经费数额</td></tr>
<tr><td rowspan="3">3-3 基金项数</td><td>①博士后人员人均申获自然科学基金项数</td></tr>
<tr><td>②博士后人员人均申获社会科学基金项数</td></tr>
<tr><td>③博士后人员人均申获博士后科学基金项数</td></tr>
<tr><td rowspan="8">4. 博士后人员科研成果</td><td rowspan="3">4-1 发表论文、出版论著情况</td><td>①博士后人员人均发表论文收录数量</td></tr>
<tr><td>②博士后人员人均发表论文引用率（综合评估指标）</td></tr>
<tr><td>③博士后人员人均出版论著数量</td></tr>
<tr><td rowspan="2">4-2 项目获奖情况（综合评估指标）</td><td>①博士后人员人均获国家级奖励数量</td></tr>
<tr><td>②博士后人员人均获省部级奖励、社会奖励数量</td></tr>
<tr><td rowspan="2">4-3 获专利情况</td><td>①博士后人员人均专利受理数量</td></tr>
<tr><td>②博士后人员人均专利授权数量（综合评估指标）</td></tr>
<tr><td>4-4 成果转化效益</td><td>①博士后人员人均参与取得经济效益或社会效益的项目数量（综合评估指标）</td></tr>
<tr><td rowspan="4">5. 博士后人员成才情况（综合评估指标）</td><td rowspan="4">5-1 人才成果</td><td>①出站博士后人员为院士的人数</td></tr>
<tr><td>②出站博士后人员为长江学者特聘教授、中国科学院百人计划人选、中国青年科学家、中国青年科技奖获得者、中国优秀博士后、全国杰出科技人才数量</td></tr>
<tr><td>③出站博士后人员为新世纪百千万人才工程国家级人选、国家级突出贡献专家、国务院特殊津贴专家数量</td></tr>
<tr><td>④出站博士后人员为省部级人才计划和人才工程人选、国家教学名师、军队杰出专业技术人才等获得者数量</td></tr>
</table>

注：1. 博士后人员科研项目、博士后人员科研成果两个一级指标按照工学和理学类、社会科学类赋予不同权重。

2. 大部分指标项为综合评估、新设站评估通用指标，新设站评估时不使用标有“（综合评估指标）”的指标项。

附件2

博士后科研工作站评估指标体系

<table>
<tr><th>一级指标</th><th>二级指标</th><th>三级指标</th></tr>
<tr><td rowspan="15">1. 工作站建设情况</td><td rowspan="2">1－1　工作措施及制度建设</td><td>①博士后工作促进本单位人才队伍建设、科研工作的措施及发挥作用情况</td></tr>
<tr><td>②博士后人员招收、考核、日常经费、住房、科研项目管理和奖惩管理制度的建设情况</td></tr>
<tr><td rowspan="6">1－2　学术环境营造</td><td>①博士后人员创新能力的培养情况</td></tr>
<tr><td>②合作导师培养、使用博士后人员的情况</td></tr>
<tr><td>③信息化建设情况</td></tr>
<tr><td>④组织博士后人员参加学术交流活动的情况</td></tr>
<tr><td>⑤组织博士后人员参与国外科研合作的情况</td></tr>
<tr><td>⑥为博士后人员提供的综合能力培训情况</td></tr>
<tr><td rowspan="7">1－3　工作站管理水平</td><td>①专门工作人员配备情况</td></tr>
<tr><td>②工作站管理人员参加培训情况（工作站总站对其各分站管理人员的培训情况）</td></tr>
<tr><td>③规章制度的宣传、执行情况</td></tr>
<tr><td>④有关政策的熟悉程度和解答情况</td></tr>
<tr><td>⑤管理人员的工作态度及效率情况</td></tr>
<tr><td>⑥科研及生活条件保障情况</td></tr>
<tr><td>⑦工作站在联合招收博士后工作中的合作情况</td></tr>
<tr><td rowspan="5">2. 博士后人员招收情况</td><td>2－1　招收数量</td><td>①博士后人员招收人数</td></tr>
<tr><td rowspan="4">2－2　招收结构</td><td>①博士后人员在站人数与副高级以上专业技术人员人数比</td></tr>
<tr><td>②外单位人员做博士后的人数与博士后人员招收人数比</td></tr>
<tr><td>③留学回国类型博士后人员人数与博士后人员招收人数比</td></tr>
<tr><td>④外籍博士后人员人数与博士后人员招收人数比</td></tr>
<tr><td rowspan="9">3. 博士后人员科研项目</td><td rowspan="3">3－1　项目数量</td><td>①博士后人员人均参与国家级项目数量</td></tr>
<tr><td>②博士后人员人均参与省部级项目数量</td></tr>
<tr><td>③博士后人员人均参与单位项目数量</td></tr>
<tr><td rowspan="3">3－2　经费数额</td><td>①博士后人员人均参与国家级项目的科研经费数额</td></tr>
<tr><td>②博士后人员人均参与省部级项目的科研经费数额</td></tr>
<tr><td>③博士后人员人均参与单位项目的科研经费数额</td></tr>
<tr><td rowspan="3">3－3　基金项数</td><td>①博士后人员人均申获自然科学基金项数</td></tr>
<tr><td>②博士后人员人均申获社会科学基金项数</td></tr>
<tr><td>③博士后人员人均申获博士后科学基金项数</td></tr>
</table>

续表

一级指标	二级指标	三 级 指 标
4. 博士后人员科研成果	4－1　发表论文情况	①博士后人员人均发表论文收录数量
		②博士后人员人均发表论文引用率（综合评估指标）
	4－2　获专利情况	①博士后人员人均专利受理数量
		②博士后人员人均专利授权数量
	4－3　成果转化效益	①博士后人员人均参与取得经济效益或社会效益的项目数量（综合评估指标）
5. 博士后人员获奖情况（综合评估指标）	5－1　项目获奖情况	①博士后人员人均获国家级奖励数量
		②博士后人员人均获省部级奖励、社会奖励数量

注：1. 博士后人员科研项目、博士后人员科研成果两个一级指标分别按照科研事业性、生产经营性工作站赋予不同权重。

2. 大部分指标项为综合评估、新设站评估通用指标，新设站评估时不使用标有“（综合评估指标）”的指标项。

人力资源和社会保障部、全国博士后管委会关于推进博士后工作管理体制改革的意见

（人社部发〔2009〕174 号　2009 年 12 月 15 日）

各省、自治区、直辖市人力资源社会保障（人事、劳动保障）厅（局），新疆生产建设兵团人事局、劳动保障局，国务院有关部委、直属机构人事（干部）部门，解放军总政治部干部部：

为深入实施科教兴国战略和人才强国战略，进一步发挥博士后制度在培养高层次创新型人才工作中的重要作用，促进博士后事业持续、健康发展，根据《博士后工作“十一五”规划》（国人部发〔2006〕114 号）、《博士后管理工作规定》（国人部发〔2006〕149 号）的要求，人力资源社会保障部和全国博士后管理委员会决定，全面推进博士后工作管理体制改革，逐步建立健全国家、地方（部门）和设站单位的分级管理体制。现提出以下意见：

一、推进博士后工作管理体制改革的必要性

博士后制度是在著名物理学家李政道先生倡议下，由邓小平同志亲自决策，于 1985

年开始实施的。20 多年来，博士后工作紧紧围绕经济社会发展和科技进步的需要，坚持在改革中创新，在创新中发展，逐步形成了一套适合中国国情的博士后管理制度，培养了一批国家急需的高层次创新型人才，取得了一批高水平的科研成果，为推进我国科技创新和经济社会发展，发挥了十分重要的作用。

博士后事业是逐步发展壮大起来的。在实行博士后制度初期，博士后工作规模很小，博士后科研流动站只有 100 多个，99%集中在中央所属的高等院校和科研院所，在站的博士后研究人员只有几百人，经费全部由国家财政负担。在这种情况下，博士后管理工作形成了国家和设站单位的两级管理体制。全国人才工作会议以来，随着我国经济社会的快速发展，科技教育规模不断扩大，人才强国战略的深入实施，博士后事业发展非常迅速。博士后科研流动站和博士后科研工作站不仅在数量、专业和行业领域上有了很大发展，在地域分布上也更加均衡。目前，地方院校和科研院所设立博士后科研流动站的数量已占博士后科研流动站总数的 40%，而博士后科研工作站则大部分建在地方企业。

随着博士后规模的扩大和构成的变化，国家和设站单位的两级管理体制需要进行改革。自 1990 年起，国家先后在博士后工作发展比较好、规模比较大的 14 个省、市陆续开展了博士后工作管理体制改革试点工作，由当地人力资源社会保障部门承担本地区的博士后日常管理工作。实践证明，博士后工作管理体制改革试点，充分调动了各地区的工作积极性，发挥了地方人力资源社会保障、财政、科技、教育等部门的作用，制定了地区性的优惠政策，形成了多元化的投入机制，加快了博士后事业的发展，推动了高层次人才队伍建设工作，促进了各地区经济社会发展和科技进步。认真总结博士后工作管理体制改革试点经验，充分发挥地方政府在博士后工作中的重要作用，形成国家、地方（部门）和设站单位分级管理体制，加强博士后管理工作是非常必要的。

二、推进博士后工作管理体制改革的总体要求

（一）指导思想

推进博士后工作管理体制改革，要坚持以邓小平理论和“三个代表”重要思想为指导，深入贯彻落实科学发展观，按照统筹规划、因地制宜、周密布置、有序推进的要求，立足于充分调动各方面的积极性、有利于提高管理效率和服务水平，努力形成分级管理和多元化投入的博士后工作新局面，共同推进博士后事业健康发展。

（二）基本原则

坚持以科学发展观为指导。博士后工作管理体制改革要有利于促进博士后工作全面、健康、持续发展，有利于培养更多的高层次创新型人才。

统筹规划、分步实施。根据各地实际情况，有计划、有步骤、有重点地推进博士后工作管理体制改革。

统一领导、分工负责。在人力资源社会保障部统一领导下，进一步明确各级博士后管理部门的管理权限和职责，形成分级管理体制。

提高效率、完善服务。完善博士后工作服务体系，提高博士后工作管理效率和服务水平。

（三）主要目标

形成职责清晰、运转协调、管理规范、服务周到的博士后工作分级管理体制和运行机制。

形成人力资源社会保障部门牵头，各有关单位协调合作，各设站单位发挥人才培养、使用主体作用的工作格局。

形成国家、地方（部门）和设站单位多元化投入机制。

（四）基本思路

推进博士后工作管理体制改革，就是要建立国家、地方（部门）和设站单位的分级管理体制，更好地调动各方面的积极性，促进博士后事业健康发展。实施博士后工作管理体制改革后，国家主要负责总体规划、政策制定、组织协调与监督管理，博士后科研流动站和工作站的审批、评估、表彰和培训，以及需在全国范围内实施的工作项目；各省、自治区、直辖市负责贯彻落实国家相关规定，研究制定符合本地区特点的发展规划和配套政策、措施，加强对本地区博士后工作的管理、指导和监督；博士后设站单位主要负责贯彻落实国家和地方博士后管理部门有关政策，负责博士后招收与管理的具体事项，重点做好博士后的培养、使用、管理和服务等工作，发挥人才培养使用的主体作用。

国务院有关部委及直属事业单位的人力资源社会保障部门可按有关规定制定配套政策、措施，负责本部委及直属机构博士后工作的指导、协调和监督。

三、切实加强地方博士后工作管理部门职责

为推进博士后事业的进一步发展，在总结试点省市博士后管理经验工作的基础上，逐步调整管理权限，明确管理职责，建立健全国家、地方（部门）和设站单位分级管理体制。实施博士后管理体制改革后，各有关省、自治区、直辖市人力资源社会保障部门在人力资源社会保障部和全国博士后管理委员会指导下，统一负责本地区范围内博士后科研流动站和博士后科研工作站的有关管理工作。具体职责如下：

（一）建立由人力资源社会保障部门牵头，有关单位和专家组成的博士后管理协调机制。逐步将博士后工作纳入本地区高层次人才队伍建设工作总体规划，统筹考虑。结合本地区实际情况，研究制定符合本地区特点的博士后工作发展规划、配套政策措施和《博士后管理工作规定》实施细则。

（二）严格按照博士后工作的有关规定，建立、健全博士后工作管理制度，配备专门的博士后管理人员，对各设站单位的博士后工作进行督促和指导，实现博士后管理工作的制度化、规范化。

（三）建立与国家投入相匹配的博士后日常经费和科研经费资助机制，不断加大地方财政对博士后事业的投入力度。

（四）在人力资源社会保障部、全国博士后管理委员会统一部署新设博士后科研流动站、博士后科研工作站时，受理本地区范围内设立博士后科研流动站、博士后科研工作站的申请，并提出初审意见后，上报人力资源社会保障部、全国博士后管理委员会审批。受理本地区各博士后科研工作站提出的更名和独立招收博士后研究人员的申请，并提出初审意见后，报人力资源社会保障部专业技术人员管理司（全国博士后管委会办公室）审批。

（五）负责博士后研究人员（包括自筹经费招收的博士后研究人员）进站的复核工作。设站单位在招收博士后研究人员时，要将《博士后申请表》、两名专家推荐信和学位证书（或有关证明材料）的复印件一式两份报送本省、自治区、直辖市人力资源社会保障部门。省、自治区、直辖市人力资源社会保障部门按照《博士后管理工作规定》的有关要求进行复核，将复核结果限期内通知有关设站单位。遇有特殊情况，需报人力资源社会保障部专业技术人员管理司（全国博士后管委会办公室）批准后，方可办理有关手续。

按照《关于争取优秀留学博士回国做博士后的通知》（人专发〔1989〕5 号），认真审核留学博士资格，协助留学博士做好有关报批工作，国家按照博士后日常经费标准给予留学博士专门资助。

（六）办理博士后研究人员的进出站手续，办理博士后研究人员及其配偶、子女的户口迁移、子女入托上学、出站就业等手续，其中博士后研究人员进出站的相关材料需报人力资源社会保障部专业技术人员管理司（全国博士后管委会办公室）备案。各省、自治区、直辖市人力资源社会保障部门应尽快与本地区公安、教育、科技等部门共同协商制定相应的政策规定。出站后到外省市就业的，仍由人力资源社会保障部专业技术人员管理司（全国博士后管委会办公室）出具介绍信等相关证明材料。北京地区博士后研究人员进出站仍按现行方式办理。

（七）负责博士后研究人员证书发放工作。博士后研究人员研究期满，经考核合格的，办理出站手续，并由本地区人力资源社会保障厅（局）发放《博士后证书》。《博士后证书》由全国博士后管理委员会统一印制和编号，各地的证书发放工作接受全国博士后管理委员会的统一监督与检查。

（八）建立博士后住房保障机制。有条件的地区可以集中建造博士后公寓。建有博士后公寓的有关地区需根据当地的实际情况制定博士后公寓管理办法。加强对博士后公寓的管理，确保博士后公寓由在站博士后研究人员专用。

（九）负责组织本地区博士后研究人员学术交流、科技成果转化、博士后联谊、博士后人才引荐等服务工作。有条件的地区可以建立博士后创新实践基地，进一步促进产学研结合，探索博士后制度为中小企业提供服务的新途径。

（十）在人力资源社会保障部、全国博士后管理委员会统一部署优秀博士后评选时，组织本地区各设站单位（包括本地区所属单位和中央直属单位）的申报工作，并提出初审意见后，报人力资源社会保障部、全国博士后管理委员会审批。

四、推进博士后工作管理体制改革的有关要求

已经开展博士后管理体制改革试点工作的省、直辖市，继续承担本地区的博士后管理工作。按照本《意见》的要求，认真总结试点经验，切实发挥示范带头作用，对照新的要求，努力完善各项管理制度，不断提高管理和服务水平，加大对本地区的博士后工作投入，推动本地区博士后工作的新发展。

尚未开展博士后管理体制改革试点工作的省、自治区、直辖市，可根据本地区博士后工作发展情况适时向人力资源社会保障部提出进行博士后工作分级管理的申请。具体程序如下：

（一）准备工作。各省、自治区、直辖市人力资源社会保障部门抓紧与当地财政、公安、科技、教育等部门协调，在组织领导、人员配备、经费支持等方面采取有力措施。

（二）申报工作。各省、自治区、直辖市人力资源社会保障部门在准备工作完成后，将在本地区进行博士后工作分级管理的申请报告报人力资源社会保障部审批。

（三）交接工作。经人力资源社会保障部批复后，各省、自治区、直辖市人力资源社会保障部门可与人力资源社会保障部专业技术人员管理司（全国博士后管委会办公室）办理交接手续。

各省、自治区、直辖市和各有关部门要充分认识博士后工作在深入实施科教兴国战略和人才强国战略，加强高层次人才队伍建设中的重要作用，把博士后工作纳入本地区人才工作总体规划，以博士后工作分级管理为契机，积极争取有关部门的支持，确立与国家投入相匹配、与地方（部门）经济社会发展相适应的地区（部门）博士后投入机制，制订本地区（部门）博士后工作发展规划，加强本地区（部门）博士后服务、保障体系建设，创新工作机制，改进工作方式，不断提高博士后工作质量，拓宽服务领域，提高服务水平，努力推进博士后事业健康、持续发展。

人力资源和社会保障部、全国博士后管委会关于博士后创新实践基地建设有关问题的通知

（人社部发〔2011〕21 号　2011 年 2 月 21 日）

各省、自治区、直辖市人力资源社会保障厅（局），福建省公务员局，新疆生产建设兵团人事局、劳动保障局：

为充分发挥博士后制度在高层次人才队伍建设和企业技术创新中的独特作用，加快建立以企业为主体的技术创新体系，有关地区先后探索建立了博士后创新实践基地等省级博士后工作平台。为规范各地省级博士后工作平台建设，现就有关问题通知如下：

一、根据《博士后管理工作规定》（国人部发〔2006〕149 号）和《关于推进博士后工作管理体制改革的意见》（人社部发〔2009〕174 号），博士后科研流动站和博士后科研工作站由人力资源社会保障部和全国博士后管理委员会审批设立。有条件的省、自治区、直辖市可以批准建立博士后创新实践基地，为中小企业技术创新提供服务。

二、有条件的省、自治区、直辖市在建立省级博士后工作平台时，统一名称为“博士后创新实践基地”。各地已经探索建立的各种省级博士后工作平台名称也应统一改为“博士后创新实践基地”。

三、建立博士后创新实践基地的主要目的是促进产学研结合，促进科技成果转化为生产力，推进企业技术创新。

四、博士后创新实践基地建设要坚持统筹规划、稳步发展的原则，博士后创新实践基地一般应在技术开发条件较好的园区或有较强技术实力的企业建立。

五、凡建立博士后创新实践基地的地区要以《博士后管理工作规定》为基础，出台相关管理细则，做好博士后创新实践基地的管理工作。

六、博士后创新实践基地应当委托博士后科研流动站招收博士后研究人员，双方的

权利、义务以及委托招收的博士后研究人员的权利、义务等通过协议的方法约定。

七、博士后创新实践基地的设立、考核、管理等工作由省级人力资源社会保障部门负责。对管理规范、成绩突出的博士后创新实践基地，可优先设立博士后科研工作站。

八、各地人力资源社会保障部门要加强对博士后创新实践基地的指导、监督、管理和服务，要主动加强与有关部门和单位的沟通协调，及时研究解决博士后创新实践基地建设和运行过程中遇到的新情况、新问题。工作中遇到的重大问题要及时报人力资源社会保障部专业技术人员管理司（全国博士后管委会办公室）。

人力资源和社会保障部、全国博士后管委会关于印发《博士后事业发展“十二五”规划》的通知

（人社部发〔2011〕91 号　2011 年 8 月 23 日）

各省、自治区、直辖市人力资源社会保障厅（局），福建省公务员局，新疆生产建设兵团人事局、劳动保障局，国务院有关部委、直属机构人事（干部）部门，解放军总政治部干部部，各博士后设站单位：

为贯彻落实《中华人民共和国国民经济和社会发展第十二个五年规划纲要》、《国家中长期人才发展规划纲要（2010—2020 年）》、《专业技术人才队伍建设中长期规划（2010—2020 年）》和《人力资源和社会保障事业发展“十二五”规划纲要》精神，全面实施科教兴国战略和人才强国战略，大力培养高层次专业技术人才，推动博士后事业科学发展，人力资源社会保障部和全国博士后管理委员会制定了《博士后事业发展“十二五”规划》。现印发给你们，请结合本地区、本部门和各设站单位的实际情况，认真贯彻执行。

博士后事业发展“十二五”规划

为贯彻落实《中华人民共和国国民经济和社会发展第十二个五年规划纲要》、《国家中长期人才发展规划纲要（2010—2020 年）》、《专业技术人才队伍建设中长期规划（2010—2020 年）》和《人力资源和社会保障事业发展“十二五”规划纲要》精神，根据我国博士后事业发展现状和未来趋势，进一步改革完善博士后制度，发挥博士后制度在增强自主创新能力、壮大创新人才队伍、培养高层次专业技术人才中的重要作用，制定本规划。

一、取得的成绩和面临的形势

博士后制度是我国有计划、有目的培养高层次人才的一项重要制度。“十一五”期间，我国博士后事业坚持服务经济社会发展的方向，坚持培养和使用相结合，坚持产学研相结合，不断深化制度改革，培养了一批国家急需的高层次创新型人才，取得了一批高水平的科研成果，在促进学科交叉、产学研相结合方面发挥着独特的作用，为促进我

国科技创新和经济社会发展，发挥了重要作用。博士后制度已经成为各地区培养、吸引高层次人才的重要渠道；成为把企业建成技术创新主体的重要平台；成为高校、科研院所筛选、补充师资和科研人员的重要来源。博士后研究人员已经成为最活跃、最具创新能力的高层次青年人才群体。

“十一五”期间，我国博士后事业取得了长足发展。进一步扩大了博士后工作设站规模和覆盖面，提高了博士后日常经费资助标准和基金资助强度，健全了博士后科研流动站和工作站评估制度，新增了特别资助和国内外博士后学术技术交流项目，博士后制度不断完善、资金投入不断加大、规模不断扩大、质量不断提高、服务不断加强。截止到2010年年底，全国共415个单位设立博士后科研流动站2 146个，比“十五”期末增加783个，增幅达到57.45%，设站单位包括了全部“985”高校和绝大部分“211”高校、各主要科研院所。共设立博士后科研工作站2 158个，比“十五”期末增加840个，增幅达到63.72%。累计招收博士后研究人员80 661人，比“十五”期末增加43 180人，增幅达到115.21%。五年来，中央财政累计投入博士后事业17.36亿元，是“十五”期间的4.90倍。

“十二五”时期是全面建设小康社会的关键时期，加快转变经济发展方式，提高自主创新能力，加快建设人才强国对博士后工作提出了新的更高的要求。我国博士后工作虽然取得了显著成绩，但与新情况、新要求相比，还存在一些亟待解决的问题，主要是博士后研究项目与国家重大科技项目、重大工程项目结合不够紧密；博士后研究人员创新能力不够强、培养质量有待提高；博士后研究人员在科研团队中的比例还偏低、作用还不够突出，博士后的人才引进作用还不够明显；博士后研究人员国际交流不够广泛、国际化水平不高；博士后考核评估机制与服务体系建设有待加强和改进等。

二、指导思想和目标任务

“十二五”时期，博士后工作要按照《国家中长期人才发展规划纲要（2010—2020年）》提出的改革完善博士后制度，建立多元化的投入渠道，发挥高等学校、科研院所和企业的主体作用，提高博士后培养质量的新要求，不断解放思想、更新观念，研究博士后工作的新情况、新特点，在新的起点上更好推进博士后事业科学发展。

（一）指导思想

坚持以邓小平理论和“三个代表”重要思想为指导，深入贯彻落实科学发展观，围绕加快转变经济发展方式的主线，全面实施科教兴国战略和人才强国战略，改革完善制度，着力提高质量，优化布局结构，鼓励多元投入，健全服务体系，造就创新人才，加快培养造就一支跨学科、复合型和战略型博士后人才队伍，为提高我国自主创新能力、建设创新型国家、为实现全面建设小康社会的奋斗目标提供强有力的人才支撑和智力支持。

（二）基本原则

1. 坚持扩大规模和提高质量相统一。在稳步扩大博士后科研流动站、工作站设站规模，增加博士后研究人员招收规模的基础上，把质量建设放在更加突出的位置，优化布局结构，着力提高质量。

2. 坚持培养和使用相结合。坚持在培养中用好人才，在使用中培养人才。加强博士后与国家重大科技项目、重大工程项目的结合，使博士后研究人员在实际工作中锻炼成长，在成长过程中为我国经济社会发展贡献力量。

3. 坚持流动站和工作站发展相协调。发挥博士后科研流动站在基础研究、新兴学科、交叉学科发展中的独特作用。通过博士后科研流动站和工作站的协调发展促进产学研相结合，引导优秀博士后研究人员为企业技术创新做贡献。

4. 坚持完善制度和强化服务相促进。改革和完善博士后制度，发挥博士后制度优势，充分调动和发挥各方面积极性。完善博士后服务体系，形成全方位、多层次的保障服务，以改革完善制度促进服务体系建设，以服务体系建设保障博士后制度发展，营造有利于创新人才脱颖而出的体制机制。

（三）目标任务

“十二五”时期，博士后工作的主要任务是：改革完善博士后管理制度；着力提高博士后研究人员培养质量；稳步扩大博士后的覆盖面和规模；完善博士后服务保障体系，将博士后研究人员纳入国家社会保障体系；加大对博士后工作的投入，形成多元化投入格局；扩大国内外学术交流，加大吸引留学人员和外籍博士从事博士后研究工作力度，提高博士后研究人员在科研团队中的比例和贡献率，为提高我国自主创新能力提供有力的人才支撑。

1. 进一步扩大博士后研究人员招收规模。博士后研究人员招收人数每年递增10%，到2015年，年招收博士后研究人员达到1.7万人，比2010年提高60%左右。

2. 进一步提高高校和科研院所博士后工作的覆盖面。到2015年，博士后科研流动站增加600个左右，比2010年提高28%。博士后研究人员在科研团队中比例达到10%。

3. 博士后研究人员成为重点高校和科研院所师资和科研人员的重要来源。到2015年，重点高校和科研院所在引进教师和科研人员时具有博士后研究经历人员的比例达到30%。

4. 稳步扩大企业博士后工作站规模。到2015年，博士后科研工作站增加700个左右，比2010年提高32%。企业招收博士后研究人员占当年全国总招收人数的30%。

5. 加大财政投入。国家对博士后日常经费投入比例占当年进入流动站人数的三分之一左右，并向基础学科、交叉学科和新兴学科倾斜。中国博士后科学基金保持平稳较快发展。“十二五”期间，国家财政对博士后事业的投入比“十一五”有较大提高。

专栏1：“十二五”时期主要指标

指　标	2010年基数	2015年目标	属　性
博士后研究人员年招收人数（万人）	1	1.7	预期性
博士后科研流动站数（个）	2 146	2 746	预期性
博士后科研工作站数（个）	2 158	2 858	预期性
企业博士后占当年全国总招收数的比例（%）	16	30	预期性
博士后在科研团队中比例（%）	4	10	预期性
博士后在重点单位人才引进中的比例（%）	12	30	预期性

三、政策措施

（一）改革完善制度

根据我国博士后事业发展情况和培养目的多样化趋势，进一步改革完善博士后制度，增强制度的灵活性与吸引力。健全完善国家、地方（部门）和设站单位分级管理体制，形成责权明晰、分工科学、协调高效、机制灵活、管理规范的博士后工作分级管理体制和运行机制。推动博士后工作制度创新，积极推动有条件的单位进行博士后管理创新试点，鼓励地方政府根据地区经济社会发展实际，建立博士后创新实践基地。

坚持以用为本，健全充分发挥博士后作用的机制。充分发挥高校、科研院所、企业的主体作用；强化博士后评估工作，形成科学、高效的评估制度；加强对博士后研究人员的考核工作，建立健全客观、科学、高效、公正的博士后研究人员管理考核办法；严厉惩处各种科研学术不端行为，加强科研学术道德建设。

专栏2：博士后工作管理体制改革

建立国家、地方（部门）和设站单位的分级管理体制。国家主要负责总体规划、政策制定、组织协调与监督管理，设站审批、评估、表彰、培训等工作项目。各省、自治区、直辖市负责研究制定本地区发展规划和配套政策、措施，加强对本地区博士后工作的管理、指导和监督。设站单位负责博士后招收与管理的具体事项。有关部门可以制定配套政策、措施，负责本部门博士后工作的指导、协调和监督。目前，已在全国19个省、自治区、直辖市实施博士后工作管理体制改革。“十二五”期间，将在有条件的省、自治区、直辖市继续推进博士后工作管理体制改革。

（二）优化布局结构

根据国家经济社会发展和科技创新需要开展增设博士后科研流动站、工作站工作，新设博士后科研流动站向基础学科、新兴学科、交叉学科、国家重点发展的学科倾斜，新设博士后科研工作站向《国家中长期科学和技术发展规划纲要（2006—2020年）》提出的战略性新兴产业、关系国家经济社会发展的重点产业倾斜。

逐步提高博士后研究人员在高校和科研院所科研队伍中的比例和作用，逐步形成有条件的重点高校和科研院所以博士后研究人员作为师资和科研人员主要来源的用人机制。支持设站单位稳步扩大博士后研究人员的招收规模，形成通过博士后制度选人、用人的机制。

（三）着力提高质量

发挥合作导师在博士后研究人员招收、培养、质量管理过程中的主导作用，明确合作导师在博士后培养过程中的权利和责任。合作导师可根据科研项目的需要招收博士后研究人员，延长博士后研究人员在站时间。

加强博士后研究人员与国家重大科技项目的结合，扩大国家重点实验室等国家级科技平台招收博士后规模，推进科技创新。逐步理顺科研团队的构成结构，确立博士后研究人员在团队中的中坚作用，使博士后研究人员成为国家级科技平台科研队伍中的一个重要层次。

加强对博士后研究人员进出站考核的监督、检查力度，规范博士后研究人员进出站考核工作。加强以创新性科研成果和创新性思维能力为核心评价标准的博士后绩效考核评估体系建设。健全完善博士后研究人员退出机制，对考核不合格的博士后研究人员做退站处理。出台相关政策措施，明确退站博士后研究人员的户口、档案等迁转，解决博士后研究人员滞站问题。

（四）加强流动站、工作站建设

发挥设站单位在博士后培养和使用中的重要作用，强化合同管理，明确博士后研究人员、合作导师和博士后科研流动站（工作站）各方的权利义务，最大限度地减少由于权责不清而造成的矛盾或冲突对博士后科研工作的干扰和消极影响。

坚持加强博士后科研流动站与工作站的实质性联合，通过科研项目促进博士后科研流动站与工作站之间的联合，加速高校、科研院所的科研成果转化，提高企业科研、产品开发能力和研发人才队伍建设；探索深化产学研结合的新机制、新模式，打造以博士后研究人员为主体的企业核心研发团队。

加强博士后科研流动站、工作站评估工作，建立科学、高效、规范、专业的博士后科研流动站（工作站）定期评估制度，引入竞争机制，坚持优胜劣汰。对评估不合格的博士后科研流动站、工作站提出警告并限期整改，整改不合格或不具备继续开展博士后工作条件的，坚决予以撤销。

专栏3：博士后科研流动站和工作站评估

定期开展博士后科研流动站和工作站评估工作，建立优胜劣汰机制，提高博士后工作质量，推动博士后事业健康发展。评估工作分为新设站评估和综合评估：对新设立的博士后科研流动站、工作站在设站满3年时开展新设站评估，评估结果分为合格、不合格2个等级；对设站3年以上的博士后科研流动站、工作站每5年开展一次综合评估，评估结果分为优秀、良好、合格、不合格4个等级。

（五）大力加强企业博士后工作

坚持扩大企业博士后招收规模，适度提高企业博士后研究人员比例，优化博士后人才队伍结构。鼓励地方政府和企业投入更多经费，支持企业招收博士后研究人员，引导更多高层次创新型科技人才向企业集聚。

改进对企业博士后的考核评价机制，更加注重获得专利、发明和提高经济效益的能力，按规定对在企业技术创新中作出突出贡献的博士后研究人员给予奖励。

加大中央企业博士后工作力度，不断提高中央企业科技水平和核心竞争力。加强非公有制经济领域和中小型科技企业博士后工作。通过加强高新区、开发区、创业园博士后工作，建立博士后创新实践基地，开展项目博士后工作等多种途径，统筹为规模较小、有创新需要的科技企业提供博士后工作服务。

（六）健全服务保障体系

加强博士后服务窗口建设，健全博士后网上办公系统，建设博士后交流服务系统，形成功能齐全、高效便捷的博士后公共服务体系。按照国家有关政策，将博士后研究人员纳入社会保障体系，完善博士后研究人员各种社会保障。投入一定经费，在博士后研究人员比较集中、博士后公寓严重不足的城市分批集中建造一些博士后公寓，缓解博士后研究人员在站流动期间住房不足问题，使博士后研究人员真正做到安心科研、有序流动。

四、重点项目

（一）博士后经费投入支持计划

中央财政对博士后日常经费和科学基金的投入逐年增加，支持各单位扩大博士后研究人员招收规模，提高博士后研究人员在科研团队中的比例和贡献率。鼓励和引导地方政府和部门加大对博士后工作投入力度，激励社会民间资本投入博士后培养事业，进一步建立健全多元化的经费投入机制和激励机制。优化博士后学科分布结构和经费投入结构，调整各学科领域博士后人数和经费投入比例，加强国家对各基础学科、交叉学科和新兴学科博士后培养的经费支持力度。

专栏4：博士后研究人员日常经费资助

"十二五"期间继续实行博士后研究人员日常经费资助，标准为每人每两年10万元。2010年，国家资助招收博士后研究人员计划指标数为2 550名，占当年全国招收博士后研究人员总数的24.15%。"十二五"期间，国家资助博士后研究人员计划指标数增加到当年进入博士后科研流动站博士后研究人员的三分之一左右；各地区、各部门对博士后研究人员的日常经费资助金额也要相应增加。

改革和完善《中国博士后科学基金资助办法》，突出对博士后创新人才的资助，扶持博士后研究人员开展创新研究；基金资助适当向基础性、原创性、公益性项目倾斜，向企业博士后倾斜。以中央财政拨款为主导，通过多层次配套、多元化投入保持博士后基金资助水平平稳增长，资助强度稳步提高。推进基金资助工作的信息化，提升基金资助及管理工作的科学化水平。完善基金评审机制，进一步规范基金资助经费的使用，实施基金资助效益评估，不断提高基金资助效益。

专栏5：博士后科学基金资助

博士后科学基金资助分面上资助和特别资助两种类型。特别资助标准为每人10万元，面上资助分5万元和3万元两档。2010年，共资助4 191人，资助金额达到1.86亿元。"十二五"期间，将加大中央财政投入，鼓励社会多元投入，保持基金资助规模平稳较快增长。各地区、各部门也要相应加大对博士后研究人员的科研资助力度。

（二）博士后国内外学术交流计划

加大博士后学术交流力度。扩大全国博士后学术交流规模，聘请各行业、各学科一流专家与博士后研究人员交流，提高交流质量和水平。鼓励各地、各部门、各行业、各单位开展小规模的学术交流，在交流中创新创造。形成国家、地方政府（部门）、设站单位三个层次的学术交流平台。

加强博士后研究人员的国际交流。推进博士后国际化，探索创新国际联合培养博士后的新机制、新模式。开展"香江学者计划"，从国内重点高校和科研院所中选派部分优秀博士后研究人员赴香港高校从事博士后研究工作。制定切实可行的交流计划，加大外籍博士后招收力度，加大吸引留学博士回国从事博士后工作力度，继续对留学回国博士给予专门资助。在科研团队中逐步加大外籍（境外）和有留学经历的博士后研究人员规模。

鼓励博士后研究人员在站期间参与国际合作，参加国际学术会议。鼓励有条件的设站单位同海外高水平教育机构、科研机构、企业建立联合研发基地，合作培养博士后研究人员。在保证交流畅通的基础上，规范交流程序，防止人才和技术流失。

专栏6：香江学者计划

“十二五”期间，实施“香江学者计划”。每年从国内重点高校、科研院所选派50名优秀博士后研究人员赴香港高校，在港方合作导师指导下，开展为期2年的博士后研究工作。重点培养基础研究、生物医学、信息技术、农业、新能源、新材料、先进制造等专业领域人才。全国博士后管委会办公室资助每人30万元人民币，港方资助30万元港币。

（三）博士后人才交流与科技项目洽谈计划

加大与地方政府合作举办博士后人才交流与科技项目洽谈会力度，对成效比较好的洽谈会给予一定的经费资助，支持其长期开展博士后洽谈工作。

鼓励支持地方政府、有关部门举办博士后人才引荐、项目交流、科技成果转化、博士后科技服务团、博士后挂职锻炼等活动。加强对全国高校博士后管理工作研究会、各地博士后联谊会、博士后工作协会等组织的指导工作，发挥他们在博士后交流与服务方面的积极作用。

专栏7：博士后人才交流与科技项目洽谈会

开展博士后人才交流与洽谈活动，为博士后科研流动站和工作站招收博士后研究人员、博士后就业引荐、博士后学术技术交流和科技项目洽谈提供服务。“十二五”期间，将不断扩大博士后人才交流与科技项目洽谈会覆盖面和规模，形成国家、地方、行业多层次的博士后人才交流与科技项目洽谈平台。

五、组织实施

（一）加强对博士后“十二五”规划实施工作的组织领导

各省、自治区、直辖市和各有关部门要充分认识博士后工作在人才工作中的重要性和独特作用，把博士后工作作为加快建设人才强国战略部署中的一项重要任务，认真总结“十一五”期间成功经验和做法，按照服务发展、人才优先、以用为本、创新机制、高端引领、整体开发的方针，加强对实施博士后“十二五”规划的领导，落实本地区（部门）博士后事业发展任务。

（二）营造实施博士后“十二五”规划的良好环境

要大力宣传博士后制度政策，宣传博士后工作成效，使全社会关心重视博士后工作。要加强博士后工作力量，各设站单位要在明确博士后管理工作责任、健全博士后工作制度基础上，形成完整的博士后管理工作机制，确保博士后工作规范化、制度化、日常化。要切实加强人员培训，深入开展政策理论学习，探索博士后培养使用的新举措，创新博士后管理方式方法，提高管理服务水平，形成落实博士后“十二五”规划的良好环境氛围。

（三）落实实施博士后“十二五”规划的责任要求

各省、自治区、直辖市和各有关部门要把博士后工作纳入人才工作总体规划中，把博士后“十二五”规划的责任和任务分解落实，密切配合，协调推进，制定实施规划的具体措施，建立对博士后工作日常的监测、评估、考核机制，确保各项任务的落实。

“十二五”时期，是我国人才事业发展的重要机遇期。为全面实现本规划提出的目标任务，各级博士后工作管理部门要充分认识博士后工作在贯彻落实科学发展观，深入实施人才强国战略，转变经济发展方式，建设创新型国家中的重要作用，切实加强领导，协调各方力量，保证规划的落实，为全面实现“十二五”期间博士后事业发展的目标任务而奋斗。

人力资源和社会保障部、全国博士后管委会关于开展内地与香港联合培养博士后研究人员计划（香江学者计划）的通知

（人社部发〔2011〕97号 2011年9月7日）

各省、自治区、直辖市人力资源社会保障厅（局），福建省公务员局，新疆生产建设兵团人事局、劳动保障局，国务院有关部委、直属机构人事部门，解放军总政治部干部部，各博士后科研流动站设站单位：

为加强博士后国（境）内外学术技术交流，培养高层次创新型人才，经人力资源社会保障部、全国博士后管理委员会批准，全国博士后管委会办公室与香港学者协会共同实施内地与香港联合培养博士后研究人员计划（以下简称香江学者计划）。现就实施香江学者计划的有关问题通知如下。

一、香江学者计划宗旨

通过选派内地博士赴港开展博士后研究，拓宽他们的视野，提高他们的学术水平，有效结合内地与香港的人才资源和研究资源优势，努力造就世界一流科技人才，共同促进国家科技和社会经济发展。

二、香江学者计划主要内容

香江学者计划每年选派内地博士毕业生到香港指定的大学，在港方合作导师的指导下，以港方大学合约研究人员的身份开展博士后研究，为期两年。香江学者计划人员作为内地派出单位的博士后研究人员，需在全国博士后管委会办公室登记备案，享有国内博士后研究人员的同等待遇。计划实施初期每年选派50人。

内地和港方按照对等原则提供经费资助，每人两年30万元人民币并30万元港币，主要用于支付香江学者计划赴港人员生活开支、住房补助、科研补助及往返旅费。在港期间的医疗保险由港方培养单位另行缴付。赴港人员如有配偶和子女陪伴，安置及相关费用自行解决。

三、香江学者计划人员遴选

（一）基本条件

申请人应为内地博士后科研流动站设站单位的应届博士毕业生、在站博士后研究人员、获得博士学位的在职科研人员，并应具备以下条件：

1. 年龄一般在35岁以下，身体健康。

2. 具备良好的英语能力。

3. 拥有下列学术或科研经历之一：

（1）获得国家自然科学基金、国家社会科学基金等；

（2）作为主要研究人员参加“863”、“973”、国家知识创新工程等重大科技项目；

（3）省部级以上科技奖励或学术荣誉称号以及全国百篇优秀博士论文获得者；

（4）单位的学术技术带头人或后备人才的重点培养对象。

4. 从事研究领域：计划实施初期主要考虑基础研究、生物医学、信息技术、农业、新能源、新材料、先进制造及部分社会科学领域。

（二）遴选原则

个人申请，单位推荐，专家评审，择优录取。

（三）遴选程序

1. 全国博士后管委会办公室在内地发布港方博士后研究职位需求信息，申请人据此向博士学位在读高校和科研院所，所在的博士后设站单位，或在职单位提出申请。

2. 接受申请的单位初审申报人资格及申请材料，经省级（部门）博士后工作管理部门审核后报送中国博士后科学基金会。

3. 全国博士后管委会办公室组织专家评审，按照候选人数和入选人数 2:1 的比例确定候选人，评审结果报人力资源社会保障部审定后函告香港学者协会，并通知候选人与港方合作导师联系。

4. 香港学者协会组织对候选人进行第二次遴选，最终拟定香江学者计划赴港人员，并函告全国博士后管委会办公室。

5. 全国博士后管委会办公室报人力资源社会保障部审定后发函通知香港学者协会、获资助人员所在单位。

四、人员管理

香江学者计划的中方管理单位为全国博士后管委会办公室，执行机构为中国博士后科学基金会；香江学者计划的港方管理单位为香港学者协会。

（一）香江学者计划赴港人员须在接到全国博士后管委会办公室下发的获选通知后六个月内赴港报到，逾期者视为自动放弃。香江学者计划赴港人员赴港前及结束研究时，须按照全国博士后管委会办公室《博士后管理工作规定》的有关要求在内地办理博士后人员进站和出站手续，其研究期间的户口和人事档案由派出单位保管。

（二）香江学者计划赴港人员如果由于项目所需，需要延长研究时间、变换研究机构和合作导师，需向香港学者协会提出申请，经香港学者协会同意后通知中国博士后科学基金会和内地派出单位备案。延期时间不能超过一年，延期费用由港方提供。

（三）香江学者计划赴港人员须在研究结束后回内地工作两年。内地派出单位应按照本实施办法履行管理责任，为香江学者计划赴港人员办理博士后进出站手续，承担转拨中方资助经费、签署协议、收缴和返还保证金及违约处理等工作。

五、违约追偿

香江学者计划人员实行“协议派出，违约追偿”的管理办法。香江学者计划人员赴港前应与内地派出单位签订协议书，并向内地派出单位缴纳保证金。香江学者计划赴港人员研究工作结束后按期返回内地办理出站手续，内地派出单位返还其保证金。香江学者计划赴港人员研究工作结束后未按期返回内地办理出站手续视为违约，内地派出单位收缴违约金及追偿费用后可扣除3%的费用作为管理费用，其余上交全国博士后管委会办公室。

六、成果管理

香江学者计划获资助人员在港从事项目研究形成的知识产权的归属、使用和转移按照港方培养单位与“计划”获资助人员签订的协议执行。内地派出单位享有研究成果优先受让权。香江学者计划赴港人员在发表与获得资助有关的论文、科研成果、研究项目时，港方培养单位应作为第一单位，并须注明“本研究（成果、论文）由香江学者计划资助”。

香江学者计划是实施更加开放的人才政策的一个具体措施，是推进我国博士后工作国际化的一个实际步骤，对促进内地高层次青年人才成长，增强香港与内地科技合作具有积极意义，同时也将为我国博士后交流工作开拓新的工作领域积累经验。2011年通过内地与香港两轮评审，确定了50名计划资助人选，年底前赴港。各有关单位要给予充分重视，做好相关管理和服务工作，及时与港方管理单位和接收单位沟通联系，关心他们在港期间的工作、生活情况，为他们营造良好的学术和生活环境，解除他们的后顾之忧，使他们安心科研，多出成果，并通过项目深化内地与香港高校的进一步合作，在人才培养、学术研究、国际合作等方面发挥各自的优势，共同做好博士后研究人员的培养工作。

第六篇　继续教育篇

Diliupian Jixujiaoyupian

农业部、人事部、中国科学技术协会关于印发《农业专业技术人员继续教育暂行规定》的通知

［农（教）字〔1989〕第8号　1989年4月19日］

各省、自治区、直辖市及计划单列市农牧渔业（农林、农牧）厅（局），农垦、水产、畜牧、乡镇企业、农机化厅（局），专业技术人员继续教育主管部门，中国农学会及农口全国性学会（协会、研究会），农业部直属高校：

现将《农业专业技术人员继续教育暂行规定》印发你们，请结合各地的实际情况，研究贯彻执行，把这项工作切实抓紧抓好，更好地为社会主义农业现代化建设服务。

农业专业技术人员继续教育暂行规定

第一条　为加速社会主义农业现代化建设的步伐，提高农业专门人才素质，必须加强对农业专业技术人员的继续教育（以下简称农业继续教育）。根据国务院批转的《国家教育委员会关于改革和发展成人教育的决定》精神，结合农业系统的实际情况，特制定本规定。

第二条　农业继续教育要面向现代化、面向世界、面向未来，坚持立足当前，着眼长远，讲求实效，按需施教，学用一致的原则，更好地为提高农业专门人才素质服务，为农业生产和农村经济建设服务。

第三条　农业继续教育是农业教育体系中的一个重要组成部分。其对象是具有中专以上文化程度或初级以上专业技术职务，从事农业生产、技术推广、科研、教育、管理及其他专业技术工作的在职人员。重点是具有中级以上（含中级）专业技术职务的中、青年骨干。

第四条　农业继续教育的任务是使受教育者的知识、技能不断得到补充、更新、拓宽和加深，以保持其先进性，更好地满足岗位职务的需要，促进农业科技进步、经济繁荣和社会发展。

第五条　农业继续教育按照不同层次确定培养目标：

初级农业专业技术人员主要是学习专业基本知识和进行实际技能的训练，以提高岗位适应能力，为继续深造，加快成长打好基础。

中级农业专业技术人员主要是更新知识和拓宽知识面，结合本职工作学习新理论、新技术、新方法，了解国内外科技发展动态，培养独立解决复杂技术问题的能力。

高级农业专业技术人员要熟悉和掌握本专业、本学科新的科技和管理知识，研究解决重大技术课题，成为本行业的技术专家和学术（学科）带头人。

第六条　农业继续教育根据统筹规划、专业对口的原则，分级组织实施。农业部各有关业务司、局、站、院负责所属行业（或单位）高级专业技术人员的继续教育。省（区、市）农业部门负责中级和部分高级专业技术人员的继续教育。地（市）县农业部

门负责初级和部分中级专业技术人员的继续教育。

第七条　农业继续教育的内容要紧密结合农业技术进步，技术成果推广以及管理现代化的需要，按照不同专业、不同职务、不同岗位的知识结构和业务水平要求，注重新颖、实用，力求做到针对性、实用性、科学性和先进性四统一。

第八条　农业继续教育以短期培训和业余自学为主，广开学路，采取多渠道、多层次、多形式进行。

一、参加高等学校、科研单位、学术团体或继续教育部门举办的各类进修（培训、研究）班；

二、到教学、科研、生产单位边工作、边学习；

三、参加科研部门举办的学术报告会、专题研讨会，听学术讲座；

四、有计划、有指导地自学；

五、通过广播、函授、电视、录像、刊授等途径接受远距离教育；

六、结合本职工作或研究项目，进行专题调研和考察；

七、出国进修、考察，参加学术会议；

八、在职攻读硕士、博士学位等。

第九条　参加继续教育是专业技术人员的权利和义务。各单位、各部门要采取有力措施，创造条件，妥善组织，予以保证。

中高级专业技术人员脱产学习时间平均每年累计不少于 15 天，初级专业技术人员不少于 7 天，学习时间可跨年集中使用。在规定的脱产学习期间，工资及其他待遇不变。

第十条　农业继续教育经费实行多渠道、多途径筹集。除在规定的职工教育经费和企业基金、利润留成、包干结余、税后留利中开支外，按照国发〔1985〕21 号文件规定："企业培训技术业务人员的费用可以摊入成本，为某个产品创优、技术开发、技术引进、技术改造项目服务的培训费，可在项目资金中开支"。事业单位可以在经费包干结余和预算外收入等自有资金中开支。也可以联合办学，集资办学，开展有偿服务，从学员和受益单位合理收取费用，培养自我发展能力。有条件的部门和单位要划出专款，专门用于继续教育。

第十一条　农业继续教育基地要合理布局。各级农业部门应根据任务分工作出妥善安排，逐步形成网络。

高等农业学校、科研院所、培训推广中心是实施继续教育的重要基地，也是开展继续教育的重点单位。中级以上专业技术人员的培训一般应在高等院校、省级科研院所或培训中心进行。

第十二条　农业继续教育的师资队伍专职与兼职相结合，以兼职为主。专职教师要参加教学组织和管理，兼职教师要注意从有实践经验的科技人员和管理人员中聘任。高等院校从事继续教育工作的教师和管理人员职务评聘等待遇与学校同类人员相同，参加教学者计入教学工作量。对兼职教师和其他有关人员按规定给予合理报酬。

第十三条　加强农业继续教育的管理和考核。办学单位要经主管部门进行资格审查。参加继续教育的人员完成学习计划并考核合格者，由办学单位发给结业证明。实行继续教育证书制度，连续记载专业技术人员接受继续教育的情况。证书由部和省级农业部门统一制作。根据培养与使用相结合的原则，专业技术人员的管理、使用部门要把继续教育情况作为考核专业技术人员的重要内容之一。

第十四条 各级农业部门和单位要与人事、科技、教育等有关部门密切配合，逐步建立和完善适合本地区、本部门、本单位的各项继续教育规章制度（如继续教育考核办法、考核标准、证书管理办法、不同学习方式的折算法、奖罚制度等），并摸索经验，创造条件，逐步做到学习、考核和使用相结合。

第十五条 参加继续教育的脱产学习人员，有下列情况之一者，所在单位可给予批评、经济制裁（如扣发奖金、停止享受福利待遇或令其交付部分或全部学费）甚至必要的行政处分。

一、未经单位批准，且无正当理由，擅自终止学习计划者；

二、学习期间违反办学单位的有关规定和制度，造成不良影响者；

三、未达到学习目标的基本要求，修业不合格者。

第十六条 加强农业继续教育的宣传工作和理论研究工作，争取社会各方面力量的支持；总结推广先进经验，促进继续教育事业深入发展；对继续教育成绩优异的单位和个人，要给予表彰和奖励。

第十七条 农业部、人事部、中国科协协调配合，共同为改进和加强农业继续教育工作，全面提高农业专业技术人员整体素质服务。

农业部是农业继续教育的主管部门，负责组织、指导和规划农业继续教育工作，制定有关政策、措施；明确工作重点，推广先进经验；组织国内外学术交流和培训活动。

人事部负责指导全国专业技术人员继续教育工作，根据国民经济和科技发展规划，提出专业技术人员继续教育的目标，会同有关部门（含农业部门）制定政策，推动继续教育工作（含农业继续教育工作）经常化、制度化、科学化。

中国科协负责组织农学和相关学科的学会、协会、研究会协助农业主管部门实施农业继续教育工作。帮助联系各学科专家、学者，适时提出各学科领域的继续教育内容；协助编写教材，摄制教学录像片；举办有关专业技术培训活动，组织国内外学术交流；加强继续教育理论研究，协助主管部门对农业继续教育的水平、质量和成果进行评估。

第十八条 本规定自发布之日起实行。各级农业部门和单位可根据本规定，结合各自的实际情况，制定有关实施细则。

第十九条 本规定由农业部负责解释。

人事部关于印发《专业技术人员高级研修班管理办法》的通知

（人核培发〔1995〕26号 1995年3月13日）

各省、自治区、直辖市人事（科干）厅（局），国务院有关部委局（总公司）继续教育管理部门：

自1991年制订“全国专业技术人员高级研修班管理试行办法”（简称试行办法）以

来，全国高研班工作已基本步入科学化、制度化、经常化的轨道，“试行办法”在保证高研班的质量、水平和效益方面起到了积极有效的作用。

随着社会主义市场经济体制的逐步建立和发展，高研班工作面临着新的机遇和挑战。为加强对高研班工作的宏观管理，确保高研班高质量、高水平和高效益，使高研班工作在全国继续教育工作中起到一定的示范、引导和积极推动的作用。我们根据几年来各地、各部门试行《全国专业技术人员高级研修班管理试行办法》总结的经验和遇到的问题，对“试行办法”进行了补充和修改。现将修改后的《专业技术人员高级研修班管理办法》印发给你们，望认真实施。有条件的地方可结合具体情况制定本地区的高研班管理试行办法或实施细则，以推动本地区高研班工作和继续教育工作的全面开展。

专业技术人员高级研修班管理办法

举办专业技术人员高级研修班（以下简称高研班）是对高层次专业技术人员进行继续教育的一种示范性活动。为进一步加强对全国高研班工作的宏观管理，使之科学化、规范化、制度化，以适应社会主义市场经济的需要，特制订本办法。

一、办班宗旨

高研班以马列主义、毛泽东思想和邓小平建设有中国特色的社会主义理论为指导，紧密围绕经济建设中心任务，按照国家经济、科技发展的需要，为振兴地方经济和行业发展服务；高研班要体现党的“尊重知识，尊重人才”的战略方针，重质量，讲效益，出成果，出人才，为促进继续教育事业深入发展，提高我国的综合国力作出贡献。

二、学员条件

具有高级职称的专业技术人员和管理人员；荣获国家三等奖或部省二等奖以上的学术带头人和项目、课题负责人，以及在学术上确有造诣、实际工作中成果突出的中青年专业技术骨干。

三、课题选择

高研班研修课题要围绕国民经济和社会发展规划的要求，结合地方、行业发展的需要，以及地方行业优势、资源优势、智力优势等方面的条件，精心选择。要重视高新技术的课题和具有宏观指导意义的管理决策性课题；课题要针对性强，专业面宽窄适宜，既便于学员相互交流、互补互学，又利于学员间深入研究探讨，相互启发创造性思维；课题的选择还要重点突出，抓准地方经济或行业发展中关键性的课题，以利于形成高研班集体研修成果（包括论文、报告和专题建议等），对经济、科技或其他实际工作起到推动和决策咨询作用。

高研班对农业领域和国家重点发展领域的课题要给予扶植和倾斜，每年确保足够的比例。

四、研修活动

高研班的研修活动要讲求科学性，注重实效，坚持讲座、研讨、交流、考察、咨询等多种形式的有机结合。活动安排要精心设计，认真组织，确保高研班的高质量、高水平、高效益。

高研班讲座内容要紧密围绕课题，突出“高”、“新”、“深”。“高”即起点高、高水平；“新”即新理论、新技术、新工艺以及新信息；“深”即地方经济和行业发展中的深层次课题、难点和重点。高研班中的研讨、交流活动要占有一定的比例，保证一定的时间；考察、咨询活动的安排要注重效果，要以生产、科研一线单位为依托，有利于企业（行业）间的交流，有利于为经济、科技、社会发展提供有价值的服务。

五、考核与证书颁发

全国高研班结业前，由承办单位对学员的资格，参加研修活动的情况，研修小结、论文或其他研修成果进行审核，三者均符合规定要求，方可颁发结业证书。学员在高研班的研修情况记入继续教育证书（手册），作为考核内容和使用条件之一。

全国高研班结业证书由人事部统一印制、编号，与联合举办的行业主管部门共同加盖印章。

六、质量评估和效益跟踪

举办全国高研班的行业主管部门和承办全国高研班的地方人事（科干）厅（局）要负责抓好高研班质量评估和效益跟踪工作。

质量评估内容包括：选题是否起点高、针对性强；需求预测是否准确；计划安排是否科学合理；组织管理是否严密有效；研修形成的论文（含集体论文）、研修小结、咨询建议、专题报告等研修成果的学术价值或实际效益如何；存在的问题和不足之处，有何建议等。

为充分发掘高研班的内涵和潜在效益，各行业主管部门和承办地方的人事（科干）厅（局）要重视对高研班研修成果的扩展和高研班的效益跟踪，适时了解所办高研班的研修效果，以及所产生的辐射效益和多方位的综合性效益。要对收集反馈的情况及时分析、总结，并将有关材料报本部门业务主管领导，同时抄送人事部考核培训司。

七、经费筹措

高研班经费实行多渠道、多途径筹集。承办高研班的地方人事（科干）厅（局）应积极争取当地政府、社会团体以及行业、学会或企业的支持和资助。联合委托的部门要对承办高研班的地方，特别是老、少、边、穷地区和重点专业课题酌情给予资助。

举办高研班要本着勤俭节约的原则，充分利用现有办学条件。对参加高研班的学员，不收学费，可酌情收取少量的资料费，用以补充办班经费的不足。

八、职责分工

全国高研班由人事部和国务院有关行业主管部门联合委托地方人事（科干）厅（局）和有关业务厅局共同举办，各自的职责是：

人事部负责高研班年度计划制订和组织协调工作，包括召集、主持有关行业主管部门参加的全国高研班年度专业选题座谈会；负责沟通地方人事（科干）厅（局）与国务院有关行业主管部门的联系；编制下达全国高研班年度计划；负责了解全国高研班的综合性情况和学员基本情况的汇总分析；总结交流高研班工作经验，适时组织评选、表彰优秀高研班；研究解决高研班工作中存在的问题；指导、推进高研班的质量评估、效益跟踪以及研修成果的辐射和扩展工作。

参加联合举办高研班的行业主管部门负责高研班研修课题和讲座内容的审定和把关；负责高研班研修内容的业务指导；帮助承办单位选聘师资和提供有关的科技信息资

料；负责起草与人事部联合举办的全国高研班的办班通知；负责牵头组织高研班的质量评估、效益跟踪以及高研班集体研修成果的扩展与推广工作。

承办全国高研班的地方人事（科干）厅（局）和有关业务厅（局）可参照各自上级业务主管部门的职责分工，各负其责，密切配合，同心协力，共同做好高研班研修计划的安排、组织管理以及学员的选派工作，确保高研班的办班质量、水平和效益。

各地人事（科干）厅（局）要负责组织好本地区参加全国高研班学员的选派工作。

九、报批程序

每年年初，由人事部邀请国务院有关行业主管部门，研究提出本年度全国高研班的重点专业选题和拟委托承办的省、自治区、直辖市，并以本年度“全国高研班选题参考一览表”的形式函告地方人事（科干）厅（局）。

地方人事（科干）厅（局）凡有承办“一览表”内某专业课题的意向或根据地方条件拟另外申报举办某一课题的全国高研班，须向人事部提出办班申请，填写申报表一式两份，于当年二月底以前报人事部考核培训司，并抄报国务院有关行业主管部门。

人事部根据地方提出的办班申请和专业选题内容，进行汇总、平衡和协调，制订本年度全国高研班计划，并于三月底前下达给各地人事（科干）厅（局）和国务院有关行业主管部门业务司（局）。

十、适用范围

本办法适用于人事部与国务院有关行业主管部门联合举办的全国高研班。各地方和各部门自办的行业性和地域性高研班均可参照本办法，加强对高研班的管理。各省、自治区、直辖市人事（科干）厅（局）应根据实际需要，制订本地区的高研班管理办法或相应的管理细则，以推进高研班工作的顺利开展。

本办法由人事部负责解释。

人事部关于印发《全国专业技术人员继续教育暂行规定》的通知

（人核培发〔1995〕131 号　1995 年 11 月 1 日）

各省、自治区、直辖市人事（人事劳动）厅（局），国务院有关部委、直属机构继续教育主管部门：

现将《全国专业技术人员继续教育暂行规定》印发给你们，请结合本地区、本部门的实际情况，认真贯彻执行。

全国专业技术人员继续教育暂行规定

第一章　总　则

第一条　为了推动继续教育事业发展，提高专业技术人员素质，以适应科技、经济、社会协调发展的需要，依据国家《科学技术进步法》、《教育法》和有关规定，制定本规定。

第二条 专业技术人员继续教育（以下简称继续教育）是专业技术队伍建设的重要内容。继续教育以邓小平建设有中国特色社会主义理论为指导，面向现代化、面向世界、面向未来，联系科学技术和生产发展的实际需要，主动、有效地为经济建设中心任务和实施“科教兴国”战略服务。

第三条 继续教育的任务，是使专业技术人员的知识和技能不断得到增新、补充、拓展和提高，完善知识结构，提高创造能力和专业技术水平。

第四条 继续教育的对象，是事业、企业单位从事专业技术工作的在职专业技术人员。

第五条 参加和接受继续教育是专业技术人员的权利和义务。

第二章 内容、方式和时间

第六条 继续教育坚持理论联系实际，按需施教，讲求实效的原则，根据学习对象、学习条件、学习内容等具体情况的不同，采用培训班、进修班、研修班、学术讲座、学术会议、业务考察和有计划、有组织、有考核的自学等多种方式组织实施。

第七条 继续教育的内容，根据社会主义市场经济和现代科学技术的发展需要确定。主要结合本职工作，使专业技术人员了解和掌握有关专业技术方面的新理论、新技术、新方法、新信息。

第八条 地区、行业继续教育主管部门，根据具体情况，对高级、中级、初级专业技术人员继续教育的内容和重点，提供指导。

第九条 高、中级专业技术人员每年脱产接受继续教育的时间累计不少于40学时，初级专业技术人员累计不少于32学时。

第十条 继续教育的实施周期与专业技术职务聘任周期一致。一个周期内的学习时间可以集中使用，也可以分散使用。

第三章 基地、师资和经费

第十一条 继续教育的实施主要依靠基层事业、企业单位。继续教育的专门培训机构、高等学校、科研院所是实施继续教育的重要基地。继续教育主管部门要组织和协调各种社会办学力量，充分利用现有的办学设施，充分调动各方面积极性，逐步建立和完善继续教育实施网络。

第十二条 继续教育的教师按照专兼职结合，以兼职为主的原则，由科技、经济、教育和其他领域具有较高水平和丰富实践经验的人员担任，逐步形成梯队。

第十三条 继续教育经费按照国家的有关规定执行。有条件的地方、部门和单位，可以建立继续教育基金。

第十四条 鼓励联合办学，就近、就地、就便办学，注重质量、效益，提高继续教育的自我发展能力。

第四章 组织管理和实施

第十五条 继续教育实行统一规划，分级管理。国家对重点产业、重点领域和老少边穷地区的继续教育采取扶植政策。

第十六条 人事部负责全国继续教育的宏观管理，制定规划、法规，组织示范活动，进行协调和政策指导。

第十七条　各省、自治区、直辖市和国务院有关部委、直属机构的继续教育主管部门负责本地区、本系统的继续教育规划、计划、管理和实施。

第十八条　社会团体、学术组织在继续教育行政主管部门的指导下，开展继续教育活动，融通信息，提供咨询，促进横向联合，沟通国际交流。

第十九条　高等学校、科研院所在做好本单位继续教育工作的同时，积极面向社会，提供继续教育服务。

第二十条　企业将继续教育纳入发展规划，面向市场，根据需求，自主组织继续教育活动。

第二十一条　按照教育、考核、使用相结合的原则，建立继续教育各项制度。

第二十二条　对继续教育对象实行登记制度。连续记载专业技术人员接受继续教育的基本情况，作为专业技术人员考核的重要内容和任职、职业资格及人才流动的重要依据。

第二十三条　对继续教育工作实行统计制度。根据管理需要，对继续教育人数、时间、内容、经费等基本情况，进行常规统计和随机统计。

第二十四条　对继续教育效果实行评估制度。建立评估指标，对单位总体工作、领导责任目标、活动过程内容、个人学习效果等实施评估。

第二十五条　对继续教育运行实行奖励制度。对认真执行本规定，在继续教育工作中作出显著成绩的单位和个人，给予表彰和奖励。

第二十六条　加强对继续教育内容的教学指导。根据不同学科、专业和行业领域的发展趋向，以及对专业技术人员素质的要求编制科目指南，确定继续教育导向性内容。

第二十七条　专业技术人员所在单位要保证专业技术人员参加继续教育的时间、经费和其他必要条件。专业技术人员要遵守继续教育的有关规定，服从所在单位的安排，接受检查考核。在学习期间享有国家和本单位规定的工资、保险、福利待遇，在接受继续教育后，有义务更好地为本单位服务。

第二十八条　继续教育主管部门要加强继续教育的理论研究和宣传工作，努力改善继续教育的社会环境。

第五章　附　则

第二十九条　本规定由人事部负责解释。各省、自治区、直辖市，国务院有关部门可以依照本规定的原则精神，结合实际情况，制定本地区、本部门继续教育工作的具体办法。

第三十条　本规定自发布之日起施行。

人事部、国家统计局关于印发《统计专业技术人员继续教育暂行规定》的通知

（人发〔1997〕52 号　1997 年 5 月 9 日）

各省、自治区、直辖市、副省级市人事（人事劳动、科干）厅（局）、统计局，国务院

有关部委、直属机构继续教育主管部门：

统计是对国民经济和社会发展运行情况提供信息、咨询和监督的一项重要基础工作，为适应和服务于我国实现两个根本性转变的需要，努力提高统计专业技术队伍的业务素质，加速统计改革和充分发挥统计的作用，现将《统计专业技术人员继续教育暂行规定》印发给你们，请结合本地区、本部门的实际情况，认真贯彻执行。

统计专业技术人员继续教育暂行规定

第一章　总　则

第一条　为了促进统计专业技术人员继续教育工作，提高统计专业技术人员素质，以适应统计改革和统计现代化建设的需要，依据《中华人民共和国教育法》、《中华人民共和国统计法》和《全国专业技术人员继续教育暂行规定》的有关规定，结合统计工作实际，制定本规定。

第二条　统计专业技术人员继续教育（以下简称统计继续教育）是统计专业技术队伍建设的重要内容。统计继续教育以邓小平建设有中国特色社会主义理论为指导，面向现代化、面向世界、面向未来，紧密联系现代统计科学技术的发展和我国统计工作的实践，主动、有效地为统计现代化建设和实施“科教兴国”战略服务。

第三条　统计继续教育的任务，是对统计专业技术人员进行与统计工作相关的新理论、新技术、新知识、新方法的教育培训，完善统计专业技术队伍的知识结构，提高队伍整体专业知识水平和创造能力。

第四条　统计继续教育的对象，是各级统计部门、企事业单位、各团体中从事统计工作的在职统计专业技术人员。

第五条　参加和接受统计继续教育是统计专业技术人员的权利和义务。

（一）统计专业技术人员有权要求参加统计继续教育，所在单位要保证统计专业技术人员参加统计继续教育的时间、经费和其他必要条件。

（二）统计专业技术人员在参加统计继续教育期间享受国家和单位规定的工资、保险和福利待遇。

（三）统计专业技术人员要遵守统计继续教育的有关规定，服从所在单位的计划安排，接受单位对其参加统计继续教育学习情况的检查和考核。

（四）统计专业技术人员在接受统计继续教育后，有义务更好地为本单位服务。

第二章　内容、方式和时间

第六条　统计继续教育的内容是要紧密结合统计工作和统计科学发展，突出实用性和先进性，做到当前与长远相结合，理论与实践相结合，普遍提高与重点培养相结合。对不同层次的统计专业技术人员确定不同的培养目标。

高级统计专业技术人员主要学习和掌握本专业、本学科最新的科技知识和相关学科的知识，掌握本专业的发展方向，提高分析能力和创造能力，成为本学科、本专业的技术专家和学术带头人。

中级统计专业技术人员主要结合本职工作，学习本专业的新理论、新技术和新方法，增新知识，扩大知识面，培养独立解决复杂问题的能力。

初级统计专业技术人员主要进行专业知识学习和实际技能训练，提高专业技术水平，掌握科学的工作方法。

第七条 统计继续教育以在职学习为主，同时保证必要的脱产进修时间。根据学习对象、学习条件、学习内容等不同具体情况，统计继续教育可采用培训班、进修班、学术讲座、学术会议、业务考察和有计划、有组织、有考核的自学等多种方式进行。

第八条 高、中级统计专业技术人员每年脱产接受统计继续教育的时间累计不少于40学时，初级统计专业技术人员累计不少于32学时。

第九条 统计继续教育的实施周期与专业技术职务聘任周期一致。一个周期内的时间可以集中使用，也可以分散使用。

第三章 组织管理和实施

第十条 统计继续教育实行统一规划、分级管理。逐步建立和完善政府调控、行业指导、单位自主、个人自学的机制，有分工、有组织、有步骤地开展统计继续教育。

第十一条 在人事部指导下，国家统计局负责全国统计继续教育的宏观规划、指导和协调，编制科目指南和组织编写教材，组织理论研究、学术交流、信息服务，进行师资培训。

各省、自治区、直辖市统计局在同级人事部门的指导下，负责本地区统计专业技术人员的统计继续教育的组织和实施工作。

企业、事业单位要根据统计继续教育规划、本单位发展目标和工作需要，制订计划，组织统计专业技术人员参加继续教育。

第十二条 培训基地和教学设备是进行统计继续教育的重要物质保障。各级统计部门要积极创造条件，抓紧培训基地建设，不断补充和完善现代化教学设备和手段，充分利用各种社会办学资源，调动各方面的积极性，逐步建立和完善统计继续教育实施网络。

第十三条 统计继续教育的教师按照专兼职结合，以兼职为主的原则，由本专业领域内具有较高水平和丰富实践经验的人员担任，逐步形成一支梯队式的、相对稳定的师资队伍。

第十四条 统计继续教育经费由国家、单位和个人多渠道解决。有条件的地方和单位可试行统计继续教育基金，促进统计继续教育发展。

第四章 考核和奖励

第十五条 按照教育、考核、使用相结合的原则，建立统计继续教育登记、考核制度。统计专业技术人员接受统计继续教育的情况和考核结果记入业务考核档案，作为统计专业技术人员任职与晋职的重要依据。

第十六条 实行统计继续教育效果评估制度。建立评估指标，将各级统计部门、企事业单位开展统计继续教育的情况纳入领导责任目标，对教育培训的过程、内容、人员学习效果等实施评估，加强督促检查，提高质量和效益。

第十七条 建立统计继续教育奖励制度。对在统计继续教育中取得显著成绩的单位和个人应当给予表彰和奖励。

第十八条 统计专业技术人员接受统计继续教育的权利受到侵害时，有权向本单位或者上一级行政主管部门提出申诉。接受申诉的部门应对侵害单位或直接责任人进行批评教育，责令改正。

第十九条 统计专业技术人员无正当理由不参加单位统一安排的统计继续教育，或者在学习期间违反学习纪律和制度，以及接受统计继续教育后不按规定为所在单位服务的，所在单位可根据情节轻重，分别给予批评教育，责令退还学习费用等处理。

第五章 附 则

第二十条 本规定由国家统计局负责解释。

第二十一条 本规定自发布之日起实施。

农业部、人事部关于印发《关于加强乡镇企业专业技术人员继续教育工作的意见》的通知

（农企发〔1998〕2号 1998年1月23日）

各省、自治区、直辖市及新疆生产建设兵团乡镇企业局、人事（人事劳动）厅（局）：

为深入贯彻党的十五大精神，全面落实中央提出的培养造就一支宏大的乡镇企业人才队伍的要求，着眼于21世纪经济技术发展，切实加强对乡镇企业专业技术人员的继续教育，努力建设一支跨世纪的高素质乡镇企业专业技术人员队伍，为乡镇企业持续快速健康发展提供可靠的人才保障，农业部、人事部研究制定了《关于加强乡镇企业专业技术人员继续教育工作的意见》。现印发给你们，请结合实际，认真贯彻执行。

关于加强乡镇企业专业技术人员继续教育工作的意见

为了认真贯彻党的十五大提出的“把加速科技进步放在经济社会发展的关键地位，使经济建设真正转到依靠科技进步和提高劳动者素质的轨道上来”的精神，全面落实中共中央、国务院转发的农业部《关于我国乡镇企业情况和今后改革与发展意见的报告》、《中华人民共和国乡镇企业法》和国家有关继续教育政策的要求，现就进一步加强乡镇企业专业技术人员继续教育工作，提出以下意见。

一、充分认识继续教育工作的重要意义

党的十一届三中全会以来，乡镇企业迅猛发展，已经成为我国农村经济的主体力量和国民经济的一大支柱。乡镇企业所取得的辉煌成就与多年来大力培养、开发和引进人才密切相关，经过努力，现全国乡镇企业中已拥有几百万在岗技术人员和管理人员，这些人才在乡镇企业发展中起到了至关重要的作用。

当前和未来21世纪，乡镇企业面临着国内外科技经济更加严峻的挑战。目前，乡镇企业的人才总量、层次和结构，还远不能适应其持续快速健康发展的需要。因此，大力加强乡镇企业整体性人才资源开发，建设一支高素质的专业技术人员队伍是当前乡镇企业发展中的一项十分重要和紧迫的任务。继续教育是投资少、见效快、效益高的人才培养途径。广大乡镇企业必须充分认识继续教育的重要作用，增强紧迫感，争取主动，

统筹规划，把专业技术人员队伍建设作为一项刻不容缓的大事来抓，加大人才资源开发力度。要进一步加强继续教育工作，努力建设一支跨世纪的高素质专业技术人员队伍，为乡镇企业持续快速健康发展提供可靠的人才保障。

二、进一步明确继续教育工作的目标和任务

按照人事部《全国专业技术人员继续教育“九五”规划纲要》和农业部《全国乡镇企业系统教育培训“九五”规划》的要求，乡镇企业继续教育的目标是，尽快建立乡镇企业继续教育制度，形成以市场为导向，政府指导、社会参与、企业自主、个人自觉的运行机制，努力建立起一支与跨世纪发展相适应的高素质人才队伍。继续教育的对象是，在企业各层次技术和管理岗位上的人员以及后备人员。继续教育的主要任务是，根据不同类型专业技术人员的特点，结合不同岗位业务的需要，按照初、中、高三个层次，以分别达到更高一级专业技术水平为目标，开展相应的培训。特别要加强对企业的管理骨干和技术带头人以及后备力量的培养。对40岁以下，已取得专业技术职称并承担相应职务，但还不具备规定学历的上述人员，要进行相应的理论强化教育，使其达到规定学历。力争到“九五”末，乡村企业厂长（经理）及各类专业技术和经营管理人员均要达到中专或中专以上学历，大中型乡镇企业配齐“一长三总师”［即达到大专或大专以上学历的厂长（经理）、总工程师、总经济师、总会计师］。

三、紧密联系经济发展实际进行继续教育

乡镇企业继续教育要从实际出发，采取区别情况、分类指导的方针。要面向21世纪，站在科技和知识的制高点上，针对制约经济发展特别是企业发展的关键问题，根据不同地区、不同发展阶段、不同行业、不同业务的要求，进行适应性、超前性和补缺性的培训，做到学以致用。要坚持马列主义、毛泽东思想和邓小平理论的教育，加强思想政治修养和行为道德规范教育，补加必要的社会主义市场经济、社会科学、自然科学等方面的新理论、新技术、新方法以及信息、计算机应用、外语等方面内容的教育。在继续教育过程中，要注重开发人才的创造思维和创造力，开发专业技能，不断完善知识结构，提高专业技术水平，激发专业技术人员勇于探索创新的积极性和主动性，进一步增强乡镇企业市场竞争能力。

四、积极采取多形式和多渠道开展继续教育

乡镇企业专业技术人员是企业的骨干，工作任务繁重，开展继续教育必须解决好其工学矛盾问题。根据实际情况，可以采取脱产或分段脱产、半脱产、业余学习、离岗不离厂和走出去、请进来等多种方式。认真落实《全国乡镇企业东西合作工程》培训规划，发挥东部发达地区经济、文化、人才以及区域继续教育的资源优势，以继续教育为桥梁和纽带，为中西部地区乡镇企业培养人才，推动中西部地区乡镇企业整体素质的提高。

五、高度重视社会化开放式乡镇企业教育培训服务体系的建设

各级乡镇企业行政管理部门要充分利用现有的系统教育资源和社会教育资源，加强指导、协调和管理，创造条件，使其切实担负起综合性补新、补缺及经常性知识更新、新技术应用和推广等任务。要把现有的各级乡镇企业培训机构、院校作为实施乡镇企业继续教育的重要基地。同时，要调动、发挥各类高等院校、科研院所、大中型企业和社会团体等社会力量的积极性，通过产学研等多种形式，为乡镇企业继续教育服务。

六、不断完善用人育人一体化的机制

乡镇企业继续教育要与对专业技术人员的考核使用相结合，记录专业技术人员接受继续教育的情况，在专业性强的岗位实行资格上岗制度，逐步建立健全继续教育工作的检查、考核和统计制度。为了确保继续教育任务的完成，各地要把继续教育情况纳入各级乡镇企业行政管理部门和企业工作目标责任制，作为对各级领导与厂长（经理）业绩的重要考核评价内容。各级乡镇企业行政管理部门要与人事部门加强联系，密切配合，共同对乡镇企业继续教育工作定期进行检查和评估，对在继续教育工作中作出显著成绩的单位和个人给予表彰和奖励。

七、注重发挥乡镇企业和专业技术人员在继续教育中的主体作用

乡镇企业要把人才作为事业发展的最重要的资源。要根据国家有关政策法规，把继续教育摆上重要工作日程，纳入企业发展规划，作为企业经济活动的重要内容，结合企业发展目标和工作需要，以及不同层次专业技术人员素质提高的要求，制定继续教育工作计划和具体管理办法，并提供必要的条件保障。经企业批准参加人员的继续教育费用，可在企业教育基金中列支。专业技术人员要履行自己的权利和义务，积极参加企业安排的继续教育活动，保证每年参加继续教育时间在72学时以上。

八、切实加强对继续教育工作的领导

各级人事部门和乡镇企业行政管理部门要密切协作，采取有效措施，全面落实中央提出的“要十分重视人才培养和引进，造就一支宏大的乡镇企业人才队伍”和“努力创造一个有利于人才成长、吸引人才、使用人才、保护人才的环境和机制”的精神，积极引导、鼓励和督促乡镇企业认真落实有关继续教育的政策法规。各级人事部门要拓宽继续教育领域和对象，把乡镇企业继续教育作为为经济建设服务的重要内容，加强宏观指导与协调。各级乡镇企业行政管理部门都要把继续教育列为乡镇企业教育培训工作的重要内容，做好继续教育规划和具体计划。要在人事部门的指导下，加强调查研究，结合各地实际情况和乡镇企业特点，制定切实可行的实施办法，认真组织实施并做好服务工作。

人事部关于印发《2003—2005年全国专业技术人员继续教育规划纲要》的通知

（人发〔2002〕98号 2002年10月24日）

各省、自治区、直辖市人事厅（局），新疆生产建设兵团人事局，国务院各部委、各直属机构人事（干部）部门，副省级市人事局：

现将《2003—2005年全国专业技术人员继续教育规划纲要》印发给你们，请结合本地区、本部门实际，认真贯彻执行。

2003—2005 年全国专业技术人员继续教育规划纲要

“十五”时期是我国实施科教兴国战略和人才强国战略，加快经济和社会发展的关键时期。大力加强专业技术人员继续教育工作，全面提高专业技术人员队伍素质，培养和造就一支宏大的专业技术人才队伍，是加快我国现代化建设的有效保证。根据《中华人民共和国经济和社会发展第十个五年计划纲要》、《2002—2005 年全国人才队伍建设规划纲要》和《2001—2005 年全国干部教育培训规划》精神，结合全国专业技术人员继续教育工作实际，制定本纲要。

一、指导思想

以马列主义、毛泽东思想、邓小平理论和江泽民同志“三个代表”重要思想为指导，根据实施科教兴国战略和人才强国战略的要求，按照构筑终身教育体系、创造学习型社会的发展方向，坚持面向现代化、面向世界、面向未来的方针，以专业技术人员能力建设为主线，以高层次人才培养为重点，以改革创新为动力，以提高专业技术人员队伍的整体素质和能力水平为目的，紧紧围绕我国现代化建设第三步战略目标和加入世界贸易组织的需要，结合经济结构调整、产业升级和高新技术发展，全面加强专业技术人员继续教育工作，培养造就一支高素质、社会化的专业技术人员队伍，为改革开放和社会主义现代化建设服务。

二、总体目标

按照“构筑终身教育体系，创建学习型社会”的发展方向，根据“十五”期间经济、科技和社会发展对专业技术人员队伍建设的总体要求，完善继续教育法规体系；初步建立科学化、制度化、网络化的管理体系；基本形成适应社会主义市场经济要求的继续教育运行机制；加快专业技术人员知识更新的步伐，全面提高专业技术人员政治素质、业务水平和创新能力，为建设一支高素质、社会化的专业技术人员队伍提供有力的继续教育支持。

三、工作原则

（一）以能力建设为中心。继续教育必须适应知识经济快速发展的要求，考虑专业技术人员职业生涯设计的需要，以能力建设为重点，在不断拓展知识面，学习新技能的同时，注重培养专业技术人员的学习能力、实践能力、创新能力和跨文化交流能力。

（二）为经济建设服务。继续教育必须根据我国加入世界贸易组织的新形势，适应改革开放和现代科学技术发展的需要，围绕经济建设和科技发展的重点领域、重点项目，在发展高产、优质、高效农业；优化产业结构，建立现代企业制度，提高引进技术和设备效益；发展高新技术和高新技术产业等方面开展工作。

（三）紧密联系工作实际。继续教育必须紧密联系专业技术人员的工作实际，根据行业科技发展特点、岗位要求和专业技术人员的能力水平，开展继续教育活动，增强继续教育的针对性、实用性和先进性，注重开发专业技术人员的岗位创新能力。

（四）与人员使用相结合。把继续教育作为吸引人才、留住人才和用好人才的基本措施之一，通过继续教育增长专业技术人员的才干，调动专业技术人员的积极性和创造性。继续教育要与职（执）业资格认定、专业技术资格考试、评审等人才评价方式结合起来，作为专业技术人员技术职务晋升、考核等的重要内容和聘任、承担项目等的重要参考依据。继续教育要与人才市场结合起来，为人才择业提供培训服务。

四、主要任务

（一）完善继续教育法规体系。在贯彻落实《全国专业技术人员继续教育暂行规定》的基础上，制定并实施《全国专业技术人员继续教育条例》。各地区、各部门要积极制订、完善相关法规和配套制度，加大继续教育执法监督检查工作力度，逐步形成多层次的继续教育法规体系，为专业技术人员继续教育工作提供法律保证。

（二）完善继续教育教学体系。建立继续教育基地网络体系。国家将建立若干个国家级继续教育示范基地。省、市（地）和有条件的县，也要根据需要，建立继续教育示范基地。继续教育示范基地应布局合理、分工明确、突出特色、保证质量、自我管理，实行资格认定制度和教育质量评估制度。继续教育主管部门应加大对继续教育示范基地的管理和投入力度，充分发挥基地在人才培养、新知识的传播、科技成果转化中的示范和辐射作用。

加强继续教育师资队伍建设。按照兼职为主、兼专结合的原则，加快培养建设一支政治优良、业务精通、经验丰富的继续教育师资队伍。充分发挥高等院校和科研院所师资队伍的作用，聘任政治素质较高、专业理论功底扎实、实践经验丰富的人员作为兼职教师。要通过进修、举办培训班等多种形式，提高专职教师的专业水平，拓展知识领域。继续教育主管部门要掌握继续教育师资资源，建立继续教育师资信息库，实现师资资源的社会化共享。

（三）创新继续教育运行机制。进一步深化继续教育的改革，创新管理制度和办法，逐步建立适应我国社会主义市场经济发展要求和专业技术人员队伍建设需要的，政府调控、行业指导、社会服务的继续教育运行机制。

大力开发、整合和充分利用政府部门、企事业单位、高等院校、科研院所、社会团体和中介组织等现有继续教育资源，提高资源的开发使用效率，逐步实现继续教育资源的社会化共享。

引入市场机制，培育和发展继续教育市场，引导相关机构、用人单位和专业技术人员进入继续教育市场，充分发挥市场的导向、调节作用，通过市场实现继续教育资源的优化配置。同时，加强对继续教育市场的规范和管理，尤其是加强对继续教育机构及其培训活动的监督和管理，实行培训基地资格认定制度和教育质量评估制度。

大力发展继续教育服务业，加快推进继续教育产业化进程，吸引更多资源投入到继续教育中来。鼓励、扶持专业化程度较高、运行机制灵活、具有“品牌”项目的继续教育企业的发展。

建立国家、单位、个人三方负担的继续教育投入机制，各级政府要采取有效措施，加大继续教育的投入。按照谁出资谁受益的原则，扶持和鼓励单位、个人向继续教育领域投资。有计划地吸引国外机构和资金进入我国继续教育市场。

（四）强化继续教育管理机制。继续教育工作在各级党委、政府统一领导下，实行政府人事部门主管，业务主管部门分管，各地区、各部门分工负责、分级管理、分类实施的管理机制。以人事部门为主开展面向全体专业技术人员的公共科目、基本知识、技术和职（执）业资格培训等继续教育活动，以业务主管部门为主开展专门业务知识的继续教育活动。企事业单位要指定专门机构和人员负责继续教育工作。强化继续教育管理，建立继续教育质量评估制度、证书登记制度、统计制度和考试考核制度。

五、工作重点

（一）把高层次人才培养放在首位。结合政府特殊津贴专家、有突出贡献中青年专家和新世纪百千万人才工程等高层次人才选拔培养制度的实施，依据专业技术人才的学科，项目任务，采取进修、考察、举办论坛和特殊培养等多种形式，重点开展学科、学术技术带头人、中青年学术技术骨干等高层次人才的继续教育。继续办好各种类型的专业技术人员高级研修班。

（二）加快急需紧缺人才培养。发挥继续教育的优势，采取有效措施，抓紧培养适应我国加入世界贸易组织后急需的紧缺人才，重点培养一批熟悉世界贸易组织规则的国际贸易、法律、谈判、反倾销调查的高级专门人才和金融、保险、证券、旅游、医疗等服务性领域的高级管理人员。在广大专业技术人员中开展世界贸易组织基本知识教育培训活动。

（三）突出农业技术人员的继续教育。牢固树立农业是基础的思想，充分认识农业技术人员继续教育的重要性，把农业技术人员的继续教育放在优先地位，结合提高农民收入、农业结构调整和发展高效农业，积极配合有关部门，切实抓好农业技术人员的继续教育，大力传播农业方面的新知识、新技能，推进农业科技成果的推广应用，促进农村建设、农业发展和农民收入水平的提高。同时，采取切实有效措施，用多种方式为乡土人才提供继续教育服务。

（四）大力搞好企业专业技术人员的继续教育。结合产业结构调整和企业技术改造、科技创新及新技术、新设备的运用，以培养专业技术人员的创新意识、创新能力和促进科技成果转化为重点，广泛开展企业继续教育活动。要切实加强对信息技术、生物技术、新材料技术、先进制造技术、航空航天技术等关键领域，关系国家经济命脉和国家安全的高技术领域专业技术人员的继续教育。要以更新知识，提高就业能力为重点，开展下岗专业技术人员的继续教育，为他们的二次创业提供能力保证。要重视和关心中小企业和民营企业专业技术人员的继续教育，引导企业为了参与和赢得竞争，保持企业的可持续发展积极开展继续教育，逐步扩大中小企业和民营企业继续教育的覆盖面。

（五）加强哲学社会科学领域专业技术人员的继续教育。紧密联系改革开放和现代化建设的实际，围绕经济、社会发展的重点、难点、热点问题，组织哲学社会科学领域专业技术人员的继续教育活动，注重培养专业技术人员运用现代科学技术手段进行哲学社会科学研究的能力，促进哲学社会科学的发展。

（六）加大西部地区专业技术人员继续教育的力度。充分利用继续教育机制活、形式多、周期短、见效快、投入少的特点，以培养大批用得上、留得住、能解决实际问题的专业技术骨干为目标，以培养生态、环保、农业、林业、水利、生物工程、矿产资源、基础设施和特色区域经济等方面的专业技术人员为重点，积极开展西部地区的继续教育工作。根据西部地区的实际需要，继续办好具有特色的专业技术人员高级研修班，为西部地区培训急需的专业技术人员。积极开展西部地区少数民族科技骨干培养工作，为西部地区培养一批少数民族科技骨干。充分利用东西部对口支援、国外专题培训、远程教育等方式和手段，为西部地区继续教育提供服务。

（七）强化基本知识和技能继续教育。继续开展计算机、外语、办公自动化继续教育活动，到2005年，多数地区40周岁以下的多数专业技术人员要通过计算机应用等级考核和外语应用等级考核。要把专业技术人员的职（执）业资格培训作为继续教育的重要内容逐步实施。

（八）建设一支高素质的继续教育管理人员队伍。实施继续教育管理人员教育工程，教育和引导继续教育管理人员研究继续教育的主要内容和内在规律，探索新的方式方法。加大对继续教育管理人员的教育培训力度，采取分级、分层、分类实施的方法对继续教育管理人员进行轮训，提高他们组织实施继续教育活动的能力和水平。

（九）加强对外合作与交流。积极参与继续教育的国际交流，掌握了解国际继续教育发展动态，学习借鉴有益经验，宣传我国继续教育的成就，在国际继续教育事业中发挥积极作用。举办国（境）外培训考察活动，增进双边或多边交流与合作。

（十）开展专业技术人员道德教育示范活动。以马列主义、毛泽东思想、邓小平理论和江泽民“三个代表”重要思想为指导，以职业道德教育为主体，对广大专业技术人员积极开展“求实、创新、拼搏、攀登”的科学精神和“诚信、团结、协作、奉献”的人文精神教育活动，要把行为规范教育、心理素质培养等纳入继续教育范畴，提高专业技术人员队伍的道德修养水平。

六、保障措施

（一）确立继续教育的重要地位。培养造就一支高素质、社会化的专业技术人员队伍，是实施科教兴国战略和人才强国战略，适应我国经济和社会发展的必然要求，是“构筑终身教育体系，创建学习型社会”中的重要组成部分。各地区、各部门应从战略高度充分认识加强专业技术人员继续教育工作的重要性，加强领导，加大投入，把继续教育工作提高到一个新水平。

加强继续教育宣传工作，宣传继续教育在经济建设、社会发展和科技进步方面的典型案例，提高全社会特别是企事业单位、专业技术人员对继续教育的认识，营造良好的社会氛围。

（二）保证专业技术人员继续教育的时间。落实中共中央办公厅、国务院办公厅《关于加强专业技术人才队伍建设的若干意见》的规定，专业技术人员每年脱产接受继续教育的时间，累计不得少于12天（或相应学时）。

（三）探索继续教育的新办法。以改革创新的精神，积极探索适应社会主义市场经济体制的继续教育模式和适应专业技术人员特点的教学方法，增强继续教育的针对性、实用性和先进性。树立精品意识，实施“品牌”项目，以优质品牌课程吸引专业技术人员参加继续教育。充分利用远程教育等现代化教学手段，促进继续教育的发展。

（四）建立和完善信息服务系统。依托现有信息网络，疏通渠道，逐步实现继续教育信息共享。建立和完善继续教育统计制度，科学确定指标，实行年报统计，提高宏观决策的科学性。

（五）充分发挥行业协会和有关中介机构的作用。继续教育主管部门要加强对中国继续工程教育协会、其他行业协会及与继续教育工作相关的中介机构的指导和扶持，密切联系与合作，充分发挥他们在理论研讨、工作咨询、沟通国际联系和中介服务等方面的作用，共同做好继续教育工作。

教育部、国家发展改革委、国家民委、财政部、人事部关于大力培养少数民族高层次骨干人才的意见

（教民〔2004〕5号　2004年7月8日）

各省、自治区、直辖市教育厅（教委），有关部门（单位）教育司（局），教育部部属各高等学校：

新中国成立以来，党中央、国务院十分关心和重视少数民族人才的培养和使用工作，采取一系列特殊措施培养了一大批少数民族党政干部和各类专业人才。特别是党的十一届三中全会以来，国家在大力扶持少数民族地区发展教育事业的同时，加大了为少数民族地区培养各类人才的工作力度。从上个世纪80年代开始，在全国部分重点高校和有关省、自治区的高校开办高校民族班、预科班；从1984年起在内地举办西藏班（校）；1987年起举办内地高校新疆民族班、预科班；从2000年起举办内地新疆高中班等等，这些特殊的政策和措施极大地促进了少数民族地区的经济发展、社会进步，增进了各民族的大团结和凝聚力，保障了国家安全和边防巩固，体现了我国社会主义制度的优越性，在国内外产生了广泛而深远的影响。但由于社会、历史、自然等原因，与沿海和内地发达地区相比，少数民族地区的社会经济、科技教育和文化等各项事业的发展还有较大的差距，社会发展仍然比较缓慢，生产力发展水平还比较低，劳动者素质亟待提高，特别是博士、硕士毕业的高层次骨干人才严重匮乏，是制约当地经济建设和社会发展的重要因素。据有关资料统计，西部地区各类专业人才仅占全国总量的20.4%，高级专业技术人才只占13.6%，两院院士仅占8.3%，特别是少数民族院士更是凤毛麟角；少数民族地区专业技术人员中，工程技术人员和科学研究人员仅占15.4%和8.8%。采取特殊措施大力培养少数民族高层次骨干人才已成为关乎我国各民族共同繁荣发展、维护国家长远稳定统一的一项迫切的政治任务。

为贯彻落实党中央、国务院关于实施西部大开发战略的有关精神和《国务院关于深化改革加快发展民族教育的决定》（国发〔2002〕14号），现就少数民族高层次骨干人才培养问题提出如下意见：

一、提高认识，统一思想，认真贯彻落实党和国家关于大力培养少数民族高层次骨干人才的重要决策

（一）大力培养少数民族高层次骨干人才是实践“三个代表”重要思想，贯彻落实国家西部大开发战略和全面建设小康社会的迫切需要。我国西部12个省、自治区、直辖市，面积685万平方公里，占全国总面积的71.4%；2001年人口3.64亿人，占28.6%；国内生产总值18 245亿元，占17.1%。西部地区与周边14个国家接壤，陆地边境线占全国的85%左右。我国55个少数民族中，有50个主要分布在西部地区，占全

国少数民族人口的75%左右；全国5个民族自治区、30个自治州、120个自治县的80%都在西部地区。西部地区战略位置重要，资源丰富，发展潜力大。同时由于地域辽阔，自然环境恶劣，基础建设薄弱，经济发展相对落后，各民族群众的生活还比较困难，地区之间、民族之间存在着较大差距，仅仅依靠西部地区的力量和积极性难以实现"建设一个经济繁荣、社会进步、生活安定、民族团结、山河秀丽的西部地区"的战略目标。上个世纪90年代，党和国家为加快西部和少数民族地区的发展，根据邓小平同志关于我国现代化建设"两个大局"的战略构想，确定实施西部大开发战略。《国民经济和社会发展第十个五年计划纲要》强调指出："加大支持力度，加快少数民族和民族地区经济与社会全面发展，重点支持……民族教育和民族文化事业的发展"。我们要认真学习贯彻邓小平理论和"三个代表"重要思想，在实践中努力贯彻党和国家关于实施西部大开发战略和加快民族地区发展的决策，进一步增强大局意识和全局观念。而西部大开发战略的顺利实施，从根本上说取决于西部地区教育和科技的发展，归根结底是各类专门人才的培养。加快培养少数民族高层次骨干人才，不仅是一项紧迫的现实任务，也是一项长期的战略任务，是"三个代表"重要思想在民族工作上的具体体现和贯彻落实国家西部大开发战略的具体举措。

（二）*大力培养少数民族高层次骨干人才是贯彻党的民族政策、增强民族团结、维护祖国统一的现实需要。*我国是多民族的社会主义国家，各民族共同团结奋斗、共同繁荣发展，是新世纪新阶段民族工作的主题，是我们党正确处理民族问题，大力发展平等、团结、互助的社会主义民族关系的行动指南。冷战结束以后，世界上不少国家由于陷入民族纷争，最终导致国家分裂，人民蒙受苦难，这一惨痛的教训，我们应深深思考，引以为鉴。当前，国际敌对势力利用民族问题、宗教问题，利用境内外民族分裂势力，对我国进行渗透颠覆，妄图实现其"西化"、"分化"我国的政治图谋；同时，他们又处心积虑，在境外大肆招揽国内各少数民族青年学生，进行高学历培养，以培植分裂势力，妄图与我争夺下一代，少数民族人才培养问题已在一定程度上成为一个复杂而敏感的政治问题。我们不仅要从教育的角度，更重要的是要从坚持党的领导、维护民族团结和国家统一的政治高度，充分认识培养少数民族高层次骨干人才的重要性、艰巨性和紧迫性。

（三）*大力培养少数民族高层次骨干人才是国家以科教兴国战略推进西部大开发战略的重大举措，是内地高校责无旁贷的政治任务。*大力实施西部大开发战略是当前和今后相当一个时期我国经济和社会发展的战略重点。党的十六大根据新形势对加快实施西部大开发战略提出了新的要求。国家和内地用于支持西部地区经济、社会发展的资金和重大建设项目的投入力度不断加大。要使西部大开发战略得到顺利实施，达到预期目标，除了财力、物力的投入外，关键在于人才和智力的支撑。新中国成立以来特别是改革开放以来，我国整个民族教育事业和西部地区的教育得到了较快发展，取得了很大成就，奠定了进一步发展的良好基础。但是，由于众所周知的原因，少数民族和西部地区教育质量较低，现有人才的层次、结构不合理，特别是高层次人才的培养能力十分有限；而且在市场经济以及利益机制的影响下，民族地区素质较高的优秀人才不断向沿海和经济发展水平较高的内地流失，处于优秀人才入不敷出，培养难以为继的状况。总体上说，少数民族和西部地区教育发展程度和人才存量状况，很不适应西部大开发和全面建设小康社会的迫切需要。因此，根据党的十六大和党中央关于加快实施西部大开发战略的精神，以及《国务院关于深化改革加快发展民族教育的决定》要求，结合少数民族和西部地区人才现状和人才需求的实际，通盘规划民族教育事业的改革和发展。要大力加快“两基”步伐，积极推进“三教统筹”和“农（牧）科教”结合，不断增强教育为“三农”服务的功能，改革和发展少数民族地区职业教育和高等教育，大力培养适应当地需要的各类建设人才。同时迫切需要依托内地高校和科研院（所）的硕士、博士点等优质教育资源培养一大批少数民族的高层次骨干人才。

二、指导思想、发展规模以及相关政策措施

（一）指导思想和培养目标。以邓小平理论和“三个代表”重要思想为指导，全面贯彻十六大精神、党的教育方针和民族政策，落实《中共中央国务院关于进一步加强人才工作的决定》、《国务院关于深化改革加快发展民族教育的决定》和第五次全国民族教育工作会议精神，高度重视少数民族高层次骨干人才培养工作在促进民族地区经济社会发展、增强民族团结和维护国家统一中的重要战略作用。大力培养造就一大批坚定地拥护党的领导和社会主义制度，坚定地维护民族团结和国家统一，为西部大开发和民族地区的发展乐于奉献，具有较高科学人文素质和创新能力的少数民族高层次骨干人才，为我国民族团结进步事业和少数民族地区全面建设小康社会目标的实现提供强有力的人才和智力支撑。重点加强教育、科技和经济等领域高层次骨干人才的培养，保证我国民族工作的重点地区，以及国家重点建设和重点工程对高层次少数民族骨干人才的需要。

（二）发展规模。按照统一规划，分步实施，先试点总结经验，再逐步扩大的要求，从 2005 年开始选择部分中央部委所属院校试点招生 2 500 人（其中博士生 500 人，硕士生 2 000 人），经过总结实践经验，至 2007 年达到年招生 5 000 人的规模，其中博士生 1 000 人（按国家统一学制执行），硕士生 4 000 人（学习时间四年，其中一年为基础强化培训时间）；在校生总规模为 1.5 万人（不含硕士基础强化培训阶段人数）。通过相当一个时期的努力，逐步缓解和根本扭转少数民族高层次骨干人才匮乏状况，改善人才层次结构，逐步形成一支涵盖少数民族地区经济和社会发展各重点领域、以取得国内学历、学位为主体的少数民族高层次骨干人才队伍。

（三）招生和培养措施。少数民族高层次骨干人才培养计划纳入年度中央级高校研究生招生计划，单独下达管理。培养任务主要由中央部委所属高等学校和中国科学院、中国社会科学院、中国农业科学院承担及组织实施，重点面向西藏、新疆、内蒙古、宁夏、广西、重庆、四川、贵州、云南、甘肃、青海等西部 11 个省、自治区、直辖市、新疆生产建设兵团，享受西部政策待遇的民族自治地方和需要特别支持的少数民族散杂居地区以及内地西藏班、新疆班，按照“定向招生、定向培养、定向就业”的要求，采取“统一考试、适当降分”等特殊政策措施招收新生。招生对象以少数民族考生为主，同时安排一定比例招收长期在少数民族地区工作的汉族考生。对享受上述政策的拟录取考生，在录取之前均签订定向培养和就业协议。

充分利用现有师资和教学条件，选择若干所内地中央级高校作为硕士生基础强化培训基地。对降分录取的少数民族硕士生考生进行一年的强化基础培训，重点加强马克思主义民族观、宗教观和党的民族、宗教理论政策的学习，以及补修英语、大学语文（汉语文）等基础知识和其他相关专业知识，切实提高生源质量。

（四）就业。毕业生一律按定向培养和就业协议到定向地区和单位就业，硕士服务期限为5年，博士8年。毕业生不能按约就业者，要向培养单位和定向地区、单位支付违约金。西部和各民族地区党政部门要高度重视人才培养工作和十分珍惜人力资源，牢固树立“科学技术是第一生产力”和“人力资源是第一资源”的观念，按学以致用的要求，为这批高层次骨干人才在当地充分发挥作用创造必要的生活、工作条件，力求避免人才浪费和闲置。对违约拒绝接受和安排毕业生就业的地区和单位要相应核减招生计划。

（五）经费。通过少数民族高层次骨干人才培养计划招收的研究生（含基础培训），享受中央级高校研究生的拨款政策。其中中国科学院、中国社会科学院和中国农业科学院所需经费按标准从现行财政渠道解决。生源地区和定向单位对家庭经济困难学生给予适当的学习和生活费补助。

三、加强管理、明确责任，确保培养任务的完成

（一）制订计划，加强管理。生源地区要根据当地国民经济和社会发展需要，制定2005—2010年少数民族高层次骨干人才需求的第一期规划和年度培养计划，需求规划和年度培养计划要与本地区的人才需求以及用人单位挂钩。每年8月底前将下一年度的招生建议计划、专业安排等报教育部。由教育部牵头商有关培养单位落实招生任务，编制招生计划建议方案，商国家发改委和财政部，纳入年度中央级高校研究生招生计划，单独下达管理。各有关学校和单位应根据国家下达的招生计划做好年度招生工作，于每年6月将招生计划的落实和招生录取情况报教育部。

（二）明确责任，履行职责。教育部和国家民委负责对少数民族高层次骨干人才培养计划的宏观政策的制订协调。教育部负责培养计划的协调和制定招生、教学、管理以及有关政策措施，并检查督促执行情况；协调解决办学中出现的重大问题；组织评估办学情况，总结交流经验，表彰先进等。

国家民委负责提出有关政策性建议；督促检查党的民族政策的贯彻落实情况；协调和协助解决涉及民族宗教等方面的特殊性问题。

生源省、自治区、直辖市教育行政部门负责制定人才需求规划和提出年度培养需求计划；加强与当地组织人事部门、用人单位以及教育部的联系与协调等有关工作；协调学校和有关单位做好本地区生源管理等方面的特殊性工作；落实按规定由生源地区财政对学生的资助经费；负责组织和协调签订定向培养协议等工作；配合中央部委所属院校做好招生、录取等工作；对招生、培养工作提出建议。

人事部负责少数民族科技骨干特殊培养工作的政策制定和计划协调工作。

承担培养任务的中央部委所属院校在主管部门的领导下，根据国家下达的年度招生计划，负责考生报名、考试和招生录取工作；负责博士、硕士阶段的常规管理、教学和毕业生派遣工作；对基础强化培训基地教学、管理等提出建议。基础强化培训基地负责基础强化培训阶段的管理、教学和结业考核等项工作。

其他有关事宜，将在实施方案中予以明确。

为西部和少数民族地区培养少数民族高层次骨干人才，是一项光荣而艰巨的任务。

各有关高校要高度重视培养少数民族人才工作，全面贯彻党的教育方针和民族政策，按培养目标的要求，严格落实教育教学计划，对学生加强政治思想和马克思主义民族宗教理论以及党的民族宗教政策的教育，确保教育质量，培养合格的各民族人才。基础强化培训基地和有关高校要按国家民族政策，根据少数民族学生的生活习惯，提供相应的饮食条件。主管部门和生源地区对有关高校培养少数民族高层次骨干人才的工作要高度重视，加强领导，从人、财、物等方面大力支持办学工作，并提供各方面的便利条件，为西部大开发和民族地区的全面振兴作出应有的贡献。

人事部关于印发《专业技术人才知识更新工程（“653工程”）实施方案》的通知

（国人部发〔2005〕73号　2005年9月27日）

各省、自治区、直辖市人事厅（局），新疆生产建设兵团人事局，副省级市人事局，国务院有关部委人事部门，有关行业协会、高等院校、科研院所、大型企业、培训机构：

为贯彻落实《中共中央、国务院关于进一步加强人才工作的决定》，进一步加强专业技术人才队伍建设，推进专业技术人才继续教育工作，人事部决定实施专业技术人才知识更新工程（简称“653工程”）。现将《专业技术人才知识更新工程（“653工程”）实施方案》印发给你们，请遵照执行。

专业技术人才知识更新工程（“653工程”）实施方案

为贯彻落实《中共中央、国务院关于进一步加强人才工作的决定》，进一步加强专业技术人才队伍建设，推进专业技术人才继续教育工作，人事部决定实施专业技术人才知识更新工程（简称“653工程”）。

一、指导原则

按照实施科教兴国和人才强国战略的要求，在关系我国经济社会发展和科技创新的一些重要专业技术领域，以提升能力和更新知识为主要目的，开展大规模的继续教育活动。坚持以能力建设为核心，紧跟世界科技发展前沿，着力提高专业技术人才的科技水平和创新能力，加快我国专业技术人才知识更新的步伐；以重点行业领域的中高级人才培训为重点，带动整个专业技术人才队伍继续教育工作的开展；统筹规划，分类实施，突出重点，协调推进，分行业、分地区组织实施，增强继续教育的针对性和实效性；积极整合各类社会资源，充分发挥各方积极性，推进继续教育工作的社会化和市场化。大力宣传现代继续教育理念，推动全社会对专业技术人才继续教育工作的重视和支持；创新继续教育施教模式和管理方式，大幅度提高继续教育质量和效益。

二、目标任务

人事部将会同有关部门于2005年至2010年6年间在现代农业、现代制造、信息技术、能源技术、现代管理等5个领域，开展专项继续教育活动，重点培训300万名紧跟科技发展前沿、创新能力强的中高级专业技术人才。通过专项继续教育，使中高级专业技术人才及时更新专业知识，提高学习能力、实践能力、创新能力，提高政治素质和职业道德水平。同时，加快建立和健全继续教育工作体系、服务体系与制度体系，在不同的行业领域建设一批优质高效的继续教育施教机构，丰富和充实教学资源，推动专业技术人员继续教育的全面发展。

三、培训内容和方式

（一）开展公需科目继续教育活动

根据经济社会发展和科技创新的基本需要，经专家论证，开设相关的继续教育公共课程，由专业技术人员根据实际情况选修。通过实施公需科目培训，使专业技术人员不断拓展学识，开阔视野，激发创新思维，培养提高学习、实践和创新的整体能力。

（二）开展专项继续教育活动

根据五个行业专业领域的发展和人员知识更新的需求，紧跟科学技术发展趋势，开展新理论、新知识、新技术、新方法的专项培训。

1. 现代农业领域。围绕我国现代农、林、牧、渔业发展的实际需要，重点培训农业中高级科技和推广人才、国家级和省级龙头企业科技和管理人才以及相关培训的师资力量。举办一批“现代农业重大理论业务高级研修班”，每年培训300名具有行业领先水平的专业技术人才。围绕粮食安全、农业科技创新与应用、农产品质量安全与标准化生产、农产品保鲜与加工、动植物重大自然灾害预测与减灾、畜牧技术、现代林木培育、森林资源检测与林火监测、野生动物保护与自然保护区建设、节水抗旱、现代水利等重点课题，开展大规模的继续教育活动。围绕西部大开发战略和振兴东北等老工业基地战略，选派专家学者到西部和东北地区开展农业技术咨询服务。完善由各级农业、林业、水利学会、科研院（所）、教育培训机构等构成的培训实施体系。通过多种方式，每年培训10~15万名现代农业领域的中高级专业技术人才。

2. 现代制造领域。紧紧围绕我国经济结构调整的战略目标，按照振兴装备制造业、走新型工业化道路的要求，在电子制造、新材料、重大装备、精密仪器、汽车工程、系统集成等重点领域，开展大规模的继续教育活动，每年培训15~20万名中高级专业技术人才。按照以信息化带动工业化、以工业化促进信息化的要求，在现代制造领域广泛开展信息化、机电一体化、计算机辅助设计等面向行业的关键技术、共性技术知识培训，推进信息技术和机械装备的融合、传统工艺与现代技术的结合，促进传统产业的改造升级，大力提升我国现代制造业的水平。在珠三角、长三角、东北老工业基地等制造业、装备业比较发达的地区，依托部分高校、科研院所、职业技术学院和大型企业建立一批现代制造技术继续教育基地，实现人才与产业发展的紧密结合。

3. 信息技术领域。针对我国经济社会发展和科技创新的需要，紧跟世界信息技术发展的步伐，以中高级信息技术人才为重点，在通信工程、集成电路、软件技术、网络、信息安全、数据库、电子政务、电子商务、信息资源管理等重点领域，开设相关培训项目，逐步建立起适合我国国情与世界接轨的信息行业继续教育体系。根据不同行业和岗位的实际需要，分门别类地培训不同行业领域的信息化人才。举办系列信息化技术高研班和学术、技术论坛，加强信息产业培训基地建设和师资力量培养，开发现代化的培训教材、远程多媒体培训课件。每年培训 10 ~ 15 万名信息技术领域各类中高级复合型、实用型人才。

4. 能源技术领域。围绕国家能源安全战略，重点在石油石化、电力、煤炭等领域开展继续教育，每年培训 15 ~ 20 万名能源技术领域各类中高级专业技术人才。

依托大型国有石油石化企业现有培训体系，健全培训制度，制订培训计划，重点对专业技术业务和管理骨干进行培训。建立石油石化行业专业技术人员远程培训网。在大型石油石化企业、石油院校建立若干能源技术培训基地。推动清华大学等著名高校与大型石油石化企业开展共建学习型企业活动。

根据电力科技规划，制定电力行业 2006—2010 年继续教育科目指南，逐年组织开发高压输电技术、超超临界技术等高新技术的重点培训项目。利用电力行业继续教育培训网络和教育资源，搭建教育培训机构与电力企业之间的供需平台。依托国内重点大学、科研院所和骨干电力企业，系统开展电网、发电、施工等领域的现代电力技术知识培训。依托中国核工业集团公司和部分大型核电站，广泛开展核电方面的新知识培训。

制定煤炭行业 2006—2010 年全行业的急缺人才培训计划，重点开展安全生产、采煤、煤田地质、煤矿机电、煤炭洁净利用及环境保护等专业知识的更新培训。依托“全国煤炭行业现代化远程教育培训网”，整合煤炭行业的优质教育资源开展培训，使规模以上煤炭企业相关专业在生产和安全岗位上的技术人员，普遍得到一次知识更新和继续教育培训机会。推进煤炭企业建立正常的培训制度，提高煤炭专业技术人员队伍的素质。

5. 现代管理领域。以急需紧缺的管理专业门类为主，开展包括投融资管理、企业资产重组和上市管理、营销管理、财务管理、质量管理、物流管理、工程管理以及企业制度、结构调整、国际化经营、资源节约与利用等方面的培训课程，每年培训 7 ~ 10 万名中高级管理人才。积极引进和开发各类现代管理课程，不断丰富完善我国管理知识体系。依托行业协会、国内重点大学、科研院所和企业，面向企事业单位进行各类管理知识的培训，提高各类企事业单位和社会组织经营管理的科学化、现代化水平。注重管理知识培训与管理实务相结合，理论培训与提高实际管理能力相结合，不断提高管理知识培训的针对性和实效性。

（三）举办示范性高级研修班。人事部会同有关部门行业和单位，结合五个行业领域的重大专业技术课题，采用多种方式，每年举办 30 至 50 期高级研修班，培训 2 000 至 3 000 名高层次专业技术人才。各地区、各部门和相关行业领域根据本地区、本部门和行业领域技术发展和人才队伍建设的实际需要举办一批高研班。人事部选择其中选题新、层次高的高研班，纳入人事部的整体规划。每个行业领域每年举办 50 期左右的专业技术人才高研班。

（四）采取灵活多样的培训方式。各级人事部门、相关部门、行业和单位可根据各自工作实际，探索符合专业技术人才特点、简便有效的多种培训方式方法。

1. 集中培训。有条件的部门、行业和单位可以组织有关专业技术人才进行一定时间的继续教育集中培训。

2. 高级研修班。各级人事部门可结合本地区重大发展战略、重点工程项目和重点攻关课题，面向高层次专业技术人才举办多种形式的示范性高研班。相关行业领域和单位也要结合各自优势和特点举办高研班。

3. 结合工作实践培训。各地区、部门、行业和有关单位可根据实际工作的需要，对重要和特殊岗位上的专业技术人才，采取业务进修、特殊培养、学术交流、实践锻炼、技术考察等多种方式进行继续教育培训。

4. 网络、远程教育培训。依托中国继续工程教育协会网站等现有的培训资源，充分利用网络、卫星传输、广播电视等现代化远程教育手段，对专业技术人才进行继续教育培训。

5. 自学。根据专业技术人才的不同需要，采取自选、自修等方式进行个性化的继续教育培训。

根据行业特点和不同类型人才的实际需要，也可以采用多种其他形式，对专业技术人才进行继续教育培训。

四、组织实施

（一）组织方式

1. “653 工程”的具体工作由人事部专业技术人员管理司和中国继续工程教育协会共同组织实施。不定期召开人事部专业技术人员管理司与中国继续工程教育协会的联席会议，就“653 工程”实施中的重大问题、重要政策、重点项目进行研究。重大事项的决策和推进以人事部专业技术人员管理司为主，中国继续工程教育协会配合；具体工作的实施以中国继续工程教育协会为主，人事部专业技术人员管理司参加。

2. 人事部会同有关部门和行业协会成立专家指导委员会，负责对“653 工程”实施工作的指导和评估。中国继续工程教育协会负责专家指导委员会的日常工作。

（二）制度建设

1. 实行证书登记制度和统计制度。专业技术人才参加“653 工程”的学习情况记入《专业技术人员继续教育证书》，并记录相应学时。对各行业领域开展的主要“653 工程”项目，由中国继续工程教育协会负责在协会网站进行网上备案，并对全国各类专业技术人才参加“653 工程”继续教育的情况，进行统一管理和统计。

2. 建立“653 工程”项目定期发布制度。由人事部汇总“653 工程”培训科目及课程，定期面向全社会通报“653 工程”进展情况和重要活动，发布列入“653 工程”的科目、课程及相关信息，引导专业技术人员参加“653 工程”的继续教育活动。

3. 建立评估检查和论证制度。人事部会同有关部门和行业协会对“653 工程”的开展情况进行指导和评估。人事部对“653 工程”的实施情况进行监督和检查。“653 工程”重大项目要经专家论证。

（三）职责分工

1. 人事部：负责制定“653 工程”的总体方案；制定相关政策、制度和规定；审定公需科目和专业科目指南、培训大纲等；统筹规划和领导各项活动的开展并进行监督检查；举行具有示范性的继续教育活动；会同有关部门和行业协会组建专家指导委员会。

2. 中国继续工程教育协会：受人事部委托，研究发布公需科目指南，制定公需科目培训大纲，组织编写制作培训教材和课件；负责与相关行业协会、施教机构的沟通联络工作；承担专家指导委员会日常工作；负责对专业技术人员参加“653 工程”继续教育的情况进行登记备案和统计工作；开展继续教育管理人员培训等具体的培训工作。

3. 地方各级政府人事部门：会同本级继续教育协会负责公需科目继续教育活动的组织实施；对本地区相关领域的继续教育活动进行指导、协调和监督检查；健全继续教育工作体系，搭建服务平台、整合社会各类继续教育资源，在本地区举办具有示范性的继续教育活动。会同本级继续教育协会，共同承担“653 工程”的各项继续教育活动。

4. 相关部门、行业协会和单位：负责研究制定本行业领域“653 工程”的具体实施办法，制定专业科目的科目指南、培训大纲，组织编写本行业领域的专业教材和课件，并负责各类专项继续教育活动的组织实施。现代农业领域的“653 工程”由农业部、水利部、国家林业局、中国科协按职能分工负责，中国农学会、中国林学会和中国水利学会等参加。现代制造领域的“653 工程”由中国机械工业联合会负责，中国轻工业联合会等参加。信息技术领域的“653 工程”，由信息产业部负责。能源技术领域的“653 工程”暂由中国继续工程教育协会牵头，有关大型石油、石化企业以及电力企业联合会、中国煤炭工业协会等单位按职责分工、业务范围分别组织实施。现代管理领域的“653 工程”由中国企业联合会负责组织实施。按照“653 工程”的统一规划，有关科研院所、高校和大型企业的继续教育机构，充分发挥各自的专业技术优势，面向社会开展形式多样的继续教育活动。

5. 专家指导委员会：受人事部委托，制定“653 工程”继续教育质量评估标准，对实施情况进行巡教、巡考和督察，对相关部门行业提出建议，对“653 工程”的公需科目和专业科目指南、培训大纲、教材课件进行评估，对“653 工程”的施教机构进行评估，指导“653 工程”各项教育活动的开展。

（四）服务体系

1. 搭建服务平台。各级政府人事部门、相关部门、行业协会继续教育机构，要加速继续教育服务体系的建设，积极为继续教育供需双方搭建服务平台，建立继续教育师资库、教材库，实现继续教育资源的优势互补和共享。

2. 加强施教机构建设。在“653 工程”实施过程中，人事部委托中国继续工程教育协会制定工程施教机构评估标准与管理办法，重点扶持一批培训质量高、社会效益好、市场前景广、信誉度高的施教机构，引导各类继续教育资源向优势施教机构集中，建设一批示范性、社会化的继续教育基地。各地区、部门和行业可以结合行业发展实际，建设一批高质量的继续教育施教机构。

3. 建立信息化服务体系。依托人事部政府网站、中国继续工程教育协会网站，制定参训人员网上备案、登记和统计办法，建立全国继续教育信息化服务平台。充分利用现有社会信息技术资源，建立全国继续教育网络体系。运用各种网上手段开展网上远程学习、登记、交流和查询服务等活动。

（五）经费保障

1. 各级人事部门和各“653 工程”负责、参加单位要积极筹措经费，现有继续教育专项经费要向“653 工程”倾斜，鼓励和引导社会资金向“653 工程”投入。列入“653 工程”范围的相关企事业单位要按国家有关规定落实教育培训经费。

2. 施教机构开展面向社会、学员自愿参加的培训活动，可根据培训项目和类型，按照物价部门核定的标准向学员收取一定的费用。要尽量降低培训成本，不给学员增加负担，不能以盈利为目的，要接受有关部门的监督检查。

（六）其他

1. 各部门行业和相关单位要鼓励和支持专业技术人才参加包括“653 工程”在内的各类继续教育，保障专业技术人才每年接受继续教育和培训的时间累积不少于 12 天或 72 学时。参加“653 工程”培训的时间记入《专业技术人员继续教育证书》。

2. 鼓励各部门行业和相关单位把专业技术人才参加知识更新培训的情况作为考核的内容，并和人员的岗位聘用结合起来。

3. 采取多种形式、利用多种媒体，大力开展“653 工程”的宣传工作。对在“653 工程”中有突出表现的单位和个人进行宣传表彰。

五、实施步骤

本实施方案采取整体规划、逐步实施的方式，从 2005 年起到 2010 年分步骤推进。

（一）启动阶段（2005—2006 年上半年）

1. 2005 年，广泛开展“653 工程”的调研工作，研究制定《专业技术人才知识更新工程实施方案》，至少下发两个行业领域的具体实施办法，组建领导小组和专家指导委员会。

2. 2006 年上半年，部署公需科目培训，开展信息化能力和知识产权两门课程培训，全面启动五个行业领域的培训工作。

（二）全面实施阶段（2006 年下半年—2010 年上半年）

2006 年下半年—2010 年上半年，每年开展一定规模的公需科目培训，大规模开展五个重点领域的“653 工程”培训活动。在“653 工程”的实施过程中，不断完善继续教育的工作体系、服务体系和制度体系，建设一批适合继续教育社会化普及的优秀课程和教学资源，重点扶持一批优质的施教机构和继续教育基地，同时做好阶段性总结评估和经验推广工作。

（三）总结评估阶段（2010 年下半年）

对“653 工程”实施情况进行全面总结和评估，研究部署下一阶段工作任务。

各有关行业领域的具体实施办法由人事部会同有关部门或行业另行制定。没有列入“653 工程”范围的行业领域，可以参照“653 工程”的要求，做好本行业领域的继续教育工作。

人事部关于印发《关于加快实施专业技术人才知识更新工程（“653 工程”）的意见》的通知

（国人部发〔2006〕122 号　2006 年 11 月 15 日）

各省、自治区、直辖市人事厅（局），新疆生产建设兵团及副省级市人事局，“653 工程”各牵头部门、协会，中国继续工程教育协会各理事单位，有关企业、科研院所、高校人事（继续教育）部门：

现将《关于加快实施专业技术人才知识更新工程（“653 工程”）的意见》印发给你们，请结合实际，认真贯彻落实。

关于加快实施专业技术人才知识更新工程（“653 工程”）的意见

专业技术人才知识更新工程（“653 工程”）是列入我国国民经济和社会发展第十一个五年规划的一项重大人才培养工程，对于加强专业技术人才队伍建设，培养创新型人才，增强自主创新能力，推动继续教育事业的全面发展，具有重要意义。工程实施以来，在各级人事和相关部门、协会的共同努力下，各领域和部分地区制定了实施办法，建立了工作机制，一些重点培训项目相继展开，取得了初步成效。但是，也出现了不同行业领域和不同地区之间发展不平衡的问题。为加快实施“653 工程”，切实提高专业技术人才自主创新能力和整体素质，根据《专业技术人才知识更新工程（“653 工程”）实施方案》（国人部发〔2005〕73 号）的总体要求，针对实施中出现的实际问题，提出以下意见。

一、加快实施“653 工程”的总体要求

加快实施“653 工程”，要认真贯彻工程确定的指导原则、目标任务、组织方式和职责分工。当前，尤其要加强统筹协调，明确职责分工，加快工作进度，不断提高培训质量和服务水平。在实施中注重把握好以下几点：

（一）统筹规划，突出重点，分类指导。“653 工程”专业领域宽、影响面广，需要统筹规划，突出重点，整体推进。同时，要紧密结合各行业领域的特点，加强分类指导，有计划、有重点、有针对性地做好各项培训工作。

（二）明确职责，充分调动各方面的积极性。实施“653 工程”，需要各级人事部门充分发挥职能作用，做好协调推进工作，也需要各行业部门发挥好行业管理和专业优势。要进一步明确工作职责，密切协调配合，充分调动和发挥各方面的积极性，形成推进“653 工程”的合力。

（三）资源共享，注重实效，不断创新培训方式。要通过实施“653 工程”，不断促进继续教育交流合作，推进继续教育资源共享。要根据各地区经济社会发展和人才队伍建设的实际需要，有针对性地开展培训活动，重点提高专业技术人才的自主创新能力。要瞄准世界科技发展的前沿，在选题内容和组织方式上不断推陈出新，保持继续教育的生命力和创新活力。

（四）突出公益性和服务性，不以营利为目的。实施“653 工程”要突出公益性，不得以营利为目的。要按照政府推动、单位支持、个人自愿的原则开展工作，尽量降低成本，提供优质、高效、低成本的培训服务，不增加学员和用人单位的负担。要树立服务意识，提高服务水平，搭建继续教育供需服务平台。

二、明确职责分工，建立工作协调机制

各领域牵头部门、协会和各级人事部门，要进一步明确工作任务和职责分工，加强协调配合，形成高效共赢的工作协调机制。当前工作的重点是理顺条块关系，明确五大领域牵头部门、协会和省级人事部门的职责分工。

（一）各领域牵头部门、协会职责。各领域国家级牵头部门、协会具有在本领域进行行业管理和业务指导的职责，负责本行业领域“653 工程”的培训体系建设和组织实施工作。具体负责以下几项工作：

1. 研究制定本行业领域“653 工程”的具体实施办法并组织实施。

2. 制定专业科目的科目指南、培训大纲，组织编写本行业领域的专业教材和课件。

3. 组织专业科目培训，证书发放和统计登记，对培训情况进行总结并报中国继续工程教育协会备案。协助人事部门开展统一的公需科目培训工作。

4. 指导本行业地方各级部门、协会加强与人事部门沟通联系，主动接受当地人事部门的指导、协调和监督检查。

5. 石油化工、电力等中央直属企业在牵头部门、协会指导下以企业内训为主开展培训；牵头部门、协会组织一些跨企业的示范性高层次培训项目。

各领域省级牵头部门、协会在本地区同级政府人事部门和本领域国家级牵头部门、协会的指导下，具体负责本地区本行业领域的专业培训活动的组织实施工作。

（二）省级人事部门职责。省级人事部门在本地区履行对继续教育主管抓总的职能，对本地区“653 工程”各项工作进行统筹规划、指导协调和监督检查，营造有利于“653 工程”实施的良好社会氛围。具体负责以下几项工作：

1. 建立本地区“653 工程”工作协调机制。根据本地区实际，由省级人事部门牵头建立包括联席会议在内的多种形式的有效机制，指导协调有关部门研究推进工程的实施，落实任务指标，解决重点难点问题。

2. 协助牵头部门、协会开展专业科目培训。积极支持各牵头部门、协会在本地区开展各领域专业科目的培训工作，提供有关政策服务。

3. 组织公需科目培训。按照人事部的统一部署，组织本地区五大领域专业技术人才公需科目培训工作。举办本地区示范性继续教育活动。在完成全国统一的公需科目培训的前提下，可根据本地实际，开展具有本地特色的公需科目培训工作。

4. 负责本地区“653 工程”实施工作的监督检查和信息交流、统计工作，总结交流经验。

5. 会同各领域牵头部门、协会指导市县两级“653 工程”的实施。

三、完善工作制度，规范工作程序

“653 工程”涉及五个方面十多个专业领域，是一项复杂的系统工程。完成这一任务，必须在推进工程的实践中不断建立和完善工作制度，形成规范的工作程序。

（一）分解目标任务。到 2010 年，重点培训 300 万名中高级专业技术人才，是“653 工程”的一个重要目标。这个任务必须完成。各领域牵头部门、协会要根据本领域的实施办法，将培训指标纵向分解到省级牵头部门、协会，由省级牵头部门、协会提出落实方案，经修正补充报省级人事部门，由省级人事部门总体平衡后确认本地区“653 工程”总体指标，报中国继续工程教育协会并通报各领域牵头部门、协会备案。年度任务指标分解可按相同程序进行。指标分解应避免交叉重复。以企业内训为主的石油化工、电力等中央直属企业的培训指标，可由国家级牵头部门、协会与上述企业协商确定。公需科目培训人数不再单列指标，由省级人事部门为主，商各领域省级牵头部门、协会及其他参加单位共同确定。

（二）规范证书发放。对参加“653 工程”专业科目培训的专业技术人才可以发放培训结业证。“653 工程”培训结业证是学员参加工程学习的证明，是登记相应学时学分的依据，也是激励专业技术人员参加继续教育的一种手段。“653 工程”培训结业证由人事部统一格式，国家级各领域牵头部门、协会印制，省级各领域牵头部门、协会负责本地区的结业证发放。“653 工程”培训结业证书不影响现有的继续教育证书的使用。发放培训结业证，不得收取费用。石油化工、电力等中央直属企业可自主确定是否发放“653 工程”培训结业证。公需科目不发放培训结业证。

（三）完善登记制度。省级各领域牵头部门、协会将专业技术人才参加“653 工程”的情况登记到继续教育培训证书上，由省级人事部门确认继续教育学时学分。公需科目的培训登记和考核由省级人事部门负责。专业技术人才所在单位应将专业技术人才参加“653 工程”培训情况纳入继续教育考核内容。

（四）确定统计程序。各施教机构负责登记、统计承担“653 工程”培训情况，并报省级五大领域牵头部门、协会；省级牵头部门、协会汇总本地区本领域培训情况，同时报省级人事部门和上级牵头部门、协会；省级人事部门对本地区五个领域的情况进行汇总，分别就当年各领域参加培训的人数、人次以及公需科目的培训情况报中国继续工程教育协会；国家级各领域牵头部门、协会对本领域培训情况进行汇总并报中国继续工程教育协会。

（五）规范施教机构建设。各领域牵头部门、协会要选择专业水平高、师资力量雄厚、能够保证培训质量、市场信誉好的施教机构，以项目合作的形式开展“653 工程”培训。在工程实施中，一般不开展施教机构定点认定工作。对某些领域或行业，确需定点认定的，也要在工程开展一段时间后，由相关领域牵头部门、协会商人事部后，会同相关省级人事部门确定。人事部将会同各领域牵头部门、协会不定期公布一批实施“653 工程”质量比较好的施教机构名单，供专业技术人才选择。

（六）严格收费制度。培训、办班、收费，关系群众切身利益，必须加以规范，加强收费管理。对于财政经费支持的“653 工程”培训项目，要专款专用，不得向学员收取培训费用。对于面向社会开展、学员自愿参加、确需收取费用的培训项目，各领域牵头部门、协会和施教机构要本着不以营利为目的原则，根据物价部门核定的标准和授予的资质向学员收取费用。要尽量降低培训成本，不给学员增加负担。所有收费培训项目须上报各领域“653 工程”办公室审批，并接受有关部门的监督检查。严禁打着“653 工程”的旗号，举办以营利为目的的培训班。严禁搭车考试和培训乱收费，不得在确定施教机构的过程中收取费用。各地人事部门要会同地方牵头部门、协会不定期对收费培训项目进行检查。

四、开展好“653 工程”培训工作

组织实施好各项培训工作，任务重，时间紧。各领域牵头部门、协会和各级人事部门要按照工程实施方案的部署，积极履行职责，尽快全面启动和组织实施好各项培训工作。

（一）专业科目培训。专业科目培训以行业为主组织实施。各领域国家级牵头部门、协会确定本领域的专业科目、培训大纲，组织编写培训教材，整合行业培训资源。省级牵头部门、协会在国家级牵头部门、协会和同级人事部门的指导下确定本地区专业培训项目，并组织实施。专业培训要立足科技前沿，体现针对性和实效性，符合行业发展实际，注重理论与实践相结合。要注重整合资源，发挥高校、科研院所的学术技术资源优势，把市场前景好、受到广泛欢迎的培训项目纳入到工程中来。要加强对培训质量的评估，对培训质量差、不受欢迎的项目要及时淘汰。

（二）公需科目培训。公需科目由人事部门统一组织实施，鼓励和倡导广大专业技术人才积极参加。人事部一般每年确定 1 ~ 2 门公需科目，组织编写统一的公需科目教材。地方人事厅局在完成人事部公需科目培训任务的情况下，可根据本地实际开展一些具有本地特色的公需科目培训工作。石油化工、电力等中央直属企业按照人事部的统一安排，由企业自行组织公需科目的学习。工程五大领域以外的专业技术人才也可参加“653 工程”公需科目的学习。公需科目培训时间不得超过国家规定的专业技术人才继续教育学时的三分之一。公需科目要突出公益性，严禁乱收费。

五、搞好宣传工作

“653 工程”是一项服务行业发展、惠及广大专业技术人才的公益性事业，要把舆论宣传工作作为“653 工程”的重要组成部分，要在开展培训工作的同时开展好宣传工作，鼓励和引导广大专业技术人才和单位积极参加“653 工程”。

（一）推广继续教育理念。要通过实施“653 工程”，积极宣传现代继续教育理念，牢固树立终身教育、能力建设、知识更新意识，提高全社会对专业技术人才继续教育工作的重视程度，调动广大专业技术人才和单位参加继续教育的积极性、主动性和自觉性。举办经常性的交流会、协作会、研讨会，交流经验，扩大社会影响。

（二）大力宣传“653 工程”的意义和成效。各领域牵头部门、协会和各级人事部门应通过报纸、广播、电视、网络、简报等途径，开展形式多样、具体生动的宣传活动，叫响“653 工程”品牌，推广培训项目，宣传培训效果。要充分利用人事部门网站和各领域专业网站，在提供信息服务的同时，融宣传于信息服务之中，开展广泛、及时、灵活的宣传工作。

（三）开展表彰奖励活动。各领域牵头部门、协会和人事部门要及时总结实施“653 工程”成功的经验和做法，对作出突出贡献的单位和个人进行表彰奖励，充分发挥其示范带动作用，不断提升“653 工程”的凝聚力、影响力和号召力。

六、加强组织领导

各级人事部门和各领域牵头部门、协会要进一步明确肩负的责任，加强领导，精心组织，狠抓落实，确保完成各项任务。

（一）提高认识，更新观念。“653 工程”已经列入国民经济和社会发展第十一个五年规划纲要，是“十一五”期间我国继续教育的龙头工程。各级人事部门和各领域牵头部门、协会要抓住当前有利时机，把实施“653 工程”作为当前和今后一个时期继续教育工作的重要任务，以高度的责任感和使命感，加快推进。要把实施“653 工程”同建设创新型国家、提高我国自主创新能力紧密结合起来，同实施科教兴国战略和人才强国战略，加强专业技术人才队伍建设结合起来。要通过“653 工程”的开展，提升继续教育地位，加强继续教育基础，完善继续教育制度，创新继续教育工作机制，推动继续教育工作不断迈上新台阶。

（二）加强领导，精心组织。各级人事部门要把“653工程”任务落实到处室、责任到人，履行好主管抓总的职能。各领域牵头部门、协会要按照工程总体部署和各实施办法，抓好组织实施工作，履行好各领域牵头和实施的职责。各级继续教育协会要配合同级人事部门和牵头部门、协会，做好各项日常服务管理工作，动员广大会员单位积极参加“653工程”。要发挥好专家指导委员会的咨询和参谋作用，增强培训工作的针对性、科学性和权威性。施教机构要具体开展好各类继续教育活动，不断提高教学质量，提供优质服务。人事部门与各领域牵头部门、协会要加强对工程进度和培训质量的监督检查，加强沟通协调，相互提供帮助，形成工作合力，避免重复建设，努力使“653工程”取得更大的成效，成为继续教育的精品和品牌。

（三）增加投入，提供保障。各领域牵头部门、协会和各级人事部门要积极争取各级财政对“653工程”的支持，有条件的地区、部门、行业可以设立“653工程”专项经费。要努力争取按照职工工资总额1.5%~2.5%的比例落实教育培训经费，并重点向“653工程”倾斜。要拓宽经费渠道，鼓励和引导社会资金向“653工程”投入。各相关部门、协会和单位要加强对继续教育经费使用的管理和监督。

人事部、教育部、科技部、财政部关于印发《关于加强专业技术人员继续教育工作的意见》的通知

（国人部发〔2007〕96号 2007年6月30日）

各省、自治区、直辖市及副省级市人事厅（局）、教育厅（局）、科技厅（委、局）、财政厅（局），新疆生产建设兵团人事局、教育局、科技局、财务局，国务院各部委、各直属机构人事部门：

为贯彻落实《中共中央、国务院关于进一步加强人才工作的决定》，全面加强专业技术人才队伍建设，按照《国家中长期科学和技术发展规划纲要（2006—2020年）》和《干部教育培训工作条例（试行）》的要求，人事部、教育部、科技部、财政部制定了《关于加强专业技术人员继续教育工作的意见》。现印发给你们，请遵照执行。

关于加强专业技术人员继续教育工作的意见

继续教育是提高专业技术人员创新能力和整体素质的重要途径。接受继续教育，是专业技术人员的权利和义务。加强继续教育工作，对于建设高素质、创新型的专业技术人才队伍，增强自主创新能力，建设创新型国家，具有重要作用。为贯彻落实《中共中央、国务院关于进一步加强人才工作的决定》，全面加强专业技术人才队伍建设，按照《国家中长期科学和技术发展规划纲要（2006—2020年）》（以下简称《规划纲要》）和《干部教育培训工作条例（试行）》的要求，现就加强专业技术人员继续教育工作提出

以下意见。

一、加强专业技术人员继续教育工作的指导思想和目标任务

1．指导思想。以邓小平理论和“三个代表”重要思想为指导，大力实施科教兴国战略和人才强国战略，深入贯彻落实党中央、国务院建设学习型社会、大规模培训干部、大幅度提高干部素质的要求，紧紧围绕《规划纲要》和经济社会发展的需求，以能力建设为核心，以高层次创新型专业技术人才为重点，有计划、分领域、分类别、分层次开展大规模的继续教育活动，不断提高专业技术人才队伍的创新能力和整体素质。大力提升继续教育地位，加强继续教育基础，完善继续教育制度，提高继续教育质量，不断增强继续教育的针对性、实效性和吸引力，推动继续教育事业又好又快发展。

2．目标任务。在各级党委、政府领导下，建设工作体系，形成运行机制，实现全员培训。进一步建立政府人事部门主管、业务部门实行行业管理、用人单位和施教机构为实施主体的专业技术人员继续教育工作体系；逐步形成以需求为导向，政府主导与单位自主相结合，个人履行义务与自觉自愿学习相结合，各方面积极性充分发挥的继续教育运行机制；不断加大工作力度和经费投入，逐步实现专业技术人员全员继续教育，使他们得到与科技进步、岗位要求和个人发展相适应的培养与训练，知识结构及时更新，创新能力全面提高，为实施《规划纲要》、增强我国的自主创新能力提供有力支撑。

二、以培养高层次创新型专业技术人才为重点，开展大规模的继续教育活动

3．加快实施专业技术人才知识更新工程。专业技术人才知识更新工程是列入我国国民经济和社会发展第十一个五年规划的一项重大人才培养工程。工程涉及的现代农业、现代制造、信息技术、能源技术和现代管理五大领域，与《规划纲要》明确的重点领域密切相关。各级人事部门和各领域牵头主管部门、协会要从落实“十一五”规划和《规划纲要》的高度，按照工程的总体部署，加强统筹协调，完善政策措施，狠抓项目落实，加快实施进度，确保完成培训300万名中高级专业技术人才的任务。

4．大力开展高层次创新型人才的继续教育。紧紧围绕《规划纲要》确定的重点领域及其优先主题、重大专项、前沿技术和基础研究等方面的主要任务，有针对性地开展专项继续教育，着力培养造就一批高层次创新型专业技术人才。科研、工程项目承接单位要结合实施中的重大理论、技术、工艺和管理等方面的课题，推出一批创新攻关与培养训练相结合的科目，实现项目、资金与人才培养紧密结合。配合实施“新世纪百千万人才工程”等人才培养工程开展继续教育，“十一五”期间对工程国家级人选轮训一遍，着力培养他们的创新能力和科学精神，并通过他们的影响、辐射和带动作用，形成优秀创新团队。

5．加强专业技术人员继续教育的统筹规划和分类指导。各级人事部门要会同教育、科技等行业主管部门根据各地区、各行业领域实际，制定继续教育规划。要在调查研究的基础上，做好需求预测，确定重点领域，明确目标任务。认真分解落实各项任务，加强监督检查，解决好实施中存在的问题。

人事部门在政策上要积极支持各专业领域的继续教育，根据教育、科技、文化、卫生、农业等主要专业领域科技发展和人才队伍建设的实际，研究制定具体政策措施，分类推进继续教育工作。围绕构建社会主义和谐社会，加强社会工作人才继续教育，加快社会工作人才队伍建设，提高职业素质和专业水平。配合有关部门实施国防科技创新人才工程，加大对国防科技人才培训力度。加强哲学社会科学领域继续教育工作，遵循哲学社会科学人才的成长规律，重点培养一支德才素质好、发展潜力大的中青年专家队伍。

各级人事、教育、科技部门要适应建设学习型社会和构建终身教育体系的需要，加强统筹规划和整合资源，充分发挥高等院校、科研院所在学科综合、科研项目和人才汇聚等方面的优势，积极利用现代信息手段，大力发展现代远程教育，形成开放式的继续教育网络，为专业技术人员知识更新、提高素质和能力提供高质量的继续教育服务。

6. 组织实施专业科目和公需科目培训。专业科目培训是继续教育的主要内容，主要由各行业主管部门组织，施教机构和用人单位具体实施。专业科目培训要立足科技前沿，体现专业发展趋势，注重理论与实践相结合。通过专业科目培训学习，使广大专业技术人员掌握本专业的最新科技理论和方法，了解发展动态，及时更新专业知识，全面提高业务素质。各级人事、教育、科技部门要积极配合各专业领域主管部门，充分发挥高等院校、科研院所和有关培训机构的优势，制订、完善专业课程体系和教材体系，汇聚优势培训资源，建设一批高水平的培训项目，提供优质的继续教育服务。

公需科目学习是专业技术人才拓展知识、开阔眼界、启发创新思维的重要途径。公需科目培训由人事部门会同有关行业主管部门统一组织开展。人事部会同有关部门每年开展一到两门公需科目的培训，各级人事部门和行业主管部门也可开展一些具有特色的公需科目培训，供广大专业技术人员选修。公需科目的学习一般不超过国家规定继续教育总学时的三分之一。

7. 加强企业继续教育。企业是技术创新的主体。结合产业结构调整和企业技术改造、科技创新及新技术、新设备的引进，以提高企业专业技术人员自主创新能力为重点，广泛开展企业继续教育活动。政府人事部门要针对一些企业特别是中小企业继续教育动力不足、资源匮乏、信息不畅等问题，加强指导扶持，积极提供政策、项目和信息等服务。充分发挥企业技术研发中心、博士后科研工作站等机构在企业继续教育方面的作用，使其成为培养企业高层次人才的基地。要按照国家有关企业技术开发费税前扣除管理规定，落实企业专业技术人员继续教育经费。

8. 加强非公有制经济组织继续教育。政府人事部门要加强对非公有制经济组织继续教育工作的指导、服务和监督。在制定规划时，要通盘考虑非公有制经济组织对人才的需求和培养。建立适应非公有制经济组织自身特点的继续教育模式，帮助他们培养急需人才，促进继续教育工作协调发展。政府实施的继续教育项目和掌握的继续教育公共资源，要面向社会各类经济组织、所有专业技术人员平等开放。

三、加强法制建设，推进专业技术人员继续教育工作的制度化和法制化

9. 积极推动法制化进程。加快研究制定《全国专业技术人员继续教育条例》，继续推动地方和行业部门继续教育法规制度建设，使我国的继续教育工作逐步纳入制度化、法制化轨道。

10. 建立完善相关管理制度。完善继续教育登记制度，各级人事部门要会同行业主管部门通过证书、学习档案、网络管理等方式，连续记载专业技术人员接受继续教育的基本情况，规范登记内容和要求。专业技术人员每人每年脱产或集中参加继续教育的时间累计应不少于 12 天或 72 学时。有条件的地方、部门和单位可以实行学分制，实行网络化和量化管理。实行继续教育评估制度，对企事业单位继续教育总体工作、责任目标、活动过程内容、个人学习效果等实施评估。加强统计工作，把继续教育纳入人才工作整体统计体系之中，对继续教育人数、时间、内容、经费等进行统计。

建立继续教育考核和激励机制，把专业技术人员参加继续教育情况作为对其考核评价和岗位聘用的重要依据。对依法实行职业准入制度的专业领域，专业技术人员取得职业资格证书后，应依法参加继续教育。对其他各类专业技术人员也要把其参加继续教育作为持续提高职业能力的基本途径，在聘任专业技术职务或申报评定上一级资格时，作为重要条件。

11. 完善专业技术人员高级研修制度。总结近年来举办高级研修班等示范性继续教育活动的经验，完善专业技术人员高级研修制度。人事部会同相关部门围绕我国科技进步和经济社会发展中的重大专业技术课题，每年举办30至50期示范性高级研修班，培训2 000至3 000名各专业技术领域的高层次专业技术人才。各级人事部门也要会同有关部门结合本地区、本部门、本单位重大发展战略、工程项目和重点问题，举办一批高级研修班。

四、创新培训形式，完善服务措施，加强专业技术人员继续教育服务体系建设

12. 不断拓展继续教育的新形式。继续教育要因地制宜、按需施教，重在学以致用，取得实效。根据不同项目、不同层次专业技术人才的特点，精心设计培训方案，综合运用集中培训、研讨、进修、自修、案例教学、技术考察、咨询服务、对口培训、特殊培养等多种培训形式，为专业技术人员提供量身合体的继续教育服务。对重要、特殊和关键岗位上的人才可以采取个性化方式进行培养。大力推广网络继续教育，开发网络课程，实行网络化管理，不断提高继续教育的信息化、现代化水平。

各级人事部门和行业主管部门要大力加强公共服务，发挥市场机制作用，完善继续教育服务体系。举办各种继续教育交流服务活动，发布质量高、信誉好、公益性强的培训科目、项目和教材，引导各类继续教育主体在互惠互利的基础上，开展社会化的继续教育，实现资源的优化配置。鼓励政府资助的培训项目、企事业单位自主开展的培训项目通过招投标的方式确定施教机构。鼓励民营、外资施教机构，依照我国法律和有关规定，开展继续教育活动。各级人事部门要会同行业主管部门规范培训、发证行为，加强对继续教育市场的监管。

13. 加强继续教育基础建设。按照兼职为主、兼专结合的原则，加快培养建设一支政治优良、业务精通、经验丰富的继续教育师资队伍。加强专业技术人员继续教育的研究。加快继续教育施教机构专职教师知识更新，落实专职教师每年参加教育培训的时间不少于1个月的政策规定。依托高等院校、科研院所和高新技术企业，聘任政治素质高、专业功底扎实、实践经验丰富的人员作为兼职教师。建立继续教育师资库，实行动态管理，实现师资资源共享。以继续教育政策法规、专业基础理论、培训管理实务、人文素养等知识与技能为主要内容，广泛开展培训者培训活动，建设一支高素质的继续教育管理人员队伍。组织编写一批高质量的继续教育专业科目和公需科目教材，并不断更新完善。有条件的地区和部门可以通过市场机制筛选一批优秀教材，实现教材资源的社会共享。

14. 加强继续教育施教机构建设。实施继续教育要调动各方面的积极性，充分利用现有的办学条件。高等院校、科研院所、大中型企业的培训机构及其他各类教育培训机构是继续教育的主要基地，各类学术团体、专业协会、学会和社会力量办学单位是开展继续教育的重要力量。要创造条件，鼓励和支持高等院校充分发挥自身优势，把继续教育作为学校教育工作的重要内容，积极为社会提供继续教育服务。鼓励企业、高等院校、科研机构及学术团体以提高继续教育的效益和质量为目的，实行多种形式的联合办学，提倡有计划、有组织的委托办学，建立生产、科研、教学相结合的协作关系。研究制定专业技术人员继续教育施教机构评估标准与管理办法，逐步建立行业标准和规范。加强监督检查，重点扶持一批培训质量高、社会效益好、市场前景广、信誉度高的施教机构，支持它们做大做强。依托高等院校、科研院所和高新技术企业，建设一批国家和省两级示范性专业技术人员继续教育基地，带动施教机构整体质量提升。建立继续教育施教机构信用管理数据库，对参与实施继续教育的机构和人员建立信用档案，并作为政府有关培训项目支持的依据，定期向社会公开，营造良好的继续教育市场秩序。

15. 积极发挥行业协会和相关中介机构的作用。充分发挥各级继续教育协会在培训服务、理论研究、参谋咨询、学术交流、国际合作和行业自律等方面的重要作用，推动继续教育事业的发展。鼓励和支持继续教育协会和相关行业协会在章程规定的范围内，发挥与广大专业技术人员联系广泛、专业性强的特点，开展形式多样的继续教育活动。

16. 积极开展继续教育国际培训与交流活动。积极开展国际交流与合作，参与国际继续教育活动，联系沟通国（境）外继续教育机构、团体、协会，及时了解国际继续教育发展动态。采取送出去与请进来相结合的方法，有目的、有计划地开展国际培训，切实增强培训的针对性和实效性。优先安排重点、关键岗位和具有较大发展潜力的专业技术人员参加学习。积极引进和推介国外先进优质的继续教育资源，推进我国继续教育事业的国际化进程。

五、加强西部、东北地区等老工业基地和中部地区专业技术人员继续教育工作

17. 加大倾斜支持力度。统筹不同区域之间继续教育工作的协调发展，在政策及重点项目等方面，给予西部、东北和中部地区必要的指导、帮助和支持。必要时设立继续教育工作专项，支持这些地区的重点人才需求和重大工程建设。在专业技术人才知识更新工程、举办高研班、组织专家咨询活动、基地建设等方面，在同等条件下向西部、东北和中部地区倾斜。

18. 探索建立专业技术人员继续教育对口支援制度。人事部会同有关地区和部门每年组织 10 个左右对口支援培训项目，为西部、东北和中部地区培训 500 名左右高层次专业技术人才。鼓励东部沿海和经济发达地区省份面向西部、东北和中部地区开展对口培训项目。继续组织留学人员和高级专家“西部行”、“东北行”、“中部行”，开展技术服务、人才培养等活动。在总结对口培训经验的基础上，探索建立专业技术人员继续教育对口支援制度。

19. 做好西部地区少数民族科技骨干特殊培养工作。继续开展新疆少数民族科技骨干特培工作，“十一五”期间，国家为新疆培养 2 000 名左右业务精、素质高、创新能力强的少数民族科技骨干。同时，在总结新疆特培工作经验的基础上，统筹西部其他地区少数民族特培工作，实现制度化，使特培工作成为加强西部地区少数民族高层次专业技术人才队伍建设的一项重要举措。组织实施好青海三江源人才工程，争取用 3 年的时间把三江源工程管理人才和中高层次专业技术人才轮训一遍。

六、加强组织领导，保障专业技术人员继续教育各项政策措施的贯彻落实

20．加强组织领导，形成工作合力。各级人事部门要切实履行好主管专业技术人员继续教育工作的职能，积极争取党委、政府的支持，把继续教育纳入人才工作总体布局，重点做好政策制定、规划指导、组织协调、公共服务、示范培训、监督检查和调查研究等工作。各级政府人事部门和业务主管部门要按照任务明确、人员到位、经费落实的要求，进一步健全专业技术人员继续教育工作机构，充实工作力量。各级继续教育协会要充分发挥作用，广泛联络和动员会员单位，配合继续教育中心工作，提供咨询和服务，开展形式多样的继续教育活动。企事业单位要根据继续教育任务需求配备相应人员，具体负责制订计划、组织实施、日常管理、评估考核等工作。各级各类工作机构之间要加强协调联系，以联席会议、专门沟通、联合办公等多种形式及时有效地开展工作。对在继续教育工作中成绩突出的单位和个人，要按照有关规定给予宣传和表彰。

21．不断加大对继续教育事业的投入。建立健全政府、单位、个人共同出资的多层次、多渠道的继续教育投入机制。加大对继续教育事业的投入，中央财政继续在部门预算中安排继续教育工作经费。一般企业按照职工工资总额的1.5%足额提取职工教育经费，从业人员技术素质要求高、培训任务重、经济效益较好的企业可按2.5%提取。事业单位可参照企业相关规定，不断加大对专业技术人员继续教育经费的投入。要在重大项目中拿出一定份额的项目经费用于培训人才，使项目建设与人才培养同步发展，相互促进。

人力资源和社会保障部、财政部、国家民委、科技部、教育部、农业部、卫生部、西藏自治区人民政府关于开展西藏少数民族专业技术人才特殊培养工作的通知

（人社部发〔2009〕70号 2009年3月4日）

各省、自治区、直辖市人力资源社会保障（人事、劳动保障）厅（局）、财政厅（局）、民族厅（局）、科技厅（局）、教育厅（局、委）、农业厅（局）、卫生厅（局），新疆生产建设兵团及副省级市人事局、劳动保障局、财政局、民宗局、科技局、教育局、农业局、卫生局，中央国家机关有关部委、直属机构人事部门，西藏自治区各行政公署、拉萨市人民政府，自治区人民政府各部门、各直属机构，各有关企业、事业单位、高校、科研机构人事部门：

为贯彻落实国务院领导批示精神，人力资源社会保障部、财政部、国家民委、科技部、教育部、农业部、卫生部和西藏自治区人民政府决定开展西藏少数民族专业技术人才特殊培养工作（以下简称西藏特培）。现将有关事项通知如下。

一、充分认识西藏特培工作的重要意义

西藏工作在党和国家工作大局中具有重要和特殊的地位。加强西藏专业技术人才队

伍建设，特别是加大对西藏少数民族专业技术人才培养的支持力度，对于促进西藏经济社会发展、维护稳定、维护民族团结，具有重要意义。由于特殊的地理环境和历史原因，西藏培养、引进和留住人才面临特殊困难，经济社会发展急需的专业技术人才匮乏，同时西藏地区培养专业技术人才的能力比较薄弱，依靠自身解决人才培养问题有较大困难，迫切需要国家采取特殊方式予以大力支持。西藏特培是国家采取特殊政策，选拔西藏少数民族专业技术骨干人才到内地进行特殊培养的专项人才计划，是国家加强西藏少数民族专业技术人才队伍建设、促进西藏经济社会发展、维护祖国统一和社会稳定的一项重要举措。各级政府人力资源社会保障、财政、民族、科技、教育、农业、卫生部门和相关培养单位要从政治和全局的高度重视这项工作，深刻认识做好西藏特培工作的特殊重要性，把西藏特培纳入国家西部人才开发和西藏人才队伍建设的总体规划，以高度的政治责任感完成好有关工作任务。

二、西藏特培工作的主要任务

国家根据西藏经济社会发展目标和人才队伍建设的实际需求，以提高创新能力和实际工作能力为核心，以中高层次少数民族专业技术人才为重点，采取实际工作锻炼与业务培训相结合的方式，坚持紧贴工作岗位需要和培养与使用相结合的原则，培养造就一批高素质的少数民族专业技术人才骨干队伍，为促进西藏经济发展、社会稳定和民族团结提供人才保障和智力支持。

主要安排：从 2009 年到 2013 年，实施第一批西藏特培工作。西藏特培主要采取内地培养和专家服务团两种方式进行。内地培养主要是选拔西藏少数民族专业技术人员到内地有关教学、医疗、科研、企业等单位进行为期 1 年的特殊培养锻炼；专家服务团主要是选派专家赴西藏开展学术讲座、技术指导、项目合作等培训活动。培训专业重点是农牧业、医疗卫生、教育、科研、生态环保、林业、规划建设、交通、水利、地质、文化旅游等西藏经济社会发展急需的领域。5 年内计划每年为西藏培养 120 名少数民族专业技术人才，同时每年开展 1 批专家赴西藏服务团活动。5 年共为西藏培养 600 名左右少数民族专业技术人才，开展 5 期专家服务活动。

三、扎实做好学员选拔、培养和使用工作

（一）严格选拔条件，确保学员质量

西藏自治区人事厅要会同自治区有关部门紧紧围绕西藏经济社会发展和人才队伍建设的大局，做好学员选拔工作。根据西藏经济社会发展规划，分年度制定选拔计划，合理规划学员在不同行业和专业领域的培养比例。重点选拔事关科学发展和自主创新的专业领域、重大工程项目中的少数民族专业技术人才，重点选拔科技、教育、农业、卫生、民族等科技发展和社会建设领域中的急需紧缺人才，重点选拔具有发展潜力的优秀中青年专业技术人才。研究制定学员选拔办法，严格选拔条件，规范选拔程序，做到公开、公平、公正。

（二）做好学员的接收安排和学习培训工作

各有关地区的人力资源社会保障、民族、科技、教育、农业、卫生等部门和培养单位要把接收安排学员作为一项重要的政治任务来完成。培养单位对学员实行导师制培养方式，要选派政治素质好、业务水平高、经验丰富、责任心强的同志担任培养导师。根据选送单位需要、学员自身情况和本单位师资状况制定具体的培养方案，明确培养目标和方式，落实培养责任。创造各种机会和条件，采用最新的教材、案例和实验手段，使学员能够及时掌握新理论、新知识、新技术、新方法，及时了解和掌握本专业领域的最新发展，突出培养其创新能力。通过把学员放在实际工作岗位上进行锻炼和让学员承担相应的工作任务，重点提高他们的实际工作能力。依托重大科研课题和工作项目搭建创新平台，让他们在承担项目、攻克难题中经受锻炼。

（三）做好学员返回工作岗位后的激励保障工作

西藏自治区人事厅和各选送单位要加强对学员学习期间的跟踪考核，学员学习结束后，要把学习情况记入本人档案，并与其培养后的使用结合起来。要妥善安排好学员学成返回工作岗位后各项措施的落实，在职称评定、工资待遇、学术进修等方面给予适当的政策倾斜。

四、不断加强学员的思想教育和管理服务工作

（一）做好深入细致的思想政治工作

思想政治教育是学员培养的重要内容，也是实现培养目标的重要保障。各有关部门和培养单位在抓好学员业务培训的同时，要把思想教育工作摆到重要位置，贯穿培养过程的始终。要开展好政治理论学习，组织学员认真学习邓小平理论、“三个代表”重要思想和科学发展观，教育和引导学员弘扬爱国兴藏、开拓创新、勇攀高峰、无私奉献的精神。西藏自治区人事厅要会同有关单位，做好学员的培训前教育，使学员充分认识党和国家的关怀、西藏人民的期待和自身肩负的使命，教育引导学员勇于克服困难，服从组织安排，主动融入当地环境，谦虚谨慎，努力学习，提高本领。培养单位的领导和老师要与学员多沟通、多交流，及时了解掌握学员的思想学习状况，引导学员树立高尚的思想道德情操和良好的生活情趣。要按时接转学员党的组织关系，及时组织学员参加各类思想政治教育活动，按照《党章》规定开展组织生活。

（二）加强日常管理和服务保障工作

各培养单位要抓好学员学习期间的日常管理工作，像对待本单位职工一样，严格要求，严格管理，加强学习考核，严格工作制度。学员学习期间发生的重大事项，培养单位要及时向西藏自治区人事厅和学员单位通报，必要时向人力资源社会保障部报告。在学员较为集中的单位，西藏自治区人事厅要事先选定合格的学员担任班干部，以便随时掌握学员的学习、生活和思想动态。各有关人事部门和培养单位要坚持以人为本，采取切实措施，热情关心和爱护特培学员，减少学员们的后顾之忧，努力为他们营造勤奋学习、鼓励创新、团结奋进的良好学习和生活环境。要认真学习掌握党的民族政策，充分理解、尊重少数民族同志的风俗习惯。要妥善安排好学员的学习、工作和生活，及时帮助他们解决实际困难，组织开展丰富多彩的文体活动，丰富学员的业余生活。特别是在藏历新年、雪顿节等少数民族重大节日，要以走访、座谈、联欢等形式看望慰问学员，使他们充分感受到祖国大家庭的温暖，更加身心愉快地投入到紧张的学习中去。

五、切实加强组织领导和经费管理

（一）要明确职责，形成工作合力

西藏特培涉及面广、政策性强，各级政府人力资源社会保障、财政、民族、科技、教育、农业、卫生部门和相关培养单位要高度重视，加强领导，精心组织，密切协作，切实将这项惠及西藏广大少数民族专业技术人才的工作做好做实。人力资源社会保障部负责西藏特培工作的总体规划、统筹协调、监督检查及内地培养的安排工作；西藏自治区人民政府负责学员选拔、管理服务及学员返回工作岗位后的联系和使用工作，具体工作由自治区人事厅承担；财政部负责经费保障和对经费使用情况的监督检查工作；国家民委负责配合做好有关民族事务事宜及安排在民委系统的有关培训工作；科技、教育、农业、卫生等相关部门负责协助安排好本系统学员的学习、工作和生活。各培养单位负责具体实施学员培养工作，做好日常管理服务，提供良好的条件，及时帮助学员解决实际困难。各有关地区、部门和单位要相互支持，密切配合，形成工作合力。人力资源社会保障部门要发挥好牵头协调作用，及时研究解决遇到的问题，积极支持协助相关部门和培养单位做好学员培养工作，给予必要的便利和支持。

（二）妥善使用和严格管理工作经费

西藏特培工作经费由中央财政专项安排。要按照整体规划、专项审批、专款专用、严格管理的原则，加强对西藏特培经费的统一管理和使用。按照国家有关规定，制定特培经费管理办法，做好经费预算、执行和审计工作。各有关地区、部门和单位要严格执行国家有关财务管理规定，妥善管理使用好培养经费，严格经费划拨、报销程序，坚决杜绝挪用、占用等现象，充分发挥西藏特培经费在人才培养中的效益和作用。

附件：西藏少数民族专业技术人才特殊培养工作实施方案

附件

西藏少数民族专业技术人才特殊培养工作实施方案

为贯彻落实国务院领导批示精神，认真做好西藏少数民族专业技术人才特殊培养工作（以下简称西藏特培），根据西藏经济社会发展和少数民族专业技术人才队伍建设的需要，制定本方案。

一、目标任务

根据西藏经济社会发展目标和人才队伍建设的需要，以提高创新能力和实际工作能力为核心，以中高层次少数民族专业技术人才为重点，采取实际工作锻炼与业务培训相结合的方式开展西藏特培工作。通过实际工作锻炼与业务培训相结合的方式，坚持紧贴工作岗位需要和培养使用相结合的原则，培养造就一支高素质的少数民族专业技术骨干队伍，为促进西藏经济发展、社会稳定和民族团结提供人才保障和智力支持。2009年到2013年，实施第一批西藏特培工作，每年为西藏培养120名少数民族专业技术人才，同时每年开展1批专家服务团活动。5年共为西藏培养600名少数民族专业技术人才，开展5期专家服务活动。

二、主要内容

（一）内地培养

从2009年到2013年的5年时间，选拔600名（每年120名）少数民族专业技术人才，到内地高校、科研院所和企事业单位，进行为期1年的特殊培养和实践学习。培养专业的重点是农牧业、医疗卫生、教育、科研、生态保护、林业、规划建设、交通、水利、地质、文化旅游等西藏经济社会发展急需的领域。

（二）专家服务团活动

从2009年到2013年的5年时间，组织5批（每年组织1批）专家、学者团到西藏开展咨询、讲学和培训服务活动，加快西藏少数民族专业技术人才的知识更新，促进新知识、新理论、新技术的传播、推广和应用。

三、政策措施

（一）学员选拔及安排

1. 学员选拔。西藏自治区人事厅负责学员选拔工作。每年3月份以前，自治区人事厅面向全区选拔当年度120名特培学员。各单位符合条件者，由本人申请和单位推荐，经地市人事部门（区直各单位政工人事部门）审核后报自治区人事厅。自治区人事厅组织专家对所报人选进行审议，确定人选名单，并报人力资源社会保障部备案。学员选拔办法由西藏自治区人事厅负责制定。

2. 学员归类筛选。学员在申请参加培训时，应提出研修方向，报自治区人事厅；自治区人事厅确定人选名单后，将学员研修方向进行归类、综合平衡，一并报人力资源社会保障部专业技术人员管理司，以便协调相关部门落实专业对口培训事宜。

3. 联系培养单位。学员培养单位由人力资源社会保障部留学人员和专家服务中心负责落实。每年4月份以前，确定特培学员专业，并分解到相关部门、地区和单位。各级教育、科技、农业、卫生、民族等相关部门培养单位积极协助做好学员的接收安排工作，并提供必要的条件和保障。学员应按照学用一致的原则，按时到对口培养单位，接受该专业培养或参加学习。学员与选送单位签署协议，明确培养过程中责权，并报自治区人事厅备案。

4. 制订培养方案。对学员实行导师制培养方式。培养单位根据派出单位需求、学员自身情况和本单位师资状况制定具体的培养方案。培养方案要征求学员本人意见。

（二）培养期间的服务和管理

1. 学员培养期间的学习管理、岗位安排、考核、后勤服务等各项具体工作由培养单位和选送单位共同负责。人力资源社会保障部留学人员和专家服务中心负责协调监督学员培养期间服务管理的有关事宜。

2. 各培养单位要根据派出单位和学员需求，把学员安排在相应工作岗位上进行学习锻炼，并承担相应工作任务。要注重采取多种培养方式，使他们掌握本专业领域的最新进展，突出培养创新能力和实际工作能力。

3. 学员在培养期间所取得的重大科研成果，学员可以申请奖励或专利，有关知识产权按照国家规定确定。学员在培养期间或培养期满后第一次评审专业技术职务任职资格时，可视为已达到继续教育相关要求。学员培训期满经考核合格者，由人力资源社会保障部和西藏自治区人民政府联合颁发证书。对成绩突出的，进行表彰。

4. 参加培养的学员要划分内部管理小组，自治区人事厅指定小组负责人，具体负责内部管理工作；学员和每个小组要定期用书面形式向派出单位和自治区人事厅报告学习情况；党员要将临时组织关系转至培养单位，参加培养单位的组织生活；自治区人事厅对学员的学习情况要定期不定期地进行检查。

四、组织保障

各级政府人力资源社会保障、财政、民族、科技、教育、农业、卫生部门和培养单位要高度重视西藏特培工作，把这项工作作为事关全局和稳定的重要政治任务来抓。切实加强组织领导，做好统筹规划，明确职责分工，完成好党中央、国务院交给的工作任务。

（一）加强组织管理

部门分工：按照国务院要求，西藏特培由人力资源社会保障部牵头，会同财政部、国家民委、科技部、教育部、农业部、卫生部等部门和西藏自治区人民政府共同组织实施。人力资源社会保障部负责西藏特培工作的总体规划、统筹协调、监督检查及内地培养的安排工作；西藏自治区人民政府负责学员选拔、管理服务及学员返回工作岗位后的联系和使用工作，具体工作由自治区人事厅承担；财政部负责经费保障和对经费使用情况的监督检查工作；国家民委负责配合做好有关民族事务事宜及安排在民委系统的有关培训工作；科技、教育、农业、卫生等相关部门负责协助安排好本系统学员的学习、工作和生活。

人力资源社会保障系统有关单位分工：人力资源社会保障部专业技术人员管理司负责制定政策、组织重大活动和牵头协调；人力资源社会保障部留学人员和专家服务中心负责联系落实培养单位、组织专家服务团及各项日常服务工作；西藏自治区人事厅负责学员选拔、管理和服务工作，制定相关政策，安排在西藏的各项服务活动；有关地方人力资源社会保障部门负责协调安排当地的培养和服务工作。

（二）加强经费管理

要按照整体规划、专项审批、专款专用、严格管理的原则，加强对中央财政拨付经费的统一管理和使用，加强对西藏特培经费的统筹规划和合理调度，按照经费额度的审批权限报人力资源社会保障部领导专项审批，充分发挥西藏特培经费在人才培养中的效益和作用。按照国家有关规定，做好经费预算、执行和审计工作。各有关地区、单位要妥善管理使用好培养经费，严格按照财务规定划拨、报销费用，坚决杜绝挪用、占用等现象。要遵守国家审计方面的有关规定，加强对经费使用的审计监督。

人力资源和社会保障部、财政部、国家民委、科技部、教育部、农业部、卫生部、新疆维吾尔自治区人民政府关于开展第四批新疆少数民族科技骨干特殊培养工作的通知

（人社部发〔2011〕64 号　2011 年 5 月 24 日）

各省、自治区、直辖市及副省级市人力资源社会保障（人事、劳动保障）厅（局）、财政厅（局）、民（宗）委（厅、局）、科技厅（局）、教育厅（局、委）、农业厅（局）、卫生厅（局），中央国家机关有关部委、直属机构人事部门，新疆维吾尔自治区伊犁哈

萨克自治州、各州（市）人民政府、各行政公署、自治区人民政府各部门、各直属机构，各有关企业、事业单位、高校、科研机构人事部门：

根据全国人才工作会议和中央新疆工作座谈会有关精神，经国务院同意，人力资源社会保障部、财政部、国家民委、科技部、教育部、农业部、卫生部和新疆维吾尔自治区人民政府制定了《第四批新疆少数民族科技骨干特殊培养工作实施方案》。现将方案印发你们，请认真贯彻执行。

附件：第四批新疆少数民族科技骨干特殊培养工作实施方案

附件

第四批新疆少数民族科技骨干特殊培养工作实施方案

为贯彻落实全国人才工作会议和中央新疆工作座谈会精神，保障第四批新疆少数民族科技骨干特殊培养工作（以下简称新疆特培）扎实开展，制定本方案。

一、目标任务

根据国家中长期人才发展规划纲要要求和新疆经济社会发展需要，以能力建设为核心，以中高级少数民族科技骨干为重点，采取实际工作锻炼与业务培训相结合的方式，培养一支高素质的少数民族专业技术人才队伍，为促进新疆跨越式发展、长治久安和民族团结提供人才保障和智力支持。从 2011 年至 2015 年，每年为新疆培养 400 名少数民族科技骨干，同时开展 3 期专家服务团活动。5 年共为新疆培养 2 000 名少数民族科技骨干，开展 15 期专家服务团活动。

二、主要内容

（一）内地培养

5 年共选拔 1 000 名学员，每年选拔 200 名，到内地高校、科研院所和其他有关企事业单位，进行为期 1 年的特殊培养和实践学习。重点培养卫生、教育、水利、种植业、林业、畜牧业、兽医、草地资源与生态研究、煤电煤化工、石油化工、矿产勘探与开发、旅游等行业领域的少数民族科技骨干。

（二）疆内培养

5 年共选拔 1 000 名学员，每年选拔 200 名，在疆内高校、科研院所和其他有关企事业单位进行 1 年或半年的特殊培养和岗位锻炼。

1. 1 年期。每年选拔 40 名。重点培养卫生、教育、农业、畜牧业、林果业、林业（动植物保护）等领域的少数民族科技骨干。

2. 半年期。每年选拔 160 名。重点培养卫生、教育、农业、畜牧业、新闻出版、艺术创编等领域的少数民族科技骨干。

（三）专家服务团活动

5 年共组织 15 期专家服务团，每年组织 3 期。选调内地专家学者到新疆开展咨询、讲学和培训服务活动，加快新疆少数民族专业技术人才的知识更新，促进新知识、新理论、新技术的传播、推广和应用。

三、政策措施

（一）学员选拔及安排

1．选拔学员。每年4月份以前，新疆维吾尔自治区人力资源社会保障厅会同有关部门面向全区选拔400名特培学员。各单位符合条件者由本人申请、单位推荐，经地市人力资源社会保障部门审核后报自治区人力资源社会保障厅。自治区人力资源社会保障厅组织专家对所报人选进行审议，确定人选名单，报人力资源社会保障部备案。具体选拔办法由新疆维吾尔自治区人力资源社会保障厅负责制定。学员与选送单位要签署协议，明确培养过程中责权关系，并报新疆维吾尔自治区人力资源社会保障厅备案。

2．联系培养单位。每年6月份以前，人力资源社会保障部协调有关部门和单位，根据学员专业，确定培养单位。各级科技、教育、农业、卫生、民委等相关部门积极协助培养单位做好学员的接收安排工作，并提供必要的工作、学习和生活条件。疆内培养单位由新疆维吾尔自治区人力资源社会保障厅负责落实。

3．制定培养方案。对学员实行导师制培养方式。培养单位根据派出单位需求、学员自身情况和本单位师资状况，在征求学员本人意见基础上，制定具体的培养方案。学员应按照学用一致的原则，按时到对口培养单位接受专业培养。

（二）培养期间的服务和管理

1．学员培养期间的学习管理、岗位安排、考核、后勤服务等各项具体工作，由培养单位和选送单位共同负责。按照《人力资源社会保障部办公厅关于加强新疆少数民族科技骨干特殊培养学员思想教育和管理服务工作的通知》（人社厅发〔2008〕99号）以及《新疆维吾尔自治区人民政府办公厅关于转发自治区人事厅〈新疆维吾尔自治区少数民族科技骨干特殊培养工作实施细则〉的通知》（新政办发〔2009〕66号）的要求，各有关部门和培养单位在抓好学员业务培训的同时，要把思想教育工作摆到重要位置，贯彻培养过程始终。要开展好政治理论学习，组织学员认真学习邓小平理论、“三个代表”重要思想和科学发展观，教育和引导学员弘扬爱国兴疆、开拓创新、勇攀高峰、无私奉献的精神。新疆维吾尔自治区人力资源社会保障厅会同有关单位负责组织训前教育，使学员充分认识党和国家的关怀、新疆人民的期待和自身肩负的使命，教育引导学员勇于克服困难，服从组织安排，主动融入当地环境，努力学习，提高本领，同时对学员学习情况进行检查。培养单位的老师和领导要与学员多沟通、多交流，及时了解掌握学员的思想、学习、生活状况，开展多种形式的联谊活动，通过多种方式保证学员工作、学习、生活平稳、健康、有序地进行。人力资源社会保障部负责协调监督学员培养期间服务管理的有关事宜。

2．各培养单位要根据派出单位和学员需求，把学员安排在相应工作岗位上进行学习锻炼，并承担相应工作任务。要采取多种培养方式，使学员掌握本专业领域的最新知识，突出培养创新能力和实际工作能力。

3．学员在培养期间取得的科研成果，可以申请奖励或专利；涉及知识产权的，按照国家有关规定办理。学员在培养期间或培养期满后首次评审专业技术职务任职资格时，可视为已达到继续教育相关要求。学员培训期满经考核合格者，由人力资源社会保障部与新疆维吾尔自治区人民政府联合颁发证书。对业绩突出的学员和培养单位予以奖励和表扬。

4. 学员要划分内部管理小组。新疆维吾尔自治区人力资源社会保障厅指定小组负责人，具体负责内部管理工作；学员和每个小组要用书面形式定期向派出单位和新疆维吾尔自治区人力资源社会保障厅报告学习情况；党员要将临时组织关系转至培养单位，参加培养单位的党的组织生活。

四、组织保障

各级人力资源社会保障、财政、民委、科技、教育、农业、卫生部门和培养单位要高度重视新疆特培工作，将其作为事关全局和稳定的重要政治任务，切实加强组织领导，做好统筹规划，明确职责分工，认真完成好党中央、国务院确定的工作任务。

（一）加强组织管理

第四批新疆特培工作由人力资源社会保障部牵头，会同财政部、国家民委、科技部、教育部、农业部、卫生部等部门和新疆维吾尔自治区人民政府共同组织实施。人力资源社会保障部负责特培工作的总体规划、统筹协调、监督检查及内地培养的安排工作；新疆维吾尔自治区人民政府负责学员选拔、管理服务及学员返回工作岗位后的联系和使用工作，具体工作由新疆维吾尔自治区人力资源社会保障厅承担；财政部负责经费保障和对经费使用情况的监督检查工作；国家民委负责有关民族事务及协助安排在民委系统学员的培养工作；科技、教育、农业、卫生等相关部门负责协助安排好本系统学员的学习、工作和生活。

（二）加强经费管理

按照整体规划、专项审批、专款专用、严格管理的原则，加强对中央财政及新疆维吾尔自治区财政特培经费的统一管理和使用，充分发挥第四批新疆特培经费在人才培养中的效益和作用。按照国家有关规定，做好经费预算、执行和审计工作。特培经费按照经费额度的审批权限报人力资源社会保障部专项审批。各有关地区、单位要加强对经费使用的审计监督，妥善管理使用好培养经费，严格按照财务规定划拨、报销费用，坚决杜绝挪用、占用等现象。

人力资源和社会保障部、财政部、科技部、教育部、中国科学院关于印发专业技术人才知识更新工程实施方案的通知

（人社部发〔2011〕112号 2011年9月30日）

各省、自治区、直辖市人力资源社会保障厅（局）、财政厅（局）、科技厅（科委）、教育厅（局、委），福建省公务员局，新疆生产建设兵团人事局、财务局、科技局、教育局，各副省级市人力资源社会保障（人事）局，国务院有关部委、直属机构人事部门，有关行业协会、企业、事业单位：

为全面贯彻落实《国家中长期人才发展规划纲要（2010—2020 年）》，经中央人才工作协调小组同意，人力资源社会保障部、财政部、科技部、教育部、中国科学院决定实施专业技术人才知识更新工程。现将《专业技术人才知识更新工程实施方案》印发你们，请结合本地区、本部门、本领域实际，认真组织实施。

专业技术人才知识更新工程实施方案

为更好实施人才强国战略，加快建设人才强国，推动专业技术人才队伍建设，促进专业技术人才能力素质提升，根据《国家中长期人才发展规划纲要（2010—2020 年）》，制订本实施方案。

一、指导思想和工作原则

（一）指导思想

高举中国特色社会主义伟大旗帜，以邓小平理论和“三个代表”重要思想为指导，深入贯彻落实科学发展观，遵循人才成长规律，以人才能力建设为核心，以高层次、急需紧缺和骨干专业技术人才培养为重点，不断加大投入力度，创新培养培训机制，推进分层分类的专业技术人才继续教育体系建设，大力提升专业技术人才能力素质，为建设创新型国家，推动经济社会发展提供人才支撑。

（二）工作原则

立足培养，创新机制。把专业技术人才培养作为专业技术人才知识更新工程（以下简称工程）的出发点和落脚点，不断提高专业技术人才的综合素质、专业水平和创新创业能力，积极探索“工程”实施的方式方法，创新培养培训的体制机制。

示范引领，注重实效。充分发挥“工程”的示范和带动引领作用，突出重点，讲求实效，注重培养培训的针对性、实用性和先进性。鼓励部门、地区和单位结合行业特点和实际需要，围绕使用培养人才，着眼岗位要求和职业发展培训人才。

统筹协调，分类实施。注重与专业技术人才队伍建设相结合，与国家其他各项重大人才工程相衔接，与各地各部门人才规划中专业技术人才培养培训相协调；调动政府部门、社会组织、培养培训基地（机构）、用人单位和专业技术人才各方积极性，推动建立多层次、多渠道、多类别、多形式的培养培训格局，分步分类推进“工程”实施。

二、目标任务

围绕我国经济结构调整、高新技术产业发展和自主创新能力的提高，在装备制造、信息、生物技术、新材料、海洋、金融财会、生态环境保护、能源资源、防灾减灾、现代交通运输、农业科技、社会工作等 12 个重点领域，开展大规模的知识更新继续教育，每年培训 100 万名高层次、急需紧缺和骨干专业技术人才；依托高等院校、科研院所、大型企业现有施教机构，建设一批国家级专业技术人员继续教育基地。

三、重点项目

（一）高级研修项目

按照高水平、小规模、重特色的要求，为高层次人才创造一流的进修和交流环境。每年举办 200 期左右国家级高级研修班，培养 1 万名左右高层次人才，建设一支素质优良、创新能力强、具有较强竞争力的专业技术人才队伍。

实施办法：每年度各地各部门申报研修选题，经审核批准确定年度研修计划；各期国家级专业技术人员高级研修班由地方或部门组织举办，所需经费在整合现有高级专业技术人员培训项目的基础上，中央财政给予经费保障。

（二）急需紧缺人才培养培训项目

在12个重点领域和现代物流、电子商务、法律、咨询、会计、工业设计、知识产权、食品安全、旅游等9个现代服务业领域，以更新知识、掌握先进技术、提升专业技术水平为主要内容，实施短期培训项目，培养培训急需紧缺人才。全国每年培训80万名。

实施办法：科学技术部、工业和信息化部、民政部、中国人民银行、财政部、环境保护部、交通运输部、铁道部、农业部、国土资源部、国家能源局、国家海洋局等重点领域主管部门，根据各相关领域实际情况，科学确定急需紧缺人才培养培训规划。工程指导协调小组综合协调每年度各地各部门申报的培训计划，经综合平衡和审核批准，由各地、各部门组织实施。中央垂直管理的部门、央企和国家级重点行业协会等涉及急需紧缺人才较多的单位可直接申报，并按批准的计划组织实施。各相关主管部门要充分发挥职能作用，加强指导和协调，保证培养培训的质量。所需经费根据预算管理规定，按照原经费渠道予以保障，鼓励地方、部门、用人单位和个人等多渠道资金支持。

（三）岗位培训项目

针对有关重点领域具有中高级职称的骨干专业技术人才职业发展和工作需要，以专项培训、综合培训、集中授课、在线学习、专题研修等多种方式，分类组织开展人才理念更新、知识更新拓展、科学精神和职业道德养成、实践能力提升、团队合作、技术适应、创新创业等能力提升训练，重在完善知识结构，增强综合素质，提升岗位适应、职业发展能力。全国每年培训19万人。

实施办法：每年度由各地各部门申报人选和数量，经审核批准，由各地各部门组织实施，也可统一委托专门培训基地或机构承办。培训所需经费按照原经费渠道予以保障，鼓励地方、部门、用人单位和个人等多渠道资金支持。

（四）国家级专业技术人员继续教育基地建设项目

确定200家左右的国家级专业技术人员继续教育基地。依托高等院校、科研院所、大型企业现有施教机构，根据工程培养培训任务要求，分期分批推动基地建设。推进培训项目、专家师资、教材资源、数据库开发、施教机构和研究课题等建设。加强在线学习平台建设，促进专业技术人才培养培训国际交流。

实施办法：按照工程培训任务和质量要求，有计划、有步骤、有重点地建设国家级专业技术人员继续教育基地。制定国家级专业技术人员继续教育基地申报和管理办法，每年由各地各部门组织申报，经审核批准后运行。加强基地承担培养培训任务评估检查，建立退出机制，实行动态管理。中央财政对经审核批准的国家级专业技术人员继续教育基地给予适当资助，基本建设和日常经费由原渠道解决。

四、保障措施

（一）经费保障

“工程”经费主要由政府、社会、用人单位和个人投入等构成。政府经费主要发挥对“工程”经费投入的支持和引导作用，按照分税制财政体制要求，各级政府承担的工程项目任务，由同级财政予以保障；各部门承担的具体工程项目任务，按照部门预算管理规定，向同级财政申请经费支持。有关部门要整合现有专业技术人才培养培训项目资源，做好项目归并和管理对接工作，避免重复建设和政策不衔接，统筹规划、突出重点、优化结构、确保重点项目的实施。各用人单位按规定比例提取职工培训费。要保障本单位开展工程项目支出，加强企事业单位继续教育经费提取和使用的监督管理。

（二）政策保障

1. 加强继续教育与专业技术人才使用政策的贯通。参加“工程”培养培训和学习情况作为个人专业技术经历和接受继续教育的重要记载。完善继续教育与工作考核、职称评聘、岗位聘任（聘用）、职业注册等人事管理制度的衔接。

2. 做好“工程”培养培训与各类人才培训政策的结合。探索“项目+人才”培养模式，在国家重大专项、重大工程、重大建设项目中，明确与“工程”重点领域相关的人才培养培训项目，并在实施中搞好衔接；重视发挥企业作用，加强用人单位的人才培养培训与“工程”培养培训任务的衔接；加强对非公有制单位专业技术人才培养培训力度，拓宽和完善非公有制单位专业技术人才进入“工程”的通道。

3. 做好队伍建设和制度改革的结合。对有关重点领域、重点类别的专业技术人才队伍建设，结合“工程”实施进展情况，重点推进金融会计、社会工作、能源资源、环境保护与管理、工业设计制造、信息技术、人力资源管理等专业技术人才管理制度改革。

（三）服务保障

专业技术人才参加“工程”学习情况及相应学时须记入《专业技术人员继续教育证书》。根据“工程”年度计划和培训需求，定期发布“工程”项目目录。面向社会征集有关项目承办单位，建立面向全社会的服务网络。研究不同类别、不同层次、不同岗位专业技术人才的素质能力模型，分类制定培训大纲，加强课程和教材体系建设，实施精品课程和精品教材工程，开展培训需求调查预测和反馈工作；加强网络课程和培训项目、专家师资、教材资源、施教机构和研究课题等国家数据库建设。

（四）监督保障

制定“工程”项目管理制度，对入选的“工程”项目和承办单位进行公示，接受社会监督；对“工程”项目开展情况进行指导、监督和检查。建立“工程”人才培养培训评估体系，及时跟踪考核“工程”社会效益和实际效果。

加强经费使用情况的监督，建立相应制度，确保培养培训资金专款专用。强化企事业单位工程项目经费配套和使用的监督管理。

逐步实现“工程”现代化网络管理，通过全国“工程”综合管理网络体系，及时掌握情况，实时监控，动态调控，提高“工程”实施效果。

五、组织实施

（一）组织领导

“工程”在中央人才工作协调小组领导下，由人力资源社会保障部会同财政部、科技部、教育部、中科院等部门，成立全国专业技术人才知识更新工程指导协调小组（简称全国指导协调小组）。全国指导协调小组下设专家指导委员会和办公室，办公室设在人力资源社会保障部专业技术人员管理司。

各省（自治区、直辖市）由人力资源社会保障厅（局）会同有关部门成立相应的指导协调小组，有关重点领域行业主管部门根据工作需要也可成立指导协调小组。充分发挥中国继续工程教育协会及各地各部门继续工程教育协会的职能作用。

（二）组织实施

“工程”实施实行统一领导、分工负责、分类指导、分级组织的原则，采取年度项目计划管理的方式进行。

全国指导协调小组及办公室负责全国“工程”的组织实施工作，审定发布“工程”总体实施方案、实施细则和工作部署，制定“工程”项目规划和年度计划，对“工程”实施进行指导监督。

各地指导协调小组根据批准的任务要求，落实实施办法、承办单位、培养培训人员及经费预算，做好监督检查工作。有关重点领域行业主管部门负责本专业领域“工程”项目的专业指导、行业动员和质量评估等，并承担有关具体项目的组织实施工作。国家级重点行业协会、央企和有关单位也可承办具体的组织实施工作。

全国指导协调小组和地方、部门指导协调小组分级分类对各项任务的组织管理进行评估检查，并作为下一年度任务批准的重要依据，奖优罚劣。

（三）实施步骤

“工程”采取分阶段、分步骤、动态调整的方式组织实施。2011 年，研究制定《专业技术人才知识更新工程实施方案》，启动“工程”实施工作；2011—2015 年，逐步落实“工程”各项工作，大规模开展专业技术人才培养培训活动，推动制度改革和机制创新；2016—2020 年，全面开展“工程”各项工作，进行中期检查评估，巩固成果，加强薄弱环节，适时调整重点方向，力争在制度建设、机制创新上有较大突破；2020 年，对“工程”实施情况进行全面总结和评估。

人力资源和社会保障部办公厅关于成立国家专业技术人才知识更新工程指导协调小组的通知

（人社厅函〔2012〕180 号　2012 年 4 月 13 日）

各省、自治区、直辖市及新疆建设兵团人力资源社会保障厅（局），福建省公务员局，国务院各部委、直属机构人事部门，有关行业协会、企业、事业单位：

按照《关于印发专业技术人才知识更新工程实施方案的通知》（人社部发〔2011〕112 号）要求，为加强对专业技术人才知识更新工程（以下简称工程）的组织领导，经研究决定，成立国家专业技术人才知识更新工程指导协调小组（以下简称指导协调小组）。现就有关事项通知如下：

一、工作职责

在中央人才工作协调小组领导下，研究决定工程实施中的重大问题，负责工程的组织实施工作，审定发布工程总体实施方案、实施细则和工作部署，制定工程项目规划和年度计划，对工程实施进行指导监督和评估检查。

二、工作机制

（一）指导协调小组原则上每年召开一次会议。根据工作需要，可以临时召开会议。各成员单位会前可向指导协调小组办公室提出议题建议，经办公室研究后确定会议议题。

（二）指导协调小组会议的议题主要包括：传达、贯彻党中央、国务院关于人才工作的指示精神，贯彻中央人才工作协调小组对重大人才工程的要求部署；交流、通报工程进展情况，研究工程的组织实施，协调解决工程实施中的有关问题，提出政策措施和建议。

（三）指导协调小组会议的主要内容形成会议纪要，经与会单位同意后印发有关方面贯彻落实。会议决定的事项，各成员单位按照部门职能，分工负责，具体落实。

（四）指导协调小组负责检查和督促各地各领域工程实施工作，并指导各省（自治区、直辖市）和有关重点领域成立相应的指导协调小组。

（五）指导协调小组下设专家指导委员会和办公室。办公室设在人力资源社会保障部专业技术人员管理司，承担指导协调小组的日常工作。

三、人员构成

组　长

王晓初	人力资源社会保障部	副部长

副组长

戴光前	中国继续工程教育协会	理事长
孙建立	人力资源社会保障部专业技术人员管理司	司　长
	中国继续工程教育协会	常务副理事长

成　员

王慧敏	发展改革委经济运行调节局	副局长
刘建同	教育部职业教育与成人教育司	副司长
翟立新	科技部政策法规司	副司长
刘素文	工业和信息化部人事教育司	副巡视员
徐　华	民政部社会工作司	副司长
张国勋	司法部政治部	副巡视员
贾新怡	财政部行政政法司	巡视员
欧阳宗书	财政部会计司	副司长
俞家栋	人力资源社会保障部专业技术人员管理司	副司长
张绍杰	国土资源部人事司	副司长
郝兴国	环境保护部行政体制与人事司	副司长
李良生	交通运输部人事劳动司	副司长
郭　宏	铁道部人才工作领导小组办公室	副主任
潘学峰	农业部人事劳动司	副司长
孙元勋	商务部人事司	巡视员

齐小东	人民银行人事司	副司长
薛　丹	知识产权局人事司	副司长
余昌国	旅游局人事司	副司长
李和风	中国科学院人事教育局	局　长
徐建东	能源局人事司	副司长
周金弟	海洋局人事司	副司长
杨胜军	民航局人事科教司	副司长
江德元	食品药品监管局人事司	副司长
余志捷	中国高级公务员培训中心	主　任
	中国继续工程教育协会	常务副理事长兼秘书长

办公室主任

孙建立（兼）	人力资源社会保障部专业技术人员管理司	司　长
	中国继续工程教育协会	常务副理事长

第七篇　领导讲话篇

Diqipian Lingdaojianghuapian

王忠禹国务委员在全国专业技术人员暨事业单位人事制度改革工作会议上的书面讲话

（1999 年 8 月 30 日）

全国专业技术人员暨事业单位人事制度改革工作会议，是贯彻落实全国教育工作会议和全国技术创新大会的一次重要会议，对推动落实事业体制改革具有重要的意义。我代表国务院向参加会议的全体同志致以衷心的问候，向战斗在科、教、文、卫等各条战线的广大专业技术人员、干部、职工表示崇高的敬意。下面我就搞好事业单位人事制度改革和专业技术人员队伍建设讲几点意见。

一、搞好事业单位人事制度改革和专业技术人员队伍建设是一项重要而紧迫的任务

党的十五大明确提出，我国在下世纪中叶要基本实现社会主义现代化，这是关系振兴中华民族的伟大壮举。我们要实现这一跨世纪的宏伟目标，关键是靠科技靠人才。大家知道，随着科学技术的迅猛发展，人才已成为科技进步和经济社会发展的重要资源，我们必须从这个高度来重视人才的培养和使用，建设一支高素质社会化的专业技术人员队伍。事业单位是我国人才资源的重要聚集地。据统计，我国 70% 以上的科研人员、95% 以上的教师集中在国家举办的各类教育、科研事业单位。改革开放 20 年来，事业单位有了很大的发展，在我国政治、经济、国防和社会生活中发挥了非常重要的作用，为社会主义现代化建设作出了重大贡献。但是也要看到，目前我国事业单位的体制和机制包括人事制度，还不能适应市场经济体制的需要，束缚着专业技术人员作用的发挥，阻碍着事业的发展和科技成果的转化。改革开放以来，我国的专业技术人员队伍发展很快，但与客观需要相比，无论在数量和质量上，都还不能满足飞速发展的科技事业和现代化建设的要求。因此，我们必须加快事业单位改革步伐，促进高素质社会化专业技术人员队伍建设。

当前的国际政治、经济和科技发展态势也告诉我们，加快人才培养，促进高科技发展是一项重要的紧迫任务。美国等西方发达国家所以能够有恃无恐、肆无忌惮地推行霸权主义、强权政治，就是凭借其强大的科技实力及其向现实生产力和军事的转化能力。科技和人才是各国综合国力竞争的核心，决定着一个国家的经济实力和国际地位，关系到国家的主权和安全，这是一个非常严峻的问题，不能不引起我们的高度重视。我们要提高自己的国际地位，增强国防实力和国际竞争能力，在 21 世纪站稳脚跟，在知识经济时代占有一席之地，就必须加快培养具有创新精神和创新能力的高素质人才，促进科学技术的进步和知识创新水平的提高。科研、教育等事业单位是智力资源和科技人员最密集的地方，承担着科学技术知识的创新、应用、传播和转化的任务，是提高科技实力和技术创新水平的主力军。我们必须大力发展科技事业，大力开发人才资源，不断加强我国的经济实力和国防实力。

贯彻落实“科教兴国”战略也必须搞好事业单位改革和专业技术队伍建设。最近党中央、国务院相继召开了全国教育工作会议和全国技术创新大会。江泽民同志在全国技术创新大会上指出，“要实施科教兴国战略，加速全社会的科技进步，把经济建设转移到依靠科技进步和提高劳动者素质的轨道上来，实现国家的繁荣昌盛。”他还强调，“推动科技进步、技术创新，关键是人才。”“要大力提高全民族的思想道德和科学文化素质，提高知识创新和技术创新能力，密切教育与经济、科技的结合，加快实现经济增长方式和经济体制的根本转变，这是全面推进我国现代化事业的必然选择，也是中华民族自立于世界之林的根本保证。”朱镕基同志也在全国技术创新大会上的讲话中要求我们，一定要“以强烈的历史责任感和紧迫感，锐意进取，扎实工作，把科教兴国战略真正落在实处，以技术创新和高科技发展的新成就迎接新世纪的到来。”同志们想想，没有科技进步哪来兴国，没有人才哪有科技进步。我们一定要深刻理解党中央、国务院指示精神，认真学习、深入贯彻两次会议的精神，提高认识，解放思想，实事求是，加快事业单位人事制度改革步伐，加强专业技术人员队伍建设。

现在，我国的改革开放事业正在向纵深发展，国有企业改革、党政机构改革、事业单位体制改革都已取得了实质性进展。现代企业制度正在逐步建立，企业经营自主权正在得到逐步落实，企业的用人制度也有很大改革，能上能下，能进能出，下岗分流已取得成效；公务员制度的建立、党政机构改革的深入进行，推动了竞争上岗和人员精简分流工作；科技、教育等事业单位体制改革也已在一些部门、行业、单位陆续展开，尤其是最近国家经贸委管理的 10 个国家局所属的 242 个科研机构，已经转制进入企业或变为企业，这就要求事业单位的人事管理制度必须进行相应的改革，特别是全国教育工作会议和全国技术创新大会作出了深化教育、科技等各项事业体制改革的决定。因此，无论从整体人事制度改革要求看，还是从教育、科技、卫生体制改革需要出发，都必须改革原有事业单位人事制度，转变用人观念，破除大锅饭、终身制，强化激励竞争机制，实行公开、公平、公正、择优原则，解放第一生产力，充分发挥专业技术人员潜力，推动社会生产力的发展。

总之，国际国内形势的发展，“科教兴国”战略的落实，各项事业体制改革的推进，整体人事制度改革的深化，都要求我们必须加快事业单位人事制度改革的步伐，加强专业技术人员队伍建设的力度。我们一定要以强烈的紧迫感和责任心认真对待和做好这项工作。

二、坚持以邓小平理论为指导，加强高素质社会化的专业技术人员队伍建设，为经济社会发展提供人才智力保证

人才资源是经济社会发展最重要资源。“培养同现代化建设相适应的数以亿计高素质的劳动者和数以千万计的专门人才，发挥我国巨大人力资源的优势，关系 21 世纪社会主义事业的大局。”这是人事部门面临的一项重要而紧迫的任务。

加强专业技术人才队伍建设，必须坚持以邓小平理论特别是邓小平人才人事理论和党的干部路线方针政策为指导，紧紧抓住经济体制转换、产业结构调整和创新体系建设的契机，加快改革人事管理体制，抚育和发展人才市场，坚持公开、公平、公正原则，完善激励竞争机制，做到能上能下，能进能出，促进优秀人才脱颖而出。要努力建设一支能够满足经济和社会发展要求的、具有较强国际竞争力的高素质社会化的专业技术人员队伍，为21世纪祖国繁荣昌盛和中华民族的振兴、为经济全球化和知识经济的挑战提供人才保证和智力支持。

专业技术人员队伍建设要以经济社会发展需要为目标，为经济建设和社会发展服务；要致力于提高专业技术人才的全面素质，提高我国专业技术人才在世界科学技术领域的竞争能力，创造一种有利于优秀人才脱颖而出的良好社会氛围。以高层次人才队伍建设为龙头，带动整个专业技术人才队伍的发展，改善我国专业技术带头人队伍的结构。要贯彻“有所为、有所不为”的方针，保障重点投入，努力形成局部优势，确保已经列入国家重点发展计划的高等院校、科研院所、实验室良好的科研条件，使其真正成为具有人才聚散和学术技术辐射功能的人才高地。

要着力优化专业技术人才资源的结构。根据产业结构调整、科研体制改革和科技产业化的总体部署，优化人才资源在不同产业的分布，推动专业技术人才资源重组，加快开发高新技术人才，促进专业技术人才与经济、科技结合，提高科技转化率，推动高新技术产业的形成和发展。根据国有企业改革和发展的需要，加强企业特别是国有大中型企业专业技术人员队伍建设，提高企业技术开发和创新能力，为搞活国有企业服务。要积极引导专业技术人才向农村流动，加大农村人才资源开发的力度，提高广大农民接受和运用现代科学技术的能力，推动农业和农村经济发展。

要按照社会主义市场经济的要求，尽快建立充满生机和活力的人才管理新体制。加快人才市场建设，加强政府对人才市场的监管，促进专业技术人才就业主体和企事业单位用人主体尽快到位。要加快建设全国统一的人才信息网络，政府人事部门要综合管理专业技术人才资源信息，加强对人才市场供需情况的跟踪和把握，为政府决策、企业用人和个人择业提供准确及时的信息指导，逐步形成与社会主义市场经济体制相适应的专业技术人才管理体制和配置机制。

要抓住专业技术人员队伍建设的重点。一是高层次人才培养。高层次人才队伍的数量和质量状况，代表着一个国家的科技水平和竞争实力，对整个专业技术人才队伍建设有着至关重要的影响。要大力抓好学术技术带头人队伍建设，形成一支在国际竞争中实力强大的国家队，使其成为国家科技创新和专业技术人才队伍的骨干，这是今后很长一个时期专业技术人才队伍建设的首要任务。二是高新技术人才培养。高新技术产业已经成为国民经济新的增长点，并决定着我国21世纪初期国民经济持续、快速、稳定发展的一个重要因素。当前我国高新技术领域里的人才相对短缺，培养任务十分艰巨。加紧培养高新技术领域的专业技术人才，是实施“科教兴国”战略和“可持续发展”战略的重大举措，也是增强我国综合国力、赢得国际竞争的迫切需要。要采取切实有效措施，加大高新技术人才的培养力度，使之逐步适应客观实际的需要。三是年青创新型人才培养。创新是民族进步的灵魂，是国家兴旺发达的不竭动力。科技创新水平和人才创新能力将成为21世纪制胜的关键。一大批年青创新人才的迅速成长，是科技进步、技术创新的希望所在。要全力培养年青创新型人才，提高各类专业技术人才的创新意识和创新能力，鼓励他们积极开展知识创新和科技创新活动，引导他们自觉参与国家创新体系建设，这是新世纪专业技术人才队伍建设与发展的关键。

三、加快事业单位人事制度改革步伐，适应经济体制、政治体制改革需要，促进人才队伍建设

事业单位人事制度改革是事业单位管理中的一场深刻革命，是一项事关全国改革全局、影响深远、涉及社会各方面的系统工程。党中央、国务院领导同志对事业单位人事制度改革非常重视。江泽民、朱镕基同志都对教育和科研事业单位人事制度改革提出了要求。李岚清同志对事业单位人事制度改革也非常重视，并多次指示人事部门要会同有关部门抓紧研究制定事业单位人事制度改革方案。中央领导强调，事业单位人事制度改革总的要求是：通过改革，精简冗员，鼓励竞争，促进流动，提高素质，坚决打破“铁饭碗”。

事业单位人事制度改革要贯彻党的十五大关于引入竞争激励机制，深化人事制度改革的精神，根据经济体制改革和政治体制改革的需要，结合科、教、文、卫事业单位管理体制改革的进程，建立符合各类事业单位特点的政事职责分开、单位自主用人、人员自主择业、政府依法监管、配套措施完善的科学分类管理体制，形成一个人员能进能出、职务能上能下、待遇能升能降、充满生机与活力的用人机制，逐步实现事业单位人事管理的科学化、法制化、规范化。事业单位人事制度改革要有利于调动事业单位各类人员积极性和创造性，有利于优秀人才脱颖而出，有利于增强事业单位的活力和自我发展能力，促进经济建设和社会事业的协调发展。

要推行聘用制度，搞活用人机制。这是深化事业单位人事制度改革的首要问题。聘用制是事业单位一项基本用人制度，是事业单位人事制度改革的方向。在多数事业单位和绝大多数工作岗位，要积极实行聘用制度，大力推行竞争上岗，探索固定人员、流动人员相结合、兼职与专职相结合的制度。要坚持分类管理的原则，建立符合科、教、文、卫等不同类型事业单位各自特点的管理制度，建立符合专业技术人员、管理人员和工勤人员各自成长规律的管理制度。政府人事部门要加强对事业单位人事制度改革的指导、监督、管理，依法保护事业单位和职工双方的合法权益。

要建立国家政策指导下的自主灵活、形式多样的事业单位分配制度。分配激励机制是搞活用人制度的中心环节。为了鼓励专业技术人员的创造性劳动，推动发明创新和生产力发展，党的十五大提出各种生产要素要参与分配。最近，国务院转发的科技部、人事部等七部门《关于促进科技成果转化的若干规定》和关于科技发明奖励的规定，都明确规定了技术发明参与分配和重奖的具体要求，全国技术创新大会期间发布的《中共中央、国务院关于加强技术创新，发展高科技，实现产业化的决定》，对分配和奖励又提出了若干重要政策，这对鼓励和调动专业技术人员积极性，推动科技进步，促进生产力发展必将起到重要作用，我们一定要认真贯彻落实。事业单位作为独立的法人机构，必须具有与党政机关有别的分配自主权。事业单位可以结合经费自给率和财政支持强度，在符合国家规定的情况下，搞活内部分配。积极探索生产要素参与分配的多种形式，坚持重实绩、重贡献，向优秀人才和关键岗位倾斜的分配原则。建立符合专业技术人员工作特点的分配激励机制，探索按项目进行分配的试点。实施科技成果转化的奖励政策，要切实采取有效措施，从制度上保证科技人员通过转化科技成果和促进科技进步取得合法收入，鼓励他们进入经济建设主战场。

要积极探索具有事业单位特点的未聘人员的分流安置办法。目前事业单位普遍存在着机构臃肿，人浮于事、效率不高的问题。如果按照实际需要和先进管理办法，富余人员更为突出。因此，事业单位人事制度改革一定要改变管理机构庞大，管理人员过多的状况，优化职务岗位结构比例，实行减员增效。减员分流是个敏感问题，要切实做好思想政治工作。事业单位富余人员的安置原则上内部消化，要通过兴办第三产业和独立经济实体、转岗分流，千方百计安置好富余人员。要搞好转岗培训，为安置好富余人员、发挥他们的作用积极创造条件和机会。人事部门要提供必要的政策支持，探索符合事业单位特点的、多层次的托管安置办法，引导富余人员到企业、基层城镇和农村创业。加快事业单位社会保障制度改革，为人员流动创造必要社会条件。安置好富余人员是搞活事业单位用人制度的关键，是关系到事业单位体制改革进程和社会稳定的一件大事，要引起高度重视。人事部门要协助教育、科技、文化、卫生等部门和单位共同做好工作，确保社会稳定。

四、切实加强对事业单位人事制度改革和专业技术人员队伍建设工作的领导

无论是事业单位人事制度改革，还是专业技术人员队伍建设，都是我国改革开放和现代化建设的大事，事关事业单位 2 800 多万名职工和全国 2 877 万名国有单位专业技术人员的切身利益，是涉及社会各方面的系统工程。要全面推进这项改革，需要各方面的共同努力。

加快事业单位人事制度改革步伐，加强专业技术人员队伍建设，是经济体制和政治体制改革的重要组成部分，也是使我国经济保持持续、快速、稳定发展所采取的一条根本性措施。各级党委和政府要充分认识这项工作在国民经济、社会发展中的重要意义，充分认识改革的艰巨性、复杂性和长期性。各地各部门各单位都要按照党中央、国务院对事业单位改革的总体部署和人才资源开发的总体要求，把事业单位人事制度改革和专业技术人员队伍建设摆上重要议事日程，纳入整体工作布局，切实加强领导，精心组织部署，制定具体措施，抓出实际成效。要坚持从实际出发，调查研究，总结新经验，研究新情况，解决新问题，确保工作顺利开展。

人事部门是事业单位人事制度改革和专业技术人员队伍建设的综合管理部门，一定要充分发挥职能作用，加强对事业单位人事制度改革和专业技术人员队伍建设工作的宏观指导，做到牵好头，引好路，全面考虑，统筹安排，加强统一组织协调工作。各有关部门要搞好调查研究，及时总结交流经验，推动改革和建设工作有序发展。要抓好立法工作，做到有法可依，依法管理，巩固发展改革成果。

要正确处理好改革、发展和稳定的关系。事业单位改革和专业技术人员队伍建设涉及数以千万计人的切身利益，情况复杂，政策性强，各地区、各部门、各单位都要坚持实事求是的科学态度，踏踏实实地做好思想政治工作，因地制宜，努力把握好改革、发展、稳定的关系，既要大胆改革，促进发展，又要注意社会和队伍的稳定。

我们相信，在以江泽民同志为核心的党中央领导下，我们一定能够按照党的十五大的要求，按照全国教育工作会议、全国技术创新大会的精神，积极稳妥地把全国事业单位人事制度改革和专业技术人员队伍建设工作不断推向深入，为我国改革开放和现代化建设的顺利进行，为我国跨世纪宏伟目标的实现，提供强有力的人事人才保障，用实际行动迎接新中国成立五十周年。

把队伍建设和制度改革紧密结合起来在向新科技革命进军中作出更大贡献

——宋德福部长在全国专业技术人员暨事业单位人事制度改革工作会议上的讲话

（1999 年 8 月 30 日）

全国专业技术人员暨事业单位人事制度改革工作会议今天在天津召开了。这次会议是在新世纪即将来临的时候，是在党中央、国务院作出加强技术创新，发展高科技，实现产业化的决定之后，是经过较长时间调查研究，并决定把制度改革和队伍建设结合起来、同步推进的情况下召开的。因此，这是人事工作的一次重要会议。

这次会议的任务是：学习贯彻党中央、国务院召开的全国教育工作会议和全国技术创新大会的精神，回顾总结新中国成立以来特别是改革开放 20 年专业技术人员工作及事业单位人事制度改革工作的经验，讨论研究从现在开始到 21 世纪初专业技术人员队伍建设和全面推进事业单位人事制度改革的发展规划。国务院领导对这次会议非常重视，国务委员王忠禹同志代表国务院作了书面讲话，我们一定要认真学习传达。现在，我就专业技术人员工作和事业单位人事制度改革讲四点意见。

一、简要回顾和几点体会

党中央、国务院历来重视和关心专业技术人员工作，党的三代领导核心毛泽东、邓小平、江泽民对此作出了一系列的重要指示。随着国家经济社会各项事业的发展，我国专业技术人员队伍和事业单位建设得到蓬勃发展，取得了辉煌的成就，专业技术人员队伍从新中国成立初期的几十万人，发展到 1978 年的 472 万人；改革开放以来，在邓小平理论特别是邓小平人才人事理论指导下，专业技术人员工作得到了前所未有的重视，全党全国开始形成尊重知识、尊重人才的良好社会氛围和各行各业重视人才资源开发的大好局面，专业技术人员队伍又从 1978 年的 472 万人发展到 1998 年年底的 3 800 多万人，其中国有单位 2 870 万人，集体、民营单位约 1 000 万人，初步建立了一支规模宏大、门类齐全、整体实力不断增强的专业技术人员队伍，为推动社会主义现代化建设作出了巨大的贡献。

回顾专业技术人员发展、壮大的简要情况，总结改革开放 20 年的基本做法，我们在加强专业技术人员队伍建设和推进事业单位改革中的主要体会是：

（一）坚持以邓小平人才人事理论为指导。邓小平人才人事理论是新时期专业技术人员工作和事业单位人事制度改革的理论依据和行动指南。小平同志关于科学技术是第一生产力，关于尊重知识、尊重人才，关于勇于改革不合时宜的人事制度等重要论述，极大地推动了专业技术人员队伍和各项事业的发展。人事部门在这个事关全局的问题上，认识高、见识早、行动快，编印并组织学习了《邓小平论人事与人才》和《邓小平人才人事理论学习纲要》。为了进一步推动学习和深化改革，正在编写《毛泽东、邓小平、江泽民论知识与人才》。全国各级人事部门坚持用理论武装头脑，指导工作，树立了科教兴国、人才是第一资源、一把手要抓人才资源开发工作的观念，在思想方法、工作方式上有了新的突破和转变，集中精力抓好人才资源的预测规划、培养使用、配置管理各个环节的工作。

（二）坚持以为经济建设服务为中心。各级人事部门紧紧围绕经济社会发展目标，把专业技术人员工作纳入经济社会发展的大循环，进入经济建设主战场。围绕不同时期经济发展的不同重点，把为国有企业、高新技术产业、农业服务作为人事工作的重点，充分发挥人事部门主管职称、专家、留学人员、博士后等工作的职能优势，因地制宜，采取多种形式，为当地经济社会发展服务。有些地区，专业技术人员工作已深入到非国有经济单位；有些地区，在大力开发高层次人才的同时，还实施农业和农村人才资源开发，促进了农业和农村经济的蓬勃发展。

（三）坚持以改革为动力。改革是人事工作的一面旗帜，是人事部门的工作特色。不改革，人事工作就没有出路，人事部门就没有地位；不改革，就不能建立适应市场经济需要的事业单位人事制度，就不能调动广大专业技术人员的积极性、创造性。这些年来，各地无论是在专业技术人员队伍建设方面，还是在事业单位人事制度改革方面，都始终抓住改革不放松，对专业技术人员的管理体制、用人制度、配置方式、激励机制等方面都进行了一些力所能及的探索和改革。但是，还有许多问题没有从根本上解决，还有一些弊端没有彻底革除。还需要进一步解放思想，实事求是，大胆探索，深化改革。通过改革，实现人才资源的社会化和人才配置的市场化，发挥人才的作用，促进经济社会发展。

（四）坚持以为专业技术人员服务为目的。作为综合管理专业技术人员和事业单位人事工作的部门，要把搞好服务工作，加强宏观管理，作为工作目的和工作重点。这些年来，各级人事部门按照党中央、国务院的要求，增强了与专业技术人员的感情，制定了许多具体政策和管理制度，如落实知识分子政策，建立博士后研究制度，实施百千万人才工程等，为改善专业技术人员的社会地位和工作条件做了大量工作；同时从需要和可能出发，为专业技术人员办了许多实事，如实施政府特殊津贴和各种专家津贴，妥善安排回国专家，建设留学人员创业园区，表彰奖励优秀专业技术人员，等等。这些服务措施为促进专业技术人员队伍发展，激发专业技术人员的积极性起到了重要作用。

（五）坚持以制度建设为重点。制度建设带有长远性、根本性，探索和完善配套的管理制度是专业技术人员队伍建设的保障，也是事业单位人事制度改革的目标。建立社会主义市场经济体制，原有的一些专业技术人员管理制度和机制，不能适应新形势、新情况的需要，甚至成为障碍。因此，搞好专业技术人员队伍建设，必须要同制度建设相结合，通过改革人事制度，建立和完善与市场经济相配套的管理制度，以调动专业技术人员的积极性和创造性。改革开放以来，我们不断进行事业单位人事管理制度改革，推行专业技术职务聘任制度、职业资格制度、人才流动制度、继续教育制度，改革工资分配、奖励制度，保护专业技术人员的合法权益，有力地促进了队伍的建设和发展。今后，我们要把队伍建设和制度改革紧密结合起来，通过制度改革，保证队伍建设；通过队伍建设，促进制度改革。

以上是我们这些年加强专业技术人员队伍建设和推进事业单位人事制度改革工作的基本做法和体会。这也是我们专业技术人员工作和事业单位人事制度改革工作在本世纪末交的一份答卷。再过 120 多天，我们将跨入一个新的世纪，进入一个新的千年。在这样千载难逢的历史时刻，党中央、国务院召开了“全国技术创新大会”，江泽民总书记和朱镕基总理的重要讲话，李岚清副总理的具体部署，为我们今后的工作指出了方向，提出了新的任务和更高的要求。新世纪将面临一场新的科技革命，知识创新、技术创新和高新技术产业化将成为国家经济和社会发展的主导力量，成为各国综合国力竞争的核心。

21 世纪前十年，我国的社会主义现代化将实现第二步战略目标，并向第三步战略目标迈进，同时也是全面确立比较完善的社会主义市场经济体制的关键时期，是落实“科教兴国”战略，全面实现中华民族伟大复兴的关键年代。我们要实现现代化，建成富强民主文明的社会主义国家，就必须高度重视科技和教育，高度重视科技进步和技术创新，高度重视建设高素质专业化的人才队伍，高度重视人事制度改革的保障作用。因此，我们人事部门的同志，要站在 21 世纪的高起点，充分认清新的世纪和新科技革命给人事人才工作带来的严峻挑战，珍惜它为我们提供的难得机遇，下决心、下工夫把队伍建设和制度改革提高到一个新的水平。

二、加快高素质社会化专业技术人员队伍建设

高素质和社会化是我国专业技术人员队伍建设的目标要求，两者互相依存、互相联系并有其各自的内涵。高素质包括政治素质、理论素质、创新素质、业务素质等基本方面；社会化包括人才资源社会化、人才评价社会化、人才配置社会化等基本内容。

根据 21 世纪新科技革命发展趋势和我国现代化建设的需要，按照高素质社会化的要求，今后，我国专业技术人员队伍建设的要求是：坚持以邓小平理论特别是人才人事理论为指导，紧密结合经济体制改革、产业结构调整和国家创新体系建设，按照公开、公平、公正原则，充分调动各类人才的积极性、创造性，努力建设一支能够满足经济社会发展要求的、具有较强国际竞争力的、高素质社会化的专业技术人员队伍，为实现科教兴国战略，推动科技进步，加强科技创新，实现社会主义现代化建设目标提供人才保证。具体任务是，到 2005 年，专业技术人员队伍总量达到 5 400 万人左右，在对国民经济和社会发展影响重大的学术技术领域里，造就一批具有世界先进水平的学术技术带头人，并基本形成与市场经济体制相配套的专业技术人员管理体制；到 2015 年，队伍规模发展到 8 800 万人左右，培养大批从事科技知识创新和高新技术产业化的领导、骨干人才，在一些领域攀登世界科技高峰，并建设比较完善的与市场经济体制相配套的专业技术人才管理体制。实现上述基本目标，需要我们长时期的一茬一茬的人事工作者扎扎实实地做好各项具体工作。

（一）制定好队伍发展规划。经过九个多月的调查研究，在各地积极探索研究的基础上，我们拟定了《21 世纪中国专业技术人才队伍发展纲要》，并印发大家讨论修改。这次编写《发展纲要》除了按照经济、社会发展的总体要求以外，还注意了以下几点：一是坚持从实际出发，从需要与可能出发，提出的目标任务和措施要有科学性和操作性。二是要突破传统计划观念，按照市场经济体制的规律，制定发展规划，建设人才队伍。三是队伍建设与制度建设相结合，从制度改革入手，如果还是沿用计划经济的人事管理制度，即使制定了《发展纲要》，也是难以实现的。四是要结合科学技术创新，实现高新技术产业化，重点培养富有创新能力的年轻的高层次人才和科技企业家。希望各地区、各部门根据这些要求，从实际出发，编制好自己的人才队伍发展纲要。

（二）继续实施并发展完善"百千万人才工程"。高层次人才队伍的状况，代表着一个国家的科技水平和竞争实力，决定着整个专业技术人才队伍的素质和作用。我们要在发挥老专家作用的同时，重视高层次年轻人才创新思维、创新能力的培养，努力营造良好的社会环境，让他们施展才华。继续实施"百千万人才工程"，要发展完善充实工作内容，集中力量培养数百名国际一流、在世界具有较大影响的中青年帅才，力争在部分领域或专业有重大突破。造就数千名国内领先的学术技术带头人和数万名优秀后备人选，解决我国经济社会发展中的一些重大问题，形成我国科技发展的优势。要加大培养力度，对"百千万人才工程"人选加大投入，加紧培养，大胆使用，形成优秀人才不断涌现、人才济济、兴旺发达的良好局面。

（三）大力发展企业博士后工作。博士后研究制度是我国培养高层次创新人才的重要手段。要在不断发展、完善我国博士后研究制度、提高博士后流动站质量的基础上，推动高等学校、科研院所的博士后流动站与企业合作，促进产学研结合。总结企业博士后工作试点经验，提高质量，扩大规模，在对国民经济发展起重要作用的产业、行业和国有大型企业，优先开展企业博士后工作。在保证培养质量的前提下，每年择优选择具有一定技术实力和研究开发条件的企业，建立企业博士后工作站，促进科技成果转化，提高国有大型企业自主开发水平和技术创新能力，为企业培养、引进一批高素质的科技、管理人才。

（四）加大吸引海外高层次人才的力度。海外留学人员是我国重要的人才资源。要制定优惠政策，吸引海外留学人员特别是高层次人才回国工作，或以多种形式为国服务。对重点吸引的急需的高层次人才，除兑现已有优惠政策外，要在户籍、住房、子女入学就业等方面为他们提供便利，并为从事高新技术国际合作与交流的中外人员提供往来方便，创造留学人员回国工作的良好条件。留学人员创业园区的建设，要合理布局，稳步发展，规模适度，讲求实效，规范管理。

（五）突出重点需要的专业技术人才的培养。要围绕经济社会发展不同时期不同需要进行，当前要根据科技知识创新、发展高新技术、实现产业化的要求，根据国有企业改革发展、提高科技创新能力的要求，根据发展现代农业、提高农业科技水平的要求，把企业专业技术人才、高新技术人才和农村实用人才的培养放在重要位置。通过企业专业技术人才的培养，增强企业的技术开发和创新能力，为国有企业的改革发展提供人才服务，使企业成为技术创新的重要角色。通过培养高新技术人才，推动高新技术发展和实现产业化，培育国民经济新的增长点。通过实施县乡村实用人才培养工程，培养一批示范户和带头人，全面提高农民运用科学技术的能力，促进农业、农村的发展，增加农民的收入。

（六）加强专业技术人员继续教育工作。继续教育是培养创新人才的重要措施，继续教育要花钱，但不搞继续教育会花更多的钱。要按照“政府调控、行业指导、单位自主、个人自觉”的要求，不断完善继续教育的政策法规。要充分利用现有社会教育资源，鼓励大专院校、科研院所和企业联合开展继续教育活动，形成完整的继续教育网络体系。要采取分层分类、长短结合、灵活多样的方式，探索电视教学、网络教学等现代化教育手段，不断提高教育培训的质量和效益。

（七）*深化专业技术职称制度改革*。一要完善专业技术职务聘任制，坚持个人申请、社会评价、公开招聘、竞争上岗、单位任用的方向，重点解决职务能上不能下、论资排辈的突出问题。加强政府的指导和监督。二要加强专业技术人员执业资格制度建设，与有关部门共同研究医师、药师、建筑师、会计师、评估师、律师等责任重大、社会通用性强并关系公共利益的专业技术岗位，推行执业资格和注册登记制度，实行准入控制。三是建立公开、公平、公正的社会化评价机制，构建由政府、用人单位、社会中介机构共同发挥作用的人才评价体系，通过考试、考核和评审相结合的方法，准确、客观、科学地评价专业技术人员的水平、能力和素质。

（八）*完善人才流动机制*。在以市场配置为主的基础上，发挥宏观管理职能，解决重点地区、行业、产业的人才特别是高层次人才不足的问题。支持大学、科研机构与企业之间的人员交流；提倡专业技术人员进入企业，推进科学技术转化为现实生产力；鼓励科研机构和大学建立开放、流动、竞争、合作的科技人员管理制度。要不断完善人才市场的社会化服务功能，提高服务水平，规范服务行为，加强人才市场信息网络系统建设，加大监督管理力度。

（九）*加强专业技术人员法规建设*。法规、制度是依法行政、依法管理的基础，是专业技术人员合法权益的保障。要抓紧研究制定《专业技术人员条例》及奖励、考核、评价、流动、分配、兼职等配套法规，逐步形成以《专业技术人员条例》为核心的法规体系，努力实现专业技术人员工作的规范化、法制化。

（十）*加强和改进专业技术人员的思想政治工作*。一个成功的专业技术人员，必将怀有崇高的理想抱负，炽热的爱国热情，坚忍不拔的毅力，德才兼备，品学兼优。要在专业技术人员中大力弘扬爱国主义、集体主义和求实创新、拼搏奉献的精神，发扬尊重知识、尊重人才、崇尚创新的良好风尚，树立和宣传专业技术人员为祖国强盛和民族振兴艰苦奋斗的先进典型。专业技术人员要高举科学旗帜，坚持真理，破除迷信，同反科学、伪科学的歪理邪说做坚决的斗争。要造就一批适应市场竞争、善于经营管理、勇于开拓创新的技术和经营管理人才。

三、全面推进事业单位人事制度改革

经济、社会的健康发展，为深化事业单位人事制度改革创造了良好的外部环境；几年来事业单位人事制度改革的实践，为进一步深化改革奠定了基础；机构改革、职能转变、科研单位转制，为继续推进事业单位人事制度改革创造了新的条件，我们要抓住有利时机，切实把这件事情抓紧抓好。

事业单位人事制度改革的要求是：坚持以邓小平理论特别是邓小平人才人事理论为指导，贯彻党管干部原则、干部队伍“四化”方针和德才兼备的用人标准，根据经济体制、政治体制改革的需要，结合事业单位管理体制改革的进程，按照“脱钩、分类、放权、搞活”的路子，精简冗员，鼓励竞争，促进流动，提高素质，调动各类人员的积极性和创造性，增强事业单位的活力和自我发展的能力，减轻国家财政负担，加速高素质社会化的专业技术人员队伍建设，促进经济建设和社会事业的健康协调发展。通过改革，逐步建立起符合各类事业单位自身特点的政事职责分开、单位自主用人、人员自主择业、政府依法监管、配套措施完善、科学分类的管理体制，建立一套符合专业技术岗位、管理岗位和工勤岗位人才成长规律的管理制度，形成一个人员能进能出、职务能上能下、待遇能升能降，优秀人才能够脱颖而出，公开、平等、竞争、择优的充满生机与活力的用人机制。

（一）推行符合事业单位特点的聘用制度。聘用制度是对终身的固定用人制度的改革，是今后多数事业单位的一项基本的用人制度。它要求事业单位与其职工按照国家有关法律法规，在平等自愿、协商一致的基础上，通过签订聘用合同，确定双方的人事关系和权利义务。在多数事业单位和大多数工作岗位，逐步建立和推行聘用制度，是我国在用人制度上的一项深刻的重要的变革，即由身份管理向岗位管理转变，由单纯行政管理向法制管理转变，由行政依附关系向平等人事主体转变，由国家用人向单位用人转变。这是我国建立社会主义市场经济体制和依法治国的必然要求。

建立和推行聘用制度，要贯彻积极稳妥的方针，不能搞“一刀切”。有条件的地区、部门和单位在推行聘用制度时，首先要合理确定内部职务结构比例，明确岗位职责要求，按岗按需聘用。尚不具备推行条件的地区、部门和单位，可以积极创造条件，先行试点，逐步推开，分步到位，也可以从新招录人员做起。所有实行聘用制的单位，在人员聘用过程中，都要坚持按需设岗、竞争上岗、按岗聘用，实行公开、公平、公正的原则和考试、考核的办法，规范聘用行为。对原有固定身份的人员，可以实行老人老办法；对富余人员实行内部转岗分流，重新安置，以确保聘用制工作平稳推进。

（二）建立符合事业单位特点的岗位管理制度。这是深化事业单位人事制度改革的又一项重要任务。事业单位种类繁多，情况复杂，科研、教育、文化、卫生等不同行业性质不同，在人事管理上必然也有差异，在改革中必须区别对待。从大的方面说，专业技术人员、公务员、企业经营管理人员“三支队伍”，要进行分类管理。从专业技术人员这一支队伍说，又要把分类管理具体为分行业管理、分专业管理、分岗位管理。为此，我们按照岚清同志的批示精神，先与科技部、教育部、卫生部一起，研究制定《深化科研事业单位人事制度改革的实施意见》、《关于加快高等学校人事制度改革的实施意见》、《关于深化卫生事业单位人事制度改革的实施意见》，体现了不同的特点和要求。事业单位又有专业技术人员、管理人员和工勤人员，又有不同的规律和特点，管理制度和管理方法也应有所区别，初步设想是：对行政领导岗位，实行招聘、任命、选举等多种形式的任用制度；对专业技术岗位，强化完善岗位职务聘任制度，推行执业资格制度，建立在政府指导下的社会化评价制度；对管理岗位，建立和完善职员制度，建立体现管理人员水平、能力、业绩、资历的职员等级序列；对工勤岗位，建立和完善工勤人员岗位等级规范和招聘与合同管理制度。有的事业单位在改革中创造了固定岗位与流动岗位、专职与兼职相结合的用人制度，加大了市场配置的力度，实行人才资源共享，促进专业技术人员队伍建设的社会化，应继续试点，及时总结规范。

（三）完善符合事业单位特点的分配制度。要按照国家总体分配制度的原则精神和方针政策，来研究事业单位的工资分配，认真贯彻落实绩效优先、按劳分配和兼顾公平的原则，实行技术、管理等生产要素参与分配的原则，使广大科技人员的收入符合其劳动创造的价值和贡献。事业单位分配要坚持与业绩贡献相挂钩，向优秀人才和关键岗位倾斜，做到一流人才一流业绩一流报酬。结合经费自给率和财政支持强度，对不同类型的事业单位实行不同的工资管理办法。对有条件的事业单位要试行工资总额包干制度，试行工资总额同经济效益指标挂钩的办法。科研机构实行按岗定酬、按任务定酬、按业绩定酬的分配制度，自主决定内部分配。科研机构转制为企业后，实行企业的劳动用人制度和工资分配制度。要研究制定生产要素参与分配的办法，并积极进行改革试点，鼓励和允许事业单位的专业技术人员按照有关规定，通过转化科技成果、促进科技进步先富起来。

（四）健全符合事业单位特点的人事监督制度。在实行政事分开、下放事业单位人事管理权限的同时，建立符合事业单位特点的人事宏观管理和监督制度，依法保护事业单位和职工双方合法权益。要健全事业单位人员总量的调控体系，建立不同类型事业单位人员增长的调控办法，杜绝一些事业单位擅自增加人员，减轻财政负担和农民负担。要建立健全全额拨款事业单位工资宏观调控体系，加强事业单位人事争议仲裁制度建设，完善事业单位人事管理的法规体系，实行依法管理、依法监督。

（五）探索符合事业单位特点的未聘用人员的安置制度。许多事业单位自成体系、分工过细、力量分散、机构重复、人员臃肿，1998 年机关人员减少 0.02%，事业单位人员比上一年增加了 2.3%。在深化事业单位人事制度改革过程中，必然会有一些人员落聘离岗，做好富余人员的安置工作，是事业单位人事制度改革的难点和关键。过去，他们为经济建设和社会发展作出了很大贡献，他们是国家的财富，我们一定要耐心细致地做好思想政治工作，采取多种方式妥善做好安置工作。安置富余人员要讲学习、讲政治、讲正气，正确处理好改革、发展、稳定的关系，要吸取一些企业职工下岗的经验教训，要坚持以单位内部消化为主的原则，不能简单地推向社会。既不能一推了之，也不能盲目分流，谁的老人谁扶走，谁的孩子谁抱走。要注意采取先挖渠、后分流的办法，事业单位内部要通过兴办发展新的产业、转岗培训、成立内部人才流动服务中心等方式，安置富余人员。有条件的城市可以在行业内或行业间调剂安置，或通过人才流动服务中心进行托管。要制定符合实际的政策，引导鼓励富余人员面向基层，更好地发挥他们的作用。

四、扎扎实实地做好制度改革和队伍建设工作

深化事业单位人事制度改革，加强专业技术人员队伍建设，关系到经济社会的发展，涉及数千万人的切身利益。政策性强，牵涉面广，任务繁重。这是一个长时间没能彻底解决的难题，要真正符合市场经济的要求和形势的发展，仍需要相当长的时间，对此，我们要有清醒的认识、充分的准备。因此，各级人事部门要加强领导，增强信心，大胆实践，狠抓落实，求真务实，扎扎实实地做好各项工作。

（一）统筹规划，精心组织。要加强调查研究，摸清现实情况，坚持实事求是，从改革全局出发，制定长远规划。这次会上，我们提出了《21世纪中国专业技术人才队伍发展纲要》和《关于事业单位人事制度改革的若干意见》，另外还拟定了15个配套措施。各地也要根据本地区的实际，因地制宜地制定相应的实施方案和具体发展规划，精心组织，认真实施，确保《发展纲要》和《若干意见》的要求落到实处。

（二）突出重点，兼顾其他。全局有全局的重点，各地区、各单位有各自的重点。在加强专业技术人员队伍建设的过程中，要把搞好高层次人才的培养作为队伍建设的重点，同时还要抓好乡土人才队伍建设和国企创新人才队伍建设，为边远地区人才服务，为企业改革和脱困服务。在推进事业单位人事制度改革过程中，要把建立和推行聘用制、科技人员竞争上岗作为制度建设的重点，把教育、科技事业单位作为行业推进的重点，把未聘人员分流安置作为重点。

（三）分步实施，分类指导。各地的专业技术人员队伍状况区别很大，经济社会发展也不平衡，改革进程和基础也大不一样。另外，同属事业单位的科技、教育、文化、卫生等差别也很大，即使同是科研单位，有的要转制为企业，或进入企业，有的关系到国家安全和国计民生，有的是国家重点支持的基础理论研究单位，有的要成为中介服务机构。因此，在工作中，必须区分差异，把握特点，实行分类指导。实施时间、工作步骤和措施办法要实事求是，不能搞整齐划一，更不能搞“一阵风”。要先易后难，整体规划，分步实施。

（四）加强领导，协调配合。人事部门是事业单位人事制度改革和专业技术人员队伍建设的综合主管部门，一定要承担起自己的职责，发挥应有的职能作用。要多向领导汇报，主动提出建议，争取领导的重视和支持。要深入调研，掌握当地的发展目标和工作实际，不断研究新情况新问题。要依靠行业主管部门，加强与组织、编制部门和科技、教育、卫生、文化等有关部门的联系，主动听取他们的意见，尽量争取他们参加，积极做好协调工作，密切合作，发挥各自的作用。

最后还想强调一点，事业单位人事制度改革和专业技术人员队伍建设的力度，必须考虑相关人员的承受和接受程度，必须处理好改革、发展和稳定的关系，必须做好思想政治工作和宣传教育工作，必须创造舆论氛围和社会环境，必须争取社会的支持和广大专业技术人员的理解，必须让更多的人了解改革目的、意义、措施办法，解除思想顾虑，增强改革信心。

同志们，我们要完成党中央、国务院交给的人事制度改革和人才队伍建设两项繁重任务，关键要加强自身队伍建设。要深入地开展“三讲”教育，认真地学习马列主义、毛泽东思想、邓小平理论特别是邓小平人才人事理论。要学习经济、学习法律，尤其要重视学习科技知识，这对我们做科技人员工作的同志非常重要，不仅能提高工作能力，也能提高抵制“法轮大法”歪理邪说的能力。要转变思想观念，转变工作作风，提高工作效率，全心全意为人民服务，为专业技术人员服务。要在以江泽民同志为核心的党中央领导下，为实现我国跨世纪的宏伟目标，为建设一支宏大的富有创新能力的高素质人才队伍，努力拼搏，尽职尽责，用实际行动迎接新中国成立50周年，迎接澳门回归祖国，迎接新世纪的到来。

坚持以邓小平理论和“三个代表”重要思想为指导 全面开创新世纪专业技术人才队伍建设新局面

——张学忠部长在全国专业技术人才队伍建设工作会议上的讲话

（2002年7月8日）

同志们：

在举国上下认真学习、努力贯彻“三个代表”重要思想，积极创造优异成绩，迎接党的十六大召开之际，全国杰出专业技术人才表彰暨专业技术人才队伍建设工作会议今天召开了。这是进入新世纪后召开的第一次全国专业技术人才队伍建设工作会议。这次会议的召开，对落实党中央提出的人才强国战略，全面开创专业技术人才队伍建设工作新局面，必将起到重要的推动作用。

这次会议的主要任务是，学习贯彻江泽民总书记“5·31”重要讲话精神和关于人才工作的重要论述，贯彻落实党中央、国务院颁发的《2002—2005年全国人才队伍建设规划纲要》，宣传弘扬全国杰出专业技术人才的先进事迹，总结近年来专业技术人才队伍建设工作的经验，部署今后一个时期的工作，全面推进新世纪专业技术人才队伍建设。党中央、国务院领导同志对这次会议非常重视，锦涛、岚清和关根、忠禹同志在百忙之中抽出时间，亲切接见了四部表彰的全国杰出专业技术人才，锦涛同志代表党中央做了重要指示，忠禹同志代表国务院做了重要讲话。我们要认真学习、深刻领会党中央、国务院领导的指示，并切实贯彻落实到实际工作中。下面，我就专业技术人才队伍建设工作讲几点意见。

一、专业技术人才队伍建设工作的主要成绩和基本经验

改革开放以来，在邓小平人才人事理论指导下，各级人事部门紧紧围绕经济建设中心，锐意改革，努力工作，推动了专业技术人才队伍建设迅速发展。党的十四大以来，在江泽民总书记为核心的第三代领导集体的领导下，各级人事部门与时俱进，创新工作思路，深化制度改革，狠抓队伍建设，取得了显著成绩。特别是近年来，江泽民总书记对人才工作做了一系列重要论述，提出了要制定实施人才战略，并列入了“十五”计划纲要，人才工作进入了历史上一个最好的时期。各地区、各部门在推进专业技术人才队伍建设工作中积累了丰富的经验，概括起来主要有以下几个方面：

（一）坚持以科学理论为指导。各级人事部门按照党中央关于用邓小平理论武装头脑的要求，努力实践“三个代表”重要思想，系统学习、深入贯彻邓小平人才人事理论和江泽民总书记关于人才工作的一系列重要论述，结合人事人才工作实际，坚持用科学理论指导改革，创造性地开展工作，努力推进“两个调整”，把与计划经济相适应的人事管理体制，调整到与社会主义市场经济相配套的人事管理体制上来，把传统的人事管理方式调整到整体性人才资源开发上来，推动了专业技术人才队伍建设工作的全面发展，全国上下出现了制度改革、队伍建设生动活泼的局面。

（二）坚持以人才战略为总揽。党的十五届五中全会和第九届全国人民代表大会号召，努力建设一支宏大的、高素质的人才队伍，把人才战略上升为国家战略，成为总揽人事人才工作的纲领。各级人事部门把学习贯彻人才战略作为带动全局的工作，认真组织落实。人事部举办了人才战略研讨班，各地也普遍开展了对人才战略的研讨和学习，研究解决实施人才战略中的一些重大理论和实践问题，统一思想认识，制定人才队伍建设规划。据统计，全国31个省、自治区、直辖市和15个副省级城市都制定了“十五”期间和今后一个时期的人才队伍建设规划。

（三）坚持以队伍建设为根本。各级人事部门以建设高素质、社会化的专业技术人才队伍为根本，实施人才工程，创新政策措施，加大投入力度，做了大量工作。上海、江苏、陕西、湖北等地区和教育部、卫生部等部门，组织实施了高层次人才建设工程；重庆、吉林、四川、山西、青海、海南、贵州等地区，积极推行农村实用人才工程；新疆、内蒙、西藏等省区，加大少数民族科技骨干人才的培养力度；辽宁、山东、广东、河北、湖南等地区开展了海外留学人才回国创业活动。经过全国上下长期共同努力，专业技术人才队伍建设取得了显著的成绩。据统计，2001年年底我国各类专业技术人员已近4 000万人，其中国有单位2 900万人，比1980年增长3.4倍；整体素质也有很大提高，与1978年相比，专业技术人才队伍中大专以上学历的人员由18%上升到53.7%，全国享受政府特殊津贴专家已达14.3万人，在站博士后研究人员7 000多人，回国工作的海外留学人才近14万人，初步建立了一支规模宏大、素质较高、基本满足经济建设和社会发展需要的专业技术人才队伍，为我国经济建设和社会发展提供了坚实的人才保障。

（四）坚持以制度改革为动力。制度改革是推动工作发展的动力，是队伍健康成长的保障。为了突破旧的体制性障碍，调动广大专业技术人员的积极性、创造性，各地区、各部门对专业技术人员的管理体制、评价制度、用人机制、配置方式、激励机制等方面进行了改革和完善，取得了积极的成效。在用人制度上，积极推行聘用制度，变身份管理为岗位管理，变国家用人为单位用人；在分配制度上，根据按劳分配和按生产要素分配相结合的方针，基本改变了改革开放初期脑体倒挂的不合理现象，逐步体现了人才和知识的价值；在人才资源的配置上，打破了计划分配的单一模式，开始转到以市场配置为基础上来。事业单位人事制度改革取得了重要进展。河南、黑龙江、吉林、安徽、云南、宁夏、甘肃等地，结合各自具体情况，出台了深化事业单位人事制度改革的实施细则或意见。制度改革促进了队伍建设，调动了专业技术人员的工作积极性。

（五）坚持以政策创新为重点。政策创新是专业技术人才工作与时俱进，充满生机和活力的保证。近年来，各级人事部门在贯彻落实党中央、国务院关于专业技术人员各项政策的过程中，结合本地区、本部门的实际情况，出台了一系列新的政策措施。在服务对象上，浙江、福建、广东等省首先将人才工作服务对象从公有制单位扩展到非公有制单位；在吸引海外人才上，上海、北京、辽宁、广西、天津等省、区、市出台了一系列优惠政策；在激励机制上，提出了“一流人才、一流业绩、一流报酬”；在人才流动上，许多地区提出了“不求所有，但求所用”，实行“柔性流动”；在人才评价上，提出了“个人申报、社会评定、单位聘用、政府调控”。这些适合专业技术人员特点的新做法、新创造，给专业技术人才队伍建设工作带来了新的活力。

（六）坚持以服务经济建设和社会发展为目的。为经济建设和社会发展服务，是我们工作的根本目的和最终归宿。从 1996 年全国整体性人才资源开发工作会议和 1997 年全国人事系统为经济建设服务工作会议以来，各级人事部门充分发挥主管职称、专家、留学人员、博士后、工资福利、人才流动等工作的职能优势，一手抓队伍建设，一手抓为经济建设和社会发展服务，取得了明显的成效。现在，全国已建成留学人员创业园 60 多个，广西、江西等 14 个省、区、市政府与人事部共建了中国留学人员创业园；全国建立了 970 多个博士后流动站和 400 多家企业博士后工作站；我们还组织了专家西部行、留学人员服务团等活动，加大了直接为经济建设第一线服务的力度，自觉把专业技术人才工作纳入经济社会发展大循环，在为经济建设提供人才保证的同时，也拓展了人才工作内容，实现了新的发展。

以上经验是我们在实践中坚持邓小平人才人事理论和江泽民总书记关于人才工作重要论述的成果，是做好新世纪专业技术人才队伍建设工作的宝贵财富。我们一定要把这些经验总结好、继承好、发扬好。同时我们还要看到，与新世纪、新阶段的要求相比，与日益发展的知识经济和经济全球化的需要相比，我国的人才队伍现状还不能完全相适应。我们既存在着人才总量不足的问题，又存在整体素质不够高、创新能力不强的问题；人才的地区、行业间分布不够合理；人才管理体制和管理模式还不能完全适应社会主义市场经济体制的要求。我们要按照党中央关于人才强国战略的总体部署，把人才工作位置前移，以新的思路、新的措施、新的办法，解决好存在的问题，把专业技术人才队伍建设提高到一个新阶段，努力开创人才工作新局面。

二、江泽民总书记关于人才工作的重要论述是做好新世纪人才工作的根本保证

近几年来，江泽民总书记高瞻远瞩，站在中华民族伟大复兴的历史高度，把握国际竞争发展的新趋势，着眼于新时代国际国内科技、人才工作的新发展，继承和发展邓小平人才人事理论，对面向新世纪的人才工作作出了一系列精辟论述，回答和解决了新世纪人才队伍建设的地位、作用、体制、机制和工作思路等一系列重大问题。为了便于大家系统学习领会江泽民总书记关于人才队伍建设的重要论述，根据我们的初步理解，列出这样几个方面：

（一）人才问题事关党和国家事业的全局。江泽民总书记指出，人才竞争，是我国面临的一个十分严峻的挑战。人才问题，是决定我们事业成败的关键，我们党和国家需要一大批各行各业的优秀人才，这是一项十分紧迫而重大的战略性任务。他强调，培养同现代化要求相适应的高素质的专门人才，发挥我国巨大人力资源的优势，关系二十一世纪社会主义事业的全局。不断提高他们的思想道德素质和科学文化素质，提高他们的劳动技能和创造才能，充分发挥他们的积极性、主动性、创造性，始终是我们党代表中国先进生产力发展要求必须履行的第一要务。他要求各级领导，要有政治远见，及早研究对策，真正把培养和使用好各类人才作为党和人民事业兴旺发达的大事来看待、来落实。

（二）人才资源是第一资源。江泽民总书记多次强调，人才是一个国家发展最重要的资源，是科技进步和经济社会发展最重要的资源。他在去年 8 月接见国防科技专家和哲学社会科学专家时，进一步提出“人才资源是第一资源”的重要思想。在最近召开的两院院士大会上，江泽民总书记又一次强调，人是生产力中最活跃的因素，人力资源是第一资源。他指出，我国人力资源丰富，但是人才资源并不丰富。我们要大力开发人才资源，全面提高劳动者素质，努力形成人力资源优势，为改革开放和现代化建设提供强大支持。

（三）要树立全面的人才观。江泽民总书记指出，党和人民的事业需要的人才是多方面的、全方位的，要树立全面的人才观。既要重视培养、任用高水平的自然科学人才，又要重视培养、任用高水平的哲学社会科学人才；既重视有所成就的人才，也关注具有潜能的人才；既重视国内人才，也积极吸引海外人才；既重视国有企事业单位人才，也要把民营科技企业、受聘于外资企业的专门人才纳入视野；既要积极吸引国内各地和从国外回来的优秀人才，又要充分发挥本地人才的作用。要克服“见物不见人”、“重使用轻培养”的倾向，克服人才单位、部门所有的狭隘观念。解决人才问题，既要立足当前，又要着眼未来；既要注重使用现有人才，又要重视培养后备人才。江泽民总书记十分重视留学人员工作，他要求实施更加开放的政策，建立更加灵活的机制，鼓励他们回国工作或以适当方式为祖国服务。要重视利用国外的智力资源，积极引进国外智力。

（四）要制定实施人才战略。江泽民总书记多次强调，一定要把培养高素质的优秀科技人才摆在重要的战略地位，把培养、吸引和用好人才作为一项重大战略任务。他要求制定和实施人才战略，加快培养和吸引现代化建设急需的各类人才特别是高层次人才。最近他再次强调，各级党委和政府都要着眼于党和国家事业的长远发展和人才的总体需要，紧紧抓住培养人才、吸引人才、用好人才三个环节，大力实施人才战略，特别要重点培养和造就优秀的学科带头人和工程技术的帅才，全面提高专业技术人才的科学素质和创新能力，为改革开放和现代化建设提供强大的人才保证。

（五）要建设高素质的人才队伍。江泽民总书记提出，要建设一支宏大的、高素质的人才队伍。他强调，要在我国培养和造就一支能够进入世界科技前沿的科学家队伍，一支具有技术创新能力、能够不断攻克经济建设和社会发展中各种复杂难题的工程技术专家队伍，一支学有所长并具有突出领导才能的科技管理专家队伍，组成我国现代化事业所要求的宏大的科学技术大军。我国加入世界贸易组织后，他又强调，要抓紧培养我们严重缺少的精通世贸组织规则的专业人才，包括管理专家、国际贸易专家、法律专家、谈判专家、反倾销调查专家等等。江泽民总书记还特别注重年轻一代科技人才的培养，强调这应成为我们推动科技创新、知识创新和其他各个方面创新工作的重要指导思想。他说，我国正处在科技人才新老交替的关键时刻。当务之急是要抓紧下大力气培养优秀的年轻科技人才，提携和培育他们茁壮成长，使他们担负起我国科技事业继往开来的历史重任。

（六）加强人力资源能力建设。江泽民总书记强调，加强人力资源能力建设，从来没有像今天这样重要，这样迫切。当今世界，人才和人的能力建设，在综合国力的竞争中越来越具有决定性的意义。加强人才资源能力建设，已成为关系当今各国发展的重大问题。要充分认识人才能力建设对经济社会发展的基础性、战略性、决定性的意义，把它放在社会经济发展的突出位置。培养人们的创新能力，是人才能力建设的首要任务。要加快社会化终身教育体系建设，鼓励人们通过多种形式参与终身学习，拓展与更新知识，提高素质，增长才干。

（七）深化用人制度改革。江泽民总书记多次指出，要解放思想，转变观念，不断深化干部人事制度改革，拓宽工作渠道和手段，扩大工作覆盖面，形成更为灵活的人才管理体制。他强调，要有识才的慧眼、用才的气魄、爱才的感情、聚才的方法，知人善任，广纳群贤。要建立和完善能上能下、充满活力，促进优秀人才脱颖而出的用人机制。要引入竞争机制，发挥市场配置资源的基础性作用，促进资源的优化配置。要建立与经济社会发展相协调、人才队伍发展相适应的人才引进机制和自主用人机制。要建立有效的人才投资机制，把人才开发的投入放到优先位置，保证人才资源开发的资金。要把按劳分配和按生产要素分配结合起来，加快建立有利于留住人才、吸引人才、人尽其才的收入分配机制和有利于人才培养、使用的激励约束机制。要深化科技体制改革，进一步建立和完善有利于调动科技人才积极性、促进科技创新、有力推动科技成果向现实生产力转化的充满活力的体制和机制。

（八）要营造符合人才成长特点的环境。江泽民总书记强调，要针对专业技术人才成长和工作的特点，努力营造一种尊重特点、鼓励创新、鼓励探索、信任理解的良好环境。要进一步在全社会形成尊重知识、尊重人才的良好风气，努力创造让优秀人才脱颖而出的良好环境。要倡导生动、活泼、民主、团结的学术氛围。允许在创新和探索中出现失败、包容失败，减少人才创新探索的后顾之忧。

从上述八个方面看，江泽民总书记关于人才工作的重要论述，内容非常丰富，含义十分深刻，具有鲜明的时代特点和创新精神，是“三个代表”思想的重要组成部分，是“三个代表”思想在人才工作上的具体体现和具体要求，是我们做好新世纪人才工作的根本方针和重要指导思想，是我们工作的强大思想武器和行动指南。我们必须认真学习江泽民总书记关于人才工作的重要论述，把它与学习贯彻“三个代表”重要思想有机地结合起来，按照江泽民总书记的要求，紧密结合当前实际情况和专业技术人才队伍建设工作的特点，以创新的胆魄、开放的思想、国际的视野，做到超前思维，创新理念，创造性地做好各项人事人才工作，切实把专业技术人才队伍建设抓到位、抓到根本上。

三、新世纪专业技术人才队伍建设的总体思路和目标任务

江泽民总书记 5 月 31 日在中央党校的重要讲话中指出，二十一世纪头一、二十年，对我国来说，是必须紧紧抓住并且可以大有作为的重要战略机遇期。他还强调，在新世纪新阶段，发展要有新思路，改革要有新突破，开放要有新局面。按照江总书记的要求，今后我国专业技术人才队伍建设的总体思路是：坚持以邓小平理论和“三个代表”重要思想特别是江泽民总书记关于人才工作的一系列重要论述为指导，积极应对知识经济和经济全球化对人才队伍的挑战，紧紧围绕国家“十五”计划确立的经济社会发展目标，以实施人才战略为总揽，以高层次人才队伍建设为龙头，以能力建设为重点，增加人才总量，提高人才素质，调整队伍结构，完善管理制度，创新工作思路，营造尊重知识、尊重人才、鼓励创新的良好氛围，努力建设一支宏大的高素质的专业技术人才队伍，为实现第三步战略目标提供人才保证和智力支持。

根据《2002—2005 年全国人才队伍建设规划纲要》和《关于加强专业技术人才队伍建设的若干意见》的要求，今后几年我国专业技术人才队伍建设的目标任务：一是扩大队伍总量，到 2005 年，专业技术人才队伍总量达到 5 400 万人以上。二是提高队伍素质，到2005年，专业技术人员中大专以上学历的提高到70%，从事研究和开发活动的科学家与工程师全时人员达到90万人以上。三是优化队伍结构，实现专业技术人员高、中、初级人员结构趋于合理，推动人才在产业、地区、城乡之间分布优化。四是大力培养、引进我国急需的高新技术人才、IT人才、WTO专业人才、国际金融和贸易人才、跨国经营人才等，特别要重点培养和造就优秀的学科带头人和工程技术帅才，以满足我国新世纪发展的需要。五是健全科学规范的管理体制和法规体系。加快建立与社会主义市场经济相配套的、符合专业技术人员特点的、具有国际竞争力的专业技术人员管理制度。要通过几年的努力，培养一支瞄准国际前沿、具备较强自主创新能力和国际竞争力的高素质人才队伍，形成人才辈出、群星灿烂的局面。

要完成上述目标任务，我们必须加快人才队伍的社会化、市场化、国际化、法制化建设。社会化就是要从社会经济成分、经济利益、社会生活方式、社会组织形式和就业形式多样化的实际出发，努力开发全社会的专业技术人才资源，实现工作对象、服务领域和服务手段社会化。市场化就是要建立与市场经济体制相适应、与其他要素市场相贯通的管理制度，实现专业技术人才资源配置市场化，发挥市场机制在配置人才中的基础性作用。国际化就是要从国际人才竞争的机遇和挑战出发，尽力开发利用国内国际两个人才市场、两种人才资源，逐步实现资质认证国际化，人才素质国际化，人才活动空间国际化。法制化就是要按照依法治国的方略，逐步完善专业技术人才队伍建设工作的法律法规，依法规范专业技术人员的管理工作和管理行为，保护专业技术人员和用人单位的合法权益。

根据专业技术人才队伍建设工作社会化、市场化、国际化、法制化的要求，在推进专业技术人才队伍建设的过程中，必须坚持队伍建设与经济结构调整相结合，队伍建设与制度建设相结合，高层次人才队伍建设与整体队伍建设相结合，政府调控与市场配置相结合，业务能力建设与职业道德建设相结合。

一是队伍建设与经济结构调整相结合。经济建设和社会发展的需要，是队伍建设的前提和动力。经济结构的调整，产业结构的优化升级，社会发展的加快，必然要求人才队伍进行相应的调整，加速急需紧缺人才的培养，努力实现专业技术人才总量与国民经济增长相适应，人才结构与经济结构调整相适应，人才素质提高与经济增长方式相适应，使队伍建设与经济社会发展相协调一致。

二是队伍建设与制度建设相结合。队伍建设是专业技术人才队伍建设工作的基础，制度建设是专业技术人才队伍建设工作的保证。没有一支好的队伍，经济社会的发展就没有力量源泉；没有一个好的制度，人才的培养、使用和作用的发挥就缺乏应有的保障。因此，专业技术人才队伍建设工作要一手抓队伍建设，提高队伍素质；一手抓制度建设，深化制度改革，推动工作的全面发展。

三是高层次人才队伍建设与整体队伍建设相结合。高层次人才是队伍建设的重点和亮点，高层次人才队伍的质量状况，决定着一个国家能否具有领先国际的竞争实力。整体队伍是高层次人才队伍的基础，整体队伍水平偏低，高层次人才队伍就会后继乏人，综合国力和民族素质就难以提高。因此，既要下大力气抓好以学术技术带头人为代表的高层次人才队伍建设，又要抓好以各类急需紧缺人才和实用人才为代表的整体队伍建设，培养同现代化要求相适应的数以千万计的专门人才，使两者相互促进，共同发展。

四是政府调控与市场配置相结合。加快专业技术人才队伍建设，要灵活运用市场机制，发挥市场机制在人才资源开发和配置中的基础性作用，实现人才资源的优化配置和人才效益的最大化；同时，要从国家需要和公共利益出发，整体规划专业技术人才队伍的建设与发展，增强对队伍建设的有效调控，将政府调控与市场配置有机结合起来。

五是业务能力建设与职业道德建设相结合。业务能力建设是队伍建设的内在要求，职业道德建设是专业技术人员为经济社会发展服务的思想保障。业务能力建设不过硬，专业技术人才队伍就不能适应经济社会发展的新要求；职业道德建设不过硬，整个专业技术人才队伍就不能健康成长，不能很好地为社会主义现代化建设服务。所以，要将业务能力建设与职业道德建设有机结合起来，努力培养一支能力高强、道德过硬的专业技术人才队伍。

四、以高层次人才培养为龙头，全面加强专业技术人才队伍建设

加强专业技术人才队伍建设，是全面实施人才强国战略的要求，也是专业技术人才队伍建设工作的根本任务。面对知识经济到来、经济全球化发展和社会主义现代化建设的要求，今后的专业技术人才队伍建设着重要做好以下几项工作：

（一）*实施“新世纪百千万人才工程”*。1995 年开始的“百千万人才工程”，已经取得了明显成效，在一定程度上缓解了我国学术和技术带头人队伍青黄不接的现象。我们要按照新世纪经济、科技、社会发展对人才的新要求，进一步组织实施好“新世纪百千万人才工程”。“新世纪百千万人才工程”的目标任务，主要是培养和造就一批优秀的学科带头人和工程技术的将才、帅才。在人选的选拔上，既要重视有所成就的人才，也要关注具有潜能的人才；既要重视国有单位的人才，也不能忽视海外留学人才和非国有单位的人才；既要重视自然科学人才，也要重视哲学社会科学人才。要加大对“工程”人选的支持力度，努力为他们成长创造良好的工作、生活条件。要不断完善选拔、评价、管理机制，建立优胜劣汰制度。要着力加强人才团队建设。各个地区和有关部门要根据“新世纪百千万人才工程”的要求，结合实际，抓好本地区、本部门的高层次人才培养工程，做好综合协调工作，建立多层次、多渠道的高层次人才培养工作体系。

（二）*大力发展博士后制度*。博士后制度是我国高层次人才队伍建设的重要举措。今后要在保证质量的前提下，努力扩大博士后的招收规模，争取到 2005 年实现招收人数、在站人数在现有基础上翻一番，“十五”末期在站博士后人数达到 12 000 ~ 15 000 人，企业博士后工作站的总数达到 1 000 个左右，进一步扩大和完善高校博士后流动站。要改进和完善管理制度，逐步调整管理权限，增强有关省、自治区、直辖市人事部门在本地区博士后管理工作上的综合协调作用。要努力探索适应形势要求的管理办法，建立科学的质量评估体系和激励机制，对各设站单位进行严格科学的质量评估和考核。要采取多种渠道，加大投资力度，改革科研经费资助办法，国家要选择重点项目给予重点支持，鼓励有条件的流动站、工作站扩大自费招收博士后，发挥规模效益。要丰富博士后研究人员的培养手段，采取多种有效措施，努力提高培养的质量和效益。要健全服务系统，促进博士后研究人员的科技成果转化。

（三）*发挥政府特殊津贴制度在高层次人才队伍建设中的作用*。政府特殊津贴制度实行十年来，得到了各方面特别是广大专业技术人员的拥护，对于进一步营造“尊重知识，尊重人才”的良好社会环境，加强高层次人才队伍建设发挥了重要作用。今后要继续开展享受政府特殊津贴专家的选拔工作。要严格控制选拔数量，确保人选质量，提高津贴标准，改进完善选拔制度。选拔工作要向重点学科和关键技术领域倾斜。选拔对象除国有企事业单位外，其他经济成分的企事业单位中符合条件的专家，也可推荐选拔。各地区、各部门都要严格选拔条件和程序，抓紧制定具体实施办法。坚决杜绝选拔过程中的说情、弄虚作假等不正之风。

（四）抓紧培养各类急需人才和实用人才。我国经济结构调整特别是产业结构的升级，对各类急需、实用人才的培养，提出了新的要求。要通过实施人才工程、政策引导、加大投入等多种措施，加大培养和吸引各类急需人才的力度，抓紧培养和引进信息技术、生物技术、环保技术、航空航天技术、海洋技术、新材料技术和财会、金融、外贸、法律、现代管理等人才，抓紧培养、吸引精通世贸组织规则的高级专业人才，逐步建立政府、企业等应对入世的高级专家队伍；认真落实西部地区人才资源开发十年规划，采取特殊和倾斜政策，加快建设一支适应西部大开发需要的专业技术人才队伍；要加强农业专业技术人才队伍建设和农村实用人才队伍建设，大力培养农业技术推广、农副产品加工人才。

（五）加大以能力建设为核心的继续教育力度。能力建设是专业技术人员的迫切需要和继续教育的重要内容。继续教育要围绕提高专业技术人员的能力和素质来展开，不断增强学习能力、创新能力、信息技术应用能力、跨文化沟通能力、人际协调能力。当前，尤其要提高专业技术人员应对入世的能力。抓紧做好继续教育的立法工作，尽快制定出台《全国专业技术人员继续教育条例》，各地区也要抓好继续教育的法制建设。要逐步建立“政府调控、行业指导、单位自主、个人自愿”的继续教育管理体制，推进继续教育的市场化和产业化进程。要加大对继续教育的投入，多渠道筹集培训教育经费。要充分调动专业技术人员、用人单位、政府部门和社会各界参与继续教育的积极性，运用信息技术成果，推动继续教育手段的现代化。

（六）大力吸引海外优秀留学人才和国外人才智力。要继续贯彻“支持留学、鼓励回国、来去自由”和鼓励回国工作与以多种形式为祖国服务并举的方针，加大工作力度，推动留学回国工作热潮持续发展。要完善政策法规，研究制定提供出入境和居留便利、高层次留学人才津贴等办法。加强留学人员创业园建设，继续推进人事部与地方政府共建创业园的工作，为回国留学人员搭建创业平台。努力提高创业园区管理人员的素质和管理水平，真正把留学人员创业园建成为吸纳高层次人才的基地和高新科技成果转化的孵化器。要加大吸引留学人员工作力度，对急需的特殊人才，要特事特办，个案处理。要加强对留学人员回国工作的领导，加强与教育、科技、财政、外交、公安等部门的沟通合作，形成整体合力，统筹、有序地做好留学人员回国工作。

要吸引和聘用海外高级人才，鼓励和欢迎各国人才到中国发展。要会同有关部门研究制定国家紧缺人才引进计划，研究制定聘用海外高级人才从事公务工作的具体办法，建立海外高级人才信息网络，发展和规范引进海外高级人才中介组织。

（七）加强专业技术人员职业道德建设。要研究制定专业技术人员职业道德规范，大力弘扬“求实、创新、拼搏、攀登”的科学精神和“诚信、团结、协作、奉献”的人文精神，提高专业技术人才队伍的职业道德修养。要提倡严肃、严格、严密、严谨的科学态度；提倡实事求是、踏实认真的工作作风；提倡尊重合作者和他人劳动、权益的崇高风尚；提倡健康的学术讨论和尊重学术领域中不同意见的学术民主风气；提倡与弘扬顾全大局、甘于奉献的精神。要做好专业技术人才的思想政治工作，教育他们忠于真理、探求真知，自觉维护学术尊严和专业技术人员的声誉。要加强爱国主义、理想信念和职业道德教育，增强献身科技、服务社会的历史使命感和社会责任感。引导他们热爱祖国，忠诚事业，树立民族自豪感和自尊心，把国家和民族的利益放在首位，自觉为祖国服务。

五、创新人才管理制度，营造专业技术人才成长的良好环境

"制度问题，更具有根本性、全局性、稳定性和长期性。"从本质上讲，人才竞争的背后是体制、制度、机制、环境的竞争。有了好的用人制度、好的用人环境，优秀人才就能够脱颖而出，专业技术人才队伍就能够不断发展壮大。因此，加强专业技术人才队伍建设，关键是要推进人事制度和管理体制的创新，特别是用人制度、选拔制度和激励制度的创新，努力营造人才辈出、人尽其才的良好环境。

（一）全面推行事业单位人员聘用制度。我国专业技术人才主要集中在事业单位，搞好事业单位改革关系重大。我们要紧密结合事业单位管理体制改革，搞好事业单位的人事制度改革，建立和推行聘用制度。全面实行人员聘用制度，是事业单位人事管理工作中一项重大的制度创新，是事业单位用人制度上的一场深刻变革。为落实党中央关于《深化干部人事制度改革纲要》中"全面推行聘用制度"的要求，加快推进这一改革，国务院办公厅转发了人事部《关于在事业单位试行人员聘用制度的意见》。各地区、各部门要认真贯彻文件精神，做好事业单位各类人员特别是管理人员和专业技术人员的聘用工作。一要积极推进。有条件的地区、部门要全面推开，不具备条件的可先行试点。按照统一部署、稳步推进的原则，用两到三年的时间，在事业单位全面推行聘用制度，争取用五年左右时间在事业单位基本建立起正常化、规范化的聘用制度。二要突出重点。推行聘用制度，主要抓好科学设岗、公开招聘、竞争上岗、合同管理、严格考核等环节，规范聘用操作程序，强化竞争激励机制，转变人才管理模式。三要配套改革。要逐步建立科学的分配激励制度，会同有关部门研究建立符合事业单位特点的社会保险制度，处理好改革、发展、稳定的关系，建立多层次、多形式的未聘人员安置制度，妥善安置好未聘人员，维护社会的稳定。要注意总结经验，发现问题，及时解决，确保聘用制度的顺利推行。

（二）深化职称制度改革。职称工作是人才评价的主要手段，是进行人才配置和使用的基础。深化职称改革，就是要适应经济成分、经济利益和就业形式多样化的需要，适应人才配置市场化和人员资质国际化的要求，调整工作内容，拓展工作领域，创新管理方式，逐步建立科学的、多层次的、规范化的专业技术人员资格评价体系。一是改革完善专业技术职务聘任制度。继续坚持个人自由申报、社会公正评价、单位自主聘任、政府宏观调控的人才评价与使用的改革方向，以科学设岗为基础，以加强单位自主聘任为核心，真正建立起"按需设岗、按岗聘任、竞争择优、优胜劣汰"的用人制度。要规范专业技术人员职务系列，未经批准，不得新设职务系列。二是大力推进职业资格制度。按照统筹规划、科学论证、急需先建、逐步推开的原则，加快建立我国执业资格制度的步伐，抓紧制定出台执业资格制度管理的法规文件。三是建立具有中国特色的专业技术人才评价体系。拓展人才评价内涵，从重学历、重资历逐步向重能力、重业绩转变。扩大人才评价范围，把服务领域扩大到受聘于民营科技企业、外资企业的专门人才。丰富和发展人才评价方式，进一步探索考试、评审、考核、直接聘任等多种评价手段。要逐步拓展专业资格考试的范围和层次，健全考试管理措施办法，严肃考风考纪。要严格评审标准，创新评审模式，规范评审程序，实行评审公示制，建立考试、评审责任追究制度。要积极开展执业资格的国际多边或双边互认工作，规范外国资质考试在我国的代理办法。

（三）探索建立灵活有效的专业技术人员分配激励机制。建立分配激励机制是加强专业技术人才队伍建设的重要方面，对人才的配置、流动和专业技术人员积极性、创造性的发挥具有导向和鼓励作用。要充分认识收入分配制度在人才竞争中的作用。对专业技术人员的收入分配，要体现人才的价值、知识的价值和科技成果的价值，要体现市场机制和价值规律。

要坚持效率优先、兼顾公平的原则，积极探索生产要素参与分配的实现形式。要改革企事业单位的收入分配制度，建立更加灵活有效的分配激励机制；要完善津贴、奖励办法，对作出突出贡献的专业技术人员实行重奖；要实行多样化的分配方式，逐步实现工资报酬与业绩、贡献挂钩，真正实现“一流人才、一流业绩、一流报酬”；对于特殊人才、关键人才，要用长远眼光，借鉴国际通行做法，结合国内的实际情况来确定收入分配的标准和方法。要建立学术休假制度。探索建立重要人才国家投保制度。

（四）完善专业技术人员的市场配置机制。靠市场机制配置专业技术人员，对盘活现有的人才资源，促进人才效益最大化等，具有重要意义。完善专业技术人员的配置机制，一是要加强市场在专业技术人员配置中的基础性作用。除了涉及国家机密、事关国计民生的重要、关键岗位外，其他都要逐步实行通过市场进行配置，使人才资源的配置逐步走向市场化。二是建立更为灵活的用人制度，特别要保障专业技术人员合理流动，进一步打破人才流动的制度性障碍，探索固定与流动、专职与兼职相结合的用人方式。破除人才单位、部门所有，鼓励专业技术人员通过兼职、技术开发、创办企业、学术交流和网上交流等方式，进行合理的“柔性流动”。三要进一步发展人才交流、人事代理、人才顾问等中介服务项目，推动人才市场的信息化、网络化建设，建立和完善机制健全、运行规范、服务周到、指导监督有力的人才市场体系，走专业化、规范化、品牌化的经营发展道路，促进专业技术人员的合理流动、合理配置和合理使用。

在发挥市场机制对专业技术人员基础性配置作用的同时，要加强宏观调控，尤其是要建立和完善人才安全机制。要高度重视关系国家安全、经济安全、国防建设、重大科技发明创造人才的保护问题。要抓紧制定外国人才中介机构准入制度和在华外企人才招聘管理办法，抓紧制定涉密人员和特殊人才的流动管理办法，构筑人才安全体系。

（五）营造有利于专业技术人员健康成长的良好环境。好的环境可以造就人、鼓舞人、感染人、激励人。我们要进一步在全社会形成尊重知识、尊重人才的良好风气，营造有利于专业技术人员成长和充分发挥作用的良好环境，用良好的工作环境，和谐融洽的人际环境，民主活泼的学术环境，比较舒适的生活环境和尊重理解的社会环境“拴心留人”。特别对于高层次人才，要格外珍惜，注重发挥其特点和专长，不求全责备，鼓励他们开拓创新，大胆探索，形成在创新和探索中允许失败、不怕失败的氛围，真正做到关心人、爱护人、理解人、信赖人。要大力宣传杰出专业技术人才的先进事迹，规范、完善“全国杰出专业技术人才”、“全国农村优秀人才”、“中国优秀博士后”等表彰活动；探索开展“留学人员回国创业成就奖”、“西部大开发杰出人才奖”，通过树立典型、学习先进营造良好环境，激励广大专业技术人员献身祖国建设。

六、以奋发有为的精神状态全面开创专业技术人才队伍建设新局面

新世纪新阶段不仅对人才队伍建设提出了新的挑战，也对从事专业技术人才队伍建设工作的同志提出了更高的要求。我们必须自觉地以“三个代表”重要思想武装头脑，解放思想，与时俱进，创新工作思路，转变工作方式，提高自身素质，以奋发有为的精神状态和脚踏实地的工作作风，努力开创专业技术人才队伍建设工作的新局面。

（一）加强理论学习。加强学习，提高素质，是做好专业技术人才队伍建设工作的前提。我们要深入学好邓小平理论和“三个代表”重要思想特别是江泽民总书记关于人才工作的重要论述，要加强科技知识、世贸知识、人才开发理论、公共管理理论、市场经济基础知识的学习，努力建设一支学习型的专业技术人员管理队伍。学习要紧密联系实际，联系改革开放和现代化建设的新进展，联系专业技术人才队伍建设工作的新情况，研究工作中带有全局性、战略性、前瞻性的重大问题，不断增强解决实际问题的本领。

（二）转变管理方式。专业技术人才队伍建设工作要以入世为契机，力争在转变政府职能、转变管理方式上有新的突破。要加强法制建设，制定政策法规，提高专业技术人才队伍建设工作规范化与法制化水平。要强化依法行政意识，严格按法律规定办事，依法保护专业技术人员和用人单位的合法权益。要加强宏观调控，通过制定规划、政策引导等，促进专业技术人才队伍健康有序地发展。要加强检查监督，健全人事争议仲裁，加强对专业技术人员政策法规贯彻落实的监督和检查。要丰富和发展政府的公共服务职能，满足日益多样化的社会经济组织对人事人才工作的需要。

（三）创新工作方法。要强化为专业技术人员服务的观念，密切与专业技术人员的联系，建立与专家的联系、咨询制度，经常听取专家对专业技术人才队伍建设工作的意见、建议。要借鉴国际人才资源开发的先进经验；采用现代信息技术，探索开展网上服务，提高工作效率；要建立健全专家信息库和海外留学人才信息库，发挥信息库的作用。积极发挥地方人事部门的创造作用，对把握不准或暂时不宜全面推开的工作，由地方先行探索试点，在总结试点经验的基础上再逐步推行。各地区、各部门也要充分发挥积极性和创造性，根据各地工作的具体实践，创造更多更灵活、更有效的工作方式。

（四）改进工作作风。各级人事部门要按照“八个坚持、八个反对”的标准，落实好中央关于今年是“转变作风年”、“调查研究年”的要求，改进工作作风，加强作风建设。要关心、爱护专业技术人才，满腔热忱做好工作，要把代表人民群众的利益作为我们想问题、做决策、办事情的重要出发点和落脚点，扎扎实实为专业技术人员办实事、谋实惠。要推行政务公开，增加职称评聘、专家选拔、经费资助、表彰奖励等工作的透明度，扩大专业技术人员的知情权、参与权、监督权。要加强调查研究，紧紧围绕中心任务，进行有针对性、务实性的调研，加强理论思考和规律性研究。要认真总结各地在实践中创造的新鲜经验，不断推进工作稳步前进，真正把各级人事部门建设成为专业技术人员之家。

同志们，专业技术人才队伍建设是关系到经济建设和改革开放全局的重大问题。我们要坚持讲大局、讲团结、讲稳定，出色地完成党中央、国务院在新世纪交给我们的伟大历史使命。让我们紧密团结在以江泽民同志为核心的党中央周围，高举邓小平理论伟大旗帜，全面贯彻"三个代表"重要思想，求实创新，开拓进取，努力开创新世纪专业技术人才队伍建设工作的新局面，为我国现代化建设事业和中华民族的伟大复兴不懈努力，用新的行动和新的成绩，迎接党的十六大胜利召开！

舒惠国副部长在全国杰出专业技术人才表彰暨专业技术人才队伍建设工作会议上的总结讲话

（2002 年 7 月 9 日）

同志们：

在与会代表和有关部门的共同努力下，全国"杰出专业技术人才"表彰暨专业技术人才队伍建设工作会议圆满完成了各项议程，今天就要结束了。

会议期间，锦涛、岚清和关根、忠禹同志，亲切接见了全国"杰出专业技术人才"代表和全体与会人员。锦涛同志作了重要指示，充分肯定了杰出专业技术人才在我国科技创新、经济发展和社会进步中作出的重要贡献，希望全国广大专业技术人才，全面实践"三个代表"的要求，继续弘扬"爱国奉献、求实创新、顽强拼搏、勇攀高峰"的精神，努力为我国先进生产力和先进文化的发展，贡献智慧和力量。他指出，抓住机遇，迎接挑战，实施科教兴国战略、走人才强国之路，是贯彻"三个代表"重要思想的必然要求，是增强我国综合国力和国际竞争力、实现中华民族伟大复兴的战略选择。他强调，要牢固树立"科学技术是第一生产力"和"人才资源是第一资源"的观念，坚持解放思想、与时俱进，以改革的精神推进人才队伍建设。要坚持和发扬我国人才工作的优良传统，吸收和借鉴国外人才资源开发的经验，加快建立有利于人尽其才的管理和激励机制，努力开创人才队伍建设的新局面。

忠禹同志代表国务院发表了重要讲话，深刻阐述了新形势下加强专业技术人才队伍建设的极端重要性，提出要建立完善人才充分发挥作用的竞争激励机制，大力加强高层次人才队伍建设，抓紧培养适应 WTO 需要的紧缺人才，进一步做好吸引海外优秀人才的工作，大力加强青年人才的培养等。忠禹同志强调，各级政府要适应新世纪、新形势对人才工作的新要求，大力实施人才强国战略，切实加强对专业技术人才队伍建设工作的领导，努力开创专业技术人才队伍建设的新局面。

学忠部长代表部党组作了工作报告，全面总结了近年来专业技术人才队伍建设工作的主要成绩和基本经验，系统阐述了江泽民同志关于人才工作的重要论述，理清了新世纪专业技术人才队伍建设的总体思路和目标任务，明确了加强专业技术人才队伍建设的总体布局和工作重点。

锦涛同志的重要指示和忠禹同志的重要讲话，明确了专业技术人才队伍建设的发展方向和总体要求，对加强专业技术人才队伍建设工作具有十分重要的指导意义，学忠同志的报告对专业技术人才队伍建设工作做了具体的部署和要求，明确了今后工作的目标和任务。我们一定要认真学习，深刻领会，切实贯彻落实。下面，我受部党组委托，对会议做个总结。

一、会议的主要特点和收获

与会代表一致认为，这次会议与以往不同，具有显著的特点：一是时机好。代表们认为，在举国上下认真学习、努力实践“三个代表”重要思想，积极创造优异成绩，迎接党的十六大召开之际，在党中央作出实施人才强国战略的重大决策，下发《2002—2005 年全国人才队伍建设规划纲要》不久，及时召开这次会议，专门研究部署专业技术人才队伍建设工作，时机非常好。二是思路新。很多代表说，会议深刻分析了专业技术人才队伍建设面临的新形势、新挑战、新机遇，提出了新的思路，明确了新的任务，在观念创新、体制创新、机制创新、管理创新等方面都有了新的突破。三是层次高。党中央、国务院领导同志对会议高度重视，锦涛、岚清同志和关根、忠禹同志在百忙中，亲切接见了全国“杰出专业技术人才”和全体与会人员，锦涛同志做了重要指示，忠禹同志发表了重要讲话。中组部、中宣部、科技部与我们一起，共同组织召开这次会议。地方人事厅局和中央国家机关干部人事部门的负责同志参加会议。四是内容实。大家认为，无论是领导指示和讲话，还是工作报告，都充满求真务实的精神，杰出专业技术人才的先进事迹也非常真实感人。会议紧密联系当前专业技术人才队伍建设的实际，提出的目标任务符合实际，针对性和操作性都很强，可以说是一次会风实，目标实，任务实，措施实，鼓实劲的会议。五是效率高。不少同志说，这次会议体现了中央关于“精简文件、缩短会期、务求实效”的精神，会期虽然只有 2 天，但内容饱满，既有杰出专业技术人才表彰，又有专业技术人才队伍建设的工作部署；既举行了先进事迹报告会，又部署了事业单位聘用制推行工作。大家普遍反映，会议紧凑，效率很高，质量很好，收获很大。

（一）*提高了思想认识*。代表们学习了江泽民总书记关于人才工作八个方面的重要论述，学习了锦涛同志的重要指示和忠禹同志的重要讲话，学习了学忠部长的工作报告，进一步提高了大家的思想认识。许多代表说，江泽民同志关于人才工作的重要论述，结合时代特点，总结了新时期人才工作的实践经验，丰富和发展了邓小平人才人事理论，为马克思主义关于人才问题的思想宝库增添了新的内容。大家感到肩上的责任感和使命感增强了，一致认为，加强专业技术人才队伍建设，是贯彻落实“三个代表”的具体实践，是实施人才强国战略的重要内容，是促进经济社会发展的内在要求，表示要抓紧做好专业技术人才队伍建设的各项工作。

（二）表彰了先进典型。在这次大会上，中组部、中宣部、人事部、科技部联合表彰了50名“杰出专业技术人才”，他们是我国4 100万专业技术人才的杰出代表。荣誉不仅属于他们，也为全国专业技术人才树立了榜样，激励作用是很大的，也是深远的。“杰出专业技术人才”的感人事迹，展示了当代专业技术人员“拼搏、创新、攀登、奉献”的精神风貌和崇高品格。听了他们的先进事迹，代表们受到了振奋，坚定了信念，表示要向全国“杰出专业技术人才”学习，并组织开展好向先进学习的活动，努力创造人才健康成长、发挥作用的良好环境。

（三）总结了基本经验。与会代表认为，学忠部长的报告归纳的“六个坚持”，既符合全国的实际，又符合各地的情况，具有很强的针对性，这既是对专业技术人才队伍建设经验的总结，也是对人才工作规律的把握和概括，更是今后专业技术人才队伍建设的方向和必须坚持的原则。大家一致表示，要进一步消化吸收这些经验，把它与本地实际结合起来，创造性地开展工作，不断形成新的经验，努力增强工作的系统性、原则性、创造性、预见性。

（四）明确了目标任务。在这次会议上，锦涛和忠禹同志充分肯定了专业技术人才队伍建设取得的成绩，指明了专业技术人才队伍建设的方向。学忠部长的报告就今后一个时期专业技术人才队伍建设的发展目标和主要任务做了部署和安排，提出了社会化、市场化、国际化、法制化的发展方向和“五结合”的工作方针，明确了今后工作的十三项具体任务。大家表示，有党中央、国务院的高度重视，有明确的目标任务和具体要求，我们的劲头更足了，信心更强了，表示要以这次会议为新的起点，再接再厉，奋发进取，不断把专业技术人才队伍建设工作继续推向新的水平。

二、关于专业技术人才队伍建设工作需要强调和说明的几个问题

与会代表在讨论中对今后的工作提出了许多好的意见和建议。我们将进一步进行整理、归纳和研究。下面，我就会上大家讨论中比较关注的几个问题，谈几点意见。

（一）认真做好事业单位试行人员聘用制的实施工作。自1995年以来，已有20多个地区进行了以聘用制为主要内容的事业单位人事制度改革，取得了很好的效果。为了规范各地聘用制的做法，总结提升各地的实践经验，国务院办公厅刚刚转发了人事部《关于在事业单位试行人员聘用制度的意见》。以国务院办公厅名义转发在事业单位试行人员聘用制的专门文件，充分说明了国务院对事业单位人事制度改革的高度重视，对事业单位人事制度改革方向、原则和措施的充分肯定，标志着事业单位人事制度改革进入了一个新的阶段。对如何贯彻落实好这个文件，忠禹同志提出了原则要求，学忠部长在报告中做了全面部署，我们一定要认真贯彻，切实把工作落到实处。总的要求是态度要积极，步子要稳妥，措施要具体，方法要得当，改革要使大多数人受益，要使大多数人的积极性得到调动。第一，要抓紧实施。事业单位除按照国家公务员制度进行人事管理的以及转制为企业的以外，都要逐步试行人员聘用制度。第二，要因地制宜。已经制定聘用制实施办法的地区，要在已有的基础上加以完善，按照新文件的要求，总结经验，进一步做好工作；还没有制定有关办法的地区，要结合本地区的实际情况，尽快制定有关实施意见。第三，要配套改革。要把事业单位人事制度改革与事业单位体制和机构改革结合起来，要通过聘用制的建立和推行，在事业单位建立起充满生机和活力的用人制度，调动事业单位各类人才的积极性。在实施过程中，尤其要注意处理好改革、发展、稳定的关系。一方面要通过试行人员聘用制度，搞活用人机制，让优秀人才脱颖而出；另一方面，又要采取有效措施，妥善做好未聘人员的安置工作，确保改革顺利进行。人事部将抓紧制定有关配套改革办法和实施意见。各地区和各部门也要结合各自的实际情况，制定有关办法和具体的实施意见。在推行过程中发现问题，请及时与人事部联系。

（二）关于高层次急需人才队伍建设工作。培养开发高层次急需人才，是实施人才强国战略的重要内容，是应对中国加入世界贸易组织的一项紧迫任务。忠禹同志和学忠部长对此提出了明确要求，作出了全面的部署。各位代表对加强高层次人才队伍建设和急需人才的培养开发也提出了许多好的意见，这里我再强调几点：一要以实施“新世纪百千万人才工程”为龙头，完善高层次人才培养机制。要采取新的措施和手段，努力建设、开发好高层次人才队伍。有条件的地区和单位对关键专业技术岗位，可以在工作条件、薪酬等方面给予优厚待遇。要通过建立高层次急需人才的信息库和制定关键岗位的人才需求信息，促进高层次人才和急需人才的信息资源共享。二要发挥人事部门的综合职能优势，形成高层次急需人才队伍建设的合力，发挥政府特殊津贴、有突出贡献专家、博士后培养、科研经费资助和继续教育等工作的整合功能。要通过摸清本地区本部门高层次急需人才的状况和发展需求情况，结合实际制定培养开发的指导意见和规划措施。三要坚持高层次人才和其他人才并举的方针，全面推进人才队伍建设。省、市、县人事部门要围绕产业结构调整和经济社会发展，针对不同特点，加紧建设好符合本地实际需要的人才队伍。特别是市县人事部门要进一步加强农村乡土人才、实用人才、农技推广人才和特色人才的培养开发，为我国农村经济的发展和振兴提供人才保证。

（三）关于吸引海外留学人才工作。党中央、国务院对留学人员工作非常重视，社会各界都很关心，这也是大家讨论的热点问题之一。忠禹同志和学忠部长都强调要吸引海外留学人员回国工作或以多种形式为国服务。这里，我想再强调几点。一是吸引留学人才，要把吸引的重点，放在国内急需的、高层次人才身上。同时，还要吸引国外高级人才来我国创业。二是要注重吸引留学人员回国工作的实效。在讨论中，大家反映，目前在留学人员引进工作中，存在着活动规模大、实际效果相对较差的问题。大规模活动确实有利于优化环境，营造氛围，引起社会各方的关注，但要注重实效。可以采取多种形式，搞专题化的活动。这几年许多地区都在开展形式多样的吸引海外留学人才活动，要加强地区与地区之间的协调，许多信息资源可以共享。可以创新活动的形式，多利用现代化的信息平台，降低成本，增加效果。三要发挥人事部门的职能作用。讨论中，有的同志反映，留学人员回国工作涉及科技、教育、统战、侨办等许多部门，建议要加强综合协调。学忠部长在报告中谈到，要加强领导，加强与有关部门的协调。我们认为，人事部门作为留学人员回国工作的职能部门，一方面要发挥职能优势，积极地、主动地开展工作；另一方面，要加强与教育、科技、财政、公安、外交、经贸等部门的沟通合作，以形成整体合力，统筹、有序地做好留学人员回国工作。

（四）关于职称工作。职称工作肩负着评价和使用各类专业技术人才的重要任务，是专业技术人才队伍建设的一项基础性工作。职称工作涉及面广，政策性强，为社会各方广泛关注。面对经济结构多元化、就业方式多样化和人才资源配置市场化、人才竞争国际化等，必须解放思想，与时俱进，不断地创新改革完善政策。对职称工作，学忠部长在报告中做了部署。这里，我再强调三点，第一，要按照忠禹同志强调的，要根据国际惯例和市场经济的要求，在事关公共利益和人民生命财产安全的关键专业技术岗位建立和推行执业资格制度，尽快在市场经济急需的重点领域加快建设步伐，要切实加强执业资格的统一管理，各级人事部门要对已实行执业资格制度的实施情况加强指导和监督。第二，要加强对职称考试工作的管理。现在职称考试每年有300多万人参加，考试的规模越来越大，组织管理工作也更复杂，社会也非常关注。一定要认真地组织好各项考试工作，要切实吸取近年一些地方出现的考试舞弊的教训，进一步落实考试责任制和责任追究制度，严肃考风考纪，维护职称考试的客观性和公平公正性。要改进考试工作的管理方式和方法；加快考试工作制度化、信息化、现代化建设。第三，要加强职称工作的统一指导和综合管理，防止政出多门，在推进职称改革工作时，要统筹考虑与其他改革措施的配套协调。要主动做好与各有关部门的沟通与协调工作，进一步提高政策水平、管理能力、工作效率和工作质量。讨论中，代表们对职称工作非常关注和重视，提出了很多好的意见和建议，我们将进行进一步的整理，并认真地加以吸收。

（五）关于搞活专业技术人才的流动问题。如何搞活专业技术人才的流动，盘活专业技术人才资源，是与会代表普遍关心的一个问题。专业技术人才是生产力要素的重要组成部分，搞活专业技术人才流动，有利于实现人才效益的最大化。这里，我就搞活专业技术人才流动再强调几点：一是要积极探索建立有利于搞活专业技术人才流动，符合专业技术人才特点的用人方式，探索固定与流动、专职与兼职相结合的用人方式，按照不求所有、但求所用的思路，建立合理的人才柔性流动机制。二是要按照机制健全、运行规范、服务周到、指导监督有力的要求，大力发展和完善人才市场，实现专业技术人才资源配置的市场化。三是要加强对人才流动和人才市场的宏观调控和管理。要建立和完善人才安全机制，加强对涉及国家机密、事关国计民生的重要关键岗位的宏观调控和管理。要抓紧制定外国人才中介机构准入制度和涉密人员、特殊人才流动管理办法，建立和完善规范有序的人才流动机制，促进专业技术人才的合理流动、合理配置。

（六）关于拓宽专业技术人才工作的领域。随着我国市场经济的发展，经济成分出现了多元化的趋势，非国有经济在整个国民经济中的比重越来越大。根据有关统计资料，国有企事业单位的专业技术人才总量从1999年开始呈下降趋势，2001年年底的总量比1997年的总量还低。这说明，非国有单位的专业技术人才数量在不断上升。目前我国共有各类专业技术人才4 100万人，其中，国有企事业单位有2 800多万人，非国有单位的专业技术人才有1 000多万人。这种发展态势，要求我们必须开阔视野，大胆实践，不断拓宽专业技术人才工作的领域。要按照学忠部长关于专业技术人才工作社会化的要求，不但要做好国有事业单位的专业技术人才工作，还要加强和做好国有企业、非国有企业、乡镇企业和农村的专业技术人才工作。各级人事部门要加强非国有企业、乡镇企业和农村专业技术人才的调查研究工作，摸清人才底数，了解需求情况。在制定专业技术人才管理的有关政策时，要充分考虑他们的特点和要求，如在人才流动、人才评价、职称评聘、继续教育等方面要覆盖非国有企业、乡镇企业和农村。要树立服务意识，主动为它们服务，帮助它们引进人才，培养人才，利用聘用、兼职和技术咨询等灵活多样的办法，为它们提供人才服务。

三、创造性地做好会议精神的贯彻落实工作

江泽民同志强调，决策的制定和实施方案的部署，事情还只是进行了一半，还有更重要的一半就是要确保决策和部署的贯彻落实。召开会议固然十分重要，但这还只是第一步，更重要的是抓好会议精神的贯彻落实。这次会议对专业技术人才队伍建设工作进行了总体部署，方向已经明确，目标已经确立，任务已经清楚，下一步的关键是要结合实际，做好会议精神的学习、宣传、贯彻、落实工作。

（一）要认真做好会议精神的学习传达。这次会议是人事部门落实“三个代表”要求和实施人才强国战略的一次重要会议，会议的内容非常丰富，传达和贯彻的任务很重。希望同志们回去后，及时将锦涛同志的重要指示、忠禹同志的重要讲话和学忠部长的工作报告，抓紧向省委、省政府和部委党组汇报，积极争取领导的支持，有关重点工作要尽可能纳入各级领导的议事日程。有条件的地区、部门要专题召开会议，专门进行传达和部署，并将学习传达和贯彻落实的情况及时向人事部办公厅报告。要通过传达学习，把思想统一到江泽民同志“三个代表”的重要思想和关于人才工作的重要论述上来，统一到中央领导同志指示和讲话精神上来，统一到会议对专业技术人才队伍建设作出的重要决策上来。

（二）要迅速掀起学习江泽民同志人才思想的高潮。重视理论学习和理论武装，是多年来人事部门形成的一个好传统。贯彻好会议精神，首先要学好、学深、学透江泽民总书记关于人才工作的重要论述。江总书记关于人才工作的重要论述，回答和解决了新世纪人才队伍建设的根本性、全局性和战略性的重大问题，是新时期人事人才工作的根本保证，是“三个代表”重要思想的具体体现，对推进人事人才工作具有重要的指导意义。为了便于学习，学忠部长在报告中从八个方面对江总书记关于人才工作的重要论述进行了归纳，希望各级人事部门回去后，结合“三个代表”重要思想的学习，迅速兴起学习江泽民总书记关于人才工作重要论述的活动，要研究制定好学习计划，并认真组织实施。政府人事部门要先学一步，学深一步；要以党组中心组的学习带动其他各方面的学习；要增强学习的针对性，做到理论联系实际，切实把学习江总书记关于人才工作的重要论述与学习邓小平人才人事理论结合起来，与人事人才工作的具体实际结合起来，与人事制度改革结合起来。

（三）要把向“杰出专业技术人才”学习的活动引向深入。这次大会表彰的“杰出专业技术人才”是新时期专业技术人才的杰出代表，事迹突出，感人至深。深入开展向杰出专业技术人才的学习活动，对进一步在全社会树立“尊重知识、尊重人才”的氛围，对建设德才兼备、高素质的人才队伍具有十分重要的作用。锦涛同志代表党中央、国务院发出了向杰出专业技术人才学习的号召，忠禹同志对学习宣传“杰出专业技术人才”工作提出了明确的要求，各地区、各部门要结合各自的实际情况，采取多种形式，通过电视、电台和各种新闻媒体以及报告会、座谈会等各种形式，组织好、开展好向他们的学习活动，切实把学习杰出专业技术人才的活动不断引向深入。

（四）要结合实际创造性地开展工作。这次会议对今后一个时期专业技术人才队伍建设工作作出的总体部署，是立足全国的。但我国幅员辽阔，地区行业之间差别很大，各地经济发展水平、产业结构、人才分布状况等都不一样。这就要求我们既要坚定不移

地贯彻会议确定的方针政策和总体部署，又要坚定不移地结合当地和本部门的实际，因地制宜，创造性开展工作，防止片面性、简单化和一刀切。各地区、各部门在贯彻落实会议精神的过程中，要以一种开拓创新的姿态，把工夫下在“结合”上，在结合上做文章；把精力集中到创造性地开展工作上，在“创新”上出成绩。专业技术人才“点多、面广、线长”，层次多，几乎覆盖经济社会的各领域、各门类、各战线，其工作性质、工作方式各不相同，要求也不完全一样。因此，各地区各部门贯彻会议精神要针对特点，分类指导，增强针对性，创造性地把会议精神落到实处。

同志们，让我们紧密地团结在以江泽民同志为核心的党中央周围，高举邓小平理论的伟大旗帜，全面贯彻“三个代表”重要思想，以与时俱进的思想观念、奋发有为的精神状态、脚踏实地的工作作风，创造性地做好会议精神的贯彻落实工作，出色地完成专业技术人才队伍建设的各项任务，以优异的成绩，迎接党的十六大的胜利召开！

充分发挥广大留学人才在全面建设小康社会中的独特历史作用

——曾庆红在全国留学回国人员先进个人和先进工作单位表彰大会上的讲话

（2003 年 9 月 30 日）

经党中央、国务院批准，今天我们在这里隆重召开全国留学回国人员先进个人和先进工作单位表彰大会。这是继 1991 年和 1997 年之后，党和国家对留学回国人员先进个人和先进工作单位进行的又一次重大表彰活动，也是在新世纪新阶段召开的第一次有关留学工作的重要会议。我们召开这个会议，一是为了纪念邓小平同志关于扩大派遣出国留学人员的重要讲话发表 25 周年；二是要以“三个代表”重要思想为指导，总结交流党的十五大以来我国的留学工作经验，宣传表彰在各条战线作出突出业绩的留学回国人员和在留学回国工作方面作出突出成绩的先进工作单位；三是要贯彻落实党的十六大精神，在全社会进一步营造“尊重劳动、尊重知识、尊重人才、尊重创造”的良好氛围，最广泛、最充分地调动广大留学人员回国工作或为国服务的积极性，充分发挥这些宝贵人才在全面建设小康社会、加快推进我国社会主义现代化中的独特作用。

大家知道，1978 年 6 月，在党的十一届三中全会召开之前，当时自告奋勇来当我国科技和教育工作“后勤部长”的邓小平同志，就发表了扩大向国外派遣留学生的重要讲话，明确提出，留学生的数量要增大，“要成千成万地派”，“要千方百计加快步伐”。邓小平同志的重要指示，着眼于党和国家工作的大局，着眼于我们民族的现实需要和长远发展，表现出马克思主义政治家和战略家的远见卓识和宏大气魄，开启了在即将到来的改革开放和社会主义现代化建设新的历史时期我国大规模派遣留学人员的序幕，同时也翻开了我国出国留学工作新的篇章，具有划时代的重大意义。25 年来，伴随着我国改革开放和社会主义现代化建设波澜壮阔的历史进程，神州大地先是出现了一波又一波的“留学热”，接着又出现一浪接一浪的“回国潮”。在党和政府的积极鼓励和大力支持下，我国的出国留学和留学回国工作取得了长足发展，党的十五大以来的 6 年间，又涌现出一大批先进个人和单位。今天大会表彰的 311 名留学回国人员先进个人和 22 个留学回国先进工作单位就是其中的优秀代表。这些先进个人脚踏实地、艰苦创业、报效祖国、造福人民，取得了骄人业绩；这些先进单位认真贯彻党和国家的留学工作方针和政策，创造性地开展工作，取得了显著成绩。广大留学回国人员作为我国十分重要的战略资源之一，在我国的现代化建设中发挥了不可替代的重要作用，作出了不可磨灭的历史贡献。在这里，我代表党中央、国务院，向所有受到表彰的先进个人和先进工作单位，表示热烈的祝贺和崇高的敬意！向工作在祖国各条战线、为强国富民作出贡献的广大留学回国人员和目前尚在海外学习、工作并用各种方式为祖国振兴和人类进步事业贡献力量的莘莘学子及其家人，致以诚挚的问候和良好的祝愿！

刚才，中共中央总书记、国家主席胡锦涛同志亲切接见了与会全体代表，并发表了重要讲话。这个讲话，言简意赅，语重心长，寓意深刻，指导性强。我们一定要认真学习领会，切实贯彻执行。下面，我讲四点意见。

一、在我国革命、建设、改革的不同历史时期，都有留学回国人员的积极参与和真情奉献

从上世纪初到本世纪初的 100 年，是中国人民为实现祖国独立、民族解放和伟大复兴而英勇奋斗的 100 年，也是一批又一批仁人志士走出国门，寻找救国救民道路和强国富民本领而上下求索、艰辛求学的 100 年。这 100 年间，无数优秀中华儿女出国留学和回国效力的历史，成为中国革命、建设和改革历史画卷中极为动人和精彩的篇章。

历史不会忘记，近 100 年前，中国民主革命的伟大先行者孙中山先生，以当时留日的中国学生为骨干组建的同盟会，领导了辛亥革命，一举推翻了统治中国几千年的君主专制制度。历史同样不会忘记，俄国十月革命一声炮响，给中国送来了马克思列宁主义。当时，陈独秀、李大钊等一批具有留学经历的先进知识分子与毛泽东同志等具有初步共产主义思想的知识分子一道，大力宣传并积极促进马克思列宁主义与中国工人运动相结合，创建了中国共产党，使中国革命的面貌焕然一新。在中国共产党成立前后旅欧勤工俭学和留苏学习革命的一批进步青年以后相继回到了国内，他们中有不少在严酷的革命实践中锻炼成为我们党和军队的领导骨干，对推动中国革命事业的发展并取得最终胜利建立了不朽的历史功勋。比如，大家所熟知的周恩来、刘少奇、朱德、邓小平、陈云、任弼时、陈毅、聂荣臻、叶剑英等老一辈无产阶级革命家，就是那一代留学人员的杰出代表。而差不多同一时期以鲁迅、郭沫若、蔡元培、竺可桢、华罗庚、冼星海等为代表的留学归国的科学家、文学家、艺术家，则为推动中国革命和科技教育、文化艺术事业的发展作出了独特贡献。

1949 年新中国的成立，开启了中华民族的历史新纪元，同时也开始了大规模的国家建设。面对当时国内百废待兴、百业待举而又遭受以美国为首的西方资本主义世界经济封锁、军事威胁的状况，党和国家一方面热切召唤在 20 世纪 30 和 40 年代赴欧美留学的学子们回国工作，另一方面果断决定向前苏联和东欧各社会主义国家有计划、大规模地派遣留学生。历史不会忘记，从新中国成立初到上世纪五十年代，先后有2 500多名情系祖国的留学生和学者冲破重重阻挠，克服种种困难，回到祖国母亲的怀抱，其中有杰出科学家钱学森、李四光、邓稼先、吴文俊等。他们为开拓和发展新中国的工业、教育、科研、国防等各项事业，奉献了满腔热血和青春年华。历史同样不会忘记，我们党和国家在上世纪五六十年代派出的18 000多名留学生，不负党和人民的重托，发奋学习，刻苦钻研，学成以后全部如期回国，积极投身国家建设。据统计，在1955年中国科学院首届学部委员中，留学归国学者占到92%。在以后获得党中央、国务院、中央军委授予的“两弹一星功勋奖章”的23人中，属于那一时期的留学归国学者就有21人。

1978年党的十一届三中全会以来，我国进入改革开放和社会主义现代化建设新的历史时期，我国出国留学和留学回国工作也进入了一个新的发展阶段。在党和国家“支持留学，鼓励回国，来去自由”和“鼓励海外留学人员以不同方式为祖国服务”的正确方针指引下，截至目前，我国的出国留学人员总数已达58万人，遍布世界100多个国家和地区，形成了我国历史上规模最大、领域最多、范围最广的一次出国留学热潮。其中，回国工作的留学生已近16万人。他们以优秀的前辈留学回国人员为楷模，以实现祖国现代化和中华民族伟大复兴为己任，积极投身重大科研项目的攻关和重点工程项目建设，积极参与国防尖端技术的开发和关系国计民生重大问题的应用研究，在高新技术的产业化和理论创新、制度创新、科技创新、文化创新以及其他领域创新等方面，充分施展聪明才智，努力实现报国之志，不断作出卓越贡献。目前，中国科学院院士的81%，中国工程院院士的54%，“九五”期间国家863计划课题组组长以上科学家的72%，都有留学经历。他们中，有在生命科学研究方面作出重要贡献的陈竺院士，有在法学领域卓有成绩的曹建明教授，有在知识产权保护领域颇有造诣的郑成思研究员，有在抗击非典第一线作出突出贡献的钟南山院士，有在控制科学理论方面有重要建树的郭雷院士，还有在回国创业中取得突出业绩的田溯宁博士，等等。他们分别是1991年、1997年和今年受表彰的先进个人，也是10多万留学回国人员中的优秀代表。在这里，还应当指出的是，在我们党和国家新时期的管理工作中，在内政外交国防、治党治国治军的高级领导干部中，也有不少是留学回国人员。

从以上的历史回顾中，我们可以看到，在我国革命、建设、改革不同历史时期的大多数出国留学人员，尽管出国的形式和背景不同，学习的领域和内容各异，但他们都有一个共同的特点，那就是热爱祖国、追求进步，报效人民、造福人类，立志为民族振兴而刻苦学习，为祖国腾飞而艰苦创业，为人民福祉而真情奉献，为人类文明而苦苦求索。事实充分表明，广大进步和优秀的留学回国人员为发展中国先进生产力和先进文化，为实现中国最广大人民的根本利益发挥了独特的历史作用。事实还充分表明，我国进步和优秀的留学生队伍是一支经得起考验、完全可以信赖的队伍。党和人民为拥有并将更多地拥有这样一批英才而感到骄傲和自豪。此时此刻，我要说，党感谢你们，祖国感谢你们，人民感谢你们！

二、我国新时期的出国留学和留学回国工作取得了明显成效，积累了宝贵经验

在改革开放和社会主义现代化建设新的历史时期，我们党和国家在出国留学和留学回国工作中既一以贯之又与时俱进，推动这项工作始终与时代发展同步伐，与社会主义现代化建设共命运。党和国家的几代领导集体，以宽广的世界眼光、前瞻的战略思维、务实的思想观念，制定了一系列鼓励出国留学和留学回国的方针政策，为留学人员回国施展才华创造了良好的环境和条件。各地区各部门认真履行职责，创造性地开展工作，使出国留学和留学人员回国工作不断取得新的重要进展。这主要体现在以下四个方面：

一是进一步明确了出国留学和留学回国工作的指导方针。这就是：国家积极贯彻"支持留学，鼓励回国，来去自由"的方针，并鼓励留学人员以适当方式为祖国服务，鼓励海内外各类投资者在我国建设中的创业活动。在这个过程中，千方百计营造鼓励回国留学生干事业、支持回国留学生干成事业的社会氛围，放手让一切劳动、知识、技术、管理和资本的活力竞相迸发，放手让一切创造社会财富的源泉充分涌流。这就为走出一条具有时代特征、中国特色的留学回国工作和创业的新路子指明了方向。

二是进一步健全了出国留学和留学回国工作的政策体系。党和国家分别就公派和自费出国留学、加强对留学人员管理、鼓励海外留学人才回国工作、以多种形式为国服务等问题制定和颁布了一系列政策，推出和实施了"新世纪百千万人才工程"、"百人计划"、"长江学者奖励计划"等与留学回国工作密切相关的项目和政策措施，初步形成了覆盖面广、针对性强、相互配套的政策支持体系。

三是进一步完善了出国留学和留学回国工作的管理机制。中央政府和各地区各部门包括各用人单位，顺应对外开放和发展社会主义市场经济的需要，按需派遣、保证质量、学用一致，并把留学回国管理的重心转到提供优质服务上来，转到创造良好环境上来，积极鼓励留学回国人员加强与国内用人单位的合作，为他们施展才华搭建平台。

四是进一步改善了留学回国人员的工作、生活条件。中央和各地区各部门以及社会各方面加大资金投入，设立专项基金，创办"留学人员创业园"，切实帮助解决家属就业、子女就学等问题，为留学回国人员提供用武之地，解除后顾之忧。据不完全统计，目前全国各地共创建留学人员创业园70家，入园留学人员企业4 000家，入园留学人员15 000多人。其中，仅北京中关村就有留学人员创业企业1 785户，引进留学人员4 900多人，形成了新一轮留学人员回国创业、为国服务的热潮。

新时期规模宏大、影响深远的出国留学和留学回国工作实践，使我们党和政府以及社会各方面不断加深了对留学回国工作特点和规律的认识，从中探索和积累了一系列长期管用的宝贵经验。其中，主要的有以下五条：

（一）*必须自觉地把出国留学和留学回国工作摆在党和国家工作的重要战略地位。*人才资源是我国的第一资源，留学回国人员是现阶段我国人才资源中的重要组成部分。要统筹发挥国内培养的人才与留学回国人才的作用，做到：在谋划发展的同时考虑人才保证，在制订计划的同时考虑人才供求，在研究政策的同时考虑人才导向，在部署工作的同时考虑人才措施。要把留学回国工作放在更加突出的位置上来，使出国留学和留学回国工作成为一潭活水，始终充满生机和活力。

（二）*必须使出国留学和留学回国工作服从服务于经济建设这个中心。*在现阶段，发展是我们党执政兴国的第一要务。出国留学和留学回国工作要始终着眼于发展，工作的目标要始终致力于发展，各项政策措施要始终围绕着发展来制定，工作的成效要始终用发展来检验。要引导留学回国人员积极投身我国社会主义现代化建设的时代洪流，积极投身国民经济和社会发展主战场，为落实科教兴国和人才强国战略作贡献。

（三）*必须最大限度地发挥出国留学和留学回国人员的积极性、主动性和创造性。*无论是对留学回国人员还是对一时不具备回国条件的留学人员，都要千方百计创造条件使他们回到祖国有用武之地，留在国外亦有报国之门，通过多种形式为国服务。一定要保护好他们的爱国热情，发挥好他们的创业精神，维护好他们的切身利益。要真正做到用事业的成就凝聚人才，用创业的环境吸引人才，用深厚的感情关心人才，用优质的服务团结人才。

（四）*必须不断创新出国留学和留学回国的工作机制。*要遵循人类社会发展规律、我国现代化建设规律、社会主义市场经济发展规律和人才资源开发利用规律，结合本世纪头20年全面建设小康社会对高层次海外留学人才的迫切需求，把坚持党管人才原则与发挥市场在人才资源配置中的基础性作用有机结合起来，健全法规，完善制度，努力形成规范有序、便捷高效、运转协调的留学回国人员工作机制，把更多优秀的出国留学人才集聚到党和国家的各项事业中来。

（五）*必须努力营造既有利于出国留学又有利于留学回国的良好环境。*积极从政策、工作、学习、生活、舆论等各方面为留学回国人员创造良好条件，努力使留学回国人员取得比在国外更大的成绩，获得更大的成就感和荣誉感，使他们创新创业的价值得到体现，使他们的工作成果得到社会承认和应有回报，使他们的合法权益特别是知识产权得到有效保护，形成一个拴心留人、人在心在、干事创业的良好环境。

总结以往的经验是为了指导现在、开创未来。上述五个方面的成功经验，是我们进一步做好出国留学和留学回国工作的宝贵财富。今年5月中旬，中央政治局常委会和中央政治局会议专题研究了人才工作，对当前和今后一个时期坚持党管人才原则和实施人才强国战略作出了重要部署。各地区各部门要坚决按照中央的部署，把新时期我国做好出国留学和留学回国工作的成功经验坚持好、运用好、发展好，开创新世纪新阶段我国出国留学和留学回国工作的新局面。

三、全面建设小康社会，加快推进社会主义现代化的伟大事业呼唤更多留学人员回国效力和建功立业

江泽民同志在党的十六大报告中明确提出，要紧紧抓住本世纪头20年的重要战略机遇期，全面建设惠及十几亿人口的更高水平的小康社会，基本实现工业化，大力推进信息化，加快建设现代化，使经济更加发展、民主更加健全、科教更加进步、文化更加繁荣、社会更加和谐、人民生活更加殷实，到2020年力争使我国国内生产总值比2000年翻两番，综合国力和国际竞争力明显增强。这是一个宏伟的战略目标，实现了党在新世纪新阶段的这个奋斗目标，我们的祖国必将更加繁荣富强，必将为人类进步事业作出更大的贡献。大家知道，近代产业革命以来的250年，全世界实现工业化的国家和地区，总共不过15亿人，也就是说，每50年才有不超过3亿人口进入工业化社会；而我国从新中国成立以来，特别是从上世纪80年代起，经历改革开放和现代化建设的第一、第二步发展进程，到全面小康目标实现后，再继续奋斗几十年，到本世纪中叶，大体上只用不到100年的时间，就将把一个15亿人口的发展中社会主义大国带入工业化、基本实现现代化。这是一个何等光荣而伟大的事业。我国全面建设小

康社会的这一发展时期，既是加快社会主义现代化建设的关键时期，也将是广大留学人员回国创新创业、施展聪明才智、实现报国之志的黄金时期。可以这样说，广大留学人员生逢其时，归逢盛世，此时此刻，你们回国工作或以各种方式为国服务，一定可以大有作为。

新世纪新阶段，我国全面建设小康社会既具备各种有利条件，也面临各种制约因素，其中最大的制约因素之一是我国高科技人才的严重缺乏。根据第五次全国人口普查提供的数据，我国目前受过高等教育的人口仅占我国适龄劳动人口的5.2%，而1995—1997年，美国的这一比例是46.5%，加拿大是46.9%。全国拥有高级专业技术职称的人才仅占专业技术人才总数的5.7%。高新技术方面的人才就更为缺乏，仅软件技术人才缺口就高达42万人，生物、医药、新材料、军工等方面的尖端科技人才也严重匮乏。这就使得我国在工业化和现代化进程中，在人才方面将面临比世界大多数国家更艰巨的任务和更多的困难。

针对这一薄弱环节，近年来国家一方面不断加强国内人才培养工作，另一方面高度重视引进国外智力和人才工作，同时不断加大吸引留学人才回国工作的力度，留学回国人员和以各种方式为国服务的留学人员呈明显增加的趋势，20世纪90年代后期以来留学回国人数平均以每年13%的速度递增。近年来，有关部门积极帮助和妥善解决了诺贝尔奖获得者杨振宁、李政道、丁肇中和陈省身、林家翘、邱成桐等海外著名华人科学家回国工作和居住的安置问题，在海内外科技界产生了良好反响。前不久，北京生命科学研究所在海内外公开招聘所长，不少留学欧美的优秀青年华人科学家和海外高水平研究团队纷纷回国参加竞聘，为吸引海外留学人员和团队回国创新创业起到了积极的示范和带动作用。最近国务院国有资产监督管理委员会又面向全球为其直接监管的6家中央企业向海内外公开招聘7名高级经营管理者，同样引起了很大反响。可以说，留学人员回国发展的机遇从来没有像现在这样多，舞台从来没有像现在这样大，环境从来没有像现在这样好。正如邓小平同志曾经说过的那样，广大留学人员“要作出贡献，还是回国好”。全面建设小康社会呼唤着你们，祖国人民盼望着你们。希望广大留学人员认清机遇、把握机遇，进一步增强回国服务、报效祖国、造福人民的使命感、责任感和紧迫感，努力在全面建设小康社会的历史进程中创造新的业绩。

当年，毛主席在莫斯科接见我国留学生时说过：“你们青年人朝气蓬勃，正在兴旺时期，好像早晨八九点钟的太阳，希望寄托在你们身上。”今天，党和国家对广大留学回国人员依然满怀着这样的心情和这样的期望。如果要说得具体一点，也可以说有以下四点殷切期望：

一是期望你们继承优良传统，做甘于奉献的爱国者。爱国主义从来是凝聚中华民族一面光辉旗帜，也从来是一代又一代留学人员为民族的解放、祖国的强盛和人民的幸福而拼搏奋斗、奉献才华的强大精神动力。十六大报告把中国共产党人和中国亿万人民的共同理想概括为在中国特色社会主义道路上实现中华民族的伟大复兴。这就科学地阐明了中国共产党人的爱国主义和社会主义是内在地统一于建设中国特色社会主义和实现中华民族伟大复兴的历史伟业之中的。广大出国留学和留学回国人员为这个伟大事业奉献全部聪明才智，就是爱国主义最现实的体现。你们要继承和发扬老一辈留学回国人员执著的爱国主义精神，心系祖国，情系人民，自觉把个人的命运与祖国的命运结合起来，把个人的才智与祖国现代化建设的需要结合起来，把个人的事业追求与亿万人民全面建设小康社会的宏伟事业结合起来，努力学习，立志成才，报效祖国，造福人民，在实现自己人生价值的过程中谱写爱国主义的新篇章。记得马克思 1835 年在他的题为《青年在选择职业时的考虑》的论文中曾经写道："如果我们选择了最能为人类谋利益的职业，我们就不会为生活的重负所压倒，因为这是为全人类所做的牺牲；那时我们所得到的就不是一点点自私而可怜的欢乐，我们的幸福将属于千百万人。我们的事业并不显赫一时，但却永远存在。"相信广大留学回国人员在投身我国现代化建设这一伟大事业的过程中，也会获得这样的深切感受。

二是期望你们正确认识国情，做艰苦奋斗的创业者。我国正处于并将长期处于社会主义初级阶段。我们现在所达到的小康还是低水平的、不全面的、发展很不平衡的小康，我国生产力和科技、教育还比较落后，人口压力、资源压力、环境压力还比较大，经济体制和其他方面的管理体制还不完善，与发达国家相比，我国还有很大差距，实现工业化和现代化还有很长的路要走。要全面建设小康社会，还需要进行长时期的艰苦奋斗。广大留学回国人员要深入了解国情、民情，下决心同亿万人民一道，用脚踏实地的行动去实现我们的理想。要善于向实践学习、向国内同行学习、向人民群众学习，勇于在艰苦环境中磨炼，善于在艰苦条件下创业。当条件艰苦时，要不怕苦，不怕累，任劳任怨，埋头实干；当环境不尽如人意时，要理智和冷静地对待，积极进行调适；当事业暂时受挫时，要不怕失败，善于总结，百折不挠，勇往直前。努力做到：既要立志创业，又要艰苦创业；既要想干事，又要能干成事，在追求个人事业发展中为全面建设小康社会创造新的业绩。

三是期望你们勇于开拓创新，做科学高峰的攀登者。当今世界科技进步日新月异，科技在经济社会发展中的作用越来越大，高科技向现实生产力的转化越来越快，高新技术产业在经济中的比重不断增大，经济与科技的结合日益紧密，各国都在积极抢占科技、产业和人才的制高点。我们必须顺应潮流，乘势而上，奋发有为，才能不断实现文明进步。广大出国留学人员通过在国外的学习研究，大都掌握了一定的先进科学技术，有的已经取得了世界领先水平的科技成果。要充分发挥自己的优势，潜心钻研，顽强拼搏，敢为人先，大胆创新，瞄准国际科技前沿，不断强化优势、发展优势，积极抢占现代科技的制高点。要注意加强与国内外同行的团结协作和学术交流，互相尊重，互相学习，善于包容，善于合作。要充分发挥团队精神，形成推动科技创新的强大合力，大力推进科教兴国战略的实施，不断增强我国的科技创新能力，不断增加我国的自主知识产权成果，努力攀登当代人类科学技术的新高峰。

四是期望你们加强国际交流，做人类优秀文明成果的传播者。全面建设小康社会，既要继承和发扬我们民族文化的优秀传统，也要借鉴人类文明的有益成果。广大留学回国人员既熟悉中国文化，又了解世界文化，既有广泛的国内外人际关系，又有丰富的不同文化之间的沟通经验，许多外国人是通过你们了解中国、认识中国的，许多中国人也是通过你们了解世界、认识世界的。你们要善于发挥这种独特优势，以一种"愿将己身化为桥"的精神，充分发挥我国与世界文化交流的桥梁和纽带作用，为促进中国与世界各国的交流与合作作出新贡献。

四、加强组织领导，坚持与时俱进，努力开创新世纪新阶段我国出国留学和留学回国工作的新局面

党的十六大提出，在新世纪新阶段，为实现全面建设小康社会的奋斗目标，发展要有新思路，改革要有新突破，开放要有新局面，各项工作要有新举措。这个要求同样适用于出国留学和留学回国工作。开创新世纪新阶段我国留学工作新局面，就必须坚决按照十六大提出的“尊重劳动、尊重知识、尊重人才、尊重创造”的重大方针办事。必须指出，“四个尊重”是“三个代表”重要思想的重要组成部分，是对马克思主义劳动和劳动价值理论的深化和发展，充分体现了党和国家对知识和知识分子的高度尊崇，对人才和人才资源的高度尊崇，对一切有益于人民和社会、为我国社会主义现代化建设作出贡献的劳动和创造的高度尊崇。坚持“四个尊重”，是发展我国先进生产力和建设我国先进文化的必然要求，是实现最广大人民根本利益的必然要求，同时也是开创我国出国留学和留学回国工作新局面的必然要求。中央要求各级党委和政府要站在实践“三个代表”重要思想的高度，坚决贯彻“四个尊重”的重大方针，进一步加强对出国留学和留学回国工作的领导，精心组织实施，抓出新的成效。

要按照拓宽留学渠道，吸引人才回国，支持创新创业，鼓励为国服务的要求，努力开创留学工作新局面。拓宽留学渠道，就是要充分发挥国家、社会、单位和个人等各方面的积极性，有组织、有计划地充分利用国外教育资源，更大规模、更有成效地培养我国现代化建设急需的各级各类人才。吸引人才回国，就是要加强与留学人员的沟通联系，大力宣传祖国改革发展的伟大成就和美好前景，努力形成广大留学人员愿意回国、乐意回国、学成按期回国的良好局面。支持创新创业，就是要采取切实有效措施，完善有关政策，健全创新体制，提供工作岗位，搭建创业舞台，加大资金、设备、人员、企业开办和经营管理等方面的支持力度，全方位搞好各种服务，使回国留学人员真正做到能干事、干成事。鼓励为国服务，就是要坚持来去自由，在吸引广大留学人员回国工作的同时，积极支持暂时还没有回国的留学人员，采取学术交流、合作研究、技术开发、智力入股、考察咨询、中介服务等多种形式为国服务，做到不求所在，但求所用，使广大留学人员无论是否回国都能积极为国效力。总之，各级党委、政府和留学人员工作单位，都要结合实际，认真贯彻以上要求，进一步解放思想、创新政策、搞好服务、狠抓落实，努力把留学工作提高到一个新水平。

第一，要进一步解放思想、更新观念。要树立留学人员是我国人才资源重要组成部分的观念，充分认识广大优秀拔尖留学人员是我国改革开放和现代化建设中急需和紧缺的稀有人才资源，自觉地把吸引优秀人才回国创业放在同引进外资、引进先进技术、引进现代化管理同等重要甚至更为重要的位置来考虑，把留学人才纳入我国人才队伍建设的整体规划中来部署，把吸引和用好留学人才作为实施人才强国战略的重要任务来落实，为全面建设小康社会提供强有力的人才支持。要树立人才全球化的观念，适应人才国际流动日益频繁、人才资源配置日益国际化的趋势，善于用世界眼光和全球观念来思考和解决人才问题，不断增强在全球范围内吸引人才的紧迫感。要树立“有才不用”是对人才的浪费和人才工作的失误，“引才滥用”则是更大的浪费和失误的观念，坚持采取灵活多样的方式，实现留学人才资源最有效的配置，真正把各类留学人才为国服务的积极性引导好、保护好、发挥好。要树立公平竞争的观念，对有无留学经历的人才都要一视同仁，切实建立公平竞争的环境。

第二，要进一步创新政策、完善体制。面对人才工作日益开放和日益国际化、市场化的趋势，我国目前的留学工作政策和体制还有许多不适应的地方。比如，留学人员在回国工作、生活中的国民待遇、市民待遇问题还不够落实，创办企业和高新技术转化时的贷款、融资机制还不够健全等，这些都不利于吸引和用好留学人才。在新世纪新阶段，要有效实施科教兴国和人才强国战略，就必须进一步克服在吸引和用好留学人才方面的各种政策和体制上的障碍。要进一步完善促进留学人员创业园区建设、发展和鼓励留学人员创办企业的政策，建立健全回国创业或从事高新技术转化需要的贷款、融资机制。要尽快制定更具有操作性的吸引海外高层次留学人员回国工作的具体办法，对国家急需的海外高层次杰出人才，要采取特殊办法、特事特办。要在总结各地试办居民居住证经验的基础上，适时出台中国“绿卡”制度，并切实解决好对已经加入外籍的留学人员，特别是高层次留学人员，在来祖国工作时申报科研基金、享受社会保险、子女回国就学、购买住房等方面给予国民待遇的问题。国家要尽快制定专门政策，规范和支持留学人员企业的创办和运作。有关部门要抓紧研究和制定选拔优秀留学回国人员担任领导职务的有关规定，为有志于从事公共管理工作的留学人员提供机会。要通过政策和体制的不断创新，把广大留学人员中蕴藏的创新能力和创业能力极大地释放出来，并引导到全面建设小康社会的伟大事业中去。

第三，要进一步优化环境、搞好服务。对于做好出国留学和留学回国工作来说，事业就是感召力，环境就是凝聚力，服务就是吸引力。要适应社会主义市场经济的发展和政府职能的转变，把留学工作的重点切实转到搞好服务上来。近年来，各地区各部门和各有关单位在留学服务工作方面已经做了大量工作，取得了明显成效，但是同党和国家实施科教兴国和人才强国战略的要求相比还有较大差距，同留学回国人员更广泛、更充分地发挥作用的需要相比，还存在种种不足。各级党委和政府，特别是留学工作部门要适应新形势、新任务的需要，不断强化服务意识，增强服务能力，拓宽服务渠道，创新服务方式，提高服务水平。要积极为广大留学人员提供无障碍、一站式、个性化、全方位的服务，做到哪里有需要哪里就有服务，哪里有困难哪里就有人去解决，真心诚意地帮助留学人员排除工作和生活上的后顾之忧。要不断创造良好的工作环境，为广大留学回国人员配备较好的科研设备和较强的科研力量，保证科研工作的顺利进行。要不断创造良好的学术环境，努力营造有利于理论创新、制度创新、科技创新、文化创新以及其他方面创新的社会氛围。要不断创造宽松和谐的人际环境，建立相互信任、彼此尊重、坦诚相待的人际关系，使留学人员心情舒畅地为国服务。要通过我们优质的服务水平和良好的环境条件，体现党和国家对广大留学人员的关心、爱护和期望，用感情的力量和人格的力量吸引和感召更多的留学人员回国工作或为国服务。

第四，要进一步加强协调、狠抓落实。做好出国留学和留学回国工作是一个复杂的系统工程，涉及方方面面，必须按照党管人才的原则，加强统一协调，形成党委和政府统一领导，各有关职能部门相互配合、共同做好留学工作的整体合力。中央组织部作为实施党管人才战略的重要部门，要以全国知识分子工作联席会议为依托，加强对留学工作的政策研究、宏观指导和组织协调，充分发挥牵头抓总、协调各方的重要作用。要继续充分发挥留学回国工作部际联席会议制度的作用。宣传、统战、人事、教育、科技等有关职能部门要各司其职、加强沟通、密切合作、相互支持，形成责任清、关系顺、效率高的留学回国工作机制。要充分发挥我国驻外使领馆和中资机构的作用，不断拓宽与海外留学人员联系的渠道。要进一步完善留学工作考核评价体系和留学工作统计制度，逐步建立全国统一的留学人才信息系统。要加强督促检查，切实把党和国家的各项留学政策和措施落到实处。

同志们，在党中央、国务院的坚强领导下，随着我国经济的持续快速健康发展，随着我国社会长期保持安定团结、政通人和的政治局面，随着我国国际影响的日益扩大和民族凝聚力的极大增强，一个留学人员回国工作和为国服务的新高潮已经出现，并将持久地延续下去。一批又一批优秀的留学回国人才同国内各条战线的优秀人才一起，共同构成了我国新世纪新阶段科教兴国和人才强国的一道鲜亮的风景线。回顾过去，成绩来之不易；展望未来，前景无限光明。让我们紧密团结在以胡锦涛同志为总书记的党中央周围，在“三个代表”重要思想和十六大精神的指引下，继往开来，与时俱进，开拓创新，扎实工作，为全面建设小康社会，在中国特色社会主义道路上实现中华民族的伟大复兴，作出新的更大的贡献。

明天，10 月 1 日，是中华人民共和国成立 54 周年。在这里，我要向同志们致以节日的问候。让我们共同祝愿我们伟大的祖国繁荣昌盛，万古长青！

张柏林部长在中国继续工程教育协会第四届会员代表大会暨全国继续教育工作座谈会上的讲话

（2005 年 1 月 31 日）

同志们：

中国继续工程教育协会第四届会员代表大会暨全国继续教育工作座谈会开幕了。首先，我代表人事部向在百忙之中出席此次会议的徐匡迪副主席、韦钰院士、张寿荣院士表示衷心的感谢！向各位顾问、理事和会员代表表示热烈的欢迎！向全国从事继续教育工作的同志们表示崇高的敬意！

继续教育是实施人才强国战略、加强专业技术人才队伍建设、提高专业技术人才素质的重要途径。近年来，各级人事部门和企事业单位以专业技术人才能力建设为核心，紧紧围绕经济社会发展需要，创造性地开展继续教育工作，取得了显著成绩。据不完全统计，2000 年以来，全国参加继续教育的专业技术人员超过 5 000 万人次；举办专业技术人员高级研修班 4 000 多期，参加研修的高层次人才近 30 万人；数百万专业技术人员参加了世贸组织基本知识继续教育活动。各级政府人事部门都建立了继续教育管理机构，约有 1/3 的省市实现了继续教育立法，还有一些省市和部门出台了专门规定，初步形成了政府调控、行业指导、社会参与、单位自主的运行机制。继续教育施教机构、师资队伍、教材等基础建设得到加强，培训内容和形式日趋丰富，服务体系进一步完善。实践证明，要使继续教育有动力，有活力，有生命力，就必须按照专业技术人才队伍建设的总体要求开展工作，坚持与实践相结合，紧跟世界科技发展的脚步不断创新，服务服从于专业技术人才全面发展的需要。

1984 年中国继续工程教育协会成立以来，与广大会员广泛联系，在加强行业建设、开展培训活动、提供咨询服务、进行理论研究等方面做了大量有成效的工作，为我国的继续教育事业发展作出了积极贡献。中国是国际继续工程教育协会的 10 个发起国之一，中国代表连任了历届国际协会副主席，推进了我国继续教育的国际交流。协会第三届理事会为推动协会的建设和发展，做了大量工作，各成员单位积极主动开展了多种形式的继续教育活动，创造了很多新鲜经验，为协会的进一步发展打下了良好基础。

当今世界，科技进步日新月异，以信息技术、生物技术、纳米技术等为标志的全球科技革命蓬勃发展，知识和技术的更新周期越来越短，从而要求专业技术人才加快更新知识，不断提高能力，这对继续教育工作提出了新要求。日趋激烈的人才竞争，推动世界各国不断加大对现有专业技术人才的培养力度，继续教育成为提高专业技术人才竞争力的重要手段。目前，我国四分之三的专业技术人才还是大专及以下学历，原始创新能力较弱。如何尽快提高我国专业技术人才队伍的整体素质和创新能力，积极应对科技革命和人才竞争的挑战，是摆在我们面前的一项重要而紧迫的任务。专业技术人才队伍建设是实施人才强国战略的重要组成部分。继续教育作为专业技术人才更新知识、提升能力、提高竞争力的重要途径，在建设一支宏大的高素质专业技术人才队伍的工作中发挥着重要的基础性作用。因此，实施人才强国战略，加强专业技术人才队伍建设，既对继续教育工作提出了新的要求，又为继续教育事业的发展创造了难得的机遇，提供了广阔的空间。我们要从战略和全局的高度，充分认识加强继续教育工作的重要意义，抓住机遇，迎接挑战，扎扎实实地把继续教育工作向前推进。

做好继续教育工作，要以邓小平理论和“三个代表”重要思想为指导，按照实施人才强国战略的要求，坚持以人为本，坚持以能力建设为核心，针对我国科技创新和经济社会发展的需求，紧跟世界科技发展步伐，以中高级专业技术人才为重点，开展大规模的培训教育活动，推动继续教育事业的新发展。今后一个时期，要重点实施一个“工程”，搞好一个“规划”，建设“三个体系”：

一是实施“专业技术人才知识更新工程”。针对目前专业技术人才队伍整体素质与科技发展不相适应的问题，人事部将会同有关部门实施“专业技术人才知识更新工程”。从今年到2010 年的6 年内，在现代农业、现代制造、现代管理、信息技术、能源技术等5 个领域，重点培训300 万名紧跟科技发展前沿、创新能力强的中高级专业技术人才。通过实施“工程”，使他们及时更新专业知识，提高学习能力、实践能力、创新能力，不断提高政治素质和职业道德水平。

二是制定和实施继续教育“十一五”规划。目前，中组部、人事部正在制定“十一五”人才规划，我们将把继续教育作为人才规划的重要组成部分。各地区、各部门和大型企事业单位也要把继续教育纳入人才队伍建设的总体规划。制定继续教育规划要体现前瞻性、宏观性和指导性，要坚持以人为本，按照科学人才观，把握科技发展方向和人才队伍建设的实际需求，明确重点培养领域，有针对性地提出各项政策措施。

三是完善“三个体系”。第一是健全工作体系。要逐步健全政府人事部门主管，业务部门实行行业管理，各企事业单位都有相应机构或人员负责，并实现网络化的继续教育工作体系。各级继续教育工作机构要做到任务明确、人员到位、经费落实。要拓展继续教育工作领域，把非公有制经济领域的专业技术人员纳入继续教育工作的服务范围。第二是强化服务体系。加强继续教育施教机构、师资队伍、教材和信息网络建设，广泛运用信息技术开展远程教育和个性化教育服务，形成完善的社会化服务体系；要发挥市场的基础性作用，用市场机制吸引各类教育资源投入继续教育，在全社会范围内逐步实现继续教育资源的合理配置，加快继续教育社会化、市场化进程。第三是完善制度体系。要靠制度规范用人单位和专业技术人员在继续教育方面的权利和义务，靠制度保证继续教育工作的有效开展。我们将加快制定《专业技术人员继续教育条例》等法规，各地区、各部门也要加快制度建设步伐，不断完善继续教育制度体系，规范继续教育行为，使继续教育逐步纳入法制化、规范化轨道。

在推进继续教育事业发展中，各级人事部门和继续教育协会肩负着重要职责。人事部门作为政府继续教育主管部门，要带头破除继续教育是“软任务”的观念，努力改变“重学历、轻能力”的现象。要在坚持党管人才的原则下，不断创新工作方式，切实履行职能，加强对继续教育工作的领导，重点做好政策制定、规划指导、组织开展示范活动和监督检查等工作。协会作为继续教育领域联系广大专业技术人才的桥梁和纽带，要根据专业技术人才队伍建设的要求，做好培训服务、参谋咨询、学术交流、行业自律等工作，积极推进继续教育的社会化和市场化。希望即将产生的协会第四届理事会团结全体会员，增强创新意识，拓展工作领域，积极开展工作，进一步加强协会建设。人事部门要加强对协会工作的支持和指导，协会要积极配合政府主管部门创造性地开展工作。双方要加强沟通交流，密切合作，形成工作合力，共同推动继续教育事业的发展。

同志们，我国的继续教育是一项充满生机、潜力巨大、前景广阔的事业。希望从事继续教育工作的全体同志，团结奋斗，扎实工作，努力开拓，把我国的继续教育事业推向一个新的发展阶段，为建设高素质的专业技术人才队伍作出更大的贡献。

明确定位　创新机制
开创中国继续工程教育协会工作新局面

——戴光前副部长在中国继续教育协会第四届会员代表大会
暨全国继续教育工作座谈会上的讲话

（2005 年 1 月 31 日）

各位代表、各位理事、同志们：

中国继续工程教育协会今天召开第四届会员代表大会。在上午的开幕式上，大会宣读了路甬祥副委员长的书面致辞，徐匡迪副主席和张柏林部长发表了重要讲话，几位领导对继续教育工作和协会工作都提出了要求，寄予了厚望，我们要认真学习领会和深入贯彻落实。协会第三届理事会总结了七年来的工作。下午，会员代表讨论修改了协会

《章程》，选举产生了第四届理事会和常务理事会。我代表新一届理事会，对第三届理事会，对多年来支持、参与协会工作，为发展中国继续教育事业作出贡献的有关领导、专家和广大继续教育工作者表示衷心的感谢！下面，我受协会第四届理事会委托，对本届协会的工作谈几点意见。

一、总结经验，明确定位，确立协会发展新思路

（一）协会成立二十年来的主要成效和经验

中国继续工程教育协会成立20年来，在人事部及有关部门、行业、单位的支持以及全体会员的共同努力下，紧紧围绕科教兴国和人才强国战略的实施，坚持为经济建设服务，为人事人才工作服务，为企事业单位服务，做了大量卓有成效的工作，取得了良好的社会效益，协会已经发展成为人事人才工作中一支重要力量。

一是协会作为联系政府以及各级继续教育机构和广大专业技术人员的桥梁和纽带，在贯彻落实人才强国战略，构建终身教育体系，推动全国继续教育工作的开展中发挥了重要作用。协会积极协助政府部门，参与制定继续教育政策法规，推动地方继续教育立法和规划，主动承办高级研修班等培训任务，为政府部门提供决策咨询，当好参谋助手。

二是协会充分发挥人才密集、联系广泛、信息通畅等社团优势，联合各行业协会，以企业为主要服务对象，开展了形式多样、灵活有效的培训活动以及学术交流、专题科研、技术讲座等，为企业培养人才和推动企业科技创新作出了积极的贡献，创造了良好的社会效益和一定的经济效益，受到了广大专业技术人员和企业的欢迎。

三是协会组织建设逐步完善，积极发展团体会员和个人会员，大力推动地方和行业建立继续教育协会，主动为各级各类继续教育协会提供业务指导，初步建立了协会工作网络，会员队伍不断壮大。

四是协会作为国际继续工程教育协会的发起单位之一和东南亚及太平洋地区继续工程教育协会副主席单位，认真履行职责，积极参加有关活动，协助承办有关理事会议及国际学术会议。邀请国外继续教育专家来访和讲学，组织会员单位和继续教育管理干部赴国（境）外考察培训，促进会员单位承担国际协会研究项目。通过国际交流，开阔了眼界，启发了思路，扩大了我国继续教育在国际上的影响。

（二）协会工作面临的机遇与挑战

协会成立20年来，取得了可喜的成绩。在新的形势下，协会工作要继续发展，既有良好的机遇，也面临着严峻的挑战。

一是随着人才强国战略的深入实施，继续教育工作地位和作用的日益突出，为协会工作带来了广阔的发展空间，也提出了更高的要求。继续教育事业今天所处的国内外环境与20年前已有很大不同。在国际上，许多国家把继续教育纳入到人才开发、科技发展的总体战略之中。在我国，继续教育也已成为建设学习型社会的重要组成部分，成为专业技术人员的更新知识、提升能力的重要方式。协会作为为继续教育工作服务的社会团体，在我国继续教育事业发展中承担的责任越来越重。

二是继续教育国际化趋势为我国继续教育事业发展提供了全新的视野，也提出了新的挑战。近几年，国外教育培训机构纷纷进入中国市场，它们不仅看中中国学历教育市场的巨大潜力，也看中专业技术人员继续教育的培训市场。继续教育培训市场的竞争将更加激烈。国外培训机构先进的办学方式、国际化的培训内容和优越的培训环境，给予我国继续教育工作带来许多新启示的同时，也带来了压力。

三是随着政府职能的转变，继续教育正在由政府、行业主导型向社会需求及市场导向型转变，继续教育的运作模式正在发生大变化，给继续教育协会的工作提出了新要求。政府职能的转变给协会赋予了更多新的职能，给了协会更大的发展机遇和发展空间，协会的服务范围更宽，任务将更加饱满。

（三）明确新形势下协会工作的定位

在这样的形势下，我们更应该统一思想认识，明确协会工作职责定位。

第一，参谋咨询职责。随着职能的转变，政府对继续教育的管理将以宏观调控、制度建设、规划指导、组织示范项目、加强执法监管为主要职责。继续教育协会应积极配合政府部门，围绕国家继续教育发展战略，深入开展调查研究，提交高水平的继续教育发展决策咨询报告，参与到人事人才培训政策的制定中来。这既是协会的职责所在，也是协会应尽的义务。

第二，培训服务职责。协会的培训服务功能具有涉及面广、形式多样的特点，重点应体现在以下四个方面：一是要为培训机构开展各种培训提供专业化服务；二是直接为各级各类企事业单位提供人才培养和能力提升培训；三是为协会会员和广大学习需求者提供各种教育培训信息；四是搞好继续教育管理干部培训，打造一支素质好、能力强的继续教育管理工作者队伍。

第三，市场开拓职责。协会要利用自身优势，广泛收集国内外继续教育培训信息，整合国内各级各类优质教育资源，积极吸引国际优质教育培训资源，建立形式多样的合作交流平台，努力开拓继续教育培训市场，培育、打造适应市场需求、师资力量雄厚、实验设备精良、品牌特色明显、辐射效应强劲的精品培训项目和继续教育培训机构。

第四，行业自律职责。中国继续工程教育协会作为社会中介组织和行业协会，既要严格遵守国家的法律法规，也要加强行业自律，引导和规范行业行为。强化协会行业自律职能，要通过逐步建立行业标准和规范，加强有效的继续教育培训过程监督和质量评估，努力创造公平、公正的培训环境等多种措施，形成良好的继续教育行业管理和运行机制。中国继续教育工程协会是国内继续教育领域唯一的全国性、专业性社会团体，有责任发挥组织优势和社会影响力强的优势，引领全国继续教育同行进行自律管理。

二、明确目标任务，真抓实干，推动继续教育工作再上新水平

本届协会工作的指导思想和目标任务是：以邓小平理论和“三个代表”重要思想为指导，大力实施科教兴国战略和人才强国战略，按照中央关于“大教育、大培训”的战略部署，坚持以人为本和科学发展观，服务于国家经济建设，服务于建设学习型社会，服务于人事人才工作。根据国家继续教育“十五”、“十一五”规划和相关法规政策，进一步解放思想、创新工作，以能力建设为核心，以配合实施“专业技术人员知识更新工程”和培训国家急需紧缺人才为重点，以提供继续教育公共服务为主要内容，全面推进协会工作的可持续发展。主要做好以下重点工作：

1. 积极配合“专业技术人才知识更新工程”的实施，按照人事部对“工程”的部署和要求，组织力量对承担的任务认真研究，抓紧“工程”工作的落实，尽快拿出实施计划和方案。一要会同有关部门和专家对公共科目进行评价、筛选，制订公共科目建设规划与标准，安排进度与资源，建立各科目的专家研究咨询队伍和工作班子。二要发挥协会智力资源密集的优势，承担“工程”公共科目的科目指南、培训大纲和培训标准的课题研究和编写制定工作。三要分步开发建设公共科目课程，优选现有成熟项目和课程，打破行业界限和单位所有的陈旧思想，推荐优质的课程资源和施教机构向社会开放。同时集中力量开发急缺课程，逐步完善公共科目课程体系和课程更新机制。四要配合政府人事部门组织协会会员中的优质继续教育资源形成合力，建设一批示范培训基地，探索建立资源互动共享机制。五要重点开发公共科目课程的多种媒体教学资源体系，提供以学习者为中心的教学支持服务，培养学习者的自主学习能力。六要建立“工程”信息库，负责收集发布国内外有关的信息情况，反映“工程”开展中的经验方法，介绍和推荐优质特色课程，形成继续教育信息社会共享平台。在“工程”实施中，协会要发挥好行业龙头的作用，要充分调动协会各成员的组织动员能力和社会影响力，在全社会率先示范，开展以“工程”为重点、全面推动的继续教育活动；要主动配合政府人事部门和业务主管部门，提供专家咨询，总结交流经验，加强对协会成员单位实施“工程”培训活动的业务指导。

2．探索符合专业技术人员特点的培训模式，开发符合能力建设要求的培训课程和施教方法，满足专业技术人员不同专业学习和个性化学习需要。协会将根据国家规划，逐步开发全国专业技术人员公共科目培训课程，负责提供教学资源和教学指导服务。最近将推出“信息化能力培训项目”的“信息安全技术培训课程”，为学习者提供个性化的“按需择学”培训方式和集知识学习、技能训练、案例实验和经验交流的学习过程；为施教机构提供最新知识技术信息、教学训练规范、专家讲学经验和师资培训。

3．继续办好各级各类继续教育高级研修班，扩大高研班的示范辐射效应。组织会员单位编辑高研班论文集，举办专题经验技术交流会，开展后续示范培训，组织技术示范推广，使研修成果尽快被社会共享，提高培训效益。

4．制订并组织实施本届协会继续教育课题研究规划，整合协会整体科研力量，鼓励有条件的会员单位和会员以多种方式共同参加研究工作。除承担人事部继续教育课题研究计划中的科研课题以外，协会还将有计划、有重点地组织开展一批课题研究。协会每年将召开一次全国性的学术研讨活动，出版一部论文集，组织举办形式多样的各种专题研讨交流活动。鼓励针对国家社会、经济和科技发展需要，针对企、事业单位的科学研究和生产实践需要，开展卓有成效的继续教育应用研究，促进继续教育效益转化为生产力，转化为知识与技术的创新，转化为综合国力和核心竞争力的增强。

5．进一步加强国际交流与合作。一要继续加强与国际继续教育组织和有关国家的联系与合作，积极参加国际学术活动，跟踪全球继续教育发展新趋势、新信息。二要做好2006年第十次世界继续工程教育大会的组织参会和征文工作，组织选送优秀论文参加大会交流，争取继续连任国际继续工程教育协会副主席。三要开辟国际合作交流渠道，引进国外继续教育的人才培养方法、优质课程、管理经验和专家师资，有计划地组织出国培训，为会员单位提供国外培训咨询服务。继续组织继续教育工作者到国外培训、考察。

三、加强协会自身组织与能力建设

继续教育工作面临的新形势和新任务都对协会工作提出了更高要求，建设一个强有力的协会组织，一支专兼结合的骨干队伍，一套行之有效的机制制度，是协会发展的组织保障。在加强协会自身组织和能力建设方面，要重点抓好以下工作：

1．建立健全组织机构，完善协会运行机制。要建立健全协会内设机构的设置与职能，加强人员力量。分批调整充实协会原有的十个工作委员会，逐步确定各工作委员会的职能任务和人事安排，吸收有关专家和积极分子担任负责工作。要理顺协会内外关系，逐步建立健全各项工作制度和运行机制，使协会工作更加规范化、制度化。

2．大力发展会员，壮大协会队伍。要通过扎实工作和高质量的服务提升协会在国家继续教育工作中的地位与作用，吸引全国各类用人单位和专业技术人员加入协会。一是把吸纳国有企、事业单位和非公性质企业入会工作并重，二是把发展个人会员作为组织发展的重要目标，三是把各级各类继续教育协会和各行业协会中的继续教育机构作为组织发展重点。

3．加强学习，提高继续教育管理干部素质与能力。继续教育工作需要一支热爱继续教育事业，具备专业技术知识、综合管理能力、创新精神的专业骨干力量。根据近年来全国继续教育管理人员更替流动状况，按照“教育者先受教育”的原则，计划用四年时间，组织有关会员单位开展对继续教育管理干部和从业人员的轮训。开发“现代培训者培训”课程和国内外相结合的继续教育考察交流活动，提高理论水平，学习培训经验方法，拓展组织管理能力。要及时表彰宣传继续教育的积极分子，提高他们的荣誉感，增强责任心。

4．探索建立行业自律管理机制。一是组织开展全国继续教育施教机构的资质调查与评价，摸清底数，建立档案，整合资源，动态管理。开展继续教育质量管理体系的研究，逐步建立起行业标准和规范。二是建立全国继续教育社会需求调查和评价机制，推行继续教育社会需求发布制度。引导全社会优质继教资源向国家急需紧缺人才的项目、专业和领域倾斜，向经济、产业结构调整和人才知识能力结构调整的需要方向倾斜。在此基础上，建立继续教育社会需求与培训项目发布的交互式平台，试行社会化的项目招标与委托培训制度。三是推行继续教育质量效益评估制度，促进继续教育市场的优胜劣汰和资源优化，促进继续教育出人才效益、科技效益、社会效益和经济效益。四是推行继续教育证书和学时、学分网上登记、查询制度。

5．建设远程教育平台与网络。利用现代信息技术手段，创建远程开放继续教育模式，建立符合专业技术人员个性化学习要求的多媒体研修方式，面向全国提供继续教育社会化培训、宣传、咨询、交流和管理服务，实现继续教育和精品课程资源社会共享。一是启动协会门户网站。二是依托人事部政府网站，建立面向全国的远程继续教育平台。三是在全体会员单位的大力支持和参与下，启动建立国家级的继续教育课题库、课程库、信息资料库、专家师资库，开发继续教育教务管理软件，实现网上学习注册及查询，满足全天候的个性化网络课程学习。

6．扩大继续教育经费的来源渠道，探索经费长效保障机制。在政府加大继续教育经费投入的同时，要引导各种社会资源依法加大对继续教育事业的投入。一要探索建立共建共赢、各方受益的多元化筹资方式，培育社会资本投向继续教育事业的热忱。二要继续争取国家、社会、个人对继续教育事业的支持，提倡谁受益谁出资，国家、单位、个人共同分担。三要提倡规范继续教育收入的用途，按一定比例用于继续教育的再投入，开发继续教育事业可持续发展的潜能。

各位代表，中国继续工程教育协会第四届理事会和常务理事会刚刚选举产生。面对继续教育事业和协会工作发展的机遇期，面临新的形势和任务，我们深感责任重大。换届会后，我们将抓紧研究协会工作，落实“专业技术人才知识更新工程”配套事宜，尽快召开四届一次常务理事会，发布协会2005年工作要点。

同志们，二十年来，中国继续工程教育协会取得了长足发展。我们将以本次大会为契机，进一步团结全体会员和广大热心支持与关心继续教育事业的人们，在以胡锦涛同志为总书记的党中央领导下，高举邓小平理论伟大旗帜，以“三个代表”重要思想为指导，抓住机遇，与时俱进，求真务实，改革创新，努力开创继续教育事业和协会工作的新局面。

坚持以人为本　加强能力建设
努力开创专业技术人员继续教育工作新局面

——王晓初副部长在中国继续教育协会第四届会员代表大会暨全国继续教育工作座谈会上的讲话

（2005年2月1日）

同志们：

昨天上午，徐匡迪副主席在全国继续教育工作座谈会开幕式上发表了热情洋溢的致辞，阐述了新形势下做好继续教育工作的重要性、紧迫性，对今后的工作提出了殷切期望。张柏林部长从战略和全局的高度深刻分析了继续教育工作面临的形势和任务，对当前和今后一个时期的工作进行了总体部署。领导同志的讲话，为今后开展继续教育工作指明了方向，我们要认真学习，贯彻落实。下面，我结合贯彻落实领导同志讲话精神，就如何做好当前和今后一个时期的继续教育工作讲几点意见。

一、近年来继续教育工作的主要成绩和基本经验

改革开放以来，我国的继续教育事业伴随着科技进步和经济社会发展进程不断发展，伴随着我国专业技术人才队伍建设的深入不断发展。近年来，在各级政府有关部门和社会各界的共同努力下，继续教育工作取得了显著成绩。

——继续教育规模逐步扩大，继续教育内容和形式日趋丰富。近年来，各地区各部门紧密结合经济社会发展需求，不断创新继续教育内容和形式，开展了大规模的继续教育活动。据不完全统计，2000年以来，全国参加继续教育的专业技术人员超过5 000万人次，仅人事部组织的世贸组织基本知识继续教育活动就有数百万专业技术人员参加。北京市把继续教育与发展首都经济紧密联系起来，连续9年开展了以高新技术、知识产权法、世贸知识等为主要内容的继续教育活动。近10年来，卫生部实施继续医学教育项目近11 000项，仅2004年就有近50万名卫生专业技术人员参加继续教育。中国联通专

门成立了联通学院，大规模地开展职工继续教育工作，全面提高了职工的能力素质。上海、天津以及清华大学、宝钢等开展了网络化继续教育，突破了时间、空间上的限制，大幅度提高了培训效率。

——高层次专业技术人才的继续教育工作取得重大进展。各地区、各部门在开展继续教育工作中，都把高层次人才作为重点，采取举办高级研修班、专家论坛、特殊培养、学术研讨、国际交流、学习进修等多种形式，加大对高层次人才的培养力度。各地普遍建立了专业技术人才高级研修制度。据不完全统计，2000 年以来，仅各级人事部门就举办专业技术人员高级研修班 4 000 多期，近 30 万人高层次人才参加研修。农业部、内蒙古、吉林、广西、杭州等许多部门和地区组织实施了各具特色的高层次急需紧缺人才继续教育活动。新疆等西部地区少数民族科技骨干特殊培养工作成效显著，目前已培养了 500 多名科技骨干。中科院、社科院、中国石油、航空一集团等部门和单位还选派业务骨干到国外进修学习，学员学成回国后在许多关键岗位上发挥了重要作用。

——继续教育在推动经济社会发展中的作用不断加强。继续教育工作的广泛深入开展，全面提升了专业技术人才队伍的整体素质，创造了较好的人才、科技、经济和社会效益，为加快我国人才队伍建设和科研创新步伐作出了积极贡献。青岛市投入继续教育经费 6 000 多万元，通过开展继续教育活动，实现技术革新和解决技术难题 5 000 多项，申请国家专利 11 400 余项。甘肃省通过举办“小麦条锈病可持续控制战略及科技创新”高研班，提高了农业科技人员的技术水平，当年防治小麦条锈病 1 000 余万亩，挽回粮食损失 6.5 亿公斤。中国寰球工程公司通过开展继续教育工作，累计培养具有各类工程资质人才 332 人，开发申请技术专利和专有技术 33 项，有效提升了企业的综合实力。

——继续教育的法制化、规范化建设取得新进展。人事部颁布了《全国专业技术人员继续教育暂行办法》，制定了《全国专业技术人员“九五”继续教育规划纲要》和《2003—2005 年全国专业技术人员继续教育规划纲要》。北京、天津、福建、河南、广东、四川、云南、陕西、宁夏等 9 个省区市实现了继续教育地方立法，卫生部、教育部等部门制定了继续教育方面的专门规定，其他省市和部门也以多种形式出台了政策文件，许多基层单位也都制定了规章制度。不少部门和省市对继续教育科目指南、施教机构建设、高级研修制度、证书制度、学分制度、考核评估制度等作出了具体规定，继续教育工作逐步走上了法制化、规范化的轨道。

——继续教育工作管理体系和运行机制初步建立。各级人事部门都建立了继续教育管理机构，各部门、各行业和许多企事业单位都建立了相应机构，或有专兼职人员负责继续教育工作，施教机构、师资队伍等基础建设得到加强。全国已有 30 个省市和 8 个部门成立了继续教育协会。初步形成了政府调控、行业指导、社会参与、单位自主的运行机制。从中央到地方，网络化的继续教育工作体系初步建立。

回顾继续教育工作的发展历程，我们有四点体会：

一是继续教育工作必须在大局下行动，按照专业技术人才队伍建设的总体要求开展工作。继续教育是专业技术人才队伍建设的重要组成部分。要紧紧围绕队伍建设的总体要求来开展继续教育工作，把提高队伍的整体素质和能力水平作为工作的根本目的。继续教育不能为教育而教育，为培训而培训，必须纳入人才队伍发展的整体规划，在实施人才强国战略的大局下行动。这是做好继续教育工作的根本前提。

二是继续教育工作必须紧密结合生产实践和专业技术工作岗位的实际需求。继续教育是紧密结合生产实践和工作岗位需求培养人才的一种重要方式。实践证明，凡是结合好的，成效就显著。凡是结合不紧密的，继续教育就缺乏动力。始终坚持与生产实践相结合，按照岗位需求有针对性地开展继续教育工作，是继续教育事业不断发展的重要动力。

三是继续教育工作必须紧跟世界科技发展的步伐，在内容和形式上不断创新。继续教育工作要充分体现科技发展对人才的新要求，突出高素质、创新型人才的培养。只有瞄准世界科技发展的前沿水平，在选题内容和组织方式上不断创新，才能使继续教育工作保持旺盛的生命力。紧跟科技发展的最新趋势，不断创新内容和形式，是继续教育工作的活力所在。

四是继续教育工作必须服从服务于专业技术人才全面发展的需要。继续教育的对象和主体是专业技术人才。根据专业技术人才的实际需要，采取各种适合他们特点的方式方法，量体裁衣，因材施教，是许多继续教育活动受到专业技术人才欢迎、取得成功的重要因素。以专业技术人才职业发展为出发点和落脚点，因地制宜地开展工作，是增强继续教育工作吸引力的关键所在。

继续教育工作尽管取得了很大的成绩，但是与专业技术人才队伍建设和实施人才强国战略的要求相比，还存在不小的差距。比如，对继续教育的认识还不够，存在着重学历教育、轻知识更新、轻能力培养的现象，有的把继续教育当成“软任务”；法制建设相对滞后，社会化、市场化程度较低，发展动力不足；继续教育的内容与科技进步和岗位需求贴得还不够紧，方式较为单一，缺乏灵活性和创新，等等。这些问题，都要引起我们的高度重视，在今后的工作中要切实采取有针对性的措施，加以解决。

二、突出重点，努力做好当前和今后一个时期的继续教育工作

当前是我国人才工作的重要机遇期，也是继续教育工作的重要机遇期。柏林部长在讲话中深刻分析了加强继续教育工作的重大意义，提出了“做好继续教育工作，要以邓小平理论和‘三个代表’重要思想为指导，按照实施人才强国战略的要求，坚持以人为本，坚持以能力建设为核心，针对我国科技创新和经济社会发展的需求，紧跟世界科技发展步伐，以中高级专业技术人才为重点，开展大规模的培训教育活动，推动继续教育事业的新发展”的指导思想。

贯彻这一指导思想，关键是要做到四个“坚持”，即：

——坚持以人为本。在继续教育工作中坚持以人为本，就是要以专业技术人才为本。要围绕专业技术人才的全面发展开展工作，继续教育的内容和形式要符合专业技术人才的特点和需要。要突出专业技术人才在继续教育工作的主体地位，充分调动他们的积极性、主动性。

——坚持以能力建设为核心。要把能力建设贯穿于继续教育工作的始终，以能否提高专业技术人才队伍的素质和能力水平作为衡量继续教育工作的唯一标准。通过继续教育，重点培养专业技术人才的学习能力、实践能力、创新能力和跨文化交流能力。

——坚持紧跟科技发展步伐。继续教育工作的使命就是要紧跟世界前沿理论和技术发展水平，追新求实，不断提高我国专业技术人才的知识能力水平，使我们在关键技术、核心技术和原始创新能力方面，尽快缩短与发达国家的差距。

——坚持发挥市场的基础性作用。要发挥市场在配置整合继续教育资源中的基础性作用，在政府的宏观调控下，加快社会化、市场化的进程，逐步实现继续教育资源在全社会范围内的优化配置。

根据柏林部长提出的实施一个“工程”，搞好一个规划，建设“三个体系”的重点任务，下一阶段，我们要集中精力做好六个方面的工作。

（一）以实施“专业技术人才知识更新工程”为龙头，开展大规模的继续教育活动

当前，现代科学技术飞速发展，知识更新的速度越来越快，对专业技术人才能力素质的要求越来越高，而我国专业技术人才队伍状况与这种新形势的要求相比还有很大的差距。为切实加强专业技术人才队伍建设，进一步提高专业技术人才专业水平和能力素质，以点带面推动继续教育工作的新发展，人事部将会同有关部门实施“专业技术人才知识更新工程”。我们计划从今年到 2010 年 6 年内，在现代农业、现代制造、信息技术、能源技术、现代管理等 5 个行业领域，对 300 万名中高级专业技术人才开展大规模的继续教育活动，使他们知识得到更新，能力得到提升，队伍的整体素质得到提高。“工程”涉及的 5 个行业领域是关系到我国经济社会发展和国计民生的支柱行业，是我国产业结构调整的重点领域，知识更新的速度快，对继续教育工作的要求比较高，覆盖面比较广，全国各个地区都可以组织实施。集中力量对这些行业领域的专业技术人才进行重点培养，对全局工作具有示范和带动作用，是牵动整个继续教育工作的龙头。

实施“工程”的基本考虑：一是成立专家指导委员会，指导“工程”各项教育培训活动的开展。二是开展公共科目继续教育活动。人事部将组织中国继续工程教育协会，会同有关部门制定“工程”公共科目的科目指南、培训大纲和培训标准，并陆续推出公共科目课程，组织相关省市、部门和行业协会编写制作教材和课件。公共科目继续教育活动可由各级人事部门会同有关部门共同组织实施。三是开展专项继续教育活动。有关部门、行业协会研究制定本行业专业科目的科目指南、培训大纲和培训标准，组织编写本行业领域的专业教材。专业科目继续教育由有关部门、行业协会为主组织实施。四是各级政府人事部门要会同行业主管部门、行业协会按照“工程”的总体安排，制定实施计划，并负责“工程”的具体组织实施。五是每个行业领域每年举办 200 期左右的专业技术人才高级研修班，人事部组织举办的高研班将向 5 个行业领域倾斜。

“工程”实施过程中，要注意把握几个问题。一是在内容上要突出“四新”，即新理论、新知识、新技术、新方法；在课程设计上要适合专业技术人才的特点；在效果评价上要倾听专业技术人才的意见和建议；在教学方法上，要因地制宜，因人而异，讲求实效。二是培训方式要灵活多样，可以采取高研班、业务进修、特殊培养、国际交流等多种方式，特别是充分利用网上培训的方式，对重要、特殊和关键岗位上的人才还可以采取个性化方式进行培训。三是培训活动要向基层倾斜，要把非公经济领域人才纳入培训范围。四是要加强监督检查，对施教机构要进行规范管理，对培训质量要进行评估，要保障专业技术人员每年接受培训的时间累积不少于 12 天或 72 个学时。对在实施“工程”中的先进单位和先进个人给予宣传表彰。

没有列入“工程”范围的行业领域，也要参照“工程”的要求，做好本行业领域的继续教育工作。要建立完善专业技术人才高级研修制度，加强对高层次人才的培养。要继续举办专业技术人员高级研修班，把它办好，办出特色。人事部每年将组织举办 30 至 50 期示范性高研班，每年培训 2 000 至 3 000 人。人事部将制定专门计划，争取在 5

年内把“新世纪百千万人才工程”国家级人选轮训一遍。

（二）制定实施继续教育“十一五”规划

今年是实施《2003—2005 全国专业技术人员继续教育规划纲要》的最后一年，也是制定“十一五”继续教育规划的关键一年。中组部、人事部正在编制“十一五”人才规划。我们将把继续教育工作，作为规划的重要内容。各地区、各部门在制定人才规划时，也要把继续教育纳入其中，通盘考虑。在制定和实施规划过程中，要注意搞好调查研究，做好需求预测。要及时掌握科技进步、经济社会发展和专业技术人才队伍建设的实际状况，摸清企事业单位和专业技术人才对继续教育的实际需求，有针对性地提出培养目标、培养内容、重点培养对象和相关政策措施。在规划中要突出能力建设，以社会急需的高层次人才为工作重点，要特别注重科学精神、政治素质和职业道德的培养。规划制定后，要认真分解落实各项任务，明确责任，提出进度要求，加强监督检查，及时掌握规划实施的情况，解决实施中存在的具体问题。

（三）要进一步健全继续教育工作体系

健全的工作体系是做好继续教育工作的组织保证。要在现有基础上，逐步健全政府人事部门主管，业务部门实施行业管理，各企事业单位都有相应机构或人员负责，并实现网络化的继续教育工作体系。

一是健全工作机构，明确工作职责。各级政府人事部门和业务主管部门要按照柏林部长提出的“任务明确、人员到位、经费落实”的要求，进一步健全继续教育工作机构，充实工作力量，重点做好政策制定、规划指导、组织协调、开展示范活动和监督检查等工作。企事业单位也要进一步加强继续教育工作机构建设，根据继续教育任务需求配备相应人员，具体负责制订计划、组织实施、日常管理、评估考核等工作。各级各类工作机构之间要加强协调联系，形成工作网络。要以提高服务水平和管理能力为重点，加强对继续教育管理人员的培训，建设一支高素质的管理人员队伍。

二是充分发挥继续教育行业协会的作用。要进一步加强与继续工程教育协会的协调配合，大力支持协会的工作，充分发挥协会在培训服务、理论研究、参谋咨询、学术交流、国际合作和行业自律等方面的重要作用。鼓励和支持继续教育行业协会在章程规定的范围内，发挥与广大专业技术人才联系广泛的优势，开展形式多样的继续教育培训活动。

三是把非公有制经济组织专业技术人才纳入继续教育工作范围。要进一步拓展继续教育工作领域，在制定继续教育规划时，要通盘考虑非公有制经济组织对人才的需求和培养。政府实施的继续教育项目和掌握的继续教育公共资源，要面向社会各类经济组织、所有专业技术人才平等开放，并向非公有制经济组织适当倾斜。要组织开展灵活多样的专项继续教育活动，为非公有制经济组织发展培养急需的专业技术人才。

（四）建立完善继续教育服务体系

先进完备的教学服务体系是做好继续教育工作的保障。要积极创造条件，整合利用各种资源，加快继续教育服务体系建设。

一是建立高素质继续教育师资队伍。师资水平的高低决定着继续教育的质量。要依托实力较强的科研院所、高等院校、高新技术企业，加快建立以兼职为主、兼专结合的高素质继续教育师资队伍。各级人事部门要探索建立继续教育师资库，在更大的范围实现师资资源共享。

二是加快推进教材建设。要根据科学技术的最新发展，依托高等院校、科研院所、学术团体、培训机构等，组织编写一批高质量的继续教育公共和专用教材，并不断更新完善。有条件的地区和部门可以通过市场机制筛选一批优秀教材，实现教材资源的社会共享。

三是加强继续教育施教机构建设。要制定继续教育施教机构建设的指导性意见，逐步建立行业标准和规范，加强对各类施教机构的宏观指导和监督。要研究制定政策措施，引入市场机制，鼓励各类资源向继续教育投入，特别是向优势继续教育机构集中。各级人事部门要重点扶持一批培训质量高、社会效益好、市场前景广、信誉度高的施教机构，支持它们做强做大，面向社会提供服务，建设示范性继续教育基地，带动施教机构建设。

四是加快建立继续教育网络服务系统。随着现代网络技术的快速发展，网络教育已成为继续教育工作的一种重要形式。要把发展网络教育作为继续教育工作的一项重点任务来抓，积极开展多种形式的网络教育活动。要依托人事部政府网站，建立面向全国的继续教育远程工作平台。有条件的地区、部门要充分利用现有网络资源，实现继续教育网上资源共享。

（五）完善继续教育制度体系

我国继续教育工作的法制化、规范化还处在起步阶段。我们要进一步加快制度建设，靠制度规范用人单位和专业技术人才在继续教育方面的权利和义务，靠制度保证继续教育工作的有效开展。

一是要积极推进继续教育立法。立法滞后是大家反映比较集中的问题。这次会上，我们拿出了《条例》的草稿，请大家提意见。会后，我们将抓紧修改，积极推动《条例》的出台。一些省市已经实现了地方立法，有了很好的经验。希望没有立法的省市加快地方立法，已经立法的，要加大执法和监督检查力度，为全国性继续教育法规的制定打下良好基础。

二是研究出台《关于进一步加强继续教育工作的意见》及配套政策措施。会后，我们准备下发一个文件，把这次会议的主要精神和当前的主要任务，以《意见》的形式明确下来，用于指导各地区、各部门开展好今后的工作。这项工作已经列入今年中央人才工作协调小组工作要点。这个文件，我们也有了一个草稿，并研究提出了一些配套政策措施，希望大家多提意见，争取尽快下发。

三是探索创新继续教育相关制度。在继续教育相关制度上，各地都有很多成功的探索。我们准备在总结各地经验的基础上，积极探索建立完善专业技术人员高级研修制度、学术休假制度、国内访问学者制度和师承制等高层次人才培养制度；进一步提高管理工作的制度化水平，探索建立继续教育统计、证书登记、质量评估、监督检查等制度。

（六）统筹协调，加强西部地区和东北等老工业基地的继续教育工作

要根据国家西部大开发和振兴东北等老工业基地的战略部署，统筹继续教育工作的协调发展，重点支持西部地区和东北等老工业基地的继续教育工作。

一是要加大倾斜支持力度。人事部在制定继续教育规划时，要加强对西部和东北地区在培训基地、师资队伍建设等方面的指导和帮助，在举办高研班、专家论坛、专家咨询服务活动、特殊培养等方面，向西部地区和东北等老工业基地倾斜。

二是加强对口支援工作。近年来，人事部每年都要举办一批对口支援的高研班，组织留学人员和高级专家“西部服务团”和“东北服务团”活动，今后这项工作还要继

续加强。希望东部沿海和经济发达地区也采取项目支持、定向培训、技术服务、技术进修挂职等多种方式加强对口支援活动。

三是做好新疆等西部地区少数民族科技骨干特殊培养工作。目前，人事部正会同有关部门，就新疆等西部地区少数民族科技骨干特殊培养工作进行专题研究，争取增加投入，扩大规模，不断提高质量，并逐步把特培工作扩展到西部各省份，使特培工作成为加强西部地区少数民族高层次人才队伍建设、促进西部经济社会发展、维护边疆稳定的一项重要措施。希望东部地区和有关部门从大局出发，积极支持这项工作，完成好国家交给的特培任务。

此外，我们还要进一步加强继续教育的国际交流，充分利用国际国内两种资源，发展我国的继续教育事业。在国际交流中，要重点借鉴发达国家发展继续教育的经验，学习他们先进的理念，引进他们的先进教材和现代化的教学手段，同时大力吸引国外继续教育资源为我国的继续教育事业服务。

三、进一步加强组织领导，做好服务，确保各项工作落到实处

这次会议的召开，标志着我国的继续教育工作从此进入了一个新的发展时期。各级人事部门要从战略和全局的高度出发，进一步加强对继续教育工作的领导，努力提高服务水平，把会议提出的各项任务组织好、落实好。

（一）进一步更新观念，提高认识

观念是行动的先导，观念更新了，工作才会有新思路、新举措、新办法。从事继续教育工作的同志，要坚决破除“继续教育是软任务”和“重学历、轻能力”的观念，充分认识继续教育在专业技术人员更新知识、提高能力素质方面的关键性，充分认识继续教育工作对人才队伍建设的极端重要作用。要按照科学发展观和科学人才观的要求，牢固树立人才资源是第一资源的观念，以能力建设为核心，把继续教育工作做实；牢固树立“大教育、大培训”的观念，不断创新，把继续教育工作做强；牢固树立以人为本，面向社会提供全方位服务的观念，不断开拓，把继续教育工作做大。我们要进一步解放思想，更新观念，找准新时期继续教育工作的定位和方向，开拓工作领域，创新工作方法，树立信心、下定决心，把继续教育工作大踏步地推向前进。

（二）加强组织领导，形成工作合力

各级人事部门要切实履行好主管继续教育工作的职能，在党管人才的原则下，发挥职能优势，加强对继续教育工作的领导。在工作中，要积极争取党委、政府的支持，把继续教育纳入人才工作总体布局，摆到重要议程。要主动加强与相关部门在继续教育工作上的协调配合，充分调动各方面的积极性。人事部门要主动支持继续教育协会的工作，要给协会提要求、交任务，充分发挥协会公益性、专业性和广泛代表性的特点，支持协会开展继续教育活动。协会要紧紧围绕人事人才工作的中心任务和工作重点，积极主动开展工作，在推进继续教育社会化、市场化方面，发挥积极作用。双方要加强沟通，相互配合，形成合力。各企事业单位继续教育部门，要在国家政策的指导下，结合各自实际，创造性地做好本单位的继续教育工作。对在继续教育工作中成绩突出的单位和施教机构，要给予宣传和表彰。

（三）逐步推进继续教育社会化、市场化进程

社会化、市场化是世界各国继续教育发展的普遍趋势，也是社会主义市场经济体制

和专业技术人才队伍建设的必然要求。各级人事部门要努力适应这种发展趋势，按照社会化、市场化的要求，引导继续教育资源向社会开放，实现继续教育资源的社会共享，发挥最大的社会、经济效益。继续教育工作要适应市场需求，引入市场机制，充分发挥市场作用配置继续教育资源。

（四）努力提高继续教育服务水平

服务水平的高低直接影响到继续教育的效果。各级人事部门一定要树立服务意识，创新服务方式，努力提高服务水平。要进一步拓展服务领域，搭建各种社会化服务平台，为各类企事业单位、施教机构提供公平优质的公共服务，营造良好服务环境。如举办各种形式的继续教育超市，为展示继续教育优势品牌项目提供舞台，为供需双方寻求合作提供服务。要加强继续教育经验交流和典型带动工作，积累成果，推广经验，提升服务。要加强继续教育理论研究工作，不断用发展的理论，指导继续教育实践。

（五）不断加大对继续教育工作的投入

继续教育工作离不开必要的经费保障。各级人事部门要采取有效措施，一方面要积极争得政府财政部门的大力支持，加大对继续教育工作的投入力度，另一方面更要调动社会各方面的积极性，形成国家、单位、个人共同出资的多层次、多渠道的继续教育投入机制。要确保实现“三个增长”，即经费投入逐年增长，受训人数逐年增长，继续教育覆盖面逐年增长。在这方面，不少地区、部门和单位创造了很好的经验，我们要认真总结推广。

同志们，展望未来，继续教育工作前景光明，任务艰巨。让我们以这次会议为契机，齐心协力，扎实工作，开拓创新，努力开创新时期专业技术人员继续教育工作的新局面！

健全完善制度　造就创新人才
努力推进博士后事业新发展

——张柏林部长在全国优秀博士后表彰暨博士后工作会议上的讲话

（2005 年 10 月 21 日）

同志们：

经党中央、国务院批准，今天，我们召开全国优秀博士后表彰暨博士后工作会议。这是一次承前启后、继往开来的重要会议。会议的主要任务是，贯彻落实党的十六届五中全会精神，深入实施人才强国战略，认真总结博士后制度创建 20 年来的成绩和经验，宣传表彰先进博士后工作单位和优秀博士后研究人员及管理人员，研究部署今后一个时期的博士后工作，加快培养造就高层次创新型人才，努力把博士后事业推向一个新的发展阶段。党中央、国务院领导对这次会议非常重视、非常关心。今天上午，温家宝、曾庆红和贺国强、路甬祥、华建敏、陈至立、徐匡迪等党和国家领导人，亲切接见了受表彰的同志和单位代表，家宝总理作了重要指示，强调“博士后制度的建立是完全正确的，取得的成绩是非常显著的。”希望“在全国的博士后当中会涌现大批的科技领军人物，会出现大批的杰出人才”。国强同志在表彰大会上作了重要讲话，充分肯定了20年来博士后制度取得的显著成绩和宝贵经验，“为促进我国教育科技事业发展，推动改革开放和社会主义现代化建设进程，发挥了十分重要的作用”，强调广大博士后研究人员已经成为推动我国科技创新和社会进步的一支重要力量。要求我们围绕建设创新型国家，大力推动博士后事业的不断发展，在新的起点上实现更大的发展。中央领导同志的重要指示，为今后的博士后工作指明了方向，给了我们巨大的鼓舞。我们要认真学习、深刻领会，坚决贯彻落实。下面，我就博士后工作讲几点意见。

一、博士后制度实施二十年的显著成绩和宝贵经验

我国的博士后制度是在邓小平同志亲自关怀、支持下，由著名物理学家李政道先生倡议，经国务院批准，于1985年开始实行的。改革开放初期，我国高级人才严重短缺，人才难以流动。为了加快培养高层次专业技术人才，我国开始建立博士后制度，选择一批优秀的博士毕业生，到一些科研环境较好的高等院校、科研院所，在合作导师的指导下，承担科研项目，进行一段时间（2至4年）的独立科研训练，培养科研创新能力，使他们加速成长为高层次科技人才和学科带头人。后来，又在企业发展建立博士后科研工作站。博士后研究人员完成研究任务出站后，通过双向选择落实工作单位。在国家一系列政策的支持下，在设站单位的关心、培养下，博士后制度这个新生事物，在过去的20年里，充分显示了勃勃生机，得到了快速发展成长。目前，全国已设立博士后科研流动站1 363个，博士后科研工作站1 018个，累计招收博士后研究人员32 000余人，期满出站的20 000余人。培养了一支年轻而富有活力的人才群体，取得了一批高水平的研究成果，形成了学科专业比较齐全、地区部门分布广泛的工作体系，为加强高层次专业技术人才队伍建设，推动我国科教兴国战略和人才强国战略的实施，发挥了重要的独特作用，为经济建设和社会发展作出了重要贡献。

回顾20年的发展历程，博士后事业取得了显著成绩，积累了许多经验。这些经验是今后一个时期博士后事业发展的宝贵财富。

（一）围绕经济社会发展大局，服从服务于科技进步，是博士后事业发展的正确方向。我国博士后制度20年的发展史，就是适应经济社会发展的要求，不断改革和完善的历史。在博士后制度建立之初，为提升我国基础研究实力，在数学、物理和化学等基础学科领域率先设立了一批博士后科研流动站；为了满足企业科技开发创新的需要，从1994年开始启动了企业博士后工作；随着博士后事业的不断壮大，为适应国防科技的需要，2000年开始在军队设立博士后科研工作站；为顺应加入世界贸易组织后金融开放的挑战，开始在银行、证券公司设立博士后科研工作站；为满足筹备2008年奥运会发展体育事业的要求，开始在体育学设立博士后科研流动站；为缓解经济社会快速发展对高层次人才的需求，一些有条件的设站单位还自筹经费，扩大招收博士后研究人员等等。这些措施，紧紧围绕经济社会发展的大局，促进了人才、科技、经济的紧密结合，有力地推动了博士后制度服务于经济社会的发展需要。目前，博士后科研流动站已覆盖了12大学科门类的86个一级学科，企业博士后科研工作站也在短短的10年时间里，覆盖了事关国家经济社会发展的主要领域。

广大博士后研究人员，在几年的科研实践中，通过承担与我国经济和社会发展关系密切的科研课题，进一步培养了独立创新能力，许多人逐步成长为高级专业技术人才。

在已经出站的2万多名博士后中，绝大多数成为高校、科研院所、企业的学术技术带头人和科研骨干。目前在站的博士后研究人员，平均每人承担3项研究项目，其中国家级研究项目占37.3%。省部级项目占27.9%。平均每人在国际核心期刊上发表论文2.5篇。原北京航空航天大学博士后苏义脑院士在站期间，成功地将航天制导概念引入钻井工程，在世界上首创了井下控制工程学，奠定了地质工程学的基础。

（二）坚持人才培养和使用相结合、产学研相结合，是博士后事业发展的有效途径。二十年来，各科研流动站和工作站把培养和使用相结合的原则，贯穿于博士后工作的始终。许多设站单位坚持一手抓培养，一手抓使用，为博士后研究人员严格挑选合作导师，放手让他们承担重大研究项目，使博士后研究人员在实际工作中得到锻炼成长。各地区、各有关部门在博士后培养使用中，坚持将学习、研究和产业化结合起来，引导博士后研究人员服务于经济建设主战场。特别是企业博士后工作的开展，为产学研结合架起了博士后科研工作与企业之间的桥梁，实现了高等院校、科研院所的人才资源和企业优势资源的有机融合，加快了博士后科研成果的转化，为博士后制度增添了生机与活力。大庆油田先后有60多名博士后从事科研工作，形成了一支重要的科研力量，为老油田重新焕发青春作出了贡献。

许多流动站反映，企业技术创新的需求和博士后科研工作站的建立，为高等院校和科研院所的科研工作更加贴近生产实际，起到了导向作用，促进了科技创新。企业对研发项目的投入，增加了流动站单位的科研经费，为流动站单位科技成果转化为生产力提供了物质条件和渠道。正是通过培养和使用的结合，以博士后科研流动站和工作站为载体的博士后制度推进了科研单位和高等院校的学科建设，促进了科研成果在生产实践中的应用，使博士后研究人员加速成长，成为科研队伍的重要力量，成为学校师资队伍的重要来源，成为企业的技术骨干。实践证明，坚持人才培养和使用相结合、产学研相结合，是博士后事业发展的有效途径。

（三）注重制度建设，不断完善具有中国特色的管理制度，是博士后事业发展的重要基础。为了有效地吸引、培养、使用高水平年轻科技人才，促进人才合理流动，适应现代化建设的需要，从国家到地方，对博士后研究人员的科研环境、项目落实、生活保障、资金支持、户籍迁移、人事调动、人员编制等方面，制定了一系列特殊的政策和措施，形成了一整套新的管理制度，为高层次专业技术人才的培养、使用和流动开辟了一个“制度特区”。随着博士后事业的迅速发展，我国博士后管理制度不断发展和完善，逐步形成了具有中国特色的博士后制度，主要包括：政府主导、分级管理的制度，人事部门和教育、科技、财政等有关部门密切配合、通力合作的制度，充分发挥设站单位博士后培养主体作用的制度，设站要经过专家委员会评审通过和开展评估考核等制度。这些制度在实践中不断完善，成为博士后制度健康发展的重要基础。

（四）调动各方面积极性，形成整体合力，是博士后事业发展的重要条件。我国博士后制度是在政府主导下，充分发挥各有关方面的主动性、积极性，有组织地建立并推行的。为使博士后工作得以顺利开展，在博士后制度建立之初，就成立了由人事、科技、教育、财政等有关部门领导和著名科学家组成的“全国博士后管委会”，负责协调有关工作，调动和发挥各方面积极性，推动博士后事业的发展。随着工作的发展，从1992年开始，我们先后在14个省市进行了管理体制改革的试点工作，下放管理权限，明确管理职责，进一步调动了地方省市和各设站单位的积极性。设站单位将博士后工作列为人才工作的一项重点，作为人才梯队建设的重要内容，努力创造良好的科研、生活条件，不断完善博士后管理办法，建立了高效的工作机制。各级政府、设站单位相互协作、密切配合，形成整体合力，促进博士后事业的快速发展。

（五）*切实加强党和政府的领导，是博士后事业发展的根本保证。*党和国家领导人历来高度重视和关心博士后事业。邓小平同志亲自决策建立博士后制度，并作了一系列重要指示。江泽民同志对博士后工作提出了明确的要求，并亲自为博士后制度实施十周年题词。以胡锦涛为总书记的中央领导集体，提出要健全完善博士后制度，发挥博士后制度在培养高层次人才中的重要作用。在党中央、国务院的正确领导下，有关部门、省区市党委和政府以及组织部门也高度重视博士后工作，许多省区市和部门领导，亲自担任本地区博士后管委会主任，把博士后制度作为实施人才战略、加强高层次人才队伍建设的重要抓手，纳入人才工作的总体布局当中。一些地区和部门的领导同志，亲自关心、过问博士后工作，与博士后研究人员交朋友，倾听他们的意见和建议，解决他们的实际困难。党和政府的重视，有利于协调有关力量，搭建服务平台，推动工作发展，为博士后事业开创新局面提供了保证。

在这里，我还要特别指出，李政道先生在推进我国博士后事业的发展中，作出了特殊的重要的贡献。李先生不仅是我国博士后制度的倡导者，而且对博士后事业的发展和博士后研究人员的健康成长倾注了大量心血。每年回国，他都要同我们商谈博士后工作，提出意见和建议，帮助解决博士后事业发展中出现的困难和问题。因此，我们对李先生表示衷心的感谢！

在回顾总结博士后20年取得成绩和经验的同时，我们也要清醒地看到，当前的博士后工作还存在着一些急需研究解决的问题。例如，如何进一步完善和创新博士后管理制度；如何进一步提高博士后研究人员的质量；如何进一步促进博士后制度更好地服务于科技创新，特别是自主创新和经济建设等等。这些问题需要引起我们的高度重视，并在今后工作中不断加以改进和完善。

二、扎扎实实做好新形势下的博士后工作

今后五年，是我国全面建设小康社会的关键时期。党的十六届五中全会对深入实施科教兴国战略和人才强国战略，增强自主创新能力，加快人才队伍建设作了全面部署，指出要加强人力资源能力建设，实施人才培养工程，不断增强企业创新能力，加快建设国家创新体系，把增强自主创新能力作为科技发展的基石和调整产业结构、转变增长方式的中心环节。发展科技教育和壮大人才队伍，是提升国家竞争力的决定性因素。加强人才队伍建设，关键是以高层次人才为重点，以提高自主创新能力和弘扬科学精神为核心，逐步培养造就一批在关键领域和重点岗位的领军人物，一批具有世界前沿水平的高级专家。博士后制度是实施人才强国战略的重要内容，博士后群体是高层次人才队伍的重要来源和组成部分，推进博士后工作的发展，对于加强我国高层次专业技术人才队伍建设，提高我国的自主创新能力具有重要意义。

遵照温总理和国强同志指示精神，根据当前面临的新形势新任务，今后五年博士后工作的思路是：在邓小平理论和“三个代表”重要思想指导下，认真贯彻党的十六大和十六届三中、四中、五中全会精神，坚持科学发展观和科学人才观，按照深入实施人才强国战

略的要求，健全完善制度，稳步扩大规模，注重提高质量，造就创新人才，加快培养造就一支适应社会主义现代化建设需要、创新能力强的跨学科、复合型、战略型博士后人才队伍，为不断提高我国的科技自主创新能力和经济社会发展提供高层次人才保障。

根据这一思路，我们要扎扎实实做好以下工作：

（一）培养造就创新人才。这是博士后工作的紧迫任务。我们要按照建立国家自主创新体系的要求，发挥博士后制度的优势，着力提高博士后研究人员的创新能力，围绕国民经济急需的宏观性、战略性和跨学科领域发展的需要，逐步培养出一批富有创新精神和原始创新能力的博士后人才。要积极鼓励创新，采取各种方式支持博士后研究工作，特别是具有创新价值的研究工作。对作出重大创新性成果的博士后研究人员，要给予奖励。

要根据增强我国自主创新能力的要求，选择一批有发展潜力、创新意识强的优秀博士后研究人员，实施“国家特别资助计划”，给予重点培养。当前，要在能源、资源、环境、农业、信息、生命、空间、海洋、纳米及新材料等行业和技术领域，挑选一批在站的博士后或优秀的博士毕业生进站，为他们提供比较充足的经费，支持他们从事基础性、前沿性、原创性项目研究，通过几年的重点培养，力争取得一批创新成果，突破一些重大关键技术，造就一批拔尖创新型人才。对获得特别资助的博士后研究人员，其在站时间可以根据项目研究的需要适当延长。各设站单位要充分发挥他们的作用，赋予他们在立项、经费使用、团队组建、项目实施等方面的主导权，让他们承担重大项目，放手培养，在高起点上出成绩、出人才、出效益。在实施“国家特别资助计划”的同时，要完善中国博士后科学基金点面结合的资助模式，加强对从事原创性、应用基础性、重大公益性研究的博士后研究人员的资助，不断提高择优资助的效益。

（二）健全完善博士后工作管理制度。健全的管理制度是做好新形势下博士后工作的组织保证。要根据完善社会主义市场经济体制和经济社会发展的需要，遵循高层次人才的成长规律，不断总结经验，及时解决出现的新情况新问题，健全博士后工作管理制度，创新博士后工作运行机制。要在总结试点经验的基础上，进一步明确管理职责，调整管理权限，逐步健全国家、省区市和设站单位的分级管理制度。今后，国家博士后管理部门的主要职责是制定发展规划，研究制定政策，负责流动站和工作站的审批、评估、督导等宏观管理，以及全国性、区域性的综合协调工作。各省级人事部门要按照国家政策，研究制定符合本地区特点的博士后工作规划，加强本地区、本部门博士后工作的综合管理，制定配套政策，保证国家政策的落实。博士后科研流动站、工作站是博士后工作的主体，要扩大设站单位的管理自主权，充分发挥他们的积极性和主动性，提高建站和管理水平。

（三）健全完善博士后工作质量保证机制。质量是博士后制度的生命线，是培养高层次创新人才工作的关键。根据今年我们对 2002 年年底以前设立的 927 家流动站和 660 家工作站进行评估的结果，运行状况良好和较好的流动站占 99.7%，工作站占 89.2%。今天上午，我们对 95 个全国优秀博士后科研流动站、工作站，127 位全国优秀博士后研究人员和 30 名全国优秀博士后管理工作者进行了表彰。同时，我们要看到，确有个别流动站和少数工作站评估不合格，近期我们将对存在突出问题的部分流动站和工作站提出黄牌警告、限期整改，并对问题严重、不符合设站条件的工作站撤销设站资格。

今后，各有关单位都要以培养高素质、富有创新精神的博士后研究人员为核心，严格管理，确保质量。一方面，要严格设站条件，保证设站质量。根据博士后设站学科、领域和行业等特点，改进博士后科研流动站、工作站的设站和管理制度，进一步完善设站条件，改进设站审批办法。对已建立的流动站和工作站，要实行定期考核评估制度，考评成绩突出的要给予表彰和奖励，不合格的要限期整改，整改不合格的坚决取消设站资格。另一方面，要努力提高博士后研究人员的质量。要采用各种方式，把工作的重点放到提高质量上来。重点培养造就拔尖人才和领军人物。要不断改革博士后研究人员的招收、管理办法，进一步规范博士后研究人员的遴选条件，严把入口关。对在站博士后研究人员，要实行严格的中期考核和出站考核。各级博士后工作管理部门和设站单位要齐抓共管，进一步健全完善博士后工作质量保证机制。

（四）加强博士后科研流动站和工作站建设。“十一五”期间，要继续加强博士后科研流动站和工作站建设。国家要重点加强新兴学科、重点学科和基础性、原创性、重大公益性研究领域的流动站建设，加强高科技战略领域等国民经济重点行业领域的流动站和工作站的建设，加大对西部地区和东北老工业基地博士后事业的支持力度。到2010年，全国博士后科研流动站总数比2005年年底增长30%左右；科研工作站总数比2005年底增长50%左右；博士后研究人员年招收规模达到8 000人左右，其中企业博士后年招收规模有较大幅度增长。

地方和部门博士后管理机构要积极创造条件，主动支持博士后科研流动站和工作站建设，加强管理和指导。博士后科研流动站、工作站要加强内部建设，不断健全规章制度，提高管理人员的政治素质和业务能力，做到组织落实、制度落实、项目落实、经费落实、管理落实和服务保障落实。博士后科研流动站和工作站之间要进一步加强沟通与合作，实现优势互补、合作共赢。

（五）健全博士后服务、保障体系。服务和保障关系到每一个博士后研究人员的切身权益，也是保证他们全身心投入研究工作的重要条件。为适应新形势的发展，要切实加强博士后服务、保障体系建设。要充分发挥互联网络便捷高效的特点，尽快搭建网络化、高效率的博士后综合服务平台，为广大博士后研究人员提供高效的学术交流、信息发布、成果转化、项目洽谈等服务，实现综合管理的信息化、便捷化。各地区、各部门要为广大博士后研究人员开展学术交流和社会服务创造条件，积极举办学术论坛，组织多种形式的社会服务活动，加强博士后研究人员的学术交流与合作；要采取有力措施，加强国际学术交流，拓展博士后研究人员的学术活动空间，积极吸引留学人员、优秀外籍博士进站从事博士后研究工作。各设站单位要努力改善博士后研究人员的科研条件和生活条件，解除他们的后顾之忧，为他们全身心地投入科研活动创造良好的环境。要追踪和了解出站博士后的发展情况，支持他们转化科研成果，更好地促进博士后研究人员的培养和使用。要参照企事业单位人事管理办法，结合社会保险制度的改革进程，逐步解决在站博士后的社会保障问题。

（六）加大对博士后事业的投入力度。博士后制度建立以来，国家给予了很大的资金投入，并且逐年都在有所增长。随着博士后事业发展，国家将进一步加大对博士后事业的投入力度。预计今后5年，国家对博士后日常经费和对中国博士后科学基金的投入将有较大幅度增长。同时要抓紧研究自然科学基金、社会科学基金等重大基金向博士后科研工作倾斜的办法，解决国家重大项目研究经费投入博士后工作的渠道。主管单位也要进一步加大投入，要确立与国家投入相匹配、与地方经济社会发展相适应的本地区、本部门博士后投入机制。各设站单位要结合本单位自主创新能力建设、学科建设和人才队伍建设的实际情况，有重点、有针对性地加大资金投入。要加强对博士后研究人员科研工作的支持，改善他们的工作生活条件。要严格专项经费使用的管理，提高资金使用效益。此外，要广开思路，采取多种途径，建立多渠道、多元化的投入机制，广泛吸引包括社会资金在内的各种资金投入博士后事业。

三、加强领导，保证各项任务的全面落实

今后一个时期，是我国博士后事业发展的重要机遇期，我们面临着繁重而艰巨的任务。要实现博士后事业新的发展，关键是要认真学习领会中央领导指示精神，切实加强领导，保证各项任务的落实。

（一）进一步提高对建立博士后制度重要性的认识。认识是行动的先导，观念更新了，工作才会有新思路、新举措。所有从事博士后工作的同志，都要充分认识博士后工作在深入实施人才强国战略，加强高层次人才队伍建设中的重要作用，自觉地将思想统一到中央领导同志的指示精神上来，努力提高做好博士后工作的责任感和自觉性。要坚持用科学发展观统领博士后工作，认真落实科学人才观，牢固树立“以人为本”和“人才资源是第一资源”的理念，进一步解放思想，更新观念，创新思路，把博士后制度建成我国高层次人才培养的品牌制度。

（二）进一步加强博士后工作的领导。国强同志强调，“各级人事部门要发挥好带头作用，与组织、教育、科技、财政等相关部门密切配合，充分发挥博士后管委会的指导协调作用，齐心协力地把博士后工作搞好。”作为主管博士后工作的人事部门领导，一定要把博士后工作放在重要位置，定期研究，认真解决实际工作中出现的新情况新问题，积极主动做好与各相关部门的组织协调工作，充分听取有关部门和基层意见，争取各方面的支持和配合，推动博士后工作的开展。要主动向党委、政府领导汇报博士后工作，把博士后工作纳入到本地区、本部门人才战略的大局中统一谋划，科学制定本地区、本部门博士后工作发展规划。要以“博士后制度二十周年”纪念活动为契机，积极做好宣传工作，引导社会各界了解博士后制度，重视博士后工作，支持博士后事业的发展。积极宣传受表彰优秀博士后研究人员的先进事迹，倡导学术自由，激发创新思维，着力营造尊重个性，宽容失败，宽松和谐，奋发向上的创新文化氛围。

（三）进一步加强博士后管理人员队伍建设。提高博士后管理人员的队伍素质，是做好博士后工作的重要保证。要切实加强对博士后管理人员的培训工作，提高他们的管理水平，努力建设一支政治素质好、业务水平高、服务意识强的博士后管理人员队伍。各级博士后管理部门的同志，要以受表彰的优秀博士后管理人员为榜样，自觉加强理论和业务学习，不断提高政治理论水平，跟踪了解科技发展的趋势和动态，努力提高贯彻党和国家人事人才工作政策的能力。要发扬“甘为人梯”的精神，主动了解博士后研究人员的想法和困难，及时解决他们工作生活中遇到的难题，关心他们的成长，不断增强服务意识，改进服务方式，提高服务水平。

博士后事业是一项方兴未艾、蓬勃发展的事业，任重道远。我们要把博士后制度二十周年作为一个新的起点，不断进取，扎实工作，努力实现我国博士后事业新的发展，为全面实现小康社会、构建社会主义和谐社会的宏伟目标作出我们新的贡献！

全面贯彻落实科学发展观　建设宏大的创新型专业技术人才队伍

——尹蔚民部长在全国专业技术人才表彰暨专业技术人才工作会议上的讲话

（2009 年 9 月 10 日）

在我们伟大祖国成立 60 周年之际，我们在这里召开全国专业技术人才工作会议，总结交流我国专业技术人才工作的成绩和经验，表彰学习全国杰出专业技术人才和专业技术人才先进集体，研究部署今后一个时期的专业技术人才工作。这必将对更好实施人才强国战略，开创专业技术人才工作新局面，起到重要的推动作用。

今天上午，我们隆重表彰了 50 名全国杰出专业技术人才和 30 个专业技术人才先进集体，习近平、刘云山、李源潮、张德江、刘延东等领导同志亲切接见了受表彰人员和与会代表，近平同志、德江同志发表了重要讲话。他们的讲话高瞻远瞩，言简意赅，意义重大，对今后专业技术人才队伍建设具有重要的指导作用。我们要认真学习、深刻领会，并切实贯彻到工作中。下面，我讲几点意见。

一、我国专业技术人才工作的主要成就

近年来，在各级党委和政府领导下，各级人力资源和社会保障部门深入贯彻落实科学发展观，创新工作思路，深化制度改革，狠抓队伍建设，我国专业技术人才工作取得了令人瞩目的成就：

（一）专业技术人才队伍的总体规模不断壮大

经过多年的努力，我国专业技术人才总量已达到 4 500 多万人，其中国有企事业单位 2 800 万人，与 1978 年的 559.1 万人比较，增长了 4 倍，非公经济社会组织的专业技术人才更是从零开始，快速发展，初步形成了一支规模宏大、结构合理、素质优良、具有一定开拓创新能力的专业技术人才队伍。其中，有两院院士 1 378 人，有突出贡献中青年专家 5 206 人，享受国务院政府特殊津贴专家 15.8 万人，“百千万人才工程”国家级人选 3 307 人，博士后研究人员 6.1 万人，留学回国人员 39 万多人，在岗具有高级专业技术职务人员 266.3 万人，高层次专业技术人才队伍初具规模。

（二）专业技术人才队伍的整体素质不断提高

一是专业技术人才队伍学历层次不断提高。2007 年，在国有企事业单位专业技术人才队伍中，大专以上学历人数占专业技术人才队伍总人数的 75.4%，比 1998 年增加 27.7%。二是中高级专业技术人才数量不断增加。2007 年，在国有企事业单位专业技术人才队伍中，高级职称人员占总人数的 9.5%，比 1998 年增加 3.6%。中级职称占 36.7%，比 1998 年增加 7.7%。三是涌现出一大批具有较高创新能力的科技领军人物和拔尖人才，成为我国科技进步和经济社会发展的栋梁，为全面建设小康社会提供了重要的人才支撑。

（三）专业技术人才在经济社会发展中的作用不断增强

广大专业技术人才在国家重大科研项目攻关和重点工程建设方面取得了显著成绩，在国防尖端技术的开发和关系到国计民生的应用研究方面作出了突出贡献，在理论创新、制度创新、科技创新、文化创新等方面取得了重要突破，创造了载人航天、高性能计算机、现代装备制造、生物技术等一大批具有世界先进水平的重大科研成果，取得了三峡工程、南水北调、青藏铁路、高速轨道交通等重大工程建设的成功。在经济社会建设的主战场上，专业技术人才发挥着重要的引领作用，成为走中国特色自主创新道路的重要力量，有力地推动了社会主义现代化建设的进程。

（四）专业技术人才工作的体制机制不断优化

经过多年的不断探索和实践，我国专业技术人才工作的体制机制不断完善。一是国家通过实施“百千万人才工程”、专业技术人才知识更新工程、博士后制度、继续教育制度等各种人才培养制度和措施，以高层次人才为重点的培养体系初步建立。二是坚持正确的留学工作方针，留学人员回国工作政策体系日益完善，服务体系不断健全，形成了留学人员回国工作、回国创业和以多种形式为国服务的良好局面。三是初步建立了以院士制度、国家有突出贡献中青年专家制度、政府特殊津贴制度为主体的国家级专家选拔体系。四是坚持以职业分类为基础，以能力和业绩为导向，积极探索形成了专业技术人才评价机制。五是初步形成了上下贯通、多方合作、协调配合的工作机制。同时，在专业技术人才流动、分配、保障、激励机制等方面，都进行了有益探索，积累了宝贵经验。

（五）专业技术人才成长的环境不断改善

从落实知识分子政策到提出实施人才强国战略，从“科学技术是第一生产力”到“人才资源是第一资源”的科学论断，到“尊重劳动、尊重知识、尊重人才、尊重创造”方针的确立，专业技术人才成长和发展环境日益改善，社会地位不断提高。通过加强宣传营造良好的社会环境、加强职业道德规范营造健康的学术环境，制定和完善优惠政策形成良好的政策环境，为人才提供创业舞台形成广阔的发展环境等措施，从总体上形成了“鼓励人才干事业、支持人才干成事业、帮助人才干好事业”的良好氛围。

专业技术人才工作巨大成绩的取得，离不开党中央、国务院的正确领导，离不开各级党委、政府的高度重视，也离不开广大人力资源社会保障工作战线上领导和同志们的辛勤工作和卓越奉献。在这里，我代表人力资源社会保障部，向多年来为专业技术人才工作作出积极贡献的同志们，表示衷心的感谢！

回顾总结专业技术人才工作的发展历程和主要成就，我们深深感到，要做好各项专业技术人才工作，推动专业技术人才工作的科学发展，必须坚持以科学发展观为统领，坚持以科学人才观为指导，坚持以服务经济社会发展大局为根本目的，坚持以高层次人才为重点，坚持以能力建设为主题，坚持以体制机制创新为动力。这既是我们对专业技术人才工作规律的深刻认识，也是对专业技术人才工作实践的经验总结。这些好的经验和做法，在今后工作中应当继续坚持和发扬。

在看到成绩的同时，还必须清醒认识到，专业技术人才队伍建设工作与党中央、国务院的要求还有不小的差距，还存在着不少困难和问题。高层次创新型人才匮乏，基层专业技术人才队伍建设亟待加强，人才培养结构与社会需求不相适应，人才队伍的整体规模、素质能力还不完全适应建设创新型国家和全面建设小康社会的要求，吸引、培养和使用人才的体制机制还需要创新和完善。我们要在今后的工作中高度重视，认真加以研究解决。

二、充分认识新形势下加强专业技术人才队伍建设的重要性和紧迫性

专业技术人才是我国人才队伍的重要组成部分，是综合国力竞争的核心。我们要从全局和战略的高度，深刻认识加强专业技术人才队伍建设的重要性和紧迫性，深刻认识专业技术人才在经济社会发展中的基础性、战略性、决定性作用。

（一）加强专业技术人才队伍建设是贯彻落实科学发展观，全面建设小康社会的根本保证

人才是经济社会发展的重要力量，是推动科学发展的第一要素，是实现全面建设小康社会目标的关键所在。人才支撑发展，发展以人为本。高素质的人才资源，是实现经济发展方式转变，提高自主创新能力，加快社会事业发展，从而实现科学发展的基础和核心动力。进入全面建设小康社会的新阶段，中央提出要深入贯彻落实科学发展观，这对人才工作提出了新的更高的要求。深入贯彻落实科学发展观，要求我们必须更加重视人才资源开发，不断扩大我国的人才队伍，努力把人才资源转化为推动经济社会发展的核心动力；必须大力加强人力资源能力建设，提高人才的素质和能力特别是创新能力，为促进科技进步和增长方式转变提供有力的人才基础；必须大力调整人才结构，促进人才资源的协调发展，为产业结构的优化升级和城乡、区域、经济与社会之间的协调发展提供人才支持。总之，要加强专业技术人才队伍建设，努力把我国巨大的人口压力转化为人力资源优势，从人口大国转变为人才资源强国，为实现全面建设小康社会的各项任务提供坚强的人才保证。

（二）加强专业技术人才队伍建设是更好实施人才强国战略，建设创新型国家的必然要求

进入新世纪，党中央深刻分析国内外形势，针对我国现代化建设面临的机遇与挑战，提出了实施人才强国战略，并与科教兴国战略和可持续发展战略一起，作为国家的重大发展战略。2003 年 12 月，第一次全国人才工作会议对实施人才强国战略作出全面部署。2006 年召开的全国科技大会上，胡锦涛总书记指出，科技创新，关键在人才。在两院院士大会上，胡锦涛总书记又强调指出，创新型科技人才是新知识的创造者、新技术的发明者、新学科的创建者，是科技新突破、发展新途径的引领者和开拓者，是国家发展的宝贵战略资源。抓紧并持之以恒地培养造就创新型科技人才，是提高自主创新能力、建设创新型国家的必然要求。专业技术人才是实施人才强国战略，建设创新型国家的主体和骨干力量。为此，我们必须把培养造就创新型科技人才作为建设创新型国家的一项战略举措，把培养造就规模宏大、结构合理、素质优良、具有竞争力的专业技术人才队伍，作为更好实施人才强国战略的一项根本任务。

（三）加强专业技术人才队伍建设是提高我国国家竞争力，应对国际激烈竞争的迫切需要

国家竞争力的关键是人才竞争力。谁拥有人才和智力资源，谁就能在世界综合国力

竞争中赢得主动权。人才资源是国家经济社会发展竞争力的核心。因此，人才资源作为最重要的战略资源，在世界综合国力竞争中越来越具有决定性的意义。目前，专业技术人才特别是高层次人才短缺已经成为一种世界性现象。为了解决人才不足的矛盾，许多国家都出台了一系列的优惠政策吸引各国人才，一些发达国家还相继采取了新的战略措施，争夺人才。经过 30 年的改革开放和经济建设，我国经济总量已排在世界第三位，中国的国家实力在世界上已不可小视。但我们的人才竞争力还比较缺乏，和经济的竞争力相比还不相称。增强我们的国家竞争力，关键在于增强人才竞争力。日趋激烈的国际人才竞争要求我们必须采取有效措施，大力培养和吸引优秀专业技术人才，充分发挥人才的作用，不断提高我国的国家竞争力。

（四）加强专业技术人才队伍建设是应对当前国际金融危机，保持经济平稳较快可持续发展的重要举措

国际金融危机对我国的经济发展造成了严重冲击。为应对国际金融危机，保持经济平稳较快发展，中央采取了一系列重大措施，并取得了明显成效。当前，我国经济发展正处在企稳回升的关键时期，经济发展面临的困难和挑战仍然很多，经济回升向好的态势还不稳定、不巩固、不平衡，调整经济结构和转变发展方式的压力日益加大。应对当前国际金融危机，保持经济平稳较快持续发展，要求我们必须转变投入要素的结构，由主要依靠增加物质资源消耗，向主要依靠科技进步、劳动者素质提高、管理创新转变，由主要依靠物质资源开发向主要依靠人才资源开发转变，依靠人才的创新优势，应对危机，勇闯难关。在这次金融危机中，越是重视自主创新、重视人才作用的地方和企业，抗冲击的能力就越强。温家宝总理最近反复强调，应对国际金融危机，归根结底要靠科技、靠人才。靠人才推动发展，走人才强国之路，是一条越来越宽广的发展途径。

三、新形势下加强专业技术人才队伍建设的指导思想和目标任务

本世纪头 20 年是我国全面建设小康社会、建设创新型国家的重要战略机遇期，是我国工业化、信息化、市场化、城镇化深入发展的重要时期，是加强专业技术人才队伍建设，更好实施人才强国战略的关键时期。今后一个时期专业技术人才队伍建设的指导思想是：以邓小平理论和“三个代表”重要思想为指导，深入贯彻落实科学发展观，全面贯彻“尊重劳动、尊重知识、尊重人才、尊重创造”的方针，更好实施人才强国战略，遵循人才资源开发规律，加大体制机制创新，加强政策制度建设，全面推进专业技术人才队伍建设，为推动我国经济社会又好又快发展，为实现建设创新型国家和全面建设小康社会的奋斗目标提供强有力的人才支撑。

加强我国专业技术人才队伍建设的基本思路是：服务发展，人才优先；使用为本，创新机制；高端引领，强化基层；分类开发，协同推进。服务发展，人才优先就是要确立人才作为第一资源优先发展的战略地位和发展布局，以人才优先发展推动经济社会发展。使用为本，创新机制就是要坚持科学发展以人为本，人才发展使用为本，把创新理念、体制、机制，营造良好制度环境，搭建平等发展平台作为专业技术人才工作的重中之重。高端引领，强化基层就是要培养造就一批学术造诣精深、敬业精神强、创新能力突出的高层次领军人才，引领专业技术人才队伍整体发展；同时加强基层和一线专业技术人才队伍建设，满足经济社会发展对高素质应用型人才的需求。分类开发，协同推进就是在充分尊重各类人才自身特点和发展规律的基础上，统筹不同层次、区域、行业、

领域、不同所有制等各种不同类别人才的发展，形成各类人才持续成长、协调发展的局面。

我国专业技术人才队伍建设的目标任务：

一是着力扩大专业技术人才队伍规模。扩大专业技术人才队伍整体规模，是建设人才强国、创新型国家的基础措施，是全面建设小康社会，推动经济发展、建设和谐社会的必然要求。经济社会的快速持续发展需要大量高素质的专业技术人才供给，为我国经济、政治、文化、社会建设提供有力支撑。到2015年，我国专业技术人才总数要努力达到6 800万人，到2020年专业技术人才总数达到7 500万人。

二是着力优化专业技术人才队伍结构。优化专业技术人才队伍结构是经济结构和产业结构调整的必然要求，是加强专业技术人才队伍建设的重要途径。要围绕能源、环境、交通运输、信息、现代服务等国家重点发展领域，着力培养能够掌握核心知识、关键技术的各类工程技术人才和管理人才。应对国际金融的复杂变化，抓紧培养熟悉国际规则、具有一定实践经验的金融领域专业人才。引导专业技术人才向重点发展领域和重点开发地区流动、向中小城市和村镇流动。支持创新创业型专业技术人才向科研和生产一线转移。统筹发展非公经济和社会组织的专业技术人才。通过市场配置、行政调配、政策引导等多种方式，优化专业技术人才队伍结构。

三是着力培养造就高层次专业技术人才。高层次专业技术人才是促进经济社会发展最重要的战略资源，是国家竞争力的关键要素。目前，我国世界一流的拔尖人才和领军人才紧缺，能跻身国际前沿、参与国际竞争的战略科学家更是凤毛麟角。我们要采取有效措施，在基础研究、高技术研究、工程技术领域、哲学社会科学、社会公益事业等领域，重点培养一批世界一流科学家、高水平的学科带头人与科技领军人才。同时，要充分发挥高层次专业技术人才的领衔和带动作用，促进高水平科研团队建设。

四是着力提升专业技术人才创新能力。创新能力是专业技术人才的核心能力。在提高专业技术人才政治思想素质、科学文化素质和健康素质的基础上，提高专业技术人才创新能力，是提高专业技术人才整体质量、建设创新型国家的当务之急。要大力培养专业技术人才的创新精神、创新意识、创新思维和创新方法，努力营造创新氛围。鼓励专业技术人才在创新活动中提出新理论、新技术，重点提升从事前沿技术研究和基础研究的专业技术人才的原始创新能力，提升在优先发展领域从事应用技术研发工作的专业技术人才的集成创新和引进消化吸收再创新的能力。

五是着力创新专业技术人才工作体制机制。体制机制建设具有全局性、长期性和根本性。要通过体制机制创新，努力营造人才辈出、人尽其才、才尽其用的环境氛围，充分激发专业技术人才的创造活力和工作热情。要以社会需求为导向，将培养与使用相联系，创新专业技术人才培养机制；要以分类管理为基础，以能力业绩为导向，创新专业技术人才评价机制；要以实现人才价值为导向，促进人才资源优化配置，创新专业技术人才使用机制；要以维护人才权益为导向，完善专业技术人才激励保障机制。

四、加强专业技术人才队伍建设的主要措施

今后一个时期，我国专业技术人才队伍建设要重点做好以下各项工作：

（一）构建高级专家培养选拔制度体系，造就一大批高层次创新型人才

要以更好服务于经济社会发展为目标，以改革完善制度为重点，以增强高层次人才

自主创新能力为核心，建立健全结构合理、梯次递进的高级专家培养选拔制度体系。要发展新世纪百千万人才工程国家级人选选拔工作，进一步完善制度，制定不同层次、不同类别、不同地区人才培养计划，继续举办百千万人才国家级人选高级研修班和国外交流培训；要研究制定改进完善政府特殊津贴制度方案，严格选拔条件，改进评选办法，提高特贴标准，强化考核激励，实行动态管理；要恢复和完善有突出贡献专家选拔制度，开展有突出贡献专家选拔工作，形成一批具有国内领先、国际前沿水平的中青年创新型领军人才；要研究制定加强专家服务基地建设的政策措施，创新发挥专家作用的抓手和平台；要坚持使用为本，组织好高级专家服务团，继续开展高级专家西部行、东北行活动，更好为经济社会发展服务。

（二）大力发展博士后事业，推动高层次青年专业技术人才队伍建设

博士后群体是我国最活跃、最具创新能力的高层次青年人才的代表，是高校师资和高水平科研机构研究人员的重要来源，是科技创新的主体和骨干力量。今后一个时期，博士后工作要按照“健全完善制度、稳步扩大规模、注重提高质量、造就创新人才”的总体要求，一要健全管理体制，积极推进博士后分级管理体制改革，抓紧研究出台《关于推进博士后工作分级管理体制改革的意见》，形成由人力资源和社会保障部门牵头、各有关部门协调合作、各设站单位发挥人才培养使用主体作用的工作格局。二要完善管理制度，进一步加强对博士后研究人员的在站管理，规范对博士后研究人员的目标管理、绩效评价、奖励惩处，坚持严进严出。三要提高培养质量，围绕提高自主创新能力，依托国家重点实验室、211 工程重点大学、重大科研项目和重大工程项目等有效载体，加大博士后研究人员培养力度，加强博士后国际交流和学术交流工作。四要加大资助力度，做好博士后科学基金面上资助和博士后科学基金特别资助。五要按照《博士后科研流动站、工作站评估办法》做好博士后科研流动站、工作站评估工作，促进博士后工作健康发展。

（三）加快实施更加开放的海外人才引进战略，大力吸引海外优秀留学人才和智力

留学人员是国家的宝贵财富，是我国专业技术人才资源的重要组成部分。新时期留学人员回国工作要继续坚持“支持留学、鼓励回国、来去自由”的方针，按照“拓宽留学渠道、吸引人才回国、支持创新创业、鼓励为国服务”的新要求，重点实施三项计划，构建一个体系。一要以高层次创新人才为重点，着力实施高层次留学人才集聚计划。配合中组部全面实施海外高层次人才引进计划（“千人计划”），充分发挥对外联系窗口作用和人才引进渠道的独特优势，广泛采集人才信息，整合信息资源，增强引进海外高层次人才的针对性和时效性。二要围绕加快高新技术产业发展，着力实施留学人才创业计划。重点实施留学人员回国创业启动支持计划，大力加强留学人员创业园建设，继续开展留学人员创业园共建工作。三要搭建海内外交流平台，着力实施智力报国计划。在更大范围、更广领域、更高层次上吸引海外留学人员及留学人员团体通过各种形式参与祖国建设，把“海外赤子为国服务行动计划”做成留学人才为国服务的品牌。四要坚持服务于广大留学人员，着力构建留学人员回国服务体系，结合“千人计划”的服务窗口工作，将留学人员回国服务体系建设全面推开，为留学人员提供全方位的服务。

（四）稳步推进职称制度改革，建立科学公平的专业技术人才评价机制

职称制度是专业技术人才管理的一项基本制度，是评价专业技术人才学术技术水平

和职业素质能力的一项主要制度，是加强专业技术人才队伍建设的重要抓手，也是人才科学配置和使用的重要依据。深化职称制度改革总的思路是调整功能定位，健全分类体系，完善评价机制，实现科学管理。通过改革，建立科学、分类、动态、面向全社会专业技术人才的新型职称制度。调整功能定位就是要进一步强化职称的评价功能，改革计划经济体制下以单位内部人事管理为基础的专业技术职务聘任制，建立符合各类专业技术人才特点和成长规律、与企业劳动用工制度和事业单位聘用制度相衔接的面向全社会专业技术人才的职称评价制度。健全分类体系就是以职业分类为基础，统筹专业技术职务聘任制和专业技术人才职业资格制度，建立健全专业技术人才职称框架体系，完善专业技术人员职业准入资格评价制度、职业水平评价制度和职务评价制度，实现职称的分类管理。完善评价机制就是进一步拓展评价层级、拓宽评价范围、完善评价标准、创新评价手段，以能力、业绩为导向，建立健全社会和业内认可的评价机制，实现对专业技术人员的科学评价。实现科学管理就是进一步转变政府职能，打破体制内外的界线，加强社会管理，推进公共服务。

为此，要加快研究出台《关于深化职称制度改革的意见》，研究提出新的职称分类框架。要积极推进职称制度分类改革，按照国务院要求做好深化中小学教师职称制度改革试点工作，研究提出工程技术人员职称制度改革的意见，着手开展其他职称系列的改革。要发展完善职业资格制度，在做好职业资格清理规范工作的同时，继续在重点行业和领域研究建立新的职业资格制度，制定《职业资格设置管理条例》和《境外各类职业资格相关活动在境内实施的管理办法》。要进一步完善评审机制，健全规章制度，加强评委会建设，提高评审质量。同时，要研究改革专业技术人员资格考试管理的措施和办法，确保各项资格考试安全平稳。

（五）深入实施专业技术人才知识更新工程，加大以能力建设为核心的继续教育力度

继续教育是加强专业技术人才培养的重要途径，是专业技术人才工作的基础环节。当前和今后一个时期，继续教育工作要紧紧围绕经济社会发展和科技进步需求，以提升专业技术人才的创新能力为核心，以高层次人才为重点，以专业技术人才知识更新工程为龙头，加强制度建设，推进公共服务，创新内容形式，建设面向全体专业技术人才的继续教育工作体系，全面提升专业技术人才队伍能力素质。要在总结经验的基础上，深入实施专业技术人才知识更新工程，全面规划2009—2020年工程实施方案，加强综合协调，狠抓项目落实。要加快推进继续教育立法进程，抓紧出台《专业技术人员继续教育条例》。要统筹实施好新疆特培、西藏特培、三江源人才工程等重点继续教育项目，带动整个继续教育工作的开展。要探索加强继续教育公共服务工作，研究制定《专业技术人员继续教育基地管理办法》，建立首批国家级专业技术人员继续教育基地，支持发展远程教育，发挥好协会开展继续教育服务方面的重要作用。要围绕经济社会发展中的重大课题，继续举办专业技术人员高级研修班，培养高层次急需紧缺人才。

（六）不断创新专业技术人才管理体制机制，激发专业技术人才创新创造活力

专业技术人才积极性和创造性的发挥，在很大程度上取决于专业技术人才工作的体制机制创新。当前，要结合专业技术人才中长期发展规划的编制和实施，重点围绕用好人才、用活人才，在人才培养、评价、使用、激励等机制创新方面取得新突破。要改革专业技术人才管理方式，加强宏观调控，提供优质服务，优化职能配置，完善工作体

系。要积极吸引各类人才，实施更加开放的人才国际化政策，大力吸引海外人才，开发利用国内国际两个人才市场、两种人才资源。要以国家发展需要和社会需求为导向，构建人人能够成才、人人得到发展的人才培养体系，大力开发专业技术人才资源，多种形式多种途径培养人才。要以职业分类为基础，以能力和业绩为导向，创新专业技术人才评价机制。要坚持使用为本，全面推行专业技术人才聘用制度和岗位管理制度，解放思想、解放人才、解放生产力，创新专业技术人才使用机制。要坚持人才效能最大化与人才价值最大化的有效统一，要坚持知识、管理、技术、技能参与分配，强化业绩作用，鼓励创新创造，创新专业技术人才激励机制。

（七）加快推进专业技术人才公共服务体系建设，全面营造有利于专业技术人才健康成长的良好环境

专业技术人才工作要更加重视环境建设，在全社会树立人才优先发展的理念，形成尊重人才的社会氛围，把各类优秀人才凝聚到党和国家各项事业中来。要按照政府主导、社会参与、市场调节的原则，大力发展专业技术人才公共服务事业，加快建设留学人员创业园、博士后科研流动站、博士后科研工作站、专家服务基地和专业技术人员继续教育基地等“一园两站两基地”建设，构建高效便捷的专业技术人才公共信息服务平台，建设均等化、多样化的专业技术人才公共服务体系。要进一步推动专业技术人才工作法制化建设，加强立法、严格执法，营造公平、公正、公开的法制环境，用法制保障人才。要健全专业技术人才表彰制度，完善各类专业技术人才表彰活动，大力宣传杰出专业技术人才的先进事迹，通过树立典型、学习先进，营造有利于专业技术人才成长和充分发挥作用的良好环境，激励广大专业技术人才投身祖国建设。

（八）深入开展向杰出专业技术人才学习活动，全面加强专业技术人才职业道德建设

职业道德是一种态度、精神和品质，是人们文化取向和价值观在职业行为上的反映。职业道德建设不仅对个人成才、事业发展具有重要意义，而且是社会主义精神文明建设的一个重要方面，是一个国家民族经济发展和社会文明的重要标志之一。长期以来，我国广大专业技术人才队伍中涌现了一大批职业道德建设上的楷模，今天表彰的全国杰出专业技术人才就是其中的代表。同时必须看到，专业技术人才职业道德建设还存在着不容忽视的问题，必须深入开展向杰出专业技术人才学习活动，充分发挥先锋模范的示范导向作用，全面加强专业技术人才职业道德建设。

要加强爱国主义、理想信念和职业道德教育，增强献身科技、服务社会的历史使命感和社会责任感。引导广大专业技术人才热爱祖国，忠诚事业，树立民族自豪感和自尊心，把国家和民族的利益放在首位，自觉为祖国服务。要大力弘扬“求实、创新、拼搏、奉献”的科学精神和“诚信、团结、协作、奉献”的人文精神，提高专业技术人才队伍的职业道德修养。要提倡严肃、严格、严密、严谨的科学态度，提倡实事求是、踏实认真的工作作风，提倡尊重合作者和他人劳动、权益的崇高风尚，提倡健康的学术讨论和尊重学术领域中不同意见的学术民主风尚，提倡与弘扬顾全大局、甘于奉献的精神。要大力营造端正的学术环境。大力破除官本位，落实科研人员的学术自由权和资源配置权，规范和健全科研项目课题自由申报、专家评估、社会监督的制度；整顿学风、文风，破除功利主义、实用主义和短期行为，形成潜心研究、甘于奉献的学术风气和创新文化；加强科研诚信建设，建立科研诚信档案，打击学术不端和造假行为。要用社会

主义荣辱观教育和武装广大专业技术人才，激励他们忠于真理、探求真知，自觉维护学术尊严和专业技术人才的声誉。

新的形势赋予了专业技术人才工作新的任务。我们必须以高度的政治责任感和奋发有为的精神状态，全面加强自身建设，努力做好各项专业技术人才工作。要充分认识加强专业技术人才工作的重要性和紧迫性，把专业技术人才工作放到人力资源社会保障工作的全局中去谋划和部署。各级人力资源社会保障部门的主要负责同志，既要抓好就业和社会保障重点工作，也要抓好人才工作这一战略任务。要进一步转变政府职能，将专业技术人才队伍建设工作的重心转移到抓宏观、抓立法、抓政策、抓协调、抓监督、抓服务上来。要加强学习和培训，不断提高依法行政能力、决策能力、管理能力、协调能力，进一步解放思想，大胆探索，创造性地开展工作；要严格管理，廉洁从政，不断加强管理制度建设，严肃各项工作纪律。要牢固树立服务意识，提高服务能力，为大局服务，为兄弟部门服务，为基层服务，最重要的是，为广大专业技术人才服务，想专业技术人才之所虑，急专业技术人才之所难，谋专业技术人才之所求，努力把各级人力资源社会保障部门建设成为“专业技术人才之家”。

同志们，在全面建设小康社会的伟大进程中，专业技术人才肩负着重要的历史使命，做好专业技术人才工作任务艰巨、使命光荣、责任重大。让我们更加紧密地团结在以胡锦涛同志为总书记的党中央周围，高举中国特色社会主义伟大旗帜，以邓小平理论和“三个代表”重要思想为指导，深入贯彻落实科学发展观，进一步增强责任感和使命感，坚定信心，振奋精神，改革创新，真抓实干，努力开创专业技术人才工作新局面！

王晓初副部长在西藏少数民族专业技术人才特殊培养工作会议上的讲话

（2009 年 9 月 17 日）

同志们：

这次会议是人力资源社会保障部和西藏自治区人民政府共同召开的，标志着西藏少数民族专业技术人才特殊培养工作的正式启动。会议主要任务是贯彻落实国务院领导同志批示精神，部署西藏少数民族专业技术人才特殊培养工作，推动西藏专业技术人才队伍建设再上一个新台阶。在此，我代表人力资源社会保障部党组和尹蔚民部长，对各位会议代表和各培养单位代表、学员代表、专家服务团的专家们表示衷心感谢。向长期以来支持和关心我国少数民族特殊培养工作的财政部、国家民委、科技部、教育部、农业部、卫生部等部门的同志们表示诚挚的谢意。也向精心筹办本次会议的西藏自治区人民政府和有关单位表示由衷的感谢。刚才，西藏自治区党委常委、组织部长尹德明同志做了重要讲话，对做好西藏少数民族专业技术人才特殊培养工作具有重要指导意义。下面，我讲几点意见：

一、充分认识开展西藏特培工作的重要意义

西藏工作在党和国家工作大局中占有重要和特殊的地位，西藏人才工作在我国人才工作格局中也占有特殊重要的位置。开展西藏特培工作，加强培养少数民族专业技术骨干人才和促进西藏人才队伍建设，是党和国家着眼于我国人才工作全局，促进我国人才工作科学发展的一项重要战略部署；西藏特培工作也是我国西部人才开发工作的重要组成部分，对加强西藏专业技术人才队伍建设，特别是加大对西藏少数民族专业技术人才培养的支持力度，促进西藏的发展稳定都具有重要作用。党中央、国务院对这项工作高度重视，温家宝、李克强、回良玉、张德江、刘延东、马凯等国务院领导同志，都作出一系列重要批示。经国务院批准，人力资源社会保障部会同财政部、国家民委、科技部、教育部、农业部、卫生部等六部委和西藏自治区人民政府，联合印发通知，专门制定了工作方案，决定从今年起由中央安排专项资金、作出专项规划，实施西藏少数民族专业技术人才特殊培养工作。我们一定要从政治和全局的高度，充分认识开展西藏特培工作的重要性和紧迫性，把特培工作作为加强西藏专业技术人才队伍建设、促进经济社会发展、维护西藏社会稳定和民族团结的重要举措。

（一）开展西藏特培工作，是加强西藏专业技术人才队伍建设的迫切需要。改革开放以来，伴随着西藏经济社会的不断发展，西藏人才队伍建设也取得了显著成效。国家通过多种形式和方式，特别是在选派人才援藏、支持西藏增强自身人才培养能力等方面制定了一系列政策措施，大力支持和培养了一批扎根边疆、甘于奉献的人才队伍，为西藏经济社会发展提供了有力的人才支撑。但是，我们也要清醒地看到，由于特殊的地理环境和历史原因，西藏培养、引进和留住人才面临特殊困难，经济社会发展急需的专业技术人才匮乏，同时西藏自身人才培养能力薄弱，急需国家采取特殊政策予以支持。特培工作正是根据西藏人才队伍的特殊情况，由国家采取特殊政策，专门选派少数民族专业技术骨干人才，到内地进行特殊培养锻炼，学员学成后再返回西藏，作出更大贡献。应该说，这是推动西藏各民族人才统筹协调发展、加强西藏专业技术人才队伍建设的一个重大举措，是国家进一步推进西部大开发战略、加强西部地区人才队伍建设的重要组成部分。

（二）开展西藏特培工作，是促进西藏经济社会发展的有效途径。西藏地域广袤，资源丰富，环境独特，发展潜力很大。但是能够把这种发展潜力转化为发展成果，能够保证西藏实现科学发展、全面建设小康社会，关键在人才。从某种意义上讲，西藏要建设、要发展，最重要、最急需的是人才，人才支援比其他形式的支援更具有根本性和长远性，人才队伍建设应置于各项经济社会建设的基础性、战略性位置上，予以优先考虑，超前谋划。开展西藏特培工作，就是要根据西藏经济社会发展目标和人才队伍建设的实际需求，采取实际工作锻炼与业务培训相结合的方式，坚持紧贴工作岗位需要和培养与使用相结合的原则，培养造就一批高素质专业技术人才骨干队伍；开展特培工作就是要努力为促进西藏经济社会发展提供人才保障和智力支持，认真解决西藏的一些实际问题，不断为西藏经济社会发展提供新动力，推动西藏科技文化各项事业的繁荣。

（三）开展西藏特培工作，是维护民族团结和社会和谐稳定的重要举措。西藏占我国总面积的八分之一，是我国的神圣领土和战略要地，实现西藏的繁荣昌盛、和谐稳定对我们国家实现长治久安和建设和谐社会具有重要意义。西藏特培工作是进一步增进内地和西藏密切联系交流的重要纽带。选拔特培学员们到内地学习，在对他们培养提高专业能力和水平的同时，也使他们充分感受到党中央、国务院对少数民族的关心和爱护，感受到祖国大家庭的温暖，感受到各族人民水乳交融的亲情。选派各领域专家学者到西藏讲学，可以让他们更深刻地了解西藏的经济社会发展情况，增进与西藏人民的感情，更深刻地认识中央关于全国支援西藏的决策的深远意义，加强对西藏的智力支持。这些都将更加激发各族同胞热爱祖国、热爱西藏、热爱各族人民的真挚情感，必将更加坚定我们珍惜和平、维护祖国统一和民族团结的信心，从而为促进我国社会和谐稳定作出新的贡献。

二、明确任务，扎实做好第一批西藏特培工作

做好西藏特培工作，要以邓小平理论和“三个代表”重要思想为指导，牢固树立科学发展观，认真贯彻落实党的民族政策和中央关于西藏工作的重大决策，根据西藏经济社会发展目标和人才队伍建设的实际需求，以提高创新能力和实际工作能力为核心，以中高层次专业技术人才为重点，培养造就一批高素质的少数民族专业技术人才骨干队伍，为促进西藏经济发展、社会稳定和民族团结提供人才保障和智力支持。

2009 年至 2013 年实施第一批西藏特培工作的主要任务是，通过选拔西藏少数民族专业技术人员到内地有关教学、医疗、科研、企业等单位进行为期 1 年的特殊培养锻炼和选派专家赴西藏开展学术讲座、技术指导、项目合作等培训活动这两种方式，每年为西藏培养 120 名少数民族专业技术人才，每年开展 1 批专家赴西藏服务团活动。5 年共为西藏培养 600 名左右少数民族专业技术人才，开展 5 批专家服务活动。

做好西藏特培工作要突出重点、协调推进。要根据西藏特培工作的要求，重视解决好以下几个方面问题：

（一）紧紧围绕西藏经济社会发展的需要培养人才。西藏自治区人民政府首批确定了农牧业、医疗卫生、教育、科研、生态环保、林业、规划建设、交通、水利、地质、文化旅游等领域作为特培工作重点。这些领域关系到西藏地区的长远发展和全面建设小康社会目标的实现。一是特培工作要围绕这些重点领域人才需求，深入做好西藏人才需求和少数民族人才队伍状况调研，使特培工作真正做到围绕中心工作，培养经济社会发展急需的专业技术骨干。二是要把培养创新型人才特别是创新型中青年拔尖人才，作为特培工作的重点。要鼓励学员大胆探索，培养他们的创新意识和创新精神。要依托重大科研课题和工作项目搭建创新平台，让他们在承担项目、攻克技术难题的实践中经受锻炼，提高创新能力。要把创新能力和创新成果作为考核评价学习成绩的一项重要内容。三是要改进创新特培方式方法，在培养内容和方式上，特培工作要突出“特”字，要根据藏族学员的岗位要求、工作学习经历和语言水平的不同情况，为每位学员量身定制个性化培养方案，采取有针对性的一对一、开放式等培养模式。要特别强调实际能力的培养，创造各种机会和条件，采用最新的教材、案例和实验手段，使学员能够及时掌握新理论、新知识、新技术、新方法。要通过研修、岗位锻炼、集中培训、技术考察、实验操作、专家讲学、现场技术指导等多种形式，提高学员的专业技术水平。要通过特殊培养，争取涌现出一些少数民族专业技术领军人才。

（二）不断完善各项管理制度。加强各项管理制度建设，是推进这项工作不断发展的重要保障。要完善相关政策措施，靠制度管人、管事、管钱。一要建立健全学员选拔制度。制定完善学员选拔办法，并按照选拔办法，严格选拔条件，规范选拔程序，注重实效，在事关西藏经济社会发展的重点领域，公开、公平、公正地挑选一批政治素质强、业务基础好、有发展潜力的专业技术人才，特别是中青年专业技术骨干，进行重点培养。二要建立日常考核管理制度。各相关部门和培养单位要把接收安排学员作为既是培养任务也是政治任务来完成。对接收的学员要严格要求，严格管理，加强学习考核，对学员学习、工作和生活情况实行动态管理和考察。学员学习期间发生的重大事项，培养单位要按规定及时报告，问题要及时解决。科研上要放手给特培学员交任务，帮助他们把培养期间取得的科研成果转化为现实生产力。三要做好学员返岗后的使用工作。学员返回工作岗位后，原单位要把特培学员放到合适的岗位上，同时在职称评聘、评奖评优、进修学习、出国深造、出席学术会议等方面，给予优先考虑和政策支持。不定期地组织专家团、导师团赴西藏，对这些学员作进一步的技术指导，为他们施展才华和进一步的成长创造良好的条件。要密切联系每一位特培学员，倾心关注他们的成长成才，充分发挥好特培学员在人才队伍建设中的骨干、示范和带动作用，真正起到培养一个人、带动一批人的良好效果。四要建立严格的经费管理制度。要按照国家有关规定，制定特培经费管理办法，做好经费预算、执行和审计工作，加强对特培经费的统一管理，坚决杜绝挪用、挤占等现象，切实做到专款专用，最大限度地发挥西藏特培经费在专业技术人才培养中的效益和作用。

（三）*切实做好思想政治工作*。西藏特培工作与其他继续教育工作有所不同，其政治性、政策性要求更高，做好思想政治教育工作也就显得尤为重要，这也是实现培养目标的基础和重要保障。各有关部门和培养单位要充分认识思想教育工作的重要性和特殊性，从党和国家的工作大局出发，把做好学员思想教育工作作为落实西藏特培工作重要任务并贯穿学员培养过程的始终。一要重视和加强政治理论学习，认真学习邓小平理论、“三个代表”重要思想和科学发展观，使学员充分认识党和国家的关怀、西藏人民的期待和自身肩负的使命。要引导他们弘扬爱国兴藏、开拓创新、不怕困难、刻苦钻研、善于团结、无私奉献的精神。二要做好学员的培训前教育，使学员充分认识党和国家的关怀、西藏人民的期待和肩负的使命，教育学员服从组织安排，主动融入当地环境，谦虚谨慎，努力学习，提高本领。三要做好学员在培训期间的思想工作。到内地学习的特培同志，远离家乡和亲人，要主动与他们交朋友，了解他们的思想状况，有针对性地做好学员的思想政治教育工作，排解他们的思乡之情，用真挚的情感对待每一位特培学员，真诚地关心他们的成长进步。引导学员树立高尚的思想品德和良好的生活情趣，充分调动学员的积极性和创造力。此外，对于党员学员，还要按时接转学员的党组织关系，及时组织学员参加各类思想政治教育活动，按照《党章》规定开展组织生活。

（四）*扎实做好每年的专家服务团活动*。专家服务团是西藏特培工作重要组成部分。一要增强针对性。要加强调研，突出重点，切实摸清西藏的实情，找准西藏迫切需要的专业领域、需求内容和人才培训培养的重点，有针对性地开展好相应的咨询、讲学和培训服务活动。二要讲求实效性。要按需设项、据项组团。在组建专家服务团时，要注重选派专业对口、责任心强、学术水平高、实践能力强的知名专家、教授、两院院士等到西藏开展学术讲座、技术指导、项目合作，实地研究分析生产生活中的专业和技术性难题，制定有效实际的解决措施，促进新知识、新理念、新技术的传播推广和应用，充分发挥好专家服务团的作用。

三、进一步加强西藏特培工作的组织领导

西藏特培工作的任务已经明确，关键在于落实。我们要进一步提高认识，加强领导、密切配合，搞好服务，努力把这项造福西藏人民的好事实事办好办实。

（一）*高度重视，加强领导*。西藏特培工作是党中央、国务院交给我们的一项重要任务。要从讲政治的高度，认真抓好抓出成效。西藏自治区人事部门要在区党委政府的领导下，与有关部门密切合作，扎扎实实做好相关工作。各相关地区人力资源社会保障部门的主要负责同志要关心特培工作，要把工作任务落实到处室、落实到人头。要选拔那些政治素质高、业务能力强、有较强事业心和责任感的同志从事这项工作。人力资源社会保障部门还要积极争取各相关部门、单位的支持和配合，做好学员的选拔、培养、管理服务等工作。培养和使用单位的领导要认真落实好政策，真正把特培学员放在心上，安排好每一位学员的学习、工作和生活。具体从事特培工作的同志，要有高度的责任意识和大局意识，克服困难、坚持不懈，把工作做好，努力把西藏特培工作做成精品、做成品牌。

（二）*密切配合，形成合力*。特培工作是一项长期性的工作，涉及领域广、工作环节多、工作内容既宏观又具体。特别需要各有关地区和部门大力支持，共同努力。今天，财政部、国家民委、科技部、教育部、农业部、卫生部和内地北京、上海、江苏、浙江、山东、湖北、广西等省市的有关同志都到会了，这本身就是对特培工作的大力支持。希望在今后的工作中，大家能像支持新疆特培一样，一如既往地关心支持西藏特培工作，继续加强协调配合，形成工作合力，共同把这项工作做得更好。

（三）*以人为本，加强服务*。特培工作又是一项政策性和服务性都很强的工作。要认真学习研究西藏特培工作的有关政策文件，要掌握党的民族政策，尊重特培学员的个人意愿，切实维护好他们的各项权益。从事这项工作的同志，要牢固树立服务意识，努力提高服务水平，要充分尊重少数民族风俗习惯，要热情关心和爱护特培学员，在逢少数民族节日和平常节假日时，要采取多种方式看望慰问学员；要深入了解他们的实际困难，切实为他们排忧解难。要做好服务保障工作，细致地安排好学员们的饮食和住宿，丰富业余文化生活，使学员们身心愉快地投入到紧张的学习中去。

今年，经过严格选拔，共安排120名少数民族专业技术人才作为首批西藏特培学员赴内地高校、科研院所深造。这次学习经历，对你们来说意义重大，你们肩负着科技创新和爱国兴藏的重任，借此机会，我对学员们讲几句话。党中央、国务院和西藏各族人民对你们寄予厚望，你们一定要努力学习，提高本领，献身边疆，不辱使命。要自觉地把个人的理想追求同建设祖国的伟大使命结合在一起，立志为西藏的经济社会发展和科技创新作出贡献，承担起传播先进文化，建设和谐、发展、稳定西藏的重任。要珍惜宝贵学习机会，努力克服困难，主动融入当地环境，谦虚谨慎、踏踏实实地向导师学习，向同行学习，向实践学习，做到勤学、善思、实干、创新。要发扬老西藏精神，学习老一辈民族科技工作者崇尚科学、热爱祖国、敬业奉献的精神，热爱边疆，扎根边疆，努力为西藏的经济社会发展，为西藏的团结、和谐、稳定贡献智慧和力量。

这次会议是西藏特培工作的启动大会，为提高效率，我们将会议和第一批专家服务团活动接续进行。会后，专家服务团将赴藏开展有关服务活动。在此，对各位专家胸怀祖国、热爱西藏、不怕艰苦、无私奉献的精神表示崇高的敬意，并预祝各位专家在西藏的各项服务活动圆满成功！

同志们，西藏特培工作是党中央交给我们的重要任务，是历史赋予我们的重托，贯彻落实好这项工作，对国家发展、民族团结和社会稳定都有深远的意义。让我们坚定信心，齐心协力，开拓进取，扎实地完成好西藏特培工作的各项任务，为共同建设团结、富裕、文明的新西藏不断作出新的贡献！

谢谢大家！

认真学习贯彻人才规划纲要
统筹推进各类人才队伍建设

——尹蔚民部长在贯彻实施人才规划纲要厅局长培训研讨班上的讲话

（2010年8月10日）

前不久，中央召开了全国人才工作会议，颁布实施了《国家中长期人才发展规划纲要（2010—2020年）》（以下简称《人才规划纲要》），对未来10年我国人才工作进行了全面部署。会后，部党组立即研究提出了人力资源社会保障系统贯彻落实《人才规划纲要》的总体安排。举办贯彻实施《人才规划纲要》厅局长培训研讨班就是其中的一项具体措施。下面，我就学习贯彻《人才规划纲要》、统筹推进各类人才队伍建设，谈几点意见。

一、深刻认识制定实施《人才规划纲要》的重要意义

《人才规划纲要》是新中国成立以来第一个中长期人才发展规划，是在国家经济与社会发展总体规划框架下，与科技、教育等发展规划相并列的一个专项规划，是我国今后一个时期人才发展的纲领性文件。党中央、国务院对制定实施《人才规划纲要》高度重视，2008年2月，胡锦涛、温家宝、习近平等中央领导同志作出重要批示，同意开展规划纲要编制工作。随后，在中央人才工作协调小组的领导下，中组部、人力资源社会保障部牵头成立了规划纲要编制工作办公室，组织开展编制工作。整个编制工作历时两年有余，期间，胡锦涛等中央领导同志就战略目标、指导方针和重大举措作出重要指示。源潮同志多次主持会议，专题研究规划纲要制定中的重点问题。30多个部门、40多名来自各领域的国内知名专家、1 000多人直接参与，研究形成了42个战略专题和重点问题研究报告、161个子报告。规划纲要广泛征求了县以上党政机关、部分国有企事业单位、非公经济社会组织共3万多人次的意见，直接召开座谈会和专题论证会50多个。规划纲要分别于2009年12月14日、31日，2010年1月8日和2月22日经国务院第92次常务会议、中央政治局常委会和中央政治局会议研究并审议通过，充分体现了党中央、国务院对制定实施《人才规划纲要》的高度重视。我们一定要深刻认识制定实施《人才规划纲要》的重大意义，进一步增强做好人才工作的责任感和紧迫感。

（一）制定实施《人才规划纲要》，是实现全面建设小康社会奋斗目标的重要保证

小康大业、人才为本。《人才规划纲要》开篇就明确提出，着眼于为实现全面建设小康社会奋斗目标提供人才保证，制定人才规划纲要。当前，我国正处在实现全面建设小康社会奋斗目标的关键阶段。进入新世纪以来，党的十六大确立了全面建设小康社会的宏伟目标，党的十七大又从经济建设、政治建设、文化建设、社会建设和生态文明建设五个方面提出了新的要求，使全面建设小康社会的目标更加明确。要完成全面建设小康社会的各项任务，人才的作用至关重要。必须紧紧围绕国家经济社会发展的总体战略和阶段性部署把人才工作纳入国家经济社会发展的总体布局，必须更好实施人才强国战略，不断加大人才资源开发力度，发挥人才在促进经济社会又好又快发展中的基础性、战略性作用，为全面建设小康社会提供强有力的人才保证。

（二）制定实施《人才规划纲要》，是更好实施人才强国战略的迫切需要

实施人才强国战略是中央着眼于抓住和用好战略机遇期，开创中国特色社会主义事业新局面，所作出的重大战略决策。自 2003 年中央提出人才强国战略以来，我国人才队伍不断壮大，人才工作蓬勃发展，人才发展步入了新境界。但客观地讲，我国目前人口资源的巨大优势还远远没有转化成人才优势，必须加快发展步伐，进一步把人才强国战略的构想落到实处。党中央、国务院制定实施《人才规划纲要》，是将人才强国战略这一基础战略具体化，明确战略“路线图”和“时间表”的重大举措；是对人才发展进行顶层设计，以科学的思路规划人才工作，以创新的举措促进人才工作科学发展的重大举措。《人才规划纲要》的制定和实施，必将对更好实施人才强国战略，加快建设人才强国产生巨大的推动作用。

（三）制定实施《人才规划纲要》，是增强我国国际竞争力的重大举措

人才是衡量一个国家综合国力的重要指标。胡锦涛总书记指出：“世界范围的综合国力竞争，归根到底是人才特别是创新型人才的竞争。”谁拥有人才和智力资源，谁就能在世界综合国力竞争中赢得主动权。越来越多的国家意识到人才资源作为最重要的战略资源，在综合国力竞争中所具有的决定性意义。美国制定了《加强美国 21 世纪竞争力法》，通过增加许可外国专门人才在美工作签证等方式大批吸引优秀人才，日本制定了 21 世纪日本人才战略，德国出台“绿卡计划”，韩国推出“金卡工程”，均旨在大量吸引外国科技人才。我国经过 30 年的改革开放和经济建设，经济总量已排在世界第三位，国家实力在世界上已不可小视。但我们的人才竞争力还不够强，和经济竞争力相比还不相称。特别是在激烈的国际人才争夺战中，中国的优秀人才已成为争夺的重点。党中央、国务院从应对新一轮国际人才竞争的战略高度，制定出台《人才规划纲要》，对全面开发国际国内两种人才资源作了总体部署。这对于我国抓住机遇、应对挑战，在国际人才竞争中争取主动，具有重大意义。

（四）制定实施《人才规划纲要》，是推动经济社会又好又快发展的战略选择

进入新世纪以来，我国经济社会发展站在新的历史起点上，面临的形势更为复杂、任务更为繁重。国际金融危机的冲击，暴露了我国经济发展方式存在的不平衡、不协

调、不可持续的问题。调整经济结构和转变发展方式的压力日益加大，产能过剩矛盾进一步凸显，自主创新能力明显不足，资源环境状况对经济发展构成严重制约，城乡之间、区域之间、经济与社会之间发展不平衡的矛盾更加突出。有关研究表明，目前我国经济增长的科技进步贡献率仅为 39%，而发达国家则高达 70% 以上。我国拥有自主知识产权核心技术的企业仅为万分之三，企业对外技术依存度高达 50%，而美国、日本仅为 5% 左右。要想解决这些问题，实现经济社会又好又快发展，就必须走科学发展之路，加快转变经济发展方式，推动经济尽快走上创新驱动、内生增长的轨道。人才在这里成为关键因素。只有依靠人才资源开发，把人才资源转化为现实生产力，才能确保实现经济社会发展由主要依靠增加物质资源消耗向主要依靠科技进步、劳动者素质提高、管理创新转变。经济结构的战略性调整要靠人才结构的调整，推动经济社会协调发展和全面进步，更要靠充分发挥各类人才的积极性、主动性和创造性。制定实施《人才规划纲要》，就是要切实加强人才工作，为实现经济社会又好又快发展提供坚实的人才资源基础。

（五）制定实施《人才规划纲要》，是推动人才工作科学发展的自身要求

经过新中国成立 60 年，特别是改革开放 30 年来的不懈努力，我国人才工作和人才队伍建设取得长足进展，人才总量达 1.14 亿，其中，党政人才 670 万人，企业经营管理人才 2 406万人，专业技术人才 4 686 万人，高技能人才 2 803 万人，农村实用人才 820 万人。但是，我国人才发展的总体水平与世界发达国家还有较大差距，与我国经济社会发展的需要还不完全适应，特别是高层次创新人才匮乏，人才创新创业能力不强，人才结构不尽合理，人才发展体制机制障碍尚未消除等。据《2005 年中国人才报告》分析，我国人才综合指数为 0.35，在 48 个国家中列第 37 位。据《2006 年人才蓝皮书》，美国人才国际竞争力综合指数为 1.0、日本为 0.77、德国为 0.64，我国仅为 0.48，据有关部门对 61 个国家和地区的科技人力资源竞争力的比较研究，我国位居第 35 位。2008 年我国研究与开发人员仅为 196.5 万人，而高层次科技创新人才仅有 1 万多人。在 158 个国际一级学科组织及其包含的 1 566 个主要二级组织中，我国参与领导层的科学家仅占总数的 2.26%。面对建设人才强国的战略任务，我国人才工作还有许多不适应的地方，还存在不少不容忽视、亟待解决的问题。因此，制订实施《人才规划纲要》，深化改革、重点突破，加快人才发展体制机制改革和政策创新，是解决人才工作存在的问题，推动人才工作科学发展的自身要求。

我们要充分认识制定实施《人才规划纲要》的重要意义，进一步统一思想，提高认识，把思想和行动统一到中央的决策部署上来，把人才规划提出的要求和目标，转化为指导人才工作的科学理念和工作思路，转化为以改革创新精神推动人才工作科学发展的实际行动，切实提高做好人才工作的责任感、使命感和紧迫感。

二、全面把握《人才规划纲要》的基本精神和主要内容

《人才规划纲要》科学确定了当前和今后一个时期我国人才发展的战略目标、指导方针、重大举措，对更好实施人才强国战略进行了全面部署。贯彻落实《人才规划纲要》，首先要认真学习，深刻理解人才规划的基本精神和主要内容。

（一）深刻理解人才发展的总体目标

《人才规划纲要》提出，到 2020 年，我国人才发展的总体目标是：培养和造就规模

宏大、结构优化、布局合理、素质优良的人才队伍，确立国家人才竞争比较优势，进入世界人才强国行列，为在本世纪中叶基本实现社会主义现代化奠定人才基础。归结一句话，就是确立国家人才竞争比较优势，进入世界人才强国行列。

这一宏伟目标的确定，既与实现全面建设小康社会奋斗目标相衔接，又反映了我国人才发展的总要求，体现了既立足当前、又着眼长远，既量力而行、又尽力而为的科学态度。一是从必要性看，实现全面建设小康社会的奋斗目标，必须充分发挥人才作用，建设人才强国。同时，国家科技发展中长期规划提出到2020年要进入创新型国家行列，国家中长期教育改革和发展规划纲要提出到2020年进入人力资源强国行列，人才规划的战略目标要与这两个目标相互支撑、相互衔接，共同构成推动我国经济社会持续快速发展的顶层设计和系统规划。二是从可能性分析，衡量一个国家是否是人才强国，要综合考虑人才规模、人才素质、人才投入和人才效能四个方面，据此，规划纲要专家组对人才强国目标开展了深入研究论证和科学测算，设立了14项指标。依据综合计算结果，在世界主要发达国家和主要发展中国家（经合组织国家和“金砖四国”）34国中，2005年我国人才综合实力列第8位，预测到2020年我国人才综合实力将位居第3~4位，能够进入世界人才强国行列。

（二）深刻理解人才发展的指导方针

《人才规划纲要》提出，当前和今后一个时期，我国人才发展的指导方针是：“服务发展、人才优先、以用为本、创新机制、高端引领、整体开发”。这24字指导方针体现了人才发展的战略定位、战略重点和主要任务。可以分三个层次理解把握：首先，从人才与发展的关系来看，要“服务发展、人才优先”。要把为科学发展服务作为人才工作的根本出发点和落脚点，围绕发展确定人才工作的目标和方向，充分发挥人才的基础性、战略性作用，以人才优先发展引领经济社会又好又快发展。其次，从人才工作的重点来看，必须坚持“以用为本、创新机制”。制度更具有长远性、稳定性和根本性，要以用好用活人才、提高人才效能为主线，创新有利于人才成长和发挥作用的体制机制，进一步破除束缚人才发展和发挥作用的观念和体制机制障碍，进一步解放思想、解放人才、解放科技生产力。最后，从人才工作的主体来看，必须坚持“高端引领、整体开发”。队伍建设是人才工作的重要基础，要突出高端人才的引领带动作用，以高层次人才和高技能人才为重点，统筹推进各类人才队伍建设。这24字方针，是我国人才工作发展实践经验的概括总结，是面向未来、加快建设人才强国的指导方针。

24字方针的核心是“以用为本”，就是要重点围绕用好用活人才，充分发挥各类人才的作用，实现人才自身的价值，提高人才效能。这是人才工作的当务之急，是当前人才工作的第一位任务。“用”首先是根据每个人才的特点，把他们放到合适的岗位，让人才有发挥作用的舞台和空间；其次是给予人才关爱与支持，为其创造良好环境，搭建干事创业平台，让人才自由创新创造；再次是根据人才的业绩和贡献，给予相应的报酬和待遇。从实践看，在“用”这方面，当前人才工作中还存在一些突出问题。一是“不够用”，主要是结构性短缺，高端人才和重点产业、重点领域人才严重不足；二是“不适用”，培养出来的人才与经济社会发展需要相脱节；三是“不能充分使用”，缺乏充分施展才能的舞台和条件，人才的积极性、主动性和创造性受到不同程度的影响。解决这些问题，一方面需要树立以用为本的理念，另一方面要进一步完善人才工作管理体制，健全人才工作机制，注重使用与培养相结合，努力使人才各得其所、各展所长、建功立业。

（三）深刻理解人才优先发展的战略布局

确立人才优先发展战略布局，是人才发展思想的重大创新，也是实现建设人才强国目标的基本路径。人才优先发展，是许多国家实现经济追赶的成功经验，也是发达国家长期保持经济科技领先的重要原因。通过人才优先发展来转变经济发展方式，形成新的经济社会发展优势，是符合我国国情的战略选择。

确立人才优先发展战略布局，首先要树立人才优先发展的科学理念。自然资源和物质资源终归是有限的，唯有人力资源，才是永不枯竭的战略资源。硬实力、软实力，归根结底要靠人才的实力，人才优势是最需培育、最有潜力、最可依靠的优势。但是，人才的成长不可能一蹴而就，十年树木，百年树人，先一步布局才能先一步赢得主动。因此，必须克服重物资投入，轻人才投入；重资源开发，轻人才开发；重项目引进，轻人才引进等问题，统筹规划经济社会发展和人才发展，把人才发展摆上优先发展的战略位置，充分发挥人才的基础性、战略性作用，形成人才辈出、人尽其才的生动局面。

确立人才优先发展战略布局，必须优先开发人才资源，优先调整人才结构，优先保证人才投入，优先创新人才制度。要立足保持经济社会的全面、协调、可持续发展，确立人才资源相对其他资源的优先开发地位，加大人才培养力度、创新人才培养模式、提高人才培养质量，大幅度提升各类人才整体素质和能力。要适应高新技术产业发展、传统产业改造和经济结构调整的需要，充分发挥市场在人才资源配置中的基础性作用，及早谋划和率先调整人才专业素质结构、层级结构、分布结构。要着眼于加快转变经济发展方式，树立人才投入是效益最好的投入的观念，推动政府、社会、用人单位和个人共同投资人才资源开发，加大对人才发展投入力度。要坚持解放思想、改革创新，破除影响优秀人才脱颖而出、充分发挥作用的体制机制，真正把人才从传统的管理体制和工作机制中解放出来，充分调动和发挥各类人才的积极性、主动性和创造性。

（四）深刻理解人才队伍建设的主要任务

建好各类人才队伍，是人才工作的中心任务。坚持突出重点，统筹抓好各类人才队伍，是建设人才强国的关键环节。《人才规划纲要》对我国人才队伍建设布局作出了全面安排，提出了突出培养创新型科技人才、大力开发经济社会发展重点领域急需紧缺专门人才，统筹推进各类人才队伍建设的战略任务。理解人才队伍建设的总体任务，可以分三个层面：

一是着眼于提高自主创新能力、建设创新型国家，突出培养造就创新型科技人才。从国际上看，随着知识经济和全球化发展，特别是国际金融危机影响的不断深化，西方发达国家更加注重创新密集和新兴产业发展。从国内来看，经过多年努力，我国科技事业飞速发展，在基础研究和高科技领域取得了一批重大成果、突破了一批关键技术，但关键领域创新成果还比较少，主要是高层次创新型人才匮乏、拔尖人才和领军人才严重不足，严重制约了创新型国家建设和核心竞争力提高。应对国际经济发展的新形势新挑战，适应国内发展的新情况新要求，只有坚持以提高自主创新能力为目标，以创新型科技人才为重点，努力造就一批世界水平的科学家、科技领军人才、工程师和高水平创新团队，我国才能在后国际金融危机时期掌握发展的主动权，推动经济尽快走上创新驱动、内生增长的轨道。

二是着眼于发展现代产业体系和构建社会主义和谐社会，大力开发经济社会发展重点领域急需紧缺专门人才。我国正处在工业化、城镇化快速发展的关键时期，一些经济社会发展的重点领域人才短缺格外严重。因此，必须大力开发经济社会发展重点领域急需紧缺专门人才，抓紧培养造就一批在装备制造、信息、生物技术、新材料等经济重点领域和教育、医药卫生、宣传文化等社会发展领域的人才，这样才能加快推动经济发展方式转变、产业结构升级和经济结构调整，在实现经济起飞的同时，大力提升国家的软实力，适应发展现代产业体系和构建社会主义和谐社会的需要，为科学发展、共建和谐奠定最可依靠的人才基础。

三是着眼于经济社会发展的不同要求及各类人才的成长规律，以高层次、高技能人才为重点，统筹推进各类人才队伍建设。人才队伍建设是一项复杂的系统工程，完成这项任务，一要突出重点、统筹兼顾。要以高层次人才为重点，统筹好党政机关、国有企事业单位与非公组织、新社会组织的人才培养和使用，统筹好创新型人才与应用型人才、技术人才与管理人才、急需人才与后备人才的队伍建设。二要分类指导、整体推进。国家建设需要不同层次的各类人才，不同层次、不同类型的人才有其不同的成长规律。因此，人才队伍建设必须有针对性地实行分类指导，实现不同层次、不同类型、不同职业、不同年龄人才的协调发展，把各方面优势人才凝聚到党和国家的宏伟事业中来。

（五）深刻理解人才工作体制机制和政策创新

做好新形势下人才工作，必须遵循社会主义市场经济规律和人才成长规律，加快人才发展体制机制改革和政策创新，这是我国人才发展的战略重点。

围绕用好用活人才，着眼于破除束缚人才发展的思想观念和制度障碍，《人才规划纲要》对体制机制创新提出了长远目标和近中期任务：一是改进完善人才工作管理体制，重点要完善党管人才领导体制、改进人才管理方式、加强人才工作法制建设。二是创新人才工作机制，重点是创新人才培养开发机制、人才评价发现机制、人才选拔任用机制、人才流动配置机制、人才激励保障机制。创新人才工作体制机制，关键在于树立以用为本的科学理念。一方面，要克服论资排辈、封闭循环，能上不能下、能进不能出等陈旧落后的用人观念；另一方面，要进一步解放思想、深化改革，做到以适用为目标培养人才，以使用为核心选拔人才，以够用为要求配置人才，推动人才工作科学发展，激发各类人才创造活力。

在体制机制建设之后，人才规划专门提出了十大政策，力求以政策突破推动体制机制创新，营造人才发展的良好环境。一是针对当前人才发展投入不足的问题，提出实施促进人才投资优先保证的财税金融政策；二是针对我国创新人才尤其是领军人才严重不足的问题，提出实施产学研合作培养创新人才政策；三是针对城乡、区域人才分布不合理的问题，提出实施引导人才向农村基层和艰苦边远地区流动的政策；四是针对科技人才成果转化率低的问题，提出实施人才创业扶持政策；五是针对学术界和科技界因行政化、“官本位”导致学术浮躁、大成果少的问题，提出实施有利于科技人员潜心研究和创新的政策；六是针对人才流动渠道不畅的问题，提出实施推进党政人才、企业经营管理人才、专业技术人才合理流动的政策；七是针对我国人才国际竞争力不强的问题，提出实施更加开放的人才政策；八是针对非公有制经济组织和新社会组织人才队伍建设需要重视和加强的问题，提出实施鼓励非公有制经济组织、新社会组织人才发展的政策；九是针对人才服务体系不健全的问题，提出实施促进人才发展的公共服务政策；十是针对人才合法权益保障不够的问题，提出实施知识产权保护政策。这十大政策充分考虑到当前人才工作和人才队伍建设中存在的突出问题，注意了针对性和导向性。

（六）深刻理解实施重大人才工程

作为做好人才工作的重要抓手，人才规划专门设计了 12 项重大人才工程，主要包括创新人才推进计划、青年英才开发计划、企业经营管理人才素质提升工程、高素质教育人才培养工程、文化名家工程、全面健康卫生人才保障工程、海外高层次人才引进计划、专业技术人才知识更新工程、国家高技能人才振兴计划、现代农业人才支撑计划、边远贫困地区边疆民族地区和革命老区人才支持计划、高校毕业生基层培养计划。

工程的立项和设计主要考虑三个因素：一是既全面覆盖又突出重点。这 12 项人才工程覆盖了人才发展的方方面面，既包括专业技术人才、企业经营管理人才、高技能人才、农村实用人才等各支人才队伍，又包括人才培养、吸引、使用等各个环节。同时，突出高层次人才队伍建设这个战略重点，围绕创新型国家建设，设计了创新人才推进计划、海外高层次人才引进计划、青年英才开发计划等。二是既注重创新又注意衔接。这 12 项重大人才工程有的是新设计的项目，对这些项目，注意了与原有项目的衔接；有的是已实施的项目，对这些项目都注意在现有基础上作进一步延伸和拓展。比如专业技术人才知识更新工程，在全面提高这些专业技术人才整体水平的基础上，重点要提升装备制造、信息、生物技术、新材料、生态环境保护、能源资源、防灾减灾、社会工作等经济社会发展重点领域专业技术人才的能力水平。三是既强调引领性又强调示范性。这 12 项人才工程是由国家层面组织实施的，引领性带动性都很强，工程实施后能够引领和带动相关领域人才发展。同时，又强调要把这 12 项人才工程做成“示范工程”和“样板工程”，推动地方和部门制定本地本系统本行业人才工程，充分发挥各个方面的积极性，加快我国人才队伍建设。12 项重大人才工程是贯彻落实《人才规划纲要》的重要载体，是全面推进人才工作的重要抓手，落实好 12 项重大人才工程，对做好新形势下人才工作具有重大意义。

三、认真贯彻落实《人才规划纲要》的各项任务

根据中央人才工作协调小组印发的《人才规划纲要》任务分工方案，在总共 91 项任务中，人力资源社会保障部牵头的 32 项，参与的 35 项，由此可见，人社部门在贯彻落实人才规划纲要中任务艰巨、责任重大。在全国人才工作会议上，胡锦涛总书记指出，政府人力资源和社会保障部门要在人力资源开发、就业、收入分配制度改革、人力资源市场建设、社会保障等方面发挥职能作用，为人才发展提供指导和服务；习近平同志指出，人力资源社会保障部门是政府人才工作综合管理部门，要在构建人才服务体系、推动人才队伍建设等方面积极发挥职能作用。源潮同志也多次强调，人力资源社会保障部门作为政府人才工作的综合管理部门，要大胆抓好人才工作，要多做一些工作。这充分体现了中央对人力资源社会保障部门寄予的厚望。我们一定要充分发挥职能作用，率先抓好《人才规划纲要》各项任务的落实。

（一）以提高专业水平和创新能力为核心，打造宏大的高素质专业技术人才队伍

专业技术人才是我国人才队伍的重要组成部分，高层次创新型专业技术人才是促进经济社会发展和科技进步的关键力量。近年来，专业技术人才队伍建设取得了显著成就。目前，我国专业技术人才总量达4 686万人，享受政府特殊津贴专家15.8万人，新世纪百千万人才工程国家级人选4 113人，博士后研究人员近7万人，有突出贡献中青年专家5 206人，已回国留学人员达49.74万人，各级各类留学人员创业园140家（其中省部共建36家），专业技术人员每年参加继续教育超3 000万人次。这为进一步推进专业技术人才队伍建设打下了坚实基础。下一步，要按照《人才规划纲要》的部署和要求，以提高专业水平和创新能力为核心，以高层次人才和紧缺人才为重点，大力培养宏大的高素质专业技术人才队伍。要抓紧制定《国家中长期专业技术人才发展规划》。进一步实施并完善新世纪百千万人才工程，完善政府特殊津贴制度，改革完善博士后制度。要突出创新型科技人才培养，加大各重点领域紧缺人才和现代服务业人才培养。大力实施海外高层次人才引进计划、留学人员回国创业启动支持计划和海外赤子为国服务行动计划，加强留学人员创业园和留学人员回国服务体系建设，努力掀起留学人员回国工作、创业和为国服务的热潮。积极构建分层分类的继续教育体系，突出创新精神和创新能力培养，大规模开展重点领域专门人才知识更新，提升专业技术人才队伍的整体素质。推进国家专家服务基地建设，实施万名专家下基层服务行动。加强基层专业技术人才队伍建设。注重发挥离退休专业技术人才的作用。

（二）以提升职业素质和职业技能为核心，建设门类齐全、技艺精湛的高技能人才队伍

加强高技能人才队伍建设，对于加快我国产业优化升级、提高企业竞争力、推动技术创新和科技成果转化等方面具有重要意义。目前，我国高技能人才总量达2 803万人，但高技能人才的总量、结构和素质还不能适应经济社会发展的需要，特别是在一些高新技术产业以及现代服务业等领域，高技能人才严重短缺。要适应走新兴工业化道路和产业结构优化升级的要求，以提升职业素质和职业技能为核心，以技师和高级技师为重点，努力建设一支门类齐全、技艺精湛的高技能人才队伍。要抓紧制定《国家中长期高技能人才队伍建设发展规划》。完善以企业为主体、职业院校为基础，学校教育与企业培养紧密联系、政府推动与社会支持相结合的高技能人才培养培训体系。加强职业培训，整合利用现有各类职业教育培训资源，依托大型骨干企业（集团）、重点职业院校和培训机构，建设一批示范性国家级高技能人才培养基地和公共实训基地。大力推行校企合作，加强职业教育培训“双师型”师资队伍建设，推行学历证书和职业资格证书“双证书”制度。完善国家高技能人才评选表彰制度。

（三）坚持以用为本，加快推进人才体制机制创新

“以用为本、创新机制”，是人才发展的关键。《人才规划纲要》提出的创新人才体制机制的一系列举措，涉及人才管理体制改革和创新人才机制两个方面共31项工作任务。其中，人力资源社会保障部门牵头落实的任务有18项，参与的有7项，责任非常重大。一是要加快职称制度和职业资格制度改革。要着力完善重在业内和社会认可的专业技术人才评价机制，规范专业技术人才职业准入，完善专业技术人才职业水平评价办法和专业技术职务任职评价办法。要抓紧研究制定《关于深化职称制度改革的意见》，

积极稳妥推进中小学教师职称制度改革和工程师职称制度改革试点。要健全科学的职业分类体系，建立各类人才的能力素质标准，规范发展职业资格制度。要探索技能人才多元评价机制，逐步完善社会化职业技能鉴定、企业技能人才评价、院校职业资格认证和专项职业能力考核办法。要建立在重大科研、工程项目实施和急难险重工作中发现、识别人才的机制，健全举才荐才的社会化机制。二是要稳步推进工资分配制度改革。要统筹协调党政机关和国有企事业单位收入分配，健全国有企业人才激励机制，重点向创新创业人才倾斜；建立完善事业单位岗位绩效工资制度，完善重点领域科研骨干人才分配激励办法，探索高层次、高技能人才协议工资制和项目工资制等多种分配形式；建立产权激励制度，制定知识、技术、管理、技能等生产要素按贡献参与分配的制度。三是要分类推进企事业单位人事制度改革。要全面推行事业单位公开招聘、竞聘上岗和合同管理制度，建立以岗位绩效为基础的考核评价制度。在企事业单位建立符合科技人员和管理人员不同特点的职业发展路径，对事业单位管理人员推行职员制度，促进科技人员潜心研究和创新。要完善劳动人事争议仲裁、人才竞业避止等制度。

（四）完善人才管理政策，不断提高人才工作管理水平

完善人才管理是提高人才工作水平的迫切要求。要按照《人才规划纲要》和政府行政管理体制改革的总体部署，完善人才管理政策和运行机制，建立健全政府宏观管理、市场有效配置、单位自主用人、人才自主择业的人才管理体制，推动政府人才管理职能向创造良好发展环境、提供优质公共服务转变。

进一步加强人才工作法制化建设，推进人才开发促进法和终身学习、工资管理、事业单位人事管理、专业技术人才继续教育、职业技能培训和鉴定、职业资格管理、人力资源市场管理、外国专家来华工作等方面法律法规的研究制定，完善保护人才和用人主体合法权益的法律法规。改进人才管理方式，规范行政行为，推动人才管理部门进一步简政放权，减少和规范人才评价、流动等环节中的行政审批和收费事项。要克服人才管理中存在的行政化、“官本位”倾向，会同有关部门，研究建立与现代科研院所制度、现代大学制度和公共医疗卫生制度相适应的人才管理制度。要进一步消除人才流动中的城乡、区域、部门、行业、身份和所有制限制，完善社会保险关系转移接续办法，疏通各类人才之间的流动渠道；制定双向挂职、短期工作、项目合作等灵活多样的人才柔性流动政策，引导党政机关、科研院所和高等学校专业技术人才向企业、社会组织和基层一线有序流动。要实施更加开放的人才政策，制定完善吸引海外高层次人才回国创新创业的政策措施，积极支持和推荐优秀人才到国际组织任职，推进专业技术人才职业资格国际、地区间互认，发展国际人才市场，制定维护国家重要人才安全的政策措施。探索建立与国际人才管理体系接轨的人才管理改革试验区。

（五）实施重大人才工程，打造我国人才竞争优势

实施重大人才工程是做好人才工作、打造人才竞争优势的重要抓手。《人才规划纲要》提出了12项重大人才工程，其中由人力资源社会保障部门牵头实施的有2项，配合实施的有6项。我们要大力抓好这些重大人才工程的实施工作。一是实施专业技术人才知识更新工程。要抓紧研究制定专业技术人才知识更新工程实施方案，围绕我国经济结构调整、高新技术产业发展和自主创新能力的提高，在装备制造业、信息、生物技术等12个经济社会发展重点领域，开展大规模的知识更新继续教育，每年培训100万名

高层次、急需紧缺和骨干专业技术人才。依托高等学校、科研院所和大型企业现有施教机构，建设一批国家级继续教育基地。二是实施国家高技能人才振兴计划。适应走新型工业化道路、加快产业结构优化升级的需要，从完善培养、评价、使用、激励等环节的政策入手，以高技能人才培养示范基地建设项目、公共实训基地建设项目、技能大师工作室建设项目为重点，率先在一些重点领域取得突破，培养造就一大批具有精湛技艺的高技能人才，推动高技能人才队伍建设实现跨越式发展。三是配合中组部继续实施海外高层次人才引进计划。重点围绕国家发展战略目标，有计划地引进一批能够突破关键技术、发展高新技术产业、带动新兴学科的战略科学家和创新创业领军人才。配合有关部门实施好创新人才推进计划、高素质人才培养工程、现代农业支撑计划、边远贫困地区边疆民族地区和革命老区人才支持计划、高校毕业生基层培养计划。

（六）强化人才公共服务，推动政府人才工作职能转变

强化人才公共服务是转变政府职能的必然要求，也是做好政府人才工作的重要内容。要完善政府人才公共服务体系，建立全国一体化的服务网络，健全人事代理、社会保险代理、企业用工登记、劳动人事争议调解仲裁、人事档案管理、就业服务等公共服务平台，建立社会化的人才档案公共管理服务系统。要不断创新政府人才公共服务方式，健全政府购买公共服务制度；加强对人才公共服务产品的标准化管理，大力开发公共服务产品，满足人才多样化需要。要推进政府所属人才服务机构管理体制改革，实现政事分开、管办分离，大力发展专业性、行业性人才市场，健全人才市场服务体系，积极培育专业化的人才服机构，充分发挥市场机制在人力资源配置中的基础性作用。要会同有关部门，实施人才创业扶持政策，加强人才创业技能培训和创业服务指导，提高创业成功率。

实施《人才规划纲要》是我们党和国家的一件大事，更是人力资源社会保障部门的头等大事。作为政府人才工作综合管理部门，我们要将落实《人才规划纲要》作为中心工作切实抓紧抓好。要做好各项任务的细化分解工作，坚持明确任务、明确责任、明确时限、明确要求，把各项工作落实到具体部门和责任人。要分类做好各项工作的落实。纲要中明确由人力资源社会保障部门牵头的工作任务，要切实履行好牵头责任，抓紧会同各参与单位制定具体实施方案。对由其他部门牵头、人力资源社会保障部门参与的工作，要积极配合，密切协作。对由其他部门负责的工作，人力资源社会保障部门要从政府人才工作综合管理部门的角度，积极给予支持、协助。要坚持党管人才原则，在制定重要政策、作出重大部署、开展重要工作和实施重大工程时，主动加强与组织部门的沟通协调和密切配合。同时，在组织部门指导下，加强与行业主管部门的沟通配合，充分调动各方面的积极性，共同抓好《人才规划纲要》的落实。

同志们，贯彻实施《人才规划纲要》，加快建设人才强国，任务艰巨、责任重大、使命光荣。让我们在以胡锦涛同志为总书记的党中央领导下，以邓小平理论和“三个代表”重要思想为指导，深入贯彻落实科学发展观，以高度的责任感、使命感和紧迫感，抓住机遇，振奋精神，开拓创新，努力工作，不断开创我国人才工作的新局面！

王晓初副部长在贯彻实施《人才规划纲要》厅局长培训研讨班上的总结讲话

（2010 年 8 月 12 日）

在大家的共同努力下，经过三天紧张的学习研讨，人力资源社会保障部贯彻实施《人才规划纲要》厅局长培训研讨班圆满完成了预定的各项任务，今天就要结束了。下面，我对这次培训研讨班作个小结。

一、主要特点和收获

这次贯彻实施《人才规划纲要》厅局长培训研讨班是在全国上下深入学习贯彻全国人才工作会议精神和《国家中长期人才发展规划纲要（2010—2020 年）》的热潮中举办的。三天的时间内，大家学习了蔚民部长的重要报告，听取了两位专家和四位司长的讲座，开展了工作研讨，进行了经验交流，讨论了政府特殊津贴和职称制度改革两个文件。

大家普遍认为，这次培训研讨班层次高、时机好、内容实。在国家《人才规划纲要》正式颁发和第二次全国人才工作会议结束之后不久，人力资源社会保障部就组织举办全系统培训，非常及时，非常必要。蔚民部长亲自讲授第一课，知名专家和人才工作主管司司长深入解读《人才规划纲要》，参加培训的厅局长认真进行研讨，对于全系统进一步把思想统一到中央对人才工作的重大决策和战略部署上来，加强对各地具体贯彻落实《人才规划纲要》的指导具有重要作用。这次培训研讨班不仅是全国人力资源社会保障部门贯彻实施《人才规划纲要》一次系统的培训，也是一次全面的再总动员、任务的再部署。培训班组织严密，内容丰富，时间紧凑，效果良好，收获很大。

一是深化了认识，统一了思想。大家表示，蔚民部长的报告立意高远，着眼大局，深刻分析了贯彻实施《人才规划纲要》的重要意义，全面阐述了《人才规划纲要》的基本精神、主要内容和重大战略部署，具有很强的指导性。专家和司局长的讲课理论性强、针对性强、内容丰富、阐释精彩。大家感到，通过培训进一步深化了对人才在科学发展中地位和作用的认识，深化了对贯彻实施《人才规划纲要》重要意义的认识，深化了对《人才规划纲要》总体目标、指导方针、主要任务和战略举措的理解，增强了做好人才工作的使命感、责任感和紧迫感。

二是理清了思路，明确了任务。蔚民部长在报告中对人力资源社会保障部门贯彻落实《人才规划纲要》的职能作用、工作任务进行了深刻阐述，提出了明确要求。大家反映，通过听课和深入学习，理清了贯彻实施《人才规划纲要》的总体部署和具体要求，理清了新形势下推动人才工作科学发展的工作思路，明确了贯彻落实《人才规划纲要》承担的各项任务，对充分发挥政府人才工作综合管理部门职能作用更加明确，对抓好人才工作的思路更加清晰。

三是交流了经验，开阔了视野。培训期间，来自不同省区市分管人才工作的厅局长们结合本地区工作情况，围绕贯彻落实全国人才工作会议精神和《人才规划纲要》，各抒己见，畅谈工作思路和落实措施，交流各自的经验做法，8 位厅局长做了培训班交流发言。大家还分组讨论了《关于进一步改革完善政府特殊津贴制度的意见》和《关于深化职称制度改革的意见》，提出了很多中肯的意见和建议。大家反映，通过培训研讨，交流了经验，开阔了视野，拓宽了思路，促进了工作。

四是受到了鼓舞，增强了信心。大家表示，制定实施《人才规划纲要》是党和国家的重大战略部署，作为政府人才工作的综合管理部门，人力资源社会保障部门在贯彻实施《人才规划纲要》工作中任务艰巨、责任重大、使命光荣。通过本次培训，大家感到部党组对贯彻实施《人才规划纲要》，全面加强人才队伍建设工作高度重视，思想上受到了鼓舞，行动上增强了信心，一致表示回去后要按照部里的部署和要求，切实抓好《人才规划纲要》的贯彻落实，推动人才工作再上新台阶。

二、贯彻落实《人才规划纲要》需要说明和强调的几个问题

培训期间，大家结合贯彻落实《人才规划纲要》，对做好新时期政府人才工作进行了热烈讨论，提出了很多好思想、好意见和好建议，也反映了工作中的一些重点难点问题。我们将对大家提出的意见、建议进行进一步整理、归纳，深入研究，在工作中认真吸收。下面，我就贯彻落实工作中需要说明和强调的几个问题，讲几点意见：

（一）近期部里贯彻落实《人才规划纲要》的部署和安排

部党组对于学习贯彻《人才规划纲要》高度重视。《人才规划纲要》印发后，尹蔚民部长书面向源潮、德江同志汇报了我部贯彻落实《人才规划纲要》七个方面的初步考虑；及时召开部务会，专题对部里和全国人力资源社会保障系统学习贯彻《人才规划纲要》工作进行研究部署；印发了《贯彻实施国家中长期人才发展规划纲要（2010—2020年）任务分工方案》。5 月 27 日，全国人才工作会议闭幕的第二天，中央组织部和我部联合召开了贯彻落实《人才规划纲要》座谈会，李源潮同志发表重要讲话，对全国学习贯彻《人才规划纲要》作了全面部署，尹蔚民部长在会上讲话，对全国人力资源社会保障系统学习贯彻全国人才工作会议精神和《人才规划纲要》作了部署和要求。5 月 31日，部党组召开处以上干部会议，传达学习了会议精神，并向系统下发了深入贯彻落实全国人才工作会议精神和《人才规划纲要》的通知，提出了 10 项学习贯彻的工作部署和要求。

下一步，我们一是要抓紧修改完善《国家中长期专业技术人才发展规划》和《国家中长期高技能人才发展规划》，报送中央人才工作协调小组审议。同时，指导各地人力资源社会保障部门积极参与本地区人才规划的编制。二是要加快制订实施方案，年底前启动我部牵头的“国家专业技术人才知识更新工程”和“国家高技能人才振兴计划”这两项国家重大人才工程。三是 10 月中旬举办首届中国人才发展论坛，深入探讨贯彻落实《人才规划纲要》、全面推动人才工作科学发展的思想、理论、政策、措施。同时，按照《人才规划纲要》的任务分工，抓好各项任务的落实。

（二）深化对党管人才原则的认识，充分发挥好人力资源社会保障部门在人才工作中的作用

党管人才原则是第一次人才工作会议时确立的重要原则。这次全国人才工作会议在强调这一原则的基础上，进一步明确了政府人才工作的定位。胡锦涛总书记指出“政府

人力资源和社会保障部门要在人力资源开发、就业、收入分配制度改革、人力资源市场建设、社会保障等方面发挥职能作用，为人才发展提供指导和服务”。习近平副主席指出“人力资源和社会保障部门是政府人才工作综合管理部门，要在构建人才服务体系、推动人才队伍建设等方面积极发挥职能作用”。源潮同志也多次强调，人力资源社会保障部门作为政府人才工作的综合管理部门，要主动抓好人才工作，要多做工作。各级人力资源社会保障部门要深刻领会中央领导的指示精神，坚持党管人才原则，围绕中心，服务大局，积极争取党委政府的重视、支持和领导，将人才工作纳入党和政府工作全局，统筹考虑。要加强与组织部门的密切配合，主动沟通协调，积极争取他们的指导和支持。同时，要充分发挥职能作用，主动开展工作，提高综合管理水平，加强统筹协调，充分调动各部门积极性，把相关行业部门的力量凝聚起来，形成合力，共同做好人才工作。

当前在人力资源社会保障工作全局中，就业工作是重点工作，是首要任务，要作为重中之重；而人才工作是基础工作，是战略任务，要坚持常抓不懈。我们要按照人力资源社会保障工作会议提出的“民生为本，人才优先”的工作主线，在人力资源社会保障工作中确立人才优先发展的战略布局，坚持把实施《人才规划纲要》，建设人才强国作为人力资源社会保障部门的一项长期的战略任务，切实抓紧抓好。

（三）坚持以高层次高技能人才为重点，切实抓好人才队伍建设

建设好各类人才队伍是人才工作的中心任务。蔚民部长在报告中已作出了全面部署，下一步关键是抓好落实。

关于专业技术人才队伍建设，今年的重点工作一是完成政府特贴人选选拔工作，向中央上报《关于进一步改革和完善政府特殊津贴制度的意见》。制定万名专家服务基层行动计划，启动国家专家服务基地建设工作。二是修改《关于深化职称制度改革的意见》报中央人才工作协调小组。完成中小学教师职称制度改革试点工作，向国务院报送试点工作总结和深化改革的意见。对工程师制度改革方案征求意见。做好职业资格清理规范工作，组织实施好各项专业技术人员资格考试。三是出台《关于支持留学人员回国创业的意见》，加强留学人员回国服务体系建设。配合中组部继续实施好“千人计划”，组织实施好中国留学人员回国创业启动支持计划和海外赤子为国服务行动计划。四是制定《博士后工作“十二五”规划》、《关于改革完善博士后制度、推进博士后事业发展的意见》，完成新设博士后科研工作站和博士后科学基金资助工作。举办10期博士后学术论坛。召开全国博士后工作会议，纪念博士后制度25周年。五是出台《专业技术人员继续教育规定》，加快继续教育基地建设，开展好新疆、西藏少数民族科技骨干特殊培养工作，继续实施三江源人才培养工程，办好专业技术人员高研班。

关于技能人才队伍建设，今年的重点工作一是根据国务院领导指示，筹备好国务院将于9月下旬召开的全国职业技能培训工作会议，抓紧起草《关于加强职业技能培训工作促进就业的意见》。二是深入推动特别职业培训计划的实施，开展政策落实情况督查，全面完成全年培训任务。三是印发《关于大力推进技工院校改革发展的指导意见》，协调有关部门，抓好中职基础能力建设项目、示范校建设项目的落实工作，加快一体化课程教学改革。四是制定国家高技能人才培训基地和技能大师工作室建设方案，启动建设工作。五是组织开展全国职业技能鉴定质量专项检查活动，进一步做好企业技能人才评

价试点工作，推进和规范职业技能鉴定工作的开展。启动实施职业分类大典修订工作。六是以全国技工院校技能大赛和全国数控技能大赛为重点，组织实施好各项职业技能竞赛活动。做好中华技能大奖等高技能人才评选表彰活动。

三、认真抓好《人才规划纲要》各项任务的贯彻落实

贯彻落实《人才规划纲要》是人力资源社会保障部门当前和今后一个时期人才工作的中心任务。各地人力资源社会保障部门要认真学习领会蔚民部长在贯彻落实《人才规划纲要》座谈会上的讲话和这次培训研讨班上的报告，进一步统一思想，提高认识，切实抓好《人才规划纲要》的贯彻落实，推动人才工作不断取得新进展。这里，我从工作角度再强调几点：

一是要高度重视，加强领导。人力资源社会保障部门在实施《人才规划纲要》中，处于特殊位置，承担着重要职责。各地人力资源社会保障部门党组要高度重视，切实把思想统一到中央对人才工作的战略部署上来，把人才工作放在更加突出的位置抓紧抓好。各厅局党政一把手对规划的落实工作要亲自过问。要形成一把手亲自抓人才，分管领导认真负责、全力以赴的工作机制，切实做好《人才规划纲要》的贯彻落实和人才队伍建设工作。

二是要分解任务，落实责任。各地人力资源社会保障部门要按照中央和部里的部署和要求，抓紧制定贯彻落实《人才规划纲要》的任务分工方案，按照明确任务、明确责任、明确时限、明确要求的原则，对承担的任务进行细化再分解，把各项工作落实到具体部门和责任人。对任务的细化分解，要做到有计划、有部署、有检查，对任务的具体实施方案，要做到可操作、可监测、可评估，以实际的行动、扎实的工作推动任务落实。

三是要解放思想，改革创新。《人才规划纲要》的战略部署中有许多任务涉及我国人才发展的深层次问题。各地在贯彻落实规划纲要中，要坚持解放思想，改革创新，大胆探索，勇于实践，以更宽的思路、更宽的视野，率先突破人才工作中的重点、难点问题。要完善人才工作管理体制，健全人才工作机制，着力解决制约人才工作发展、制约人才发挥作用的突出矛盾，在贯彻实施《人才规划纲要》的实际工作中，努力破解、克服人才工作的“瓶颈”问题，推动人才工作科学发展。

四是要密切配合，形成合力。实施《人才规划纲要》涉及面广，工作交叉多，既有人力资源社会保障部门牵头实施的工作，也有我们参与配合的工作，还有直接由其他部门负责的工作。作为政府人才工作的综合管理部门，各地人力资源社会保障部门要充分发挥职能作用，对牵头的工作，加强协调牵好头，对配合的工作，积极支持，做好配合。要在党管人才工作格局下，主动加强与有关部门的协调配合，加强对人才队伍建设工作的指导，充分调动方方面面的积极性、主动性和创造性，共同推动《人才规划纲要》的贯彻落实。

五是要及时跟踪，加强督查。确保贯彻落实《人才规划纲要》各项任务的顺利完成，必须强化督促检查，建立健全抓落实的长效机制。各地人力资源社会保障部门要加强对本地区贯彻落实规划纲要的督促指导，及时了解《人才规划纲要》实施过程中遇到的新情况、新问题，及时研究解决。要建立健全督促指导、反馈通报等工作制度，形成上下互动、横向联动的良好局面。各地对工作中取得的重要成绩和经验、遇到的突出困难和问题，要及时向部里报告。部里也将加强对地方工作的检查和督导，确保规划的全面实施和人才工作的整体推进。

同志们，为期三天的培训研讨班就要结束了，希望大家回去后将培训情况向主要领导进行汇报，并做好培训内容的传达学习和再培训，进一步加强对《人才规划纲要》的学习宣传，扩大培训成果。让我们全国上下共同努力，以强烈的责任意识和务实精神，抓住机遇，开拓进取，努力工作，以奋发有为的精神状态，抓好《人才规划纲要》的贯彻落实工作。

以改革创新精神
全面推动博士后事业科学发展

——尹蔚民部长在全国博士后工作会议暨纪念博士后制度25周年座谈会上的讲话

（2010 年 11 月 28 日）

同志们：

今天，我们隆重召开全国博士后工作会议暨纪念博士后制度 25 周年座谈会，会议的主要任务是：深入贯彻落实全国人才工作会议精神和《国家中长期人才发展规划纲要（2010—2020 年）》，回顾 25 年来博士后工作发展历程，总结交流博士后工作成绩和经验，研究部署今后一个时期的博士后工作。在此，我代表人力资源和社会保障部，向 25 年来为推进博士后事业发展作出贡献的全国博士后管理委员会成员单位、各设站单位，以及关心支持博士后工作的有关部门的领导和同志们表示衷心的感谢！向获得 2010 年综合评估优秀等级的博士后科研流动站、工作站以及优秀博士后管理人员表示热烈的祝贺！下面，我讲三点意见。

一、25 年来我国博士后工作取得的成绩和经验

我国博士后制度是在邓小平同志亲自关怀支持下，由李政道先生倡议，经国务院批准，在 1985 年建立的。党和国家一直十分重视博士后事业发展，邓小平同志明确指出：“这个方法很好，我赞成。培养和使用相结合，在使用中培养，培养和使用中发现更高级的人才。”江泽民同志专门强调要办好国家实验室和博士后流动站，并为博士后制度实施十周年题词。胡锦涛同志就健全完善博士后制度、培养高层次人才作出重要指示。25 年来，博士后事业从无到有、从小到大，迅速发展壮大。博士后科研流动站规模从 100 多个发展到目前的 2 146 个，覆盖了全国 31 个省（市、区）、全部“985”和“211”大学、各主要科研院所和理、工、农、医、哲学社会科学等 12 大学科门类的全部 89 个一级学科；博士后科研工作站规模已达 2 158 个，许多国有大型企业、高新技术企业、科技园区等都设立了博士后科研工作站，覆盖了电子信息、生物医药、国防科技、经济金融等国家经济社会发展的主要领域；博士后研究人员招收数量从每年数百名发展到现在年招收上万名。近年来，每年进站博士后研究人员平均占当年毕业博士的20%，申请进站人数占当年毕业博士的80%。我们已经建立了一套适合我国国情的、比较完善的管理制度和运行机制，形成了学科专业齐全、部门和地区分布广泛的博士后工作体系，培养了一批国家急需的高层次创新型人才，取得了一批高水平的科研成果。博士后制度已成为我国有计划、有目标地培养高层次人才的重要制度，为促进我国科技创新和经济社会发展，推动我国人才工作和人事制度改革创新，发挥了重要的作用。

（一）培养了一批优秀人才，形成了一支高素质的博士后人才队伍

从1986年1月招收第一名博士后研究人员，截至目前我国已经累计招收培养8万余名博士后研究人员，已经出站的博士后研究人员许多成为各领域的科研骨干和学术带头人，已有24位博士后研究人员当选为两院院士，在“长江学者”、“百人计划”、国家自然科学基金委资助获得者等重大人才和科研计划中博士后研究人员入选比例在20%左右。博士后研究人员在国家重大科研项目科研团队中的比例、高等院校和科研院所引进教师和教研人员中具有博士后经历的人员比例都在逐年提高。

（二）博士后研究人员主持和参与了一批重大课题项目，成为推进科技创新的重要力量

25年来，博士后研究人员主持和参与国家一批重大课题研究，在经济、科技、国防等领域取得了一批高水平的科研成果，在站博士后平均每人两年承担2～3项重要研究项目，在国际核心期刊上发表论文1.5篇，有20%左右的博士后研究人员获得部委以上科技成果奖或荣誉称号。这些科研成果提高了我国科研实力和自主创新能力，不少还在国内外产生了重大影响。

（三）促进了科技成果转化和人才合理流动，推动企业成为技术创新主体

1994年我们在上海宝钢设立第一个博士后科研工作站，标志着我国博士后工作从学校、科研院所向企业扩展。通过博士后科研工作站这个有效渠道，一批优秀科技人才从高等院校和科研院所向企业集聚，成为企业的技术骨干。到目前为止，全国累计招收企业博士后研究人员近一万人，占整个博士后人才队伍比例12%左右。同时，博士后科研工作站作为项目、资金、人才有机结合的成功载体，加快了博士后研究人员科技成果的转化。

（四）形成了一套灵活的选人用人机制，为人事制度改革探索了路子

博士后制度建立在我国从计划经济体制向社会主义市场经济体制转轨的过程中，突破了传统人事管理体制在户籍、人事关系、职称评定、人员编制、学科交叉等多方面的限制，打通了博士后研究人员在高校、科研院所、企业之间，在不同地域和所有制单位之间，以及不同学科和科研领域之间的流通渠道，促进了人才合理流动，提高了人才使用效能。同时，在培养好、使用好人才的同时，吸引、稳定和储备了一批高层次人才，从而探索建立了一套新的选人用人机制。

（五）建立健全了符合中国国情的博士后工作管理体制，形成了工作整体合力

我国的博士后制度是借鉴国外经验、立足中国国情不断发展起来的，逐步形成了有计划、有目的培养优秀青年高层次人才的特色，建立了政府主导、多方合作、运转协调的管理体制。1985年博士后制度刚建立时，实行国家和设站单位的两级管理体制。随着

博士后工作的发展，1990 年起我们开始进行博士后工作分级管理体制改革试点，由当地人事部门承担本地区的博士后日常管理工作。进入新世纪以来，在多年试点的基础上，我们进一步明确管理职责，调整管理权限，逐步健全国家、地方（部门）和设站单位的三级管理体制，更好地调动各地方的积极性，形成工作整体合力，有力地促进了博士后事业的健康发展。

回顾 25 年的发展历程，博士后事业取得了显著成绩，这是党中央、国务院高度重视的结果，是包括全国博士后管委会成员单位在内的各有关部门热情关心和大力支持的结果，是各级博士后管理部门和管理人员勇于探索、辛勤工作的结果，也是广大博士后研究人员拼搏、创新、攀登、奉献的结果。25 年来，我国的博士后工作积累了宝贵经验。

——服务经济社会发展是基本方向。我国博士后事业的每一步发展，都与经济社会发展相结合相一致，都与科技进步和自主创新相衔接。我们坚持在国家经济社会发展大局中，谋划博士后事业；围绕经济社会发展目标和需要，确定博士后工作的发展方向和政策措施；用为经济社会发展的成果检验博士后工作成效。

——培养和使用相结合是有效方法。我国博士后制度的重要特征之一，就是在培养中用好人才，在使用中培养人才，把人才的培养和使用有机地结合起来。通过设立科研流动站、企业工作站，筑巢引凤，吸引国内优秀博士和海外留学博士做博士后；通过加担子，压任务，重点培养，使得博士后研究人员在实际工作中得到锻炼成长，在成长过程中为我国经济社会发展贡献力量。

——产学研结合是重要途径。产学研相结合，是我国博士后制度突出特点和重要经验。建立企业博士后科研工作站，开展企业博士后工作，集中体现了产学研相结合和科技成果转化的要求，形成了企业与高等学校、科研院所的合作机制，使生产、科研紧密联系，使人才培养、科研开发、成果转化、企业技术进步等融合为一个有机整体，使博士后事业拥有更加广阔的发展前景。

——体制机制创新是根本动力。博士后事业发展的历程，也是一个不断推进体制机制创新的过程。我们通过不断创新体制机制，改革完善制度，使博士后工作始终保持生机与活力。特别是我们形成了具有中国特色、能够发挥各方面积极性的工作体制，人事、财政、科技、教育、发改委、自然科学基金委等部门从政策、资金、项目等方面积极支持，为博士后事业的发展提供了有力的组织保证。

——培养造就创新人才是根本任务。我国博士后制度一个鲜明的特点就是人才培养方式的创新，根本任务是培养造就创新型高层次人才。小平同志针对博士后制度提出的培养与使用相结合的基本原则，李政道先生提出的博士后研究人员“自找课题、自主研究、老师指导、独立工作”的科研方法，以及实践中形成的产学研相结合的培养模式，这些都生动地体现了我国的博士后制度是培养创新人才的好制度。

二、充分认识博士后事业发展面临的新形势新任务

今后五年是我国全面建设小康社会的关键时期，是深化改革开放、加快转变经济发展方式的攻坚时期，也是我国人才事业发展的重要机遇期。不久前，中央召开的十七届五中全会对“十二五”时期我国经济社会发展作出了全面规划，中央今年印发的《国家中长期人才发展规划纲要》对我国人才工作作出了系规划，我们要从全局和战略高度，充分认识博士后事业发展面临的新形势新任务，谋划好博士后工作的发展方向和基本思路。

（一）加快转变经济发展方式、提高我国自主创新能力对博士后工作提出了新的要求

加快转变经济发展方式是关系国民经济全局紧迫而重大的问题，提高自主创新能力、建设创新型国家是国家发展战略的核心，是提高综合国力的关键。加快转变经济发展方式，提高我国自主创新能力，必须更加突出依靠科技和人才的力量。博士后群体是我国最活跃、最具创新能力的高层次青年人才的代表。博士后制度以其灵活的制度安排，在鼓励创新、支持创新，加快创新型青年人才培养中具有独特的优势。我们要紧紧围绕产业结构调整和经济发展方向，坚持跨学科、跨区域交流的原则，坚持产学研相结合的原则，加快培养能够助推新兴学科、交叉学科发展的复合型、创新型青年拔尖人才，积极推进企业技术进步和管理创新，努力使博士后制度成为培养创新人才、提高自主创新能力的孵化器、助推器和加速器，为建设创新型国家、加快转变经济发展方式贡献力量。

（二）建设人才强国特别是中央对培养高层次创新人才的部署对博士后工作提出了新的任务

高层次创新型人才是人才队伍的核心，也是实施人才强国战略的关键。目前我国劳动力资源 10.7 亿人，各类人才资源总量 1.14 亿人，均列世界第一位，但高层次科技创新人才仅 1 万人左右。我国已经是人力资源大国、人才大国，但还不是人才强国，突出问题是高层次创新型人才匮乏。胡锦涛总书记在全国人才工作会议上强调，要以高层次创新型人才为重点，建设宏大的创新型科技人才队伍，并且提出要抓紧培养造就青年人才特别是青年英才。《人才规划纲要》把突出培养造就创新型科技人才作为第一位的任务。博士后制度作为培养高层次创新型青年人才的专门制度，在青年人才和高层次创新人才之间建起了“立交桥”和“高速路”，很多青年人才得以迅速成长为相关领域的拔尖创新人才。要进一步发挥博士后制度的优势，通过制度创新、机制创新、工作创新，积极营造更有利于优秀人才脱颖而出的良好环境，努力使博士后成为高层次创新人才的种子田和蓄水池，为推动高层次人才队伍扩大规模、提高质量、优化结构，统筹带动各类人才队伍发展，加快实现建设人才强国的奋斗目标奠定坚实的基础。

（三）博士后工作的自身发展对完善博士后制度提出了新的课题

经过 25 年的不懈努力，我国的博士后制度成效显著，作用突出，值得充分肯定。同时，我们也要清醒地看到，与 25 年前计划经济条件相比，博士后工作面临的形势和环境发生了很大变化，需要解决的问题和工作方式也发生了很大变化。我国博士后工作与建设创新型国家、更好实施人才强国战略的要求相比，还有较大差距：博士后研究项目与国家重大科技项目、重大工程项目结合得还不够紧密；博士后研究人员在企事业单位科研团队中的比例还偏低、作用还不够突出；博士后制度在高等院校、科研院所人才引进中的作用还不够明显；博士后研究人员国际交流还不够广泛、国际化水平还不够高；博士后考核评估机制与服务体系建设亟待加强等等。这些都需要我们不断解放思想、更新观念，研究博士后工作的新情况、新特点，改革完善博士后制度，在新的起点上更好推动博士后事业科学发展。

当前和今后一个时期，做好博士后工作必须坚持以邓小平理论和“三个代表”重要

思想为指导，深入贯彻落实科学发展观，全面实施科教兴国战略和人才强国战略，改革完善制度，着力提高质量，优化布局结构，鼓励多元投入，健全服务体系，造就创新人才，加快培养造就一支跨学科、复合型和战略型的博士后人才队伍，为提高我国自主创新能力，建设创新型国家，为实现全面建设小康社会的奋斗目标提供强有力的人才支撑和智力支持。

改革完善制度，就是要不断改革博士后管理制度，创新体制机制，完善政策措施，进一步形成和发挥我国博士后制度的比较优势，保证博士后事业的健康发展。

着力提高质量，就是在适度扩大规模的基础上，把质量建设放在更加突出的位置，努力提高博士后培养质量、科研工作质量和专业学术水平。

优化布局结构，就是坚持博士后工作服务国家经济社会发展全局，紧紧围绕科技创新和产业结构调整，优化合理布局，调整培养结构，实现科学发展。

鼓励多元投入，就是在博士后工作中落实人才投资优先保证的政策，在进一步加大国家投入力度的同时，拓宽投资渠道，形成政府、社会和单位相结合的多元投入机制。

健全服务体系，就是要坚持以人为本，建立健全博士后服务体系，为博士后提供良好的工作和生活条件，尽最大可能地解决影响和制约博士后发展的后顾之忧。

造就创新人才，就是以提高博士后创新能力为核心，坚持在创新实践中培养造就创新型人才，激发创新思维，鼓励创造性劳动，使广大博士后创新热情不断迸发，创新智慧不断涌流，创新成果不断涌现。

三、创造性地做好当前和今后一个时期的博士后工作

当前和今后一个时期，要重点抓好以下几项工作：

（一）*不断改革完善博士后工作管理制度*

制度建设带有根本性、全局性、长期性和稳定性。胡锦涛总书记明确要求“改进和完善博士后制度等高层次人才制度，形成有利于优秀人才脱颖而出的体制机制”。《人才规划纲要》明确提出了“改革完善博士后制度，建立多元化的投入渠道，发挥高等学校、科研院所和企业的主体作用，提高博士后培养质量”。因此，当前博士后工作最重要的任务就是改革完善制度，发挥博士后制度优势，培养更多高层次人才。一是深入推进博士后工作分级管理体制改革。要在认真总结博士后工作管理体制改革试点经验的基础上，加快推进分级管理，通过分级管理把更多的管理、服务职能下放地方政府，发挥地方政府积极性和创造性；通过分级管理进一步为设站单位和博士后研究人员提供更加便捷、高效的服务。需要指出的是，分级管理不是又多了一个管理层级、设站单位又多了一个“婆婆”，而是进一步转变政府职能，更好地突出公共服务职能。希望各级人力资源社会保障部门，特别是省级人社部门，切实履行职责，寓管理于服务之中。二是充分发挥高校、科研院所、企业主体作用。高等院校、科研院所和企业是博士后工作的主阵地，充分发挥它们的主体作用，增强它们自我发展的能力，是做好博士后工作的基本保证。要落实单位用人自主权，加大高校、科研院所、企业在博士后研究人员选聘、管理、考核等方面的责任和权限，要逐步理顺科研团队的构成结构，发挥博士后研究人员在科研团队中的中坚作用，使博士后研究人员成为国家级科技平台科研队伍中的一个重要层次。要采取措施逐步提高博士后研究人员在高校、科研院所教学研究人员中的比例，逐步形成有条件的单位以博士后研究人员作为师资和科研人员主要来源的用人机制。要大力支持企业博士后的创新活动，促进博士后研究人员成为企业技术创新的骨干力量。三是坚持以用为本，健全充分发挥博士后作用的机制。要用好、用活博士后研究人员，敢于给他们压担子，放手使用，发挥他们多学科背景、广知识结构在科技创新实践中的作用。要强化合同管理，明确博士后研究人员、合作导师和博士后科研流动站（工作站）各方的权利义务，保护博士后研究人员和设站单位合法权益。

（二）努力培养造就创新型人才

培养造就创新型人才是我国人才队伍建设的战略重点，是博士后事业的根本任务。博士后工作要始终坚持把培养造就创新型、复合型、战略型人才队伍作为主攻方向。一是依托重大项目工程培养人才。要结合重大项目、重大工程培养人才，建设以博士后为骨干的创新团队。国家重大项目、重大工程体现了国家重点发展方向，汇聚了优秀人才和资源，参加这些工程项目，是最重要、最难得的创新实践，也是培养锻炼青年科技人才的最佳场所。要大力推行“人才+项目”的培养模式，以科研项目为基础，根据项目需求招收博士后，加强博士后研究人员与国家重大科技项目的结合，扩大国家重点实验室等国家级科技平台招收博士后规模，建设以博士后研究人员为中坚的创新团队。二是建设博士后创新实践基地。要在总结地方经验的基础上，在创新需求旺盛、条件相对成熟的地区，按照统筹规划、逐步推开的原则，建设一批博士后创新实践基地，集中优势资源，优化环境政策，形成有利于博士后成长的小环境、小基地。三是加大对博士后创新创造的政策资金支持。要鼓励博士后研究人员开展创新性研究，让博士后真正实现自找方向、自找课题、自找方法。国家拨付的博士后日常经费要向博士后创新性成果倾斜，博士后科学基金资助尤其是特别资助要向基础研究、前沿技术研究、战略性新兴产业研究方面倾斜，要形成鼓励自由探索、允许包容失败，有利于创新的良好环境。四是充分发挥合作导师作用。高水平的合作导师是保证博士后培养质量的关键。温家宝总理明确要求，对博士后要“采取‘一对一’的培养方法”。合作导师要经常与博士后谈研究、谈工作、谈学习，切实发挥指导、引导作用。要给合作导师招收、管理、使用博士后方面更多的自主权，充分尊重合作导师在博士后研究人员的待遇、聘期、考核等方面的意见。需要指出的是，博士后不是学历，也不是一般意义上的单位职工，而是国家培养高层次人才的一种特殊方式。因此，单位和导师一定要掌握博士后工作的特点和要求，避免把博士后研究人员等同于博士生使用，避免一些只交任务、不指导的现象。

（三）大力加强企业博士后工作

企业是技术创新的主体。在企业建立博士后制度，是主动适应企业提高技术研发水平需求而实行的制度创新，是人才工作服务经济建设主战场的有效举措。目前，企业博士后只占整个博士后人才队伍的12%左右，还需进一步加大工作力度。一是以企业为中心环节，加强博士后工作站与流动站的联合。企业博士后工作应该以企业的创新需求为主导，完善产学研相结合的培养制度。鼓励流动站合作导师到企业开展项目合作研究，在合作过程中进一步发现企业的创新需求和人才需求。要加强流动站对联合招收工作的服务，降低工作站与流动站联合的成本。二是引导优秀博士后人才向企业流动。要稳步扩大博士后科研工作站设站规模和招收规模，适度提高企业博士后人员比例，优化博士后人才队伍结构。博士后科学基金资助要更多地向企业倾斜，合理确定资助比例，为企业科技创新和吸引人才提供更多的经费支持。要鼓励地方政府和企业投入更多资金，支持企业招收博士后研究人员，引导更多高层次创新型科技人才向企业集聚。三是改进完善企业博士后评价体系。对企业博士后研究工作的评价要根据企业的特点来确定，要完善企业博士后人员出站考核办法，更加注重企业博士后研究人员对企业技术水平的提升和经济效益的贡献，更加注重博士后研究人员在企业技术创新团队中的贡献和取得的专利、发明、解决工程技术难题情况。四是加强非公有制经济领域和中小企业博士后工作。非公有制经济领域和中小企业是社会主义市场经济的重要组成部分。对民营企业在申报设立博士后科研工作站、申请博士后科学基金方面，要与其他单位一视同仁、平等对待。要不断探索博士后工作服务中小企业的方式方法，及时了解其对技术和人才的需求，创新服务内容和方式。通过加强高新区、开发区、创业园博士后工作站建设，建立博士后创新实践基地，设立项目博士后等多种途径，统筹为规模较小、有科技创新需要的企业提供博士后工作服务。

（四）加强博士后科研流动站、工作站建设

博士后科研流动站、工作站建设质量是博士后工作的生命线。我们必须始终把流动站、工作站建设放在重要位置，建立稳定可靠的质量保证机制，使每一个站都成为具有一流水平、富有创新活力的高层次人才工作站。一是坚持高标准严要求设站，把好基础关。要根据经济社会发展需要，严格按照博士后科研流动站、工作站的设站条件开展设站工作，不断完善设站评审的方式方法和步骤程序，坚持公开、公平、公正，确保评审质量，保证新设博士后科研流动站、工作站真正具有高水平。二是加强博士后工作日常管理。要建立健全日常管理的各项规章制度，把强化管理贯彻始终。要加强对博士后研究人员的考核管理，改进管理方式，提高管理水平，实现管理工作的规范化、科学化。三是加强博士后评估工作，以评估促进建设。建立科学规范的博士后工作定期评估制度，对评估优秀的博士后科研流动站、工作站给予表彰奖励和更多的政策、经费支持，对评估不合格的提出警告并限期整改，整改不合格或不具备继续开展博士后工作条件的，坚决予以撤销。前几年，我们已经开展了两次评估，撤销了49 家工作站，今年我们又开展了一次评估，评估优秀的我们在这次大会上进行了通报表扬，下一步还会对评估不合格的站进行淘汰。评估的目的就是确保建站质量，避免重建站、轻管理特别是只建站、不招人的“空壳”现象。四是建设高素质的博士后管理人员队伍。要选派具有较高理论素养、政策水平、业务能力、勇于创新、甘于奉献、爱岗敬业的同志从事博士后工作。要加强能力建设，加强对人才工作方针政策和人才理论的学习把握，加强对博士后业务知识的学习研究。要加强作风建设，牢固树立服务意识，打造一支政治强、作风正、业务精、服务好的博士后管理人员队伍。

（五）推进博士后国内外学术交流与合作

学术交流与合作是培养博士后的重要途径，是形成活跃的、有利于创新的学术氛围的重要方法。博士后工作要按照实施更加开放的人才政策的要求，立足单位培养、国内培养人才的同时，放开视野，放开思路，放开胸襟，拓宽学术交流渠道，坚持走国际化道路，着力培养具有全球视野的、战略型高端人才。一是加大博士后国内学术交流力度。要办好中国博士后学术论坛，不断扩大论坛规模，聘请各行业、各学科一流专家与博士后研究人员交流，提高交流质量和水平。鼓励各地、各部门、各行业、各单位开展各具特色的学术交流，在交流中创新创造。二是加大国（境）外学术交流力度。鼓励设站单位与境外高校研究机构联合培养博士后。鼓励博士后在站期间参加国际合作，参加学术会议。鼓励设站单位同海外高水平教育、科研机构、企业建立联合研发基地，合作培养博士后研究人员。要在总结并继续做好中韩博士后交流工作的基础上，实施“香江计划”，稳步推进内地与香港联合培养博士后研究人员工作。按照中非合作论坛的要求，认真做好中非博士后交流工作。要研究扩大交流国别的具体办法，开展全方位的国际交流工作。三是扩大招收留学人员和外籍博士后。据统计，近年来，每个美国大学联合会的成员学校平均拥有近300位国际博士后，来自外国的博士后占其博士后队伍的65%。欧洲各研究团队中约40%的博士后是外国人，50%以上的博士后具有国外工作经验。我国外籍博士后的比例还不到1%。可以看出，博士后是发达国家吸引人才的重要手段，我们要主动参与世界科技人才竞争，加大吸引留学人员回国做博士后的力度。要在做好留学人员专项资助的基础上，研究启动海外博士后资助计划。在科研团队中逐步扩大外籍（境外）和有留学背景的博士后规模。

（六）建立多元化投入机制

人才优先发展的战略布局要靠人才投入优先的政策来保证。博士后事业的快速发展，离不开国家、部门、地方、高校、企业等持续稳定增长的投入。据统计，“十一五”期间，国家对博士后事业的总投入超过15亿元，是“十五”期间的3倍。《人才规划纲要》又专门针对博士后制度提出，要建立多元化投入机制。我们要在博士后工作中落实这一要求，为博士后事业的发展提供充足的经费支持。一是要积极争取政府财政加大投入。确定国家对博士后事业经费投入及增长的合理比例，建立财政经费投入增长机制，确保博士后研究人员的收入水平不低于同等资历的工作人员。要加大博士后科学基金资助比例和资助力度，确保博士后研究人员有相应的科研启动经费。二是要鼓励多元投入。鼓励和引导地方、部门和设站单位加大对博士后工作投入力度，激励社会民间资本投入博士后培养事业，进一步建立健全多元化的经费投入机制和激励机制。三是要促进项目与资金相结合。探索建立国家级、省部级科研项目中博士后经费列支机制，探索依托科研项目招收培养博士后的经费投入机制。四是要提高资金使用效益。进一步完善我国博士后经费财政拨款方式，引入绩效预算机制，对设站单位经费使用的效益、效率、人才培养质量和科研成果质量进行评估，实行财政拨款与绩效相挂钩。要优化博士后学科分布结构和经费投入结构，加大对各基础科学、前沿技术领域、关系国家安全和发展领域博士后经费支持力度。

（七）加强博士后服务体系建设

服务体系建设是做好博士后工作的基础保障，也是改革完善制度、转变工作方式的必然要求。要适应人才工作新形势，把博士后服务体系建设提上重要日程，纳入政府人才公共服务体系建设的整体规划，按照以人为本、面向基层、便捷高效的原则，做好各项服务工作。一是加强博士后服务窗口建设。要适应博士后工作分级管理的需要，努力提升各级人力资源社会保障部门的服务能力，建设一站式、全方位、个性化博士后服务窗口。要加强对各省市博士后进出站手续的管理，加大对进出站备案、审核的监督检查力度。加强对窗口服务人员业务知识和服务意识的培训教育，明确工作责任、工作要求和办理时限，为广大博士后研究人员提供便捷的服务。二是加快解决博士后社会保障问题。将博士后研究人员纳入社会保障体系，消除博士后研究人员的种种顾虑和担忧。要加大博士后公寓建设力度，解决各地博士后研究人员在站期间住房问题，使博士后真正做到安心科研、有序流动。三是推进博士后工作信息化，完善博士后网上办公系统。鼓励各地、各部门、各单位加大博士后网络服务系统建设，为博士后研究人员提供更加方便快捷的信息服务。

最后，我还想对广大博士后研究人员说几句话。博士后人员知识面宽，思维活跃，创造力旺盛，正是年富力强、干事创业的黄金时期，希望大家紧紧抓住实施人才强国战略、全面建设小康社会的历史机遇，认清肩负的使命和职责，积极投身加快转变发展方式、着力提高自主创新能力的伟大实践；要勤奋刻苦学习，不断加强专业知识和实践知识的学习，紧跟世界科技发展前沿，掌握最新科技成果，努力成为引领科技进步的青年领军人才；要以提高我国自主创新能力为己任，牢固树立创新意识，激发创新思维，提高创新能力，不断有所发明、有所创造、有所前进；要立足本职工作，刻苦钻研、顽强拼搏，潜心研究、力戒浮躁，养成良好的职业道德和学术品格，在为国家、为人民服务奉献中实现人生价值。

同志们，博士后事业是一项蓬勃发展的事业，展望未来，任重道远。让我们以这次会议为契机，在新的历史起点上，齐心协力，扎实工作，开拓创新，不断开创博士后工作的新局面！

尹蔚民部长在人力资源社会保障部人才工作领导小组第一次会议上的讲话

（2010年12月16日）

同志们：

为进一步发挥我部政府人才工作综合管理部门的职能作用，深入贯彻落实《国家中长期人才发展规划纲要（2010—2020年）》，部党组决定成立部人才工作领导小组。今天，召开领导小组第一次会议，会议的主要内容是进一步明确领导小组的职责和运行机制，总结2010年人才工作，研究部署2011年人才工作。刚才，孙建立同志通报了贯彻落实人才规划纲要的简要情况，大家讨论了2011年人才工作要点。下面，我讲三点意见。

一、2010年我部人才工作取得了重大进展

2010年是我国人才事业发展的重要一年，中央召开了全国人才工作会议，制定下发了第一个中长期人才发展规划纲要，我国进入了人才优先发展的新时期，进入了加快建设人才强国的新阶段。各单位认真落实党中央、国务院人才工作重大决策部署，加快推进各项重点任务的贯彻实施，我部人才工作取得了重大进展。

（一）贯彻实施人才规划纲要工作有新开端

我部牵头的专项配套规划、重大人才政策、重大人才工程进展顺利，目前专业技术

人才和高技能人才两个配套规划和“国家专业技术人才知识更新工程”、“国家高技能人才振兴工程”两个重大工程方案，已报请中央人才工作协调小组审议。召开了贯彻落实人才规划纲要座谈会，举办了首届中国人才发展论坛，颁布了《中国人力资源状况》白皮书，举办了人社系统分管厅局长学习贯彻人才规划纲要培训研讨班，并通过多种形式开展了学习贯彻人才规划纲要的专题宣传活动。

（二）高层次人才队伍建设取得新进展

改革完善专家培养选拔制度体系，加大了新世纪百千万人才培训力度，新选拔享受政府特殊津贴人员近4 000人，组织开展了专家西部行、东北行等服务活动。组织实施了“千人计划”、“留学人员回国创业启动支持计划”和“海外赤子为国服务行动计划”，完成高层次留学人才回国资助和留学人员科技项目择优资助工作。召开了“全国博士后工作会议暨纪念博士后制度25周年座谈会”，稳步推进博士后分级管理体制改革，博士后日常经费、科研基金资助达4.4亿元，新设博士后科研工作站516个。深入开展专业技术人员继续教育工作，全面完成“653”知识更新工程300万人的培训任务，积极推进新疆、西藏少数民族专业技术人才特殊培养工作和青海三江源人才培养工程，举办高研班95期，全国参加继续教育专业技术人员达3 000万人次。职称制度改革进一步深化，广泛开展《关于深化职称制度改革的意见》征求意见工作，完成了中小学教师职称制度改革试点工作，工程师制度改革方案制定工作平稳推进，研究修订了《专业技术人员资格考试违纪违规行为处理规定》，完成了43项专业技术人员资格考试，1 233万人参加考试。

（三）高技能人才队伍建设扎实推进

大力推进职业培训工作，召开了全国职业能力建设工作座谈会，下发了《国务院关于加强职业培训促进就业的意见》，参加政府财政补贴的各类职业培训约2 000余万人次。启动职业分类大典修订工作。组织开展职业技能竞赛系列活动，开展优秀高技能人才评选表彰活动，共评选出10名中国高技能人才楷模、20名中华技能大奖、300名全国技术能手、100个国家技能人才培育突出贡献单位和80个突出贡献个人。加快技工院校改革发展，下发了《关于大力推进技工院校改革发展的意见》，举办高技能人才东部工程总结暨公共实训基地建设研讨会，举办职业培训政策研修班。实施了“三支一扶”计划，开展了农村实用人才示范性培训，支持农村实用人才队伍发展壮大。

（四）人才公共服务体系不断健全

进一步完善人才市场政策法规，制定出台了《高级人才寻访服务规范》，研究起草人力资源市场条例、促进人力资源服务业发展的意见及相关配套法规。加强人力资源市场建设的规划指导，积极推动区域人才合作，建立了首个国家级人力资源服务业发展集聚区——中国上海人力资源服务产业园区。

二、认真做好2011年各项人才工作

2011年是深入贯彻实施人才规划纲要的攻坚之年，也是实施“十二五”规划的开局之年。我们要继续坚持民生为本、人才优先的工作主线，坚持党管人才原则，以贯彻落实《人才规划纲要》作为人才工作的中心任务，发挥政府人才工作综合管理部门的职能作用，以高层次人才和高技能人才为重点，创新体制机制，完善政策措施，健全服务体系，统筹做好我部各项人才工作。

（一）继续深入贯彻落实人才工作会议精神和人才规划纲要

要组织实施好专业技术人才、高技能人才两个专项规划，中央人才工作协调小组审议通过后，抓紧下发，做好规划的组织实施。要实施好两项重大人才工程，启动“国家专业技术人才知识更新工程”、“国家高技能人才振兴工程”，完成 2011 年 100 万名高层次急需紧缺人才、10 万名高级技师培训培养任务。要落实好重大政策的研究制定，加快研究制定我部牵头的“实施引导人才向农村基层和艰苦边远地区流动政策”和“实施促进人才发展的公共服务政策”。

（二）切实抓好高层次人才队伍建设

要按照人才规划纲要的要求和部署，重点抓好专业技术人才队伍建设。要统筹推进高层次创新型专业技术人才队伍建设，改革和完善政府特殊津贴制度，继续实施新世纪百千万人才工程，加强国家专家服务基地建设，实施万名专家服务基层行动计划。制定下发支持留学人员回国创业、构建留学人员回国服务体系的意见、留学人员回国工作“十二五”规划，继续实施好“千人计划”、“留学人员回国创业启动支持计划”和“海外赤子为国服务行动计划”，加强留学人员创业园建设。制定下发关于改革完善博士后制度促进博士后事业发展的意见和博士后事业“十二五”发展规划，完善博士后工作分级管理体制，加强博士后科研流动站、工作站建设和博士后评估工作，加大博士后经费资助力度，推进博士后研究人员国内外学术交流。加快职称制度改革步伐，修改完善《关于深化职称制度改革的意见》，积极推进中小学教师职称制度改革，开展工程系列职称制度改革试点。加强高级职称评委会建设和管理。发展完善职业资格制度，继续做好职业资格清理规范工作。修改完善《专业技术人员继续教育条例》，统筹实施好新疆特培、西藏特培、三江源人才工程、高研班等重点项目，加强继续教育基地建设。

（三）大力加强高技能人才队伍建设

完善高技能人才培养培训体系，加强高技能人才特别是经济发展急需紧缺领域高级技师培养，建设一批示范性国家级高技能人才培训基地。开展建设国家级技能大师工作室试点，建立高技能人才绝技绝活代际传承机制。健全高技能人才多元评价机制。做好国家职业资格全国统一鉴定工作。制定高技能人才与工程技术人才职业发展贯通办法。组织开展全国职业技能竞赛系列活动。组织我国优秀选手参加第 41 届世界技能大赛。完善高技能人才评选表彰奖励制度。贯彻落实《国务院关于加强职业培训促进就业的意见》，会同财政部制定职业培训补贴操作办法。贯彻落实《关于大力推进技工院校改革发展的意见》，研究制定技工院校教师职称制度改革的相关政策，开展正高级职称改革试点。指导推动技工院校“一体化”课程教学改革试点。健全科学的国家职业分类体系，加强对职业分类大典修订工作的总体指导和技术支持。规范职业资格设置，完善新职业的申报、审批和发布程序，加快新职业开发和职业技能标准制定。开展全国职业技能鉴定所（站）质量管理评估工作。修改完善《职业技能培训和鉴定条例》（草案），推进培训鉴定立法工作。

（四）加强人才公共服务体系建设

加强人才公共服务是做好政府人才工作的重要内容。要按照转变政府职能的要求，大力提升人力资源开发服务水平，制定下发《关于促进人力资源服务业发展的意见》，修改完善《人力资源市场条例》及配套法规，健全人力资源市场体系，加强人力资源市场监管。实施人才对口支持、公职人员到基层服务和锻炼的派遣和轮调办法，引导人才向西部和农村流动。研究实施促进人才发展的公共服务政策，加强对人才公共服务产品的标准化管理，大力开发公共服务产品。完善人才规划统计机制，增强人才预测科学性，加强产业、行业人才发展统筹规划和分类指导。

同时，我们要积极做好人才宣传工作。要围绕重点工作，积极主动做好宣传策划。每一项改革措施的实施，每一项重大政策的出台，每一项重要活动的开展，都要充分利用新闻媒体加强宣传报道。人才工作领导小组办公室还要专门编制部人才工作信息，要充分发挥好这个平台的作用，把我部的人才工作做得有声有色。

三、切实发挥人才工作领导小组的职能作用

2011 年我部人才工作任务十分艰巨。人才工作领导小组是部党组领导下部内人才工作的议事协调机构。领导小组成立以后，各成员单位要充分利用这个平台，积极发挥职能作用，促进我部人才工作更好更快的发展。

一要提高思想认识。全国人才工作会议和人才规划纲要对我国人才工作做出了系统规划和战略部署。我部在人才工作方面的任务更重了，思路更清楚了，目标也更明确了。我们要把贯彻落实人才规划纲要作为当前和今后一个时期人才工作的中心任务，把思想和认识统一到中央对人才工作的新要求上来，把行动落实到促进全国人才工作发展的各项决策部署上来，注重发挥人才工作领导小组统揽部内和全系统人才工作全局的作用，形成大人才工作格局，共同推动人才工作健康有序地发展。

二要健全工作机制。沟通顺畅、协调高效的工作机制是推进工作的重要保障。人才工作领导小组要健全抓全局、议大事的议事规则，紧紧围绕中央关于人才工作的总体部署，及时研究解决我部人才工作的重大政策、重大问题，安排部署我部人才工作重大工程、重大事项。领导小组要健全会议制度，及时传达中央人才协调小组新精神、新要求，通报我部人才工作进展情况，汇总分析系统人才工作的新经验、新问题，统筹谋划好各阶段的重点人才工作任务。要建立统筹兼顾的协调机制，注重人才政策、人才工程的科学性、协调性和配套性，从全局、从宏观、从整体上谋划布局，确保重大决策的科学性、政策方向的协同性和政策措施上的集成效应。专技司作为领导小组办公室，要牵好头，服好务，除了完成好自己承担的各项任务外，要为人才工作领导小组各成员单位当好联络员、信息员和服务员。

三要认真履行职责。各司其职、各尽其责是人才工作领导小组整合资源、发挥作用的重要基础。大家都要站在全局的高度来思考人才工作问题，相互支持、相互配合、相互补台，齐心协力推动工作开展，这样才能形成合力，产生倍增效应。综合部门要发挥综合协调、服务保障的职能作用，业务司局要发挥业务优势，围绕落实人才规划纲要找好工作的切入点、落脚点和突破点，确保各项工作任务落到实处。在工作中，要创造性地开展工作，要加强部内协调合作，要加强与有关部门的协调配合。我部牵头的工作要积极主动争取兄弟部门的支持，其他部门牵头的工作，我部也要积极配合。要发挥好政府人才工作综合管理部门的职能作用，加强与行业主管部门的沟通配合，充分调动各方面的积极性，把政府人才工作各有关部门的力量凝聚起来。

四要强化监督检查。各项工作能不能取得实效，抓好监督检查很关键。要建立健全监督检查的长效机制，切实发挥领导小组的监督检查作用，从全局高度加强对人才工作的统一调度，统筹推进各项工作。要丰富监督检查工作形式，通过督导检查、监测统计、专家评估、反馈通报等手段，及时通报和发布各成员单位人才工作情况，及时发现和解决政策实施过程中存在的问题。要特别注重分类指导，确保各项政策措施落到实处。要加大督察力度，对工作落实不力、行动迟缓的，要及时通报，加强督导。特别是对关系全局的重点工作，要跟踪督查，扭住不放，一抓到底，抓出成效。

同志们，人才工作是一项具有战略意义的重要工作，事关党和国家建设事业的成败。我们要以对国家和人民高度负责的精神，以求真务实的作风，开拓创新，扎实工作，确保中央和部里各项人才工作的决策部署落到实处，不断开创我国人才工作的新局面。

认真学习贯彻专项规划
全面加强专业技术人才队伍建设

——王晓初副部长在贯彻实施专业技术人才规划培训研讨班上的讲话

（2011年6月26日）

同志们：

今年3月，中央组织部、人力资源社会保障部联合印发了《专业技术人才队伍建设中长期规划（2010—2020年）》（以下简称《专技人才规划》），对未来10年专业技术人才工作进行了全面部署。部党组对《专技人才规划》贯彻落实工作高度重视，专门举办此次培训研讨班，专题学习研讨规划精神和贯彻工作。刚才中央组织部人才工作局巡视员、副局长，中央人才工作协调小组办公室副主任刘忠群同志作了重要讲话，大家要认真学习贯彻。下面，我就学习贯彻《专技人才规划》，全面加强专业技术人才队伍建设，谈几点意见。

一、深刻认识制定实施《专技人才规划》的重要意义

《专技人才规划》是新中国成立以来第一个专业技术人才建设发展规划，是在国家《人才规划纲要》的总体框架下，与其他各类人才规划相并列、与19个重点领域人才规划相衔接的一个专项规划，是今后一个时期我国专业技术人才工作的纲领性文件。中央人才工作协调小组对制定实施《专技人才规划》高度重视，将其纳入国家人才规划体系。在中组部的领导和大力支持下，人社部组织专门力量，前后历时3年研究编制规划。部党组高度重视，蔚民部长亲自过问。规划广泛征求了各地区、各部门的意见，凝聚了各方的共识。去年11月24日我部第52次部务会审议通过。去年12月15日，中央人才工作协调小组第30次会议审议通过。我们要深刻认识制定实施《专技人才规划》的重要意义，认清形势，明确任务，不断增强工作的使命感和责任感。

（一）制定实施《专技人才规划》，是贯彻落实《国家中长期人才发展规划纲要》，更好实施人才强国战略的重要举措

《专技人才规划》是以《人才规划纲要》为核心的国家人才规划体系的重要组成部分，是6个专项规划之一，与19个重点领域人才规划基本都有涉及。《人才规划纲要》明确了建设人才强国的战略部署、重大政策、重大工程，《专技人才规划》则是按照这一总体部署明确了新时期我国专业技术人才工作的指导思想、发展目标、总体要求、主要任务和重点举措。可以说，制定《专技人才规划》，既是对《人才规划纲要》有关专业技术人才队伍建设目标任务的细化和延伸，也是对各个重点领域人才规划的支撑和衔接，在国家人才规划纲要体系中，具有重要的地位和作用。《专技人才规划》遵循专业技术人才队伍发展规律，通盘考虑数量、结构、素质和重大举措、重大工程等内容，提出了具有操作性、考量性的目标任务，政策更明确，措施更具体，路线更清晰。《专技人才规划》的颁布实施，必将对更好实施人才强国战略、落实《人才规划纲要》目标任务，发挥重要的支撑作用。

（二）制定实施《专技人才规划》，是加快转变经济发展方式，提高我国国家竞争力，应对激烈国际竞争的迫切需要

当前，我国已进入深化改革开放、加快转变经济发展方式的攻坚时期，同时面临着后金融危机时期各国以经济为基础、科技为先导、人才为焦点的综合国力竞争。在这样一个关键时期，人才特别是站在科技发展前沿的专业技术人才，在推动科学发展、转变发展方式中的战略性、基础性、关键性地位进一步凸显，在增强自主创新能力、提高我国核心竞争力中的引领推动作用进一步凸显（美国能够成为世界的超级大国，不仅仅因为他能够培养世界40%的诺贝尔奖得主，更因为能聘用全球70%的诺贝尔奖得主为他工作）。这就迫切要求我们围绕国家经济社会发展全局和人才工作大局，制定实施专门的《专技人才规划》，对专业技术人才队伍发展进行系统规划、顶层设计，加快建设一支宏大的高素质创新型专业技术人才队伍，促进我国经济发展方式向主要依靠科技进步、劳动者素质提高、管理创新的转变，推动经济尽快走上创新驱动、内生增长的轨道，加快建设创新型国家。

（三）制定实施《专技人才规划》，是围绕“民生为本，人才优先”的工作主线，推动专业技术人才工作科学发展的自身要求

部党组提出“民生为本、人才优先”的工作主线，是对人力资源社会保障部门两大领域工作职能的基本定位，是人力资源社会保障工作思路的进一步明晰和完善。就业、社会保障等民生工作直接关乎群众福祉、社会稳定，是第一责任，是“硬任务”，必须全力完成。人才是兴国之本、富民之基、发展之源，是发展的第一要素，是“硬道理”，必须常抓不懈。作为政府人才工作综合管理部门，我们要坚持把人才工作作为一项重大战略任务抓紧抓好。专业技术人才是我国人才队伍的骨干力量。改革开放以来，我国专业技术人才队伍建设取得了长足进展，但是与世界发达国家还有较大差距，与我国经济社会发展的需要还不完全适应，特别是高层次创新人才匮乏，人才创新创业能力不强，人才结构不尽合理，人才发展的体制机制障碍尚未消除等。因此，制定实施《专技人才规划》，深化改革、突破重点，加快体制机制改革和政策创新，是解决专业技术人才工作存在的问题，推动人才工作科学发展的客观要求。

二、深刻理解规划的基本精神和主要内容

《专技人才规划》是专业技术人才工作的最新成果，篇幅不长，内容丰富，包含很多新思想、新任务、新举措。贯彻落实《专技人才规划》，首先要认真学习，深刻理解专技人才规划的基本精神和主要内容。

（一）深刻理解规划的发展目标

规划提出了“建成一支能够支撑和引领我国现代化建设、规模宏大、结构合理、素质优良、具有强大国际竞争力的专业技术人才队伍”的总体目标。同时，从队伍的素质能力、结构比例、成长环境、科研成果、工作体制机制、管理政策法规、服务社会建设、推动科技进步等 8 个侧面提出了具体目标任务。规划将发展目标分 2010—2015 年和 2016—2020 年两个时间阶段来进行设计，主要考虑，一是有利于摆布好长期目标和近期目标的关系，把握工作轻重缓急；二是有利于摆布好完成既定目标和适当进行调整之间的关系，充分考虑了环境形势变化对规划任务可能产生的影响，体现规划的科学性。

总体上看，规划提出的发展目标有三个突出特点。一是体现引导性，鼓舞人心。规划提出，到 2015 年，要打造一批在优势领域具有世界水平的创新人才团队，培养造就一支活跃在世界科技前沿，跻身国际一流的专家队伍；到 2020 年，要“涌现出一批具有世界领先水平的科学家和工程师”。这一目标的设定充分体现了规划对队伍建设的导向和引领意义，非常鼓舞人心。二是突出前瞻性，适度超前。规划一共提出了 8 组数据，从多个角度和侧面对整个队伍的发展进行了设计，提出了相应的要求。比如，提出到 2020 年人才对科技进步贡献率达到 60% 以上。而目前这一指标在我国只有 40%。能否在十年间实现人才对科技进步贡献率的跨越式进步，是需要各方面共同努力、奋力争取的。但既然是队伍建设的中长期规划，在目标设定上就应该突出前瞻性，适度超前。三是具备合理性，切实可行。规划提出，到 2015 年从事研究开发的科学家和工程师达到 200 万人，到 2020 年达到 250 万人。据统计，我国这一高层次专技人才队伍的规模在 2000 年是 69 万人，到 2008 年猛增到 159 万人。综合人才发展势头和内外部环境因素，到 2015 年、2020 年分别实现 200 万人和 250 万人的目标是有把握的。我们在队伍建设规模等主要指标上坚持合理设定目标，反复测算论证，没有一味追高，确保能够实现。

（二）深刻理解规划的基本原则

规划提出当前和今后一个时期我国专业技术人才队伍的基本原则是“服务发展，人才优先；以用为本，创新机制；高端引领，强化基层；分类开发，协同推进”。这四句话、32 个字，前两句与国家人才规划指导方针相同，后两句针对专业技术人才队伍建设的特点进行了延伸发展。可以从四个方面来把握：

一是从工作定位上来说，要“服务发展，人才优先”。就是要把服务发展作为专业技术人才工作的出发点和落脚点，围绕发展确定专业技术人才工作的方向和任务，以专业技术人才的优先发展推动经济社会发展。

二是从工作重点上来说，要“以用为本，创新机制”。就是要围绕“用”这个中心环节，以政策创新带动专业技术人员管理体制机制创新，为广大专业技术人员充分发挥作用创造良好的制度环境。

三是从工作主体上来说，要“高端引领，强化基层”。就是要以高层次人才为重点，以基层人才为基础，整体推进专业技术人才队伍建设。高层次人才和基层人才处于专业技术人才队伍的两端。高层次人才是队伍的核心，对基层人才具有重要的牵引带动作用。基层人才是队伍的主体，是高层次人才的来源，对高层次人才具有重要的基础和支撑作用。二者如“鸟之两翼、车之两轮”，相互依靠，相互影响，共同决定着队伍的整体实力，支撑队伍的整体发展。为此，规划把高层次创新型专业技术人才作为战略重点，提出要努力造就一批世界一流科学家、高水平的学科带头人与科技领军人才。同时，规划针对基层这个薄弱环节，明确提出要加强基层和一线专业技术人才队伍建设，满足经济社会发展对高素质应用型人才的需求。规划在重点举措中专列一条，提出“以万名专家服务基层行动计划为平台，加强基层专业技术人才队伍建设”。规划中高层次人才与基层人才建设两方面的内容相互依托，相互呼应，措施针对性很强，内容很实，这是规划的一个亮点。

四是从工作方法上来说，要“分类开发，协同推进”。就是要统筹不同层次、区域、行业、领域、所有制等各类人才的发展，形成各类人才持续成长、协调发展的局面。专业技术人才分布在经济社会发展的方方面面，人多、面广、线长，各自专业特点和工作性质差别很大，必须分类开发，协同推进。这里，我想特别强调一下非公领域专业技术人才队伍建设问题。据初步摸底，目前我国非公经济社会单位专业技术人才约 1 800 多万，超过队伍总数的三分之一。这支队伍年富力强，职业特点明显，自主性、选择性、流动性较强，在价值取向上具有多层次性、多元化的特点。他们绝大多数拥有知识、技术、管理、资本等生产要素，并凭借这些要素参与社会分配，创造社会财富，是专业技术人才队伍十分重要的组成部分。由于长期受计划经济的影响，非公领域人才工作主要存在四个方面的问题：第一，思想观念转变不到位，总体上还没有做到一视同仁，平等相待；第二，很多方面政策缺位，难以覆盖非公领域；第三，工作方式单一，大多数对非公单位的政策实际上是国有单位人才工作的延伸，缺乏对非公人才群体需求的研究，针对性差；第四，工作难落实，由于缺少相应工作途径和服务渠道，体制内外存在着“玻璃门”现象，往往是“看得见、够不着”，政策难以落实到位。为此，规划确立了非公有制经济组织和新社会组织在专业技术人才工作方面与国有单位的平等地位，并在调整结构、创新体制机制、完善政策、公共服务、促进流动等方面，对非公领域专业技术人才队伍发展提出了具体要求。

（三）深刻理解规划的主要任务

规划从素质能力、队伍规模、整体结构、体制机制、发展环境五个方面提出了专业技术人才队伍建设的具体要求。一是针对专业技术人才自主创新能力不强，水平亟待提升等问题，结合国家人才规划对人才创新性的要求，提出要着力提升专业技术人才素质能力。二是针对专业技术人才总量不能适应经济社会发展需求等问题，结合国家人才规划打造宏大的高素质专业技术人才队伍的要求，提出要着力扩大专业技术人才队伍规模。三是针对企业、非公经济、基层一线专业技术人才短缺，队伍结构、分布不尽合理等问题，结合国家人才规划对推动人才结构战略性调整的要求，提出着力调整专业技术人才队伍整体结构。四是针对人才投入不足、激励不够、使用不力等问题，结合我部政府人才工作综合管理部门的职能定位，提出要着力创新专业技术人才管理体制机制。五是针对目前专业技术人才社会保障、知识产权保护、创新创业支持等问题，结合国家人才规划对构建与社会主义市场经济体制相适应的人才发展体制的要求，提出要着力优化专业技术人才发展环境。这五个方面的主要任务都是针对目前专业技术人才队伍发展存在的突出问题和人才发展的新阶段新要求提出的，是今后五到十年实现专技人才队伍建设战略目标的总体部署。

（四）深刻理解规划的重点举措

在主要任务之后，规划提出了 10 项重点举措。这是落实规划的重要载体和抓手。10 项重点举措围绕规划的目标原则和重点任务，基本覆盖了专技人才工作的各个环节和主要工作领域。可以分为三类：一是在队伍建设方面，紧扣"高端引领、服务基层"原则，提出以构建国家高级专家培养选拔体系为核心，加强高层次创新型专业技术人才队伍建设；以"万名专家服务基层行动计划"为平台，加强基层专业技术人才队伍建设。二是在制度建设方面，围绕人才培养、吸引、使用、评价、配置、激励等多个环节，提出以推动博士后事业发展为抓手，大力加强青年专业技术人才培养；以实施专业技术人才知识更新工程为龙头，全面提升专业技术人才的能力素质；以高层次留学人才为重点，加大海外留学人才吸引力度；以深化职称制度改革为动力，实现对专业技术人才的科学评价；以完善市场配置机制为导向，促进专业技术人才的合理流动；以深化企事业单位人事制度改革为保障，完善专业技术人才用人制度；以加大投入为根本，完善专业技术人才保障激励机制。三是在服务体系建设方面，按照加强人才公共服务体系要求，提出以建设专家服务基地和继续教育基地为载体，加强专业技术人才公共服务体系建设。

这 10 项举措，在设计和确定的过程中经过了反复思考和论证。设计的原则是既要全面贯彻国家人才规划，又要结合专业技术人才工作特点进行具体设计；既要支撑主要任务，又要注重统筹兼顾。总的看，10 项举措有三个主要特点：一是全面梳理专业技术人才队伍发展政策，形成政策体系和工作合力。比如：提出"逐步构建层次分明、上下衔接、结构合理、梯次递进的国家级专家培养选拔制度体系"；完善吸引高层次留学人才政策体系，加强留学人才回国服务体系建设；形成科学、分类、动态、面向全社会各类的专业人才的职称制度，等等。二是注重通过重大项目带动整体工作开展。规划中的每一项重大政策都有若干具体项目作支撑，以政策统领项目，以项目带动整体工作的开展。其中最典型的是以实施专业技术人才知识更新工程为龙头，全面提升专业技术人才的能力素质，带动继续教育工作的全面发展。三是发挥人社部门职能优势，创新工作方式。每一项政策都在总结继承现有工作的基础上，根据人才工作新形势，立足我部职能，提出了一些创新性举措。

三、以《专技人才规划》为统领，全面加强专业技术人才工作

《专技人才规划》是专业技术人才队伍建设的顶层设计。作为政府人才工作综合管理部门特别是专业技术人员管理职能部门，人社部门贯彻落实《专技人才规划》责任重大，任务繁重。我们一定要以落实《专技人才规划》为契机，充分发挥职能作用，全面推进专业技术人才工作科学发展。

（一）以高层次创新创业型人才为重点，全面加强专业技术人才队伍建设

《人才规划纲要》把培养造就创新型科技人才放到人才队伍建设的突出位置，《专技人才规划》进一步提出，要以高层次创新型人才队伍建设为重点，带动专业技术人才队

伍整体发展。最近，源潮同志专门提出要加强对创业型科技人才的研究，制定出台加强创业型科技人才队伍建设的政策措施，支持科技人才创业。我们要按照规划以及源潮同志的要求，把高层次创新创业型人才作为专业技术人才队伍建设的重中之重，以重点突破带动队伍整体推进。重点做好五件事：

1. 构建国家高级专家培养选拔体系。国家高级专家是我国专业技术人才队伍的核心和骨干。目前，我国有两院院士1 400多人，千人计划人选1 143人，有突出贡献的中青年专家5 206人，享受政府特殊津贴专家15.8万人，百千万人才工程国家级人选4 113人，高级专家队伍初具规模。《专技人才规划》明确提出，要以构建国家高级专家培养选拔体系为核心，加强高层次创新型专业技术人才队伍建设，通过政府特殊津贴专家、百千万人才工程国家级人选、有突出贡献中青年专家、院士等高级专家选拔制度的有机结合，逐步构建层次分明、上下衔接、结构合理、梯次递进的国家级专家培养选拔制度体系。为此，我们要按照规划要求，一是出台关于进一步改革和完善政府特殊津贴制度的意见，完善特贴制度，严格选拔条件，改进评选办法，强化考核激励，实行动态管理。二是研究制定百千万人才工程实施方案（2011—2020年），完善工程培养措施。改革完善有突出贡献中青年专家选拔制度，发现和培养具有国内领先、国际前沿水平的中青年创新型领军人才。三是不断改进完善院士制度，规范院士学术兼职，做好院士津贴的发放工作。四是制定不同层次、不同类别、不同地区人才培养计划，探索以高研班为代表的集中式培养、以国外短期考察培训为代表的拓展式培养、以服务基层一线为代表的实践式培养等多种培养形式。

2. 大力推动博士后工作科学发展。博士后制度是我国有计划、有目的培养高层次后备人才的一项重要制度。经过26年发展，全国已经在415个具有博士学位授予权的单位设立博士后科研流动站2 148个，在没有博士学位授予权的企事业单位设立博士后科研工作站2 158个，累计招收博士后研究人员8万多人，出站博士后绝大多数成为相关领域和单位的科研骨干和学术技术带头人，其中已有17人被评选为中国科学院或中国工程院院士。《专技人才规划》把博士后工作作为培养青年高级人才的一项重点举措，我们要按照“改革完善制度、着力提高质量、优化布局结构、鼓励多元投入、健全服务体系、造就创新人才”的总体要求，推进博士后工作再上新台阶。一是完善博士后工作分级管理体制，形成由人力资源社会保障部门牵头、各有关部门协调合作、各设站单位发挥人才培养使用主体作用的工作格局。二是完善博士后管理制度和政策体系。研究制定《关于改革完善博士后制度、促进博士后事业发展的意见》、《关于加强企业博士后工作、推进企业成为技术创新主体的意见》、《博士后工作“十二五”规划》，充分发挥高校、科研院所、企业主体作用，发挥博士后人才在科研团队中的中坚作用。三是形成国家、地方（部门）、设站单位的多元化投入机制，确保人才投入优先。发挥博士后科学基金作用，积极吸引社会资金投入博士后事业。四是加强博士后科研流动站、工作站建设，稳步扩大招收规模，加强评估工作，坚持奖优汰劣。加强对博士后人才的考核管理。五是推进博士后国内外学术交流与合作，提高博士后培养质量，努力培养造就创新型人才。

3. 全面加强专业技术人员继续教育工作。继续教育是提升专业技术人才队伍素质的主渠道。目前，全国各类教育培训机构近6万家，每年参加继续教育的专业技术人员达3 000多万人次。《人才规划纲要》提出要“构建分层分类的专业技术人才继续教育体系，加快实施专业技术人才知识更新工程”。《专技人才规划》进一步提出要“以实施专业技术人才知识更新工程为龙头，全面提升专业技术人才的能力素质”。我们要以此为契机，全面加强专业技术人员继续教育工作。一是全面启动实施专业技术人才知识更新工程。专业技术人才知识更新工程是列入国家人才规划的十二项重大人才工程之一，是牵动整个专业技术人员继续教育工作、提升队伍整体素质的龙头工程，对整个专业技术人才队伍建设具有重大而深远的意义。目前，工程实施方案已报经中央人才工作协调小组审议通过，我部正就经费问题进行后期论证审核，即将全面部署实施。各级人社部门要早作准备，确保把工程各项任务落到实处，抓出实效。二是加强制度建设。研究修订《专业技术人员继续教育规定》，争取尽快出台《专业技术人员继续教育条例》，加快继续教育立法进程，建立面向全体专业技术人员的分级分类的继续教育制度。三是搞好项目示范。统筹实施好专业技术人员高级研修班、新疆特培、西藏特培、青海三江源人才工程等继续教育示范项目，在围绕国家经济社会发展大局，解决重点继续教育课题的同时，以重点项目示范推动面上工作。四是健全运行机制。进一步推动建立起市场导向、政府调控、行业指导、社会服务、单位自主、个人自觉的继续教育运行机制，建立多元化继续教育投入机制。

4. 着力加强创业型科技人才队伍建设。创业型科技人才是科技成果的运用者、新兴产业的开拓者。建设一支宏大的创业型科技人才队伍，是加快转变经济发展方式，加速科技成果向现实生产力转化，推动经济社会又好又快发展的迫切需要。为加快培养造就一批能够突破关键技术、具有自主知识产权、可以依靠核心技术自主创业的科技领军人才，今年，按照源潮同志指示，我部将牵头研究制定关于加强创业型科技人才队伍建设的意见，主要考虑，一是建立健全创业人才培养体系，加大对创业型科技领军人才、留学创业人才、青年创业人才以及创业团队的培养力度；二是完善支持创业的政策措施，打通专业技术人员在不同体制、单位、学科、领域之间的流通渠道，鼓励和支持他们依靠核心技术自主创业；三是加强创业平台建设，健全创业支持体系，优化创业服务环境，积极促进项目、资金、人才有机结合，使人才培养、科研开发、成果转化、企业技术进步等融合为一个有机整体；四是为专业技术人员创办高新技术企业营造良好环境，通过多方努力，加强创业型科技人才队伍建设，为加快转变经济发展方式和引领新兴产业发展提供智力支持和人才保障。目前，相关工作正在抓紧进行。制定出台创业型科技人才队伍建设综合文件在国内尚属空白。文件制定过程中，要加强研究，充分认识和遵循创业型科技人才成长规律，进一步摸清实际状况、发展需求、存在问题和国内外相关做法与经验。要不断解放思想，把解决现实矛盾和突出问题作为政策创新的切入点和着力点，积极推进创业型科技人才工作体制机制的创新发展。要广泛听取意见，尤其是创业型科技人才的意见和建议，争取尽快出台文件，以文件的出台，带动整个创业型科技人才队伍的发展。

5. 不断加强基层及非公领域专业技术人才队伍建设。基层和非公领域专业技术人才队伍建设工作欠账较多，《专技人才规划》主要是提出了一些原则性要求，破了题，还需要我们按照这些要求，创造性开展工作。第一，还是要解决思想认识问题，真正从统筹各类人才科学发展的高度，把这项工作提上重要日程。第二，要深入调研，摸清底数，全面掌握基层和非公领域专业技术人才队伍的情况。第三，要不断创新完善服务基层和非公领域人才的政策。现有政策能够惠及基层的、能够延伸到非公领域的，要尽可能地让广大基层和非公领域专业技术人员早受益、多受益；现行政策不能解决的，要在总结地方经验的基础上，不断创新政策措施，解决突出问题。要通过创新完善政策，不断拓展基层和非公领域专业技术人才的发展空间，提高生活待遇，改善工作条件，营造良好的环境，形成各类人才健康成长、协调发展的生动局面。第四，要找准突破口。我们就是要找准这些抓手和突破口，以点带面，不断加强基层和非公领域专业技术人才队伍建设。

（二）以完善政策为突破口，推进专业技术人才管理工作体制机制创新

政策是人才工作的生命，源潮同志讲，要以政策突破，带动人才工作体制机制创新。我们要围绕《专技人才规划》提出的各项改革任务，通过不断改革完善政策，进一步破除制约专业技术人才发展的体制机制障碍，以制度建设推动专业技术人才队伍建设全面发展。

1. 不断深化职称制度改革。职称制度是专业技术人才管理的一项基本制度，是评价专业技术人才学术技术水平和职业素质能力的一项主要制度，也是科学配置和使用人才的重要依据。到2009年年底，我国共有29个专业技术职务系列，49项专业技术人员资格考试制度。在国有企事业单位，已有2 612.2万名专业技术人员评聘了专业技术职务。同时，全国累计有1 843.3万人通过专业技术人员资格考试取得了相应职业资格证书。可以说，职称工作影响面非常大，是当前专业技术人员管理的最大政策。《专技人才规划》对职称改革进行了全面部署，我们要按照规划要求积极稳妥地推进改革。总体思路是“调整功能定位、构建制度体系、完善评价机制、健全管理体制”，统筹专业技术职务聘任制度和职业资格制度，强化职称的评价功能，建立以职业分类为基础，分类科学、关系明晰、等级完备的职称制度体系，完善以品德、能力和业绩为导向，重在业内和社会认可的专业技术人员评价机制。通过深化改革，职称工作实现由承担企业事业单位内部人事管理功能向为企事业单位和全社会提供人才评价服务的转变；实现由单一制度模式向分类管理制度模式的转变；实现由单位职位管理为核心向面向全社会的职业水平评价为核心的转变。为此，一要进一步修改完善《关于深化职称制度改革的意见》，研究提出以职业分类为基础的新的职称框架体系。二要按照分类推进职称制度改革的要求，深化中小学教师职称制度改革，着手开展深化中小学教师职称制度改革扩大试点的各项工作。尽快启动工程系列职称制度改革试点，研究提出会计、技校、中专等其他职称系列的改革意见。三要进一步推动职业资格清理和发展完善工作，继续在重点行业和领域建立新的职业资格制度，研究制定境外职业资格在境内开展相关活动的管理办法。四是要进一步加强和改进职称评审工作，加强评委会管理，规范评审程序，确保评审质量。五要不断完善专业技术人员资格考试制度，组织实施好各项资格考试。

2. 大力吸引海外高层次留学人才。留学人员是我国现代化建设的特需资源，是我国人才队伍的重要组成部分。到2010年年底，我国出国留学人员总数达190.54万人，留学回国人员总数已达63.22万人，仅去年回国就超过14万人。《专技人才规划》提出要“以高层次留学人才为重点，加大海外留学人才吸引力度”。下一步，留学人员回国工作要坚持“支持留学、鼓励回国、来去自由”的方针，按照“拓宽留学渠道、吸引人才回国、支持创新创业、鼓励为国服务”的要求，推动留学人员回国工作再上一个新台阶。一是健全一个机制，就是以留学人员回国服务工作部际联席会议为龙头，形成以人

力资源社会保障部牵头，各有关部门协调配合共同为留学人员回国工作创业服务的工作机制。二是构建两个体系，就是构建“回国工作、回国创业、为国服务”三位一体的政策体系和留学人员回国服务体系。三是实施三个计划，就是以实施“千人计划”为龙头，全面加强海外高层次人才引进工作，下大力气引进一批世界一流科学家和科技领军人才；以实施海外赤子为国服务计划为基础，在更大范围、更广领域、更高层次上吸引海外留学人员及留学人员团体通过各种形式参与祖国建设；以实施留学人员回国创业启动支持计划为支撑，大力支持留学人员回国创新创业。

3. 积极推进事业单位人事制度改革。近期中央下发了分类推进事业单位改革的指导意见，同时，将印发 11 个配套文件，对事业单位改革进行部署，人事制度、收入分配制度、养老保险制度改革由我部具体负责。我们要按照中央的总体部署和《专技人才规划》的具体要求积极稳妥地推进事业单位人事制度改革，为专业技术人才成长创造良好的用人制度环境。要始终坚持科学化、民主化、制度化方向，以转换用人机制、搞活用人制度为核心，全面实行聘用制度和岗位管理制度，逐步建立权责清晰、分类科学、机制灵活、监管有力，符合事业单位特点的人事管理制度，促进事业单位由固定用人向合同用人转变，由身份管理向岗位管理转变。一是要全面推行聘用制度。加快完成聘用制度的推行工作是实现用人机制转换的关键。事业单位与其工作人员都应按照有关规定签订聘用合同，建立以合同管理为基础的用人机制。二是要全面实施岗位管理制度。进一步加大事业单位岗位设置管理实施工作的力度，加强分类指导，坚持按需设岗、竞聘上岗、按岗聘用、合同管理。探索不同类型事业单位岗位结构比例和最高等级的调整办法，不断优化岗位结构，形成动态管理。三是要全面实行公开招聘制度。到 2012 年，实现公开招聘制度在全国各级各类事业单位全覆盖。在公平、公正的基础上，逐步打破地域和身份限制，创造平等竞争的环境。四是要大力推行竞聘上岗制度。把竞聘上岗作为事业单位内部人员选拔聘用的主要方式。要坚持公开、公平、公正的原则，以岗位职责和任职条件为基础，以品德、能力和业绩为依据，采用笔试、面试等多种方法竞聘上岗。通过竞聘上岗，促进优秀人才脱颖而出，逐步实现能上能下。五是要健全考核奖励制度。要建立健全以聘用合同和岗位职责为依据，以工作绩效为重点内容，以服务对象满意度为基础的考核办法。建立符合事业单位特点的奖惩制度，充分发挥奖惩在事业单位人事管理中的激励和约束作用。六是要完善人员退出机制。畅通人员出口，拓展人员正常退出渠道，研究建立与聘用制度和岗位管理制度相适应的事业单位工作人员退休制度。

4. 创新专业技术人才相关管理机制。一是要建立健全政府宏观管理、市场有效配置、单位自主用人、人才自主择业的体制机制，充分落实企事业单位用人自主权，形成以人才自主择业和单位用人为特征的双向选择机制。二是要进一步破除人才流动中的城乡、区域、部门、行业、身份和所有制限制，引导党政机关、科研院校和高等学校专业技术人才向企业、社会组织和基层一线有序流动。三是积极探索高层次专业技术人才协议工资制和项目工资制等多种分配形式。不断健全国有企业专业技术人才激励机制，通过推行股权、期权等中长期激励办法，重点激励关键岗位、业务骨干和创新创业型专业技术人才。要建立产权激励制度，制定知识、技术、管理、技能等生产要素按贡献参与分配的办法，最大限度地调动各类专业技术人才的积极性和创造性。

（三）以服务平台建设为主要抓手，构建面向全体专业技术人才的公共服务体系

专业技术人才公共服务体系是政府人才公共服务体系的重要组成部分，也是人力资

源社会保障公共服务体系的重要组成部分。加强专业技术人才公共服务体系建设，是专业技术人才队伍建设的必然要求和重要保障。《专技人才规划》提出要以建设专家服务基地和继续教育基地为基础，加强专业技术人才公共服务体系建设。我们要按照这一要求，坚持以人为本，不断创新服务手段，打造专业技术人才公共服务的品牌。要以服务平台建设为基础，以信息网络为主要手段，以专家、留学人员、博士后等专业技术人才为服务对象，提供公共政策、信息咨询、创业指导、人才项目、生活便利等基本公共服务。一是要把专业技术人才公共服务体系纳入政府人才公共服务体系和人力资源社会保障公共服务体系总体布局，坚持统筹规划，分步实施，资源共享，避免重复建设。二是要大力加强公共服务平台建设，重点建设“一园、两站、两个基地”。“一园”是指以“留学人员创业园”为载体的自主创新创业平台建设。“两站”是指以“博士后科研流动站、工作站”为载体的创新型人才培养平台建设。“两个基地”是指以“专家服务基地”为载体的专业技术人才智力服务平台建设和以“继续教育基地”为载体的能力提升平台建设。要通过这些载体，发挥职能优势，整合各类资源，为各类人才提供多样化的公共服务。三是加强专业技术人才服务网络信息化建设。建设一个功能完善、信息畅通、服务便捷、资源共享的全国性专业技术人才信息网络服务平台，切实让这个平台成为广大专业技术人才的网络家园、工作助手，成为用人单位的网上办事大厅、信息智库、交流中心。

四、切实抓好《专技人才规划》的贯彻实施

贯彻实施《专技人才规划》是人社部门当前和今后一个时期专技人才工作的中心任务。各级人社部门要统一思想，提高认识，改革创新，切实抓好规划的贯彻落实，不断提高专技工作的科学化水平，推动专技工作科学发展。

（一）高度重视，加强领导

人社部门是落实《专技人才规划》的第一责任人，各级人社系统要率先落实规划，主要领导要亲自过问，分管领导要直接抓，全力以赴做好工作。要建立系统内相应人才工作领导（协调）机制，研究协调解决规划落实中的重大问题，形成工作合力。利用这个机会，也希望尚未成立人才工作领导小组的地方厅局要抓紧时间成立，同时要充分利用好这个机制，推进专业技术人才工作。全国人社系统要树立“一盘棋”思想，今后，部里将在政策、项目上加强对地方的指导、示范和支持，多听取地方的意见。省级人社部门要加强对地市以下人社部门的指导和支持，地方特别是省里出台重大人才政策前，要与部里通通气，听听兄弟省市的反映，避免各行其是，各自为战。要在全系统内努力形成统分结合、上下联动、协调高效、整体推进的人才工作运行机制，形成人才工作整体合力。

（二）找准定位，突出重点

在“党管人才”工作的新格局下，作为政府人才工作综合管理部门，各地人社部门要坚持党管人才原则，坚持“民生为本、人才优先”的工作主线，发挥职能优势，着力完善人才管理政策，推进人才体制机制创新，加强人才队伍建设，构建人才公共服务体系，统筹推进政府人才工作不断取得新的进展。重点从三个方面抓好工作。一是抓政策，就是抓好专技人才综合管理政策。人社部门具有整体性、综合性，政策优势是我们的最大优势。抓住了政策，我们就能找准自己的位置，掌握主动权。二是抓服务，就是抓好对专业技术人才的服务。公共服务是政府的最重要的职能之一，要围绕服务做好做足文章，在服务人才中不断开拓新领域，赢得新的地位。三是抓队伍，就是抓好专业技业人才队伍建设。从整个队伍的角度研究分析问题、定政策、抓管理，实现对人才的服务一生、管理一生。人社部门要主动争取有关部门的支持和配合，要积极主动争取组织部门的指导支持，重大政策要向组织部门及时请示报告，要善于调动方方面面的积极性、主动性和创造性，共同把贯彻《专技人才规划》的任务落实好。

（三）解放思想，开拓创新

《专技人才规划》是一部解放思想、开拓创新的好规划，贯彻落实好这个规划，也需要我们以改革创新的精神不断研究新情况，解决新问题。要围绕重点、难点和焦点问题深入调研，开展具有前瞻性的课题研究，提高理论指导水平和把握实际问题的能力，不断提高政策"含金量"，增强政策的针对性和可操作性。要敢于突破惯性思维，创造性地开展工作。对长期制约工作开展的"瓶颈"问题、老大难问题要花大力气，集中力量攻克。同时，要抓好自身队伍建设，提高工作水平，改进工作方法，以更宽的思路、更宽的视野、更宽的胸襟，推动专业技术人才工作科学发展。

（四）及时跟进，加强督查

要建立健全《专技人才规划》督促指导、跟踪检查、反馈通报的长效机制。各地要制定实施细则和分工方案，做到明确任务、明确责任、明确时限、明确要求。要加强对各地各部门规划落实情况的检查和督导，及时了解规划贯彻落实情况，建立规划实施动态调整机制，处理好落实规划与推进日常工作的关系，确保规划的全面实施和专技工作的整体推进。对遇到的突出困难和问题要及时向部里报告。要加强宣传，营造良好舆论氛围。各地对工作中取得的重要成绩和经验要通过人才工作信息等载体在全国人社系统内进行交流共享，还要充分利用报纸、电视、网络、内刊等媒体，大力宣传规划实施的好做法好经验，宣传专业技术人才工作的新进展新成效。同时虚心接受舆论监督，做好舆论应对和引导，争取支持，增进理解，化解矛盾，营造良好的舆论氛围。

人才工作是一项伟大的事业。专业技术人才工作前景光明、任重道远。让我们以贯彻实施《专技人才规划》为契机，齐心协力、扎实工作、开拓创新，不断开创专业技术人才工作新局面。

抓住机遇　开拓创新
推进留学人员回国工作全面发展

——尹蔚民部长在全国留学人员回国服务工作会议上的讲话

（2011年8月22日）

这次会议的主要任务是，贯彻落实全国人才工作会议和《国家中长期人才发展规划纲要（2010—2020年）》的要求，总结交流新时期我国留学人员回国工作的成绩和经验，研究部署当前和今后一个时期的工作。下面，我讲四点意见。

一、我国留学人员回国工作取得明显成效，积累了宝贵经验

党和国家一贯重视留学人员回国工作，确立了“支持留学，鼓励回国，来去自由”的方针，提出了“拓宽留学渠道，吸引人才回国，支持创新创业，鼓励为国服务”的工作要求，作出了一系列重大部署。在党中央、国务院的正确领导下，按照中央人才工作协调小组的部署和要求，近年来，人力资源社会保障部门会同有关部门不断加大工作力度，推动留学人员回国工作持续健康发展。工作成效表现在以下六个方面：

（一）*以高层次人才为重点的海外留学人才引进力度不断加大*。近年来，我们不断加大以高层次人才为重点的留学人才引进力度。中组部牵头实施的“千人计划”引进了1 510名海外高层次人才，在海内外引起了强烈反响。同时，我部海外高层次留学人才引进项目、中科院“百人计划”、教育部“长江学者计划”，以及北京“海聚工程”、江苏“双创计划”等一批部门和地方留学人才工程深入实施，逐渐形成了以“千人计划”为龙头，部门、地方协同配合，分层次、有计划整体推进海外高层次人才引进工作的态势，推动留学人员回国数量迭创新高。截至去年年底，留学回国人员总数已达63.22万人，“十一五”期间累计回国39.93万人，比“十五”期间增长了近3倍，新一轮留学人员归国热潮已经形成。目前72%的国家重点项目学科带头人、81%的中科院院士、54%的工程院院士、77%的重点高校校长都是“海归”人员，高层次留学回国人员已经逐渐成为提高我国自主创新能力的领跑者和生力军，成为我国人才队伍的重要组成部分和现代化建设的特需人才资源。

（二）*留学人员回国创业发展迅猛*。随着我国经济结构调整和产业转型升级，以核心技术和自主知识产权回国创业成为留学人才回国的新热点。目前，全国已建成各级各类留学人员创业园150多家，其中我部与地方政府共建创业园38家，入园企业超过8 000家，两万多名留学人员在园内创业，北京、上海、天津、西安、杭州、无锡等国家级留学人员创业园孵化出了一批具有全球竞争力的留学人员企业。从2009年起，我部实施了留学人员回国创业启动支持计划，成立了中国留学人员回国创业专家指导委员会，为留学人员企业提供资金支持和全方位指导服务。各地区、各部门也开展了一系列工作，如江苏探索形成了“人才+项目+科技+金融”的创业支持模式，政府支持数十亿元，引导创业投资数百亿元，已经有39个留学人员企业成功上市，募集资金462亿元。在各方面的大力支持和留学人员的拼搏努力下，涌现出一批像中星微电子、无锡尚德、搜狐、百度等留学人员创办的拥有自主知识产权、在各自领域内位居国际前列的高新技术企业。据统计，目前在纳斯达克上市的中国高科技企业中，八成是留学人员企业。留学人才已经成为我国创业大潮的生力军，为加快我国产业结构调整，推动创新型国家建设发挥了重要作用。

（三）*留学人员以多种方式为国服务，智力报国*。在越来越多的留学人员选择回国工作的同时，也有不少留学人员选择以多种方式为国服务。他们通过开展短期服务、项目合作、委托研究、学术交流、人才项目对接、中介服务等活动报效祖国。2010年，我们在系统总结经验的基础上实施了海外赤子为国服务行动计划，协调推进各地区各部门开展留学人员为国服务活动，当年吸引各类海外人才回国（来华）服务上千人次，遍及美、日、欧等几十个国家100多个专业技术领域的人才，上万项人才技术合作项目参与对接。同时，我部与有关部门一起，多年来积极支持广州留交会、大连海创周、山东海洽会、南京宁交会、武汉华创会、宁波人才科技周、苏州精英创业周等一批人才科技项目交流品牌活动，成效显著。广大留学人员充分发挥桥梁和窗口作用，通过多种方式加强国内外交流合作，为我国经济社会发展提供了广泛而积极的人才和智力支持。

（四）留学人员回国政策逐步完善。近年来，从中央到地方出台了一系列政策措施，为引进和用好海外留学人才提供政策保障。在国家层面，我部等 10 余个部门和单位出台了 50 多个文件，内容涉及吸引高层次留学人才回国工作、创业、为国服务、回国安置、科研经费资助、入出境和居留便利、通关、落户、子女上学、计划生育等十几个方面。各地也结合本地实际，制定了更为具体的吸引、支持、鼓励的政策措施。这些政策初步形成了较为健全的留学人员回国工作、回国创业、为国服务三位一体的政策体系。

（五）留学人员回国工作机制逐步健全。2003 年，经国务院批准，我部会同教育部、科技部、财政部等 18 个单位成立了留学人员回国服务工作部际联席会议。近年来，联席会议每年召开全体会议，就留学人员回国工作中的难点、热点问题进行讨论，协调解决关键问题。2008 年，中央组织部、人力资源社会保障部会同有关部门成立海外高层次人才引进工作小组，负责海外高层次人才引进计划（“千人计划”）的组织领导和统筹协调。海外高层次人才引进工作小组和留学人员回国服务工作部际联席会议制度的建立，对加强部门间协调配合，发挥各部门优势，形成工作合力，大力引进海外高层次留学人才提供了体制机制上的有力保障。各地方也相继建立了联席会议制度和海外高层次人才引进工作领导小组，统筹协调地方海外人才引进工作的开展。

（六）留学人员回国工作的服务体系开始建立。随着留学回国人数逐年增加，各地各部门逐步形成了以留学人员服务中心、留学人员创业园、留学人员工作站为主体的一批服务机构，锻炼培养了一支经验丰富的留学人员工作队伍。各级留学人员服务机构不断拓展服务内容，创新服务方式，如各地普遍建立了“千人计划”人选专门服务窗口；北京、上海、江苏、浙江、广州、南京、武汉、成都等地先后建立了人才居住证制度，为留学人才提供相关国民待遇服务；广州建设“一站式”留学人员回国服务体系，江苏开展了“保姆式”服务，大连推行“无行政收费”和“契约式服务”，天津、山东、浙江、吉林等地大力开展了留学回国人员宣传表彰活动。通过多年努力，留学人员回国公共服务体系开始形成，留学人员回国工作和生活的服务环境不断优化。

留学人员回国工作实践使我们加深了对留学人员回国工作特点和规律的认识，从中积累了宝贵经验。主要有以下五条：

一是必须坚持使留学人员回国工作服从服务于经济社会发展和人才工作大局。留学人员回国工作始终着眼于经济社会发展大局，紧紧围绕党和政府中心工作引进各类人才，紧紧围绕人才强国战略的总体部署制定实施各项政策措施，引导留学回国人员积极投身科技进步和经济社会发展主战场。这是留学人员回国工作始终保持蓬勃发展的根本保证。

二是必须坚持以吸引高层次创新创业人才为重点带动留学人员回国工作全面发展。留学人员回国工作很好把握了我国经济社会发展对留学人才的需求，坚持高端引领，突出引进高层次创新创业人才，以吸引高端人才为重点带动留学人员回国工作全面开展。这是留学人员回国工作取得显著成效的关键。

三是必须坚持回国工作、回国创业、为国服务等多种形式吸引留学人员为国奉献。

留学人员回国工作始终坚持“鼓励回国、来去自由”的方针，发挥留学回国人员和用人单位的主体作用，采取回国工作、回国创业、为国服务等多种形式，不拘一格吸引人才，充分尊重、积极支持、放手使用留学人才，使他们引得进、留得住、用得好，充分调动他们报效祖国的积极性。这是留学人员回国工作始终保持旺盛活力的源泉。

四是必须坚持把提高服务能力作为留学人员回国工作的基础。留学人员回国工作始终坚持以人为本，把为广大留学回国人员提供服务放到优先位置，搭建服务平台，打造服务品牌，不断提升服务能力，努力为他们排忧解难，使他们能够放手工作，形成感情留人、待遇留人、事业留人的良好工作和生活环境。这是做好留学人员回国工作的基础和前提。

五是必须坚持留学人员回国工作的体制机制创新。留学人员回国工作始终坚持党管人才原则，坚持把政府引导与发挥市场在人才资源配置中的基础性作用结合起来，建立健全政府宏观管理、市场有效配置、单位自主用人、人才自主择业的留学人员回国工作体制机制，把更多优秀的出国留学人才集聚到党和国家的各项事业中来。这是留学人员回国工作不断创新发展的根本动力。

二、充分认识我国留学人员回国工作面临的新形势新任务

当前，我国人才工作进入了新的发展时期，留学人员回国工作面临的发展机遇前所未有。胡锦涛总书记在庆祝中国共产党成立90周年大会上指出，中国特色社会主义道路能不能越走越宽广，中华民族能不能实现伟大复兴，要看能不能不断培养造就大批优秀人才，更要看能不能让各方面优秀人才脱颖而出、施展才华。胡锦涛总书记要求我们要以更宽的视野、更高的境界、更大的气魄，广开进贤之路，把各方面优秀人才集聚到党和国家事业中来。胡锦涛总书记的重要讲话，为我们做好留学人员回国工作指明了方向。我想可否从以下四个方面看留学人员回国工作的形势。

（一）国家经济社会的快速发展，为广大海外留学人才提供了广阔的发展空间。改革开放30多年来，我国综合国力大幅提升，国际地位和影响力显著提高。“十二五”时期，我国发展仍然处于可以大有作为的重要战略机遇期。祖国经济社会快速发展的良好势头，为广大留学人员回国创新创业提供了宽广的事业舞台。在这里，广大留学人员能够把个人事业与祖国发展紧密结合起来，拥有更多更好的发展机会，拥有更为广阔的施展才华的空间，能够获得更大的成就感、荣誉感和使命感，实现报效祖国、建功立业的美好愿望。

（二）日趋激烈的国际人才竞争对留学人员回国工作提出了新的挑战。当今世界，正处于大发展大变革大调整时期，国际金融危机影响深远，各国以经济为基础、科技为先导、人才为焦点的综合国力竞争更加激烈。越来越多的国家以人才立国为基本国策，把人才战略上升为国家战略，国际人才竞争日趋激烈。这就需要我们在积极培养国内人才的同时，要进一步加大引进留学人才回国工作的力度，创造能够适合人才长远发展的基础和环境，优化相关政策机制，吸引留学人才、留住留学人才、用好留学人才，为国家经济建设和社会发展提供人才支撑。

（三）加快转变经济发展方式、提高我国自主创新能力对留学人员回国工作提出了新的要求。我国已经进入加快转变经济发展方式，促进科学发展的关键时期。实现科技创新和发展转型的关键，就是要有一支宏大的高层次创新型人才队伍来支撑。海外高层次留学人才在本专业、本领域都学有所成，取得了重要的科学研究或技术开发成果，在转型发展中具有优势。因此，我们要加快引进一批能够突破关键技术、发展新兴产业、带动新兴学科、培养创新人才的海外高层次留学人才。这是加强我国人才队伍建设，增强自主创新能力的捷径。

（四）建设人才强国特别是实施更加开放的人才政策，对留学人员回国工作提出了新的任务。去年，中央召开了第二次全国人才工作会议，颁布了第一个国家中长期人才发展规划纲要，标志着我国人才工作进入了优先发展的新时期，进入了加快建设人才强国的新阶段。《国家中长期人才发展规划纲要》提出要大力吸引海外高层次和急需紧缺人才，并在提出的十项重大政策中，把实施更加开放的人才政策专列一条；在部署的十二项重大人才工程中，把海外高层次人才引进计划（“千人计划”）专列一项。党中央、国务院对留学人员回国工作提出了明确要求，人才规划纲要对留学人员回国工作进行了专门部署，我们必须坚决贯彻落实，这是我们的职责所在。

应该看到，与面临的新形势相比，当前留学人员回国工作还存在着一些突出问题，主要表现在：引才用才的思想观念还不够解放；海外顶尖人才回国偏少；有些政策还不够完善，有些政策还落实不到位；人才引进方式还不够灵活，服务工作水平还不够高。这些问题必须引起我们高度重视，认真加以解决。前不久，经留学人员回国服务工作部际联席会议同意，人力资源社会保障部下发了《留学人员回国工作“十二五”规划》，对“十二五”时期留学人员回国工作进行了全面部署。这是一个专门针对留学人员回国工作的专项规划，是人才规划体系的组成部分，是指导“十二五”时期留学人员回国工作的纲领性文件。

当前和今后一个时期的留学人员回国工作，要坚持以邓小平理论和“三个代表”重要思想为指导，深入贯彻落实科学发展观，紧紧围绕加快转变经济发展方式这条主线，更好实施人才强国战略，继续贯彻党和国家留学人员回国工作方针和要求，以高层次创新创业人才为重点，以提高留学人员回国工作的服务能力为基础，加强制度建设，完善政策体系，创新体制机制，加大投入力度，大力吸引海外高层次留学人才，充分发挥他们在经济社会发展和人才队伍建设中的独特作用，促进留学人员回国工作、回国创业和为国服务的整体推进，为全面建设小康社会提供坚实的人才保障。

我认为，留学人员回国工作应该遵循以下几个原则：

一是坚持突出重点与整体推进相结合。在稳步扩大吸引规模的同时，不断优化人才引进结构，提升人才引进质量，重点引进海外高层次人才和急需紧缺人才，着力引进一批站在世界科技前沿和产业高端的一流人才，以及具有广阔发展潜力的青年拔尖人才，带动留学人员回国工作的整体推进。

二是坚持回国工作与为国服务相结合。拓宽吸引渠道，创新引才方式，将回国工作、回国创业与为国服务结合起来，形成留学人才全职回国与短期合作互相促进的引才机制，鼓励用人单位不拘一格吸引人才，留学人才灵活多样为国家作贡献。

三是坚持引进与培养使用相结合。紧密围绕国家“十二五”经济社会发展需求引进人才，注重在重要岗位、重点项目、重大实践中培养锻炼和使用留学回国人员，为他们充分发挥作用创造良好的政策环境和工作生活条件。统筹海外人才与国内人才，形成有利于各类优秀人才脱颖而出的育才、用才机制，促进人才自主培养、内生发展。

四是坚持市场配置与政府引导相结合。充分发挥市场配置人才资源的基础性作用，提高人才开发的效率和效益。强化政府在政策引导、项目示范、公共服务等方面的职能，形成政府推动、市场调节、资源共享、互惠互利的运行机制。

三、完善政策，加强服务，努力开创我国留学人员回国工作新局面

当前和今后一个时期，留学人员回国工作要重点做好以下五项工作。

（一）进一步创新完善留学人员回国政策。政策是人才工作的生命线。制定和落实好各项政策，是留学人员回国工作的主要着力点。目前，留学人员回国工作、为国服务和回国创业三位一体的政策体系虽已初步形成，但在细化完善和具体落实中还有艰苦细致的工作要做。一是要认真梳理现有政策，细化完善各项具体措施，重点在提高政策“含金量”上下工夫，协调相关部门完善相关配套政策，指导各地制定符合地方特点的实施细则，尽快形成有中国特色、配套成龙的政策体系。二是继续加强海外高层次留学人才回国工作绿色通道建设，不断完善海外高层次人才户籍管理、入出境、税收、医疗待遇、社会保险、计划生育、子女入学、配偶就业、项目申请、经费资助、投融资等方面政策措施，研究制定为加入外籍的海外高层次人才办理入出境、长期居留、提供便利的政策。三是配合中央海外高层次人才引进工作，会同公安部、外交部等加强调研，尽快研究制定完善我国“绿卡”待遇、降低“绿卡”门槛的政策规定。我们要以不断创新完善政策为突破口，进一步克服体制机制障碍，构建有利于吸引和用好留学人才的良好制度环境。

（二）突出引进高层次创新创业人才和急需紧缺人才。这是人才引进工作的重中之重。一是从纵向上，要紧紧扭住高层次创新创业人才这个龙头不放。以“千人计划”为龙头，鼓励各大国有机构、各类企业和园区拓宽视野、加大投入，面向海内外引进和重用优秀人才。加大高层次留学人才回国工作的资助力度，做好留学人员科技活动项目择优资助工作和回国（来华）定居专家工作，进一步开展“长江学者奖励计划”、“百人计划”等人才引进计划，推动地方深入实施各类创新创业人才引进计划，形成重点突出、导向明确、层次清晰的海外高层次人才引进工作体系。二是从横向上，要明确人才引进重点领域。要按照《留学人员回国工作“十二五”规划》的要求，围绕创新型国家建设的需要，大力引进高层次创新型科技人才；围绕发展现代产业体系的需要，大力引进产业领军人才和经济发展重点领域急需紧缺人才；围绕社会主义新农村建设的需要，大力引进农业科技领军人才和急需紧缺人才；围绕推进经济结构和产业结构调整的需要，大力引进现代服务业急需紧缺人才；围绕构建社会主义和谐社会的需要，大力引进社会发展重点领域急需紧缺人才。同时还要统筹兼顾好其他领域急需紧缺人才的引进工作。三是从梯次结构上，要大力加强创新创业团队建设。既要引进高端人才，更要注重搭建团队，做好以才引才、团队引进工作，形成留学人才优势互补和创造合力，开辟留学人才竞争合作、和谐发展的职业空间。

（三）大力支持留学人员回国创业。留学人员回国创业具有独特的优势，但也普遍面临着对国内市场不熟悉、缺乏企业管理经验、对国内管理法规不了解、创业初期融资困难等方面的问题，迫切需要全方位支持和服务。为此，经中央人才工作协调小组审议通过，中组部、人力资源社会保障部今年上半年联合下发了《关于支持留学人员回国创业的意见》，首次从国家层面对支持留学人员回国创业的各方面政策作出规定。下一步，我们要全力抓好落实，重点做好四件事：一是继续完善留学人员回国创业政策。加强与有关部门的沟通、配合，抓好支持留学人员回国创业各项政策的贯彻落实。重点是针对留学人员回国创业出现的新情况新问题，研究提出解决办法。二是抓好重点创业工程和计划的实施。包括国家层面的“千人计划”创业平台建设、中国留学人员回国创业启动支持计划，以及地方层面的各类创业支持计划等，通过这些工程和计划重点扶持一批有发展潜力的留学人员企业，形成支持留学人员企业的政策和投资导向。鼓励和支持地方和民间资本建立留学人员创业风险投资机构，建立降低留学人员创业风险、提升创业效益的机制。三是加强留学人员创业园建设。继续做好与地方人民政府共建留学人员创业园工作，建立国家留学人员创业园评估体系，开展留学人员创业园规范化建设，建立健全国家级留学人员创业园联席会议制度，推动创业园信息、资源共享。创业园要勇于做解放人才的“先行者”和创新人才政策的“试验田”，打造成人才智力高度密集、体制机制真正创新、科技创新高度活跃、新兴产业高速发展的“人才特区”。四是开展创业指导服务。充分发挥留学人员回国创业专家指导委员会的作用，为回国创业的留学人员提供创业培训、创业咨询、创业指导、开展深度合作、推介优秀企业等服务活动。

（四）继续鼓励海外人才以多种形式为国服务。在海外居住和工作的留学人员心系民族振兴，关注祖国建设，通过多种形式为祖国发展服务，同样为国家作出了重大贡献，我们应该给予充分的尊重、鼓励和支持。一是重点实施好“海外赤子为国服务行动计划”，统筹协调各地区、各部门的相关服务活动，将符合条件的活动项目纳入“赤子计划”，从政策、信息、资金、人才等方面加大支持力度。二是鼓励相关部门开展留学人员为国服务活动，如教育部“春晖计划”、科协“海智计划”、侨联的“侨界为国服务团”等。三是鼓励和支持各地方有针对性地开展人才项目交流对接活动，继续与地方共同办好一系列大型海内外人才项目交流活动，依托重点城市培育若干国家级和区域性留学人才交流服务品牌活动。四是不断创新服务形式。鼓励科研机构和高校设立短期流动岗位，聘用海外高层次创新人才回国开展合作研究、兼职、学术交流或讲学。鼓励海外留学人员组织回国建立为国服务基地，支持他们结合国内重点领域、行业的需要开展专项为国服务活动。总之，要通过多种方式，整合各种资源，推动海外留学人员为国服务活动再上新台阶。

（五）努力构建留学人员回国服务体系。加强留学人员回国服务体系建设既是人才工作的本质要求，也是建设人才公共服务体系的重要内容。留学人员回国服务体系虽然已经初步形成，但还存在着资源分散、渠道不畅、水平不高、手段单一、产品缺乏等突出问题。为此，经中央人才工作协调小组同意，今年上半年人力资源社会保障部出台了《关于加强留学人员回国服务体系建设的意见》，从完善服务政策、壮大服务机构、构建服务网络、搭建服务平台、开发服务产品等方面，全面加强留学人员回国服务体系建设。下一步，我们要深入贯彻落实加强服务体系建设的意见，以方便广大留学人员为基础，以服务高层次留学人才为重点，为留学人员回国提供高效便捷的公共服务。一是推进留学人员回国服务网络建设。以各地区各部门留学人员服务机构为主体，充分发挥国内外各类留学人员组织、社会团体的作用，形成政府主导、社会参与、相互配合、上下互动的留学人员回国服务网络。今天中国留学人员回国服务联盟将正式成立，服务联盟作为一个开放性协作组织，是整个服务体系建设的重要支撑平台，欢迎各级各类留学人员服务中心、工作站、创业园、联谊会以及其他中介机构和群团组织踊跃参加。也希望各成员单位发挥各自优势，共享服务资源，相互配合开展工作。加强与海外留学人员团体组织沟通联系，支持他们积极参与为国服务活动，在留学人员相对集中的国家和地区探索建立海外留学人员回国服务站。二是加强留学人员回国服务信息平台建设。不断完善留学人才统计机制，鼓励各方面建立留学人才项目信息库。以中国留学人才信息网为依托，构建面向社会和广大海外留学人员的留学人员回国工作信息平台，促进留学人才、项目、政策、资金等信息资源的交流和共享。三是建立完善留学人员回国服务体系运行机制。完善留学人员回国服务的市场运行机制，建设高水平、专业化的留学人才市场，畅通留学人才供需渠道。强化留学人员回国服务机构的合作机制，以留学人员回国服务联盟为依托，加强各地区各部门留学人员回国服务机构的协调合作，建立分工合作、资源共享、优势互补、互利互惠的留学人员回国服务机构合作机制。

四、加强领导，营造环境，抓好留学人员回国工作各项任务的贯彻落实

当前和今后一个时期的留学人员回国工作任务非常繁重，关键是抓住机遇，抓好落实，抓出成效。

（一）提高思想认识，加强组织领导。作为政府人才工作的综合管理部门，各级人力资源社会保障部门要从战略和全局的高度充分认识留学人员回国工作的重要性和紧迫性，认真贯彻“民生为本、人才优先”的工作主线，以科学人才理念和改革创新精神指导和推动留学人员回国工作。要坚持党管人才原则，积极争取地方党委、政府的重视支持，在党委组织部门牵头抓总下，充分发挥政府留学人员回国服务工作综合管理的职能作用，积极与教育、科技、财政等留学人员回国服务工作联席会议各成员单位沟通协调，争取他们的大力支持。围绕党和国家工作大局，抓好政策制定、服务管理、队伍建设和重点项目，推动留学人员回国工作全面开展。

（二）加强统筹协调，狠抓政策落实。留学人员回国工作涉及的部门较多，必须加强统筹协调。充分发挥留学人员回国服务工作联席会议的作用，加强沟通配合，统筹协调解决留学人员回国工作中的难点、热点和重点问题。充分发挥人力资源社会保障系统内人才工作领导（协调）机制的作用，加强对重点工作的及时调度和督促检查，推动各项政策落实到位。认真总结地方围绕重大区域战略、产业发展推进人才工作的经验，加强留学人员回国工作新政策、新项目研究，形成新的品牌，更好地形成上下联动的合力。要按照“四个明确”（明确任务、明确责任、明确要求、明确时限）的要求，狠抓政策落实、项目落实、资金落实，把各项优惠政策切实落实到留学人员身上，落实到留学人才工作的各个环节中。

（三）注重自身建设，提高服务水平。各级人力资源社会保障部门要树立以人为本，人才优先的服务理念，以创先争优的精神，不断提高留学人员回国服务水平，努力建设一支高素质、服务型的留学人员回国工作队伍和一批高水平、专业化的服务机构。不断充实壮大服务机构，加大培训力度，拓宽服务渠道，创新服务方式，积极开发满足留学人员需要的服务产品，解决他们的实际困难，提供无障碍、一站式、个性化、全方位的服务。努力转变工作作风和服务方式，简化办事程序，提高服务效能，创建留学人员满意的服务窗口和优质服务品牌。

（四）做好宣传引导，营造良好氛围。加大政策宣传力度，积极宣传国家留学人员回国工作方针政策，广泛宣传报道留学人员的先进事迹，大力弘扬广大留学人员爱国奉献、拼搏进取的精神风貌。系统内也要通过工作信息、片会等形式，不断交流工作经验和做法，更好做好留学人员回国工作。通过各种努力，为留学人才营造良好的工作环境、舒心的生活环境、宽松和谐的人际环境、民主活泼的学术环境和尊重理解的社会环境，吸引和感召更多的留学人员回国发展、为国服务。

留学人员回国工作任务艰巨。人力资源社会保障系统的同志要围绕科学发展这个主题和加快转变经济发展方式这条主线，增强做好留学人员回国工作的紧迫感、主动性，主动研究本地区的经济发展方式和产业结构调整的方向，把人才工作做在前面。让我们以这次会议为契机，在新的历史起点上，抓住机遇，开拓创新，齐心协力，扎实工作，不断开创留学人员回国工作的新局面！

尹蔚民部长在新疆少数民族科技骨干特殊培养工作会议上的讲话

（2011 年 9 月 19 日）

这次新疆少数民族科技骨干特殊培养工作会议的主要任务是：深入贯彻落实全国人才工作会议、中央新疆工作座谈会和新疆人才工作暨干部人才援疆工作座谈会精神，总结 19 年来新疆特培工作的成绩，交流工作经验，部署开展第四批新疆特培工作。刚才，新疆维吾尔自治区党委副书记、自治区主席努尔·白克力同志介绍了新疆经济社会发展取得的巨大成绩，阐述了做好人才工作对新疆经济社会发展的重要作用，对做好第四批新疆特培工作具有重要指导意义。新疆特培单位和学员代表分别作了发言，听后很受启发，很受教育。下面，我讲三点意见。

一、新疆特培工作取得了明显成效

新疆特培工作是党中央、国务院为加强新疆人才队伍建设作出的一项重要决策。1992 年，经国务院批准，原人事部、科技部、新疆维吾尔自治区人民政府共同组织，从新疆选拔少数民族科技骨干，安排到内地有关部门和部分地区的教学、科研机构以及企事业单位，进行为期数月至两年的特殊培养和实际工作锻炼，使之加速成长为新疆各专业领域的学术技术带头人。2006 年第三批新疆特培工作，进一步扩大了规模，增加了经费投入，实施单位也由原来的三家增加到了原人事部、教育部、科技部、财政部、农业部、卫生部和新疆维吾尔自治区人民政府等 7 家。19 年来，新疆特培工作坚持理论与实践相结合，培养与使用相结合，采取培训、研修、交流、锻炼等多种方式，培养了 2 372 名新疆急需的中高层次专业技术人才，取得了一批较高水平的科研成果，为推进新疆经济社会发展，增进民族团结，促进社会和谐稳定，发挥了积极作用。

（一）培养了一批优秀的少数民族人才，形成了一支学术技术带头人队伍。新疆特培工作开展以来，在教育、卫生、农业、畜牧、环保等 12 个专业领域培养了一批中高级少数民族专业技术人才。大部分学员返回工作岗位后，已成为本单位、本专业的学术技术带头人。据不完全统计，有 172 人承担了 213 项国家和自治区科研课题，在国内外核心期刊发表学术论文 1 500 多篇，出版专著 20 多部。学员大部分晋升了高级职称，有的还被评为自治区优秀专家和优秀科技工作者。可以说，新疆特培工作培养了一批扎根新疆、甘于奉献的少数民族专业技术骨干，一支年轻的少数民族学术技术带头人队伍正在成长、壮大。

（二）取得了一批创新性科研成果，产生了良好的经济社会效益。广大特培学员通过特殊培养，提高了科技创新能力和实际工作能力，取得了一批高水平创新性科研成果，产生了良好的经济社会效益。自治区人民医院副院长克里木主任医师创办的微创外科，在全国居领先水平，多项技术填补了国际空白。新疆大学的阿不都拉教授，长期工作在教学第一线，已为国家培养了59名博士和硕士研究生，10次获国家自然科学基金项目，在国内外核心期刊发表或被SCI收录学术论文110余篇，其中8篇获国家一级学会优秀论文奖。伊犁州农业技术推广总站的亚库甫江研究员完成的《红花高产栽培技术研究》项目，获得伊犁州科技成果奖，此项目实施三年，累计推广面积达15.9万亩，平均每亩增产干花5.63公斤，籽粒27.57公斤，新增总产值达3 200多万元。

（三）推动了新疆与内地的学术技术交流，增进了民族团结。特培学员学习期间，不仅增长了专业本领，提高了学术水平，而且还与培养单位和导师建立了深厚的友谊。许多学员返疆后，仍与培养单位和导师保持着密切的联系，遇到困难及时向导师请教，或直接把导师请到新疆讲学、指导，推动了新疆与内地的学术技术交流。学员们在内地学习期间，充分感受到中央对少数民族的关心和爱护，感受到祖国大家庭的温暖，感受到各族人民水乳交融的兄弟感情，更加坚定了他们爱国兴疆、维护祖国统一和民族团结的决心。经过特培，学员们不仅学到了先进实用的专业技术知识，成为推进新疆经济社会发展的专业技术骨干人才，同时也成为增进民族友谊、维护边疆稳定的重要力量。

（四）为少数民族专业技术人才队伍建设和管理积累了丰富经验，探索了人才培养的新路子。随着特培工作的深入开展，特培工作内容更加丰富，形式更加灵活，制度更加健全。各有关方面不但重视学员在培养单位的学习和生活，同样关注特培学员回到工作岗位后的岗位聘用和科研成果的转化工作，在培养好人才的同时，把使用好人才、为人才发展创造良好环境也纳入特培工作的范畴。各地、各部门在实践中形成了一套行之有效的选拔、培养、使用和管理机制，不仅为新疆特培工作提供了制度保障，也为促进少数民族人才队伍建设和管理工作积累了丰富经验。

总结新疆特培工作19年来的发展历程，主要有以下四条基本经验：一是紧紧围绕新疆经济社会发展需要培养人才，这是特培工作的根本方向。特培工作紧紧围绕新疆经济社会发展实际，与全区少数民族人才队伍建设相结合，针对新疆不同时期、不同发展阶段重大经济社会发展项目、重要科研领域和民生建设的人才需求选拔培养人才，为新疆的跨越式发展和长治久安提供了强有力的智力和人才支持。二是坚持在工作中培训、在实践中培养，这是特培工作的基本原则。理论结合实践、培养和使用相结合是特培工作的重要特点。在特培工作中我们采取实际工作锻炼和业务培训相结合的方式，安排特培学员在实际工作岗位上进行学习锻炼，并承担相应工作任务，在掌握前沿理论知识的同时提高了实际工作本领，收到了很好的培养效果。三是加强制度建设，这是开展特培工作的重要保障。特培工作开展以来，我们先后制定了《少数民族科技骨干人才培养、使用管理办法》、《少数民族科技骨干人才特殊培养实施细则》等文件规定，建立健全了特培学员的选拔培养、考核管理、经费管理、返岗使用等一系列规章制度，坚持学员的管理和服务相结合，坚持业务学习和思想教育相结合，切实提高了培养质量。四是坚持统筹协调，这是做好特培工作的重要方法。特培工作涉及部门多、领域宽、地域广，具体环节多。我们始终坚持统筹协调，加强与各部门、各单位的协调配合，建立起了密切合作、齐抓共管的工作机制，切实履行各自职能，形成工作合力，推动了特培工作顺利深入实施。

新疆特培工作充分体现了党中央、国务院对新疆少数民族专业技术人才的关怀，充分体现了各部委、地方和培养单位对特培工作的大力支持，也凝聚着各专业领域专家、老师和工作人员的辛勤劳动和汗水，展现了特培学员们刻苦钻研、勇攀高峰的精神。在此，我代表人力资源社会保障部，向长期以来关心和支持新疆特培工作的国务院有关部委的同志们，向为新疆特培工作付出了辛勤劳动的有关地方和各培养单位的同志们表示衷心的感谢！向已学成回疆和正在学习的广大特培学员表示由衷的敬意！

二、新疆特培工作面临着新的形势

今年是“十二五”开局之年，新疆经济社会发展的各项事业都站在了新的历史起点上。特别是中央新疆工作座谈会，对推进新疆跨越式发展和长治久安作出了全面部署。落实中央决策部署，促进新疆发展，最根本的要靠人才支撑。在前不久召开的新疆人才工作暨干部人才援疆工作座谈会上，李源潮同志强调要“以人才优先发展支撑新疆跨越式发展和长治久安”。我们要充分认识特培工作在新疆建设发展中的重要作用，进一步增强做好新疆特培工作的责任感、使命感。

（一）*实现新疆跨越式发展和长治久安赋予特培工作新的任务*。《中共中央、国务院关于推进新疆跨越式发展和长治久安的意见》明确提出，要“继续开展新疆少数民族科技骨干特殊培养工作”，这就提升了特培工作在少数民族专业技术人才培养和人才兴疆战略中的重要地位，赋予了新疆特培工作新的历史使命，同时也对新疆特培工作提出了新的更高的要求。新疆要实现跨越式发展，就必须加快经济发展方式转变，推进新型工业化和农牧业现代化，这就需要有相应的人才支撑，需要有一大批具有创新能力的专业技术骨干人才。实践证明，新疆特培工作是在创新实践中提升少数民族科技骨干能力的有效手段和重要途径。我们要把推进新疆跨越式发展和长治久安作为新疆特培工作的战略目标，紧跟科技最前沿，紧贴新疆发展实际和专业技术人才工作岗位实际，注重培养一线的创新人才，为推进新疆跨越式发展和长治久安提供人才支持。

（二）*加强新疆人才队伍建设对特培工作提出新的目标*。长期以来，新疆维吾尔自治区党委、政府对人才工作高度重视，大力实施人才强区战略，强化了人才工作的战略地位，编制了人才发展规划纲要，加强了创新型科技人才、急需紧缺人才培养，壮大了基层和少数民族人才队伍，人才发展的环境也不断优化，人才发展取得了很大成绩。新疆人才发展正处在一个非常关键的时期，面临难得的历史机遇，也存在特殊的困难，特别是经济社会发展急需的创新型人才、高层次人才严重匮乏。特培工作针对新疆少数民族科技骨干人才队伍的发展需要，充分利用内地科技和人才优势，为新疆发展培养了一支靠得住、用得着、流不走的高层次人才队伍。我们要把新疆特培工作放到新疆人才队伍建设更加重要的位置，作为一项重要战略任务抓紧抓好。

（三）*特培事业自身发展对今后工作提出了新的要求*。从总体上看，经过 19 年的发展，新疆特培工作取得了很大成绩，积累了丰富的经验，但与新疆经济社会发展对人才的需求、与进一步加强少数民族人才队伍建设的工作要求相比，特培工作还存在一些不适应、不符合、不协调的问题。比如，南北疆特色支柱产业领域和新疆重点优势资源领域少数民族专业技术人才培养仍显薄弱，内地不同地区、不同培养单位特培学员培养工作发展不够平衡，少数特培学员培养质量还需要进一步提高等。我们在今后工作中，要采取切实有效的措施解决存在的问题，同时不断研究新情况，解决新问题，在新的起点上实现新疆特培工作自身的健康发展。

三、扎扎实实做好第四批新疆特培工作

经国务院批准，七部委和新疆维吾尔自治区人民政府联合印发了《关于开展第四批新疆少数民族科技骨干特殊培养工作的通知》，标志着第四批新疆特培工作正式启动。第四批特培工作的总体目标是，根据国家中长期人才发展规划纲要要求和新疆经济社会发展需要，以能力建设为核心，以中高级少数民族科技骨干为重点，采取实际工作锻炼与业务培训相结合的方式，在2011—2015年五年期间，为新疆培养2 000名左右高素质的少数民族科技骨干，为促进新疆跨越式发展、长治久安和民族团结提供人才保障和智力支持。

与前几批特培工作相比，第四批新疆特培工作有了新的发展。一是扩大了培养规模。特培工作前三批19年总共培养了2 372名少数民族科技骨干，而第四批特培5年时间计划培养2 000人。在组织内地培养、疆内培养的同时，还要定期组织专家服务团活动，选调内地专家学者到新疆开展咨询、讲学和培训服务活动。二是拓宽了培养领域，重点是新疆少数民族专业技术人员相对集中的卫生、教育、农业等基础领域和煤电煤化工、草地资源与生态、石油化工、矿产勘探与开发、旅游等新疆发展重点支柱产业。三是加强管理和服务，强调要把学员的思想政治工作摆在重要位置，贯穿培养过程始终，进一步完善各项规章制度。四是增加了投入，特培经费由第三批中央财政资助4 000万元增加至6 000万元，增长了50%。

特培工作是党中央、国务院交给我们的一项重要任务，我们要认真履行职责，扎扎实实抓好特培工作规划和各项任务的落实，保质保量完成这项重大的战略任务。

（一）*明确职责，形成工作合力*。按照国务院要求，第四批新疆特培工作继续由人力资源社会保障部牵头，会同有关部门和新疆维吾尔自治区人民政府共同组织实施。人力资源社会保障部负责新疆特培工作的总体规划、统筹协调、监督检查及内地培训的安排工作。新疆人力资源社会保障厅负责学员选拔、管理服务、疆内培训的组织实施及学员返回工作岗位后的联系和服务工作。财政部负责经费保障和对经费使用情况的监督检查工作。国家民委负责有关民族事务及协助安排在民委系统学员的培养工作。科技、教育、农业、卫生等相关部门负责协助安排好本系统学员的工作。今天，国务院有关部门和14个省区市人社厅局的有关领导都到会了，疆内外近百个培养单位的同志们也参加了会议。这本身就是对特培工作的大力支持。在今后的工作中，希望大家能一如既往地关心特培工作，支持特培工作，继续加强协调配合，以高度的政治责任感和使命感，切实履行各自职能，建立起密切配合、齐抓共管的工作机制，形成工作合力，推进新疆特培工作的顺利实施。

（二）*突出重点，注重培养实效*。质量是人才培养工作的核心。特培工作要始终把质量作为生命线，把提高培养质量和效果放在重要位置。在学员的选拔上，要紧紧围绕新疆发展目标和对人才的最新需求，科学选拔培养对象；在培养目标上，要以能否提高特培学员的创新能力和服务新疆发展能力作为衡量标准，把能力建设贯穿特培工作的始终，重点提高特培学员的学习能力、实践能力，着力提高创新能力；在培养内容上，要紧跟科技发展前沿，坚持理论联系实际、按需施教、学用一致。同时要开展政治理论学习，使学员充分认识党和国家的关怀、新疆人民的期待和自身肩负的使命，弘扬爱国兴疆、开拓创新、勇攀高峰、无私奉献的精神；在培养模式上，要针对少数民族专业技术人才队伍的现状，认真分析特培学员特点，适合不同学员的个性化需要，通过集中培训、岗位锻炼、技术考察、实验操作等多种形式，使专业技术人才带着任务、有的放矢地去学习。同时要坚持特殊培养与特殊使用相结合，以特培学员将来的工作岗位需要为教学的方向，把学员的培养和使用有效地结合起来，从而实现国家需要、单位发展、个人成长三者的有机统一。

（三）以人为本，提高服务水平。做好特培的管理服务工作，要以人为本，围绕特培学员需要，丰富服务内容，创新服务方式，提升服务水平。要采取切实措施，营造勤奋学习、鼓励创新、团结奋进的良好学习和生活环境。要认真学习掌握党的民族宗教政策，充分理解、尊重少数民族同志的文化风俗习惯。要善于做深入细致的思想政治工作，通过开展慰问、联谊、回访等丰富多样的活动，主动与学员沟通、交流、交朋友，及时了解掌握学员的思想、学习和生活情况。尤其在生活上，要从小处着眼，从解决学员实际困难入手，安排好宿舍，办好民族灶，创造条件丰富业余文化生活，保证学员学习、生活和工作能够顺利进行。各级人社部门要积极发挥牵头部门作用，支持和协助相关部门和培养单位做好本地区、本部门、本单位学员的管理和服务工作。

最后，我还想专门对特培学员们说几句话。希望所有特培学员一定要珍惜宝贵的学习机会，认认真真地向导师学习，向同行学习，向实践学习，做到勤学、善思、实干、创新，不断提高自己的思想政治素质和业务本领。要自觉地把个人的理想追求同实现新疆跨越式发展和长治久安的伟大使命结合在一起，学习老一辈民族科技工作者崇尚科学、热爱祖国、敬业奉献的精神，热爱边疆，扎根边疆，勇于在艰苦的环境下磨炼，善于在艰苦的条件下创造，努力为新疆的发展贡献智慧和力量。

少数民族专业技术人才是我国人才队伍的重要组成部分。做好新疆特培工作，培养造就一支素质优良、结构合理、适应新疆经济社会发展需要的少数民族人才队伍，意义重大。让我们紧密团结在以胡锦涛同志为总书记的党中央周围，深入贯彻落实全国人才工作会议和中央新疆工作座谈会精神，扎实工作，锐意进取，为推进新疆跨越式发展和长治久安，作出我们应有的贡献。

王晓初副部长在新疆少数民族科技骨干特殊培养工作会议上的总结讲话

（2011 年 9 月 19 日）

在大家的共同努力下，新疆少数民族科技骨干特殊培养工作会议圆满完成了预定的各项议程。新疆维吾尔自治区党委书记张春贤同志，自治区党委副书记、自治区主席努尔·白克力同志和中央组织部副部长、人力资源社会保障部部长尹蔚民同志亲临会议，尹蔚民部长和努尔·白克力主席作了重要讲话，对做好第四批特培工作提出了明确要求。国家民委、科技部、教育部、农业部等部门的同志和新疆人力资源社会保障厅的负责同志作了发言。北京、山东人力资源社会保障厅（局）和北京大学医学部、新疆卫生厅介绍了开展特培工作的经验。

大家普遍认为，这次会议规格高、内容实，取得了丰富成果。一是提高了思想认识，增强了做好第四批新疆特培工作的责任感和紧迫感。尹蔚民同志和努尔·白克力同志的重要讲话，高屋建瓴，对于各地各部门在大局下定位，深刻领会第四批新疆特培工作的重要性，扎实推动新疆特培工作开创新局面、实现新发展具有重要的指导意义。二是理清了工作思路，明确了第四批新疆特培工作的目标任务和有关要求。会议分析了特培工作面临的新形势新要求，对第四批新疆特培工作进行了全面部署，为各地各部门顺利开展特培工作理清了思路，明确了工作的方向。三是交流了经验，增强了做好特培工作的决心和信心。新疆特培工作的各相关主管部门和地方厅局代表、疆内外的培养单位和学员代表在会上进行了交流，提出了有益的意见和建议。对大家提出的意见、建议，我们将进一步整理、归纳，在今后的工作中认真吸收。

第四批新疆特培工作是党和国家交给我们的一项政治任务，我们要认真落实尹蔚民同志和努尔·白克力同志的重要讲话精神，根据新疆经济社会发展目标和人才队伍建设的实际需求，以提高创新能力和实际工作能力为核心，以中高层次专业技术人才为重点，培养造就一批高素质的少数民族科技骨干队伍，为促进新疆跨越式发展和长治久安提供人才保障和智力支持。下面，我就贯彻落实好会议精神，抓好当前重点工作，讲四点意见。

一、切实做好特培学员的选拔工作

选拔特培学员是特培工作的起点和源头，是保证培养质量、充分发挥特培作用的前提和基础。在特培学员的选拔工作中，各选派部门和单位要高度重视，从实际出发，严格按照政策规定和文件精神，选准选好特培人选。一要紧紧围绕新疆经济社会发展需要选拔培养少数民族科技骨干人才。要按照第四批新疆特培工作实施方案要求，主要围绕卫生、教育、水利、种植业、林业、畜牧业、兽医、草地资源与生态研究、煤电煤化工、石油化工、矿产勘探与开发、旅游等12个重点发展领域，选拔特培学员。结合新疆各地经济社会发展需要，可适当延伸覆盖面。二要坚持“德才兼备，以德为先”的选人标准。要研究确定特培学员的具体选拔标准。要全面考察、深入了解特培学员的政治立场和思想素质，确保把热爱祖国、热爱新疆、拥护民族团结的少数民族科技骨干选出来。要从新疆实际出发，客观评价少数民族科技人才的科研、技术能力水平，切实把在科技工作中承担主要任务、发挥主要作用、有培养潜力、年富力强的少数民族科技骨干选出来。三要注重选拔特培学员的激励和示范效应。各选派单位要将选拔特培学员作为激发本单位专业技术人才活力、带动本单位专业技术人才队伍建设的有利契机和有效抓手，通过选拔最符合条件、最有培养潜力的少数民族科技骨干，激励广大少数民族专业技术人才刻苦钻研，不断提高能力水平。四要建立分层分类、公平公正的特培学员选拔办法。要充分考虑新疆不同地区、不同层次、不同类型少数民族专业技术人员的专业基础、科研能力、汉语和外语水平等，确定培养方向，分层次、分类别地送往内地或疆内高等院校、科研院所和有关机构进行培养，形成分层分类的选拔办法。同时，要加强对整个选拔过程的监督管理，按照规定对学员的推荐、申报、审批各个环节严格把关，提高特培学员选拔工作的社会公信力和满意度。

二、着力提高特培工作的培养质量

提高培养质量是充分发挥特培工作作用、推动特培工作不断发展的关键，尹蔚民部长在讲话中专门作了要求。各地各部门在培养特培学员的过程中，要严格按照实施方案要求，结合实际，创造性地开展工作，不断提高培养质量。一要坚持“在工作中培训，在实践中培养”。理论与实践相结合、培养与使用相结合是特培工作的一大特色。要继续采取“实际工作锻炼与业务培训相结合”的方式，安排特培学员在实际工作岗位上进行学习锻炼，并承担相应工作任务，让特培学员熟悉一线业务，积累一手经验，在掌握前沿理论知识的同时提高实际工作本领。二要突出培养重点。要以能力建设为核心，依托重大科研课题和工作项目，搭建培养平台，创造各种机会和条件，让学员接触、掌握本专业领域的最新知识，突出培养学员的创新能力和实际工作能力；要针对新疆地区经济社会发展的瓶颈和缺口，加强急需紧缺技术的培训，使特培学员掌握家乡发展急需的新理论、新知识、新技术、新方法。三要注重因材施教。要积极推行“导师制”，在综合考虑培养需求和培养单位师资状况的情况下，根据学员工作岗位、专业方向和语言水平的不同，为每位学员精心选择导师，量身定制培养方案，有针对性地采取研修、岗位锻炼、集中培训、技术考察、实验操作、专家讲学、现场指导等多种形式进行一对一、开放式、个性化的培养。四要倡导优良学风。要引导学员树立正确的学习志向，以家乡的需要为需要，主动学习，努力掌握新本领，将来充分发挥所学，为新疆的稳定发展贡献智慧和力量。要充分利用培养单位良好的学习条件和研究氛围，引导学员勤奋学习，刻苦钻研，努力提高自己的专业水平和创新能力。

三、鼓励和支持返岗学员更好发挥作用

人才以用为本。特培工作的目的是为新疆培养一批用得上、留得住、发展好的少数民族科技骨干，推动新疆各项事业发展。能否引导返岗学员在实现新疆跨越式发展、长治久安和民族团结的进程中发挥更大作用、作出更大贡献、实现更好发展，既是特培工作的根本目的，也是衡量特培工作成效的重要标准。

从事特培工作的各个部门和单位，要将鼓励和支持返岗学员更好发挥作用作为一项重要任务，创新人才管理体制机制，发挥特培工作在带动新疆专业技术人才队伍建设、推动新疆各项事业发展中的作用。一是新疆各级人力资源社会保障部门要进一步解放思想，牢固树立人才优先发展的理念，在全疆营造尊重人才、爱惜人才、保护人才、用好人才的良好环境。要树立科学的人才观，统筹考虑特培学员的培养和返岗使用，研究政策，创新机制，整合资源，不断完善培养和使用相结合的政策措施，充分发挥特培工作的人才效益。要强化服务，主动关心特培学员的返岗使用和发展，将各级人力资源社会保障部门建设成为联系特培学员、关心特培学员、帮助特培学员的“学员之家”。二是各派出单位要将特培学员作为推动本单位事业发展的宝贵资源。特培学员返岗工作后，要将其放到合适的岗位上，创造机遇，提供舞台，让特培学员担重担、挑大梁，在资金分配、项目申请等方面给予支持和倾斜，引导支持特培学员在人才队伍建设中发挥骨干、示范和带动作用，让特培工作真正达到“培养一个人、带动一批人”的良好效果。三是承担培养任务的地区、部门和单位要以特培工作为桥梁和纽带，将承担培养任务与开展援疆工作相结合，在特培学员返岗工作后继续提供支持，当好特培学员的后援和顾问，帮助特培学员积极应用学习成果、更好发挥作用。有条件的地区、部门和单位，可以定期或不定期组织或选派专家以适当方式赴新疆，对学员作进一步的技术指导，对特培学员进行长期的跟踪培养。

四、加强制度建设，加强工作管理

加强特培工作的制度建设，加强工作管理，是推进特培工作不断发展的重要保障。与前三批相比，第四批特培工作的培养规模更大、要求更高，经费投入也有了较大幅度的增加。为保障第四批特培工作顺利开展，各地各部门和各单位要按照《关于开展第四批新疆少数民族科技骨干特殊培养工作的通知》要求，完善规章制度，加强工作管理，规范开展工作。一要建立健全考核管理制度。要定期检查培养方案的执行情况，保证学员培养工作进度；要加强学员的日常管理，保证良好的学习秩序；要制定定性与定量相结合、可操作的考核标准和结业指标，评估培养效果，根据评估情况适时调整培养方案和工作计划，加强对培养工作的监督管理。对考核优秀的学员，要给予表扬或奖励；考核结果不理想的，要及时进行帮助教育，帮他们查找问题、认识不足、找出差距，及时调整方法，提高培养效果。二要加强学员的内部管理。要认真落实学员定期向派出单位和新疆人力资源社会保障厅报告学习情况的制度，组织特培学员中的党员定期参加培养单位的组织生活，掌握学员的学习、工作和生活动态。学员学习期间发生的重大事项，培养单位要按规定及时报告，问题要及时解决。三要建立严格的经费管理制度。要按照国家有关规定，制定特培经费管理办法，做好经费预算、执行和审计工作，加强对特培经费的统一管理和使用，坚决杜绝挪用、挤占等现象，切实做到专项审批、专款专用、严格管理，最大限度地发挥新疆特培经费的效益和作用。四要建立与特培学员的沟通机制。要主动与特培学员交流、谈心、交朋友，了解他们的需求，关心他们的困难，帮助解决他们遇到的问题，真诚地关心他们的进步成长，及时掌握他们的思想状况，引导他们弘扬爱国兴疆、开拓创新、勇攀高峰、无私奉献的精神，刻苦钻研，认真踏实完成学习培训任务。

今年是第四批新疆特培工作的开局之年，首批400名特培学员已经选拔出来，培养单位也已全部落实到位。各有关地区、部门和单位要在认真总结前三批特培工作经验基础上，按照这次会议的要求，进一步创新培养方法，提高培养质量，完善管理机制，扎扎实实落实好特殊培养工作。

这次会议既是第四批新疆少数民族科技骨干特殊培养工作的启动会，也是动员会、部署会。参会的同志要尽快向本单位主要领导同志汇报会议情况特别是领导同志的重要讲话精神，切实抓好会议精神的传达、学习和贯彻。各级人力资源社会保障部门要深入领会第四批新疆特培工作在新时期的政策定位和任务要求，将开展新疆特培工作作为当前人才兴疆、人才援疆的一件大事，摆在突出位置，明确任务，明确责任，明确时限，明确要求，落实工作责任制，扎扎实实、不折不扣地完成好特培工作各项任务。

王晓初副部长在深化中小学教师职称制度改革扩大试点工作会议上的讲话

（2011年9月29日）

今天，人力资源社会保障部、教育部召开深化中小学教师职称制度改革扩大试点工作会议，这次会议的主要任务是传达学习国务院常务会议关于中小学教师职称制度改革扩大试点的决定精神，贯彻落实关于深化中小学教师职称制度改革扩大试点的指导意见，对扩大试点工作进行动员和部署。下面，我就开展深化中小学教师职称制度改革扩大试点工作讲几点意见。

一、充分认识深化中小学教师职称制度改革扩大试点工作的重大意义

中小学是我国教育事业的基础，承担着义务教育和基础教育的重任，在实施科教兴国战略中发挥着重要的基础性作用。中小学教师现有1 210万人，是我国专业技术人才队伍的重要组成部分，是实施人才强国战略的一支生力军。现行的中小学教师职称制度是1986年建立的，分中学和小学两个系列，实行中学教师和小学教师专业技术职务聘任制度。中学教师职称最高等级为副高级，小学教师职称最高等级仅为中级。目前，中小学教师中有副高级职称93.4万人（包括小学评聘的中学高级教师6.4万人），中级职称521.2万人，初级职称449.3万人。这项制度实施20多年来，对于提高中小学教师地位和待遇，调动中小学教师积极性，提高中小学教师队伍整体素质和促进教育事业发展，发挥了十分重要的作用。

近年来，随着我国教育事业的快速发展，中小学人事制度改革的深入推进和中小学教师队伍结构的不断优化，现行的中小学教师职称制度越来越表现出等级设置不够合理、评价标准不够科学、评价机制不够完善、与事业单位聘用制度不够衔接等突出问题，影响和制约了中小学教师队伍建设和中小学教师的职业发展。对此，广大中小学教师反映强烈，各级人力资源社会保障部门、教育部门高度重视。在原人事部、教育部指导下，不少地区就中小学教师职称制度改革进行了积极探索，创造了许多好的经验。中央人才工作决定对加快推进职称制度改革提出了明确要求，新修订的义务教育法对“国家建立统一的义务教育教师职务制度”作出了明确规定，深化中小学教师职称制度改革，建立统一的义务教育教师职称（职务）制度，已经成为深化职称制度改革，加强中小学教师队伍建设一项重要而紧迫的任务。

2009年1月，为贯彻党中央、国务院加强人才工作决定关于深化职称制度改革的要求，落实新修订的义务教育法关于建立统一的义务教育教师职务制度的规定，经国务院第32次常务会议研究决定，人社部、教育部开始在山东潍坊、吉林松原、陕西宝鸡三个地级市开展中小学教师职称制度改革试点，2010年12月，试点工作全面完成。承担试点任务的三个省市通过试点，为深化改革探索了路子，积累了经验。今天上午，三个试点市的领导还要专门就改革试点的主要做法和经验作大会交流。从改革试点情况看，取得了显著成效：一是建立了符合中小学教师职业特点、符合教师成长规律的职称制度，对于培养造就中小学领域教育教学专家，倡导教育家办学，将产生深远的影响。二是提高了中小学教师的职业地位，让广大中小学教师感到从事基础教育工作更有动力、更有奔头，对于在全社会弘扬尊师重教的良好风尚将产生积极的推动作用。三是树立了正确的用人导向，引导教师更加注重师德，愿意从事一线教育教学工作，有利于吸引和鼓励优秀人才长期从教、终身从教。四是促进了中小学教师合理流动，鼓励教师在出现岗位空缺时跨校竞聘，在制度上解决了教师不愿意从中学到小学、从城镇学校到农村学校任教的问题，促进了中小学教师资源的优化配置。

在总结三个市试点经验的基础上，今年8月31日，国务院第170次常务会议审议通过了人力资源社会保障部、教育部关于深化中小学教师职称制度改革扩大试点的指导意见，决定在全国各省、自治区、直辖市各选择2～3个有代表性的地级市，用一年左右的时间开展改革试点；已经完成改革试点任务的山东、吉林、陕西三个省，可在前期试点的基础上，结合本地区实际，提出在全省范围内开展改革工作的意见，报两部批准后实施。我们要充分认识开展深化中小学教师职称制度改革扩大试点工作的意义。

第一，深化中小学教师职称制度改革是分类推进职称制度改革的重大突破。职称制度是我国专业技术人员管理的一项基本制度。近年来，按照党中央、国务院关于加快推进职称制度改革的要求和部署，人力资源社会保障部开展了深入的调研、广泛听取各方意见，形成了改革的基本思路：一是调整功能定位。强化职称的评价功能。二是健全制度体系。以职业分类为基础，统筹专业技术职务聘任制度和专业技术人员职业资格制度，健全面向全社会各类专业技术人员的职称制度体系。三是完善评价机制。建立以品德、能力和业绩为导向的人才评价机制，拓展层级、完善标准、创新手段、规范程序，实现科学评价。四是理顺管理体制。进一步转变政府职能，打破体制内外界限，形成分级分类、科学规范、依法行政的职称管理体制。通过改革为客观公正地评价专业技术人员提供制度保障，为企事业单位合理使用专业技术人员奠定基础，为专业技术人员的职业发展开辟宽广的通道。

深化职称制度改革需要统筹规划、分类推进、分步实施。对反映强烈、共识广泛、条件成熟的系列，要先行改革，以取得重点突破，积累改革经验。中学和小学教师职称系列是我国现行职称系列中非常重要的两个系列，就单个系列而言，涉及人数最多，影响大，代表性强。国家中长期人才发展规划纲要和国家中长期教育改革发展规划纲要也明确提出了改革要求。在综合考虑多方面因素的基础上，我们提出率先开展中小学教师职称制度改革，为分类推进职称制度改革探索路子，为全面深化职称制度改革积累经验，奠定基础。我们要充分认识，深化中小学教师职称制度改革，是深化职称制度改革的重要内容，是分类推进职称制度改革的突破性措施。中小学教师职称制度改革的实施，标志着我国职称制度分类改革正式启动，对全国的职称制度改革具有重要意义。

第二，深化中小学教师职称制度改革是加强中小学教师队伍建设的重要举措。推动教育事业科学发展，培养高素质人才，教师是关键，没有高水平的教师队伍，就没有高质量的教育。建设高素质的教师队伍，制度保证是关键。中小学教师是我国专业技术人才队伍的重要组成部分，是推动基础教育事业科学发展的中坚力量。中小学教师肩负着教书育人，培养社会主义事业接班人的神圣使命，加强中小学教师队伍建设对于教育事业的健康发展，意义十分重大。中小学教师职称制度作为中小学教师管理的一项基本制度，是衡量中小学教师专业技术水平和能力的标尺，是中小学教师职业发展的通道，承担着激励和引导中小学教师不断提高能力素质、充分调动中小学教师积极性创造性的重要任务。广大中小学教师对职称非常看重，很多教师把职称看作是个人职业发展毕生追求的目标。从改革试点的实践效果看，深化中小学教师职称制度改革，建立符合中小学教师职业特点、与事业单位聘用制度和岗位管理制度相衔接，统一的中小学教师职称制度，对加强中小学教师队伍建设，提高中小学教师职业地位，吸引和鼓励优秀人才长期从教、终身从教，促进中小学教师合理流动，在全社会形成尊师重教的环境氛围，具有重要意义。

第三，中小学教师职称制度改革试点是全面推进中小学教师职称制度改革的重要环节。深化中小学教师职称制度改革涉及制度的重大变化和机制的重大调整，是对我国专业技术人才评价制度和中小学人事管理制度的重大改革，将产生广泛而深远的影响。同时，改革政策性强、涉及面广、涉及人数多、社会高度关注，改革本身还涉及标准制定、评审、人员过渡等诸多环节，加上各地经济社会发展不平衡，教育水平和教师队伍差别很大，改革工作十分复杂，任务十分艰巨。因此，在先期试点工作基础上，国务院决定在全国范围扩大改革试点，以进一步积累经验，探索路子，为全面推开奠定基础。我们要充分认识，开展深化中小学教师职称制度改革扩大试点工作，是深化中小学教师职称制度改革的关键环节，是在全国全面推开的重要步骤。改革扩大试点工作的成败，直接关系到全国中小学教师职称制度改革进程。

各地一定要充分认识深化中小学教师职称制度改革、开展改革试点工作的重大意义，要站在加强人才队伍建设的高度，站在全面深化职称制度改革的高度，站在落实义务教育法的高度，按照国务院的要求，全力以赴做好深化中小学教师职称制度改革试点工作，确保试点平稳顺利完成。

二、准确把握深化中小学教师职称制度改革扩大试点的基本原则和主要内容

这次深化中小学教师职称制度改革扩大试点总的要求是，坚持以邓小平理论和“三个代表”重要思想为指导，深入贯彻落实科学发展观，遵循教育发展规律，按照深化职称制度改革的方向和总体要求，建立与事业单位聘用制度和岗位管理制度相衔接，符合教师职业特点，统一的中小学教师职称制度。这里，我就学习领会、贯彻落实改革扩大试点指导意见强调三个问题。

第一，牢牢把握改革的基本原则。这次改革主要遵循以下几项原则：一是坚持以人为本，遵循中小学教师成长规律，鼓励优秀人才脱颖而出，促进中小学教师全面发展；二是坚持统一制度，分类管理，体现中学和小学的不同特点；三是坚持民主、公开、竞争、择优，切实维护教师的合法权益；四是坚持重师德、重能力、重业绩、重贡献，激励中小学教师提高教书育人水平；五是与中小学教师岗位聘用制度相配套，积极稳妥，协同推进，妥善处理改革发展稳定的关系。这些原则，必须贯彻改革扩大试点的始终，是我们研究和处理改革问题的基本原则。

第二，深刻理解改革的主要内容。这次改革主要有四项内容：一是健全制度体系。在职称体系上，将原来相互独立的中学教师职务系列与小学教师职务系列统一并入新设置的中小学教师职称（职务）系列。在职称等级上，改变了原来中学教师最高等级为副高级，小学教师最高等级为中级的规定，设置从正高级职称到员级5个等级，依次为：正高级教师、高级教师、一级教师、二级教师、三级教师，与职称的正高、副高、中级、助理级、员级相对应。除新设的正高级职称（职务）外，新的职称（职务）系列与原中学和小学教师职称（职务）系列都有直接对应关系。二是完善评价标准。对原中、小学教师水平评价的基本标准条件进行了修订，充分体现中小学教师的职业特点，充分考虑教书育人工作的专业性、实践性、长期性，坚持育人为本、德育为先，坚持重师德、重能力、重业绩、重贡献，改变了原来中小学教师职称评价过分强调论文和学历的倾向，把教书育人的工作实绩作为评价的重要依据。三是创新评价机制。中小学教师的评价重在社会和业内认可。改革突出以同行专家评审为基础的水平和能力评价，完善评委会组织管理办法，注重遴选教育专家和经验丰富的一线教师参加评审，采取说课讲课、面试答辩、专家评议等多种评价方式，健全评委会工作程序和工作规则，增强评价结果的公信力。四是与事业单位岗位聘用制度相衔接。新的中小学教师职称制度，强化了职称的评价功能，明确中小学教师职称评审是岗位聘用的重要依据和关键环节，岗位聘用是职称评审结果的主要体现。根据事业单位岗位设置管理办法和中小学岗位设置管理的有关规定，科学设置中小学教师岗位。职称评审严格在核定的岗位结构比例内进行，不再进行与岗位聘用相脱离的资格评审。出现岗位空缺，教师可以跨校评聘，以利于促进人才的合理流动和教师资源的均衡配置。

第三，注重突出改革的主要特点。扩大试点工作要突出“四个注重”：一是注重正确导向。把教书育人，引导教师提高能力素质，鼓励教师长期从教、终身从教作为改革的出发点和落脚点。二是注重制度建设。建立统一的中小学教师职称体系，并将中小学教师职称最高等级统一设置为正高级，为拓展中小学教师职业发展空间，促进中小学教师合理流动奠定制度基础。三是注重机制创新。充分尊重教师职业特点，建立以师德、教育教学能力和工作实绩为主要内容的评价标准，以同行专家评审为基础，多种评价方式相互补充的业内评价机制，为科学合理、客观公正地评价中小学教师提供机制保障。四是注重配套改革。强化职称的评价功能，中小学教师的聘用和待遇，按照事业单位岗位聘用制度和收入分配制度进行管理，使职称制度改革与事业单位聘用制度和收入分配制度改革相配套、相衔接。

总之，通过改革，我们要使广大中小学教育工作者充分体会到，中小学教师的地位提高了，职业发展空间更广阔了；评价的标准更符合中小学教师成长规律，更符合中小学教书育人的实际了；评审方法更加科学、公正，体现正确的用人导向；职称评审与聘用制度更好地有机衔接，更充分体现民主、公开、竞争、择优。

三、正确处理扩大试点中的重点难点问题

深化中小学教师职称制度改革既是一件受广大教师欢迎的好事，也是一件十分复杂的难事，改革扩大试点涉及很多难点重点问题，有些问题在两部制定文件和三市试点过程中进行了深入研究，初步积累了经验，但还需要通过扩大试点进一步检验；有些问题，需要各省结合各自实际，通过扩大试点深入进行探索，寻求不同条件下解决的办法。希望大家对这些重点难点问题高度重视，共同把这些问题研究好、处理好、解决好，共同把这件好事办好。

第一，制定好具体评价标准。科学的评价标准是准确评价中小学教师能力水平的前提，是国家对中小学教师职业发展的重要导向，从试点情况看，广大中小学教师最关心的也是标准问题。家宝总理在先期试点前就对这个问题作了重要批示，在国务院审议扩大试点指导意见时，家宝总理再次强调要充分认识评价标准制定工作的复杂性和重要性。两部在制定改革试点指导意见时，花了很大精力研究评价标准问题，多次征求了专家、教师和各个方面的意见，形成了现在的中小学教师水平评价基本标准条件。三个市的试点实践表明这个标准符合中小学教师的实际。同时，这个标准是中小学教师评价的基本标准，各试点地区还要根据本地区教育发展水平和教师队伍实际，把这个标准具体化，制定本地区的具体评价标准。在制定具体评价标准时，要注意把握好五个方面：一是注重师德，坚持育人为本、德育为先，引导教师立德树人。二是注重教育教学能力水平与工作实绩，强调长期从事一线教育教学工作和班主任工作的经历与实绩，不片面强调论文、学历等。三是注重正高级教师、高级教师对青年教师的指导能力和教育教学带头人作用。四是注重处理好学历与经历的关系。对不同学历教师在毕业后首次确定职称等级和前期晋升职称时，适当体现学历差异；在晋升高级职称时，更加重视履行岗位职责的实绩，不同学历的基本任职年限原则上不再区分。五是体现对农村教育的重视，晋升高级职称要有到农村学校和薄弱学校任教的经历。这里，还要特别强调，各地制定具体评价标准时，要充分听取广大中小学教师和校长的意见和建议。

第二，把握好职称评审质量。评审工作非常复杂。三个市的试点在控制评审质量，提高职称评审公信力方面，探索了很多行之有效的办法。如山东潍坊在评审工作中做到“四个坚持”，陕西宝鸡采取教育教学能力测试答辩与材料评议相结合的评价办法，吉林松原实行教学工作量折算的办法进行考核赋分等，取得了较好的效果。结合三市的试点经验，我们认为，要保证评审质量，关键是制度健全、方法科学、程序规范、监督有力。各省要按照国家有关规定，结合本地实际，制定科学、有效、可行的评审办法，重点把握好以下五个方面：一是严格评审条件，要严格按照标准条件进行评审，公平对待每位教师。二是严格评审程序，要对改革试点指导意见确定的个人申报、考核推荐、专家评审、学校聘用的基本程序进一步细化，并严格按程序办事，不走形式，不走过场。三是严格评审数量，要在核定的岗位结构比例内进行评审，特别是正高级职称要少而精，严格控制、宁缺毋滥，体现培养和造就教育家的政策导向。四是创新评审方式，由同行专家组建评审委员会，采取多种评价方式，对中小学教师的业绩、能力进行有效评价。五是强化监督机制，要充分发挥纪检监察部门、教师和社会的监督作用。

第三，安排好现有人员过渡。人员过渡涉及全体教师，如何将现有在岗教师从原来相互独立的两个职称制度体系平稳过渡到统一后的新的制度体系，是确保改革扩大试点工作顺利开展的关键环节。扩大试点指导意见对现有人员过渡问题作了明确要求，新的职称系列与原职务系列有直接对应关系，现有在岗的中小学教师按照现聘的职务等级，直接过渡到统一后的职称体系。对于改革前已经取得中小学教师专业技术职务任职资格但没有聘用到相应岗位的人员，已经取得的资格依然有效，择优聘任到相应岗位时，应给予适当倾斜，不再需要经过评审委员会的评审，对这部分人员，要做好政策解释工作，确保稳定。过渡工作应当主要由政府部门和中小学校承担，政府和学校统一办理过渡手续，教师只需要在核对本人信息后签字确认，不应增加中小学教师的负担，更不能影响正常的教学工作。各试点地区要专门制定现有人员过渡的具体办法，按照改革试点的范围进行充分摸底调查，对涉及过渡的人员进行细化分类，把人员过渡工作做实做细，保证人员过渡工作平稳顺利。

第四，处理好与岗位聘用制度的衔接。这次改革的一个重要制度调整是在功能上强化职称的评价功能，在方法上强调评价的根本目的是为了使用。要注意处理好新的中小学教师职称制度与事业单位岗位聘用制度的有效衔接问题，把职称评审作为岗位聘用的重要环节和依据。一方面，通过评审实现教师评价的社会和业内认可，防止简单的行政领导说了算；另一方面，有空缺岗位才组织评审，评审通过就聘用到相应岗位，真正实现岗位管理。同时，还要加快落实扩大试点指导意见中关于完善中小学教师考核制度和聘后管理制度的要求，通过岗位聘用、岗位考核、竞争上岗、解聘辞聘，真正建立退出机制，使中小学教师在岗位聘用中实现人员的能上能下。

第五，组织好正高级职称评聘。中小学教师中增设正高级职称，是这次改革的一大突破，也是一项大的政策调整，改革扩大试点涉及新组建正高级职称评审委员会，各省制定正高级教师具体评价标准，各省试点地级市的正高级职称的比例（数量）以及各省具体组织正高级教师职称评审等问题。其中，各省试点市正高级教师的评审数量由两部统一确定，首次评审的数量原则上按小县0～1人，大县1～2人掌握，具体数量将在两部对各省试点方案进行批复时，予以明确。在中小学教师中评审出正高级职称，是为了提高中小学教师的社会地位，拓展中小学教师的职业发展空间，选拔出最优秀的中小学教师，体现培养和造就教育家的政策导向。因此，各省在开展正高级教师职称评聘时，从数量到质量都必须按照扩大试点指导意见和两部的要求，严格把关，确保正高级教师的选拔质量。经两部批准的正高级教师聘用到正高级教师岗位，兑现相应工资标准。

第六，处理好历史遗留问题。从三个市的试点情况看，历史遗留问题是改革中矛盾的焦点，能否妥善处理好历史遗留问题是改革试点能否顺利推进的关键问题。各省在试点中要高度重视，稳妥处理好这一问题。从全国中小学教师职称工作情况调查看，主要有两大类历史遗留问题：一是有资格未聘任人员的问题；二是多年未正常开展职称评聘带来的问题。借鉴先期试点地区的经验做法，各省在扩大试点工作中，针对历史遗留问题，重点要做好四个方面的工作：一是深入调查摸底，在制订方案过程中，准确掌握基层情况；二是制定专门政策，妥善化解矛盾，有针对性地解决好历史遗留问题；三是要充分发挥教师主体作用，试点实施方案特别是各学校的具体评聘办法要充分听取教师意见，赢得绝大多数教师认可；四是要加强政策宣传和舆论引导，使每位教师准确了解政策规定，切实做好思想政治工作，加强舆情监控，确保稳定。

四、精心做好扩大试点的组织实施工作

深化中小学教师职称制度改革试点事关基础教育发展大局，事关职称制度改革的成败，事关广大教师的切身利益。这次改革试点采取分级组织实施的办法。高级教师及以下职称等级的评聘工作，由各省按照扩大试点指导意见制定本省试点办法并组织实施；

正高级教师职称评审由两部统一部署，各省组织评审，评审结果报两部批准，经批准的正高级教师按照人员管理权限，聘用到正高级岗位。为做好改革扩大试点工作，两部专门研究制定了改革扩大试点工作方案，对改革扩大试点工作目标、工作内容、时间安排等作了明确规定。各省必须按照国家的统一要求和部署，以高度的政治责任感和使命感，做好改革扩大试点的各项工作。为了贯彻落实国务院关于改革扩大试点的精神和要求，切实做好改革扩大试点的组织实施工作，我提三点要求。

第一，高度重视，加强领导。国务院领导同志对中小学教师职称制度改革工作十分关心和重视，家宝总理作出重要批示，两次主持召开国务院常务会议研究改革工作，德江副总理和延东国务委员专门听取两部汇报，就改革的重点难点问题进行专题研究。人力资源社会保障部、教育部党组高度重视，尹蔚民部长、袁贵仁部长都多次提出明确要求。各省人力资源社会保障部门、教育部门要充分认识深化中小学教师职称制度改革扩大试点的重大意义，充分认识改革的必要性、复杂性，切实加强领导。按照国务院常务会议的要求，两部将成立改革领导小组，统一领导改革试点工作。根据这一精神，各省也要成立由省政府领导同志担任组长的改革领导小组。从三个市的试点经验看，试点市的党委、政府高度重视、统一领导，对试点成功与否至关重要，因此，试点市确定后，各试点市也要成立市里主要领导同志牵头的改革领导机构，加大领导和协调的力度。各试点市要把改革试点工作作为本地区近一阶段的重点工作，纳入“一把手”的议事日程，切实做好本地区的改革试点工作。

第二，周密部署，精心组织。各省和各试点市要按照改革扩大试点指导意见和改革扩大试点工作方案的要求，结合本地区实际，在深入调研的基础上，抓紧研究制定本省改革试点方案和试点市的试点实施方案，2011 年 12 月前，各省将本省改革试点方案和试点市的试点实施方案报两部审批。各地在改革试点的组织实施中，重点要把握好以下几个方面：一是要吃透文件精神，把握好试点范围，要对工作人员进行专门培训，对试点工作进行全面动员部署，做好政策宣传解读；二是要深入调研，遴选好试点市，优先选择教育系统事业单位岗位设置、绩效工资工作基本完成的市参加试点；三是要发挥教师主体作用，使每位教师了解改革的意义、内容和有关政策，鼓励和引导广大教师参与改革的全过程，保证各项措施体现广大教师的意志；四是要突出重点、抓住关键，针对重点难点问题制定政策措施，着力推进重点难点问题的解决，对改革可能遇到的问题制定处理预案，保证整个改革试点工作顺利推进；五是要积极探索适合本省实际的工作思路和工作方法，结合本省不同试点市的具体情况，有针对性地采取措施，加强分类指导，有效稳妥地解决问题。各省要在 2012 年 12 月前完成改革试点工作，及时上报试点工作总结。

第三，明确职责，密切配合。各省人力资源社会保障部门、教育部门要密切协作，共同做好扩大试点工作。人力资源社会保障部门要发挥好牵头推进职称制度改革和开展职称工作的职能作用，统筹本地区的职称制度改革和职称工作管理，主动与教育部门协调协商，结合本地区实际，认真落实好国务院批准的扩大试点指导意见和工作方案。教育部门作为中小学教师的行业主管部门，要结合中小学教师的特点和职业发展要求，做好扩大试点工作。扩大试点工作是人力资源社会保障部门、教育部门共同的职责，两部门一定要按照现行职能分工，通力合作，加强协调，形成合力，共同努力完成好扩大试点任务。各省要加强对试点市的政策指导，帮助解决扩大试点中遇到的问题，试点市要及时向省里汇报情况，重大问题要及时请示报告。

同志们，做好深化中小学教师职称制度改革扩大试点工作，加强中小学教师队伍建设，对于推动我国教育事业的发展，特别是基础教育的发展具有重大而现实的意义，这也是新时期推动专业技术人才工作科学发展的重要内容。希望各省在改革试点过程中，及时研究新情况、新问题，找到解决问题的措施和办法，及时总结，为在全国全面推开改革提供经验，奠定基础。我们相信，只要各省人力资源社会保障部门和教育部门按照国务院的要求，深入贯彻落实科学发展观，锐意改革，开拓进取，扎实工作，共同努力，改革扩大试点工作一定能取得圆满成功！

王晓初副部长在专业技术人才知识更新工程启动会议暨中国继续工程教育协会第五届会员代表大会上的讲话

（2011 年 10 月 25 日）

经中央人才工作协调小组同意，人力资源社会保障部、财政部、科技部、教育部和中国科学院联合印发了《专业技术人才知识更新工程实施方案》。今天，我们专门召开专业技术人才知识更新工程启动会议，学习贯彻《国家中长期人才发展规划纲要(2010—2020 年)》精神，研究部署工程实施工作。下面，我谈三点意见。

一、充分认识实施专业技术人才知识更新工程的重要意义

专业技术人才知识更新工程是国家中长期人才发展规划纲要确定的十二项国家重大人才工程之一。实施专业技术人才知识更新工程，对全面贯彻落实《人才规划纲要》，加快专业技术人才队伍建设，具有重要意义。

（一）*实施专业技术人才知识更新工程，是贯彻落实《人才规划纲要》的重要举措。*去年 4 月，党中央、国务院印发了《国家中长期人才发展规划纲要》，这是新中国成立以来第一个人才发展规划，明确了努力建设人才强国的奋斗目标和人才发展的政策措施，是我国今后一个时期人才工作的纲领性文件。实施重大人才工程是人才规划纲要的亮点和重大举措。按照引领性、创新性、示范性的原则，《人才规划纲要》设计了 12 项重大人才工程，其中人力资源社会保障部牵头实施的有 2 项，即专业技术人才知识更新工程和国家高技能人才振兴计划，配合实施的有 6 项。作为政府人才工作综合管理部门，我们要大力抓好这些重大人才工程的实施工作，尤其是我部牵头的人才工程。专业技术人才知识更新工程是加快专业技术人才队伍建设的重大人才工程，是加强重点领域急需紧缺人才培养的重点工程。我们必须认真落实《人才规划纲要》的要求，遵循人才成长规律，以能力建设为核心，以高层次和急需紧缺人才培养为重点，深入抓好工程的实施，大力提升专业技术人才队伍的素质水平和创新能力，为全面落实《人才规划纲要》确定的各项目标任务作出我们的贡献。

（二）*实施专业技术人才知识更新工程，是加强专业技术人才队伍建设的重要抓手。*

人才是我国经济社会发展的第一资源。专业技术人才是我国人才队伍的骨干力量，在建设创新型国家和全面建设小康社会伟大事业中发挥着重要作用。全面加强专业技术人才队伍建设，是我们应对激烈的国际竞争，提高自主创新能力，实现经济社会又好又快发展的必然要求。当前，我国专业技术人才队伍建设与经济社会发展的需要还有许多不相适应的地方，特别是队伍整体素质和专业水平亟待提高，创新能力不强，国民经济和社会发展重点领域专门人才和高层次创新型人才缺乏。实施专业技术人才知识更新工程，是针对这些突出问题，加强专业技术人才队伍建设的重要抓手。通过工程的实施，开展大规模的知识更新继续教育，拓展专业技术人才的新知识新视野，提升专业技术人才队伍的整体素质；大力开展创新能力培养，激发广大专业技术人才的创新精神，努力提高创新能力；加强经济社会发展重点领域急需紧缺和骨干专业技术人才的培养，进一步壮大人才队伍，优化人才结构，这对推动专业技术人才队伍建设具有重要意义。

（三）实施专业技术人才知识更新工程，是推进继续教育事业发展的重要平台。继续教育是提升专业技术人才队伍素质的重要手段。改革开放以来，我国的专业技术人员继续教育事业经历了从无到有、从小到大的发展历程。目前，全国各类教育培训机构近 6 万家，每年参加继续教育的专业技术人员达 3 000 多万人次。2005 年，原人事部会同 11 个部门、协会组织实施了“653”工程，从整体上带动了继续教育工作的创新发展，取得了重要成果，受到各方好评。但我国继续教育工作也还普遍存在着用人单位重视不够、专业技术人员学习动力不强、培训能力弱、培训方法落后、投入严重不足等突出问题。作为国家中长期人才发展规划纲要确定的国家重大人才工程，专业技术人才知识更新工程第一次由中央财政列出专项经费，且每年超过亿元。通过明确工程实施的重点领域，将继续教育工作与经济社会发展需要紧密相连。这必将有利于宣传推广继续教育理念，为继续教育的进一步发展提供强大动力；有利于凝聚力量，整合资源，进一步加强继续教育能力建设和公共服务；有利于完善政策措施，健全制度，促进和保障继续教育工作的健康发展。实施专业技术人才知识更新工程，将为促进我国专业技术人员继续教育事业的发展提供一个重要平台。

二、准确把握专业技术人才知识更新工程的工作重点

专业技术人才知识更新工程直接涉及我国经济社会发展的重点领域，承担上千万专业技术人员的培养培训任务，领域广、指标高、任务重。各地各部门要从经济社会发展大局出发，从新时期人才队伍建设需要出发，突出工作重点，狠抓任务落实，全面推动工程的深入实施。

（一）突出品牌，大力实施高级研修项目。举办高级研修班是我国培养高层次专业技术人才的重要抓手。经过多年发展，高研班已成为我国专业技术人才队伍建设的知名品牌，在加强专业技术人才能力建设、培养高层次专业技术人才、促进高端学术技术交流方面发挥了重要作用。按照工程实施方案，未来十年，国家将每年举办 200 期左右的高级研修班，培养 1 万名左右高层次专业技术人才，这标志着高级研修项目上升为国家的人才培养项目，进入了全新的发展阶段，培训领域更广、培训任务更重、支持力度更大。各地各部门要继续围绕打造“知名品牌”，不断更新理念，创新方式方法，努力把高级研修班办成具有良好培养效益和广泛社会影响的“精品项目”。一要提高办班针对性。主动围绕我国经济结构调整、高新技术发展和自主创新能力的提高，将高级研修班的选题与地区、行业的发展需要密切结合，充分发挥高研班在创新发展理念、破解发展难题、提升发展潜力方面的作用。二要创新研修手段。根据选题要求，综合采取讲座、研讨、实地考察、个别指导等手段，促进教学相长，促进高层次人才在短时间内有效更新知识、提高水平。三要丰富办班模式。根据重点领域的不同特点，将举办高研班与项目建设、科研攻关、解决技术难题等结合起来，通过工作实践引导人才培养，通过人才培养带动事业发展，建设理论与实践相结合、人才培养与工作发展双促进的一流平台。四要提高办班质量。今后凡列入工程国家高级研修项目的每个高研班将获得25万元左右的经费支持，高研班的经费投入实现了成倍增长。希望各地各部门充分利用这一有利条件，强化精品意识，加强质量管理，通过精心设计、精心组织、精心实施，努力提高高研班的质量，更多、更好地培养高层次专业技术人才，实现资金投入在人才培养方面的“倍增”效应。

（二）整合资源，积极推动急需紧缺和骨干人才培养。大力开发重点领域急需紧缺和骨干专业技术人才是《人才规划纲要》提出的明确任务，是专业技术人才知识更新工程的重要内容。按照《人才规划纲要》的要求，专业技术人才知识更新工程实施方案明确，未来十年将面向12大经济社会发展重点领域和9个现代服务业领域，每年培养80万急需紧缺人才，并开展19万中高级专业技术人才岗位培训，任务艰巨而繁重。各地各部门要在统筹现有专业技术人才培训培养工作的基础上，开拓思路，整合资源，积极创造条件，采取多种方式，推动急需紧缺人才培养培训项目和岗位培训项目的组织实施。一要科学规划。组织做好重点领域的培训需求预测，分解各领域的人才培养指标，形成本地区、本行业急需紧缺人才培养培训项目和岗位培训项目的具体实施方案，明确任务要求。二要加强统筹。充分利用现有资源，整合各类人才培养培训活动，做好项目归并和管理对接工作。急需紧缺人才培养培训项目主要依托国家级继续教育基地和主管部门、行业组织、地方有关培训机构开展，逐步建立行业、地区互联互通的远程教育网络体系；岗位培训项目要主动与地区、行业、用人单位的人才培训工作相结合，突出岗位特点，主要以短期培训为主，采取专项培训、集中授课、专题研修等办法，重点提高中、高级骨干专业技术人才岗位适应能力和职业发展能力。此外，还要充分发挥高级研修项目在培养急需紧缺人才和有关行业高级人才中的示范作用。三要主动开展工作。按照工程实施方案，急需紧缺人才培养培训项目和岗位培训项目经费按照原经费渠道予以保障。各地各部门在项目实施中，要按照预算管理有关规定，积极争取同级财政的大力支持，及时把项目经费纳入财政预算。同时，要发挥好政府经费的引导作用，引导各用人单位按规定比例提取使用职工培训费，形成多渠道投入机制。

（三）建管并重，全面推进国家级专业技术人员继续教育基地建设。按照《人才规划纲要》的要求，我们将首次设立国家级专业技术人员继续教育基地，这是新时期专业技术人才继续教育工作的突破和发展。国家级专业技术人员继续教育基地是实施专业技术人才知识更新工程的重要依托，是开展专业技术人员继续教育的重要平台，将在培训高层次、急需紧缺和骨干人才方面发挥重要作用。国家将给予每个基地300万专项经费支持，主要用于专家授课、师资培训、教材课件开发、数据库建设、课题研究等。应该说，基地建设是专业技术人员继续教育工作的新课题，也是一项全新的任务。一要科学规划基地建设。要统筹考虑基地的培训资源、地域分布和行业分布，择优选择具备条件的高等学校、科研院所、企业等施教机构建设继续教育基地，形成分布合理、分类规范、教育资源丰富、服务优良，基本覆盖经济社会发展重点产业和关键领域的基地布局结构。二要积极探索继续教育模式。要引导继续教育基地与行业内权威研究机构、领头企事业单位等建立长期的合作关系，充实培训内容和培训力量，改进培训方法，促进科研成果的转化和先进技术的推广；要大力发展远程教育，推广在线学习，建设具有专业特色的网络学习中心，最大限度地发挥基地作用。三要努力提高培训能力，形成培训特色。每个基地每年至少要完成 2 000 名高层次、急需紧缺和骨干专业技术人才的培养培训任务。要不断拓宽服务面，主动承接国家、部门、地区、行业和用人单位的培训任务。要突出培训重点，形成培训特色，建设自己的培训品牌。

前不久，部里启动了第一批国家级专业技术人员继续教育基地的申报工作。经有关地区、部门、企业申报和专家评审，确定 20 家单位作为首批国家级专业技术人员继续教育基地。各继教基地的建设单位和申报推荐部门，要珍惜这一难得的机遇，认真探索，精心谋划，切切实实把基地建设好、使用好、管理好。

（四）夯实基础，扎实做好专业技术人才知识更新工程的启动实施工作。今年是专业技术人才知识更新工程的开局之年。专业技术人员继续教育工作的重中之重是抓好工程的启动实施工作，为工程开好头、起好步。部里将会同财政部、科技部、教育部、中科院等部门尽快成立工程的指导协调小组，研究制定工程四个重点项目的具体实施办法和工程经费的使用管理办法。下一步，中央人才工作协调小组还将召开国家重大人才工程实施部门的协调会，研究建立推进国家重大人才工程的协调工作机制。从现在到年底，还有不到三个月的时间，各地各部门要集中力量，做好以下几项工作：一要尽快组建组织领导机构。各地要成立相应的指导协调小组，承担起对本地区知识更新工程统筹规划、指导协调和监督检查的职能。有关重点领域行业主管部门根据工作需要也可成立指导协调小组，统筹推动本领域工作的开展。二要搞好配套衔接。各地各部门要根据本地区、本部门实际，抓紧制定具体的工程实施方案，明确本地区、本部门未来 10 年的工程实施目标和任务规划。不少地方和部门在本地区、本部门人才发展规划中也提出了实施专业技术人才知识更新工程的任务，要纳入国家工程的总体框架，做好本地区本部门工程与国家工程任务和实施方案的配套衔接。三要抓紧启动实施。今年部里率先启动实施了高研班和继续教育基地建设两个项目，高研班首批 84 期已在上半年公布计划，目前大部分高研班进展顺利，基本完成培训任务；第二批高级研修班正在抓紧汇总材料，新增的 180 多期高研班计划将尽快公布。从明年起，部里将整合办班计划，将所有高研班纳入知识更新工程的实施范围，加大经费支持力度。希望各地各部门按照国家批准的任务要求，抓紧做好首批高研班的收尾工作和第二批高研班的培训工作，争取年底前全面完成培训任务。有特殊困难的，必须在明年上半年完成任务。承担基地建设任务的地区、部门和单位要抓紧研究，在年底前启动开展基地建设工作。四要提早谋划工作。要结合实际，统筹开展 2011 年和 2012 年的急需紧缺和骨干人才培训工作，提前研究明年的国家级高级研修项目和继续教育基地的遴选申报工作，部署急需紧缺人才培训和岗位培训任务，力争 2012 年度知识更新工程任务早启动、早部署、早实施、早落实。要通过今明两年工程的实施，探索建立相应的工作机制，为工程十年的顺利实施打下坚实基础。

三、加强组织领导，狠抓工程任务的落实

实施专业技术人才知识更新工程是贯彻落实《人才规划纲要》的重大举措，是当前和今后一个时期专业技术人员继续教育工作的首要任务。各级人力资源社会保障部门和专业技术人员继续教育工作的行业主管部门要高度重视，统一思想，加强领导，改革创新，切实抓好工程各项任务的落实。

（一）*高度重视，加强领导*。各地区和有关部门人力资源社会保障部门要充分认识专业技术人才知识更新工程的意义和作用，将专业技术人才知识更新工程作为加强专业技术人才队伍建设、实现人才优先发展的龙头工程，纳入工作的总体布局，摆在突出的工作位置。要切实加强对工程的领导，认真抓好组织协调、工作部署、政策制定、服务管理等工作。要组织各级专业技术人员继续教育工作机构和人员，认真学习文件，深刻领会工程定位和目标要求，牢牢把握工程实施的工作重点和努力方向。要深入了解基层专业技术人员的意见和要求，因地制宜，将实施专业技术人才知识更新工程与本地区本领域研究制定专业技术人才政策、完善专业技术人员管理、推动专业技术人才工作结合起来，使专业技术人才知识更新工程成为本地区本领域加强专业技术人员工作的试验台、促进专业技术人才队伍建设的火车头，使专业技术人才知识更新工程成为经济社会得发展、专业技术人员得实惠的惠民工程。

（二）*改革创新，突出重点*。专业技术人才知识更新工程是推广新理论、应用新技术、普及新知识、传播新方法的舞台。做好专业技术人才知识更新工程的实施工作，要坚持改革创新，不断研究新情况，解决新问题，解放思想，创造性地开展工作。一要突出重点领域。紧紧围绕装备制造、信息、生物技术、新材料、海洋、金融财会、生态环境保护、能源资源、防灾减灾、现代交通运输、农业科技、社会工作等重点领域和现代物流、电子商务、法律、咨询、会计、工业设计、知识产权、食品安全、旅游等现代服务业领域，开展大规模的急需紧缺和骨干专业技术人才的培养培训工作，在全面提高专业技术人才整体水平的基础上，重点解决经济社会发展重点领域专业技术人才的数量和质量问题。二要突出重点项目。专业技术人才知识更新工程是一项示范工程，也是一项系统工程。虽然工程培养培训人数多，但不能取代各地、各部门的知识更新培训。要通过国家重点项目的实施，带动全社会专业技术人员继续教育工作的大发展。要统筹考虑工程的培训任务和本地区、本领域现有的技术攻关、科研任务等工作，充分调动社会培训资源为工程实施服务。特别是急需紧缺人才培养培训项目和岗位培训项目，要积极吸纳现有的培训渠道和培训机构课程体系，做到培训管理统一安排，任务指标统一分解，培训质量统一要求，将国内外优质的教育培训资源纳入工程培训课程体系中，通过国家工程的实施，带动本地区本部门人才工作的发展。

（三）*明确责任，协调配合*。实施专业技术人才知识更新工程是人力资源社会保障部门和财政、科技、教育、中国科学院等部门，各重点领域牵头部门和各行业继续教育主管部门的共同职责。各级人力资源社会保障部门要充分发挥政府人才工作综合管理部门的作用，在党委、政府的领导下，认真履行专业技术人才继续教育牵头抓总职能，全面统筹工程实施，抓好工程任务的落实分解和工程实施的监督检查等工作。财政、科技、教育、中国科学院等组织实施单位要充分发挥各自的职能优势，加强政策指导和组

织协调，推进知识更新工程实施中重大问题、重要政策、重点项目和重大事项的研究解决。各重点领域牵头主管部门要切实加强本领域内的统筹规划和业务指导，注意把握好领域中不同行业部门之间的协调，科学分解任务和落实责任。各行业继续教育主管部门要充分发挥总体规划、专业指导、技术引领、行业动员的主导作用，通过编制培训大纲、培训指导意见，推动工程开展。

各级人力资源社会保障部门要牵头建立上下联动、部门协作、内外统筹、高效运作的良好工作机制，明确条块职责，密切协调配合，形成工作合力。要按照明确任务、明确责任、明确时限、明确要求的原则，在加强沟通协调的基础上，对总体任务进行细化分解，把各项工作落实到具体部门和责任人。工程各参与部门都要主动加强与相关部门的密切配合，充分发挥积极性、主动性和创造性，共同推进工程任务落实。

（四）加强监管，营造氛围。工程实施过程中，各级人力资源社会保障部门要及时了解新情况，解决新问题，适时调节工作进度，调整工作部署；要加强制度建设，会同相关部门建立实施学员培训考核制度、课程备案公示制度、证书登记统计制度、培训信息发布制度等，及时了解各个项目的课程设置、师资力量、组织管理和实施效果，做到有计划、有部署、有检查，实现工程的动态管理；要加强工程经费使用的监督管理，严格执行国家有关财务管理规定，严格经费划拨、报销程序，完善管理制度，做好经费预算、执行和审计工作，强化工程项目经费配套和使用的监督管理，确保培养培训资金专款专用。对培养培训情况要跟踪检查，适时组织经验交流，不断总结完善培训方式方法，不断提高工程项目实施质量。对工程实施中出现严重影响工程质量、违背工程方案精神或其他违规行为的，人力资源社会保障部门将会同各重点领域牵头单位和行业主管部门共同研究，对工程项目承办机构实行退出机制，追究有关责任人的责任，确保工程质量。在工程实施工作中，要充分利用报刊、广播、电视和互联网等媒体，采用灵活多样的宣传方式，加大对知识更新工程的实施背景、目的意义、主要内容和有关政策措施的宣传力度，为工程实施营造良好舆论环境和社会氛围。

最后，我还想强调，中国继续工程教育协会及会员单位是推动我国专业技术人员继续教育事业发展的重要力量，发挥着专业协会的重要作用。在过去的 6 年时间里，中国继续工程教育协会第四届理事会团结广大会员单位，积极实施“653”工程，大力开展继续教育活动，努力发展远程教育，主动推动继续教育国内外交流，作出了显著成绩。特别是在“653”工程的组织管理、沟通联络、调研评估、网上运行、技术支持等方面做了大量卓有成效的工作，为“653”工程任务的完成作出了巨大贡献，也为实施新的专业技术人才知识更新工程积累了经验，打下了基础。部党组充分肯定六年来协会工作取得的成绩。

今天下午，协会将召开第五届会员代表大会，选举产生新一届理事会，总结、部署协会工作。希望新一届协会领导集体，紧密团结广大会员单位，继续开拓创新，以专业技术人才知识更新工程的启动实施为契机，充分发挥协会的专业优势和职能作用，积极推动中国继续工程教育协会的工作，为我国继续教育事业的发展，为加强专业技术人才队伍建设作出更大的贡献。部里对协会的工作一贯给予高度重视和大力支持，今后在专业技术人才知识更新工程的实施工作中，将进一步发挥协会专业特长、组织优势和桥梁纽带作用，承担更多的工程组织实施任务，形成政府、社会组织、继教基地（机构）、用人单位和专业技术人才间的联动机制，推动建立多层次、多渠道、多类别、多形式的培养培训格局，推进工程的深入开展。借此机会，也希望有关行业企业、高等院校和科研院所进一步加强与协会的联系合作，努力推动专业技术人员继续教育工作的新发展。在这里，预祝中国继续工程教育协会第五届会员代表大会圆满成功！

专业技术人才知识更新工程意义重大、任务艰巨。让我们以实施工程为契机，在新的历史起点上，抓住机遇，开拓创新，齐心协力，努力工作，大力提升专业技术人才的能力素质，抓紧培养造就急需紧缺专业技术人才，加强专业技术人才队伍建设，不断开创专业技术人才工作新局面。

尹蔚民部长在人力资源社会保障部人才工作领导小组2012年第一次会议上的讲话

（2012年2月16日）

今天召开部人才工作领导小组会议，会议的主要任务是贯彻落实全国人才工作座谈会和全国人力资源社会保障工作会议精神，总结部2011年人才工作情况，分析政府人才工作面临的形势，研究部署2012年我部人才工作。

刚刚过去的2011年是“十二五”开局之年。一年来，部人才工作领导小组各成员单位，紧紧围绕贯彻落实全国人才工作会议和人才发展规划精神，充分发挥部门职能作用，坚持改革创新，开拓进取，做了大量工作，取得了显著成绩。人才队伍建设力度不断加大，政策措施不断完善，体制机制不断创新，人才服务体系建设成效显著。制定出台了专业技术人才和高技能人才两支队伍建设的中长期规划；启动实施了专业技术人才知识更新工程和高技能人才振兴计划两项国家重大人才工程；中央审议通过了继续实行政府特殊津贴制度的意见；国务院首次召开全国职业培训工作电视电话会议；经国务院常务会议研究决定，中小学职称制度改革扩大试点工作在全国全面启动；两办印发了《进一步深化事业单位人事制度改革的意见》，《事业单位人事管理条例》面向社会公开征求意见；人才市场整合进一步加快，人才公共服务体系逐步健全；留学人员回国工作、回国创业、为国服务三位一体的政策体系初步形成；博士后培养质量不断提高，以高层次高技能人才为重点的人才队伍建设呈现新局面。这些成绩的取得是各成员单位密切配合、协同推进的结果，是大家真抓实干、共同努力的结果。在此，我代表部党组对大家一年来的艰辛努力表示衷心感谢。

在看到成绩的同时也要看到，当前政府人才工作与中央的要求、社会的需求、人才的期待还存在一定差距。高层次创新人才和高技能人才匮乏问题仍然突出，创新创业能力不强，结构布局不尽合理。如何更好发挥政府人才工作综合管理部门的职能作用，进一步打破阻碍人才成长和发挥作用的体制机制障碍，加快高层次高技能人才队伍建设，打造政府人才工作品牌项目，还需要我们深入研究、创新破解。

今年，是党的十八大召开之年，也是深入实施人才规划纲要的攻坚之年。2012年我部人才工作的总体要求是：以邓小平理论和“三个代表”重要思想为指导，深入贯彻落实科学发展观，更好实施人才强国战略，坚持党管人才原则，充分发挥政府人才工作综合管理部门职能作用，全面落实国家人才发展规划纲要，以实施专业技术人才和高技能人才中长期规划为统领，以专业技术人才知识更新工程和国家高技能人才振兴计划为龙头，以高层次和高技能人才为重点，加强人才队伍建设，完善人才管理政策，推进人才体制机制创新，健全人才服务体系，以改革创新的精神和求真务实的作风，全面推动政府人才工作科学发展，以优异成绩迎接党的十八大胜利召开。

关于今年的重点工作，这里我强调以下四个方面：

（一）*以高层次高技能人才为重点，加快推进人才队伍建设。*加强高层次高技能人才队伍建设是整个人才队伍建设的重点。要紧紧围绕高层次创新人才和高技能人才匮乏、创新创业能力不强、结构布局不尽合理等突出问题，继续深入开发培养“两高”人才，带动整体人才队伍不断发展壮大。一是全面实施专业技术人才、高技能人才队伍建设中长期规划，健全规划的实施体系，加强规划的实施协调和监督管理，推动专业技术人才、技能人才队伍建设实现新突破。二是大力加强高层次创新创业人才队伍建设。制定出台加强创业型科技人才队伍建设、加强企业技能人才队伍建设的意见。完善中国“绿卡”待遇等政策文件，加大留学人员回国工作力度。改革完善博士后制度，提高博士后制度吸引力和博士后研究人员培养质量。启动新型企业学徒制试点，继续开展职业技能竞赛系列活动，做好第42届世界技能大赛选手选拔和高技能人才表彰。三是推进基层和非公领域人才队伍建设。研究制定关于加强基层专业技术人才队伍建设的政策措施，进一步完善促进高校毕业生就业创业等政策措施，全面实施万名专家服务基层行动计划、三支一扶计划等，加强新疆、西藏少数民族科技骨干培养。

（二）*以完善国家重大人才政策为抓手，加快推进体制机制创新。*人才工作的活力取决于体制和机制。有好的体制和机制，才能更好地培养、吸引和使用人才，真正做到人尽其才，才尽其用，用当其时。要坚持以人才政策创新带动体制机制创新，争取在人才管理制度建设上取得较大进展。一是稳步推进事业单位人事制度改革。加快推动《事业单位人事管理条例》出台，修改完善竞聘上岗等配套规定。按照实现制度入轨、加快机制转变的思路，全面推行并不断完善聘用制度，巩固聘用制度推行成果。加快岗位设置管理制度入轨运行，开展职员制试点和专业技术一级岗位实施工作。推进公开招聘全覆盖，完善分类招聘办法，加大监督检查力度，规范进人行为。二是加快改革完善人才评价机制。制定分类推进职称制度改革的指导意见。做好深化中小学教师职称制度改革扩大试点工作，启动工程技术人员、会计、技校和中专教师等职称制度改革，修订职称评审管理办法。完善职业技能鉴定制度，健全技能人才多元评价体系，研究制定高技能人才与工程技术人才职业发展贯通办法。继续做好职业资格清理规范工作，完成职业分类大典修订工作。加强各项考试管理，严肃考风考纪，确保考试安全。三是完善高层次人才激励保障机制。深化事业单位收入分配制度改革，不断完善岗位绩效工资制度。制定知识、技术、管理、技能等生产要素按贡献参与分配的办法，探索高层次、高技能人才协议工资制和项目工资制等多种分配形式，对企业退休的高层次专业技术人员提高养老金给予重点倾斜。四是完善公务员管理机制。加快推进公务员分类管理和聘任制公务员制度建设。坚持凡进必考，加大录用有基层工作经历人员力度。贯彻落实公务员培训纲要，加强四类培训和对口培训。加快推动国家勋章和国家荣誉称号法、国务院表彰奖励工作条例出台，建设国家文化荣誉制度。

（三）*以实施重大人才工程为龙头，打造政府人才工作知名品牌*。重大人才工程和品牌项目是人才工作的重要抓手，下一步关键是做实、做精、做强，作出声势，努力在政府人才工作领域打造有重大影响，推得开、叫得响的政府人才工作品牌项目。一是做实两个国家重大人才工程。专业技术人才知识更新工程和高技能人才振兴计划两个重大工程，既是我部牵头的两项重点任务，也是高层次高技能人才两支队伍建设的龙头工程。要以龙头工程带动队伍整体建设，做实项目内容：统筹实施好急需紧缺人才培养培训项目和岗位培训项目，举办200期高级研修项目，新建20个国家级专业技术人员继续教育基地，办好全国职业能力建设工作座谈会暨国家高技能人才振兴计划启动会，组织开展技师培训项目，新建140个高技能人才培训基地和150个技能大师工作室。二是做精创新项目。近年来，结合国家整体发展对人才的需求，根据人才工作发展实际，我部精心设计开展了一些人才工作新项目。比如，去年启动的香江学者计划，高技能人才培训基地和技能大师工作室建设工作，今年全面启动的万名专家服务基层行动计划、正在筹备的国家级专家服务基地建设项目、技师培训项目等。这些项目，有些已经启动，有些正在试点，有些即将推行。对这些创新项目，要精心谋划，既要研究制定后续保障措施，做好工程的细化实施，又要加大宣传力度，树立品牌形象。三是做强传统项目。多年来，人社部门组织实施了一批人才培养选拔传统项目，比如政府特殊津贴制度、中华技能大奖、三支一扶、百千万人才工程等，在推动经济社会发展、加强人才队伍建设过程中发挥了重要作用，享有较高的社会声誉。要继续推动传统项目创新发展，特别是加强国家、地方人才项目的衔接配套，实现系统人才工作上下同频共振。

（四）*以转变职能优化服务为目标，逐步完善政府人才公共服务体系*。强化人才公共服务是建设服务型政府、转变政府职能的必然要求，是做好政府人才工作的重要内容。一是建立健全统一规范灵活的人力资源市场。进一步整合人才市场和劳动力市场，加快推进区域人才开发合作，根据国家重点项目产业的人才资源需求，制定发布紧缺急需人才目录。发展专业性、行业性人才市场，促进产业人才的有效配置。二是推动人力资源服务业发展。研究完善人才档案管理政策体系，加快建立社会化的人才档案公共服务系统。研究配套推进户口迁移政策调整，落实人才跨区域、跨行业流动的社会保险关系转移接续办法。加强人才安全管理。三是加强人才服务平台建设。健全以博士后流动站、工作站为载体的创新型青年人才培养平台，以专家服务基地为载体的服务基层平台，以继续教育基地为载体的专业技术人员能力提升平台，以留学人员创业园为载体的留学人员创业平台，以技工院校、公共实训基地和各类培训机构为载体的技能人才培训平台。完善高技能人才培训基地、技能大师工作室的建设。加强高层次人才信息库、高技能人才评选表彰数据库、留学人员服务窗口建设，完善博士后、留学回国人员信息服务网络，推进职称管理工作信息化建设。要把加强政府人才公共服务体系建设作为人才工作的基础建设来抓，切实转变职能，强化服务意识。

最后，我再强调一下加强人才工作宣传问题。加强人才工作宣传，既是推动人才发展规划贯彻落实的思想基础，也是促进形成人才发展良好环境的重要条件。全国人才工作座谈会提出了10个方面科学人才观理念，并就广泛宣传和普及科学人才观作出专门部署。作为政府人才工作综合管理部门，要把学习宣传科学人才观作为工作的重要内容，强化宣传意识，丰富宣传形式，拓宽宣传渠道，除利用好部属宣传媒体、人才工作信息外，还要加强与人民日报、中央电视台、人民网等主流媒体的联系，要让政府人才工作的重大项目、重大工程、重大政策、重大改革措施在主流媒体上有宣传、有报道、有声有色。

同志们，人力资源社会保障部是政府人才工作综合管理部门。2010年召开的全国人才工作会议上，胡锦涛总书记、习近平副主席等中央领导同志对人力资源社会保障部政府人才工作综合管理部门的职能作用做了明确阐述，我们要从更高的视野，从党和国家的战略全局来认识做好人才工作的重要性和紧迫性，进一步增强责任感和使命感，坚持党管人才原则，正确把握，准确定位，在党管人才格局中，更好发挥政府人才工作综合管理部门职能作用，重点抓好人才工作政策法规建设、政府人才公共服务体系建设、高层次高技能人才队伍建设。2012年是我们党和国家发展历程中具有重要意义的一年。完成好今年政府人才工作目标任务，对于全面落实国民经济社会发展“十二五”规划、国家人才发展规划具有重要意义。部人才工作要点对我部2012年各项人才工作做了细致安排和任务划分，总体看，各个方面的工作任务都很重。专技司作为领导小组办公室，要发挥好牵头协调作用，对重点任务、重大政策等要及时跟踪、加强沟通，为人才工作领导小组各成员单位当好联络员、信息员和服务员。各成员单位要各司其职、各尽其责，站在全局的高度来思考问题，相互支持、相互配合，形成整体合力。希望各单位在部党组和人才工作领导小组的统一领导下，深入贯彻落实科学发展观，解放思想、勇于探索、开拓进取，扎实工作，稳中求进，努力推动政府人才工作实现新发展，以优异成绩迎接党的十八大胜利召开！

把握机遇　开拓创新
推动留学人员回国工作深入开展

——尹蔚民部长在2012年留学人员回国服务工作部际联席会议上的讲话

（2012年3月14日）

今天我们召开留学人员回国服务工作部际联席会议，主要任务是总结交流过去一年工作情况，研究部署2012年工作任务。刚才，建立同志汇报了2011年留学人员回国服务工作总体情况，教育部郝平同志、科技部曹健林同志、财政部李勇同志分别作了重要讲话，中组部人才局张栋同志讲了很好的意见，联席会议各成员单位和列席单位的有关负责同志，也分别介绍了本部门去年工作情况和今年打算，研究讨论了2012年工作要点，提出了很多很好的意见和建议，部际联席会议办公室要认真研究吸收，落实到具体工作安排和有关政策文件中。

2011年是“十二五”开局之年。一年来，部际联席会议各成员单位和有关部门深入学习贯彻全国人才工作会议精神，按照国家中长期人才发展规划的总体部署和去年部际联席会议《工作要点》的具体安排，充分发挥各部门职能作用，不断创新政策、健全机制、完善服务，加大吸引高层次留学人才工作力度，推动全国留学人员回国服务工作取得了新进展。一是政策有创新。制定下发《留学人员回国工作“十二五”规划》，对“十二五”期间的留学人员回国工作作出了全面部署；落实中央领导同志指示精神，研究设立人才签证、完善“绿卡”制度；下发《关于支持留学人员回国创业的意见》和《关于加强留学人员回国服务体系建设的意见》，标志着留学人员回国工作、回国创业、为国服务三位一体政策体系已经初步形成。二是引才有力度。以“千人计划”为龙头，海外高层次人才引进工作分层次、有计划整体推进，去年留学人员回国数量达到18.62万人，同比增长38.08%，“千人计划”一年引进了近千名海外高层次人才，引进人才总数达到2 200多人。从1978年到2011年年底，各类出国留学人员总数达224.51万人，留学回国人员总数达到81.84万人。三是服务有加强。人力资源社会保障部邀请全国92家留学人员服务单位共同发起成立了中国留学人员回国服务联盟，协同开展留学回国人才各项服务工作。联席会议各成员单位结合自身职能，面向广大海外人才开展宣传联络、建设服务平台、对接人才项目、落实政策待遇，提供资金、信息和服务支持，进一步营造良好环境。刚才，建立同志已经代表部际联席会议办公室详细介绍了一年来留学人员回国工作的情况。这些成绩的取得是各成员单位密切配合、协同推进的结果。

同时也应该看到，当前留学人员回国服务工作与中央的要求、社会的需求、广大留学人才的期待还存在一定差距。顶尖人才回来的仍然不多，政策措施仍须完善，回国渠道有待畅通，服务能力亟待加强。如何更好发挥联席会议各成员单位职能作用，进一步加快高层次留学人才队伍建设，以更大的决心和勇气改革创新，打破阻碍人才引进和发挥作用的体制机制性障碍，这些都需要深入研究破解。

今年是“十二五”承前启后的重要一年，也是深入实施人才规划纲要的攻坚之年。温家宝总理在今年政府工作报告中强调，要深入实施科教兴国战略和人才强国战略，全面加强人才工作，深化人才体制改革，大力培养造就高水平创新创业人才、青年人才和急需紧缺人才，引进高层次人才。总理的报告对我们做好今年的政府人才工作指明了方向，提出了明确要求。我们要紧紧围绕科学发展这个主题和加快转变经济发展方式这条主线，从更高的视野充分认识做好留学人员回国服务工作的重要性和紧迫性，创造性地做好今年的各项工作。

2012年留学人员回国服务工作的总体要求是：坚持以邓小平理论和“三个代表”重要思想为指导，深入贯彻落实科学发展观，全面落实《国家中长期人才发展规划纲要(2010—2020年)》和《留学人员回国工作“十二五”规划》，坚持党管人才原则，更好实施人才强国战略，继续贯彻“支持留学、鼓励回国、来去自由”的工作方针，按照拓宽留学渠道、吸引人才回国、支持创新创业、鼓励为国服务的要求，以服务广大留学人员为基础，以吸引海外高层次人才为重点，进一步完善政策，健全机制，加强服务，吸引更多的留学人才回国工作、创业或以多种形式为国服务，为全面建设小康社会、建设创新型国家提供有力的人才支撑，以优异成绩迎接党的十八大胜利召开。关于今年的重点工作，我强调以下三个方面：

一、不断创新留学人员回国工作政策体系

制定落实各项政策是做好留学人员回国服务工作的主要着力点。目前，留学人员回国工作三位一体政策体系虽已初步成形，但仍需要不断完善。下一步重点，一是尽快完善高层次人才永久居留政策。报经国务院批准后，尽快颁布实施《外国人在中国永久居留审批管理办法》，制定下发《关于进一步完善外国人在中国永久居留待遇的意见》和降低中国“绿卡”门槛的意见，使中国“绿卡”制度成为符合国际惯例，在国际人才竞争中能够充分发挥作用的制度。二是完善高层次人才入出境政策。在《中华人民共和国出入境法（草案）》及配套法规中增设人才签证类别，抓紧制定实施办法和细则，研究起草《关于为海外高层次人才提供入出境及居留便利有关问题的通知》，全面解决海外高层次人才有关签证和居留便利问题。三是完善高层次人才回国服务政策，研究起草《关于进一步畅通海外高层次人才回国工作绿色通道的意见》，完善海外高层次人才户籍管理、税收、医疗待遇、社会保险、计划生育、子女入学、配偶就业、项目申请、经费资助、投融资等方面政策措施，不断优化海外高层次人才回国工作的政策环境。

二、深入实施留学人员回国工作重点项目

引才项目是落实人才工作任务的重要载体和抓手。联席会议各成员单位要按照中央人才工作协调小组和海外高层次人才引进工作小组的要求，以实施“千人计划”为龙头，全面落实好各项留学人员回国工作重点引才项目，切实抓好各类吸引海外留学人才回国工作项目整体推进。一是着力实施重点引才项目。按照“千人计划”专项办要求，认真做好“千人计划”各有关平台的评审工作；加强海外高层次人才引进服务窗口建设工作，积极落实引进人才各项生活待遇；充分发挥驻外使领馆、中国国际人才交流协会驻外代表处以及国内各海外高层次人才联系窗口作用，加强各部门海外高层次人才信息库建设，畅通海外高层次人才回国渠道；继续开展好“长江学者”、“百人计划”、“海外高层次留学人才回国资助”、“创新团队国际合作伙伴计划”等项目，推动引才工作整体推进。二是着力实施留学人才创业项目。重点实施中国留学人员回国创业启动支持计划、“春晖杯”中国留学人员创新创业大赛、科技型中小企业创新基金、“海外学人创业周”等专项计划和专项活动；充分发挥中国留学人员回国创业专家指导委员会、国务院侨办海外专家咨询委员会作用，加强对留学人员的创业指导和咨询服务；继续开展与地方人民政府共建国家级留学人员创业园工作，充分发挥中国留学人员创业园联盟作用，全方位支持创业园发展；拓宽留学人员回国创业的融资渠道，做好金融支持留学人员回国创业的各项工作。三是着力实施为国服务项目。继续实施“海外赤子为国服务行动计划”、“春晖计划”、“海智计划”、“健康光明行”、“海联论坛”等专项计划，开展好各项海外留学人员为国服务活动。加强部门合作，与地方共同办好广州留交会、大连海创周、南京留交会、福建海交会等大型留学人员交流示范活动。要通过做大做强做优引才项目，推动留学人员回国工作深入发展。

三、大力健全留学人员回国工作服务体系

留学人员回国服务体系是政府人才公共服务体系的重要组成部分。去年按照中央人才工作协调小组的要求，人力资源社会保障部出台了《关于加强留学人员回国服务体系建设的意见》，提出从完善服务政策、壮大服务机构、构建服务网络、搭建服务平台、开发服务产品等方面，全面加强留学人员回国服务体系建设。下一步，一是要推进服务网络建设。加强中国留学人员回国服务联盟建设，以“千人计划”服务窗口为重点，以各地区各部门留学人员服务机构为主体，充分发挥侨办、侨联、科协、团中央、欧美同学会等部门的独特作用和网络优势，逐步形成政府主导、社会参与、相互配合、上下互动的留学人员回国服务网络。二是加强留学人员回国服务信息平台建设。不断完善人才统计机制，鼓励各方面建设海外人才项目信息库，依托中国留学人才信息网、全球华侨华人专业协会协作网等专业网站，构建面向社会和广大海外留学人员的留学回国工作信息平台，促进留学人才、项目、政策、资金等信息资源的交流共享。三是提升服务水平。充分发挥联席会议各成员单位自身职能作用，加强联系配合、简化办事程序，落实留学人员签证、居留、“绿卡”、落户、医疗、保险、住房、计划生育等生活待遇，方便办理投资、海关、税收、工商、外汇管理等工作方面手续，不断提升留学人员服务工作水平，创造良好的生活和工作环境。

同志们，2012年是我们党和国家发展进程中具有重要意义的一年。完成好今年政府人才工作的目标任务，推动留学回国工作实现新发展，对于全面落实国民经济社会发展“十二五”规划和国家人才发展规划具有重要意义。联席会议各成员单位要提高思想认识，从战略和全局的高度，充分认识留学人员回国工作的重要性和紧迫性。要坚持党管人才原则，充分发挥部门职能作用，围绕党和国家工作大局，抓好政策制定、服务管理、队伍建设和重点项目，推动留学人员回国工作全面开展。要加强统筹协调。按照《2012年留学人员回国服务工作部际联席会议工作要点》的职责分工，加强沟通配合，统筹协调解决留学回国工作中的难点、热点和重点问题。加强对重点工作的及时调度和督促检查，狠抓政策落实、项目落实、资金落实，推动各项政策落实到位。联席会议办公室要加强与各单位的沟通联络，做好具体服务工作。充分发挥留学人员回国服务联盟、服务窗口、创业专家指导委员会、创业园等各类服务载体的作用，形成工作合力。要加强改革创新，进一步解放思想，通过制度创新、机制创新、政策创新、工作创新，积极营造更有利于人才引进和发展、有利于优秀人才脱颖而出的良好环境，制定和实施对我国积极应对国际人才竞争、促进国内高层次人才队伍建设发展具有重大推动作用的政策措施。认真总结各地各部门围绕重大区域战略、产业发展战略吸引海外高层次人才的经验，加强留学人员回国工作新政策、新项目研究，做大做强服务品牌。要做好宣传引导，积极宣传国家留学人员回国工作方针政策，广泛宣传报道留学人员的先进事迹，大力弘扬广大留学人员爱国奉献、拼搏进取的精神风貌。不断交流工作经验和做法，更好做好留学回国工作。通过各种努力，为留学人才营造良好的工作、生活环境，吸引和感召更多的留学人员回国发展、为国服务。

让我们抓住机遇、解放思想、扎实工作、稳中求进，共同努力开创留学人员回国工作的新局面，为实现创新型国家建设和全面建设小康社会作出新的贡献，以优异成绩迎接党的十八大胜利召开！

抓住机遇　改革创新
全面推动专业技术人才工作科学发展

——王晓初副部长在全国专业技术人才工作座谈会上的讲话

（2012 年 4 月 17 日）

今天召开全国专业技术人才工作座谈会，会议的主要任务是，贯彻落实全国人才工作座谈会和全国人力资源和社会保障工作会议精神，回顾总结近年来特别是 2011 年专业技术人才工作的主要成绩和经验，分析当前形势，明确 2012 年工作思路和重点任务，推动专业技术人才工作科学发展。刚才，中组部人才局郭先魁同志作了重要讲话，向我们介绍了全国人才工作的形势和任务，并对我们专业技术人才工作提出了明确要求，大家要认真学习贯彻。下面，我讲四点意见。

一、我国专业技术人才工作的主要成绩和经验

专业技术人才是我国人才队伍的骨干力量。推动专业技术人才工作科学发展，是实施人才强国战略的重要内容。近年来，在各级党委政府领导下，各级人力资源社会保障部门紧紧围绕贯彻落实全国人才工作会议和人才发展规划精神，以高层次创新创业型人才为重点，改革创新，开拓进取，专业技术人才队伍建设取得了显著成绩。队伍规模不断壮大，截至 2010 年底，我国专业技术人才总量达 5 550 万，其中，两院院士近 1 500 人，有突出贡献的中青年专家 5 206 人，百千万人才工程国家级人选 4 113 人，享受政府特殊津贴专家 16. 2 万人；整体素质不断提高，截至 2010 年年底，国有单位专业技术人才队伍中，大专以上学历人数占专业技术人才队伍总人数的 81. 6%，高级职称人员占总人数的 9%；作用发挥不断增强，体制机制不断优化，各类专业技术人才发挥骨干带头作用，为我国经济社会发展和科技进步作出了重大贡献，成为中国特色自主创新道路的重要力量。

2011 年，以深入贯彻全国人才工作会议精神和人才规划纲要为契机，专业技术人才工作取得了新进展。一是中组部、人力资源社会保障部联合印发《专业技术人才队伍建设中长期规划（2010—2020 年）》（以下简称《专技人才规划》），人力资源社会保障部印发《留学人员回国工作“十二五”规划》和《博士后事业发展“十二五”规划》。《专技人才规划》是我国人才规划体系的重要组成部分，是今后一个时期我国专业技术人才工作的纲领性文件。二是专业技术人才知识更新工程全面启动。召开了工程启动会议，印发了工程实施方案，落实了工程经费，举办了 269 期高级研修班，首次设立 20 家国家级专业技术人员继续教育基地。新疆、西藏特培以及三江源人才工程等继续教育专门项目深入实施。继续教育制度建设不断加强。据不完全统计，去年全国有 3 000 多万专业技术人员参加各种类型继续教育。三是中共中央、国务院印发了《关于继续实行政府特殊津贴制度的通知》，对 2012—2020 年政府特贴工作作出了整体安排。会同八部门研究起草了国家百千万人才工程实施方案，制定印发了万名专家服务基层行动计划，创新了专家服务和发挥作用的新形式。四是分类推进职称改革工作取得重大进展，顺利完成深化中小学教师职称制度改革试点，经国务院批准，在全国部署了扩大试点工作。研究起草了关于分类推进职称制度改革的意见和关于深化工程技术人员职称制度改革的意见。全面开展了职业资格清理规范工作并取得阶段性成果。组织实施了 49 项专业技术人员资格考试，1 810 万人次参考，有 120 余万人取得资格证书。五是召开了全国留学人员回国服务工作会议，成立了中国留学人员回国服务联盟和中国留学人员回国创业专家指导委员会，印发了《关于支持留学人员回国创业的意见》和《关于加强留学人员回国服务体系建设的意见》，留学人员回国工作、创业、为国服务三位一体的政策体系初步形成。去年留学人员回国数量达到 18. 62 万人，同比增长 38. 08%。从 1978 年到 2011 年年底，留学人员回国总数达到 81. 84 万人。六是研究制定了加强企业博士后工作的意见，实施了博士后“香江学者计划”，举办了 15 期不同学科的全国博士后学术交流活动。全年招收博士后研究人员 1 万多人，目前全国共设立博士后科研流动站 2 146 个、工作站 2 158 个，累计招收博士后研究人员 9 万多人。七是政府人才工作综合协调不断加强。各地人力资源社会保障部门充分发挥相应人才工作领导小组工作机制的作用，采用工作会、调度会、协调会等方式，推动重点人才工作任务的落实，加强系统内信息交流，初步形成了上下贯通、协调推进的工作机制。

这些成绩的取得，是党中央、国务院正确领导的结果，是各级党委、政府高度重视的结果，是有关部门大力支持的结果，是专业技术人才工作战线同志们共同努力的结果。在此，我代表人力资源社会保障部，向多年来为专业技术人才工作作出积极贡献的同志们，表示衷心的感谢!

在推进专业技术人才工作中，我们积累了许多宝贵的经验，主要有四条：一是坚持围绕中心，服务大局。贯彻落实科学发展观，以科学人才观为指导，紧紧围绕人才强国战略的总体部署，着眼于国家经济社会发展大局，不断激发专业技术人才的积极性、主动性和创造性，引导专业技术人才积极投身科技进步和经济社会发展主战场。这是专业技术人才工作始终保持蓬勃发展的根本保证。二是坚持突出重点，整体推进。以高层次创新创业型人才为重点，大力培养世界级的科学家、高水平的科技领军人才和学科带头人，引领带动、整体推进专业技术人才工作全面发展。这是专业技术人才工作取得显著成绩的关键。三是坚持以用为本，改革创新。紧紧围绕用好专业技术人才这个中心环节，不断深化改革，创新政策，健全制度，优化环境，让各类专业技术人才用当适任、用当其时、用当尽才、才尽其用，最大程度发挥专业技术人才的创新引领作用，在创新实践中实现自我、创造价值、服务社会。这是专业技术人才工作不断创新发展的根本动力。四是坚持团结协作，密切配合。坚持党管人才原则，充分发挥政府人才工作综合管理部门职能作用，调动和发挥各方面的积极性，形成推进专业技术人才工作的合力。这是专业技术人才工作顺利推进的基本途径。

在看到成绩的同时，也应该清醒地看到我们工作中存在的问题，看到与落实人才发展规划、更好实施人才强国战略的需要相比存在的差距：如高层次创新创业型人才依然匮乏，阻碍专业技术人才成长、发挥作用的体制机制障碍尚未破除，专业技术人才公共服务体系尚不健全，基层和非公领域专业技术人才队伍建设还比较薄弱，政府人才工作职能作用发挥不够，推得开、叫得响的人才工作品牌项目不多，人才工作宣传力度不够等等，我们要正视这些困难和问题，坚持解放思想，改革创新，努力加以克服和解决。

二、充分认识做好新形势下专业技术人才工作的重要意义

全国人才工作会议召开和国家人才发展规划纲要颁布实施以来，全国人才工作加快发展，加力创新，进入人才优先发展的新时期，迈进加快建设人才强国的新阶段，人才工作面临着难得的发展机遇。科学人才观理念更加深入人心，人才工作的战略地位更加突出，人才工作的发展动力更加强劲，社会对人才工作体制机制创新的期盼更加迫切。新形势下，我们必须充分认识和紧紧抓住我国人才发展的黄金机遇期，充分认识专业技术人才工作在我国整个人才工作中的重要地位，充分认识专业技术人才队伍在推进我国经济社会发展和科技进步中战略性、基础性和关键性作用，在新的起点上，推进专业技术人才事业不断取得新的更大发展。

（一）加强专业技术人才队伍建设是建设人才强国，贯彻《国家人才规划纲要》的重要内容

专业技术人才占我国整个人才队伍总量的 45.6%，是我国人数最多、覆盖面最广、整体素质最高的一支人才队伍。中央在实施人才强国战略和人才规划纲要的部署中，都对加强专业技术人才队伍建设提出了明确要求，特别是把培养造就创新创业型人才和急需紧缺人才放在了突出位置，在重大政策制定和重大工程实施上都把专业技术人才作为重点。加快建设一支规模宏大、结构合理、素质优良、具有竞争力的专业技术人才队伍，是深入贯彻落实科学发展观和人才强国战略，全面实施人才规划纲要的一项重要举措，是对各个重点领域人才规划的重要支撑和衔接，在推动我国人才工作整体发展中发挥着重要作用。

（二）加强专业技术人才队伍建设是促进科学发展、加快转变经济发展方式的必然要求

“十二五”时期，科学发展是主题，加快转变经济发展方式是主线。实现科技创新和发展转型，关键是要有一支宏大的高层次创新创业型人才队伍作为支撑。“发展依靠人才”、“抓人才就是抓转变”、“人才结构决定了产业结构”成为各地围绕主题主线开展人才队伍建设工作的宝贵经验和共识。各地纷纷把专业技术人才作为引领科技进步，加快转型升级的核心竞争力，优先发展，寻求突破。这就迫切要求我们围绕国家经济社会发展全局和人才工作大局，加快建设一支能够突破关键技术、发展新兴产业、带动新兴学科的高层次创新创业型专业技术人才队伍，促进我国经济发展方式向主要依靠科技进步、劳动者素质提高、管理创新转变，推动经济尽快走上创新驱动、内生增长的轨道。

（三）加强专业技术人才队伍建设是提高我国国家竞争力，应对激烈国际人才竞争的迫切需要

人才资源是最重要的战略资源，在世界综合国力竞争中越来越具有决定性意义。目前，专业技术人才特别是高层次人才短缺已成为一种世界性现象。各国都相继把人才战略上升为国家战略，在世界范围内抢夺高端人才。面对更加复杂多变的国际形势，为了主动应对国际人才竞争，我们必须加大人才优先发展的推进力度，实施更加开放的人才政策，以宽广的世界眼光培养造就一支站在科技发展前沿、产业发展前沿的高层次创新

创业型专业技术人才队伍，在激烈的国际竞争中充分发挥好人才作用，为加快建设创新型国家提供坚实人才保障。

（四）加强专业技术人才队伍建设是围绕“民生为本、人才优先”的工作主线，推动政府人才工作科学发展的必然要求

“民生为本、人才优先”的工作主线，是对人力资源社会保障部门工作职能的基本定位。就业、社会保障等民生问题直接关乎群众福祉，社会稳定，是第一责任，民生工作是“硬任务”。人才是兴国之本，富民之基，发展之源，是发展的第一要素，人才工作是“硬道理”。各级人力资源社会保障部门肩负着政府人才工作综合管理的重要职能，大力加强专业技术人才队伍建设，创造性地做好专业技术人才管理工作，既是贯彻落实人力资源社会保障工作主线的本质内容，也是推动政府人才工作科学发展的必然要求。

三、加强专业技术人才队伍建设的总体思路和重点举措

今年，是党的十八大召开之年，也是深入实施人才规划纲要的攻坚之年。做好当前和今后一个时期的专业技术人才工作，要以邓小平理论和“三个代表”重要思想为指导，深入贯彻落实科学发展观，在党管人才工作格局中，更好发挥政府人才工作综合管理职能作用，以全面落实国家人才发展规划和专技规划为统领，以专业技术人才知识更新工程为龙头，以高层次人才为重点，以提高创新能力为核心，完善政策措施、创新体制机制、加强队伍建设、健全服务体系，在新的起点上全面推进专业技术人才事业科学发展。重点做好以下八个方面的工作。

（一）以专业技术人才知识更新工程为龙头，全面提升专业技术人才整体素质

专业技术人才知识更新工程是国家人才发展规划十二大人才工程之一，是加快经济社会发展重点领域急需紧缺人才培养、提升专业技术人才整体素质的重要抓手，是当前和今后一个时期专业技术人才队伍建设的龙头工程。各地各部门要将此作为当前专业技术人才工作中的头号工程，摆在突出位置，高度重视、加大力度、全力推进。一是制定实施好工程年度工作计划，特别是抓紧启动急需紧缺人才培养培训和岗位培训项目。要充分调动和发挥地方、行业主管部门、行业协会和有关中央企业的职能作用，进行急需紧缺人才培养指标测算和任务分解，统筹实施好急需紧缺人才培养培训项目和岗位培训项目。今年将举办200期高级研修项目，新建20个国家级专业技术人员继续教育基地。二是建立完善工程的运行管理机制，形成工作合力。上个月，部里召开了国家专业技术人才知识更新工程组织实施工作座谈会，目前正在筹备成立工程指导协调小组。各地人力资源社会保障厅局和有关重点领域行业主管部门也要根据工程实施方案成立相应的工作机构，建立健全工程运行管理机制。在工作机制中，要充分发挥中国继续工程教育协会及各级分会的作用。三是加强继续教育基础工作。修改完善《专业技术人员继续教育规定》。加大继续教育网络平台建设力度，研究编辑公共科目课程，指导分类制定各行业专业技术人员培训大纲，加强课程和教材体系建设，提高培养质量，规范证书发放。四是推动继续教育工作全面发展。继续实施新疆、西藏少数民族科技骨干特殊培养工作，为新疆、西藏培养一批少数民族科技骨干。进一步做好西部和振兴东北老工业基地人才资源开发，加强对口人才培训。继续开展青海三江源人才工程有关工作。

（二）以构建国家高级专家培养选拔体系为核心，突出抓好高层次创新创业人才队伍建设

高级专家是专业技术人才队伍的核心，是提高国家核心竞争力、建设创新型国家的重要战略资源。人才发展规划和专技规划明确提出，要逐步构建层次分明、上下衔接、梯次递进的国家专家培养选拔体系。一是继续实施、完善政府特殊津贴制度。要按照中央要求，严格选拔条件，改进评选办法，强化考核激励，实行动态管理，努力实现政府特殊津贴品牌项目的创新发展，提高品牌项目的“含金量”。今年是特贴选拔年，也是新十年的第一次选拔，希望各地区高度重视，严格条件、严格程序、严格要求，抓紧做好本地区人选的选拔推荐工作。二是创新中青年领军人才选拔培养措施。要加快出台国家百千万人才工程实施方案，改革完善有突出贡献中青年专家制度，围绕国家经济科技发展的战略需要，明确新时期、新阶段我国中青年领军人才选拔培养的目标任务，进一步创新政策措施，加大培养力度。要抓紧做好本年度工程国家级人选选拔工作，继续办好百千万人才工程国家级人选高级研修班和境外考察培训团。三是加强创业型科技人才队伍建设。会同有关部门研究制定《关于加强创业型科技人才队伍建设的指导意见》，探索支持科技人才创业的特殊政策、特殊机制和特殊平台，培养造就一大批创业型科技人才。四是建立健全联系服务专家制度，建立各级领导、专家管理服务部门定期联系专家制度。健全专家信息化服务体系，加强专家的动态管理和服务，充分发挥各级专家服务机构的作用。不断完善专家休假制度，继续做好节假日专家走访慰问，组织好一年一度的院士专家海南休假活动。

（三）以万名专家服务基层行动计划为依托，推动基层专业技术人才队伍建设

依托专家资源，服务带动基层，是人力资源社会保障部门发挥职能优势，服务地方经济科技发展的重要抓手。去年部里制定下发了《万名专家服务基层行动计划实施方案》。一年来，这一活动初见成效，广受欢迎。当前，重点是提高这一创新项目的知名度和影响力，完善政策，搭建平台，畅通渠道，健全机制，在更大范围、更广领域和更高层次上组织专家深入基层服务。一是完善政策体系。各省市要结合本地实际情况，尽快制定本省市专家服务基层行动计划实施方案和配套政策措施，统筹安排好本省市专家服务基层活动，调动各方面积极性，整合资源，形成合力，为专家服务基层提供政策保障和支撑条件。要加快形成专家选派、管理和跟踪服务的长效机制，推动专家服务基层制度化、规范化、常态化。二是组织开展示范性服务活动。去年部里遴选资助各省区市专家服务基层示范项目44个，每个项目都取得了很好的效果。今年服务项目正在进行遴选，各地区要高度重视，精心组织好示范活动，务求取得实效。同时，要以资助的示范项目为样板，组织开展好本地区省市级专家服务基层活动，以点带面，推动整个专家服务基层工作的蓬勃开展。三是加强专家服务基地建设。制定出台《国家专家服务基地建设管理办法》，根据国家重大战略布局和基层经济科技发展需要，加强专家服务基地建设，以基地为平台，承接专家智力资源转移。今年将首批新建50个国家级专家服务基地。各省市区可逐渐向下铺开，形成上下贯通的专家服务平台体系。

（四）以改革完善评价机制为目标，加快推进职称制度改革步伐

职称制度是评价专业技术人才学术技术水平和职业素质能力的一项主要制度，职称

政策是专业技术人才工作最大的政策。职称制度改革已经迈出重要步伐，下一步，我们要坚持以职业分类为基础，以能力和业绩为导向，深化改革、加强管理、完善服务，建立重在业内和社会认可的人才评价机制，建立以社会管理和公共服务为核心的职称管理制度，形成科学、分类、动态、面向全社会各类专业技术人才的职称制度。一是加快推进职称制度改革各项工作。进一步修改《关于分类推进职称制度改革的指导意见》。会同教育部组织实施好深化中小学教师职称制度改革扩大试点工作。制定出台《关于深化工程技术人员职称制度改革的意见》，启动改革试点工作。研究制定技校、会计系列职称制度改革的意见。结合职业分类大典修订，研究完善职称框架体系。二是做好职业资格的清理规范和发展完善工作。职业资格清理规范第一批公告已经国务院领导批准，最近将正式向社会公布，要做好公布后的各项后续工作。同时，抓紧研究确定职业资格清理规范第二批、第三批公告内容。修改完善《境外职业资格在境内开展相关活动管理办法》，报国务院批准后下发。推动《职业资格设置管理条例》立法进程。会同有关部门研究建立消防专业人员、地质勘察人员、人力资源管理专业人员等一批职业资格制度。三是切实提高专业技术人员资格考试工作水平。研究制定《专业技术人员资格考试考务工作规程》，加强专业技术人员资格考试考务管理。继续推进专业技术人员资格证书管理信息化建设。组织实施好49项专业技术人员资格考试。四是进一步加强和改进职称评审工作。修改完善《职称评审管理办法》、《中央单位职称评审委员会管理办法》，争取加快出台。继续做好高级职称评审委员会备案审核工作。

（五）以高层次留学人才为重点，加大吸引留学人才回国工作力度

认真贯彻落实《留学人员回国工作“十二五”规划》，以吸引高层次留学人才为重点，以服务广大留学人员为基础，以完善政策、提升服务、夯实基础为主要着力点，全面加强留学人员回国工作。一是不断完善政策措施。重点突破海外高层次人才居留、签证相关政策，抓紧出台关于完善外国人在中国永久居留待遇的办法，研究制定进一步为海外高层次人才提供入出境及居留便利的政策文件，配合做好《中华人民共和国出入境法（草案）》设立人才签证相关配套法规制定工作。同时，积极推动现有各项政策的配套落实。二是重点引进高层次人才。配合实施好“千人计划”，做好“千人计划”创业平台评审、政策协调、服务窗口、联系窗口等各项工作。同时，继续组织实施好高层次留学人才回国资助、留学人员科技活动项目择优资助等工作，加快引进海外高层次留学人才。三是大力支持回国创业。贯彻实施好《关于支持留学人员回国创业的意见》，形成支持留学人员创业的政策导向。组织实施好“留学人员回国创业启动支持计划”，组织开展留学人员企业推介活动，重点扶持一批有发展潜力的留学人员企业。充分发挥中国留学人员回国创业专家指导委员会的作用，加强对留学人员回国创业的指导和培训。继续加强留学人员创业园建设。四是积极开展为国服务活动。组织实施好“海外赤子为国服务行动计划”，从政策、信息、资金、人才等方面加大支持力度。鼓励和支持各地有针对性地开展人才项目交流对接活动，依托重点城市培育若干国家级和区域性留学人才交流服务品牌活动。五是全面构建服务体系。要深入贯彻落实加强服务体系建设的意见，以中国留学人员回国服务联盟为依托，通过完善服务政策、壮大服务机构、构建服务网络、搭建服务平台、开发服务产品等措施，全面加强留学人员回国服务体系建设。

要以方便广大留学人员为基础，以服务高层次留学人才为重点，为留学人员回国提供高效便捷的公共服务。

（六）以加快培养青年人才为目标，稳步推进博士后制度改革完善

博士后群体是我国最活跃、最具创新能力的高层次青年人才的代表。博士后制度是我国有计划、有目标地培养高层次人才的重要制度。要认真贯彻《博士后事业发展“十二五”规划》，继续发挥博士后制度在培养青年人才方面的优势，推进博士后工作再上一个新台阶。一是健全管理体制。积极推进博士后分级管理体制改革，形成由人力资源社会保障部门牵头、各有关部门协调合作、各设站单位发挥人才培养使用主体作用的工作格局。二是完善管理制度。研究制定《关于改革完善博士后制度推动博士后事业发展的意见》和《关于加强企业博士后工作促进企业成为自主创新主体的意见》，进一步加强对博士后研究人员的在站管理，规范对博士后研究人员的目标管理、绩效评价、奖励惩处，坚持严进严出，有计划、有目的地培养造就青年拔尖人才。三是稳步扩大设站和招收规模。做好新设流动站的评审、确认工作。支持设站单位稳步扩大博士后研究人员招收规模，加强评估工作，坚持优胜劣汰，提高培养质量，形成通过博士后制度选人、用人的机制。四是加强博士后学术交流与国际交流。继续开展不同学科的博士后全国学术交流活动，做好香江学者计划，中非、中韩博士后交流项目，在交流融会中培养造就高层次创新型人才。

（七）以“一园、两站、两基地”为基础，积极推进专业技术人才公共服务体系建设

完善人才公共服务体系是实施人才强国战略的基础保障，也是人才规划纲要的明确要求。建设专业技术人才公共服务体系要突出专业化、突出高层次、突出服务性。要充分利用专业技术人才工作多年积累的工作经验和工作平台，围绕服务做好做足文章，不断创品牌、树形象，在服务人才中不断开拓新领域、打开新局面。一是加强统筹规划。把专业技术人才公共服务体系纳入人力资源和社会保障公共服务体系总体布局，坚持统筹规划，分步实施，资源共享。二是加强服务平台建设。以“一园、两站、两基地”为载体，加强专业技术人员公共服务平台建设。要继续开展与地方人民政府共建留学人员创业园活动，继续做好博士后科研流动站和工作站的评审选拔和评估管理工作，新建一批国家级专家服务基地和国家级专业技术人员继续教育基地，通过这些载体，发挥职能优势，整合各类资源，为各类人才提供多样化的公共服务。三是加强服务网络信息化建设。加快建设功能完善、信息畅通、服务便捷、资源共享的全国性专业技术人才信息网络服务平台，切实让这个平台成为广大专业技术人才的网络家园和工作助手，成为用人单位的网上办事大厅和交流中心。

（八）以宣传表彰专业技术人才先进典型为抓手，全面加强专业技术人才职业道德建设

改革开放30多年来，我国专业技术人才队伍的整体素质显著提升，这支队伍的职业道德水平总体上是好的。但也要看到，当前专业技术人才队伍中信念动摇、责任缺失、学术不端的现象，仍然存在，专业技术人才职业道德建设必须引起我们高度重视，加以研究解决。重点从两方面入手。一是继续开展杰出专业技术人才、先进留学人员和优秀博士后等表彰宣传活动。通过树立典型、学习典型，引导广大专业技术人

才自觉弘扬拼搏、创新、攀登、奉献的科学精神，严谨笃学、潜心钻研、淡泊名利、开拓进取，为社会主义现代化建设建功立业。二是着手研究建立专业技术人才职业道德标准体系。制定专业技术人才职业行为规范，建立舆论监督、群众监督和制度监督结合的专业技术人才职业道德惩戒机制。加强制度“硬约束”和监督自律等“软约束”，加大对学术不端、造假、缺乏科研诚信的惩戒力度，严肃专业技术人才职业行为。

四、以更加奋发有为的精神创造性地抓好落实

当前，专业技术人才工作的任务非常繁重，我们要把握好稳中求进的工作总基调，以更加奋发有为的精神抓好落实，不断提高专业技术人才工作的科学化水平。

（一）找准定位，充分发挥政府人才工作综合管理部门的职能作用

政府人才工作综合管理部门是人力资源社会保障部门开展人才工作的基本定位。对此，全国人才工作会议和人才发展规划纲要提出了明确要求，最近，中央人才工作协调小组刚刚审议通过了《关于进一步加强党管人才工作的意见》，专门对如何发挥政府人力资源管理部门职能作用进行了阐述。各级政府人力资源社会保障部门要按照中央要求，始终坚持党管人才原则，在党管人才工作格局中，加强和改进宏观指导，强化公共服务，优化人才发展环境，重点在制定人才政策法规、构建人才服务体系、培育和发展人才资源市场、加强专业技术人才和高技能人才队伍建设等方面发挥职能作用。要加强与组织部门的密切配合，准确定位，主动工作，切实履行综合管理职责，努力提高综合管理水平。要坚持“民生为本、人才优先”的工作主线，把人才工作作为人力资源社会保障部门的重要战略任务，统筹推进政府人才工作发展。要丰富完善综合管理手段，充分调动各行业管理部门的积极性，努力形成上下贯通、系统联动、部门协作的政府人才工作机制，部里和很多地方专技人才工作部门作为人力资源社会保障系统内人才工作的牵头部门，要完善协调机制、构建工作体系、努力形成系统内人才工作的强大合力，推动政府人才工作科学发展。

（二）勇于创新，不断创新工作思路和工作方法

新形势下，人才工作的环境、条件和方法与过去相比，发生了很大变化，老矛盾与新情况交织，政策问题与落实问题并存，改革与发展的任务并重，这就要求我们牢固树立科学人才观，进一步放开思路、放开胸襟、放开眼界，以改革创新的精神破解发展中的难题。要加强对重大问题的顶层设计和总体规划，把人才工作放在党和国家工作全局中去谋划，围绕中心工作来开展。要敢于发现问题、剖析问题、解决问题，把握住问题的实质，以解决实际问题为切入点，增强工作的针对性和实效性。要以政策创新带动专业技术人才工作体制机制创新，突破重点难点问题。要善于把握人才工作规律，不断创新工作内容、工作方法、服务手段，提高专业技术人才工作的科学化水平。

（三）突出重点，狠抓重大政策和重点项目的落实

人才工作必须突出重点。重点是抓好对全局工作具有重要影响和带动作用的重大政策和重点项目。对这些重点工作，要按照“四个明确”，即明确任务、明确责任、明确要求、明确时限的要求，抓住不放，一抓到底，集中精力完成，通过重点任务的落实，带动专业技术人才工作的全面发展。要狠抓各项政策落实。各级人力资源社会保障部门

要根据国家政策，结合各自实际，制定配套政策和实施细则，增强政策的可操作性，切实把国家政策落实到基层。在项目实施上，各级人力资源社会保障部门要做好国家重大人才项目的对接落地和配套实施，共同打造有影响、有特色的人才工作品牌。要积极落实人才优先投入的政策，努力争取支持，加大人才投入，确保人才重点工作的资金需要。

（四）加强宣传，进一步营造有利于专业技术人才发挥作用的氛围

要树立主动宣传意识，大力加强宣传工作，在出台重大政策、部署重点项目、召开重要会议、举办重大活动时，都要同步考虑宣传工作，制定宣传方案，有计划、有目的地开展新闻宣传工作。要善于树立典型，通过先进人物和典型事迹宣传专业技术人才工作取得的成效。要做好舆情应对和引导，争取支持，增进理解，化解矛盾。通过舆论宣传，动员和组织全社会力量，集聚人才、吸引人才、用好人才，努力形成各类人才大量涌现、创造活动竞相迸发、聪明才智充分发挥的生动局面。

（五）强身固本，着力加强专业技术人才管理队伍建设

要不断加大对专技系统干部的培训力度，提高广大专业技术人才管理工作者的依法行政能力、科学决策能力、管理协调能力、综合服务能力，努力推进专业技术人才工作创新发展。要加强专业技术人才管理工作的交流，互相学习好的经验和做法，共同研究解决工作中遇到的难点问题。要严格管理，廉洁从政，不断加强管理制度建设，严肃各项工作纪律。要牢固树立服务意识，主动为广大专业技术人才排忧解难，多为他们办实事、办好事，努力把各级人力资源社会保障部门建设成为“专业技术人才之家”。

人才工作是一项关乎民族振兴、国家未来的战略任务，专业技术人才工作任重道远。让我们共同努力，开拓进取，以奋发有为的精神状态，不断开创专业技术人才工作的新局面，以优异成绩迎接党的十八大的顺利召开。

王晓初副部长在国家专业技术人才知识更新工程指导协调小组第一次会议上的讲话

（2012 年 5 月 4 日）

为进一步加强专业技术人才知识更新工程的组织领导，按照中央人才工作协调小组要求和《专业技术人才知识更新工程实施方案》，人力资源社会保障部下发了《关于成立国家专业技术人才知识更新工程指导协调小组的通知》。今天召开指导协调小组第一次会议，标志着小组正式成立。刚才，孙建立同志通报了前一阶段工程实施的进展情况和下一步工作考虑，大多数成员单位的同志交流了彼此的经验做法和具体打算，并对工程的组织实施和运行管理谈了很好的意见和建议。从大家发言的情况看，各领域各行业的工程实施工作有着共同特点：一是各部门都高度重视；二是各部门开展了大量工作，积极谋划推进工程实施并取得了积极进展；三是各部门结合各自行业特点，创新了工作

方式，对建立符合行业实际的运行管理模式进行了探索。大家提出的一些建议，既反映了行业的实际需求，又着眼于工程全局，富有建设性，我听了感到很有收获。下面，我讲三点意见。

一、高度重视，将专业技术人才知识更新工程摆在当前工作的突出位置

专业技术人才知识更新工程是《国家中长期人才发展规划纲要》提出的十二项重大人才工程之一，是加快经济社会发展重点领域急需紧缺人才培养、提升专业技术人才整体素质的一个重要抓手。在十二项重大人才工程中，专业技术人才知识更新工程是唯一面向整个专业技术人才队伍、综合性的人才培养培训工程，是培养人数最多、涉及领域最广、培训任务最重的一项工程。

党中央、国务院对专业技术人才知识更新工程高度重视。工程启动前，中央人才工作协调小组、国务院领导同志分别审定了工程的实施方案，中央财政第一次为专业技术人才培训列支了专门预算。专业技术人才知识更新工程是新时期专业技术人才队伍建设的一项龙头工程。实施专业技术人才知识更新工程，是中央对经济社会发展重点领域人才队伍建设作出的重要部署，是当前和今后一个时期专业技术人才工作的重要任务。工程的实施质量，不仅关系到《国家中长期人才发展规划纲要》目标任务的落实，也直接关系到各重点领域行业发展，关系到国家的经济社会发展大局。

去年，专业技术人才知识更新工程启动以后，在社会上产生了积极影响。高级研修项目、国家级专业技术人员继续教育基地建设项目、急需紧缺人才培养培训和岗位培训项目等都引起了广泛关注。各地各部门、中央企业以及高校、科研院所、培训机构等纷纷提出申请，积极要求参与工程的组织实施。一些地区和部门已结合实际出台了工程的配套文件和配套项目；部分获准设立国家专业技术人员继续教育基地的单位也成立了专门机构，负责基地的建设管理；高级研修项目在培养高层次人才的同时，还成为了行业内信息交流、资源整合的高端平台，产生了良好的效果。总体上看，一个重视专业技术人才继续教育、有利于专业技术人才知识更新工程深入实施的社会氛围正在逐步形成。希望各地各部门高度重视，抓住难得机遇，将专业技术人才知识更新工程作为当前专业技术人才工作的头号工程，摆在突出位置，加大力度，全力推进，以重点项目带动本领域本行业专业技术人才工作全面发展。

二、明确任务，扎实推进专业技术人才知识更新工程深入实施

目前，在专业技术人才知识更新工程各个重点项目中，高级研修项目、国家级专业技术人员继续教育基地建设项目进展顺利，出国培训项目也已基本成型。但是占工程培训量九成以上、与行业发展关系最密切的急需紧缺人才培养培训项目和岗位培训项目才刚刚启动，工程的运行管理机制不健全，各地各部门的工程实施经费未完全落实，工程的实施任务仍然十分艰巨。

为加快工程的组织实施，今年3月份人力资源社会保障部组织各成员单位就工程的组织实施问题展开了交流研讨，分解了各领域的培养培训任务，确定了2012年工程的工作计划。下一步，重点是建立有效整合各方资源、充分发挥各方作用的运行管理机制，抓好工作计划的落实，确保完成各领域培养培训任务。

（一）加强工程的运行管理机制建设

这是今年工作的一个重点，也是保障工程顺利实施的关键。一要尽快健全各领域的工程指导协调机制，加强各领域、行业的组织协调工作。在建立工程指导协调机制时，要充分发挥中国继续工程教育协会及各地各部门继续工程教育协会、行业性协会学会联合会等组织的作用，吸收它们参加，以进一步调动各方的积极性。地方也要建立相应的指导协调机制，形成部门与地方同频共振、相互支持配合的工作格局。二要探索建立科学、分类、高效的工作机制。专业技术人才知识更新工程涉及12大重点领域和9个现代服务业领域，领域之间差别很大。有的实行垂直管理，有的以地方为主，有的在全国广泛分布，有的集中在少数省区，有的以大型中央企业为主等等。因此，要切实加强分类指导，探索建立中央和地方、机关和企事业单位、行业协会有序参与、分工合作的工作机制，充分发挥各方面的工作优势和积极性，推动工程实施。三要研究完善国家示范项目的运行机制，充分发挥国家专业技术人员继续教育基地、高级研修项目等国家项目的示范带动作用，使国家示范项目成为各地各部门推动工程实施的重要抓手。

（二）抓好任务的分解落实

3月份，部里下发了今年工作计划，明确了全年的目标任务，这些目标任务需要各地各部门共同完成。希望各成员单位按照工程统一规划的时间节点和具体要求，做好各领域培训任务的再分解工作，精心组织实施，特别是落实好急需紧缺人才培训和岗位培训等重点任务。重点领域和急需紧缺人才培养指标是各牵头单位在制定国家人才规划时提出的，是规划确定的重要任务，也是工程培养培训工作的重点，是任务分解的重点。希望各地各部门在分解落实培训任务的时候，注意做到“四个统筹”：一是统筹结构布局。要将本领域急需紧缺人才培养培训项目和岗位培训项目的任务分解，与地方人才规划实施、产业形态分布等结合起来，充分发挥地方人社厅局、行业厅局的作用，使任务分解与各地产业布局相协调。二是统筹行业资源。要将本领域急需紧缺人才和骨干人才的培养培训工作，与本领域的行业发展结合起来，统筹利用行业发展的政策措施、项目资源等配套推进人才培训工作，以项目带动培训，以人才支撑发展。特别是领域内、行业内设立了其他专项人才工程的部门，要将工程实施与本领域本行业专项人才工程实施结合起来，加强统筹协调；已制定专项人才队伍建设发展规划的部门，也应将工程实施与本领域的人才规划实施结合起来，以增强人才培养的针对性、实效性。三是统筹社会需求。要充分利用信息统计、市场调研等手段，加强行业人才需求的预测分析，科学确定和调整急需紧缺专业目录和培训课程，提高急需紧缺和骨干人才培养培训工作的针对性、前瞻性，使政府培训的引导方向与市场的需求方向相一致。四是统筹培训渠道。要充分利用各地各单位现有的培训基地、培训项目、培训计划等培训渠道，将本领域急需紧缺人才培养和岗位培训工作纳入现有的培训网络，与各地各单位的人才培训工作相衔接。

（三）推动经费的配套保障

按照《专业技术人才知识更新工程实施方案》规定，专业技术人才知识更新工程经费由政府、社会、用人单位和个人共同投入。按照分级财政体制要求，各级政府承担的工程项目任务，由同级财政予以保障；各部门承担的具体工程项目任务，按照部门预算管理规定，向同级财政申请经费。同时，由用人单位按规定比例提取职工培训费。目前，各地各部门在这方面进展不一，有的经费缺口还较大。下一步，一是要积极落实《方案》规定，支持各地各部门按原渠道申请解决经费。在这里，我想强调一句，按照惯例，再过几个月，各部门就要开始编制2013年的财政预算。希望各成员单位能尽早行动，积极和部内相关部门沟通汇报，主动争取财政部门的理解和支持。我们也会积极以适当方式给予配合。二是根据各重点领域的工程实施情况和工作需要，我们会在举办高级研修项目、国家专业技术人员继续教育基地建设、选派人员出国培训、资助编写培训大纲教材等方面，给予各部门适当倾斜和支持。三是鼓励各地各部门大胆探索。目前，有些地方和部门正在探索一些新做法，如提取使用教育附加费、利用重大项目配套资金同步开展培训等，有的地方和部门还提出了制定人才培训的税收优惠政策等建议。对这些做法和建议，我们要加强调研，及时总结经验，加强政策研究，条件成熟的，与相关主管部门沟通出台有关政策。四是严格控制收费标准。虽然实施方案提出，鼓励地方、部门、用人单位和个人多渠道资金支持，但不能偏离专业技术人才知识更新工程的公共服务基本定位，要按照培训成本“以支定收”，切实减轻专业技术人员负担，尽量不收费或少收费，坚决杜绝高收费、滥收费、借培训敛财的现象发生。

三、加强领导，充分发挥指导协调小组作用

今年是全面实施专业技术人才知识更新工程的关键一年，工程的实施任务十分艰巨。国家专业技术人才知识更新工程指导协调小组成立后，要充分发挥作用，切实加强组织领导，保障工程顺利实施。

（一）加强宏观规划和指导

要围绕工程实施的各领域各环节，加强顶层设计，健全管理制度，完善支持政策。要科学制定年度计划，统筹考虑工程的长远目标和工作基础，合理把握工作节奏，提高工程实施的科学性、协调性和配套性，确保工程的培训数量和培训质量。要切实加强分类指导，帮助解决困难和问题，为各地各部门提供政策指导和服务保障。要开展灵活多样的宣传工作，充分利用各种媒体，不断优化工程实施的良好氛围。

（二）健全内部工作机制

要在中央人才工作协调小组的指导下，紧紧围绕中央关于人才工作的总体部署，及时研究决定工程的重大政策、重要部署。要认真执行相关会议制度，及时通报交流工程进展情况，汇总分析工程实施中的问题和经验，统筹部署各阶段的培训任务。今年要特别加强经验交流和工作协调。人社部专技司作为指导协调小组办公室，要牵好头，服好务，为指导协调小组各成员单位当好联络员、信息员和服务员。各成员单位的工作进展情况，包括工程实施中遇到的问题，要及时向办公室反映。

（三）充分发挥职能作用

各成员单位要牢固树立大局意识，站在全局高度考虑问题，相互支持，相互配合，齐心协力推动工程实施，形成工作合力。人力资源社会保障部作为政府人才工作综合管理部门，要充分发挥好综合协调、服务保障的职能作用；财政、科技、教育等部门从一开始就参与工程的方案制定和组织实施，今后要进一步加强业务指导和政策协调，推动工程实施中重大问题、重要政策、重点项目和重大事项的研究解决；各领域牵头单位作为行业主管部门，要按照“总体规划、专业指导、技术引领、行业动员”的要求，切实发挥好牵头组织、任务分解、业务指导、协调推进的职能作用，明确责任单位和人员，主动加强与人社部门的沟通，主动增强与相关行业部门之间的互动，主动处理好人才培养与行业发展之间的关系，协调调动各方面力量，找好工作的切入点、落脚点和突破点，确保培训计划落到实处。

（四）强化工程监督检查

要通过督导检查、监测统计、专家评估等办法，加强对工程实施工作的督查、评估。要研究建立监督检查的长效机制，加强对工程实施的统一调度，统筹推进各项工作，狠抓任务落实。对工程实施取得显著成效、积累丰富经验的，要加强宣传；对工作落实不力、行动迟缓的，要及时通过通报、约谈等方式，加强督导，确保各项政策措施落到实处。特别是对关系全局的重点工作，要跟踪督查，扭住不放，一抓到底，抓出成效。

同志们，成立国家专业技术人才知识更新工程指导协调小组是推动工程组织实施的重大举措，希望大家高度重视，以对国家和人民高度负责的态度，积极参与指导协调小组的工作，共同推动工程的各项任务落到实处，不断开拓专业技术人才队伍建设的新局面。